תלמוד בבלי

— מהדורת נאה —

בבא מציעא חלק ב

Please note that the number ranges that appear at the bottom of each daf of the Vilna pages indicate the corresponding pages of the Koren Talmud Bavli translation and commentary.

תלמוד בבלי

הוצאת קורן ירושלים

מהדורת נאה

מסכת בבא מציעא
דף כא. עד דף מד.

COMMENTARY BY

Rabbi Adin Even-Israel
Steinsaltz

EDITOR-IN-CHIEF

Rabbi Dr Tzvi Hersh Weinreb

EXECUTIVE EDITOR

Rabbi Joshua Schreier

•

STEINSALTZ CENTER
KOREN PUBLISHERS JERUSALEM

אדשיילינן להו לסהדי אי פרוע, אי לא פרוע. ת"ש: סמפון שיש עליו עדים — כשר. במאי עדים — עדי קיום. הכי נמי מסתברא, מדקתני סיפא: ושאין עליו עדים — פסול. מאי אין עליו עדים? אילימא דליכא עלויה עדים כלל — צריכא למימר דפסול? אלא לאו — עדי קיום. גופא, *סמפון שיש עליו עדי' — יתקיים בחותמיו, אין עליו עדים, גויוצא מתחת ידי שליש או דשיוצא לאחר חיתום שטרות — כשר. יוצא מתחת ידי שליש — דהא הימניה מלוה לשליש. יוצא לאחר חיתום שטרות נמי, דאי לאו דפריע — לא הוה מרע ליה לשטריה.§

הדרן עלך שנים אוחזין

אלו מציאות שלו ואלו חייב להכריז? אלו מציאות שלו: המצא פירות מפוזרין, ומעות מפוזרות, זכריכות ברשות הרבים, חועגולי דבילה, ככרות של נחתום, *מחרוזות של דגים, וחתיכות של בשר, וגיזי צמר הלקוחין ממדינתן, ואניצי פשתן, ולשונות של ארגמן — הרי אלו שלו, *דברי רבי מאיר. ר' יהודה אומר: *כל שיש בו שינוי חייב להכריז. כיצד? טמצא עגול ובתוכו חרס, ככר ובתוכו מעות. רבי שמעון בן אלעזר אומר: כל כלי אנפוריא אין חייב להכריז.§ [לקמן כג.]

גמ' "מצא פירות מפוזרין". וכמה? א"ר יצחק: קב בארבע אמות. היכי דמי? אי דרך נפילה — יאפילו טובא נמי, ואי דרך הינוח — כאפילו בציר מהכי נמי לא! א"ר עוקבא בר חמא: לבמכנשתא דבי דרי עסקינן: מקב בארבע אמות דנפיש טרחייהו — לא טרח איניש ולא הדר אתי ושקיל להו, אפקורי מפקר להו. בציר מהכי — טרח והדר אתי ושקיל להו, ולא מפקר להו. בעי רבי ירמיה: חצי קב בשתי אמות מהו? קב בארבע אמות טעמא מאי — משום דנפיש טרחיהו, חצי קב בשתי אמות כיון דלא נפיש טרחייהו — לא מפקר להו. או דלמא: משום דלא חשיבי, *וחצי קב בשתי אמות, כיון דלא חשיבי — מפקר להו. קביים בשמונה אמות מהו? קב בארבע אמות טעמא מאי — משום דנפיש טרחייהו, וכ"ש קביים בשמונה אמות, כיון דנפישא טרחייהו טפי — מפקר להו. או דלמא: משום דלא חשיבי, וקביים בשמונה אמות כיון דחשיבי — לא מפקר להו. [א] קב שומשמין בארבע אמות מהו? קב בארבע אמות טעמא מאי — משום דלא חשיבי, ושומשמין כיון דחשיבי — לא מפקר להו. או דלמא: משום דנפיש טרחייהו, וכ"ש שומשמין, כיון דנפיש טרחייהו טפי — מפקר להו. קב תמרי בארבע אמות, קב רמוני בארבע אמות מהו? קב בארבע אמות טעמא מאי — משום דלא חשיבי, קב תמרי בארבע אמות, קב רמוני בארבע אמות נמי, כיון דלא חשיבי — מפקר להו. או דלמא: משום דנפישא טרחייהו, וקב תמרי בארבע אמות, וקב רמוני בארבע אמות, כיון דלא נפיש טרחייהו — לא מפקר להו, מאי? נתיקו.§ איתמר:

יאוש

רש"י

דשיילינן להו. אם ראו הפרעון. ואם לאו — נאמן המלוה לומר שלא נכתב אלא להיות מוכן לכשיפרע. עדי קיום. שכתבו הנפק, דבי דינא לא מקיימי ליה אלא א"כ פרע. סמפון שיש עליו עדים. בעדי קיום מוקמינן לה. יתקיים בחותמיו. ואפי' יוצא מתחת יד מלוה — כשר. אין עליו עדי קיום. אבל עדים חתומין עליו. ויוצא מתחת ידי שליש. שאין הלוה מוציאו ולא המלוה, אלא שליש שביניהם — נאמן. או שיצא אחר חיתום שטרות. שיצא לפנינו כשהוא כתוב בשטר חוב אחר החתימה — כשר. דהא הימניה מלוה לשליש. דעל כרחך אין כותב שובר אלא מלוה, והוא מסרו ליד השליש. [סנהדרין לא.]

הדרן עלך שנים אוחזין

אלו מציאות. מצא פירות מפוזרין. נתייאשו הבעלים מהן, כדאמר בגמרא, והפקר הן. מעות מפוזרות. הואיל ואין להם סימן ניכר — מיאושי מיאש, והוו להו הפקר, והוו טעם כולם. כריכות. עומרים קטנים, כמו "מאלמים אלומים" ומתרגמינן בירושל': "מכרכן כריכן" (בראשית לז). ברה"ר. שהכל דשין עלייהו, ואם היה סימן נקשר עליהן — הרי הוא נשחת. של נחתום. כל ככרות הנחתומין שוין. אבל ככרות של בעל הבית יש בהן סימן. ממדינתן. כמות שהן גזוזות כשאר כל גיזת המדינה, לאפוקי הבאות מבית האומן כדקתני סיפא. אניצי פשתן. ריסט"א בל' אשכנז, ובמקומינו פופי"ר. ולשון של ארגמן. צמר סרוק ומשוך כמין לשון, וצבוע ארגמן, ומלויין הן. מצא עיגול. של דבילה. אנפוריא. בגמ' מפרש. **גמ'** וכמה. חשוב פיזור. קב. מפוזר בארבע אמות. אבל בג' אמות — לא הוי פיזור, וטעמא מפרש ואזיל. אי דרך נפילה. אם מנאם דרך נפילה, שיש לדעת שלא הונחו שם מדעת, אלא נפלו. אפילו טובא. מקב נמי, דכיון דאין בהן סימן — מיאושי מייאש. ואי דרך הינוח וכו'. עתיד לחזור וליטלן. במכנשתא דבי דרי. בשעת אסיפת גרנות, וכאן דשן בעליהן, ונשאו את העיקר ונותרו אלו. נפיש טרחייהו. לקבצן. בציר מהכי. אם היה פזורן בפחות מכן. משום דלא חשיבי. עליה קב פירות לטרוח עליהן טורח קיבוץ של ארבע אמות. שומשמין. דקין מאד, ויש טורח בקיבוצן יותר מחטין, אבל דמיהן יקרין. תמרים ורמונים. גסים הן, ואין טורח בקבוצן.

תוספות

אלו מציאות שלו: כריכות ברה"ר. בכריכות דוקא מפליג בין רה"ר לרה"י משום דלמ"ד (לקמן כב:) סימן העשוי לידרס הוי סימן, ומקום הוי סימן — מיירי הכא דליכא סימן, ומקום נמי לא הוי סימן ברה"ר משום דמנשתפי. וברה"י הוי סימן סימן וחייב להכריז, ומיירי שאשכח דרך הינוח. וככרות של נחתום ועיגולי דבילה אין בהם סימן, והוי שלו אף ברה"י, ומיירי דמצא דרך נפילה, ולכל לא הוי מקום סימן. וא"ת: אמאי נקט כריכות דאשכח דרך הינוח, טפי משאר דאיירי דרך נפילה? וי"ל: דכריכות איידי דיקירי אינון לא הוה שיפלו שלא מדעת, אלא כשיעמוד לפוש מניח לארץ ושכחם שם. וככרות של בעה"ב יש להן סימן, דבעלי בתים רגילים לעשות סימן בככרותיהן, ולכך אפילו ברשות הרבים חייב להכריז, דסימן העשוי לידרס הוי סימן. וליבורי מעות ופירות דהוי מקום סימן אף ברה"ר, כדאמר לקמן — משום דלא שייך בהו מנשתפי. ואם תאמר: כריכות ברה"ר, דמיירי דרך הינוח, היאך לוקחם? הא אמרינן לקמן*: ספק הינוח — לא יטול, וכל שכן ודאי הינוח! וי"ל: דה"מ כשמצא במקום מוצנע ומשתמר, דלא יטול (א)אם אין בו סימן, ואם יש בו סימן — נוטל ומכריז. ולמ"ד (לקמן כב:) סימן העשוי לידרס לא הוי סימן, ומקום נמי לא הוי סימן — מיירי בכריכות שיש בהם סימן, ולכך ברה"י מכריז. וככרות של נחתום ושאר דמתניתין — לית בהו סימן, ולכך אף ברה"י הם שלו. וככרות של בעה"ב שיש בהם סימן חייב להכריז אף ברה"ר, דאין עשוי לידרס משום דאין מעבירין על האוכלין. וכולה מתני' מיירי בין דרך נפילה בין דרך הינוח. וא"ת: כריכות, אי דרך נפילה היא — אם כן אינו יודע היכן נפלו, וברשות היחיד אמאי צריך להכריז? הא מתייאש, שסברו ברה"ר נפיל! וי"ל: דאע"פ שאינו יודע לכוין המקום, יודע הוא אם נפל ברשות הרבים או ברשות היחיד. [דף כה:]

וכמה א"ר יצחק קב בארבע אמות. צריך לומר דרבי יצחק גופיה בעי, וכמה? דאי גמרא בעי מאי בעי וכמה? לוקי דרך נפילה ואפילו טובא — כדפריך גמ' בתר הכי. אלא מדברי רבי יצחק הוא, ורבי יצחק לא בעי לאוקמי דרך נפילה ואפילו טובא, משום דסבר כאביי דיאוש שלא מדעת לא הוי יאוש. אלא מוקי לה במכנשתא דבי דרי, שהניחם שם מדעת. וכה"ג איכא בפירקין (דף ל:) דבעי ולעולם? אמר רב יהודה כו'. דצריך לומר דרב יהודה אמר ולעולם. וכן בפרק "לא יחפור" (ב"ב דף כג: ושם ד"ה וכמה) גבי מרחיקין מן החלונות דקאמר: וכמה? אמר רב ייבא: כמלוא רוחב חלון*). **חצי** קב בשתי אמות מהו. תימה: הלא קב בארבע אמות הוי נמי חצי קב בשתי אמות, ומאי קמבעיא ליה? וי"ל: כיון דליכא אלא חצי קב — ילקוט, כיון שאין לו טורח לגמור, אבל קב בארבע אמות יש לו טורח ללקוט הכל, ואין מלקט כלל. אי נמי: קב בארבע אמות מרובעין — הוי חצי קב בשתי אמות רוחב וארבע אמות אורך, והכא בעי חצי קב בב' אמות על ב' אמות.

*) [וע"ע תוס' פסחים לג. ד"ה תנן]

רבינו חננאל

שיש עליו עדים כשר. ופריק מאי עדים דקתני עדי קיום הכי נמי מסתברא וכו'. גופא סמפון שיש עליו עדים יתקיים בחותמיו. אוקימנא יתקיים מחותמיו אם מעידין שפרעו בפניהם. אין עליו עדים כלומר אינם יודעין העדים לא סמכינן עליה ואם יוצא מתחת ידי שליש ואמר השליש שודאי פרע הלוה למלוה מיגו דאי בעי השליש למיתביה ללוה כי אמר פרעיה מהימן. וכן אם נמצא זה הסמפון כתוב בשטר חוב עצמו אחר חתימת עדי השטר כשר דאי לאו דפרעיה לא הוה מרע ליה לשטריה:

הדרן עלך שנים אוחזין

אלו מציאות שלו ואלו חייב להכריז מצא פירות מפוזרין וכו'. אמר רבי יצחק קב מפוזר בד' אמות ומקשי' עלה אי דרך נפילה אשכחינהו אפי' יותר מקב שלו הן. אי דרך הנחה אשכחינהו אפי' פחות מקב לא יגע בהן ופריק מר עוקבא מתני' במכנשתא דבי דרי עסקינן. *) הגרנות כשמכבדין הגורן בשעה שמניפין התבואה מן הגורן אם מצא כשיעור קב פירות מפוזרין בגורן ברחוק ד' אמות לא טרח איניש למכנשינהו ומפקר להו לפיכך הן שלו. אבל קב בפחות מד' אמות לא מפקר להו הלכך לא שקיל. הא דתנן ציבורי פירות ומקשי ופרקי תני וציבור פירות אינון ואיפשרו דמנין הוי סימן. אבל מקום לא

*) אולי צ"ל פי' בשעת אסיפת הגרנות כשמכבדין.

עין משפט נר מצוה

קעו א ב מיי' פט"ו מהלכות מלוה ולוה הלכה ט סמג עשין צד טוש"ע ח"מ סי' סה סעיף יח:
קעז ג מיי' שם הל' ח טוש"ע שם סעיף יט:
קעח ד מיי' שם הל' י טוש"ע שם סעיף כ:
א ה מיי' פט"ו מהלכות גזילה ואבידה הל' ח סמג עשין עד טוש"ע ח"מ סי' רס"ב סעיף ז:
ב ו מיי' שם פט"ו הל' ב טוש"ע שם סעיף ו:
ג ז מיי' שם פט"ו הל' ח טוש"ע שם סעיף ט:
ד ח מיי' שם טוש"ע שם סעיף ו:
ה ט מיי' שם הלכה יא טוש"ע שם סעיף טו:
ו י כ מיי' שם הלכה ח טוש"ע שם סעיף ז:
ז ל מ נ מיי' שם הל' יב סמג שם טוש"ע ח"מ סי' רס סעיף ז:

הגהות הב"ח

(א) תוס' ד"ה אלו וכו' אם אין בו סימן. נ"ב ע"ל דף כג סוף ע"א:

הגהות הגר"א

[א] גמ' קב שומשמין כו'. נ"ב גירסת הרמב"ם שומשמי ותמרי ורמוני מאי תיקו ור"ל מב' וג' מינים:

[עי' תוס' לקמן כג: ד"ה מחרוזות]

[בגמ' ירושל' ורא"ש ליתא להנך ג' תיבות]

וכל שכן חצי רש"ל

יאוש שלא מדעת. אביי אמר: לא הוי יאוש, ורבא אמר: הוי יאוש. בדבר שיש בו סימן – כולי עלמא לא פליגי, דלא הוי יאוש. ואף על גב דשמעיניה דמיאש (א) לסוף – לא הוי יאוש, דכי אתא לידיה – באיסורא הוא דאתא לידיה. דלכי ידע דנפל מיניה לא מיאש, מימר אמר: סימנא אית לי בגויה, יהבנא סימנא, ושקילנא ליה. בזוטו של ים ובשלוליתו של נהר, אע"ג דאית ביה סימן – רחמנא שרייה, כדבעינן למימר לקמן. כי פליגי – בדבר שאין בו סימן. אביי אמר: לא הוי יאוש, דהא לא ידע דנפל מיניה. רבא אמר: הוי יאוש, דלכי ידע דנפל מיניה – מיאש. מימר אמר: סימנא לית לי בגויה, מהשתא הוא דמיאש. (סימן: פמג"ש ממקגט"י ככסע"ז). תא שמע: פירות מפוזרין, הא לא ידע דנפל מיניה! הא אמר רב עוקבא בר חמא, הכא במכנשתא (ג) דביזרי עסקינן, דאבידה מדעת היא. ת"ש: מעות מפוזרות – הרי אלו שלו, אמאי? הא לא ידע דנפל מיניה! התם נמי, כדרבי יצחק, דאמר: אדם עשוי למשמש בכיסו בכל שעה ושעה, הכא נמי – אדם עשוי למשמש בכיסו בכל שעה ושעה. ת"ש: עיגולי דבילה וככרות של נחתום – הרי אלו שלו. אמאי? והא לא ידע דנפל מיניה! התם נמי, [א] אגב דיקירי – מידע ידע בהו. ת"ש: ולשונות של ארגמן – הרי אלו שלו. ואמאי? הא לא ידע דנפל מיניה! התם נמי, אגב דחשיבי – משמושי ממשמש בהו, וכדרבי יצחק. ת"ש: המוצא מעות בבתי כנסיות ובבתי מדרשות, ובכל מקום שהרבים מצויין שם – הרי אלו שלו, מפני שהבעלים מתיאשין מהן. והא לא ידע דנפל מיניה! אמר רבי יצחק: אדם עשוי למשמש בכיסו בכל שעה. ת"ש: *)מאימתי כל אדם מותרים בלקט – משילכו בה הנמושות. ואמרינן: מאי נמושות? וא"ר יוחנן: סבי דאזלי **)אתיגרא. ריש לקיש אמר: לקוטי בתר לקוטי. ואמאי? נהי דעניים דהכא מיאשי, איכא עניים בדוכתא אחריתא דלא מיאשי! אמרי: כיון דאיכא עניים הכא – הנך מעיקרא איאושי מיאש, ואמרי: עניים דהתם מלקטי ליה. ת"ש: קציעות בדרך, ואפילו בצד שדה קציעות. וכן תאנה הנוטה לדרך, ומצא תאנים תחתיה – מותרות משום גזל, ופטורות מן המעשר. בזיתים ובחרובים – אסור. בשלמא רישא לאביי לא קשיא, אגב דחשיבי – ממשמש בהו. תאנה נמי – מידע ידיע דנתרא. אלא סיפא, לרבא קשיא. דקתני: בזיתים ובחרובים אסור! אמר רבי אבהו: שאני זית, הואיל וחזותו מוכיח עליו, ואע"ג דנתרין זיתי מידע ידיע, *דוכתא דאיניש איניש הוא. אי הכי, אפילו רישא נמי! אמר רב פפא: תאנה עם נפילתה נמאסת. תא שמע: *הגנב שנטל מזה ונתן לזה, וכן גזלן שנטל מזה ונתן לזה, וכן

ר"ק קיח: | ק"ל דוחא

*) תענית ו: פאה פ"ח מ"א **) גי' רש"ל אתיגרא וכן הוא בערוך ערך נמש.

רש"י

יאוש שלא מדעת. דבר שסתמו יאוש, לכשידע שנפל ממנו, וכשמצאו עדיין לא ידעו הבעלים שנפל מהן. לא הוי יאוש. לקמיה מפרש פלוגתייהו. דמיאש לבסוף. לאחר שמצאו זה, וכללא דיאוש – כגון דאמר: ווי ליה לחסרון כיס, דגלי דעתיה שנואש מהן. באיסורא אתא לידיה. דדבר שאינו עשוי להתיאש הוא. זוטו של ים. מקומות בשפת הים שדרך הים לחזור לאחוריו י' פרסאות או חמשה עשר פרסאות פעמיים ביום, ושוטף מה שמוצא שם והולך. זוטו – לשון גודל ושירוע בלשון יווני. כמו שכתבו הזקנים לתלמי המלך "ואל אציליו" – ואל זאטוטי (מגילה דף ט.). ושלוליתו של נהר. כשהוא גדל ויוצא חוץ לגדותיו, ושולל שלל ושוטף המצא. רחמנא שרייה. ואפי' באת ליד המוצא לפני יאוש. לקמן* בשמעתין; מנין לאבידה ששטפה נהר כו'. מהשתא הוי יאוש. שהרי נפל, וכשיודע שוב אין דעתו עליו. דאבידה מדעת היא. שלא נפלו ממנו, ומדעת הניחם הפקר. עשוי למשמש. וקודם שמצאו זה נודע לבעלים שנפלו, ונואשו. דיקירי. כבד משא. סבי דאזלי אתיגרא. זקנים עניים הולכים על משענותם בנחת, ורואין כל שבולת ושבולת. ולשון נמושות כמו * "לא ימושו" (ישעיה נט) – שממשמשין והולכים. לקוטי בתר לקוטי. לשון נמושות, כמו "לא ימיש" (שמות יג) – שמוטלין ומשין הכל מלפניהם. ואמאי. אי יאוש שלא מדעת לאו יאוש הוא? נהי. דלגבי עניים דהכא הוי יאוש מדעת, שראו שהלכו בה הנמושות ונתיאשו, אלא עניים דעיר אחרת עדיין לא ידעי, והיאך מותרין בו? אלא משום כיון דלכי ידעי מיאשי הוי יאוש משעה שהלכו בו. ובהיתר באו ליד זה. קציעות. תאנים שקוצצין אותם באיזמל, ומוהל שלהן זב, ושוטחן בשדה ליבש. ואפי' בצד שדה קציעות. שדה ששוטחים בה קליעות, דידע דמהנהו אתו. מותרות משום גזל. אע"ג דכי נפל לא ידע, כיון דלכי ידע מיאש – מהשתא הוי יאוש, כרבא. ופטורות מן המעשר. כדין הפקר, דהפקר פטור מן המעשר. בזיתים ובחרובים אסור. כאביי. בשלמא רישא לאביי. מגי לתרוצי, דמעיקרא ידע ואיאש, כדמפרש ואזיל. דקתני בזיתים ובחרובין אסור. וסלקא דעתך משום דלא עבידי דנתרי. וליכא למימר ידע דאיאש. ואע"ג דלכי ידע מיאש – לא הוי יאוש מהשתא. חזותו מוכיח עליו. מראיתו ניכר של מי הוא. הלכך, מריה לכי ידע דנפיל לא מיאש, דמימר אמר: כולי עלמא ידעי דדידי נינהו, ולא הפקר הן, ולא שקלי להו. עם נפילתה נמאסת. הלכך: כיון דידיע דנתרא מעיקרא מיאש משום מאיסותא, דמכי נפלה לא חשיבא עליה, ומפקר לה. לא ידיע – לא גרסינן. ופירוש היה משובש בספרים. ירדן

תוספות

דלכי נפל מיניה לא מיאש. ואע"ג דהשתא מיאש – אקראי בעלמא הוא, ומתחילה לא היה עומד ליאש. **ת"ש** המוצא מעות כו'. תימה: כיון דכבר הקשה ממתני' דמעות מפוזרות, אמאי פריך תו מהך ברייתא? ורבי יצחק נמי, אמאי לא אמר למלתיה אמתני'? וי"ל: דברייתא אלימא ליה לאקשויי, דמשמע דבכל ענין הרי אלו שלו, אע"ג דאיכא סימן. מדמוקי טעמא (ג) שהרבים מצויין שם, ומשמע נמי אע"ג דכשזה הגביה עדיין היה בעל אבידה בבית המדרש, ולא ידע שנפל מיניה.

ופטורות ממעשר. במס' פאה (פ"א מ"ו) מוכח דוקא בהפקיר קודם גמר מלאכה פטור מן המעשר, אבל אם הפקיר לאחר גמר מלאכה, שנתחייב כבר במעשר – אין בכך כלום. וה"נ איירי קודם גמר מלאכה, שלא נתחייבו עדיין, כדמוכח בגילה פרק "המביא" (דף לד:) דתאנים העומדין לשוטחן בשדה ולעשות מהן קליעות – לא נגמר מלאכתן למעשר עד שיתייבשו. ואפילו זכה בהן המוצא קודם שיתייבשו – פטורות מן המעשר, כדאמרינן בב"ק (דף כח.): המפקיר כרמו והשכים בבקר ובצרו – פטור מן המעשר. וגבי הקדש אינו כן, שאם הקדיש קודם גמר מלאכה, ונפדה קודם גמר מלאכה – חייב במעשר, כדמוכח קלת בפרק "האומר" (סג:*).

תאנה נמי מידע ידיע דנתרא. פירוש: בשלמא לאביי תאנה מותרת – כיון דרגילות היא דנתרא מעיקרא מתיאש, לפי שסבור שהמוצא יקחנה, כי הוא לא ידע שנפלה מן האילן, אלא סבור הוא מעוברי דרכים נפלה. ובזיתים ובחרובין – אסור, דלא עבידי דנתרי, אע"ג דאם היה יודע דנפלו היה מתיאש, לפי שעוברי דרכים יקחו כי יתלו דנפל מעוברי דרכים, השתא דלא ידע – סבור שלא נפלו, אסורה, דהוה ליה יאוש שלא מדעת. אבל לרבא, דהוי יאוש, אמאי אסור? וא"ת: אם דין הוא לתלות בעוברי דרכים ולא באילן שאללו, אמאי אסור בזיתים ובחרובין? וי"ל: דבדין ודאי אין לתלות בעוברי דרכים אלא באילן, אלא שהבעלים מתיאשים, לפי שסבורין שעוברי דרכים דלא מעלי יורו היתירא בפירות שמוצאים, ויתלוס בעוברי דרכים. וא"ת: אם כן מאי פריך לרבא? נימא דזיתים וחרובין אסירי משום דאף לאחר שידעו הבעלים שנפלו לא נתיאשו, לפי שיודעין שהמוצא לא יקחם, שיתלה שנפלו מן האילן, כאשר הוא האמת, שאין לתלות בעוברי דרכים! וי"ל: דאם אינן מתיאשים – בתאנה אמאי מותרים? מיהו: אית ספרים דגרסינן שאני זית הואיל וזיתו מוכיח עליו. דבזה מתורץ מה שהקשינו, כלומר: לפי שהם תחת הזית יחשבו הבעלים שהמוצא לא יקחם לתלות בעוברי דרכים. אבל תאנה עם נפילתה נמאסת, פירוש: מתלכלכת ונמאסת בעיניו, ומפקירה. אבל ברוב ספרים גרסינן: הואיל וחזותו מוכיח עליו, ואע"ג דמנתרא מידע ידעי דוכתא דאיניש איניש. פירוש: זיתים שנפלו דומין לזיתים שעומדין באילן, ולפיכך אף כשידעו הבעלים שנפלו – לא יתיאשו, דיודעין שהמוצאם לא יקחם, אבל תאנה עם נפילתה נמסת, כן גרסינן בערוך נמסת בלא אל"ף, ואין דומין לאותן שבאילן. אי נמי גרסינן נמאסת, ומחמת שמתלכלכת – אינה דומה לתאנה שבאילן.

מה

רבינו חננאל

איפשיט אי הוי סימן אי לא בעיות דר' ירמיה הם ופשוטות הן ועלו כולן בתיקו. איתמר יאוש שלא מדעת אביי אמר לא הוי יאוש ורבא אמר הוי יאוש בדבר שיש בו סימן כולי עלמא לא פליגי דלא הוי יאוש ואע"ג דשמעיניה לבסוף דמיאש (לבסוף) לא הוי יאוש דכי אתא לידיה באיסורא אתא לידיה דהא לפני יאוש הוה כי פליגי בדבר שאין בו סימן אביי אמר לא הוה יאוש דלא ידע דנפל מיניה דמיאש. אבל המוצא בזוטו של ים. פי' בקרקעית הים ובשלוליתו של נהר פי' בתוך הנהר מקום שמי גשמים שוללים והוא מקום שטיפתו אע"ג דאית ביה סימן רחמנא שרייה למוצאה דאמר ר' יוחנן משום ר' שמעון בן יהוצדק מנין לאבדה ששטפה נהר שהיא מותרת שנאמר כן תעשה לכל אבדת אחיך אשר תאבד ממנו ומצאתה מי שאבודה ממנו בלבד ומצויה אצל כל אדם. פרה ורועה בשדה וכיוצא בה שכל הרואה אותה יכול ליטלה יצאת זו ששטפה נהר שאבודה ממנו ומכל אדם הלכך הרי היא למוצאה בין אית ליה בה סימן בין לית ליה בה סימן שרי דהא ודאי נתייאש הימנה. וזה שהיתיר בים ובנהר כנגדו אסור ביבשה ודייקינן מינה מה היתירה בין אית ביה סימן בין לית ביה סימן ואפי' לפני יאוש שרי כך מה שאסר ביבשה ואפי' לית ביה סימן לפני יאוש אסורה ועלתה תיובתא דרבא תיובתא. והלכתא כוותיה דאביי ביע"ל קג"ם י' יאוש שלא מדעת והלכתא כאביי דיאוש שלא מדעת לא הוי יאוש. ואמרי' ומאחר דאיתותב רבא הני תמרי דזיקאי כלומר התמרים שהפילם הרוח מן הדקל והם מושלכים בדרך מפני מה אוכלין אותן העוברין ושבים והנה בעליהן לא נתיאשו שלא ידעו שהפילם הרוח ואמר ר' אשי כיון דאיכא [illegible] אסירא. [illegible] ומקשי רבא לאביי [illegible] ואמר ר' יצחק אדם עשוי למשמש בכיסו בכל שעה ושעה וכן המוצא מעות בבתי כנסיות ובתי מדרשות [illegible] קציעות מותרות משום גזל [illegible] הן

עין משפט נר מצוה

ח א מיי' פי"ד מהלכות גזלה ואבדה הל' ה סמג עשין סי' עד טוש"ע ח"מ סי' רסב סעיף ג:
ט ב ג מיי' פ"ו מהלכות גזלה ואבדה הל' [illegible] סמג עשין [illegible] טוש"ע ח"מ [illegible]:
י ד ה מיי' פט"ו מהל' גזלה ואבדה הל' ח ועיין בכסף משנה סמג עשין עד טוש"ע ח"מ סי' רסב סעיף ג:
יא ו מיי' שם הל' ז טוש"ע ח"מ סי' רנט סעיף ג:
יב ז מיי' פ"ג מהלכות מתנות עניים הל' יח:
יג ח מיי' פ"ג מהלכות מעשר הלכה כא:
יד ט מיי' שם הל' כד ופט"ו מהלכות גזלה ואבדה הל' טו טוש"ע ח"מ סי' רס סעיף ו:

הגהות הב"ח

(א) גמ' דמיאש לבסוף לא: (ב) שם במכנשתא דבי דרי עסקינן: (ג) תוס' ד"ה ת"ש וכו' שהרבים מצויין שם. נ"ב ע"ל דף כד ע"א:

גי' רש"ל ולא ימושו תהלים קטו

הגהות הגר"א

[א] גמ' אגב דיקירי. נ"ב גירסת הרא"ש דחשיבי כיון דמידי דמיכל נינהו וכן מחרוזות ותחובות וכן בלשונות אבל גיזי ולאוי כתב משום דיקירי ולא פריך גמ' מכריכות משום דהתם לדרך הינות וטעמא אחרינא להו ועי' תוס' (ע"א) ד"ה אלו כו' (ועמ"ש רבינו בח"מ סי' רס ס"ק ז):

ס"א קציצות מעשרות פ"ג (מ"ד)

גליון הש"ס

גמ' מעיקרא אייאושי. קשה לי הא גם לעניים קטנים יש להם חלק ומקרי יאוש שלא מדעת כדלקמן דף כב ע"ב ועיין בתוס' ב"ב דף קמג ע"ב ד"ה ואם עדיין צ"ע:

[תוס' דכתובות פ"ח]

וְכֵן יַרְדֵּן שֶׁנָּטַל מִזֶּה וְנָתַן לָזֶה, מַה שֶּׁנָּטַל — נָטַל, וּמַה שֶּׁנָּתַן — נָתַן. בִּשְׁלָמָא גַּזְלָן וְיַרְדֵּן — דְּקָא חָזֵי לְהוּ וּמְיַאֵשׁ, אֶלָּא גַּנָּב מִי קָא חָזֵי לֵיהּ דִּמְיַאֵשׁ? תַּרְגְּמָהּ רַב פַּפָּא בְּלִסְטִים מְזוּיָּן. אִי הָכִי הַיְינוּ *גַּזְלָן! תְּרֵי גַּוְונֵי גַּזְלָן. ת"ש: *[א]שָׁטַף נָהָר קוֹרָיו עֵצָיו וַאֲבָנָיו וּנְתָנוֹ בְּתוֹךְ שְׂדֵה חֲבֵירוֹ — *הֲרֵי אֵלּוּ שֶׁלּוֹ, מִפְּנֵי שֶׁנִּתְיָאֲשׁוּ הַבְּעָלִים. טַעְמָא — דְּנִתְיָאֲשׁוּ הַבְּעָלִים, הָא סְתָמָא — לָא! הָכָא בְּמַאי עָסְקִינַן — כְּשֶׁיָּכוֹל לְהַצִּיל. אִי הָכִי, אֵימָא סֵיפָא: *אִם הָיוּ הַבְּעָלִים מְרַדְּפִין אַחֲרֵיהֶם — חַיָּיב לְהַחֲזִיר, אִי בִּיכוֹלִין לְהַצִּיל — מַאי אִרְיָא מְרַדְּפִין? אֲפִילּוּ אֵין מְרַדְּפִין נַמִּי! הָכָא בְּמַאי עָסְקִינַן — בִּיכוֹלִין לְהַצִּיל עַל יְדֵי הַדְּחָק, מְרַדְּפִין — לָא אַיְיאוּשׁ, אֵין מְרַדְּפִין — אַיְיאוּשֵׁי מְיָאַשׁ. ת"ש: *כֵּיצַד אָמְרוּ הַתּוֹרֵם שֶׁלֹּא מִדַּעַת תְּרוּמָתוֹ תְּרוּמָה? [ב]הֲרֵי שֶׁיָּרַד לְתוֹךְ שְׂדֵה חֲבֵירוֹ וְלִיקֵּט וְתָרַם שֶׁלֹּא בִּרְשׁוּת, אִם חוֹשֵׁשׁ מִשּׁוּם גֶּזֶל — אֵין תְּרוּמָתוֹ תְּרוּמָה, וְאִם לָאו — תְּרוּמָתוֹ תְּרוּמָה. וּמִנַּיִן הוּא יוֹדֵעַ אִם חוֹשֵׁשׁ מִשּׁוּם גֶּזֶל וְאִם לָאו? [ג]הֲרֵי שֶׁבָּא בַּעַל הַבַּיִת וּמְצָאוֹ, וְאָמַר לוֹ *"כְּלָךְ אֵצֶל יָפוֹת", אִם נִמְצְאוּ יָפוֹת מֵהֶן — תְּרוּמָתוֹ תְּרוּמָה, וְאִם לָאו — אֵין תְּרוּמָתוֹ תְּרוּמָה. [ד]לִיקְּטוּ הַבְּעָלִים וְהוֹסִיפוּ עֲלֵיהֶן — בֵּין כָּךְ וּבֵין כָּךְ תְּרוּמָתוֹ תְּרוּמָה. וְכִי נִמְצְאוּ יָפוֹת מֵהֶן תְּרוּמָתוֹ תְּרוּמָה. אַמַּאי? בְּעִידָּנָא דְּתָרַם הָא לָא הֲוָה יָדַע! *תַּרְגְּמָהּ רָבָא אַלִּיבָּא דְּאַבַּיֵי: ◦דְּשַׁוְּיֵהּ שָׁלִיחַ. [א] ה"נ מִסְתַּבְּרָא, דְּאִי ס"ד דְּלָא שַׁוְּיֵהּ שָׁלִיחַ מִי הָוְיָא תְּרוּמָתוֹ תְּרוּמָה? וְהָא אַתֶּם °"גַּם אַתֶּם" אָמַר רַחֲמָנָא *[ה]"לְרַבּוֹת שְׁלוּחֲכֶם, מָה אַתֶּם לְדַעְתְּכֶם, אַף שְׁלוּחֲכֶם — לְדַעְתְּכֶם. אֶלָּא הָכָא בְּמַאי עָסְקִינַן — כְּגוֹן דְּשַׁוְּיֵהּ שָׁלִיחַ, וַא"ל: זִיל תְּרוֹם, וְלָא א"ל תְּרוֹם מֵהָנֵי. וּסְתָמֵיהּ דְּבַעַל הַבַּיִת כִּי תָּרֵים — מִבֵּינוֹנִית הוּא תָּרֵים, וַאֲזַל אִיהוּ וְתָרַם מִיָּפוֹת. וּבָא בַּעַל הַבַּיִת וּמְצָאוֹ, וא"ל כְּלָךְ אֵצֶל יָפוֹת, אִם נִמְצְאוּ יָפוֹת מֵהֶן — תְּרוּמָתוֹ תְּרוּמָה, וְאִם לָאו — אֵין תְּרוּמָתוֹ תְּרוּמָה. אַמֵימָר וּמָר זוּטְרָא וְרַב אַשִׁי אִקְלְעוּ ◦לְבוּסְתָּנָא דְּמָרִי בַּר אִיסַק, אַיְיתִי אֲרִיסֵיהּ תַּמְרֵי וְרִימּוֹנֵי וּשְׁדָא קַמַּיְיהוּ. אַמֵימָר וְרַב אַשִׁי אָכְלִי, מָר זוּטְרָא לָא אָכֵיל. אַדְּהָכִי אֲתָא מָרִי בַּר אִיסַק, אַשְׁכְּחִינְהוּ, וַא"ל לַאֲרִיסֵיהּ: אַמַּאי לָא אַיְיתֵית לְהוּ לְרַבָּנַן מֵהָנָךְ שַׁפִּירָתָא? אָמְרוּ לֵיהּ אַמֵימָר וְרַב אַשִׁי לְמָר זוּטְרָא: הַשְׁתָּא אַמַּאי לָא אָכֵיל מָר? וְהָתַנְיָא: אִם נִמְצְאוּ יָפוֹת מֵהֶן — תְּרוּמָתוֹ תְּרוּמָה! אֲמַר לְהוּ, הָכִי אֲמַר רָבָא: לֹא אָמְרוּ כְּלָךְ אֵצֶל יָפוֹת אֶלָּא לְעִנְיַן תְּרוּמָה בִּלְבָד, מִשּׁוּם דְּמִצְוָה הוּא, וְנִיחָא לֵיהּ. אֲבָל הָכָא — מִשּׁוּם כְּסִיפוּתָא הוּא דַּאֲמַר הָכִי. תָּא שְׁמַע: *[ו]עוֹדֵהוּ הַטַּל עֲלֵיהֶן וְשָׂמַח הֲרֵי זֶה בְּ°"כִי יוּתַּן". נִגְבּוּ אַף עַל פִּי שֶׁשָּׂמַח אֵינָן

רש"י

יַרְדֵּן. וְכֵן שְׁאָר נְהָרוֹת. וְתַנָּא זֶה עַל יַד הַיַּרְדֵּן הָיָה יוֹשֵׁב. בְּלִסְטִים מְזוּיָּן. וּבַחֲזָקָה נְטָלָהּ הֵימֶנּוּ, וּמֵעִיקָּרָא יָדַע וּמְיָאֵשׁ. שָׁטַף נָהָר קוֹרָיו. שֶׁל זֶה, וּמְנָּחָן אַחֵר. הֲרֵי אֵלּוּ כו'. ה"ג: הֲרֵי אֵלּוּ שֶׁלּוֹ מִפְּנֵי שֶׁנִּתְיָאֲשׁוּ הַבְּעָלִים, דְּכָל שְׁטִיפַת נָהָר כְּקוֹרוֹת עֵצִים וַאֲבָנִים, הַבְּעָלִים יָדְעוּ בָּהּ מִיָּד, דְּיֵשׁ לָהּ קוֹל. הָא סְתָמָא. הָא אִם הָיְתָה אֲבֵידָה אַחֶרֶת, שֶׁאֵין לָנוּ לוֹמַר שֶׁיָּדְעוּ הַבְּעָלִים — לָא הָוְיָא שֶׁל מוֹצְאָהּ, קַשְׁיָא לְרָבָא. כְּשֶׁיָּכוֹל לְהַצִּיל. וּדְכְוָותָהּ בִּמְצִיאָה אַחֶרֶת: דָּבָר שֶׁיֵּשׁ בּוֹ סִימָן, דְּיָכוֹל לִיתֵּן סִימָן וְלִיטּוֹל — מוֹדֵינָא בָּהּ דְּחַיָּיב לְהַחֲזִיר. אֲפִילּוּ אֵין מְרַדְּפִין נַמִּי. דְּסָמְכִי אַהַצָּלָה דִּלְמָחָר וּלְיוֹמָא אוֹחֲרָא, וְלָא מְיָאֲשִׁי. ע"י הַדְּחָק. וְאִם לֹא יְמַהֵר לְהַצִּיל לֹא יַצִּילוּ. הִלְכָּךְ, אֵין מְרַדְּפִין — אַפְקוּרֵי אַפְקַרִינְהוּ, דְּהָא יָדְעוּ וְלֹא הִצִּילוּ. שֶׁלֹּא מִדַּעַת. בְּעָלִים. וְלִיקֵּט. לְצוֹרֶךְ בַּעַל הַבַּיִת. וְאִם חוֹשֵׁשׁ. בַּעַל הַבַּיִת, וּמַקְפִּיד עַל מַה שֶּׁעָשָׂה זֶה. מִשּׁוּם גֶּזֶל. שֶׁתָּרַם תְּרוּמָתוֹ בְּלֹא רְשׁוּתוֹ. כְּלָךְ אֵצֶל יָפוֹת. הָיָה לְךָ לֵילֵךְ אֵצֶל יָפוֹת לָתֵת מֵהֶן לַכֹּהֵן. לָא הֲוָה יָדַע. אַלְמָא: כֵּיוָן דִּלְכִי יָדַע דְּנִיחָא לֵיהּ — אָמְרִינַן: מֵעִיקָּרָא נַמִּי נִיחָא לֵיהּ. וּלְעִנְיַן יֵאוּשׁ נַמִּי, כֵּיוָן דִּלְכִי יָדַע מְיַאֵשׁ — מֵעִיקָּרָא נַמִּי הָוֵי יֵאוּשׁ. אַתֶּם גַּם אַתֶּם. "כֵּן תָּרִימוּ גַם אַתֶּם", מֵהָכָא נָפְקָא לָן שְׁלוּחוֹ שֶׁל אָדָם כְּמוֹתוֹ לִתְרוּמָה. שֶׁהַשָּׁלִיחַ שֶׁתָּרַם תְּרוּמָתוֹ תְּרוּמָה, וְכֵיוָן דִּשְׁלִיחוּת מֵהָכָא נָפְקָא לָן — עַל כָּרְחָךְ שְׁלוּחֲכֶם דּוּמְיָא דְּאַתֶּם בָּעֵינַן. אַף שְׁלוּחֲכֶם לְדַעְתְּכֶם. שֶׁהַבְּעָלִים מִינּוּהוּ שָׁלִיחַ. לְבוּסְתָּנָא. פַּרְדֵּס. לֹא אָכַל. דְּגֶזֶל נִינְהוּ. שֶׁהַבְּעָלִים לֹא יָדְעוּ. אִם נִמְצְאוּ יָפוֹת כו'. אַלְמָא: גָּלֵי דַּעְתֵּיהּ דְּנִיחָא לֵיהּ. ה"נ, גָּלֵי דַּעְתֵּיהּ דְּנִיחָא לֵיהּ בְּמַה שֶּׁנָּתַן לָנוּ. לֹא אָמְרוּ כְּלָךְ אֵצֶל יָפוֹת. דְּהָוֵי גִּלּוּי דַּעַת, אֶלָּא לְעִנְיַן תְּרוּמָה. עוֹדֵהוּ הַטַּל עֲלֵיהֶן. הַמַּעֲלֶה פֵּירוֹתָיו לַגַּג וְיָרַד עֲלֵיהֶן הַטַּל. וְשָׂמַח. בַּטַּל שֶׁיָּרַד עֲלֵיהֶן: הֲרֵי זֶה בְּכִי יוּתַּן. וְהוּכְשְׁרוּ לְטוּמְאָה מֵעַתָּה וְעַד עוֹלָם. נִגְבּוּ. עַד שֶׁלֹּא מְנָאָן. אע"פ שֶׁשָּׂמַח. עַכְשָׁיו בַּטַּל שֶׁיָּרַד עֲלֵיהֶן. אֵינָן

תוספות

מה שנתן נתן. *אתיא כר', דאמר בפרק "הגזול [בתרא]" (ב"ק דף קיד.) סתם גנב וגזלן הוי יאוש בעלים.

שטף נהר קוריו עציו ואבניו. ה"ג: אם נתיאשו הבעלים הרי אלו שלו. וי"ל דמיירי ביכול להציל בקל, אם רודף בשעת שטיפה. דאי לאו הכי — הוה כזוטו של ים, שאבוד ממנו ומכל אדם, ועל זה לא היה אומר הא סתם לא. אלא איירי ביכול להציל בקל בשעת שטיפה. ואפילו אין בהן סימן, ולפי שיעכבן עקולי ופשורי ויקחם שם. ואפי' יקדמו אחרים ויקחו — יחזירום לו, לפי שניכר שהוא בעליו, לפי שרדף מיד. וס"ד דמיירי דאם לא רדף מיד בשעת שטיפה שלא יכול עוד כלל להציל, כדמוכח בסיפא, לפי שיקחום אחרים כשיעכבום עקולי ופשורי, ולא יחזירו לפי שאין בהן סימן. וה"פ: אם נתיאשו הבעלים, דהיינו שהיו שם בשעת שטיפה ולא רדפו, ואפילו אומרים שאין מתיאשים — אין בכך כלום, דודאי הן מתיאשים בלבן. הא סתמא, שלא היו בעלים בשעת שטיפה ולא נתיאשו עד שידעו הבעלים ששטפה נהר, ואז כבר אינו יכול להציל לפי שאין בו סימן, לא דכשמצאן באיסורא אתא לידיה, שהבעלים לא ידעו עדיין. אלמא: יאוש שלא מדעת לא הוי יאוש. ומשני: ביכול להציל אפי' אחר שטיפה, כגון שיש באבידה סימן, שהבעלים אינן מתיאשין כשידעו. ופריך: אי הכי, אימא סיפא: ואם היו הבעלים מרדפין כו'. מאי אריא מרדפין? אפילו היו בעלים שם בשעת שטיפה ולא רדפו נמי יחזיר! ומשני: ביכול להציל אחר שטיפה ע"י הדחק, דאע"פ שיש בו סימן — בטורח יכול להציל, לפי שיתרחקו הרבה שהנהר מוליכן ברחוק, ולכך אם היה בשעת שטיפה ואינו מרדף — ודאי מתיאש, כיון שעתה יכול להציל בלא דוחק ואינו מציל. אבל אין הבעלים בשעת שטיפה — יחזיר, דכשידעו הבעלים לא יתיאשו, ויצילו על ידי הדחק. וא"ת: מנלן הא סתמא חייב להחזיר? דלמא נתיאשו אתא לאפוקי, שהיו שם ורדפו דחייב להחזיר! וי"ל: דא"כ לא ליתני אם נתיאשו, אלא לתני סתמא: שטף נהר קוריו עציו ואבניו — הרי אלו שלו, דפשיטא דלא מיירי ברדפו בשעת שטיפה, דהא קתני סיפא: דאם היו הבעלים מרדפים חייב. ואין להקשות דמאי דייק מסיפא טעמא — דמרדפין, הא סתמא — הרי אלו שלו. דלעולם נימא דהוא הדין סתמא דיחזיר, ולא נקט מרדפין אלא לאפוקי שהיו הבעלים בשעת שטיפה ולא רדפו. וע"י סיפא ידעינן דמיירי באין יכול להציל. אבל רש"י דגרס מפני שנתיאשו הבעלים — משמע לישנא דפשיט ליה דנתיאשו. א"כ מרישא גופיה מצי לאוכוחי, דמיירי באין יכול להציל, ולא היה צריך להביא סיפא. ותו: מנלן דהא סתמא לא? דאפילו סתמא נמי מצי מיירי. **הכי** גרסינן ה"נ מסתברא דאי לא שוייה שליח. ולא גרסינן ותסברא. אם יש יפות מהן תרומתו תרומה. דמסתמא גם מתחילה היה דעתו כן. וא"ת: ונימא דהשתא ודאי ניחא ליה ביפות, אבל מתחילה בשעה שתרם, אי הוה ידע — לא הוה ניחא ליה, דאין דרך לתרום מן היפות, כדאמרינן לעיל (דף כא:) גבי דבר שיש בו סימן דאפילו לרבא חייב להכריז דאע"ג דהשתא מתיאש אין בכך כלום! וי"ל: דשאני הכא, דכיון דחזינן ביה דניחא ליה השתא — אמרינן נמי ניחא ליה מעיקרא, משום מצוה. **ואם** לאו אין תרומתו תרומה. וא"ת: דבפרק "אלמנה ניזונית" (כתובות דף צט: ושם ד"ה פיחת) אמרינן דסתמיה דבעל הבית הוי אחד מחמשים, ואם השליח פיחת י' או הוסיף י' — תרומתו תרומה, דמאי א"ל: בהכי אמדתיך. ה"נ נימא הכי! וי"ל: דהתם הוי כולה שיעור תרומה, ויש שתורם כך, ויש שתורם כך. לכך מצי א"ל: כיון שלא פירשת לי בהכי אמדתיך. אבל מיפות — אין רגילות לתרום, ולכך לא היה לו לתרום בשום ענין מהם בלא רשותו.

מר זוטרא לא אכל. וא"ת: ואמאי לא אכל? האמר רבא פרק "הגוזל בתרא" (ב"ק דף קיט.) אריסא מדנפשיה קא זבן! ויש לומר: דהתם שהביא האריס מבית, דמסתמא ממה שהגיע לחלקו מביא. אבל הכא, שהביא מן הפרדס — היה חושש מר זוטרא שמא בשעת חלוקה לא יאמר לבעל הפרדס תטול כנגד מה שנתתי להם. ורב אשי לא היה חושש לזה, ולכך אכל קודם שבא מרי בר איסק, משום דאריס מדנפשיה קא יהיב. דאין לומר שהיה סומך שיתרצה מרי בר איסק כשידע, דהלכה כאביי. ואע"ג דהשתא ניחא ליה — מעיקרא לא הוה ניחא ליה.

איסורא

עין משפט נר מצוה

ס"א למאי דסבירא לך השתא דאיירי בגנב ממש אתיא כו'

טו א מיי' פ"ו מהלכות גזילה ואבידה הל' א טוש"מ סי' רנט:

טז ב ג ד מיי' פ"ד מהל' תרומות הל' ג:

יז ה מיי' שם הלכה א:

יח ו (מיי' פי"ב מהל' טומאת אוכלין הלכה ב):

רבינו חננאל

הן ממשמש בהן כל שעה והללו אע"פ שהן בצד שדה קצוצות דמוכחא מילתא דמשדה זו הן כבר נתיאש מהן כמו המעות. וכן תאנה הנוטה לדרך התאנים שהן נופלות ממנה מיד נמאסות לפיכך מתיאש מהן ומותרין משום גזל ופטורין מן המעשר דאינו נשמר ותנן כלל אמרו במעשרות כל שהוא אוכל ונשמר וגידוליו מן הארץ חייב במעשרות. גנב שנטל מזה ונתן לזה לא גנב הוא שגונב בסתר. אבל האי גנב דקתני גזלן הוא שנוטל בגלוי ותרי גווני גזלן קתני חד גזלן וחד ליסטים מזויין. ת"ש שטף נהר קורותיו ונתנן לתוך שדה חבירו אם נתיאשו הבעלים הרי אלו שלו מכלל דבסתמא חייב להחזיר ואוקימנא כשבעלין מרדפין אחריהן ויכולין להציל על ידי הדחק. ת"ש כיצד אמרו התורם שלא מדעת תרומתו תרומה וכו' אוקימנא כגון שתרם ובא בעל הפירות ומצאו שתרם ואמר לו למה [לא] היתה תורם מאלו היפות מוכחא מילתא שנתרצה ואסיקנא לא אמרי' כלך אצל יפות רצון בעלים הן במה שנעשה אלא לענין תרומה בלבד משום דמצוה היא וניחא ליה ביפה, אבל בזולתי תרומה לא ואע"פ שאמר לו כלך אצל יפות משום כסיפותא הוא דאמר ליה הכי ואסורין משום גזל. ת"ש עודהו הטל עליהם ושמח הרי הן בכי

הגהות הגר"א

[א] גמ' ה"נ מסתברא. נ"ב גירסת הרמב"ם ותסברא והא אתם כו' ור"ל ואמאי צריכין לכלך אצל יפות הא שלוחו כמותו אלא הב"ע כו' וכל זה לתירוץ דרבא כאן אבל א"ל לכ"ז דמצוה שאני כמ"ש בקדושין נב ב' ועי' תוס' שם ד"ה אם כו' וא"כ נ"ל כו' ואולי לשיטתייהו שכתבו כאן ד"ה ה"ג כו' ול"ג כו' (ועמ"ש רבינו ביו"ד סי' של"א ס"ק ע"ו):

מסורת הש"ס

[ב"ק נז. וש"נ] [תוס' לכתובות פ"א] [בתוספתא אי' אם נתיאשו הבעלים הרי אלו שלו ועי' תוס' ד"ה שטף] [תוס' שם ע"ש] קדושין נב: [תוס' לתרומות פ"א] [עירובין עא.] [שבת נב: וש"נ] [לקמן עא: קדושין מא:] [תוס' מכשירין פ"ג ע"ש]

תורה אור: במדבר יח; ויקרא יא

גליון הש"ס

גמ' דשויה שליח. עיין עירובין דף עא ע"א תוס' ד"ה כלך: שם לבוסתנא דמרי בר איסק. עיין יבמות דף כא ע"ב תוס' ד"ה ר"א:

עין משפט נר מצוה

יט א מיי' פ"א מהלכות טומאת אוכלין הל' ב ופי"ב הלכה א:
כ ב מיי' פי"א מהלכות גזילה ואבידה הלכה י סמג עשין עד טוש"ע ח"מ סי' רנט סעיף ז:
כא ג ד מיי' פט"ו מהל' גזילה ואבידה הל' יו סמג שם טוש"ע ח"מ סי' רס סעיף ו:
כב ה מיי' שם הל' ח סמג שם טוש"ע ח"מ סי' רסב סעיף ח:
כג ו מיי' שם:
כד ז ח מיי' שם הל' י ופי"ג הל' ה סמג שם טוש"ע שם סעיף ט וסי' רסז סעיף ז:

גמרא

– אֵינָן בְּ"כִי יוּתַּן". טַעְמָא מַאי? לָאו מִשּׁוּם דְּלָא אָמְרִינַן, כֵּיוָן דְּאִיגְלַאי מִילְּתָא דְּהַשְׁתָּא נִיחָא לֵיהּ, מֵעִיקָּרָא נַמִי נִיחָא לֵיהּ? שָׁאנֵי הָתָם, דִּכְתִיב כִּי יִתֵּן – עַד שֶׁיִּתֵּן. אִי הָכִי, רֵישָׁא נַמִי! הָתָם *כִּדְרַב פַּפָּא. דְּרַב פַּפָּא רָמֵי: כְּתִיב כִּי יִתֵּן וְקָרֵינַן כִּי יוּתַּן הָא כֵּיצַד? בָּעֵינַן, כִּי יוּתַּן דּוּמְיָא דְּכִי יִתֵּן; [א]מַה יִתֵּן לָדַעַת – אַף כִּי יוּתַּן נַמִי לָדַעַת. ת"ש, *דְּא"ר יוֹחָנָן מִשּׁוּם *רַבִּי יִשְׁמָעֵאל בֶּן יְהוֹצָדָק: [ב]מִנַּיִן לַאֲבֵידָה שֶׁשְּׁטָפָהּ נָהָר שֶׁהִיא מוּתֶּרֶת – דִּכְתִיב °"וְכֵן תַּעֲשֶׂה לַחֲמֹרוֹ וְכֵן תַּעֲשֶׂה לְשִׂמְלָתוֹ וְכֵן תַּעֲשֶׂה לְכָל אֲבֵדַת אָחִיךָ אֲשֶׁר תֹּאבַד מִמֶּנּוּ וּמְצָאתָהּ" – מִי שֶׁאֲבוּדָה הֵימֶנּוּ וּמְצוּיָה אֵצֶל כָּל אָדָם, יָצְאתָה זוֹ שֶׁאֲבוּדָה מִמֶּנּוּ, וְאֵינָהּ מְצוּיָה אֵצֶל כָּל אָדָם. וְאִיסּוּרָא דּוּמְיָא דְּהֶיתֵּירָא, מַה הֶיתֵּירָא – בֵּין דְּאִית בָּהּ סִימָן וּבֵין דְּלֵית בָּהּ סִימָן שָׁרָא, אַף אִיסּוּרָא – בֵּין דְּאִית בָּהּ סִימָן וּבֵין דְּלֵית בָּהּ סִימָן אֲסוּרָה. תְּיוּבְתָּא דְּרָבָא. תְּיוּבְתָּא. *וְהִלְכְתָא כְּוָותֵיהּ דְּאַבַּיֵי ⊕ביע"ל קג"ם. א"ל רַב אַחָא בְּרֵיהּ דְּרָבָא לְרַב אַשִׁי: וְכִי מֵאַחַר דְּאִיתּוֹתַב רָבָא, הָנֵי תַּמְרֵי דְּזִיקָא הֵיכִי אָכְלִינַן לְהוּ? אֲמַר לֵיהּ: [ג]כֵּיוָן [א] דְּאִיכָּא שְׁקָצִים וּרְמָשִׂים דְּקָא אָכְלֵי לְהוּ, מֵעִיקָּרָא יָאוּשֵׁי מְיָאֵשׁ מִנַּיְיהוּ. ⊕*יַתְמֵי דְּלָאו בְּנֵי מְחִילָה נִינְהוּ מַאי? אֲמַר לֵיהּ: בָּאַגָּא בְּאַרְעָא דְּיַתְמֵי לָא מַחְזְקִינַן. מוּחְזָק וְעוֹמֵד מַאי? כַּרְכְּתָא מַאי? אֲמַר לֵיהּ: [ד]אֲסִירָן. § "כְּרִיכוֹת בִּרה"ר הֲרֵי אֵלּוּ שֶׁלּוֹ". § אָמַר רַבָּה: וַאֲפִילּוּ בְּדָבָר שֶׁיֵּשׁ בּוֹ סִימָן. אַלְמָא קָסָבַר רַבָּה: סִימָן הֶעָשׂוּי לִידָּרֵס – לָא הָוֵי סִימָן. רָבָא אָמַר: [ה]לֹא שָׁנוּ אֶלָּא בְּדָבָר שֶׁאֵין בּוֹ סִימָן, אֲבָל בְּדָבָר שֶׁיֵּשׁ בּוֹ סִימָן – חַיָּיב לְהַכְרִיז. אַלְמָא קָסָבַר רָבָא: סִימָן הֶעָשׂוּי לִידָּרֵס – הָוֵי סִימָן. וְאִיכָּא דְּמַתְנֵי לְהָא שְׁמַעְתָּא בְּאַנְפֵּי נַפְשָׁהּ; סִימָן הֶעָשׂוּי לִידָּרֵס, רַבָּה אָמַר: לָא הָוֵי סִימָן, וְרָבָא אָמַר: [ו]הָוֵי סִימָן. תְּנַן: כְּרִיכוֹת בִּרה"ר הֲרֵי אֵלּוּ שֶׁלּוֹ, בִּרה"י נוֹטֵל וּמַכְרִיז. ה"ד? אִי דְּלֵית בְּהוּ סִימָן – בִּרה"י מַאי מַכְרִיז? אֶלָּא לָאו – דְּאִית בְּהוּ סִימָן, וְקָתָנֵי: בִּרה"ר הֲרֵי אֵלּוּ שֶׁלּוֹ, אַלְמָא: סִימָן הֶעָשׂוּי לִידָּרֵס לָא הָוֵי סִימָן, תְּיוּבְתָּא דְּרָבָא! אָמַר לָךְ רָבָא: לְעוֹלָם דְּלֵית בְּהוּ סִימָן, וּדְקָא אָמְרַתְּ בִּרה"י מַאי מַכְרִיז – מַכְרִיז מָקוֹם. וְרַבָּה אָמַר: מָקוֹם לָא הָוֵי סִימָן. דְּאִיתְּמַר: מָקוֹם, רַבָּה אָמַר: לָא הָוֵי סִימָן, וְרָבָא אָמַר: [ז]הָוֵי סִימָן. ת"ש: כְּרִיכוֹת בִּרה"ר – הֲרֵי אֵלּוּ שֶׁלּוֹ, בִּרה"י – נוֹטֵל וּמַכְרִיז. [ח]וְהָאֲלוּמוֹת, בֵּין בִּרה"ר וּבֵין בִּרה"י – נוֹטֵל וּמַכְרִיז. רַבָּה הֵיכִי מְתָרֵץ לָהּ וְרָבָא הֵיכִי מְתָרֵץ לָהּ? רַבָּה מְתָרֵץ לְטַעְמֵיהּ – בְּסִימָן, וְרָבָא מְתָרֵץ לְטַעְמֵיהּ – בְּמָקוֹם. רַבָּה מְתָרֵץ לְטַעְמֵיהּ בְּסִימָן: כְּרִיכוֹת בִּרְשׁוּת הָרַבִּים הֲרֵי אֵלּוּ שֶׁלּוֹ – מִשּׁוּם דְּמִדְרְסָא

תורה אור: דברים כב

רש"י

אֵינָן בְּכִי יוּתַּן. וְלָא אָמְרִינַן: כֵּיוָן דְּהָשְׁתָּא נִיחָא – מְהַנֵּי הַאי דַּעְתָּא לְמֵעִיקָּרָא, וּתְיהֱוֵי הֶכְשֵׁר. וְקַשְׁיָא לְרָבָא! כְּתִיב כִּי יִתֵּן. וְלָא כְּתִיב "כִּי יוּתַּן". לָדַעַת. שֶׁיָּדַע בִּנְתִינָה, וְהוּכְשַׁר בְּעֵינָיו, וְעוֹדֵהוּ הַטַּל עֲלֵיהֶן עֲדַיִין הֵן בִּנְתִינָתוֹ. מִמֶּנּוּ. קְרָא יְתֵירָא הוּא לְאַשְׁמוּעִינַן שֶׁאֵינוֹ אָבוּד אֶלָּא הֵימֶנּוּ. וְאִיסּוּרָא דּוּמְיָא דְּהֶיתֵּירָא. כֵּיוָן דְּמֵחַד קְרָא יָלְפִינַן מְצוּיָה אֵצֶל כָּל אָדָם שֶׁיַּחֲזוֹר, וְשֶׁאֵינָהּ מְצוּיָה יִזְכֶּה בָּהּ – אִיתְקוּשֵׁי אִתְקוּשׁ לַהֲדָדֵי, זוֹ לְאִיסּוּרָא וְזוֹ לְהֶיתֵּירָא. מַה הֶיתֵּירָא. שֶׁאֵינָהּ מְצוּיָה, לֹא חִילֵּק בֵּין שֶׁיֵּשׁ בָּהּ סִימָן לְשֶׁאֵין בָּהּ סִימָן. אַף אִיסּוּרָא. דִּמְצוּיָה אֵצֶל כָּל אָדָם, לֹא חִילֵּק בֵּין אֵין סִימָן דְּכִי יָדַע מְיָאֵשׁ, לְיֵשׁ סִימָן דְּלְכִי יָדַע לָא מְיָאֵשׁ. וְכִי הֵיכִי דְּיֵשׁ סִימָן אֲסִירָא – כִּי אֵין סִימָן נַמִי אֲסִירָא הֵיכָא דְּאִיכָּא לְמֵימַר לֹא יָדַע דְּנָפְלָה קוֹדֶם שֶׁבָּאת לְיַד זֶה. יע"ל קג"ם. סִימָנֵי הֲלָכוֹת הֵן: יֵאוּשׁ שֶׁלֹּא מִדַּעַת דְּהָכָא, עֵד זוֹמֵם לְמַפְרֵעַ הוּא נִפְסָל בְּסַנְהֶדְרִין (דף כז.), לֶחִי הָעוֹמֵד מֵאֵלָיו בְּעֵירוּבִין (דף טו.), קִדּוּשִׁין שֶׁלֹּא נִמְסְרוּ לְבִיאָה בְּקִדּוּשִׁין (דף נא.), גִּלּוּי דַּעְתָּא בְּגִיטָּא בְּגִיטִּין (דף לד.), מוּמָר אוֹכֵל נְבֵילוֹת לְהַכְעִיס פָּסוּל לְעִנְיַן עֵדוּת בְּסַנְהֶדְרִין (דף כז.). הָנֵי תַּמְרֵי דְּזִיקָא. שֶׁהָרוּחַ מַשִּׁיר. הֵיכִי אָכְלִינַן לְהוּ. הָא לָא מְיָאֵשׁ. וְהָא דְּנָקַט לְמִיבְּעֵי בָּעְיָא מֵאַחַר דְּאִיתּוֹתַב רָבָא קַשְׁיָא לִי, דִּבְלָא אִיתּוֹתַב רָבָא אִיכָּא לְמִיבְּעֵי. דְּהָא מוֹדֶה רָבָא בְּכָל דָּבָר שֶׁחֲזוּתוֹ מוֹכִיחַ עָלָיו חוּץ מִן הַתְּאֵנָה מִפְּנֵי שֶׁנִּמְאֶסֶת עִם נְפִילָתָהּ! וְנִרְאֶה בְּעֵינַי: דְּלָא נָקַט לָהּ אֶלָּא לְהַרְבּוֹת בְּחוֹמֶר אִיסּוּר, כְּלוֹמַר: מֵאַחַר דְּאִיתּוֹתַב אֲפִילּוּ בְּדָבָר שֶׁאֵין בּוֹ סִימָן, כ"ש שֶׁאֵלּוּ אֲסוּרִין שֶׁיֵּשׁ בָּהֶן סִימָן. מֵעִיקָּרָא. מִקּוֹדֶם נְפִילָתוֹ. יָאוּשֵׁי מְיָאֵשׁ. דְּיוֹדֵעַ הוּא שֶׁהָרוּחַ מַשִּׁיר מֵהֶן, וְהַשְּׁקָלִים מְזוּמָּנִים לְאוֹכְלָן. יַתְמֵי. קְטַנִּים שֶׁאֵין הֶפְקֵירָן הֶפְקֵר. בְּאַגָּא בְּאַרְעָא דְּיַתְמֵי לָא מַחְזְקִינַן. אֵין עָלֵינוּ לְהַחֲזִיק כָּל הַבִּקְעָה בְּחֶזְקַת הַקַּרְקַע שֶׁל יְתוֹמִין, וְלֶאֱסוֹר כָּל הַתְּמָרִים מִשּׁוּם סְפֵק קַרְקַע שֶׁל יְתוֹמִים, אֶלָּא הוֹלְכִין אַחַר הָרוֹב. מוּחְזָק וְעוֹמֵד מַאי. קַרְקַע עַצְמָהּ שֶׁל יְתוֹמִין מַאי? כַּרְכְּתָא מַאי. דְּקָלִים הַכְּרוּכִין וּמוּקָּפִין בְּגָדֵר שֶׁל אֲבָנִים סָבִיב, שֶׁאֵין שְׁקָלִים וּרְמָשִׂים נִכְנָסִין שָׁם. הֶעָשׂוּי לִידָּרֵס. שֶׁהַמָּקוֹם שֶׁהוּא שָׁם רָגִיל בִּדְרִיסַת בְּנֵי אָדָם, וְהַחֵפֶץ נָמוֹךְ וְנוֹחַ לִידָּרֵס. לָא הָוֵי סִימָן. שֶׁאֵין בְּעָלָיו סוֹמֵךְ לָתֵת בּוֹ סִימָן, מֵימַר אָמַר: נִשְׁחַת הַסִּימָן בִּדְרִיסַת הָרַגְלַיִם. בִּרה"י. כְּגוֹן בְּשָׂדֶה זְרוּעָה, שֶׁאֵין רוֹב בְּנֵי אָדָם דּוֹרְכִין בָּהּ, וְיֵשׁ מִיעוּט שֶׁהוֹלְכִין בָּהּ. ה"ג: אִי דְּלֵית בְּהוּ סִימָן בִּרה"י מַאי מַכְרִיז. כְּלוֹמַר: כִּי מַכְרִיז זֶה מָצָא אֲבֵידָה מַאי מַכְרִיז, שֶׁיּוּכַל לִיתֵּן הָאוֹבֵד סִימָן בָּהּ? מַכְרִיז מָקוֹם. וְאֵינוֹ מַכְרִיז שֵׁם הָאֲבֵידָה אֶלָּא שֵׁם הַמָּקוֹם: מִי שֶׁאָבְדָה מִמֶּנּוּ אֲבֵידָה בְּמָקוֹם פְּלוֹנִי יָבֹא וְיֹאמַר מָה אִיבֵּד. וְזֶה בָּא וְאוֹמֵר: אִבַּדְתִּי שָׁם חֵפֶץ פְּלוֹנִי. וְהָאֲלוּמוֹת. עוֹמָרִים גְּדוֹלִים. רַבָּה הֵיכִי מְתָרֵץ לָהּ. רַבָּה דְּאָמַר טַעְמָא דִּרה"ר מִשּׁוּם דְּנִדְרָס, מַאי שְׁנָא אֲלוּמוֹת. וְרָבָא. דְּמוֹקִים לִכְרִיכוֹת כְּשֶׁאֵין בּוֹ סִימָן, מַאי שְׁנָא כְּרִיכוֹת וּמַאי שְׁנָא אֲלוּמוֹת? רַבָּה מְתָרֵץ לְטַעְמֵיהּ. דְּטַעְמָא *דִּרְשׁוּת הָרַבִּים דִּכְרִיכוֹת מִשּׁוּם סִימָן, וּבְדָבָר שֶׁיֵּשׁ (א) בָּהּ סִימָן. בְּמָקוֹם. טַעְמָא דִּכְרִיכוֹת *בִּרְשׁוּת הָרַבִּים מִשּׁוּם מָקוֹם, וּבְדָבָר שֶׁאֵין בּוֹ סִימָן. דְּמִדְרְסָא

תוספות

איסורא דומיא דהיתרא. מה שמתיר אבודה ממנו ומכל אדם ע"כ לא איצטריך קרא בידע ומתיאש, דהא אפילו במצויין אצל כל אדם מותרת ביאוש. אלא לא איצטריך אלא כי לא ידע, ואע"ג דלכי ידע לא מתיאש, אפי' אם יש בו סימן, כיון שהיא אבודה מכל אדם. ה"נ איסורא, דהיינו מצוייה אצל כל אדם, דאסור כה"ג דלא (ג) ידעינן דמיאש, בין יש בו סימן בין שאין בו סימן. ואין להתיר אלא דמיאש קודם דאתא לידיה דשריא רחמנא.

מאחר דאיתותב רבא כו'. בשלמא לרבא, אע"ג דאותם שתחת האילן או בסמוך לאילן אסירי, דחזותו מוכיח עליו אבל תמרי שהרוח מוליכן ברחוק, דלא שייך חזותו מוכיח עליו אע"פ שבעלים סבורין שיפלו תחת האילן, מ"מ אם היו יודעין שהרוח מוליכן מרחוק – היו מתיאשין. אלא לאביי – הא הוי יאוש שלא מדעת, שהבעלים סבורים שיפלו תחת האילן ולא יקחום עוברי דרכים, משום דחזותו מוכיח עליו! ומשני: דאפילו אותן שתחת האילן שרו אפילו לאביי *באתרא דשכיחי שקצים ורמשים דמיאש. וצ"ל דעבידי דנתרי כמו תאנים דאל"כ היו אסורים לרבי דהוי יאוש שלא מדעת דאינו סובר שיפלו כיון דלא עבידי דנתרי כמו זתים וחרובים, דאסור כיון דלא עבידי דנתרי.

דלאו בני מחילה נינהו מאי. בשלמא לרבא, כיון דלכי גדלי מיאשי – השתא נמי מיקרי יאוש.

***תיובתא** דרבא. רבא ידע שפיר הך ברייתא, כדמשמע קצת לעיל (דף כא:), דקאמר בזוטו של ים כ"ע לא פליגי דשרי, כדבעינן למימר לקמן. אלא דלא דייק איסורא דומיא דהתירא.

[ב]**כרכתא** מאי. אם יש גדר סביב האילן מי שרו אותם שהרוח מוליך אותן חוץ לגדר דרך עליו? הלא הבעלים סבורין שכולן יפלו תחת האילן, ושם ישתמרו משקצים ורמשים.

אי דליכא סימן מאי מכריז. פירוש: למה צריך להכריז המוצא, מאחר שהאבוד אין בו סימן ליתן? ומשני: דזה מכריז שאותו שאבד יתן סימן מקום. וכן לקמן (דף כח.), דקאמר: כדי שילך שלשה ויחזור שלשה ויכריז יום אחד, היינו נמי שהמוצא מכריז והאובד יתן סימן. ⊕אך קשה, דבפרק "אלו עוברין" (דף מט: ושם ד"ה ויש) אמרינן: ע"ה אין מכריזין על אבידתו והיאך אנו יודעין זה אם הוא של ע"ה? ויש לומר: דמיירי במוצא במקום דשכיח ע"ה. ורש"י שפירש דהמוצא מכריז מקום, שיאמר מצאתי חפץ במקום פלוני, והוא יאמר חפץ פלוני ויקחנה – ק"ק, דהא תנן בפירקין (דף כח:): אמר אבידה ולא אמר סימנין – לא אמר כלום. אלמא: במה שמכוין החפץ אינו סימן! וי"ל: דהתם נמי לאו משום דהוא חשוד לשקר שהפסיד חפץ, אלא משום דא"ל כי היכי דאת אבדת חפץ – ה"נ אימר אדם אחר הפסיד. אבל הכא – מהדרינן, דאין רגילות ששני בני אדם אבדו חפץ זה כזה ובמקום אחד. ולפרש"י הוה מכריז מקום דהכא פירושו – ממש דומיא דמכריז מנין דשלהי פרק קמא (דף כ:). **ורבה** אמר מקום לא הוי סימן. ולפי דסבירא ליה לרבה מקום לא הוי סימן, הוצרך לומר דסי' העשוי לידרס לא הוי סימן.

אין

רבינו חננאל

יותן: פי' סימן העשוי לידרס כגון קשירת כריכות וכיוצא בהן שאם ידרסו יותרו הקשרים ובטל הסימן. וקתני סימן העשוי לידרס רבה אמר לא הוי סימן ודינו כדין דבר שאין בו סימן ורבא אמר הוי סימן. ואקשי' עליה דרבא ממתני' דקתני כריכות ברשות הרבים הרי אלו שלו ברשות היחיד נוטל ומכריז מאי לאו דאית בהו סימן העשוי לידרס וברשות הרבים דשכיחי רבים דדרסי עליה ובטיל מיאש לפיכך הרי אלו שלו אבל ברשות היחיד דלא מידרסי חייב להכריז אלמא סימן העשוי לידרס לא הוי סימן ודחי רבא לא מתני' בדליכא בהו סימן כלל וברשות היחיד אמאי מכריז מכריז מקום שהמקום הוא הסימן. ורבה אמר מקום לא הוי סימן. פי' מינשתפי מתגלגלין ברגלי בני אדם. פי' כיון דיקירי לא מינשתפי כיון שהן כבדים אינן מתגלגלין ברגלי בני אדם

הגהות הב"ח

(א) רש"י ד"ה רבה מתרץ וכו' שיש בו סימן: (ב) תוס' ד"ה איסורא וכו' דלא ידע דמיאש בין:

הגהות הגר"א

[א] גמ' דאיכא כו'. נ"ב מחמת מתיקותם. רמב"ם. משא"כ שאר פירות מ"מ: [ב] תוס' ד"ה כרכתא כו'. נ"ב אבל הרמב"ם כתב אם הקפיד והקיף כו' שהרי גילה דעתו שלא מחל:

גליון הש"ס

גמ' ביע"ל קג"ם. עיין שבת דף קנה ע"א תוס' ד"ה והלכתא: **שם** יתמי דלאו בני מחילה. עיין כ"ב דף קמג ע"ב תוס' ד"ה ואם: **תוס'** ד"ה אי דליכא כו' אך קשה. עיין תשובת רעק"א חי"ד סימן ר"נ:

מסורת הש"ס

קדושין נב:
לקמן כז.
[נ"ל ר' שמעון וכ"ה בילקוט]
[קידושין נב. בבא קמא סג. סנהדרין כז.]
[פסחים נ:]
ס"א כיון דאיכא אתרא
[נ"ל קודם ד"ה מאחר]
ס"א דרה"ר
ס"א ברה"ר

דמדרסא, ברשות היחיד נוטל ומכריז — דלא מדרסא, והאלומות בין ברשות הרבים ובין ברה״י נוטל ומכריז — כיון דגביהן, לא מדרסא. ורבא מתרץ לטעמיה במקום: כריכות ברה״ר הרי אלו שלו — דמינשתפא, ברה״י חייב להכריז — דלא מינשתפא, והאלומות בין ברה״ר ובין ברה״י נוטל ומכריז — כיון דיקירי לא מינשתפא. ת״ש: ככרות של נחתום — הרי אלו שלו. הא של בעל הבית — חייב להכריז. של בעל הבית מאי טעמא — כיון דאית בהו סימן, דמידע ידיע רפתא דאיניש איניש הוא, ולא שנא רשות הרבים ולא שנא רשות היחיד — נוטל ומכריז. אלמא: סימן העשוי לידרס הוי סימן, תיובתא דרבה! אמר לך רבה: התם היינו טעמא, משום *דאין מעבירין על האוכלין. והא איכא גוים! גוים חיישי לכשפים. והאיכא בהמה וכלבים! באתרא דלא שכיחי בהמה וכלבים. לימא כתנאי, ר״י אומר: *כל דבר שיש בו שינוי — חייב להכריז. כיצד? מצא עיגול ובתוכו חרס, ככר ובתוכו מעות. מכלל דתנא קמא סבר: הרי אלו שלו. סברוה: דכולי עלמא סימן הבא מאיליו — הוי סימן, ומעבירין על האוכלין. מאי לאו בסימן העשוי לידרס קא מיפלגי, מר סבר: לא הוי סימן, ומר סבר: הוי סימן? אמר רב זביד משמיה דרבא: אי ס״ד דקא סבר תנא קמא סימן העשוי לידרס לא הוי סימן, ומעבירין על האוכלין — ככרות של בעל הבית ברה״ר אמאי מכריז? אלא אמר רב זביד משמיה דרבא: דכולי עלמא סברי סימן העשוי לידרס — הוי סימן, ומעבירין על האוכלין. והכא — בסימן הבא מאיליו קא מיפלגי. דתנא קמא סבר: סימן הבא מאיליו — לא הוי סימן, ור״י סבר: הוי סימן. ורבה אמר לך: דכ״ע סימן העשוי לידרס — לא הוי סימן, ואין מעבירין על האוכלין. והכא בסימן הבא מאיליו קמיפלגי. ת״ק סבר: לא הוי סימן, ור״י סבר: הוי סימן. איכא דאמרי: סברוה דכ״ע סימן הבא מאיליו הוי סימן, וסימן העשוי לידרס — לא הוי סימן. מאי לאו — במעבירין על האוכלין קא מיפלגי, דמר סבר: מעבירין, ומר סבר: אין מעבירין. אמר רב זביד משמיה דרבא: אי ס״ד סבר ת״ק סימן העשוי לידרס לא הוי סימן, ומעבירין על האוכלין — ככרות של בעל הבית ברה״ר אמאי מכריז? אלא אמר רב זביד משמיה דרבא: דכולי עלמא סברי: סימן העשוי לידרס — הוי סימן, ומעבירין על האוכלין. והכא — בסימן הבא מאיליו קא מיפלגי, דתנא קמא סבר: סימן הבא מאיליו — לא הוי סימן, ור״י סבר: הוי סימן. ורבה אמר לך: דכולי עלמא סימן העשוי לידרס — לא הוי סימן, ואין מעבירין על האוכלין. והכא — בסימן הבא מאיליו קא מיפלגי, תנא קמא סבר: סימן הבא מאיליו — לא הוי סימן, ור״י סבר: הוי סימן. אמר רב זביד משמיה דרבא: [א]כללא דאבידתא: כיון דאמר ווי לה לחסרון כיס — מיאש ליה מינה. ואמר רב זביד משמיה דרבא: [ב]הלכתא, כריכות ברשות הרבים — הרי אלו שלו, ברשות היחיד, אי דרך נפילה — הרי אלו שלו, אי דרך הנחה — נוטל ומכריז. וזה וזה בדבר שאין בו סימן, אבל בדבר שיש בו סימן — לא שנא ברה״ר ולא שנא ברשות היחיד, בין דרך נפילה ובין דרך הנחה — חייב להכריז.§ ומחרוזות

רש״י

דמדרסא. וסימן העשוי לידרס הוא. דמינשתפא. מתגלגל ברגלי אדם ובהמה, ואינה נמצאת במקום שנפלה תחילה. דיקירי. כבידות. הא של בעל הבית חייב להכריז. ואע״ג דבהדיא תני לה במתניתין, [לקמן כה.] *איידי דנקט לאותביה מרישא כריכות ברשות הרבים דאותיב מיניה לרבא, נקט נמי לאותוביה לרבה מדוקיא דרישא. אין מעבירין על האוכלין. המוצא אוכלין בדרך אין רשאי לעבור עליהם ולהניחם שם. הלכך לא נדרסו, שמי שמוצאן ראשון הגביהן. אין מעבירין על האוכלין. לאו לשון דריסה הוא, אלא כמו ״אין מעבירין על המצות״ (יומא דף לג.). חיישי לכשפים. סבורים שמחמת כשפים הונחו לשם, כדי להכשיל הדורסים עליהן. והיינו נמי דאין מגביהין אותם, מיהו לא דרסי עליהן, משום כשפים. לימא כתנאי. פלוגתא דרבה ורבא. הבא מאיליו. הראוי לבא מאליו, כגון חרס פעמים שנופל בעיגול. הוי סימן. דאמרינן: לשם סימן נתנו שם, ולא נפל מאליו, ודבר שיש בו סימן הוא. ואפילו הכי פליגי רבנן ואמרי: [עירובין סד:] הרי אלו שלו, משום דקסברי מעבירין על האוכלין, והוה ליה סימן העשוי לידרס. ור״י סבר הוי סימן. ואע״פ שזה עשוי לידרס — [לעיל כא.] נמי הוי סימן. ומעבירין על האוכלין. ואפילו הכי ככרות של בעל הבית חייב להכריז, דסימן העשוי לידרס הוי סימן. ועיגול היינו טעמא — דסימן הבא מאליו לאו סימן הוא, ור״י סבר הוי סימן. ורבה אמר לך כו׳. והכא היינו טעמא דר״י משום דאין מעבירין על האוכלין. ות״ק הכי נמי אית ליה אין מעבירין, ומשום הכי ככרות של בעל הבית חייב להכריז. וטעמייהו בעיגול — משום דסימן הבא מאליו הוא, ור״י סבר הוי סימן. איכא דאמרי סברוה כו׳. וכי תימא לימא כתנאי — אאין מעבירין על האוכלין אתמר. הלכתא כריכות ברה״ר כו׳. כדנוקי לה בשאין בו סימן. ברשות היחיד אי דרך נפילה הרי אלו שלו. דליכא למימר מקום הוי סימן, דהא לא ידע היכא נפיל מיניה. אי דרך הינוח נוטל ומכריז. מקום. ולא יניחם שם, שמא ימלאם גוי ויטלם, ושמא שכחום הבעלים. אבל בדבר שיש בו סימן כו׳. רבא לטעמיה, דאמר: סימן העשוי לידרס הוי סימן. במניינא

תוספות

אין מעבירין על האוכלין. פי׳: אינו רשאי לעבור מעליהן, כדפירש רש״י, אלא צריך להגביהן. אבל אין לפרש דאין מעבירין — היינו אין דורסין עליהם, כדאמר בפרק ״הדר״ (עירובין דף סד:), דא״ל ר״ג לרבי אלעאי: טול גלוסקא משום דאין מעבירין. הרי משמע שצריך להגביהם! ועוד: דקאמר התם אבל בדורות אחרונים שפרוצות בכשפים — מעבירין. ואי אין מעבירין היינו אין דורסין — א״כ האי דקאמר נמי שפרוצות בכשפים היינו דורסים, והכא משמע *דבאתרא דחיישי לכשפים אין דורסין! אלא ודאי צריך לומר כדפרישית. והא איכא גוים דלא איכפת להו. פירוש: שידרסו הגוים קודם שיבא שם שום ישראל ויגביה. וא״ת: ולפרוך, והלא גוים שקלי ליה! וי״ל: דדריסה שכיח, אי לאו משום כשפים, לפי שדורסין דרך הילוכן. אבל נטילה לא שכיח, שיראים שבעל הככר רואה, שסבורים שלדעת הניחו שם. אבל קשה: דהיכי פריך שניחוש שידרסוהו גוים קודם שיבא שם שום ישראל, ויפטר מהכרזה, אדרבה: ניחוש לרוב ישראל שרואין הככר, ויגביהוהו, וניחוש לחומרא לחייבו הכרזה. דהא בליבורי מעות מכריז, אע״פ שאם יראו אותם הגוים קודם ודאי שקלי להו. ועוד: דבעי למימר דאפילו ברוב גוים פליגי רבנן ומחייבי להכריז, ואע״ג דאיכא למיחש דלמא שקלי להו, ומסתמא נתייאש! ועוד: דהוה ליה למימר דמגוים נפול, וניזיל בתר רובא, אפילו לשמואל דאמר בממון אין הולכין אחר הרוב — היכא דליכא חזקה מודה, כדמוכח בפרק ״לא יחפור״ (ב״ב דף כג: ושם ד״ה חוץ) גבי ניפול הנמצא! (א) *אבל כל היכא דאפשר לתקן להשיב ממון לבעלים ע״י הכרזה — מתקנינן, וא״כ מאי פריך הכא? והא איכא בהמה וכלבים. וא״ת: לרבא נמי יקשה, והא איכא בהמה וכלבים דאכלי להו, כדאמר לעיל, דאיכא שקצים ורמשים דאכלי! וי״ל: דהכא איירי בככרות גדולות שאי אפשר שיאכלום. סימן הבא מאיליו הוי סימן. פרש״י: דלשם סימן נתנו שם, ולא נפל מאיליו. וקשה: דאין דרך לתת מעות בככר לסימן! אלא י״ל: דאימור ידע שנפלו לו שם. ומ״ד לא הוי סימן — כיון דרגילות לבא מאיליו, מסתמא לא ידע, כיון שאין ניכר בחוץ. אבל סימני בהמה שהן מאליהן — הוי סימן, כיון שניכר. (ב) וכן דבר שאין ניכר בחוץ, אם אין רגילות לבא מאליו — הוי סימן. מחרוזות

דנכרים. ר״מ

עין משפט נר מצוה

כה א מיי׳ פי״ד מהל׳ גזלה ואבידה הל׳ ג סמג עשין עד טוש״ע ח״מ סי׳ רסב סעיף ה:
כו ב מיי׳ שם פט״ו הל׳ ח סמג שם טוש״ע שם סעיף ט:

רבינו חננאל

ת״ש ככרות של נחתום שלו של בעל הבית נוטל ומכריז והנה ככרות של בעל הבית אע״פ שידועין הן ריפתא דכל חד וחד כיון שאם ידרסו מתפתחין ואין ניכרין למי הן למה מכריזין תיובתא לרבה דאמר לא הוי סימן. ופריק רבה שאני ככרות דלא מדרסי כלל דאין מעבירין על האוכלין ומתני׳ באתרא דלית ביה לא בהמה ולא אפי׳ כלבים. פי׳ סימן הבא מאליו כגון מעות שנפלו בעיסה ונאפו בתוך הככר וכיוצא בהן. אמר רב זביד כללא דאבידתא כיון דאמר ווי ליה לחסרון כיס מיאש מינה. אמר רב זביד משמיה דרבא הלכתא כריכות ברשות הרבים הרי אלו שלו ברשות היחיד אי דרך נפילה מצאן הרי אלו שלו אי דרך הנחה נוטל ומכריז וזה וזה בדבר שאין בו סימן [אבל ביש בו סימן] לא שנא רשות. הרבים ולא שנא רשות היחיד לא שנא דרך הינוח ולא שנא דרך נפילה נוטל ומכריז

הגהות הב״ח

(א) תוס׳ ד״ה והא איכא וכו׳ גבי ניפול הנמצא אלמא כל היכא: (ב) ד״ה סימן וכו׳ כיון שניכר בתוך וכן דבר:

כז א מיי' פט"ו מהל' גזילה ואבידה הל' ו טוש"ע ח"מ סי' רסב סעיף ג וסעיף ו:
[עי' מהר"ם ופר"ח סי' סג ס"ק ג בי"ד]
כח ב ג ד מיי' שם פי"ג הל' ה סמג עשין עד טוש"ע ח"מ סי' רסב סעיף ג וסי' רסז סעיף ז:
כט ה מיי' שם פט"ו הלכה יא סמג שם טוש"ע שם סי' רסב סעיף ח וסעיף טו:
ל ו מיי' שם הלכה ט ועיין בהשגות ובמגיד משנה טוש"ע שם סעיף ט בהג"ה:
לא ז מיי' שם הל' יא טוש"ע שם סעי' טו:
לב ח מיי' שם הלכה ט ועיין בהשגות ובמגיד משנה טוש"ע שם סעיף ט בהג"ה:
לג ט י מיי' שם פי"ד הלכה יג סמג שם טוש"ע שם סעיף כא:

מחרוזות של דגים הרי אלו שלו. וה"ה מחרוזות של בשר כדאמר בתוספתא (פ"ב). וא"ת: והא אמר בפ' "גיד הנשה" (חולין דף צה: ושם ד"ה במחרוזים) אל תהא שוטה בשר במחרוזים הוי סימן! וי"ל: גבי בשר שנתעלם מן העין הקילו טפי, *דאין הלכה כרב, מדפריך (שם) ורב היכי אכל בשרא, משמע דאנן שפיר אכלינן.

מדמשקל הוי סימן מדה ומנין נמי הוי סימן. משמע דמדה עדיפא. וא"ת: והא אמרי' (לקמן דף כח.) ניתן לאומר משקלותיו ולא לאומר מדת ארכו ורחבו, משמע דמשקל הוי סימן טפי! וי"ל: דה"מ בבגד, דאין דרך לשקול – התם ודאי משקל עדיף.

חביות של יין ושל גרוגרות הרי אלו שלו. אע"ג דתנן (לקמן דף כד:) מלא פירות בכלי חייב להכריז משום סימן של הכלי, הכא רגילות הוא דכל החביות שוין. וא"ת: מדת היין להוי סימן! וי"ל: שהחבית מלאה, וכל החביות שוין. אבל אם אין החבית מלאה – יהא סימן לומר כמה יין יש בו.

אתלתא קרנתא. וא"ת: דרב אמר בפ' "אין מעמידין" (ע"ז דף לט: ושם) חבי"ת אסור בחותם אחד. ושמואל נמי לא פליג עליה אלא בחלב, אבל בשר יין ותכלת מודה! ומפרש ר"ת: דהתם מיירי בישראל חשוד, וכן משמע דמיירי התם לעיל בחבר ועם הארץ. וישראל חשוד לא מרתת כמו גוי*.

[ועי' תוס' ע"ז דף לא. ד"ה אמר רב]

ברשום. שכל בעל הבית עושה רשימתו משונה משל חבירו – והוי סימן. ברייתא בלא רשימה.

*אביי **אמר**. אפילו רשום לא הוי סימן אחר שנפתחו האוצרות, שבעל הבית אחד מוכר להרבה חנוונים, וכולם רשומים בענין אחד. ופרש"י אינו נראה.

[הג"ה מהר"ם ועי' שם]

במסכת. וא"ת: והאמר (קדושין דף ל.), 'ושננתם' שיהו דברי תורה מחודדין בפיך, שאם ישאלך אדם אל תגמגם ותאמר לו, אלא אמור לו מיד! וי"ל: דהיינו דוקא באדם הבא לשאול דין או הוראה או להתלמד, אבל הכא שבא לנסותו אם יודע – מותר לשנות ולומר לא למדתי זה.

בפוריא. אין רגילות שישאלוהו כפירוש רש"י אם שימש מטתו. אלא, אם בעל קרי היה ולא בא לבית המדרש, ושאלוהו למה לא בא – ישנה ויאמר שחולה היה או שאר אונס אירע לו. אי נמי, שאלוהו: שכבת על מטה זו, לא יאמר לו כן, פן ירא־ה בה קרי ויתגנה.

באושפיזא. אם שאלוהו אם קבלוהו בסבר פנים יפות יאמר לא כדפירש רש"י דאמרינן בערכין (דף טז.): "מברך רעהו בקול גדול *)בבקר השכם בערב קללה תחשב לו". וא"ת: והא אמרינן בברכות (דף נח.) אורח טוב אומר כל מה שטרח בעל הבית לא טרח אלא בשבילי! וי"ל: דהתם מיירי בין בני אדם מהוגנים – והכא בין בני אדם שאינם מהוגנים. והא דלא חשיב הכא מותר לשנות מפני דרכי שלום, כדאמרינן פרק "הבא על יבמתו" (יבמות דף סה:) – משום דהני נמי משום דרכי שלום הן, ורגילין יותר מאחרים להכי נקט הני.

*) פי' שמשכים בבקר לברכו אז בערב קללה תחשב לו לבעה"ב רש"ל

"וּמַחֲרוֹזוֹת שֶׁל דָּגִים". § אַמַּאי? לֶהֱוֵי *א קֶשֶׁר סִימָן! בְּקִטְרָא דְּצַיָּידָא, דְּכוּלֵּי עָלְמָא הָכִי מְקַטְּרֵי. וְלֶהֱוֵי מִנְיָן סִימָן! בְּמִנְיָנָא דְּשָׁוִין. בָּעוּ מִינֵּיהּ מֵרַב שֵׁשֶׁת: [מִנְיָן] הָוֵי סִימָן אוֹ לָא הָוֵי סִימָן? אֲמַר לְהוּ רַב שֵׁשֶׁת: תְּנֵיתוּהָ, מָצָא [א] כְּלֵי כֶסֶף וּכְלֵי נְחוֹשֶׁת, גַּסְטְרוֹן שֶׁל אֲבָר וְכָל כְּלֵי מַתָּכוֹת — הֲרֵי זֶה לֹא יַחֲזִיר, עַד שֶׁיִּתֵּן אוֹת אוֹ עַד שֶׁיְּכַוֵּין מִשְׁקְלוֹתָיו. ב וּמִדְּמִשְׁקָל הָוֵי סִימָן — *ג מִדָּה ד וּמִנְיָן נַמִּי הָוֵי סִימָן. § "וַחֲתִיכוֹת שֶׁל בָּשָׂר" וכו'. § אַמַּאי? לֶהֱוֵי מִשְׁקָלָא סִימָן! בְּמִשְׁקָלָא דְּשָׁוִין. וְתֶהֱוֵי חֲתִיכָה גּוּפָהּ סִימָן, אוֹ דַּדַּפְקָא אוֹ דְּאַטְמָא? מִי לָא תַּנְיָא: ה מָצָא חֲתִיכוֹת דָּגִים וְדָג נָשׁוּךְ — חַיָּיב לְהַכְרִיז, ו חָבִיּוֹת שֶׁל יַיִן וְשֶׁל שֶׁמֶן וְשֶׁל תְּבוּאָה וְשֶׁל גְּרוֹגָרוֹת וְשֶׁל זֵיתִים — הֲרֵי אֵלּוּ שֶׁלּוֹ! ז הָכָא בְּמַאי עָסְקִינַן — בִּדְאִיכָּא סִימָנָא בְּפַסְקָא. כִּי הָא *דְּרַבָּה בַּר רַב הוּנָא מְחַתֵּיךְ לֵיהּ אַתְּלָתָא קַרְנָתָא. דַּיְקָא נַמִי, דְּקָתָנֵי דּוּמְיָא דְּדָג נָשׁוּךְ, שְׁמַע מִינָּהּ. אָמַר מָר: חָבִיּוֹת שֶׁל יַיִן וְשֶׁל שֶׁמֶן וְשֶׁל תְּבוּאָה וְשֶׁל גְּרוֹגָרוֹת וְשֶׁל זֵיתִים הֲרֵי אֵלּוּ שֶׁלּוֹ. וְהָא תְּנַן: *כַּדֵּי יַיִן וְכַדֵּי שֶׁמֶן חַיָּיב לְהַכְרִיז! א"ר זֵירָא אָמַר רַב: מַתְנִיתִין בְּרָשׁוּם. מִכְּלָל דְּבָרַיְיתָא — בְּפָתוּחַ, אִי בְּפָתוּחַ — אֲבֵידָה מִדַּעַת הִיא! אָמַר רַב הוֹשַׁעְיָא: בְּמֵצִיף. אַבָּיֵי אֲמַר: אֲפִילּוּ תֵּימָא אִידִי וְאִידִי בְּרָשׁוּם, ח וְלָא קַשְׁיָא: כָּאן — קוֹדֶם שֶׁנִּפְתְּחוּ הָאוֹצָרוֹת, כָּאן — לְאַחַר שֶׁנִּפְתְּחוּ הָאוֹצָרוֹת. כִּי הָא דְּרַב יַעֲקֹב בַּר אַבָּא אַשְׁכַּח חָבִיתָא דְּחַמְרָא לְאַחַר שֶׁנִּפְתְּחוּ הָאוֹצָרוֹת, אֲתָא לְקַמֵּיהּ דְּאַבָּיֵי, א"ל: זִיל שְׁקוֹל לְנַפְשָׁךְ. בְּעָא מִינֵּיהּ רַב בֵּיבָי מֵרַב נַחְמָן: מָקוֹם הָוֵי סִימָן, אוֹ לָא הָוֵי סִימָן? אֲמַר לֵיהּ: תְּנֵיתוּהָ, מָצָא חָבִיּוֹת שֶׁל יַיִן וְשֶׁל שֶׁמֶן וְשֶׁל תְּבוּאָה וְשֶׁל גְּרוֹגָרוֹת וְשֶׁל זֵיתִים — הֲרֵי אֵלּוּ שֶׁלּוֹ. וְאִי ס"ד דְּמָקוֹם הָוֵי סִימָן, לִכְרוֹז מָקוֹם! אֲמַר רַב זְבִיד: הָכָא בְּמַאי עָסְקִינַן — בְּרַקְתָּא דְּנַהֲרָא. אֲמַר רַב מָרִי: מַאי טַעְמָא אָמְרוּ רַבָּנַן רַקְתָּא דְּנַהֲרָא לָא הָוֵי סִימָן — דְּאָמְרִינַן לֵיהּ: כִּי הֵיכִי דְּאִתְרְמִי לְדִידָךְ אִתְרְמִי נַמִּי לְחַבְרָךְ. אִיכָּא דְּאָמְרִי, אֲמַר רַב מָרִי: מַאי טַעְמָא אָמְרוּ רַבָּנַן מָקוֹם לָא הָוֵי סִימָן — דְּאָמְרִינַן לֵיהּ: כִּי הֵיכִי דְּאִתְרְמִי לְדִידָךְ הַאי מָקוֹם, אִתְרְמִי נַמִּי לְחַבְרָךְ הַאי מָקוֹם. הַהוּא גַּבְרָא דְּאַשְׁכַּח כּוּפְרָא בֵּי מַעֲצַרְתָּא, אֲתָא לְקַמֵּיהּ דְּרַב. א"ל: זִיל שְׁקוֹל לְנַפְשָׁךְ, חַזְיֵיהּ דַּהֲוָה קָא מְחַסֵּם, א"ל: זִיל פְּלוֹג לֵיהּ לְחִיָּיא בְּרִי מִינֵּיהּ. לֵימָא קָא סָבַר רַב מָקוֹם לָא הָוֵי סִימָן? א"ר אַבָּא: מִשּׁוּם יֵאוּשׁ בְּעָלִים נָגְעוּ בָּהּ, דַּחֲזָא דְּקָדְחִי בֵּיהּ חִילְפֵי. § "ר"ש בֶּן אֶלְעָזָר אוֹמֵר" וכו'. § מַאי אַנְפּוּרְיָא? א"ר יְהוּדָה אָמַר שְׁמוּאֵל: כֵּלִים חֲדָשִׁים שֶׁלֹּא שְׂבָעָתַן הָעַיִן. הֵיכִי דָּמֵי? אִי אִית בְּהוּ סִימָן — כִּי לָא שְׂבָעָתַן הָעַיִן מַאי הָוֵי? אִי דְּלֵית בְּהוּ סִימָן — כִּי שְׂבָעָתַן הָעַיִן מַאי הָוֵי? לְעוֹלָם דְּלֵית בְּהוּ סִימָן, נָפְקָא מִינָּהּ ט לְאַהֲדוּרֵי לְצוּרְבָא מֵרַבָּנַן בִּטְבִיעוּת עֵינָא. שְׂבָעָתַן הָעַיִן — קִים לֵיהּ בְּגַוַּיְיהוּ, וּמְהַדְּרִינַן לֵיהּ. כִּי לָא שְׂבָעָתַן הָעַיִן — לָא קִים לֵיהּ בְּגַוַּיְיהוּ, וְלָא מְהַדְּרִינַן לֵיהּ. דַּאֲמַר רַב יְהוּדָה אָמַר שְׁמוּאֵל: י בְּהָנֵי תְּלָת מִילֵּי עָבְדִי רַבָּנַן דְּמְשַׁנּוּ בְּמִלַּיְיהוּ: *בְּמַסֶּכֶת, וּבְפוּרְיָא, וּבְאוּשְׁפִּיזָא

בְּמִנְיָנָא דְּשָׁוִין. כְּבָר נָהֲגוּ הַצַּיָּידִין לַחֲרוֹז כַּמִּנְיָן הַזֶּה בְּחָרוּז אֶחָד. **וַנַסְטְרוֹן** שֶׁל אֵבֶר. שִׁבְרֵי חֲתִיכוֹת שֶׁל אֵבֶר. שֶׁיְּכַוֵּין מִשְׁקְלוֹתָיו. שֶׁיֹּאמַר מִשְׁקָלוֹ, וִיכַוֵּין הָאֱמֶת. **בְּמַתְקְלָא** דְּשָׁוִין. שֶׁנָּהֲגוּ הַטַּבָּחִים לַעֲשׂוֹת הַחֲתִיכוֹת בְּמִשְׁקָל הַזֶּה. חֲתִיכָה גּוּפָהּ סִימָן. יֹאמַר מֵאֵבֶר פְּלוֹנִי הָיָה. **אוֹ דְּדַפְקָא**. לַגּוֹר, שָׁמַעְתִּי. וּמִשּׁוּם רַבִּי יִצְחָק בְּר' מְנַחֵם שָׁמַעְתִּי דַּדַּפְקָא = פלנק"ן, מָקוֹם שֶׁדּוֹפֵק כְּשֶׁהוּא יָגֵעַ. חֲתִיכוֹת דָּג חַיָּיב לְהַכְרִיז. קָא ס"ד כְּשֶׁאֵין בָּהֶן סִימָן. וְהַחֲתִיכָה גּוּפָהּ סִימָן, אוֹ מֵאֵצֶל הָרֹאשׁ אוֹ מִן הַזָּנָב. וְדָג נָשׁוּךְ. זֶהוּ סִימָן שֶׁלּוֹ. **הָכָא בְּמַאי** עָסְקִינַן. דְּקָתָנֵי חֲתִיכוֹת דָּג חַיָּיב לְהַכְרִיז. **בְּדְאִיכָּא סִימָנָא בְּפַסְקָא**. שֶׁלֹּא נֶחְתְּכָה כְּדֶרֶךְ הַחוֹתְכִין. **כִּי הָא** דְּרַבָּה. כְּשֶׁהָיָה שׁוֹלֵחַ בָּשָׂר לְאִשְׁתּוֹ בְּיַד גּוֹי. מְחַתֵּךְ לָהּ **אַתְּלָת קַרְנָתָא**. עוֹשֶׂה הַחֲתִיכָה בַּת ג' קְרָנוֹת, כָּזֶה. **דּוּמְיָא** דְּדָג נָשׁוּךְ. דְּיֵשׁ בּוֹ סִימָן. מַתְנִי'. דְּחַיָּיב לְהַכְרִיז. בְּרָשׁוּם. חֲבִיּוֹתֵיהֶם שֶׁל חֶרֶס הָיוּ, וְגָפִין אוֹתָם בִּמְגוּפַת חֶרֶס, וְשׁוֹרְקִין טִיט סָבִיב לְדַבֵּק הַמְּגוּפָה שֶׁלֹּא יֵצֵא רֵיחַ הַיַּיִן. וּבִימֵי שְׁבָט אוֹ נִיסָן שֶׁמּוֹכְרִין בַּעֲלֵי בָתִּים חָבִיּוֹת לַחֶנְוָנִי כְּעֶשֶׂר אוֹ כְּט"ו יַחַד, נוֹטְלִין מְגוּפוֹתֵיהֶם וְטוֹעֲמִין אֶת הַיַּיִן, וְחוֹזֵר וְסוֹתְמוֹ וְטָח בּוֹ טִיט סָבִיב הַמְּגוּפָה, וְהוּא קָרוּי רוֹשֶׁם, וְנוֹשְׂאָן הַחֶנְוָנִי לְבֵיתוֹ. **וּמַתְנִיתִין** בְּחָבִית רְשׁוּמָה – וְהַיְינוּ סִימָן, שֶׁיֵּשׁ רוֹשְׁמִין וְיֵשׁ שֶׁנּוֹשְׂאִין אוֹתָהּ פְּתוּחָה לְמוֹכְרָהּ מִיָּד. וּפָרְכִינַן מִכְּלָל **דְּבָרַיְיתָא**. דְּקָתָנֵי: הֲרֵי אֵלּוּ שֶׁלּוֹ – בִּפְתוּחָה קָתָנֵי? בִּתְמִיָּה – פְּשִׁיטָא, דְּהָא אֲבֵידָה מִדַּעַת הִיא, שֶׁהִנִּיחָהּ פְּתוּחָה וְכָל שְׁקָצִים וּרְמָשִׂים וּנְחָשִׁים שׁוֹתִים הֵימֶנָּה. **בְּמֵצִיף**. שֶׁהִנִּיחַ מְגוּפָהּ עָלֶיהָ וְלֹא שְׁרָקָהּ בְּטִיט. סִימָן – לֵיכָּא וַאֲבֵידָה מִדַּעַת נַמִי לֵיכָּא. קוֹדֶם שֶׁנִּפְתְּחוּ הָאוֹצָרוֹת. שֶׁעֲדַיִין לֹא הִגִּיעַ זְמַן מוֹכְרֵי הֶחָבִיּוֹת, וְיָחִיד בְּעָלְמָא הוּא דַּעֲבֵיד – הָוֵי רוֹשֶׁם סִימָן. **בְּרַקְתָּא** דְּנַהֲרָא. וְהַיַּיִן בָּא לָעִיר בִּסְפִינָה, וְהַלּוֹקְחִין מְסַפְּנִין הַסְּפִינָה וּמַנִּיחוֹ עַל שְׂפַת הַנָּהָר, וְנוֹשְׂאִין אַחַת אַחַת, וּפְעָמִים שֶׁשּׁוֹכֵחַ. **אִיכָּא** דְּאָמְרִי כו'. נָפְקָא מִינָּהּ דַּאֲפִי' כֵּיוָן וְאָמַר מָקוֹם מוּשְׁבָהּ מְסוּיָּם – לָא הָוֵי סִימָן. **כּוּפְרָא**. זֶפֶת. דָּבָר שֶׁאֵין בּוֹ סִימָן הֲוָה. **מְחַסֵּם**. לְשׁוֹן "לֹא תַחְסוֹם" (דברים כה) – מְגַמְגֵּם בַּדָּבָר וְלִבּוֹ נוֹקְפוֹ. **דְּקָדְחוּ** בֵּיהּ חִילְפֵי. אורטי"א בְּלַעַ"ז, גָּדְלוּ עָלֶיהָ. ש"מ מִיָּמִים רַבִּים הָיָה שָׁם, וּכְבָר נוֹאֲשׁוּ הַבְּעָלִים. **שֶׁלֹּא שְׂבָעָתַן**. עֲדַיִין לֹא הוּרְגַּל בִּרְאִיָּיתָן וְתַשְׁמִישָׁן שֶׁיְּהֵא מַכִּירָן יָפֶה. וּלְשׁוֹן 'אַנְפּוּרְיָא' נוֹטָרִיקוֹן: אֵין פֹּה רְאִיָּה. **נָפְקָא** מִינָּהּ כו'. וּכְגוֹן דְּזֶה הַתּוֹבֵעַ צוּרְבָא מֵרַבָּנַן הוּא. **בְּמַסֶּכֶת**. יֵשׁ בְּיָדְךָ מַסֶּכֶת פְּלוֹנִי סְדוּרָה בִּגְירְסָא אוֹ לָאו? וְאַע"ג שֶׁסְּדוּרָה הִיא לוֹ – יֹאמַר לוֹ לָאו. וּמִדַּת עֲנָוָה הִיא. **בְּפוּרְיָא**. שִׁימַּשְׁתָּ מִטָּתְךָ? יֹאמַר לָאו. מִדַּת צְנִיעוּת הוּא.

בְּאוּשְׁפִּיזָא

ומודה

[לעיל כ: לקמן כה:]
רש"ל
[ועי' תוס' יבמות קטו: ד"ה אתרומיי]
[ביצה כח.] חולין לה:
[לקמן כה.]
[ועי' תוס' קדושין ל. ד"ה אלא]

הגהות הגר"א

[א] גמ' מצא כסף ונחשת גסטרון של אבר וכל מיני מתכות. כצ"ל (ועי' רא"ש ועי' רש"י לקמן כ"ד ב' במתני' ד"ה. מצא כו'):

רבינו חננאל

מחרוזות של דגים דלית בהו סימן לא במדה ולא במשקל ולא בקשירה אלא מצאן בקשירת הציידין ובמניינא דשוין כלומר כל מחרוזות עשרה עשרה דגים הרי אלו שלו. וכן בשר שאין בו סימן. אבל יש בו סימן בחתיכות כדרבה דהוה מחתך בה בתלת קרנתא חייב להכריז דתניא מצא כלי כסף או כלי נחושת וגסטרון וכל מיני מתכות לא יחזיר עד שיתן אות או עד שיתן משקלותיו ש"מ דמשקל הוי סימן. ומרמשקל הוי סימן מדה ומנין נמי הוי סימן וכן הלכה. (מסובריא דנשייתא) *). כסוי הקנקנים כשהוא מהודק וטחוי בטיט נקרא רשום. כשהוא מרופרף נקרא מצוף מלשון ציפוי. ואסקינן בה אידי ואידי ברשום ומתניתא דקתני הרי אלו שלו לאחר פתיחת האוצרות שהכל כשהן באוצרות כשהן רשומין כן מוציאין אותו והכל ענין אחד הן כי הא דר' יעקב בר אבא אשכח חביתא דחמרא אחר פתיחת האוצרות ואמר ליה אביי זיל שקול לנפשך. סוגיין דשמעתא מקום לא הוי סימן. פי' כופרא אצטלע פי' מהסס מדקדק על עצמו מלינע בו כיוצא בו בהאשה שנתאלמנה (דף כ ע"ב) חזייה רב אשי לרב כהנא דהוה קא מהסס א"ל מי סברת עלך סמיכנא ומתיירא מן העבירה. ואמר רב לההוא גברא אין בו איסור אם רצונו חלקהו עם חייא ברי כלומר אין בו איסור. פי' קדח בהו חילפי צמחו בו עשבים הנקראים חילפי והן קמשונים שצומחין בכרמים כלומר מזמן רב הוא (מוטב הוא) [מונח] הנה בזה המקום וכבר נתיאשו הבעלים: מתני' ר' יהודה אומר כל דבר שיש בו שינוי חייב להכריז כיצד עיגול ובתוכו חרש וכו' פי' עיגול של דבילה מאי כלי אנפוריא כלים חדשים שלא שבעתן העין כלומר לא עיין בהן הרבה ולא שבעה עינו לפיכך אינו מכירן ושמועה זו בכלים שאין בהם סימן אם שבעתן עינו ומכירן ידיעה ברורה מהדרינן להו לצורבא מרבנן בטביעות עינא והני מילי בצורבא מרבנן דלא משני בדיבוריה אבל בהני תלת מילי משנה במסכתא שקראה ואמר איני יודע אותה כי לא קריתיה כגון זה לא מחזקינן ליה בשקרי דעבד כרבנן דאמרי לעולם למד לשונך לומר איני יודע וכן בפוריא אם יאמר לך לא שימשתי וכו לא ישנה אשתי אצלי הלילה

*) נראה דצ"ל מסוברא דנזיקתא ועי' בערוך ערך סבר ה'.

וּבְאוּשְׁפִּיזָא. מַאי נָפְקָא מִינַּהּ? אֲמַר מָר זוּטְרָא: לְאַהֲדוּרֵי לֵיהּ אֲבֵידְתָא בִּטְבִיעוּת עֵינָא. אִי [א]יָדְעִינַן בֵּיהּ דְּלָא מְשַׁנֵּי אֶלָּא בְּהָנֵי תְּלָת — מְהַדְּרִינַן לֵיהּ, וְאִי מְשַׁנֵּי בְּמִילֵּי אַחֲרִינֵי — לָא מְהַדְּרִינַן לֵיהּ. מָר זוּטְרָא חֲסִידָא אִגְּנִיב לֵיהּ כָּסָא דְּכַסְפָּא מֵאוּשְׁפִּיזָא, חַזְיָא לְהַהוּא בַּר בֵּי רַב דְּמַשִׁי יְדֵיהּ וְנָגֵיב בִּגְלִימָא דְּחַבְרֵיהּ. אֲמַר: הַיְינוּ הַאי דְּלָא אִיכְפַּת לֵיהּ אַמָּמוֹנָא דְּחַבְרֵיהּ. *כַּפְתֵּיהּ וְאוֹדִי. תַּנְיָא: (א) מוֹדֶה ר"ש בֶּן אֶלְעָזָר בְּכֵלִים חֲדָשִׁים שֶׁשְּׂבָעָתַן הָעַיִן שֶׁחַיָּיב לְהַכְרִיז. וְאֵלּוּ הֵן כֵּלִים חֲדָשִׁים שֶׁלֹּא שְׂבָעָתַן הָעַיִן, שֶׁאֵינוֹ חַיָּיב לְהַכְרִיז — כְּגוֹן [א] בַּדֵּי מְחָטִין וְצִינּוֹרִיּוֹת, וּמַחֲרוֹזוֹת שֶׁל קַרְדּוּמוֹת. כׇּל אֵלּוּ שֶׁאָמְרוּ [ב]אֵימָתַי מוּתָּרִים — בִּזְמַן שֶׁמְּצָאָן אֶחָד אֶחָד, אֲבָל מְצָאָן שְׁנַיִם שְׁנַיִם — חַיָּיב לְהַכְרִיז. מַאי בַּדֵּי — שׁוֹכֵי. וְאַמַּאי קָרוּ לֵיהּ בַּדֵּי? דָּבָר דְּתָלוּ בֵּיהּ מִידֵּי, בַּד קָרוּ לֵיהּ. כִּי הַהוּא [ב] דִּתְנַן הָתָם: *עָלֶה אֶחָד בְּבַד אֶחָד. וְכֵן הָיָה ר"ש בֶּן אֶלְעָזָר אוֹמֵר: *[ג]הַמַּצִּיל מִן הָאֲרִי וּמִן הַדּוֹב וּמִן הַנָּמֵר וּמִן הַבַּרְדְּלֶס, וּמִן זוּטוֹ שֶׁל יָם וּמִשְּׁלוּלִיתוֹ שֶׁל נָהָר, הַמּוֹצֵא בִּסְרַטְיָא וּפַלַּטְיָא גְּדוֹלָה, וּבְכׇל מָקוֹם שֶׁהָרַבִּים מְצוּיִין שָׁם — הֲרֵי אֵלּוּ שֶׁלּוֹ, מִפְּנֵי שֶׁהַבְּעָלִים מִתְיָאֲשִׁין מֵהֶן. אִיבַּעְיָא לְהוּ: כִּי קָאָמַר ר"ש בֶּן אֶלְעָזָר — [ד]בְּרוֹב גּוֹיִם, אֲבָל בְּרוֹב יִשְׂרָאֵל — לָא, אוֹ דִּלְמָא: *אֲפִי' בְּרוֹב יִשְׂרָאֵל נַמִי אָמַר? אִם תִּמְצָא לוֹמַר אֲפִילּוּ בְּרוֹב יִשְׂרָאֵל נַמִי אָמַר, °פְּלִיגִי רַבָּנַן עֲלֵיהּ אוֹ לָא פְּלִיגִי? וְאִם תִּמְצָא לוֹמַר פְּלִיגִי, בְּרוֹב יִשְׂרָאֵל וַדַּאי פְּלִיגִי, בְּרוֹב גּוֹיִם פְּלִיגִי אוֹ לָא פְּלִיגִי? וְאִם תִּמְצָא לוֹמַר פְּלִיגִי אֲפִי' *בְּרוֹב גּוֹיִם, הֲלָכָה כְּמוֹתוֹ אוֹ אֵין הֲלָכָה כְּמוֹתוֹ? אִם תִּמְצָא לוֹמַר הֲלָכָה כְּמוֹתוֹ, דַּוְקָא בְּרוֹב גּוֹיִם אוֹ אֲפִילּוּ בְּרוֹב יִשְׂרָאֵל? ת"ש: *הַמּוֹצֵא מָעוֹת בְּבָתֵּי כְנֵסִיּוֹת וּבְבָתֵּי מִדְרָשׁוֹת, וּבְכׇל מָקוֹם שֶׁהָרַבִּים מְצוּיִין שָׁם — הֲרֵי אֵלּוּ שֶׁלּוֹ, מִפְּנֵי שֶׁהַבְּעָלִים מִתְיָאֲשִׁין מֵהֶן. מַאן שָׁמְעַתְּ לֵיהּ דְּאָזֵיל בָּתַר רוּבָּא — ר"ש בֶּן אֶלְעָזָר, שָׁמְעַתְּ מִינַּהּ — אֲפִילּוּ בְּרוֹב יִשְׂרָאֵל נַמִי. הב"ע — בִּמְפוּזָּרִין. אִי בִּמְפוּזָּרִין מַאי אִרְיָא מָקוֹם שֶׁהָרַבִּים מְצוּיִין שָׁם? אֲפִילּוּ אֵין הָרַבִּים מְצוּיִין שָׁם! אֶלָּא לְעוֹלָם *בִּצְבוּרִין, וְהָכָא בְּמַאי עָסְקִינַן — [ה]בְּבָתֵּי כְנֵסִיּוֹת שֶׁל גּוֹיִם. בָּתֵּי מִדְרָשׁוֹת מַאי אִיכָּא לְמֵימַר? בָּתֵּי מִדְרָשׁוֹת דִּידַן, דְּיָתְבִי בְּהוּ גּוֹיִם. הָשְׁתָּא דְּאָתֵית לְהָכִי, בָּתֵּי כְנֵסִיּוֹת נַמִי דִּידַן, דְּיָתְבִי בְּהוּ גּוֹיִם. ת"ש: *מָצָא בָּהּ אֲבֵידָה, [ו]אִם רוֹב יִשְׂרָאֵל — חַיָּיב לְהַכְרִיז, אִם רוֹב גּוֹיִם — אֵינוֹ חַיָּיב לְהַכְרִיז. מַאן שָׁמְעַתְּ לֵיהּ דְּאָמַר אָזְלִינַן בָּתַר רוּבָּא — רשב"א, שָׁמְעַתְּ מִינַּהּ: כִּי קָאָמַר רשב"א — בְּרוֹב גּוֹיִם, אֲבָל בְּרוֹב יִשְׂרָאֵל — לָא. הָא מַנִּי — רַבָּנַן הִיא. תִּפְשׁוֹט מִינַּהּ דְּמוֹדוּ לֵיהּ רַבָּנַן לְרשב"א בְּרוֹב גּוֹיִם! אֶלָּא, לְעוֹלָם רשב"א הִיא, וַאֲפִי' בְּרוֹב יִשְׂרָאֵל נַמִי, וְהָכָא בְּמַאי עָסְקִי' — בְּטָמוּן. אִי בְּטָמוּן — מַאי עֲבִידְתֵּיהּ גַּבֵּיהּ? וְהָתְנַן: *מָצָא כְּלִי בְּאַשְׁפָּה, מְכוּסֶּה — לֹא יִגַּע בּוֹ, מְגוּלֶּה — נוֹטֵל וּמַכְרִיז! *כִּדְאָמַר רַב פָּפָּא: בְּאַשְׁפָּה שֶׁאֵינָהּ עֲשׂוּיָה לְפַנּוֹת, וְנִמְלַךְ עָלֶיהָ לְפַנּוֹתָהּ. הָכָא נַמִי — בְּאַשְׁפָּה שֶׁאֵינָהּ עֲשׂוּיָה לְפַנּוֹת, וְנִמְלַךְ עָלֶיהָ לְפַנּוֹתָהּ. וְאִיבָּעֵית

רש"י

בְּאוּשְׁפִּיזָא. שֶׁאֲלוּהוּ עַל אוּשְׁפִּיזוֹ אִם קִבְּלוֹ בְּסֵבֶר פָּנִים יָפוֹת, וְאָמַר לָאו — מִדָּה טוֹבָה הִיא, כְּדֵי שֶׁלֹּא יִקְפְּצוּ בּוֹ בְּנֵי אָדָם שֶׁאֵינָן מְהוּגָּנִין לָבֹא תָּמִיד עָלָיו, וִיכַלּוּ אֶת מָמוֹנוֹ. **אִגְּנִיב לֵיהּ כָּסָא דְּכַסְפָּא.** כְּלִי שֶׁל אוּשְׁפִּיזוֹ הָיָה. **בַּדֵּי מְחָטִין וְצִינּוֹרִיּוֹת.** לְקַמֵּיהּ מְפָרֵשׁ: בַּדֵּי מְחָטִין — שֶׁתּוֹלִין בּוֹ מְחָטִין. **וְצִינּוֹרִיּוֹת.** מַזְלְגוֹת קְטַנִּים שֶׁטּוֹוִין בּוֹ זָהָב. **אַחַת אַחַת.** בַּד אַחַת וּמַחֲרוֹז אֶחָד. **חַיָּיב לְהַכְרִיז.** דְּמִנְיָן הָוֵי סִימָן. **שׁוֹכֵי.** עֲנָפִים שֶׁל אִילָן. **עָלֶה אֶחָד בְּבַד אֶחָד.** [ג] בְּמַסֶּ' סוּכָּה (דף מד:), גַּבֵּי עֲרָבָה שֶׁנָּשְׁרוּ מִקְצָת עָלֶיהָ וְנִשְׁתַּיְּירוּ בָּהּ שְׁלֹשָׁה עָלִין לַחִין, וְאִיכָּא דְּאָמְרִי אֲפִילּוּ עָלֶה אֶחָד בְּבַד אֶחָד — כְּשֵׁרָה. **בַּרְדְּלֵס.** צָבוּעַ, וי"א פוטיא"ש, *וְדֶרֶךְ לַהֲרוֹג אֲוָוזִים וְתַרְנְגוֹלִים. **וּבְכׇל מָקוֹם שֶׁהָרַבִּים כו'.** וַאֲפִילּוּ דָּבָר שֶׁיֵּשׁ בּוֹ סִימָן. **פְּלִיגִי רַבָּנַן עֲלֵיהּ.** בְּתַרְוַיְיהוּ. **הַמּוֹצֵא מָעוֹת.** קָא ס"ד לִצְבוּרֵי מָעוֹת דְּקָתָנֵי מַתְנִי' חַיָּיב לְהַכְרִיז, וְהָכָא הוֹאִיל וְרַבִּים מְצוּיִין שָׁם — הֲרֵי אֵלּוּ שֶׁלּוֹ, שֶׁנִּתְיָיאֲשׁוּ הַבְּעָלִים. **דְּאָזֵיל בָּתַר רוּבָּא.** כְּלוֹמַר: שֶׁהוֹלֵךְ בְּדִין מְצִיאָה אַחַר טַעַם רַבִּים מְצוּיִים שָׁם. **בְּרוֹב יִשְׂרָאֵל.** דִּסְתָם בָּתֵּי כְנֵסִיּוֹת יִשְׂרָאֵל בָּהֶן. **בִּמְפוּזָּרִים.** וְרַבָּנַן הִיא דְּמוֹדוּ בִּמְפוּזָּרִין, דִּתְנַן: מָעוֹת מְפוּזָּרִין הֲרֵי אֵלּוּ שֶׁלּוֹ. **כְּנֵסִיּוֹת.** אֲסִיפַת מָקוֹם שֶׁמִּתְכַּנְּסִים שָׁם לְהִתְיַיעֵץ וּלְהִוָּועֵד. **דְּיָתְבִי בְּהוּ גּוֹיִם.** שֶׁהֵן חוּץ לָעִיר, וּמוֹשִׁיבִין בָּהּ גּוֹיִם לִשְׁמוֹר. **מָצָא בָּהּ אֲבֵידָה.** מִשְׁנָה הִיא בְּסֵדֶר טְהָרוֹת, בְּעִיר שֶׁיִּשְׂרָאֵל וְגוֹיִם דָּרִים בָּהּ. בְּמַסֶּכֶת מַכְשִׁירִין. **וְתִפְשׁוֹט מִיהָא.** מִקְצָת מִשְּׁאֵלוֹתֶיךָ, דְּמוֹדוּ רַבָּנַן בְּרוֹב גּוֹיִם וּפְלִיגִי בְּרוֹב יִשְׂרָאֵל. **בְּטָמוּן.** דְּכֵיוָן דִּטְמָנוֹ לָאו אֲבֵידָה הִיא, הִלְכָּךְ בְּרוֹב יִשְׂרָאֵל יַכְרִיז. **שֶׁאֵינָהּ עֲשׂוּיָה לְפַנּוֹת.** רְגִילִים הָיוּ בְּעָלִים לְהַנִּיחָהּ יָמִים רַבִּים, וְלֹא לְפַנּוֹתָהּ מִיָּד. **וְנִמְלַךְ עָלֶיהָ לְפַנּוֹתָהּ.** מִיָּד, וְעַל כׇּרְחוֹ, אוֹ יִטְּלֶנּוּ אוֹ יְהֵא הֶפְקֵר. לְהָכִי נָקַט (ג) שֶׁאֵינָהּ עֲשׂוּיָה לְפַנּוֹת, דְּאִי עֲשׂוּיָה לְפַנּוֹת — אֲבֵידָה מִדַּעַת הִיא, שֶׁהָיָה לוֹ לָחוּשׁ שֶׁמָּא יְפַנֶּה.

תוספות

ומודה ר"ש בכלים ששבעתן העין כו'. מדקאמר ומודה, משמע דלרבנן אפילו לא שבעתן העין חייב להכריז. וכן מלינו ברבה בר חנה דאמר בפ"ק (לעיל דף יט.) אי טביעות עינא אית ליה בגויה. וגט לא שבעתו העין, דלא משהה איניש גיטא בידיה. וקשה: דלא מלינו דאמרו רבנן זה בפירוש! וי"ל: דמדנקט במתני' כריכות ועיגולי דבילה ומחרוזות וככרות — הרי אלו שלו, ואליו דברים אין דרכן להיות בהן טביעות העין. משמע: דדברים שדרכן להיות בהן טביעות עין בכל ענין חייב להכריז, אפילו לא שבעתן העין, אי מלא במקום דשכיחי רבנן.

אבל שנים חייב להכריז. דמנין הוי סימן. ומתניתין דקתני מחרוזות וככרות הרי אלו שלו, אי מיירי דרך נפילה — אתי שפיר, דאז לא היה מנין סימן, שאינו יודע שנפלו בבת אחת. א"נ, מיירי דרך הינוח וליכא אלא מחרוזה אחת, וכן עיגול וככר. והא דקאמר מחרוזות — היינו מחרוזות דעלמא. ולקמן (דף כה.) גבי לבורי פירות וגבי לבורי מעות, דפריך ש"מ מנין הוי סימן, ולא משני לבורי דעלמא דומיא דרישא מחרוזות ועיגול וככרות וכריכות! היינו משום דלא הוה ליה למתני אלא מעות לבורות ופירות לבורות, כדקתני מעות מפוזרות ופירות מפוזרות.

כי קאמר ר"ש ברוב גוים. וא"ת: א"כ מה לריך טעם מפני שהבעלים מתיאשים? ת"ל: דיש לתלות דמגוים נפל דהוו רובא! וי"ל: דאיצטריך, דאפילו יודע ודאי שמישראל נפל קאמר הרי אלו שלו, *דהמפסיד מתיאש ואומר דגוים שקלי ליה, ואפילו אם ישראל ימצאם לא יכריז — דתולה דמן הגוים נפל, דהן רובא.

אפילו ברוב ישראל נמי. הוי שלו, וטעמא משום דאיכא אינשי דלא מעלי ושקלי לה.

אם תמצי לומר פליגי ברוב גוים או לא. להך גירסא מספקא אי פליגי אפילו ברוב ישראל. ואית ספרים דלא גרסי הכי, אלא גרסי: את"ל אפילו ברוב ישראל, פליגי רבנן עליה ברוב גוים או לא? ולהך גירסא פשיטא ליה דרבנן פליגי עליה ברוב ישראל, וחייב להכריז, ולא חיישינן לאינשי דלא מעלי. וכן נראה, דהא תנן: אלו שחייב להכריז — מלא פירות בכלי. וכן כולהו דאית בהו סימן ומשמע דאפילו ברה"ר דרבים מלוים שם חייב להכריז, דלא מדכר רה"י אלא גבי כריכות! ודוחק הוא להעמיד בסמטא. וכן לקמן אמר: לעולם רבנן כו' ומי קתני הרי אלו שלו? אינו חייב להכריז קתני, ויניח. והשתא מ"מ תפשוט דפליגי רבנן ברוב ישראל, דקתני אם רוב ישראל חייב להכריז! אלא ודאי הא לא מספקא ליה אם פליגי ברוב ישראל, ופשיטא ליה דפליגי מכח מתני' כדפרישית.

מאן שמעת ליה דאזיל בתר רובא. פירוש: גבי מליאה, ולא שייך הא לפלוגתא דחיישינן למיעוט.

ותפשוט מינה דמודו רבנן לר"ש כו'. וא"ת: אי בעי למפשט דמודו רבנן נימא ר"ש היא! וי"ל: דמ"מ תפשוט, דלא מלינו למימר דלר"ש אפילו ברוב ישראל הרי אלו שלו, ולרבנן אפילו ברוב גוים חייב להכריז, דאי כר"ש אתיא — אם כן ברוב ישראל חייב [להכריז] לר"ש, ואי כרבנן אתיא — א"כ ברוב גוים הרי אלו שלו.

בטמון. ולא בעי לאוקמה שאין רבים מצויין שם, מדמפלג בין רוב העיר גוים לרוב העיר ישראל, משמע שמצא במקום שרוב בני העיר מצויים שם. דאי מצא במקום שאין רבים מצויין — לא הוה ליה למנקט רוב העיר, אלא אם רוב גוים או ישראל שכיחי במקום שמצא. וא"ת: ובטמון למה יגע בו? אי משום שיפנה אותה — המפנה יקחנה ויכריז! וי"ל: דשמא המפנה יהיה גוי, או שמא לא ימצאנו המפנה וישליכנה לחוץ עם הזבל. וא"ת: ואמאי יכריז? יקחנה לעצמו, דשכלא ימצאנו בעליה יתייאש ויאמר שאדם שאינו הגון לקחה, ואע"ג דאיכא רובא ישראל, דהיינו טעמא דר"ש דשרי ברוב ישראל! וי"ל: דהוי יאוש שלא מדעת דבשעה שלוקחה עדיין לא ידע האובד שנלקחה וברוב גוים הוי שלו — דתלינן דגוים הטמינוה, דהוו רובא.

מסורת הש"ס

[נ"ל ודרכו יעב"ץ]
[כ"ב קסז.]
סוכה מד: [ע"ש דמימרא הוא]
[לקמן כו.]
[ע' תוס' ב"ב כג: ד"ה חוץ]
[לעיל כח:]
ס"א צבורין ועיין רש"ל
מכשירין פ"ב מ"ח ע"ש
לקמן כה:
שם

עין משפט נר מצוה

לד א מיי' פי"ד מהל' גזילה ואבידה הלכה יג סמג עשין עד טוש"ע ח"מ סי' רסב סעיף כח:
לה ב מיי' פט"ז שם הל' א סמג עשין עד טוש"ע ח"מ סי' רסב סעיף טז:
לו ג מיי' שם פ"ו הל' ב ועיין בהשגות ובמגיד משנה סמג שם טוש"ע ח"מ סי' רנט סעיף ז:
לז ד ה ו מיי' שם פי"א הל' ז סמג שם טוש"ע שם סעיף ג וע"ש:

רבינו חננאל

הלילה שפיר עבד שאין דרך ארץ לגלות בני אדם שיחתם עם נשיהם לבני אדם וכן באושפיזא אם כיבדו ועשה לו מטעמים הרבה ותיקן הבית בכלים מכובדים ושינה האורח מפני כי פחד שלא ירגישו בני אדם וירדו אחריו בביתו כדכתיב מברך רעהו בקול גדול וגו' ושינה כל שינוי בענין זה אין מחזיקין אותו בשקרי אלא הרי הוא באמונתו ואם יאמר ברי לי שאלו כליי הן מחזירין אותו בטביעות עין בלבד בלא נתינת סימנין לפיכך מודה ר' שמעון בן אלעזר בכלים חדשים ששבעתן העין שחייב להכריז מאי טעמא דלמא אתי צורבא מרבנן דלא משנה בדיבוריה דאמר טביעות עינא אית לי בהו ושקיל להו. ואלו הן (הן) כלים חדשים שאין חייב להכריז בדי מחטין וצינורות ומחרוזות [של] קרדומות שמצאן אחד אחד וכן היה ר"ש אומר המציל מן הארי ומן הדוב ומזוטו של ים ומשלוליתו של נהר והמוצא באיסרטיא ופלטיא ומעות בבתי כנסיות ובתי מדרשות ואפי' צרורין ובכל מקום שהרבים מצוין שם הרי אלו שלו מפני שהבעלים מתיאשים מהן. ואיבעיא לן ברוב גוים או אפי' ברוב ישראל נמי הרי אלו שלו ולא איפשיטא וקיימא לן תיקו דממונא לקולא. מעשה דמר זוטרא חסידא פשוטה

הגהות הב"ח

(א) גמ' תניא ומודה ר"ש: (ב) רש"י ד"ה ונמלך וכו' להכי נקט. נ"ב ע"ל דף כה ע"ב:

הגהות הגר"א

[א] גמ' בדי מחטין. נ"ב הרמב"ם וש"ע לא כתבו בדי אלא מחטין כו' בלא בדין וע' רא"ש ומש"ש (בסי' רס"ב ס"ק כ"ג): [ב] שם דתנן. רשום קו עליו ונ"ב דאמרינן וכ"ה ברי"ף ורא"ש: [ג] רש"י ד"ה עלה. במס' סוכה גבי כו'. נ"ב תמוה מאד (ועי' בדברי רבינו בא"ח סי' תרמ"ו ס"ק י"ד):

גליון הש"ס

גמ' פליגי רבנן עליה. כעין זה נדרים כ"ג ע"ב:

עין משפט נר מצוה

לח א ב מיי' פי"א מהל' גזלה ואבדה הל' ח ופי"ב מהלכות מאכלות אסורות הל' כח סמג עשין עד טוש"ע ח"מ סי' רנט סעיף ד וטוש"ע י"ד סי' קכט סעיף יז:

לט ג טוש"ע ח"מ סי' רנט סעיף ז וטוש"ע י"ד סי' קכט סעיף יז:

[עיין רש"י ברכות נח: ד"ה ככלי אוכד]

מ ד ה מיי' פי"א מהל' גזלה ואבדה הלכה ז סמג עשין עד טוש"ע ח"מ סי' רנט סעיף ה:

מא ו מיי' שם הל' ט טוש"ע שם סעיף ו:

מב ז מיי' פי"ח מהל' מאכלות אסורות הל' יב סמג לאוין קמג טוש"ע י"ד סי' סג סעיף א:

מג ח טוש"ע ח"מ סי' רנט סעיף ו:

מד ט מיי' פ"ד מהל' שחיטה הל' ח ועיין שם בכ"מ סמג לאוין קמג טוש"ע י"ד סי' א סעיף ד:

מה י טוש"ע ח"מ סי' רנט סעיף ו:

מו כ מיי' פט"ו מהל' גזלה ואבדה הל' יג סמג עשין עד טוש"ע ח"מ סי' רסב סעיף י:

מז ל מיי' שם פט"ז הל"ג סמג שם טוש"ע שם סעיף כ:

מח מ מיי' שם פט"ו הלכה יג סמג שם טוש"ע שם סעיף י:

מט נ מיי' שם פט"ז הלכה ב סמג שם טוש"ע ח"מ שם סעיף יא:

גמרא

ואיבעית אימא: לעולם רבנן, מי קתני הן שלו? "אינו חייב להכריז" קתני, וניניח וייתי ישראל ויהיב ביה סימנא, ושקיל. ת"ש דאמר רב אסי: [א]מצא חבית יין בעיר שרובה גוים — מותרת משום מציאה, ואסורה בהנאה. בא ישראל ונתן בה סימן — מותרת בשתיה למוצאה. כמאן — כר"ש בן אלעזר, שמע מינה: כי קאמר ר"ש בן אלעזר — ברוב גוים, אבל ברוב ישראל — לא. לעולם אימא לך ר"ש בן אלעזר אפי' ברוב ישראל נמי קאמר, ורב אסי סבר לה כוותיה בחדא, ופליג עליה בחדא. וכי מאחר דאסירא בהנאה, מותרת משום מציאה למאי הלכתא? אמר רב אשי: [ב]לקנקנה.§ ההוא גברא דאשכח ארבעה זוזי דצייירי בסדינא ושדו בנהר בירן. אתא לקמיה דרב יהודה. א"ל: זיל אכריז. והא זוטו של ים הוא! שאני נהר בירן, [ג]כיון דמתקיל לא מיאש. והא רובא גוים נינהו, ש"מ אין הלכה כר"ש בן אלעזר אפי' ברוב גוים! שאני נהר בירן, דישראל סכרו ליה, וישראל כרו ליה. כיון דישראל סכרו ליה — אימור מישראל נפל, וכיון דישראל כרו ליה — לא מיאש. רב יהודה הוה שקיל ואזיל בתריה דמר שמואל בשוקא דבי דיסא, א"ל: מצא כאן ארנקי מהו? אמר ליה: הרי אלו שלו. בא ישראל ונתן בה סימן מהו? א"ל: חייב להחזיר. תרתי? אמר ליה: [ד]*לפנים משורת הדין. כי הא דאבוה דשמואל אשכח הנך חמרי במדברא, ואהדרינהו למרייהו לבתר תריסר ירחי שתא, לפנים משורת הדין. רבא הוה שקיל ואזיל בתריה דר"נ *בשוקא דגלדאי, ואמרי לה בשוקא דרבנן, א"ל: מצא כאן ארנקי מהו? א"ל: הרי אלו שלו. בא ישראל ונתן בה סימן מהו? אמר ליה: [ה]הרי אלו שלו. והלא עומד וצווח! נעשה כצווח על ביתו שנפל, ועל ספינתו שטבעה בים. ההוא דיו דשקיל בשרא בשוקא, ושדייה בצנייתא דבי בר מריון. אתא לקמיה דאביי. א"ל: [ו]זיל שקול לנפשך. והא רובא דישראל נינהו, שמעת מינה: הלכה כרבי שמעון בן אלעזר אפי' ברוב ישראל! שאני דיו, דכזוטו של ים דמי. והא *אמר רב: [ז]בשר שנתעלם מן העין אסור! בעומד ורואהו.§ ר' חנינא מצא גדי שחוט בין טבריא לציפורי והתירוהו לו. אמר רבי אמי: התירוהו לו [ח]משום מציאה — כר"ש בן אלעזר, משום שחיטה — כרבי חנניא בנו של רבי יוסי הגלילי. דתניא: *הרי שאבדו לו גדייו ותרנגוליו והלך ומצאן שחוטין — ר' יהודה אוסר, ורבי חנניא בנו של רבי יוסי הגלילי מתיר. אמר רבי: נראין דברי רבי יהודה כשמצאן באשפה, [ט]ודברי רבי חנניא בנו של רבי יוסי הגלילי כשמצאן בבית. מדהתירוהו לו משום שחיטה — רובא ישראל נינהו, שמעת מינה הלכה כר"ש בן אלעזר אפי' ברוב ישראל! אמר רבא: [י]רוב גוים ורוב טבחי ישראל. רבי אמי אשכח פרגיות שחוטות בין טבריא לציפורי, אתא לקמיה דר' אסי, ואמרי לה לקמיה דר' יוחנן, ואמרי לה בי מדרשא. ואמרו ליה: זיל שקול לנפשך. רבי יצחק נפחא אשכח קיבורא דאזלי ביה אזלויי, אתא לקמיה דר' יוחנן, ואמרי לה בבי מדרשא, ואמרו ליה: זיל שקול לנפשך.§ **מתני'** [כ]ואלו חייב להכריז: מצא פירות בכלי, או כלי כמות שהוא, [ל]מעות בכיס, או כיס כמות שהוא, [מ]צבורי פירות, [נ]צבורי מעות, שלשה

רש"י

ואיבעית אימא לעולם רבנן. ובשאינה טמון. ולא תפשוט מינה דמודו ליה ברוב גוים. מי קתני כו' אינו חייב להכריז קתני. דכיון דרובא גוים, דלמא דגוים הוא. ושלו נמי לא הויא, דלא אזלי רבנן בתר רובא בממונא. מותרת משום מציאה. דאינו חייב להכריז. ואסורה בהנאה. ולקמיה פריך: א"כ מה היתר יש במציאתה. בא ישראל ונתן סימן. ילאת מספק יין גוים ומותרת בשתיה למוצאה, דכיון דרובא גוים נתייאשו הבעלים. ושדו בנהר בירן. ומושלכין בנהר בירן. דמתקיל. יש בו מכשולים, אבנים וסתימת גדר שעושין לדגים. ולא מיאש, סבר לא יוכל הנהר להוליכם חוץ למכשולים. ורגילים היו לסוכרו ולנקותו ולכרותו שישטפו מימיו, וסומך שימלאם כשיסכרו אותו וינקוס. סכרו ליה. שקורין נשנ"ש בלע"ז. כמו: "עושי שכר *אגמי נפש" (ישעיה יט). אימא מישראל נפיל. לפיכך חייב להכריז, ולא אמרי' יניח, כדאמרינן לעיל ברוב גוים לרבנן. לא מיאש. שהכורה ימלאם. דבי דיסא. שמוכרים שם חטים כתושין לדייסא, ורבים מלויין שם. בתר תריסר ירחי שתא. מלאם. דגלדאי. רלענים. דיו. עוף שקורין אוזלטו"ר, והוא לשון דיה. ושדייה בצנייתא דבי בר מריון. השליכתו בין דקלים של בר מריון. אסור. שמא נתחלף בנבילה. ורואהו. משנטלו עד שהשליכו. כשמצאו באשפה. שדרך נבילה להשליכה באשפה. פרגיות. גוזלות. אשכח קיבורי דאזלי ביה אזלויי. מלא פקעיות של טווי למכמורות ורשתות במקום שהציידין מלויין. אזלוי. ציידים העושים מכמורות. **מתני'** מצא פירות בכלי. וקתם כלי יש בו סימן. כמות שהוא. ריקן. כיס. יש בו סימן לבעלים. צבורי פירות. בגמ' מפרש סימנייהו, או מנין או מקום.

תוספות

סבר כוותיה בחדא. ולא בעי למימר דסבר כרבנן, דא"כ תפשוט דמודו רבנן ברוב גוים. ומכל מקום יש לפשוט דהלכה כמותו ברוב גוים. **לבתר** תריסר ירחי שתא כו'. פי': הן עצמן החזיר, אע"ג דלא היה צריך ליתן רק דמיהם, כדתנן בפרקין (דף כח:) כל דבר שעושה ואוכל — מטפל בו י"ב חדש, מכאן ואילך שם דמיהן ומניחן. אבל רש"י פירש שמצאן אחר י"ב שנאבדו, קשה: דמנלן *שיהא בשביל כך למוצא? דהאובד אינו מתיאש, שסבור שהמוצא יסבור שמקרוב נאבדו ויכריז.

לפנים משורת הדין. מ"אשר יעשון" נפקא לן לקמן בפרקין (דף ל:). תימה: דלא מייתי קרא הכא כדמייתי לקמן בעובדא דר' ישמעאל, וב"הגוזל קמא" (ב"ק דף ק. ושם ד"ה לפנים) בעובדא דרבי חייא, במראה דינר לשולחני ונמצא רע. ולקמן בסוף פרק "האומנין" (דף פג.) מייתי קרא אחרינא "למען תלך בדרך טובים" שהוא מדברי קבלה, ושביק קרא ד"אשר יעשון" שהוא מדברי תורה! וי"ל: דלא מייתי קרא ד"אשר יעשון" אלא במקום שאחרים חייבין והוא פטור. כמו במראה דינר, דאחרים דבעו למילף חייבים, ור"י חייא דלא בעי למילף פטור, ולפנים משורת הדין שילם כמו אחרים. וכן בעובדא דרבי ישמעאל, דזקן ואינו לפי כבודו הוה, ועשה לפנים משורת הדין כמו אחרים. והכא בשמעתין דהדרינהו בתר תריסר ירחי שתא — כ"ע פטורים, לכך לא מייתי קרא הכא. ומ"מ, משום לפנים משורת הדין בעי ליה לאהדורי, כיון שאינו מתחסר ממונא. אבל בסוף "האומנין" (שם) בהנהו שקולאי שסברו לו החבית ועשו לו הפסד גדול — משום פנים משורת הדין אין לו להפסיד, לכך מייתי קרא "למען תלך בדרך טובים". **אתא** לקמיה דרב גרסי', כדמשמע בירושלמי פרק "אין מעמידין" ואפילו לספרים דגרסי אביי — פריך שפיר מבשר שנתעלם מן העין. דאף ע"ג דלא קיימא לן כרב, כדפרישית לעיל (דף כג: ד"ה מחרוזות), מדפריך בפרק "גיד הנשה" (חולין דף לה: ושם): ורב היכי אכיל בשרא. מ"מ, פריך שפיר, דכיון דחזי המוצא שהעוף השליכם שם, אפילו מאן דפליג ארב — מודה הכא דאסור, דאימור נטלה מעיר שרובה גוים! ומשני: בעומד ורואהו שנטלה מעיר שרובה טבחי ישראל. ולרב מיירי בעומד ורואה, שנטלה לפני טבחי ישראל.

הרי שאבדו כו'. ה"ה נגנבו, ואע"ג דעבר על "לא תגנוב" לא עבר אל לאו דנבילה. ובתוספתא (פ"ב דחולין) תניא בהדיא הרי שאבדו או נגנבו והכא נקט אבדו אורחא דמילתא. **שמצאן** באשפה. בפ"ק דחולין (ד' יב:) מפרש: נראין דברי רבי יהודה לרבי חנניא כשמצאן באשפה שבשוק, שאף רבי חנניא לא פליג עליה אלא באשפה שבבית. ובעובדא דהכא שמצאן בדרך בלא אשפה — הוי כאשפה שבבית. **אתא** לקמיה דרבי אסי גרסי' — אע"ג דבכל דוכתי חשיב רבי אמי ברישא, כדאמר (גיטין דף נט:) רבי אמי ורבי אסי כהני חשיבי דארעא דישראל. אף על גב שגדול ממנו — אין תימה שבא לפניו לישאל לפי שחבירו היה. אבל אי גרסינן רבי אבא — קשה, דרבי אבא היה תלמידו של רבי אמי, כדמוכח גבי נסכא דרבי אבא (שבועות דף מז.) ואיך היה בא לפניו (*לעולם)?

רבינו חננאל

היא וכן הא דא"ר אסי מצא חבית של יין בעיר שרובה כנענים קנקנה מותר [משום] מציאה ויינה אסור אפי' בהנאה בא ישראל ונתן סימניה מותרת אפי' בשתיה למוצאה. ש"מ דברוב גוים הרי הן שלו. ההוא דאשכח ד' זוזי דציירי בסדינא בנהר בירן כו' ואסיקנא כיון דישראל כרו ליה וישראל סכרו ליה אימור מישראל נפול ולא מיאש. רב יהודה הוה אזיל בתריה דמר שמואל בשוקא דבי דיסא אמר ליה מצא כאן ארנקי מהו אמר ליה הרי הן שלו. בא ישראל ונתן סימניה מהו אמר לו אם רוצה לעשות לפנים משורת הדין מחזיר כדאבוה דשמואל אשכח חמרא במדברא ואהדרינהו בתר י"ב ירחי שתא והא דרבה דאמר ליה רב נחמן מצא ארנקי בשוקא דרבנן הרי הן שלו ואפי' הלה עומד וצווח נעשה כצווח על ביתו שנפל ועל ספינתו שטבעה בים כלומר כשם מי שטבעה ספינתו המציל ממנה הרי הן שלו ואע"פ שבעלה עומד וצווח כדאמרינן המציל מזוטו של ים התורה התירתו לו כן גם זה מותר למוצאו ש"מ אפי' ברוב ישראל. עוף הנקרא דיו שקיל בישרא ושדא בציניתא דבי בר מריון. אסיקנא אם הוא עומד וראה את המקום שחוטף זה הבשר ממנה והוא מישראל מותר לו דכזוטו של ים [דמי] ואם לאו אסור באכילה כרב דאמר בשר כיון שנתעלם מן העין אסור באכילה. והא דרב חנינא דאשכח גדי שחוט בין טבריא לצפורי והתירוהו לו משום מציאה כר"ש בן אלעזר ומשום שחיטה כר' יוסי בר חנינא וכו' ופשוטה היא. פי' פרגיות צפרים טהורים. רב אמי אשכח פרגיות בין טבריא לצפורי וא"ל ר' יוחנן שקול לנפשך. וכן רב יצחק אשכח (פגעיות) [פקעיות] של מטוה דאמר ר' יצחק אשכח קיבורי דאיזלו בי אזלויי וא"ל ר' יוחנן זיל שקול לנפשך: **מתני'** ואלו חייב להכריז מצא

מסורת הש"ס

פי' האגמים שעושים בהם הדגים שרשי רד"ק

[לקמן ל: ברכות ז. מה: כתובות נז. ב"ק נט:]

[חולין מח.]

חולין לה.

חולין יב. [תוספתא דחולין פ"ב]

נ"ל לישאל. רש"ל

א שלשה מטבעות זה על גב זה, ב כריכות ברה"י, ג וככרות של בעה"ב, וגיזי צמר הלקוחין מבית האומן, *כדי יין וכדי שמן – הרי אלו חייב להכריז.§ **גמ'** טעמא – דמצא פירות בכלי, ומעות בכים. הא כלי ולפניו פירות, כים ולפניו מעות – הרי אלו שלו. תנינא להא, דתנו רבנן: ד מצא כלי ולפניו פירות, ה כים ולפניו מעות – הרי אלו שלו. ו מקצתן בכלי ומקצתן על גבי קרקע, מקצתן בכים ומקצתן על גבי קרקע – חייב להכריז. ורמינהו: ז מצא דבר שאין בו סימן בצד דבר שיש בו סימן – חייב להכריז. בא בעל סימן ונטל את שלו – זכה הלה בדבר שאין בו סימן! אמר רב זביד: לא קשיא: הא – בכובא וכיתנא, הא – בצנא ופירי. [א] רב פפא אמר: הא והא בצנא ופירי, ולא קשיא; הא – דאשתייר בה מידי, הא – דלא אשתייר בה מידי. [ב] ואיבעית אימא: הא והא דלא אשתייר בה מידי, ולא קשיא: ח הא – דמהדרי אפיה לגבי פירי, הא – דלא מהדרי אפיה לגבי פירי. ואיבעית אימא: הא והא דמהדרי אפיה לגבי פירי, ולא קשיא; ט הא – דאית לה אוגנין לצנא, הא – דלית לה אוגנין לצנא.§ "צבורי פירות וצבורי מעות".§ שמעת מינה – מנין הוי סימן! תני: צבור פירות. שמעת מינה מקום הוי סימן! תני: צבורי פירות.§ "שלשה מטבעות זה על גב זה".§ אמר רבי יצחק מגדלאה: י והוא שעשויין כמגדלין. תניא נמי הכי: מצא מעות מפוזרות – הרי אלו שלו, עשויין כמגדלים – חייב להכריז. ואלו הן עשויין כמגדלים – שלשה מטבעין זה על גב זה. הא גופא קשיא, אמרת: מצא מעות מפוזרות – הרי אלו שלו, הא משלחפי שלחופי – חייב להכריז. אימא סיפא: עשויין כמגדלין חייב להכריז, הא משלחפי שלחופי – הרי אלו שלו! תנא, כל שאין עשויין כמגדלין – כ מפוזרות קרי להו. [ג] א"ר חנינא: לא שנו אלא של שלשה מלכים, אבל של מלך אחד – אינו חייב להכריז. היכי דמי? אי דעשויין כמגדלין – אפילו של מלך אחד נמי, ואי דאין עשויין כמגדלין – אפילו של שלשה מלכים נמי לא! אלא, אי אתמר הכי אתמר: לא שנו אלא של מלך אחד כעין שלשה מלכים, (אבל של מלך אחד אינו חייב להכריז). והיכי דמי דעשויין כמגדלים – רויחא תתאה ומציעא עילויה, וזוטא עילויה מציעא, דאמרינן: אנוחי אנחינהו. אבל של מלך אחד, דכולהו כי הדדי נינהו, אע"ג דמנחי אהדדי – הרי אלו שלו, אימר אתרמויי אתרמי, ובהדי הדדי נפול. ורבי יוחנן אמר: אפילו של מלך אחד נמי מכריז. *מאי מכריז – מנין. מאי איריא תלתא? אפי' תרין נמי! אמר רבינא: (א) *טבעא מכריז. *ל בעי ר' ירמיה: כשיר מהו, כשורה מהו, כחצובה מהו, כסולם מהו? [ד] פשוט מהא חדא, דאמר רב נחמן אמר רבה בר אבוה: מ כל שאילו מכבנים לה קיסם ביניהן ונוטלם בבת אחת – חייב להכריז. בעי רב אשי: כאבני

שלשה מטבעות זו ע"ג זו. בגמרא מפרש סימנייהו. גמ' טעמא דמצא כו'. התם הוא דאמר שהפירות לבעל הכלי. הא כלי ולפניו פירות. הרי אלו הפירות של מוצאן, ואע"פ שהכלי לבעל הסימן – את הכלי יחזיר ואת הפירות יעכב לו, ולא אמרינן מהאי מנא נפל. מקצתן בכלי כו'. הדבר מוכיח דהנך דעל גבי קרקע דהנך הוא, וחייב להחזירם למי שיתן סימן בכלי, וכן מעות לבעל הכיס. ה"ג: מצא דבר שאין בו סימן בצד דבר שיש בו סימן. כגון מעות לפני כיס. חייב להכריז. על הכל ויתנו המעות לבעל הכיס. בא בעל סימן ונטל את שלו. את הכיס, ואמר אין המעות שלי – זכה הלה במעות. הא. דקתני הרי אלו שלו. בכובא וכיתנא. גיגית מוטלת ופשתן לפניה, דודאי האי פשתן לאו מכובא נפל, דאי מינה נפל – הוה משתייר בה. והוא הדין לכיס ולפניו מעות מהאי טעמא. והא דקתני חייב – בצנא ופירי, דעבידי דשרקי ונפלי מיניה כולהו. הא דקתני חייב בדאשתייר. ואיכא למימר הנך דאברא מיניה נפל. והא דלא אשתייר. כיון דסתם צנא יש לו אוגנין כפולים לתוכו, אי מתוכו נפל – הוה משתייר ביה, דאוגנין מעכבי ליה. ה"ג הא והא דלא אשתייר ביה מידי. הא דאית ליה אוגנין. לאו מיניה נפל, דאי מיניה נפל – הוה משתייר ביה מידי. ש"מ מנין הוי סימן. דאי לאו הכי – מאי סימן איכא? תני צבור פירות. דאין כאן מנין, (ב) מאי סימניה – מקום, דכיון דלצבורין הינוח הוה, ויהיב סימנא: במקום פלוני הנחתים. תני צבורי פירות. סימני מנין (ג) דהוי מדחי ליה: לא הא תפשוט, ולא הא תפשוט. והוא שעשויין כמגדלין. לקמיה מפרש שלשתן רחבין זה מזה, ומניח מלמטה את הרחב, ועליו את הבינוני ועליון הוא הקצר שבכולן, כמגדל זה העשוי היסוד רחב ומקצר ועולה, וכי מנחי הכי – לאו דרך נפילה הוה, אלא דרך הינוח, והיה דעתו לחזור וליטלן ושכח. הלכך נוטל ומכריז, וזה בא ונותן סימן, ואומר: מגדלין היו עשויין. ג' מטבעות. שאין דומות זו לזו ברחבן. משלחפי שלחופי. מקצת זו על חבירתה, ומקצת על גבי קרקע. חייב להכריז. אלמא: כי האי גוונא לאו דרך נפילה הוא. של שלשה מלכים. קס"ד שלא היו צורותיהם שוות, שכל מלך כותב שמו וצורתו על מטבע שלו. אי דעשויין כמגדלין. שאין שוין ברחבן, ומונחים, כמו שפירשית. אפילו של מלך אחד. שצורת שלשתן שוות. של מלך אחד כעין שלשה מלכים. כלומר: אפי' הן של מלך אחד שצורת שלשתן שוה, והן כעין שלשה מלכים שחלוקין ברחבן, ודומין לג' מטבעות. ה"ג: והיכי דמי כגון שעשויין כמגדלין חייב להכריז. דכולהו כי הדדי נינהו. שוין ברחבן. אע"ג דכי הדדי מנחי. זה על זה, ולאו משלחפי. אימור [אתרמויי] אתרמי. דהכי נפל, ואין זה הינוח. וסימן אין לו בהם, ואפי' מקום, דלא ידע היכן נפל. אפי' של מלך אחד מכריז. הואיל ומטבעות הוו זו ע"ג זו – יש כאן סימן, דלא אתרמי דנפול הכי. ופרכינן מאי מכריז מנין. כך וכך מטבעות מצאתי, וזה בא ונתן סימן: זו ע"ג זו מצאתם. טבעא מכריז. מטבעות מצאתי. הלכך תרי לאו סימנא הוא, דמיעוט מטבעות ג'. כשיר. מוטלין בעיגול כאלעדה. כשורה. זו אצל זו. כחצובה. כג' רגלי קנקן, כל אחד כנגד אויר של שני, כזה * * *. כסולם. רוב אמצעי על התחתון, ורוב העליון על האמצעי, כמו מעלות שקורין אשקולינו"ש. פשוט מהא. דר"נ אמר. כל שאילו מכבנים כו'. וכי הוו כסולם – ניטלים בבת אחת. כאבני

הא בכובא וכיתנא. פי' רש"י דמתני' בכובא וכיתנא. וקשה: דקתני מלא פירות! וי"א: דכיתנא אקרי פירי, כדאמרינן (בבראשית רבה) "ויבא קין מפרי האדמה" – זרע פשתן הביא. ודוחק. ונראה דמתני' בצנא ופירי, דכיון דאין הפירות מחוברים יחד, אילו מן הכלי נפלו – היה קצת נשאר מהם בכלי. אבל פשתן, שקשור ביחד – יכול להיות שבכלי היה ונפל. ור"ח פי': דפריך אמאי דקאמר מקצתן על גבי קרקע חייב להכריז, ורמינהו: מצא דבר כו' בא בעל סימן ונטל את שלו זכה המוצא במה שבידו – היינו מה שבחוץ, אע"פ שיש בפנים קצת פירות, ואפילו בעל כלי אומר שכולן שלו. ולפי זה גרס בסמוך הא והא דאשתיירי ביה.

שמעת מינה מנין הוי סימן. אע"ג דפשיטא ליה לעיל* מדמשקל הוי סימן מדה ומנין נמי הוי סימן, בעי לאוכוחי הכא ממתני'. ולעיל (דף כד.) נמי, דקתני אבל מלא שניס חייב לא קאמר ש"מ מנין הוי סימן – (*דלא אלימא ליה ברייתא למפשט מינה). אי נמי: דמלי למדחי דמנין וחרוזא הוי סימן.

והוא שעשויין כמגדלין. אי מנין הוי סימן – במה שעשויין כמגדלין ידעינן דדרך הינוח הוה. ובתרי לא סגי, דטבעא מכריז. אבל אם מקום הוי סימן – אפילו בתרי ועשויין כמגדלין ידעינן דדרך הינוח הוה. דאי בתרי אפי' עשויין כמגדלין לא ידעינן דדרך הינוח הוה, דאימור דרך נפילה הוה דאתרמי הכי, א"כ לקמן מאי פריך (אר' יוחנן) מאי אריא תלתא אפי' בתרי סגי? וי"ל דשפיר משני טבעא מכריז.

הא גופא קשיא. אמתני' לא פריך, דמצינן למימר דג' מטבעות היינו פירוש לצבורי מעות. כאבני

רבינו חננאל

מצא פירות בכלי או כלי כמות שהוא וכו' אמרי' תנינא להא דתנו רבנן מצא כלי ולפניו פירות כים ולפניו מעות הרי אלו שלו. מקצתן בכלי ומקצתן בקרקע חייב להכריז ואם בא ישראל ונתן סימני הכלי נוטל גם הפירות וכן כל כיוצא בהן. ורמינן עלה הא דתניא מצא דבר שאין בו סימן בצד דבר שיש בו סימן *) נוטל הדבר שיש בו סימן וזכה הלה בדבר שאין בו סימן. ופרקינן הא והא בצנא ופרי וכגון שנותרו מן הפירות בצנא ולא קשיא הא דתני חייב להכריז דמשמע שמחזיר גם הפירות בצנא דאית ליה אוגנים והן כפופות לתוכה דאמרי' האי צנא איתהפכא והני פירי אישתפוך מן הצנא והני פירי (דאישתפוך) [דאשתייר] בגוה אוגנים מנעום מלהשפך בחוץ הלכך הפירות בתר צנא גרירי בא מי שנתן סימני צנא נוטל גם הפירות. והא דתני דזכה הלה במה שבידו בצנא דלית ליה אוגנים ונמצאו הפירות בחוץ ופירות בצנא דאמרי' הני פירי דבחוץ לאו מן הצנא אישתפוך דאילו מינה אישתפוך הוו להו לאישתפוכי כולהו דהא לית לה לצנא אוגנים אלא הני פירי דבחוץ לאחרינא אינון לפיכך זכה בהם המוצאן דהא דבר שאין בו סימן נינהו. ציבורי פירות. ש"מ מנין הוי סימן. ג' מטבעות זו על גבי זו חייב להכריז. פי' כמגדלים מכוונות אבנים זו על גבי זו אין אחת עודפת על חבירתה. מפוזרין שלו הא אי הוו שלחופי משלחפי שאין מיושבות זו על גב זו אלא מקצתן עליה ומקצתן יוצאה מעליה כגון כנפי הכרובים כדגרסי' בסוף המוכר את הבית ודלמא שלחופי הוו משלחפי אהדדי ועיקרו כדמתרגמי' בתרגום ארץ ישראל שכל את ידיו שלחופינון לידוהי. אסקינן כל שאינן עשויים כמגדלים מפוזרין נינהו והרי הן שלו רויחא לתתא ומיצעא עילויה וזוטא עילוי מצעי זהו כמגדלים. בעי ר' ירמיה כשיר או כשורה או כחצובה או כסולם מהו ועלו בתיקו. פי' כשיר עגול כצמידין דמתרגמ' להו שירין. כשורה זה בצד זה. כחצובה

*) נראה דלא גרס בברייתא השניה נוטל ומכריז רק נוטל הדבר וכו' ועי' בתוס' כאן ד"ה הא גירסת רבינו ופירושו.

[לעיל כג:]

רש"ל ור"מ מ"ז

ב"ב קג.

הגהות הב"ח

(א) גמ' טבעי מכריז: (ב) רש"י ד"ה תני לבור וכו' ומאי סימניה: (ג) ד"ה תני לבורי וכו' מנין הוא דהוי:

הגהות הגר"א

[א] גמ' רב פפא וכו'. נ"ב הרמב"ם פסק ככולהו אוקימתא דר"פ אבל דר"ז השמיטה. והרא"ש וטור פסקו גם לדר"ז: [ב] שם ואב"א הא והא דלא אשתייר בה מידי ול"ק הא דלא אוגנין. לגנא הא דל"ל אוגנין לגנא ואב"א הא והא דל"ל אוגנין ול"ק הא דמהדרי אפיה לגבי פירי הא דלא מהדרי אפיה לגבי פירי כצ"ל (וכ"נ מרש"י ד"ה והא כו' דסתם לנא כו' אבל הרא"ש גורס כגירסא שלנו וע"ש ובדברי רבינו בח"מ סי' רסב ס"ק כ"ה): [ג] שם א"ר חנינא כו'. נ"ב וכ"פ הרא"ש וש"פ אבל הרמב"ם השמיטה דס"ל דר"ח ור' יוחנן פליגי אליבא דר"י מגדלאה ופסק כר' יוחנן וע' רי"ף (שמפרש כהרמב"ם וע' נ"י): [ד] שם (פשוט מהא חדא ד) אמר. אות ד' ממלת לאמר עם ג' מלות שלפניו מוקפים בעגולים וכ"ב הרמב"ם ל"ג לה ולגו ג"יש אמר נ"ע ע' וסולם לא איפשיטא וחסר בש"ע כאן וע' ברמב"ם:

נ א מיי' פט"ז מהלכות אבידה הל' ב סמג עשין עד טוש"ע ח"מ סי' רסב סעיף יב:
נא ב מיי' שם פט"ו הלכה י סמג שם טוש"ע שם סעיף ט:
נב ג מיי' שם הלכה ט טוש"ע שם סעיף ח:
נג ד מיי' שם הלכה יג סמג שם טוש"ע ח"מ סי' רסב סעיף יט:
נד ה מיי' שם פט"ז הל' ג סמג שם טוש"ע שם סעיף כ:
נה ו מיי' שם פט"ו הל' טו סמג שם טוש"ע שם סעיף יט:
נו ז מיי' שם פי"ד הל' יא סמג שם:
נז ח ט מיי' שם פט"ו הלכה יד סמג שם טוש"ע ח"מ סי' רסב סעיף יט:
[דף כג:]
נח י מיי' שם פט"ז הל' ב סמג שם טוש"ע ח"מ שם סעיף יב:
ס"א דברייתא היא ומאי אולמא מהך דמשקל
נט כ מיי' שם טוש"ע שם סעיף יא:
ס ל מ מיי' שם טוש"ע שם סעיף יב:

ס"א ל"ג

לפירוש הרי"ף והרא"ש קאי על המשנה וע"ש [לעיל כ:]

כְּאַבְנֵי בֵּית קוּלִים מַהוּ? ת"ש, דְּתַנְיָא: מָצָא מָעוֹת מְפוּזָּרוֹת — הֲרֵי אֵלּוּ שֶׁלּוֹ, כְּאַבְנֵי בֵּית קוּלִים — אחַיָּיב לְהַכְרִיז. בוְאֵלּוּ הֵן *אַבְנֵי בֵּית קוּלִים: אַחַת מִכָּאן וְאַחַת מִכָּאן וְאַחַת עַל גַּבֵּיהֶן. תָּנוּ רַבָּנַן: הַמּוֹצֵא סֶלַע בַּשּׁוּק, וּמְצָאוֹ חֲבֵירוֹ וְאָמַר לוֹ שֶׁלִּי הִיא, חֲדָשָׁה הִיא, נֵירוֹנִית הִיא, שֶׁל מֶלֶךְ פְּלוֹנִי הִיא — גלֹא אָמַר כְּלוּם. וְלֹא עוֹד, אֶלָּא דאֲפִילּוּ שְׁמוֹ כָּתוּב עָלֶיהָ — לֹא אָמַר כְּלוּם, לְפִי שֶׁאֵין סִימָן לְמַטְבֵּעַ, דְּאָמַר דִּלְמָא אַפּוֹקֵי אַפְּקָהּ, וּמֵאִינִישׁ אַחֲרִינָא נָפַל.§ **מתני'** מָצָא האַחַר הַגַּפָּה אוֹ אַחַר הַגָּדֵר גּוֹזָלוֹת מְקוּשָּׁרִים, אוֹ בַּשְּׁבִילִין שֶׁבַּשָּׂדוֹת — הֲרֵי זֶה לֹא יִגַּע בָּהֶן. *ומָצָא כְּלִי בָּאַשְׁפָּה, אִם מְכוּסֶּה — לֹא יִגַּע בּוֹ, אִם מְגוּלֶּה — נוֹטֵל וּמַכְרִיז.§ **גמ'** מַאי טַעְמָא? דְּאָמְרִינַן: הָנֵי אֱינָשׁ אַצְנְעִינְהוּ, (א) וְאִי שָׁקֵיל לְהוּ — לֵית לְהוּ לְמָרַיְיהוּ סִימָנָא בְּגַוַּויְהוּ, הִלְכָּךְ לִשְׁבְקִינְהוּ עַד דְּאָתֵי מָרַיְיהוּ וְשָׁקֵיל לְהוּ. וְאַמַּאי? לֶיהֱוֵי *קֶשֶׁר סִימָנָא! אָמַר רַבִּי אַבָּא בַּר זַבְדָּא אָמַר רַב: יבִּמְקוּשָּׁרִין בִּכְנַפֵיהֶן, דְּכוּלֵּי עָלְמָא הָכִי מְקַטְּרִי לְהוּ. וְלֶיהֱוֵי מָקוֹם סִימָן! אָמַר רַב עוּקְבָא בַּר חָמָא: חבִּמְדַדִּין. אִי בִּמְדַדִּין — מֵעָלְמָא אָתוּ, וּמוּתָּרִין! אִיכָּא לְמֵימַר מֵעָלְמָא אָתוּ, וְאִיכָּא לְמֵימַר אֱינָשׁ אַצְנְעִינְהוּ, וַהֲוָה לֵיהּ סְפֵק הִינּוּחַ, *וְאָמַר רַבִּי אַבָּא בַּר זַבְדָּא אָמַר רַב: טכָּל סְפֵק הִינּוּחַ — לְכַתְּחִילָּה לֹא יִטּוֹל, וְאִם נָטַל — לֹא יַחֲזִיר.§ "מָצָא כְּלִי בָּאַשְׁפָּה, מְכוּסֶּה לֹא יִגַּע בּוֹ, מְגוּלֶּה — נוֹטֵל וּמַכְרִיז".§ וּרְמִינְהוּ: מָצָא כְּלִי טָמוּן בָּאַשְׁפָּה — נוֹטֵל וּמַכְרִיז, שֶׁכֵּן דֶּרֶךְ אַשְׁפָּה לְפַנּוֹת! אָמַר רַב זְבִיד: לָא קַשְׁיָא: יהָא — בְּכוּבֵי וְכָסֵי, הָא — בְּסַכִּינֵי וְהַמְנִיק. בְּכוּבֵי וְכָסֵי — לֹא יִגַּע, בְּסַכִּינֵי וְהַמְנִיק — נוֹטֵל וּמַכְרִיז. רַב פַּפָּא אָמַר: הָא וְהָא בְּכוּבֵי וְכָסֵי, וְלָא קַשְׁיָא; כָּאן — בְּאַשְׁפָּה הָעֲשׂוּיָה לְפַנּוֹת, כָּאן — בְּאַשְׁפָּה שֶׁאֵינָהּ עֲשׂוּיָה לְפַנּוֹת. אַשְׁפָּה הָעֲשׂוּיָה לְפַנּוֹת כאֲבֵידָה מִדַּעַת הִיא! לאֶלָּא, *בְּאַשְׁפָּה שֶׁאֵינָהּ עֲשׂוּיָה לְפַנּוֹת, וְנִמְלַךְ עָלֶיהָ לְפַנּוֹתָהּ. בִּשְׁלָמָא לְרַב פַּפָּא — הַיְינוּ דְּקָתָנֵי שֶׁכֵּן דֶּרֶךְ אַשְׁפָּה לְפַנּוֹת, אֶלָּא לְרַב זְבִיד מַאי שֶׁכֵּן דֶּרֶךְ אַשְׁפָּה לְפַנּוֹת? שֶׁכֵּן דֶּרֶךְ אַשְׁפָּה לְפַנּוֹת לָהּ כֵּלִים קְטַנִּים.§ **מתני'** ממָצָא בְּגַל וּבְכוֹתֶל יָשָׁן — *הֲרֵי אֵלּוּ שֶׁלּוֹ. נמָצָא בְּכוֹתֶל חָדָשׁ, מֵחֶצְיוֹ וְלַחוּץ — שֶׁלּוֹ, מֵחֶצְיוֹ וְלִפְנִים — שֶׁל בַּעַל הַבַּיִת. סאִם הָיָה מַשְׂכִּירוֹ לַאֲחֵרִים — אֲפִילּוּ (ב) *בְּתוֹךְ הַבַּיִת הֲרֵי אֵלּוּ שֶׁלּוֹ.§ **גמ'** תָּנָא, מִפְּנֵי שֶׁיָּכוֹל לוֹמַר לוֹ: שֶׁל אֱמוֹרִיִּים הֵן. אַטּוּ אֱמוֹרִים מַצְנְעֵי, יִשְׂרָאֵל לָא מַצְנְעֵי? לָא צְרִיכָא, דִּשְׁתִיךְ

כְּאַבְנֵי בֵּית קוּלִים. מַרְקוּלִים, וְהִיא שֵׁם ע"ז, וּלְקַמֵּיהּ מְפָ' הֵיכִי עָבְדִי. אַחַת מִכָּאן וְאַחַת מִכָּאן. וְהַשְּׁלִישִׁית חֲלָיָהּ עַל זֶה וְחֶלְיָהּ עַל זֶה. נֵירוֹנִית הִיא. נִירוֹן קֵיסָר כָּתוּב עָלֶיהָ. **מתני'** מָצָא אַחַר הַגַּפָּה [או אחר הגדר] גּוֹזָלוֹת מְקוּשָּׁרִין. גַּפָּה = סְתִימַת כּוֹתֶל שֶׁל עֵץ אוֹ שֶׁל קָנִים. גָּדֵר. שֶׁל אֲבָנִים. לֹא יִגַּע בָּהֶן. טַעְמָא מְפָ' בַּגְּמָרָא. מְכוּסֶּה לֹא יִגַּע בּוֹ. דְּאֵין זוֹ אֲבֵידָה שֶׁיְּהֵא מוּזְהָר עָלֶיהָ בְּ"לֹא תוּכַל לְהִתְעַלֵּם" — דְּמִשְׁתַּמֵּר הוּא. **גמ'** בִּמְדַדִּין. מִמָּקוֹם לְמָקוֹם. מֵעָלְמָא אָתוּ. וְאֵין זֶה הִינּוּחַ, וְכֵיוָן דְּאֵין בָּהֶן סִימָן — נֵימָא הֲרֵי אֵלּוּ שֶׁלּוֹ. וְאִיכָּא לְמֵימַר אִינִישׁ אַצְנְעִינְהוּ. הוֹאִיל וּמְקוּשָּׁרִין. סְפֵק הִינּוּחַ. בְּדָבָר שֶׁאֵין בּוֹ סִימָן, וְכ"ש וַדַּאי הִינּוּחַ. לְכַתְּחִילָּה לֹא יִטּוֹל. דְּאִי שָׁקְלַתְּ לָהּ לֵיכָּא לְמָרַיְיהוּ סִימָנִין לְמֵיתַב בְּהוּ, וַיַּפְסִיד. הִלְכָּךְ לֹא יִטּוֹל, וְהַבְּעָלִים יִזְכְּרוּ וְיָבֹאוּ וְיִטְּלוּם. וְאִם נָטַל לֹא יַחֲזִיר. דְּהָא לֵיכָּא דְּיָהֵיב סִימָנָא. שֶׁכֵּן דֶּרֶךְ אַשְׁפָּה לְפַנּוֹת. וְאִי לָא שָׁקֵיל לֵיהּ הַאי הָשְׁתָּא — לִכְשֶׁיְּפַנֶּה יִטְּלֶנָּה גּוֹי אוֹ יִשְׂרָאֵל חָשׁוּד, הִלְכָּךְ אֲבֵידָה הִיא, וּמוּזְהָר עָלֶיהָ. כּוּבֵי וְכָסֵי. טְמוּנִים מִדַּעַת הֲוָאי, וְלֹא יִגַּע בָּהֶן. סַכִּינֵי וְהַמְנִיק. שֶׁהֵן כֵּלִים קְטַנִּים — אֲבֵדָה הֵן, שֶׁהִשְׁלִיכָם שָׁם עִם הָאַשְׁפָּה שֶׁהוֹצִיאָם מִן הַבַּיִת. וּלְקַמָּן פָּרֵיךְ: מַאי "שֶׁכֵּן דֶּרֶךְ אַשְׁפָּה לְפַנּוֹת"? אֲבֵידָה מִדַּעַת הִיא. דַּהֲוָה לֵיהּ לְאַסּוֹקֵי אַדַּעְתֵּיהּ שֶׁיְּפַנּוּהָ. הַיְינוּ דְּקָתָנֵי שֶׁכֵּן דֶּרֶךְ אַשְׁפָּה לְפַנּוֹת. שֶׁהַבְּעָלִים נִמְלָכִים לְפַנּוֹת. לְפַנּוֹת לָהּ כֵּלִים קְטַנִּים. מִן הַבַּיִת שֶׁלֹּא מִדַּעַת. **מתני'** מָצָא בְּגַל. גַּל אֲבָנִים מֵחוֹמָה שֶׁנָּפְלָה. הֲרֵי אֵלּוּ שֶׁלּוֹ. בַּגְּמָרָא מְפָרֵשׁ. מֵחֶצְיוֹ וְלַחוּץ. בְּאֶחָד מֵחוֹרֵי כּוֹתֶל הַסְּמוּכִים לִרְשׁוּת הָרַבִּים מְלָאָהּ, מֵחֲצִי עוֹבְיוֹ שֶׁל כּוֹתֶל וְלַחוּץ — שֶׁלּוֹ, דְּאָמְרִינַן אֶחָד מִבְּנֵי רְשׁוּת הָרַבִּים נְתָנוֹ שָׁם וְשָׁכַח. דְּאַע"ג דַּאֲמַרַן לְעֵיל סְפֵק הִינּוּחַ לֹא יִטּוֹל, וְהַאי וַדַּאי הִינּוּחַ הוּא — הָא מוּקְמֵי' לְמַתְנִי' בַּגְּמָרָא דִּשְׁתִיךְ טְפֵי, דְּאִיכָּא יֵאוּשׁ בְּעָלִים. וַאֲפִילּוּ מָצָא בְּתוֹךְ הַבַּיִת כו'. דְּלָא יָדוּעַ דְּמַאן נִינְהוּ, וּבְעָלָיו נוֹאֲשׁוּ. **גמ'** תָּנָא. גַּבֵּי גַּל וְכוֹתֶל יָשָׁן. שֶׁיָּכוֹל לוֹמַר לוֹ. לְבַעַל הַגַּל אוֹ לְבַעַל הַכּוֹתֶל. שֶׁל אֱמוֹרִיִּים. שֶׁהוֹרִישׁוּ אֲבוֹתֵינוּ הָיוּ. יִשְׂרָאֵל לָא מַצְנְעֵי. וּמֵחֶצְיוֹ וְלִפְנִים אַמַּאי שֶׁלּוֹ? הֲרֵי בַּעַל הַבַּיִת זֶה מִשְׁתַּמֵּשׁ בּוֹ זֶה כַּמָּה שָׁנִים. דִּשְׁתִיךְ

כאבני בית קולים. מכאן אר"ת דאין שם ע"ז מרקולים אלא קולים, כדאמרינן הכא. והא דקרי ליה בעלמא מרקולים — היינו חילוף קילוס, דהס קוריס קילוס לשון שבח, ותכמים החליפו לגנאי לשון לעג וקלס (תהלים מד). ומר הוא חילוף, כמו מר דשחוטה דפרק "גיד הנשה" (חולין דף לד.), ומר דפרזלא ד"הגוזל בתרא" (ב"ק קיג:)*.

אחר הגפה. מקום שמשתמרות קצת. אבל מצא במקום שאין משתמר כלל – ודאי אבידה היא, ונתייאשו הבעלים, כיון שאין בה סימן. ולא איירי הכא במשתמר לגמרי, מדפריך בגמרא ולהוי קשר סימן – כלומר: ויטול ויכריז. במקום המשתמר, אפי' יש בו סימן – לא יגע בו. דהא תנן: מצא כלי טמון באשפה – לא יגע בו, וביש בו סימן איירי, מדקאמר: ואם מגולה – נוטל ומכריז. וכן לעיל (דף כד.) אמר: מצא אבידה, אם רוב ישראל – חייב להכריז. א"כ ביש בה סימן איירי, ומוקי לה בטמון באשפה ונמלך עליה לפנותה. אבל אם לא נמלך – לא יגע בה. ולרבה דאמר מקום הוי סימן – נקט דוקא גוזלות דמדדין, אבל דבר אחר – לא, דהוי מקום סימן ויטול ויכריז, כיון דאינו משתמר לגמרי. ולרבה דאמר מקום לא הוי סימן – נקט גוזלות לאשמועינן דאע"ג דהוי ספק הינוח, דאיכא למימר דמעלמא אתו – לא יגע בהן.

***ואמר** ר' אבא בר זבדא אמר רב ספק הינוח לכתחילה לא יטול. כדמפרש לעיל: דלמא איניש אצנעינהו. **ואם** נטל לא יחזיר. יש מפרש: דהיינו דוקא כשנטלהו והוליכו לביתו, דיש לחוש שמא באו בעלים בתוך כך ולא מצאו מה שהניחו שם, ושוב לא יחזרו לבקשה – לכך לא יחזיר למקום שנטל. אבל אם נטלו ולא זז משם, וראה שלא באו בעלים בתוך כך – יחזיר. וכן יש בירושלמי עובדא ברבי אבא בר זבדא גופיה. דקאמר: רבי אבא בר זבדא אשכח תמרא מכוסה בחפיסה ונסביה, אתא ושאיל בבי רב, אמרו ליה: לאו יאות עבדת. אמר להו: אהדריה? א"ל: לא, דלמא אתא מריה ולא אשכחיה, ומיאש מיניה. ומיהו, אם נטל לא יחזיר משמע רק שנטלה, ואע"ג דלא הוליכה לשום מקום – לא יחזיר. ויש לפרש דמיירי הכא בספק אבידה, דאפי' הניחה בעלים שם מדעת – דומה ששכוחהו. דבלא משתמר כ"א קצת מיירי, דומיא דמתני', דעל מתני' קאי רבי אבא. ולכך, אם נטל – לא יחזיר, דהשתא אבידה היא ושכחוה הבעלים. וכיון שאם היה יודע שהיא אבידה – היה מחויב בהשבתה בלא שום הגבהה, אם הוא יודע של מי הוא, דכיון שהוא משתמר קצת לא יתייאשו הבעלים – היכא דהגביה הוי מחויב בשמירתה מספק, לרבה הוי שומר חנם ולרב יוסף שומר שכר עד שתבא ליד הבעלים, ולא דמי לזקן ואינה לפי כבודו דאמר רבה בפרקין* הכישה נתחייב בה, ואמרינן ב"המוכר את הספינה" (ב"ב דף פח.) אימור דאמר רבה בבעלי חיים – דאנקטינהו נגרי ברייתא, אבל בשאר דברים – לא. היינו משום דזקן לא מיחייב בהשבה כלל, ולכך כי יחזיר למקומה – אינו חייב בשמירתה. וכן גלוחית דפרק "הספינה" (שם דף פז:) – לא מיחייב כלל בנטילה, דאבידה מדעת היא, ואינו חייב כלל בהשבתה. אבל הכא, אם היה יודע שהיא אבידה – היה חייב ליקחנה ולהשיבה לבעלים אם היה יודע של מי(ג) הם. עתה שהוא ספק, אם הגביה – חייב בשמירתה כדין אבידה ממש. וכן משמע בפרק "הספינה" (שם) דקאמר: גלוחית אבידה מדעת היא. משמע: דאם לא היתה אבידה מדעת – א"ש דמחייב בנטילתה. ועובדא דירושלמי דקאמר דאימור אתא מריה ולא אשכחיה – מיירי שמצאו במקום שמשתמר לגמרי, שלא היתה אבידה, ואינה בת השבה. ולכך, אי לא הוה לן למיחש לאתא מריה – יחזיר שפיר. וכן משמע, דסתם תפיסה יש בו סימן, ואי לא הוה משתמר לגמרי – א"כ שפיר עשה שנטלה, ואמאי אמר דלאו יאות עבד? וכן הא דתניא לקמן (דף לא.) מצא טלית או קרדום בצד גדר – אין זו אבידה, ולא יגע בו אפילו יש בו סימן – מיירי במקום המשתמר. אי נמי התם לדעת הונח שם ולא יגע בו אפילו יש בו סימן, דדרך פועלים שמניחים טליתן או קורדומס בצד גדר של אותה שדה. ולפירוש רש"י דפירש דלא יחזיר דליכא איניש דיהיב סימנא – קשה: דפשיטא דלא יחזירנו לשום אדם, שאינו יודע מי הם הבעלים, כיון שאין בו סימן.

דשתיך

סא א ב מיי' פט"ז מהל' אבדה הלכה ב סמג עשין עד טוש"ע ח"מ סי' רסב סעיף יב:

[וע' תוס' סנהדרין סד. ד"ה מרקולים וע"ז נ. ד"ה אבני]

סב ג ד מיי' שם פי"ד הלכה י סמג שם טוש"ע שם סעיף יג:

סג ה מיי' שם פט"ו הל' ו ועיין בהשגות וכמ"מ סמג שם טוש"ע ח"מ סי' רס סעיף י:

סד ו מיי' שם הלכה ז טוש"ע שם סעי' יא:

סה ז ח מיי' שם הל' ו טוש"ע שם סעיף י:

סו ט מיי' שם הל"א ועי' בהשגות טוש"ע שם סעיף ט:

סז י מיי' שם הלכה ז טוש"ע שם סעיף יא:

סח כ מיי' שם פי"א הל' יא סמג שם טוש"ע ח"מ סי' רסא סעיף ד:

סט ל מיי' שם פט"ו הלכה ז טוש"ע ח"מ סי' רס סעיף יא:

ע מ נ מיי' שם פט"ו הלכה ט ועיין בהשגות ובמגיד משנה סמג שם טוש"ע שם סעיף א:

עא ס מיי' שם הל' יא ועיין בהשגות וכמ"מ טוש"ע שם סעיף ג:

לפי דברי מהר"ס ד"ז עם ד"ה ואם הד"א

רבינו חננאל

כחצובה זה למעלה מזה במקום *) מרודד. כסולם נתונים כסדר בארץ והפרש ביניהן. היכי מכריז אם היו עשויים כמגדלים. אמר רבינא טיבעא מכריז ויבא בעליהם ויתן סימנם ויטלם. אבני בית קולים בית ע"ז שמה מרקולים עבודתו גרימת אבנים ועיקרו ג' אבנים שתים זו כנגד זו ואחד על גביהם. ואם מצא מטבעות כי האי גוונא חייב להכריז: ת"ר המוצא סלע בשוק ואמר לו חבירו שלי היא נירונית היא פי' כמטבע נירון קיסר היא כו' עד ולא עוד אפי' שמו כתוב עליה לא אמר כלום שאין סימן למטבע דאמרי' אפוקי אפקה ומאחרינא נפל: **מתני'** מצא אחר הגפה. פי' הגפה סגירה מלשון יגיפו הדלתות וכדתנן מן האגף ולפנים. גוזלות מקושרות או בשבילין שבשדות הרי זה לא יגע בהן ואוקימנא בדלית בהו סימן ובמדדין דאיכא למימר מעלמא אתו ואיכא למימר איניש אצנעינהו הוי ליה ספק הינוח וכל ספק הינוח לכתחלה לא יטול ואם נטל לא יחזיר. תלמוד ארץ ישראל ר' אבא בר זבדא אשכח חמר מכוסה בחפיסה ונסביה אתא שאיל לרב אמר ליה לא עבדת יאות אמר ליה אהדריה אמר ליה לא דנימר אתא מריה ולא אשכחיה ונתיאש מיניה. פי' מדדין מהלכין מעט מעט כדכתיב אדדם עד בית אלהים. ותנן נמי האשה מדדה את בנה. מצא כלי טמון באשפה לא יגע בו. איני והתניא נוטל ומכריז. ופריק רב זביד לא קשיא מתני' בכובי וכסי דמצנעי להו אינשי. בהמנק וסכין דאיכא למימר בטאטא שקלינהו בהדי עפרא דביתא ורקינהו לאשפה ולא ידע שכן דרך בני אדם לכבד הבית ולהשליך העפר לאשפה. פי' המנק כלי שיש בו שני ראשים כגון המזלג שיש לו ג' שינים ודרך בני יון להחזיק חתיכת הבשר ולחתוך עם הסכין ולאכול ונוטל זה שחתך ונותנו לתוך פיו ואין ידיו נוגעות בבשר כלל מפני הזוהמא

*) עי' בערוך ערך חצב א' שכתב זה למעלה מזה במקום מורד עכ"ל ונראה שכן צ"ל גם כאן בדברי רבינו וע"ש עוד פי' אחר.

[ע"ז נ.]

[לעיל כד.]

[לעיל כ: כג:]

[לקמן לז:]

[לעיל כד.]

[עי' תוס' ב"ב נד. ד"ה אדעתא]

[גי' רי"ף ורא"ש וכגי' רש"י אפילו מצא וכו"ה בפיסקא לקמן כו.]

[לקמן ל:]

הגהות הב"ח

(א) גמ' הני אינש אצנעינהו הכא ואי: (ב) שם במשנה אפילו מצא בתוך הבית: (ג) תוס' ד"ה ואם וכו' אם היה יודע של מי הוא עתה:

[א]דשתיך טפי.§ "בכותל חדש מחציו ולחוץ שלו מחציו ולפנים של בעל הבית".§ אמר רב אשי: סכינא – בתר קתא, וכיסא בתר שנציה. ואלא מתני', דקתני מחציו ולחוץ שלו מחציו ולפנים של בעל הבית ולחזי, אי קתא לגאו אי קתא לבר, אי שנציה לגאו אי שנציה לבר! מתני' באודרא ונסכא. תנא: אם היה כותל ממולא מהן – חולקין. פשיטא! לא צריכא דמשפע בחד גיסא, מהו דתימא אשתפוכי אישתפוך, קמ"ל.§ "אם היה משכירו לאחרים אפילו (מצא) בתוך הבית הרי אלו שלו".§ ואמאי? ליזיל בתר בתרא! מי לא *תנן: מעות שנמצאו לפני סוחרי בהמה – לעולם מעשר, בהר הבית – חולין. ובירושלים, בשאר ימות השנה – חולין, בשעת הרגל – הכל מעשר, ואמר ר' שמעיה בר זעירא: מאי טעמא – הואיל ושוקי ירושלים עשוין להתכבד בכל יום. אלמא אמרינן: קמאי קמאי אזלו, והני אחריני נינהו. הכא נמי, קמא קמא אזל והני דבתרא הוא! אמר ריש לקיש משום בר קפרא: כגון שעשאו פונדק לשלשה *ישראל. שמע מינה הלכה כר"ש בן אלעזר *אפי' ברוב ישראל! אלא אמר רב מנשיא בר יעקב: כגון שעשאו פונדק לשלשה גוים. רב נחמן אמר רבה בר אבוה: אפי' תימא לשלשה ישראל, מאי טעמא? ההוא דנפל מיניה מיאש. מימר אמר: מכדי איניש אחרינא לא הוה בהדי אלא הני, אמרי קמייהו כמה זמני ליהדרו לי, ולא הדרו לי, והשתא ליהדרו? אי דעתייהו לאהדורה – אהדרוה ניהלי, והאי דלא אהדרוה לי – בדעתייהו למיגזלה. *ואזדא רב נחמן לטעמיה, דאמר רב נחמן: ראה סלע שנפל

רש"י

דשתיך טפי. העלו חלודה רבה, דכולי האי לא שביק להו. סכינא. הנמצא באחד מחורי הכותל. בתר קתא. אזיל, אי קתיה לגיו – בני הבית נתנוהו שם, אי קתא לבר – בני רשות הרבים נתנוהו שם, שכן דרך אחיזתו. וכן כיסא בתר שנציה = אשטדל"א בלע"ז. באודרא. מוכין. נסכא. פלטא של כסף. ממולא. מן החפץ, שמחזיק כל רוחב הכותל. לא צריכא דמשפע. הכותל לחד גיסא. מהו דתימא. במלאי הגובה היה תחלה, ואשתפוכי אשתפוך לצד הנמוך, קמ"ל. לפני סוחרי בהמה. בירושלים. לעולם. בין בשעת הרגל בין שלא בשעת הרגל. מעשר. שרוב בשר הנאכל בירושלים מעשר, לפי שאין אדם שוהה בירושלים עד שיאכל כל מעשרותיו, ונותן מעות מעשר לעניי העיר או לאוהביו יושבי העיר. ורוב הוצאות מעשר לוקחין בהן בהמות לשלמים, כדגמר "שם" "שם" מעשר משלמים, במסכת מנחות (דף פב.). ובהר הבית חולין. ואפילו בשעת הרגל, ואע"פ שרוב מעות שבעיר מעשר, שעולי רגלים מביאין מעות מעשרותיהן לאכלם – לא שבקינן רובא דשתא ואזלינן בתר רגל, אלא אמרי': מלפני הרגל נפלו כאן, וחולין הן. ובירושלים. בשאר שווקים שבה. בשאר ימות השנה חולין. דרוב מעות שבעיר חולין. ובשעת הרגל מעשר. שרוב מעות העיר מעשר. ואמר רב שמעיה בר זעירא מאי טעם. בירושלים בשעת הרגל מעשר, ולא אמרי' מלפני הרגל נפלו, כדאמרן בהר הבית. ושוקי ירושלים עשוין להתכבד בכל יום. ואם נפלו שם לפני הרגל – כבר מצאום מכבדי השוק. אבל הר הבית אין צריך להתכבד בכל יום, שאין טיט ועפר קולט שם מתוך שהוא משופע, ועוד שאין אדם נכנס שם במנעל ובאבק שעל רגליו. אלמא. בדבר שעשוי להתכבד אמרי' קמאי קמאי אזלו והני אחריני נינהו. הכא נמי. סתם שוכר בית כשהוא יוצא מחפש כל זויותיו, ונוטל את שלו ויוצא. ונימא: האחרונים שכחוהו – שאילו הראשונים שכחוהו – *כבר מצאו האחרונים. לשלשה ישראל. בבת אחת. וכל שכן אם היו גוים. ומי שנפל ממנו מיאש, דלא ידע ממאן נבעי. פונדק. מקום שעוברים ושבים לנים לילה אחד ושנים. ואפילו ברוב ישראל. דעביד דמייאש, ולא סמיך דליהדרו נהליה. דלא מפלגי בין דבר שיש בו סימן לאין בו סימן. שלשה גוים. איידי דנקט שלשה גבי ישראל נקט נמי גבי גוים, וה"ה חד ובלבד שיהא אחרון. אפילו תימא לשלשה ישראל. ולא תפשוט דהלכה כרשב"א, דכי פליגי רבנן עליה – היכא דנפלה במקום שהרבים מצויין, דלא ידע להו לכולהו, דסבר האובד ומימר אמר ההוא דאשכח לא ידע ממי נפלה, ולכשיגיע הרגל יכריז עליה ואתן סימן ואטול. אבל הכא, דידע להו לכולהו ותבעינהו ולא אודו – איאושי מיאוש, מימר אמר כו'. אמרי קמייהו. אמרתי לפניהם. והשתא ליהדרו. בתמיה.

תוספות

דשתיך. וא"ת: וליקני ליה חצירו לבעל הגל או לבעל הכותל! [ב] וי"ל: דאין חצר קונה בדבר שיכול להיות שלא ימצאנו לעולם, כמו הכא שהוא מוצנע בעובי הכותל. וכן מוכח לקמן, (עמוד ב) דתנן: מצא בחנות ובשולחנות – הרי אלו שלו, ואין חצירו קונה לחנוני או לשולחני – לפי שהמעות הם דבר קטן, ואין סופו הוה לימצא. וכן לקמן (דף כז.) דקאמר: לא שנו אלא בלוקח מן התגר, דאז הוי שלו, ולא אמרי' דקנה אותם תגר כשהיה ברשותו.

בכותל חדש מחציו ולחוץ שלו. וא"ת: והא אמרינן ספק הינוח לא יטול! ועוד: דהכא כי נמי נטל – להוי מקום סימן, ויכריז! ועוד: דמשמע דמתני' איירי אפילו ביש בו סימן, דבגמרא הוה בעי לאוקמי מתני' בסכין וכיס, אלא מחמת פירכא אחריתי מוקי לה באודרא ונסכא! וי"ל: דאיירי בשתיך, דומיא דכותל ישן, ומסתמא כבר נקשו בעלים ולא מצאו ונתייאשו. אבל מחציו ולפנים – של בעל הבית, דאינו שוכח חפציו ימים רבים.

בתוך הבית הרי אלו שלו. מיירי שמצא בזה הענין שנראה שהוא אבידה.

וניזל בתרא. דהיינו בעל הבית, דמסתמא לעולם הוא דר בביתו עם השוכרים, וטרם שהלכו חפשו חפציהם וכבדו הבית ולא שכחו דבר. ואין לתלות המציאה שהיא שלהם, אלא בבעל הבית שעדיין נשאר בביתו באחרונה. כגון מעות, דתלינן בתר בתרא, לפי שמכבדין השווקים בכל יום. ואפילו אין בו סימן, דאין בעל הבית מתייאש מה שמפסיד בביתו, כסבור שימצאנו היום או למחר כיון שאין גוים עמו דרים בביתו. וכי משני שעשה פונדק לשלשה בני אדם – אפילו יש סימן מתיאש.

לעולם מעשר. ואין לתלות דמן המוכרין נפלו, וכבר מעות חולין הן, שנתחללו על הבהמה – דאזלינן בתר לוקחין דהוו רובא, דמוכר אחד מוכר לכמה בני אדם. ועוד: דמוקמינן להו אחזקה דהוי מעשר.

בהר הבית לעולם חולין. וא"ת: והא אמרינן פרק "הרואה" (ברכות דף סב:) לא יכנס אדם בהר הבית במעות הצרורים לו בסדינו, א"כ מסתמא של הקדש הם ונפלו מן המביאין ללשכה בניסן! וי"ל: דאין איסור ליכנס אלא במעות הצרורים לו בסדינו בפרהסיא, דנראה שנושא אותם לסחורה וגנאי הוא. וכענין זה אפילו של הקדש אסור. אבל *בידו, אפילו הם של חולין – מותר ליכנס [ועיין תוס' פסחים ז.].

עשויין להתכבד בכל יום. וא"ת: והלא אין מתכבדות אלא בשביל שרצים שלא יטמאו הטהרות, ולא בשביל המעות! ובנדה (דף נו: ושם ד"ה ש"מ) מוכח דמבוי דאינה בחזקת בדוקה משרצים, אע"פ שכבדוהו אינו מועיל כיון שלא בדקו משרצים בשעת כיבוד! וי"ל: כיון שבודקין משרצים שלא יהא אפילו עלם בכעדשה, אי אפשר שלא ימצא מעות אם היו שם.

הכא נמי קמא קמא אזיל ליה. וא"ת: ולוקי מתני' כגון שנמצא בגומא, שלא נמצא ע"י כיבוד, כדמוכח פ"ק דפסחים (דף ז. ושם) גבי תיבה שנשתמשו בה מעות מעשר וחולין, דאע"ג שכיבד התיבה אזלינן בתר רוב מעות שנשתמשו שם, ולא בתר בתרא, כשנמצאו בגומא. ויש לומר: שיש גומא שנבדקת על ידי כיבוד, כדאמר פרק "דם נדה" (נדה נו: ושם ד"ה בגומא), ויש גומא שהיא עמוקה או סדק שהוא עמוק שאינו נבדק ע"י כיבוד, כי ההיא דפסחים. ומתני' דקתני מצא בתוך הבית – לא משמע שמצא בסדק עמוק או בגומא עמוקה כל כך שלא יוכל לו למצוא בשעת כיבוד.

לשלשה גוים. בפחות משלשה לא מקרי רוב. ומיירי שעדיין ישנם בבית, דאי לאו הכי – הוי דבעל הבית, שהוא בתרא.

אפילו תימא לשלשה ישראל. מלתיה דבר קפרא מפרש דאמר לשלשה בני אדם מיירי אפי' בשלשה ישראל ואפילו רבנן דאמרי ברוב ישראל חייב להכריז – הכא הוי שלו, כדמפ' דמתיאש. וא"ת: ולמה לי שלשה? בתרי ובעל הבית סגי, דכל אחד יאמר חבירו לקחה כדאמר בסמוך, גבי ראה סלע שנפלה משלשה! וי"ל: דלא סגי בפחות משלשה דאימר דמאחד מן השוכרים אבד, והם אינם חושדים את בעל הבית. ולכך אין האובד מתיאש, דסבור ודאי חבירו לקחה ויחזירנו לו (ועי"ל דבעי לאוקמי אפילו אין בעל הבית עמהם).

שנפל

עין משפט נר מצוה

עב א מיי' פט"ז מהל' גזלה ואבדה הל' ז סמג עשין עד טוש"ע ח"מ סי' רס סעיף א:

עג ב ג מיי' שם הל' ט י טוש"ע שם סעיף ב:

עד ד מיי' שם הל' ט טוש"ע שם סעיף א:

עה ה מיי' פ"ו מהל' מעשר שני הלכה י:

עו ו ז מיי' פט"ז מהל' גזלה ואבדה הל' יא ועיין בהשגות ובמ"מ ובכ"מ סמג עשין עד טוש"ע ח"מ סי' רס סעיף ג:

רבינו חננאל

הזוהמה. דשתיך טפי עלה בהן סיג הרבה. כלומר משנים רבות הם נתונים בזה המקום לפיכך עלה [בהן סיג] פי' קתא יד הסכין נקרא קתא שנצי רצועות שהכים קשור בהן. שהרצועות נקראות שנצי: מתניתין דקתני מצא בכותל חדש מחציו לחוץ למוצאו מחציו ולפנים לבעל הבית אוקימנא באודרא ונסכא דלית להו לא קתא ולא שנצי וכן כל כיוצא בהן. אם משכירו לבית זה לאחרים אפי' מצא בתוך הבית הרי אלו שלו אוקמה רב נחמן בשעשאו פונדק ואפי' לא עשאו אלא לשלשה ישראל הרי אלו שלו מאי טעמא ההוא דנפל מניה נתיאש. ואזדא רב נחמן לטעמיה דאמר ראה סלע שנפל משנים

הגהות הגר"א

[א] גמ' דשתיך. נ"ב גירסת הרמב"ם דשתית (ועמ"ש רבינו בח"מ סי' רס ס"ק ב): [ב] תוס' ד"ה דשתיך כו' וי"ל כו'. נ"ב עי' הג"א בשם ראבי"ה:

ס"א בלנעא בכיסו

מסורת הש"ס

פסחים ז. שקלים יח:

בני אדם רש"ל

[לעיל כד.]

[עי' ברא"ש גי' אחרת]

עי' רש"א

ס"א

עין משפט נר מצוה

עז א מיי' פי"ד מהל' אבידה הל' ח סמג עשין עד טוש"ע ח"מ סי' רסב סעיף ג וסעיף ד:

עח ב ג ד מיי' שם הל' ו ז סמג שם טוש"ע ח"מ סי' רנט סעיף א:

עט ה מיי' שם הל' ט סמג שם טוש"ע ח"מ סי' רסב סעיף יד:

פ ו מיי' פט"ז שם הלכה ד ה ועיין בהשגות ובמ"מ סמג שם טוש"ע ח"מ סי' רס סעיף ה:

פא ז מיי' שם הל' ו סמג שם טוש"ע ח"מ סי' רסב סעיף יז:

פב ח מיי' שם הלכה ה סמג שם טוש"ע ח"מ סי' רס סעיף ה:

שנפל משנים - חייב להחזיר. מאי טעמא? ההוא דנפל מיניה לא מיאש. מימר אמר: מכדי איניש אחרינא לא הוה בהדאי אלא האי, נקיטנא ליה ואמינא ליה: אנת הוא דשקלתיה! בשלשה אינו חייב להחזיר, מאי טעמא - ההוא דנפל מיניה ודאי מיאש. מימר אמר: מכדי תרי הוו בהדאי, אי נקיטנא להאי - אמר: לא שקלתיה, ואי נקיטנא להאי - אמר: לא שקלתיה. אמר רבא: האי דאמרת בשלשה אינו חייב להחזיר - לא אמרן אלא דלית ביה שוה פרוטה לכל חד וחד, אבל אית ביה שוה פרוטה לכל חד וחד - חייב להחזיר. מאי טעמא? אימור שותפי נינהו, ולא מיאשו. איכא דאמרי, אמר רבא: [א]אע"ג דלית ביה אלא שוה שתי פרוטות חייב להחזיר. מאי טעמא? אימור שותפי נינהו, וחד מנייהו אחולי אחליה למנתיה גבי חבריה. ואמר רבא: [ב]ראה סלע שנפלה, נטלה לפני יאוש על מנת לגוזלה - עובר בכולן: משום °"לא תגזול" (ויקרא יט) ומשום "השב תשיבם" ומשום °"לא תוכל להתעלם" (דברים כב). ואע"ג דהדרה לאחר יאוש - *מתנה הוא דיהיב ליה, ואיסורא דעבד - עבד. [ג]נטלה לפני יאוש על מנת להחזירה, ולאחר יאוש נתכוין לגוזלה - עובר משום "השב תשיבם". [ד]המתין לה עד שנתיאשו הבעלים ונטלה - *אינו עובר אלא משום "לא תוכל להתעלם" בלבד. *אמר רבא: [ה]האי מאן דחזי דנפל זוזי מחבריה בי חלתא, ואשכחיה ושקליה - לא מיחייב לאהדורי ליה. מאי טעמא - ההוא דנפל מיניה מיאש הוא, אע"ג דחזייה דאייתי ארבלא וקא מרבל - מימר אמר: כי היכי דנפול מינאי דידי - הכי (א) נפול מאיניש אחרינא, [א] ומשכחנא מידי.§

מתני' [ו]מצא בחנות - הרי אלו שלו, בין התיבה ולחנוני - של חנוני. לפני שולחני - הרי אלו שלו, בין הכסא ולשולחני - הרי אלו של שולחני. [ז]הלוקח פירות מחבירו או ששילח לו חבירו פירות, ומצא בהן מעות - הרי אלו שלו. אם היו צרורין - נוטל ומכריז.§ **גמ'** אמר רבי אלעזר: [ח]אפילו מונחין על גבי שולחן. תנן: לפני שולחני - הרי אלו שלו, הא על גבי שולחן - דשולחני. אימא סיפא: בין הכסא ולשולחני - של שולחני, הא על גבי שולחן - שלו! אלא, *מהא ליכא למשמע מינה. ורבי אלעזר, הא מנא ליה? אמר רבא: מתניתין קשיתיה, מאי אריא דתני בין הכסא לשולחני של שולחני? ליתני על (ב) שולחן, אי נמי: מצא בשולחנות, כדקתני רישא: מצא בחנות - שלו. *אלא ש"מ: אפי' מונחין על גבי שולחן - הרי אלו שלו.§ "הלוקח פירות מחבירו" וכו'.§ אמר ריש לקיש משום רבי ינאי: לא שנו אלא בלוקח

תוספות

שנפל משנים חייב להחזיר. אפילו אין בו סימן דאינו מתיאש לעולם. ומיירי ששניהם בקשוה יחד קודם שבא זה ומצאה, ולכך סבור ודאי שחבירו לקחה כשבקשה עמו, ואינו מתיאש לעולם, שמחשב: יחזירנה לי כשאביישנו ברבים ואוכיח לו שמצאו. ולכך נמי אמרינן בסמוך: אימור שותפי נינהו, כיון שראינום מחפשין יחד. ומה שפרש"י מטעם יאוש שלא מדעת - אין נראה, דהא רבא סבר דהוי יאוש, ומפרש בסמוך מילתיה דרב נחמן ואין סברא לומר דהדר ביה בתר דאיתותב. ומה שפירש נמי שישביענו שבועת היסת - קשה, וכי ישביענו בטענת ספק? ומיהו, וי"ל: דטוען ברי, לפי שלא היה שם אחר כי אם הוא, אך קשה, דבימי בר קפרא עדיין לא נתקנה שבועת היסת! ונראה לפרש שבלא שבועה אינו מתיאש לעולם, כדפרישית. **לא** אמרן אלא כי לית ביה שוה פרוטה לכל חד וחד. דהיינו כי ליכא שלש פרוטות אלא ב', דמה נפשך אין צריך להחזיר. אם שלשתן שותפין - אין כאן כדי השבה לכל אחד, ואם אינן שותפין - האובד יתיאש, כי השנים ידחוהו כל אחד על חבירו. וא"ת: וניחוש שמא שנים הם שותפין דאין חושדים זה את זה ולא מתיאשי, ששניהם יטענו בטענת ברי לשלישי. וכן באיכא דאמרי, אמאי קאמר הני שותפי נינהו וחד מנייהו אחיל מנתיה גבי חבריה! נימא: אימור שנים מהם הם שותפין, ואין חושדין זה את זה, ויאמרו ודאי שהשלישי לקחה! וי"ל: דודאי כי ליכא אלא שנים האחד יטען ברי לחבירו אבל כשיש שלשה לא יטענו טענת ברי לשלישי, אפי' יהיו שנים מהן שותפין. דנהי דאין חושדים זה את זה - מ"מ סבור שהשותף לקחה לצערו עד זמן מרובה, כדאמר בסמוך. דאי איכא שלש פרוטות דאינם מתיאשים שסבורים שחבריהם מצאם ומעלים מהם להקניט ולצער עד זמן מרובה, ולבסוף יחזירנה. ועי"ל: דכיון שכלשה הולכין יחד - אין לומר שותפין שנים מהם. אלא: אי כולם שותפין או כל אחד ואחד לבדו.

מתנה בעלמא הוא דיהיב ליה. וא"ת: והלא לאו ד"לא תגזול" מקרי ניתק לעשה בפ' "שילוח הקן" (חולין דף קמא.), א"כ כיון דלענין גזילה לא מקרי מתנה גם "השב תשיבם" למה לא תיקן! וי"ל: דלא קאי אלא על לאו ד"לא תוכל להתעלם" שעבר, שלא החזיר קודם יאוש. **אינו** עובר אלא משום "השב תשיבם". ובפ"ק דקדושין (דף לד. ושם ד"ה מעקה) דחשיב השבת אבידה עשה שאין הזמן גרמא - היינו בענין שבכאן. וא"ת: ואמאי ליכא לאו ד"לא תגזול". אי משום דבהתירא אתא לידיה - הלא בכובש שכר שכיר איכא לאו, כדאמר בפרק "איזהו נשך" (לקמן דף סא. ושם)! וי"ל: דהתם כשמתכוין לגזול לא נתיאשו הבעלים, והכא כבר נתיאשו.

אפילו צרורין. רש"י ל"ג צרורין, דאם היה בו סימן - מכריז. וי"ל: דגרים ליה, ומיירי דאיכא רוב גוים מצויים שם, והם שלו, ואע"ג דאיכא סימן, דהלכה כר' שמעון בן אלעזר בהא.

בלוקח

רש"י

נקיטנא ליה כו'. משבענא ליה שבועת היסת, ולא נתייאש מיד כשמשמש ולא מצא. ונמצא שבא ליד זה לפני יאוש, והלכה כאביי. אי נקיטנא וכו'. ואינו יכול להשביעו בטענת שמא, שאין נשבעין בטענת שמא אלא אותן השנויין במשנה: ואלו נשבעים שלא בטענה כו' (שבועות דף מה.). וא"ת: הא מקמי יאוש אתי לידיה, ואוקימנא הלכתא כאביי ביע"ל קג"ם! הא אמרן דמעות מידע ידיע מיד, כרבי יצחק, דאמר: אדם עשוי למשמש בכיסו כו' (לעיל דף כא:). אימור שותפי נינהו. בסלע זו, ונאמנים זה על זה, ואין האחד חושד את חבירו בחלקו. ולכי מישמש בכיסו ולא מצאה - לא אייאש, מימר אמר: אחד מן השותפים מצאה, ולצערני הוא שותק. ונמצא, כשבאת ליד זה - לפני יאוש באת לידו. והא אוקמיה כאביי, הלכך אף ע"ג דסלע דבר שאין בו סימן הוא - חייב להחזיר. אבל כי אין בו שלש פרוטות, מה נפשך; אי שותפין הן בו - אין כאן משום השבת אבידה, ואם של אחד מהם הוא או של השנים - נואשו ואמרו חברנו זה גנב הוא, והרי משמט ואמר "לא לקחתיו", אחד מכם לקחו וגנבו מחבירו. אימור שותפי נינהו. ומהימני אהדדי, ואין חושדין זה את זה, ונמצאת שבאת ליד זה לפני יאוש. ראה סלע שנפלה. ולא גרסינן משנים. נטלה לפני יאוש. שלא שהה כדי למשמש זה בכיסו. עובר משום השב תשיבם. "לא תגזול" לא שייך אלא בשעת נטילה, כמו "ויגזול את החנית מיד המצרי" (שמואל ב כג) כדאמר בבבא קמא (עט:): "לא תוכל להתעלם" אינה אזהרה אלא לכובש את עיניו ונמנע מלהציל. הלכך, הנוטלה על מנת להחזיר ולאחר יאוש נתכוין לגוזלה - אין כאן מתעלם. אבל "השב תשיבם" איכא משנטל עד שישיבנה. המתין לה כו'. בשעה שראה אותה, ולא נטלה להחזירה. עובר בלא תוכל להתעלם. שהרי העלים עיניו. בי חלתא. בין החולות. ארבלא. כברה. מתני' מצא בחנות הרי אלו שלו. בדבר שאין בו סימן קאי, דההוא דנפל מיניה מיאש, שהכל נכנסים לשם. בין התיבה. שהחנוני יושב לפניה ותמיד נוטל ממנה ונותן לפניו ומוכר, ומעות שנותנין לו נותן *לתיבה, ולא נפל שום דבר אלא מיד חנוני. שולחני. מחליף מעות, ונותן מטבעותיו בשולחן שלפניו. והבאין להחליף אף הן נותנין שם מעותיהן. הרי אלו שלו. דאמרינן מן הבאין נפלו, שהרי השולחן מפסיק בין שולחני למעות שנמצאו. ואם מן השולחני נפלו - היה להם להמצא בינו לכסא שהשולחן מונח עליו. הלוקח פירות מחבירו. מפרש בגמרא. ואם היו צרורין. הוי סימן או קשר או מנין שבהם. גמ' אמר רבי אלעזר אפילו מונחין על גבי שולחן. נראה בעיני דלא גרסינן צרורין. לפני. משמע על גבי קרקע. לתני על גבי שולחן. של שולחני, וכ"ש בין הכסא ולשולחני. אי נמי. [ב] ניתני ברישא מצא בשולחנות, כדקתני רישא מצא בחנות. מדנקט לפני השולחני - אף על השולחן במשמע.

בלוקח

[עי' תוס' ב"ק סז: ד"ה רבא]

[גירסת הג"י ונטלה עובר משום כו' וכ"מ ברש"י ד"ה עובר]

הגהות הגר"א

[א] גמ' ומשכחנא). אותיות נא ממלת ומשכחנא מוקפים: [ב] רש"י ד"ה א"נ ניתני ברישא. נ"ב והרמב"ם מפרש דקאי על סיפא בין הכסא כו' ליתני בשולחנות כו' ועהג"א (ועמ"ש רבינו בח"מ סי' רס ס"ק טו יז):

נ"ל לתוכה רש"ל

[עי' נדרים עב.] ברכות כה. וש"נ

[עי' רי"ף ורא"ש גרסאות אחרות ועי' רש"א]

הגהות הב"ח

(א) גמ' הכי נמי נפיל מאינש אחרינא: (ב) שם לתני על גבי שלחן אי נמי:

[נ"ל ואמר וכ"א ברי"ף ורא"ש]

רבינו חננאל

חייב להכריז דלא נתיאש. נפל מתוך שלשה אין חייב להכריז דודאי מיאש וכו' ורבא פליג עליה בהא. אמר רבא סלע שנפלה מחבירו נטלה לפני יאוש עובר משום בל תגזול ומשום השב תשיבם ומשום לא תוכל להתעלם אע"ג דאהדרה למרה לבתר יאוש איסורא כבר עבדא והשתא מתנה הוא דיהיב ליה. נטלה לפני יאוש על מנת להחזירה ולאחר יאוש נמלך לנוטלה עובר משום השב תשיבם. המתין עד שנתיאשו הבעלים ונטלה אינו עובר אלא משום לא תוכל להתעלם. אמר רבא מאן דחזא דנפל זוזא מחבריה בי חלתא ושקליה אינו חייב להחזירו אע"ג דחזיה דמייתי ארבולי ומארבל וכו': מתני' מצא בחנות הרי אלו שלו. בין תיבה לחנווני הרי אלו לחנווני. לפני שולחני למוצאן בין כסא לשולחני הרי הן לשולחני. ודייק ר' אלעזר מדקתני בין כסא לשולחני הרי הן לשולחני הא על השולחן אפי' צרורין ומונחין הרי הן של מוצאן ותוב מדלא קתני סיפא מצא בחנות של שולחני הרי אלו שלו כדקתני רישא ש"מ אפי' על השולחן עצמו הרי הן למוצאן. לקח פירות מחבירו ומצא בתוכן מעות או שילח לו חבירו פירות אם

תורה אור

*בלוקח מן התגר, אבל בלוקח מבעל הבית – חייב להחזיר. וכן תני תנא קמיה דרב נחמן: ל"ש אלא בלוקח מן התגר, אבל בלוקח מבעל הבית – חייב להחזיר. א"ל רב נחמן: וכי בעל הבית בעצמו דשן? א"ל: *איסמיה? א"ל: לא. תתרגם מתני' כגון שדשן ע"י עבדו ושפחתו הכנענים.§ **מתני'** אף השמלה היתה בכלל כל אלו, ולמה יצאת – להקיש אליה, לומר לך: מה שמלה מיוחדת – שיש בה סימנין ויש לה תובעין, אף כל דבר שיש בו סימנין ויש לו תובעים – חייב להכריז.§ **גמ'** מאי בכלל כל אלו? אמר רבא: בכלל °"כל אבדת אחיך". [דברים כב] אמר רבא: למה לי דכתב רחמנא שור חמור שה ושמלה? צריכי, דאי כתב רחמנא שמלה, הוה אמינא: ה"מ – בעדים דגופה וסימנין דגופה, אבל חמור בעדים דאוכף וסימנין דאוכף – אימא לא מהדרינן ליה, כתב רחמנא חמור, דאפילו חמור בסימני האוכף. שור ושה דכתב רחמנא ל"ל? שור – דאפילו לגיזת זנבו, ושה – לגיזותיו. ולכתוב רחמנא שור, דאפילו לגיזת זנבו, וכ"ש שה לגיזותיו! אלא *אמר רבא: חמור דבור לרבי יהודה, ושה דאבידה לדברי הכל קשיא. ואימא לגללים הוא דאתא! *גללים אפקורי מפקר להו. ודילמא לסימנין הוא דאתא? דאיבעיא לן: סימנין דאורייתא או דרבנן, כתב רחמנא שה – דאפילו בסימנין מהדרינן, *וסימנין דאורייתא! אמרי, מדקתני להו תנא לסימנין גבי שמלה, דקתני: מה שמלה מיוחדת שיש בה סימנין ויש לה תובעין – חייב להכריז, אף כל דבר שיש בו סימנין ויש לו תובעין – חייב להכריז, ש"מ דשה לאו לסימנין הוא דאתא.§ תנו רבנן: °"אשר תאבד" – פרט לאבידה שאין בה שוה פרוטה. [שם] רבי יהודה אומר: "ומצאתה" – פרט לאבידה שאין בה שוה פרוטה. מאי בינייהו? אמר אביי: משמעות דורשין איכא בינייהו. מר נפקא ליה מ"אשר תאבד" – ומר נפקא ליה מ"ומצאתה". ולמאן דנפקא ליה מ"אשר תאבד" האי "ומצאתה" מאי עביד ליה? ההוא מיבעי ליה (א) לכדרבנאי, *דאמר רבנאי "ומצאתה" – דאתאי לידיה משמע. ולמאן דנפקא ליה מ"ומצאתה", האי "אשר תאבד" מאי עביד ליה? מבעי ליה לכדרבי יוחנן. דאמר רבי יוחנן משום *ר"ש בן יוחי: מניין לאבידה ששטפה נהר שהיא מותרת – שנאמר "כן תעשה לכל אבדת אחיך אשר תאבד ממנו ומצאתה" – מי שאבודה הימנו ומצויה אצל כל אדם, יצתה זו שאבודה הימנו ואינה מצויה אצל כל אדם. ואידך, הא דרבנאי מנא ליה? נפקא ליה *מ"ומצאתה". ואידך, הא דרבי יוחנן מנא ליה? נפקא ליה "ממנו". ואידך: ממנו לא משמע ליה. רבא אמר: פרוטה שהוזלה איכא בינייהו. מ"ד מ"אשר תאבד" – איכא, ומ"ד מ"ומצאתה" – ליכא. ולמ"ד "אשר תאבד" – הא בעינן "ומצאתה" וליכא! אלא, פרוטה שהוקרה איכא בינייהו. מאן דאמר "ומצאתה" – איכא, ומאן דאמר "אשר תאבד" – ליכא. ולמאן דאמר ומצאתה, הא בעינן "אשר תאבד" וליכא! אלא, פרוטה (ב) שהוקרה והוזלה וחזרה והוקרה איכא בינייהו. מאן דאמר "אשר תאבד" – איכא, ומאן דאמר "ומצאתה" – בעינן דאית בה שיעור מציאה משעת אבידה ועד שעת מציאה.§ איבעיא להו: סימנין דאורייתא *או דרבנן? מאי נפקא מינה לאהדורי

[ב"ק לח:] [שם כד.] [לקמן סח: ב"ק מח.] [חולין עט:] [ב"ק קיג: ע"ש לעיל ב.] [לעיל כב: ע"ש ושם איתא ר"ש בן יהוצדק] [עי' תוס' סנהדרין יז. ד"ה ור"ש כו'] [לעיל יח: חולין עט:]

רש"י

בלוקח מן התגר. שאף הוא לקח תבואה זו מאנשים הרבה. ולא ידיע דמאן נינהו. וכיון דלית בהו סימן – נתייאשו הבעלים. דשן. וכי הוא עצמו דש את התבואה הזאת? הלא פועלים הרבה דשו אותה. איסמייה. אסיר ברייתא זו מגרסתי. אמר ליה לא תסמי תתרגם מתנית' כו'. **מתני'** בכלל כל אלו. בגמרא מפרש לה. למה יצאתה. "וכן תעשה לשמלתו". סתם שמלה יש בה סימן, וכל שמלה יש לה בעלים תובעין אותה, שלא נעשית אלא בידי אדם ולא באת מן ההפקר. אף כל שיש לו תובעין. למעוטי מידי דידעינן ביה דמיאש. **גמ'** שור וחמור שה ושמלה. "לא תראה את שור אחיך או שיו" "וכן תעשה לחמורו וכן תעשה לשמלתו". בסימני אוכף. אם אין לו סימן בחמור, ויש לו סימן באוכף שעליו. כתב רחמנא חמור. קרא יתירא לדרשה. לגיזת זנבו. שאפי' שער שבסוף הזנב יחזיר. חמור דבור לרבי יהודה. דמחייב על נזקי כלים בבור, קשיא לן למאי אתא. דאילו לרבנן – מבעי להו שור ולא אדם, חמור ולא כלים. לגללים. להחזיר את גלליו, דאי כתב שור – הוה אמינא: כי אתא – לגיזת זנבו אתא, אבל גללים – לא חשיבי, ולא ליהדר. כתב רחמנא קרא יתירא לאתויי גללים. אפקורי מפקר להו. למי שטרח בו, ולא אתא קרא לרבויינהו, דאין לו תובעין הוא. לסימנין אתא. לאשמועינן דליהדריה בסימנין בלא עדים. דקמיבעיא' לן לקמן סימנין דאורייתא או דרבנן, ובעינן למפשט ממתניתין דיליף להו משמלה. ודחינן, ואמר: תנא תובעין אצטריכא ליה, סימנין כדי נסבה. נפשוט מקרא יתירא דשה לסימנין אתא, וסימנין דאורייתא. אמרי מדנקט תנא. במתני' למילף סימנין משמלה בהדי תובעין – פשיטא ליה דשה למלתא אחריתי אתא, ואנן הוא דלא ידעינן. משום הכי לא פשיטא ליה לקמן סימנין מ"שה". הלכך קשיא לן למאי אתא. אשר תאבד. שתהא קרויה אבידה. ומצאתה. שתהא קרויה מציאה. דאתא לידיה משמע. ואפילו הכי אחיך ולא גוי. ולמדך שאבידת גוי מותרת. ולא תימא כי אמעוט אבידת גוי – מלטרוח אחריה אמעוט, אבל אי נקטה – חייב לאהדורה. מי שאבודה ממנו. ואיידי דכתב "ממנו" כתב "אשר תאבד". ומצאתה. הוי"ו יתירה, משמע ומלאתה כבר. שהוזלה. דבשעת אבידה שוה פרוט' ובשע' מציאה הוזלה. לאהדורי

תוספות

בלוקח מן התגר. פרש"י: שלקח מאנשים הרבה ועירב פירות יחד, ואינו יודע של מי הן, ובאין בו סימן מיירי. וא"ת: אמאי לא מוקי בלוקח שהוא תגר? וי"ל: דלא פסיקא ליה, דאם מלא קודם ששהא כדי לערבו בפירות אחרים – חייב להחזיר. אבל בלוקח מן התגר – כבר עירב התגר, ועי"ל: בלא טעם דמערב עם שאר הפירות לא שנו אלא בלוקח מן התגר, שאינו יודע למי להחזיר או לתגר או לבעה"ב, אפי' אם אינו (ג) הוה ליפול בתבואה כ"א בשעת דישה, ואין להסתפק בתגר – מ"מ אינו יודע מאיזה בעל הבית קנה התגר. ולזה הפי' הו"מ למימר בלוקח שהוא תגר, ומתייאש בעל הבית, שסבר שכבר מכר התגר ואין הקונה יודע למי יחזיר. אלא כמו כן, משום דלא פסיקא ליה, דאם התגר מלאה קודם ששהה כדי למכור לאחר – לא נתייאש בעה"ב, וחייב להחזיר.

מה שמלה מיוחדת שיש לה סימני' ויש לה תובעין. ב"מרובה" (ב"ק דף סו. ושם ד"ה מולא) אמרינן: בגניבה ילפינן יאוש מאבידה. וא"ת: ואבידה גופה מנלן? וי"ל: דמהכא נפקא לן, דמה שמלה מיוחדת שיש בה סימן ואין הבעלים מתייאשין אלא תובעין שיחזירוה להם בסימנין, אפי' אי סימנין לאו דאורייתא ואין מחזירין אלא בעדים – מ"מ ילפינן משמלה דדווקא דבר שיש בו סימן חייב *) להחזיר, דע"י שיש בו סימן ימלא עדים שיאמר להם מכירים אתם שמלה שלי שהיו בה סימנין כך וכך. וגם המולא לא יוליא השמלה להראותה לכל אדם אלא למי שיתן בה סימנים. אע"פ שאינו מחזירה לו בכך, מ"מ דומה שהיא שלו ומראה אותה לעדים. אבל דברים שאין בהן סימן – הוי שלו, לפי שהבעלים נתייאשו. והא דקאמר בגמרא סימנין כדי נסבה, אע"ג דלריך הסימנין דע"י זה יש לה תובעין – מ"מ כדי נסבה, דאפילו אי לא תני אלא שיש לה תובעין – מ"מ ידעינן דע"י סימנין יש לה תובעין, ואין הבעלים מתייאשים, כדפרישית. ומיהו, בירושלמי יליף מניין ליאוש מן התורה – אמר רבי יוחנן: "אשר תאבד ממנו" מי שאבודה ממנו ומצויה אצל כל אדם, יצאה זו כו'.

בעדי אוכף. פי': אי סימנין לאו דאורייתא.

לגיזת זנבו. וא"ת: אם יש בה שוה פרוטה – פשיטא, ואם אין בה שוה פרוטה – הא ממעטינן לקמן מהשבה! וי"ל: דאצטריך שחייב לגוזזה בעצה, אע"פ שאין בה שוה פרוטה בשעה שגוזזה.

חמור דבור לרבי יהודה. הא דלא קאמר גם לב"ה**) קשה – דלא חשיב אלא בהמות.

ושה דאבידה לדברי הכל קשיא. מקשינן, ונימא: מלתא דאתיא בק"ו טרח וכתב לה קרא! ותירץ הר"י כהן: דכיון דנכתב שור לגיזת זנבו – הוי גיזת שה בכלל "כל אבידת אחיך". **פרט** לשאין בו שוה פרוטה. דס"ד דחייב מכלל "כל אבידת אחיך".

*) אולי צ"ל להכריז. **) [כדאי' בב"ק לז.]

עין משפט נר מצוה

פג א ב מיי' פי"ו מהל' אבידה הלכה ו סמג עשין עד טוש"ע ח"מ סי' רסב סעיף יז:
פד ג מיי' שם פי"ד הלכה א:
פה ד מיי' שם וסמג שם טוש"ע ח"מ סי' רנט סעיף ג וסי' רסב סעיף ג:
פו ה מיי' שם וסמג שם טוש"ע ח"מ סי' רסב סעיף יח:
פז ו מיי' שם סמג שם טוש"ע ח"מ סי' רסז סעיף יז:
פח ז מיי' פי"ג שם הלכה ה:
פט ח מיי' שם פי"א הלכה יב סמג שם טוש"ע ח"מ סי' רנט סעיף ב וסי' רסב סעיף א:
צ ט י מיי' שם פי"ג הל' א סמג שם טוש"ע ח"מ סי' רסב סעיף א:

רבינו חננאל

אם מתגר לקח או מבעל הבית שדשים לו פועלים הרי הן שלו ואם מצאן צרורין או אפי' מפוזרין ולקח מבעל הבית שדשם על ידי עבדיו הכנענים וכיוצא בהן נוטל ומכריז: **מתני'** אף השמלה היתה בכלל כל אלו ולמה יצאת להקיש אליה לומר לך מה שמלה מיוחדת שיש לה סימנין ויש לה תובעין אף כל שיש לה סימנין ויש לה תובעין. אמר רבא [חמור] דבור לר"י ושה דאבידה לדברי הכל קשיא. חמור דבור פי' חמור שכתב בבור אליבא דרבנן דאמרי שור ולא אדם חמור ולא כלים שפיר כתיב בקרא ונפל שמה שור או חמור אלא לר' יהודה דמחייב על נזקי כלים בבור חמור מה בא למעט קשיא. שה דאבידה שנאמר כי תראה את שור אחיך או את שיו נדחים וגו' אם השור שיש לומר הוא הניחו שרוב השוורים שעושים מלאכה בהן אין נמסרין לרועה הזהירה תורה להשיבן שה לא כל שכן שה דכתב רחמנא למה לי קשיא. פי' גללין צפיעי בקר. מלשון והיא בגללי צואת האדם: ת"ר אשר תאבד ממנו פרט לאבידה שאין בה שוה פרוטה וכו' אמר ר' יוחנן משום ר' שמעון בן יוחאי מנין לאבידה ששטפה נהר שמותרת וכו' הא דאמר רבנאי ומצאתה דאתאי לידיה משמע הוא בפ' הגוזל בתרא הלכה אין פורטין מתיבת המוכסין.

גליון הש"ס

גמ' משמעות דורשין א"ב. שבועות דף יט ע"א:

הגהות הב"ח

(א) גמ' לכדרבינא דאמר רבינא ומלאתה: (ב) שם אלא פרוטה שהוזלה וחזרה והוקרה איכא בינייהו כצ"ל ותיבת שהוקרה נמחק: (ג) תוס' ד"ה בלוקח וכו' אם אינו הווה ליפול:

עין משפט נר מצוה

צא א מיי' פ"ג מהל' גירושין הלכה יא ועיין בהשגות ובמגיד משנה סמג עשין מח טוש"ע אה"ע סי' קלב סעיף ד:

צב ב ג מיי' פי"ג שם הל' כא סמג עשין נ טוש"ע אה"ע סי' יז סעיף כד:

צג ד ה מיי' פ"ג שם [דין זה לא נזכר ברמב"ם ועיין בב"י סי' קלב שתמה עליו] סמג שם טוש"ע אה"ע סי' קלב סעיף ד:

רש"ל מ"ז ועשה הכל דבור אחד

[ר"ה ה. וש"נ]

צד ו מיי' פי"ג שם הלכה כא טוש"ע אה"ע סי' יז סעיף כד:

גמרא

— לַאֲהֲדוּרֵי גֵּט אִשָּׁה בְּסִימָנִים. אִי אָמְרַתְּ דְּאוֹרַיְיתָ' — [א]מְהַדְּרִינַן, וְאִי אָמְרַתְּ דְּרַבָּנַן, כִּי עֲבוּד רַבָּנַן תַּקַּנְתָּא — בְּמָמוֹנָא, אֲבָל בְּאִיסּוּרָא — לָא עֲבוּד רַבָּנַן תַּקַּנְתָּא. ת"ש: אַף הַשִּׂמְלָה הָיְתָה בִּכְלָל כָּל (א) אֵלּוּ, וְלָמָּה יָצָאת — לְהַקִּישׁ אֵלֶיהָ וְלוֹמַר לְךָ: מַה שִּׂמְלָה מְיוּחֶדֶת שֶׁיֵּשׁ לָהּ סִימָנִין וְיֵשׁ לָהּ תּוֹבְעִין — חַיָּיב לְהַכְרִיז, אַף כָּל דָּבָר שֶׁיֵּשׁ לוֹ סִימָנִין וְיֵשׁ לוֹ תּוֹבְעִין — חַיָּיב לְהַכְרִיז! תַּנָּא תּוֹבְעִין אִצְטְרִיכָא לֵיהּ, סִימָנִין *כְּדִי נָסְבָא. ת"ש: חֲמוֹר בְּסִימָנֵי אוּכָּף! אֵימָא: בְּעֵדֵי אוּכָּף. ת"ש: *°"וְהָיָה עִמְּךָ עַד דְּרוֹשׁ אָחִיךָ אוֹתוֹ" — וְכִי תַּעֲלֶה עַל דַּעְתְּךָ שֶׁיִּתְּנֶנּוּ לוֹ קוֹדֶם שֶׁיִּדְרְשֶׁנּוּ? אֶלָּא, דָּרְשֵׁהוּ אִם רַמַּאי הוּא אוֹ אֵינוֹ רַמַּאי. מַאי לָאו בְּסִימָנִין? לֹא, בְּעֵדִים. ת"ש: *[ב]אֵין מְעִידִין אֶלָּא עַל פַּרְצוּף הַפָּנִים עִם הַחוֹטֶם, אע"פ שֶׁיֵּשׁ סִימָנִין בְּגוּפוֹ וּבְכֵלָיו. שְׁמַע מִינָּהּ: סִימָנִין לָאו דְּאוֹרַיְיתָא! אָמְרִי: גּוּפוֹ — דְּאָרוֹךְ וְגוּץ, כֵּלָיו — [ג]דְּחָיְישִׁינַן לִשְׁאֵלָה. אִי חָיְישִׁינַן לִשְׁאֵלָה, חֲמוֹר בְּסִימָנֵי אוּכָּף הֵיכִי מְהַדְּרִינַן? אָמְרִי: (ב) אוּכָּף, לָא שְׁאוּלֵי אֱינָשֵׁי אוּכָּפָא, מִשּׁוּם דִּמְסַקַּב לֵיהּ לַחֲמָרָא. אִיבָּעֵית אֵימָא: כֵּלָיו — בְּחִיוָּרֵי וּבְסוּמָקֵי. אֶלָּא הָא דְּתַנְיָא: *[ד]מְצָאוֹ קָשׁוּר בְּכִיס אוֹ בְּאַרְנָקִי וּבְטַבַּעַת, אוֹ שֶׁמְּצָאוֹ בֵּין כֵּלָיו — אֲפִילּוּ לִזְמַן מְרוּבֶּה כָּשֵׁר. וְאִי ס"ד חָיְישִׁינַן לִשְׁאֵלָה, כִּי מְצָאוֹ קָשׁוּר בְּכִיס אַמַּאי כָּשֵׁר? נֵיחוּשׁ לִשְׁאֵלָה! אָמְרִי: כִּיס וְאַרְנְקִי וְטַבַּעַת [ה]לָא מַשְׁאֲלִי אֱינָשֵׁי. כִּיס וְאַרְנְקִי — מִשּׁוּם דִּמְסַמְּנִי, וְטַבַּעַת מִשּׁוּם דִּמְזַיֵּיף. לֵימָא כְּתַנָּאֵי: *[ו]אֵין מְעִידִין עַל הַשּׁוּמָא, וְאֶלְעָזָר בֶּן מַהֲבַאי אוֹמֵר: מְעִידִין עַל הַשּׁוּמָא. מַאי לָאו בְּהָא קָמִיפַּלְגִי: דְּת"ק סָבַר: סִימָנִין דְּרַבָּנַן, וְאֶלְעָזָר בֶּן מַהֲבַאי סָבַר: סִימָנִין דְּאוֹרַיְיתָא. אֲמַר רָבָא: דְּכ"ע סִימָנִין דְּאוֹרַיְיתָא, וְהָכָא — בְּשׁוּמָא מְצוּיָה בְּבֶן גִּילוֹ קָמִיפַּלְגִי. מָר סָבַר: שׁוּמָא מְצוּיָה בְּבֶן גִּילוֹ, ומ"ס: שׁוּמָא אֵינָהּ מְצוּיָה בְּבֶן גִּילוֹ. אִיבָּעֵית אֵימָא: דְּכ"ע שׁוּמָא אֵינָהּ מְצוּיָה בְּבֶן גִּילוֹ, וְהָכָא — *)בְּסִימָנִין הָעֲשׂוּיִן לְהִשְׁתַּנּוֹת לְאַחַר מִיתָה קָמִיפַּלְגִי. מָר סָבַר: סִימָנִין עֲשׂוּיִם לְהִשְׁתַּנּוֹת לְאַחַר מִיתָה, וּמָר סָבַר: סִימָנִין אֵין עֲשׂוּיִם לְהִשְׁתַּנּוֹת לְאַחַר מִיתָה. אב"א: דְּכ"ע שׁוּמָא אֵינָהּ עֲשׂוּיָה לְהִשְׁתַּנּוֹת לְאַחַר מִיתָה. וְסִימָנִין דְּרַבָּנַן, וְהָכָא בְּשׁוּמָא סִימָן מוּבְהָק הוּא קָמִיפַּלְגִי; מ"ס: שׁוּמָא סִימָן מוּבְהָק הוּא, ומ"ס: שׁוּמָא לָאו סִימָן מוּבְהָק הוּא. אָמַר רָבָא: את"ל סִימָנִין לָאו דְּאוֹרַיְיתָא הֵיכִי מְהַדְּרִינַן אֲבֵידְתָא בְּסִימָנִין? דְּנִיחָא לֵיהּ לְמוֹצֵא אֲבֵידָה דְּנֶהְדַּר בְּסִימָנִין, כִּי הֵיכִי דְּכִי אָבְדָה לֵיהּ לְדִידֵיהּ נַמִי נֶהְדְּרוּ לֵיהּ בְּסִימָנִין. אֲמַר לֵיהּ רַב סַפְרָא לְרָבָא: וְכִי אָדָם עוֹשֶׂה טוֹבָה לְעַצְמוֹ בְּמָמוֹן שֶׁאֵינוֹ שֶׁלּוֹ? אֶלָּא: נִיחָא לֵיהּ לְבַעַל אֲבֵידָה לְמֵיהַב סִימָנִין וּלְמִשְׁקְלֵיהּ. מֵידַע יָדַע דְּעֵדִים לֵית לֵיהּ, וּמֵימַר אָמַר: כּוּלֵּי עָלְמָא לָא יָדְעִי סִימָנִין מוּבְהָקִים דִּידָהּ, וַאֲנָא יָהֵיבְנָא סִימָנִין מוּבְהָקִים דִּידָהּ וְשָׁקַלְנָא לָהּ. אֶלָּא הָא דִּתְנַן, *רַבָּן שִׁמְעוֹן בֶּן גַּמְלִיאֵל אוֹמֵר: אֶחָד הַלֹּוֶה מִשְּׁלֹשָׁה — יַחֲזִיר לַלֹּוֶה, שְׁלֹשָׁה שֶׁלָּווּ מִן הָאֶחָד — יַחֲזִיר לַמַּלְוֶה, נִיחָא לֵיהּ לַלֹּוֶה לְאַהֲדוּרֵי לֵיהּ לַמַּלְוֶה? אֲמַר לֵיהּ: הָתָם סְבָרָא הוּא, *אֶחָד הַלֹּוֶה מִשְּׁלֹשָׁה יַחֲזִיר לַלֹּוֶה — דְּגַבֵּי לֹוֶה שְׁכִיחִי, גַּבֵּי מַלְוֶה לָא שְׁכִיחִי, ש"מ מִלֹּוֶה נְפוּל. שְׁלֹשָׁה שֶׁלָּווּ מֵאֶחָד יַחֲזוֹר לַמַּלְוֶה — דְּגַבֵּי מַלְוֶה שְׁכִיחִי, גַּבֵּי לֹוֶה לָא שְׁכִיחִי. אֶלָּא

*) שם ביבמות איתא בשומא העשויה כו' וע"ש

תוספות

ת"ש חמור בסימני אוכף. ברייתא היא. **דרשהו** אם הוא רמאי מאי לאו בסימנין. וא"ת: דבמתני' (לקמן כח:) דריש מהאי קרא דלא יחזיר אף בסימנין! וי"ל: דאסמכתא היא, כדקתני עלה בברייתא משרבו הרמאים התקינו. אבל הכא משמע ליה שהיא דרשה גמורה, מדקאמר וכי תעלה על דעתך לומר כו'. (ג) ועי"ל: דבמתני' מיירי בידוע שהוא רמאי, לכך צריך עדים. אבל הכא מיירי בסתם בני אדם.

(ד) **מצאו** • גט קשור בכיס יחזיר המוצא לשליח או לבעל השואלו בסימני הכיס.

*(**וניחוש** לשאלה). וא"ת: ולוכח מהכא דסימנין דאורייתא, ובפרק בתרא דיבמות (ה) (דף קכ. ושם ד"ה מצאו) פריך מהכא דסימנין דאורייתא! וי"ל: דמצי לאוקמה כגון שאותו שאבדו מצאו, ומכיר הכיס בטביעות עין, דכיון שבעצמו מצאו – נאמן, וה"נ הוה מצי למדחי התם. **כים** וארנקי משום דמסמני. וא"ת: והכתיב "לא תנחשו"! וי"ל, בשלהי "במה אשה" (שבת דף סז.) אמרינן: כל דבר שיש בו משום רפואה – אין בו משום דרכי האמורי.

ואנא יהיבנא סימנים מובהקין דידה. לא מובהקין ממש קאמר, אלא מובהקים מסימני חבירו. כמו זה אומר מדת ארכו, וזה אומר מדת רחבו. ולקמן (דף כח:) נמי דקאמר לעולם גלימא מכריז ולא אמר סימנין מובהקין – התם נמי לאו מובהקים ממש קאמר. אלא שלא אמר סימנים טובים שיש בו, כי אם כסימנין דסומקי וחיורי.

מלא

רש"י

לאהדורי גט. שאבד מן השליח המביאו קודם שנתן לה. **תקנתא.** לקמן במתניתין מפרש מאי היא. **בממונא.** דהפקר ב"ד הפקר. **תובעין אצטריכא** ליה. קרא לתובעין אתא, ולמעוטי מידי דאיאוש ואפקריה. **כדי נסבה.** בלא מקרא, אלא אסמכינהו אקרא בעלמא.

תורה אור

ת"ש. דאוקמינן לעיל חמור לסימני אוכף אתא. **אימא בעדי אוכף.** אם יש עדים המכירין בטביעות עין לאוכף שהוא שלו – מחזירין לו את החמור. **דרשהו.** והכי משמע: "עד דרוש אחיך אותו" – עד דרשך את אחיך. *בעדים. שיבא עדים שהוא שלו. **אין מעידין.** על אדם שמת להשיא את אשתו אלא א"כ ראו פרצוף פניו שהוא עם החוטם. **דארוך או גוץ.** שאין זה סימן, שהרבה ארוכין וגוצים יש. **כליו.** בגדיו. **חיישינן.** שמא השאילם לאחר, ואותו אחר ראו שמת. **מסקב.** דורויי"ר בלע"ז. **חיורי או סומקי.** אין זה סימן, שהרבה כאלה יש. **מצאו קשור בכיס שלו או בארנקי** כו'. שליח המביא גט ואבד הימנו, לאחר זמן מצאו קשור בכיס שלו או בארנקי כו'. **בין כליו.** כלי תשמישו שבביתו. **אפילו לזמן מרובה.** אע"ג דתנן (גיטין דף כז.): המביא גט ואבד הימנו, מצאו לזמן מרובה – פסול, הכא כשר. **ניחוש לשאלה.** שמא השאיל כיסו לאחר, והוא קשרו בו. **דמסמני.** מנחשי, ואומר: סימן לאדם שמשאיל כיסו שמוכר לו מזלו. **דמזייף.** שהיה לכל איש חותם ניכר בטבעתו, וכששולח שום דבר סתום מכסהו וחותמו בטבעתו. לפיכך אינו משאיל טבעתו, שמא יעשה זה חותם כנגד חותמו, ויזייף בו את שליחותיו. **אין מעידין על השומא.** המעידין על האשה להשיאה, ואמרו: סימן היה בו, שומא באבר פלוני. **שומא.** וורוא"ה בלע"ז. **סימנין דרבנן.** וגבי אשת איש, דאיסור דאורייתא הוא – לא סמכינן עלייהו. **בבן גילו.** הנולד בשעתו, שנולדו במזל אחד. **בסימנין העשויין** כו'. אם עשויין להשתנות או אינן עשויין להשתנות, אם בחייו היתה שומא שחורה – במותו נעשית לבנה, או איפוך. **מובהק.** ואפילו סימנין דרבנן, יש לסמוך על זה. **היכי מהדרינן.** כלומר: מה תקנה ראו חכמים בדבר ליכנס בספק להחזיר ממון למי שאינו שלו? אלא ל"ג. **וכי אדם עושה.** ובניחותא, דמוצא מאי איכפת לן? אם מי שאבדה ממנו לא ניחא ליה. **אלא.** אמר רבא: כל אובדי אבידה ניחא להו שתהא דת זו בישראל למיתב סימנין, וכל הבא ונותנו יטלנה. מאי טעמא – מידע ידע דעדים לית ליה, פעמים שאין לו עדים עליה, ואם יזקיקוהו לעדים – לא תבא לעולם לידו. ומימר אמר: טוב לי שיחזירוה לכל האומר סימניה, דלא שכיחא דלימא סימנין דידה אלא אנא, דכ"ע לא ידעי כו'. **אלא הא** דתנן כו'. ואמרו להחזיר לו למלוה בלא עדים בסימן זה שאומר שלשה היו, ומשלשה לוים, ואם מן הלוה נפלו שכבר פרעם – מי ניחא ליה בתקנה זו שיתנם המוצאם לכל הבא ונותן סימניהם? והלא טוב לו שיהו מונחים ביד המוצאם עולמית, דכל זמן שהם בידו ולא יחזירם למלוה הרי הם כשרופים, ולא ניחא דליהדר להו בסימנין דלמא מיתרמי דידע מלוה בסימניהן. **התם.** בסימנין כי האי לא איכפת לן בניחותא דלוה, דודאי לאו מיניה נפיל, דהנך שטרי אחריני מאי בעו גביה?

אלא

רבינו חננאל

איבעיא להו סימנין דאורייתא או דרבנן וכו' וסימנין כדי נסבה פי' אגב גררה הזכירה משנתנו הסימנין ולאו דוקא הן. ת"ש חמור בסימני אוכף. פי' אוכף הוא שלפעמים נתון על המרדעת של חמור כדי למנוע א) חבור המשוי על גבי חמור. ת"ש דתנן בהאשה פרק בתרא דיבמות אין מעידים אלא על פרצוף פנים עם החוטם אע"פ שיש סימנין בגופו כלומר אם נותנין העדים סימני פרצופו ואמר מי שפרצופו כך וכך ראינוהו שמת משיאין את אשתו. ופרקי' גופו דארוך וגוץ דלאו סימן מובהק הוא כליו חיישינן שמא שאולין היו לו ומקשי' אי הכי חמור בסימני אוכף נמי דלמא שאול הוא ואע"ג דאיכא סהדי ב) האי דאיכוף להאי גברא הוא נימא דלמא השאילו לאחרים דהא אמרת גבי כלים חיישינן לשאלה. ופרקי' איכוף לא מושלי אינשי למה כי פעמי' שתהיה בהמת בעל האיכוף רזה ובהמת השואל שמנה וכשנותנין עליה זה האיכוף מתפתח וכשמחזיר על בהמתו של המשאיל מסקבה פי' עושה בה חבורה כדגרסי' ג) במשקין סקבא דשתא ריגלא. אלא הא דתניא מצא לגט קשור בכים בארנקי בטבעת או שמצאו בכליו אפי' לזמן מרובה כשר ואי חיישינן לשאלה אמאי כשר ניחוש דלמ' השאיל כיסו או טבעתו או ארנקי שלו לאדם אחר והוא שקשר זה הגט עמהם וגט זה של אדם אחר הוא ואינו זה הגט שהיה בידו של משאיל. ופרקי' כים וטבעת וארנקי לא מושלי אינשי ופשוטה היא. והא דאמרי' אין מעידין על השומא. ושומא מצויה בבן גילו וסימנין עשוין להשתנות אחר המיתה כולן פשוטות הן. וסוגיין דשמעתין מאן דאמר סימנין דאורייתא היינו דמהדרינן אבידתא בסימניה ואפי' למאן דאמר סימנין לאו דאורייתא הן אם הן ד) סימנין מהדרינן לה לאבידה ואסיקנא

א) נ"ל חכוך וכ"ה בערוך ערך אכפא ב) נראה דצ"ל להאי אוכף להאי גברא וכו'. ג) במשקין ליתא אך הוא בקדושין דף פ' וכ"ה בערוך ערך סקב. ד) נראה דצ"ל סימנים.

מסורת הש"ס

[ובבעל המאור הקשה לפירושו דה"ל משמלה וכו' ופי' הוא שיבואו עדים שאינו רמאי כו' וע"ש]

דברים כב

לקמן כח.

יבמות קכ. [בכורות מו:]

יבמות קכ. [גיטין כז:]

יבמות קכ.

לעיל כ.

שם:

הגהות הב"ח

(א) גמ' בכלל כל אלה ולמה: (ב) שם היכי מהדרינן אמרי לא משאלי כל"ל ותיבת אוכף נמחק: (ג) תום' ד"ה דבמתני' וכו' ועי"ל דבמתני' נ"ב עיין בשו"ת בח"מ סי' רמ"ע ביאור דבור זה: (ד) ד"ה מצאו וד"ה וניחוש הכל אחד: (ה) בא"ד ופב' בתרא דיבמות. נ"ב דף קכ ע"ב ועיש בתוספות בד"ה אמר רבא:

אֶלָּא הָא דִתְנַן:* מָצָא תַּכְרִיךְ שֶׁל שְׁטָרוֹת אוֹ אֲגוּדָּה שֶׁל שְׁטָרוֹת – ה"ז יַחֲזִיר, הָכִי נַמִי דְּנִיחָא לֵיהּ לַלֹּוֶה לְאַהֲדוּרֵי לֵיהּ לַמַּלְוֶה? אֶלָּא אֲמַר רָבָא: [א]סִימָנִין דְּאוֹרַיְיתָא, דִּכְתִיב °"וְהָיָה עִמְּךָ עַד דְּרוֹשׁ אָחִיךָ אוֹתוֹ". *וְכִי תַּעֲלֶה עַל דַּעְתְּךָ שֶׁיִּתְּנֶנּוּ קוֹדֶם שֶׁיִּדְרְשֶׁנּוּ? אֶלָּא, דָּרְשֵׁהוּ אִם רַמַּאי הוּא אוֹ אֵינוֹ רַמַּאי. לָאו בְּסִימָנִין? שְׁמַע מִינָּהּ. אֲמַר רָבָא: אִם תִּמְצֵי לוֹמַר סִימָנִין דְּאוֹרַיְיתָא. אִם תִּמְצֵי לוֹמַר? הָא פְּשִׁיט לֵיהּ סִימָנִין דְּאוֹרַיְיתָא! מִשּׁוּם דְּאִיכָּא לְמֵימַר כִּדְשַׁנֵּינָן. סִימָנִין וְסִימָנִין – [ב]יַנִּיחַ. סִימָנִין וְעֵדִים – [ג]יִנָּתֵן לְבַעַל הָעֵדִים. סִימָנִין וְסִימָנִין וְעֵד אֶחָד – [ד]עֵד אֶחָד כְּמַאן דְּלֵיתֵיהּ דָּמֵי, וְיַנִּיחַ. עֵדֵי אֲרִיגָה וְעֵדֵי נְפִילָה – [ה]תִּנָּתֵן לְעֵדֵי נְפִילָה, דְּאָמְרִינַן זַבּוֹנֵי זַבְּנָהּ, וּמֵאִינִישׁ אַחֲרִינָא נְפַל. מִדַּת אָרְכּוֹ וּמִדַּת רָחְבּוֹ – [ו]תִּנָּתֵן לְמִדַּת אָרְכּוֹ, דְּמִדַּת רָחְבּוֹ שְׁעוּרֵי קָא מְשַׁעַר לָהּ כַּד מִכַּסֵּי לָהּ מָרֵהּ וְקָאֵי, וּמִדַּת אָרְכּוֹ לָא מִשְׁתַּעַר לָהּ. מִדַּת אָרְכּוֹ וּמִדַּת רָחְבּוֹ וּמִדַּת גַּמָּיו – [ז]יִנָּתֵן לְמִדַּת אָרְכּוֹ וְרָחְבּוֹ. מִדַּת אָרְכּוֹ וּמִדַּת רָחְבּוֹ וּמִדַּת מִשְׁקְלוֹתָיו – [ח]יִנָּתֵן לְמִדַּת מִשְׁקְלוֹתָיו. הוּא אוֹמֵר סִימָנֵי הַגֵּט וְהִיא אוֹמֶרֶת סִימָנֵי הַגֵּט – [ט]יִנָּתֵן לָהּ. בְּמַאי? אִילֵימָא בְּמִדַּת אָרְכּוֹ וְרָחְבּוֹ – דִּלְמָא בַּהֲדֵי דְּנָקֵיט לֵיהּ חֲזִיתֵיהּ. אֶלָּא: נֶקֶב יֵשׁ בּוֹ בְּצַד אוֹת פְּלוֹנִי. הוּא אוֹמֵר סִימָנֵי הַחוּט וְהִיא אוֹמֶרֶת סִימָנֵי הַחוּט – [י]יִנָּתֵן לָהּ. בְּמַאי? אִילֵימָא בְּחִיוָּרָא וּבְסוּמָּקָא – וְדִלְמָא בַּהֲדֵי דְּנָקֵיט לֵיהּ חֲזִיתֵיהּ? אֶלָּא, בְּמִדַּת אָרְכּוֹ. הוּא אוֹמֵר בַּחֲפִיסָה וְהִיא אוֹמֶרֶת בַּחֲפִיסָה – יִנָּתֵן לוֹ, מ"ט – מֵידַע יָדְעָה דְּכָל מַה דְּאִית לֵיהּ – בַּחֲפִיסָה הוּא דְּמַנַּח לֵיהּ.§

מתני' וְעַד מָתַי חַיָּיב לְהַכְרִיז? עַד כְּדֵי שֶׁיֵּדְעוּ בּוֹ שְׁכֵנָיו, דִּבְרֵי ר"מ. ר' יְהוּדָה אוֹמֵר: [ל]שָׁלֹשׁ רְגָלִים, וְאַחַר הָרֶגֶל הָאַחֲרוֹן שִׁבְעָה יָמִים, כְּדֵי שֶׁיֵּלֵךְ לְבֵיתוֹ שְׁלֹשָׁה וְיַחֲזוֹר שְׁלֹשָׁה וְיַכְרִיז יוֹם אֶחָד.§

גמ' תָּנָא: שְׁכֵנֵי אֲבֵידָה. מַאי שְׁכֵנֵי אֲבֵידָה? אִילֵימָא שְׁכֵנִים דְּבַעַל אֲבֵידָה – אִי יָדַע לֵיהּ לֵיזִיל וּלְהַדְרֵיהּ נִהֲלֵיהּ! אֶלָּא: שְׁכֵנֵי מָקוֹם שֶׁנִּמְצֵאת בּוֹ אֲבֵידָה.§ "רַבִּי יְהוּדָה אוֹמֵר כו'".§ וּרְמִינְהוּ: *בִּשְׁלֹשָׁה בְּמַרְחֶשְׁוָן שׁוֹאֲלִין אֶת הַגְּשָׁמִים, ר"ג אוֹמֵר: [מ]בְּז' בּוֹ, (שֶׁהוּא) ט"ו יוֹם אַחַר הֶחָג, כְּדֵי שֶׁיַּגִּיעַ אַחֲרוֹן שֶׁבְּא"י לִנְהַר פְּרָת! אָמַר רַב יוֹסֵף: לָא קַשְׁיָא: כָּאן – בְּמִקְדָּשׁ רִאשׁוֹן, כָּאן – בְּמִקְדָּשׁ שֵׁנִי. בְּמִקְדָּשׁ רִאשׁוֹן, דִּנְפִישֵׁי יִשְׂרָאֵל טוּבָא, דִּכְתִיב בְּהוּ °"יְהוּדָה וְיִשְׂרָאֵל רַבִּים כַּחוֹל אֲשֶׁר עַל הַיָּם לָרוֹב" – בָּעֵינַן כּוּלֵּי הַאי, בְּמִקְדָּשׁ שֵׁנִי דְּלָא נְפִישֵׁי יִשְׂרָאֵל טוּבָא, דִּכְתִיב בְּהוּ °"כָּל הַקָּהָל כְּאֶחָד אַרְבַּע רִבּוֹא אַלְפַּיִם שְׁלֹשׁ מֵאוֹת וְשִׁשִּׁים" – לָא בָּעֵינַן כּוּלֵּי הַאי. אֲמַר לֵיהּ אַבָּיֵי: וְהָא כְּתִיב °"וַיֵּשְׁבוּ הַכֹּהֲנִים וְהַלְוִיִּם" וְגוֹ' °"וְהַמְשֹׁרְרִים וְהַשּׁוֹעֲרִים... וְכָל יִשְׂרָאֵל בְּעָרֵיהֶם"! וְכֵיוָן דְּהָכִי הוּא – אִיפְּכָא מִסְתַּבְּרָא: מִקְדָּשׁ רִאשׁוֹן דִּנְפִישֵׁי יִשְׂרָאֵל טוּבָא, דְּמִצְוַות עָלְמָא, וּמִשְׁתַּכְחִי שַׁיָּירָתָא דְּאָזְלִי בֵּין בִּימָמָא וּבֵין בְּלֵילְיָא – לָא בָּעֵינַן כּוּלֵּי הַאי, וְסַגִּי בִּתְלָתָא יוֹמָא. מִקְדָּשׁ שֵׁנִי, דְּלָא נְפִישֵׁי יִשְׂרָאֵל טוּבָא וְלָא מִצְוַות עָלְמָא, וְלָא מִשְׁתַּכְחִי שַׁיָּירָתָא *דְּאָזְלִי בֵּין בִּימָמָא וּבֵין בְּלֵילְיָא – בָּעֵינַן כּוּלֵּי הַאי. רָבָא אָמַר: לָא שְׁנָא בְּמִקְדָּשׁ רִאשׁוֹן וְלָא שְׁנָא בְּמִקְדָּשׁ שֵׁנִי, לָא הִטְרִיחוּ רַבָּנַן בַּאֲבֵידָה יוֹתֵר מִדַּאי. אֲמַר רָבִינָא: שְׁמַע מִינָּהּ [נ]כִּי מַכְרִיז – גְּלִימָא מַכְרִיז. דְּאִי סָלְקָא דַּעְתָּךְ אֲבֵידְתָא מַכְרִיז, בָּעֵינַן לְמִטְפֵי לֵיהּ חַד יוֹמָא לְעִיּוּנֵי בְּמָאנֵיהּ. אֶלָּא שְׁמַע מִינָּהּ: גְּלִימָא מַכְרִיז, שְׁמַע מִינָּהּ. רָבָא אָמַר: אֲפִילּוּ תֵּימָא אֲבֵידְתָא מַכְרִיז, לָא הִטְרִיחוּ רַבָּנַן בַּאֲבֵידָה יוֹתֵר מִדַּאי. ת"ר: [ס]רֶגֶל רִאשׁוֹן אוֹמֵר: רֶגֶל רִאשׁוֹן, רֶגֶל שֵׁנִי אוֹמֵר: רֶגֶל שֵׁנִי, רֶגֶל שְׁלִישִׁי אוֹמֵר סְתָם. וְאַמַּאי? לֵימָא רֶגֶל שְׁלִישִׁי? דְּלָא אָתֵי לְאַחְלוּפֵי בְּשֵׁנִי. שֵׁנִי נַמִי,

אַתְיָא

רש"י

אלא הא דתנן מצא תכריך. דמשום סימנא מהדרינן, ואם נתן מלוה סימן – מחזירין לו. ואי נפול מיניה דלוה מי ניחא ליה דתהוי הך תקנתא דניהדריה בסימן? והא ניחא ליה דנהוו ביד המוצא לעולם. **כדשנינן.** בעדים. **אם תימצי לומר סימנים דאורייתא.** רבותא נקט, דאפי' אמרינן דאורייתא אפ"ה עדים עדיפי, כדמפרש ואזיל: **סימנין ועדים** – ינתן לבעל עדים. **סימנין וסימנין.** באו שנים ונתנו סימניה. **יניח.** עד שיבא אליהו. **מדת ארכו כו'.** זה אומר מדת ארכו וזה נותן מדת רחבו. **שעורי משער לה.** אם ראה אותה ביד הבעלים שיערה כשהיה בעלה מכוסה בה, אם טלית היא. **מדת ארכו ורחבו ומדת גמיו.** זה אומר: כך ארכה וכך רחבה וזה אומר: ארכה ורחבה כך וכך אמות בין הכל, אבל אינו יודע כמה באורך וכמה ברוחב. **גמיו.** גאם יוונית, עשויה כמין ד' שלנו, להכי קרי אורך ורוחב יחד גמיו. **הוא אומר סימני הגט.** ואומר ממני נפל, שנמלכתי שלא ליתן. **והיא אומרת סימני הגט.** וממני נפל, שנתנו לי *וגרשתני. **ינתן לה.** שהוא נתנו ויודע סימנין, אבל היא אם לא נתנו לה – מהיכן ידעה? **סימני החוט.** שהגט קשור בו. **בחפיסה.** מלאת אותו. **מתני' שכיניו.** מפרש בגמרא. **כדי שילך.** כל אחד לביתו. **שלשה.** משישמע ההכרזה, וידע אם אבד לו כלום, ואם יבין שאבד – יחזור שלשה. *ויכריז יום אחד. אני אבדתי ואלו סימניה. ובגמרא פריך: דבג' ימים אין שהות לחזור לסוף א"י. **גמ' שבני מקום שנמצא בו אבידה.** שמא שלהן היא. **כדי שיגיע כו'.** ולא ידביקוהו הגשמים, אלמא: כולי האי בעינן, ומתני' תני שלשה. **והכתיב** וישבו כל ישראל בעריהם. ואע"ג דפורתא הוו – בכל עריהן היו מפוזרים, ויש רחוקים מירושלים כבתחלה. ה"ג: וכיון דהכי הוא איפכא מסתברא. **דמצות עלמא.** לוות יש לו, טובים השיירות. **שמע מינה.** מדלא יהבי ליה רבנן שהות אלא הליכה וחזרה. **גלימא מכריז.** זה שמצאה מכריז שם חפץ: טלית מצאתי, ולכך לא הוצרכו ליתן שהות יום אחד לעיין בכליו מה אבד, שהאדם יודע כמה טליתות יש לו, וכשהוא בביתו – בודק אם ימצאנה, ואין צריך שהות. **דאי ס"ד אבידתא מכריז.** ואינו מזכיר שם החפץ – ליתבו ליה לכל חד וחד הכתי טפי יומא לעיוני במאניה, אם כל כליו בידו. ופלוגתא היא בבא לקמן. **לא הטריחו.** זה שיהא שוהא יותר משבעה ימים. **רגל ראשון.** שהוא מכריז. **אומר.** בהכרזתו: זהו רגל ראשון שלא להטריח את האובד לחזור, וכשיבא רגל שני יעלה לרגל ויתן סימניה. **שלישי אומר סתם.** אבידה מצאתי, ואינו אומר איזה רגל הוא למציאתה, כדי שלא יסמוך האובד על רגל הבא, ויבין שזהו רגל האחרון.

אתי

תוספות

מצא תכריך של שטרות מי ניחא ליה ללוה כו'. וא"ת: אין, ניחא ליה דכי ילוה לאחר דליהדרו ליה לדידיה! וי"ל: דאינו רוצה להפסיד עתה כדי להיות בספק ריוח פעם אחרת.

חמשה עשר יום. וא"ת: והלא *א"י היא ארבע מאות פרסה על ארבע מאות פרסה *ומהלך אדם (א) עשרה פרסאות ביום, הוי ארבעים יום באורך. וירושלים מן הירדן שהוא תחום א"י – מהלך יום אחד, כדאיתא בגילה (דף ה.) נשאר מלד אחד ל"ט ימים. וי"ל: דעם כרמים ויערים היה ארבע מאות פרסה, אבל מישוב לא היה כל כך*.

לא בעינן כולי האי. וסגי בתלתא יומי. וא"ת: דז' ימים ומחצה צריך, דהיינו חצי של ט"ו יום! וי"ל: דכי לא שכיחי שיירתא, ואין הולך בלילה – גם כל היום אינו הולך, לפי שלא ימצא מלון בערב.

אבן

רבינו חננאל

ואסיקנא אלא אמר רבא [סימנין] דאורייתא מהכא עד דרוש אחיך אותו והשבותו לו וכי תעלה על דעתך שיתנו לו קודם שיתדרשהו אלא עד שתדרשהו אם רמאי הוא אם לאו ובמאי תהיה דרישתו בסימנין אמור לו תן סימניה ואם יביא סימניה תנה לו ש"מ סימנין דאורייתא אמר רבא אם תמצא לומר סימנין דאורייתא אקשינן עליה אכתי אמרת אם תמצא לומר והא כבר פשטינן לה סימנין דאורייתא ודחינן משום דאיכא למימר הא דפשטינן דרשהו לאו כדקאמרת אלא דרשהו לתובע הכי אם הוא צורבא מרבנן דלא משני בדיבוריה אלא במסכתא ובפוריא ובאושפיזא בלחוד מהדרינן ליה אבידה בטביעות עינא. סימנין וסימנין יניח פי' אם באו שניהם ונתנו זה וזה סימניה וכל אחד אמר שלי הוא לא יתננה לא לזה ולא לזה אלא יניחנה מוצאה אצלו. אבל אם אחד נתן סימניה וטען נפלה ממני ובא אחר והביא עדים כי ממנו נפל תנתן לבעל עדים. *) עד אחד כמאן דליתיה דמי. מדת ארכו ומדת רחבו [תנתן למדת ארכו] זה נתן מדת ארכה ורחבה של טלית וזה נתן מדת גמיה תינתן לבעל מדת ארכה ורחבה. אשתו אומרת זה הגט נתנו לי בעלי ונפל ממני ואמרה [סימניו] והבעל אמר סימניו וטוען כי לא נתתיו לה עדיין ינתן לה והוא שנותנת סימנין מובהקין כגון נקב ישנו בצד אות פלוני ש"מ דבסימן מובהק שרינן אשת איש דהיא איסורא וכל שכן ממונא: **מתני'** עד מתי חייב להכריז וכו' תנא עד שידעו בו שכני המקום שנמצאת בה זו האבידה ורמינן על הא דתנן ואחר הרגל האחרון ז' ימים כדי שילך לביתו ג' ויחזור בג' ויכריז יום אחד פי' כדי שילך שומע המכריז למקומו ויגיד וישמע בעל האבידה ויבא מיד ביום השביעי המכריז ויתן סימניה ויקחנה למימרא דארץ ישראל מהלך ג' ימים היא. והתנן בג' מרחשון שואלים את הגשמים

*) נראה דחסר וצ"ל סימנין וסימנין ועד אחד על אחד וכו'.

עין משפט נר מצוה

צה א מיי' פי"ג מהל' אבידה הלכה ה:

[מגילה ג.]

[פסחים נג:]

צו ב מיי' שם הלכה ו סמג עשין עד טוש"ע ח"מ סי' רסז סעיף ח:

צז ג מיי' שם טוש"ע שם סעיף ט:

צח ד מיי' שם טוש"ע שם סעיף י:

[עי' תוס' ר"ה כג: ד"ה כמה]

צט ה מיי' שם הל' ז טוש"ע שם סעיף יא:

ק ו מיי' שם טוש"ע שם סעיף יב:

קא ז מיי' שם טוש"ע שם סעיף יד:

קב ח מיי' שם טוש"ע שם סעיף יג:

קג ט י כ מיי' שם פי"ח הלכה ו ז סמג שם טוש"ע אה"ע סי' קנג:

קד ל מיי' שם פי"ג הלכה ח סמג שם:

קה מ מיי' פ"ב מהל' תפלה הלכה טז סמג עשין יט טוש"ע א"ח סי' קיז סעיף א:

קו נ מיי' פי"ג מהל' גזלה ואבדה הל' א סמג עשין עד טוש"ע ח"מ סי' רסז סעיף ד:

קז ס מיי' שם הל' ח:

מסורת הש"ס

לעיל כ. | [לעיל כז:] | כ"א וגרסני | עיין בתוספות דלעיל כב: ד"ה אי דליכא | תענית י. | כ"א ולא אזלי וכו'

דברים כב | מלכים א ד | עזרא ב | נחמיה ז | עזרא ב

הגהות הב"ח

(א) תום' ד"ה חמשה וכו' ומהלך אדם בינוני הוה עשרה פרסאות:

גליון הש"ס

גמ' ינתן למדת משקלותיו. עיין לעיל דף כג ע"ב תוס' ד"ה מדמשקל: **שם** אמר רבינא ש"מ. עיין בהרא"ש פ"ג דחולין ס"ס כ"ג:

אַתְיָא לְאַחְלוּפֵי בְּרִאשׁוֹן! הָא קָא אָתֵי רֶגֶל שְׁלִישִׁי. ת"ר: בָּרִאשׁוֹנָה, כָּל מִי שֶׁמָּצָא אֲבֵידָה — הָיָה מַכְרִיז עָלֶיהָ שְׁלֹשָׁה רְגָלִים, וְאַחַר רֶגֶל אַחֲרוֹן שִׁבְעַת יָמִים כְּדֵי שֶׁיֵּלֵךְ שְׁלֹשָׁה וְיַחֲזוֹר שְׁלֹשָׁה וְיַכְרִיז יוֹם אֶחָד. [א]מִשֶּׁחָרַב בֵּית הַמִּקְדָּשׁ, שֶׁיִּבָּנֶה בִּמְהֵרָה בְיָמֵינוּ, הִתְקִינוּ שֶׁיְּהוּ מַכְרִיזִים בְּבָתֵּי כְנֵסִיּוֹת וּבְבָתֵּי מִדְרָשׁוֹת. וּמִשֶּׁרַבּוּ הָאַנָּסִים — הִתְקִינוּ שֶׁיְּהוּ מוֹדִיעִין לִשְׁכֵנָיו וְלִמְיוּדָעָיו, וְדַיּוֹ. מַאי מִשֶּׁרַבּוּ הָאַנָּסִין? [ב]דְּאָמְרִי: אֲבֵידְתָא לְמַלְכָּא. רַבִּי אַמִי אַשְׁכַּח אוּדְיָא דְּדִינָרֵי, חַזְיֵיהּ הַהוּא *בַּר נָשׁ? דְּקָא מִירְתַת. א"ל: זִיל שְׁקוֹל לְנַפְשָׁךְ, דְּלָאו פָּרְסָאֵי אֲנַן דְּאָמְרֵי אֲבֵידְתָא לְמַלְכָּא. ת"ר: [ג]אֶבֶן טוֹעַן הָיְתָה בִּירוּשָׁלַיִם, כָּל מִי שֶׁאָבְדָה לוֹ אֲבֵידָה נִפְנֶה לְשָׁם, וְכָל מִי שֶׁמּוֹצֵא אֲבֵידָה נִפְנֶה לְשָׁם. זֶה עוֹמֵד וּמַכְרִיז, וְזֶה עוֹמֵד וְנוֹתֵן סִימָנִין וְנוֹטְלָהּ. וְזוֹ הִיא שֶׁשָּׁנִינוּ: *צְאוּ וּרְאוּ אִם נִמְחֵת אֶבֶן הַטּוֹעַן.§ **מתני'** [ד]אָמַר אֶת הָאֲבֵידָה וְלֹא אָמַר סִימָנֶיהָ — לֹא יִתֵּן לוֹ. [ה]וְהָרַמַּאי, אע"פ שֶׁאָמַר סִימָנֶיהָ — לֹא יִתֵּן לוֹ, שֶׁנֶּאֱמַר °"עַד דְּרוֹשׁ אָחִיךָ אוֹתוֹ" — עַד שֶׁתִּדְרוֹשׁ אֶת אָחִיךָ, אִם רַמַּאי הוּא אִם אֵינוֹ רַמַּאי.§ **גמ'** אִתְּמַר, רַב יְהוּדָה אָמַר: אֲבֵידְתָא מַכְרִיז, ור"נ אָמַר: גְּלִימָא מַכְרִיז. רַב יְהוּדָה אָמַר: אֲבֵידְתָא מַכְרִיז, דְּאִי אָמְרַתְּ גְּלִימָא מַכְרִיז — חָיְישִׁינַן לְרַמַּאי. ר"נ אָמַר: גְּלִימָא מַכְרִיז, לְרַמַּאי לָא חָיְישִׁינַן, דא"כ אֵין לַדָּבָר סוֹף. תְּנַן: אָמַר אֶת הָאֲבֵידָה וְלֹא אָמַר אֶת סִימָנֶיהָ — ה"ז לֹא יִתֵּן לוֹ. אִי אָמְרַתְּ בִּשְׁלָמָא אֲבֵידְתָא מַכְרִיז — הָא קמ"ל, אע"ג דַּאֲמַר גְּלִימָא, כִּי לָא אֲמַר סִימָנִין — לָא מְהַדְּרִינַן לֵיהּ. אֶלָּא אִי אָמְרַתְּ גְּלִימָא מַכְרִיז, אֲמַר אִיהוּ גְּלִימָא וַאֲמַר אִיהוּ גְּלִימָא, צְרִיכָא לְמֵימַר כִּי לָא אֲמַר סִימָנִין לָא מְהַדְּרִינַן לֵיהּ? אֲמַר רַב סָפְרָא: לְעוֹלָם גְּלִימָא מַכְרִיז. אֲמַר אִיהוּ גְּלִימָא, וַאֲמַר אִיהוּ סִימָנִין. וּמַאי לֹא אָמַר אֶת סִימָנֶיהָ — [ו]לֹא אָמַר סִימָנִין מוּבְהָקִין דִּידָהּ.§ "וְהָרַמַּאי אע"פ שֶׁאָמַר אֶת סִימָנֶיהָ ה"ז לֹא יִתֵּן לוֹ".§ ת"ר: בָּרִאשׁוֹנָה כָּל מִי שֶׁאָבְדָה לוֹ אֲבֵידָה — הָיָה נוֹתֵן סִימָנִין וְנוֹטְלָהּ. מִשֶּׁרַבּוּ הָרַמָּאִין, [ז]הִתְקִינוּ שֶׁיְּהוּ אוֹמְרִים לוֹ: צֵא וְהָבֵא עֵדִים דְּלָאו רַמַּאי אַתְּ, וְטוֹל. כִּי הָא דַּאֲבוּהּ דְּרַב פָּפָּא אִירְכַּס לֵיהּ חֲמָרָא וְאַשְׁכַּחוּהּ. אֲתָא לְקַמֵּיהּ דְּרַבָּה בַּר רַב הוּנָא, אֲמַר לֵיהּ: זִיל אַיְיתִי סַהֲדֵי דְּלָאו רַמַּאי אַתְּ, וְטוֹל. אֲזַל אַיְיתִי סַהֲדֵי, אֲמַר לְהוּ: יָדְעִיתוּן בֵּיהּ דְּרַמַּאי הוּא? אֲמַרוּ לֵיהּ: אִין. אֲמַר לְהוּ: אֲנָא רַמָּאָה אֲנָא? אֲמַרוּ לֵיהּ: אֲנַן לָאו רַמַּאי אַתְּ קָאָמְרִינַן. אֲמַר רַבָּה בַּר רַב הוּנָא: [ח]מִסְתַּבְּרָא, לָא מַיְיתֵי אִינִישׁ חוֹבְתָא לְנַפְשֵׁיהּ.§ **מתני'** [ט]כָּל דָּבָר שֶׁעוֹשֶׂה וְאוֹכֵל — יַעֲשֶׂה וְיֹאכַל, וְדָבָר שֶׁאֵין עוֹשֶׂה וְאוֹכֵל — יִמָּכֵר, שֶׁנֶּאֱמַר °"וַהֲשֵׁבוֹתוֹ לוֹ" — רְאֵה הֵיאַךְ תְּשִׁיבֶנּוּ לוֹ. מַה יְּהֵא בַּדָּמִים? ר"ט אוֹמֵר: [י]יִשְׁתַּמֵּשׁ בָּהֶן, לְפִיכָךְ אִם אָבְדוּ [כ]חַיָּיב בְּאַחֲרָיוּתָן. ר"ע אוֹמֵר: לֹא יִשְׁתַּמֵּשׁ בָּהֶן, לְפִיכָךְ אִם אָבְדוּ אֵין חַיָּיב בְּאַחֲרָיוּתָן.§ **גמ'** וּלְעוֹלָם? אָמַר רַב נַחְמָן *אָמַר שְׁמוּאֵל: עַד י"ב חֹדֶשׁ. תַּנְיָא נַמִי הָכִי: [ל]כָּל דָּבָר שֶׁעוֹשֶׂה וְאוֹכֵל, כְּגוֹן פָּרָה וַחֲמוֹר — מְטַפֵּל בָּהֶן עַד י"ב חֹדֶשׁ. מִכָּאן וְאֵילָךְ — שָׁם דְּמֵיהֶן וּמַנִּיחָן. [מ]עֲגָלִים וּסְיָיחִין מְטַפֵּל בָּהֶן שְׁלֹשָׁה חֳדָשִׁים, מִכָּאן וְאֵילָךְ — שָׁם דְּמֵיהֶן וּמַנִּיחָן. אַוָּוזִין וְתַרְנְגוֹלִין מְטַפֵּל בָּהֶם שְׁלֹשִׁים יוֹם, מִכָּאן וְאֵילָךְ — שָׁם דְּמֵיהֶן וּמַנִּיחָן. אָמַר רַב נַחְמָן בַּר יִצְחָק: תַּרְנְגוֹלֶת כִּבְהֵמָה גַּסָּה. תַּנְיָא נַמִי הָכִי: [נ]תַּרְנְגוֹלֶת וּבְהֵמָה גַּסָּה מְטַפֵּל בָּהֶן שְׁנֵים עָשָׂר חוֹדֶשׁ, מִכָּאן וְאֵילָךְ — שָׁם דְּמֵיהֶן וּמַנִּיחָן. עֲגָלִים וּסְיָיחִין מְטַפֵּל בָּהֶן ל' יוֹם, מִכָּאן וְאֵילָךְ — שָׁם דְּמֵיהֶן וּמַנִּיחָן. [ס]אַוָּוזִין וְתַרְנְגוֹלִין וְכָל דָּבָר שֶׁטִּיפּוּלוֹ מְרוּבֶּה מִשְּׂכָרוֹ — מְטַפֵּל בָּהֶן שְׁלֹשָׁה יָמִים, מִכָּאן וְאֵילָךְ — שָׁם דְּמֵיהֶן וּמַנִּיחָן. קַשְׁיָא עֲגָלִים וּסְיָיחִין אַעֲגָלִים וּסְיָיחִין, אַוָּוזִין וְתַרְנְגוֹלִין אַאַוָּוזִין וְתַרְנְגוֹלִין! עֲגָלִים וּסְיָיחִין אַעֲגָלִים וּסְיָיחִין לָא קַשְׁיָא; [ע]הָא — דְּרַעְיָא, וְהָא — דְּפִטּוּמָא. אַוָּוזִין וְתַרְנְגוֹלִין אַאַוָּוזִין וְתַרְנְגוֹלִין נַמִי לָא קַשְׁיָא: [פ]הָא — בְּרַבְרְבֵי, הָא — בְּזוּטְרֵי.§ "וְשֶׁאֵינוֹ עוֹשֶׂה וְאוֹכֵל".§ תָּנוּ רַבָּנַן: "וַהֲשֵׁבוֹתוֹ לוֹ" — רְאֵה הֵיאַךְ תְּשִׁיבֶנּוּ לוֹ, שֶׁלֹּא יַאֲכִיל עֵגֶל לַעֲגָלִים, וְסַיִח לִסְיָיחִין, אַוְּזָא לְאַוָּוזִין, וְתַרְנְגוֹל לְתַרְנְגוֹלִין.§ "מַה יְּהֵא בַּדָּמִים? רַבִּי טַרְפוֹן אוֹמֵר יִשְׁתַּמֵּשׁ" וכו'.§ עַד כָּאן לָא פְּלִיגִי אֶלָּא

רש"י

*(אָתֵי לְאַחְלוּפֵי בְּשֵׁנִי, שֶׁמָּא יֵשׁ שֶׁהוּא סָבוּר שֶׁאָמַר רֶגֶל שֵׁנִי:) **אוּדְיָא** דְּדִינָרֵי. כְּלִי מָלֵא זְהוּבִים. **וְזוֹ הִיא** שֶׁשָּׁנִינוּ. בְּמַסֶּכֶת תַּעֲנִית (דף יט.) בְּחוֹנִי הַמְעַגֵּל. **צְאוּ וּרְאוּ אִם נִמְחֵת אֶבֶן טוֹעַן**. אִם נִכְסֵת בִּגְשָׁמִים, שֶׁגָּבְהוּ הַגְּשָׁמִים לְמַעְלָה הֵימֶנּוּ — יֵשׁ גְּשָׁמִים יוֹתֵר מִדַּאי, וְאֶתְפַּלֵּל עֲלֵיהֶם שֶׁיֵּלְכוּ. **חָיְישִׁינַן לְרַמַּאי**. שֶׁמָּא שָׁמַע הָאוֹבֵד מִתְאוֹנֵן בֵּין שְׁכֵנָיו טַלִּיתִי נֶאֶבְדָה, וְזֶה יוֹדֵעַ אֶת סִימָנֶיהָ, וּכְשֶׁיִּשְׁמַע אֶת מוֹצְאָהּ מַכְרִיז טַלִּית מָצָאתִי — יָקוּם וְיִתֵּן סִימָנֶיהָ. הִלְכָּךְ אֲבֵידְתָא מַכְרִיז, וְאֵינוֹ נוֹתֵן לֵב לוֹמַר טַלִּית זוֹ אִבַּדְתִּי וְאֵלּוּ סִימָנֶיהָ. **אֵין לַדָּבָר סוֹף**. דְּהַשְׁתָּא נַמִי מַסִּיק אַדַּעְתֵּיהּ, וְאָמַר: אִם טַלִּית הִיא שֶׁמָּצָאתָ — אֵלּוּ סִימָנֶיהָ. **אִי אָמְרַתְּ בִּשְׁלָמָא אֲבֵידְתָא מַכְרִיז**. וְלֹא מַזְכִּיר שֵׁם הַחֵפֶץ, אִצְטְרִיךְ תַּנָּא לְאַשְׁמוּעִינַן דְּאע"ג דְּאָמַר הַאי טַלִּית אִבַּדְתִּי — צָרִיךְ לִיתֵּן סִימָנִין. **אֲמַרוּ לֵיהּ אִין**. כִּסְבוּרִין שֶׁאָמַר לָהֶן יָדְעִיתוּן בֵּיהּ דְּלָאו רַמַּאי הוּא, שֶׁכָּךְ הָיָה לוֹ לִשְׁאוֹל. **מִסְתַּבְּרָא**. שֶׁזֶּה הָיָה דַּעְתָּן מִתְּחִילָּה, וְאֵין כָּאן מִשּׁוּם מַגִּיד וְחוֹזֵר וּמַגִּיד. **לָא מַיְיתֵי אִינִישׁ חוֹבָה לְנַפְשֵׁיהּ**. וּכְשֶׁהֱבִיאָן לְב"ד — בָּטוּחַ הָיָה שֶׁלֹּא יָעִידוּ חוֹבָתוֹ.

מתני' **כָּל דָּבָר שֶׁעוֹשֶׂה וְאוֹכֵל**. אִם אֲבֵידָה זוֹ דָּבָר שֶׁיְּכוֹלִין לְהַאֲכִילוֹ אֶת שְׂכַר מַעֲשָׂיו, כְּגוֹן שׁוֹר וַחֲמוֹר — יַעֲשֶׂה וְיֹאכַל וְלֹא יִמְכּוֹר אוֹתוֹ הַמּוֹצֵא אִם שֶׁהוּ בְּעָלָיו מִלְּדָרְשׁוֹ, שֶׁכָּל אָדָם נוֹחַ לוֹ בִּבְהֶמְתּוֹ, שֶׁהִכִּירָהּ בּוֹ כְּבָר וְלִימְּדָהּ לִרְצוֹנוֹ. **רְאֵה הֵיאַךְ תְּשִׁיבֶנּוּ לוֹ**. שֶׁלֹּא תַּאֲכִילֶנּוּ חֲצִי דָּמָיו, שֶׁאִ"כ אֵין זוֹ הֲשָׁבָה. **לְפִיכָךְ**. מְפָרֵשׁ בַּגְּמָרָא.

גמ' **וּלְעוֹלָם**. וְכִי עַד עוֹלָם זָקוּק זֶה לְטַפֵּל בְּטוֹרַח שְׁמִירָה? **שָׁם דְּמֵיהֶן**. מוֹכְרָן וּמַנִּיחַ הַדָּמִים אֶצְלוֹ. **עֲגָלִים וּסְיָיחִין**. דַּקִּין, שֶׁאֵין עוֹשִׂין מְלָאכָה. **תַּרְנְגוֹלִין**. זְכָרִים, שֶׁאֵין מַטִּילִין בֵּיצִים. **כִּבְהֵמָה גַּסָּה**. שֶׁעוֹשָׂה וְאוֹכֶלֶת, וּמְטַפֵּל בָּהּ י"ב חֹדֶשׁ, דְּיָכוֹל לְהַאֲכִילָהּ דְּמֵי בֵּיצִים. **מְטַפֵּל**. אִנְשְׁמִיטר"א בְּלַעַ"ז. **הָא דְּרַעְיָא הָא דְּפִטּוּמָא**. הָא דְּקָתָנֵי שְׁלֹשָׁה [חֳדָשִׁים] — בְּאֶרֶץ מִרְעֶה, וּבִזְמַן הַדְּשָׁאִים, שֶׁאֵין טִיפּוּלוֹ מְרוּבֶּה. וְהָא דְּקָתָנֵי ל' [יוֹם] — בִּזְמַן שֶׁאֵין מִרְעֶה, וְצָרִיךְ לְפַטְּמָהּ עַל אֲבוּסָהּ מִמַּה שֶּׁבַּבַּיִת, שֶׁדָּמֶיהָ יְקָרִים. **רַבְרְבֵי**. [א] אוֹכְלִין הַרְבֵּה, הִלְכָּךְ ג' יָמִים, דְּהָא אוֹקִימְנָא בִּזְכָרִים. **שֶׁלֹּא יַאֲכִיל עֵגֶל לַעֲגָלִים**. מִן הָעֲגָלִים שֶׁנִּמְצָא לֹא יַאֲכִיל לוֹ דְּמֵי עֵגֶל. **עַד כָּאן לָא פְּלִיגֵי**. לְעִנְיַין לְהִתְחַיֵּיב בַּאֲבֵידָתוֹ. אֶלָּא

תוספות

אבן טוען. מפרש בירושלמי: כשם שהאבן אינה יכול למחות, כך אין יכולים להתפלל על רוב טובה. **שם** דמיהן. לקמן *גבי עסקא דרב ספרא אפרש בע"ה. **עד** כאן לא פליגי אלא בנשתמש בהן. לאו דוקא נשתמש, דאם נשתמש — לר"ע נמי חייב באחריותן, כיון דלדידיה אסור להשתמש — א"כ הוי שולח יד בפקדון, ואפילו החזיר אין בכך כלום, דהא ר"ע סבר בפרק "המפקיד" (לקמן דף מג:) דבעינן דעת בעלים, אלא ודאי נשתמש לאו דוקא כדפרישית. אלא בשכר שמוש, שמותר להשתמש קאמר, דלרבי טרפון דאית ליה דמותר להשתמש — חייב באחריותן, דההוא הנאה דאי מיתרמי ליה זבינא שקיל להו וזבין בהו. הוי עלייהו שומר שכר. ולר"ע דאסור להשתמש בהן — פטור. אבל אם לא היה מותר להשתמש — היה פטור לכ"ע, והיינו כרבה.

והוי

עין משפט נר מצוה

[דף לב. ד"ה כ"ד]

קח א ב מיי' פי"ג מהל' גזלה ואבדה הלכה ט סמג עשין עד טוש"ע ח"מ סי' רסז סעיף ג:

קט ג מיי' שם הל' א סמג שם:

קי ד מיי' שם הל' ג סמג שם טוש"ע ח"מ סי' רסז סעיף ה:

קיא ה ו מיי' שם הל' ג ועיין בהשגות ובמגיד משנה סמג שם טוש"ע שם סעיף ה:

קיב ז מיי' שם הלכה ד טוש"ע שם סעיף ו:

קיג ח טוש"ע ח"מ סי' כט סעיף א:

קיד ט מיי' פי"ג מהל' גזלה ואבידה הל' טו סמג שם טוש"ע ח"מ סי' רסז סעיף כב:

קטו י כ מיי' שם הל' יז טוש"ע שם סעיף כה:

קטז ל מיי' שם הל' טו טוש"ע שם סעיף כב:

קיז מ מיי' שם הל' טז טוש"ע שם סעיף כג:

קיח נ מיי' שם הל' טו ועיין בהשגות ובמגיד משנה טוש"ע שם סעיף כב:

קיט ס מיי' שם הל' טז טוש"ע שם סעיף כד:

קכ ע מיי' שם טוש"ע שם סעיף כג:

קכא פ מיי' שם טוש"ע שם סעיף כד:

רבינו חננאל

הגשמים וכו'. והנה מהלך ט"ו ימים היא. ואסיקנא לא שנא מקדש ראשון ולא שנא מקדש שני לא הטריחו באבידה יותר מדאי ת"ר משחרב בית המקדש התקינו להיות מכריזין בכנסיות ובתי מדרשות משרבו האנסין שאומרין אבדתא למלכא התקינו שיהא מודיע המוצאה לשכניו ולמיודעיו ודיו. פי' מהסם מתיירא. ת"ר אבן הטוען היתה בירושלים כל מי שאבדה לו אבידה נפנה לשם וכו' פי' אבן גבוהה היתה בירושלים והיה כל מוצא אבידה עולה עליה ומכריז חו היא ששנינו בפרק סדר תעניות השני אמר להן חוני המעגל צאו וראו אם נמחת אבן הטוען. אבקש רחמים שיפסקו הגשמים: **מתני'** אמר את האבידה ולא אמר את סימניה. אוקמה רב ספרא אליבא דרב נחמן דאמר גלימא מכריז

*) כדאמר האבידה וסימניה ומאי לא אמר סימניה דקאמר במתני' לא אמר סימנין מובהקין דידה. וסוגיין בעינן דיהיב סימנין מובהקין והוא דאית סהדי דליתיה רמאי. ופשטינן דלא מייתי איניש חובה לנפשיה כדאבוה דרב פפא. תלמוד ארץ ישראל שמע סימניה בהאי כנישתא ואזל לכנישתא אחריתי יהיב סימניה זהו רמאי וכן כיוצא בו: **מתני'** כל דבר שעושה ואוכל יעשה ואוכל אוקימנא עד י"ב חדש. תניא נמי הכי כל דבר שעושה ואוכל כגון פרה וחמור מטפל בהן כל י"ב חדש מכאן ואילך שם דמיהן ומניחן עגלים וסייחים אם יכולין לרעות מטפל בהן ג' חדשים. אוזין ותרנגולין גדולים מטפל בהן ל' יום. ותניא אחריתי תרנגולת כבהמה גסה י"ב חדש וכל דבר שטיפולו מרובה משכרו ג' ימים. ושאינו עושה ואוכל ימכור שנאמר והשבותו לו ראה היאך תשיבנו לו. שלא יאכיל עגל לעגלים. פי' לא תמכור עגל היום ותאכיל

*) אולי צ"ל כדאמר.

מסורת הש"ס

רש"ל מ"ז

נ"א בר רומאה ר"מ

תענית יט.

דברים כב

שם

הגהות הגר"א

[א] רש"י ד"ה רברבי כו'. נ"ב אבל רמב"ם פי' להיפך וכן נ"י בשם ר"ח.

[גי' רי"ף ולעולם אמר שמואל וגיר' רא"ש אמר רב יהודה א"ש]

אֶלָּא. מִשּׁוּם שְׂכַר שִׁימּוּשׁ מָעוֹת. אֲבָל שְׂכַר שְׁמִירַת מִלְוָה, דְּנֵימָא מִגּוֹ דְּלָא בָּעֵי לְמֵיתַב רִיפְתָּא לְעַנְיָא, דְּהָעוֹסֵק בַּמִּלְוָה פָּטוּר מִן הַמִּלְוָה – לָא מְחַיְּיבִינַן לֵיהּ. כְּשֶׁנִּשְׁתַּמֵּשׁ. לָאו דַּוְקָא, אֶלָּא מִשּׁוּם שְׂכַר שִׁימּוּשׁ קָאָמַר, מִפְּנֵי שֶׁמּוּתָּר לְהִשְׁתַּמֵּשׁ בָּהֶן. כְּשׁוֹמֵר חִנָּם. וְאֵינוֹ חַיָּיב אֶלָּא בִּפְשִׁיעָה. כְּשׁוֹמֵר שָׂכָר. וְחַיָּיב בִּגְנֵיבָה וַאֲבֵידָה. דְּשׁוֹמֵר שָׂכָר מִלְוָה הוּא, דְּהָעוֹסֵק בַּמִּלְוָה פָּטוּר מִן הַמִּלְוָה. כּוּלֵּי עָלְמָא לָא פְּלִיגֵי דְּמִחַיֵּיב. כְּדִין שׁוֹמֵר שָׂכָר. מַאי לְפִיכָךְ דְּר"ע. כֵּיוָן דְּאָמַר לֹא יִשְׁתַּמֵּשׁ מֵהֵיכָא תֵּיסַק אַדַּעְתִּין לְחַיּוּבֵיהּ דְּאִיצְטְרִיךְ לְמֵימַר אֵינוֹ חַיָּיב. כְּדְרַבָּה

אֶלָּא כְּשֶׁנִּשְׁתַּמֵּשׁ בָּהֶן, אֲבָל לֹא נִשְׁתַּמֵּשׁ בָּהֶן, אִם אָבְדוּ – פָּטוּר. לֵימָא תֶּיהֱוֵי תְּיוּבְתָּא דְּרַב יוֹסֵף. *דְּאִתְּמַר, שׁוֹמֵר אֲבֵידָה. רַבָּה אָמַר: כְּשׁ"ח, רַב יוֹסֵף אָמַר: [א]כְּשׁ"ש. אָמַר לָךְ רַב יוֹסֵף: בִּגְנֵיבָה וַאֲבֵידָה – דְּכ"ע לָא פְּלִיגִי דְּחַיָּיב, כִּי פְּלִיגִי – בְּאוֹנָסִין דְּשׁוֹאֵל. ר"ט סָבַר: שָׁרוּ לֵיהּ רַבָּנַן לְאִשְׁתַּמּוּשֵׁי בְּגַוַּויְיהוּ, [ב]וַהֲוָה לֵיהּ שׁוֹאֵל עֲלַיְיהוּ. וְר"ע סָבַר: לָא שָׁרוּ לֵיהּ רַבָּנַן לְאִשְׁתַּמּוּשֵׁי בְּגַוַּויְיהוּ, הִלְכָּךְ לָא הָוֵי שׁוֹאֵל עֲלַיְיהוּ. א"ה, "לְפִיכָךְ" דְּאָמַר ר"ע לָמָּה לִי? א"א בִּשְׁלָמָא בִּגְנֵיבָה וַאֲבֵידָה הוּא דִּפְלִיגִי – הַיְינוּ דְּקָתָנֵי ר"ע אוֹמֵר לֹא יִשְׁתַּמֵּשׁ בָּהֶן לְפִיכָךְ אִם אָבְדוּ אֵינוֹ חַיָּיב בְּאַחֲרָיוּתָן, ס"ד אָמִינָא שׁוֹמֵר שָׂכָר הָוֵי כִּדְרַב יוֹסֵף, וּבִגְנֵיבָה וַאֲבֵידָה מִחַיֵּיב – קָא מַשְׁמַע לָן לְפִיכָךְ, הַשְׁתָּא דְּאָמְרַתְּ לֹא יִשְׁתַּמֵּשׁ בָּהֶן – שׁוֹמֵר שָׂכָר לָא הָוֵי, וְלָא מִחַיֵּיב בִּגְנֵיבָה וַאֲבֵידָה. אֶלָּא אִי אָמְרַתְּ בִּגְנֵיבָה וַאֲבֵידָה דְּכוּלֵּי עָלְמָא לָא פְּלִיגֵי דְּחַיָּיב, כִּי פְּלִיגִי – בְּאוֹנָסִין דְּשׁוֹאֵל, מַאי "לְפִיכָךְ" דְּרַבִּי עֲקִיבָא? הָכִי מִבָּעֵי לֵיהּ לְמִתְנָא: ר"ע אוֹמֵר לֹא יִשְׁתַּמֵּשׁ בָּהֶן וַאֲנָא יָדַעְנָא, דְּכֵיוָן דְּלָא יִשְׁתַּמֵּשׁ בָּהֶן – לָאו שׁוֹאֵל הָוֵי, וְאֵינוֹ חַיָּיב בְּאַחֲרָיוּתָן, ◦ "לְפִיכָךְ" דְּרַבִּי עֲקִיבָא לָמָּה לִי? מִשּׁוּם, "לְפִיכָךְ" דְּרַבִּי טַרְפוֹן. וּ"לְפִיכָךְ" דְּרַבִּי טַרְפוֹן לָמָּה לִי? [ג]הָכִי קָאָמַר: כֵּיוָן דְּשָׁרוּ לֵיהּ רַבָּנַן לְאִשְׁתַּמּוּשֵׁי בְּגַוַּויְיהוּ – כְּמַאן דְּאִשְׁתַּמֵּשׁ בְּגַוַּויְיהוּ דָּמֵי וְחַיָּיב בְּאַחֲרָיוּתָן. וְהָא אָבְדוּ קָתָנֵי! כְּדְרַבָּה

והוי שואל עלייהו. תימה: דהוה ליה למימר והוה ליה עלייהו, ואם נאמר דאם באו בעלים קודם שהוליאם חייב להחזיר אותם מעות עלמם, ולא אחרים – הוה א"ש דקרי ליה שואל, אך אי אפשר לומר כן דבפרק "המפקיד" (לקמן דף מג.) פריך: אי נאנסו חייב, מאי אריא הוליא? כי לא הוליא נמי. והשתא, אי חייב להחזיר הן עלמן כשיתבע הגזבר – אם כן לא קנאם השולחני בשלא הוליאם, ולא מעל, כדאמר פרק "השואל" (לקמן דף לט.): לא בקע בו לא מעל, כיון שהמשאיל יכול לחזור בו. וא"כ, מאי פריך כי לא הוליא נמי? אלא ודאי, אפילו אם אותן המעות עדיין בעין – אין לריך להחזיר הן עלמן. וי"ל: דנקט שואל משום דנקט אונסין דכתיב בקרא גבי שואל, וגם לפי שמזכיר שומר חנם ושומר שכר. ר"ח וה"ג פסקו דהלכה כרב יוסף מההיא ד"אין בין המודר" (נדרים דף לג:) דקאמר: ומחזיר לו אבידתו. חד אמר: דוקא מדיר למודר, אבל מודר למדיר – לא, משום דקא מתהני פרוטה דרב יוסף. וחד אמר: פרודה דרב יוסף לא שכיחא. ש"מ דכולהו אית להו דרב יוסף. ואין זו ראיה, דגם רבה מודה דבשעה שמתעסק באבידה שפטור מלמיתב ריפתא לעניים, אלא דס"ל דלא שכיחא שיבא עני בשעה שמתעסק בה לצורכה, ואין סברא שיהא שומר שכר בעבור זה, כיון דלא שכיח. דבשעה שהאבידה בביתו ואינו מתעסק בה – פשיטא דאף לרב יוסף אינו פטור מלמיתב ריפתא לעני, שהרי אדם שלבוש ציצית או שיש לו תפילין בראשו וכי יפטר מכל המצות? והא דלקמן (דף לא.) מוקי רבא קרא (א) ד"והשב תשיבם" לגינתו המשתמרת, וקמ"ל דלא בעינן דעת בעלים כדמוקי רב יוסף בפרק "הכונס" (ב"ק דף נז. ושם), דרבה מוקי לה בשאינה משתמרת שמירה מעולה כמו בביתו, ומייתי ראיה מינה דשומר אבידה כשומר חנם הוי – אין ראיה דהלכה כרב יוסף, דרבה גופיה הדר ביה כשתירץ לו רב יוסף דקמ"ל דלא בעינן דעת בעלים, ומוקי לה בגינתו המשתמרת, דהא בקרא "שור ושה" כתיב, ומודה רבה בבעלי חיים דהוי עלייהו שומר שכר, דאנקטינהו נגרי ברייתא. וכשרולה להביא ראיה לדבריו, ולא ידע שינויא דרב יוסף – היה לריך לדחוק ולהעמיד בכפותים. ועוד דוחק אחר, דהוי מוקי קרא לגינתו שאינה משתמרת, ואשמועינן קרא דהוי שומר חנם. ולרבה אית ליה מסברא דהוי שומר חנם, דלא מטי הנאה לידו. ועוד *י"ל: דלקמן ה"פ: היכי דמי, אי דלא מינטרא – למר כדאית ליה מפשיעה ולמר כדאית ליה מגניבה ואבידה – אמאי פטור? ואי דמנטרא, למר כדאית ליה ולמר כדאית ליה וכו'. ושלהי "האומנין" (לקמן דף פא: ושם) דאמר ר"א ישבע שאבד המשכון, ויטול מעותיו. ר"ע אומר: אבד המשכון אבדו מעותיו. ומוקי מתני' דהלוהו על המשכון שומר שכר, דלא כר"א, ומסיק דפליגי בשומר אבידה. וקאמר: לימא דרב יוסף תנאי היא, ופרש"י דרבה ודאי תנאי היא, דלא מלי סבר כר"ע. אם כן משמע דאין הלכה כרבה, דהוי כר"א דשמותי הוא. וגם דמתניתי' לא אתיא כוותיה! וי"ל: דרבה ודאי לאו תנאי היא, ואפילו לר"ע משום מלוה לא הוי שומר שכר. וטעמא דר"ע דאמר אבדו מעותיו – כדשמואל, דאפילו בדלא שוי שיעור זוזי אבדו כל מעותיו, דהוי כאילו פי' שאם יאבד המשכון שיאבדו מעותיו. ור"א לית ליה דשמואל, ואפילו שוי שיעור זוזי לא אבדו מעותיו. אלא לרב יוסף, כי נמי מוקי פלוגתייהו בדשמואל – לא קאי ר' אליעזר כוותיה, לפי מה שמדמה עתה במסקנא מלוה על המשכון לשומר אבידה שהוא פוטר את המלוה באבידה – אלמא לא הוי שומר שכר. ומשני: דאתי מלתיה דרב יוסף אפי' כר"א. ותדע דלא מלינו למימר דרבה לא מלי סבר כר"ע, דהא בשמעתין משמע דכולהו סברי דרבה, ולר"ע נמי הוי שומר חנם. והא דתנן פרק "שבועת הדיינין" (שבועות דף מד. ושם): המלוה על המשכון ואבד המשכון שחייב באבידה מה שהמשכון יתר על החוב, אליבא דרבה מבעיא לן לאוקמה באבדה בפשיעה, דלא הוי ביה אלא שומר חנם, דמה שכנגד החוב מפסיד אפילו לא אבד בפשיעה מטעמא דשמואל. ואין זה דוחק, דה"נ כי בעי גמרא מעיקרא לאוקמה פלוגתא דר"א ור' עקיבא בדשמואל או בדר' ילחק, ולא היה מדמה לשומר אבידה – לריך נמי לאוקמה מתני' דשבועות דמיחייב לשלם באבדה מה שהמשכון יתר על החוב באבדה בפשיעה, דמטעם דשמואל או דר' ילחק אין לחייב המלוה באבידת המשכון אלא במה שכנגד החוב. ואדרבה, מפ' "האומנין" (לקמן דף פב. ושם) יש להוכיח דהלכה כרבה, דאי הלכה כרב יוסף – אמאי מוקי גמרא אלא מחוורתא מתניתין דלא כר"א? לוקמה באין מלוה לריך למשכון, דהוי שומר שכר אפי' לר"א, ופלוגתייהו במלוה לריך למשכון. אלא ודאי משום דהלכה כרבה ואין הלכה כרב יוסף, ולדידיה לא מלי לאוקמא מתניתין כר"א. ועוד ראיה מפרק "המפקיד" (לקמן דף מג. ושם) דרב נחמן סבר נאנסו לא, אלמא ס"ל דבהנאה שמותר להשתמש – לא הוי אלא שומר שכר, והיינו כרבה, דלרב יוסף הוי שואל. ואין לומר דהכא דהוי שומר אבידה דבלא היתר תשמיש – הוי שומר שכר, השתא דשרו ליה לאשתמושי בהו – הוי שואל, אבל התם דלא מיירי באבידה – משום הנאת היתר תשמיש לבד לא הוי אלא שומר שכר – לא היא כי,ון דבשביל היתר תשמיש לבד לא הוי אלא שומר שכר כרב נחמן, א"כ בשביל שיש לו עוד פרוטה דרב יוסף משום שמירת אבידה – אין סברא שיהא לו דין שואל, דאטו אם מוסיפין שכר לשומר יהיה לו דין שואל? ועוד: דקי"ל כרבה: בר *מ"שדה" "ענין" ו"מחלה". וליכא למימר דוקא במילי דבבא בתרא, כדמפרש בתשובות דרב למח, דהא אמר פרק "מי שאחזו" (גיטין דף עד: ושם ד"ה הא) והא קי"ל כרבה, ולא קאמר בהא. דהוה משמע בהא, ולא במילי אחרינא כדקאמר על רשב"ג. ובפרק "מי שהוליאוהו" (עירובין דף נב:) בשמעתין דהחזיק בדרך מתיישבת ההלכה יותר במה שהלכה כרבה לגבי דרב יוסף כדפי' שם רש"י, ובסדר תנאים ואמוראים פוסק דרבה ורב יוסף הלכה כרבה בר מ"שדה" "ענין" ו"מחלה". וכל רבותינו שוין דבשאר דברים סתמא הלכה כרבה, אי ליכא הוכחה כרב יוסף*. **לפיכך** דרבי טרפון למה לי. בשלמא לרבה דלפיכך דר"ע אשמועינן לאפוקי דרב יוסף – מלינו למימר דלפיכך דרבי טרפון משום לפיכך דר"ע. אי נמי: גם לפיכך דר"ט אתי למידק נמי, דדוקא משום דמותר להשתמש – חייב, אבל אסור להשתמש – פטור, לאפוקי דרב יוסף. אבל לרב יוסף מאי לפיכך? וקשה: דמאי בעי מאי לפיכך? הלא חדוש גדול השמיענו, דמעיקרא אמרינן דבמה שמותר להשתמש לא הוי אלא שומר שכר ולא כשואל, דהא אבדו קתני דמשמע סתם אבידה בלא אונס, והשתא מבעי לן למימר דמחמת היתר תשמיש הוי כשואל, ואבדו היינו שטבע ספינתו בים. ועוד, דבפרק "המפקיד" (לקמן דף מג. ושם) אלטריך מתני' לאשמועינן דמחמת היתר תשמיש הוי שומר שכר לרב נחמן דאמר נאנסו לא גבי מפקיד מעות אצל (ב) חנווני, דקתני לרורים לא ישתמש בהן. לפיכך, אם אבדו אינו חייב. והא מלתא דפשיטא היא דאינו חייב באבידה, כיון דשומר חנם הוא. אלא סיפא איצטריכא ליה לאשמועינן, דמותרין להשתמש בהן, לפיכך אם אבדו חייב באחריותן והוי שומר שכר לרב נחמן דאמר נאנסו לא, וכיון דאפילו למיהוי שומר שכר מחמת היתר תשמיש אלטריך לאשמועינן – כ"ש הכא דאמר דהוי שואל, דלאו מלתא דפשיטא הוא דאלטריך שפיר לאשמועינן, אלא י"ל: דלאו קושיא הוא אלא פירושא בעלמא הוא.

בזכוכית

ב"ק נו: לקמן פב. שבועות מד. נדרים לג:

קכב א מיי' פי"ג מהלכות גזילה ואבידה הלכה י סמג עשין עד טוש"ע ח"מ סי' רסז סעיף טז:
קכג ב ג מיי' שם הל' יז סמג שם טוש"ע ח"מ שם סעיף כה:

הגהות הב"ח

(א) תום' ד"ה והוי וכו' והא דלקמן מוקי רבא קרא דהשב תשיבם: (ב) ד"ה לפיכך וכו' גבי מפקיד מעות אצל שולחני דקתני:

גליון הש"ס

גמ' לפיכך דר"ע. כעין זה נדה דף ט ע"א ודף ס ע"ב:

ר"ל כעין נ"ל והכל תירוץ אחד רש"ל

[ב"ב קיד: קמג:]

[ועי' תוס' מגילה כט: ד"ה והלכתא כו']

רבינו חננאל

ותאכיל לנשארים דקא מיכליא אלא מכור הכל: מה יהיה בדמים ר' טרפון אומר ישתמש בהן לפיכך אם אבדו חייב באחריותן ור' עקיבא אומר לא ישתמש בהן וכו' עד כאן לא פליגי אלא בנשתמש בהן אבל אם לא נשתמש בהן דברי הכל פטור. לימא תהוי תיובתא דרב יוסף דאיתמר בפ' הכונס צאן לדיר שומר אבידה רבה אמר כשומר חנם ונשבע על הכל. רב יוסף אמר כשומר שכר שנשבע על האונסין ומשלם הגניבה ואבידה. ודחי רב יוסף בגניבה ואבידה כולי עלמא לא פליגי דחייב כשומר שכר כי פליגי באונסין ר' טרפון סבר אע"ג דבאבידה עצמה הוה לי' שומר שכר כיון דשרי ליה לאישתמושי בדמיה נעשה עליה כשואל וחייב גם על האונסין. ור' עקיבא סבר לא שרו ליה רבנן לאישתמושי בדמי אבידה הלכך לא הוי עליהו אלא שומר שכר. ואקשי' עליה אי הכי למה ליה לר' עקיבא למיתנא לפיכך אי אמרת בגניבה ואבידה פליגי ר' טרפון סבר כיון דשרו ליה לאישתמושי בהו הוי ליה כשומר שכר עלייהו וחייב בגניבה ואבידה. ור' עקיבא סבר לא שרו ליה רבנן לאישתמושי בהו וכשומר חנם הוא עליהו שאם אבדו פטור וכל שכן נאנסו שפטור אלא אי אמרת בגניבה ואבידה דברי הכל חייב כי פליגי באונסין לתני רבי עקיבא אומר לא ישתמש בהן וממילא ידענא דכיון דלא שרי לאישתמושי בהו לא הוי עלייהו אלא כשומר שכר אבל שואל לא הוי עלייהו לפיכך דקתני מאי אתא לאשמועינן ופרקי' ודאי ר' עקיבא לא הוי צריך למיתניה לפיכך מיהו איידי דתנא ר' טרפון לפיכך תנא איהו נמי לפיכך ומקשי' תוב לפיכך דר' טרפון נמי למה לי ופריק רב יוסף צריכא והכי קתני כיון דשרו ליה רבנן לאישתמושי בהו הוה ליה עלייהו כשואל לפיכך אע"פ שלא נשתמש בהן חייב עליהן כשואל. ומקשי' עליה אי הכי לא הוה תני לפיכך אם אבדו חייב בהן דמשמע שומר שכר הוא חשוב באבידה אלא הוה ליה למיתנא לפיכך אם נאנסו חייב בהן דמשמע שואל הוי עליהן. ופריק רב יוסף האי אבדו דקתני נאנסו הוא. ומקשי' ומי קרו לאבדו נאנסו (הוו) [אין] כדרבה דאמר בפ' הזהב הלכה שומר חנם אין נשבע וכו' נגנבו בלסטים מזוין אבדו שטבעה ספינתו בים:
אמר

בדרבה. בפרק "הזהב" (לקמן דף נח.) גבי בני העיר ששלחו את שקליהן. בדמי אבידה. שמכרה לאחר שנטפל בה כמו שאמרו חכמים. אבל מעות אבידה. כגון שמצא מעות כיס או שלש מטבעות עשויין כמגדלין. מתני' אחת לשלשים יום. שמתעפשין כששוהים מלפופתן. וכל ספרים שלהן היו עשויין (ג) בגליון. גוללן. מתחילתן לסופן, שיכנס בהן האויר. בתחלה. מה שלא למד, מפני שצריך להשהותו לפניו. ולא יקרא אחר עמו. לפי שזה מושך אצלו וזה מושך אצלו ונקרע. שוטחה לצרכה. לשלוט בה אויר, שלא תבלה ולא תאכלנה עש. לצרכן. שמתעפשים בקרקע. שצריך לתתן בקרקע, כדאמרינן לקמן שזו היא שמירתן, ולפיכך משתמש בהם לפרקים. אבל לא לשחקן. לא ישתמש בהן זמן ארוך שישחקן אוזי"ר בלע"ז. לא יגע בהן. זהב אינו מתעפש בארץ, וזכוכית שמא ישבר. שאין דרכו ליטול. דבר שגנאי הוא לו, שאדם חשוב הוא ואין דרכו ליטול קופה שלו להכניסה מן החוץ לבית שמור – לא יטול, ופטור מהשבת אבידה, דילפינן מ"והתעלמת". גמ' בי בר חבו. בבית פלוני העושה תפילין מצויין לימכר, ויחזור ויקנה מן הדמים. גוללו. בכל שנים עשר חדש פעם אחת. אם בשבילו פתחו. כולה מפרש לקמיה. מאי אריא ספר. שהוא נוח להתקלקל בטשטוש וקריעה. כאן שנה רבי. במסכת גיטין (דף כט.) תנן: השולח גט בארץ ישראל – הרי זה משלחו ביד אחר, ואם אמר לו טול חפץ פלוני הימנה – לא ישלחנו ביד אחר, שאין רצונו שיהא פקדונו ביד אחר. ואמר ר"ל עלה: כאן שנה רבי, במשנה זו למדנו רבי, שסתם המשניות אין השואל כו'. דבכולהו שייך למימר אין רצונו שיהא פקדונו ביד אחר. מאי עבידתיה גביה. קס"ד לצורכו קאמר, ולא לצורך ספר תורה. דהא לצורך ספר תורה תנא ליה גוללו כל שנים עשר חדש. להכי פרכינן: מאי עבידתיה דהאי גבי ספר תורה לקרות בו לצורך עצמו? אם כשהוא גוללו. להנאת ס"ת, פתחו וקרא בו – מותר. בחדש שלשים יום. החדש ממהר להתעפש מן הישן. אימא אחד זה ואחד זה שלשים יום. ומתני' נמי דקתני קורא בהן אחת לשלשים יום, ולא מפליג בין ישן לחדש – ר"א בן יעקב היא. בענין אחד. [א]בפרשה אחת אין קורין. בשני ענינים. זה בדף זה וזה בדף זה קורין, דלא אתי לנצויי מהדדי. מי שיש לו גרדי אומן בביתו. שאורג לו טליתות חדשות תמיד. ינער כסותו בכל יום. ולמדנו דרך ארץ דניעור קשה לה. בחד. באדם אחד אין ניעורו קורעה. שנים. האוחזין בשני ראשיה ומנערין – ממתחין אותה יותר מדאי וקשה לה. דעמרא. [ב] קשה לה, שנמתחת ונקרעת. כסא דחרשין. נוח לשתות כוס של מכשפות מכוס של מים פושרין. ואיידי דאיירי במילי דרבי יוחנן בהלכות דרך ארץ נקט הני שמעתא. צויץ. רותח. ציביא. כל דבר שנותנין לתוך המשקה, או עשבים או תבלין או עקרי בשמים, קרי ציביא. ורוצה לאבדן. ללמדנו בא שלא ירגיל אדם בכך, שהעושה אלה מאבד מהר הון רב. בתנא רומיתא. דמיהם יקרין וממהרין לכלות. תרגמה. להך שכירות דפועלים. בתורי. בפועלים המנהיגים בשוורי בעה"ב.

דנפיש

כדרבה, *דאמר רבה: נגנבו – בלסטים מזויין, אבדו – שטבעה ספינתו בים. אמר רב יהודה אמר שמואל: הלכה כר' טרפון. (א) ביד רחבה הוה ליה הנהו זוזי דיתמי, אתא לקמיה דרב יוסף, אמר ליה: מהו לאשתמושי בגווייהו? א"ל, הכי אמר רב יהודה אמר שמואל: הלכה כר' טרפון. א"ל אביי: ולאו אתמר עלה, א"ר חלבו אמר רב הונא: [א]לא שנו אלא בדמי אבידה, הואיל וטרח בה, אבל מעות אבידה דלא טרח בהו – לא. והני כמעות אבידה דמו. א"ל: זיל, לא שבקו לי דאשרי לך.§ **מתני'** [ב]מצא ספרים קורא בהן אחד לשלשים יום, ואם אינו יודע לקרות – גוללן. אבל לא ילמוד בהן בתחלה, ולא יקרא אחר עמו. [ג]מצא כסות – מנערה אחד לשלשים יום, ושוטחה לצרכה, אבל לא לכבודו. [ד]כלי כסף וכלי נחושת – משתמש בהן לצרכן, אבל לא לשחקן. [ה]כלי זהב וכלי זכוכית – לא יגע בהן עד שיבא אליהו. *[ו]מצא שק או קופה וכל דבר שאין דרכו ליטול – הרי זה לא יטול.§ **גמ'** אמר שמואל: [ז]המוצא תפילין בשוק – שם דמיהן ומניחן לאלתר. מתיב רבינא: מצא ספרים – קורא בהן אחד לשלשים יום, ואם אינו יודע לקרות – גוללן. גוללן – אין, שם דמיהן ומניחן – לא! אמר אביי: [ח]תפילין בי בר חבו משכח שכיחי, ספרים לא שכיחי. ת"ר: *[ט]השואל ספר תורה מחבירו הרי זה לא ישאילנו לאחר, פותחו וקורא בו, ובלבד שלא ילמוד בו בתחלה ולא יקרא אחר עמו. [י]וכן המפקיד ס"ת אצל חבירו גוללו כל שנים עשר חדש, פותחו וקורא בו, אם בשבילו פתחו – אסור. סומכוס אומר: בחדש שלשים יום, בישן שנים עשר חדש. ר"א בן יעקב אומר: אחד זה ואחד זה שנים עשר חדש.§ אמר מר: השואל ספר תורה מחבירו הרי זה לא ישאילנו לאחר. מאי אריא ס"ת? אפי' כל מילי נמי! *דאמר ר"ש בן לקיש: כאן שנה רבי [כ]אין השואל רשאי להשאיל, [ל]ואין השוכר רשאי להשכיר. ס"ת איצטריכא ליה, מהו דתימא: *ניחא ליה לאיניש דתיעביד מצוה בממוניה – קמ"ל. "פותחו וקורא בו", פשיטא! ואלא למאי שייליה מיניה? סיפא איצטריכא ליה: ובלבד שלא ילמוד בו בתחלה. "וכן המפקיד ס"ת אצל חבירו – גוללו כל שנים עשר חדש, פותחו וקורא בו". מאי עבידתיה גביה? ותו: "אם בשבילו פתחו אסור" – הא אמרת "פותחו וקורא בו"! הכי קאמר: [מ]אם כשהוא גוללו פותחו וקורא בו – מותר. אם בשבילו פתחו – אסור. "סומכוס אומר: בחדש שלשים יום, בישן שנים עשר חדש. ר"א בן יעקב אומר: אחד זה ואחד זה שנים עשר חדש". ר"א בן יעקב היינו תנא קמא! אלא אימא: ר' אליעזר בן יעקב אומר: אחד זה ואחד זה שלשים יום.§ "אבל לא ילמוד בו בתחלה ולא יקרא אחר עמו".§ ורמינהו: לא יקרא פרשה וישנה, ולא יקרא בו פרשה ויתרגם ולא יפתח בו יותר מג' דפין, ולא יקראו בו שלשה בני אדם בכרך אחד. הא שנים – קורין! אמר אביי: לא קשיא: כאן – בענין אחד, כאן בשני ענינים.§ "מצא כסות מנערה אחד לשלשים יום".§ למימרא דניעור מעלי לה? והאמר רבי יוחנן: מי שיש לו גרדי אומן בתוך ביתו ינער כסותו בכל יום! אמרי: בכל יום – קשי לה, אחד לשלשים יום – מעלי לה. איבעית אימא: לא קשיא; [נ]הא – בחד, והא – בתרי. איבעית אימא: לא קשיא; [ס]הא – בידא, והא – בחוטרא. איבעית אימא: לא קשיא; [ע]הא – בדעמרא, הא – בדכיתנא. *א"ר יוחנן: כסא דחרשין ולא כסא דפושרין. ולא אמרן אלא בכלי מתכות, אבל בכלי חרש – לית לן בה. ובכלי מתכות נמי לא אמרן אלא דלא צויץ, אבל דצויץ – לית לן בה. ולא אמרן אלא דלא שדא ביה ציביא, אבל שדא ביה ציביא – לית לן בה.§ וא"ר יוחנן: *מי שהניח לו אביו מעות הרבה ורוצה לאבדן ילבש בגדי פשתן, וישתמש בכלי זכוכית, וישכור פועלים ואל ישב עמהן. ילבש *בכלי פשתן – בכתנא רומיתא, וישתמש בכלי זכוכית – בזוגיתא חיורתא, וישכור פועלים ואל ישב עמהן – תרגומא בתורי

בזכוכית לבנה. וא"ת: והא אמרינן פרק "עגלה ערופה" (סוטה דף מח.) דמשחרב בית המקדש בטלה זכוכית לבנה! וי"ל: דלא בטלה לגמרי קאמר אלא דלא שכיחא, דהא רב הונא תבר זכוכית חיורתא בחופת בנו, פ' *"אין עומדין" (ברכות דף לא. ע"ש).

בתורי

עין משפט נר מצוה

קכד א מיי' פי"ג מהל' גזלה ואבידה הל' יח סמג עשין עד טוש"ע ח"מ סי' רסז סעיף כה:

קכה ב מיי' שם הל' יג טוש"ע שם סעיף כ:

קכו ג מיי' שם הל' יא טוש"ע שם סעיף יח:

קכז ד ה מיי' שם הל' יב טוש"ע שם סעיף יט:

קכח ו מיי' שם פי"א הל' יג סמג שם טוש"ע ח"מ סי' רסג סעיף א:

[וע"ע תוס' שבת כ: ד"ה אלא]

קכט ז ח מיי' שם פי"ג הל' יד סמג שם טוש"ע ח"מ סי' רסז סעיף כא [רב אלפס כאן ובהלכות תפילין דף עה.]

קל ט מיי' פ"א מהל' שכירות הלכה ד טוש"ע ח"מ סי' שמב:

[שבועות ל:]

קלא י מיי' פ"ז מהל' שאלה ופקדון הל' ד ופי"ג מהלכות אבדה הלכה יג סמג עשין עד פח טוש"ע ח"מ סי' רלב סעיף כ:

קלב כ מיי' פ"א מהל' שכירות הלכה ד סמג עשין עד טוש"ע ח"מ סי' שמב:

קלג ל מיי' שם סמג שם טוש"ע ח"מ סי' שז סעיף ד:

קלד מ מיי' פ"ז מהל' שאלה ופקדון הלכה ד סמג עשין פח טוש"ע ח"מ סי' רלב סעיף כ:

קלה נ ס ע מיי' פי"ג מהל' גזילה ואבדה הלכה יא ופ"ז מהלכות שאלה ופקדון הל' ד סמג עשין עד טוש"ע ח"מ סי' רסז סעיף יח וסי' רלב סעיף כא:

רבינו חננאל

אמר ר' יהודה אמר שמואל הלכה כר"ט והני מילי בדמי אבידה כגון שמצא אבידה ומטפל בה הזמן שאמרו חכמים ואחר כך מכרה בב"ד הואיל וטרח בה שרו ליה לאישתמושי בהו והשכר לעצמו אבל מצא צרור ובתוכו מעות לא שרו ליה לאישתמושי בהו וכן זוזי דיתמי דהוו מופקדין גביה לא שרו ליה רבנן לאישתמושי בהו מההוא מעשה דרחבה דפריש בשמעתא דא וכבר פירשנוהו בפ' הכונס צאן לדיר ביאור יפה וכי כרב יוסף קיימא לן בהא דאמר שומר אבידה כשומר שכר הוא: **מתני'** מצא ספרים קורא בהן אחד לל' יום וכו'. אמר שמואל המוצא תפילין שם דמיהן ומניחן מאי טעמא דהא בבי בר חבו שכיחי תפילין ואם אתו מרייהו ואמרי תפילין בעינא זבני ויהבי ליה אבל ספרים גוללן ומניחן אצלו עד שיבא בעליהן ויתנו סימנים ויקחום. ת"ר השואל ספר תורה מחבירו לא ישאילנו לאחרים. ומקשי' מאי אריא ספר תורה אפי' כל מילי נמי דהא אמר ר' שמעון בר לקיש פרק כל גט שנכתב הלכה ואם אמר לו טול לי ממנה חפץ פלוני לא ישלחנו ביד אחר כאן שנה דאין השואל רשאי להשאיל ולא השוכר רשאי להשכיר כיון דכל מתניתא דשנאה ר' חייא אמרי' ר' לא שנאה ר' חייא מנין ליה וזו שנויה במשנת ר' חייא ור' הושעיה הכי א) אין השואל רשאי להשאיל ולא השוכר להשכיר ולא השואל רשאי להשכיר ולא השוכר רשאי להשאיל ולא זה המופקדין אצלו רשאי להפקיד אצל אחר אלא אם נתנו בעלים רשות לפיכך הוצרך ריש לקיש לפרש שגם זה שנאה ר' ואסקוה ואפי' ספר תורה דמצוה הוא לא ישאיל. ב) פותחו וקורא בו כדי לנערו אבל לא ילמד בו. וכן המפקיד ס"ת אצל חבירו דינו כדין המוצא ג) מנערה אחד לל' יום. וסוגיא לנערה במאני דכיתנא קשי להו ובמאני דעמרא בתרי אינשי או בחוטרא או בכל יומא קשי להו. אבל חד גברא ביומא חדא לל' יום מעלי להו. אמר ר' יוחנן כסא דחרשין ולא כסא דפושרין פי' נוח לו לאדם לשתות כוס שיש בו מיני כשפניות כדמתרגמינן מכשפה חרשא מלשתות כוס מים פושרין

שלא

א) והוא בתוספתא דמכילתין ברפ"ג. ב) נראה דדיבור הזה שייך אחר דיבור וכן המפקיד ס"ת וקאי אמפקיד ס"ת ודו"ק. ג) נראה דל"ל [מצא כסות].

מסורת הש"ס

לקמן מג. נח.

[מסכת סופרים פ"ה הל' טז]

גיטין כט.

[פסחים ז: בכורות יח. נח.]

חולין פד:

[שם]

בגדי פשתן כצ"ל

הגהות הב"ח

(א) גמ' בי רחבה הוה להו הנהו וכו' אתו לקמיה דרב יוסף אמרו ליה וכו' אמר להו הכי אמר וכו' לאשרי לכו כצ"ל ונ"ב ובאשר"י גורס ביד רחבה ה"ל הנהו זוזי דיתמי אתא הכל בלשון יחיד: (ב) רש"י ד"ה אחת וכו' היו עשויין בגלילה הס"ד:

הגהות הגר"א

[א] רש"י ד"ה בענין אחד כו'. נ"ב וכן פי' הרא"ש אבל הרמב"ם פי' להיפך: [ב] שם ד"ה דעמרא קשה כו'. נ"ב אבל רי"ף ורמב"ם וש"פ פי' להיפך:

*בְּתוֹרֵי, דְּנָפֵישׁ פְּסֵידַיְיהוּ.§ "שׁוֹטְחָהּ לְצוֹרְכָּהּ אֲבָל לֹא לִכְבוֹדוֹ" וכו'.§ אִיבַּעְיָא לְהוּ: לְצוֹרְכּוֹ וּלְצוֹרְכָּהּ מַאי? ת"ש: שׁוֹטְחָהּ לְצוֹרְכָּהּ — לְצוֹרְכָּהּ אִין, [א]הָא לְצוֹרְכּוֹ וּלְצוֹרְכָּהּ — לָא. אֵימָא סֵיפָא: אֲבָל לֹא לִכְבוֹדוֹ, לִכְבוֹדוֹ הוּא דְּלָא, הָא לְצוֹרְכָּהּ וּלְצוֹרְכּוֹ — שַׁפִּיר דָּמֵי! *אֶלָּא מֵהָא לֵיכָּא לְמִשְׁמַע מִינָּהּ. ת"ש: *"לֹא יִשְׁטְחֶנָּה לֹא עַל גַּבֵּי מִטָּה וְלֹא עַל גַּבֵּי *מָגוֹד לְצָרְכּוֹ, אֲבָל יִשְׁטְחֶנָּה עַל גַּבֵּי מִטָּה וְעַל גַּבֵּי מָגוֹד לְצָרְכָּהּ. נִזְדַּמְּנוּ לוֹ אוֹרְחִים — לֹא יִשְׁטְחֶנָּה לֹא עַל גַּבֵּי מִטָּה וְלֹא עַל גַּבֵּי מָגוֹד, בֵּין לְצוֹרְכּוֹ בֵּין לְצוֹרְכָּהּ! שָׁאנֵי הָתָם, דְּמִקְלָא קָלֵי לָהּ, אִי מִשּׁוּם עֵינָא אִי מִשּׁוּם גַּנָּבֵי. תָּא שְׁמַע: *[ב]הִכְנִיסָהּ לְרִבְקָה וְדָשָׁה — כְּשֵׁירָה, בִּשְׁבִיל שֶׁתִּינַק וְתָדוּשׁ — פְּסוּלָה. וְהָא הָכָא, דִּלְצוֹרְכּוֹ וּלְצוֹרְכָּהּ הוּא, וְקָתָנֵי פְּסוּלָה! שָׁאנֵי הָתָם דְּאָמַר קְרָא (דברים כא) °"אֲשֶׁר לֹא עוּבַּד בָּהּ" — מ"מ. אִי הָכִי, אֲפִילּוּ רֵישָׁא נַמִי! הָא לָא דַּמְיָא אֶלָּא לְהָא, *דִּתְנַן: [ג]שָׁכַן עָלֶיהָ עוֹף — כְּשֵׁירָה, עָלָה עָלֶיהָ זָכָר — פְּסוּלָה. מַאי טַעְמָא — כִּדְרַב פַּפָּא. דְּאָמַר רַב פַּפָּא: אִי כְּתִיב "עוּבַּד" וְקָרֵינַן "עוּבַּד" — הֲוָה אָמֵינָא, אֲפִילּוּ מִמֵּילָא. וְאִי כְּתִיב "עָבַד" וְקָרֵינַן "עָבַד" — הֲוָה אָמֵינָא עַד דְּעָבַד בָּהּ אִיהוּ. הַשְׁתָּא דִּכְתִיב "עָבַד" וְקָרֵינַן "עוּבַּד" — בָּעֵינַן "עוּבַּד" דּוּמְיָא דְּ"עָבַד", [ד]מָה "עָבַד" — דְּנִיחָא לֵיהּ, אַף "עוּבַּד" — דְּנִיחָא לֵיהּ.§ "כְּלֵי כֶסֶף וּכְלֵי נְחוֹשֶׁת מִשְׁתַּמֵּשׁ בָּהֶן" וכו'.§ ת"ר: [ה]הַמּוֹצֵא כְּלֵי עֵץ — מִשְׁתַּמֵּשׁ בָּהֶן בִּשְׁבִיל שֶׁלֹּא יֵרָקְבוּ, [ו]כְּלֵי נְחוֹשֶׁת מִשְׁתַּמֵּשׁ בָּהֶן בְּחַמִּין אֲבָל לֹא עַל יְדֵי הָאוּר, מִפְּנֵי שֶׁמַּשְׁחִיקָן. [ז]כְּלֵי כֶסֶף מִשְׁתַּמֵּשׁ בָּהֶן בְּצוֹנֵן אֲבָל לֹא בְּחַמִּין, מִפְּנֵי שֶׁמַּשְׁחִירָן. [ח]מַגְרֵיפוֹת וְקַרְדּוּמּוֹת מִשְׁתַּמֵּשׁ בָּהֶן בְּרַךְ, אֲבָל לֹא בְּקָשֶׁה, מִפְּנֵי שֶׁמַּפְחִיתָן. כְּלֵי זָהָב וּכְלֵי זְכוּכִית לֹא יִגַּע בָּהֶן עַד שֶׁיָּבֹא אֵלִיָּהוּ. [ט]כְּדֶרֶךְ שֶׁאָמְרוּ בַּאֲבֵידָה כָּךְ אָמְרוּ בְּפִקָּדוֹן. פִּקָּדוֹן מַאי עֲבִידְתֵּיהּ גַּבֵּיהּ? אָמַר רַב אַדָּא בַּר חָמָא אָמַר רַב שֵׁשֶׁת: [י]בְּפִקָּדוֹן שֶׁהָלְכוּ בְּעָלֶיהָ לִמְדִינַת הַיָּם.§ "מָצָא שַׂק אוֹ קוּפָּה [וְכָל דָּבָר] שֶׁאֵין דַּרְכּוֹ לִיטּוֹל — הֲרֵי זֶה לֹא יִטּוֹל".§ מְנָהָנֵי מִילֵּי? *דְּת"ר: (דברים כב) °"וְהִתְעַלַּמְתָּ" — פְּעָמִים שֶׁאַתָּה מִתְעַלֵּם, וּפְעָמִים שֶׁאִי אַתָּה מִתְעַלֵּם. הָא כֵּיצַד? [כ]הָיָה כֹּהֵן וְהִיא בְּבֵית הַקְּבָרוֹת, [ל]אוֹ שֶׁהָיָה זָקֵן וְאֵינָהּ לְפִי כְּבוֹדוֹ, [מ]אוֹ שֶׁהָיְתָה מְלַאכְתּוֹ מְרוּבָּה מִשֶּׁל חֲבֵירוֹ — לְכָךְ נֶאֱמַר "וְהִתְעַלַּמְתָּ מֵהֶם". לְמַאי אִיצְטְרִיךְ קְרָא? אִילֵימָא לְכֹהֵן וְהִיא בְּבֵית הַקְּבָרוֹת — פְּשִׁיטָא; הַאי עֲשֵׂה, וְהַאי לֹא תַעֲשֶׂה וַעֲשֵׂה, [נ]וְלָא אָתֵי עֲשֵׂה וְדָחֵי אֶת לֹא תַעֲשֶׂה וַעֲשֵׂה. וְתוּ: לָא דָּחֵינַן אִיסּוּרָא מִקַּמֵּי מָמוֹנָא. אֶלָּא לְשֶׁלּוֹ מְרוּבָּה מִשֶּׁל חֲבֵירוֹ — מִדְּרַב יְהוּדָה אָמַר רַב נָפְקָא, *דְּאָמַר רַב יְהוּדָה אָמַר רַב: (דברים טו) °"אֶפֶס כִּי לֹא

רש"י

דְּנָפֵישׁ פְּסֵידַיְיהוּ. שֶׁרוֹב עֲבוֹדַת קַרְקָעוֹת שֶׁלָּהֶן בִּשְׁוָורִים הָיְתָה, אַף חֲרִישַׁת הַכְּרָמִים וּבְצִירָתָם מַנְהִיגִים כְּלֵי הַמַּחֲרֵישָׁה בַּעֲגָלָה בֵּין שׁוּרוֹת הַכֶּרֶם עִם הַבּוֹצְרִים, וְנוֹתְנִין שָׁם הָעֲנָבִים. לְפִיכָךְ אִם אֵין הַבְּעָלִים עֲלֵיהֶם — יֵשׁ הֶפְסֵד גָּדוֹל, שֶׁאֵין דֶּרֶךְ הַפּוֹעֲלִים לָחוּס עַל הַכֶּרֶם וְעַל הַשְּׁוָורִים, וּמַנְהִיגִים אוֹתָן עַל הַגְּפָנִים וְעַל הַנְּטִיעוֹת, וְהֵם מִתְקַלְקְלִין, וְהַשְּׁוָורִין נִסְחָבִין וְנִשְׁבָּרִים. מָגוֹד. קבִיל"א בְּלַעַ"ז. נִזְדַּמְּנוּ לוֹ אוֹרְחִים. קס"ד טַעְמָא מִשּׁוּם דְּמִתְכַּבֵּד בָּהֶם, וְאִיכָּא לְצוֹרְכָּהּ וּלְצָרְכּוֹ. שָׁאנֵי הָתָם דְּקָא קָלֵי לָהּ. בִּשְׁטִיחָה זוֹ הוּא שׂוֹרְפָהּ, וּמַה הוּא שְׂרֵיפָתָהּ. אִי מִשּׁוּם עֵינָא. שֶׁתִּשְׁלוֹט בָּהּ עַיִן רַע שֶׁל אוֹרְחִין. אִי מִשּׁוּם גַּנָּבֵי. פֶּן יִגְנְבוּהָ הָאוֹרְחִים. הִכְנִיסָהּ לְרִבְקָה. בְּעֶגְלָה עֲרוּפָה קָאֵי. רִבְקָה = קופל"ה בְּלַעַ"ז, שֶׁמְּדַבְּקִים שָׁלֹשׁ בְּהֵמוֹת אוֹ אַרְבָּעָה בְּצַוָּארֵיהֶן, זוֹ אֵצֶל זוֹ, וְדָשִׁים הַדַּיִשָׁה. כְּשֵׁירָה. הוֹאִיל וְלֹא נִתְכַּוֵּין שֶׁתָּדוּשׁ. וְאִם בִּשְׁבִיל שֶׁתִּינַק וְתִידוֹשׁ. שֶׁהָיְתָה אִמָּהּ דָּשָׁה, וְהִכְנִיס אֶת הַבַּת לְשָׁם שֶׁתִּינַק, וְאַף נִתְכַּוֵּין שֶׁתָּדוּשׁ — פְּסוּלָה. הָא לָא דַּמְיָא. תֵּירוּצָא הִיא. שָׁכַן עָלֶיהָ עוֹף. בְּפָרָה אֲדוּמָּה קָאֵי. עָלָה עָלֶיהָ זָכָר פְּסוּלָה. שֶׁנֶּאֱמַר: "אֲשֶׁר לֹא עָלָה עָלֶיהָ עוֹל". וְתַנְיָא: עוֹל אֵין לִי אֶלָּא עוֹל כו', בְּמַסֶּכֶת סוֹטָה (דף מו.) וְהַאי הִכְנִיסָהּ לְרִבְקָה וְדָשָׁה דְּלָא נִיחָא לֵיהּ בָּהּ, דַּמְיָא לְשָׁכַן עָלֶיהָ עוֹף. מִשְׁתַּמֵּשׁ בָּהֶן בְּחַמִּין. וְכ"ש בְּצוֹנֵן. אֲבָל לֹא ע"י הָאוּר. לֹא יִתֵּן הַכְּלִי עַל הָאוּר. מַגְרֵיפוֹת. וודיל"ש, עֲשׂוּיִין לִגְרוֹף הַפֵּירוֹת אוֹ לְהַפְרִישׁ תְּאֵנִים הַמְדוּבָּקִים. שֶׁמַּפְחִיתָן. פּוֹגְמָן. מַאי עֲבִידְתֵּיהּ גַּבֵּיהּ. מַה לּוֹ לְהִשְׁתַּמֵּשׁ בּוֹ? יָבֹא בְּעָלָיו וְיִשְׁתַּמֵּשׁ בּוֹ. וְהִתְעַלַּמְתָּ מֵהֶם. וּלְלַמֶּדְךָ בָּא שֶׁמּוּתָּר לְהִתְעַלֵּם. וּפְעָמִים שֶׁאִי אַתָּה מִתְעַלֵּם. דִּכְתִיב: "לֹא תוּכַל לְהִתְעַלֵּם". וְהִיא בְּבֵית הַקְּבָרוֹת. הָאֲבֵידָה בְּבֵית הַקְּבָרוֹת. וְאֵינָהּ לְפִי כְּבוֹדוֹ. שֶׁיְּשִׁיבֶנָּה. אוֹ שֶׁהָיָה בָּטֵל מִמְּלָאכָה שֶׁלּוֹ. שֶׁיִּבָּטֵל בַּהֲשָׁבָתָהּ מְרוּבָּה עַל דְּמֵי הָאֲבֵידָה. הַאי עֲשֵׂה. "הָשֵׁב תְּשִׁיבֵם", וְאע"ג דְּלֹא תַעֲשֶׂה נַמִי אִיכָּא, אֵין 'לֹא תַעֲשֶׂה' מוֹעִיל לִדְחוֹת 'לֹא תַעֲשֶׂה', אֶלָּא 'עֲשֵׂה' הוּא דְּקָא דָּחֵי לֵיהּ. כִּדְאָמְרִינַן בִּיבָמוֹת (דף כא.). לֹא תַעֲשֶׂה וַעֲשֵׂה. "לְנֶפֶשׁ לֹא יִטַּמָּא" "קְדוֹשִׁים יִהְיוּ" לֹא

תוספות

בתורי דנפיש פסידייהו. ר"ת גרס בחוורי, פירוש: פועלים שמוליכים השוורים לחרישה, ואין מעמיקין המחרישה שלשה טפחים, ואין הזרע נקלט היטב*.

לצורכו ולצורכה מאי. דוקא בשיטוח כסות מבעיא ליה, וכל דדמי ליה, דשמא יניחנה שטוחה יותר מכדי צורכה עד שיתקלקל. אבל בספר אמרינן דקורא בהן אף ע"ג דלצורכו הוא כמו צורכה, ולא גזרינן, דליכא למיחש למידי. כיון שקבעו לו זמן אחד לשלשים יום, או אחד לי"ב חדש. ולא ילמוד בו בתחלה גם לא יקרא וישנה. וכלי נחשת דתניא לקמן דמשתמש אפי' בחמין, וכלי כסף בצונן — אפי' לצורכו מותר, כיון שעל ידי אותו תשמיש אינו יכול לבא לידי קלקול. ותדע, דאי דוקא לצורך הכלי — מאי פריך פקדון מאי עבידתיה גביה? כיון שהוא שומר, יש לו לעיין שלא יתקלקל, אע"פ שהבעלים אינם אומרים לו להשתמש.

הכניסה לרבקה ודשה. בתוספת' (דפרה)* תני לה גבי פרה אדומה. בשביל שתינק ותדוש פסולה. ובסיפא (דתוספתא*) קתני: לצורכו — פסולה, לצורכה — כשירה. ולכך פריך: אלמא לצורכו ולצורכה חשיב כמו צורכו, ואסור. ומשני: דהתם דאורייתא פסולה, כמו בא עלי' זכר דפסולה מדרב פפא. וא"ת: ואמאי מייתי ההיא דשכן עליה עוף? ואי משום דרב פפא אמר למלתיה עלה — אמאי לא אמר אהך דהכניסה לרבק'? וי"ל: משום דברייתא היא, אבל הך דשכן עליה עוף היא מתניתין.

אף עובד דניחא ליה. וא"ת: ובפרה אדומה מנלן דבעינן דניחא ליה? דבשלמא למאן דיליף (סוטה דף מו.) עבודות בפרה מג"ש דעול עול — ניחא, אלא למען דלית ליה ג"ש ומשכח עבודות בפרה גופיה — מנלן דבעינן דניחא ליה? וי"ל: דכיון דשוין בפסול עול ועבודות — גם לענין דניחא ליה יש להשוותן, וא"ת: ועלה עליה זכר אמאי פסולה? הא ודאי לא ניחא ליה להפסיל פרה שדמיה יקרים בשביל דבר מועט! וי"ל: דאם היתה כשירה — הוה ניחא ליה, ולכך אין להכשיר. וא"ת: הכניסה לרבקה ודשה אמאי כשירה? מאי שנא מעלה עליה זכר דפסולה! וי"ל: דהתם לא ניחא ליה בדישתה, שאינו מרויח כ"כ, דבלאו הכי נדושת התבואה. וא"ת: אי לא ידע בשעת עליית הזכר אמאי פסולה? מאי שנא מהכשר, דאמרינן לעיל (דף כב.) נגבו אינן בכי יותן. ואם לאמר דלא מיפסלא אלא כשידע בשעת עלייתו — א"ש. ואתי נמי שפיר הא דתנן (פרה פ"ב מ"א): פרה מעוברת, ר"א מכשיר. וקשה: וכי לית ליה עלה עליה זכר פסולה? ולמאי דפרישית — אתי שפיר. אי נמי, סבר כר"י דאמר דוקא העלה עליה זכר, אבל עלה מאליו — כשירה. וה"ר יצחק מסימפון פירש: דלא פליגי בפרה עצמה אלא בבתה, וטעמא דרבנן דפסולה כדדרשינן בספרי: "ויקחו אליך פרה" — בעינן שתהא בשעת לקיחה פרה. ור"א לית ליה ההיא דרשה. וה"ה דמצי פליגי בלקחו פרה קטנה. וא"ת: העושה מלאכה בפרת חטאת, דאמר בפ' "הכונס" (ב"ק דף נו. ושם) דחייב בדיני שמים, אמאי מיפסלא? הא ודאי לא ניחא להו לבעלים! וי"ל: כגון שהיה שותף. אי נמי: לא בעינן ניחותא דבעלים, רק ניחותא דעושה מלאכה. וא"ת: בפרק "אין מעמידין" (ע"ז דף כג:) דפוסל ר"א פרה הניקחת מן הגוים, דחייש לרביעה. ודייק: ש"מ קדשי מזבח היא, דאי קדשי בדק הבית היא — אמאי פסולה משום רביעה, לימא דפסולה משום עול! וי"ל: דמשמע ליה דלאו מטעם עול פוסל, דקתני בסיפא: וכן היה ר"א פוסל בשאר קרבנות. לכך קאמר דקדשי מזבח היא דממעטינן נרבע מקרא ד"מן הבהמה" [וע"ע תוס' ע"ז כג: ד"ה ש"מ].

הא אין "עשה" דוחה "לא תעשה" ו"עשה" וא"ת: דבפ"ק דיבמות (דף כא.) ובפ' "כ"ג" (סנהדרין דף יט.) לא חשיב אלמנה לכהן גדול אלא "לא תעשה" גרידא, ואמאי? והא איכא "עשה" ד"קדושים יהיו"! וי"ל: דלא קאי "עשה" ד"קדושים יהיו" אלא אמאי דכתיב בההיא פרשה. וא"ת: והא כי אמרינן דאין "עשה" דוחה את "לא תעשה" ו"עשה" ה"מ

עין משפט נר מצוה

[ועי' היטב תוס' לקמן עג. ותוס' חולין פד:]

קלו א מיי' פי"ג מהל' גזילה ואבידה הל' יא סמג עשין עד טוש"ע ח"מ סי' רסז סעיף יח:

קלז ב ג ד מיי' פ"י מהל' רוצח הל' ג ופ"א מהל' פרה אדומה הלכה ז סמג עשין עח רלב:

פי' [בערוך] דבר שמזומן לשטות עליו כלי כביסה פ"א גודא ממש והתוס' פ' כ"ש דף כו: פירשו כמו נגוד לגלימא

קלח ה ו ז ח מיי' פי"ג מהל' גזילה ואבידה הלכה יב סמג עשין עד טוש"ע ח"מ סי' רסז סעיף יט:

[פ"א וע"ש היטב]

[ע"ש היטב]

קלט ט י מיי' שם הל' יג ופ"ז מהלכות שאלה ופקדון הלכה ד סמג שם טוש"ע ח"מ סי' רלב סעיף כא כב:

קמ כ מיי' פי"א מהל' גזילה ואבידה הל' יח סמג עשין עד טוש"ע ח"מ סי' רעב סעיף ב:

קמא ל מיי' שם הלכה יג סמג שם טוש"ע ח"מ סי' רסג סעיף א:

קמב מ מיי' שם פי"ב הלכה א סמג שם טוש"ע ח"מ סי' רסד סעיף יא:

קמג נ מיי' פי"א שם הלכה יח ופ"ז מהלכות נזירות הל' טו:

מסורת הש"ס

[לקמן עג. חולין פד:]

[ברכות כה. וש"נ]

פסחים כו: [ע"ש]

שם.

שם: פרה פ"ב מ"ד

ברכות יט: סנהדרין יח:

[לקמן לג. סנהדרין סד: ע"ש]

רבינו חננאל

שלא הוחמו כל צרכן כי קשין הן לגוף מאד והוא שהוחמו בכלי מתכות. ויש אומרי' פושרין הן הלוחשין ושאר שמעתתא דר' יוחנן פירשנום בפ' כיסוי הדם. ושוטחה לצורכה אבל לא לכבודו מיבעיא לן לצרכה ולצרכו מאי ת"ש שוטחה לצרכו וכו' ת"ש לא ישטחנה לא על גבי מיטה ולא על גבי מגוד לצרכו ולא איפשיטה. פי' לרבקה לפטמה מלשון עגלי מרבק. ת"ש הכנים לעגלה לרבקה ובהליכתה דשה ברגליה בתבואה שבגורן כשירה בשביל שתינק משדי אמו ותדוש פסולה ופשוטה היא. ת"ש מהא דתנן במסכת פרה שכן עליה עוף כשירה עלה עליה זכר פסולה והא עליית עליה זכר לצרכו ולצרכה היא וקתני פסולה. ודחי רב פפא ואמר כל מלתא דניחא ליה אע"ג שלא עשאה בידים מעשיו הן ודייק מדכתב עבד וקרינן עובד: מצא כלי חרש וכלי נחשת משתמש בהן לצרכן אבל לא לשחקן מצא כלי עץ משתמש בהן שלא ירקבו כלי נחשת משתמש בהן בחמין אבל לא על ידי האור. כלי כסף משתמש בהן בצונן אבל לא בחמין מפני שמשחירן. מגרפות וקרדומות משתמש בהן ברך אבל לא בקשה מפני שמפחיתן כלי זהב וכלי זכוכית לא יגע בהן עד שיבא אליהו כדרך שאמרו באבידה כך אמרו בפיקדון שהלכו בעליו למדינת הים. מצא שק או קופה שאין דרכו ליטול הרי זה לא יטול אלא אם רוצה לעשות לפנים משורת הדין כר' ישמעאל. פי' פתכא דאופי חבילה של חריות של דקל. פי' וקא מיתפח יגע והניח משאו לארץ כדי ליפוש. לא חרבה ירושלם אלא מפני שהעמידו דבריהם על דין תורה ולא עשו לפנים משורת הדין. ת"ר והתעלמת פעמים שאתה מתעלם כיצד זקן ואינה לפי כבודו אבל כהן והיא בבית הקברות לא צריכא מאי טעמא דהא כהן מוזהר בטומאה עשה ולא תעשה עשה שנאמר וקדשתו קדשים יהיו לאלהיהם לא תעשה שנאמר לנפש לא יטמא בעמיו והשבת אבידה עשה היא שנאמר השב תשיבם לאחי' ולא אתי עשה ודחי את לא תעשה ועשה ותוב לא דחינן איסורא מקמי ממונא. שלו

לֹא יִהְיֶה בְּךָ אֶבְיוֹן" — שֶׁלְּךָ קוֹדֵם לְשֶׁל כָּל אָדָם. אֶלָּא לְזָקֵן וְאֵינוֹ לְפִי כְּבוֹדוֹ. *אָמַר רַבָּה: אהִכִּישָׁהּ — חַיָּיב בָּהּ. אַבַּיֵי הֲוָה יָתֵיב קַמֵּיהּ דְּרַבָּה, חֲזָא לְהָנָךְ עִיזֵּי דְּקָיְימוּ, שְׁקַל קָלָא וּשְׁדָא בְּהוּ. א"ל: אִיחַיַּיבְתְּ בְּהוּ, קוּם אַהַדְרִינְהוּ. באִיבַּעְיָא לְהוּ: דַּרְכּוֹ לְהַחֲזִיר בַּשָּׂדֶה וְאֵין דַּרְכּוֹ לְהַחֲזִיר בָּעִיר, מַהוּ? מִי אָמְרִינַן: הֲשָׁבָה מְעַלְּיָא בָּעֵינַן, וְכֵיוָן דְּלָאו דַּרְכֵּיהּ לְהַחֲזִיר בָּעִיר — לָא לִחַיַּיב. אוֹ דִּלְמָא: בַּשָּׂדֶה מִיהַת הוּא דְּאִיחַיַּיב לֵיהּ, וְכֵיוָן דְּאִיחַיַּיב לֵיהּ בַּשָּׂדֶה — אִיחַיַּיב לֵיהּ בָּעִיר? תֵּיקוּ. אָמַר רָבָא: גכָּל שֶׁבְּשֶׁלּוֹ מַחֲזִיר — בְּשֶׁל חֲבֵירוֹ נַמִי מַחֲזִיר, דוְכָל שֶׁבְּשֶׁלּוֹ פּוֹרֵק וְטוֹעֵן — בְּשֶׁל חֲבֵירוֹ נַמִי פּוֹרֵק וְטוֹעֵן. רַבִּי יִשְׁמָעֵאל בְּרַבִּי יוֹסֵי הֲוָה קָאָזֵיל בְּאוֹרְחָא, פָּגַע בֵּיהּ הַהוּא גַּבְרָא, הֲוָה דָּרֵי פַּתְכָא דְּאוּפֵי, אוֹתְבִינְהוּ וְקָא מִיתְפַּח. א"ל: דְּלֵי לִי. אֲמַר לֵיהּ: כַּמָּה שָׁוִין? א"ל: פַּלְגָּא דְּזוּזָא. יְהֵיב לֵיהּ פַּלְגָּא דְּזוּזָא, וְאַפְקְרַהּ. הֲדַר זָכָה בְּהוּ, הֲדַר יְהֵיב לֵיהּ פַּלְגָּא דְּזוּזָא וְאַפְקְרַהּ. חַזְיֵיהּ דַּהֲוָה קָא בָּעֵי לְמִיהֲדַר לְמִזְכְּיֵהּ בְּהוּ, א"ל: לְכוּלֵּי עָלְמָא אַפְקַרְנְהוּ וְלָךְ לָא אַפְקַרְנְהוּ. וּמִי הָוֵי הֶפְקֵר כִּי הַאי גַּוְונָא? וְהָתְנַן,* בש"א: הֶפְקֵר לַעֲנִיִּים — הֶפְקֵר, וּב"ה אוֹמְרִים: האֵינוֹ הֶפְקֵר, עַד שֶׁיֵּהָא הֶפְקֵר לַעֲנִיִּים וְלָעֲשִׁירִים כִּשְׁמִיטָּה. אֶלָּא רַבִּי יִשְׁמָעֵאל בְּרַבִּי יוֹסֵי לְכוּלֵּי עָלְמָא אַפְקְרִינְהוּ, וּבְמִלְּתָא בְּעָלְמָא הוּא דְּאוֹקְמֵיהּ. וְהָא רַבִּי יִשְׁמָעֵאל בְּרַבִּי יוֹסֵי זָקֵן וְאֵינוֹ לְפִי כְּבוֹדוֹ הֲוָה! ר' יִשְׁמָעֵאל בְּרַבִּי יוֹסֵי *ולִפְנִים מִשּׁוּרַת הַדִּין הוּא דַּעֲבַד. *דְּתָנֵי רַב יוֹסֵף: °"וְהוֹדַעְתָּ לָהֶם" — זֶה בֵּית חַיֵּיהֶם, "אֶת הַדֶּרֶךְ" — זוֹ גְּמִילוּת חֲסָדִים, [א] *"(אֲשֶׁר) יֵלְכוּ" — זֶה בִּיקּוּר חוֹלִים, "בָּהּ" — זוֹ קְבוּרָה, "וְאֶת הַמַּעֲשֶׂה" — זֶה הַדִּין, "אֲשֶׁר יַעֲשׂוּן" — זוֹ לִפְנִים מִשּׁוּרַת הַדִּין.§ אָמַר מָר: [ב] "(אֲשֶׁר) יֵלְכוּ" — זֶה בִּיקּוּר חוֹלִים, הַיְינוּ גְּמִילוּת חֲסָדִים! לֹא נִצְרְכָה אֶלָּא זלְבֶן גִּילוֹ. דְּאָמַר מָר: *בֶּן גִּילוֹ נוֹטֵל אֶחָד מִשִּׁשִּׁים בְּחָלְיוֹ, וַאֲפִ' הָכִי מִבָּעֵי לֵיהּ לְמֵיזַל לְגַבֵּיהּ. "בָּהּ" — זוֹ קְבוּרָה. הַיְינוּ גְּמִילוּת חֲסָדִים! לֹא נִצְרְכָה אֶלָּא לְזָקֵן וְאֵינוֹ לְפִי כְּבוֹדוֹ. "אֲשֶׁר יַעֲשׂוּן" — זוֹ לִפְנִים מִשּׁוּרַת הַדִּין. דְּאָמַר ר' יוֹחָנָן: לֹא חָרְבָה יְרוּשָׁלַיִם אֶלָּא עַל שֶׁדָּנוּ בָּהּ דִּין תּוֹרָה. אֶלָּא דִּינֵי דְּמַגִּיזְתָּא לְדַיְּינוּ? אֶלָּא אֵימָא: *שֶׁהֶעֱמִידוּ דִּינֵיהֶם עַל דִּין תּוֹרָה, וְלֹא עָבְדוּ לִפְנִים מִשּׁוּרַת הַדִּין.§ **מתני'** אֵי זוֹ הִיא אֲבֵידָה? חמָצָא חֲמוֹר אוֹ פָּרָה רוֹעִין בַּדֶּרֶךְ — אֵין זוֹ אֲבֵידָה, חֲמוֹר וְכֵלָיו הֲפוּכִין, פָּרָה רָצָה בֵּין הַכְּרָמִים — הֲרֵי זוֹ אֲבֵידָה. טהֶחֱזִירָהּ וּבָרְחָה, הֶחֱזִירָהּ וּבָרְחָה, אֲפִי' אַרְבָּעָה וַחֲמִשָּׁה פְּעָמִים — חַיָּיב לְהַחֲזִירָהּ, שֶׁנֶּאֱמַר °"הָשֵׁב תְּשִׁיבֵם". יהָיָה בָּטֵל מִסֶּלַע לֹא יֹאמַר לוֹ תֵּן לִי סֶלַע, אֶלָּא נוֹתֵן לוֹ (א) שְׂכָרוֹ כְּפוֹעֵל. *כאִם יֵשׁ שָׁם בֵּית דִּין — מַתְנֶה בִּפְנֵי ב"ד, לאִם אֵין שָׁם ב"ד בִּפְנֵי מִי יַתְנֶה? שֶׁלּוֹ קוֹדֵם.§ **גמ'** אַטּוּ כָּל הָנֵי דְּאָמְרִינַן לָאו אֲבֵידָה הָווּ? אָמַר רַב יְהוּדָה: הָכִי קָאָמַר, אֵי זוֹ הִיא כְּלָל אֲבֵידָה שֶׁהוּא חַיָּיב בָּהּ — מָצָא חֲמוֹר וּפָרָה רוֹעִין בַּדֶּרֶךְ — אֵין זוֹ אֲבֵידָה וְלָא מִיחַיֵּיב בָּהּ, חֲמוֹר וְכֵלָיו הֲפוּכִים, פָּרָה וְרָצָה בֵּין הַכְּרָמִים — הֲרֵי זוֹ אֲבֵידָה וּמִיחַיֵּיב בָּהּ. *וּלְעוֹלָם? אָמַר רַב יְהוּדָה אָמַר רַב: עַד שְׁלֹשָׁה יָמִים. הֵיכִי דָּמֵי? אִי בְּלֵילְוָתָא — אֲפִי' חֲדָא שַׁעְתָּא נַמִי, אִי בִּימָמָא — אֲפִי' טוּבָא נַמִי לָא! מלָא צְרִיכָא, דַּהֲוָה חָזֵי לָהּ בְּקַדְמְתָא *)וּבַחֲשֵׁכְתָּא; תְּלָתָא יוֹמֵי אָמְרִינַן: אִיתְרַמּוּיֵי אִתְרַמִי לָהּ, וְנָפְקָא. טְפֵי — וַדַּאי אֲבֵידָה הִיא. תַּנְיָא נַמִי הָכִי: מָצָא טַלִּית וְקַרְדּוֹם, בְּאִסְרַטְיָא

רש"י

לא יהיה בך אביון. לֹא תָּבִיא עַצְמְךָ לִידֵי עֲנִיּוּת. הִכִּישָׁהּ. זֶה שֶׁאֵינוֹ לְפִי כְּבוֹדוֹ. אִם הִכִּישָׁהּ הַכָּאָה אַחַת לַהֲשִׁיבָהּ — נִתְחַיֵּיב בָּהּ לְאַהֲדוּרָהּ, הוֹאִיל וְהִתְחִיל. קָלָא. מרע"א בְּלַעַ"ז. דַּרְכּוֹ לְהַחֲזִיר בַּשָּׂדֶה. שֶׁאֵין שָׁם רוֹאִים כָּל כָּךְ, וְאֵינוֹ בּוֹשׁ. וְאֵין דַּרְכּוֹ בָּעִיר. שֶׁהוּא בּוֹשׁ מִשְּׁכֵנָיו, וְהוּא מָלֵא בַּשָּׂדֶה. מַהוּ. שֶׁיִּתְחַיֵּיב לַהֲשִׁיבָהּ. לָא מִיחַיַּיב. לְהַתְחִיל בַּהֲשָׁבָתָהּ בַּשָּׂדֶה. וְכֵיוָן דְּאִיחַיַּיב. שֶׁהֱזִיזָהּ מִמְּקוֹמָהּ, חַיָּיב אַף בָּעִיר. פּוֹרֵק וְטוֹעֵן. פּוֹרֵק מַשָּׂא מִן הַחֲמוֹר וְטוֹעֵן עָלָיו, דִּכְתִיב: "עָזוֹב תַּעֲזוֹב", "הָקֵם תָּקִים". פַּתְכָא דְּאוּפֵי. מַשָּׂאוֹי שֶׁל עֵצִים. וְקָא מִיתְפַּח. עוֹמֵד לָפוּשׁ. דְּלֵי לִי. הַטְעִינֵנִי. הֲדַר זָכָה בְּהוּ. חָזַר הָאִישׁ הַהוּא וְהֶחֱזִיק בָּהֶן מִן הַהֶפְקֵר. הֶפְקֵר לַעֲנִיִּים הָוֵי הֶפְקֵר. אע"ג שֶׁלֹּא הִפְקִירוֹ אֶלָּא לַעֲנִיִּים הָוֵי הֶפְקֵר, לְמִפְטַר מִן הַמַּעֲשֵׂר. זֶה בֵּית חַיֵּיהֶם. *לְלַמּוֹד לָהֶם אוּמָּנוּת לְהִתְפַּרְנֵס בּוֹ. חוּקּוֹת (ג) וְתוֹרוֹת כְּתִיבִי בְּרֵישֵׁיהּ דִּקְרָא. °דִּינֵי דְּמַגִּיזְתָּא לִידַיְּינוּ. בִּתְמִיָּה. דְּמַגִּיזְתָּא = גּוֹזְלֵי הַדָּנִין בְּיִסּוּרִים וּבְחָזְקָה. וַחֲבֵירוֹ בְּבָבָא קַמָּא (דף קיד.) דְּדַיְינֵי דְּגִזְמַיָּא.

מתני' אֵיזוֹ הִיא אֲבֵידָה. בַּגְּמָרָא מְפָרֵשׁ. אֵין זוֹ אֲבֵידָה. וְאֵינוֹ חַיָּיב לְהַחֲזִיר, שֶׁמִּדַּעַת הִנִּיחוּהָ שָׁם. רָצָה בֵּין הַכְּרָמִים. דְּמִתְקַלְקֶלֶת. לֹא יֹאמַר לוֹ תֵּן לִי סֶלַע. שֶׁבִּטַּלְתִּי מִמְּלַאכְתִּי. *שֶׁיֹּאמַר לוֹ: אִם עָשִׂיתָ מְלַאכְתְּךָ — הָיִיתָ מַרְבֶּה טוֹרַח, עַכְשָׁיו לְפִי מַה שֶּׁטָּרַחְתָּ — טוֹל. כְּפוֹעֵל. בַּגְּמָרָא מְפָרֵשׁ. אִם יֵשׁ שָׁם בֵּית דִּין. אִם נוֹחַ לוֹ לִטְרוֹחַ יוֹתֵר כְּדֵי לְהַרְבּוֹת שָׂכָר, וְאֵינוֹ חָפֵץ לִיבָּטֵל מִמְּלַאכְתּוֹ מַה יַּעֲשֶׂה? אִם יֵשׁ שָׁם שְׁלֹשָׁה בְּנֵי אָדָם — יַתְנֶה בִּפְנֵיהֶם וְיֹאמַר: רְאוּ שֶׁאֲנִי מִשְׂתַּכֵּר כָּךְ וְכָךְ, וְאִי אִיפְּשִׁי לִיבָּטֵל לִיטּוֹל שָׂכָר מוּעָט, אֲנִי חָשִׁיב אִם תֹּאמְרוּ שֶׁאֶטּוֹל שָׂכָר מְשׁוּלָּם.

גמ' כְּלָל. סְתָם אֲבֵידָה שֶׁמּוּכַחַת שֶׁהִיא שָׁם שֶׁלֹּא מִדַּעַת בְּעָלִים. וּלְעוֹלָם. בִּתְמִיָּה: וְכִי אַף אִם יִמְלָאֶנָּה שָׁם לְעוֹלָם — נֹאמַר מִדַּעַת הִיא? וְכִי דֶּרֶךְ שֶׁלֹּא לְהַכְנִיס? בְּקַדְמוּתָא. לִפְנֵי עֲלוֹת הַשַּׁחַר. חֲשֵׁכְתָּא. שֶׁחֲשֵׁכָה עַרְבִית. אִסְרַטְיָא

תוספות

ה"מ "לא תעשה" ו"עשה" השוה בכל, אבל האי דאינו שוה בכל – דחי, כדמוכח פרק "שני נזירין" (נזיר דף נח:) דאתי "עשה" דמצורע ודחי "לאו" ו"עשה" דכהנים. וכן ק' לקמן (לב.): יכול אמר לו אביו הטמא כו' ופריך: תיפוק ליה דאין "עשה" דוחה "לא תעשה" ו"עשה", הא גבי כהנים שאינו שוה בכל דחי! וי"ל: ד"עשה" דמצורע שאני, דחמיר, משום דגדול השלום. כדאמר בפ' "שילוח הקן" (חולין דף קמא.) *ד"עשה" דמצורע הוי דחי "לאו" ו"עשה" דשילוח הקן אי לאו יתורא ד"שלח תשלח". אבל "עשה" דעלמא – לא דחי "לאו" ו"עשה" אפילו אינו שוה בכל. וזה התירוץ לא יתיישב למאן דשרי מצורע בימי חלוטו בתשמיש המטה, פ"ק דמועד קטן (דף ז:). ולדידיה יש לומר: דהכא סמיך על ותו מי דחינן איסורא מקמי ממונא, ולקמן נמי עדיפא משני, דהוה דחי אפילו "לאו" ו"עשה" אי לאו קרא, אפי' אי בעלמא לא דחי. ובפ"ב דיבמות (דף כא.) דאמר גבי פלוגתא דר' יוחנן ור"א בביאה כ"ג באלמנה מן הנישואי' כ"ע לא פליגי דלא פטרה, דאין "עשה" דוחה "לא תעשה" ו"עשה"! וי"ל: דחשיב שוה בכל, כיון שהאלמנה עשתה איסור כמו הכהן, דאקרי ביה לא יקח לא יקחו, אע"ג דאין שוה כל אלא בכהנים. אבל ההיא דגילוח זקן, שאינו שוה בנשים – נדחי מקמי "עשה" דמצורע.

אלא לזקן ואינו לפי כבודו. וא"ת: תיפוק ליה מ"ולאחותו" דכבוד הבריות דוחה מילת בנו ושחיטת פסחו! וי"ל: כבוד הבריות דמת מצוה חמיר טפי, שמוטל בבזיון, פן יסריח או יאכלוהו כלבים. אע"ג דבפ' "מי שמתו" (ברכות דף כ. ושם ד"ה שב) מוכח דאי הוה כלאים "שב ואל תעשה" היה נדחה מפני כבוד הבריות – היינו משום דערום הוי גנות ובזיון גדול, כדאמר (יבמות דף סג:): אין לך משוקץ יותר מאותו שהוא מהלך ערום. ומהכא לא ידעי' דדחי אלא ממונא, אבל איסורא כמו פסח ומילה, וגם כרת – לא. [וע' תוס' שבועות ל: ד"ה אבל].

אפקרה • שלא יכשלו בני אדם ב"לא תגזול" וא"ת: הא אמר בפ' "אין בין המודר" (נדרים דף מה.): אין הפקר אלא בפני שלשה! וי"ל: דהכא נמי הוי שלשה. אי נמי: דאורייתא בלא שלשה נמי הוי הפקר, והא דאמר שלהי פ"ק דשבת (דף יח: ושם ד"ה דמפקרא) גיגית נר וקדירה אפקורי מפקר להו אע"ג דליכא שלשה – התם אנן סהדי דמפקר להו בלבו, שלא יעשה איסור שביתת כלים. **לא** תרבה כו'. ואם תאמר: דביומא (דף ט:) אמר מפני שנאת חנם! וי"ל: דהא והא גרמא.

איזוהי אבידה. שיכין שאין הבעלים יודעין שהיא שם.

קורדוס

עין משפט נר מצוה

קמד א ב מיי' פי"א מהל' גזילה ואבידה הל' יג יד סמג עשין עד טוש"ע ח"מ סי' רסג סעיף ב:
קמה ג מיי' שם הל' יג טוש"ע שם סעיף א:

נ"ל דעשה דמצורע דוחה עשה דשילוח הקן אי לאו ט' ועיין רש"א

קמו ד מיי' פי"ג מהל' רוצח הל' ד סמג עשין פא טוש"ע ח"מ סי' רעב סעיף ג:
קמז ה מיי' פ"ב מהל' נדרים הלכה טו טוש"ע ח"מ סי' רעג סעיף ה:
קמח ו מיי' פי"א מהל' אבידה הלכה יז ופי"ג מהל' רוצח הל' ד סמג עשין עד פא טוש"ע ח"מ סי' רסג סעיף ג וסי' רעב סעיף ג:
קמט ז מיי' פי"ד מהל' אבילות הלכה ד סמג עשין ב טוש"ע י"ד סי' שלה סעיף ב:
קנ ח מיי' פט"ו מהל' אבידה הל' ב סמג עשין עד טוש"ע ח"מ סי' רסא סעיף א:
קנא ט מיי' שם פי"א הל' יד סמג שם טוש"ע ח"מ סי' רסז סעיף ב:
קנב י כ ל מיי' שם פי"ב הל' ד סמג שם טוש"ע ח"מ סי' רסה:
קנג מ מיי' שם פט"ו הלכה ג סמג שם טוש"ע ח"מ סי' רסא סעיף א:

רבינו חננאל

שלו מרובה משל חבירו שנאמר אפס כי לא יהיה בך אביון שלך קודם לשל כל אדם. אמר רבא כל שבשלו מחזיר בשל חבירו נמי מחזיר כל שבשלו פורק וטוען בשל חבירו נמי פורק וטוען. אביי שקל קלא פתק בהני עיזי דהוו קיימי. אמר ליה רבא איחייבת בהו קום אהדרינהו. וכן אמר רב הכישה נתחייב בה. דרכו להנהיג בחמור או למשוך בגמל בשדה ואין דרכו בעיר ועלתה בתיקו: **מתני'** איזהו אבידה מצא חמור וכו' אוקמה רב יהודה למתני' הכי קאמר איזהו היא כלל אבידה שחייב להחזירה מצא חמור וכליו הפוכין פרה ורצה בין הכרמים הרי זו אבידה וחייב להחזיר. תניא נמי הכי. דרך בלשון יון נקראת

הגהות הב"ח

(א) גמ' במשנה שכרו כפועל. נ"ב ע"ל בדף ס"ח: (ב) רש"י ד"ה זה בית וכו' ותורות. נ"ב ובב"ק דף ק'. פרש"י דהוא ת"ת ול"ע:

מסורת הש"ס

ב"ב פח.

הגהות הגר"א

[א] [ב] גמ' אשר. רשום קו עליו למחקו:

ובהגוזל ד' ק. פרש"י תלמוד תורה ע"ש כ"י

גליון הש"ס

רש"י ד"ה דיני. בערוך ערך מגיסתא הגירסא כאן דייני דמגיסתא ופי' דדנין בגסות:

ס"א שזה אומר כו' רש"ל

פאה פ"ו [מ"א עדיות פ"ד מ"ג]

[לעיל כז: וש"נ]

ב"ק נט:

[תיבת אשר מיותר]

[נדרים לט: ע"ש]

[לקמן פח.]

דברים כב

[עי' תוס' לקמן לא: ד"ה אם]

[עי' תוס' לעיל כח. ד"ה וכמה]

*) פי' או בחשכתא רש"ל

שמות יח

תורה אור

באסרטיא, ופרה רצה בין הכרמים – הרי זו אבידה. טלית בצד גדר, קרדום בצד גדר, ופרה רועה בין [א] הכרמים – אין זו אבידה. ג' ימים זה אחר זה – הרי זו אבידה. ראה מים ששוטפין ובאין – הרי זה גודר בפניהם. אמר רבא: "לכל אבידת אחיך" – לרבות אבידת קרקע. א"ל רב חנניה לרבא: תניא דמסייע לך; ראה מים ששוטפין ובאין – הרי זה גודר בפניהם. א"ל: אי משום הא – לא תסייעי, הכא במאי עסקינן – בדאיכא עומרין. אי דאיכא עומרין מאי למימרא? לא צריכא, דאית בה עומרין דצריכי לארעא. מהו דתימא: כיון דצריכי לארעא – כי גופה דארעא דמיין, קמ"ל. § "מצא חמור ופרה" [וכו']. § הא גופה קשיא! אמרת: מצא חמור ופרה רועין בדרך – אין זו אבידה, רועין בדרך הוא דלא הוו אבידה, הא רצה בדרך ורועה בין הכרמים – הויא אבידה. אימא סיפא: חמור וכליו הפוכים, ופרה רצה בין הכרמים – הרי זו אבידה! רצה בין הכרמים הוא דהויא אבידה, הא רצה בדרך ורועה בין הכרמים – אין זו אבידה! *אמר אביי: "יגיד עליו ריעו". תנא רועה בדרך דלא הויא אבידה – והוא הדין לרועה בין הכרמים, תנא רצה בין הכרמים דהויא אבידה – והוא הדין לרצה בדרך. א"ל רבא: אי "יגיד עליו ריעו" ליתני קילתא וכ"ש חמירתא: ליתני רצה בדרך דהויא אבידה – וכ"ש רצה בין הכרמים, ולתני רועה בין הכרמים דלא הויא אבידה – וכ"ש רועה בדרך. אלא אמר רבא: רצה ארצה לא קשיא – הא דאפה לגבי דברא, הא דאפה לגבי מתא. רועה ארועה נמי לא קשיא – כאן באבידת גופה, כאן באבידת קרקע. כי קתני רועה בדרך לא הויא אבידה הא רועה בין הכרמים הויא אבידה – באבידת קרקע, וכי קתני רצה בין הכרמים הויא אבידה, הא רועה בין הכרמים לא הויא אבידה – באבידת גופה, דרצה בין הכרמים – *מסקבא, ורועה בין הכרמים לא מסקבא. ורועה בין הכרמים, נהי דלא מסקבא תיפוק ליה משום אבידת קרקע? בדגוי. ותיפוק ליה משום אבידת גופה, דדלמא קטלו לה! באתרא דמתרו והדר קטלי. ודלמא אתרו בה? אי אתרו בה *ולא אזדהרו בה – ודאי אבידה מדעת היא. § "החזירה וברחה החזירה וברחה" [וכו']. § א"ל ההוא מדרבנן לרבא: אימא: "השב" – חדא זמנא, "תשיבם" – תרי זמני? א"ל: *"השב" – אפילו ק' פעמים משמע. *"תשיבם" – אין לי אלא לביתו. לגינתו ולחורבתו מנין – ת"ל "תשיבם" – מ"מ. ה"ד? אי דמינטרא – פשיטא, אי דלא מינטרא – אמאי? לעולם דמינטרא, והא קמ"ל: דלא בעינן דעת בעלים. וכדר' אלעזר, *דאמר: הכל צריכין דעת בעלים, חוץ מהשבת אבידה, שהתורה ריבתה השבות הרבה. "שלח תשלח" – *אימא: "שלח" – חדא זימנא, "תשלח" – תרי זמני? א"ל: "שלח" אפי' מאה פעמים משמע, "תשלח" – אין לי אלא לדבר הרשות, לדבר מצוה מנין – ת"ל "תשלח", מ"מ. א"ל ההוא מדרבנן לרבא: ואימא "הוכח" – חדא זימנא, "תוכיח" – תרי זמני? א"ל: "הוכח" – אפי' ק' פעמים משמע, "תוכיח" – אין לי אלא הרב לתלמיד, תלמיד לרב מנין – ת"ל "הוכח תוכיח", מ"מ. "עזב תעזוב עמו" – אין לי אלא בעליו עמו, שאין בעליו עמו מנין? ת"ל "עזב תעזוב", מ"מ. "הקם תקים עמו" – אין לי אלא בעליו עמו, שאין בעליו עמו מנין – ת"ל "הקם תקים", מ"מ. ולמה ליה למכתב פריקה ולמה ליה למיכתב טעינה? צריכי, דאי כתב רחמנא פריקה – הוה אמינא: משום דאיכא צער בעלי חיים, ואיכא חסרון כיס. אבל טעינה, דלאו צער בעלי חיים איכא ולא חסרון כיס איכא – אימא לא. ואי אשמעינן טעינה – משום דבשכר, אבל פריקה דבחנם – אימא לא, צריכא. ולר"ש, *דאמר: אף טעינה בחנם; מאי איכא למימר? לר"ש לא מסיימי קראי. למה לי למכתב הני תרתי, ולמה לי למכתב אבידה? צריכי, דאי כתב רחמנא הני תרתי – משום דצערא דמרה איתא, צערא דידה איתא. אבל אבידה, דצערא דמרה איתא וצערא דידה ליתא – אימא לא. ואי אשמעינן אבידה – משום דליתא למרה בהדה.

אבל

תורה אור: דברים כב; איוב לו; דברים כב; חולין קמא.; ויקרא יט; שמות כג; דברים כב

רש"י

אסרטיא. דרך כבושה לרבים. ששוטפין ובאין. לשדה חבירו. אמר רבא לכל אבידת כו'. מילתא באפיה נפשיה היא דאמרה רבא בבי מדרשא. מאי למימרא. ותיפוק ליה משום עומרין שישנן בכלל אבידה, דדמו לפרטא דשה ושלמה, ולמה לי "לכל" לרבוייהו. רועה בדרך. איכא תרתי למעליותא; חדא דרועה, ועוד, דאפילו רצה לא מסתקבא. רצה בין הכרמים איכא תרתי לגריעותא, חדא – דרצה, ועוד, דכרמים מסקבי לה. רצה בדרך איכא חדא לגריעותא, דרצה ומתקלקלת ברגליה, אי נמי תלך למרחקים. רועה בין הכרמים – חדא לגריעותא, דזימנין דמסתקבא. והא באבידת גופה כו'. מפרש ואזיל לה. באבידת קרקע. וחייב להוציאה משום הפסד כרמים. לגינתו ולחורבתו מנין. דהויא השבה, ופטור. דעת בעלים. לומר לו: שמור פרתך שהחזרתיה לגינתך, שמלאכתיה אובדת. הכל צריך דעת בעלים. גנב, גזלן, וד' שומרים שהשיבו – צריכין להודיעו. ואם לא הודיעו ומתה או נגנבה – חייבים באחריותן. דכיון דידע שאבדה ולא ידע שהושבה – לא נזהר בה ולא מאכילה. שלח. לגבי שלוח הקן. תרתי זמני. והא תנן: *שלחה וחזרה, שלחה וחזרה, אפי' ארבע וה' פעמים – חייב. לדבר הרשות. שאין צריך לצפור אלא לאוכלה. לדבר מצוה מנין. היה צריך לטהר בו את המצורע, מנין שאסור באם על הבנים – ת"ל "תשלח". עזוב תעזוב. פריקה. הקם תקים. טעינה. חסרון כיס. שהבהמה מתקלקלת. משום דבשכר. שנותנין לו שכר, דאיכא למ"ד לקמן (דף לב.): טעינה בשכר פריקה בחנם. לא מסיימי קראי. הי משמע טעינה והי משמע פריקה. ואי כתב חדא – הוה אמינא לפריקה אתא, אבל טעינה לא, כתב רחמנא אידך לטעינה. למה לי למכתב אבידה. השבת אבידה. לכתוב או הא או הא, וליגמר מיניה, דהא כולהו אזהרות ממון ישראל הוא. צערא דמרה. הוא עומד שם, ואין יכול לטעון לבדו וכן לפרוק. דליתא למרה בהדה. שיטרח בהשבתה.

דאיתיה

[בחולין קמא.] [יבמות לח: וש"נ] [ופי' עושה בה חבורה ערוך ערך סקב] נ"ל ולא איהדרו בה מהר"ם חולין פז. ב"ק נז. [ב"ק סס] [לקמן לב.]

תוספות

קורדום בצד גדר. פירשתי לעיל (כה: סד"ה "ואם נטל"). למה לי למכתב רחמנא פריקה כו'. אין לפרש: למה לי דכתב כוליה קרא דפריקה או דטעינה, דא"כ היכי קאמר "אי אשמועינן טעינה דבשכר" הא משמע לקמן (דף לב.) דטעינה לא הוי בשכר אלא משום דנכתב פריקה. ועוד: דלא שייכא הך צריכותא אלא לקמן! אלא י"ל: למה לי דכתב רחמנא יתורא, דמרבינן אין בעליו עמו בפריקה, ולמה לי דכתב בטעינה.

לרבי שמעון לא מסיימי קראי. תימה: דלקמן (דף לב.) משמע דקרא ד"נופלים בדרך" לא מסיים לר"ש דהוי בטעינה, דטעונייהו עלייהו משמע. ואי לא כתב אלא חד – הוה מוקמי ליה בפריקה אבל קרא ד"רובץ תחת משאו" לא משמע לכ"ע אלא בפריקה. וכשנכתבו שניהם – ע"כ גם לר"ש קרא ד"נופלים בדרך" הוי בטעינה. וא"כ לר"ש לא יכתוב אלא חד יתורא ל"אין בעליו עמו" בקרא ד"נופלים בדרך"! וי"ל: דרובץ תחת משאו נמי לא מסיים לר"ש דאפשר למשמע בטעינה דע"י שאין הרבה בני אדם לטעון – מכביד המשוי על הבהמה, ורובצת. ולקמן לא אצטריך למימר דלא מסיימי אלא אקרא ד"נופלים בדרך" והא דפריך לקמן (דף לב:) והא וחדלת בפריקה הוא דכתיב – לא הוי אלא אליבא דרבנן, דלר"ש מצי למהוי בטעינה.

אבל

עין משפט נר מצוה

קנד א ב מיי' פט"ו מהל' אבידה הלכה ג ה סמג עשין עד טוש"ע ח"מ סי' רס סעיף ט:

קנה ג ד מיי' שם פי"א הלכה כ סמג שם טוש"ע ח"מ סי' רנט סעיף ט:

קנו ה ו ז ח מיי' פט"ו שם הל' ג ד סמג שם טוש"ע ח"מ סי' רסא סעיף ב:

קנז ט י מיי' שם פי"א הל' יד טו סמג שם טוש"ע ח"מ סי' רסז סעיף א:

קנח כ מיי' פ"ד מהל' גניבה הל' י ועיין בהשגות וכמ"מ ופ"א מהל' גזילה הל' ח סמג עשין עא טוש"ע ח"מ סי' שנה סעיף א:

קנט ל מיי' פי"א מהל' אבידה הל' טז סמג עשין עד טוש"ע ח"מ סי' רסז סעיף א:

קס מ מיי' פי"ג מהל' שחיטה הל' ה סמג עשין סה טוש"ע י"ד סי' רצב סעיף ה:

קסא נ מיי' שם הל' יט:

קסב ס ע מיי' פ"ו מהל' דיעות הל' ז סמג עשין יא:

קסג פ צ מיי' פי"ג מהל' רוצח הל' ח סמג עשין פא טוש"ע ח"מ סי' רעב סעיף ז:

הגהות הגר"א

[א] גמ' ופרה רועה בין הכרמים נ"ב העכבים וכ"ה ברי"ף וש"פ (ועמ"ש רבינו בח"מ סי' רס"א ס"ק ה):

רבינו חננאל

איסטרטא. אמר רבה אמר קרא לכל אבידת אחיך לרבות אבידת קרקע: קתני רישא רועים בדרך אינה אבידה הא רצים בדרך ורועים בכרמים אבידה היא. וקתני סיפא רצה בכרמים הרי זו אבידה הא רועים אינה אבידה קשיא רישא אסיפא. ופריק רבא הכי רצה ופניה כלפי השדה אבידה היא וחייב להחזיר. רצה ופניה כלפי המדינה אינה אבידה. רועה בדרך ואפי' רועה בכרמים אינה אבידה אבל יש בה אבידת קרקע שאוכלת הזמורות ומפסדת הכרם והאי דקתני רצה בין הכרמים הויא אבידה באבידת גופה כי בריצתה מכין אותה זמורות הכרם ועושין בה חבורות וזהו פי' מסתקבא כי סיקוב זה לשון חבורה הוא. *) והא דתניא רועה בכרמים אינה אבידה בכרמי גוים אבידת קרקע ליכא דהא קרקע גוים הוא. אבידת גופה ליכא דהא רועים מעט מעט והילוכם בניחותא ואין סיקוב. השב אפי' ק' פעמים תשיבם אפי' לגינתו ולחרבתו דיו. אמר ר"א הכל צריכין דעת [בעלים] חוץ מהשב אבידה (לבעלים) שהרי ריבתה התורה בה השבות הרבה. וכן שלח תשלח את האם חייב לשלחה אפי' ק' פעמים ואפי' צריך לה לדבר מצוה כגון טהרת מצורע וכיוצא בו אפי' הכי חייב לשלח האם וכן דין הוכח תוכיח אפי' ק' פעמים ואפי' תלמיד לרב. וכן דין עזוב תעזוב וכן הקם תקים בין בעליו עמו בין אין בעליו עמו וכן

*) עי' לעיל ד' כז ע"ב בד' רבינו גבי הא דאמרי' שם משום דמסקב לי' לחמרא.

קסד א מיי' פי"ד מהל' סנהדרין הל' ח:
קסה ב ג מיי' פ"ג מהל' מלוה ולוה הל' ה סמג לאוין קפז טוש"ע ח"מ סי' לז סעיף טז:
קסו ד ה מיי' פ"ז מהל' מתנות עניים הל' יג סמג עשין קסב טוש"ע י"ד סי' רמז סעיף א וסי' רמח סעיף א וסי' רנא סעיף ג:
קסז ו מיי' פ"ג מהל' עבדים הלכה יד סמג עשין פד:
קסח ז מיי' פ"ז מהל' מתנות עניים הל' ט סמג עשין קסב טוש"ע י"ד סי' רנג סעיף י:
קסט ח מיי' פי"ב מהל' גזילה ואבידה הלכה ד סמג עשין עד טוש"ע ח"מ סי' רסה:
קע ט מיי' פ"ה מהל' שלוחים ושותפין הל' ט סמג עשין פב טוש"ע ח"מ סי' קעו סעיף יז:

אֲבָל הָנֵי תַּרְתֵּי, דְּאִיתָא לְמָרָהּ בַּהֲדָהּ – אֵימָא לָא, צְרִיכָא. °*"מוֹת יוּמַת הַמַּכֶּה" – אֵין לִי אֶלָּא בְּמִיתָה הַכְּתוּבָה בּוֹ. מִנַּיִן שֶׁאִם אִי אַתָּה יָכוֹל לַהֲמִיתוֹ בְּמִיתָה הַכְּתוּבָה בּוֹ שֶׁאַתָּה רַשַּׁאי לַהֲמִיתוֹ בְּכָל מִיתָה שֶׁאַתָּה יָכוֹל לַהֲמִיתוֹ – ת"ל [א]"מוֹת יוּמַת", מ"מ. "הַכֵּה תַכֶּה" – אֵין לִי אֶלָּא בַּהַכָּאָה הַכְּתוּבָה בָּהֶן. מִנַּיִן שֶׁאִם אִי אַתָּה יָכוֹל לַהֲמִיתָן בַּהַכָּאָה הַכְּתוּבָה בָּהֶן, שֶׁאַתָּה רַשַּׁאי לְהַכּוֹתָן בְּכָל הַכָּאָה שֶׁאַתָּה יָכוֹל – ת"ל "הַכֵּה תַכֶּה", מ"מ. °"הָשֵׁב תְּשִׁיב" – אֵין לִי אֶלָּא שֶׁמִּשְׁכְּנוֹ בִּרְשׁוּת ב"ד, מִשְׁכְּנוֹ שֶׁלֹּא בִּרְשׁוּת ב"ד מִנַּיִן – ת"ל [ב]"הָשֵׁב תָּשִׁיב", מ"מ. "חָבֹל תַּחְבּוֹל" – אֵין לִי אֶלָּא שֶׁמִּשְׁכְּנוֹ בִּרְשׁוּת, מִשְׁכְּנוֹ שֶׁלֹּא בִּרְשׁוּת מִנַּיִן – ת"ל [ג]"חָבֹל תַּחְבּוֹל", מ"מ. וְהָנֵי תְּרֵי קְרָאֵי לָמָּה לִי? – חַד לִכְסוּת יוֹם וְחַד לִכְסוּת לַיְלָה. °"פָּתֹחַ תִּפְתַּח" – אֵין לִי אֶלָּא לַעֲנִיֵּי עִירְךָ, לַעֲנִיֵּי עִיר אַחֶרֶת מִנַּיִן – ת"ל [ד]"פָּתֹחַ תִּפְתַּח", מִכָּל מָקוֹם. °"נָתוֹן תִּתֵּן" – אֵין לִי אֶלָּא מַתָּנָה מְרוּבָּה, מַתָּנָה מוּעֶטֶת מִנַּיִן – [ה]ת"ל "נָתוֹן תִּתֵּן", מ"מ. °"הַעֲנֵק תַּעֲנִיק" – *אֵין לִי אֶלָּא שֶׁנִּתְבָּרֵךְ הַבַּיִת בִּגְלָלוֹ מַעֲנִיקִים, לֹא נִתְבָּרֵךְ הַבַּיִת בִּגְלָלוֹ מִנַּיִן – [ו]ת"ל "הַעֲנֵק תַּעֲנִיק", מ"מ. וּלְר' אֶלְעָזָר בֶּן עֲזַרְיָה, דְּאָמַר: נִתְבָּרֵךְ הַבַּיִת בִּגְלָלוֹ – מַעֲנִיקִין לוֹ, לֹא נִתְבָּרֵךְ הַבַּיִת בִּגְלָלוֹ – אֵין מַעֲנִיקִין, "תַּעֲנִיק" לָמָּה לִי? *דִּבְּרָה תּוֹרָה כִּלְשׁוֹן בְּנֵי אָדָם. °"הַעֲבֵט תַּעֲבִיטֶנּוּ" – *אֵין לִי אֶלָּא שֶׁאֵין לוֹ וְאֵינוֹ רוֹצֶה לְהִתְפַּרְנֵס – אָמַר רַחֲמָנָא: תֵּן לוֹ דֶּרֶךְ הַלְוָאָה. יֵשׁ לוֹ וְאֵינוֹ רוֹצֶה לְהִתְפַּרְנֵס מִנַּיִן – ת"ל "תַּעֲבִיטֶנּוּ", מ"מ. וּלְר"ש, *דְּאָמַר: [ז]יֵשׁ לוֹ וְאֵינוֹ רוֹצֶה לְהִתְפַּרְנֵס – אֵין נִזְקָקִין לוֹ, "תַּעֲבִיטֶנּוּ" לָמָּה לִי? דִּבְּרָה תּוֹרָה כִּלְשׁוֹן בְּנֵי אָדָם.§ "הָיָה בָּטֵל מִן הַסֶּלַע לֹא יֹאמַר לוֹ תֵּן לִי סֶלַע אֶלָּא נוֹתֵן לוֹ שְׂכָרוֹ כְּפוֹעֵל (בָּטֵל)".§ *(תְּנַן): *)נוֹתֵן לוֹ שְׂכָרוֹ כְּפוֹעֵל בָּטֵל. מַאי כְּפוֹעֵל בָּטֵל? *אָמַר אַבַּיֵי: [ח]כְּפוֹעֵל בָּטֵל שֶׁל אוֹתָהּ מְלָאכָה דְּבָטֵל מִינָּהּ.§ "אִם יֵשׁ שָׁם ב"ד מַתְנֶה בִּפְנֵיהֶם".§ אִיסּוּר וְרַב סַפְרָא עָבִיד עִיסְקָא בַּהֲדֵי הֲדָדֵי, אֲזַל רַב סַפְרָא פְּלַג לֵיהּ בְּלָא דַּעְתֵּיהּ דְּאִיסּוּר בְּאַפֵּי בֵּי תְּרֵי. •אֲתָא לְקַמֵּי' *דְּרַבָּה בַּר רַב הוּנָא. א"ל: [ט]זִיל אַיְיתִי תְּלָתָא דִּפְלַגְתְּ קַמַּיְיהוּ, אִי נַמִי תְּרֵי

*) לקמן סח. בכורות כט:

רש"י

דְּאִיתֵיהּ לְמָרָהּ. דִּכְתִיב "עִמּוֹ", אֵימָא: יַחֲזוֹר אַחַר בְּנֵי אָדָם וְיִשְׂכּוֹר. שֶׁאִם אִי אַתָּה יָכוֹל לַהֲמִיתוֹ בְּמִיתָה הַכְּתוּבָה בּוֹ. וְהַיְינוּ סַיִיף, כְּגוֹן שֶׁהָיָה בִּסְפִינָה וּבוֹרֵחַ, וְאַתָּה יָכוֹל לִזְרוֹק בּוֹ חֵץ אוֹ לְטוֹבְעוֹ. הַכֵּה תַכֶּה. בְּעִיר הַנִּדַּחַת. אֵין לִי אֶלָּא שֶׁמִּשְׁכְּנוֹ בִּרְשׁוּת ב"ד. דְּנַעַק עָלָיו בַּדִּין, וְשָׁלְחוּ שְׁלוּחָם לִתְפּוֹס מִטַּלְטְלָיו, דִּקְרָא דַּהֲשָׁבַת הָעֲבוֹט עָלֶיהָ כְּתִיב, דִּכְתִיב לְעֵיל מִינֵּיהּ: "בַּחוּץ תַּעֲמוֹד וְהָאִישׁ", וְאָמְרִינַן לְקַמָּן בְּפֶ' "הַמְקַבֵּל" (דף קיג.) בִּשְׁלִיחַ ב"ד הַכָּתוּב מְדַבֵּר. שֶׁלֹּא בִּרְשׁוּת ב"ד מִנַּיִן. דְּצָרִיךְ הֲשָׁבָה. סְתָם חֲבָלָה ע"פ ב"ד הִיא דְּלָא שְׁכִיחַ דְּחָלִיף אִינִישׁ לִיכָּנֵס בַּבַּיִת וְלִיטּוֹל מִטַּלְטְלֵי שֶׁלֹּא בִּרְשׁוּת. חַד לִכְסוּת יוֹם וְחַד לִכְסוּת לַיְלָה. בְּפֶ' "הַמְקַבֵּל" (לקמן קיד:) מְפָרֵשׁ לִקְרָא הָכִי. מַתָּנָה מוּעֶטֶת מִנַּיִן. אִם אִי אֶפְשָׁר לְךָ לִיתֵּן מַתָּנָה מְרוּבָּה. אֵין לִי אֶלָּא שֶׁנִּתְבָּרֵךְ הַבַּיִת בִּגְלָלוֹ. דְּהָכִי כְּתִיב קְרָא: "אֲשֶׁר בֵּרַכְךָ ה' אֱלֹהֶיךָ תִּתֶּן לוֹ". דְּרַבִּי אֶלְעָזָר בֶּן עֲזַרְיָה בְּקִדּוּשִׁין (דף יז:). שֶׁאֵין לוֹ. מִמַּה שֶּׁיִּתְפַּרְנֵס. וְאֵינוֹ רוֹצֶה לְהִתְפַּרְנֵס. מִשֶּׁלְּךָ בְּמַתָּנָה. וְאָמַר רַחֲמָנָא: "הַעֲבֵט" – דֶּרֶךְ הַלְוָאָה. יֵשׁ לוֹ וְאֵינוֹ רוֹצֶה לְהִתְפַּרְנֵס. מִשֶּׁלּוֹ, אֶלָּא מִשֶּׁלְּךָ, מִנַּיִן שֶׁאַתָּה חַיָּיב לְהַעֲבִיטוֹ, וְלִיפָּרַע מִמֶּנּוּ אַחַר מִיתָה – ת"ל "תַּעֲבִיטֶנּוּ". וְהָכִי מְפָרֵשׁ בִּכְתוּבּוֹת פֶּרֶק "מְצִיאַת הָאִשָּׁה" (דף סז:). מַאי כְּפוֹעֵל בָּטֵל. וַהֲלֹא אֵינוֹ בָּטֵל, שֶׁהֲרֵי טוֹרֵחַ בַּהֲשָׁבָתָהּ. וּמַתְנִיתִין תָּנֵי נוֹתְנִין לוֹ כְּשִׁיעוּר שֶׁיִּרְצֶה פּוֹעֵל לִיטּוֹל לְהִתְרַפּוֹת מִמְּלָאכָה וְלֵישֵׁב בָּטֵל. כְּפוֹעֵל בָּטֵל שֶׁל אוֹתָהּ מְלָאכָה דְּבָטֵל מִינַּהּ. כַּמָּה אָדָם רוֹצֶה לִיטּוֹל וְלִפְחוֹת מִשְּׂכָרוֹ לִיבָּטֵל מִמְּלָאכָה זוֹ כְּבֵדָה, שֶׁהוּא עוֹסֵק בָּהּ, וְלַעֲסוֹק בִּמְלָאכָה קַלָּה כָּזוֹ. הַכֹּל לְפִי כּוֹבֶד הַמְּלָאכָה וְרִיבּוּי שָׂכָר. יֵשׁ מְלָאכָ' שֶׁטּוֹרְחָהּ קַל וּשְׂכָרָהּ רַב, אוֹ חִילּוּף. פְּלַג. בַּסְּחוֹרָה, וְלֹא הָיוּ מָעוֹת, אֶלָּא דָּבָר הַצָּרִיךְ שׁוּמָא. תְּרֵי

תוספות

אבל הני תרתי דאיתנהו למרייהו בהדייהו. ואע"ג דמרבינן לעיל אין בעלים עמו היינו שהוא זקן או חולה, והני דאין יכול לעזור – יכול לשכור פועלין, ואימא לא, קא משמע לן.

אין לי אלא משכנו. פרשתי ב"המקבל" (לקמן דף קיג.).

דברה תורה כלשון בני אדם. וא"ת: וכי לית להו כל הני דרשות דלעיל? ואליבא דר"ש משנינן נמי לעיל דלא מסיימי קראי, ובר"ה (דף ח.) דריש נמי ר"ש "עשר תעשר" – אחד מעשר דגן ואחד מעשר בהמה! וי"ל דדוקא הכא בהני תרי קראי אמרינן דברה תורה כלשון בני אדם, •משום דמוכחי קראי. דכתיב "די מחסורו" ובאידך כתיב "אשר ברכך". ובריש "השואל" (לקמן דף לד: ושם ד"ה אלא) דאמר אם גנב, אין לי אלא גניבה, אבידה מנין? – ת"ל "יגנב". ופריך: למ"ד דברה תורה בלשון בני אדם מאי איכא למימר? התם נמי איכא הוכחה, דגניבה משמע דוקא גניבה ולא אבידה*. אם יש שם ב"ד יתנה בפניהם. שישלם לו כל מה שישתכר במלאכה שהוא עושה, ואם אין ב"ד – לא ישיב, כיון שאם ישיב לא יהא לו אלא כפועל בטל. אבל אם אינו עושה מלאכה – ישיב בחנם. וא"ת: לעיל דנקט או שהיתה שלו מרובה היכי דמי? אי ליכא ב"ד – אפילו מועטת נמי מן אבידה לא ישיב, ואי בפני ב"ד – כי נמי אין מרובה אלא שוה לאבידה, למה יתנו ב"ד ליתן לו כל שכרו א"כ מה ירויחו הבעלים? וי"ל: דנ"מ לכושרא דחיותא או לטרחא יתירא. וכה"ג משני בסוף "השוכר את הפועלים" (לקמן דף לג:). וא"ת: דהכא משלם לכל הפחות השכירות כפועל בטל, וכן משני לקמן בסוף "השוכר את הפועלים" (שם) גבי רועה שהיה יכול לקדם ברועים ובמקלות, ש"ש בשכר וש"ח בחנם – חייב, וש"ש שקדם בשכר – חוזר ונוטל מבעל הבית. ומסתמא ש"ח נמי שקדם בשכר – חוזר ונוטל מבעה"ב. ואילו בפרק "הגוזל בתרא" (ב"ק ד. קטו:) תנן: שטף נהר את חמורו וחמור חבירו, הניח את שלו והציל את של חבירו – אין לו אלא שכרו, ואין משלם לו דמי חמורו שטבע! וי"ל: דהתם מיירי כשהיה יכול להציל ע"י הדחק. דאי לאו הכי – מאי אמר ליה מהפקירא קזכינא, כדאיתא התם. ועי"ל: כיון שבעל החמור שם – יכול לומר: הייתי שוכר פועלים להצילו. וא"ת: הכא אמאי נוטל שכר? וכן לקמן ש"ח שאין צריך לקדם בשכר, אם קידם אמאי נוטלו מבעה"ב? האמרי' פר' "הכונס" (שם דף נח. ושם ד"ה אי) דמבריח ארי מנכסי חבירו – פטור. וללישנא בתרא דהכונס דמבריח ארי פטור משום דלית ליה פסידא – אתי שפיר, דהכא אית ליה פסידא. אבל ללישנא קמא, דקאמר דמבריח ארי מדעתו – משמע אפילו אית ליה פסידא פטור, כיון דמדעתו הוא קשה! ואור"י: דמבריח ארי פטור – היינו דוקא שמצילו מפחד הארי, שירא שיבא, וקידם ברועים והבריחו, דלא ברי הזיקא, דבלא הצלתו יכול להיות שלא היה בא. אבל מציל מפי הארי ושטף נהר חמורו ומחזיר אבידה, דברי הזיקא ובא זה והציל – נוטל שכרו. וא"ת: דפורע חובו, דשרי למודר הנאה בפרק "אין בין המודר" (נדרים דף לג.), ופרק בתרא דכתובות (דף קח. ושם) מחשבין ליה מבריח ארי, אע"ג דברי הזיקא ואית ליה פסידא! וי"ל: דהתם נמי אין מצילו מן ההפסד, דמה שמלוה טורף ממנו אין זה הפסד – שהרי נתחייב לו, ולכך חשיב ליה כמבריח ארי. א"נ: כדמפרש טעמא בירושלמי דנדרים: הוינא מפייס ליה ומחיל לי, ואפי' במשכון מפייס הוינא ליה ויהיב לי משכוני, ואפילו בב"ח דוחק מסיק בירושלמי. והטעם נראה משום שיכול לומר הייתי מולא אוהבים הרבה שיפרעו עבורי, היינו מעין אותם הטעמים. והא דקרי ליה בפ' "ח"ה" (ב"ב דף נג.) מבריח ארי נתן לרור ונטל לרור דסכר מינה מיא, ואפיק מניה מיא אע"פ שמצילו מן ההפסד, שהיה נהר שוטפה – התם לא נקט לשון מבריח לענין שיפטר משכר הברחה, אלא כלומר: אין זו חזקה, כיון שאין מתקן השדה אלא מגין עליה בעלמא, שלא תבא לידי קלקול. ונראה שגם ר"ת סובר דלא חשיב מבריח ארי במקום שמצילו מן ההפסד, שהיה מעמיד ההיא דפורע חובו דוקא במזונות אשתו, כדמפרש בפ' בתרא דכתובות (דף קח. ושם) משום דאפשר שתהא עושה ואוכלת, או תתפרנס מן הצדקה, או מקרוביה שיתנו לה בחנם. אבל שאר פריעת חוב אור"ת דאין זה מבריח ארי, אלא מהנה גמור. וירושלמי פליג אגמרא שלנו. ולפ"ז, אם השר גזל ביתו של ישראל, ובא חבירו ישראל ופייס אותו בדמים מועטים, אם ירצה בעה"ב ליקח ביתו – ישלם דמים לחבירו. וכן פסק רבינו גרשום. אבל רש"י פסק שיחזיר לו ביתו חנם, בפ' "הנזקין" (גיטין דף נח:). ונראה דלא מבעיא אם קנאה בדמים שמציל הבעלים מן ההפסד שישלמו הבעלים, אלא אפי' קנאן בשויו, ולא דמי למבריח ארי. דאם היה משתקע בידו – לא היה הבית חוזר לו לעולם, ואפי' בשויו. ודמי למקדים ברועים ובמקלות בשכר, דאמרי' שנותן שכרו עד כדי דמיהם. ונ"מ לכושרא דחיותא, או לטרחא יתירא. ועוד נר': אפי' ידוע בודאי שאפילו לא מיהר לקנותו היה חוזר לבעלים בדמים הללו כל שעה שירצו בין קנאן בדמים מרובים בין קנאן בדמים מועטים – לא דמי למבריח ארי, כיון שילא הבית מחזקת ישראל ובא לידי גוי, וזה מוציאו מחזקת גוי ומחזירו ליד ישראל – נוטל מה שהוציא. כפועל בטל. פירשנו ב"איזהו נשך" (לקמן דף סח. ושם ד"ה "ונותן"). אלמנה

[וע"ע תוס' כתובות סז: ד"ה וחכמים ועמ"ש תוס' סוטה כז. ד"ה ור' יונתן ותוס' מנחות יז: ד"ה מאי בהריסות]

רבינו חננאל

וכן דין השב תשיב את העבוט וכן דין חבל תחבול בין כסות יום בין כסות לילה וכן פתח תפתח את ידך וגומר לענייך ואפי' לעניי עיר אחרת וכן דין נתן תתן לו *) במתנה בין מרובה בין מועטת. וכן דין העניק תעניק לו ואפי' לא נתברך הבית בגללו וכן העבט תעביטנו אפי' יש לו ואינו רוצה להתפרנס: היה בטל מסלע לא יאמר לו תן לי סלע אלא נותן לו שכרו כפועל תנא כפועל בטל. ואקשי' והא לאו בטל הוא דהא מתעסק להחזיר האבידה. ופירקה אביי כפועל בטל של אותה מלאכה פי' כגון שהיה חייט והניח מלאכתו והלך להשיב את האבידה ונשתהה בהשבתה כשיעור תפירת בגד ששכרו סלע לא יאמר לו כבר בטלתי ממלאכתי שיעור סלע תנה לי אלא משערין שכרו כעת שאין לו מה יתפור אלא יושב ובטל אם

יבא אדם ויאמר לו הנך יושב ובטל תקח בתפירת בגד חצי סלע או תשאר בטל היום ובעת שהמלאכה מצויה כגון קרוב לרגל וכיוצא בו שכר תפירת הבגד סלע ומה שמתברר שנוטל בשעה שאין לו תפירה לתפור הוא שנוטל מבעל האבידה וכן אם יאמר לו אדם אתה חייט ואין תפירה מצויה אצלך תבוא ללבון עמי לבנים ותיקח שכירותך כך וכך וזה מפני שלא התנה בב"ד על שכרו. אבל התנה בב"ד נוטל לפי תנאו דתנן אם יש שם ב"ד מתנה בפני ב"ד. איסור ורב ספרא הוו שותפי בעיסקא אזל רב ספרא פלג בלא דעתיה דאיסור קמי תרי וחייביה רבא לאיתויי תלתא אי נמי תרי מיגו תלתא אי נמי תרי סהדי דפלג קמיה

*) נ"ל תתן לו בין מתנה מרובה בין וכו'

מסורת הש"ס

[סנהדר' מה: נג. עב:]
קדושין יז:
[שם וש"נ]
כתובות סז:
[ע"ש]
[נ"ל תנא]
הא לא בטיל מינה רש"ל
[ברא"ש איתא ר' אבא אבל בתוס' ב"ב מ. ד"ה קיום מוכח דהגי' לפניהם ר"ן]

גליון הש"ס

גמ' אתא לקמיה דרבה בר רב הונא. עיין תוס' ב"ב מ ע"א ד"ה קיום דנראה דהיה להם הגירסא כאן אתא לקמיה דר"נ: תוס' ד"ה דברה תורה וכו' משום דמוכחי קראי. עיי' מזרחי ריש פ' לך לך:

תְּרֵי מִגּוֹ תְּלָתָא, וְאִי נַמִי – תְּרֵי סַהֲדֵי דִּפְלַגְתְּ בְּאַפֵּי בֵּי תְּלָתָא. א"ל: מְנָא לָךְ הָא? א"ל: דִּתְנַן אִם יֵשׁ שָׁם ב"ד – מַתְּנֶה בִּפְנֵיהֶם, אֵין שָׁם ב"ד – בִּפְנֵי מִי יַתְנֶה? שֶׁלּוֹ קוֹדֵם. א"ל: מִי דָּמֵי? הָתָם דְּמַפֵּיק מָמוֹנָא מֵהַאי וּמוֹתִיב לְהַאי – בָּעֵינַן ב"ד, אֲבָל הָכָא (א) דִּידֵיהּ שָׁקְלִי, גִּילּוּי מִילְּתָא בְּעָלְמָא הוּא, בִּתְרֵי סַגִּי לֵיהּ. תֵּדַע, דִּתְנַן:* אאַלְמָנָה מוֹכֶרֶת שֶׁלֹּא בִּפְנֵי ב"ד. אֲמַר לֵיהּ אַבַּיֵי: וְלָאו מִי אִתְּמַר עֲלַהּ, אָמַר רַב יוֹסֵף בַּר מַנְיוֹמֵי אָמַר ר"נ: אַלְמָנָה אֵינָהּ צְרִיכָה ב"ד שֶׁל מוּמְחִין, באֲבָל צְרִיכָה בֵּית דִּין שֶׁל הֶדְיוֹטוֹת.§ **מתני'** גמְצָאָהּ בָּרֶפֶת – אֵין חַיָּיב בָּהּ, בִּרְה"ר – חַיָּיב בָּהּ. דוְאִם הָיְתָה בְּבֵית הַקְּבָרוֹת – לֹא יִטַּמֵּא לָהּ. האִם אָמַר לוֹ אָבִיו הִיטַּמֵּא אוֹ שֶׁאָמַר לוֹ אַל תַּחֲזִיר – לֹא יִשְׁמַע לוֹ. ופָּרַק וְטָעַן, פָּרַק וְטָעַן, אֲפִילּוּ אַרְבָּעָה וַחֲמִשָּׁה פְּעָמִים – חַיָּיב, שֶׁנֶּאֱמַר °"עָזֹב תַּעֲזֹב". זהָלַךְ וְיָשַׁב לוֹ, וְאָמַר: הוֹאִיל וְעָלֶיךָ מִצְוָה, אִם רְצוֹנְךָ לִפְרוֹק פְּרוֹק – פָּטוּר, שֶׁנֶּאֱמַר "עִמּוֹ". חאִם הָיָה זָקֵן אוֹ חוֹלֶה – חַיָּיב. מִצְוָה מִן הַתּוֹרָה לִפְרוֹק, אֲבָל לֹא לִטְעוֹן. ר"ש אוֹמֵר: אַף לִטְעוֹן. רַבִּי יוֹסֵי הַגְּלִילִי אוֹמֵר: אִם הָיָה עָלָיו יָתֵר עַל מַשָּׂאוֹ – אֵין זָקוּק לוֹ, שֶׁנֶּאֱמַר "תַּחַת מַשָּׂאוֹ" מַשָּׂאוֹי שֶׁיָּכוֹל לַעֲמוֹד בּוֹ.§ **גמ'** אָמַר רָבָא: טרֶפֶת שֶׁאָמְרוּ *אֵינָהּ מַתְעָה וְאֵינָהּ מְשַׁמֶּרֶת; אֵינָהּ מַתְעָה – מִדְּקָתָנֵי אֵינוֹ חַיָּיב בָּהּ, וְאֵינָהּ מְשַׁמֶּרֶת – מִדְּאִיצְטְרִיךְ לְמִיתְנֵי אֵינוֹ חַיָּיב בָּהּ. דְּאִי סָלְקָא דַּעְתָּךְ מְשַׁמֶּרֶת – הַשְׁתָּא מַשְׁכַּח לָהּ אַבְּרָאֵי מְעַיֵּיל לָהּ לְגַוָּאֵי, מַשְׁכַּח לָהּ מִגַּוָּאֵי מִבַּעְיָא! אֶלָּא שְׁמַע מִינַּהּ: אֵינָהּ מְשַׁמֶּרֶת. שְׁמַע מִינַּהּ.§ "מְצָאָהּ בָּרֶפֶת אֵינוֹ חַיָּיב".§ א"ר יִצְחָק: *יוְהוּא שֶׁעוֹמֶדֶת תּוֹךְ לַתְּחוּם. מִכְּלָל דִּבִרְשׁוּת הָרַבִּים, וַאֲפִילּוּ בְּתוֹךְ הַתְּחוּם – נַמִי חַיָּיב. אִיכָּא דְּמַתְנֵי לָהּ אַסֵּיפָא: בִּרְה"ר חַיָּיב בָּהּ. אָמַר רַבִּי יִצְחָק: וְהוּא שֶׁעוֹמֶדֶת חוּץ לַתְּחוּם. מִכְּלָל דְּבָרֶפֶת, אֲפִילּוּ עוֹמֶדֶת חוּץ לַתְּחוּם – נַמִי אֵינוֹ חַיָּיב בָּהּ.§ "בְּבֵית הַקְּבָרוֹת לֹא יִטַּמֵּא לָהּ".§ *ת"ר: מִנַּיִן שֶׁאִם אָמַר לוֹ אָבִיו הִיטַּמֵּא אוֹ שֶׁאָמַר לוֹ *אַל תַּחֲזִיר שֶׁלֹּא יִשְׁמַע לוֹ – שֶׁנֶּאֱמַר °"אִישׁ אִמּוֹ וְאָבִיו תִּירָאוּ וְאֶת שַׁבְּתוֹתַי תִּשְׁמֹרוּ אֲנִי ה'" (ב) – כּוּלְּכֶם חַיָּיבִין בִּכְבוֹדִי. טַעְמָא דִּכְתַב רַחֲמָנָא אֶת שַׁבְּתוֹתַי תִּשְׁמֹרוּ, הָא לָאו הָכִי – הֲוָה אָמֵינָא: צַיְיתָא לֵיהּ. וְאַמַּאי? הַאי עֲשֵׂה וְהַאי לֹא תַעֲשֶׂה וַעֲשֵׂה, *וְלָא אָתֵי עֲשֵׂה וְדָחֵי אֶת לֹא תַעֲשֶׂה וַעֲשֵׂה! אִיצְטְרִיךְ, ס"ד אָמֵינָא: הוֹאִיל וְהוּקַּשׁ כִּיבּוּד אָב וָאֵם לִכְבוֹדוֹ *שֶׁל מָקוֹם, שֶׁנֶּאֱמַר כָּאן °"כַּבֵּד אֶת אָבִיךָ וְאֶת אִמֶּךָ", וְנֶאֱמַר לְהַלָּן °"כַּבֵּד אֶת ה' מֵהוֹנֶךָ" – הִלְכָּךְ לְצַיֵּית לֵיהּ – קמ"ל דְּלָא לִשְׁמַע לֵיהּ.§ "מִצְוָה מִן הַתּוֹרָה לִפְרוֹק אֲבָל לֹא לִטְעוֹן".§ מַאי אֲבָל לֹא לִטְעוֹן? אִילֵימָא אֲבָל לֹא לִטְעוֹן כְּלָל – מַאי שְׁנָא פְּרִיקָה – דִּכְתִיב "עָזֹב תַּעֲזֹב עִמּוֹ", טְעִינָה נַמִי, הָכְתִיב °"הָקֵם תָּקִים עִמּוֹ"! אֶלָּא: כמִצְוָה מִן הַתּוֹרָה לִפְרוֹק בְּחִנָּם, וְלֹא לִטְעוֹן בְּחִנָּם – אֶלָּא בְּשָׂכָר. ר"ש אוֹמֵר: *אַף לִטְעוֹן בְּחִנָּם. תַּנְיָא לְהָא דְּת"ר: פְּרִיקָה בְּחִנָּם, טְעִינָה בְּשָׂכָר. ר"ש אוֹמֵר: זוֹ וָזוֹ בְּחִנָּם. מַאי טַעֲמַיְיהוּ דְּרַבָּנַן? דְּאִי ס"ד כְּר"ש – לִכְתּוֹב רַחֲמָנָא טְעִינָה, וְלָא בָּעֵי פְּרִיקָה, וַאֲנָא אָמֵינָא: וּמַה טְּעִינָה דְּלֵית בָּהּ צַעַר בַּעֲלֵי חַיִּים, וְלֵיכָּא חֶסְרוֹן כִּיס – חַיָּיב, פְּרִיקָה דְּאִית בָּהּ צַעַר בַּעֲלֵי חַיִּים וְחֶסְרוֹן כִּיס – לֹא כׇּל שֶׁכֵּן? אֶלָּא לְמַאי הִלְכְתָא כְּתָבֵיהּ רַחֲמָנָא? לוֹמַר לָךְ: פְּרִיקָה – בְּחִנָּם, טְעִינָה – בְּשָׂכָר. וְרַבִּי שִׁמְעוֹן, מַאי טַעְמָא? מִשּׁוּם דְּלָא מְסַיְּימִי קְרָאֵי. וְרַבָּנַן: אַמַּאי לָא מְסַיְּימִי קְרָאֵי? הָכָא כְּתִיב "רוֹבֵץ תַּחַת מַשָּׂאוֹ", הָתָם כְּתִיב "נוֹפְלִין בַּדֶּרֶךְ" דִּרְמוּ אִינְהוּ וּטְעוּנַיְיהוּ בְּאוֹרְחָא מַשְׁמַע. וְרַבִּי שִׁמְעוֹן: "נוֹפְלִין בַּדֶּרֶךְ" אִינְהוּ וּטְעוּנַיְיהוּ עִלָּוַיְיהוּ מַשְׁמַע. אָמַר רָבָא: מִדִּבְרֵי

תורה אור: שמות כג; ויקרא יט; שמות כ; משלי ג; דברים כב

רש"י

תְּרֵי מִגּוֹ תְּלָתָא. שְׁנַיִם מִן הַשְּׁלֹשָׁה יָבוֹאוּ וְיָעִידוּ לוֹמַר שְׁלֹשָׁה הָיִינוּ. אִם יֵשׁ שָׁם ב"ד. וּסְתָם ב"ד שְׁלֹשָׁה. אַלְמָא: אֵין כֹּחַ לְהַפְקִיר מָמוֹן זֶה אֶצֶל זֶה בְּפָחוֹת מִשְּׁלֹשָׁה. גִּילּוּי מִילְּתָא. שֶׁיֵּדְעוּ שֶׁחָלַקְתִּי בְּשָׁוֶה. אַלְמָנָה. הַנִּיזּוֹנֶת מִנִּכְסֵי יְתוֹמִים מוֹכֶרֶת לִמְזוֹנוֹת. שֶׁלֹּא בְּב"ד. וּבִלְבַד שֶׁיִּרְאוּ שְׁנַיִם שֶׁלֹּא תִּמְכּוֹר בְּזוֹל. **מתני'** מְצָאָהּ בָּרֶפֶת. בַּגְּמָרָא מְפָרֵשׁ מַאי אִצְטְרִיךְ. הָיְתָה בְּבֵית הַקְּבָרוֹת. וְהוּא כֹּהֵן. אוֹ שֶׁאָמַר לוֹ אַל תַּחֲזִיר. וְהוּא בְּמָקוֹם שֶׁהוּא מוּתָּר לֵילֵךְ שָׁם. הָלַךְ וְיָשַׁב לוֹ. הַבְּעָלִים. אֲבָל לֹא לִטְעוֹן. בַּגְּמָרָא מְפָרֵשׁ. **גמ'** רֶפֶת שֶׁאָמְרוּ. שֶׁשָּׁנִינוּ בְּמִשְׁנָתֵנוּ, עָסְקִינַן כְּשֶׁאֵינָהּ מַתְעָה אֶת הַבְּהֵמָה שֶׁבְּתוֹכָהּ לִהְיוֹת בּוֹרַחַת וְיוֹצֵאת. וְאֵינָהּ מִשְׁתַּמֶּרֶת. שֶׁאֵינָהּ נְעוּלָה, וְאִם בָּאת לָצֵאת – יוֹצְאָה. מְעַיֵּיל לְגַוָּאֵי. כִּדְאָמְרִינַן לְעֵיל (דף לא.): לְגִינָּתוֹ וּלְחוּרְבָּתוֹ מִנַּיִן. בְּרֵישָׁא גָּרְסִינַן: וְהוּא שֶׁעוֹמֶדֶת בְּתוֹךְ לַתְּחוּם. בְּסֵיפָא גָּרְסִינַן: וְהוּא שֶׁעוֹמֶדֶת חוּץ לַתְּחוּם. אֲנִי ה'. אע"פ שֶׁאָמַרְתִּי לְךָ: יְרָא אֶת אָבִיךָ – אֲנִי אָדוֹן לִשְׁנֵיכֶם. וְאִם אָמַר לְךָ אָבִיךָ: עֲבוֹר עַל דִּבְרֵי לְחַלֵּל שַׁבָּת – אַל תִּשְׁמַע לוֹ. הֲוָה אָמֵינָא צַיְיתָא לֵיהּ. דְּאָתֵי עֲשֵׂה דְּכִיבּוּד וְדָחֵי לֹא תַעֲשֶׂה דְּ"לֹא תוּכַל לְהִתְעַלֵּם". אֲבֵידָה עֲשֵׂה וְלֹא תַעֲשֶׂה הִיא. "הָשֵׁב תְּשִׁיבֵם" "לֹא תוּכַל לְהִתְעַלֵּם". הוּקַּשׁ כִּבוֹדָם. בִּגְזֵירָה שָׁוָה: "כַּבֵּד אֶת אָבִיךָ" "כַּבֵּד אֶת ה' מֵהוֹנֶךָ". דְּלֵית בֵּיהּ חֶסְרוֹן כִּיס. אִם לֹא יִטְעוֹן. פְּרִיקָה אִית בָּהּ חֶסְרוֹן כִּיס. שֶׁהַבְּהֵמָה נִשְׁבֶּרֶת תַּחַת מַשָּׂאָהּ. לוֹמַר לָךְ פְּרִיקָה בְּחִנָּם. אֲבָל טְעִינָה לֹא נִלְטַוֵּית אֶלָּא בְּשָׂכָר. •הִלְכָּךְ, אִי לָא כְּתַב פְּרִיקָה וְאָתְיָא מִק"ו מִטְּעִינָה – הֲוָה אָמֵינָא: דַּיּוֹ לַבָּא מִן הַדִּין לִהְיוֹת כַּנִּדּוֹן, מַה טְּעִינָה בְּשָׂכָר – אַף פְּרִיקָה בְּשָׂכָר. לָא מְסַיְּימִי קְרָאֵי. לְמַשְׁמָעוּת טְעִינָה. הִלְכָּךְ, אִי כְּתִיב חַד – הֲוָה אָמֵינָא: לִפְרִיקָה אָתָא. רוֹבֵץ תַּחַת מַשָּׂאוֹ. מַשְׁמַע שֶׁצָּרִיךְ לִפְרוֹק. דִּרְמוּ אִינְהוּ וּטְעוּנַיְיהוּ בְּאוֹרְחָא. אַף הַמַּשָּׂא מוּטָּל עַל הַקַּרְקַע שֶׁצָּרִיךְ לִטְעוֹן. מִדִּבְרֵי

תוספות

אלמנה מוכרת שלא בב"ד. וא"ת: התם משום חינא, או משום שלא תתבזה בב"ד, כדמפרש ב"אלמנה ניזונת" (כתובות דף נז. ושם)! וי"ל: דס"ל, כיון דאלמנה מוכרת אע"ג דאינה שלו שלא בב"ד משום חינא – ה"נ שותף יטול את שלו שלא בב"ד, אע"ג דליכא טעם דחינא. **בית** דין הדיוטות. וא"ת: והאמרינן התם (דף לח. ושם) אלמנה ששמה לעצמה – לא עשתה ולא כלום, דאמרינן לה: מאן שם לך. הלא מכרה ע"פ ב"ד הדיוטות! וי"ל: כיון שלוקחת לעצמה – נראה לעולם שמעכבת מנכסי יתומים בידה, אע"פ שיש ב"ד הדיוטות, כיון דליכא מומחין. אבל כשמוכרת לאחרים – אין נראה שמעכבת משלהם, שהרי לא עכבה כלום. וא"ת: ומ"ש דאלמנה מוכרת לאחרים שלא בב"ד, ובב"ד יכולה לעכב אפי' לעצמה – מדאמרינן התם דא"ל מאן שם לך, משמע דבב"ד יכולה לשום. וקאמר נמי התם: ההוא גברא דאפקידו גביה כסתא דיתמי, אזל שמה לנפשיה בת' זוזי, לסוף אייקור כו'. אתא לקמיה דרבי, א"ל: מאן שם לך? משמע דבב"ד יכול לשום. ולקמן בפרק "המפקיד" (דף לח.) תנן: המפקיד פירות אצל חבירו והרקיבו כו' עושה להם תקנה ומוכרן בב"ד, וכשהוא מוכרן – מוכרן לאחרים ואין מוכרן לעצמו. כיוצא בו גבאי צדקה פורטין לאחרים ואין פורטין לעצמם. דאפילו בב"ד מוכרן לאחרים ואין מוכרין לעצמן, ושלא בב"ד – אין מוכרין אפילו לאחרים. וליכא למימר הא דאמר ומוכרים לאחרים בב"ד היינו ברשות ב"ד, אבל אי ידעי ב"ד השומא – יכול לעכב לעצמו. דבירושלמי מסיק על ההוא מעשה דרבי יוחנן חקוקאה, דמייתי פ"ק דפסחים (דף יג. ושם) א"ל: לך ומוכרם בב"ד. אלמא: אע"פ שנתן לו רשות היה צריך למוכרם בב"ד! וי"ל: דמוכרת שלא בב"ד משום חינא. *וגבי כסתא דיתמי נמי, דיכול לעכב לעצמו בב"ד מצינן למימר דהיינו דוקא בדיעבד, דמשום חשד לא מהדרינן עובדא. א"נ: לגבי יתמי ב"ד עצמם הם מפקידין, ולכך יכול לעכב לעצמו על פיהם. אבל פקדון של אחרים – אינו יכול לעכב לעצמו על פי ב"ד. **כבד** את ה' מהונך. הא דנקט קרא דדברי קבלה, ולא נקט קרא ד"איש אמו ואביו תיראו" וכתיב "את ה' אלהיך תירא" – משום דניחא ליה לאתויי קרא דכבוד.

עין משפט נר מצוה

קעא א ב מיי' פי"ז מהל' אישות הל' יג סמג עשין מח טוש"ע אה"ע סי' קג סעיף א:
קעב ג מיי' פט"ו מהל' אבידה הל' ה סמג עשין עד טוש"ע ח"מ סי' רסא סעיף ג:
קעג ד מיי' פי"א שם הלכה יח ופי"ג מהלכות רוצח הלכה ג סמג שם טוש"ע ח"מ סי' רעב סעיף ב:
קעד ה מיי' פי"א מהל' אבידה הל' יט ופ"ו מהלכות ממרים הל' יב סמג שם וסי' עה טוש"ע ח"מ סי' רסו סעיף ה וטוש"ע י"ד סי' רמ סעיף טו:
קעה ו מיי' פי"ג מהל' רוצח הל' ה סמג עשין פא טוש"ע ח"מ סי' רעב סעיף ד:
קעו ז ח מיי' שם הל' ח טוש"ע שם סעיף ז:
קעז ט מיי' פט"ו מהל' אבידה הל' ה סמג עשין עד טוש"ע ח"מ סי' רסא סעיף ג:
קעח י טוש"ע שם בהג"ה:
קעט כ מיי' פי"ג מהל' רוצח הל' ז סמג עשין פא טוש"ע ח"מ סי' רעב סעיף ו:

מסורת הש"ס

כתובות נז.
[פי' הטור בסי' רס"א כגון שאין לו פתחים בכל ארבע רוחותיו]
זהו גי' רש"י ויש גירסא אחרת להיפך והיא גירסת הרמב"ם וע"ש ובספר כוס ישועות
יבמות ו.
[עי' תוס' קידושין לב. ד"ה רב יהודה]
[עי' לעיל ל. תוס' ד"ה הא אין]
[קידושין לב: ע"ש]
[לעיל לא.]
עיין בתוס' לכתובות דף לח. שהיא בע"א

הגהות הב"ח

(א) גמ' אבל הכא דידי שקלי: (ב) שם אני ה' אלהיכם כולכם:

גליון הש"ס

רש"י ד"ה לומר וכו' הלכך אי לא כתיב. כעין זה כתב רש"י ביצה דף ז ע"ב ד"ה קיטורו:

רבינו חננאל

קמיה תלתא. אמר ליה רב ספרא מנא לך [הא] אמר ליה דתנן אם יש שם ב"ד מתנה בפני ב"ד אמר ליה מי דמי התם אפוקי ממונא הוא ובעי ב"ד אבל הכא דידי שקלי בתרי סגי ליה תדע דקתני אלמנה מוכרת שלא בב"ד. ואסיק' משמיה דרב נחמן בההיא דאינה צריכה ב"ד מומחה אבל צריכה (אפי') ב"ד הדיוטות: **מתני'** מצאה ברפת וכו' עד אמר לו אביו היטמא או אל תחזיר לא ישמע לו. ת"ר מנין שאם אמר לו אביו היטמא או אל תחזיר שלא ישמע לו לבטל את המצוה שנאמר איש אמו ואביו תיראו ואת שבתותי תשמורו כולכם חייבים בכבודי אע"פ שהזהרתיך בכיבוד אב ואם אם יאמרו לך חלל שבת אל תשמע להן אלא ואת שבתותי תשמרו וכן בכל המצות. ומקשינן טעמא דכתב רחמנא הכי הא לאו הכי הוה אמינא אם יאמר לו אל תשיב ישמע לו אמאי והא כיבוד אב ואם עשה הוא שנאמר כבד את אביך והשבה היא עשה שנאמר השב תשיבם לאחיך ולא תעשה שנאמר לא תוכל להתעלם ולא אתי עשה ודחה לא תעשה ועשה. ופרקינן מהו דתימא הואיל ואיתקיש כיבוד אב ואם לכיבוד המקום שנאמר כבד את ה' מהונך אימא ניצייתיה ליה לאבוה קמ"ל דלא: חייב לטעון ולפרוק אפי' ק' פעמים שנאמר עזב תעזב עמו. פי' פריקה אית בה חסרון כיס שאם לא תפרקה תמות הבהמה תחת משאה טעינה אין בה חסרון כיס דליכא חששא למיתת הבהמה. ישב לו בעל הבהמה ואמר לו מצוה עליך לפרוק אם תרצה לפרוק פרוק פטור שנאמר עמו. היה בעל הבהמה זקן או חולה חייב. מצוה מן התורה לפרוק

מדברי שניהם נלמד: *צער בעלי חיים דאורייתא. ואפי' ר"ש לא קאמר אלא משום דלא מסיימי קראי, אבל מסיימי קראי – דרשי' ק"ו, משום מאי – לאו משום צער בעלי חיים דרשינן? דלמא משום דאיכא חסרון כיס. וה"ק: ומה טעינה דלית בה חסרון כיס – חייב, פריקה דאית בה חסרון כיס – לא כ"ש? וטעינה אין בה חסרון כיס? מי לא עסקינן דאדהכי והכי בטיל משוקיה, אי נמי אתו גנבי ושקלי כל מה דאיכא בהדיה. תדע דצער בעלי חיים דאורייתא, דקתני סיפא, ר' יוסי הגלילי אומר: אם היה עליו יתר [על] משאו – אין זקוק לו, שנאמר °"תחת משאו" – משאוי שיכול לעמוד בו. לאו מכלל דת"ק סבר [א]זקוק לו? מאי טעמא – לאו משום דצער בעלי חיים דאורייתא? דלמא ב"תחת משאו" פליגי, דרבי יוסי סבר: דרשינן "תחת משאו" – משאוי שיכול לעמוד בו, ורבנן סברי: לא דרשינן "תחת משאו". תדע דצער בעלי חיים לאו דאורייתא, דקתני רישא: הלך וישב לו, ואמר לו הואיל ועליך מצוה לפרוק פרוק – פטור, שנאמר "עמו". ואי סלקא דעתך צער בעלי חיים דאורייתא, מה לי איתיה למריה בהדיה, ומה לי כי ליתיה למריה בהדיה? לעולם צער בעלי חיים דאורייתא, מי סברת פטור פטור לגמרי? (א) ודלמא: פטור – בחנם, וחייב – בשכר. וה"ק רחמנא: כי איתיה למריה בהדיה – עבד גביה בחנם, וכי ליתיה למריה בהדיה – עבד גביה בשכר, ולעולם צער בעלי חיים דאורייתא. (סימ"ן בהמ"ת אוה"ב שונ"א רבצ"ן) לימא מסייע ליה: [ב]בהמת גוי מטפל בה כבהמת ישראל. אי אמרת בשלמא צער בעלי חיים דאורייתא – משום הכי מטפל בה כבהמת ישראל. אלא אי אמרת צער בעלי חיים לאו דאורייתא, אמאי מטפל בה כבהמת ישראל? התם [ג]משום איבה. הכי נמי מסתברא, דקתני: אם היתה טעונה יין נסך – אין זקוק לה. אי אמרת בשלמא לאו דאורייתא – משום הכי אין זקוק לה, אלא אי אמרת דאורייתא – אמאי אין זקוק לה? ה"ק: ולהטעינה יין נסך – אין זקוק לה. תא שמע: [ד]בהמת גוי ומשאוי ישראל – "וחדלת". ואי אמרת צער בעלי חיים דאורייתא, אמאי "וחדלת"? "עזב תעזב" מבעי ליה! [ה]לעולם צער בעלי חיים דאורייתא, התם בטעינה. אי הכי, אימא סיפא: [ו]בהמת ישראל ומשאוי גוי – "עזב תעזב". ואי בטעינה, אמאי "עזב תעזב"? משום צערא דישראל. אי הכי אפילו רישא נמי! רישא [ז]בחמר גוי, סיפא בחמר ישראל. מאי פסקת? סתמא דמלתא, איניש בתר חמריה אזיל. והא "וחדלת" ו"עזב תעזב" בפריקה הוא דכתיבי! *א"ל: הא מני – רבי יוסי הגלילי היא, דאמר: *צער בעלי חיים לאו דאורייתא. ת"ש: *[ח]אוהב לפרוק ושונא לטעון – מצוה בשונא כדי לכוף את יצרו. ואי סלקא דעתך צער בעלי חיים דאורייתא, הא עדיף ליה! אפ"ה, כדי לכוף את יצרו עדיף. ת"ש: *[ט]שונא שאמרו – שונא ישראל, ולא שונא גוי. אי אמרת צער בעלי חיים דאורייתא – מה לי שונא ישראל ומה לי שונא גוי? מי סברת אשונא דקרא קאי? אשונא *דמתניתין קאי. תא שמע: רובץ

רש"י

מדברי שניהם. מדקאמרי תרווייהו פריקה עדיפא. ואפילו ר"ש לא קאמר. דאיצטריך למכתב פריקה לטעינה. לאו משום צער בעלי חיים. והכי יליף: מה טעינה דליכא צער בעלי חיים – חייב, פריקה דאיכא צער בעלי חיים – לא כ"ש. מי לא עסקינן. וכי אין המקרא מדבר אף בהולך לסחורה, דאדהכי בטיל משוקיה. תדע. דלרבנן דפליגי עליה דר"ש, ולר"ש – צער בעלי חיים דאורייתא. מכלל דת"ק. דרבי יוסי הגלילי, רבנן ור"ש. זקוק לו. ואמאי זקוק לו? אי משום מצות "עזב תעזב" – הא כתיב משאו הראוי לו. אלא משום צער בעלי חיים. לא דרשינן משאו. למשא הראוי לו, ד"משאו" – כל משא שעליו משמע. ותדע. דהכי הוא כדדחינא לך, דצער בעלי חיים לאו דאורייתא. עביד גביה. משום צער בעלי חיים, ועל כורחו יטול שכר. לימא מסייע ליה. לרבא, דאמר לעיל: צער בעלי חיים דאורייתא. מטפל בה. לפרוק משאה. אי אמרת (ב) לאו דאורייתא. וטעמא משום איבה הוא – מש"ה אין זקוק לה, שיכול להשמט, ולומר: דבר איסור הוא לנו. ה"ק ולהטעינה. ולעולם דאורייתא. ורישא תנא מטפל בה בין בפריקה בין בטעינה, פריקה – משום צער בעלי חיים, וטעינה – משום איבה. ולהטעינה יין אסור, דלאו צערא איכא ולאו איבה איכא – אין זקוק לה. התם בטעינה. לקמיה פריך: הא בפריקה כתיב. משום צערא דישראל. שצריך להשהות שם. בחמר גוי. ואין בעל המשא שם, ועל הגוי לטעון. מאי פסקת. וכי פסקת הדבר כן דכל בהמת גוי הוי חמר גוי, וכל בהמת ישראל הוי חמר ישראל? שונא שאמרו. קס"ד שונא שאמרו אשונא דקרא קאי, דמשתעי בפריקה "כי תראה חמור שונאך רובץ" וגומר. אשונא דמתניתין קאי. אהך מתניתא דלעיל, דשונא לטעון הוא. רובץ

תוספות

מדברי שניהם נלמד צער בעלי חיים דאורייתא. וא"ת: א"כ אמאי עוקרים על המלכים ולא מדרכי האמורי (ע"ז דף יא.)? וי"ל: משום דכבוד מלך ונשיא עדיף, כמו "בל תשחית" דנדחה מפני כבודם. דאונקלוס (ג) שרף על ר"ג ע' מנה צורי, פ"ק דע"ז (שם). ועוד: דכיון דכתיב "את סוסיהם תעקר" – קל לדחות מפני המלך.

מי לא עסקינן דאדהכי והכי בטיל משוקיה. וא"ת: מ"מ נדרוש ק"ו מטעינה דלית בה חסרון כיס! וי"ל: כיון דטעינה שיש בה חסרון כיס לא הוי בשכר, דמ"ש מפריקה – א"כ אף טעינה דלית בה חסרון כיס נמי הוי בחנם. ופריקה לכתבה לדרוש שום דרשה אחרת.

מכלל דת"ק סבר דזקוק לו. המקשה סבור דת"ק נמי ידרוש 'משאו' שהוא יכול לעמוד בו, ושאינו יכול לעמוד בו נהי דאין חייב לסייע בחנם, משום דלית ביה מצות פריקה – מ"מ בשכר חייב לסייעו, משום צער בעלי חיים. וא"ת: ולרבי יוסי הגלילי דסבר צער בעלי חיים לאו דאורייתא, ואית ליה לקמן (דף לג.) דטעינה בשכר, מ"ש טעינה מפריקה? וי"ל: דדריש ק"ו מחסרון כיס. דלכתוב טעינה גרידא, דיש טעינה שאין בו חסרון כיס, וכ"ש פריקה, אלא כתב פריקה לאגמורי דטעינה בשכר, וכיון דטעינה שאין בה חסרון כיס הויא בשכר – היכא דאית בה חסרון כיס נמי, דהיינו היכא דבטיל משוקיה – הוי בשכר, דילפי' מטעינה דלית בה חסרון כיס. והשתא לא בא להוכיח רק דצער בעלי חיים דאורייתא, ולא לקיים שמכח ק"ו יש להוכיח דצער בעלי חיים דאורייתא. דאפשר שק"ו הוי מחסרון כיס כדפרישית, לר' יוסי. וא"ת: ודלמא זקוק לו מדרבנן! וי"ל: דכל הסוגיא מוכחת דאי צער בעלי חיים לאו דאורייתא – אינו חייב לסייעו אפי' בשכר, כדאמרינן בסמוך: וכי ליתיה למריה בהדיה ליעבד גביה בשכר, ולעולם צער בעלי חיים דאורייתא. אבל אי הוי דרבנן – פטור היה אפילו בשכר. וכן בתר הכי דקאמר ואי אמרת לאו דאורייתא אמאי מטפל ביה – וליסני מדרבנן.

ואי לאו דאורייתא אמאי מטפל בה. וא"ת: והלא בספרי דורש: "שונאך" – אפילו שונא גוי! וי"ל: דאסמכתא בעלמא היא, דב"ערבי פסחים" (פסחים דף קיג: ושם) מוקי בשונא ישראל.

ולהטעינה יין אסור אין זקוק לה. אבל שאר דברים – זקוק, ואפילו לטעון, משום איבה.

אמאי וחדלת. וא"ת: וליסני בחנם, אבל בשכר חייב, ולעולם צער בעלי חיים דאורייתא! וי"ל: ד"וחדלת" משמע לגמרי.

ואי בטעינה אמאי עזוב. וליכא למימר דבטיל משוקיה – דאם כן רישא נמי.

לכוף יצרו. וא"ת כיון דב"ערבי פסחים" (שם) מוקי לה בישראל שמותר לשנאותו, כגון שראה בו דבר ערוה, מה שייך בו לכוף יצרו? וי"ל: דלא מיירי בשונא דקרא. **מה** לי שונא גוי. ה"מ לשנוי ישראל בחנם, ולגוי בשכר.

מה

עין משפט נר מצוה

קפ א מיי' פי"ג מהל' רוצח ושמירת נפש הל' א סמג עשין פא טוש"ע ח"מ סי' רעב סעיף א:

קפא ב ג מיי' שם הל' ט ועיין בכ"מ טוש"ע שם סעיף ט:

קפב ד מיי' שם טוש"ע שם סעיף ח:

קפג ה מיי' שם הל' יג ועיין בכ"מ טוש"ע שם סעיף ט בהג"ה:

קפד ו מיי' שם הל' ט ועיין בהג"ל טוש"ע שם סעיף ט:

קפה ז מיי' שם טוש"ע שם סעיף ח:

קפו ח מיי' שם הל' יג טוש"ע שם סעיף י:

קפז ט מיי' שם הל' יד טוש"ע שם סעיף יא:

רבינו חננאל

לפרוק בחנם ולא לטעון בחנם אלא בשכר. ר' שמעון אומר אף לטעון בחנם משום דלא מסיימי קראי איזהו לפרוק ואיזהו לטעון הילכך שניהם בחנם. אמר רבא מדברי שניהם נלמד צער בעלי חיים דאוריי' מדאמרי' פריקה דברי הכל בחנם: ר' יוסי הגלילי אומר אם הטעינו יותר ממשאו ונפל אין נזקק לו שנאמר תחת משאו משאוי שיכול לעמוד בו. בהמת גוי מטפל בה כבהמת ישראל משום איבה. בהמת גוי וגוי מחמר אחריה ומשאוי של ישראל וצריך לטעון אין זקוק לו שנא' וחדלת. אבל ישראל מחמר אחרי בהמתו והמשאו לגוי עזב תעזוב עמו. ומקשי' והא תרוויהו וחדלת עזב תעזב בפריקה הוא דכתיב ביה ואוקימנא כר' יוסי הגלילי דסבר צער בעלי חיים לאו דאורייתא. אוהב צריך לסייעו בפריקה והשונא צריך לסייעו בטעינה יניח האוהב ויסייע השונא כדי לכוף את יצרו לשלום. ופשוטה היא:

[נ"ל אלא הא מני]

הגהות הב"ח

(א) גמ' פטור לגמרי דלמא כצ"ל ואות ו' נמחק: (ב) רש"י ד"ה אי אמרת בשלמא לאו: (ג) תוס' ד"ה מדברי וכו' דאונקלוס הגר שרף:

מסורת הש"ס

תורה אור: שמות כג

[שבת קכח:]

הגהות הגר"א

[א] תוס' ד"ה לכוף. וי"ל כו'. נ"ב ר"ל דא"ל להקדים אבל מ"מ חייב כמש"ש:

[שבת קנד:]

[תוספתא פ"ב]

פסחים קיג: [תוספתא שם]

נ"ל דמתניתא

תורה אור

שמות כג °"רובץ" – ולא רבצן, "רובץ" – ולא עומד, "תחת משאו" – ולא מפורק, "תחת משאו" – משאוי שיכול לעמוד בו. ואי אמרת צער בעלי חיים דאורייתא, מה לי רובץ ומה לי רבצן ומה לי עומד? הא מני – ר' יוסי הגלילי היא, דאמר צער בעלי חיים דרבנן. ה"נ מסתברא, דקתני: "תחת משאו" – משאוי שיכול לעמוד בו, מאן שמעת ליה דאית ליה האי סברא – רבי יוסי הגלילי, ש"מ. ומי מצית מוקמת לה כרבי יוסי הגלילי? והא קתני סיפא: "תחת משאו" – ולא מפורק. מאי לא מפורק? דברים כב אילימא לא מפורק כלל – הא כתיב °"הקם תקים עמו". אלא פשיטא: לא מפורק – בחנם, אלא בשכר. מאן שמעת ליה דאית ליה האי סברא – רבנן! לעולם ר' יוסי הגלילי היא, ובטעינה סבר לה כרבנן. ת"ר: [א] °"כי תראה" – יכול אפי' מרחוק שמות כג – ת"ל: "כי תפגע". אי "כי תפגע" יכול פגיעה ממש – ת"ל: "כי תראה". ואיזו היא ראייה שיש בה פגיעה – אשיערו חכמים אחד משבע ומחצה במיל, וזה הוא ריס. תנא: בומדדה עמו עד פרסה. אמר רבה בר בר חנה: גונוטל שכר.§ **מתני'** *דאבדתו ואבדת אביו – אבדתו קודמת, אבדתו ואבדת רבו – שלו קודם. האבדת אביו ואבדת רבו – של רבו קודמת, שאביו הביאו לעולם הזה ורבו שלמדו חכמה מביאו לחיי העולם הבא. ואם אביו [ב] חכם – של אביו קודמת. זהיה אביו ורבו נושאין משאוי – מניח את של רבו, ואחר כך מניח את של אביו. חהיה אביו ורבו בבית השבי – פודה את רבו ואחר כך פודה את אביו. טואם אביו חכם – פודה את אביו ואח"כ פודה את רבו.§ **גמ'** מנא הני מילי? *אמר רב יהודה אמר רב: אמר דברים טו קרא °"אפס כי לא יהיה בך אביון" – ישלך קודם לשל כל אדם. ואמר רב יהודה אמר רב: כּכל המקיים בעצמו כך – סוף בא לידי כך.§ "היה אביו ורבו נושאין משאוי" וכו'.§ *תנו רבנן: רבו שאמרו – רבו שלמדו חכמה, ולא רבו שלמדו מקרא ומשנה, דברי ר"מ. *רבי יהודה אומר: לכל שרוב חכמתו הימנו. רבי יוסי אומר: אפילו לא האיר עיניו אלא במשנה אחת – זה הוא רבו. אמר רבא: כגון *רב סחורה, דאסברן *זוהמא ליסטרון. שמואל קרע מאניה עליה ההוא מרבנן דאסבריה: *אחד יורד לאמת השחי ואחד פותח כיון. אמר עולא: מתלמידי חכמים שבבבל עומדין זה מפני זה, וקורעין זה על זה. נולענין אבדה במקום אביו – אינן חוזרין אלא לרבו מובהק. קבעי מיניה רב חסדא מרב הונא: תלמיד וצריך לו רבו מאי? אמר ליה: חסדא חסדא, לא צריכנא לך, את צריכת לי עד ארבעין שנין. איקפדי אהדדי ולא עיילי לגבי הדדי. יתיב רב חסדא ארבעין תעניתא משום דחלש דעתיה דרב הונא, יתיב רב הונא ארבעין תעניתא משום דחשדיה לרב חסדא. איתמר, רב יצחק בר יוסף אמר ר' יוחנן: הלכה כרבי יהודה, רב אחא בר רב הונא אמר רב ששת: הלכה כרבי יוסי. ומי אמר רבי יוחנן הכי? והאמר רבי יוחנן: *הלכה כסתם משנה, ותנן: רבו שלמדו חכמה! מאי חכמה – רוב חכמתו. ת"ר: העוסקין במקרא – מדה ואינה מדה, במשנה – מדה ונוטלין עליה שכר, סתלמוד – אין לך מדה גדולה מזו, ולעולם הוי רץ למשנה יותר מן תלמוד. הא גופא קשיא, אמרת: בתלמוד אין לך מדה גדולה מזו, והדר אמרת: ולעולם הוי רץ למשנה יותר מן התלמוד! אמר רבי יוחנן: בימי

[לעיל ל. ד"ה ...] [סנהדרין קד:]

רש"י

רובץ. מקרה הוא לו שרובץ תחת משאו בפעם הזאת. ולא רבצן. הרגיל בכך. ולא מפורק. והוא צריך טעינה. ולקמן פריך: הכתיב "הקם תקים". יכול מרחוק. והטיל עליו שילך שם. מדדה עמו. לאחר שהטעינו, שמא יחזור ויפול. **גמ'** מנא הני מילי. דשלו קודם. לא יהיה בך אביון. הזהר מן עניות. כל המקיים בעצמו כך. אף על פי שלא הטילו עליו הכתוב, יש לאדם ליכנס לפנים משורת הדין ולא לדקדק שלו קודם, אם לא בהפסד מוכיח. ואם תמיד מדקדק – פורק מעליו עול ג"ח וצדקה, וסוף שיצטרך לבריות. שלמדו חכמה. סברת טעמי המשנה ולהבין שלא יהו סותרות זו את זו, וטעמי איסור והיתר והחיוב והפטור, והוא נקרא גמרא. מקרא. תורה נביאים וכתובים. משנה. כמו שהן שנויות, ואין טעמן מפורש בהן. כל שרוב חכמתו הימנו. אם מקרא אם משנה אם גמרא. האיר עיניו. שהודיעו טעם משנה אחת שלא יכול להבין. דאסברן זוהמא ליסטרון. בסדר טהרות (כלים פי"ג משנה ב ופכ"ה משנה ג) היא שנויה. ולא הייתי יודע מה כלי הוא, ולמדני שהוא כף גדולה שמסלקין בו זוהם הקדירה והקלחת לצדדין. קרע מאניה. קרע שאין מתאחה, כדין תלמיד על הרב. אחד יורד לאמת השחי. משנה היא במסכת תמיד (פרק ג משנה ו), אלל הנכנסים שחרית לפתוח דלתות ההיכל: מי שזכה בדישון מזבח הפנימי כו', ושני מפתחות בידו, אחד יורד לאמת השחי ואחד פותח כיון. אחד מן המפתחות הללו פותח פשפש הצפוני שאצל פתח ההיכל בקרן מזרחית צפונית של אולם והיכל, כדתנן התם: שני פשפשים היו לו לשער הגדול, אחד לצפון ההיכל והאולם ואחד לדרומו. ואותו שבדרום לא נכנס בו אדם מעולם, כדמפרש התם. ואותו פשפש שבצפון, והוא לפתח שבזוית האולם. שאצל חמש אמות של כותל ההיכל שבצפון פתח ההיכל, ודלת סובבת בו, ואותו מפתח של אותו הפתח יורד לאמת השחי. פשפשים = פתחים קטנים כמין ביבות קטנות, ארכו כעובי רוחב הכותל ודלת סובבת בו, פושטי"ר בלע"ז. אחד יורד לאמת השחי – הבא לפתוח בו שחרית [פשפש שבזוית האולם] עומד מבחוץ בתוך האולם ומכניס ידו בחור שבכותל עד בית שחיו ופותח. ואחד פותח כיון. לאחר שנכנס בזה (א) ובא לו לתא אשר על פני אחת עשרה אמה של אולם וקלת מן ההיכל, ופותח במפתח שני דלת אחד שמן התא להיכל מהר בלא טורח כשאר פתחים, ונכנס להיכל לפתוח דלתות ההיכל. כיון. כמו (פסחים דף לו.): יעשנה בדפוס ויקבענה כיון = מהר בלא טורח. והאי שער הגדול הוא פתח ההיכל שבין אולם להיכל. עומדין זה מפני זה. כדין תלמיד לרב. לפי שהיו יושבין תמיד בבית המדרש יחד ומקשין ומפרקין, וכולם למדים זה מזה. לרבו מובהק. שרוב חכמתו ממנו, כר"י. וצריך לו רבו. ששמע שמועות שיש בידו מפי אחרים. מאי. כלומר: קודם לאביו לענין אבדה. ותנן רבו שלמדו חכמה. סתמא כר' מאיר. רוב חכמתו. אם מקרא – מקרא, אם משנה – משנה. מדה. היא קצת. ואינה מדה. שהמשנה וגמרא יפים ממנה, מפני שתלוין בגירסא ומשתכחים. שבימיהם לא היה גמרא בכתב, וגם לא היה ניתן לכתוב. אלא לפי שנתמעטו הלבבות התחילו דורות [אחרונים] לכתבו. תלמוד. כבר פירשתי למעלה שהוא לתת לב להבין סתימות טעמי המשנה מה הם, ולכשמשניות סותרות זו את זו יבין לתרץ שיהיו שתיהן קיימות, או לדעת דברי התנאים החלוקים בדבר, וגימא: הא מני – פלוני חכם הוא. בימי

תוספות

מה לי רבצן. וא"ת, וליטני: רובץ – בחנם, רבצן – בשכר. דה"נ משני ולא מפורק בחנם אלא בשכר! וי"ל: דניחא ליה לשנויי דאתי כרבי יוסי הגלילי כדמוכח דאתיא כוותיה. **ונוטל** שכר. במה שמדדה. ובפריקה מיירי, שירא פן ירבץ. דאי בטעינה – פשיטא, דהא טעינה גופה בשכר, וכל שכן מה שמדדה.

***וזהו** ריס. אית דגרסי רוס. דשבע ומחצה רוס עולה *אלפים, דהוי שיעור מיל, כדמוכח בפרק "שני שעירי" (יומא דף סז.) גבי סוכות דשעיר המשתלח. **אבדתו** קודמת. וא"ת: אבדתו ואבדת רבו וכבוד אביו איזהו קודם? אי אבדתו – הלא כבוד אביו עדיף, למאן דאמר בפ"ק דקדושין (דף לב. ושם) משל בן. ואם כבוד אביו – הלא אבדת רבו קודמת, כדאמר לעיל* "אני ה'"! ויש לומר: אבדתו קודמת, דהיכא דאביו נהנה מגוף הבהמה – חייב לכבדו, כגון שחוט לי בהמתך. אבל הניחה ליאבד ותביא לי לאכול, שגם לאב קשה האבדה, אלא שרוצה לאכול*. **ומקרעין** זה על זה. אף על פי שאינו יודע יותר, לפי שלומדין זה מזה. ואם תאמר: דאמרינן בפרק "האורג" (שבת דף קה: ושם) חייב לקרוע על אדם כשר אפילו לא היה בשעת יציאת נשמה! [ג] ויש לומר: דהכא מיירי בקרע שאינו מתאחה, כדין תלמיד על רבו. וכן פירש רש"י.

אחיכם

עין משפט נר מצוה

קפח א מיי' פי"ג מהל' רוצח הל' ו סמג עשין פא טוש"ע חו"מ סי' רעב סעיף ה:

קפט ב מיי' שם הל' ה טוש"ע שם סעיף ז:

קצ ג מיי' שם הל' ז טוש"ע שם סעיף ו:

*הוא אלפים חסר חמשה ועיין בערוך ערך רוס

קצא ד מיי' פי"ב מהל' אבידה הלכה ח סמג עשין עד טוש"ע חו"מ סי' רסד ס"א:

קצב ה ו מיי' שם ה"ב ופ"ה מהלכות ת"ת הלכה א סמג שם טור ש"ע שם ס"ב וטור ש"ע י"ד סי' רמב סל"ד:

קצג ז מיי' פ"ה מהל' ת"ת ה"א סמג שם טוש"ע י"ד סי' רמב סל"ד:

קצד ח ט מיי' שם ופ"ח מהל' מתנות עניים הל' יח סמג שם וסי' קסב טוש"ע שם וסי' רנב ס"ט: [וע"ש בתוס' ד"ה ר"י וכן בתו' זבחים ל: ד"ה חטאת]

קצה י מיי' פי"ב מהל' אבידה הלכה א סמג עשין עד טוש"ע ח"מ סי' רסד ס"א וטוש"ע יו"ד סי' רמב סל"ה:

קצו כ טוש"ע ח"מ שם:

קצז ל מיי' פי"ב מהל' אבדה הל' ב ופ"ה מהל' ת"ת הל' ט סמג עשין שם טוש"ע ח"מ סי' רסד ס"ב וטוש"ע י"ד סי' רמב סעיף ל:

קצח מ מיי' פ"ה מהל' ת"ת ופ"ט מהל' אבל הי"א סמג עשין יב עד פב טוש"ע יו"ד סי' רמב ס"ל וסי' שמ ס"ז וסעיף ח:

קצט נ מיי' פי"ב מהל' אבידה הל' ב סמג עשין עד טוש"ע ח"מ סי' רסד סעיף ב:

[עיין תוספות מו"ק כה: ד"ה ועל רבו]

[עי' תוס' סנהדרין מט: ד"ה אמר ותוספות יבמות קו. ד"ה רבא וע"ז יט. ד"ה אמר]

ר ם מיי' פ"א מהל' ת"ת הלכה יא סמג עשין יב טוש"ע י"ד סי' רמו ס"ד:

הגהות הב"ח

(א) רש"י ד"ה ואחד פותח כיון לאחר שנכנס בזה. נ"ב אבל הר"י שוהליה פי' שאותן שני מפתחות היו נכנסים בפשפש הצפוני וע"ש:

הגהות הגר"א

[א] גמרא ת"ר כי תראה. כו' ממש ת"ל כי תראה. כ"ל (והוא בדברים כב וכן הוא בספרי שם וא"ש דכ' המקראות כתובי גבי אבידה) ומוכיחין זה לזה ועיין ריטב"א ושיטה מקובצת ובהגר"א ח"מ סי' רע"ב ס"ק ב': [ב] במשנה חכם. נ"ב גירס' הרי"ף ורא"ש כאן שקול נגד רבו: [ג] תוס' ד"ה ומקרעין. וי"ל כו'. נ"ב ורמב"ם חולק וכ' דוקא ברבו מובהק (ועמ"ש רבינו ביו"ד סי' רמב ס"ק סט):

לעיל ל. סנהדרין סד: ע"ש

[מסכת כלה תוספתא הוריות פ"ב]

[כלים פי"ג מ"ב ופכ"ה מ"ג] [תמיד ל:]

רש"ל

שבת מו. וש"נ

רבינו חננאל

ת"ר כי תראה יכול מרחוק ת"ל כי תפגע יכול פגיעה ממש פניא בפנים ת"ל כי תראה (הם) [הא] כיצד ראיה שיש בה פגיעה שיערו חכמים אחד משבעה ומחצה במיל וזהו ריס. ומדדה עמו עד פרסה ונוטל שכרו. קיימא לן פריקה בחנם לדברי הכל וטעינה בשכר כרבנן: **מתני'** אבדתו ואבדת אביו וכו' אבדת רבו שלו קודמת. פי' יניח של אביו ויניח של רבו וישיב את שלו שנאמר אפס כי לא יהיה בך אביון. והמדקדק שלא יבא לידי עניות סוף בא לידי כך: ת"ר רבו שאמרו רבו שלמדו חכמה ולא רבו שלמדו מקרא ומשנה דברי ר"מ ר' יהודה אומר כל שרוב חכמתו ממנו ור' יוסי [אמר] אפי' לא האיר עיניו אלא במשנה אחת זהו רבו. אע"ג דאמר ר' יוחנן הלכה כר' יהודה רב ששת דהוא בתרא אמר הלכה כר' יוסי. ועוד הנה שמואל עשה כמותו וקרע על ההוא מרבנן דאסבריה הא דתנן במסכת תמיד פ' אמר להן הממונה ושני מפתחות אחד יורד אמת השחי ואחד פותח כיון פירש לו מפתח אחד היה מכניס ידו ופותח בו מיד והאחר לא יכול לפתוח בו עד שהיה מוריד ידו עד שחיו וכך היה פותח וכן הוא מפורש בתלמוד ארץ ישראל א) הנה שמואל לא למד ממנו אלא פירוש משנה זו בלבד וכיון ששמע שמת קרע עליו כאשר קורע התלמיד על רבו. וכן פירש רבא כי רבו כגון רב סחורה דאסברן זומליסטרון ב) פי' התרוד שמהפך בה בשר בתוך הצלחת נקראת זומליסטרון: ובתלמוד ארץ ישראל ג) רב כר"מ חד בר נש פתח פומיה דרב ושמע דדמך ובזע עלוהו. ומתניתין נמי כר' יוסי דייקא ד) והא דאוקימנא כר' יהודה שינויא הוא: ת"ר העוסק במקרא פי' במקרא בלבד ואין מתעסק גם בתלמוד מדה שאינה מדה היא שהרי לא נתעסק גם בפתרון המצות. במשנה מדה שנוטלין עליה שכר פי' המתעסק בפתרון המשנה שיש בה הרבה מן המצות שהן קבלה והן תלויות במשניות החיצונות וכשהוא מתעסק במשנה צריך לעיין באותן הברייתות כולן ופתרוני החכמים יש לו בזה שכר מצוה. אבל המתעסק בתלמוד ומורה ומבאר המצות כתקנן ומגיד הלכה למעשה אין לך מדה גדולה מזו כי בתלמוד פתרון התורה והמשנה והמצוה שהן בקבלה הלכה למשה מסיני. ולעולם הוי רץ למשנה יותר מן התלמוד פי' הוי רץ למשנה שהיא מדה ונוטלין עליה שכר והשוגג אינו נדון בה כמזיד אבל המתעסק בתלמוד אפי' השגגות חשובות עליו כזדונות שהיה לו לדקדק על עצמו שלא יכשל אפי' בשגגה לפי שמדקדקין עליו אפי' כחוט השערה שנאמר וסביביו נשערה מאד מלמד שהקב"ה מדקדק עם סביביו אפי' כחוט השערה ומי יכול להשמר כל זה וכבר פירשנוהו הוי זהיר בתלמוד ששגגת התלמוד עולה זדון הוי זהיר אתה המתעסק בתלמוד ששגגתו עולה לך זדון וכו' יהודה בר' אלעי דדרש הגד לעמי פשעם אלו תלמידי חכמים ששגגות נעשות להם כזדונות וכו'. אמר עולא תלמידי חכמים שבבבל עומדין זה מלפני זה וקורעין זה על זה וכו'. פי' כיון שנושאין זה עם זה בהלכה לומדין זה מזה טעמי' הרבה כרבו הוא חשוב כל אחד לחבירו לפיכך עומדין זה מפני זה וקורעין זה על זה אבל לענין השבת אבידה אינו מניח של אביו ומחזיר לרבו אלא אם הוא רבו מובהק. רב חסדא הוא תלמיד רב הונא דגרסי' בעירובין בתחלת פרק הדר עם הנכרי בחצר. אמר רב יוסף ביעתא בכותחא בעאי מרב חסדא בשני רב הונא ולא פשט לי. פי' מפני שיש בכותח כמכא דחלבא הוצרך לשאול אם הוא מותר שיאכל ביצת שחוטה בכותח אי לא כלומר ביצת שחוטה כבשר היא וכיון שיש בכותח חלב נמצא כאילו אוכל בשר בחלב ואסור אי לא ואע"ג דדבר ברור הוא דתניא השוחט את התרנגולת ומצא בה ביצים גמורות מותרות לאכלן בחלב אפי' הכי זה שהוא דבר קל לא רצה להורות בפני רב הונא רבו. בעא מיניה רב חסדא מרב הונא תלמיד וצריך לו רבו מהו כלומר תלמיד חריף שרבו נהנה ממנו ומשאילות התלמיד ומחקריו מוסיף הרב חכמה כדאמר [סנהדרין קח] הרבה למדתי מרבותי ומחברי יותר מהם ומתלמידי יותר מכולם תלמיד כגון זה אצל רבו יניח אבידת אביו ויחזיר או לא וחשב רב הונא בדעתו כי רב (הונא) [חסדא] על עצמו שאל וכי הוא כענין תלמיד שצריך לו רבו וכעס והשיבו חסדא חסדא לא צריכנא לך ולא לחידודך ולא לפלפולך אנת צריך לקבל ממני עד מלאת לך לפני מ' שנה שבמלאת מ' שנה עומד התלמיד על דעת רבו כדכתיב ואולך אתכם ארבעים שנה במדבר וגו' ולא נתן ה' לכם לב לדעת וגו': איקפדו להדדי ולא עול לגבי [הדדי]. רב הונא יתיב ארבעין תעניתא דחשדיה לרב חסדא. רב חסדא יתיב ארבעין תעניתא משום דחלש דעתיה דרב הונא.

דרש

א) כן מבואר בירושלמי בסוף פרקין. ב) כ"ה גירסת רבינו זומליסטרון בתיבה אחת וכ"ה גי' הערוך בערך זמלסטר וע"ש עוד גירסא אחרת. ג) נראה דלאו שייך כאן רק מקומו לעיל אצל דברי ר"מ. ד) וכן הובא בשמ"ק ובשו"ת מהרי"ק בשורש קס"ט דרבינו פסק כר' יוסי:

עין משפט נר מצוה

א א מיי' פ"א מהלכות שכירות הל' ב סמג עשין פט טור ש"ע ח"מ סי' רלא סעיף א:

ב ב ג ד מיי' פ"ח מהל' שאלה ופקדון הלכה א סמג עשין פח טור ח"מ סי' רלה:

ג ה מיי' פכ"ב מהלכות מכירה הלכה י סמג עשין פ"ב טור ש"ע ח"מ סי' רט סעיף ד:

אחיכם אלו בעלי מקרא. שאינם יודעים דינים והוראות כי אם על פי בעלי גמרא. 'שונאיכם' אלו בעלי משנה – שסבורים לידע כמו בעלי תלמוד, ואינם יודעים בירור הדבר. 'מנדיכם' אלו ע"ה – ששונאים ת"ח, ושמא תאמר אבד סברן – ת"ל "ונראה בשמחתכם" ישראל ישמחו, וגוים יבושו.

בימי רבי נשנית משנה זו. הא דקתני תלמוד אין לך מדה גדולה מזו – לפי שמשרבו תלמידי שמאי והלל, שהיו לפניו שלשה דורות, רבו מחלוקות בתורה ונעשית כשתי תורות,* מתוך עול שעבוד מלכיות וגזירות שהיו גוזרין עליהן, ומתוך כך לא היו יכולים לתת לב לברר דברי החולקים עד ימיו של רבי, שנתן הקב"ה לו חן בעיני אנטונינוס מלך רומי, כדאמרינן בע"ז (דף י:). ונחו מצרה, ושלח וקבץ כל תלמידי ארץ ישראל, ועד ימיו לא היו מסכתות סדורות, אלא כל תלמיד ששמע דבר מפי גדול הימנו גרסה, ונתן סימנים: הלכה פלונית ופלונית שמעתי משם פלוני. וכשנתקבצו אמר כל אחד מה ששמע, ונתנו לב לברר טעמי המחלוקת דברי מי ראוין לקיים, וסידרו המסכתות; דברי נזיקין לבדם, ודברי יבמות לבדם, ודברי קדשים לבדם. וסתם נמי במשנה דברי יחידים שראה רבי את דבריהם ושנאן סתם, כדי לקבוע הלכה כמותם. לפיכך אמרו בתלמוד: אין לך מדה גדולה מזו, שיתנו לב לטעמי המשנה. שבקו כולי עלמא מתני'. מלחזור על גרסת משנתם. ואזלו בתר תלמוד. לחשוב בסברא. הדר דרש להו הוי רץ למשנה. לפי שירא פן ישתכחו המשניות, ויחליפו שמות החכמים, ובמקום חיוב יאמרו פטור, ובמקום אסור יאמרו מותר. מאי דרוש. מתחילה, כשדרש שתלמוד גדול. לעמי פשעם. עמי, דהיינו ת"ח. את חטאתם אני קורא פשע, שהיה להם לתת לב בטעמי משנתם שיתבררו להם על העיקר, ולא יורו הלכה מתוך משנה שאינה עיקר. ולבית יעקב. שאר העם. חטאתם. אפילו פשע שלהם אני קורא חטאת. הוי זהיר בתלמוד. בגמרא, שהיא תירוץ [טעמי] המשניות. או אם תשמע דבר משנה מרבך – הזהר לשאול טעמיו ומי שנאה. ששגגת תלמוד. אם שגית בהוראה בשגגת תלמודך, שלא ידעת טעם המשנה ונתת בה טעם אחר, ומתוך כך דמית לה דין או הוראה שבא לידך ולמדת הימנה שלא כדת, שאין הטעם כמו שהיית סבור, שאילו ידעת טעם המשנה – לא דמית לה מעשה הבא לידך. עולה זדון. ענוש אתה עליה כמזיד, שזדון הוא בידך, שלא שאלת טעם מרבך. אלו ת"ח. ששימשו חכמים הרבה ללמדם טעמי משנתם, זה בזו וזה בזו, שאין הכל בקיאין בשוין. שנאיכם אלו בעלי משנה. ששונאין בעלי תלמוד. לפי שבעלי תלמוד אומרים על בעלי משנה שהן מבלי עולם, כדאמרינן במסכת סוטה (דף כב.): התנאים מבלי עולם, שמורים הלכה מתוך משנתם. מנדיכם אלו ע"ה. שת"ח שנואין ומתועבין להן כנדה. שמא תאמר אבד סברם. של אלו – שהרי כתיב: "למען שמי יכבד ה'" דמשמע שהם אומרים, אבל אין הדבר כן. ת"ל ונראה בשמחתכם. ולא נאמר ונראה בשמחתם. כך אמר הנביא: אני ואחיכם שונאיכם ומנדיכם – כולנו נראה בשמחתכם. והם יבושו. אותם שהם גוים, שאינם ממנו ואינן נקראין על שם ישראל – יבושו וישראל ישמחו.

תורה אור

*בימי רבי נשנית משנה זו. שבקו כולא עלמא מתניתין ואזלו בתר תלמוד. הדר דרש להו: ולעולם הוי רץ למשנה יותר מן התלמוד. מאי דרוש – כדדריש רבי יהודה ברבי אלעאי: מאי דכתיב °"הגד לעמי פשעם ולבית יעקב חטאתם"? (ישעיה נח) "הגד לעמי פשעם" – אלו תלמידי חכמים, *ששגגות נעשות להם כזדונות. "ולבית יעקב חטאתם" – אלו עמי הארץ, שזדונות נעשות להם כשגגות. והיינו דתנן,* ר' יהודה אומר: הוי זהיר בתלמוד, ששגגת תלמוד עולה זדון. דרש ר' יהודה בר' אלעאי: מאי דכתיב °"שמעו דבר ה' החרדים אל דברו"? (שם סו) אלו תלמידי חכמים. "[אמרו] אחיכם" – אלו בעלי מקרא, "שנאיכם" – אלו בעלי משנה, "מנדיכם" – אלו עמי הארץ. שמא תאמר פסק סברם ובטל סיכוים – ת"ל "ונראה בשמחתכם". שמא תאמר ישראל יבושו – תלמוד לומר "והם יבושו" – גוים יבושו וישראל ישמחו.§

הדרן עלך אלו מציאות

המפקיד *אצל חבירו בהמה או כלים, ונגנבו או שאבדו, שילם ולא רצה לישבע, [א]שהרי אמרו: שומר חנם נשבע ויוצא, [ב]נמצא הגנב – משלם תשלומי כפל, טבח ומכר – משלם תשלומי ארבעה וחמשה. למי משלם – [ג]למי שהפקדון אצלו. [ד]נשבע ולא רצה לשלם, נמצא הגנב – משלם תשלומי כפל. טבח ומכר – משלם תשלומי ארבעה וחמשה. למי משלם – לבעל הפקדון.§ **גמ'** למה ליה למתני בהמה, ולמה ליה למתני כלים? צריכי, דאי תנא בהמה – הוה אמינא: בהמה הוא דמקני ליה כפילא – משום דנפיש טירחה לעיולה ולאפוקה, אבל כלים דלא נפיש טירחייהו – אימא לא מקני ליה כפילא. ואי תנא כלים – הוה אמינא: כלים הוא דקמקני ליה כפילא – משום דלא נפיש כפלייהו, אבל בהמה דכי טבח ומכר משלם תשלומי ד' וה' – אימא לא מקני ליה כפילא, צריכא. מתקיף לה רמי בר חמא: והא [ה]אין אדם מקנה דבר שלא בא לעולם. ואפילו *לר"מ, דאמר: אדם מקנה דבר שלא בא לעולם – ה"מ כגון פירות דקל, דעבידי דאתו, אבל הכא מי

הדרן עלך אלו מציאות

המפקיד. אית דלא גרסי או שאבדו, משום דבאבידה ליכא כפל. ויש ליישב: שכך טוען הנפקד, ואחר כך נמצא הגנב. אי נמי אנו יודעים שנגנבו מתוך ביתו אך אין אנו יודעים אם פשע או שאבדו, שאנו יודעין שנאבד ממנו אך לא ידעינן אם על ידי גניבה או על ידי דבר אחר.

נגנבו. ה"ה אם אמר 'פשעתי' שהכפל שלו, כדאמר בגמרא מגו דאי בעי פטר נפשיה בגניבה. אלא אורחא דמילתא נקט נגנבו – שהוא רגילות לטעון דבר שהוא פטור אע"פ שהוא רוצה לשלם. וריב"ן פי': דמתני' נמי ה"פ דהנפקד אומר שנגנבו בפישעה ולא רצה לישבע, היינו ולא רצמה לישבע לשקר. **כגון** פירות דקל דעבידי דאתו. וא"ת: והכא, אפילו אי עבידי דאתו – היאך יקנה הכפל במעות ששילם? והלא מעות אינן קונות אלא למיקם עליה ב"מי שפרע". ועוד: מאי קפריך בסמוך מי יימר דמיגנבא, והלא כששילם כבר נגנבה, והול"ל מי יימר דנגנבה – פירוש שכבר נגנבה, שמא נאבדה. ויש לומר: דהמקשה סבר דבשעת משיכה הקנה לו הפרה לקנות הכפל כשיבא, ואע"ג דבפרק ,מי שמת" (ב"ב דף קמז:) אמרי' דבדקל לפירות אפילו רבנן מודו דקני – היינו משום דעבידי דאתו, אל הכא דלא עבידי דאתא – אפילו לר' מאיר לא קני. וקשה, דבפ' "השולח" (גיטין מב: ושם) מיבעיא לן בעבד שמכרו רבו לקנס, דדילמא אפילו לר' מאיר לא יועיל, משום דלא עבידא דאתי דמנגח. או דילמא אפילו לרבנן יועיל, משום דהא קאי עבדא, והוי כדקל לפירותיו. והכא פשיטא ליה דלא מהני פרה לכפילא ואפילו לר"מ! וי"ל: דשאני התם שכיח טפי מהכא. אי נמי הכא פריך אם תימצי לומר בעבד שמכרו רבו לקנס דלא מהני לר"מ, ומשני: נעשה כאומר לו 'לכשתגנב ותשלמני הרי פרתי קנויה לך מעכשיו', שגוף הפרה מכר לו, דהשתא הכפל שלו ממילא* דילמא

הדרן עלך אלו מציאות

המפקיד. ולא רצה לישבע. שבועת שומרים, שלא פשע בה ושלא שלח בה יד – שהיה יכול ליפטר בשבועה זו, שהרי אמרו כו'. למי שהפקדון אצלו. דכיון דשילם קנה כל תשלומיה, ובתלמוד מפרש טעמא. **גמ'** דמקני ליה כפילא. הבעלים מקנין לשומר כפל העתיד להשתלם, כדאמר לקמן שבשעה שמסרה לו לשמור על מנת כן מסרה, שאם תגנב וירצה וישלם – יהא כפל שלו. אימר לא מקנה ליה כפילא. לא מסרה לו מתחילה על מנת כן. דלא נפיש כפלייהו. שאין באין לידי ארבעה וחמשה, שאינה נוהגת אלא בשור ושה בלבד. מתקיף לה רמי כו'. א] אמתניתין קא מתמה. והא אין אדם מקנה דבר שלא בא לעולם. והיאך הקנו לו בעלים כפל זה, שעדיין לא נתחייב בו גנב? ואפילו לר' מאיר דאמר. בפ"ג דקדושין (דף סג.): הרי את מקודשת לי על מנת שאתגייר – איכא למיגמר מינה מוכר פירות דקל לחבירו עד שלא באו לעולם, דאפליגו בה רב הונא ורב נחמן לקמן ב"איזהו נשך" (דף סו:). דעבידי דאתו. גרסינן.

מי

רבינו חננאל

דרש ר' יהודה בר' אלעי שמעו דבר ה' החרדים אל דברו אלו תלמידי חכמים וכו':

הדרן עלך אלו מציאות

המפקיד אצל חבירו בהמה או כלים נגנבו או שאבדו שילם ולא רצה לישבע וכו' עד למי משלם למי שהפקדון אצלו וכן הלכה. ומקשי' והא אין [אדם] מקנה לחבירו דבר שלא בא לעולם כלומר היאך יכול המפקיד להקנות כפילו למי שהפקדון בידו והא אפי' ר' מאיר דסבר אדם מקנה לחבירו דבר שלא בא לעולם כי האי גוונא לא אמר.

[ועי' תוספות ב"ב עט: ד"ה אימור]

הגהות מהר"ב רנשבורג

א] ברש"י ד"ה מתקיף לה רמי. נ"ב עיין הליכות עולם דף ז' ע"ב ודף ח' ע"א ובדברי בעל יבין שמועה שם יעוש"ה ז' ע"ב בד"ה ה"ע ומליצו מתקיף וכו':

מסורת הש"ס

סוטה מז: סנהדרין פח:

[עיין תוספות בבא קמא לד: ד"ה בימי וכו']

[דוגמתו סנהדרין קג:]

אבות פרק ד משנה יג

ב"ק קח.

יבמות לג. קדושין סב: גיטין יג: מב: ב"ב עט: קכז: קלח. קמח: קנז:

גליון הש"ס

גמ' אלו עמי הארץ. עי' סוטה דף כב ע"א תוס' ד"ה רבי שמואל: **רש"י** ד"ה בימי וכו' שמסרבו תלמידי. ועיין חגיגה דף טז ע"א תוספות ד"ה יוסי:

מִי יֵימַר דְּמִגַּנְבָא, וְאִם תִּימְצֵי לוֹמַר דְּמִגַּנְבָא — מִי יֵימַר דְּמִשְׁתַּכַּח גַּנָּב, וְאִי מִשְׁתַּכַּח גַּנָּב — מִי יֵימַר דִּמְשַׁלֵּם, דִּלְמָא מוֹדֵי וּמִפְּטַר. אָמַר רָבָא: נַעֲשָׂה כְּאוֹמֵר לוֹ: לִכְשֶׁתִּגָּנֵב וְתִרְצֶה וּתְשַׁלְּמֵנִי — הֲרֵי פָּרָתִי קְנוּיָה לְךָ מֵעַכְשָׁיו. מַתְקִיף לָהּ ר' זֵירָא: אִי הָכִי, אֲפִי' גִּיזּוֹתֶיהָ וּוְלָדוֹתֶיהָ נַמִי. אַלְמָה תַּנְיָא: חוּץ מִגִּיזּוֹתֶיהָ וּוְלָדוֹתֶיהָ! אֶלָּא אָמַר ר' זֵירָא: נַעֲשָׂה כְּאוֹמֵר לוֹ חוּץ מִגִּיזּוֹתֶיהָ וּוְלָדוֹתֶיהָ. וּמַאי פַּסְקָא? סְתָמָא דְּמִלְּתָא, שְׁבָחָא דְּאָתָא מֵעָלְמָא — עָבֵיד אִינִישׁ דְּמַקְנֵי, שְׁבָחָא דְּמִגּוּפָהּ — לָא עָבֵיד אִינִישׁ דְּמַקְנֵי. אִיכָּא דְּאָמְרִי, אָמַר רָבָא: נַעֲשָׂה כְּאוֹמֵר לוֹ לִכְשֶׁתִּגָּנֵב וְתִרְצֶה וּתְשַׁלְּמֵנִי, סָמוּךְ לִגְנֵיבָתָהּ קְנוּיָה לְךָ. מַאי בֵּינַיְיהוּ? אִיכָּא בֵּינַיְיהוּ קוּשְׁיָא דְּרַבִּי זֵירָא. אִי נַמִי, דְּקַיְימָא בַּאֲגַם. § "שִׁילֵּם וְלֹא רָצָה לִישָּׁבַע" [וכו']. § א"ר חִיָּיא בַּר אַבָּא א"ר יוֹחָנָן: לֹא "שִׁילֵּם" שִׁילֵּם מַמָּשׁ, אֶלָּא כֵּיוָן שֶׁאָמַר הֲרֵינִי מְשַׁלֵּם, אע"פ שֶׁלֹּא שִׁילֵּם. תְּנַן: שִׁילֵּם וְלֹא רָצָה לִישָּׁבַע, שִׁילֵּם — אִין, לֹא שִׁילֵּם — לָא. אֵימָא סֵיפָא: נִשְׁבַּע וְלֹא רָצָה לְשַׁלֵּם, טַעְמָא — דְּלֹא רָצָה, הָא רָצָה — אע"פ שֶׁלֹּא שִׁילֵּם! אֶלָּא מֵהָא לֵיכָּא לְמִשְׁמַע מִינַּהּ. תַּנְיָא כְּוָתֵיהּ דְּר' יוֹחָנָן: הַשּׂוֹכֵר פָּרָה מֵחֲבֵירוֹ וְנִגְנְבָה, וְאָמַר הֲלָה הֲרֵינִי מְשַׁלֵּם וְאֵינִי נִשְׁבָּע וְאח"כ נִמְצָא הַגַּנָּב — מְשַׁלֵּם תַּשְׁלוּמֵי כֵפֶל לַשּׂוֹכֵר. אָמַר רַב פָּפָּא: שׁוֹמֵר חִנָּם, כֵּיוָן שֶׁאָמַר פָּשַׁעְתִּי — מַקְנֶה לֵיהּ כְּפֵילָא, דְּאִי בָּעֵי פָּטַר נַפְשֵׁיהּ בִּגְנֵיבָה. שׁוֹמֵר שָׂכָר, כֵּיוָן שֶׁאָמַר נִגְנְבָה — מַקְנֶה לֵיהּ כְּפֵילָא, דְּאִי בָּעֵי פָּטַר נַפְשֵׁיהּ בִּשְׁבוּרָה וּמֵתָה. שׁוֹאֵל שֶׁאוֹמֵר הֲרֵינִי מְשַׁלֵּם — לָא מַקְנֵי לֵיהּ כְּפֵילָא. בְּמַאי הֲוָה לֵיהּ לְמִפְטַר נַפְשֵׁיהּ — בְּמֵתָה מֵחֲמַת מְלָאכָה, מֵתָה מֵחֲמַת מְלָאכָה לָא שְׁכִיחַ. אִיכָּא דְּאָמְרִי, אָמַר רַב פָּפָּא: שׁוֹאֵל נַמִי, כֵּיוָן שֶׁאָמַר הֲרֵינִי מְשַׁלֵּם — מַקְנֵי לֵיהּ כְּפֵילָא, דְּאִי בָּעֵי פָּטַר נַפְשֵׁיהּ בְּמֵתָה מֵחֲמַת מְלָאכָה. אֲמַר לֵיהּ רַב זְבִיד, הָכִי אֲמַר אַבָּיֵי: שׁוֹאֵל עַד שֶׁיְּשַׁלֵּם. מַאי טַעְמָא — הוֹאִיל וְכָל הֲנָאָה שֶׁלּוֹ, בְּדִיבּוּרָא לָא מַקְנֵי לֵיהּ כְּפֵילָא. תַּנְיָא כְּוָתֵיהּ דְּרַב זְבִיד: הַשּׁוֹאֵל פָּרָה מֵחֲבֵירוֹ וְנִגְנְבָה, וְקִידֵּם הַשּׁוֹאֵל וְשִׁילֵּם, וְאח"כ נִמְצָא הַגַּנָּב — מְשַׁלֵּם תַּשְׁלוּמֵי כֵפֶל לַשּׁוֹאֵל. לְלִישָּׁנָא קַמָּא דְּרַב פָּפָּא וַדַּאי לָא הָוְיָא תְּיוּבְתָּא, לְלִישָּׁנָא בַּתְרָא לֵימָא תֶּיהֱוֵי תְּיוּבְתֵּיהּ? אָמַר לָךְ רַב פָּפָּא: מִי אַלִּימָא מִמַּתְנִיתִין, דְּקָתָנֵי שִׁילֵּם וְאוֹקִימְנָא בְּאָמַר, הָכָא נַמִי — בְּאָמַר. מִי דָּמֵי? הָתָם לָא קָתָנֵי קִידֵּם, הָכָא קָתָנֵי קִידֵּם! מַאי קִידֵּם — קִידֵּם וְאָמַר. הָא מִדְּקָתָנֵי גַּבֵּי שׂוֹכֵר וְאָמַר, וְגַבֵּי שׁוֹאֵל קִידֵּם — ש"מ דַּוְקָא קָתָנֵי. מִידֵּי גַּבֵּי הֲדָדֵי תַּנְיָא? שַׁיְּילִינְהוּ לְתַנָּאֵי דְּבֵי רַבִּי חִיָּיא וּדְבֵי ר' אוֹשַׁעְיָא, וְאָמְרִי: גַּבֵּי הֲדָדֵי תַּנְיָין. פְּשִׁיטָא, אָמַר "אֵינִי מְשַׁלֵּם" וְחָזַר וְאָמַר "הֲרֵינִי מְשַׁלֵּם" — הָא קָאָמַר הֲרֵינִי מְשַׁלֵּם. אֶלָּא אָמַר "הֲרֵינִי מְשַׁלֵּם", וְחָזַר וְאָמְרוּ

מִי יֵימַר דְּמִגַּנְבָא. שֶׁעָתִיד לְהִיגָּנֵב, דְּלִיקְנֵי לֵיהּ כֵּפֶל בִּשְׁעַת מְסִירָה? דְּעַל כָּרְחָךְ מִשְּׁעַת מְסִירָה בָּעֵי לְאַקְנוּיֵיהּ, שֶׁמְּשָׁכָהּ מִמֶּנּוּ עַל מְנָת כֵּן. **נַעֲשָׂה כְּאוֹמֵר לוֹ.** בְּשָׁעָה שֶׁמְּסָרָהּ לוֹ. דְּקִיס לְהוּ לְרַבָּנַן דְּנִיחָא לְהוּ לַבְּעָלִים שֶׁיְּהֵא בָּטוּחַ בַּקֶּרֶן, עַל מְנָת שֶׁיְּהֵא סָפֵק כֵּפֶל הֶעָתִיד לָבֹא שֶׁל שׁוֹמֵר, וַהֲרֵי הִיא כִּמְסָרָהּ לוֹ עַל מְנָת כֵּן שֶׁאִם תִּיגָּנֵב וִישַׁלֵּם לוֹ קֶרֶן שֶׁתְּהֵא פָּרָה קְנוּיָה לוֹ מִשָּׁעָה שֶׁמְּסָרָהּ. נִמְצָא, לְמַפְרֵעַ כְּשֶׁנִּגְנַב הַגַּנָּב — שֶׁל שׁוֹמֵר הָיְתָה, דְּפָרָה כְּבָר הִיא בָּעוֹלָם. **אִי הָכִי.** דְּנִמְצָא שֶׁהָיְתָה שֶׁלּוֹ מִשָּׁעָה רִאשׁוֹנָה — יִזְכֶּה אַף בַּגִּיזּוֹת וּוְלָדוֹת שֶׁהָיוּ לָהּ מִשֶּׁבָּאָה לְבֵיתוֹ, דְּכֵיוָן דְּנִגְנַב וְרָצָה וְשִׁילֵּם — נִמְצֵאת שֶׁלּוֹ לְמַפְרֵעַ. **פַּסְקָא.** פָּסַקְתָּ הַדָּבָר בְּכָל אָדָם שֶׁדַּעְתּוֹ לְהַקְנוֹת כֵּפֶל אִם יָבֹא לְכָךְ, וְאֵין דַּעְתּוֹ לְהַקְנוֹת הַוְּלָדוֹת. **נַעֲשָׂה כְּאוֹמֵר לוֹ.** בְּשָׁעָה שֶׁמְּסָרָהּ לוֹ. **לִכְשֶׁתִּגָּנֵב וְתִרְצֶה וּתְשַׁלְּמֵנִי.** אִם תְּשַׁלֵּם לִי הַקֶּרֶן. **סָמוּךְ לִגְנֵיבָתָהּ קְנוּיָה לָךְ.** שָׁעָה אַחַת לִפְנֵי גְּנֵיבָתָהּ תְּהֵא הַפָּרָה קְנוּיָה לָךְ. וְהִיא כְּבָר הָיְתָה בָּעוֹלָם. **קוּשְׁיָא דְּר' זֵירָא.** לְלִישָּׁנָא בַּתְרָא לֵיכָּא לְאַקְשׁוּיֵי גִּיזּוֹת וּוְלָדוֹת, דְּהָא סָמוּךְ לִגְנֵיבָתָהּ הוּא דְּאַקְנְיֵיהּ. **א"נ דַּהֲוָה קַיְימָא בַּאֲגַם.** כְּשֶׁנִּגְנְבָה נִגְנְבָה. לְלִישָּׁנָא בַּתְרָא לָא קָנֵי כְּפֵילָא, דְּהָא סָמוּךְ לִגְנֵיבָתָהּ לֹא הָיְתָה בַּחֲצֵירוֹ שֶׁתְּהֵא חֲצֵירוֹ קוֹנָה לוֹ. וּמְשִׁיכָה הַהִיא שַׁעְתָּא לָא הֲוַאי, וּבְמַאי נִקְנֵי? וְאִ"ת: תִּקְנֵי לוֹ מְשִׁיכָה רִאשׁוֹנָה שֶׁמְּשָׁכָהּ לוֹ עַל מְנָת לִקְנוֹתָהּ שָׁעָה הַסְּמוּכָה לִגְנֵיבָתָהּ? הָא אָמְרִינַן בִּכְתוּבּוֹת בְּ"הָאִשָּׁה שֶׁנָּפְלוּ לָהּ נְכָסִים" (דף פב.): הָאוֹמֵר לַחֲבֵירוֹ מְשׁוֹךְ פָּרָה זוֹ וְלֹא תִּקְנֵי לְךָ אֶלָּא לְאַחַר שְׁלֹשִׁים — לֹא קָנָה. **הַשּׂוֹכֵר פָּרָה וְנִגְנְבָה כו'.** אע"פ שֶׁהַשּׂוֹכֵר חַיָּיב בִּגְנֵיבָה וַאֲבֵידָה, מ"מ אִם רוֹצֶה לְשַׁקֵּר וְלִישָּׁבַע שֶׁנֶּאֶנְסָה — הָיָה נִפְטָר בִּשְׁבוּעָה. הִלְכָּךְ, כִּי אָמַר נִגְנְבָה, וְחִיֵּיב עַצְמוֹ בַּקֶּרֶן — נִקְנָה לוֹ הַכֵּפֶל. **מַקְנֶה לֵיהּ כְּפֵילָא.** נִקְנָה לוֹ הַכֵּפֶל. כָּל חִיּוּבֵי וּפְטוּרֵי דְּד' שׁוֹמְרִין יָלְפִינַן מִקְּרָאֵי לְקַמָּן בְּפֶרֶק "הַשּׁוֹאֵל" (דף צד:): שׁוֹמֵר חִנָּם יִשָּׁבַע עַל הַכֹּל אִם לֹא פָּשַׁע. וְהַשּׁוֹאֵל מְשַׁלֵּם אֶת הַכֹּל. נוֹשֵׂא שָׂכָר וְהַשּׂוֹכֵר פְּטוּרִין מִן הָאוֹנָסִין, וְחַיָּיבִין בִּגְנֵיבָה וַאֲבֵידָה. שׁוֹאֵל פָּטוּר בְּמֵתָה מֵחֲמַת מְלָאכָה הָרְאוּיָה לָהּ, דְּאָמַר לֵיהּ לְהָכִי אוֹשַׁלְתְּ לִי, וְלָא לְאוֹקְמָהּ בְּכִילְתָּא. **וְכָל הֲנָאָה שֶׁלּוֹ.** שֶׁהָיָה עוֹשֶׂה בָּהּ מְלַאכְתּוֹ בְּלֹא שׁוּם שָׂכָר. **בְּדִיבּוּרָא.** דַּ"הֲרֵינִי מְשַׁלֵּם". **לָא מַקְנֵי לֵיהּ.** הַבְּעָלִים כֵּפֶל, שֶׁאֵין זוֹ שׁוּם טוֹבָה. מוּטָל הָיָה עָלָיו לְהָנִיחַ דַּעְתּוֹ, שֶׁהִשְׁאִילָהּ לוֹ חִנָּם. **לְלִישָּׁנָא קַמָּא דְּר"פ.** וַדַּאי לָא הָוֵי תְּיוּבְתָּא דְּנֵימָא כֵּיוָן דְּטַעְמָא דְּרַב פָּפָּא מִשּׁוּם דְּלָא הֲוָה (א) לְמִפְטַר נַפְשֵׁיהּ דְּהָא מֵתָה מֵחֲמַת מְלָאכָה לָא שְׁכִיחָא, אֲפִי' קָדַם וְשִׁילֵּם נַמִי אִית לֵיהּ לְרַב פָּפָּא דְּלָא קָנֵי לֵיהּ כְּפֵילָא. וְתִיקְשֵׁי לֵיהּ, הָא וַדַּאי לֵיכָּא לְאוֹתוּבֵי, דְּמָצֵי אָמַר לָךְ: תְּנָא אע"פ שֶׁאָמַר "הֲרֵינִי מְשַׁלֵּם" אָמְרִי, וְלָא אָמְרִי אע"פ שֶׁשִּׁילֵּם. **נֵימָא תֶּיהֱוֵי תְּיוּבְתָּא.** מִי נֵימָא דְּשִׁילֵּם דַּוְקָא קָאָמַר תַּנָּא דִּבְרַיְיתָא. **וְהָא מִדְּקָתָנֵי.** תַּנָּא דִּבְרַיְיתָא גַּבֵּי שׂוֹכֵר וְאָמַר, כִּדְאָמְרִינַן לְעֵיל תַּנְיָא כְּוָתֵיהּ דְּר' יוֹחָנָן וְגַבֵּי שׁוֹאֵל (ב) וְשִׁילֵּם, בְּהָךְ דְּתַנְיָא כְּוָתֵיהּ דְּרַב זְבִיד. **שַׁיְּילִינְהוּ. לְתַנָּאֵי.** בְּנֵי הַיְשִׁיבָה. שֶׁהָיוּ שׁוֹנִין תּוֹסֶפְתָּא דְּרַבִּי חִיָּיא וְתוֹסֶפְתָּא דְּרַבִּי אוֹשַׁעְיָא, שֶׁהֵם עִיקָּר, כִּדְאָמְרִינַן בְּעָלְמָא (חולין דף קמא.): כָּל מַתְנִיתָא דְּלָא מִיתַּנְיָא בֵּי רַבִּי אוֹשַׁעְיָא וְרַבִּי חִיָּיא — לָא תּוֹתְבוּהָ בֵּי מִדְרְשָׁא.

דלמא מודה ומפטר. פי': דלמא ימהר להודות קודם שיבאו עדים, והיינו כרב דאמר מודה בקנס ואח"כ באו עדים פטור. ואע"ג דממתני' ד"מרובה" (ב"ק דף עה:) דייקי' דלא כרב, על פי עצמו דומיא דעל פי עד אחד, לפי מסקנא דהתם דאמר: מסתברא מלתיה דרב בשחייב עצמו בקרן, אבל היכא דפטר עצמו מכלום — לא אמר, לא מפקא מדרב. וכן הלכה. ולא כשמואל דמחייב. דר' יוחנן סבר נמי התם דפטור. ושמואל ור' יוחנן — הלכה כר' יוחנן, כדאמר פ' "מי שהוציאוהו" (עירובין דף מז:).

אי נמי דקיימא באגם. תימה: דנימא נעשה כאמר לו לכשתגנב ותשלמני — הרי פרתי קנויה לך מעכשיו סמוך לגניבה, דהשתא קני אפילו עומדת באגם, כדאמר ר' יוחנן בפ' "האשה שנפלו" (כתובות ד' פב: ושם): משוך פרה זו ותקנה לך מעכשיו ולאחר שלשים יום — קנה, אפי' עומדת באגם. וגיזותיה וולדותיה לא קנה, אע"פ שאומר מעכשיו — שאין הקנין נגמר עד סמוך לגניבתה, כדאמר ר' יוחנן בפ' "האומר" (קידושין דף ס.): צא אחד וקדשה מעכשיו ולאחר שלשים יום, בא אחר וקדשה מעכשיו ולאחר כ' יום, בא אחר וקדשה מעכשיו ולאחר עשרה ימים, בא אחר וקדשה מעכשיו — אפי' הן מאה, כולם תופסים בה, דכל חד וחד רווחא לחבריה שבק! ושמא י"ל: דקדושין אלימי, וכיון דאשכחו רווחא — תו לא פקעי. אבל הכא — גיזות וולדות לכל הפחות הנהו דאיתנהו בשעת מסירה אהני מעכשיו לקנותה סמוך לגניבתה למפרע.

אלא מהא ליכא למשמע מינה. תימה: כיון דקשיא ליה רישא לסיפא, נימא 'נעשה', כדאמרינן בפרק קמא דקידושין (דף ה:) ותקשה לר' יוחנן! וי"ל: דשילם נקט לאביי דפרק "הגוזל קמא" (ב"ק ד' קח.) לאורויי דאם נשבע ושילם — דאין הכפל שלו, ולרבא — לאורויי שילם אע"פ שנשבע תחלה שהכפל שלו. ולא רצה לישבע — היינו לא רצה לעמוד בשבועה. אבל אם אמר "הריני משלם", אם נשבע תחלה — אין הכפל שלו.

שואל עד שישלם. הואיל וכל הנאה שלו. ולהאי טעמא, אפי' אם התנה להיות כש"ח — לא קנה עד שישלם. ולטעמא דלעיל דמשום לא שכיחא, אם התנה להיות כש"ח — קנה כפל, במגו דפטר נפשיה גניבה ואבידה דשכיחא.

ללישנא קמא דרב פפא ודאי לא הויא תיובתא. דאמר הריני משלם — לא קנה כפל, אבל שילם — קנה כפל. ור"ת גרס: ודאי הויא תיובתא. דכיון דרב פפא מפרש טעמא משום דלא שכיח, האי טעמא שייך אפילו בשילם. והא דנקט ואמר "הריני משלם" — משום דנקט גבי ש"ח וש"ש, נקט נמי גבי שואל.

רבינו חננאל

ופריק רבא נעשה כאומר לו בשעה שהפקיד אצלו לכשתיגנב ותרצה ותשלם לי הרי פרתי זו קנויה לך מעכשיו. אי הכי כי מאותה שעה שהפקידה אצלו הקנה אותה לו. יהיה אפילו גיזותיה וולדותיה לו. א) ופריק איכא דאמרי אמר רבא נעשה כאומר לו לכשתגנב ותרצה ותשלם לי תהיה פרתי זו קנויה לך סמוך לגניבה שעה אחת. פי' ללישנא קמא דרבא קנה דהא אית ליה בידיה. ללישנא בתרא דרבא לא קנה דהא באגמא הות קיימא וליתה ברשותיה דליקני לה ליה. פירוש אחר מאי בינייהו איכא בינייהו קשיא דר' זירא. פירוש ללישנא בתרא דרבא דאמ' סמוך לגניבתה קנויה לך לית אורחא לאקשויי אי הכי גיזותיה וולדותיה דליכא סמוך לגניבתה לא גיזות ולא ולדות. אי נמי דקיימא באגם. פי' ללישנא קמא דרבא לא קני כפל ב) דהא ליתה ברשותיה דליקני לה במשיכה ויזכה בכפילא לפיכך ג) אנו' פר'תי קנוית לך מעכשיו בעידנא דעיילא ברשותיה חוץ מגיזותיה וולדותיה. וללישנא בתרא דרבא אע"ג דהות באגמא קני לה דהא ברשותיה קיימא מעידנא דאפקיד מרה לגביה דהא מיחייב בשמירתה ומיגו דאיחייב בשמירתה כל היכא דאיתה ברשותיה קיימא הלכך זכי ליה בכפילא דאמרינן סמוך לגניבתה אקנייה ליה מרה ונפקא מרשותיה ואשכחתא דממי שהפקדון אצלו נגנבה. א"ר יוחנן לא שילם ממש אלא כיון שאמר הריני משלם אע"פ שלא שילם עדיין קנה. תניא נמי הכי השוכר פרה מחבירו ונגנבה ואמר השוכר הריני משלם ואיני נשבע שנאנסה ונמצא הגנב משלם תשלומי כפל לשוכר. אוקמוה [ב"ק נז ע"ב] לר"מ שאמר שוכר כשומר חנם משלם. אמר רב פפא שומר חנם שאמר פשעתי בה מיקני ליה כפל דאי בעי הוה פטר נפשיה בגניבה ואבידה וכיון שאמר פשעתי ואני חייב לשלם כאילו שילם וקנה הכפל וכן שומר שכר שהודה לו כי נגנבה. אבל שואל אע"פ שאמר הריני משלם לא קנה הכפל דלית ליה למיפטר נפשיה אלא במתה מחמת מלאכה והא נגנבה וליתה גביה דנימא מחמת מלאכה מתה. איכא דאמרי שואל נמי כיון דאמר הריני משלם קני כפל וכו' אמר ליה רב זביד הכי אמר אביי שואל עד שישלם מאי טעמא הואיל וכל הנאה שלו היא בדיבורא לא קני ליה כפל. והלכתא כרב פפא בשומר חנם ובשומר שכר מיגו דאי בעו הוו יכלי למיפטר נפשייהו וקא מודו בההוא הנאה מקנה להו כפילא. חדא דשמעתיה דר' יוחנן סתמא היא. ורב זביד נמי לא פליג עליה אלא בשואל בלחוד ובשואל הלכתא כרב זביד דתניא בהדיא כוותיה ודייקין ללישנא קמא דרב פפא דאמר שואל כיון שאין לו דרך להפטר מן התשלומין אע"פ שאמר הריני משלם לא קנה כפל הוא הדין ואפי' שילם דהא חיובה קא פרע ולא מהני מידי למשאיל דליקני ליה כפילא אי הכי קשיא ליה הא דתניא השואל פרה מחבירו ונגנבה וקדם השואל ושילם ואחר כך נמצא הגנב משלם תשלומי כפל לשואל ואתינן לדחויה ד) ולא נדחית אלא מדקתני גבי שוכר ואמר הריני משלם וגבי שואל תני וקדם ושילם ושתי הברייתות הללו ביחד הם שנויות במקום אחד זו אחר זו במתניתא דבי רבי חייא דוקא קתני וקדם ושילם ש"מ דאפילו שואל אם שילם קנה כפל קשיא לרב פפא לפום דוקיא דדייקינן משמעתיה דהוא הדין אפילו שילם לא קנה. ויש מי שגורס הכי ללישנא קמא דרב פפא ודאי לא הויא הא דתניא כוותיה דרב זביד תיובתא ומאן דגרים הכי פשוטה היא אינה צריכה לפנים ולא לפני לפנים. תוב [מקשינן] ללישנא בתרא דרב פפא דאמר כיון דאמר השואל הריני משלם קנה כפל קשיא ליה הא מתניתא דקתני גבי שואל וקדם ושילם ואוקימנא דוקא שילם אבל אמר ואכתי לא שילם לא קנה ונדחו דברי רב פפא בשואל לתרתי לישני ובשילם השואל דברי הכל כפילא דידיה היא ודלא כר' יוסי דאמר כיצד הלה עושה סחורה וכו'. שלמו

א) נראה דנתחלפו השורות בכאן וכן צ"ל ופריק נעשה כאומר לו חוץ מגיזותיה וולדותיה איכא דאמרי אמר רבא וכו' עד שעה אחת. מאי בינייהו איכא בינייהו קושיא דר' זירא וכו' עד תיבות דקיימא באגם. פי' ללישנא קמא דרבא קנה וכו' עד תיבות דליקני לה ליה. פירוש אחר ללישנא קמא דרבא לא קני כפל וכו': ב) ר"ל אם לא הי' אומר מעכשיו: ג) נראה דצ"ל לפיכך צריך שיאמר הרי פרתי קנויה לך מעכשיו דאז קנה לה בעידנא דעיילא ברשותיה: ד) דברי רבינו צריך ביאור בזה דלכ"ק דרב פפא אין זה דיחוי כלל דשלם לאו דוקא דאדרבה לכ"ש דהוי תיובתא ואולי דגי' אחרת היה לו וצ"ע:

ד א מיי' פ"ח מהל' שאלה הל' א סמג עשין פב טוח"מ סי' רנה:
ה ב טוח"מ סס:
ו ג ד מיי' סס סמג סס טוח"מ סס:
ז ה ו ז מיי' סס הל' ב טוח"מ סס:
ח ח ט מיי' סס הלכה ד טוח"מ סס:

[לקמן לו.]

[ברכות כה. וש"נ ע"ש נדרים עב.]

[לקמן לב. שבת יח. עירובין כ: גיטין סד.]

הגהות הב"ח

(א) רש"י ד"ה ללישנא וכו' דלא הוה ליה למיפטר: (ב) ד"ה והא מדקתני וכו' וגבי שואל וקידם ושילם:

גליון הש"ס

גמ' אמר רבא נעשה וכו'. עיין במרדכי פ"ק דב"מ סוף סי' רנ"ט: שם אלא מהא ליכא למשמע מינה. נדה כה ע"ב: תוס' ד"ה אלא וכו'. וי"ל דשלם נקט לאביי. עיין נדרים דף ס ע"ב וש"נ:

וְחָזַר וְאָמַר "אֵינִי מְשַׁלֵּם", מַאי? מִי אָמְרִינַן: מִהְדַר קָא הָדַר בֵּיהּ, אוֹ דִּלְמָא בְּמִלְּתֵיהּ קָאֵי, וְדַחוּיֵי הוּא דְּקָא מַדְחֵי לֵיהּ? אָמַר הֲרֵינִי מְשַׁלֵּם וּמֵת, וְאָמְרוּ בָּנָיו אֵין אָנוּ מְשַׁלְּמִין מַאי? מִי אָמְרִינַן מִהְדַר קָא הָדְרִי בְּהוּ, אוֹ דִּלְמָא בְּמִלְּתָא דַּאֲבוּהוֹן קָיְימִי, וְדַחוּיֵי הוּא דְּקָא מַדְחוּ לֵיהּ? שִׁלְּמוּ בָּנִים מַאי? מָצֵי אָמַר לְהוּ: כִּי אַקְנַאי כְּפֵילָא – לַאֲבוּכוֹן דַּעֲבַד לִי נַיְיח נַפְשַׁאי, לְדִידְכוּ – לָא, אוֹ דִּלְמָא לָא שְׁנָא? שִׁילֵּם לְבָנִים מַאי? מָצוּ אָמְרִי לֵיהּ: כִּי אַקְנֵי לָךְ *אֲבוּנָא כְּפֵילָא – דַּעֲבַדְתְּ לֵיהּ נַיְיח נַפְשֵׁיהּ, אֲבָל אֲנַן לְדִידָן – לָא, אוֹ דִּלְמָא לָא שְׁנָא? שִׁלְּמוּ בָּנִים לְבָנִים מַאי? שִׁילֵּם מֶחֱצָה מַאי? שָׁאַל שְׁתֵּי פָּרוֹת וְשִׁילֵּם אַחַת מֵהֶן מַאי? שָׁאַל מִן הַשּׁוּתָּפִין וְשִׁילֵּם לְאֶחָד מֵהֶן מַאי? שׁוּתָּפִין שֶׁשָּׁאֲלוּ וְשִׁילֵּם אֶחָד מֵהֶן מַאי? שָׁאַל מִן הָאִשָּׁה וְשִׁילֵּם לְבַעְלָהּ מַאי? אִשָּׁה שֶׁשָּׁאֲלָה וְשִׁילֵּם בַּעְלָהּ מַאי? [א]תֵּיקוּ. *אָמַר רַב הוּנָא: [ב]מַשְׁבִּיעִין אוֹתוֹ שְׁבוּעָה שֶׁאֵינָהּ בִּרְשׁוּתוֹ. מַאי טַעְמָא – חָיְישִׁינַן שֶׁמָּא עֵינָיו נָתַן בָּהּ. מֵיתִיבִי: *[ג]הַמַּלְוֶה אֶת חֲבֵירוֹ עַל הַמַּשְׁכּוֹן, וְאָבַד הַמַּשְׁכּוֹן, וְאָמַר לוֹ: סֶלַע הִלְוִיתִיךְ עָלָיו, שֶׁקֶל הָיָה שָׁוֶה. וְהַלָּה אוֹמֵר: לֹא כִּי, אֶלָּא סֶלַע הִלְוִיתַנִי עָלָיו, סֶלַע הָיָה שָׁוֶה – פָּטוּר. [ד]סֶלַע הִלְוִיתִיךְ עָלָיו, שֶׁקֶל הָיָה שָׁוֶה וְהַלָּה אוֹמֵר לֹא כִּי, אֶלָּא סֶלַע הִלְוִיתַנִי עָלָיו, שְׁלֹשָׁה דִּינָרִים הָיָה שָׁוֶה – חַיָּיב. סֶלַע הִלְוִיתַנִי עָלָיו, ב' הָיָה שָׁוֶה, וְהַלָּה אוֹמֵר לֹא כִּי, אֶלָּא סֶלַע הִלְוִיתִיךְ עָלָיו, סֶלַע הָיָה שָׁוֶה – פָּטוּר. סֶלַע הִלְוִיתַנִי עָלָיו, שְׁנַיִם הָיָה שָׁוֶה וְהַלָּה אוֹמֵר לֹא כִּי, אֶלָּא סֶלַע הִלְוִיתִיךְ עָלָיו, ה' דִּינָרִים הָיָה שָׁוֶה – חַיָּיב. מִי נִשְׁבָּע – מִי שֶׁהַפִּקָּדוֹן אֶצְלוֹ, שֶׁמָּא יִשָּׁבַע זֶה וְיוֹצִיא הַלָּה אֶת הַפִּקָּדוֹן. *אַהַיָּיא? אִילֵימָא אַסֵּיפָא – וְתֵיפּוֹק לֵיהּ דִּשְׁבוּעָה גַּבֵּי מַלְוֶה הִיא, דְּהָא קָא מוֹדֵי מִקְצָת הַטַּעֲנָה! אֶלָּא אָמַר שְׁמוּאֵל: אַרֵישָׁא. מַאי אַרֵישָׁא – אַסֵּיפָא דְּרֵישָׁא: סֶלַע הִלְוִיתִיךְ עָלָיו, שֶׁקֶל הָיָה שָׁוֶה, וְהַלָּה אוֹמֵר: לֹא כִּי, אֶלָּא סֶלַע הִלְוִיתַנִי עָלָיו, שְׁלֹשָׁה דִּינָרִין הָיָה שָׁוֶה – חַיָּיב. דִּשְׁבוּעָה גַּבֵּי לֹוֶה הוּא, וַאֲמוּר רַבָּנַן: לִשְׁתַּבַּע מַלְוֶה, שֶׁמָּא יִשָּׁבַע זֶה וְיוֹצִיא הַלָּה אֶת הַפִּקָּדוֹן. וְאִם אִיתָא

רש"י

וְאָמְרוּ בָּנִים אֵין אָנוּ מְשַׁלְּמִין. (א) לֹא הִסְפִּיק לְשַׁלֵּם עַד שֶׁמֵּת. שִׁלְּמוּ בָּנִים. וְהָאָב לֹא הִסְפִּיק לוֹמַר הֲרֵינִי מְשַׁלֵּם עַד שֶׁמֵּת. דַּעֲבַד לִי נַיְיח נַפְשַׁאי. פְּעָמִים רַבּוֹת עָשָׂה לִי קוֹרַת רוּחַ. שִׁילֵּם לְבָנִים. מֵתוּ הַבְּעָלִים וְנִגְנְבָה, וְאָמַר הַשּׁוֹמֵר לַבָּנִים: הֲרֵינִי מְשַׁלֵּם, אוֹ שִׁילֵּם. מַהוּ? שִׁלְּמוּ בָּנִים לְבָנִים מַהוּ. דְּלֵיכָּא שׁוּם צַד נַיְיחָא נַפְשָׁא דְּאֵלּוּ שֶׁהֵם קַיָּימִים, שֶׁלֹּא הֵם וְלֹא אֲבִיהֶם עָשׂוּ קוֹרַת רוּחַ לְאֵלּוּ, וְלֹא אֲבִיהֶם שֶׁל אֵלּוּ קִיבֵּל קוֹרַת רוּחַ מִבְּנֵי הַשּׁוֹמֵר. אוֹ דִּלְמָא. כֵּיוָן שֶׁשְּׁנֵיהֶם הָרִאשׁוֹנִים הֲוָה לְהוּ נַיְיחָא נַפְשָׁא בַּהֲדָדֵי קָנוּ כְּפֵילָא אַף בָּנִים מִן הַבָּנִים. שִׁילֵּם מֶחֱצָה. מִתְּחִילָּתוֹ אָמַר: הֲרֵינִי מְשַׁלֵּם מֶחֱצָה וְלֹא יוֹתֵר. מַהוּ. לִקְנוֹת חֲצִי הַכֶּפֶל. שָׁאַל שְׁתֵּי פָּרוֹת. אִם תִּימְצֵי לוֹמַר לָא קָנֵי מֶחֱצָה, שָׁאַל שְׁתֵּי פָּרוֹת וְנִגְנְבוּ, וְאָמַר הֲרֵינִי מְשַׁלֵּם אַחַת, וְלֹא אָמַר מֶחָה מֵחֲמַת מְלָאכָה. מַהוּ. לִקְנוֹת כֶּפֶל שֶׁלָּהּ? מִי אָמְרִינַן: כֵּיוָן דְּפָרָה שְׁלֵימָה שִׁילֵּם – קָנָה, אוֹ דִּלְמָא: כֵּיוָן דְּתַרְוַייהוּ חַד פִּקָּדוֹן הָווּ, וְאֵינוֹ מְשַׁלֵּם אֶת שְׁתֵּיהֶם – לָא אַקְנֵי לֵיהּ כְּפֵילָא, שֶׁהֲרֵי הוּא נִפְסָד עַל יָדוֹ. וְשִׁילֵּם לְאֶחָד מֵהֶם. חֶלְקוֹ, חֲצִי דָּמֶיהָ שֶׁעָלָיו, מַהוּ לִקְנוֹת חֶלְקוֹ הַמַּגִּיעוֹ? מִי אָמְרִינַן: כָּל הַקֶּרֶן שֶׁלּוֹ שִׁילֵּם, אוֹ דִּלְמָא בָּעֵינַן עַד שֶׁיְּשַׁלֵּם כָּל הַפָּרָה. וְשִׁילֵּם אֶחָד מֵהֶם. חֲצִי דָּמָיו שֶׁעָלָיו. מַהוּ. שֶׁיִּקְנֶה חֲצִי הַכֶּפֶל? מִי אָמְרִינַן: הֲרֵי שִׁילֵּם כָּל הַמּוּטָּל עָלָיו. שָׁאַל מִן הָאִשָּׁה. פָּרָה שֶׁל נִכְסֵי מְלוֹג, שֶׁהַקֶּרֶן שֶׁלָּהּ וְהַפֵּירוֹת לַבַּעַל. וְשִׁילֵּם. הַפָּרָה לַבַּעַל. מַהוּ. לִקְנוֹת הַכֶּפֶל. מִי אָמְרִי': כֵּיוָן דְּקֶרֶן לָאו דְּבַעַל הוּא – לָאו תַּשְׁלוּמִין מְעַלְּיָא נִינְהוּ, וְלָא קָנֵי כְּפֵילָא. אוֹ דִּלְמָא: כֵּיוָן דְּאַפּוֹטְרוֹפּוֹס הוּא עַל הַנְּכָסִים, וְאוֹכֵל הַפֵּירוֹת – בְּעָלִים הָוֵי עֲלַיְיהוּ, וְתַשְׁלוּמִין הֵן. אִשָּׁה שֶׁשָּׁאֲלָה. לְצוֹרֶךְ קַרְקַע מְלוֹג שֶׁלָּהּ. מַשְׁבִּיעִין אוֹתוֹ. אַמַּתְנִי' קָאֵי. אע"פ שֶׁהוּא מְשַׁלֵּם, כִּדְקָתָנֵי שִׁילֵּם וְלֹא רָצָה לִישָּׁבַע – מַשְׁבִּיעִין אוֹתוֹ שְׁבוּעָה שֶׁאֵינָהּ בִּרְשׁוּתוֹ. שֶׁקֶל. חֲצִי סֶלַע. פָּטוּר. הַלֹּוֶה מִן הַשְּׁבוּעָה, שֶׁאֵין כָּאן הוֹדָאָה בְּמִקְצָת. חַיָּיב. לִישָּׁבַע שֶׁכָּךְ הָיָה שָׁוֶה, וּמְשַׁלֵּם לוֹ דִּינָר שֶׁהוֹדָה לוֹ. וּשְׁתַּיִם הָיָה שָׁוֶה. וְהַלֹּוֶה תּוֹבֵעַ אֶת הַמַּלְוֶה אֶת יֶתֶר דָּמָיו. וְקָא סָבַר הַאי תַּנָּא: הַמַּלְוֶה עַל הַמַּשְׁכּוֹן – שׁוֹמֵר שָׂכָר הוּא. פָּטוּר. מִן הַשְּׁבוּעָה, שֶׁאֵין כָּאן הוֹדָאָה שֶׁחַיָּיב לוֹ כְּלוּם. וְיוֹצִיא הַלָּה כו'. וְיִפְסְלֶנּוּ. אַהַיָּיא. קָאֵי מִי נִשְׁבָּע דְּקָתָנֵי בָּהּ? אִילֵימָא אַסֵּיפָא. אַחִיּוּב דְּסֵיפָא. תֵּיפּוֹק לֵיהּ כו'. וְלָמָּה לֵיהּ לְמִתְלֵי טַעְמָא בְּשֶׁמָּא יוֹצִיא הַפִּקָּדוֹן וְיִפְסְלֶנּוּ לְעֵדוּת וְלִשְׁבוּעָה? מַאי אַרֵישָׁא. הָא רֵישָׁא פָּטוּר קָתָנֵי. אַסֵּיפָא דְּרֵישָׁא. אַחִיּוּב דְּקָתָנֵי בְּרֵישָׁא קָאֵי. לִשְׁתַּבַּע מַלְוֶה. שֶׁלֹּא הָיְתָה שָׁוָה אֶלָּא שֶׁקֶל, וְיִטּוֹל שֶׁקֶל. דְּכֵיוָן דְּאִיכָּא שְׁבוּעָה עַל הַלֹּוֶה מִן הַתּוֹרָה – אִי הֲוָה יָכוֹל לְפוֹטְרוֹ בְּלֹא כְּלוּם, וּמִשּׁוּם תִּיקּוּן עוֹלָם שֶׁלֹּא יִפָּסֵל יִשְׂרָאֵל שֶׁקְּלוּהָ לִשְׁבוּעָה מִינֵּיהּ וְשַׁדְיוּהָ אַמַּלְוֶה. וְאִם אִיתָא

תוספות

וחזר ואמר איני משלם [מאי] מי אמרינן מהדר קהדר ביה. מכאן מוכיח ר"ת דאם אמר לחברו השבע וטול, קודם שנשבע – יכול לחזור בו ולומר: אשבע ולא אשלם. ובפרק "יש נוחלין" (ב"ב דף קכח. ושם) דאמר: עבדי גנבת, והלה אומר "אתה מכרתו לי, רצונך השבע וטול ונשבע" – אינו יכול לחזור בו. לא גרס נשבע בלא וא"ו, דמשמע שבע"כ ישבע. ובריש "שבועת הדיינים" (שבועות דף לט. ושם ד"ה אם) דאמר: אם אמר איני נשבע – פוטרין אותו מיד, לא כפרש"י שפוטרין אותו לפי שאינו יכול לחזור בו, אלא יש לומר מסלקין אותו מב"ד כדי שיתבייש לחזור ולומר אשבע. מיהו, שוב פירש ר"ת בתשובה אחת: דשפיר גרסינן נשבע בלא וא"ו, וישבע בע"כ. והא דאמרינן בפרק "זה בורר" (סנהדרין דף כד. ושם: ד"ה שלא) גבי נאמן עלי אבא ואביך – מחלוקת לאחר גמר דין, אבל קודם גמר דין – דברי הכל יכול לחזור בו. הכא אפילו קודם שנשבע אינו יכול לחזור בו, דכיון שקבל עליו לשלם, אם ישבע זה שכנגדו – הוי כמו לאחר גמר דין. והכא דקאמר מהדר קהדר ביה – לא שיוכל לחזור, אלא רוצה הוא לחזור, אף על פי שאינו יכול. ולא מקני ליה כפילא משום דאטרחיה לב"ד. כדאמר בסמוך גבי ההוא דאפקיד כיפי. וכה"ג איכא בפ' "יש נוחלין" (ב"ב דף קלח.) מדאשתיק – קנינהו, וכשצוח לבסוף – מהדר קהדר ביה, פירוש: רוצה לחזור ואינו יכול.

הריני משלם ומת כו'. תימה: היאך ישלם לבני הנפקד כפל? הא אין אדם מוריש קנס לבניו, כדתנן בריש פרק "נערה שנתפתתה"!* (כתובות דף מא:).

שאל מן האשה. פי' רש"י: פרה מנכסי מלוג, שהקרן שלה ופירות לבעל. וקשה: דמאי קבעי? דכי שאל פרה מן האשה כאילו שאל הפירות מן הבעל, וכששילם הפרה לבעל – כאילו שילם הקרן לאשה! ויש ליישב: ששילם לבעל חלקו, כמו שהיתה שוה לפירותיה, ולא שילם הקרן. וגרע משילם לאחד משותפים חלקו, דהתם שילם קרן, ודוחק. ויש לפרש: שאל מן האשה כשהיתה פנויה, שהיו שלה הקרן והפירות, וניסת. דהשתא שילם הפירות לבעל, אפילו נתן הכל לאשה, דכיון דניסת – יש לו פירות כדין נכסי מלוג. וכן אשה ששאלה כשהיא פנויה וניסת ושלמה, דהשתא שילם הבעל דהוו הפירות שלו. והריב"ס פי': שאל מן האשה ומתה, ושילם לבעל מהו? דאפילו אם תמצא לומר דשילם לבנים קנה כפילא – משום ניחותא דאבוהון, אבל בעל – לא חייש לניחותא דאשה. ולישנא דמעכשיו – אשה אינה חסה על בעלה. וכן אשה ששאלה ומתה ושילם בעל, אפי' אם מפקיד מקני כפילא לבני נפקד – משום דדחים להו משום אבוהון, אבל לא מקני להו לבעל משום אשתו שמתה.

שמא יוציא הלה הפקדון. פירש רש"י: ויפסלנו לעדות ולשבועה. וקשה לר"ת: דכל שכן שישבע הלוה, שהוא ידקדק יותר לישבע באמת, כדי שלא יפסלנו המלוה. וכי עבדינן תקנה לרמאי? וכי תימא: דחיישינן שמא המשכון יתקלקל אחרי כן, ויוציא עליו לעז אע"פ שנשבע באמת – *א"כ מאי פריך בסמוך כי משתבע מלוה, נמי לטרח לוה ולייתי! והשתא, אי שוה יותר – אם כן נשבע לשקר, וכל שכן שיזהר בשבועתו! ונראה לרבינו תם כפירוש רבינו חננאל, דנראה כמו שבועה לבטלה, וגנאי הוא לישבע היכא שהדבר מתברר אחרי כן, שהמלוה יוציא את הפקדון. אבל כי רמינן לה על המלוה – לא ישבע עד שידע שלא יוכל למצאה. וא"ת: אמאי לא חשיב הא בפרק "כל הנשבעין" (שבועות דף מד: ושם ד"ה ואלו) עם הנשבעין ונוטלין? דליכא למימר תנא ושייר, דאלו קתני, כדדייק בפ"ק דקידושין (דף טז: ושם) גבי אלו מעניקין להם! ויש לומר: דלא חשיב התם אלא אותם שאינם יכולין לישבע, כגון גזלן וחובל, דניכרים הדברים כיון שנכנס שלם בביתו ונתקוטטו ויצא חבול שהוא חבלו. וכן בחנוני אינו יכול לישבע בעה"ב – שאינו יודע אם נתן חנוני לפועלים, וכן שכיר, שאין בעה"ב יכול לישבע, לפי שהוא טרוד בפועליו. ומהאי טעמא נמי במוציא הוצאות על נכסי אשתו אמרי' בפרק "האשה שנפלו לה כו'" (כתובות דף פ. ושם ד"ה ישבע): ישבע כמה הוציא ויטול, דאין האשה יודעת כמה הוציא בעלה. ולא חשיב לה פ' "כל הנשבעים" דהוי בכלל שכיר. אבל הכא – הלוה יכול לישבע, דקים ליה טפי ממלוה, אך שלא רצו חכמים, גזירה שמא יוציא הלה כו'. [וע"ע תוס' כתובות פ. ד"ה ישבע ועוד שם פז: ד"ה ואלו].

מגו

עין משפט נר מצוה

ט א מיי' פ"ח מהל' שאלה הל' ה סמג עשין פח טוש"ע ח"מ סי' רלה:
י ב מיי' פ"ו מהל' שאלה ופקדון הל' א סמג עשין פח טוש"ע ח"מ סי' רלה סעי' א וסי' שה סעי' ה:
יא ג מיי' פי"ג מהל' מלוה ולוה הל' ד סמג עשין צד טוש"ע ח"מ סי' עב סעי' ט:
יב ד מיי' שם טוש"ע שם סעי' י:

רבינו חננאל

שלמו בני שואל למשאיל או (א) לבני המשאיל או שילם מחצה ולא הספיק להשלים השאר עד שנמצא הגנב או שאל מאשה שילם לבעלה או שאלה האשה ושילם בעלה או שאל משני שותפין ושילם לאחד מהן או שאלו שני שותפין ושילם אחד מהן אלו כולן עלו בתיקו. וקיימא לן ממון המוטל בספק חולקין. אמר רב הונא ומשביעין. פי' אע"פ שמשלם אמר רב הונא משביעין אותו שבועה שאינה ברשותו חיישינן שמא עיניו נתן בה ותלמוד ארץ ישראל מסייע דגרסינן לא סוף דבר שילם אלא כיון דאמר הריני משלם חוששין ג) שמא שלא שלח בה יד. אמר הריני נשבע וראה שמגלגלין עליו שבועות אחרות חזר ואמר הריני משלם חוששין. אמר ר' יוסי לא חייבתו התורה להחמיר עליו אלא להקל עליו שאם רצה לשלם ישלם ואם אינו רוצה לשלם ישבע. היו [לו] עדים שנגנבה באונס הדה היא דאמר ר' אלעזר המוכר קנסיו לאחר לא עשה כלום. ואותבינן אהא דרב הונא הא דתנן המלוה את חבירו על המשכון ואבד ואמר לו סלע הלויתיך ושקל היה שוה והלה אומר לא כי אלא סלע הלויתני עליו וסלע היה שוה פטור וכו' פי' הסלע הוא ד' דינרין והשקל הוא שני דינרין חצי סלע ג) כשאבד המשכון וטוען המלוה כי הלויתיך עליו ד' דינרין והיה שוה שני דינר הריני מחשב על ב' דינרין דמי המשכון שאבד מפני שאמרו חכמים כשומר שכר אני שמשלם הגניבה והאבידה עכשיו חייב אתה לתת לי ב' דינר והלה אומר לא כי אלא ד' דינרין הלויתני וד' היה שוה המשכון ולא נשאר לך כלום פטור הלוה משבועה דאורייתא שהרי לא הודה לו במקצת מן התביעה אבל אם [טען] הלוה סלע הלויתני וג' דינרין היה שוה המשכון ונשאר לך עלי דינר והמלוה אמר לא היה שוה המשכון אלא ב' דינר ונשארו לי עליך ב' דינר כיון שהודה בדינר חייב לשלם (על) הדינר וישבע על הדינר האחר שבועה דאורייתא ותנן בהדא מתני' מי נשבע מי שהפקדון אצלו שמא ישבע זה ויוציא הלה את הפקדון ואינו שוה ג' דינ' כמו שנשבע ונמצא הלוה חשוד על השבועה. וקשיא

מסורת הש"ס

גי' רש"ל כפילא אבונא
לעיל ה:
שבועות מג.
[שם: ע"ש]
[ועיין תוס' בבא קמא עב. ד"ה סיפא כו']
נ"ל מכל מקום רש"א

הגהות הב"ח

(א) רש"י ד"ה ואמרו וכו' משלמים והאב לא הספיק:

א) או שילם השואל לבני המשאיל: ב) בירושלמי לפנינו הגי' אלא כיון דאמר הריני משלם כמי ששילם. אמר משלם אני חוששין שמא שלח בה יד וכו'. ג) וכשאבד המשכון טוען המלוה וכו'.

איתא לדרב הונא, כיון דמשתבע מלוה שאינה ברשותו – היכי מצי מפיק לה? אמר *(א) רבא: שיש עדים שנשרפה. אי הכי מהיכא מייתי לה? אלא אמר רב יוסף: שיש עדים שנגנבה. סוף סוף מהיכא מייתי לה? דטרח ומייתי לה. אי הכי, כי משתבע מלוה נמי, לטרח לוה וליתי! בשלמא מלוה – ידע מאן קא עייל ונפק בביתיה, ואזיל וטרח ומייתי לה, אלא לוה, מי ידע מאן עייל ונפיק בביתיה דמלוה? אביי אומר: גזירה שמא יטעון ויאמר לו: אחר שבועה מצאתיה. *רב אשי אמר: [א]זה נשבע וזה נשבע – זה נשבע שאינה ברשותו, וזה נשבע כמה היה שוה. והכי קאמר: מי נשבע תחילה – [ב]מלוה נשבע תחילה, שמא ישבע זה ויוציא הלה את הפקדון. רב הונא בר תחליפא משמיה דרבא אמר: רישא דסיפא תיובתא לרב הונא: סלע הלויתני עליו, שתים היה שוה, והלה אומר: לא כי, אלא סלע הלויתיך עליו סלע היה שוה – פטור. ואם איתא לדרב הונא, מגו דמשתבע מלוה שאינה ברשותו – [ג]לישתבע נמי אגילגול שבועה כמה היה שוה! אמר רב אשי: אמריתה לשמעתא קמיה דרב כהנא, ואמר לי: *[ד]תהא במאמינו. ונהמניה לוה למלוה נמי בהא כמה הוה שוה! לא קים ליה בגויה. ונהמניה מלוה ללוה, דקים ליה בגויה! לא מהימן ליה. ומאי שנא לוה דמהימן ליה למלוה, ומאי שנא מלוה דלא מהימן ליה ללוה? לוה מקיים ביה במלוה (משלי יא) "תומת ישרים תנחם", מלוה מקיים ביה בלוה (שם) "וסלף בוגדים ישדם". § ההוא גברא דאפקיד כיפי גביה חבריה, אמר ליה: הב לי (ב) כיפי. אמר ליה: לא ידענא היכא אותבינהו. אתא לקמיה דרב נחמן, אמר ליה: *[ה]כל לא ידענא – פשיעותא היא, זיל שלים. לא שילם, אזל רב נחמן אגביה לאפדניה מיניה. לסוף אישתכח כיפי, ואייקור. אמר רב נחמן: [ו]הדרי כיפי למרייהו, והדרא אפדנא למרה. אמר רבא: הוה יתיבנא קמיה דרב נחמן, ופרקין המפקיד הוה, ואמרי ליה: "שילם ולא רצה לישבע"! ולא אהדר לי. ושפיר עבד דלא אהדר לי. מאי טעמא – [ז]התם לא אטרחיה לבי דינא, הכא אטרחיה לבי דינא, למימרא דסבר רב נחמן דשומא הדר? שאני התם, דשומא בטעות הוה, דקא הוה כיפי מעיקרא. *אמרי נהרדעי: שומא הדר עד תריסר ירחי שתא. ואמר אמימר: אנא מנהרדעא אנא וסבירא לי שומא הדר לעולם. (דברים ו) [ח]והלכתא: שומא הדר לעולם, משום שנאמר "ועשית הישר והטוב". [ט]פשיטא, שמו ליה לבעל חוב, ואזל איהו ושמה לבעל חוב דידיה, אמרינן ליה: לא עדיף את מגברא דאתית מיניה. [י]זבנה, (ג) אורתא, ויהבה במתנה – ודאי הני מעיקרא אדעתא דארעא נחות, ולאו אדעתא דזוזי נחות. [כ]שמו לה לאשה ואינסיבא, או שמו מינה דאשה ואינסיבא ומתה – *בעל בנכסי אשתו לוקח הוי, לא מיהדר ולא מהדרינן ליה. *דאמר רבי יוסי בר חנינא: באושא התקינו: [ל]האשה שמכרה בנכסי מלוג בחיי בעלה ומתה – הבעל מוציא מיד הלקוחות. אגביה

איתא לדרב הונא. שהשומר המשלם דמים נשבע שאינה ברשותו, אמאי חיישינן לשמא יוציאה? הא אשתבע. שיש עדים שנשרפה. דהשתא לא אשבעינהו, שהרי הביא עדים. טרח ומייתי לה. מחזיר ושואל אחר הנכנסים בביתו, וימצא הגנב. וזה נשבע. הלוה שהשבועה עליו, נשבע כמה שוה. מלוה נשבע תחילה. שאינה ברשותו. רישא דסיפא. הויא תיובתא לרב הונא, רישא תביעת מלוה, סיפא תביעת לוה, רישא דסיפא – דקתני: פטור בתביעת לוה. אגילגול שבועה. דטענה שאין בה שבועה עם טענה שיש בה שבועה – מגלגלין עליו שבועה לישבע על שתיהן, וגילגול שבועה דאורייתא היא, בקדושין (דף כז:). תהא במאמינו. הא דקתני פטור – במאמינו לוה למלוה שאינה ברשותו. לא קים ליה בגויה. מימר אמר לוה לא קים למלוה בגויה דמשכון, דלא נתן דעתו עליו לדעת דמיו. מאי שנא כו'. דנקט תנא למלתיה בהכי, שזה נאמן על זה וזה אינו נאמן על זה. לוה מקיים במלוה. מקרא זה "תומת ישרים תנחם" אם לא שאדם נאמן וישר הוא – לא היו מעשרין אותו מן השמים, שנאמר: "תומת ישרים תנחם". כיפי. נזמים. ואייקור. יתר על הדמים שפרע לבעלים. הוה יתיבנא. כשדן דין זה. ופרקין המפקיד הוה. ובפרק זה היינו עוסקין. ואמרי ליה שילם ולא רצה לישבע. קתני מתני' דקני כפילא, והאי נמי שילם, וליקני רווחא דאייקור! דשומא הדר. נכסי לוה ששמו ב"ד לבעל חוב חוזרין אליו אם נותן מעות לבעל חוב, כי הכא דהדר אפדנא למרה. דשומא בטעות הוה. דסבור היה שאבדו הנזמים, והרי לא אבדו. דהא הוו כיפי מעיקרא. שהרי בתחילת השומא היו הנזמים בידו, ולא היה יודע. דאילו היה יודע שכן – לא שמו לו הטרקלין. אבל שומא שב"ד שמין על שאין לו מעות והוא חייב לו – הרי הוא כמכר גמור, ואינה חוזרת. אמרינן. לבעל חוב שני. לא עדיפת. מבעל חוב ראשון שבאת מכחו. כשם שהוא מחזירה ויטול מעותיו משום "ועשית הישר והטוב" – אף אתה קבל מעותיך מבעלים הראשונים משום "ועשית הישר והטוב". זבנה אורתה כו'. בעל חוב ששמו לו קרקע, ומכרה או שנתנה או הוריש. הני. אחרונים, או לוקח או יורש או מקבל מתנה. אדעתא דארעא נחות. שיהא קרקע שלהם, ולא שיקבלו מעות. דאילו בעל חוב אית ביה משום "ועשית הישר והטוב", דאמרינן: לא היה לך עליו אלא מעות, והרי הן לך. אבל אלו – קרקע קנו. ואנסיבא. אפילו לא שמאתן לבעלה בכתובתה להיות נכסי צאן ברזל, שהן קנויין לבעל, אלא עיכבתן לעצמה להיות נכסי מלוג, הקרן שלה והבעל אוכל פירות. בעל. בנכסי מלוג של אשתו. לוקח הוי. דין לוקח נתנו בו חכמים – הלכך לא מיהדר היכא דשמו לה ואינסיבא ומתה וירשה בעלה – כדאמרינן: זבנה אדעתא דארעא נחות. ולא מהדרינן ליה. היכא דשמו מינה ואינסיבא ומתה וירשה בעלה ובא להחזיר החוב וליטול הקרקע – לא מצי למימר יורשה אני, דלוקח שוייה רבנן ולא כיורש. להיות הבעל אוכל פירות בחייה, וגוף הקרקע יהיה ללוקח לכשתמות, ומתה. בעל מוציא. גוף הקרקע מיד הלקוחות. והכי מוקי לה בפרק "האשה" בכתובות (דף עח:). תקנת אושא בגופה של קרקע לאחר מיתה, אלמא כלוקח שוויהו רבנן. וא"ל: אני לקחתי ראשון. דאי כשאר יורש שוויוהו רבנן – יורש שמכר אביו נכסיו בחייו אין לו ירושה כהן. באושא התקינו. כשהיתה סנהדרין באושא, שגלתה וישבה שם סנהדרי גדולה, כדאמרינן בר"ה (דף לא.) גבי עשרה מסעות. אגביה

מגו דמשתבע מלוה שאינו ברשותו כו'. *לרבה ולרב יוסף לא פריך, אלא לאביי ורב אשי.

תהא במאמינו. ברישא לא מצי לאוקמי הכי, משום דהתם לא ירצה להאמינו כיון שע"י כן לא יוכל לישבע, אבל הכא אין כאן שבועה. ואע"פ שמפסיד במה שמאמינו, שבועה שהיה יכול לגלגל עליו – אינו חושש.

ואותביניה שילם. וצ"ל דיוקרא דכיפי הוי שבחא דעלמא, כמו כפילא, ולא דמי לגיזות וולדות דאותו שבח ניכר בגוף הבהמה.

אטרחיה לב"ד. דלא דמי לאטרחיה לשבועה דקני כפילא לרבא כששילם אחרי כן (ב"ק דף קח.). דהתם משלם ברצונו, אבל רב נחמן הוצרך לגבות אפדנו.

זבנה כו'. וא"ת: ואמאי לא מהדר: (ד) מה מכר ראשון לשני – כל זכות שתבא לידו! וי"ל: דהראשון מן הדין נמי אין מחזיר, שמכורה היא לו, שהרי אוכל פירות בלא נכייתא, אלא משום "ועשית הישר והטוב" מהדר, ולכך שני לא מהדר.

לוקח הוי. אפי' הוי יורש לא מהדר, כדאמר זבנה אורתה כו', אלא משום לא מהדרינן ליה נקטיה. דאי יורש הוי – מהדרינן ליה, שהבן פודה קרקע של אביו. ואע"ג דבפרק "יש נוחלין" (ב"ב דף קלט: ושם ד"ה התם) מסיק דטבא ליה עבדו ליה, או יורש או לוקח – הא אמרינן התם: בר היכא דאיכא פסידא לאחריני לא עבדי ליה טבא. ולכך הכא לא הוי כיורש משום פסידא דמלוה, ולא מהדר ממה נפשך, דאפי' יורש הוי לא מהדר. ודר' יוסי בר חנינא מפרש התם דלקוחות אפסדו אנפשייהו. רבא

[נראה דצ"ל רבה] [שבועות מג: ע"ש] [ב"ק לח:] [לקמן מב.] לעיל טז: [ב"ב קלט:] לקמן צו: כתובות נ. עח: ב"ק פח: ב"ב נ. קלט:

גי' רש"א לרב הונא

יג א ב מיי' פי"ג מהל' מלוה ולוה הל' ד סמג עשין צד טוש"ע ח"מ סי' עב סעי' י:

יד ג ד מיי' שם טוש"ע שם סעי' יב:

טו ה מיי' פ"ד מהל' שאלה ופקדון הל' ז סמג עשין פח טוש"ע ח"מ סי' רצא סעי' ז:

טז ו ז מיי' שם פ"ח הל' ג סמג שם טוח"מ סי' רצה:

יז ח מיי' פכ"ב מהל' מלוה הל' טז סמג עשין צד טוש"ע ח"מ סי' קג סעי' ט:

יח ט י כ מיי' שם הל' יז טוש"ע שם סעי' י:

יט ל מיי' פכ"ב מהל' אישות הל' ז ועיין במ"מ סמג עשין מח טוש"ע אה"ע סי' צ סעי' ט:

רבינו חננאל

וקשיא לן וכי תקנתא לרשיעי עבדינן אלא שמא ישבע הלוה ויוציא המלוה את הפקדון ונמצאת שבועת הלוה שיצאה לבטלה. ואמרי' אם איתא לדרב הונא כיון שנשבע המלוה שאינה ברשותו אינו יכול להוציא הפקדון שכבר נשבע שאינו ברשותו *) והלה נשבע כמה היה שוה ומתני' הכי קתני מי נשבע תחלה מי שהפקדון אצלו שאם ישבע הלוה תחלה חיישינן שמא יוציא המלוה את המשכון ונמצאת שבועה זו לבטלה. ושאר השמועה פשוטה היא. ההוא דאפקיד כיפי גביה חבריה ואמר לא ידענא היכא אנחתינהו אמר ר' נחמן כל לא ידענא פשיעותא היא חייביה לשלומי לא שילם ירד רב נחמן לנכסיו ושם לאפדני ויהביה לבעל הפקדון בדמי דהנהו כיפי דפשע בהו. פי' אפדנא חצר. לסוף אישתכח כיפי ואוקירו בדמיהן. מריה דכיפי אמר הב לי כיפאי וטול אפדנא והלה אומר לא כי אלא מעידנא דשקלית לאפדניי זבינא אנא בכיפי וברשותי אוקירו ודן ר' נחמן כיון דהא שומא דשמו ליה לאפדנא שומא בטעות הואי דהא הוו כיפי ולא אבדו וקיימא לן פקדון כל היכא דאיתיה ברשותיה דמריה קאי לאו שומא הוא והדר אפדנא למריה והדרי כיפי למרייהו. ואסיק' שומא הדרא לעולם משום שנאמר ועשית הישר והטוב והני מילי אם לא מכרה אבל אם מכרה לאחר או נתנה במתנה או הורישה לא הדרא. וכן אם שמו ב"ד שדה לאשה במלוה שהיא נושה לאחרים וניסת והכניסה שדה זו לבעלים או שמו שדה אשה לנושה שלה וניסת לא מהדרינן ליה לבעל ולא מהדרינן מוציא מיד הלקוחות. אגביה

הגהות הב"ח

(א) גמ' אמר רבא אמר רב יוסף שיש עדים שנשרפה: (ב) שם הב לי כיפאי אמר: (ג) שם זבנה אורתה: (ד) תוס' ד"ה זבנה וכו' לא מהדר נימא מה מכר:

מינה דבעל דכוביני דמי וקיימא לן בעל בנכסי אשתו לוקח הוי לא מהדר ולא מהדרינן ליה דאמר ר' יוסי בר' חנינא באושא התקינו האשה שמכרה נכסי מלוג בחיי בעלה ומתה הבעל מוציא מיד הלקוחות.

*) נראה דחסר כאן וצ"ל ופריך רב אבי דזה נשבע שאינו ברשותו והלה נשבע כמה היה שוה וכו'.

אַגְבֵּיהּ אִיהוּ בְּחוֹבוֹ, פְּלִיגִי בָּהּ רַב אַחָא וְרָבִינָא. חַד אָמַר: הָדְרָה, וְחַד אָמַר: [א]לָא הָדְרָה. מַאן דְּאָמַר לָא הָדְרָה – סָבַר: הַאי זְבִינֵי מְעַלְיָא הִיא, דְּהָא מִדַּעְתָּא דְּנַפְשֵׁיהּ אַגְבֵּיהּ. וּמַאן דְּאָמַר הָדְרָה – סָבַר: לָאו זְבִינֵי מְעַלְיָא הוּא, וְהַאי דְּאַגְבֵּיהּ מִדַּעְתֵּיהּ וְלָא אֲתָא לְדִינָא – מֵחֲמַת כִּיסוּפָא הוּא דְּאַגְבֵּיהּ. וּמֵאֵימַת אָכֵיל פֵּירֵי? רַבָּה אָמַר: מִכִּי מָטְיָא אַדְרַכְתָּא לִידֵיהּ, *אַבַּיֵי אָמַר: עֵדָיו בַּחֲתוּמָיו זָכִין לוֹ. רָבָא אָמַר: [ב]מִכִּי שְׁלִימוּ יְמֵי אַכְרַזְתָּא.§

מתני' הַשּׂוֹכֵר פָּרָה מֵחֲבֵירוֹ וְהִשְׁאִילָהּ לְאַחֵר וּמֵתָה כְּדַרְכָּהּ – יִשָּׁבַע הַשּׂוֹכֵר שֶׁמֵּתָה כְּדַרְכָּהּ, *וְהַשּׁוֹאֵל יְשַׁלֵּם לַשּׂוֹכֵר. א"ר יוֹסֵי: [ג]כֵּיצַד הַלָּה עוֹשֶׂה סְחוֹרָה בְּפָרָתוֹ שֶׁל חֲבֵירוֹ? אֶלָּא, תַּחֲזוֹר פָּרָה לַבְּעָלִים.§

גמ' א"ל רַב אִידִי בַּר אָבִין לְאַבַּיֵי: מִכְּדִי שׂוֹכֵר בְּמַאי קָנֵי לְהַאי פָּרָה – בִּשְׁבוּעָה, וְנֵימָא לֵיהּ מַשְׂכִּיר לַשּׂוֹכֵר: דַּל אַנְתְּ וְדַל שְׁבוּעָתָךְ, וַאֲנָא מִשְׁתַּעֵינָא דִּינָא בַּהֲדֵי שׁוֹאֵל. א"ל: מִי סָבְרַתְּ שׂוֹכֵר בִּשְׁבוּעָה הוּא דְּקָא קָנֵי לָהּ? מִשְׁעַת מִיתָה הוּא דְּקָנֵי, וּשְׁבוּעָה כְּדֵי לְהָפִיס דַּעְתּוֹ שֶׁל בַּעַל הַבַּיִת. א"ר זֵירָא: פְּעָמִים שֶׁהַבְּעָלִים מְשַׁלְּמִין כַּמָּה פָּרוֹת לַשּׂוֹכֵר. הֵיכִי דָּמֵי? אַגְּרָהּ מִינֵּיהּ מְאָה יוֹמֵי, וַהֲדַר שַׁיְּילָהּ מִינֵּיהּ תִּשְׁעִין יוֹמֵי. הֲדַר אַגְּרָהּ מִינֵּיהּ תְּמָנַן יוֹמֵי, וַהֲדַר שַׁיְּילָהּ מִינֵּיהּ שִׁבְעִין יוֹמֵי, וּמֵתָה בְּתוֹךְ יְמֵי שְׁאֵלָתָהּ. דְּאַכָּל שְׁאֵלָה וּשְׁאֵלָה מִיחַיַּיב חֲדָא פָּרָה. א"ל רַב אַחָא מִדִּיפְתִּי לְרָבִינָא: מִכְּדִי חֲדָא פָּרָה הִיא, עַיְּילָהּ וְאַפְּקָהּ, אַפְּקָהּ מִשְּׂכִירוּת וְעַיְּילָהּ לִשְׁאִילָה, אַפְּקָהּ מִשְּׁאִילָה וְעַיְּילָהּ לִשְׂכִירוּת! א"ל: וּמִי אִיתָא לְפָרָה בְּעֵינָא, דְּנֵימָא לֵיהּ הָכִי? מָר בַּר רַב אַשִׁי אָמַר: אֵין לוֹ עֲלֵיהֶן אֶלָּא שְׁתֵּי פָּרוֹת, חֲדָא דִּשְׁאֵלָה וַחֲדָא דִּשְׂכִירוּת, שׁוּם שְׁאֵלָה אַחַת הִיא, וְשׁוּם שְׂכִירוּת אַחַת הִיא, דִּשְׁאֵלָה – קָנֵי לְגַמְרֵי, דִּשְׂכִירוּת – עָבַד בָּהּ יְמֵי שְׂכִירוּתֵיהּ, וּמִיהֲדַר לֵיהּ לְמָרָהּ. אָמַר ר' יִרְמְיָה: פְּעָמִים שֶׁשְּׁנֵיהֶם בְּחַטָּאת,

פְּעָמִים

אַגְבֵּיהּ אִיהוּ בְּחוֹבוֹ. לְעֵיל מִיהֲדַר גַּבֵּי שׁוּמָא. כְּלוֹמַר: אִם לֹא שָׁמוּהָ ב"ד לַמַּלְוֶה עַל כָּרְחוֹ שֶׁל לֹוֶה, וְקָם לֵיהּ מֵעַצְמוֹ, וְלֹא הִטְרִיחוֹ לַדִּין, וְאָמַר לוֹ: טוֹל קַרְקַע זֶה בְּחוֹבְךָ. **מֵאֵימָתַי אוֹכֵל פֵּירוֹת.** מִי שֶׁשָּׁמוּ לוֹ ב"ד קַרְקַע בְּחוֹבוֹ, מֵאֵימָתַי הִיא קְנוּיָה לוֹ לֶאֱכוֹל פֵּירוֹת? **אַדְרַכְתָּא.** לְאַחַר תִּשְׁעִים יוֹם שֶׁנִּפְסַק הַדִּין. דְּאָמְרִינַן בְּפ"ק (דף טו) דְּב"ד כּוֹתְבִין אַדְרַכְתָּא = שְׁטַר פְּסַק דִּין אַנִּכְסֵי לֹוֶה, שֶׁבְּכָל מָקוֹם שֶׁיִּמְצָאֵם מִשֶּׁלּוֹ יִקָּחֵם, וּמוֹסְרִין לוֹ הַשְּׁטָר. **עֵדָיו בַּחֲתוּמָיו.** מִיּוֹם שֶׁנֶּחְתַּם שְׁטַר הָאַדְרַכְתָּא בְּב"ד, אע"פ שֶׁלֹּא בָּא לְיָדוֹ. **מִכִּי שְׁלִימוּ יְמֵי אַכְרַזְתָּא.** אע"פ שֶׁבָּאָה אַדְרַכְתָּא לְיָדוֹ וְלֹא מָצָא נְכָסִים לַלֹּוֶה עַד לְאַחַר זְמַן, וּכְשֶׁמָּצָא הוּזְקַק לָבֹא לְב"ד, וּמַכְרִיזִין שֶׁיֵּשׁ כָּאן קַרְקַע לִמְכּוֹר, כִּדְאָמְרִינַן בַּעֲרָכִין (דף כא:). וְאִם בָּא זֶה וְקִיבְּלָהּ בְּיוֹתֵר מִמַּה שֶּׁשָּׁמוּהָ אֲחֵרִים – מוֹסְרִין אוֹתָהּ בְּיָדוֹ לְאַחַר שֶׁכָּלוּ יְמֵי הַכְרָזָה. וּבְמַסֶּכֶת עֲרָכִין מְפָרֵשׁ כַּמָּה יָמִים מַכְרִיזִין, בְּפֶ' "שׁוּם הַיְתוֹמִים" (שם), וְעַד דְּשָׁלְמוּ הָנָךְ יוֹמֵי – הָוֵי פֵּירֵי דְּלֹוֶה.

מתני' **הַשּׂוֹכֵר פָּרָה מֵחֲבֵירוֹ.** וְעָמַד שׂוֹכֵר וְהִשְׁאִילָהּ לְאַחֵר לַעֲשׂוֹת בָּהּ יְמֵי שְׂכִירוּתוֹ. **יִשָּׁבַע הַשּׂוֹכֵר.** לַמַּשְׂכִּיר. **שֶׁמֵּתָה כְּדַרְכָּהּ.** וּפָטוּר. שֶׁהַשּׂוֹכֵר אֵינוֹ חַיָּיב בָּאוֹנָסִין. **וְהַשּׁוֹאֵל.** שֶׁהוּא חַיָּיב בָּאוֹנָסִין מְשַׁלֵּם לַשּׂוֹכֵר.

גמ' **בִּשְׁבוּעָה.** שֶׁהוּא נִשְׁבָּע לַמַּשְׂכִּיר. **לְהָפִיס דַּעְתּוֹ.** שֶׁלֹּא יֹאמַר 'פָּשַׁעְתָּ בָּהּ'. **פְּעָמִים שֶׁהַבְּעָלִים.** הַמַּשְׂכִּירִין הָרִאשׁוֹנִים. **מְשַׁלְּמִין.** לַשּׂוֹכֵר זֶה כַּמָּה פָּרוֹת עַל פָּרָה זוֹ לְפִי דִּבְרֵי מִשְׁנָתֵנוּ. יֵשׁ שֶׁיְּהוּ כּוּלָּם שֶׁלּוֹ, וְיֵשׁ שֶׁיַּעֲשֶׂה בָּהֶם יְמֵי שְׂכִירוּתוֹ וְיַחֲזִירֵם. **כֵּיצַד אַגְּרָהּ מִינֵּיהּ** מְאָה יוֹמֵי וַהֲדַר שַׁיְּילָהּ מִינֵּיהּ תִּשְׁעִין יוֹמֵי וכו'. רְאוּבֵן שֶׁשָּׂכַר פָּרָה מִשִּׁמְעוֹן שֶׁיַּעֲשֶׂה בָּהּ מְלָאכָה מֵאָה יוֹם, וְחָזַר שִׁמְעוֹן וְאָמַר לוֹ: עֲשֵׂה עִמִּי טוֹבָה וְהַשְׁאִילֵנִי אוֹתָהּ תִּשְׁעִים יוֹם מִן הַמֵּאָה שֶׁשְּׂכַרְתָּ, וּלְאַחַר תִּשְׁעִים אַחֲזִירֶנָּה לְךָ לַעֲשׂוֹת אֶצְלְךָ י' יָמִים לְהַשְׁלִים הַמֵּאָה, וְכֵן עָשָׂה, יֵשׁ כָּאן דִּין מִשְׁנָתֵנוּ, דִּתְנַן: הַשּׂוֹכֵר פָּרָה מֵחֲבֵירוֹ וְהִשְׁאִילָהּ לְאַחֵר בְּתוֹךְ יְמֵי שְׂכִירוּתָהּ, דְּמַה לִּי בְּעָלִים וּמַה לִּי אַחֵר? אִם מֵתָה אֵצֶל שׁוֹאֵל הֲרֵי שׂוֹכֵר פָּטוּר בִּשְׁבוּעָה, וְהַשּׁוֹאֵל מְשַׁלֵּם לַשּׂוֹכֵר. חָזַר רְאוּבֵן וּבָא אֶצְלוֹ וְאָמַר לוֹ: הַשְׂכִּירֶהָ לִי מִתִּשְׁעִים יוֹם שֶׁהָיְתָה שְׁאוּלָה בְּיָדְךָ מִמֶּנִּי, וְאֶשְׁתַּעְבֵּד בָּהּ שְׁמוֹנִים יוֹם, וְטוֹל שְׂכָרְךָ, וְכֵן עָשָׂה – הֲרֵי הִיא בְּחֶזְקַת שְׁאֵלָתוֹ עַל שִׁמְעוֹן כְּאִילּוּ הִשְׂכִּירָהּ לְאַחֵר, שֶׁהֲרֵי נוֹטֵל שְׂכָרוֹ וְכָל הֲנָאָה שֶׁלּוֹ, וְאִם הָיְתָה מֵתָה אֵצֶל רְאוּבֵן – הָיָה רְאוּבֵן פָּטוּר בִּשְׁבוּעָה, וְשִׁמְעוֹן מְשַׁלֵּם לוֹ פָּרָה אַחַת שֶׁשָּׁאַל מִמֶּנּוּ וְהוּא חַיָּיב בָּאוֹנָסִים, וּפָרָה אַחֶרֶת לַעֲשׂוֹת אֶצְלוֹ עֲשָׂרָה יָמִים לְהַשְׁלִים הַמֵּאָה. חָזַר שִׁמְעוֹן וּשְׁאָלָהּ מִמֶּנּוּ שִׁבְעִים יוֹם מִן הַשְּׁמוֹנִים שֶׁשְּׂכָרָהּ מִמֶּנּוּ, עַל מְנָת שֶׁיַּחֲזִירֶנָּה לוֹ, וְיַעֲשֶׂה בָּהּ עֲשָׂרָה יָמִים לְהַשְׁלִים הַשְּׁמוֹנִים שֶׁל שְׂכִירוּת הַשֵּׁנִי, וְאִם הָיְתָה מֵתָה בְּתוֹךְ שִׁבְעִים יוֹם הַלָּלוּ – הֲרֵי יֵשׁ כָּאן דִּין הַשֵּׁנִי כְּדִין הָרִאשׁוֹן, וְיִשָּׁבַע רְאוּבֵן שֶׁמֵּתָה כְּדַרְכָּהּ, וְשִׁמְעוֹן הַשּׁוֹאֵל מְשַׁלֵּם לוֹ ד' פָּרוֹת; שְׁתַּיִם נֶחְלָטוֹת לוֹ בִּשְׁבִיל שְׁתֵּי פָרוֹת שְׁאוּלוֹת שֶׁהִשְׁאִילוֹ רְאוּבֵן, וּבְפַעַם זֶה כְּאִילּוּ מֵתוּ שְׁתֵּיהֶן, שֶׁהֲרֵי אֵין פָּרָתוֹ בְּעַיִן שֶׁהִשְׁאִילוֹ בָּרִאשׁוֹן דְּנֵימָא הֲרֵי הֶחֱזִיר לוֹ פָּרָתוֹ, וְזוֹ שֶׁהוּא מְשַׁלֵּם לוֹ עַכְשָׁיו – בְּתוֹרַת תַּשְׁלוּמִין בָּאָה לְיָדוֹ, וַהֲרֵי יֵשׁ לוֹ עָלָיו שְׁתֵּי תְבִיעוֹת עַל שְׁתֵּי שְׁאִילוֹת, וּשְׁתֵּי תְבִיעוֹת עַל שְׁתֵּי שְׂכִירוּת לַעֲשׂוֹת אֶצְלוֹ עֶשְׂרִים יוֹם. **מִכְּדִי חֲדָא פָּרָה הֲוַאי כו'.** וּלְעִנְיַן תַּשְׁלוּמִין נַמִּי, לְשַׁלֵּם לֵיהּ פָּרָה אַחַת, וְתַעֲמוֹד בִּמְקוֹם הָרִאשׁוֹנָה תַּחַת שְׁתֵּי הַשְּׁאִילוֹת וּתְהֵא שֶׁלּוֹ, וְאַחַת יִמְסוֹר לוֹ לַעֲשׂוֹת בָּהּ עֶשְׂרִים יוֹם. **מִי אִיתָא לְפָרָה בְּעֵינָא דְּנֵימָא הָכִי.** אִילּוּ הָיְתָה קַיֶּימֶת – הָיָה פָּטוּר לְגַמְרֵי, אֶלָּא שֶׁיַּעֲשֶׂה בָּהּ עֶשְׂרִים יוֹם. עַכְשָׁיו שֶׁמֵּתָה – בָּא עָלָיו בְּתוֹרַת תַּשְׁלוּמִין שׁוֹאֵל לַשּׂוֹכֵר עַל שְׁתֵּי תְבִיעוֹת. מָר בַּר רַב אַשִׁי ס"ל כְּאִתְקַפְתָּא דְּרַב אַחָא מִדִּפְתִּי. **שׁוּם שְׁאֵלָה אַחַת הִיא.** דְּכֵיוָן דַּחֲדָא פָּרָה הֲוַאי, אֶלָּא שֶׁמֵּחֲמַת שׂוֹכֵר שֶׁהִשְׁאִיל הוּא בָּא עָלָיו – שְׁנֵי שְׁאֵילוֹת פָּרָה אַחַת אֵינָן אֶלָּא אַחַת. **פְּעָמִים שֶׁשְּׁנֵיהֶם בְּחַטָּאת.** אַמַּתְנִיתִין קָאֵי: הַשּׂוֹכֵר וְהַשּׁוֹאֵל נִשְׁבְּעוּ לַשֶּׁקֶר וְלֹא כָּפְרוּ מָמוֹן, וַהֲרֵי הֵן בִּשְׁבוּעוֹת בִּיטּוּי, וְקָרְבָּן שֶׁלּוֹ חַטָּאת כִּדְכְתִיב בְּוַיִּקְרָא "אוֹ נֶפֶשׁ כִּי תִשָּׁבַע וגו'".

שְׁנֵיהֶם

רבא אמר מכי שלמו ימי אכרזתא. וא"ת: שלהי "הכונס" (כתובות דף קד: ושם ד"ה ה"ג) דאמר רבא אחוי אדרכתיך, והתם רבא גרסינן, מדאמר: והא מר הוא דאמר אחריות טעות סופר הוא, והיינו רבא, דפסיק כן לעיל בפ"ק (דף טו: ושם)! וי"ל: אחוי לי אדרכתיך דאי שפיר כתיבא – הוה גבי מיומא דאכרזתא. ואית דגרסי בשמעתין רבא אמר: מכי מטא אדרכתא לידיה, ובתר הכי רבה. ולפי זה אתי טפי בפשיטות ההיא ד"הכונס". והקדים רבא לאביי ורבה, משום דאדרכתא קודם לאכרזתא. ודברי אביי דאמר: עדיו בחתומיו זכין לו, מיושב טפי לשנות בתר דברי רבא מקודם.

תחזור פרה לבעלים הראשונים. אין לפרש משום דא"ל משכיר לשוכר 'פרתי גנב', דהשואל שילם דמיה. דבפ' "השואל" (לקמן דף צו: ושם) בעי רמי בר חמא: בעל בנכסי אשתו שוכר הוי או שואל הוי, היכא דאגרה פרה מעלמא ואינסיבא, אליבא דרבנן – ודאי בעלה פטור, משום דאשתו עמו במלאכתו, והויא שאלה בבעלים, *(ואשה חייבת כדין שוכר). כי תבעי לך – אליבא דר' יוסי, שואל הוי להתחייב לבעלים הראשונים במתה כדרכה, או שוכר הוא ופטור? והשתא, התם כיון דלרבנן הבעל פטור מן האשה משום דהוי שאלה בבעלים – לא יתחייב נמי לר' יוסי לבעלים הראשונים. אלא טעמא דרבי יוסי הוי משום דסבר דשוכר לא קני אלא בשבועה; ומשכיר יאמר לו: דל אנת ודל שבועתך, ומשתעינא דינא בהדי שואל. ואפילו אם יש עדים שמתה כדרכה, דאין השוכר צריך לישבע – מ"מ לא קני לה אלא בהבאת עדים, ויאמר לו: אני פוטרך מהבאת עדים. ורבנן סברי: דשוכר קני לה במיתה. ופליגי בדברי המקשה והמתרץ שבגמ'. ונראה אם המשכיר עצמו היה שם בשעת שמתה ביד שואל, שר' יוסי יודה לדברי רבנן, דהתם ודאי קני לה במיתה גרידא, דהשתא אין השוכר צריך לעשות כלום.

(א)**אגרה** ק' יום ושיילה צ' יום. השתא אם מתה חייב שתי פרות לשוכר, אחת שתהא שלו, ואחת שיעשה בה מלאכה י' ימים ויחזירנה למשכיר. אבל אי שיילוה ק' יום – לא יתחייב לו רק אחת של שאלה.

אגרה פ' יום. ה"מ למימר אגרה נ' יום, אלא לפי שבשאלה הוצרך לפחות, פוחת גם בשכירות. ועי"ל: דאי אגרה נ' יום דהיינו כל ימי השאלה – הוי כאילו נתן לו מעות לבטל השאלה, כיון שאינה חוזרת לו לאחר השכירות להשלים ימי השאלה. ואי הדר שייליה *) ע' יום – לא יתחייב רק אחת דשאלה ודשכירות **) ק' יום. וכן י"ל ברישא, דאי שייליה ק' יום בימי השכירות – כאילו ביקש שיתבטל השכירות, ולא יתחייב כלום. ומתני' דהשוכר הוי בעלים דשואל לרבנן אי איירי שלא שאל כל ימי השכירות – אתי שפיר, דלאחר ימי השאלה תחזור לשוכר, ואפילו אם השאילה כל ימי השכירות, מ"מ כיון שהיא באחריות השוכר מגניבה ואבידה ופשיעה, אם היה עם השואל במלאכתו, דאז השואל פטור והשוכר חייב – מקרי בעלים. האבל הכא, אי שייליה ק' יום – השוכר פטור מכל דבר.

*) נ"ל פ' רש"ל **) נ"ל כ' רש"ל

שוכר

כ א מיי' פכ"ב מהל' מלוה ולוה הל' יז סמג עשין לד טוש"ע ח"מ סי' קג סעי' י:

כא ב מיי' שם הל' יב סמג שם טוח"מ סי' קג:

כב ג מיי' פ"א מהל' שכירות הל' ו סמג עשין פב טוש"ע ח"מ סי' שז סעי' ה:

רבינו חננאל

אגביה הלוה מדעתו ומכרה למלוה פליגי בה רב אחא ורבינא וקיימא לן הלכה כדברי המיקל הלכך לא מיהדר. זה ששמוהו לו מאימת אכיל הפירות *) רבא אמר מכי מטיא אדרכתא לידיה. סדר הדין מוציא מלוה שטרו בב"ד ומקיימו ומחייבין הלוה לפורעו לא פרע קורעין שטר חוב וכותבין למלוה אדרכתא על נכסי הלוה ומכריזין ואחרי ההכרזה שמין נכסי הלוה ומחליטין למלוה לא מצא נכסין בני חורין כותבין לו טירפא ואחרי שיטרף קורעין הטירפא וכותבין לו אדרכתא על הנכסין הללו ואחר כך קורעין האדרכתא וכותבין לו שומא על שדה זו ומחליטין אותה למלוה. אביי אמר בחתימת העדים על האדרכת' מיד זכה המלוה בשדה. רבא אמר מכי שלמן (אדרכתא) [אכרזתא] וקיי"ל כרבא: **מתני'** השוכר פרה והשאילה לאחר ומתה כדרכה ישבע השוכר שמתה כדרכה והשואל משלם לשוכר. אוקמה ר' אמי [לקמן דף לו] בשנתנו לו הבעלים רשות כגון שאמרו לו לדעתו כלומ' אם רצונך להשאילה לו הרשות בידך. עכשיו אם ראה אותה השוכר שמתה ברשות השואל כדרכה ישבע ויפטר. וישלם השואל לשוכר. אמר ר' זירא פעמים שמשלמים הבעלים כמה פרות לשוכר כו' ודברים פשוטין הן. אמר ר' ירמיה פעמים שהשוכר והשואל שניהן בחטאת פעמים ששניהן באשם. פעמים שהשוכר בחטאת והשואל באשם. פעמים שהשואל בחטאת והשוכר באשם. תפוש האי כללא בידך כפירת ממון באשם. אין שם כפירת ממון אלא ביטוי שפתים כלומר נשבע בשקר על דבר שאין לו בו הנאת ממון חייב חטאת. וקיימא לן שומר חנם נשבע על הכל. שואל משלם את הכל חוץ ממתה מחמת מלאכה. נושא שכר והשוכר נשבעין על השבורה ועל השבויה ועל המתה ומשלמין הגניבה והאבידה וכבר פירשנום. שניהן בחטאת **) כגון שמתה מחמת מלאכה דתרוייהו פטורין מלשלם וכחשו ונשבעו שנאנסה אין אחד מהן נהנה לפיכך שניהן בחטאת.

*) נראה דל"ל רבה ועי' בתוס' ד"ה רבא.

**) לפנינו בגמ' הגי' כגון שמתה כדרכה ואמרו נאנסה וכו' ואולי דרבינו הי' לו גי' אחרת בגמ' וצ"ע.

[נ"ל בכ"ק קיב:]

לעיל יג. [וש"נ]

[לקמן לו:]

הגהות הב"ח

(א) תוס' ד"ה אגרה ק' וד"ה אגרה פ' הד"א:

תורה אור

פעמים ששניהם באשם, פעמים שהשוכר בחטאת והשואל באשם, פעמים שהשוכר באשם והשואל בחטאת. הא כיצד? [א]כפירת ממון – אשם, [ב]ביטוי שפתים – חטאת. פעמים ששניהם בחטאת – כגון שמתה כדרכה, ואמרו נאנסה. שוכר דבין כך ובין כך מיפטר פטור – בחטאת, שואל דבין כך ובין כך חיובי מיחייב – בחטאת. פעמים ששניהם באשם – כגון שנגנבה, ואמרו מתה מחמת מלאכה, דתרוייהו קא כפרי ממונא, דהא מיחייבי וקא פטרי נפשייהו. שוכר בחטאת ושואל באשם – כגון שמתה כדרכה, ואמרו מתה מחמת מלאכה. שוכר דבין כך ובין כך מיפטר פטור – חייב בחטאת, שואל דמיחייב במתה כדרכה, וקא פטר נפשיה במתה מחמת מלאכה – באשם. שוכר באשם ושואל בחטאת – כגון שנגנבה, ואמרו מתה כדרכה. שוכר הוא דמיחייב בגניבה ואבידה, וקא פטר נפשיה במתה כדרכה – באשם. שואל, דבין כך ובין כך חיובי מיחייב – בחטאת. מאי קמ"ל? לאפוקי מדרבי אמי *דאמר: כל שבועה שהדיינים משביעים אותה – אין חייבין עליה משום שבועת ביטוי, שנאמר °"או נפש כי תשבע לבטא בשפתים" (ויקרא ה) – כי תשבע מעצמה. קמ"ל [ג]דלא כר' אמי. *אתמר, שומר שמסר לשומר. *רב אמר: פטור, ור' יוחנן אמר: [ד]חייב. אמר אביי: לטעמיה דרב לא מבעיא שומר חנם שמסר לשומר שכר, דעלויי עלייה לשמירתו. אלא אפילו שומר שכר שמסר לשומר חנם, דגרועי גרעה לשמירתו – פטור. °מאי טעמא – דהא מסרה לבן דעת. ולטעמיה דר' יוחנן, [ה]לא מיבעיא שומר שכר שמסר לשומר חנם דגרועי גרעה לשמירתו, אלא אפי' ש"ח שמסר לשומר שכר, דעלויי עלייה לשמירתו – חייב. דא"ל: *אין רצוני שיהא פקדוני ביד אחר. אמר רב חסדא: הא דרב *לאו בפירוש אתמר, אלא מכללא. דהנהו גינאי דכל יומא הוו מפקדי מרייהו גבה דההיא סבתא. יומא חד אפקדינהו לגבי חד מינייהו, שמע קלא בי הלולא, נפק אזל, אפקדינהו לגבה דההיא סבתא. אדאזל ואתא אגנוב מרייהו. אתא לקמיה דרב ופטריה. מאן דחזא סבר משום שומר שמסר לשומר – פטור, ולא היא. שאני התם, [ו]דכל יומא נמי אינהו גופייהו גבה דההיא סבתא הוו מפקדי להו. יתיב ר' אמי וקאמר לה להא שמעתא. איתיביה ר' אבא בר ממל לר' אמי: השוכר פרה מחבירו והשאילה לאחר, ומתה כדרכה – ישבע השוכר שמתה כדרכה, והשואל משלם לשוכר. ואם איתא, לימא ליה: אין רצוני שיהא פקדוני ביד אחר! א"ל: הכא במאי עסקינן – בשנתנו לו *(רשות הבעלים) להשאיל. אי הכי, לבעלים בעי לשלומי! דאמרו ליה: לדעתך. מתיב רמי בר חמא: *[ז]המפקיד מעות אצל חבירו, צררן והפשילן לאחוריו, [ח]מסרן לבנו ובתו הקטנים, *)ונעל בפניהם שלא כראוי – חייב, שלא שמר כדרך השומרים. טעמא – דקטנים, הא גדולים – פטור. אמאי? נימא ליה: אין רצוני שיהא פקדוני ביד אחר! אמר רבא: *[ט]כל המפקיד

על

*) והרי"ף והרא"ש גרסי או נעל בפניהם כו'

רש"י

שניהם באשם. אם נשבעו לשקר, והיו נשכרים בשבועתם להקל פרעון מעליהם – כפירת ממון היא זו, וקרבן שבועה שלהם אשם איל בן ב' שנים, דכתיב (ויקרא ה): "והביא את אשמו איל תמים בערכך כסף (שני) שקלים" והוא אשם גזילות. נאנסה. ע"י לסטים, ונשבעו שכך. (א) אע"פ שהשואל משלם אונסין משביעין אותו כדרך הוגא שבועה שאינה ברשותו, דחיישינן שמא נתן עיניו בה, ונשבע שנאנסה ואינה ברשותו. שוכר דבין כך ובין כך מיפטר. מתשלומין קאי בחטאת. בין כך ובין כך. בין שנשבע באמת שמתה כדרכה, בין שנשבע לשקר שנאנסה – פטר עצמו מלשלם. הלכך אין בשקר זה כפירת ממון, דהא אם הודה על האמת היה פטור – שבועת ביטוי היא, ובחטאת. שואל דבין כך ובין כך חייב לשלם. נמצא שלא כפר ממון בשיקור שבועתו, ושבועת ביטוי קאי בחטאת. כגון שנגנבה. והשוכר חייב לשלם לבעלים, והשואל ישלם לשוכר. ואמרו מתה מחמת מלאכה. ופטר שואל עצמו בשקר מלשלם לשוכר והשוכר מלשלם לבעלים. שמתה כדרכה. ואם הודו על האמת – שוכר פטור ושואל חייב. שנגנבה. ושניהם חייבין. ואמרו מתה כדרכה. השוכר פוטר עצמו בשקר, אבל השואל לא נפטר בכך מלשלם. חיובי מיחייב. לשלם, קאי על שבועתו בחטאת. מאי קמ"ל. רבי ירמיה? משניות שלימות הן בשבועות: המשנה מחובה לחובה ומפטור לפטור ומפטור לחובה – פטור מאשם גזילות, מחובה לפטור – חייב. רב אמר פטור. מכל מה שהיה נפטר, אם שמרה הוא עצמו. חייב. אפי' באונסין. ולא מיבעיא כו'. דפטור מן האונסין, ואין לך לומר פשיעה היא זו שמסרה לאחר. מרייהו. *פושוי"ר בלע"ז. מאן דחזא. אחד מן התלמידים ששמע מפיו דפטריה, סבר שומר שמסר לשומר כו'. הוו מפקדי לה. דלא מצו אמרי ליה אין רצונו שיהא בידה. להא שמעתא. דר' יוחנן רביה. אי הכי לבעלים בעי לשלומי. שואל שהם השאילוה לו. דאמרי ליה. בעלים לשוכר. לדעתך. כרצונך, אם תרצה להשאילה לו ימי שכירותך – אין אנו מקפידין. הלכך הוא השאילה, והבעלים אין יכולין לומר אין רצוננו. מסרן לבנו כו'. או שמסרן לבנו ולבתו הקטנים. בפניהם. בפני אותם הקטנים, שלא יצאו לחוץ ויאבדו המעות.

על

תוספות

שוכר דמיחייב בגניבה ואבידה. מכאן יש להוכיח דהלכה כמ"ד דשומר שכר דמי. וכן מוכח בריש "אלמנה לכ"ג" (יבמות סו:), וכן פרק "השואל" (לקמן דף צז. ושם) גבי מרימר בר חנינא אוגר כודנייתא לבי חוזאי*.

לאפוקי מדר' אמי. ה"ה דהוה מצי למימר לאפוקי מדשמואל, דאמר פ"ג דשבועות (דף כה.) דשבועת ביטוי ליתא אלא דיכול להיות להבא, אבל שבועה שזרק פלוני צרור ליס – פטור, שאין יכול לומר שבועה שיזרוק. והכא מיחייב שבועה כי נשבע שנאנסה, אע"ג דליתא בלהבא. רב אמר פטור. וא"ת: והא תנן° פ"ג דגיטין (דף כט.) אם אמר טול הימנה חפץ פלוני – לא ישלחנו ביד אחר! וי"ל: דאע"ג דאסור להפקידו ביד אחר, מ"מ בשביל כך אינו חייב לפרוע.

אין רצוני שיהא פקדוני ביד אחר. אין לפרש דטעמא דחייב לר' יוחנן אליבא דאביי משום דשינה מדעת המפקיד, ולכך יתחייב בכל האונסין, אפי' באונסין שהיו ראוין לבא ברשות שומר הראשון – דא"כ מאי פריך אביי לרבא לקמן? לימא ליה ר' אמי לר' אבא "מלאך המות מה לי הכא מה לי התם כו'", והלא כיון דשינה מדעת בעל הפרה הוא חייב אפילו באונסין שהיו באין אפי' אם היתה ברשותו, לכך הוצרך לתרץ שהשאיל מדעת בעלים! אלא י"ל: דהטעם הוא דחשיב כאילו פירש לו שאם ישנה מדעתו, כגון שימסרנה לאחר – שיהיה כאילו פשע בה, וכל אונסין שיארעו לה, שנוכל לתלות שאם לא מסרה לאחר שלא היו נארעים – חייב בה. כגון אם מתה בבית שומר שני – דיש לתלות דהבלא דאותו בית קטלה, ושמא אם היתה בבית שומר הראשון לא היתה מתה, שבריא בית אחד יותר מאחר, והוי כפשע בה ויצאה לאגם שהוא מרעה שמן וטוב ומתה, דחייב לאביי, דאמר הבלא דאגמא קטלה. וכן לרב, אם מסרה לחש"ו ומתה ברשותן – חייב מהאי טעמא. והיכא שלא פשע בה, כגון לרב כשמסרה לבן דעת, או שנעל בפניה כראוי ויצאה לאגם, או שהוליכה בעצמו לאגם ומתה שם – פטור. אבל אם נעל בפניה שלא כראוי, אע"פ שפשע – אם מתה שם פטור, כיון דאפילו נעל בפניה כראוי היתה מתה שם. ואפילו למ"ד תחילתו בפשיעה וסופו באונס חייב – היינו דוקא כמו גריפא דאורבני, דאפשר אם לא פשע מתחילה לא היה נארע אונס של גניבה. וכן מוכח פרק "האומנין" (לקמן דף עח. ושם ד"ה הוחמה) דתנן: השוכר את הפרה להוליכה בהר והוליכה בבקעה והוחלקה – פטור, הוחמה – חייב והשתא למ"ד תחילתו בפשיעה וסופו באונס חייב, כי נמי הוחלקה אמאי פטור? הלא תחילתה בפשיעה לענין הוחמה, וסופה באונס לענין הוחלקה! אלא משום דאפילו הוליכה בהר כל שכן דהוחלקה. לכך פריך לקמן אביי לרבה שפיר ואפי' למ"ד תחילתו בפשיעה וסופו באונס פטור הכא כשמסר לשומר אחר חייב, דהתם בגריפא דאורבני לא היה האונס ראוי להיות נארע עד שבאו גנבים, אבל הכא – אגלאי מילתא שאותו הבל ואותו מקום היה מסוכן יותר להמית בהמה זו, דמיד שבאת שם התחיל החולי – וכן קאמר אביי לקמן, דאפי' למ"ד פטור – הכא חייב.

דאם

מסורת הש"ס

כפסוק גבי אשם גזילות כתיב בל"א ועיין שם

שבועות מט:

ב"ק יח: נו:

[גיטין יז. כט.]

[ברכות ט. וש"נ]

[הבעלים רשות כל"ל]

לקמן מב.

[לקמן מב: ומש"ש תוס' שם בשם ר"ת]

הגהות הב"ח

(א) רש"י ד"ה נאנסה וכו' שכך הוה אע"פ:

גליון הש"ס

גמרא מ"ש דהא מסרה לבן דעת. עיין לקמן דף ל"ג ע"ב תוס' ד"ה אי: תוס' ד"ה רב וכו' וא"ת והא תנן. כך הקשה בירושל' בגיטין שם ועיין שם.

עין משפט נר מצוה

כג א מיי' פ"א מהל' שבועות הל' ט סמג לאוין רמ:

[ועי' תוס' ב"ק נז: ד"ה שכרוה]

כד ב מיי' שם הל' ג סמג לאוין רלט:

כה ג מיי' שם פ"ז הל' ב ופ"ח הל' ה והל' ו:

כו ד ה מיי' פ"א מהל' שכירות הל' ו ופ"ד מהל' נזקי ממון הל' יא ועי' בהשגות ובמ"מ ובכ"מ סמג עשין פט פח טוש"ע ח"מ סי' רצא סעי' כו וסי' שג סעי' ה וסימן שצו סעיף ט:

כז ו מיי' פ"א מהל' שכירות הל' ד סמג עשין פט טוש"ע ח"מ סי' רצא סעי' כו:

כח ז מיי' פ"ד מהל' שאלה ופקדון הל' ו סמג עשין פח טוש"ע ח"מ סי' רצא סעי' כ:

כט ח ט מיי' שם הל' ח טוש"ע שם סעי' כא:

[עי' תוס' גיטין כט. ד"ה כאן שנה ותוס' ב"ק יא: ד"ה את]

רבינו חננאל

פעמים ששניהם באשם כגון שנגנבה ושניהן חייבין לשלם ונשבעו שמתה מחמת מלאכה דהיא הנאת ממון דבשבועתייהו פטרי נפשייהו מממונא באשם. שוכר בחטאת ושואל באשם כגון שמתה וכיחשו וטענו שמתה מחמת מלאכה ונשבעו בשקר שוכר דינו בשניהן אחד שפטור בשניהן ולא נהנה ממון בשבועתו בחטאת. שואל שבמתה כדרכה חייב ופטר נפשיה במתה מחמת מלאכה באשם. שוכר באשם ושואל בחטאת כגון שנגנבה וטענו מתה כדרכה ונשבעו בשקר שוכר שחייב בגניבה ממון ובשבועתו נפטר באשם שהרי בשבועתו על שקר נהנה ממון אבל השואל דבין גניבה ובין במתה כדרכה חייב ולא נהנה ממון חייב חטאת שנשבע בשקר. ולאפוקי מדר' יוסי דאמר כל שבועה שהדיינין משביעין אותה אין חייבין עליה משום שבועת ביטוי. איתמר שומר שמסר לשומר רב אמר פטור. ואמר רב חסדא [לאו בפירוש אתמר אלא] מכללא אתמר דהנהו גינאי דהוו מפקדי כל יומא (מפקדי) מרייהו גביה דההיא סבתא ואיגנבו ופטריה רב משום דלא יכלי למיטען אנת מהימנת לי בשבועה וההיא סבתא לא מהימנא לן בשבועה דהא אינהו כל יומא גבה דההיא סבתא הוה מפקדי למרייהו. ור' יוחנן אמר שומר שמסר לשומר חייב. ואמר אביי משום דיכול למימר אין רצוני שיהא פקדוני ביד אחר. ומותבינן עליה המפקיד מעות אצל חבירו צררן והפשילן לאחוריו או שמסרן לבניו הקטנים נעל בפניהם שלא כראוי חייב שלא שימר כדרך השומרין. ודייקי' מינה טעמא דקטנים הא בניו (אבל) גדולים פטור ואמאי נימא אין רצוני שיהא

על דעת אשתו ובניו הוא מפקיד. אמרי נהרדעי: דיקא נמי, דקתני: או שמסרן לבנו ובתו הקטנים — חייב. הא לבנו ולבתו הגדולים — פטור. מכלל דלאחרים, לא שנא גדולים ולא שנא קטנים — חייב. דאם כן — ליתני קטנים סתמא, שמע מינה. אמר רבא: *הלכתא, שומר שמסר לשומר — חייב. לא מבעיא שומר שכר שמסר לשומר חנם, דגרועי גרעה לשמירתו. אלא אפילו שומר חנם שמסר לשומר שכר — חייב, מאי טעמא — דאמר ליה: את מהימנת לי בשבועה, האיך לא מהימן לי בשבועה.§ איתמר, פשע בה ויצאת לאגם, ומתה כדרכה. אביי משמיה דרבה אמר: חייב, רבא משמיה דרבה אמר: [א]פטור. אביי משמיה דרבה אמר: חייב, כל דיינא דלא דאין כי האי דינא לאו דיינא הוא. לא מבעיא למ"ד תחילתו בפשיעה וסופו באונס חייב — דחייב. אלא אפילו למ"ד פטור — הכא חייב. מ"ט — דאמרינן: הבלא דאגמא קטלה. רבא משמיה דרבה אמר: פטור, כל דיינא דלא דאין כי האי דינא לאו דיינא הוא. לא מיבעיא למ"ד: *תחילתו בפשיעה וסופו באונס פטור — דפטור. אלא אפילו למ"ד [ב]חייב — הכא פטור. מאי טעמא — דאמרינן: מלאך המות, מה לי הכא ומה לי התם? ומודי אביי דאי הדרא לבי מרה ומתה דפטור. מ"ט — דהא הדרא לה, וליכא למימר הבלא דאגמא קטלה. [ג]ומודי רבא כל היכא *דאיגנבה גנב באגם ומתה כדרכה בי גנב דחייב. מאי טעמא, דאי שבקה מלאך המות — בביתיה דגנבא הוה קיימא. אמר ליה אביי לרבא: לדידך דאמרת מלאך המות, מה לי הכא ומה לי התם, האי דאותביה ר' אבא בר ממל לרבי אמי, ושני ליה בשנתנו לו בעלים רשות להשאיל, ולימא ליה: מלאך המות, מה לי הכא ומה לי התם? א"ל: לדידכו דמתניתו אין רצוני שיהא פקדוני ביד אחר — איכא לאותבה להיא, לדידי דאמינא אנת מהימנת לי בשבועה והאיך לא מהימן לי בשבועה — ליכא לאותבה כלל. מתיב רמי בר חמא: [ד]*העלה לראשי צוקין ונפלה — אין זה אונס, וחייב. [ה]הא מתה כדרכה — הרי זה אונס, ופטור. ואמאי? לימא ליה *אוירא דהר קטלה, אי נמי אובצנא דהר קטלה! הכא במאי עסקינן — שהעלה למרעה שמן וטוב. אי הכי, נפלה נמי! שהיה לו לתוקפה, ולא תקפה. אי הכי, אימא רישא: [ו]עלתה לראשי צוקין ונפלה — הרי זה אונס, איבעי ליה למיתקפה! לא צריכא, שתקפתו ועלתה, תקפתו וירדה.§ "אמר רבי יוסי כיצד הלה עושה סחורה בפרתו" כו'.§ אמר רב יהודה אמר שמואל: הלכה כרבי יוסי. אמר ליה רב שמואל בר יהודה לרב יהודה, אמרת לן משמיה דשמואל: חלוק היה רבי יוסי
אף

רש"י

על דעת אשתו ובניו. על דעת שהנפקד מוסרו לאשתו ובניו הגדולים, ואין יכולין לומר "אין רצוננו כו'". דיקא נמי. דהאי דגדולים פטורין דוקא בניו נקט, ולא אחרים. דא"כ. דלאחרים נמי גדולים פטור, ליתני: או שמסרן לקטנים סתמא. בשבועה. שלא פשע בה. האיך לא מהימן לי. ואני אומר שישנה בידו, או אכלה, או פשע בה. פשע בה. שלא נעל בפניה כראוי. ויצאת לאגם. מקום שאינה משתמרת שם אלא זאבים ולא אלא גנבים. ומיהו, לא אכלוה לא זאבים ולא גנבים. ומתה. דהוי תחילתו בפשיעה, שמא יטרפוה זאבים, וסופו לא אבדה באותה פשיעה אלא בדבר שהוא אונס. לא מיבעיא למ"ד. לקמן בפרקין (דף מב.) גבי ההוא דאותיב זוזי דפקדון בצריפא דאורבני, דהויא פשיעותא לגבי נורא, ונטירותא לענין גנבי, ואיגנוב. וגניבה לגבי שומר חנם אונס הוא. אלא אפילו למ"ד פטור הכא חייב. דהתם ליכא פשיעותא אלא לענין נורא, אבל הכא — איכא למימר בפשיעה מתה, שאם היתה בבית לא מתה, ויליאתה לאגם היא פשיעת מיתתה, דשמא הבל המלוי באגם קטלה. מה לי הכא כו'. אבל התם גבי זוזי, אם שמרם כהלכתם, דקי"ל (שם) כספים אין להם שמירה אלא בקרקע — לא נגנבו. ואע"ג דקי"ל בצריפא דאורבני אין דרך גנבים לבקש שם מעות, ואונס הוא — מיהו ע"י שלא שמר כדין שמירתם אבדו. אבל פרה זו, אם היתה בבית — נמי היתה מתה. דאיגנבה גנב מאגם. שזהו דבר שהוא פשיעה אצל יליאתה לאגם, אע"פ שסופה מתה בי גנב — חייב, ולא אמר אי הוה בבית שומר נמי הוה מתה. מ"ט. משעת גניבה היא אבודה מן הבעלים. דאי נמי שבקה מלאך המות — בי גנב הוה קיימא, הלכך החיוב בא לו על שעת הגניבה. הא דאותביה ר' אבא. לעיל, מהשוכר פרה והשאילה לאחר, לימא אין רצוני כו'. ושני ליה בשנתנו לו הבעלים רשות. מאי דוחקיה לשנויי הכי? נימא ליה: אם אירע בה אונס אחר, דמצינו למימר אם היתה בביתו לא נאנסה — היה חייב, אבל זו מתה כדרכה — מלאך המות נמי בבית שוכר קטיל לה. ומדלא שני ליה הכי — שמעינן למ"ד תחילתו בפשיעה וסופו באונס חייב, לא שנא אונס מלאך המות משאר אונסין. לדידכו. דאמריתו טעמא דשומר שמסר לשומר חייב משום "אין רצוני" — איכא לאותובה להיא, ומאי דניחא ליה לרבי אמי שני ליה. אנא לא סבירא לי לא אתקפתא ולא שינויא, דלדידי דאמרי לעיל טעמא משום דלא מהימן ליה בשבועה — ליכא לאותובה כלל, שהרי שוכר עצמו נשבע לו, כדתנן: ישבע השוכר שמתה כדרכה. העלה לראשי צוקין. שומר שהעלה לראשי הרים חדים ומשופעים, ונפלה. אין זה אונס. אלא פשיעה, דדרכה ליפול. הא מתה בדרכה. בראש הצוק. פטור. דהוי סופו באונס. אוירא. ליגה. אובצנא. עייפות, טורח המעלה. למרעה שמן וטוב. דדרך הרועים להעלות שם בהמות לרעות. לתוקפה. להחזיק בה, שכן דרך הרועים. עלתה. מאליה. שתקפתו. על כרחו ועלתה, ולא יכול להחזיק בה, שחזקה היתה ממנו.
אף

תוספות

דאם כן ליתני קטנים סתמא. וא"ת: תקשה לרבו! וי"ל: דבניו נקט לרבותא, דסד"א דעל דעת בניו הקטנים נמי מפקיד, דרגילות הוא שלפעמים מוסר חפציו לבניו קטנים — קמ"ל. אי נמי: לכך נקט בניו ולא נקט קטנים סתמא, משום דבעי למידק: הא גדולים — הוי כדרך השומרים, ומותר, משום דעל דעת בניו הגדולים מפקיד. אבל גדולים דעלמא — אסור למסור אע"פ שאינו מתחייב בכך.

את מהימנת לי בשבועה. ולכך, היכא שהשומר הראשון יכול לישבע על האונס, או שהיו עדים בדבר — פטור. ואפי' מסר לאש"ו ומתה ברשותם, כיון דאף בבית שומר הראשון היתה מתה, דמלאך המות מה לי הכא מ"ל התם כו'. וסובר רבא שזהו טעמו של רבי יוחנן, ולא כאביי דאמר משום ד"אין רצוני כו'". וכן הלכה כרבא, ולא כר"ח דפסיק כאביי.

שהעלה למרעה שמן וטוב. דהשתא לא הוי פשיעה בהעלאה. אי הכא עלתה נמי. בשלמא לרבא דאמר מלאך המות כו' — לא יצטרך להעמיד במרעה שמן וטוב, ולכך העלה לראשי צוקין ונפלה — חייב משום העלאה, אע"פ שנפלה בע"כ שתקפתו וירדה. ורישא דקתני אי עלתה פטור — מיירי שתקפתו ועלתה, וכן הנפילה היתה בתקפתו וירדה כמו בסיפא. אבל לאביי, דאוקמה במרעה שמן וטוב, ולא פשע בהעלאה, וחייב משום שפשע בנפילתה דמיירי שהיה יכול לתקפה ולא תקפה — א"כ רישא נמי, אפי' תקפתו ועלתה אמאי פטור? ליחייב משום נפילה, שהיה לו לו לשומרה שלא תפול. דמסתמא נפלה דרישא הוי כמו נפלה דסיפא, שהיה יכול לתקפה! ומשני: נפלה דרישא מיירי שתקפתו וירדה דומיא דעלתה, דמיירי דתקפתו ועלתה, ולא דמיא לנפילה דסיפא. וא"ת: אמאי נקט ברישא עלתה ובסיפא העלה? והלא אין חילוק בין העלה מדעתו לעלתה בעל כרחו, ובנפילה לבד הוה ליה לפלוגי, דתקפתו וירדה — הוה אונס, לא תקפתו — חייב! וי"ל: דרישא נקט עלתה לגלויי דנפלה הוי בע"כ, וסיפא נקט העלה לגלויי דנפלה הוי שהיה בידו לתקפה ולא תקפה, דומיא דהעלה שהיה בידו. וא"ת: וסיפא, כיון דמיירי שהיה יכול לתקפה אמאי אוקמה במרעה שמן וטוב? אפילו לא היה מרעה שמן וטוב לא פשע בהעלאה כיון שהיה יכול לשומרה מנפילה! וי"ל: כיון דאין צורך הבהמה בהעלאה זו — פושע הוא, שיש לו לחוש שמא ישכח ולא ישמרנה מליפול, ולכך אם מתה — היה חייב.
גזל

רבינו חננאל

שיהא פקדוני ביד אחר. ופריק רבא אליבא דאביי כל המפקיד על דעת שימסרם מי שנפקדין אצלו לבניו הגדולים ולאשתו הוא מפקיד דלא עדיף ליה ממונא דחבריה מדידיה וממונא דידיה אשתו ובניו נטרי ליה וכן הלכה דנהרדעאי דייקי מתני' כרבא. אמר רבא הלכת' שומר שמסר לשומר חייב ואפילו שומר חנם שמסר לשומר שכר דעלויי עלייה לשמירתו חייב והני מילי היכא דיכול למימר אנת מהימנת לי בשבועה האיך לא מהימן לי בשבועה ואי מיתבריר דאיהו נמי הוה מפקיד גביה כגון מעשה דגינאי בההיא סבתא פטור. איתמר פשע בה ויצאת לאגם ומתה כדרכה אביי משמיה דרבה אמר חייב. רבא משמיה דרבה אמר פטור. וקיימא לן בהא כאביי דאסיקנא והלכתא תחילתו בפשיעה וסופו באונס חייב. ומודה אביי דאי הדרא גבי מרה פטור דהא הדרא לה. ומודה רבא היכא דגנבה גנב מאגם ומתה כדרכה בי גנב מחייב מאי טעמא אי נמי שבקה מלאך המות בי גנב הוה קיימא. מתיב רמי בר חמא לאביי העלה לראשי צוקין פי' ההרים שעולין האבנים וצורים שלו כסכינים ונפלה אין זה אונס ודייקי' מינה *) הא מתה הוי אונס ופטור אמאי ונימא אוירא דהר קטלה ופרקי' זו אינה פשיעה שהרי העלה למרעה שמן וטוב אי הכי אפי' נפלה יהא פטור ודחינן התם מפני שהיה לו לתקפה כדי שלא תפול ולא תקפה. אי הכי הא דתנינן עלתה לראשי צוקין ונפלה הרי זה אונס אמאי הכא נמי נימא היה לו לתקפה כיון שלא תקפה מחייב ופרקי' סיפא כגון שנתחזקה עליו שהחזיק בה בכל כחו ומשכתו ועלתה ומשכתו וירדה ונפלה ומאי הוה ליה למיעבד הלכך פטור. ואע"ג דאמר רבא כל דיין דלא דאין כוותי לאו דיינא הוא לית הלכת' כוותיה דסוגיין דשמעתא כולה כאביי הוא דסלקא. אמר ר' יוסי כיצד הלה עושה סחורה בפרתו של חבירו אלא תחזיר פרה לבעליה. ואסיקנא

*) נ"ל טעמא דנפלה הא כו'.

עין משפט נר מצוה

ל א מיי' פ"ג מהל' שכירות הל' י סמג עשין פח טוש"ע ח"מ סי' רנא סעי' ט:
לא ב מיי' שם הל' ט טוש"ע שם סעי' ו:
לב ג מיי' שם הל' י טוש"ע שם סעי' ט:
לג ד ה מיי' שם הל' ט טוש"ע שם סעי' י:
לד ו מיי' שם ועיין במ"מ טוש"ע שם סעי' יא:

גליון הש"ס

תום' ד"ה את וכו' ולא כר"ח דפסק כאביי. עיין קדושין דף נב ע"א תוס' ד"ה ביע"ל. ועיין בתשו' בנימין זאב סי' שג דף תלב ע"ב:

מסורת הש"ס

[כ"ק יא: נו:]
[כ"ק כא: ט. נח. לקמן מב. נג:]
[נ"ל דגנבה יעב"ץ]
לקמן לג:
[לקמן עח.]

אַף בָּרִאשׁוֹנָה. הֲלָכָה כְּמוֹתוֹ, אוֹ אֵין הֲלָכָה כְּמוֹתוֹ? אֲמַר לֵיהּ: חָלוּק הָיָה ר' יוֹסֵי אַף בָּרִאשׁוֹנָה, וַהֲלָכָה כְּמוֹתוֹ אַף בָּרִאשׁוֹנָה. אִתְּמַר נַמִי, אָמַר ר' אֶלְעָזָר: חָלוּק הָיָה ר' יוֹסֵי אַף בָּרִאשׁוֹנָה, וַהֲלָכָה כְּמוֹתוֹ אַף בָּרִאשׁוֹנָה. וְר' יוֹחָנָן אָמַר: מוֹדֶה הָיָה ר' יוֹסֵי בָּרִאשׁוֹנָה, שֶׁכְּבָר שִׁילֵּם. שִׁילֵּם — אִין, לֹא שִׁילֵּם — לֹא? וְהָאָמַר *ר' חִיָּיא בַּר אַבָּא א"ר יוֹחָנָן: לֹא "שִׁילֵּם" שִׁילֵּם מַמָּשׁ, אֶלָּא כֵּיוָן שֶׁאָמַר הֲרֵינִי מְשַׁלֵּם, אע"פ שֶׁלֹּא שִׁילֵּם! אֵימָא: מוֹדֶה הָיָה ר' יוֹסֵי בָּרִאשׁוֹנָה, שֶׁכְּבָר אָמַר הֲרֵינִי מְשַׁלֵּם.§

מתני' [א]אָמַר לִשְׁנַיִם: גָּזַלְתִּי לְאֶחָד מִכֶּם מָנֶה, וְאֵינִי יוֹדֵעַ אֵיזֶה מִכֶּם. אוֹ: אָבִיו שֶׁל אֶחָד מִכֶּם הִפְקִיד לִי מָנֶה וְאֵינִי יוֹדֵעַ אֵיזֶה הוּא — נוֹתֵן לָזֶה מָנֶה וְלָזֶה מָנֶה, שֶׁהוֹדָה מִפִּי עַצְמוֹ. *[ב]שְׁנַיִם שֶׁהִפְקִידוּ אֵצֶל אֶחָד, זֶה מָנֶה וְזֶה מָאתַיִם, זֶה אוֹמֵר שֶׁלִּי מָאתַיִם וְזֶה אוֹמֵר שֶׁלִּי מָאתַיִם — נוֹתֵן לָזֶה מָנֶה וְלָזֶה מָנֶה, וְהַשְּׁאָר יְהֵא מוּנָּח עַד שֶׁיָּבֹא אֵלִיָּהוּ. *א"ר יוֹסֵי: א"כ מַה הִפְסִיד הָרַמַּאי? אֶלָּא, הַכֹּל יְהֵא מוּנָּח עַד שֶׁיָּבֹא אֵלִיָּהוּ. [ג]וְכֵן, שְׁנֵי כֵלִים אֶחָד יָפֶה מָנֶה וְאֶחָד יָפֶה אֶלֶף זוּז, זֶה אוֹמֵר יָפֶה שֶׁלִּי וְזֶה אוֹמֵר יָפֶה שֶׁלִּי — נוֹתֵן אֶת הַקָּטָן לְאֶחָד מֵהֶן, וּמִתּוֹךְ הַגָּדוֹל נוֹתֵן דְּמֵי קָטָן לַשֵּׁנִי, וְהַשְּׁאָר יְהֵא מוּנָּח עַד שֶׁיָּבֹא אֵלִיָּהוּ, א"ר יוֹסֵי: א"כ מַה הִפְסִיד הָרַמַּאי? אֶלָּא, הַכֹּל יְהֵא מוּנָּח עַד שֶׁיָּבֹא אֵלִיָּהוּ.§

גמ' אַלְמָא: מִסְּפֵיקָא מַפְּקִינַן מָמוֹנָא, וְלָא אָמְרִינַן אוֹקֵי מָמוֹנָא בְּחֶזְקַת מָרֵיהּ. וּרְמִינְהִי: שְׁנַיִם שֶׁהִפְקִידוּ אֵצֶל אֶחָד, זֶה מָנֶה וְזֶה מָאתַיִם, זֶה אוֹמֵר שֶׁלִּי מָאתַיִם וְזֶה אוֹמֵר שֶׁלִּי מָאתַיִם — נוֹתֵן לָזֶה מָנֶה וְלָזֶה מָנֶה, וְהַשְּׁאָר יְהֵא מוּנָּח עַד שֶׁיָּבֹא אֵלִיָּהוּ! א"ל: פִּקָּדוֹן אַגָּזֵל קָא רָמֵית? גָּזֵל דַּעֲבַד אִיסּוּרָא — קְנָסוּהוּ רַבָּנַן, פִּקָּדוֹן דְּלָא עֲבַד אִיסּוּרָא — לָא קְנָסוּהוּ רַבָּנַן. וְרָמֵי פִּקָּדוֹן אַפִּקָּדוֹן, וְרָמֵי גָּזֵל אַגָּזֵל. פִּקָּדוֹן אַפִּקָּדוֹן — דְּקָתָנֵי רֵישָׁא: אוֹ אָבִיו שֶׁל אֶחָד מִכֶּם הִפְקִיד אֶצְלִי מָנֶה, וְאֵינִי יוֹדֵעַ אֵיזֶהוּ — נוֹתֵן לָזֶה מָנֶה וְלָזֶה מָנֶה. וּרְמִינְהִי: שְׁנַיִם שֶׁהִפְקִידוּ וכו'! אֲמַר רָבָא: [ד]רֵישָׁא נַעֲשָׂה כְּמִי שֶׁהִפְקִידוּ לוֹ בִּשְׁנֵי כְרִיכוֹת, דַּהֲוָה לֵיהּ לְמֵידַק. [ה]סֵיפָא — נַעֲשָׂה כְּמִי שֶׁהִפְקִידוּ לוֹ בִּכְרֶךְ אֶחָד, דְּלָא הֲוָה לֵיהּ לְמֵידַק, כְּגוֹן דְּאַפְקִידוּ תַּרְוַיְיהוּ בַּהֲדֵי הֲדָדֵי בְּחַד זִימְנָא, דְּאָמַר לְהוּ: אַנְתְּ גּוּפַיְיכוּ לָא קָפְדִיתוּ אַהֲדָדֵי, אֲנָא קָפֵידְנָא. וְרָמֵי גָּזֵל אַגָּזֵל — קָתָנֵי הָכָא: אָמַר לִשְׁנַיִם גָּזַלְתִּי לְאֶחָד מִכֶּם מָנֶה וְאֵינִי יוֹדֵעַ אֵיזֶה מִכֶּם, אוֹ אָבִיו שֶׁל אֶחָד מִכֶּם הִפְקִיד לִי מָנֶה וְאֵינִי יוֹדֵעַ אֵיזֶהוּ — נוֹתֵן לָזֶה מָנֶה וְלָזֶה מָנֶה. וּרְמִינְהִי: *גָּזַל אֶחָד מֵחֲמִשָּׁה וְאֵינוֹ יוֹדֵעַ אֵיזֶה מֵהֶן גָּזַל, זֶה אוֹמֵר אוֹתִי גָּזַל וְזֶה אוֹמֵר אוֹתִי גָּזַל — מַנִּיחַ גְּזֵילָה בֵּינֵיהֶם וּמִסְתַּלֵּק, דִּבְרֵי ר"ט. אַלְמָא: מִסְּפֵיקָא לָא מַפְּקִינַן מָמוֹנָא, וְאָמְרִינַן: *אוֹקִים מָמוֹנָא בְּחֶזְקַת מָרֵיהּ. וּמִמַּאי דְּמַתְנִי' דְּהָכָא ר"ט הִיא — *דְּקָתָנֵי עֲלָהּ דְּהַהִיא: מוֹדֶה ר"ט בְּאוֹמֵר לִשְׁנַיִם גָּזַלְתִּי לְאֶחָד מִכֶּם מָנֶה, וְאֵינִי יוֹדֵעַ אֵיזֶה מִכֶּם — שֶׁנּוֹתֵן לָזֶה מָנֶה וְלָזֶה מָנֶה. הָתָם דְּקָא תָּבְעֵי לֵיהּ, הָכָא — [ו]בְּבָא לָצֵאת יְדֵי שָׁמַיִם. דַּיְקָא נַמִי, דְּקָתָנֵי שֶׁהוֹדָה מִפִּי עַצְמוֹ — שְׁמַע מִינַּהּ. אָמַר מָר: הָתָם דְּקָא תָּבְעֵי לֵיהּ. וְהַלָּה מַה טוֹעֵן? רַב יְהוּדָה אָמַר רַב: הַלָּה שׁוֹתֵק, רַב מַתָּנָה אָמַר רַב: הַלָּה

צוֹוֵחַ

רש"י

אַף בָּרִאשׁוֹנָה. בְּשִׁילֵּם וְלֹא רָצָה לִישָּׁבַע, הֵילַךְ זֶה נוֹתֵן לְתוֹךְ כִּיסוֹ כְּפֵילוֹ שֶׁל זֶה? אֶלָּא יַחֲזִיר הַכֶּפֶל לַבְּעָלִים. שֶׁכְּבָר שִׁילֵּם. קוֹדֶם שֶׁנִּמְצָא הַגַּנָּב, וְקָנָה כֶּפֶל — כְּדַאֲמַר מֵעִיקָּרָא: אַדַּעְתָּא דְּהָכִי אַחֲתֵי לִידֵיהּ. **מתני'** שֶׁהוֹדָה מִפִּי עַצְמוֹ. הוֹאִיל וְהוֹדָה מִפִּי עַצְמוֹ. וּבַגְּמָ' מְפָרֵשׁ טַעְמָא מַה הוּא. זֶה אוֹמֵר מָאתַיִם שֶׁלִּי. לְאַחַר זְמַן, כְּשֶׁבָּאוּ לִיטּוֹל פִּקְדּוֹנָן. מַה הִפְסִיד הָרַמַּאי. א"כ לֹא יוֹדֶה לְעוֹלָם עַל הָאֱמֶת. מִתּוֹךְ הַגָּדוֹל. יִשְׁבְּרֶנּוּ. **גמ'** מִסְּפֵיקָא מַפְּקִי' מָמוֹנָא. דְּקָתָנֵי: נוֹתֵן לָזֶה מָנֶה וְלָזֶה מָנֶה. וְלָא אָמְרִינַן. כְּשֶׁזֶּה תּוֹבֵעַ וְזֶה אוֹמֵר אֵינִי יוֹדֵעַ אִם לְךָ אִם לַחֲבֵרְךָ — אוֹקֵי מָמוֹנָא בְּחֶזְקַת נִתְבָּע זֶה, שֶׁלֹּא נַפְסִידֶנּוּ מָמוֹנוֹ וִיהֵא מוּנָּח עַד שֶׁיָּבֹא אֵלִיָּהוּ. רֵישָׁא. דְּחַד גַּבְרָא הִפְקִיד אֶצְלוֹ, וַהֲוָה לֵיהּ כִּשְׁנַיִם שֶׁהִפְקִידוּ אֶצְלוֹ בִּשְׁנֵי כְרִיכוֹת. כְּלוֹמַר: זֶה שֶׁלֹּא בִּפְנֵי זֶה, דַּה"ל לְמֵידַק מִי הִפְקִיד אֶצְלוֹ מָנֶה, וּמִי מָאתַיִם. סֵיפָא. שֶׁהִפְקִידוּ לוֹ שְׁנֵיהֶם זֶה בִּפְנֵי זֶה — ה"ל כְּמִי שֶׁנֶּאֶמָנִים זֶה עַל זֶה לְהַפְקִיד שְׁנֵי פִקְדּוֹנוֹתָם בִּצְרוֹר אֶחָד, דְּלֵית לֵיהּ לְמֵידַק מַה יֵּשׁ לָזֶה בְּתוֹכוֹ וּמַה יֵּשׁ לַחֲבֵירוֹ. וְאע"ג דְּלֹא כֶּרֶךְ אֶחָד הֲוָה, מִיהוּ כֵּיוָן שֶׁהִפְקִידוּ זֶה בִּפְנֵי זֶה — גִּילּוּ דַּעְתָּן שֶׁלֹּא חֲשָׁדוּ זֶה אֶת זֶה, לוֹמַר שֶׁמָּא חֲבֵירוֹ יִתְבַּע הַמָּאתַיִם. וּמַתְנִי' דְּהָכָא מִמַּאי דְּר"ט הִיא. דְּתִקְשֵׁי לָךְ. דִּלְמָא ר"ע הִיא, דְּפָלֵיג נַמִי בְּהַהִיא, וְאוֹמֵר: לֹא זוֹ הַדֶּרֶךְ מוֹצִיאַתּוֹ מִידֵי עֲבֵירָה עַד שֶׁיְּשַׁלֵּם גְּזֵילָה לְכָל אֶחָד וְאֶחָד. דְּקָתָנֵי עֲלָהּ דְּהַהִיא כו'. אַלְמָא: מוֹדֶה ר"ט בְּהָא, וּמַה שְּׁנָא? וּמְשַׁנֵּינַן: הָתָם דְּקָתָבְעֵי לֵיהּ. וְהוּא אֵין חָפֵץ לִיתֵּן אֶלָּא מִן הַדִּין. וּמִסְּפֵיקָא לֵית לָן לְחַיּוּבֵיהּ לְכָל חַד וְחַד. הָכָא בְּבָא לָצֵאת יְדֵי שָׁמַיִם. מֵאֵלָיו בָּא לִימָּלֵךְ מַה יַּעֲשֶׂה וְלֹא יֵעָנֵשׁ. דְּהַשְׁתָּא וַדַּאי אָמְרִינַן יְדֵי שָׁמַיִם לֹא יָצָאתָ עַד שֶׁתִּתֵּן לִשְׁנֵיהֶם. שֶׁאִם תְּהֵא מוּנַּחַת עַד שֶׁיָּבֹא אֵלִיָּהוּ — נִמְצָא הַגְּזֵילָה מַפְסִיד עַל יָדְךָ. דַּיְקָא נַמִי. דְּטַעְמָא דְּמַתְנִי' בְּבָא לָצֵאת יְדֵי שָׁמַיִם, מִן הָעוֹנֶשׁ, וְלֹא מִן הַדִּין. מִדְּתָלֵי טַעְמָא בְּהוֹדָה מִפִּי עַצְמוֹ, שֶׁלֹּא הָיָה אָדָם תּוֹבְעוֹ כְּלוּם — מַשְׁמַע שֶׁהוּא בָּא לִימָּלֵךְ. וְהַלָּה מַה טוֹעֵן. לְכָל אֶחָד, דְּקָתָנֵי: מַנִּיחַ גְּזֵילָה בֵּינֵיהֶם וּמִסְתַּלֵּק.

צוֹוֵחַ

תוספות

גזל מחמשה. לא שייך הך פלוגתא לפלוגתא דרבי יוחנן ורב הונא דפ' "השואל" (לקמן דף צז:) בברי ושמא. דאפי' לר"ט דאמר מניח גזילה ביניהם — היינו משום דיודע בודאי שלא גזל לכולם רק לאחד. אבל ברי ושמא — יודה דברי עדיף. ואפי' לר"ע, דאמר ישלם לכל אחד ואחד — היינו משום שיודע בודאי שהוא חייב לאחד מהם, אבל גבי ברי ושמא — יודע דפטור, שאינו יודע שהוא חייב כלל.

דקתני עלה ומודה ר"ט. ה"ה דה"מ למפרך מברייתא אמאי מודה, אלא ניחא ליה למפרך ממתניתין דיבמות אמתניתין(א)*.

התם דקא תבעי ליה הכא בבא לצאת ידי שמים. לכאורה נראה דהשתא לא צריך לשינויי קמאי, דאין חילוק בין כרך אחד לב' כריכות. ורישא דנותן מנה לזה ומנה לזה — בבא לצאת ידי שמים, וסיפא דקתבעי ליה — יהא מונח. אך מדלא קאמר אלא התם דקא תבעי ליה — משמע דלא הדר משנוייא קמא. וכן לקמן (ע"ב) דפריך נמי ומי אמר רבא בב' כריכות — ה"ל למידק, משמע דלא הדר ביה. לכך נראה דכולה מתני' איירי בבא לצאת ידי שמים, ולכך ברישא דהוה ליה למידק — נותן לזה מנה ולזה מנה בבא לצאת ידי שמים. וסיפא דבכרך אחד, כיון דלא ה"ל למידק — אפילו בבא לצאת ידי שמים אינו חייב. ולרבי טרפון נקט ברישא אביו של אחד מכם, ולא נקט אחד מכם — לרבותא, דאפילו שמא ושמא נותן לכל אחד ואחד בבא לצאת ידי שמים. ולר"ע נקט אביו — דמשמע שמא ושמא — לכך אינו חייב אלא לצאת ידי שמים, כדאמר לקמן (שם) דבשמא ושמא לכך אינו חייב לכל אחד ואחד לר"ע מדינא. ונקט אביו, דאי הם עצמן הפקידו — אם כן מסתמא תבעי ליה, וה"ל ברי ושמא, ואפילו מדינא חייבין לר"ע. דמתניתין אתיא כר"ע נמי, דקאמר לקמן (שם): מנאי דמתני' דהכא ר"ע היא. ועוד: דהלכה כר"ע מחבירו. ובסיפא דלא נקט שני אבותיכם הפקידו — לרבותא לא תני הכי, דאע"ג דטענו ברי — פטור אפילו לצאת ידי שמים, ואפי' לר"ע כיון דלא פשע, דלא הוה ליה למידק. ולא מחייב ר"ע מדינא אלא בברי ושמא, והיכא דהוה ליה למידק. אבל בשמא ושמא, אפי' בשני כריכות — אינו חייב אלא לצאת ידי שמים. והיכא דלא הוי ליה למידק — פטור אפי' לצאת ידי שמים, ואפילו בברי ושמא. וא"ת: דבפרק "הגוזל קמא" (ב"ק דף קג: ושם קד. ד"ה שכבר) קאמר מעשה בחסיד אחד שבא לפני ר"ט ואמר ליה: הנח דמי מקחך ביניהם. וכי לא בעי חסיד לצאת ידי שמים? וי"ל: דר"ט אמר ליה שכך הדין. *) וא"ת: התם, דפריך אמתניתין דקתני הגוזל מחבירו שוה פרוטה ונשבע לו יוליכנו אחריו אפילו למדי, ומוקי כר"ט כו'. ומאי איריא נשבע? אפי' הודה נמי, דתניא מודה ר"ט כו'. ומאי פריך? והא אוקמי' ברייתא דמודה ר"ט בבא לצאת ידי שמים! ומתני' דהתם איירי מדינא! וי"ל: דמתני' דהתם מיירי לצאת ידי שמים להביא קרבן, וקא אמר: אם רוצה להביא קרבן — צריך להביא גזלו למדי. דתנן: הביא אשמו עד שלא הביא גזלו — לא יצא. לכך פריך, דבלא שבועה ולא קרבן צריך להביא גזלו למדי, אם רוצה לצאת ידי שמים.

מודה

*) [וכתוס' דפרק הגוזל שם כתבו עוד א"נ אפי' לצאת י"ש אין חייב לר' טרפון אלא בגזול אבל בפקדון ומקח דלא עשה איסורא לא כו' ע"ש] ועיין רש"א

רבינו חננאל

ואסיקנא שמואל אמר חלוק ר' יוסי אף בראשונה בהא דתנן למי משלם למי שהפקדון אצלו חולק עליו ר' יוסי ואומר אינו משלם אלא לבעל הפקדון ואין הלכה כשמואל דהא ר' יוחנן פליג עליה דהא בהדיא אמר ר' יוחנן מודה ר' יוסי בראשונה שאינו משלם אלא למי שהפקדון אצלו. וקיימא לן כר' יוחנן דסוגיין בעלמא שמואל ור"י הלכה כר' יוחנן וכל שכן ר' אלעזר דתלמיד קטן הוא לגבי ר' יוחנן: **מתני'** אמר לשנים גזלתי אחד מכם מנה ואיני יודע איזהו נותן לזה מנה ולזה מנה. ומקשי' עלה ומספיקא מפקינן ממונא וכו'. ורמינהי שנים שהפקידו אצל אחד זה מנה וזה מאתים וכו'. ודחי' פקדון אגזל קא רמית. ורמי פקדון אפקדון דתנן (בסיפא) [ברישא] דמתני' רחבא או אביו של אחד מכם הפקיד אצלי מנה נותן לזה מנה ולזה מנה שהודה מפי עצמו אימא סיפא דהא מתני' שנים שהפקידו אצל אחד כו'. ופריק רבא רישא היה לו בעת שהפקיד אצלו לומר לו מה שמך וכיון שלא דקדק לידע איזה מהן הוא המפקיד אצלו איהו אפסיד נפשיה לפיכך משלם לזה ולזה. סיפא כגון ששניהן הפקידו צרורותיהן ביחד וכל אחד רואה כי הצרור אחד גדול שיש בו מאתים והאחד קטן שאין בו אלא ק'. יכול למימר מי שהפקדון אצלו כיון דחזיתי דאין מקפיד בעל הצרור הגדול לומר דע כי הצרור הגדול שלי הוא והקטן לחבירו אמינא כיון דלא דייקי אהדדי מהימני לפיכך לא דקדקתי. תוב רמינן ארישא דמתני' דתנן בסוף יבמות גזל אחד מהן ואינו יודע אי זה מהן גזל מניח גזילה בינהן ומסתלק דברי ר' טרפון וכו'. אלמא מספיקא לא מפקינן ממונא. ואסיק' מדקתני התם ומודה ר' טרפון באומר לשנים גזלתי לאחד מכם מנה ואיני יודע למי מכם שנותן לזה ק' ולזה ק' ש"מ מתני' דהכא ר' טרפון היא קשיין אהדדי. ופרקי' התם גבי גזל אחד מה' כשתובעין אותו [אמר] שמניח גזילה ביניהן ואומר להן הנה היא מונחת לפניכם מי מכם יברר שהוא שלו יטלנה אבל הכא במשנתינו בבא לצאת ידי שמים דקתני שהודה מפי עצמו ואין תובעין אותו אלא ב"ד (אמר) [אמרינן ליה] אין לך דרך לצאת ידי עבירה אלא אם תתן לזה ק' ולזה ק' שמכל

עין משפט נר מצוה

לה א מיי' פ"ד מהל' גזלה ואבדה הל' י סמג עשין עג טוש"ע ח"מ סי' שסה סעי' ב:

לו ב מיי' פ"ה מהל' שאלה ופקדון הל' ד ועי' בה"מ סמג עשין פח טוש"ע ח"מ סי' ש סעי' א:

לז ג מיי' שם טוש"ע שם סעי' ב:

לח ד ה מיי' שם טוש"ע שם סעי' א:

[וע"ע תוס' שבת טע: ד"ה והא]

לט ו מיי' פ"ד מהל' גזלה ואבדה הל' י סמג עשין עג טוש"ע ח"מ סי' שסה סעי' ב:

מסורת הש"ס

[לעיל לד.] [ב"ב לד:] לעיל ג. ב"ק קג: יבמות קיח: [קידושין מה: וש"נ] דלמא ר"ע היא ס"א

הגהות הב"ח

(א) תוס' ד"ה דקתני וכו' ממתניתין דהגוזל הס"ד:

גליון הש"ס

מתני' אלא הכל יהא מונח. עיין גיטין דף מד ע"ב תוס' ד"ה נעיינים. **גמרא** פקדון אגזל קרמית. עיין גיטין דף כח ע"א תוס' ד"ה תרומה: **תוס'** ד"ה דקתני וכו' ה"ה דהו"מ למפרך. וכזה שבת דף טע ע"ב ועיין בתוס' שם ד"ה והא:

מ א מיי' פ"ד מהל' גזלה ואבדה הל' ט סמג עשין עג טוש"ע ח"מ סי' שסה סעי' א:
מא ב מיי' פ"ה מהל' נחלות הל' ו סמג עשין נו טוש"ע ח"מ סי' רפ סעי' י:
מב ג ד מיי' פ"ה מהל' שאלה ופקדון הל' ד סמג עשין פח טוש"ע ח"מ סי' ש סעי' ד:

צוֹוֵחַ. מ"ד הָלָה צוֹוֵחַ — אֲבָל שְׁתִיקָה כְּהוֹדָאָה, ומ"ד הָלָה שׁוֹתֵק — שְׁתִיקָה דְּהָכָא לָאו כְּהוֹדָאָה הוּא. מָצֵי אָמַר לֵיהּ: הַאי דִּשְׁתִיקִי לְכָל חַד וְחַד — דְּאָמִינָא: דִּלְמָא הַאי הוּא. אָמַר מָר: מַנִּיחַ גְּזֵילָה בֵּינֵיהֶם וּמִסְתַּלֵּק. וְשָׁקְלִי לָהּ כּוּלְּהוּ וְאָזְלִי? *וְהָאָמַר רַבִּי אַבָּא בַּר זַבְדָּא אָמַר רַב: כָּל סְפֵק הִינּוּחַ — לְכַתְּחִלָּה לֹא יִטּוֹל, וְאִם נָטַל — לֹא יַחֲזִיר! אָמַר רַב סַפְרָא: וְיַנִּיחַ. א"ל אַבַּיֵי לְרָבָא: מִי א"ר עֲקִיבָא *אלֹא זוֹ הַדֶּרֶךְ מוֹצִיאָתוֹ מִידֵי עֲבֵירָה עַד שֶׁיְּשַׁלֵּם גְּזֵילָה לְכָל חַד וְחַד, אַלְמָא: מִסְּפֵיקָא מַפְּקִינַן מָמוֹנָא, וְלָא אָמְרִי': אוֹקִים מָמוֹנָא בְּחֶזְקַת מָרֵיהּ. וּרְמִינְהִי: *נָפַל הַבַּיִת עָלָיו וְעַל אִמּוֹ, יוֹרְשֵׁי הַבֵּן אוֹמְרִים: הָאֵם מֵתָה רִאשׁוֹנָה, וְיוֹרְשֵׁי הָאֵם אוֹמְרִים: הַבֵּן מֵת רִאשׁוֹן, אֵלּוּ וְאֵלּוּ מוֹדִים שֶׁיַּחֲלוֹקוּ. וְאָמַר ר"ע: במוֹדֶה אֲנִי בְּזוֹ שֶׁהַנְּכָסִים בְּחֶזְקָתָן! אֲמַר לֵיהּ: הָתָם — שְׁמָא וּשְׁמָא, גָּזַל אֶחָד מֵחֲמִשָּׁה — בָּרִי וּשְׁמָא. וְהָא מַתְנִי' דְּהָכָא, אָמַר לִשְׁנַיִם גָּזַלְתִּי לְאֶחָד מִכֶּם מָנֶה, דִּשְׁמָא וּשְׁמָא הוּא, וְקָתָנֵי: נוֹתֵן לָזֶה מָנֶה וְלָזֶה מָנֶה! וּמִמַּאי דר"ע הִיא — *דְּקָתָנֵי עֲלָהּ דְּהַהִיא: *מוֹדֶה ר' טַרְפוֹן בְּאוֹמֵר לִשְׁנַיִם גָּזַלְתִּי לְאֶחָד מִכֶּם מָנֶה וְאֵינִי יוֹדֵעַ אֵיזֶה מִכֶּם כו'. לְמַאן מוֹדֶה, (לָאו) לר"ע בַּר פְּלוּגְתֵּיהּ? וּמִמַּאי דִּשְׁמָא וּשְׁמָא הוּא? חֲדָא: דְּלָא קָתָנֵי תּוֹבְעִין אוֹתוֹ, וְעוֹד: הָא תָּנֵי ר' חִיָּיא: זֶה אוֹמֵר אֵינִי יוֹדֵעַ, וְזֶה אוֹמֵר אֵינִי יוֹדֵעַ. הָא אוֹקִימְנָא לָהּ בְּבָא לָצֵאת יְדֵי שָׁמַיִם. אֲמַר לֵיהּ רָבִינָא לְרַב אָשֵׁי: וּמִי אָמַר רָבָא כָּל בִּשְׁתֵּי כְּרִיכוֹת הֲוָה לֵיהּ לְמֵידַק? *וְהָאָמַר רָבָא, וְאִי תֵּימָא רַב פָּפָּא: גהַכֹּל מוֹדִים בִּשְׁנַיִם שֶׁהִפְקִידוּ אֵצֶל רוֹעֶה, שֶׁמַּנִּיחַ רוֹעֶה בֵּינֵיהֶן וּמִסְתַּלֵּק! א"ל: דהָתָם — כְּשֶׁהִפְקִידוּ בְּעֶדְרוֹ שֶׁל רוֹעֶה שֶׁלֹּא מִדַּעְתּוֹ.§ "וְכֵן שְׁנֵי כֵּלִים אֶחָד יָפֶה מָנֶה וְאֶחָד יָפֶה אֶלֶף זוּז" כו'.§ וּצְרִיכָא, דְּאִי אַשְׁמוּעִינַן הָךְ קַמַּיְיתָא — בְּהַהִיא קָאָמְרִי רַבָּנַן, מִשּׁוּם דְּלֵיכָּא פְּסֵידָא. אֲבָל בְּהָא, דְּאִיכָּא פְּסֵידָא דְּגָדוֹל — אֵימָא מוֹדוּ לֵיהּ לְר' יוֹסֵי. וְאִי אִתְּמַר בְּהָא — בְּהָא קָאָמַר ר' יוֹסֵי, אֲבָל בְּהָךְ — אֵימָא מוֹדֵי לְהוּ לְרַבָּנַן, צְרִיכָא.

וְהָא

רש"י

צוֹוֵחַ. אָמַר לְכָל אֶחָד: אֵינִי מַכִּירְךָ. וְשָׁקְלִי לֵיהּ כּוּלְּהוּ וְאָזְלִי. וְנִמְצָא זֶה מוֹצִיא מִיָּדוֹ — כְּדֵי לְהַפְסִיד הַנִּגְזָל עוֹלָמִית. וְהָא"ר אַבָּא בַּר זַבְדָּא סְפֵק הִינּוּחַ. מָצָא דָּבָר שֶׁאֵין בּוֹ סִימָן בְּצַד מָקוֹם שֶׁמִּשְׁתַּמֵּר קְצָת, דְּלָא שְׁכִיחֵי אֱינָשֵׁי דְּאָזְלִי, וְיֵשׁ לְסַפּוּקֵי שֶׁמָּא מִדַּעַת הוּנַּח שָׁם לְגְנִיזָה. לְכַתְּחִלָּה לֹא יִטְּלֶנּוּ. הַמּוֹצְאוֹ. שֶׁכְּשֶׁיָּבֹא בְּעָלָיו לֹא יִמְצָאֶנּוּ, וְסִימָן אֵין בּוֹ שֶׁיַּכִּירוֹ. לְפִיכָךְ יַנִּיחֶנּוּ זֶה, וּבְעָלָיו יָבֹא וְיִטְּלֶנּוּ. וְכָל שֶׁכֵּן לְוַדַּאי הִינּוּחַ, כְּדִתְנַן (לעיל דף כה:): מָצָא כְּלִי בְּאַשְׁפָּה, מְכוּסֶּה — לֹא יִגַּע בּוֹ. וְאִם נָטַל לֹא יַחֲזִיר. וְאִם בָּא אַחֵר וְאָמַר שֶׁלִּי הוּא, וְסִימָן אֵינוֹ נוֹתֵן בּוֹ — לֹא יַחֲזִירֶנּוּ, שֶׁמָּא אֵינוֹ שֶׁלּוֹ, וְסוֹף הַבְּעָלִים לָבוֹא, וְיָבִיא עֵדִים שֶׁהִנִּיחוּ שָׁם. לְפִיכָךְ יְהֵא מוּנָּח בְּיַד זֶה עַד שֶׁיָּבֹא אֵלִיָּהוּ. דְּהַאי לֹא יַחֲזִיר — לֹא שֶׁיְּהֵא שֶׁלּוֹ קָאָמַר, דְּהָא מֵעִיקָּרָא בְּאִיסּוּרָא אֲתָא לִידֵיהּ, אִם הִינּוּחַ הוּא. אַלְמָא: מִידֵּי דְּמִסְתַּפְּקָא לָן דְּמַאן נִינְהוּ — צָרִיךְ לְהַנִּיחוֹ בְּיָדוֹ מִי שֶׁהוּא, עַד שֶׁיִּתְבָּרֵר הַדָּבָר. **אָמַר רַב סַפְרָא** וְיַנִּיחַ. הָא דְּקָתָנֵי מִסְתַּלֵּק — לָאו דְּלִישְׁקְלוּ אִינְהוּ וְלֵיזְלוּ, וְלֹא שֶׁיּוֹלִיאֶנָּה מִיָּדוֹ, אֶלָּא תְּהֵא מוּנַּחַת בְּיָדוֹ עַד שֶׁיִּתְבָּרֵר הַדָּבָר. וְהַאי מִסְתַּלֵּק — סִילּוּק הַדִּין הוּא, וְיַנִּיחַ גְּזֵילָה בִּפְנֵיהֶם בְּב"ד, וְיֹאמַר: בָּרְרוּ שֶׁל מִי הוּא, וְיִטּוֹל, וּמִסְתַּלֵּק מִן הַדִּין, וְהַגְּזֵילָה יַנִּיחַ בְּיָדוֹ עַד שֶׁיָּבֹא אֵלִיָּהוּ. **לֹא** זוֹ הַדֶּרֶךְ. סֵיפָא דְּגָזַל אֶחָד מֵחֲמִשָּׁה הוּא בִּיבָמוֹת (דף קיח:). **נָפַל** הַבַּיִת עָלָיו וְעַל **אִמּוֹ**. וְאֵין יָדוּעַ אֵיזֶה מֵת רִאשׁוֹן, וְהָיוּ לְאִמּוֹ נְכָסִים מִבֵּית אָבִיהָ. **יוֹרְשֵׁי הָאֵם**. מִשְׁפַּחַת בֵּית אָבִיהָ אוֹמְרִים לִקְרוֹבֵי הַבֵּן מִמִּשְׁפַּחַת אָבִיו, הַבָּאִים לִירַשׁ אֶת הַבֵּן. הַבֵּן מֵת **רִאשׁוֹן**. וְלֹא יָרַשׁ אֶת אִמּוֹ לְהוֹרִישׁ אֶתְכֶם נְכָסִים, אֶלָּא הַבֵּן מֵת רִאשׁוֹן, וְאַחַ"כ מֵתָה אִמּוֹ וְאָנוּ יוֹרְשִׁים אוֹתָהּ (נְכָסֶיהָ). **וְיוֹרְשֵׁי הַבֵּן אוֹמְרִים הָאֵם מֵתָה רִאשׁוֹנָה**. וִירָשָׁהּ בְּנָהּ, וְאַחֲרֶיהָ מֵת הַבֵּן, וְאָנוּ יוֹרְשִׁין אוֹתוֹ. **אֵלּוּ וְאֵלּוּ**. ב"ש וב"ה שֶׁנֶּחְלְקוּ בִּנְפִילוֹת אֲחֵרוֹת בְּפֶרֶק "מִי שֶׁמֵּת", שֶׁב"ש אוֹמְרִים: יַחֲלוֹקוּ, וּבֵית הִלֵּל אוֹמְרִים נְכָסִים בְּחֶזְקָתָן, כָּאן מוֹדִים שֶׁיַּחֲלוֹקוּ. **אָמַר ר"ע מוֹדֶה אֲנִי בְּזֶה**. אַע"פ שֶׁאֲנִי מִשֶּׁל ב"ש, וְאוֹמֵר בִּשְׁאָר הַנְּפִילוֹת יַחֲלוֹקוּ — בְּזוֹ אֲנִי מוֹדֶה לב"ה שֶׁהַנְּכָסִים בְּחֶזְקָתָן, וּפְלִיגִי אָמוֹרָאֵי בְּחֶזְקַת מִי, וְהָתָם מְפָרֵשׁ טַעְמָא. **שְׁמָא וּשְׁמָא**. שְׁנֵיהֶם מוֹכִחַ שֶׁמָּא בָּאִים, הִלְכָּךְ נְכָסִים בְּחֶזְקָתָן. **הָכָא בָּרִי וּשְׁמָא**. כָּל אֶחָד וְאֶחָד אוֹמֵר אוֹתִי גָּזַל, הַיְינוּ טַעֲנַת וַדַּאי. וְזֶה אוֹמֵר אֵינִי יוֹדֵעַ, וּבָרִי עָדִיף מִשְּׁמָא. **עֲלָהּ דְּהַהִיא**. דְּגָזַל אֶחָד מֵחֲמִשָּׁה. **חֲדָא** דְּלָא קָתָנֵי. מַתְנִי' תּוֹבְעִין אוֹתוֹ, דְּלָא קָתָנֵי "אוֹתִי גָּזַל". ה"ג: **וְעוֹד הָא תָּנֵי ר' חִיָּיא זֶה אוֹמֵר אֵינִי יוֹדֵעַ וְזֶה אוֹמֵר אֵינִי יוֹדֵעַ** ול"ג: יַחֲלוֹקוּ וְהָכִי פֵּירוּשׁוֹ: וְעוֹד, הָא תָּנֵי רַבִּי חִיָּיא לְהָךְ מַתְנִיתָא דְּגָזַלְתִּי אֶת אֶחָד מִכֶּם בַּתּוֹסֶפְתָּא דִּילֵיהּ, וְתָנֵי לָהּ הָכִי: אָמַר לִשְׁנַיִם גָּזַלְתִּי אֶחָד מִכֶּם וְאֵינִי יוֹדֵעַ אֵיזֶהוּ, זֶה אוֹמֵר אֵינִי יוֹדֵעַ וְזֶה אוֹמֵר אֵינִי יוֹדֵעַ — נוֹתֵן לָזֶה מָנֶה כו', כִּדְקָתָנֵי בְּמַתְנִי'. אַלְמָא: בִּשְׁמָא וּשְׁמָא עָסְקִינַן. **הַכֹּל מוֹדִים** בִּשְׁנַיִם שֶׁהִפְקִידוּ כו'. גַּבֵּי פְּלוּגְתָּא דְּר"ט ור"ע אִיתְּמַר, בְּמַסֶּכֶת בְּכוֹרוֹת (דף יח.): שְׁנַיִם שֶׁהִפְקִידוּ זֶה טָלֶה אֶחָד וְזֶה שְׁנַיִם, זֶה אוֹמֵר: שְׁנַיִם שֶׁלִּי, וְזֶה אוֹמֵר: שְׁנַיִם שֶׁלִּי. וְהָתָם שְׁתֵּי כְּרִיכוֹת נִינְהוּ, וַאֲפִילּוּ הִפְקִידוּ זֶה בִּפְנֵי זֶה — דָּבָר הַנִּרְאֶה הוּא מִי מֵבִיא אֶחָד וּמִי מֵבִיא שְׁנַיִם. דְּבִשְׁלָמָא גַּבֵּי כְּרִיכוֹת מָעוֹת, הוֹאִיל דְּאֵלּוּ וָאֵלּוּ צְרוּרִין — הוּא שׁוֹכֵחַ מִי הִפְקִיד אֶצְלוֹ צְרוֹר גָּדוֹל וּמִי צְרוֹר קָטָן, הוֹאִיל וְהִפְקִידוּ אֶצְלוֹ יַחַד. אֲבָל גַּבֵּי טְלָאִים — מִילְּתָא מוֹכַחַת טְפֵי. **פְּסֵידָא** דְּגָדוֹל. שֶׁל כְּלִי גָּדוֹל שֶׁשְּׁבָרוּהוּ. וּכְשֶׁיָּבֹא אֵלִיָּהוּ וְיֹאמַר שֶׁל מִי הוּא — נִמְצָא מַפְסִיד בִּשְׁבִירָתוֹ. **בְּהָא קָאָמַר ר' יוֹסֵי**. מִשּׁוּם פְּסֵידָא דְּגָדוֹל.

וְהָא

תוספות

מודה אני בזה. אע"ג דקאמר מודה אני — לאו משום דליהוי מתלמידי ב"ש, דבפ"ק דיבמות (דף טו.) בצרת הבת סבר כב"ה, דקאמר: (א) תמיה אני מתי תבא צרת הבת לידי ואשיאנה, והיינו כב"ה. אלא אגב דשנה לעיל "אלו ואלו מודים", תנא הכא "מודה אני".

וממאי דר"ע היא. וא"ת: ואלא כמאן? דאי כר"ט — כ"ש דלר"ע נותן לזה מנה ולזה מנה! וי"ל: דהכי פי': ממאי דר"ע היא ומ,דינא, דלמא לצאת ידי שמים? ומשני: מדקאמר מודה ר"ט, למאן מודה — לאו לר"ע דאמר מדינא משלם לכל אחד ואחד. ואמר ר"ט: מדינא מניח ביניהם ומסתלק, אבל לצאת ידי שמים — מודינא דמשלם לכל אחד ואחד. וקאמר: הא אוקימנא בבא לצאת ידי שמים, ומודה דקאמר ר"ט ה"פ: כי היכי דאמרת בשמא ושמא משלם לכל אחד ואחד לצאת ידי שמים, הכי מודינא לך הכא.

ומי אמר רבא כל בשתי כריכות ה"ל למידק והא אמר רבא כו'. וא"ת: והא מתני' איירי לצאת ידי שמים! וי"ל: מדנקט במתני' דאתי נמי כר"ע אביו של אחד מכם, משמע משום דהוי שמא ושמא אינו חייב אלא לצאת ידי שמים דוקא, כדמשמע לשון 'הודה'. (ב) הא הפקידו הן עצמן, דמסתמא תבעי ליה, והוה ליה ברי ושמא — חייב אפי' מדינא, אע"ג דלא עבד איסורא, כיון דה"ל למידק. דאי לאו הכי — אמאי נקט אביו? דאי לאורויי דאפי' בשמא ושמא חייב לצאת ידי שמים. זה אין נראה שום חידוש לר"ע. ועוד: דר"ע נמי אית לי' ב"הגוזל קמא" (ב"ק דף קג: ושם) בלקח מחמשה בני אדם שמשלם לכל אחד ואחד, ואע"ג דלא עבד איסורא. ומדינא משלם, דלצאת ידי שמים — אפילו ר"ט מודה שמשלם לכל אחד ואחד אע"ג דלא עבד איסורא. דהא מתני' אוקמינן נמי כר"ט, וקתני אביו של אחד מכם הפקיד לי מנה — נותן לכל אחד. ולהכי פריך: והאמר רבא הכל מודים כו', דאפי' לר"ע מניח ביניהם, אע"ג דה"ל למידק, כמו שאפרש — משום דלא עביד איסורא. וה"ה דבלא רבא ה"מ למיפרך מר"ע, דאמר גבי מקח אע"ג דלא עבד איסורא משלם לכל אחד ואחד, והתם אמר רבא דאפי' לר"ע מניח רועה ביניהם ומסתלק. אלא דניחא ליה למיפרך דרבא אדרבא.

והאמר רבא הכל מודים בשנים שהפקידו **אצל** רועה. פרש"י: זה טלה אחד וזה שני טלאים, שמניח ביניהם ומסתלק. והתם כשני כריכות נינהו. אפי' הפקידו זה בפני זה, לדבר הנראה מי הביא אחד ומי הביא שנים. אבל במעות לא היה לו להבחין בין צרור גדול לצרור קטן. וקשה: דמתני' מסתמא איירי, אפילו זה הפקיד מאתים בב' כיסין, וזה מנה בכים אחד. ותו: דלמא איירי רבא בב' שהפקידו שני טלאים, זה כחוש וזה שמן, דהוי כמעות דלא הוה ליה למידק. אי נמי: בשנים שהפקידו שני טלאים, ומת אחד מהם, וכל אחד אומר שהמת של חבירו, דכי האי גוונא איירי מתניתין דהם בפרק שני דבכורות (דף יז: ושם)! אלא יש לומר: דאפי' הפקידו טלאים זה בפני זה — הוה ליה למידק, דלא שייך למימר אתון לא קפידיתון — משום דלא יוכלו לתקן, דאפי' הפקידו זה שלא בפני זה יראה חבירו הטלאים כשהולכים במרעה, ושואל של מי הם. אבל במעות, שהיה יכול להפקיד שלא בפני חבירו — יכול הנפקד לומר: אתון לא קפידיתון, כל שכן דלא הוה לי למידק.

שלא מדעתו. לאו דוקא שלא מדעתו, אלא כלומר: שלא ברצונו של רועה, דהשתא לא הוה ליה למידק.

שמא

לעיל כה:
[יבמות קיח:]
ב"ב קנח: [ע"ש]
ב"ק קג:
ס"א ל"ג
בכורות יח.

דלמא ר"ט היא ס"א

רבינו חננאל

שמכל מקום השבתה הגזילה לנגזל עצמו. אמר רב ספק הינוח לכתחילה לא יטול ואם נטל לא יחזיר אמר רב ספרא תני ויניח.

הגהות הב"ח

(א) תוס' ד"ה מודה וכו' כב"ה דקאמר תאבני מתי תבא צרת: (ב) ד"ה ומי כו' כדמשמע לשון הודה מפי עצמו הא:

וְהָא טַעְמָא דְּרַבִּי יוֹסֵי מִשּׁוּם הֶפְסֵד הָרַמַּאי הוּא! אֶלָּא, תַּרְוַיְיהוּ לְרַבָּנַן אִיצְטְרִיךְ, *וְלֹא זוֹ אַף זוֹ קָתָנֵי.§ **מתני'** **[א]הַמַּפְקִיד פֵּירוֹת אֵצֶל חֲבֵירוֹ, אֲפִילּוּ הֵן אֲבוּדִין — לֹא יִגַּע בָּהֶן. רשב"ג אוֹמֵר: מוֹכְרָן בִּפְנֵי ב"ד, מִפְּנֵי שֶׁהוּא כְּמֵשִׁיב אֲבֵידָה לַבְּעָלִים.§ **גמ'** מַאי טַעְמָא? אָמַר רַב כָּהֲנָא: אָדָם רוֹצֶה בְּקַב שֶׁלּוֹ מִתִּשְׁעָה קַבִּים שֶׁל חֲבֵירוֹ. וְרַב נַחְמָן בַּר יִצְחָק אָמַר: [ב]חָיְישִׁינַן שֶׁמָּא עֲשָׂאָן הַמַּפְקִיד תְּרוּמָה וּמַעֲשֵׂר עַל מָקוֹם אַחֵר. מֵיתִיבִי: הַמַּפְקִיד פֵּירוֹת אֵצֶל חֲבֵירוֹ — הֲרֵי זֶה לֹא יִגַּע בָּהֶן, לְפִיכָךְ בַּעַל הַבַּיִת עוֹשֶׂה אוֹתָן תְּרוּמָה וּמַעֲשֵׂר עַל מָקוֹם אַחֵר. בִּשְׁלָמָא לְרַב כָּהֲנָא — הַיְינוּ דְּקָתָנֵי "לְפִיכָךְ", אֶלָּא לְרַב נַחְמָן בַּר יִצְחָק — מַאי "לְפִיכָךְ"? הָכִי קָאָמַר: הַשְׁתָּא דַּאֲמוּר רַבָּנַן לָא נְזַבֵּין, דְּחָיְישִׁינַן, לְפִיכָךְ בַּעַל הַבַּיִת עוֹשֶׂה אוֹתָן תְּרוּמָה וּמַעֲשֵׂר עַל מָקוֹם אַחֵר. אָמַר רַבָּה בַּר בַּר חָנָה א"ר יוֹחָנָן: מַחֲלוֹקֶת בִּכְדֵי חֶסְרוֹנָן, אֲבָל יוֹתֵר מִכְּדֵי חֶסְרוֹנָן — [ג]דִּבְרֵי הַכֹּל מוֹכְרָן בְּב"ד. אַדְּרַב נַחְמָן בַּר יִצְחָק — וַדַּאי פְּלִיגָא. אַדְּרַב כָּהֲנָא מִי לֵימָא פְּלִיגָא? כִּי קָאָמַר רַב כָּהֲנָא — בִּכְדֵי חֶסְרוֹנָן קָאָמַר. וְהָא רוֹצֶה בְּקַב שֶׁלּוֹ מִתִּשְׁעָה קַבִּין שֶׁל חֲבֵירוֹ קָאָמַר! גּוּזְמָא בְּעָלְמָא. — מֵיתִיבִי: לְפִיכָךְ בעה"ב עוֹשֶׂה אוֹתָן תְּרוּמָה וּמַעֲשֵׂר עַל מָקוֹם אַחֵר. וְלֵיחוּשׁ דִּלְמָא הָווּ לְהוּ יוֹתֵר מִכְּדֵי חֶסְרוֹנָן, וְזַבְּנִינְהוּ, וְקָא אָכֵיל טְבָלִים! יוֹתֵר מִכְּדֵי חֶסְרוֹנָן לָא שְׁכִיחַ. וְאִי מִשְׁתַּכְּחִי מַאי — מְזַבְּנִינַן לְהוּ, וְלֵיחוּשׁ שֶׁמָּא עֲשָׂאָן בַּעַל הַבַּיִת תְּרוּמָה וּמַעֲשֵׂר עַל מָקוֹם אַחֵר! כִּי מְזַבְּנִינַן נַמִי — [ד]לְכֹהֲנִים בִּדְמֵי תְרוּמָה מְזַבְּנִינַן לְהוּ. וּלְרַב נַחְמָן בַּר יִצְחָק נַמִי, נְזַבְּנִינְהוּ לְכֹהֲנִים בִּדְמֵי תְרוּמָה! בְּהָא פְּלִיגִי, דְּרַבָּה בַּר בַּר חָנָה סָבַר: יוֹתֵר מִכְּדֵי חֶסְרוֹנָן לָא שְׁכִיחַ מִידֵי, וְכִי מִשְׁתַּכַּח — לְקַמֵּיהּ הוּא דְּהָוְיָא יָתֵר מִכְּדֵי חֶסְרוֹנָן, אִי עָבֵיד לְחוּ בעה"ב תְּרוּמָה וּמַעֲשֵׂר עַל מָקוֹם אַחֵר — מִקַּמֵּיהּ דְּהָווּ לְהוּ יוֹתֵר מִכְּדֵי חֶסְרוֹנָן עָבֵיד לְהוּ. הִלְכָּךְ, כִּי הָווּ לְהוּ יוֹתֵר מִכְּדֵי חֶסְרוֹנָן — נְזַבְּנִינְהוּ לְכֹהֲנִים בִּדְמֵי תְרוּמָה. וְרַב נַחְמָן בַּר יִצְחָק סָבַר: יָתֵר מִכְּדֵי חֶסְרוֹנָן מִשְׁכַּח שְׁכִיחַ, וְכִי הָווּ לְהוּ — לְאַלְתַּר הוּא דְּהָווּ לְהוּ. וְאִי אָמְרַתְּ נְזַבְּנִינְהוּ — זִימְנִין דְּקָדֵים וּמְזַבֵּין לְהוּ, וְכִי עָבֵיד לְהוּ בַּעַל הַבַּיִת תְּרוּמָה וּמַעֲשֵׂר עַל מָקוֹם אַחֵר — לָא יָדַע דְּזַבְּנָא, וְקָא אָכֵיל טְבָלִים. מֵיתִיבִי: הַמַּפְקִיד פֵּירוֹת אֵצֶל חֲבֵירוֹ וְהִרְקִיבוּ, יַיִן וְהֶחְמִיץ, שֶׁמֶן וְהִבְאִישׁ, דְּבַשׁ *וְהִדְבִּישׁ — הֲרֵי זֶה לֹא יִגַּע בָּהֶן, דִּבְרֵי ר"מ. וַחֲכָמִים אוֹמְרִים: [ה]עוֹשֶׂה לָהֶם תַּקָּנָה, וּמוֹכְרָן בְּבֵית דִּין. [ו]וּכְשֶׁהוּא מוֹכְרָן — מוֹכְרָן לַאֲחֵרִים, וְאֵינוֹ מוֹכְרָן לְעַצְמוֹ. [ז]כַּיּוֹצֵא בּוֹ *גַּבָּאֵי צְדָקָה בִּזְמַן שֶׁאֵין לָהֶם עֲנִיִּים לְחַלֵּק — פּוֹרְטִין לַאֲחֵרִים, וְאֵין פּוֹרְטִין לְעַצְמָן. גַּבָּאֵי תַמְחוּי בִּזְמַן שֶׁאֵין לָהֶם עֲנִיִּים לְחַלֵּק — מוֹכְרִין לַאֲחֵרִים, וְאֵין מוֹכְרִין לְעַצְמָן. קָתָנֵי מִיהַת פֵּירוֹת וְהִרְקִיבוּ, מַאי לָאו — אֲפִילּוּ יָתֵר מִכְּדֵי חֶסְרוֹנָן? לָא, בִּכְדֵי חֶסְרוֹנָן. וְהָא יַיִן וְהֶחְמִיץ, שֶׁמֶן וְהִבְאִישׁ, דְּבַשׁ וְהִדְבִּישׁ, דְּיָתֵר מִכְּדֵי חֶסְרוֹנָן נִינְהוּ! שָׁאנֵי הָנֵי, כֵּיוָן דְּקָם — קָם. שֶׁמֶן וְהִבְאִישׁ, דְּבַשׁ וְהִדְבִּישׁ לְמַאי

רש"י

בְּהָכִי, מַה לִּי כְּלִי מַה לִּי מָעוֹת? וְהֵיכִי תִּיסַּק אַדַּעְתִּין לְמֵימַר דִּבְמָעוֹת מוֹדֶה לְהוּ לְרַבָּנַן, וְאַמַּאי אִצְטְרִיךְ לְמִתְנְיֵיהּ? לְרַבָּנַן **אִיצְטְרִיךְ**. לְאַשְׁמוֹעִינַן מִילְּתָא דְּרַבָּנַן תְּנָנְהוּ לְתַרְוַייהוּ. וְאִי תְּנָא כֵּלִים בְּרֵישָׁא – הָכִי נַמִי דְּלָא אִצְטְרִיךְ תּוּ לְמִתְנֵי מָעוֹת, אֲבָל הַשְׁתָּא דִּתְנֵי מָעוֹת בְּרֵישָׁא – תָּנֵי כֵּלִים, לְמֵימַר: לֹא זוֹ בִּלְבַד דְּלֵיכָּא פְּסֵידָא דִּשְׁבִירַת כְּלִי, אֶלָּא אַף זוֹ, דְּאִיכָּא פְּסֵידָא דְּגָדוֹל – אָמְרִינַן הָכִי. **מתני' אֲבוּדִין.** ע"י עַכְבָּרִים, אוֹ רִיקָּבוֹן. **לֹא יִגַּע בָּהֶן.** לְמוֹכְרָן. וְטַעְמָא מְפָרֵשׁ בַּגְּמָ'. **גמ' קַב שֶׁלּוֹ.** חֲבִיבָה עָלָיו עַל יְדֵי שֶׁעָמַל בָּהֶן, וְקַב שֶׁיִּשָּׁאֵר לוֹ מֵהֶם הוּא רוֹצֶה מִתִּשְׁעָה קַבִּין שֶׁל אֲחֵרִים, שֶׁיִּקַּח בִּדְמֵיהֶן אִם יִמָּכְרוּ. **חָיְישִׁינַן כו'.** וְאָסוּר לְהַאֲכִילוֹ לְזָרִים. (א) **לְפִיכָךְ.** הוֹאִיל וְאָסוּר לְמוֹכְרָן מִשּׁוּם דְּרוֹצֶה אָדָם בְּקַב שֶׁלּוֹ – הֲרֵי הֵן בְּחֶזְקַת קַיָּימִים, וּמוּתָּר בַּעַל הַבַּיִת לַעֲשׂוֹתָן תְּרוּמָה וּמַעֲשֵׂר עַל פֵּירוֹת שֶׁיֵּשׁ לוֹ בְּבֵיתוֹ. **מַאי לְפִיכָךְ.** אִיסּוּר מְכִירָה מִשּׁוּם הָא הוּא, וְהֵיכִי תָּלֵי תַּנָּא עֲשִׂיָּיתוֹ בְּאִיסּוּר מְכִירָה. **הַשְׁתָּא דַּאֲמוּר רַבָּנַן לָא תִּזַבֵּין דְּחָיְישִׁינַן.** שֶׁמָּא עֲשָׂאָן הַמַּפְקִיד תְּרוּמָה, הֲרֵי הֵן בְּחֶזְקַת שֶׁלֹּא נִמְכְּרוּ, וְעוֹשֶׂה אוֹתָן בַּעַל הַבַּיִת כו'. **מַחֲלוֹקֶת.** דְּמַתְנִי'. **בִּכְדֵי חֶסְרוֹנָן.** כְּדֶרֶךְ שְׁאָר תְּבוּאוֹת, כְּמוֹ שֶׁמְּפוֹרָשׁ בְּמִשְׁנָתֵינוּ (לקמן דף מ.): לְחִיטִּין וּלְאוֹרֶז תִּשְׁעָה חֲצָאֵי קַבִּין לְכוֹר. **אֲבָל** אִם **אֲבוּדִין יוֹתֵר מִכְּדֵי חֶסְרוֹנָן.** אֲפִי' רַבָּנַן מוֹדוּ דְּיִמָּכְרוּ בְּב"ד. **וַדַּאי פְּלִיגָא.** הָא דְּרַבִּי יוֹחָנָן דְּאִי אִיכָּא לְמֵיחַשׁ לְשֶׁמָּא עֲשָׂאָן בַּעֲלֵיהֶן תְּרוּמָה אֲפִילּוּ בְּיוֹתֵר מִכְּדֵי חֶסְרוֹנָן נַמִי אָסוּר לְמִזְבְּנִינְהוּ. **מִי לֵימָא פְּלִיגָא.** דְּוָקָא אֲמַר רַב כָּהֲנָא שֶׁאִם תִּשְׁעָה קַבִּין הֵן נוֹחַ לוֹ שֶׁיֹּאבְדוּ עַד קַב וְאַל יִמָּכְרוּ, דַּהֲוָה לֵיהּ יוֹתֵר מִכְּדֵי חֶסְרוֹנָן. וּפְלִיגָא הָא דְּר' יוֹחָנָן עֲלֵיהּ אוֹ לָאו דַּוְקָא ט' קַבִּין נָקַט, אֶלָּא נוֹחַ לוֹ שֶׁיְּהֵא נִפְסָד קְצָת וּלְעוֹלָם כְּדֵי חֶסְרוֹנָן וְתוּ לָא. **גּוּזְמָא.** שְׂפַת יֶתֶר. **מֵיתִיבִי.** לְרַבִּי יוֹחָנָן. **וְקָאָכֵיל.** בַּעַל הַבַּיִת טְבָלִים, שֶׁאֵין פֵּירוֹתָיו מְתוּקָּנִין שֶׁאֵין אֵלּוּ קַיָּימִין שֶׁהוּא סוֹמֵךְ עֲלֵיהֶן. **לָא שְׁכִיחִי.** וְאֵין לָחוּשׁ בְּכָךְ. וּפָרְכִינַן: **וְאִי מִשְׁתַּכְּחִי** (ב) **מִי מְזַבְּנִינַן לְהוּ.** בִּתְמִיהָ. **לֵיחוּשׁ שֶׁמָּא עֲשָׂאָן כו'.** וְנִמְצָא הַמּוֹכֵר מַאֲכִיל תְּרוּמָה לְזָרִים. **בִּדְמֵי תְרוּמָה.** בְּזוֹל, שֶׁאֵין עָלֶיהָ קוֹפְצִין לִקְנוֹתָהּ, שֶׁאֵינָהּ נֶאֱכֶלֶת אֶלָּא לַכֹּהֲנִים, וּצְרִיכָה שִׁימּוּר בְּטָהֳרָה. **לְקַמֵּיהּ הוּא דְּהָוְיָא יָתֵר מִכְּדֵי חֶסְרוֹנָן.** לִזְמַן מְרוּבֶּה יֵשׁ בְּאִבּוּדָן יָתֵר מִכְּדֵי חֶסְרוֹנָן. **מִקַּמֵּי דְּנֶיהֱוֵי כו'.** שֶׁאֵין אָדָם מַשְׁהֶא טְבָלִים כָּל כָּךְ זְמַן מְרוּבֶּה כָּזֶה מִלְּתַקְּנָן. **וְהִדְבִּישׁ.** יָצָא טַעַם דּוּבְשָׁנוֹ, וְהֶחְמִיץ, *אשמלי"ר בְּלַעַ"ז *(כִּדְאִתְּמַר) (איוב לא): "וּבְכָל תְּבוּאָתִי תְשָׁרֵשׁ" – תֵּעָקֵר שָׁרָשֶׁיהָ, וּכְמוֹ "עַד לֹא יֵרָתֵק חֶבֶל הַכֶּסֶף" (קהלת יב) – יִפָּתְחוּ רְתוּקוֹת עֲבוֹתֶיהָ. **עוֹשֶׂה לָהֶם תַּקָּנָה.** לְקַמֵּיהּ מְפָרֵשׁ מַאי תַּקָּנָה יֵשׁ עוֹד, הֲלֹא כָּל קִילְקוּל הֶעָתִיד לָבֹא כְּבָר בָּא הוּא! **וְאֵין מוֹכְרָן לְעַצְמוֹ.** שֶׁלֹּא יַחְשְׁדוּהוּ שֶׁמָּא לְקָחָן בְּזוֹל. **פּוֹרְטִין.** מַחֲלִיפִין פְּרוּטוֹת נְחוֹשֶׁת בִּסְלָעֵי כֶּסֶף, מִפְּנֵי שֶׁהַפְּרוּטוֹת מִתְעַפְּשׁוֹת וְנִפְסָלוֹת. **תַּמְחוּי.** מַאֲכָל שֶׁגּוֹבִין מִבַּעֲלֵי בָתִּים לְחַלֵּק לַעֲנִיִּים בְּכָל יוֹם. **מַאי לָאו אֲפִילּוּ יָתֵר מִכְּדֵי חֶסְרוֹנָן.** וְאִיכָּא לְמַאן דְּאָמַר לֹא יִגַּע, וְאַתְּ אָמְרַתְּ "דִּבְרֵי הַכֹּל מוֹכְרָן"! **כֵּיוָן דְּקָם קָם.** מֵאַחַר שֶׁעָמְדוּ בְּקִלְקוּלָם – הֲרֵי כְּבָר עָמְדוּ, וְלֹא יִתְקַלְקְלוּ מֵעַתָּה יוֹתֵר, אֲבָל שְׁאָר פֵּירוֹת – הוֹלְכִין וּמַרְקִיבִין תָּמִיד. לְמַאי

תוספות

שמא עשאן תרומה ומעשר על מקום אחר. הקשה ר"ת: וכי נחשדו חבירים לתרום שלא מן המוקף? כדאמר בפרק "כל הגט" (גיטין דף ל:) ופ"ק דחולין (דף ז.) גבי ר"מ שאכל עלה של ירק. ואור"ת: דהכא גבי פקדון תולין בחששא מועטת שלא יגע בהם, וחיישינן שמא בערב שבת תרם שלא מן המוקף, דשרי, כדאמרינן ב"האשה רבה" (יבמות דף צג.). אי נמי: כדאמרינן פרק "בכל מערבין" (עירובין דף לב:) ניחא ליה לחבר דליעביד איסורא זוטא, דהיינו שלא מן המוקף. אבל בחולין (דף ז.) ובפרק "כל הגט" (גיטין דף ל:) – לא חיישינן, כיון שאינו פקדון. וטפי אמרינן בפרק "זה בורר" (סנהדרין דף ל.): ראו שאביהם הטמין מעות בשידה תיבה ומגדל, ואמר של מעשר שני הם, אם כמעריס – לא אמר כלום. אלמא: אזלינן בתר רוב מעות שהם חולין להקל, ואע"פ שפירש שהם מעשר. וב"האשה שהלכה" (יבמות דף קטו:) גבי מצא כלי והיה כתוב עליו קו"ף – קרבן, תי"ו – תרומה. הא אין כתוב עליו – לא חיישינן. והא דאמרינן ב"הזהב" (לקמן דף מט.): ישראל שאמר לבן לוי כור מעשר *לאביך בידי – רשאי לעשותו תרומת מעשר על מקום אחר – היינו נמי בשבתות וימים טובים. וכן הא דקתני בסמוך: לפיכך בעל הבית עושה אותו תרומה ומעשר על מקום אחר.

מחלוקת בכדי חסרון. פרש"י: כדרך שאר תבואות. והקשה ריב"ם: וכי פליגי במשהו? דבפחות מכדי חסרון – לכ"ע לא ימכור. ועוד, לא"כ מ"ט דרשב"ג? וי"ל: דפליגי שנתחסר בחדש או בחדשים יותר משרגילות להתחסר עד אותו הזמן, ופליגי עד שיעלה החסרון בחדש או בשני חדשים תשעה חצאי קבין לכור, שהוא בכדי חסרון לשנה שלימה.

מזבנינן לכהנים. ולשמא יעשם אחר המכירה – ליכא למיחש, דיתר מכדי חסרון לא שכיח, וכי עביד להו בעה"ב תרומה ומעשר עביד להו מקמי דליהוו יותר מכדי חסרון. ופריך: לרב נחמן נמי, דלזבניניהו לכהנים! בכדי חסרון לא פריך, דהא איכא למיחש לשמא יעשם, אלא ביותר מכדי חסרונם פריך, דלזבניניהו. וכי תימא: הכי נמי, והא אמרת דרב נחמן ודאי פליג! ומשני: דלרב נחמן יותר מכדי חסרון שכיח. והקשה ריב"ם: מי דחקו לומר דרב נחמן פליג, לימא דיתר מכדי חסרון לד"ה מוכרן, וליכא למיחש לשמא יעשם, דלא שכיח כמו לרב כהנא! ותי' ר"ת: דמתני' איירי אפילו בפשתן, או בפירות מתוקנים. והתם מאי טעמא לא יגע בהם – ע"כ משום דרב כהנא, דרוצה אדם בקב שלו מבתשעה קבין של חבירו. אם כן, מאי אהני טעמא דשמא עשאן תרומה ומעשר על מקום אחר – אי לאו לאשמועינן דאפי' ביתר מכדי חסרון חיישינן. א"כ סבר דאפילו יותר מכדי חסרון שכיח.

עד

עין משפט נר מצוה

מג א מיי' פ"ז מהל' שאלה ופקדון הל' א ועיין בהשגות ובמ"מ סמג עשין פח טוש"ע ח"מ סי' רלב סעיף טו:

מד ב מיי' שם:

מה ג מיי' שם וסמג שם טוש"ע שם:

מו ד מיי' שם:

מז ה מיי' שם הל' ב וסמג שם טוש"ע שם סעיף טז:

מח ו מיי' שם הל' ה טוש"ע שם סעיף יט:

מט ז מיי' פ"ט מהל' מתנות עניים הל' יח סמג עשין קסב טוש"ע י"ד סי' רנז סעיף ב:

רבינו חננאל

מתני' המפקיד פירות אצל חבירו אפי' הן אבודין לא יגע בהן מאי טעמא אמר רב כהנא רוצה אדם בקב שלו מט' קבין של חבירו. רב נחמן בר יצחק אמר חיישינן שמא עשאן תרומה ומעשר על מקום אחר. מיתיבי המפקיד פירות אצל חבירו הרי זה לא יגע בהן לפיכך בעה"ב עושה אותן תרומה ומעשר על מקום אחר. ומקשי' בשלמא לטעמיה דרב כהנא היינו דקתני לפיכך פי' כיון שאין אדם רוצה שיחליף לו פירותיו אלא ישארו לו כמות שהן לפיכך בעל הבית עושה אותן תרומה ומעשר על מקום אחר. אלא לטעמיה דרב נחמן מפני שבעל הבית עושה אותן תרומה מיבעי ליה למימר. ופרקינן כיון דאמור רבנן לא יגע בהן דחיישינן שמא בעליהן עשאום תרומה לפיכך בעל הבית עושה אותן תרומה כו'. אמר רבה בר בר חנה אמר ר' יוחנן מחלוקת תנא קמא ורשב"ג דאמר תנא קמא לא יגע בהן בזמן א) שחסרונן כדתנן במתני' הרי זה יוציא לו חסרונות אבל יותר מכדי חסרונן דברי הכל מוכרן בב"ד ודאי אדרב נחמן [בר יצחק] דהוא אמר חיישינן שמא עשאן תרומה ותרומה אינה נמכרת לשום חולין ור' יוחנן הא אמר מוכרן הלכך ודאי פליגי. לימא דהא דר' יוחנן פליגא נמי אדרב כהנא דהא איהו נמי לא ימכרם קאמר. ודחי' אית לן למימר דלא אמר רב כהנא לא ימכרם אלא היכא דחסרי ב) פחות מכדי חסרונן והוא כדתנן לקמן לחיטים ולאורז ט' חצאי קבין לכור וכו' אבל בחסרון יותר מזה לא אמר רב כהנא לא ימכור ולא פליגא עליה דר' יוחנן. ומקשי' לר' יוחנן וניחוש דלמא הוה בהן חסרון יתר מכדי חסרונן ששנינו במשנתינו ומכרם על פי ב"ד מי שהיו מופקדין אצלו ולמה שנינו לפיכך בעה"ב עושה אותן תרומה כו'. פי' כגון שהיו לו פירות טבל בביתו אומר הפירות שיש לי פקדון אצל פלוני הרי הן תרומה על הפירות הללו ואוכלם על מנת שפירותיו קיימין וכיון שמכרם נמצא אוכל טבלים למפרע ופרקינן כי מזבנינן להו להני פירי לכהנים מזבנינן להו בדמי תרומה שאם יבואו בעליהן ויאמרו כי תרומה היו יחזרו דמיהן לכהן והדבר ידוע שאין בעליהן עושין אותן תרומה על מקום אחר אלא בקרוב זמן שדבר ברור הוא שאין בתוך זה הזמן עלה בהן יותר מכדי חסרונן דאמרי' ודאי חל עליהן שם תרומה ונפטרו הפירות שהפרישן עליהן אבל אחר זמן הרבה דאיכא למיחש דלמא הוה בהו יותר מכדי חסרונן לא ועל אורחא דא ג) דשמעתא הדה. ומקשינן המפקיד פירות אצל

הגהות הב"ח

(א) רש"י ד"ה חיישינן וכו' לזרים הס"ד ואח"כ מ"ה לפיכך הואיל: (ב) ד"ה ופרכינן ואי משתכחי מאי מזבנינן:

מסורת הש"ס

[יבמות יז. וש"נ]

פסחים יג.

עיין סנהדרין קח. ובפרש"י שם ד"ה מדביש ובפרש"י דהכא

[נ"ל כמו]

ב"ב ח: פסחים יג.

[בגמ' שלפנינו ליתא לך וכן העתיקו תוס' גיטין ל: ד"ה וכי]

א) נ"ל בזמן שהם אבודין כדי חסרון וכו'. ב) אולי צ"ל דחסרי כדי חסרון כדתנן וכו'. ג) אולי צ"ל ועל אורחא דא לא אתמר מסקנא דשמעתא הדא.

נ א מיי' פ"ז מהלכות שאלה ופקדון הל' ב סמג עשין פח טוש"ע ח"מ סי' רלב סעיף טז:

נא ב ג מיי' פ"ז מהל' נחלות הלכה ד ה ועיין בהשגות ובמגיד משנה סמג עשין לו טוש"ע ח"מ סי' רפה סעיף ב וסעיף ג וסעיף ה:

נב ד טוש"ע שם סעיף א [ועיין בכ"מ שתמה על הרמב"ם שהשמיט זה]:

נג ה מיי' שם הלכה ח טוש"ע שם סעיף א וסעיף ד:

לְמַאי חֲזוּ? שֶׁמֶן חֲזֵי לְגִלְדָּאֵי, דְּבַשׁ לְכִתִּישָׁא דִּגְמַלֵּי. "וַחכ"א עוֹשֶׂה לָהֶם תַּקָּנָה וּמוֹכְרָן בְּבֵ"ד". מַאי תַּקַּנְתָּא עָבֵיד לְהוּ? אָמַר רַב אַשִׁי: [א]לְקַנְקַנִּים. בְּמַאי קָא מִיפַּלְגִי? דְּמָר סָבַר: לְהֶפְסֵד מְרוּבֶּה — חָשְׁשׁוּ, *לְהֶפְסֵד מוּעָט — לֹא חָשְׁשׁוּ. וּמָר סָבַר: אֲפִילּוּ לְהֶפְסֵד מוּעָט — נַמִי חָשְׁשׁוּ.§ "רשב"ג אוֹמֵר יִמְכְּרֵם בְּבֵית דִּין מִפְּנֵי שֶׁהוּא כְּמֵשִׁיב אֲבֵידָה לַבְּעָלִים".§ אִתְּמַר, רַבִּי אַבָּא בְּרַבִּי יַעֲקֹב א"ר יוֹחָנָן: הֲלָכָה כְּרשב"ג, וְרָבָא אָמַר רַב נַחְמָן: הֲלָכָה כְּדִבְרֵי חֲכָמִים. וְהָא אֲמָרָהּ ר' יוֹחָנָן חֲדָא זִמְנָא, *דְּאָמַר רַבָּה בַּר בַּר חָנָה א"ר יוֹחָנָן: כָּל מָקוֹם שֶׁשָּׁנָה רַבָּן שִׁמְעוֹן בֶּן גַּמְלִיאֵל בְּמִשְׁנָתֵינוּ — הֲלָכָה כְּמוֹתוֹ, חוּץ מֵעָרֵב וְצַיְדָן וּרְאָיָה אַחֲרוֹנָה! אֲמוֹרָאֵי נִינְהוּ, וְאַלִּיבָּא דְּר' יוֹחָנָן. מִדְּרַבָּן שִׁמְעוֹן בֶּן גַּמְלִיאֵל נִשְׁמַע דְּמוֹרִידִין קָרוֹב לְנִכְסֵי שָׁבוּי, מִדְּרַבָּנַן נִשְׁמַע דְּאֵין מוֹרִידִין קָרוֹב לְנִכְסֵי שָׁבוּי. וּמִמַּאי? דִּלְמָא עַד כָּאן לָא קָאָמַר רַבָּן שִׁמְעוֹן בֶּן גַּמְלִיאֵל הָכָא — אֶלָּא מִשּׁוּם דְּקָא כַּלְיָא קַרְנָא, אֲבָל הָתָם — הָכִי נַמִי דְּאֵין מוֹרִידִין. וְעַד כָּאן לָא קָאָמְרִי רַבָּנַן הָכָא — אֶלָּא אִי כְּרַב כָּהֲנָא, אִי כְּרַב נַחְמָן בַּר יִצְחָק. אֲבָל הָתָם — הָכִי נַמִי דְּמוֹרִידִין. לְמֵימְרָא דִּתְרֵי טַעֲמֵי נִינְהוּ? וְהָאָמַר רַב יְהוּדָה אָמַר שְׁמוּאֵל: הֲלָכָה כְּרַבָּן שִׁמְעוֹן ב"ג, וְאָמַר שְׁמוּאֵל: מוֹרִידִין קָרוֹב לְנִכְסֵי שָׁבוּי, לָאו מִשּׁוּם דְּחַד טַעְמָא הוּא? לָא, תְּרֵי טַעֲמֵי נִינְהוּ. הָכִי נַמִי מִסְתַּבְּרָא, דְּאָמַר רָבָא אָמַר רַב נַחְמָן: הֲלָכָה כְּדִבְרֵי חֲכָמִים, וְאָמַר רַב נַחְמָן: מוֹרִידִין קָרוֹב לְנִכְסֵי שָׁבוּי. אֶלָּא ש"מ: תְּרֵי טַעֲמֵי נִינְהוּ, שְׁמַע מִינָּהּ. אִתְּמַר, שָׁבוּי שֶׁנִּשְׁבָּה. רַב אָמַר: אֵין מוֹרִידִין קָרוֹב לִנְכָסָיו, שְׁמוּאֵל אָמַר: [ב]מוֹרִידִין קָרוֹב לִנְכָסָיו. בְּשֶׁשָּׁמְעוּ בּוֹ שֶׁמֵּת — כ"ע לָא פְּלִיגִי דְּמוֹרִידִין, כִּי פְּלִיגִי — [ג]בְּשֶׁלֹּא שָׁמְעוּ בּוֹ שֶׁמֵּת. רַב אָמַר: אֵין מוֹרִידִין, דִּלְמָא מַפְסִיד לְהוּ. וּשְׁמוּאֵל אָמַר: מוֹרִידִין, כֵּיוָן דְּאָמַר מָר שֶׁיְּשַׁמְּנִין לְהוּ כְּאָרִים — לָא מַפְסִיד לְהוּ. מֵיתִיבִי, ר"א אוֹמֵר: *מִמַּשְׁמָע שֶׁנֶּאֱמַר °"וְחָרָה אַפִּי וְהָרַגְתִּי אֶתְכֶם" יוֹדֵעַ אֲנִי שֶׁנְּשׁוֹתֵיהֶם אַלְמָנוֹת וּבְנֵיהֶם יְתוֹמִים". אֶלָּא מַה ת"ל "וְהָיוּ נְשֵׁיכֶם וְגו'" — מְלַמֵּד שֶׁנְּשׁוֹתֵיהֶם מְבַקְּשׁוֹת לִינָּשֵׂא וְאֵין מַנִּיחִין אוֹתָן, וּבְנֵיהֶן רוֹצִים לֵירֵד לְנִכְסֵי אֲבִיהֶן וְאֵין מַנִּיחִין אוֹתָן! אָמַר רָבָא: לֵירֵד וְלִמְכּוֹר תְּנַן. הֲוָה עוּבְדָּא בִּנְהַרְדְּעָא, וּפְשַׁטָהּ רַב שֵׁשֶׁת מֵהָא מַתְנִי'. א"ל רַב עַמְרָם: דִּלְמָא לֵירֵד וְלִמְכּוֹר תְּנַן? א"ל: דִּלְמָא מִפּוּמְבְּדִיתָא אַתְּ, דִּמְעַיְּילִין *פִּילָא בְּקוֹפָא דְּמַחְטָא? וְהָא דּוּמְיָא דִּנְשׁוֹתֵיהֶם [וּבְנֵיהֶם] קָתָנֵי, מָה הָתָם — כְּלָל לָא, אַף הָכָא נַמִי — כְּלָל לָא. וּמוֹרִידִין קָרוֹב לְנִכְסֵי שָׁבוּי תַּנָּאֵי הִיא, דְּתַנְיָא: *[ד]הַיּוֹרֵד לְנִכְסֵי שָׁבוּי — אֵין מוֹצִיאִין אוֹתוֹ מִיָּדוֹ, וְלֹא עוֹד אֶלָּא, אֲפִי' שָׁמַע שֶׁמְּמַשְׁמְשִׁין וּבָאִין, וְקָדַם וְתָלַשׁ וְאָכַל — הֲרֵי זֶה זָרִיז וְנִשְׂכָּר. וְאֵלּוּ הֵן נִכְסֵי שְׁבוּיִין: הֲרֵי שֶׁהָיָה אָבִיו אוֹ אָחִיו אוֹ אֶחָד מִן הַמּוֹרִישִׁין, הָלְכוּ לָהֶם לִמְדִינַת הַיָּם, וְשָׁמְעוּ בָּהֶן שֶׁמֵּת. הַיּוֹרֵד לְנִכְסֵי נְטוּשִׁים — מוֹצִיאִין אוֹתוֹ מִיָּדוֹ. וְאֵלּוּ הֵן נִכְסֵי נְטוּשִׁים: הֲרֵי שֶׁהָיָה אָבִיו אוֹ אָחִיו אוֹ אֶחָד מִן הַמּוֹרִישִׁין, הָלְכוּ לָהֶם לִמְדִינַת הַיָּם וְלֹא שָׁמְעוּ בָּהֶם שֶׁמֵּת. וְאָמַר רַבָּן שִׁמְעוֹן בֶּן גַּמְלִיאֵל: שָׁמַעְתִּי שֶׁהַנְּטוּשִׁים כִּשְׁבוּיִין. [ה]הַיּוֹרֵד לְנִכְסֵי רְטוּשִׁים — מוֹצִיאִין אוֹתוֹ מִיָּדוֹ. וְאֵלּוּ הֵן נִכְסֵי רְטוּשִׁים: הֲרֵי שֶׁהָיָה אָבִיו אוֹ אָחִיו אוֹ אֶחָד מִן הַמּוֹרִישִׁין כָּאן, וְאֵינוֹ יוֹדֵעַ לְהֵיכָן הָלְכוּ. מַאי שְׁנָא הָנָךְ דְּקָרוּ לְהוּ נְטוּשִׁים, וּמַאי שְׁנָא הָנֵי דְּקָרוּ לְהוּ רְטוּשִׁים?

נְטוּשִׁים

שמות כב

תוספות

עד כאן לא קאמר רשב"ג כו' אבל (א) הכא אין מורידין – וא"ת: והא לקמן מייתי דאית ליה לרשב"ג מורידין! וי"ל: דמהא ליכא למשמע מינה. אבל קשה: דמאי מוכיח דחד טעמא הוא מדשמואל דסבר כרשב"ג, וסבר מורידין – לוכח כן מרשב"ג גופיה! וי"ל: דלא שמיע ליה ברייתא דלקמן.

בששמעו בו שמת כ"ע ל"פ דמורידין. אין לפרש בששמעו בב' עדים, דא"כ פשיטא דמורידין. אלא ששמעו – היינו בקול ועד אחד, אע"ג דשמעו בו שמת, דבפ' "ב' דייני גזירות" (כתובות דף קז.) גבי אין פוסקין מזונות לאשת איש, משמע סוגיא דהתם דהוי בעדות גמורה*. **אמר** רבא לירד ולמכור תנן. וא"ת: ואמאי לא פריך ממתניתין ד"האשה שהלכה" (יבמות דף קטז: ושם ד"ה שאין) דקתני מגילו שאין אחים נכנסין לנחלה על פיה, ולשני נמי לירד ולמכור תנן! וי"ל: דמהכא אלימא ליה לאקשויי משום דדומיא דנשותיהם קתני, דמשמע כלל כלל לא.

[ועי' תוס' יבמות קטז: ד"ה שאין ותוס' כתובות קז. ד"ה ששמעו]

היורד לנכסי שבוי אין מוציאין אותו מידו. (ג) הוא הדין דאפי' מורידין אותו לכתחילה, דהא נטושים מורידין לרשב"ג, דאמר הנטושים כשבויין. אלא אגב דתנא בסיפא בנטושים מוציאין – תנא נמי בשבויין אין מוציאין. וא"ת: לימא רב הלכה כתנא קמא, ושמואל הלכה כרשב"ג! וי"ל: דלא שמיע להו ברייתא, אי נמי: איכא דמפכי להו.

וכולם

רש"י

למאי חזו. דקתני מוכרן. **לגלדאי.** לסוך עורות. **לכתישא דגמלא.** לכתישה שעל הגמל, שגבו כתוש ומסוקב מחמת משאוי, *איישר"א בלע"ז. **לקנקניו.** הכלי שהיה בתוכו יתקלקל, אם ישהא בתוכו. **במאי קמיפלגי.** ר"מ ורבנן, מאחר שמודה ר"מ דימכר מכדי חסרונן. **להפסד מרובה.** כגון יתר מכדי חסרונן. **הפסד מועט.** כגון כבדי חסרון דריקבון פירות, וקילקול הקנקנן דיין והחמיץ. **ערב.** ב"גט פשוט" (ב"ב קעג:). **צידן.** במסכת גיטין (דף עד.). **ראייה.** בדיני ממונות, השני (סנהדרין לא.), שנחלקו בשני מחלוקות; במביא שטר ראיה לסתור את הדין. בראשונה הלכה כמותו, ובאחרונה אין הלכה כמותו. **אמוראי נינהו.** רבה אמר בכללא אמר ר' יוחנן, ור' אבא אמר לאו בכללא אמר רבי יוחנן, אלא יש מהן שהלכה כמותו. **מדרבן שמעון נשמע דמורידין קרוב.** הראוי לירש. **בנכסי שבוי.** לקרקעות שבוי לעובדן ולשומרן, עד שיבאו הבעלים. ולקמן פליגי בה אמוראי. **עד כאן לא קאמר רבן שמעון הכא.** דמוכרן. **אלא משום דקא כליא קרנא.** אם ישהו שם. אבל גבי קרקעות וכרמים, אע"פ שמתקלקלות קצת – לא כליא קרנא. **אי כרב כהנא.** דאמר לעיל: רוצה אדם בקב שלו. **אי כרב נחמן בר יצחק.** דאמר: שמא עשאן תרומה ומעשר. **דתרי טעמי נינהו.** מתני' ונכסי שבוי. ואיכא דאית ליה מוכרין פירות האבודין, ולית ליה מורידין. **קרוב.** הראוי ליורשו, ואין קרוב ממנו. **בששמעו בו שמת כולי עלמא לא פליגי דמורידין.** דאם יבאו הבעלים קודם שיאכל זה הפירות – יטול זה כשכר אריסין, ויחזיר השאר. ואם יבאו עדים שמת – ירש הכל. **מפסיד להו.** ולא יזבל הקרקעות, ויזרעם תמיד ויכחישם. **כיון דאמר מר.** לקמן *וכולם שמין להם כאריס, אם יבאו הבעלים שמין לזה חלקו בכל שנה שעבד בה כמנהג אריסי העיר – אם מחצה אם שליש אם רביע. **אלא מלמד שנשיהם מבקשות לינשא כו'.** שילכו בשבי, ולא ידעו בניהם אם חיים אם מתים, ויהיו נשיהם אלמנות לעולם, שאין ב"ד מניחין אותן לינשא. ובניהם כיתומים, שלא ירשו נכסיהם. ושתי קללות הן, אחת של חרב ואחת של שבי, שמע מינה: אין מורידין. **הוה עובדא בנהרדעא.** בשבוי שירד יורשו לנכסיו. **ופשטה רב ששת מהא מתניתא.** דאין מורידין. **א"ל רב עמרם דלמא לירד ולמכור** תנן. [קתני] תנא דאין מניחין, אבל לעשות ולאכול וליטול כאריס – שפיר דמי. **דמעיילין פילא כו'.** ומשני שנויא דחיקא, כמבקש להכניס פיל שהוא חיה גדולה, בנקב מחט. **ותלש.** פירות שנה זו. **הרי זה זריז.** מהיר לזכות בשלו בטרם יפסיד, ונשכר בזריזותו. **ואלו הן נכסי שבויין.** דקאמר אין מוציאין אותם מידו. **שהנטושים כשבויין.** ואין מוציאין מידו. **נכסי נטושין.** שהנכסים נטושין. **נכסי רטושין.** שהנכסים רטושים. ולקמן מפרש להו רטושין משמע שעזבום בעלים מדעתם והלכו להם. דכיון דהיה לו לצוות: הורידו יורשיי לנכסי, ולא צוה – ש"מ לא ניחא ליה. ונטושים – שנטשום בעליהם בעל כרחן, כגון שנשבו. והיינו תנאי, דרבן שמעון סבר: מורידין, ורבנן סברי: אין מורידין.

ה"ג

תורה אור

[שבת קנד: וש"נ]

כתובות עז. גיטין לח. ודף עה. ב"ק סט. ב"ב קעד. סנהדרין לא. [בכורות כב.]

[דף לט.]

[אבות דר"נ פרק לח]

[ברכות נה:]

[תוספתא לכתובות פ"ח]

הגהות הב"ח

(א) תוס' ד"ה עד וכו'. אבל התם אין מורידין: (ב) ד"ה היורד וכו'. נ"ב עיין בטוש"ע ב"ח סי' ר"ו תמצא פירוש דיבור זה:

רבינו חננאל

אצל חבירו והרקיבו וכו' פי' כיון דקם קם כיון שהחמיץ כך יעמיד בחימוצו לעולם. פי' כתישה מלשון אם תכתש את האויל במכתש. וחכמים אומרים עושה להן תקנה ומוכרן בב"ד. וכשמוכרן מוכרן לאחרים ולא לעצמו. עושה להן תקנה. אסקי' תקנה זו לקנקנים שלא יפסידו לגמרי ואפי' הפסד מועט חששו. והלכה כחכמים וכר' יוחנן. רשב"ג אומר ימכרם בב"ד מפני שהוא כמשיב אבידה. קי"ל דחלוקת חכמים ורשב"ג בכדי חסרונן כר' יוחנן והלכה כחכמים ואע"ג דחכמים דברייתא קיימי כרשב"ג. אבל יותר מכדי חסרונן דברי הכל מוכרן בב"ד לאחרים ולא לעצמו: איתמר רב אמר אין מורידין קרוב לנכסי שבוי חיישינן דלמא מפסדי להו. ושמואל אמר מורידין כיון דאמר מר שמין להם כארים לא מפסדי להו. בששמעו בו שמת כולי עלמא לא פליגי דמורידין כי פליגי בשלא שמעו בו שמת. וקיימא לן כשמואל וכרב נחמן. הוה עובדא בנהרדעא בשבוי שנשבה ופשטה רב ששת דאין מורידין קרוב לנכסיו מהא דתניא ר' אומר ממשמע שנאמר והרגתי אתכם איני יודע כי יהיו נשיכם אלמנות ובניכם יתומים אלא מלמד שהן כאלמנות ולא אלמנות ממש כיצד מבקשות לינשא ואין מניחין אותן. בניהן מבקשין לירד בנכסי אביהן ואין מניחין אותן שעדין לא נתבררה מיתתן בעדות. ואע"ג דאוקמה רבא לירד ולמכור אין מניחין אותם אבל מניחין אותן לירד ולתקן. דחאה רב ששת מדכתב נשיכם ובניהם בניהם דומיא דנשיהם מה נשיהם כלל לא אף בניהם כלל לא. מורידין קרוב בנכסי שבוי אוקימנא כתנאי דתניא היורד לנכסי שבוין אין מוציאין אותן מידו והוא ששמעו בהן שמתו. היורד לנכסי נטושין מוציאין אותן מידו. והן שיצאו למדינת הים ואין ידוע להיכן הלכו *).

תנא

*) בגמ' איתא לשון זה גבי נכסי רטושין ואולי דרבינו הוה לו גי' אחרת.

נְטוּשִׁים דְּבע"כ, דִּכְתִיב °"וְהַשְּׁבִיעִת תִּשְׁמְטֶנָּה וּנְטַשְׁתָּהּ" — *אַפְקְעָתָא דְּמַלְכָּא. רְטוּשִׁים — דְּמַדַּעְתָּן, דִּכְתִיב °"אֵם עַל בָּנִים רוּטָּשָׁה". תָּנָא: [א]וְכוּלָּם שָׁמִין לָהֶם כְּאָרִים. אַהַיָּיא? אִילֵימָא אַשְׁבוּיִין — הַשְׁתָּא זָרִיז וְנִשְׂכָּר הָוֵה, מַאי דְּאַשְׁבַּח מִיבָּעְיָא? אֶלָּא אַרְטוּשִׁים? וְהָא מוֹצִיאִין אוֹתָן מִיָּדוֹ קָתָנֵי! אֶלָּא אַנְּטוּשִׁים, לְמַאן? אִילֵימָא לְרַבָּנַן — הָא אָמְרִי מוֹצִיאִין אוֹתוֹ מִיָּדוֹ, אִי רַבָּן שִׁמְעוֹן בֶּן גַּמְלִיאֵל — הָא אָמַר שָׁמַעְתִּי שֶׁהַנְּטוּשִׁים כִּשְׁבוּיִין! כִּשְׁבוּיִין, וְלֹא שְׁבוּיִין. כִּשְׁבוּיִין — דְּאֵין מוֹצִיאִין אוֹתָן מִיָּדוֹ, וְלֹא שְׁבוּיִין — דְּאִילּוּ הָתָם זָרִיז וְנִשְׂכָּר, וְאִילּוּ הָכָא שָׁיְימִינַן לֵיהּ כְּאָרִים. וּמַאי שְׁנָא מֵהָא *דִּתְנַן: [ג]הַמּוֹצִיא הוֹצָאוֹת עַל נִכְסֵי אִשְׁתּוֹ, הוֹצִיא הַרְבֵּה וְאָכַל קִימְעָא, קִימְעָא וְאָכַל הַרְבֵּה — מַה שֶּׁהוֹצִיא הוֹצִיא, וּמַה שֶּׁאָכַל אָכַל! הָא לָא דָּמְיָא אֶלָּא לְהָא, (*דִּתְנַן:) [ג]הַמּוֹצִיא הוֹצָאוֹת עַל נִכְסֵי אִשְׁתּוֹ קְטַנָּה — כְּמוֹצִיא עַל נִכְסֵי אַחֵר דָּמֵי. אַלְמָא: כֵּיוָן דְּלָא סָמְכָא דַּעְתֵּיהּ — תַּקִּינוּ לֵיהּ רַבָּנַן, כִּי הֵיכִי דְּלָא לַפְסְדִינְהוּ. הָכָא נַמִי, תַּקִּינוּ לֵיהּ רַבָּנַן כִּי הֵיכִי דְּלָא לַפְסְדִינְהוּ. "וְכוּלָּן שָׁמִין לָהֶם כְּאָרִים". וְכוּלָּן לְאִיתּוּיֵי מַאי? לְאִיתּוּיֵי הָא דְּאָמַר רַב נַחְמָן אָמַר שְׁמוּאֵל: שָׁבוּי שֶׁנִּשְׁבָּה — מוֹרִידִין קָרוֹב לִנְכָסָיו, יָצָא לָדַעַת — אֵין מוֹרִידִין קָרוֹב לִנְכָסָיו. וְרַב נַחְמָן דִּידֵיהּ אָמַר: [ד]בּוֹרֵחַ הֲרֵי הוּא כְּשָׁבוּי. בּוֹרֵחַ מֵחֲמַת מַאי? אִילֵימָא מֵחֲמַת כַּרְגָּא — הַיְינוּ לָדַעַת, [ה]אֶלָּא בּוֹרֵחַ מֵחֲמַת מְרָדִין. אָמַר רַב יְהוּדָה אָמַר שְׁמוּאֵל: [ו]שָׁבוּי שֶׁנִּשְׁבָּה וְהִנִּיחַ קָמָה לִקְצוֹר, עֲנָבִים לִבְצוֹר, תְּמָרִים לִגְדּוֹר, זֵיתִים לִמְסוֹק — בֵּית דִּין יוֹרְדִין לִנְכָסָיו וּמַעֲמִידִין אַפּוֹטְרוֹפּוֹס, וְקוֹצֵר וּבוֹצֵר וְגוֹדֵר וּמוֹסֵק, וְאח"כ מוֹרִידִין קָרוֹב לִנְכָסָיו. וְלוֹקִים אַפּוֹטְרוֹפָּא לְעוֹלָם! [ז]אַפּוֹטְרוֹפָּא לְדִיקְנָנֵי לָא מוֹקְמִינַן.§ אָמַר רַב הוּנָא: [ח]אֵין מוֹרִידִין קָטָן לְנִכְסֵי שָׁבוּי, [ט]וְלֹא קָרוֹב לְנִכְסֵי קָטָן, [י]וְלֹא קָרוֹב מֵחֲמַת קָרוֹב לְנִכְסֵי קָטָן. אֵין מוֹרִידִין קָטָן לְנִכְסֵי שָׁבוּי — דִּלְמָא מַפְסִיד לְהוּ. וְלֹא קָרוֹב מֵחֲמַת קָרוֹב לְנִכְסֵי קָטָן — בְּאַחֵי מֵאִימָּא. [וְלֹא קָרוֹב לְנִכְסֵי קָטָן] — כֵּיוָן דְּלָא מָחֵי, אָתֵי לְאַחְזוּקֵי בֵּיהּ. *אָמַר רָבָא, שְׁמַע מִינֵּיהּ מִדְּרַב הוּנָא: [כ]אֵין מַחֲזִיקִין בְּנִכְסֵי קָטָן, וַאֲפִילּוּ

רש"י

הָכִי גָּרְסִינַן: נְטוּשִׁים עַל כָּרְחָן דִּכְתִיב וְהַשְּׁבִיעִת תִּשְׁמְטֶנָּה וּנְטַשְׁתָּהּ. הַיְינוּ עַל כָּרְחוֹ. **אַפְקְעָתָא דְּמַלְכָּא.** מִלְוַת הַמֶּלֶךְ. רְטוּשִׁים מִדַּעְתָּן **דִּכְתִיב אֵם עַל בָּנִים רוּטָּשָׁה.** הַיְינוּ מִדַּעְתּוֹ. וְלָא שְׁבָיָה, דִּכְתִיב רֵישֵׁיהּ דִּקְרָא "וְקָם שָׁאוֹן בְּעַמֶּךָ". הָיוּ יְרֵאִים שֶׁלֹּא יָבֹאוּ אוֹיְבִים עֲלֵיהֶם "וְכָל מִבְצָרֶיךָ יוּשַּׁד" – יִגְלוּ בַּגּוֹלָה מֵאֵילֵיהֶן, וְיִשָּׁאֲרוּ הֶעֱיָירוֹת שְׁדוּדִין מֵאֵין אִישׁ "כְּשֹׁד שַׁלְמַן בֵּית אַרְבֵאל בְּיוֹם מִלְחָמָה" – כְּשׁוֹדְדִין הַבָּאִין לַמִּלְחָמָה עַל יְדֵי מַאֲרָב עַל עַם הַיּוֹשֵׁב בְּשָׁלוֹם, שֶׁלֹּא נִזְהֲרוּ בָּהֶם לִבְרוֹחַ מִפְּנֵיהֶם, וְשׁוֹדְדִים אֶת הַכֹּל. וְכָמוֹהוּ (ירמיה יג) "הָגְלָת יְהוּדָה כּוּלָּהּ הָגְלָת שְׁלוֹמִים" – מִתּוֹךְ יְשִׁיבַת שָׁלוֹם בָּאִין מַחֲרִיד הֶגְלָם נְבוּכַדְנֶצַּר. בֵּית אַרְבֵאל תַּרְגֵּם יְהוֹנָתָן בֵּית מַאֲרָב. אָלֶ"ף לָמֶ"ד יְתֵרִים בּוֹ, כְּמוֹ (הושע ב) "יַעֲנוּ אֶת יִזְרְעֶאל" שֶׁהוּא לְשׁוֹן זְרִיעָה, וְלֹא לְשׁוֹן עִיר. וּמִדְּקָא אָמַר "יוּשַּׁד כְּשֹׁד שַׁלְמַן בֵּית אַרְבֵאל" – מִכְּלָל דְּהַהוּא יוֹמָא לָאו בֵּית אַרְבֵאל בְּיוֹם מִלְחָמָה הֲוָה, אֶלָּא מוֹרֶךְ בָּא בִּלְבָבָם, וְהֵמָּה עוֹזְבִים אֵם עַל בָּנִים וְהוֹלְכִים לָהֶם מִדַּאֲגַת הָאוֹיֵב, שֶׁמָּא יָבֹא עֲלֵיהֶם. רוּטָּשָׁה. נֶעֶזְבָה. **וְכוּלָּן.** מְפָ' לְקַמֵּיהּ אַהַיָּיא קָאֵי, וּכְלָלָא לְאַתּוּיֵי מַאי. **שָׁמִין לָהֶם כְּאָרִים.** אִם יָבֹאוּ הַבְּעָלִים – יִטְּלוּ אֵלּוּ בְּשֶׁבַח קַרְקָעוֹת וּפֵירוֹת כְּמִנְהַג אָרִיסֵי הַמָּקוֹם. **הַשְׁתָּא זָרִיז וְנִשְׂכָּר הָוֵי.** [א]וְיִטּוֹל הַכֹּל. **דְּאִילּוּ הָתָם זָרִיז וְנִשְׂכָּר.** דְּכֵיוָן שֶׁשָּׁמְעוּ בּוֹ שֶׁמֵּת, כִּי נָחֵת לָהּ – אַדַּעְתָּא דְּכוּלְּהוּ פֵּירֵי נָחֵת. אֲבָל הָכָא, דְּלֹא שָׁמְעוּ שֶׁמֵּת – לָאו אַדַּעְתָּא דְּכוּלָּהּ נָחֵית, אֶלָּא לִיטּוֹל כְּאָרִים בְּכָל שָׁנָה, וּשְׁאָר פֵּירוֹת יְהֵא מוּנָּחִין. **נִכְסֵי אִשְׁתּוֹ.** נִכְסֵי מְלוֹג, שֶׁהוּא אוֹכֵל פֵּירוֹת, וְהַקֶּרֶן שֶׁלָּהּ. **הוֹצִיא הַרְבֵּה וְאָכַל פֵּירוֹת קִימְעָא.** קוֹדֶם שֶׁמֵּת אוֹ שֶׁגֵּירְשָׁהּ. **הָא לָא דָּמְיָא.** תְּרוּצָא הוּא: הָא דְּנִכְסֵי שְׁבוּיִין לְהָא דְּאִשְׁתּוֹ קְטַנָּה דָּמֵי. קְטַנָּה. שֶׁהִיא יְתוֹמָה, שֶׁהִשִּׂיאוּהָ אִמָּהּ וְאַחֶיהָ, וְאֵין קִידּוּשִׁין תּוֹפְסִין בָּהּ מִן הַתּוֹרָה אֶלָּא מִדִּבְרֵי סוֹפְרִים. לְפִיכָךְ יוֹצְאָה בְּמֵיאוּן בְּע"כ אִם תְּמָאֵן. **כְּמוֹצִיא עַל נִכְסֵי אַחֵר דָּמֵי.** וְאִם הוֹצִיא וְלֹא אָכַל כְּדֵי הוֹצָאָתוֹ – שָׁמִין לוֹ כְּאָרִים. **דְּלָא סָמְכָא דַּעְתֵּיהּ.** שֶׁיְּהֵא מוּחְזָק בְּיָדוֹ, דְּדוֹאֵג שֶׁמָּא תְּמָאֵן בּוֹ. תַּקִּינוּ לֵיהּ רַבָּנַן. לִיטּוֹל כְּאָרִים. **כִּי הֵיכִי דְּלָא נִיפְסְדִינְהוּ.** שֶׁלֹּא יְקַלְקֵל הַקַּרְקָעוֹת לְזוֹרְעָן תָּמִיד, וְלֹא יַעֲבוֹד וְלֹא יַעֲדוֹר כְּרָמִים. **לְאִיתּוּיֵי הָא דְּרַב נַחְמָן.** בּוֹרֵחַ מֵחֲמַת מְרָדִין. **יָצָא לָדַעַת אֵין מוֹרִידִין.** דְּכֵיוָן שֶׁהָיָה שָׁפוּי בְּדַעְתּוֹ, וְלֹא צִוָּהוּ בְּלֶכְתּוֹ לֵירֵד לִנְכָסָיו – ש"מ לָא נִיחָא לֵיהּ. **בּוֹרֵחַ הֲרֵי הוּא כְּשָׁבוּי.** שֶׁאֵין דַּעְתּוֹ מְיוּשֶּׁבֶת עָלָיו, מֵחֲמַת שֶׁהוּא בָּהוּל. **מֵחֲמַת כַּרְגָּא.** שֶׁאֵין לוֹ מִמַּה לִפְרוֹעַ כֶּסֶף גּוּלְגָּלְתּוֹ לַמֶּלֶךְ, וּבוֹרֵחַ לִפְנֵי בּוֹא הַזְּמַן. הַיְינוּ **יוֹצֵא לָדַעַת.** שֶׁאֵין כָּאן בֶּהָלָה. **מֵחֲמַת מְרָדִין.** שֶׁהָרַג אֶת הַנֶּפֶשׁ. וּפַרְסָאֵי הוֹרְגִין עַל שְׁפִיכוּת דָּמִים, כִּדְאָמְרִינַן בְּבָבָא קַמָּא (דף קיז.). מְרָדִין הִיא רְלִיסָה בִּלְשׁוֹן פַּרְסִי. וְכֵן מְפוֹרָשׁ בַּשְּׁעָרִים דְּרַב הַאי גָּאוֹן (שער מ). **מַעֲמִידִין אַפּוֹטְרוֹפּוֹס.** לְהַכְנִיס דָּבָר הַמּוּכָן, וִיהֵא שָׁמוּר לַבְּעָלִים וְאח"כ מוֹרִידִין קָרוֹב לְהַשְׁבִּיחַ וְלִיטּוֹל כְּאָרִים. **וְלוֹקִים אַפּוֹטְרוֹפּוֹס לְעוֹלָם.** שֶׁלֹּא יִטּוֹל כְּלוּם. **אַפּוֹטְרוֹפָּא לְדִיקְנָנֵי לָא מוֹקְמִינַן.** אֵין בֵּית דִּין טוֹרְחִין לְבַקֵּשׁ אַפּוֹטְרוֹפּוֹס לַאֲנָשִׁים גְּדוֹלִים שֶׁנִּתְמַלְּאוּ זְקָנָם, לְפִי שֶׁלֹּא יִמְלָכוּהוּ. דִּבְשְׁלָמָא לְיַתְמֵי – אִיכָּא דְּשָׁמַע לְהוּ וְהָוֵי אַפּוֹטְרוֹפּוֹס לִדְבַר מִצְוָה. אֲבָל לְדִיקְנָנֵי לָא שָׁמְעֵי לְהוּ. **אֵין מוֹרִידִין קָטָן לְנִכְסֵי שָׁבוּי.** וַאֲפִילּוּ הוּא רָאוּי לְיוֹרְשׁוֹ, דְּקָא מַפְסִיד לְהוּ, וּמוּטָב שֶׁיּוֹרִידוּ לָהֶם אִישׁ נָכְרִי. **וְלֹא קָרוֹב.** הָרָאוּי לִירַשׁ בְּנִכְסֵי קָטָן לַעֲשׂוֹת וְלֶאֱכוֹל. כִּדְמְסַיֵּים טַעְמֵיהּ, דְּכֵיוָן דְּקָטָן לָא יָדַע לְמַחוּיֵי – אָתָא הַאי קָרוֹב לְאַחֲזוּקֵי בָּהֶן, וְלוֹמַר לְחֵלֶק יְרוּשָּׁתוֹ בָּא. וְטוֹב לָהֶם לְהוֹרִיד אִישׁ נָכְרִי, דְּלָא מָצֵי לְמִטְעַן בְּהוּ יְרוּשָּׁה. **וְלֹא קָרוֹב מֵחֲמַת קָרוֹב לְנִכְסֵי קָטָן.** כְּגוֹן קָטָן שֶׁיֵּשׁ לוֹ אָח מֵאָב, וְאוֹתוֹ אָח מֵאָב יֵשׁ לוֹ אָח מֵאֵם, דְּאִישׁ נָכְרִי הוּא אֵצֶל קָטָן – אֵין מוֹרִידִין אוֹתוֹ אָח מֵאֵם לְנִכְסֵי קָטָן, מֵחֲמַת קוּרְבַת אָחִיו שֶׁל זֶה שֶׁהוּא אָח שֶׁל קָטָן. דְּאָתֵי לְאַחֲזוּקֵי בְּהוּ לְצוֹרֶךְ אָחִיו, וְיֹאמַר: נְכָסִים הַלָּלוּ שֶׁל אָחִי מֵאָבִי הֵם, שֶׁנָּפְלוּ לוֹ מֵאָבִיו, וְאֵלּוּ לְחֶלְקוֹ בָּאוּ. **בְּאַחֵי מֵאִימָּא.** כִּדְפָרִישִׁית שֶׁזֶּה אָח מִן הָאֵם לְאָחִיו שֶׁל קָטָן מִן הָאָב. **ש"מ מִדְּרַב הוּנָא.** דְּאָמַר: אֵין מוֹרִידִין קָרוֹב לְנִכְסֵי קָטָן שֶׁמָּא יַחֲזִיק בָּהֶם מֵחֲמַת יְרוּשָּׁה, אֲבָל אַחֵר שֶׁאֵין לוֹ טַעֲנַת יְרוּשָּׁה – מוֹרִידִין, וְלָא חָיְישִׁינַן שֶׁמָּא יִטְעוֹן אָבִיו שֶׁל קָטָן מְכָרָם לִי, וַאֲכַלְתִּים שְׁנֵי חֲזָקָה. ש"מ: אֵין מַחֲזִיקִין בְּנִכְסֵי קָטָן, אִם לֹא אָכַל בִּפְנֵי הָאָב שָׁלֹשׁ שָׁנִים – אֵין שָׁלֹשׁ שָׁנִים שֶׁאֲכָלָן בִּפְנֵי הַקָּטָן חֲזָקָה. וַאֲפִילּוּ

תוספות

וכולם שמין להם כארים. אנטושים דרשב"ג קאי, כדמסיק, פי' רש"י דכשבוי (א) שמשמע שמתו אוכל כל הפירות, ואם יבואו הבעלים קודם שיאכל הפירות – יטול כשאר אריסין ויחזיר השאר. ובנטושים, דלא שמע שמת – לא יאכל כל הפירות, אלא שמין הפירות שיאכל כשאר אריסין, למחצה לשליש ולרביע, ולא יאכל כלום בחנם. וקשה: דאמאי משני לעיל לירד ולמכור תנן? ליתני לירד ולאכול תנן, דהא אפילו לאכול בחנם אינו יורד! ועוד: מאי פריך בתר הכי אף בניהם כלל לא? הא ודאי אין לו כלל, אפילו למ"ד מורידין, כיון שאין לו אלא כארים נכרי! ועוד: מאי פריך מהמוציא הוצאות על נכסי אשתו? דהתם יורד לאכול כל הפירות, אבל הכא אינו יורד כי אם בתורת אריסות! ותו, דאמר שמואל לקמן: שבוי שהניח קמה לקצור – מעמידין אפוטרופוס, וקוצר ובוצר, ואח"כ מורידין קרוב לנכסיו. ומעיקרא אמאי אין מורידין קרוב כיון שלא יאכל הפירות בחנם? לכך נראה דודאי שכל הפירות אוכל בחנם. ואם זבל וחרש וזרע, ובעלים באו קודם שקצר – יטול כארים שכר טרחו ועמלו. ולרב, וכן לת"ק, אית להו שאין שמין כארים. ולכך אין מורידין, דלמא מפסיד להו, לפי שירא שיבואו הבעלים קודם שיקצור ויאכל, ולא יטול כלום, ולא ישביח הקרקע, אלא כל מה שימצא יאכל בחנם כדין קרוב היורד לנכסי שבוי. והשתא פריך שפיר: כיון שאוכל כל הפירות כשיבואו הבעלים קודם שילקט, אמאי נוטל כארים טפי מהמוציא הוצאות על נכסי אשתו כו'? והא דקאמר ואילו התם זריז ונשכר – פי': כששמע הבעלים ממשמשים ובאין מניחין אותו לקדם ולתלוש, אע"פ שהפירות ישוו הרבה מעמלו. כיון שאם לא יקדם אין משלמין טרחו. אבל הכא, בנטושים, אם באו בעלים – אין מניחין אותו לתלוש, כיון דלא מפסיד מידי. דשיימי' להו כארים.

אמר שמואל שבוי שנשבה מורידין. וא"ת: והאמרה שמואל חדא זימנא! וי"ל דה"ק: אף על גב דכשבוי מורידין, יצא לדעת – אין מורידין.

היינו לדעת. דמסתמא לא פליג אשמואל, מדלא קאמר אף בורח או אף יוצא לדעת.

ש"מ מדרב הונא אין מחזיקין בנכסי קטן ואפי' הגדיל. פרש"י: מדאמר רב הונא אין מורידין קרוב – הא נכרי מורידין. וקשה: דבלא רב הונא כמה משניות יש שמעמידין אפוטרופוס לנכסי יתומים; פרק "הניזקין" (גיטין דף נב.) מנהו ב"ד – לא ישבע. וע"ק: היכי מוכח מדרב הונא דאין מחזיקין? דלמא אי טוען שני חזקה – מועיל. והא דמורידין נכרי – משום דליכא למיחש למידי, דע"כ כיון דמורידין – א"כ יש לו דעת לומר הבא עדים שלקחת מאבי. והכי נמי יש לו לדעת ולמחות בסוף כל שלשה. וכי

רבינו חננאל

תנא וכולן שמין להן כארים. אוקימנא כרשב"ג דאמר שמעתי שהנטושין כשבויין. וסבר האי תנא כשבויין ולא שבויין כשבויין שאם תפשו דאין מוציאין מידם ולא שבויין דאלו גבי שבויין אם קדם ותלש ואכל הרי זה זריז ונשכר ואלו גבי נטושין שמין להן כארים. ואקשינן מאי שנא מהא דתנן המוציא הוצאות בנכסי אשתו הוציא הרבה ואוכל קימעא מה שהוציא הוציא ומה שאכל אכל וכו' אסיק' תיקנו להן רבנן לשום להן כארים כי היכי דלא ניפסדינהו לנכסי. ודייק' וכולן לאתויי שבוי שנשבה שמורידין קרוב לנכסיו. יצא לדעת אין מורידין קרוב לנכסיו מאי טעמא דאמרי' מכדי לדעת יצא היה לו להוריד קרוביו לנכסיו כיון שלא הוריד הוא גם אנו אין מורידין אבל הבורח מחמת מרדין כלומר הבורח מחמת נפשות מורידין קרוב לנכסיו דאמרי' מחמת טירדא הוא דלא הורידם וקיימא לן כשמואל דהא רב נחמן קאי כותיה הלכך במקרקעי מורידין קרוב לנכסי נטושין וכששמעו בהן שמתו מורידין אפילו *) לנכסי נטושין. ומטלטלי אם תפשו אין מוציאין מידם ואם לא תפשו מפקידין אותן ביד נאמנין. **) ואם נראין הדברים שמתו אע"פ שאין עדות ברורה במיתתן נותנין אותן ליורשין. פי' אפוטרופא לדיקנני כלומר לאדם גדול בעל זקן אין מעמידין לו אפוטרופוס. וקיימא לן כשמואל דאמר מורידין קרוב לנכסי שבוי דהא רב הונא דתלמיד רב הוא אמר אין מורידין (קרוב) [קטן] לנכסי שבוי דלמא מפסיד להו ולא קרוב לנכסי קטן הא גדול ואפי' קרוב בנכסי שבוי

*) נראה דל"ל אפילו לנכסי רטושין ועי' בש"מ כאן מש"כ בשם הרא"ש ז"ל. **) נראה דר"ל כגון שטבע במים שאין להם סוף וכיוצא בו ועי' ברמב"ם ובש"ע ח"מ ס"ס רפד.

עין משפט נר מצוה

נד א מיי' פ"ז מהלכות נחלות הל' ה סמג עשין לז טוש"ע ח"מ סי' רפה סעיף ב וס"ק:
נה ב מיי' פכ"א מהל' אישות הל' ח סמג עשין מח טוש"ע אה"ע סי' פח סעיף ז:
נו ג מיי' שם הל' י טוש"ע שם סעיף ו:
נז ד ה מיי' פ"ז מהלכות נחלות הל' ה סמג עשין לז טוש"ע ח"מ סי' רפה סעיף ב:
נח ו מיי' שם הלכה ו טוש"ע שם סעיף ג:
נט ז מיי' שם הלכה ה' טוש"ע שם סעיף ב:
ס ח ט י מיי' שם פ"ח הל' א סמג עשין לז טוש"ע ח"מ סי' רפה סעיף ו:
סא כ מיי' פי"ד מהל' טוען ונטען הל' ז סמג עשין לה טוש"ע ח"מ סי' קמט סעיף יט:

מסורת הש"ס

[לקמן קו. קט.]

כתובות עט:

נ"ל דאמר ר"י אמר רב חסדא וכן הוא בכתובות פ. [ועי' תוס' יבמות קז. ד"ה לאי]

כתובות יז: [ע"ש בתוס']

תורה אור

שמות כג | הושע י

הגהות הב"ח

(א) תוס' ד"ה וכולם וכו' דכשבוי שמשמע בו שמת וכו' ובנטושים דלא שמעו בו שמת לא:

הגהות הגר"א

[א] רש"י ד"ה השתא כו' ויטול הכל. נ"ב עי' תוס' ד"ה וכולן (ועמש"ל רביט בח"מ סי' רפה ס"ק ז):

ואפילו הגדיל. ולא אמרן אלא באחי דאבא, אבל באחי דאמא — לית לן בה. ואחי דאבא נמי לא אמרן אלא בארעתא, אבל בבתי — לית לן בה. ובארעתא נמי לא אמרן אלא דלא עביד עיטדא, אבל עביד עיטדא — קלא אית לה. [א]ולא היא, לא שנא אחי דאבא ולא שנא אחי דאמא, לא שנא ארעתא ולא שנא בתי, ולא שנא עביד עיטדא לא שנא לא עביד עיטדא — לא מחתינן. [ב]ההיא סבתא דהויא לה תלת בנתא, אישתבאי איהי וחדא ברתא, אידך תרתי בנתא שכיבא חדא מינייהו ושבקה ינוקא. אמר אביי: היכי נעביד? לוקמינהו לנכסי בידא דאחתא — דלמא שכיבא סבתא, ואין מורידין קרוב לנכסי קטן. נוקמינהו לנכסיה בידא דינוקא — דלמא לא שכיבא סבתא, ואין מורידין קטן לנכסי שבוי! אמר אביי: הלכך, פלגא יהבינא לה לאחתא, ואידך פלגא מוקמינן ליה אפוטרופא לינוקא. רבא אמר: [ג]מגו דמוקמינן אפוטרופא לפלגא — מוקמינן ליה אפוטרופא לאידך פלגא. לסוף שמעו דשכיבא סבתא. אמר אביי: תילתא יהבינן לה לאחתא. ותילתא יהבינן ליה לינוקא, ואידך תילתא יהבינן דנקא לאחתא, ואידך דנקא מוקמינן ליה אפוטרופא לינוקא. רבא אמר: [ד]מגו דמוקים אפוטרופא לדנקא — מוקמינן נמי אפוטרופא לאידך דנקא. *מרי בר איסק אתא ליה אחא מבי חוזאי. א"ל: פלוג לי! אמר ליה: לא ידענא לך. אתא לקמיה דרב חסדא. א"ל: [ה]שפיר קאמר לך, שנאמר *°"ויכר יוסף את אחיו והם לא הכירוהו" (בראשית מב) — מלמד שיצא בלא חתימת זקן ובא בחתימת זקן. א"ל: זיל אייתי סהדי דאחוה את. אמר ליה: אית לי סהדי, ודחלי מיניה, דגברא אלימא הוא. א"ל לדידיה: זיל אנת אייתי סהדי דלאו אחוך הוא. א"ל: דינא הכי? המוציא מחבירו עליו הראיה! א"ל: [ו]הכי דיינינא לך ולכל אלימי דחברך. אמר ליה: סוף סוף אתו סהדי ולא מסהדי! א"ל: תרתי לא עבדי. לסוף אתו סהדי דאחוה הוא. א"ל: לפלוג לי נמי מפרדיסי ובוסתני דשתל. אמר ליה: שפיר קאמר לך, *דתנן: [ז]הניח בנים גדולים וקטנים, והשביחו גדולים את הנכסים — השביחו לאמצע. וכן

ואפי' הגדיל. הקטן משירד לתוכו, ואכלו ג' שנים בפניו משהגדיל – לא הויא חזקה. דהואיל ותחילת ירידתו לתוכו הוה קטן – לא ידע כשהגדיל שהן של אביו. ולפיכך לא מיחה. דאי ס"ל לרב הונא דמחזיקין בהן משהגדיל – היכי מחתינן נכרי לנכסי קטן? שמא יהא בידו משיגדיל, ויטעון: אתה מכרת לי משגדלת, ואכלתים שני חזקה. (תורה אור) ולא אמרן. דאין מורידין קרוב לנכסי קטן. אלא באחי דאבא. אחיו מאביו, שיטעון בהן עד ירושה. ארעתא. שדות. אבל בבתי לית לן בה. שהשכנים מעידין עליהם שבאו לחלקו של קטן. עיטדא. שטר חלוקה, כשחלקו מתחילה (מלכים ב יב) "רק הבמות לא סרו" מתרגמינן "במתא לא *עטדו" – לא הפליגו מהם. לא שנא אחי דאמא. פן יאמר של אמי היו נכסי מלוג, ואביו של קטן בעל אמי היה מוחזק בהן, מחמת שהוא אוכל פירות, והוא מת קודם לאמי ולא ירשה, ואני יורש אליין מחמת אמי. היכי ליעבד. בנכסי דסבתא, שאין אנו יודעין אם קיימת אם מתה. בידא דאחתא. דהילכתא כרשב"ג, דקם ליה שמואל כוותיה. דלמא שכיבא סבתא. ויש לקטן חלק בהן שהם שלו מחמת אמו, או שמא אליין שלו, שמא מתו שתי השבויות. לוקמינהו לפלגא דנכסי בידא דינוקא. איכא למיחש דלמא לא שכיבא סבתא ואין לו חלק בהן, ואין מורידין קטן לנכסי שבוי. פלגא יהבינן לאחתא. ממה נפשך; אם מתו שתי השבויות – הרי זו יורשת אליין, ואם לאו – מורידין קרוב לנכסי שבוי. מוקמינן אפוטרופוס. ולא מחתינן קטן לגווייהו, דלמא לא שכיבא, ואין מורידין קטן לנכסי שבוי. שמעו דשכיבא סבתא. לסוף שמעו שמתה הזקנה, ועל הבת שנשבית לא שמעו. תילתא יהבינן כו'. דהא ודאי שליש הנכסים לזו, ושליש לקטן. דנקא. שתות, חצי השליש. יהבינן לאחתא. ממה נפשך; אם מתה האחות – הרי חצי חלקה לזו, ואם לאו – מורידין קרוב לנכסי שבוי. ואידך דנקא. לא יהבינן לה, שמא של קטן הם, ואין מורידין קרוב לנכסי קטן. אתא ליה אחא מבי חוזאי. שהלך אביו לבי חוזאי ונשא שם אשה, וילדה לו את זה, וחזר מרי לכאן וירד לנכסי אביו. ובא זה אחריו לזמן מרובה, ותבע חלקו. שפיר קאמר לך. שאינו מכירך, ואין זה רמאות, שכשיצא מאצלך לא היה לך חתימת זקן ועכשיו באת בחתימת זקן. ויכר יוסף את אחיו. שכשיצא מהם היו כולם חתומי זקן, והם לא הכירוהו שיצא מאצלם בלא חתימת זקן ובא בחתימת זקן. דלאו אחוך הוא. אותם עדים שיש לו לזה, שבאו משם ומכירין בו מי הוא, הביאם אתה ויעידו שאינו בן אביך, או בקש עדים אחרים. א"ל. מרי לרב חסדא: אי מייתי דחלי מה מועלת. סוף סוף אתו סהדי ולא מסהדי. אלא כמותי, ולא כמותך. תרתי לא עבדי. מיראתך יעשו אחת שישתקו, אבל שתים לא יעשו, לא דיין שישתקו ולא יעידו האמת אלא גם שיעידו שקר. א"ל. ההוא אחא לרב חסדא. לפלוג לי מפרדיסי. כרמים. ובוסתני. ביתן של אילנות. דשתל. איהו, והשביחן, ויתן לי אליין כמו שהן משובחין. וכן

וכי תימא: הא פשיטא ליה דאינו יודע למחות בסוף ג', אף ע"פ שהוא נזכר לשאול עידי מכירה, דרגילות הוא טפי לשכוח מאחה בסוף כל ג' – א"כ בלא רב הונא פשיטא דאין מחזיקין! וי"ל: דאי לאו רב הונא, ממה שמעמידין אפוטרופוס לנכסי יתומין אין להוכיח דאין מחזיקין. דאפילו מחזיקין – לא חיישינן שמא יחזיק, דב"ד לא יבררו כי אם נאמן. או משום דידע למחות בסוף כל ג', כדפרישית. אבל מדאמר רב הונא אין מורידין קרוב – א"כ חושש לרמאות, וגם אית ליה דלא ידע למחות בקרוב ולומר שדה זו של אבי, ולא הגיע לחלקך – אם כן בנכרי נמי לא ידע למחות, ולכך אין מחזיקין. וא"ת: כמו שיש לו לדעת ולומר לנכרי לשאול עידי מכירה, כמו כן יהי לו דעת לומר לקרובו: אייתי ראיה שזה הגיע לחלקך! וי"ל: דגבי קרוב סבור שאומר אמת, שהרי של אביהם היה השדה, ולא אסיק אדעתיה לומר אייתי ראייה, אבל לנכרי מסיק אדעתיה למימר אייתי ראייה עידי מכירה. **לא** שנא עביד עיטדא לא מחתינן. וא"ת: דב"ח"ה" (ב"ב דף כט: ושם ד"ה אבל) אמרינן עטדא קלא אית לה! וי"ל: ביתומים החמירו יותר*. **דלמא** שכיבא סבתא. וא"ת: הא דתנן פרק "כל הגט" (גיטין דף כח. ושם ד"ה והניחו) המביא גט ממדינת הים והניחו זקן או חולה – נותנין לה בחזקת שהוא קיים! וי"ל: דסבתא הגיעה לגבורות, דהתם אמרינן כי הגיע לגבורות חיישינן. ⊕אך קשה, דבסמוך אמרינן: הלכך, פלגא יהבינן לאחתא. תרי תלתי הוה לה למיתב, דאפילו שכיבא סבתא – מסתמא ברתא לא שכיבא, דליכא למימר דברתא נמי הגיעה לגבורות, דאם כן סבתא איתפלגא ותו ליכא למיחש דלמא שכיבא, כדאמר בגיטין (שם): כיון דפלג – פלג! וי"ל: דגבי גט דוקא אמרינן בחזקת שהוא קיים משום עיגונא, וכן בשביל אכילת קרבן ותרומה. אבל הכא, אדרבה החמירו בנכסי יתומים להחזיק הסבתא וברתא במתה, דאמרינן לעיל דאפי' בעביד עיטדא לא מחתינן, אע"ג דאית לה קלא. אי נמי: הכא שנשבו חיישינן טפי דלמא מתו, לפי שעשו להם יסורין. **מוקמינן** ליה **אפוטרופוס**. ואם תאמר: והא אין מורידין קטן לנכסי שבוי, ומסתמא אפי' על ידי אפוטרופוס. דהא משמע דאי ודאי לא שכיבא סבתא – הוה יהבינן כל נכסי לאחתא. ואמאי? נוקי פלגא לינוקא על ידי אפוטרופוס! אלא ודאי בכל ענין אין מורידין קטן, דכיון שהקטן אדון האפוטרופוס – אולי ישמע לקטן שלא לחרוש ושלא לזרוע. וי"ל: דהא דקאמר פלגא מוקמינן ליה אפוטרופוס לינוקא – לא לאכול כל הפירות כדין קרוב היורד לנכסי שבוי, אלא שישמור האפוטרופוס כדין אריס בחזקת סבתא, ויתפרנס הקטן מזה. וזה טוב מלתפס לאחתא שתאכל כל הפירות חנם, כדין קרוב היורד לנכסי שבוי. **שיצא** בלא חתימת זקן. הוא הדין אם יצא בחתימת זקן, דאין נאמן לומר שהוא אחיו, דא"כ לא שבקת חיי לכל בריה העשירים, שכל אחד יאמר "אני אחיך". ועוד: דהא תנן בפ' "יש נוחלין" (ב"ב דף קלד.) האומר זה אחי – אינו נאמן. אלא הכא מרי בר איסק לא היה טוען ברי, אלא "לא ידענא לך" ולכך, אם יצא בחתימת זקן – אינו נאמן, כיון שאינו מכחישו, אלא אמר לא ידענא ליה. **זיל** את אייתי סהדי דלאו אחוך הוא. וא"ת: וכי כל אדם עשיר אלם יצטרך להביא עדים שאין התובעו אחיו? וי"ל: דשאני הכא שאותו אמר שיש לו עדים, ויראים להגיד, א"ל רב חסדא שיעשה עמהם שיעידו. ומרי בר איסק א"ל: סוף סוף דהשתא נמי יעידו שקר מיראתי, ויאמרו שאינו אחיו, או יאמרו שאינם יודעים אע"פ שיודעין. ומשני: תרתי לא עבדי, חדא שישתקו מלהעיד, וחדא שישקרו ויאמרו אין אנו יודעים, או שיאמרו אינו אחיו. וכן

סב א מיי' פ"ח מהל' נחלות הל' ב סמג עשין לז טוש"ע ח"מ סי' רפה סעיף ז:

סג ב ג ד מיי' שם סמג שם טוש"ע שם סעיף ט:

סד ה (מיי' פ"ד מהל' נחלות) סמג עשין לז טוש"ע ח"מ סי' רפ סעיף ו:

סה ו מיי' פ"ג מהל' עדות הל' יב סמג עשין קט טוש"ע ח"מ סי' כח סעיף ה:

סו ז מיי' פ"ט מהלכות נחלות הל' ב ועיין בהשגות ובמגיד משנה סמג עשין לז טוש"ע ח"מ סי' רפז סעיף א:

[וע"ע תוספות גיטין כח. ד"ה והניחו]

רבינו חננאל

מורידין אמר רבא ש"מ מדרב הונא אין מחזיקין בנכסי קטן ואפי' הגדיל זו השמועה של רב הונא בתחלת פ' האשה שנתאלמנה. ומדקמדייק רבא משמעתיה דרב הונא ש"מ הילכ' כרב הונא והני מילי במקרקעי אין מורידין קרוב לנכסי קטן אבל מעות ומטלטלי אם היה הקרוב נאמן מורידין אותו וכך אמרו הגאונים דבמטלטלי לא חיישינן לקרוב*). ועוד ממעשה דההיא סבתא דהות לה תלת בנתא אישתבאי סבתא וחדא ברתא ומתה חדא מתרתי בנתא דאישתיירו ושבקא ינוקא. ושמעו דשכיבא סבתא אמרי תילתא יהבינן לברתה דהיא חולקאה ותילתא יהבינן לינוקא דהיא חולקא דאימיה ואידך תילתא אימור ברתה דנשבת בחייה היא והוינן מחתי הני קרובין בחולקא מיהו חד מינייהו הוא ינוקא ואין מורידין קטן לנכסי שבוי הילכך מוקמינן אפוטרופא לדנקא שהוא חצי השליש שהיה ראוי להיות ביד הינוקא ומיגו דמוקמינן אפוטרופא להאי דנקא מוקמינן נמי אאידך דנקא. האי מעשה דייקא כשמואל וכרב הונא: מרי בר איסק אתא ליה אחא מבי חוזאי אמר ליה לא ידענא לך אייתי סהדי דהוא אחוה. אמר ליה רב חסדא זיל פלוג בהדיה אפי' בפרדיסי ובוסתני דשתלת דהאי אחוך הוא ואין מורידין קרוב בנכסי קטן ושלא ברשות ירדת לפיכך אין שמין לך כארים אבל קרוב לנכסי גדול כי האי גוונא שמין לו כארים. וכן נמי אי ידע דאית ליה אחי זעירי ומשבח השבח לאמצע דתנן הניח בנים גדולים וקטנים והשביחו הגדולים את הנכסים השביחו לאמצע וכן אמר רבא: מתני'

*) וכ"כ הרי"ף כאן בשם רב נמה גאון ז"ל.

[ע"ש בתרגום ותמצא דטעות נפל בספרים וצ"ל עטרה וכן הוא בערוך וכ"כ רש"י בגיטין פו. ד"ה ועטיר]

גליון הש"ס

גמ' מרי בר איסק. עיין יבמות דף לא ע"ב תוס' ד"ה ר"ל: תוס' ד"ה דלמא וכו' אך קשה. עיין בתשו' מטיל לנקה סי' מח:

(יבמות פח.) כתובות כז: [ע"ש]

[יבמות פח.]

ב"ב קמג.

וְכֵן אָמַר רַבָּה: הִשְׁבִּיחוּ לָאֶמְצַע. א"ל אַבַּיֵי: מִי דָּמֵי? הָתָם גְּדוֹלִים גַּבֵּי קְטַנִּים יָדְעֵי וְקָא מָחֲלִי, הָכָא – מִי יָדַע דְּלֵיחֵיל. אִגַּלְגַּל מִלְּתָא וּמְטָא לְקַמֵּיהּ דְּרַבִּי אַמִי. [א]אֲמַר לְהוּ: גְּדוֹלָה מִזּוֹ אָמְרוּ: שָׁמִין לָהֶם כְּאָרִים, הַשְׁתָּא דִּידֵיהּ לָא יָהֲבִינַן לֵיהּ! אַהַדְרוּהָ *הָא לְקַמֵּיהּ דְּרַב חִסְדָּא. אֲמַר לְהוּ: מִי דָּמֵי? הָתָם – בִּרְשׁוּת נָחֵית, הָכָא – לָאו בִּרְשׁוּת נָחֵית. וְעוֹד: קָטָן הוּא, וְאֵין מוֹרִידִין קָרוֹב לְנִכְסֵי קָטָן. [ב]אַהַדְרוּהָ לְקַמֵּיהּ דְּרַבִּי אַמִי, אֲמַר לְהוּ: לָא סַיְּימוּהָ קַמַּי דְּקָטָן הוּא.§ **מתני'** [ג]הַמַּפְקִיד פֵּירוֹת אֵצֶל חֲבֵירוֹ – הֲרֵי זֶה יוֹצִיא לוֹ חֶסְרוֹנוֹת, לְחִטִּים וּלְאוֹרֶז – תִּשְׁעָה חֲצָאֵי קַבִּין לַכּוֹר, לִשְׂעוֹרִין וּלְדוֹחַן – תִּשְׁעָה קַבִּין לַכּוֹר, לְכוּסְמִין וּלְזֶרַע פִּשְׁתָּן – שָׁלֹשׁ סְאִין לַכּוֹר, הַכֹּל לְפִי הַמִּדָּה וְהַכֹּל לְפִי הַזְּמָן. א"ר יוֹחָנָן בֶּן נוּרִי: וְכִי מָה אִכְפַּת לָהֶן לָעַכְבָּרִין? וַהֲלֹא אוֹכְלוֹת בֵּין מֵהַרְבֵּה וּבֵין מִקִּמְעָא! אֶלָּא, אֵינוֹ יוֹצִיא לוֹ חֶסְרוֹנוֹת אֶלָּא לְכוֹר אֶחָד בִּלְבָד. רַבִּי יְהוּדָה אוֹמֵר: אִם הָיְתָה מִדָּה מְרוּבָּה אֵינוֹ מוֹצִיא לוֹ חֶסְרוֹנוֹת, מִפְּנֵי שֶׁמּוֹתִירוֹת.§ **גמ'** אוֹרֶז טוּבָא חָסֵר! אֲמַר רַבָּה בַּר בַּר חָנָה א"ר יוֹחָנָן: [ד]בְּאוֹרֶז קָלוּף שָׁנוּ.§ "לְכוּסְמִין וּלְזֶרַע פִּשְׁתָּן ג' סְאִין לַכּוֹר" (וכו').§ א"ר יוֹחָנָן א"ר חִיָּיא: זֶרַע [ה]פִּשְׁתָּן בְּגִבְעוֹלִין שָׁנוּ. תַּנְיָא נַמִּי הָכִי: לְכוּסְמִין וּלְזֶרַע פִּשְׁתָּן בְּגִבְעוֹלִין [ו]וּלְאוֹרֶז שֶׁאֵינוֹ קָלוּף – שְׁלֹשָׁה סְאִין לַכּוֹר.§ "הַכֹּל לְפִי הַמִּדָּה" וכו'.§ [ז]תָּנָא: כֵּן לְכָל כּוֹר וָכוֹר, וְכֵן לְכָל שָׁנָה וְשָׁנָה.§ "א"ר יוֹחָנָן בֶּן נוּרִי" וכו'.§ תַּנְיָא אָמְרוּ לוֹ לְרַבִּי יוֹחָנָן: הַרְבֵּה אוֹבְדוֹת מֵהֶן, הַרְבֵּה מִתְפַּזְּרוֹת מֵהֶן. תָּנָא: בד"א – שֶׁעֵירְבָן עִם פֵּירוֹתָיו, אֲבָל יִחֵד לוֹ קֶרֶן זָוִית – אוֹמֵר לוֹ: הֲרֵי שֶׁלְּךָ לְפָנֶיךָ. וְכִי עֵירְבָן עִם פֵּירוֹתָיו מַאי הָוֵי? לֶיחֱזֵי לְדִידֵיהּ כַּמָּה הָוְיָין! בְּמִסְתַּפֵּק מֵהֶם. וְלֶיחֱזֵי כַּמָּה אִסְתַּפַּק! [ח]דְּלָא *יָדְעֵי כַּמָּה אִסְתַּפַּק.§ "ר"י אוֹמֵר אִם הָיְתָה" וכו'.§ כַּמָּה מִדָּה מְרוּבָּה? אָמַר רַבָּה בַּר בַּר חָנָה א"ר יוֹחָנָן: עֲשָׂרָה כּוֹרִין. תַּנְיָא נַמִּי הָכִי: כַּמָּה מִדָּה מְרוּבָּה – עֲשָׂרָה כּוֹרִין. תָּנֵי תַּנָּא קַמֵּיהּ דְּרַב נַחְמָן: בד"א – שֶׁמָּדַד לוֹ מִתּוֹךְ גּוֹרְנוֹ וְהֶחֱזִיר לוֹ מִתּוֹךְ גּוֹרְנוֹ, אֲבָל מָדַד לוֹ מִתּוֹךְ גּוֹרְנוֹ וְהֶחֱזִיר לוֹ מִתּוֹךְ בֵּיתוֹ – אֵינוֹ יוֹצִיא לוֹ חֶסְרוֹנוֹת, מִפְּנֵי שֶׁמּוֹתִירוֹת. א"ל: וְכִי בְּשׁוֹפְטָנֵי עָסְקִינַן, דְּיָהֲבִי בְּבַיְּילָא רַבָּא וְשָׁקְלִי בְּבַיְּילָא זוּטָא? דִּלְמָא בִּימוֹת הַגּוֹרֶן קָאָמְרַתְּ: [ט]בד"א – שֶׁמָּדַד לוֹ בִּימוֹת הַגּוֹרֶן וְהֶחֱזִיר לוֹ בִּימוֹת הַגּוֹרֶן, אֲבָל מָדַד לוֹ בִּימוֹת הַגּוֹרֶן וְהֶחֱזִיר לוֹ בִּימוֹת הַגְּשָׁמִים – אֵינוֹ יוֹצִיא לוֹ חִסָּרוֹן, מִפְּנֵי שֶׁמּוֹתִירוֹת. א"ל רַב פַּפָּא לְאַבַּיֵי: א"כ לִפְקַע כַּדָּא! הֲוָה עוּבְדָא וּפָקַע כַּדָּא. אבע"א: מִשּׁוּם אִיצְצָא.§ **מתני'** [י]יוֹצִיא לוֹ שְׁתוּת לְיַיִן. ר"י אוֹמֵר: חוֹמֶשׁ. [כ]יוֹצִיא לוֹ שְׁלֹשָׁה לוּגִּין שֶׁמֶן לְמֵאָה, לוֹג וּמֶחֱצָה שְׁמָרִים, לוֹג וּמֶחֱצָה בֶּלַע. אִם הָיָה שֶׁמֶן מְזוּקָּק – אֵינוֹ יוֹצִיא לוֹ שְׁמָרִים. אִם הָיוּ קַנְקַנִּים יְשָׁנִים – אֵינוֹ יוֹצִיא לוֹ בֶּלַע. ר"י אוֹמֵר: אַף [ל]הַמּוֹכֵר *שֶׁמֶן מְזוּקָּק לַחֲבֵירוֹ כָּל יְמוֹת הַשָּׁנָה, הֲרֵי זֶה מְקַבֵּל עָלָיו לוֹג וּמֶחֱצָה שְׁמָרִים לְמֵאָה.§ **גמ'** וְלָא פְּלִיגֵי, *מָר כִּי אַתְרֵיהּ וּמָר כִּי אַתְרֵיהּ. בְּאַתְרֵיהּ דְּמָר חָפוּ בְּקִירָא וְלָא מָיֵין טְפֵי, בְּאַתְרֵיהּ דְּמָר חָפוּ בְּכוּפְרָא וּמָיֵין טְפֵי. אִיבָּעֵית אֵימָא: מִשּׁוּם גַּרְגִּישְׁתָּא, הָא – מַיְיצָא טְפֵי, וְהָא – לָא מַיְיצָא טְפֵי. בְּאַתְרֵיהּ דְּרַב יְהוּדָה רָמוּ אַרְבְּעִים וּתְמָנֵי כּוּזֵי בְּדַנָּא, אָזֵיל דַּנָּא בְּשִׁיתָא זוּזֵי, פָּרֵים רַב יְהוּדָה שִׁיתָא בְּזוּזָא

דַּל

רש"י

וְכֵן אָמַר רַבָּה הִשְׁבִּיחוּ לָאֶמְצַע. לָא גָּרְסִינַן. שֶׁאֵין זֶה לְשׁוֹן גְּמָרָא לְהָבִיא דִּבְרֵי הָאֲמוֹרָאִים סִיּוּעַ לַמִּשְׁנָה. וְעוֹד: רַבָּה תַּלְמִידֵיהּ דְּרַב חִסְדָּא הֲוָה, וְהֵיכִי אֲמַר רַב חִסְדָּא שְׁמַעְתָּא מִשְּׁמֵיהּ? וְאִי גָּרֵס לֵיהּ – וְכֵן אָמַר רַב גָּרְסִינַן, שֶׁהָיָה רַבּוֹ שֶׁל רַב חִסְדָּא. מִשּׁוּם דְּאִיכָּא לְמ"ד בְּבָבָא בַּתְרָא (דף קמג:): לֹא שָׁנוּ אֶלָּא שֶׁשָּׁבְחוּ נְכָסִים מֵחֲמַת נְכָסִים, אֲבָל שָׁבְחוּ מֵחֲמַת עַצְמָן שֶׁל אַחִים – הִשְׁבִּיחוּ לְעַצְמָן, אֲמָרָהּ רַב חִסְדָּא לְהָא דְּרַב הָכָא, לְמֵימַר דְּלֵית לָן הַהִיא שְׁמַעְתָּא, אֶלָּא אֲפִילּוּ הִשְׁבִּיחוּ מֵחֲמַת טוֹרְחָן שֶׁל מַשְׁבִּיחִין, כִּי הָכָא דְּשָׁתַל פַּרְדֵּס – הִשְׁבִּיחוּ לָאֶמְצַע. יָדְעוּ. אֵלּוּ שֶׁיִּטְּלוּ חֶלְקָם. מִי יָדַע. שֶׁיֵּשׁ לוֹ אַחִים. גְּדוֹלָה מִזּוֹ. קָרוֹב הַיּוֹרֵד לְנִכְסֵי שָׁבוּי, שֶׁאִם יָבֹאוּ הַבְּעָלִים יִטְּלוּ שֶׁלָּהֶם. אָמְרוּ שָׁמִין לָהֶם כְּאָרִים הָכָא דִּידֵיהּ לָא יָהֲבִינַן לֵיהּ. בִּתְמִיָּה, זֶה שֶׁעָשָׂה וְהִשְׁבִּיחָן לְדַעַת עַצְמוֹ לָא יָהֲבִי' לֵיהּ כְּאָרִים בַּחֵלֶק הַשֵּׁנִי? בִּרְשׁוּת ב"ד נָחֵתִי. דְּמוֹרִידִין קָרוֹב לְנִכְסֵי שָׁבוּי. הָכָא לָא בִּרְשׁוּת נָחֵית. כְּשֶׁיָּרַד זֶה לְתוֹכוֹ לֹא נִמְלַךְ בְּב"ד. וְעוֹד. אִם בָּא לִימָּלֵךְ לֹא הָיוּ מוֹרִידִין אוֹתוֹ, דְּהָא אָחִיו קָטָן הֲוָה, וְאֵין מוֹרִידִין קָרוֹב לְנִכְסֵי קָטָן. **מתני'** הֲרֵי זֶה יוֹצִיא לוֹ חֶסְרוֹנוֹת. כְּשֶׁיַּחֲזִירֵם לוֹ יִפְחוֹת כַּמָּה הֵם רְגִילִים לַחְסוֹר. וּבַגְּמָ' מוֹקֵי לָהּ כְּשֶׁעֵירְבָן עִם פֵּירוֹתָיו. אוֹרֶז. מי"ל. *דוֹחַן. פטי"ל. וְדוֹמֶה לְאוֹרֶז. הַכֹּל לְפִי הַמִּדָּה. וְכֵן לְכָל כּוֹר וְכוֹר. הַכֹּל לְפִי הַזְּמַן. שֶׁהִנִּיחָן בְּיָדוֹ לְכָל שָׁנָה וְשָׁנָה יַנִּיחַ לוֹ כָּךְ. ר' יוֹחָנָן בֶּן נוּרִי אָמַר. אַהַכֹּל לְפִי הַמִּדָּה פָּלֵיג. אִם הָיְתָה מִדָּה מְרוּבָּה. שֶׁהִפְקִיד אֶצְלוֹ הַרְבֵּה. וּבַגְּמָרָא מְפָרֵשׁ י' כּוֹרִים לֹא יוֹצִיא לוֹ חֶסְרוֹנוֹת – מִפְּנֵי שֶׁהֵם מוֹתִירוֹת. שֶׁבִּימוֹת הַגּוֹרֶן כְּשֶׁמַּפְקִיד, הַחִיטִּין יְבֵשִׁין, וּבִימוֹת הַגְּשָׁמִים כְּשֶׁמַּחֲזִיר נוֹפְחוֹת. וּבַאֲכִילַת עַכְבָּרִים אֵינָן נֶחְסָרִים כָּל כָּךְ לְכָל כּוֹר וָכוֹר, דְּכוּלֵּי הַאי לָא אָכְלִי עַכְבָּרִים מֵי' כּוֹרִין. הִלְכָּךְ, נְפִיחָתוֹ מַשְׁלֶמֶת חִסָּרוֹן הַמַּגִּיעַ לִשְׁנֵי כּוֹרִים אוֹ שְׁלֹשָׁה שֶׁהָעַכְבָּרִים אוֹכְלִין. **גמ'** זֶרַע פִּשְׁתָּן בְּגִבְעוֹלִין. חָסֵר כָּל כָּךְ, לְפִי שֶׁהַגִּבְעוֹלִין מִתְיַיבְּשִׁין וְנוֹפְלִים וְהָרוּחַ מְנַשְּׁבָתָן. אֲבָל זֶרַע פִּשְׁתָּן נָקִי אֵינוֹ חָסֵר כ"כ. לְכָל כּוֹר וָכוֹר. פֵּירוּשׁ דְּמַתְנִיתִין הוּא. לֶיחֱזֵי דִּידֵיהּ כַּמָּה הָווּ כו'. וְיִרְאֶה כַּמָּה חָסְרוּ, וְיִטּוֹל עַל שֶׁל חֲבֵרוֹ כְּפִי חֶשְׁבּוֹן. מִדַּת הַגּוֹרֶן. הָיְתָה יְתֵירָה עַל שֶׁל בָּתִּים. בְּשׁוּפְטָנֵי. שׁוֹטִים. בְּבַיְּילָא. בְּמִדָּה. בִּימוֹת הַגּוֹרֶן. סָמוּךְ לְיוֹבְשָׁן, שֶׁנִּתְיַבְּשׁוּ בַּחַמָּה. וְהֶחֱזִיר לוֹ בִּימוֹת הַגְּשָׁמִים. חָזְרוּ וְנִתְפְּחוּ מִלַּחְלוּחִית הַגֶּשֶׁם וְהַקּוֹר. א"כ. שֶׁדַּרְכּוֹ לִתְפּוֹחַ. לִפְקַע כַּדָּא. כְּשֶׁמְּמַלְּאִין כַּד חִיטִּין אוֹ שְׂעוֹרִין בִּימוֹת הַגּוֹרֶן, וְגָפִין אֶת הַכַּד – יִפְקַע בִּימוֹת הַגְּשָׁמִים מֵחֲמַת תְּפִיחַת הַתְּבוּאָה. אִיצְצָא. דּוֹחַק, מִתּוֹךְ שֶׁהֵם בְּמָקוֹם צַר נִדְחֲקוּ יַחַד וְאֵין תְּפוּחִין. **מתני'** לְיַיִן. אִם הִפְקִיד אֶצְלוֹ יַיִן וְעֵירְבוֹ עִם יֵינוֹ, הַקַּנְקַנִּים בּוֹלְעִין שְׁתוּת. אַף הַמּוֹכֵר כו'. כְּשֵׁם שֶׁאָמְרוּ בְּמַפְקִיד כֵּן אָמְרוּ בְּמוֹכֵר. שֶׁהַמּוֹכֵר שֶׁמֶן לַחֲבֵירוֹ וְנוֹתֵן לוֹ מִתּוֹךְ חָבִיּוֹתָיו, כְּשֶׁהוּא מִסְתַּפֵּק תָּמִיד וְהוּא מְזוּקָּק – הֲרֵי הַלּוֹקֵחַ מְקַבֵּל עָלָיו לִפְחוֹת לוֹ לוֹג וּמֶחֱצָה מֵחֲמַת שְׁמָרִים. לְמֵאָה. לִמְאָה לוֹג. **גמ'** חָפוּ בְּקִירָא. טָחוּ הֶחָבִיּוֹת מִבִּפְנִים בְּשַׁעֲוָה, כְּדֶרֶךְ שֶׁעוֹשִׂין אָנוּ בְּזֶפֶת. כּוּפְרָא. זֶפֶת. גַּרְגִּישְׁתָּא. קַרְקַע שֶׁעוֹשִׂין מִמֶּנָּה הֶחָבִיּוֹת, ארדלי"א בְּלַעַ"ז. הָא. בְּאַתְרֵיהּ דְּר"י מָיֵין טְפֵי מֵהַהִיא דְּאַתְרֵיהּ דְּתַנָּא קַמָּא. מִילְּתָא בְּאַפֵּי נַפְשֵׁיהּ הִיא, וְלָאו אַמַּתְנִיתִין קָאֵי. רָמוּ אַרְבְּעִין וּתְמַנְיָא כּוּזֵי בְּדַנָּא. מִדָּה קְטַנָּה הָיְתָה בִּמְקוֹמוֹ, שֶׁאַרְבָּעִים וּשְׁמוֹנֶה מְמַלְּאִין אֶת הֶחָבִית. אָזֵיל דַּנָּא בְּשִׁיתָא. בְּשִׁשָּׁה זוּזִים הָיְתָה נִמְכֶּרֶת בְּיַחַד בִּימוֹת הַבָּצִיר. פָּרֵים לֵיהּ רַב יְהוּדָה שִׁיתָא בְּזוּזָא. נַעֲשָׂה רַב יְהוּדָה חֶנְוָנִי, וְהָיָה מוֹכְרָן שֵׁשׁ כּוּזֵי בְּזוּז.

דַּל

[תז"נ. יעב"ץ]

[פי' פירש"י כריתות לז.]

[נ"ל ידע. יעב"ץ]

רש"ל שמן לחבירו מזוקק כל

[פסחים ג. וש"נ]

תוספות

וכן אמר רבה גרם. רש"י גרס: וכן אמר רב, ופליג אמ"ד בפ' "מי שמת" (ב"ב דף קמג: ושם ד"ה לא): נכסים ששבחו מחמת עצמן של אחין – השבח לעצמן. וקאמר דאפי' שבחו מחמת טרחם של משביחין, כי הכא דשתל פרדיסא השביחו לאמצע. וזהו תימה שחולק רבא על רב. דהתם רבא קאמר, ולא מייתי התם מילתיה דרב. ונראה דגרס רבה. וכן בספר ר"ת. ולא מדברי רב חסדא הוא, (א) שהגמ' מביא שמעשה כיוצא בזה בא לפני רבה, ופסק דהשביחו לאמצע כמו רב חסדא. והביאו הגמרא משום קושית אביי, דא"ל אביי לרבה: מי דמי כו'. ולא חשש רבה מקושיותיו, ודן דהשביחו לאמצע. **אגלגל** מלתא. פסק של רב חסדא, ומטא לקמיה דרבי אמי. **וכי** מה אכפת להו לעכברים. וטעמייהו דרבנן מפרש בירושלמי: הני עכברי רשיעי נינהו, כד חמיין עיבור, לא מסתיימהו דאכלי אלא קריין לחבריהון דאכלי עמהון. והא דאמרינן בגמרא: אמרו לו, הרבה אובדות מהם, הרבה מתפזרות מהם – י"ל: דלדבריו דרבי יוחנן קאמר, אפילו לית *לך טעמא דמפרש בירושלמי, מ"מ הרבה אובדות מהם.

אלא לכור בלבד. וא"ת: אם כן בפחות מכור נמי יוליא כמו לכור! וי"ל: דאין להם ריוח להטמן *בתוכה. ומ"מ חשבון הראוי להתחסר יוליא דאי אפשר שלא יתחסרו. **ולאורז** שאינו קלוף ג' סאין לכור. וא"ת: ואמאי לא חשיב במתניתין אורז שאינו קלוף עם זרע פשתן, כיון דאית להו חד שיעורא! וי"ל: דפשוט לו דבאורז תתחסר כל כך. וברישא גבי אורז קלוף לא חשיב זרע פשתן קלוף, דשמא דינם חלוק.

מדה מרובה י' כורין. וא"ת: אפי' ב' כורין או ג' מתנפחין לפי חשבון התחסרונות העולה להם! וי"ל: דבי' כורין עולה להם הנפוח חסרון של כור אחד. ולא יוליא להם חסרונות – היינו כל החסרון, דחסרון של כור אחד לא יוליא. ולהכי נקט י' כורים – לאפוקי פחות.

אל

נ"א לך

נ"א בתוכה

הגהות הב"ח

(א) תוס' ד"ה וכן וכו' מדברי רב חסדא הוא אלא שהגמרא:

עין משפט נר מצוה

סז א ב מיי' פ"ט מהל' נחלות הל' ד ועיין בהשגות ובמגיד משנה סמג עשין לז טוש"ע ח"מ סי' רפז סעיף ג וע"ש:

סח ג ד ה ו ז ח מיי' פ"ה מהל' שאלה ופקדון הל' ה סמג עשין פח טוש"ע ח"מ סי' רלב סעיף יא:

סט ט מיי' שם טוש"ע שם סעיף יב:

ע י כ מיי' שם טוש"ע שם סעיף יג:

עא ל מיי' פי"ח מהל' מכירה הל' ט סמג לאוין קע טוש"ע ח"מ סי' רכח סעיף כ [ודלא כר"י]:

רבינו חננאל

מתני' המפקיד פירות אצל חבירו הרי זה יוציא לו חסרונות לחטים ולאורז ט' חצאי קבין לכור. ואוקימנא באורז קלוף תנא וכן לכל כור וכור וכן לכל שנה ושנה. וקיימא לן כתנא קמא דמתני' והוא שעירבן בין פירותיו ומסתפק מהן ואינו יודע כמה הוציא לברר החסרון אבל יחד לו קרן זוית אומר לו הרי שלך לפניך: **פיס'** ר' יהודה אומר אם היתה מדה מרובה לא יוציא לו חסרונות מפני שמותירות ותני עלה בד"א שמדד לו בימי הגרנות שהפירות יבשין מאד שהחום מייבשן ומחזירן לו בימות הגרנות זהו שמוציא לו חסרונות אבל אם מחזירן לו בימות הגשמים אין מוציא לו חסרונות מפני שאויר הגשמים מלחלחן ומתנפחות ונמצאו מותירות. הוה עובדא שמילאו כדא בימות הגרנות חטים וכשהגיעו ימות הגשמים נתנפחו בכדא והיה פי הכדא סתום ונתבקעה הכדא איבעית אימא משום איצצא: **מתני'** יוציא לו שתות ליין ר' יהודה אומר חומש. ולא פליגי במקומו של ת"ק היו מכסין פי הדנא בשעוה ולא היה א) מוצין לפיכך מוציא לו שתות בחסרון. ב) פי' גרגישתא שם העפר שעושין ממנו כלי חרס כגון הדנא וכיוצא בה. יש עפר מוצין ויש עפר שאינו מוצין. באתריה דרב יהודה רמו [מ' ותמני] כוזי ברדנא וכו' פי' במקומו של רב יהודה היו נותנין ג) טפיחין של יין בחבית והיו קונין החבית והיין שבתוכו ו' זוזים וכאשר היה היין מתיישן ושוקעין שמריו בתחתיתו היה מצוה רב יהודה לקונים למכור ו' טפיחין לזוז ה"ו טפיחין בו' זוזין והן דמי כל החבית נשארו י' טפיחין

א) קא נראה מזה דרבינו לא גרס ולא מייץ טפי רק ולא מייץ [illegible] ב) נראה דחסר כאן וצ"ל אבע"א בגרגישתא פי' גרגישתא וכו'. ג) נ"ל דהיו נותנין מ"ח טפיחין של יין בחבית [illegible]

ד"ל תלתין ושיתא בשיתא, פשו ליה תריסר, ד"ל תמניא שתותי, פשו להו ארבעה. *והאמר שמואל: [א]המשתכר אל ישתכר יותר על שתות! איכא גולפי *ושמריא. אי הכי נפיש ליה טפי משתות! איכא טרחיה, ודמי ברזנייתא.§ "אם היה שמן מזוקק אינו יוציא לו שמרים" [וכו'].§ והא אי אפשר דלא בלע! אמר רב נחמן: במזופפין שנו. אביי אמר: אפילו תימא שלא במזופפין, כיון דטעון טעון.§ "ר"י אומר: אף המוכר שמן מזוקק לחבירו כל ימות השנה הרי זה מקבל עליו לוג ומחצה שמרים למאה".§ אמר אביי: כשתמצא לומר לדברי ר"י מותר לערב שמרים, לדברי חכמים [ב]אסור לערב שמרים. לדברי רבי יהודה מותר לערב שמרים – והיינו טעמא דמקבל, דאמר ליה: אי בעי לערובי לך – מי לא ערבי לך, השתא נמי קביל. ולימא ליה: אי ערבת ליה – הוה מזדבן לי, השתא מאי אעביד ליה? לחודיה לא מזדבן לי! בבעל הבית עסקינן, דניחא ליה בצילא. ולימא ליה: מדלא ערבית לי – אחולי אחלת לי! רבי יהודה לטעמיה, דלית ליה מחילה. דתנן: *[ג]מכר לו את הצמד – לא מכר לו את הבקר. מכר לו את הבקר – לא מכר לו את הצמד. ר"י אומר: הדמים מודיעין. כיצד? אמר לו: מכור לי צמדך במאתים זוז – הדבר ידוע שאין הצמד במאתים זוז. וחכ"א: אין הדמים ראיה. לדברי חכמים – אסור לערב שמרים, והיינו טעמא דלא מקבל, דא"ל: אי בעית לערובי – מי הוה שרי לך? השתא נמי לא מקבילנא. א"ל רב פפא לאביי: אדרבה, איפכא מסתברא. לדברי חכמים מותר לערב שמרים, והיינו טעמא דלא מקבל, דא"ל: מדלא ערבת לי – אחולי אחלית לי. לדברי רבי יהודה אסור לערב שמרים, והיינו טעמא דמקבל, דאמר ליה: אי בעי לערובי – לא שרי לי לערובי לך, קבולי לא מקבלת, *זבון וזבין תגרא איקרי? תנא: אחד הלוקח ואחד המפקיד לפקטים. מאי לפקטים? אילימא כי היכי דלוקח לא מקבל פקטים, מפקיד נמי לא מקבל פקטים – ולימא ליה: פקטך מאי איעביד להו? אלא כי היכי דמפקיד מקבל פקטים – [ד]לוקח נמי מקבל פקטים. ומי מקבל לוקח פקטים? והתניא, ר"י אומר: לא אמרו שמן עכור אלא למוכר בלבד, שהרי לוקח מקבל עליו לוג ומחצה שמרים בלא פקטים. לא קשיא: [ה]הא – דיהיב ליה זוזי בתשרי, וקא שקיל מיניה בניסן, כי מדה דתשרי. הא דיהיב ליה זוזי בניסן וקא שקיל מיניה בניסן כי מדה דניסן.§ **מתני'** [ו]המפקיד חבית אצל חבירו ולא יחדו לה בעלים מקום, וטלטלה ונשתברה, אם מתוך ידו נשברה, לצורכו – חייב, לצורכה – פטור. אם משהניחה נשברה, בין לצורכו בין לצורכה – פטור. יחדו לה הבעלים מקום, וטלטלה ונשברה, בין מתוך ידו ובין משהניחה, לצורכו – חייב, לצורכה – פטור.§ **גמ'** הא מני – רבי ישמעאל היא, דאמר *לא בעינן דעת בעלים. *דתניא: הגונב טלה מן העדר וסלע מן הכיס – למקום שגנב יחזיר, דברי רבי ישמעאל. רבי עקיבא אומר: צריך

רש"י

ד"ל תלתין ושיתא. כוזי, בשיתא זוזי שקנאה, פשו תריסר. **ד"ל תמניא שתותי.** של מ"ח, שדרך הוא לחסר בבליעת הקנקן, כדתנן יוציא לו שתות ליין, פשו לו לשכרו ארבע. **והאמר שמואל המשתכר.** בדברים שיש בהם חיי נפש. **אל ישתכר יותר על השתות.** הא שתות – ישתכר, ולמה לא ישתכר רב יהודה עד שתות? **איכא גולפי ושמריא.** משתכר הוא הקנקן והשמרים, שלקח הכל בו' זוז. **דמי ברזנייתא.** שנותן דמים לחנווני למוכרו, ומוליכן ומכריז עליו בחוצות. ברזנייתא – לשון כרוז. לשון אחר: (א) אומנות יש בנקיבת ברזא בחבית של חרס, וצריך ליתן שכר. **במזופפין.** דכיון דישנים הם ונתבלעו בלעותם, תו לא בלעי. **כיון דטעון טעון.** תו לא בלע. **כשתמצא לומר.** כשתדקדק ותדע מילוי הדברים. **מותר לערב שמרים.** המוכר שמן לחבירו סתם, בעת שהוא מזוקק ששקעו ושקטו שמריו – מותר לו לערב ולבלבל שמרים המשוקעות שיחזרו ויתערבו, וילכו עם השמן בתוך המדה. **אסור לערב שמרים.** שבחזקת מזוקק לוקחו ממנו, וזה מקלקלו. **והיינו טעמא דמקבל** עליו. לוקח לוג ומחצה שמרים בשלא ערבו ונתנו לו מזוקק. **דא"ל.** מוכר אי בעי לערובי כו'. **הוה מזדבן.** כשהייתי מוכרו בחנות – היה נמכר שמרים עם השמן. **בבעה"ב עסקינן.** שהלוקח בעה"ב הוא, ולקחו למאכל ביתו. **צמד.** העול שהוא מוטל על שני השוורים ומלמידם. **הדבר ידוע.** שאין למד נמכר במאתים זוז, אלא כמות שהוא עם הבקר מכרו לו. **וחכמים אומרים אין הדמים ראיה.** אע"ג דלא שוה כולי האי – אחולי אחליה לוקח זה יתר הדמים. ור"י לית ליה שיהא מוחל מן הסתם, אלא אם כן פירש. **קבולי נמי לא מקבלת.** עלך חסרון השמרים, א"כ מה משתכר? הרי השכר כולו בשמרים. **זבון וזבין תגרא איקרי.** בתמיה. משל הוא לאמר לשוטה: לקח בדמים וחזור ומכור בלא שכר, ותיקרי תגר. **אחד הלוקח ואחד המפקיד לפקטים.** לוקח ומפקיד אחד הן לענין פקטים, תורה אחת לשניהם. **פקטים.** פסולת הגרעינים הצפין על פני השמן. **לוקח מקבל פקטים.** אם מכר לו שמן סתם – יקבל ממנו שמן עם פקטים. **לא אמרו שמן עכור אלא למוכר.** לא אמרו הפסד עכירת השמן אלא למוכר. שהרי הלוקח מקבל עליו. לפחות ממאה לוגין לוג ומחצה מחמת שמרים, לפיכך צריך ליתן לו שמן מזוקק בלא פקטים. **כי מדה דתשרי.** כשער הדמים של תשרי שהוא בזול, וסתם שמנים עכורים, וקיבל עליו פקטים. **הא** דשקל מיניה בניסן כשער של ניסן. ביוקר, דדרך כל השמנים להיות מזוקקין בניסן, והלוקח סתם והמוכר סתם אין מוכר אלא מזוקק. **מתני'** לא יחדו לו הבעלים מקום. בבית שומר, לאמר לו "זוית זו" השאילני. **לצורכו.** להשתמש בה. **לצורכה.** שהיתה במקום התורפה וקרובה להשבר. **אם משהניחה.** שכלה תשמישו, הושיבה במקום משתמר. בין שטלטלה מתחלה לצורכה, בין שטלטלה לצורכו – פטור. ובגמרא פריך: מאי שנא לא יחדו מיחדו. **גמ'** (ג) מני. הא דקתני רישא דאם משהניחה נשברה, אף על פי שלצורכו נטלה מתחלה פטור, דקאמר משהחזירה הרי היא ברשות הבעלים כבתחלה ואינו עליה אלא כשומר חנם, ופטור על אונסיה ואף על פי שלא הודיע לבעלים לומר נטלתיה והחזרתיה – הויא השבה, רבי ישמעאל היא כו'. צריך

תוספות

אל ישתכר יותר על שתות. הא עד שתות – משתכר. ומסתמא רב יהודה היה מולא שיתנו לו יותר, ולמה הניח מלהרויח עד שתות? **במזופפין** שנו. וא"ת: כל שכן דבלע טפי, כדאמרינן לעיל: באתרא דמר חפו בכופרא, דמיין טפי! וי"ל: דהיינו חדש – אבל ישן שכבר בלע – אינו בולע יותר. אי נמי: התם ביין, אבל הכא בשמן לא בלע כיון שהוא ישן.

לחודיה לא מזדבן. וא"ת: ויתן לו מוכר ללוקח לוג ומחלה שמרים שיערב עדיין, וימכור! וי"ל: דמיירי מתני' אפי' אין השמן בעין, שלקחו מעט מעט, ומכרו או אכלו. **לדברי** חכמים אסור לערב. וא"ת: ונימא משום דאית ליה מחילה, ולעולם מותר לערב! וי"ל: דמתניתין נמי מיירי אפי' כשהשמן עדיין בעין. והתם אין שייך מחילה, כיון שיכול לתקן, כי יאמר לו קח השמרים וערב בשמן. ולרב פפא דאמר דטעמייהו משום מחילה, סבר דהשמן אינו בעין. דאילו הוה בעין – לא שייך ביה מחילה. אי נמי: סבר דאף ע"פ שהוא בעין שייך ביה מחילה, כיון דמדדו מזוקק.

לדברי ר"י אסור. וא"ת: ולימא מותר, וטעמא דמקבל משום דלית ליה מחילה! וי"ל: דרב פפא סבר דלמר ובקר איכא הוכחה דלאו מחילה, דמסתמא לא רצה ליתן מאתים זוז על הצמד בלא בקר. אבל הכא, לוג ומחלה שהוא דבר מועט, מדלא עירב – אחולי אחיל.

זבון וזבין תגרא איקרי. מיירי שלא היה מולא למכור ביוקר יותר משלקחו, לכך א"ל: אדעתא דהכי קנית ממני, שהיית יודע שאעכב לוג ומחלה כדי שארויח קלת.

לא אמרו שמן עכור אלא למוכר. פי': לא אמרו הפסד של עכירת פקטים אלא למוכר, דכשנותן ללוקח שמן מזוקק אינו מחסר לו כלום ממאה לוק בשביל הפקטים, כי אם לוג ומחלה בשביל השמרים. מיהו עכירה לא שייכא כל כך בפקטים, אלא בדבר המתערב כמו שמרים! וי"ל: דלא אמרינן הפסד של עכירת השמרים אלא למוכר, שאם מוכר כשהוא מזוקק מקבל עליו לוקח בשביל השמרים לוג ומחלה, והמוכר מרויח השמרים. וכשהוא מוכר שמן עכור נותן מאה לוגין שלמים שמן עכור, ומפסיד השמרים ע"י מה שמכר כשהוא עכור. וכשמוכר מזוקק לא קרי הפסד לוקח, אע"פ שמפסיד שמרים, משום דבעה"ב ניחא ליה בצילא.

אי

רבינו חננאל

טפיחין יצאו ח' שהן שתות לכל החבית בחסרונות כדתנן יוציא לו שתות ליין נשארו ד' טפיחין ריות. ומקשי' היכי עביד רב יהודה הכי והאמר שמואל לא ישתכר אדם יותר משתות ולא פחות משתות והשתות הוא זה ועוד וזה לא נשתייר לו אלא ד' טפיחין. ופרקי' נשתייר החבית והשמרין שבתוכו ואיכא גולפי ושדריא למלאת השתות. ומקשי' אי הכי הני כולהו טפי משתות נינהו. ופרקי' נשאר לו לקונה ליטול זולת הריוח אגר טירחיה שמודד לו לקונה לכל אחד ואחד לזה עכשיו ולחבירו למחר ומתבטל ממלאכתו והדמים למי שנוקב לו הנקבים בחבית להוציא היין בהן מן החבית וזה פי' דמי ברזניתיה. פי' ברזא נקב החבית כדגרסי' א) דעד ברזא. נוטל אלו כולן בריוח שלו וגם בשכרו. יוציא לו ג' לוג שמן לק' לוג כו' אם היו קנקנים ישנים אין מוציא לו בלע. ואוקמה רב פפא במזופפין. אמר אביי כיון דטעון טעון כלומר מאחר שהיה בהן שמן ומצצי ושבעי שוב אין מוציאין לעולם: **פיסקא** ר' יהודה אומר אף המוכר שמן מזוקק לחבירו כל השנה הרי זה מקבל עליו לוג ומחצה שמרין לק'. אמר אביי אם תמצא לומר לדברי ר' יהודה מותר לערב שמרין. לדברי חכמים אסור לערב שמרין כו' אמר ליה רב פפא אדרבה איפכא מסתברא לדברי חכמים מותר לערב שמרין והיינו טעמא דלא מקבל דאמר ליה מדלא ערבית אחולי אחלת לי. לדברי ר' יהודה אסור לערב והיינו טעמא דמקבל דאמר לערובי לך אסור קבולי לא תקבל זבון וזבין תגרא איקרי וכי לא בעינא לאישתכורי הלכך מקבל וקיימא לן כתנא קמא: **מתני'** המפקיד אצל חבירו חבית ולא יחדו לה הבעלים מקום וטלטלה ונשברה וכו' עד אם משהניחה בין לצרכה בין לצרכו פטור. פי' לצרכה כדי שלא תשבר וכיוצא בה. אוקימנא לר' ישמעאל דאמר כשמחזירה אין צריך דעת בעלים דתניא הגונב טלה מן העדר וסלע מן הכיס למקום שגנב יחזיר דברי ר' ישמעאל ר' עקיבא אומר צריך דעת בעלים ומקשי'

א) נראה דל"ל כדגרסי' בע"ז (דף ס ע"א) דעד ברזא וכו' נוטל אלו וכו' ועי' בערוך ערך ברז.

עין משפט נר מצוה

עב א מיי' פי"ח מהל' מכירה הל' א סמג לאוין קע טוש"ע ח"מ סי' רלז סעיף כ:

עג ב מיי' שם פי"ח הלכה ח סמג עשין פב טוש"ע ח"מ סי' רכח סעיף יט:

עד ג מיי' שם פכ"ז הל' ב ועיין בהשגות ובכ"מ סמג עשין פב טוש"ע ח"מ סי' רכ סעיף ז:

עה ד ה מיי' שם פי"ח הל' ט י סמג לאוין קע טוש"ע ח"מ סי' רכח סעיף כ:

עו ו מיי' פ"ג מהלכות שאלה ופקדון הל' ט סמג עשין פח טוש"ע ח"מ סי' רצב סעיף ו:

מסורת הש"ס

ב"ב צ. מנחות עז.

נ"א ושדריא

ב"ב צז:

[ב"ב צ. מנחות עז.]

[לקמן מג:]

ב"ק קיז:

הגהות הב"ח

(א) רש"י ד"ה דמי. ברזנייתא וכו' לשון אחר ברזנייתא אומנות. נ"ב עיין פרק השואל סוף דף קב: (ב) ד"ה אם וכו' מיחזי הס"ד ואח"כ מ"ה הא תני דקתני:

אצָרִיךְ דַּעַת בְּעָלִים. אִי רַבִּי יִשְׁמָעֵאל, מַאי אִירְיָא לֹא יִחֲדוּ? אֲפִילּוּ יִחֲדוּ נַמִּי! לָא מִיבָּעֲיָא קָאָמַר, לָא מִיבָּעֲיָא יִחֲדוּ – דִּמְקוֹמָהּ הוּא, אֶלָּא אֲפִילּוּ לֹא יִחֲדוּ, דְּלָאו מְקוֹמָהּ הוּא – לָא בָּעֵינַן דַּעַת בְּעָלִים. אֵימָא סֵיפָא: יִחֲדוּ לָהּ הַבְּעָלִים מָקוֹם, וְטִלְטְלָהּ וְנִשְׁבְּרָה, בֵּין מִתּוֹךְ יָדוֹ בֵּין מִשֶּׁהִנִּיחָהּ, לְצָרְכּוֹ – חַיָּיב, לְצָרְכָּהּ – פָּטוּר. אַתָאן לְר״ע, דְּאָמַר בָּעֵינַן דַּעַת בְּעָלִים! אִי ר״ע מַאי אִירְיָא יִחֲדוּ? אֲפִילּוּ לֹא יִחֲדוּ נַמִּי! בלָא מִיבָּעֲיָא קָאָמַר, לָא מִיבָּעֲיָא לֹא יִחֲדוּ דְּלָאו מְקוֹמָהּ הוּא, אֶלָּא אֲפִילּוּ יִחֲדוּ נַמִּי, דִּמְקוֹמָהּ הוּא – בָּעֵינַן דַּעַת בְּעָלִים. רֵישָׁא רַבִּי יִשְׁמָעֵאל וְסֵיפָא ר״ע! °אִין, *דְּא״ר יוֹחָנָן: מַאן דִּמְתַרְגֵּם לִי חָבִית אַלִּיבָּא דְּחַד תַּנָּא *מוֹבַלְנָא מָאנֵיהּ בַּתְרֵיהּ לְבֵי מַסּוּתָא. תִּרְגְּמָהּ רַבִּי יַעֲקֹב בַּר אַבָּא קַמֵּיהּ דְּרַב: שֶׁנְּטָלָהּ עַל מְנָת לְגוֹזְלָהּ. תִּרְגְּמָהּ ר׳ נָתָן בַּר אַבָּא קַמֵּיהּ דְּרַב: שֶׁנְּטָלָהּ ע״מ לִשְׁלוֹחַ בָּהּ יָד. בְּמַאי קָמִיפַּלְגִי? *בִּשְׁלִיחוּת יָד צְרִיכָה חִסָּרוֹן. מַאן דְּאָמַר לְגוֹזְלָהּ – קָסָבַר: שְׁלִיחוּת יָד צְרִיכָה חִסָּרוֹן. וּמ״ד לִשְׁלוֹחַ בָּהּ יָד, קָסָבַר: שְׁלִיחוּת יָד אֵינָהּ צְרִיכָה חִסָּרוֹן. מַתְקִיף לָהּ רַב שֵׁשֶׁת: מִידֵּי נְטָלָהּ קָתָנֵי? טִלְטְלָהּ קָתָנֵי! אֶלָּא אָמַר רַב שֵׁשֶׁת: הָכָא בְּמַאי עָסְקִינַן – *כְּגוֹן שֶׁטִּלְטְלָהּ לְהָבִיא עָלֶיהָ גּוֹזָלוֹת. וְקָא סָבַר: *שׁוֹאֵל שֶׁלֹּא מִדַּעַת גַּזְלָן הָוֵי. וְכוּלָּהּ רַבִּי יִשְׁמָעֵאל הִיא, וְסֵיפָא שֶׁהִנִּיחָהּ בְּמָקוֹם שֶׁאֵינָהּ מְקוֹמָהּ. וְר׳ יוֹחָנָן: הִנִּיחָהּ – בִּמְקוֹמָהּ מַשְׁמַע. *אִיתְּמַר, רַב וְלֵוִי חַד אָמַר: שְׁלִיחוּת יָד צְרִיכָה חִסָּרוֹן, וְחַד אָמַר: גשְׁלִיחוּת יָד אֵינָהּ צְרִיכָה חִסָּרוֹן. תִּסְתַּיֵּים דְּרַב הוּא דְּאָמַר שְׁלִיחוּת יָד אֵינָהּ צְרִיכָה חִסָּרוֹן, דְּתַנְיָא:* דרוֹעֶה שֶׁהָיָה רוֹעֶה עֶדְרוֹ וְהִנִּיחַ עֶדְרוֹ וּבָא לָעִיר, וּבָא זְאֵב וְטָרַף, וּבָא אֲרִי וְדָרַס – פָּטוּר. הִנִּיחַ מַקְלוֹ וְתַרְמִילוֹ עָלֶיהָ – חַיָּיב. וְהָוֵינַן בָּהּ: מִשּׁוּם דְּהִנִּיחַ מַקְלוֹ וְתַרְמִילוֹ עָלֶיהָ חַיָּיב? הָא שְׁקָלִינְהוּ! (א) אָמַר ר״נ אָמַר רַבָּה בַּר אֲבוּהּ אָמַר רַב: בְּעוֹדָן עָלֶיהָ. וְכִי עוֹדָן עָלֶיהָ מַאי הָוֵי? הָא לָא מְשָׁכָהּ! וְאָמַר רַב שְׁמוּאֵל בַּר רַב יִצְחָק אָמַר רַב: שֶׁהִכִּישָׁהּ בְּמַקֵּל וְרָצְתָה לְפָנָיו. וְהָא לָא חִסְּרָהּ! אֶלָּא לָאו ש״מ; קָסָבַר: שְׁלִיחוּת יָד אֵינָהּ צְרִיכָה חִסָּרוֹן. אֵימָא: שֶׁהִכְחִישָׁהּ בְּמַקֵּל. דַּיְקָא נַמִּי, *דְּקָתָנֵי שֶׁהִכִּישָׁהּ בְּמַקֵּל, ש״מ. וּמִדְּרַב סָבַר שְׁלִיחוּת יָד צְרִיכָה חִסָּרוֹן, לֵוִי סָבַר שְׁלִיחוּת יָד אֵינָהּ צְרִיכָה חִסָּרוֹן. מַאי טַעְמָא דְּלֵוִי? א״ר יוֹחָנָן מִשּׁוּם ר׳ יוֹסֵי בֶּן נְהוֹרַאי: מְשׁוּנָּה שְׁלִיחוּת יָד הָאֲמוּרָה בְּשׁוֹמֵר שָׂכָר מִשְּׁלִיחוּת יָד הָאֲמוּרָה בְּשׁוֹמֵר חִנָּם.

וַאֲנִי

רש״י

צָרִיךְ דַּעַת בְּעָלִים. וְאִם לֹא הוֹדִיעָם חַיָּיב בְּאַחֲרָיוּתָם אִם מֵת אוֹ נִגְנַב, דְּמִדְּשַׁקְלֵיהּ קָם לֵיהּ בִּרְשׁוּתֵיהּ. וַהֲשָׁבָה בְּלֹא יְדִיעָה לָאו הֲשָׁבָה הִיא. דִּמְקוֹמָהּ הִיא. וְכֵיוָן דִּבְאוֹתוֹ מָקוֹם הֶחֱזִירָהּ – חֲזָרָה גְּמוּרָה הִיא. אַתָאן לְר״ע. פֵּירוּקָא הוּא. תִּרְגְּמָהּ רַבִּי יַעֲקֹב. דְּמוֹקֵי כּוּלָּהּ כְּחַד תַּנָּא וּבִתְרֵי טַעֲמֵי; רֵישָׁא שֶׁהֶחֱזִירָהּ לִמְקוֹמָהּ, דְּכָל מָקוֹם שֶׁהֶחֱזִירָהּ מְקוֹמָהּ הִיא, דְּהָא לֹא יִחֲדוּ לָהּ מָקוֹם. וְסֵיפָא – שֶׁהֶחֱזִירָהּ לְמָקוֹם שֶׁאֵינָהּ מְקוֹמָהּ, כִּדְמְסַיֵּים בַּמַּסְקָנָא. דְּהָא דְּמַסְקִינַן בְּסִיּוּמָא וְסֵיפָא שֶׁהִנִּיחָהּ בְּמָקוֹם שֶׁאֵינָהּ מְקוֹמָהּ – אַתְּלָתָא דְּכוּלְּהוּ קָאֵי, אַדְּר׳ יַעֲקֹב וְאַדְּר׳ נָתָן וְאַדְּרַב שֵׁשֶׁת. וּמִשּׁוּם דְּהִנִּיחָהּ חוּץ לִמְקוֹמָהּ לֹא הָוְיָא חֲזָרָה, וּכְגוֹן שֶׁנְּטָלוֹ מִתְּחִלָּה עַל מְנָת לְגוֹזְלָהּ – וְהַיְינוּ לְצָרְכּוֹ דְּמַתְנִיתִין. דְּאִילּוּ לִשְׁאֵלָה בְּעָלְמָא וּלְתַשְׁמִישׁ, כֵּיוָן דְּלָאו גְּזֵילָה הוּא – סַגִּי לָהּ בַּהֲשָׁבָה כָּל דְּהוּ, וְכָל מָקוֹם שֶׁהִנִּיחָהּ פָּטוּר בְּאוֹנָסִין. אֲבָל מִשּׁוּם דִּגְזוּלָה הֲוַאי, וּבִגְזֵילָה כְּתִיב "וְהֵשִׁיב", וְזֶה שֶׁהִנִּיחָהּ לְמָקוֹם שֶׁלֹּא יִחֲדוּ לָהּ בְּעָלִים – לֹא הָוְיָא הֲשָׁבָה. וְר׳ נָתָן תִּרְגְּמָהּ. דַּאֲפִילּוּ לֹא נְטָלָהּ עַל מְנָת לְגוֹזְלָהּ כו׳ אֶלָּא עַל מְנָת לִשְׁלוֹחַ בָּהּ יָד וְלִיטּוֹל מִקְצָתָהּ, וְלֹא נָטַל – אפ״ה קָמָה לֵיהּ בִּרְשׁוּתֵיהּ כּוּלָּהּ, וְהָוְיָא לָהּ גְּזֵילָה, וּבָעֵי׳ הֲשָׁבָה, וּבְמָקוֹם שֶׁאֵינוֹ מְקוֹמָהּ לָאו הֲשָׁבָה הִיא. וְרַב שֵׁשֶׁת לֹא שָׁבִיק דְּלִיסַיְּימוּ לְתֵירוּצַיְיהוּ, וְאַתְקִיף: מִידֵּי נְטָלָהּ קָתָנֵי כו׳? וּמִיהוּ, סִיּוּמָא דְּמִילְּתָא דְּמַסְקָנָא וְסֵיפָא שֶׁהִנִּיחָהּ בְּמָקוֹם שֶׁאֵינוֹ מְקוֹמָהּ – אַכּוּלְּהוּ קָאֵי. שְׁלִיחוּת יָד. שֶׁחִיְּיבוֹ הַכָּתוּב עָלָיו אֲפִילּוּ נֶאֶנְסָה, כִּדְכְתִיב (שמות כב): "וּמֵת אוֹ נִשְׁבַּר אוֹ נִשְׁבָּה [וגו׳] שְׁבוּעַת ה׳ תִּהְיֶה בֵּין שְׁנֵיהֶם אִם לֹא שָׁלַח יָדוֹ וגו׳". דְּמַשְׁמַע הָא שָׁלַח – נִתְחַיֵּיב שׁוּב בְּמִיתָתָהּ וּבִשְׁבִיָּיתָהּ. צְרִיכָה חִסָּרוֹן. לֹא הָוֵי שְׁלִיחוּת יַד לְהַעֲמִידָהּ בִּרְשׁוּתוֹ אֶלָּא א״כ חִסְּרָהּ. מִידֵּי נְטָלָהּ קָתָנֵי. דְּמַשְׁמַע שֶׁנְּטָלָהּ לְעַצְמוֹ. טִלְטְלָהּ קָתָנֵי. לְתַשְׁמִישׁ בְּעָלְמָא, מַשְׁמַע לְצָרְכּוֹ דְּמַתְנִי׳. אֶלָּא כְּגוֹן שֶׁטִּלְטְלָהּ לְהָבִיא עָלֶיהָ גּוֹזָלוֹת. לַעֲלוֹת עָלֶיהָ דֶּרֶךְ סוּלָּם לִיטּוֹל גּוֹזָלוֹת מִקֵּן גָּבוֹהַּ. וְאפ״ה הָוְיָא גְּזֵילָה לְמֵיקַם בִּרְשׁוּתֵיהּ עַד דְּעָבֵיד הֲשָׁבָה, דְּקָסָבַר: שׁוֹאֵל שֶׁלֹּא מִדַּעַת בְּעָלִים גַּזְלָן הוּא. וְכוּלָּהּ ר׳ יִשְׁמָעֵאל הִיא. אַשִּׁינּוּיָיא דְּכוּלְּהוּ קָאֵי, אַדְּר׳ יַעֲקֹב וְאַדְּר׳ נָתָן וְאַדְּרַב שֵׁשֶׁת. וְסֵיפָא שֶׁהִנִּיחָהּ בְּמָקוֹם שֶׁאֵינָהּ מְקוֹמָהּ. אֲבָל רֵישָׁא, כָּל מָקוֹם שֶׁהִנִּיחָהּ מְקוֹמָהּ הִיא. וְר׳ יוֹחָנָן. דְּאָמַר לְעֵיל מַאן דִּמְתַרְגֵּם לִי כו׳. הִנִּיחָהּ בִּמְקוֹמָהּ מַשְׁמַע. הִלְכָּךְ לֹא מִיתּוֹקְמָא °כְּרַבִּי יִשְׁמָעֵאל. שְׁלִיחוּת יָד. שֶׁחִיְּיבוֹ הַכָּתוּב עָלָיו וַאֲפִי׳ נֶאֶנְסָה, כִּדְכְתִיב: "אוֹ נִשְׁבַּר אוֹ נִשְׁבָּה וגו׳ שְׁבוּעַת ה׳ תִּהְיֶה אִם לֹא שָׁלַח", דְּמַשְׁמַע הָא אִם שָׁלַח – נִתְחַיֵּיב שׁוּב בְּמִיתָתָהּ וּבִשְׁבִיָּיתָהּ. צְרִיכָה חִסָּרוֹן. וְכָל זְמַן שֶׁלֹּא חִסְּרָהּ לֹא קָמָה בִּרְשׁוּתֵיהּ לְהִתְחַיֵּיב בְּאוֹנָסֶיהָ. זְאֵב. טוֹרֵף, נוֹשֵׂא הַטֶּרֶף לְחוֹרוֹ. אֲרִי. אֵינוֹ טוֹרְפָהּ אֶלָּא דּוֹרְסָהּ בִּמְקוֹמָהּ וְאוֹכְלָהּ. פָּטוּר. דְּאוֹנָסִין נִינְהוּ. וְאִי מִשּׁוּם דְּהִנִּיחַ עֶדְרוֹ, וּפְשִׁיעָה הִיא – מוֹקְמִינַן לָהּ דְּעָל בְּעִידָּנָא דְּעָיְילֵי אִינָשֵׁי, כִּדְאָמְרִינַן בְּ"הַשּׂוֹכֵר אֶת הַפּוֹעֲלִים" (לקמן צג:). א״נ: דְּשָׁמַע קוֹל אַרְיֵה וְעָל. הָא שְׁקָלִינְהוּ. וְאִי נַמִּי שְׁלִיחוּת יָד חֲשִׁיבָא, הָא הֲדַר אַהַדְרָהּ כְּשֶׁנְּטָלוֹ הֵימֶנּוּ. וַאֲנַן מוֹקְמִינַן לְעֵיל סְתָם מַתְנִי׳ כְּרַבִּי יִשְׁמָעֵאל, דְּאֵין צָרִיךְ דַּעַת בְּעָלִים. הָא לֹא מְשָׁכָהּ. בִּשְׁלִיחוּת יָד כְּדֵי לִקְנוֹתָהּ, וּמִטַּלְטְלִין אֵין נִקְנִין אֶלָּא בִּמְשִׁיכָה, לֹא בְּמִקָּח וְלֹא לְעִנְיַן גֶּזֶל וְלֹא לְעִנְיַן שְׁלִיחוּת יָד, כִּדְתְנַן בְּמַתְנִי׳ (לקמן דף מג:): הִטָּה אֶת הֶחָבִית וְנָטַל מִמֶּנָּה רְבִיעִית, אַלְמָא בָּעֵינַן דְּלִיקְנְיֵיהּ כו׳. וְאָמַר רַב שְׁמוּאֵל גָּרְסִינַן. שֶׁהִכִּישָׁהּ בְּמַקֵּל. כְּשֶׁנְּתָנוֹ עָלֶיהָ וְרָצְתָה – זוֹ הִיא מְשִׁיכָה, מִשֶּׁעָקְרָה יָד וָרֶגֶל עַל יָדוֹ. וְהָא לֹא חִסְּרָהּ. לָאו פִּירְכָא הִיא, אֶלָּא מַסְקָנָא וְסִיּוּמָא הוּא לְמִילְּתֵיהּ, דְּאָמַר: תִּסְתַּיֵּים דְּרַב הוּא דְּאָמַר אֵין צְרִיכָה חִסָּרוֹן. מִדְּשַׁנֵּי רַב לְמַתְנִיתִין מִשּׁוּם דְּהִכִּישָׁהּ וְרָצְתָה לְפָנָיו. וְאִי קַשְׁיָא דִּלְמָא הָא דְּהִנִּיחַ מַקְלוֹ וְתַרְמִילוֹ חִיּוּבֵיהּ לָאו מִשּׁוּם שְׁלִיחוּת יָד הוּא דְּלִיבָּעֵי חִסָּרוֹן, אֶלָּא מִשּׁוּם שׁוֹאֵל שֶׁלֹּא מִדַּעַת הוּא, כִּי הַהוּא דִּלְעֵיל דְּחָבִית – לֹא הִיא, דְּכִי אָמְרִינַן בְּשׁוֹמְרִין שְׁאֵלָה שֶׁלֹּא מִדַּעַת – בְּדָבָר שֶׁאֵינוֹ כִּיחֵשׁ וְחִיסֵּר מֵחֲמַת מְלָאכָה, אֲבָל בַּעֲלֵי חַיִּים הַמַּכְחִישִׁים מֵחֲמַת מְלָאכָה – תְּחִלָּתוֹ שְׁלִיחוּת יָד הִיא. שֶׁהִכְחִישָׁהּ. בְּהַכָּאָתוֹ, דְּהַיְינוּ חִסָּרוֹן. דַּיְקָא נַמִּי. דְּהִכְחִישָׁהּ קָאָמַר רַב, מִדְּנָקַט הַכָּשַׁת מַקֵּל, דְּמַכָּה חֲזָקָה הִיא. וּמִדְּרַב סָבַר צְרִיכָה חִסָּרוֹן. דְּהָא דַּיְיקִינַן מִדְּנָקַט מַקֵּל. לֵוִי. בַּר פְּלוּגְתֵּיהּ, סָבַר: אֵין צְרִיכָה חִסָּרוֹן. מְשׁוּנָּה שְׁלִיחוּת יָד כו׳. כְּלוֹמַר: אֵינָהּ דּוֹמָה לָזוֹ, שֶׁזּוֹ נֶאֶמְרָה לְצוֹרֶךְ, וְלֹא מַשְׁמַע אֶלָּא בְּחִסָּרוֹן. אֲבָל שֶׁל שׁוֹמֵר שָׂכָר נֶאֶמְרָה שֶׁלֹּא לְצוֹרֶךְ מַשְׁמָעוּת שֶׁבָּהּ, אֶלָּא לִדְרָשָׁה, וּלְלַמֵּד שֶׁאֵינָהּ צְרִיכָה חִסָּרוֹן.

וַאֲנִי

תוספות

אי רבי ישמעאל אפילו יחדו נמי. וא״ת: מנ״ל? וי״ל: מדנקט טלה וסלע, דסתם טלה לא יחד לו מקום, אלא הולך ממרעה למרעה, וסתם סלע יחדו לו מקום בכיס, וגם כיס יחדו לו מקום בתיבה. ולכך פריך נמי בסמוך לר״ע, אפילו לא יחדו נמי.

שנטלה הגביהה ע״מ לגוזלה כו׳. והיינו חסרון, שהכן גוזל ונטל לצורך עצמו.

שנטלה ע״מ לשלוח בה יד. פי׳: ליטול מקצת. אע״פ שלא נטל אותה מקצת – חייב בכולה. כדאמר בשלהי פרקין (דף מד.): לא נטל נטל ממש, אלא כיון שהגביה ליטול, אע״פ שלא נטל. אבל למ״ד ע״מ לגוזלה דבעי חסרון, אם הגביה ליטול קצת – אינו חייב עד שיטול המקצת, כיון דבעי חסרון. וקשה: דבשלהי פרקין קאמר אפי׳ למ״ד בעי חסרון – מודה בחבית, אם הגביהה אע״פ שלא נטל חייב, דניחא ליה דתיהוי כולה בסים להאי רביעית. ומתני׳ בחבית איירי! ויש לומר: דמתני׳ איירי אפילו בשמן, דלא מנטר פורתא אגב האחר.

ובא זאב וטרף. בשעת משלחת זאבים, ורבי יהודה היא, דאמר: זאב אחד אונס, בפ׳ "הפועלים" (לקמן דף צג:).

הא שקלינהו. לרבי ישמעאל פריך, דאמר לא בעינן דעת בעלים, כפרש״י.

הא לא משכה. דאע״ג דעודן עליה לא קיימא ברשותיה להתחייב באונסיה עד שימשוך, כדאמר במתני׳ (לקמן דף מג:): הטה את החבית ונטל ממנה רביעית – אינו חייב אלא דמי רביעית, כיון דלא הגביה את החבית. ומשני שהניח מקלו ותרמילו עליה כל כך חוזק דעד שרצתה לפניו.

דיקא נמי דקתני שהכישה. וא״ת: בפ״ק דקדושין (דף כב:) תניא או שהכישה במקל ורצתה לפניו דאקרי משיכה, ולא הויא הכחשה! וי״ל: דהתם דאדם נכרי לקחה, ואינה מכירתו בדבורו – שייך למיתני הכישה. אבל הכא דאיירי ברועה, שהבהמה מכירתו ואזלה מחמת דבורו, לא שייך למיתני שהכישה.

לומר

עין משפט נר מצוה

עז א מיי׳ פ״ד מהלכות גניבה הל׳ י׳ ועי׳ בהשגות וכמ״ש סמג עשין עא טור ש״ע ח״מ סי׳ שנה סעיף א וסעיף ב וע״ש:

עח ב מיי׳ פ״ז מהל׳ שאלה ופקדון הלכה ט סמג עשין פח טוש״ע ח״מ סי׳ רצב סעיף ו:

עט ג מיי׳ פ״ג מהל׳ גזילה הל׳ יא סמג עשין עג טוש״ע ח״מ סי׳ רצב סעיף א:

פ ד מיי׳ פ״ג מהל׳ שכירות הל׳ ח סמג עשין פט טוש״ע ח״מ סי׳ שג סעיף י:

רבינו חננאל

ומקשי׳ אי הכי יחדו להאי חבית הבעלים מקום [נמי] דהא שמעינן ליה לר׳ ישמעאל דאומר הגונב סלע מן הכיס והנה יחדו הבעלים להאי סלע מקום בכיס ואמר ר׳ ישמעאל יחזיר למקום שגנב ואין צריך דעת בעלים ואי מתני׳ ר׳ ישמעאל היא אמאי קתני ולא יחדו לה בעלים דשמעינן מינה דדוקא לא יחדו הא יחדו לא. ופרקי׳ לא מיבעיא קאמר לא מיבעיא יחדו לה הבעלים מקום והחזירה באותו מקום דודאי פטור דהא החזירה במקומה וכיון שהחזירה במקומה כלא טלטלה דמי אלא אפי׳ לא יחדו לה בעלים מקום דלאו במקומה מחזירה פטור. אוקימנא אליבא דר׳ ישמעאל בין יחדו לה הבעלים מקום בין לא יחדו לה הבעלים מקום כיון שהחזירה למקומה אם נשברה פטור הוא. אי הכי אימא סיפא יחדו לה בעלים מקום וטלטלה ונשברה בין מתוך ידו בין משהניחה לצרכה פטור לצרכו חייב אמאי חייב והא משהניחה קתני ויש מי שמפרק בשהניחה במקום שאינו מקומה. ור׳ יוחנן אמר הניחה במקומה משמע. ופרקי׳ סיפא אתאן לר׳ עקיבא דאמר צריך דעת בעלים הלכך לצרכו חייב. ומקשינן אי מתני׳ רבי עקיבא היא למה ליה יחדו לה בעלים מקום אפי׳ לא יחדו אמר ר׳ עקיבא צריך דעת בעלים דתניא הגונב טלה מן העדר וכו׳ הנה לא יחדו בעלים מקום לטלה והצריך ר׳ עקיבא בהחזרה דעת בעלים כו׳. ועמדה רישא ר׳ ישמעאל וסיפא ר׳ עקיבא. אמר ר׳ יוחנן מאן דמתרגם ליה חבית אליבא דחד תנא וכו׳ פי׳ אמר ר׳ יוחנן מי שיפרש לי משנתינו זו המפקיד חבית אצל חבירו וכו׳ ויעמידה אי אליבא דר׳ ישמעאל אי אליבא דר׳ עקיבא סיפא ורישא בחד תנא אני מוליך לו כליו אחריו לבית המרחץ כי הוא כמו רב ואני תלמיד שנמצאתי משמשו כתלמיד לרב. ובא רב יעקב בר אבא לאוקמה למתני׳ בנוטלה על מנת לגזלה. ורב נתן בר יעקב מוקמה בנוטלה על מנת לשלח בה יד וכולה ר׳ ישמעאל. ודחה רב ששת טעם שניהם ואמר מידי במתני׳ קתני נטלה דלישמעינן נטלה לגזלה או לשלח בה יד טלטלה קתני ואין בלשון טלטול לא לשון גזילה ולא שילוח בה יד. אלא אמר רב ששת כגון שטלטלה לעמוד עליה ולפשוט ידו בתוך הקן ליטול גוזלות וסבר האי תנא שואל שלא מדעת בעלים גזלן הוי וכולה ר׳ ישמעאל היא וסיפא שהניחה במקום שאינה מקומה לפיכך חייב. ור׳ יוחנן אמר סיפא ר׳ עקיבא היא כי הניחה במקום שנטלה משמע. ואעפ״כ צריך דעת בעלים כר׳ עקיבא וכיון שלא ידעו בה הבעלים שהחזירה למקומה לפיכך תנן לצרכו חייב. איתמר רב אמר שליחות יד צריכה חסרון. מדתניא רועה שהיה רועה עדרו ובא זאב וטרף ארי ודרס פטור פי׳ פטור הוא כי שוכר הוא והשוכר פטור מן האונסין. ואם הניח מקלו או תרמילו עליה פי׳ כיון שנשתמש בה כאילו גזלה וחייב באונסיה. ואקשי׳ עלה. ואוקמה רב בעודו עליה מקלו ותרמילו. ואמרי׳ והא לא משכה ופריק רב כגון שהכישה במקלו ורצתה לפניו. דייקי׳ מדלא קתני הנהיגה בקול אלא הכישה במקל ש״מ שהכישה במקל והוכחשה דהיינו חיסרה ולפיכך חייב ש״מ דרב הוא דאמר שליחות יד צריכה חסרון ואם אין שם חסרון פטור באונסיה ולוי אמר שליחות יד אינה צריכה חסרון מאי טעמא. אמר ר׳ יוחנן משום ר׳ יוסי בר נהוראי משונה שליחות יד האמורה בשומר חנם משליחות יד האמורה בשומר שכר כלומר שומר חנם דינו קל ושומר שכר דינו חמור שחייב בגניבה ואבידה ואם שומר חנם שדינו קל חייב בו שליחות יד שומר שכר לא כל שכן שחייב אם שלח בו יד למה כתב עוד שליחות יד בשומר שכר אלא ללמד שאפי׳ שליחות יד בלא חסרון חייב

מסורת הש״ס

סנהדרין סב:

[שבועות כז:]

[לקמן מג:]

[שם]

לקמן מג: וכ״ב פח.

(קידושין מב)

לקמן לג: [ע״ש] קו. [ע״ש]

הגהות הב״ח

(א) גמ׳ הא שקלינהו ואמר ר״נ:

גי׳ ר״מ דאמר

גליון הש״ס

גמ׳ אין לאי״ה. עי׳ שבת דף פו ע״א קידושין דף סג ע״ב מנחות דף נה ע״ב: רש״י ד״ה הניחה במקומה כו׳ כרבי ישמעאל.

עין משפט נר מצוה

[פ א מיי' פ"א מהלכות שכירות הל' ב סמג עשין פט טוש"ע ח"מ סי' רצא סעיף א]:

פא א מיי' פ"ד מהל' גניבה הלכה א טוח"מ סי' שנב:

ואני אומר: אינה משונה. ומאי משונה? לא תאמר שליחות יד בשומר שכר, ותיתי משומר חנם: ומה שומר חנם שפטור בגנבה ואבדה — שלח בה יד חייב, שומר שכר שחייב בגנבה ואבידה — לא כל שכן. למאי הלכתא כתבינהו רחמנא — לומר לך: שליחות יד אינה צריכה חסרון. ואני אומר: אינה משונה, כר' אלעזר, דאמר דא ודא אחת היא. מאי דא ודא אחת? (א) משום דאיכא למפרך: מה לשומר חנם — שכן משלם תשלומי כפל בטוען טענת גנב. ומאן דלא פריך, סבר: *קרנא בלא שבועה עדיפא מכפילא בשבועה. רבא אמר: לא תאמר שליחות יד לא בשומר חנם ולא בשומר שכר, ותיתי משואל: ומה שואל דלדעת בעלים קא עביד — (ב) שלח בה יד חייב, שומר חנם ושומר שכר — לא כל שכן. למה נאמר? חדא: לומר לך שליחות יד אין צריכה חסרון, ואידך: שלא תאמר דיו לבא מן הדין להיות כנדון, מה שואל בבעלים פטור — אף שומר חנם ושומר שכר בבעלים פטור. ולמאן דאמר שליחות יד צריכה חסרון, הני תרתי שליחות יד למה לי? חדא: שלא תאמר דיו לבא מן הדין להיות כנדון. ואידך — לכדתניא: *°"ונקרב בעל הבית אל האלהים" — [א] לשבועה. אתה אומר לשבועה, או אינו אלא לדין? נאמרה שליחות יד למטה, ונאמרה שליחות יד למעלה, מה להלן לשבועה — אף כאן [א]לשבועה.§ מתני'

שמות כב

ואני אומר. ר' יוחנן פליג אדרבי יוסי בן נהוראי רביה, ואמר: אף היא לצורך נאמרה. ולוי ס"ל כרבי יוסי בן נהוראי, למידרש מיניה דאין צריכה חסרון. דאי מקרא קמא — לא תיפסק אדעתין לחיוביה עד דמחסר ליה. בשומר חנם נאמר "ונקרב בעל הבית וגו'" בשומר שכר כתיב "שבועת ה' תהיה וגו'" ואמרינן ב"השואל" (לקמן דף צד:): פרשה ראשונה נאמרה בשומר חנם, שניה בשומר שכר. וכתיב בתרוייהו "אם לא שלח". הא אם שלח — נתחייב בדברים שהוא פטור עליהם. כגון שומר חנם בין בגנבה בין באונסין, דמדשלח בה יד — קנאה, וקמה ברשותו. ושומר שכר פטור במת או נשבר או נשבה דהיינו אונסין. שומר חנם שפטור. כל זמן שלא שלח בה יד, כדכתיב: "אם לא ימצא הגנב ונקרב בעה"ב" דנשבע שלא שלח בה יד, ולא פשע בשמירתו, ופטור. כדאמרינן לקמן בשמעתין, דהאי "ונקרב" שבועה הוא. שומר שכר שחייב בגנבה ואבדה. דפרשה שניה בו נאמרה, וכתיב בה: "אם גנב יגנב כו'". לא כ"ש. שאם שלח בה יד חייב באונסין. דא ודא אחת היא. כמשמעה של זו כך משמעה של זו, לפי ששתיהן הוצרכו, ואין כאן מקרא יתר. מאי דא ודא אחת היא. למה שתיהן שוות? הלא לא הוצרכה השניה. שומר חנם שפוטר עצמו בטענת גנב. כלומר: גנב גנבה ממני, ובאו עדים שהיא אצלו — משלם תשלומי כפל, דכתיב: "אם לא ימצא הגנב וגו'" ודרשינן בבבא קמא (דף סג:): "אם לא ימצא" כמה שאמר, אלא שהוא עצמו גנבו, מה כתיב אחריו: "אשר ירשיעון אלהים ישלם שנים". אבל שומר שכר אינו משלם כפל, שאם טען נגנבה — משלם קרן, שהרי הוא חייב בגניבה. וטענה אחרת אינה מביאה אותו לידי כפל. קרנא בלא שבועה עדיפא מכפילא בשבועה. חמור שומר שכר שחייב בקרן עד שלא נשבע לשקר, במקום ששומר חנם פטור, דהיינו גניבה ואבידה, משומר חנם שמשלם כפל, ומדה זו אינה אלא לאחר שנשבע לשקר שנגנבה, ובאו עדים שהוא גנבה. דכי אתרבי כפל בטוען טענת גנב — לאחר שבועה אתרבי, כדלקמן בשמעתין. רבא אמר. אפילו לרבי אלעזר נמי אתיא, דלא תימא כו'. ותיתי משואל. שחייבו הכתוב באונסין בשביל שכל הנאה שלו, ושולח יד נמי כל הנאה שלו. (ומה שואל) שלדעת בעלים. שלח בה יד לעשות מלאכתו חייב באונסין. שומר חנם ושומר שכר. השולחין יד שעושין מלאכתן שלא לדעת בעלים — לא כ"ש דחייב נמי באונסיה. למה נאמרה. בשתיהן. חדא לומר לך שליחות יד אינה צריכה חסרון. ואידך. האמורה בשומר שכר. שלא תאמר דיו לבא כו'. אם לא נאמרה בשאר שומרין, ולמדה משואל, הייתי אומר: דיו לשליחות יד דשומרין שבא מדין שואל להיות כנדון. מה שואל. "אם בעליו עמו" כתיב "לא ישלם" אונסין, אף שומרין ששלחו יד אם בעליו עמו יפטר. כתב קרא יתירא לחייבו אפילו בבעלים, וגלי רחמנא בחדא, והוא הדין בכולהו. לשבועה. והכי קאמר: אם לא ימצא כמה שאמר שנגנבה, אלא הוא גנבה, והוא כבר נקרב אל הדיינין לשבועה ונשבע לשקר, ואח"כ באו עדים, אשר ירשיעון הדיינין, ישלם כפל. אתה אומר. קריבה לשבועה, או אינו אלא קריבה לדין. שמשעה שטען בב"ד נגנבה, אע"פ שלא נשבע — ישלם כפל אם באו עדים. נאמר שליחות יד למטה. אצל שומר שכר "שבועת ה' תהיה בין שניהם אם לא שלח". ונאמר שליחות יד למעלה. "ונקרב בעל הבית אל האלהים אם לא שלח". אף כאן לשבועה. למדנו שאין משלמין כפל ע"י טענת גנב אלא לאחר שבועה. וגם למדנו שנפטר מגנבה ואבדה בשבועה. מתני'

תורה אור

מסורת הש"ס

[לקמן לד: ב"ק נז:]

ב"ק סג:

רש"ל

הגהות הב"ח

(א) גמ' אחת היא משום דאיכא: (ב) שם דשלח בה יד:

לומר לך שליחות יד אינה צריכה חסרון. וא"ת: הצינח שומר שכר — דאייתר קרא להכי, אלא בשומר חנם מנ"ל? אי משומר שכר — מה לשומר שכר, שכן חייב בגניבה ואבדה! וי"ל: כיון דשליחות יד חייב בתרוייהו, אין זה אלא גילוי מילתא למילף דין של זה בזה.

קרנא בלא שבועה. וא"ת: ורבי יוחנן ור' אלעזר, דלית להו הך סברא, מנ"ל דפ' ראשונה בשומר חנם ושניה בשומר שכר? דבריש "השואל" (לקמן דף צד:) לא קים לן אלא מהך סברא דקרנא עדיפא! ופי' רבינו שמואל: דמסברא ידעינן, דבפרשה ראשונה כתיב "כסף או כלים" ורגילות הוא לשמרם בחנם, דליכא בהו טרחא, ובפרשה שניה כתיב "בהמה" דאיכא טרחא, ורגילות לשמרה בשכר. אי נמי: דלכ"ע אית להו דקרנא עדיפא מכפילא בשבועה, ומ"מ סבירא להו לר' יוחנן ולרבי אלעזר דאין ללמוד שומר שכר משומר חנם הקל, כיון שיש בו חומרא שמשלם כפל מה שאין כן בשומר שכר. ואע"ג דשומר שכר ודאי חמור, שחייב בגנבה ואבדה. ומאן דלא פריך — סבר דמכפל אפילו פירכא לא עבדינן, משום דמה דמשלם כפל — הוא מחמת קולא, שהוא פוטר עצמו בגנבה, כדמפרש בריש מכלתין (דף ד. ושם) גבי תורת הזמה לא פריך. והשתא אתי שפיר הא דריש "השואל" (לקמן דף צה.) גבי הא דגמר גנבה בשואל מק"ו דשומר שכר דפטור באונס וחייב בגנבה ואבדה, שואל לא כל שכן. ופריך: מה לשומר שכר — דחייב בכפל [בטוען טענת לסטים מזוין]. והשתא תימה: לפי מה דסבר דכפל הוי חומרא, מאי פריך? אדרבה, כיון שהוא חמור — הוה לו ליפטר מגנבה כדי שיתחייב כפל! וע"ק, ברייתא גופה: שואל שחייב בשבורה ומתה כו'. אדרבה, היא הנותנת, דמפני שהוא חמור פטר בו הגנבה כדי לחייבו בכפל ולפי מה דפרישית אתי שפיר. וא"ת: לר' יוחנן דסבר הכא דמכפל עבדינן פירכא, וגם סבר רב יוסף בפרק "הכונס" (ב"ק דף נז. ושם) גבי שומר אבדה לר' יוחנן דלסטים מזוין גנב הוא, אם כן גנבה ואבדה בשואל מנ"ל? דכי פריך ב"השואל" מה לשומר שכר שכן משלם כפל בלסטים מזוין, *ומשני לסטים מזוין גזלן הוא, איבעית אימא: קרנא בלא שבועה עדיפא! וי"ל: דלר' יוחנן נפקא ליה מ"וכי ישאל" — וי"ו מוסיף על ענין ראשון. וכה"ג יליף התם לעניין פטור בבעלים. ואע"ג דרבי יוסי ברבי נהוראי הוא תנא, וסבר דקרנא עדיפא, וכן ברייתא ד"השואל" (לקמן דף צה.) סבר דקרנא עדיפא, או לסטים מזוין גזלן הוא, ור' יוחנן פליג בתרוייהו — הא לא קשיא, דר' יוחנן סבר כתנא ד"הכונס" (ב"ק דף נז:) דקאמר: לא אם אמרת בשומר חנם שכן משלם כפל, לכך שלח בה יד חייב, דקאי אמילתיה דרבי יוסי בר' נהוראי.

רבא אמר לא תימא שליחות יד כו'. פרש"י: דסבר אפילו כרבי אלעזר. ואין להקשות לפירושו, הא דקאמר ואידך שלא תאמר דיו, והא תרוייהו צריכי לאינה צריכה חסרון לר' אלעזר, דהא לא יליף שומר שכר משומר חנם! דהא בתר הכי פריך: ולמ"ד [שליחות יד] צריכה חסרון תרתי למה לי? ולדידיה לא ילפינן חד מחבריה, אפילו הכי לא מוקמינן תרוייהו לדיו. והיינו משום כדפ"ל, דכיון דשליחות יד חייב בתרוייהו — גלוי מלתא בעלמא למילף דין של זה בזה. ועוד יש לומר: דרבא בא לפרש דהא דאמר ר"א דא ודא אחת היא — לא ששניהם צריכי לגופייהו כדאמרינן, אלא ששניהם מיותרין, דגמר להו משואל. וסבר רבא: קרנא עדיפא, ושפיר גמר שומר שכר משומר חנם לכולי עלמא זה מזה. מיהו, ברייתא ד"הכונס" (שם) סברה דלא ילפינן זה מזה, דקתני: לא אם אמרת בשומר חנם כו'.

מהר"מ

חדא לומר [לך שליחות יד] אין צריכה חסרון. וא"ת: ונילף משואל דאינה צריכה חסרון, דמשעת משיכה חייב באונסיה, אע"ג דלא נשתמש, כדאמר בפ' "השואל" (לקמן דף צט.) גבי שואל קורדום מחבירו, כ"ש שומרין שמושכין להשתמש שלא מדעת בעלים שחייבים! וי"ל: בשואל דין הוא, כדין דמושך לדעת בעלים חשיב כאילו נשתמש בה, דלדעת כן שאלה, ולאו לאוקמה בכילתא. אבל שלא לדעת — *אינו חשיב כאילו כבר נשתמש בשביל משיכה לבדה, לכך לא ילפינן משואל אלא משיכה שיש בה חסרון. חדא לדיו וחדא לכדתניא. ולמ"ד נמי אינה צריכה חסרון, דצריכי תרוייהו — יליף שפיר ג"ש לכדתניא, לפי שיש כל כך תיבות בזה כמו בזה "אם לא שלח ידו במלאכת רעהו".

רבינו חננאל

חייב. ורבי יוחנן דידיה אמר ואני אומר אינה משונה כלומר אין זה יכול ללמד מזה שאין שומר חנם קל משומר שכר שהרי חייבה תורה בשומר חנם שטען כי נגנב ונמצא שהוא גנבו שהוא משלם תשלומי כפל ושומר שכר שטוען טענת גנב ונמצא שהוא גנבו פטור מכפל מפני שחייב בשומר שכר בגניבה כך הייתי אומר כי שלח בו יד פטור *) מכפל ועוד אם יש לומר אי הכי נכתוב שליחות יד בשומר שכר וילמד שומר חנם ממנו איכא למיפרך הכי כי שומר חנם ושומר שכר שגנבו הפקדון שהיה בידם וטענו שנגנב שומר שכר חייב לשלם מיד שהרי חייב בגניבה ואבידה ושומר חנם אינו חייב אלא עד שישבע שנגנב ואחר כך באו עדים שהוא גנבו הלכך לא זה לומד מזה ולא זה מזה הלכך לגופיה בא בתרוייהו ולעולם שליחות יד צריכה חסרון לטעמיה דר' יוחנן. ורבא דהוא בתרא אמר אינה צריכה [חסרון]. הא דאמר רבא לא תאמר שליחות יד לא בשומר חנם ולא בשומר שכר ותיתי משואל והא לא כתיבא שליחות יד בשואל כלל. כך פירושה לא תאמר שליחות יד אלא בשואל בלבד ולא היה צריך לכתוב לא בשומר חנם ולא בשומר שכר ויבואו וילמדו מן השואל ולמה נאמר בהן ללמד שאין צריכה חסרון ושלא תאמר דיו לבא מן הדין להיות כנדון כו' ופשוטה היא. שליחות יד דכתיבא בשומר חנם ובשומר שכר ואפי' אשואל וכי ישאל ו' מוסיף על ענין ראשון וכאילו בשלשתם כתיבא שליחות יד הני כולהו למה לי וכו'.

*) נראה דצ"ל פטור מאונסין.

אמר

מַתְנִי' *אהַמַּפְקִיד מָעוֹת אֵצֶל חֲבֵרוֹ, צְרָרָן וְהִפְשִׁילָן לַאֲחוֹרָיו *באוֹ שֶׁמְּסָרָם לִבְנוֹ וּלְבִתּוֹ הַקְּטַנִּים *וְנָעַל בִּפְנֵיהֶם שֶׁלֹּא כָּרָאוּי — חַיָּיב, שֶׁלֹּא שִׁימֵּר כְּדֶרֶךְ הַשּׁוֹמְרִים. וְאִם שִׁימֵּר כְּדֶרֶךְ הַשּׁוֹמְרִים — פָּטוּר. § גְּמָ' בִּשְׁלָמָא כּוּלְּהוּ — שֶׁלֹּא שִׁימֵּר כְּדֶרֶךְ הַשּׁוֹמְרִים, אֶלָּא צְרָרָן וְהִפְשִׁילָן לַאֲחוֹרָיו, מַאי הֲוָה לֵיהּ לְמֶיעֱבַד? אָמַר רָבָא א"ר יִצְחָק: אָמַר קְרָא °"וְצַרְתָּ הַכֶּסֶף בְּיָדְךָ" (דברים יד): גאע"פ שֶׁצְּרוּרִין — יִהְיוּ בְּיָדְךָ. וא"ר יִצְחָק: לְעוֹלָם יְהֵא כַּסְפּוֹ שֶׁל אָדָם מָצוּי בְּיָדוֹ, שֶׁנֶּאֱמַר "וְצַרְתָּ הַכֶּסֶף בְּיָדְךָ". וא"ר יִצְחָק: לְעוֹלָם יְשַׁלֵּישׁ אָדָם אֶת מְעוֹתָיו, שְׁלִישׁ בַּקַּרְקַע וּשְׁלִישׁ בִּפְרַקְמַטְיָא וּשְׁלִישׁ תַּחַת יָדוֹ. *וא"ר יִצְחָק: אֵין הַבְּרָכָה מְצוּיָה אֶלָּא בְּדָבָר הַסָּמוּי מִן הָעַיִן, שֶׁנֶּאֱמַר °"יְצַו ה' אִתְּךָ אֶת הַבְּרָכָה בַּאֲסָמֶיךָ" (שם כח). תָּנָא דְּבֵי רַבִּי יִשְׁמָעֵאל: אֵין הַבְּרָכָה מְצוּיָה אֶלָּא בְּדָבָר שֶׁאֵין הָעַיִן שׁוֹלֶטֶת בּוֹ, שֶׁנֶּאֱמַר "יְצַו ה' אִתְּךָ אֶת הַבְּרָכָה בַּאֲסָמֶיךָ". ת"ר: דהַהוֹלֵךְ לָמוֹד אֶת גׇּרְנוֹ, אוֹמֵר: יְהִי רָצוֹן מִלְּפָנֶיךָ ה' אֱלֹהֵינוּ שֶׁתִּשְׁלַח בְּרָכָה בְּמַעֲשֵׂה יָדֵינוּ. הִתְחִיל לָמוֹד, אוֹמֵר: בָּרוּךְ הַשּׁוֹלֵחַ בְּרָכָה בַּכְּרִי הַזֶּה. מָדַד וְאַחַר כָּךְ בֵּירַךְ — הֲרֵי זֶה תְּפִלַּת שָׁוְא, הלְפִי שֶׁאֵין הַבְּרָכָה מְצוּיָה לֹא בְּדָבָר הַשָּׁקוּל וְלֹא בְּדָבָר הַמָּדוּד, וְלֹא בְּדָבָר הַמָּנוּי, אֶלָּא בְּדָבָר הַסָּמוּי מִן הָעַיִן, שֶׁנֶּאֱמַר: "יְצַו ה' אִתְּךָ אֶת הַבְּרָכָה בַּאֲסָמֶיךָ". אָמַר שְׁמוּאֵל: *וכְּסָפִים אֵין לָהֶם שְׁמִירָה אֶלָּא בַּקַּרְקַע. אָמַר רָבָא: וּמוֹדֵי שְׁמוּאֵל זבְּעֶרֶב שַׁבָּת בֵּין הַשְּׁמָשׁוֹת, דְּלָא אַטְרְחוּהוּ רַבָּנַן. חוְאִי שְׁהָא לְמוֹצָאֵי שַׁבָּת שִׁיעוּר לְמִקְבְּרִינְהוּ וְלָא קְבַרִינְהוּ — מִחַיַּיב. טוְאִי צוּרְבָא מֵרַבָּנַן הוּא — סָבַר: דִּלְמָא מִיבָּעֵי לֵיהּ זוּזֵי לְאַבְדַּלְתָּא. וְהָאִידָּנָא דִּשְׁכִיחִי גְּשׁוּשָׁאֵי — אֵין לָהֶן שְׁמִירָה אֶלָּא בִּשְׁמֵי קוֹרָה. וְהָאִידָּנָא דִּשְׁכִיחִי פְּרוּמָאֵי — אֵין לָהֶם שְׁמִירָה אֶלָּא בֵּינֵי אוּרְבֵּי. אָמַר רָבָא: וּמוֹדֶה שְׁמוּאֵל בְּכוֹתֶל, *(אִי נַמִי בֵּין הַקְּרָנוֹת). יוְהָאִידָּנָא דִּשְׁכִיחִי טְפוּחָאֵי אֵין לָהֶן שְׁמִירָה אֶלָּא בְּטֶפַח הַסָּמוּךְ לַקַּרְקַע, אוֹ בְּטֶפַח הַסָּמוּךְ לִשְׁמֵי קוֹרָה. א"ל רַב אַחָא בְּרֵיהּ דְּרַב יוֹסֵף לְרַב אַשִׁי: הָתָם תְּנַן: *כחָמֵץ שֶׁנָּפְלָה עָלָיו מַפּוֹלֶת הֲרֵי הוּא כִּמְבוֹעָר, רשב"ג אוֹמֵר: כׇּל שֶׁאֵין הַכֶּלֶב יָכוֹל לְחַפֵּשׂ אַחֲרָיו. וְתָנָא: כַּמָּה חֲפִישַׂת הַכֶּלֶב — ג' טְפָחִים. הָכָא מַאי? מִי בָּעֵינַן שְׁלֹשָׁה טְפָחִים, אוֹ לָא? אָמַר לֵיהּ: הָתָם מִשּׁוּם רֵיחָא — בָּעֵינַן ג' טְפָחִים, הָכָא מִשּׁוּם אִיכַּסּוּיֵי מֵעֵינָא — לָא בָּעֵינַן ג' טְפָחִים. וְכַמָּה? אָמַר רַפְרָם מִסִּיכְרָא: *לטֶפַח. הַהוּא גַּבְרָא דְּאַפְקִיד זוּזֵי גַּבֵּי חַבְרֵיהּ, אוֹתְבִינְהוּ בִּצְרִיפָא דְאוּרְבָנֵי, אִיגְּנוּב. אָמַר רַב יוֹסֵף: מאע"ג דִּלְעִנְיַן גַּנָּבֵי נְטִירוּתָא הִיא, לְעִנְיַן נוּרָא — פְּשִׁיעוּתָא הִיא, הָוְיָא *תְּחִלָּתוֹ בִּפְשִׁיעָה וְסוֹפוֹ בְּאוֹנֶס — חַיָּיב. וְאִיכָּא דְּאָמְרִי: אע"ג דִּלְעִנְיַן נוּרָא פְּשִׁיעוּתָא הִיא, לְעִנְיַן גַּנָּבֵי נְטִירוּתָא הִיא, וּתְחִלָּתוֹ בִּפְשִׁיעָה וְסוֹפוֹ בְּאוֹנֶס — פָּטוּר. וְהִילְכְתָא: תְּחִלָּתוֹ בִּפְשִׁיעָה וְסוֹפוֹ בְּאוֹנֶס — חַיָּיב. הַהוּא גַּבְרָא דְּאַפְקִיד זוּזֵי גַּבֵּי חַבְרֵיהּ, א"ל: הַב לִי זוּזַאי! א"ל: לָא יָדַעְנָא הֵיכָא אוֹתְבִינְהוּ. אֲתָא לְקַמֵּיהּ דְּרָבָא, א"ל: *נכׇּל לָא יָדַעְנָא — פְּשִׁיעוּתָא הִיא, זִיל שַׁלֵּים. סהַהוּא גַּבְרָא דְּאַפְקִיד זוּזֵי גַּבֵּי חַבְרֵיהּ, אַשְׁלְמִינְהוּ לְאִימֵּיהּ, וְאוֹתְבִינְהוּ בְּקַרְטָלִיתָא, וְאִיגְּנוּב. אָמַר רָבָא: הֵיכִי נְדַיְינוּ דַּיָּינֵי לְהַאי דִּינָא? נֵימָא לֵיהּ לְדִידֵיהּ: זִיל שַׁלֵּים, אָמַר: כׇּל

רש"י

מַתְנִי' צְרָרָן. בְּסוּדָרוֹ, וְהִפְשִׁילָן לַאֲחוֹרָיו. גְּמָ' מַאי הֲוָה לֵיהּ לְמֶיעֱבַד. הֲרֵי צְרָרָן. מָצוּי בְּיָדוֹ. לֹא יַפְקִידֶנּוּ לַאֲחֵרִים בְּמָקוֹם אַחֵר, שֶׁאִם תִּזְדַּמֵּן לוֹ סְחוֹרָה לְשָׂכָר יְהֵא מְזוּמָּן לוֹ. תַּחַת יָדוֹ. לִהְיוֹת מְזוּמָּן לוֹ לְצוֹרֶךְ רֶיוַח הַבָּא פִּתְאוֹם. אֵין הַבְּרָכָה. שֶׁמִּתְבָּרֵךְ וְרָבֶה מֵאֵלָיו. *פויישו"ן בְּלַעַ"ז. בַּאֲסָמֶיךָ. דָּרֵישׁ לֵיהּ לְשׁוֹן דָּבָר הַסָּמוּי מִן הָעַיִן. שֶׁאֵין הָעַיִן שׁוֹלֶטֶת בּוֹ. שֶׁנֶּאֱמַר "בַּאֲסָמֶיךָ" לְשׁוֹן גְּנָזִים. אֵין לָהֶם שְׁמִירָה כו'. דְּאִם לֹא שְׁמָרָן וְנִגְנְבוּ — פְּשִׁיעָה הִיא. וְאִם צוּרְבָא מֵרַבָּנַן הוּא. הַמַּפְקִיד, שֶׁהוּא חָרֵד עַל מִצְוַת הַבְדָּלָה עַל הַכּוֹס, אָמַר הַשּׁוֹמֵר: דִּלְמָא מִיבָּעֵי לֵיהּ זוּזֵי לְאַבְדַּלְתָּא, לְהָכִי לֹא קְבָרִינְהוּ, וּפָטוּר. גְּשׁוּשָׁאֵי. מְגַשְּׁשִׁין בַּקַּרְקַע בְּשַׁפּוּדִין שֶׁל בַּרְזֶל לְהַכִּיר מָקוֹם שֶׁתַּחְתָּיו חָלָל. בִּשְׁמֵי קוֹרָה. בַּגַּג מִתַּחְתָּיו. פְּרוּמָאֵי. שׁוֹבְרֵי הַתִּקְרָה. בֵּינֵי אוּרְבֵּי. בֵּין שׁוּרוֹת הַבִּנְיָן בַּכּוֹתֶל. טְפוּחָאֵי. מְטַפְּחִים בַּכּוֹתֶל לֵידַע אִם יֵשׁ שָׁם חָלָל. אוֹ בְּטֶפַח הַסָּמוּךְ כו'. וְכוּלָּן בַּכּוֹתֶל. הֲרֵי הוּא כִּמְבוֹעָר. וְאֵין צָרִיךְ לְבַעֲרוֹ דְּאֵין כָּאן עוֹד "בַּל יֵרָאֶה". הָכָא מַאי. לְעִנְיַן שְׁמִירַת כְּסָפִים. מִשּׁוּם רֵיחָא. שֶׁהַכֶּלֶב מֵרִיחַ וְחוֹפֵשׂ אַחֲרָיו, וַהֲרֵי הוּא מוֹלִיאוֹ, וְנִרְאֶה. מִסִּיכְרָא. שֵׁם מָקוֹם. צְרִיפָא דְאוּרְבָנֵי. בַּיִת קָטָן עָגוֹל כְּמִין כּוֹבַע שֶׁעוֹשִׂין לַיְּלֵדֵי עוֹפוֹת לְאָרוֹז. דְּאוּרְבָנֵי. שֶׁל עֲרָבָה הָיָה. אע"ג דִּלְעִנְיַן גַּנָּבֵי נְטִירוּתָא הִיא. אֲפִי' בְּלֹא קְבוּרָה. שֶׁאֵין גַּנָּבִי' הוֹלְכִין שָׁם לִגְנוֹב שֶׁאֵין מָמוֹן מָצוּי שָׁם. תְּחִלָּתוֹ בִּפְשִׁיעָה. שֶׁמָּא תִּפּוֹל שָׁם דְּלֵיקָה, וְנִמְצָא פָּשַׁע שֶׁלֹּא קְבָרָן. וְסוֹפוֹ בְּאוֹנֶס. שֶׁהֲרֵי נִגְנְבוּ — וּגְנֵיבָה לְשׁוֹמֵר חִנָּם אוֹנֶס הוּא. אַשְׁלְמִינְהוּ. מְסָרָן לְאִמּוֹ. קַרְטָלִיתָא. אַרְגָּז, *אשקר"א בְּלַעַ"ז. נֵימָא לֵיהּ לְדִידֵיהּ [זִיל] שַׁלֵּים. דְּשׁוֹמֵר שֶׁמָּסַר לְשׁוֹמֵר חַיָּיב. כׇּל

תוספות

אמר שמואל כספים אין להם שמירה כו'. לריך עיון אם שמרס בקרקע (א) ונגנבו משם, אם שומר שכר חייב. ובפרק "הכונס" (ב"ק דף נז. ושם ד"ה כגון) משמע דחייב, דפריך אביי לרב יוסף: והאמר ר' יוחנן הטוען טענת גנב באבידה משלם תשלומי כפל. ואי שומר אבידה שומר שכר הוי — קרנא בעי לשלומי. ומאי פריך דלוקמא בטוען שנגנבה באונס, כגון שהעמיק בקרקע ק' אמות, או שתקפתו שינה או חולי. אלמא: כל גניבה לא הויא אונס, אלא לסטים מזויין. וכן בתר הכי, דמייתי: לא אי אמרת בשומר חנס שכן משלם כפל, ואי לסטים מזוין גנב הוא — שומר שכר נמי משלם כפל. משמע דמשום גניבה לא מפטר שומר שכר אם לא בטענת גניבת ליסטים מזויין. מיהו, הנהו יש לדחות, דה"מ למימר: וליטעמיך, דבלאו הכי נמי מלי למימר וליטעמיך: אפי' גזלן הוא, תמלא שומר שכר משלם כפל בבעלים. ויש להביא ראיה מפ' "השואל" (לקמן דף לה. ושם) דכי יליף גניבה ואבידה בשואל משומר שכר, פריך: מה לשומר שכר שכן משלם כפל בטענת ליסטין מזויין. ומשני: אי בעית אימא גזלן הוא. משמע: שאין שום גניבה שיפטר בה שומר שכר. אך תמהון גדול הוא למה לא יהא אונס אם העמיק בקרקע ק' אמות, דמאי ה"ל תו למיעבד? או אם תקפתו שינה או חולי גדול. ואיך יתכן שום גניבה לא נמלא שתהא אונס גמור כליסטין מזויין? ולרבה אית ליה בסוף "הפועלים" (לקמן דף צג:) דאי על בעידנא דעיילי אינשי — פטור. א"כ תמלא גניבת אונס בשומר שכר! ומיהו, יש לדחות: דרבה יסבור כאידך שינויא, דקרנא עדיף, כרב יוסף ב"הכונס" (ב"ק דף נז:) ומ"מ אין סברא כלל שלא נמלא גניבת אונס שיפטר בה שומר שכר. ואין לתרץ דהואיל וחייב רחמנא שומר שכר בגניבה, אע"פ שהיא קרובה לאונס, כדאמר ב"השואל" (לקמן ד' לד:) — חייב אף בכל גניבת אונס. דהא בליסטין מזויין הוא פטור, אע"ג דגנב הוא לרב יוסף! א"כ מאי תשני ב"השואל" (דף לה.) לסטין מזויין גזלן הוא? אכתי איכא למיפרך: מה לשומר שכר — שכן משלם כפל בטענת גניבת אונס, תאמר בשואל דכי נילף שחייב גניבה ואבידה לא ישלם כפל אפילו בטענת גניבת אונס, דמסתמא הוא חייב קרן בכל אונסין! ◎דכעין זה פריך פ"ק דמנחות (דף ה:) גבי 'הלאן' להוליא הטרפה, ובפרק "שור שנגח ד' וה'" (ב"ק דף מ:) גבי שור האלטדין מהו לגבי מזבח. ונראה דכיון דאתי שואל מק"ו דשומר שכר — אין לחייבו בגניבת אונס בקרן, ודיו לבא מן הדין להיות כנדון, דשומר שכר פטור מגניבת אונס אף שואל כן. וא"ת: וגניבת אונס בשואל, לפי האמת, מנ"ל? דלא מלינו ששואל פטור אלא במתה מחמת מלאכה דמשומר שכר לא אתי, כדפרי'. וי"ל: דנפקא לן מוכי ישאל "איש", וי"ו מוסיף על עניין ראשון, והוי כאילו כתיב גניבה ואבידה להדיא בשואל. וכיון דכתיב ביה גניבה ואבידה ואונסין — ליכא למפטריה בגניבת אונס. והא דיליף בברייתא מק"ו — היינו אילו לא נאמר קרא, הייתי אומר ק"ו.

שאין הכלב יכול לחפש אחריו. ואם תאמר: והלא פטור לבדוק חור מפני סכנת עקרב*! וי"ל: דהכא יכול לפנות המפולת. א"נ: הכא שיש שם חמץ — בודאי אינו פטור משום חששת עקרב. דהא מבעיא לן בפסחים (דף י:) ככר בפי נחש לריך חבר להוליאו או לאו?

ה"ג ר"ח: הילכתא תחלתו בפשיעה וסופו באנוס חייב. *וכן מוכח בשלהי "הפועלים" (לקמן דף צג:) דהלכתא דחייב. דפריך אביי: אי הכי, תחילתו בפשיעה וסופו באונס הוא וחייב. וכן מוכח ריש פרק "הכונס" (ב"ק דף נו.) ודוקא היכא שיכול להיות שהאונס לא היה נארע אם לא פשע בתחלה, אבל פשע בה ויצאת לאגם ומתה — פטור, דמלאך המות מה לי וכו'. ולריך לומר דלריפא דאורבני הוי שמירה מעליא לזוזי לענין גנבי כמו קרקע, להכי קרי ליה לענין גנבי אונס.

כל

עין משפט נר מצוה

פב א מיי' פ"ד מהל' שאלה ופקדון הל' ו סמג עשין פח טוש"ע ח"מ סי' רלא סעיף כ:

פג ב מיי' שם הל' ח טוש"ע שם סעי' כא:

פד ג מיי' שם הל' ו טוש"ע שם סעי' כ:

והרי"ף והרא"ש גרסי או נעל כו':

פה ד ה מיי' פ"י מהל' ברכות הל' כב סמג עשין כז טוש"ע א"ח סי' רל סעי' ב [רב אלפס ברכות פ"ט קף מח.]

פו ו מיי' פ"ד מהל' שאלה ופקדון הל' ד סמג עשין פח טוש"ע ח"מ סי' רלא סעי' טו [רב אלפס כאן ועוד לעיל בפירקין דף פ:]

פז ז ח ט מיי' שם הל' ה ועיין בהשגות ובמ"מ טוש"ע שם סעי' טז:

פח י מיי' שם הל' ד טוש"ע שם סעי' טו:

פט כ מיי' פ"ג מהל' חמץ הל' יא סמג עשין לט טוש"ע א"ח סי' תלג סעי' ח:

צ ל מיי' פ"ד מהל' שאלה ופקדון הל' ד סמג עשין פח טוש"ע ח"מ סי' רלא סעי' טו:

צא מ מיי' שם הל' ו טוש"ע שם סעי' ו:

צב נ מיי' שם הל' ז טוש"ע שם סעי' ז:

צג ס מיי' שם הל' ח טוש"ע שם סעי' כג:

רבינו חננאל

מתניתין המפקיד מעות אצל חבירו צררן והפשילן לאחוריו מסרן לבניו הקטנים נעל בפניהן שלא כראוי חייב שלא שימר כדרך השומרים ואם שימר כדרך השומרים פטור. צררן והפשילן לאחוריו חייב כדר' יצחק דאמר כתיב וצרת הכסף בידך אע"פ שהוא צרור יהיה בידך. אמר שמואל כספין אין להן שמירה אלא בקרקע ובערב שבת לא אטרחוה רבנן. ואסיקנא משום איכסויי מעינא הילכך בטפח סגי ליה. והשתא דשכיחי גשושי פי' שמגששין בקרקע ומגלין הטמונות אין לה שמירה אלא בשמי קורה. פי' פרומאי מלשון בגדיו יהיו פרומים. טיט שנותן הבנאי בין ארחא לארחא בעובי הכותל נקרא ביני אורבי. כדגרסי' בגמ' דהשותפין כותל כפיסין ד' טפחים אריח מכאן שהוא טפח ומחצה שיעור חצי לבינה ואריח מכאן כנגדו הרי ג' טפחים נשאר טפח בין שני אריחין ממלאו באבנים קטנים וטיט ונקרא ביני אורבי. פי' טפוחאי שמנקשין בטפח שלהן ומרגישין אם יש בכותל כספין או זולתן: ההוא דאפקיד זוזי גביה חבריה אותבינהו בצריפא דאורבני פי' נתנם בבית המסוכך בעצי ערבה ונגנבו סבר רב יוסף למיפטריה משום דהוא שומר חנם וכו' איכא דאמרי אמר רב יוסף אע"ג דלענין גנבי נטירותא היא לענין נורא פשיעותא היא תחלתו בפשיעה וסופו באונס חייב וכן הלכה למעשה תחלתו בפשיעה וסופו באונס חייב. ההוא דאפקיד זוזי גביה חבריה אמר ליה הב לי זוזי אמר ליה לא ידענא היכא איתנחתינהו. אמר רבא כל לא ידענא פשיעותא היא וכן הלכה. ההוא דאפקיד זוזי גביה חבריה אשלימינהו לאימיה ואותבינהו בקרטליתא ואיגנוב אמרה

מסורת הש"ס

לעיל לו. | ועיין ברש"י לו. משמע דל"ג או אלא מסרן | תענית ח. | [פסחים לא:] | רש"ל מ"ז | שם לא: | [שם] | [לעיל לו: וש"נ] | [לעיל לה.] | [כלאי' בפסחים ח. וע"ש בתוס' ד"ה הכא] | [ועי' תוס' קידושין נב. ד"ה כיון]

הגהות הב"ח

(א) תוס' ד"ה אמר וכו' שמרס בקרקע מאה אמה ונגנבו משם:

גליון הש"ס

תוס' ד"ה אמר וכו' דכעין זה פריך פ"ק דמנחות. עיין יבמות דף נז ע"ב תוס' ד"ה רב אמר:

צד א מיי' פ"ד מהל' שאלה ופקדון הל' ח סמג עשין פח טוש"ע ח"מ סי' רצא סעי' כג:
צה ב ג ד מיי' פ"ו מהלכות מכירה הל' ע י יא סמג לאוין קע טוש"ע ח"מ סי' רלב סעי' יח:
צו ה ו ז ח מיי' פ"ד מהל' שאלה ופקדון הל' ט סמג עשין פח טוש"ע ח"מ סי' רצא סעי' כה:

*כל המפקיד — על דעת אשתו ובניו הוא מפקיד. נימא לה לאימיה: זילי שלימי, אמרה: לא אמר לי דלאו דידיה נינהו, דאקברינהו. נימא ליה: אמאי לא אמרת לה? אמר: כ"ש, דכי אמינא לה דדידי נינהו, טפי מזדהרא בהו. אלא אמר רבא: [א]משתבע איהו דהנהו זוזי אשלמינהו לאימיה, ומשתבעא אימיה דהנהו זוזי אותבינהו בקרטליתא ואיגנוב, ופטור. ההוא אפוטרופא דיתמי דזבן להו תורא ליתמי, ומסריה לבקרא, לא הוו ליה *ככי ושיני למיכל, ומית. אמר רמי בר חמא: היכי נדיינו דייני להאי דינא? נימא ליה לאפוטרופא: זיל שלים, אמר: אנא לבקרא מסרתיה. נימא ליה לבקרא: זיל שלים, אמר: אנא בהדי תורי אוקימתיה, אוכלא שדאי ליה, לא הוה ידעינן דלא אכל. מכדי בקרא שומר שכר דיתמי הוא, איבעי ליה לעיוני. אי איכא פסידא דיתמי הכי נמי. והכא במאי עסקינן — דליכא פסידא דיתמי, דאשכחוהו למריה דתורא ושקול יתמי זוזי מיניה. אלא מאן קא טעין? מריה דתורא קטעין. איבעי ליה לאודועך! מאי מודעינן ליה? מידע ידע [ב]דמקח טעות הוי! [ג]בספסירא דזבן מהכא ומזבין להכא. [ד]הלכך, מישתבע איהו דלא הוה ידע, ומשלם בקרא *דמי בשר בזול. [ה]ההוא גברא דאפקיד כשותא גבי חבריה. הוה ליה לדידיה נמי כריא דכשותא. א"ל לסרסיה: מהאי רמי. אזל רמא מאידך. אמר רב עמרם: היכי נדיינו דייני להאי דינא? נימא ליה לדידיה: זיל שלים — אמר: אנא אמרי ליה מהאי רמי. נימא ליה לסרסיה: זיל שלים, אמר: לא. א"ל: מהאי רמי ומהאי לא תירמי. [ו]ואי דשהא שיעור לאיתויי ליה ולא אייתי ליה — גלי אדעתיה דניחא ליה! בדלא שהא. סוף סוף, מאי פסידא איכא? והא קא משתרשי ליה! א"ר סמא בריה דרבא: [ז]דהוה שיכרא חלא. רב אשי אמר: [ח]בכיסי

ומשלם

רש"י

כל המפקיד כו'. על דעת שלא יהא שומר נמנע מלמוסרן לאנשי ביתו הגדולים ונאמנים לו הוא דמפקיד. נימא לה לאימיה. שתשלם בשביל שלא קברתו. לבקרא מסרתיה. היה לו להודיעו שאינו אוכל. איבעי ליה לעיוני. אם אוכל אם לאו. אי איכא פסידא ליתמי כו'. תירוצא הוא. דאשכחיה למריה דתורא. המוכר. ושקול דמייהו. דאמרי ליה: מקח טעות הוא. אלא מאן טעין. מי תובע כלום דקאמר *(רבא) היכי נדיינו. מריה דתורא טעין. ושואל שמתה בהמתו אצלך, ותובע את האפוטרופוס. ספסירא. קונה ומוכר בהמות בשוק, ביום שקונה מוכר. משתבע ספסירא. דלא הוה ידע. ומשלם בקרא דמי בשר בזול. ותמיה אני: מנין לרמי בר חמא דין זה? מה לו לספסירא עם הרועה, לא שומר שלו הוא! ונראה לי דמתניתין (לעיל דף לה:) דהשוכר (א) הפרה לחבירו והשאילה לאחר ומתה כדרכה דקאמר ר' יוסי יחזיר פרה לבעלים, ואוקימנא הלכה כר' יוסי. אלמא: אע"פ שאין הבעלים בעלי דברים של שואל, והשוכר שהוא לו בעל דברים אינו חסר כלום, שהרי פטור באונסין. אפי' הכי, הואיל ויש לו דין על השואל לגבות – יעמדו הבעלים הראשונים במקומו, וגובין מן השואל. ה"נ, הואיל ויש ליתומים לגבות מן הרועה, שהוא שומר שכר שלהם – יעמדו בעלים במקום היתומים וגובין. ומיהו, אי הוה מפסדי יתומים – לא היה עושה פשרה בממון יתומים לשלם בזול, דיתמי לאו בני מחילה נינהו. אבל עכשיו, שהוא מגבה לבעלים, וכאן אין פשיעה כל כך דאמר בהדי תוראי אוקימתיה כו'. הטיל פשרה ביניהם, ולא ישלם כל דמי השור כמות שהוא חי, אלא העור יחזיר לבעלים והבשר שמין וישלם שני שלישים, דהיכא דאמרינן בגמרא משלם בזול כל זוזא שהוא שש מעה כסף חשבינן כארבעה דנקי, בפרק "מי שמת" (ב"ב דף קמו:). כשותא. הומלו"ן שמטילין לתוך השכר. כריא. כרי. אמר ליה. בעל הבית. לסרסיה. לאשר על ביתו, העושה שכר שלו. מהא רמי. הראהו הכרי שלו, וא"ל: מזה תטיל *לשכר. מאידך. של פקדון. ואי דשהא שיעור כו'. גמ' פריך: אם היה כרי שלו קרוב, ושל פקדון רחוק, ושהא השליח שיעור מהלך דרך הקרוב, ולא אייתי. גלי דעתיה. דבעל הבית דניחא ליה. שהרי ידע שמשל פקדון הוי, ולא מיחה בידו. והא קמשתרשי ליה. והלא הוא נשכר הכשות של פקדון שהטילו בשכר, ושלו עומד, וישלם משלו. חלא. החמיץ. בכיסי. שהיתה כשות (ב) גרועה, וקוצים מעורבין בה, ולא השביח השכר כרצונו וקשה בעיניו שהטילוהו בתוכו. ומשלם

תוספות

כל המפקיד על דעת אשתו ובניו הוא מפקיד. אומר ר"ת: דהיינו לענין שאינו יכול לומר את מהמנת לי בשבועה, ולא האיך. אבל אם פשעו, אפי' אין להם מה לשלם – ישלם הנפקד. דאם לא כן, כל מה שהופקד אצל בעה"ב תבא אשתו ותאכל ותפטר! ולכך נמי הכא משתבעא אמיה דהנהו זוזי אותבינהו בקרטליתא, שלא פשעה. והא דקאמר נימא לה לאימי' דלישלמא – לאו משום דאם לא היה לה מה לשלם שיפטר הנפקד, אלא תשלם לבנה כשיהיה לה.

נימא ליה לאפוטרופוס זיל שלים אמר [אנא] לבקרא מסרתיה. משמע דאם לא היתה זאת הטענה – הוי פושע וחייב. וקשה: דבפ' "ד' וה'" (ב"ק דף לט. ושם ד"ה דאי) אמרינן מעליית מאן – מעליית יתומים. דאי אמרת מעליית אפוטרופוס – ממנעי ולא עבדי. אלמא: פטורים מן הפשיעה. ומתני' ד"הנזקין" (גיטין דף נב.) דקתני: מינהו ב"ד – לא ישבע, מינהו אבי יתומים – ישבע. אבא שאול אומר: חילוף הדברים אין להוכיח דחייב בפשיעה, די"ל: דהשבועה לא הויא שלא פשע, אלא שלא עכב כלום משלהם, משום דמורי היתירא, דטרח קמייהו! וי"ל: דודאי אפוטרופוס חייב בפשיעה, כדמשמע הכא. ולא ממנע, כיון שהחזיקוהו בנאמן. אבל התם, שלא מנוהו לצורך היתומים אלא לתקנת העולם שלא יוזקו משורש – התם דוקא חיישינן דלמא ממנעי. והכי איתא בירושלמי פרק "הנזקין" דקאמר: אתיא דר' יוחנן כרבנן? בתמיה. פירוש: כרבנן דאמרי מנוהו ב"ד לא ישבע? אפילו סבר כאבא שאול, בעי ההוא בר נש מיתן בגין דמתקרי מהימן. פי': רוצה ליתן אם יפשע, ולא ימנע, כיון שנקרא נאמן. אבל הכא, שלא הועמד אלא לתקנת העולם – חיישינן דלמא ממנע. אתיא דרבי יוסי בר חנינא כאבא שאול? בתמיה. אפילו סבר כרבנן, אדם מבריח עצמו מן השבועה, ואין מבריח עצמו מן התשלומין. פירוש: כשיודע שפשע – רוצה לשלם, אבל אם נאבד – אינו חפץ לישבע שלא פשע, דא"כ חושדין אותו*).

הכא בספסירא דזבן מהכא וזבן להכא. ומספקא ליה בהא דינא אליבא דר' יוסי, דאמר תחזור פרה לבעלים הראשונים. אלמא: משכיר במקום שוכר קאי, ואית ליה דינא בהדי שואל. והכא נמי, ספסירא במקום יתמי קאי, ואית ליה דינא בהדי בקרא כאילו הוי שומר שלו. או דלמא: לא דמי; דהתם ודאי קאי משכיר במקום שוכר, דשוכר שייך בגוף הפרה, שהרי שכרה. אבל גבי יתמי, כיון דמקח טעות הוא – אין להם בגוף השור מאומה, איך יעמוד הספסירא במקומם? ומיהו, אי לאו דטעין בקרא: אנא בהדי תוראי אוקימתיה – הוה פשיטא ליה דמיחייב בקרא, אע"ג דמקח טעות הוא, ולית ליה דינא בהדי ספסירא. כיון דפשע – חייב. דספסירא תובע ליתמי שורו שמת בפשיעה, והם שומרים חנם עליו, והיתומים יחזרו על הבקרא שיפטרם מן הספסירא, כי פושע הוא.

דמי בשר בזול. פרש"י: הטיל פשרה ביניהם. ורבינו תם פירש: דדין גמור הוא. דאם היה מודיעו – היה הספסירא שוחטו מיד, ומוכרו בזול, ולא היה יכול להשהותו עד יום השוק שהיה מת קודם. מי אמר לי מהאי רמי מהאי לא תרמי. ואם תאמר: דבפ' "התקבל" (גיטין דף סה: ושם ד"ה הא) תני חדא: ערב לי בתמרים ועירב לו בגרגרות – עירובו עירוב. ותניא אידך: אין עירובו עירוב. כאן – בשלו, כאן – בשל חבירו. וקמפרש דשלו היו קפידא, ואע"ג דלא אמר ליה מהא לא תערב! ויש לומר: דבשני מינין הוי קפידא, אע"ג דלא א"ל מהאי לא תערב. וגבי הבא לי מן החלון והביא מן הדלוסקמא (מעילה כא.) דשליח מעל, אע"ג דמין אחד הוא – התם מיירי שלא היו במקום אחד, והכא מיירי שהיו בבית אחד ולא היה לו לידע שאמר דוקא מהאי רמי*.

בכיסי. פרש"י: שהיה הכשות מלא קוצים, ולא השביח בשכר כ"א מעט. וא"ת: פשיטא שלא יתן יותר, אלא כמו ששוה להטיל בשכר! וי"ל: דאע"פ שהיו שוים יותר למאכל בהמה – לא ישלם אלא מה ששוה לשכר. דראוין הם לבהמה, כדאמר ב"המוציא [יין]" (שבת דף עז:) דגמלא זוטרא גנובתיה משום דאכלה כיסי, כי היכי דלא ליסתרבו בה. ור"ח פירש: כיסי הוא כשות שצריך ריכוך, ובלא ריכוך אין שוה להטיל בשכר, ולכך לא היה שכר טוב. וקמ"ל שלא ישלם אלא כמו ששוה השכר, אע"פ שהיו שוים הרבה יותר, שבדבר מועט היה נעשה הריכוך.

*) [ועי' תוס' גיטין נב: ד"ה הלכה]

מאי

רבינו חננאל

אמרה אימיה לא אמר לי בני דפקדון נינהו דאטמרינהו בקרקע ובדא אמר כל שכן דכי אמינא דידי אינון טפי אודהרה בהו אמר רבא דמישתבע איהו דהני זוזי אשלמינהו לאימיה דלא יכול למימר ליה אין רצוני שיהא פקדוני ביד אחר דקי"ל כל המפקיד על דעת אשתו ובניו הוא מפקיד ואמו כיוצא בהן ומישתבעא אימיה דהני זוזי אותבינהו בקרטליתא ואיגנוב. וכן הלכה. גרסי' בפרק הכותב לאשתו דין ודברים אין לי בנכסיך ההוא דאפקיד כסא דכספא בי חסא שכיב חסא ולא פקיד אתו לקמיה דרב נחמן אמר ידענא ביה בחסא דלא אמיד ועוד הא קא יהיב סימנא ולא אמרנא אלא דלא רגיל דעייל ונפיק לגביה אבל אי רגיל דעייל ונפיק לגביה אימור איניש אחרינא אפקיד גביה וחזייה האי לסימניה. וקיימא לן כרב נחמן דהא עבדו רבנן עובדא בההוא דאפקיד שב מרגניתא צייר בסדינא בי ר' מיאשא ובההוא דאפקיד מיטכסא בי רב דימי כרב נחמן. ש"מ דאי

לעיל לו.

[צ"ל רמי בר חמא]

[ועי' פירושו בתוס' לע"ז כח. ד"ה ככי]

[ב"ק כ. קיב. כתובות לד: ב"ב קמו.]

הגהות הב"ח

(א) רש"י ד"ה ומשלם וכו' דהשוכר פרה מחבירו וכו' ר' יוסי תחזור: (ב) שם ד"ה בכיסי שהיתה כישות גרועה בקוצים וקוצים מעורבין:

ג"א בשכר רש"ל

גליון הש"ס

רש"י ד"ה ומשלם בקרא דמי בשר בזול כו' בפרק מי שמת. עי' בב"ק ס"ב רש"י ד"ה דמי שעורין:

[ועי' תוס' גיטין סה: ד"ה הא והא]

וּמְשַׁלֵּם לֵיהּ דְּמֵי כִּיסֵי.§ **מתני'** [א]הַמַּפְקִיד מָעוֹת אֵצֶל שׁוּלְחָנִי, אִם צְרוּרִין — לֹא יִשְׁתַּמֵּשׁ בָּהֶן, לְפִיכָךְ אִם אָבְדוּ אֵינוֹ חַיָּיב בְּאַחֲרָיוּתָן. מוּתָּרִין — יִשְׁתַּמֵּשׁ בָּהֶן, לְפִיכָךְ אִם אָבְדוּ חַיָּיב בְּאַחֲרָיוּתָן. אֵצֶל בַּעַל הַבַּיִת, בֵּין צְרוּרִין וּבֵין מוּתָּרִין — לֹא יִשְׁתַּמֵּשׁ בָּהֶן, לְפִיכָךְ אִם אָבְדוּ אֵינוֹ חַיָּיב בְּאַחֲרָיוּתָן. *חֶנְוָנִי כְּבַעַל הַבַּיִת דִּבְרֵי ר"מ, ר' יְהוּדָה אוֹמֵר: [ב]חֶנְוָנִי כְּשׁוּלְחָנִי.§ **גמ'** מִשּׁוּם דִּצְרוּרִין לֹא יִשְׁתַּמֵּשׁ בָּהֶן? אָמַר רַב אַסִי אָמַר רַב יְהוּדָה: [ג]בִּצְרוּרִין וַחֲתוּמִין שָׁנוּ. רַב מָרִי אָמַר: [ד]בְּקֶשֶׁר מְשׁוּנֶּה. אִיכָּא דְּאָמְרִי, בָּעֵי רַב מָרִי: קֶשֶׁר מְשׁוּנֶּה מַאי? תֵּיקוּ.§ "מוּתָּרִין יִשְׁתַּמֵּשׁ בָּהֶן" כו'.§ אָמַר רַב הוּנָא: וַאֲפִילּוּ נֶאֱנְסוּ. וְהָא אָבְדוּ קָתָנֵי! כִּדְרַבָּה, *דְּאָמַר רַבָּה: נִגְנְבוּ — בְּלִסְטִין מְזוּיָּין, אָבְדוּ — שֶׁטָּבְעָה סְפִינָתוֹ בַּיָּם. וְרַב נַחְמָן אָמַר: [ה]נֶאֱנְסוּ לֹא. אֲמַר לֵיהּ רָבָא לר"נ: לְדִידָךְ דְּאָמְרַתְּ נֶאֱנְסוּ לֹא, אַלְמָא לָא הָוֵי שׁוֹאֵל עֲלַיְיהוּ. אִי שׁוֹאֵל לָא הָוֵי — שׁוֹמֵר שָׂכָר נַמִי לָא הָוֵי! א"ל: בְּהָא מוֹדֵינָא לָךְ, (א) דְּהוֹאִיל וְנֶהֱנָה מֵהֲנָה — בְּהַהוּא הֲנָאָה דְּאִי מִיתְרַמֵּי לֵיהּ זְבִינָא דְּאִית בָּהּ רַוְוחָא זָבֵן בְּהוּ, הָוֵי עֲלַיְיהוּ שׁוֹמֵר שָׂכָר. אֵיתִיבֵיהּ רַב נַחְמָן לְרַב הוּנָא: *[ו]הַמַּפְקִיד מָעוֹת אֵצֶל שׁוּלְחָנִי, אִם צְרוּרִין — לֹא יִשְׁתַּמֵּשׁ בָּהֶן, לְפִיכָךְ אִם הוֹצִיא לֹא מָעַל הַגִּזְבָּר. וְאִם מוּתָּרִין — יִשְׁתַּמֵּשׁ בָּהֶן, לְפִיכָךְ אִם הוֹצִיא מָעַל הַגִּזְבָּר. וְאִי אָמְרַתְּ אֲפִילּוּ נֶאֱנְסוּ, מַאי אִירְיָא הוֹצִיא? אֲפִילּוּ לֹא הוֹצִיא נַמִי! אֲמַר לֵיהּ: הוּא הַדִּין אע"ג דְּלָא הוֹצִיא, וְאַיְּידֵי דְּתָנָא רֵישָׁא הוֹצִיא, תָּנָא סֵיפָא נַמִי הוֹצִיא.§ **מתני'** הַשּׁוֹלֵחַ יָד בְּפִקָּדוֹן, בֵּית שַׁמַּאי אוֹמְרִים: יִלְקֶה בְּחָסֵר וּבְיָתֵר, וּבֵית הִלֵּל אוֹמְרִים: [ז]כִּשְׁעַת הוֹצָאָה, ר"ע אוֹמֵר: כִּשְׁעַת הַתְּבִיעָה.§ **גמ'** *אֲמַר *רַבָּה: [ח]הַאי מַאן דִּגְזַל חָבִיתָא דְּחַמְרָא מֵחַבְרֵיהּ, מֵעִיקָּרָא שָׁוְיָא זוּזָא הָשְׁתָּא שָׁוְיָא אַרְבָּעָה, תַּבְרָהּ אוֹ שַׁתְיָיהּ — מְשַׁלֵּם אַרְבָּעָה, אִיתְּבַר מִמֵּילָא — מְשַׁלֵּם זוּזָא. מַאי טַעְמָא — כֵּיוָן דְּאִי אִיתָהּ הָדְרָא לְמָרָהּ בְּעֵינָא, הַהִיא שַׁעְתָּא דְּקָא שָׁתֵי לֵיהּ אוֹ דְּקָא תָּבַר לָהּ קָא גָּזַל מִינֵּיהּ, וּתְנַן: *[ט]כָּל הַגַּזְלָנִין מְשַׁלְּמִין כִּשְׁעַת הַגְּזֵילָה. אִיתְּבַר מִמֵּילָא — מְשַׁלֵּם זוּזָא. מ"ט — הָשְׁתָּא לָא עָבֵיד לָהּ וְלָא מִידֵּי, אַמַּאי קָא מְחַיְּיבַתְּ לֵיהּ — אַהַהִיא שַׁעְתָּא דִּגְזָלָהּ, הַהִיא שַׁעְתָּא זוּזָא הוּא דְּשַׁוְיָא. תְּנַן, בֵּית הִלֵּל אוֹמְרִים: כִּשְׁעַת הוֹצָאָה. מַאי כִּשְׁעַת הוֹצָאָה? אִילֵימָא כִּשְׁעַת הוֹצָאָה מִן הָעוֹלָם. וּבְמַאי? אִי בְּחָסֵר — מִי אִיכָּא לְמ"ד? וְהָא תְּנַן: כָּל הַגַּזְלָנִין מְשַׁלְּמִין כִּשְׁעַת הַגְּזֵילָה. וְאִי בְּיָתֵר — הַיְינוּ ב"ש!

אֶלָּא

רש"י

וּמְשַׁלֵּם לוֹ דְּמֵי כִּיסֵי. דְּמֵי כְּשׁוּת שֶׁל קוֹלִים, לְפִי מַה שֶּׁהִשְׁבִּיחַ. **גמ'** מִשּׁוּם דִּצְרוּרִין לֹא יִשְׁתַּמֵּשׁ בָּהֶן. בִּתְמִיָּה. וּמַה גִּילּוּי דַּעַת יֵשׁ כָּאן שֶׁאֵין חָפֵץ שֶׁיִּשְׁתַּמֵּשׁ בָּהֶם? מֵאַחַר שֶׁאִם הֵן מוּתָּרִין קָאָמְרַתְּ יִשְׁתַּמֵּשׁ בָּהֶן, דְּהַמַּפְקִיד הֲלֹא יוֹדֵעַ שֶׁהוּא צָרִיךְ תָּדִיר לְמָעוֹת – צְרוּרִין נַמִי יִשְׁתַּמֵּשׁ, דְּדֶרֶךְ כָּל אָדָם לָצוּר מְעוֹתָיו. וַאֲפִילּוּ נֶאֶנְסוּ. קָאָמַר מַתְנִי' דְּחַיָּיב בְּאַחֲרָיוּתָן, וַאֲפִילּוּ לֹא נִשְׁתַּמֵּשׁ בָּהֶן, דְּמֵהַשְׁתָּא הָוֵי שׁוֹאֵל עֲלַיְיהוּ. נֶאֶנְסוּ לֹא. כָּל זְמַן שֶׁלֹּא נִשְׁתַּמֵּשׁ לָא הָוֵי שׁוֹאֵל. אֶלָּא אָבְדוּ דַּוְקָא חַיָּיב, כְּשׁוֹמֵר שָׂכָר. וְאִי שׁוֹאֵל לָא הָוֵי שׁוֹמֵר שָׂכָר נַמִי לָא הָוֵי. מַה שָּׂכָר נָטַל עַל שְׁמִירָתָם? אֶלָּא עַל שֶׁסָּמַךְ עֲלֵיהֶם לְהַחֲלִיפָן וּלְהִשְׂתַּכֵּר אִם יָבֹא לְיָדוֹ אַתָּה מְחַיְּיבוֹ, וּשְׁאֵלָה הִיא זוֹ, שֶׁהֲרֵי כָּל הֲנָאָה שֶׁלּוֹ. בְּהַהִיא מוֹדֵינָא. אע"ג דְּאָמֵינָא לָא הָוֵי שׁוֹאֵל מֵהַשְׁתָּא עַד שֶׁיִּשְׁתַּמֵּשׁ, מוֹדֵינָא דְּשׁוֹמֵר שָׂכָר הָוֵי. דְּהוֹאִיל וְנֶהֱנֶה מֵהֲנָה. לַבְּעָלִים. הַמַּפְקִיד מָעוֹת. גִּזְבָּר שֶׁהִפְקִיד מְעוֹת הֶקְדֵּשׁ, כְּסָבוּר שֶׁהֵן שֶׁלּוֹ. לֹא מָעַל גִּזְבָּר. שֶׁהֲרֵי לֹא בִּרְשׁוּת הוֹצִיאָן, וְאֵינוֹ שְׁלוּחוֹ. מוּתָּרִין. דַּהֲוָה לֵיהּ כְּנוֹתֵן רְשׁוּת, וַהֲוָה לֵיהּ שְׁלוּחוֹ. לְפִיכָךְ אִם הוֹצִיא. שׁוּלְחָנִי, מָעַל גִּזְבָּר. וְאִי אָמְרַתְּ אֲפִילּוּ נֶאֶנְסוּ. תָּנָא מַתְנִי' דְּחַיָּיב שׁוּלְחָנִי בְּאַחֲרָיוּתָן, נִמְצָא מִשָּׁעָה שֶׁהִפְקִידוֹ הֲלָלוּ יָצְאוּ מֵרְשׁוּת הֶקְדֵּשׁ וּבָאוּ לִרְשׁוּת שׁוּלְחָנִי, וְנַעֲשָׂה כְּמוֹ שֶׁלָּוָה לוֹ. וְאֵין הוֹצָאָה גְּדוֹלָה מִזּוֹ, מַאי אִירְיָא הוֹצִיא? אַיְּידֵי דְּתָנָא רֵישָׁא הוֹצִיא. לְאַשְׁמוּעִינַן רְבוּתָא, דַּאֲפִילּוּ הוֹצִיא לֹא מָעַל, תָּנָא סֵיפָא הוֹצִיא. **מתני'** יִלְקֶה בְּחָסֵר וּבְיָתֵר. אִם חָסְרוּ דָּמֶיהָ, שֶׁהוּזְלָה בַּשּׁוּק – יְשַׁלֵּם דָּמֶיהָ כְּמוֹ שֶׁהָיְתָה שָׁוָה בְּשָׁעָה שֶׁשָּׁלַח בָּהּ יָד, שֶׁהִיא שְׁעַת הַגְּזֵילָה. וְכֵן כָּל הַגַּזְלָנִין מְשַׁלְּמִין כִּשְׁעַת הַגְּזֵילָה. וּכְגוֹן שֶׁהוֹלִיכָהּ, שֶׁאֵינָהּ בְּעַיִן. אֲבָל אִם יֶשְׁנָהּ בְּעַיִן כְּמוֹת שֶׁגְּזָלָהּ, אוֹמֵר לוֹ: הֲרֵי שֶׁלְּךָ לְפָנֶיךָ, כִּדְאָמְרִינַן גַּבֵּי מַטְבֵּעַ וְנִפְסַל, תְּרוּמָה וְנִטְמֵאת, בְּפֶ' "הַגּוֹזֵל [קַמָּא]" (ב"ק דף צו:). וּבְיָתֵר. אִם שֶׁהָיְתָה בְּיָדוֹ מִשֶּׁשָּׁלַח בָּהּ יָד וְנִתְיַיקְּרָה, וְאַחַר כָּךְ הוֹלִיכָהּ – לוֹקֵחַ בְּיֹתֶר דָּמֶיהָ, לְשַׁלֵּם כִּשְׁעַת הוֹצָאָה. וּבֵית הִלֵּל אוֹמְרִים כו'. בַּגְּמָרָא מְפָרֵשׁ מַאי קָאָמְרֵי. כִּשְׁעַת הַתְּבִיעָה. כִּשְׁעָה שֶׁיִּתְבָּעוּ לַדִּין וּבַגְּמָרָא מְפָרֵשׁ טַעְמָא. **גמ'** מֵעִיקָּרָא. כְּשֶׁגְּזָלָהּ. וּלְבַסּוֹף. כְּשֶׁיָּצְתָה מִן הָעוֹלָם. תַּבְרָהּ. בְּיָדַיִם. אוֹ שַׁתְיָיהּ. אַחַר שֶׁהוּקְרָה. דְּאִי אִיתָהּ. כָּאן, בִּשְׁעַת הַתְּבִיעָה – הֲוָה מַהַדְרָנָא בְּעֵינָא. דְּכִי אָמְרִינַן מְשַׁלֵּם כִּשְׁעַת הַגְּזֵילָה – הֵיכָא דְּלֵיתָהּ בְּעַיִן. אֲבָל יֶשְׁנָהּ בְּעַיִן, בֵּין שֶׁהוּקְרָה בֵּין שֶׁהוּזְלָה – חוֹזֶרֶת כְּמוֹת שֶׁהִיא. הִלְכָּךְ, הוֹאִיל וְאִם תְּבָעָהּ בְּעוֹדָהּ קַיֶּימֶת לְאַחַר שֶׁהוּקְרָה הָיְתָה חוֹזֶרֶת בְּעַיִן, אִשְׁתַּכַּח דְּהַהִיא שַׁעְתָּא דְּקָא שָׁתֵי לָהּ הוּא דְּגָזֵיל לָהּ. וּבְמַאי. אַהַיָּיא פְּלִיגֵי בֵּית הִלֵּל. אִי בְּחָסֵר. כְּשֶׁהוּזְלָה, דְּקָאָמְרֵי ב"ש יִלְקֶה לְשַׁלֵּם כַּדָּמִים שֶׁהָיְתָה בִּשְׁעַת הַגְּזֵילָה, וְקָאָמְרֵי בֵּית הִלֵּל כִּשְׁעַת הוֹצָאָה. וּמִי אִיכָּא לְמַאן דְּאָמַר. הֵיכָא דְּלֵיתֵיהּ בְּעַיִן, דְּכָל הַגַּזְלָנִין לָאו כִּשְׁעַת הַגְּזֵילָה מְשַׁלְּמִין.

אֶלָּא

תוספות

מאי **איריא כי לא הוציא נמי.** כיון דהיתר תשמיש מחייב באונסין. וא"ת: הא דתנן לקמן ב"הזהב" (דף מד. מז: מח.): נתן לו מעות ולא משך ממנו פירות – יכול לחזור בו. לרב הונא דאית ליה דהיתר תשמיש מחייב באונסין, וכן לרב יוסף בפרק "אלו מציאות" (לעיל דף כט.) – המוכר אסור להשתמש במעות שקבל, שאם היה מותר להשתמש – תקשה להו הך ברייתא (ב) דמייתי אפלוגתא דרבי יוחנן ור"ל: נתן לבלן – מעל. דוקא בלן דלא מחסרא משיכה, כדקתני סיפא הרי מרחץ לפניך הכנס ורחוץ. אבל ספר – לא מעל עד דמשיך. ולדידהו כי נתנה לספר – נמי למעול, אע"ג דלא משיך. כיון דספר מותר להשתמש בהן, בין מיירי בספר גוי כר' יוחנן, בין בספר ישראל כר"ל. וכמו שאסור להשתמש בהם לרב הונא ולרב יוסף – ה"נ לר"ל ולר' יוחנן, דבהא לא פליגי. ולא הוה המוכר על אותם מעות כי אם שומר חנם לכ"ע. וא"כ, לרבי יוחנן מה הועילו במה שתקנו דאין מעות קונות? דאי מעות קונות – יאמר מוכר נשרפו חטיך בעליה, השתא דלא קני – יאמר נשרפו מעותיך בעליה. ועוד: דרב הונא גופיה סבר בפ' "הזהב" (לקמן דף מו:) דבר תורה מעות קונות כרבי יוחנן. דאמר רב הונא: מכור לי באלו – קנה! וי"ל: דאע"ג דלא הוי על המעות כי אם שומר חנם, לא מצי א"ל נשרפו מעותיך בעליה, דכספים אין להם שמירה אלא בקרקע. וא"ת: כיון דהיכא שלא משך אסור להשתמש במעות, א"כ הא דאמר (ג) פוסק עמו על הגדיש או על שער שבשוק – מה מרויח בהקדמת מעות? וי"ל: כגון שפירש ע"מ להשתמש בהם. א"נ: אפילו בסתמ', כיון שהוא פוסק ומקדים לו מעות חצי שנה מן הגדיש עד ימות הקיץ – אדעתא דהכי נותן שישתמש בהן. ועוד י"ל: דלרבי יוחנן ולרב הונא דאית להו דבר תורה מעות קונות – לא הפקיעו כח שיש לו למוכר במעות שיכול להשתמש בהם, כיון דקונות מן התורה, והוי שואל עלייהו, ולא מצי א"ל נשרפו מעותיך בעליה. ולא תקנו משיכה אלא כדי שלא יאמר לו נשרפו חטיך בעליה. אבל לר"ל, ודאי כיון דמעות אינם קונות – אסור להשתמש במעות, ולא הוי שואל עלייהו. ולכך נתנה לספר – לא מעל עד שימשוך. וכן לרבי יוחנן ולרב הונא בספר גוי – לא מעל עד שימשוך, דמעות בגוי אינם קונות.

והתנן כל הגזלנים משלמין כשעת הגזלה. ואע"ג דבפ' "הגוזל [קמא]" (ב"ק דף צו:) אמרי': זה הכלל כל הגזלנים משלמין כשעת הגזלה, לאתויי דרבי אלעאי דאמר גנב טלה ונעשה איל, עגל ונעשה שור – נעשה שינוי בידו וקנאה. משמע דלא איירי ביוקרא וזולא אלא בשינוי, כדמיירי ברישא דמתני': הגוזל עצים ועשה כלים, צמר ועשה בגדים. היינו דוקא יתורא ד"זה הכלל", אבל פשטא דמתניתין דמשלמין כשעת הגזלה – איירי ביוקרא וזולא. והתם ב"הגוזל" (דף קג.) נמי מייתי לענין יוקרא וזולא גבי איקר כתנא דרב כהנא. ובפרק "כל שעה" (פסחים דף לב.) גבי לפי דמים משלם. וא"ת: רב דאמר ב"מרובה" (ב"ק דף סה. ושם ד"ה גופא) קרן כעין גנב, [כפל וכו'] ואוקמה כגון דמעיקרא שויא ד', ולבסוף שויא זוזא. מאי קמ"ל? מתני' היא! ועוד: מאי בעי התם מאי טעמא דרב; ליבעי מאי טעמא דמתניתין? וי"ל: דרב קמ"ל דאע"ג דקרן כעין שגנב, כפל לא הוי כמו קרן אלא כשעת העמדה בדין. ובעינן: מאי טעמא דרב דמחלק כפל מדין קרן? ומשני: גנבה וחיים, אחייה לקרן כעין שגנב – דוקא קרן ולא כפל.

לימא

עין משפט נר מצוה

צז א ב ג ד ה מיי' פ"ז מהל' שאלה ופקדון הל' ו סמג עשין פח טוש"ע ח"מ סי' רצב סעי' ז:

צח ו מיי' פ"ז מהל' מעילה הל' ט והל' י:

צט ז מיי' פ"ג מהל' גזילה הל' א סמג עשין עא עב טוש"ע ח"מ סי' רצב סעי' ה:

ק ח מיי' שם הל' א ב ופ"א מה' גניבה הל' יד סמג שם טוש"ע ח"מ סי' שנד סעי' ג וסי' שסב סעי' י:

קא ט מיי' פ"ג מהל' גזילה הל' ב טוש"ע ח"מ סי' שסב סעי' ב וסעי' יא וסעי' יב וסי' שה סעי' ה:

רבינו חננאל

כיסי פי' כיסי כשותא שאינה מתוקנת שעדיין צריכא תיקון: [מתני'] המפקיד מעות אצל שולחני אם צרורין לא ישתמש בהן לפיכך אם אבדו אין חייב באחריותן. אוקמה ר' אמי בצרורין וחתומים. קשר משונה איבעיא ועלתה בתיקו. הלכך לא ישתמש בהן: פיסקא מותרין ישתמש בהן לפיכך אם אבדו חייב באחריותן. אמר רב הונא ואפי' נאנסו והאי דקתני במתני' אבדו כדרבא דאמר בפרק הזהב נגנבו בליסטים מזויין. אבדו שטבעה ספינתו בים. ורב נחמן אמר נאנסו לא אלא בההוא הנאה דאי מתרמי ליה זבינא דאית ליה רווחא זבין בהו הוי עלייהו שומר שכר. וקיימא לן כרב נחמן: המפקיד אצל בעל הבית בין צרורין בין מותרין אל ישתמש בהן לפיכך אם אבדו אין חייב באחריותן חנוני כבעל הבית דברי ר' מאיר ר' יהודה אומר כשולחני וקיימא לן כר' יהודה. ומותיב רב נחמן לרב הונא דאמר בשולחני אפי' נאנסו חייב הא דתנן במסכת מעילה המפקיד מעות אצל שולחני מותרין ישתמש בהם לפיכך אם הוציא מעל הגזבר. ואי אמרת אפי' נאנסו חייב הני מעות הקדש כיון דמסרינהו הגיזבר לשולחני אי חייב בהו באונסין הוו להו כמלוה ואע"ג דלא אפקינהו עדיין השולחני למעול הגזבר דהא הוא אפקינהו. ופריק רב הונא הוא הדין אע"ג דאכתי לא אפקינהו מעל הגזבר ולא הוה בעי למיתנא הוציא אלא איידי דתנא רישא הוציא תנא נמי סיפא הוציא: **מתני'** השולח יד בפיקדון ילקה בחסר וביתר תנא *) כיצד הפקיד לו משתי סאין בסלע ועמדו מארבע משלם משתי סאין בסלע. הפקיד לו מארבע ועמדו משתים נותן לו משתים. בית הלל אומרים כשעת ההוצאה פי' כשיעור שהיה שוה בעת ששלח בו ידו והוציאו לצרכיו. אמר רבה מאן דגזל חביתא דחמרא מחבריה מעיקרא שויא זוזא ולבסוף שויא ד' שתיא או תברא משלם ד' מאי טעמא דכל זמן דאיתא הדרא למרא בעינא בעידנא דתברא או שתיא בההיא שעתא קא גזיל ליה ותנן כל הגזלנין משלמין כשעת הגזילה וההיא שעתא ד' הוא דשויא. איתבר ממילא משלם זוזא מאי טעמא השתא לא גזיל אמאי קא מחייבת ליה אההיא שעתא דגזל **) זוזא הויא שויא. ואקשי' עליה תנן בית הלל אומרים כשעת ההוצאהמאי ההוצאה היא אילימא בעת ההוצאה מן העולם כלומר בעידנא דתברא או שתיא. ובחסר מי איכא מאן דאמר כלומר אם בשעת הגזילה היתה שוה ד' ובעת ההוצאה מן העולם שוה זוז כי האי גוונא יש מי שאמר משלם זוז. וכי חולק אדם על משנתינו דתנן כל הגזלנים משלמין כשעת הגזילה

אלא

*) הוא תוספתא דמכלתין פ"ג ע"ש. **) נ"ל וההיא שעתא זוזא הויא שויא.

מסורת הש"ס

קדושין נג: [מעילה כא:]

לעיל כט: לקמן נח.

[תוס' דמעילה ספ"ב מעילה כא: [וע"ש בתוס']

ב"ק סה.

[גי' רי"ף רבא ועיין תוס' ע"ב ד"ה אלא]

[ב"ק צג: צו: קג. פסחים לב.]

רש"ל

הגהות הב"ח

(א) גמ' דהואיל ונהנה מהנה. נ"ב ע"ל דף פא ע"א: (ב) תוס' ד"ה מאי וכו' דמייתי אפלוגתא. נ"ב דף מח: (ג) בא"ד פוסק עמו על הגדיש. נ"ב לקמן דף עב ע"ב:

קב א מיי' פ"ג מהל' גזילה ואבידה הל' טו סמג עשין עג טוש"ע ח"מ סי' שנט סעי' ה:
קג ב מיי' שם פ"ב הל' ב ועיין בהשגות ובמ"מ סמג עשין שם טוש"ע ח"מ סי' שסב סעי' ב ז:
קד ג מיי' שם טוש"ע שם סעי' ז:
קה ד מיי' פ"ג שם הל' יא סמג שם טוש"ע ח"מ סי' רצב סעי' ד:
קו ה ו מיי' שם הל' יב ועיין בהשגות ובמ"מ טוש"ע שם סעי' ב:

אֶלָּא פְּשִׁיטָא כִּשְׁעַת הוֹצָאָה מִבֵּית בְּעָלִים. לֵימָא רַבָּה דַּאֲמַר כְּבֵית שַׁמַּאי! אָמַר לָךְ רַבָּה: בְּיָתֵר – כּוּלֵּי עָלְמָא לָא פְּלִיגֵי, כִּי פְּלִיגֵי – בְּחָסֵר. ב"ש סָבְרִי: שְׁלִיחוּת יָד אֵינָהּ צְרִיכָה חִסָּרוֹן, וְכִי חָסֵר – בִּרְשׁוּתָא דִּידֵיהּ חָסֵר. וּב"ה סָבְרִי: שְׁלִיחוּת יָד צְרִיכָה חִסָּרוֹן, וְכִי חָסֵר – בִּרְשׁוּתָא דְּמָרֵיהּ חָסֵר. אֶלָּא הָא דַּאֲמַר רָבָא: *שְׁלִיחוּת יָד אֵינָהּ צְרִיכָה חִסָּרוֹן. לֵימָא רָבָא דַּאֲמַר כְּב"ש? אֶלָּא הָכָא בְּמַאי עָסְקִינַן – *כְּגוֹן שֶׁטִּלְטְלָהּ לְהָבִיא עָלֶיהָ גּוֹזָלוֹת, וּבְשׁוֹאֵל שֶׁלֹּא מִדַּעַת קָא מִיפַּלְגִי. ב"ש סָבְרִי: *שׁוֹאֵל שֶׁלֹּא מִדַּעַת גַּזְלָן הָוֵי, וְכִי חָסֵר – בִּרְשׁוּתָא דִּידֵיהּ חָסֵר. וּב"ה סָבְרִי: שׁוֹאֵל שֶׁלֹּא מִדַּעַת – שׁוֹאֵל הָוֵי, וְכִי חָסֵר – בִּרְשׁוּתָא דְּמָרָהּ חָסֵר. אֶלָּא הָא *דַּאֲמַר רָבָא: [א]שׁוֹאֵל שֶׁלֹּא מִדַּעַת לְרַבָּנַן גַּזְלָן הָוֵי, לֵימָא רָבָא דַּאֲמַר כְּב"ש? אֶלָּא, הָכָא בְּשֶׁבַח שֶׁל גְּזֵילָה קָמִיפַּלְגִי. ב"ש סָבְרִי: [ב]שֶׁבַח גְּזֵילָה דְּנִגְזָל הָוֵי, וּבֵית הִלֵּל סָבְרִי: שֶׁבַח גְּזֵילָה דְּגַזְלָן הָוֵי. וּבִפְלוּגְתָּא דְּהָנֵי תַּנָּאֵי, דְּתַנְיָא: *הַגּוֹזֵל אֶת הָרָחֵל, גְּזָזָהּ וְיָלְדָה – מְשַׁלֵּם אוֹתָהּ וְאֶת גִּיזוֹתֶיהָ וְאֶת וְלָדוֹתֶיהָ, דִּבְרֵי ר"מ. ר' יְהוּדָה אוֹמֵר: [ג]גְּזֵילָה חוֹזֶרֶת בְּעֵינֶיהָ. דַּיְקָא נַמִי, דְּקָתָנֵי: ב"ש אוֹמְרִים: יִלְקֶה בְּחָסֵר וּבְיָתֵר, וּב"ה אוֹמְרִים: כִּשְׁעַת הוֹצָאָה, ש"מ.§ "ר"ע אוֹמֵר כִּשְׁעַת הַתְּבִיעָה".§ אָמַר רַב יְהוּדָה אָמַר שְׁמוּאֵל: הֲלָכָה כְּר' עֲקִיבָא. וּמוֹדֶה ר"ע בְּמָקוֹם שֶׁיֵּשׁ עֵדִים. מ"ט? דְּאָמַר קְרָא °"לַאֲשֶׁר הוּא לוֹ יִתְּנֶנּוּ בְּיוֹם אַשְׁמָתוֹ" (ויקרא ה), וְכֵיוָן דְּאִיכָּא עֵדִים – מֵהַהוּא שַׁעְתָּא הוּא דְּאִיחַיַּיב לֵיהּ אַשְׁמָה. א"ל ר' אוֹשַׁעְיָא לְרַב יְהוּדָה: ר', אַתָּה אוֹמֵר כֵּן? הָכִי א"ר אַסִּי אָמַר ר' יוֹחָנָן: חָלוּק הָיָה ר"ע אֲפִי' בְּמָקוֹם שֶׁיֵּשׁ עֵדִים, מ"ט – דְּאָמַר קְרָא "לַאֲשֶׁר הוּא לוֹ יִתְּנֶנּוּ בְּיוֹם אַשְׁמָתוֹ", וּבֵי דִּינָא הוּא דְּקָא מְחַיְּיבִי לֵיהּ אַשְׁמָה. א"ל ר' זֵירָא לְר' אַבָּא בַּר פַּפָּא: כִּי אָזְלַתְּ לְהָתָם אַקִּיף אַסּוּלָּמָא דְּצוֹר, וְעוּל לְגַבֵּיהּ דְּר' יַעֲקֹב בַּר אִידִי, וּבְעֵי מִינֵּיהּ אִי שְׁמִיעָא לֵיהּ לְר' יוֹחָנָן הֲלָכָה כְּר"ע אוֹ אֵין הֲלָכָה כְּר"ע. א"ל, הָכִי אָמַר ר' יוֹחָנָן: הֲלָכָה כְּרַבִּי עֲקִיבָא לְעוֹלָם. מַאי לְעוֹלָם? אָמַר רַב אַשִׁי: שֶׁלֹּא תֹּאמַר הָנֵי מִילֵּי – הֵיכָא דְּלֵיכָּא עֵדִים, אֲבָל הֵיכָא דְּאִיכָּא עֵדִים – לָא. וְאִי נַמִי, דְּאַהַדְרָהּ לְדוּכְתָּהּ וְאִיתַּבְרָא, לְאַפּוּקֵי מִדְּרַבִּי יִשְׁמָעֵאל דְּאָמַר *לָא בָּעֵינַן דַּעַת בְּעָלִים, קָא מַשְׁמַע לָן: דְּבָעֵינַן דַּעַת בְּעָלִים. וְרָבָא אָמַר: הֲלָכָה כְּבֵית הִלֵּל.§

מתני' הַחוֹשֵׁב לִשְׁלוֹחַ יָד בְּפִקָּדוֹן, בֵּית שַׁמַּאי אוֹמְרִים: חַיָּיב, וּבֵית הִלֵּל אוֹמְרִים: [ד]אֵינוֹ חַיָּיב עַד שֶׁיִּשְׁלַח בּוֹ יָד, שֶׁנֶּאֱמַר: °"אִם לֹא שָׁלַח יָדוֹ בִּמְלֶאכֶת רֵעֵהוּ" (שמות כב). [ה]הִטָּה אֶת הֶחָבִית וְנָטַל הֵימֶנָּה רְבִיעִית וְנִשְׁבְּרָה – אֵינוֹ מְשַׁלֵּם אֶלָּא רְבִיעִית. [ו]הִגְבִּיהָהּ וְנָטַל הֵימֶנָּה רְבִיעִית וְנִשְׁבְּרָה – מְשַׁלֵּם דְּמֵי כּוּלָּהּ.§

גמ'

רש"י

אֶלָּא פְּשִׁיטָא כִּשְׁעַת הוֹצָאָה מִבֵּית בְּעָלִים. כִּשְׁעַת הַגְּזֵילָה. וּבְיָתֵר פְּלִיגֵי, דְּקָאָמְרִי ב"ש: אִם הוּקְרָה – יִלְקֶה לְשַׁלֵּם כִּשְׁעַת הוֹצָאָה מִן הָעוֹלָם. וּבֵית הִלֵּל אָמְרִי: כִּשְׁעַת הוֹצָאָה מִבֵּית הַבְּעָלִים. כִּי פְּלִיגֵי בְּחָסֵר. וְקָאָמְרִי ב"ה כִּשְׁעַת הוֹצָאָה מִן הָעוֹלָם. וּדְקָא קַשְׁיָא לָךְ כָּל הַגַּזְלָנִין מְשַׁלְּמִים כִּשְׁעַת הַגְּזֵילָה, אִי בִּגְזֵילָה מַמָּשׁ דִּגְזָלָהּ מֵעִיקָּרָא – ה"נ. אֲבָל הָכָא, דִּבְהֶיתֵּרָא אֲתָא לִידֵי', וּמִשּׁוּם שְׁלִיחוּת יָד קָמִחַיְּיבַתְּ לֵיהּ – בְּהָא פְּלִיגֵי. ב"ש סָבְרִי שְׁלִיחוּת יָד אֵינָהּ צְרִיכָה חִסָּרוֹן. וּמִשֶּׁשָּׁלַח בָּהּ יָד, אע"פ שֶׁלֹּא חִסְּרָהּ – הָוְיָא גְּזֵילָה, וְקָמָה בִּרְשׁוּתֵיהּ. וּכְשֶׁהוּזְלָה – בִּרְשׁוּתוֹ הוּזְלָה וְאִם הָיְתָה בְּעַיִן – אוֹמֵר לוֹ: הֲרֵי שֶׁלְּךָ לְפָנֶיךָ. עַכְשָׁיו שֶׁהוֹלִיכָהּ – מְשַׁלֵּם כִּשְׁעַת שְׁלִיחוּת יָד. אֶלָּא הָא דְּאָמַר רָבָא. לְעֵיל בִּשְׁמַעְתִּין (דף מא:). שְׁלִיחוּת יָד אֵינָהּ צְרִיכָה חִסָּרוֹן. דְּקָאָמַר שֶׁלֹּא תֹּאמַר שְׁלִיחוּת יָד כו'. הָא דְּאָמַר רָבָא. בְּ"הַמּוֹכֵר אֶת הַסְּפִינָה" (ב"ב דף פח.). שׁוֹאֵל שֶׁלֹּא מִדַּעַת לְרַבָּנַן גַּזְלָן הוּא. גַּבֵּי שׁוֹלֵחַ אֶת בְּנוֹ אֵצֶל חֶנְוָנִי, דִּפְלִיגֵי רַבָּנַן וְר' יְהוּדָה, וְאוֹקֵי רָבָא פְּלוּגְתַּיְיהוּ בְּשׁוֹאֵל שֶׁלֹּא מִדַּעַת. וַאֲמַר דִּלְרַבָּנַן גַּזְלָן הָוֵי. וּמִדְּאוֹקֵי רָבָא לְרַבָּנַן בְּהָכִי – סְבִירָא לֵיהּ לְדִידֵיהּ גַּזְלָן הָוֵי, וְאַהֲדַר לְאוֹקְמֵי מִילְּתֵיהּ כְּרַבָּנַן, דְּהִלְכְתָא כְּרַבִּים. לֵימָא כְּב"ש אֲמָרָהּ. אֶלָּא הָכָא בְּשֶׁבַח גְּזֵילָה פְּלִיגֵי. וְהַאי חָסֵר וְיָתֵר דְּמַתְנִי' – לָאו בְּיוֹקְרָא וְזוֹלָא, אֶלָּא בְּמַאי דְּחָסְרָה, דְּהַיְינוּ גִּיזּוֹת, וּבְמַאי שֶׁהוֹתִירָה כְּגוֹן אִם נִתְעַבְּרָה אֶצְלוֹ. דְּב"ש סָבְרִי: הַכֹּל יְשַׁלֵּם, כְּר"מ דִּבְרַיְיתָא. וּב"ה כְּרַבִּי יְהוּדָ', כִּשְׁעַת הוֹצָאָה מִבֵּית הַבְּעָלִים. דַּיְקָא נַמִי. דִּבְגִיזּוֹת וּוְלָדוֹת פְּלִיגֵי, דְּקָתָנֵי לְשׁוֹן חָסֵר וְיָתֵר, וְלָא קָתָנֵי לְשׁוֹן זוֹל וְיוֹקֶר. וּמוֹדֶה ר"ע בְּמָקוֹם שֶׁיֵּשׁ עֵדִ'. כַּמָּה הָיְתָה שָׁוָה בַּיּוֹם שֶׁגְּזָלָהּ, וְרָאוּ שֶׁגְּזָלָהּ הֵימֶנּוּ, דִּמְשַׁלֵּם כִּשְׁעַת הַגְּזֵילָה. מַאי טַעְמָא דְּרַבִּי עֲקִיבָא. דַּאֲמַר כִּשְׁעַת הַתְּבִיעָה. דְּאָמַר קְרָא בְּיוֹם אַשְׁמָתוֹ. כְּדָמִים שֶׁל אוֹתוֹ יוֹם שֶׁהוּא מִתְחַיֵּיב לוֹ. וְהֵיכָא דִּתְבָעוֹ וְהוֹדָה, דְּעַל פִּיו הוּא מִתְחַיֵּיב – הַעֲמָדָתוֹ בַּדִּין וְהוֹדָאָתוֹ הוּא יוֹם אַשְׁמָתוֹ, אֲבָל אִם יֵשׁ עֵדִים – מִשָּׁעָה שֶׁרָאוּהוּ שֶׁגְּזָלָהּ הוּא אָשֵׁם לוֹ. לְהָתָם. לְאֶרֶץ יִשְׂרָאֵל. אַקִּיף. הַרְבֵּה אֶת הַדֶּרֶךְ, וְסַבֵּב דֶּרֶךְ אֲרוּכָּה עַל דָּבָר זֶה לָלֶכֶת, דֶּרֶךְ מַעֲלַת שֶׁל הַר צוֹר מָקוֹם שֶׁר' יַעֲקֹב שָׁם, וּבְעֵי מִינֵּיהּ מַה שָּׁמַע מֵר' יוֹחָנָן רַבּוֹ עַל כָּךְ. כָּל מַהֲלַךְ דֶּרֶךְ אֲרוּכָּה בְּמָקוֹם שֶׁיֵּשׁ קְצָרָה מַקִּיף הוּא. אִי נַמִי דְּהַדְרָהּ לְדוּכְתָּהּ. לְהָכִי אַשְׁמוּעִינַן 'לְעוֹלָם'. לוֹמַר שֶׁאִם הֶחֱזִירָהּ לִמְקוֹמָהּ לְאַחַר שֶׁשָּׁלַח בָּהּ יָד, וְנִשְׁבְּרָה בְּאוֹנֶס – אַף בָּזוֹ הֲלָכָה כְּר"ע, דְּאָמַר לְעֵיל גַּבֵּי גָּנַב טָלֶה מִן הָעֵדֶר – צָרִיךְ דַּעַת בְּעָלִי'. וְרָבָא אָמַר הֲלָכָה כְּב"ה. כִּשְׁעַת גְּזֵילָה וַאֲנַן כְּרָבָא עָבְדִינַן, דַּהֲוָה לֵיהּ בַּתְרָאָה. **מתני'** הַחוֹשֵׁב לִשְׁלוֹחַ יָד. (א) אָמַר בִּפְנֵי עֵדִים: אֶטּוֹל פִּקְדּוֹנוֹ שֶׁל פְּלוֹנִי לְעַצְמִי. חַיָּיב. בְּאוֹנָסִים מֵהַיּוֹם וְהָלְאָה, אִם נֶאֱנַס – חַיָּיב בְּאַחֲרָיוּת. הִטָּה אֶת הֶחָבִית. מְלֵאָה בְּכַנְפֵי נַפְשָׁהּ הִיא. וְנִשְׁבְּרָה. לְאַחַר זְמַן. אֵינוֹ מְשַׁלֵּם אֶלָּא רְבִיעִית. דִּשְׁלִיחוּת יָד אֵינוֹ מִתְחַיֵּיב בְּאוֹנָסִין עַד שֶׁיִּמְשׁוֹךְ אוֹ יַגְבִּיהַּ, דְּהָוֵי קַנְיָיה. הִגְבִּיהָהּ וְנָטַל. דְּהָוֵי קַנְיֵיהּ בְּהַגְבָּהָתָהּ, וְחֶסְרוֹן מִנְּטִילַת רְבִיעִית, חַיָּיב בְּאוֹנָסֶיהָ.

גמ'

תוספות

לימא רבה דאמר כב"ש. וא"ת: לוקי פלוגתייהו באחבר ממילא, ורבה כב"ה! וי"ל: דא"כ לא הוו פליגי בית שמאי.

בית שמאי סברי שליחות יד אינה צריכה חסרון. וא"ת: א"כ תרי בבי הך דהכא וסיפא דהחושב לשלוח יד, למה לי. וי"ל: דסיפא אשמועי' דלב"ש אפילו דבור בלא משיכה חייב, והך דהכא – אשמועינן דלב"ה צריכה חסרון.

אלא הא דאמר רבא שואל שלא מדעת גזלן הוי. אומר ר"ת: דגרסינן בכל הני רבא. דהך דשואל – ע"כ רבא הוי, דקאמר בתר רבה ורב יוסף ב"המוכר הספינה" (ב"ב דף פח.) ומדהאי רבא – כולה נמי רבא. דאי לאו הכי לא פריך מידי, דמצי לאוקומה פלוגתיה כחד מהנך פלוגתי' דעיל.

משלם אותה ואת גיזותיה ואת ולדותיה דברי ר"מ, רבי יהודה אומר גזלה חוזרת בעיניה. וא"ת: הא דתנן בפרק "הגוזל קמא" (ב"ק דף ק:): הנותן צמר לצבע לצבוע לו אדום וצבעו שחור, אם השבח יתר על הוצאה – נותן לו היציאה, ואם הוצאה יתירה על השבח – נותן לו השבח, דברי רבי יהודה. ר"מ אומר: אין נותן לו אלא דמי צמרו בלבד. אלמא סברתם הפוכות! ותירץ ר"ת: דהכא גבי גזילה סבר ר"מ שינוי אינו קונה, משום דקנסא קנים במזיד. אבל בצבוע לו אדום, דשוגג – לא קנים, והכי איתא ב"הגוזל". ור' יהודה דסבר הכא דשינוי קונה – היינו משום דמתכוין לקנות בשינוי, אבל צבעו שחור – אין מתכוין לקנותו בכך.

ר"ע אומר כשעת התביעה. תימה: מאי קסבר? אי קסבר שינוי קונה – למה ישלם השבח כשעת התביעה? הלא בשעת גזיזה קנאה! ואם הגדילה רחל, או הגזיזה ונתייקרה – לא ישלם אלא כמו ששוה רחל בשעת גזיזה. ואי קסבר שינוי אינו קונה – א"כ כשגזזה אחר התביעה נמי יהא הכל לנגזל, דבמאי קנה? ועוד: דקאמר ומודה ר"ע במקום שיש עדים בשעת שליחות יד שישלם כאותה שעה, במאי קנה? והלא אכתי אפילו שינוי ליכא, וגם כי יגזזנה שינוי לא יקנה. ועוד: למאן מודה? הלא בין לב"ש בין לב"ה לא קנאה בשעת שליחות יד עד שעת שינוי. ועוד: דשמואל ור' יוחנן פסקו כר"ע בשמעתין, וב"הגוזל קמא" (ב"ק דף לד:) אית להו דשינוי קונה! לכך נראה: לב"ש דאמרי ילקה בחסר ויתר – מיירי אף ביוקרא וזולא, דאם הוקרה – משלם כשעת הוצאה מן העולם, ואם הוזלה – משלם כשעת הגזלה. וב"ה לא פליגי נמי בהא, והיינו כרבה. אלא ב"ש מיירי נמי בשינוי, כדקאמר דיקא נמי מדלא קתני בזול וביוקר, ובהא פליגי ב"ה דשינוי קונה. ור"ע פליג אזול ויוקר, דאמר: משלם כשעת התביעה, בין הוזל ובין הוקר.

החושב לשלוח יד. °הך מחשבה הוי דבור, כדיליף מ"על כל דבר" וכן מחשבת פגול נמי הוי בדבור, ולא בלב כדמוכח בפרק ב' דזבחים (דף ל.) ובפ"ק דמנחות (דף ג:), ובפרק "תמיד נשחט" (פסחים דף סג.), ובפרק "הנזקין" (גיטין דף נד:), ובמקומות אחרים פירשתי*).

הדרן עלך המפקיד

*) [וע"ע תוספות פסחים סג. ד"ה ר' מאיר ותוס' זבחים ז: ד"ה מחשבה ותוס' בכורות נט. ד"ה במחשבה ותוס' חולין לט. ד"ה אלא זביחה]

רבינו חננאל

אלא פשיטא טעמא דבית הלל כשעת הוצאה מבית בעלים היא והיא שעת הגזילה והיתה שוה באותה שעה זוז ובשעה ששתאה שוה ד' בזה חלקו בית הלל ובית שמאי ב"ש סברי ד' משלם כי השתא וב"ה סברי [דמשלם] כשעת הגזילה והוא זוזא לימא רבה דאמר משלם [ד'] כב"ש דהא בית הלל זוזא חדא קאמרי. ופריק רבה ביותר כלומ' אם עת ששתאה היתה שוה יותר ממה שהיתה שוה בשעת גזילתה דברי הכל ד' כי השתא משלם כטעמא דידי שפירשנו למעלה כי פליגי בחסר כגון שהיתה שוה עת ששלח ידו בפקדון של חבירו ד' ועכשיו שוה זוז בית שמאי סברי שליחות יד אינה צריכא חסרון ומשעה דשלח בה יד איחייב בה. וב"ה סברי שליחות יד צריכא חסרון וכ"ז [דלא] חסרה ברשותיה דמריה קאי ובעידנא דתברה או שתיא וחיסרה בההיא שעתא מיחייב עלה וההיא שעתא זוזא הוא דשויא. ואלא רבה דאמר שליחות יד אינה צריכא חסרון כב"ש וכו'. ואוקימנא למתני' חלוקת ב"ש וב"ה בשבח גזילה ב"ש סברי דנגזל הוי וב"ה סברי דגזלן הוי וכי הני תנאי דתניא הגוזל רחל גזזה וילדה משלם אותה ואת גיזותיה וולדותיה דברי ר' מאיר ר' יהודה אומר גזלה חוזרת בעינית. ר' מאיר כב"ש ר' יהודה כב"ה וקיימא לן כר' יהודה דבית הלל קיימי כותיה. וקיימא לן הא דאוקימנא אליבא דב"ה שבח גזילה דגזלן הוא בשבח שהשביחה בגופה אבל שבח שהשביחה בדמים דנגזל הוי כדרבה דאמר ביתר כולי עלמא לא פליגי דודאי לנגזל הוי כי פליגי בחסר. וקיימא לן כרבא וכן הלכה. ר' עקיבא אומר כשעת התביעה. ואע"ג דאמר רב יהודה אמר שמואל הלכה כר' עקיבא. ובתלמוד ארץ ישראל פסקו כר' עקיבא אנן לא סמכינן אלא בהא דאמר רבא דהוא בתרא ופסק הלכה כב"ה וכיון דסלקא שמעתא הכי ש"מ דשבח גזילה דגזלן הוי ומדחזינן רבה דפריק שליחות יד אינה צריכא חסרון ושואל שלא מדעת גזלן הוי ש"מ דהלכתא אינון. *) פי' כיון דאיכא עדים מההיא שעתא דגזל נתחייב לשלם אבל אם אין עדים אין חייב לשלם אלא בעת תביעתו בב"ד והל' המפקיד אצל חבירו בעדים ואפי' בשטר אין צריך להחזיר לו בעדים אלא כי אמר החזרתיו לך נאמן וכן אם אמר נאנסו נאמן ובתרוידהו אינו חייב אלא שבועה שנאנסו או החזרתים לך: **מתני'** החושב לשלוח יד בפקדון בית שמאי מחייבין ובית הלל אומרים אינו חייב עד שישלח בו יד כו' שנאמר אם לא שלח ידו במלאכת רעהו מלמד שאינו חייב עד שישלח ידו בו אין

*) נראה דחסר כאן וצ"ל ומודה ר"ע במקום שיש עדים פי' כיון דאיכא עדים וכו'.

לעיל מא:
[לעיל מא.]
[שם]
ב"ב פח.
ב"ק לה. ע"ש
[לעיל מ:]

הגהות הב"ח

(א) רש"י ד"ה החושב לשלוח יד אמר. נ"ב ובקדושין סוף דף מב פרש"י דלאו דוקא אמר אלא חשב:

גליון הש"ס

תוס' ד"ה החושב וכו' הך מחשבה. עיין בהרא"ש ריש הלכות ס"ת:

גמ' אָמַר לְעַבְדּוֹ. שֶׁיִּשְׁלַח יָד, וְכֵן עָשָׂה. מִנַּיִן. שֶׁהוּא חַיָּיב. **לֹא שָׁנוּ.** דְּהֵיכָא דְּנָטַל וְלֹא הִגְבִּיהַּ כָּל הֶחָבִית – פָּטוּר. **אֶלָּא נִשְׁבְּרָה.** דְּאוֹנֶס הוּא, וַהֲרֵי לֹא קְנָאָהּ שֶׁיִּתְחַיֵּיב בְּאוֹנָסִין. **אֲבָל הֶחְמִיצָה.** פְּשִׁיעָה הִיא, וּמַזִּיק בְּיָדַיִם הוּא. דִּבְשְׁבִיל שֶׁחִיסְּרָהּ הֶחֱמִיצָה, שֶׁכֵּן דֶּרֶךְ יַיִן לְהַחְמִיץ בִּכְלִי חָסֵר. גִּירֵי דִידֵיהּ אַהֲנוּ לָהּ. חִצִּים שֶׁלּוֹ גָּרְמוּ לָהּ לְהַחְמִיץ. דְּנִיחָא לֵיהּ דְּתֶיהֱוֵי כּוּלָּהּ חָבִית בָּסִיס לְהַאי רְבִיעִית. שֶׁתִּשָּׁמֵר אוֹתָהּ רְבִיעִית וְלֹא תַּחְמִיץ. וּלְעוֹלָם שְׁלִיחוּת יָד בְּדָבָר אַחֵר צְרִיכָה חִסָּרוֹן. וְהַנּוֹטֵל פִּקָּדוֹן וּמַגְבִּיהוֹ עַל מְנַת לִשְׁלוֹחַ בּוֹ יָד, כָּל זְמַן שֶׁלֹּא חִסְּרוֹ – אֵינוֹ מִתְחַיֵּיב בְּהַגְבָּהָתוֹ, הוֹאִיל וְלֹא נְטָלוֹ ע"מ לִגְזוֹל אֶת כּוּלּוֹ, אֶלָּא לִשְׁלוֹחַ בּוֹ יָד, וּשְׁלִיחוּת יָד בְּלֹא חִסָּרוֹן לֵיתֵיהּ. אֲבָל יַיִן שֶׁאֵינוֹ מִשְׁתַּמֵּר אֶלָּא בִּכְלִי מָלֵא – הֲוָה לֵיהּ כְּמִי שֶׁנָּטַל וְהִנִּיחוֹ עִם הַשְּׁאָר לְהִשְׁתַּמֵּר, וְנַעֲשָׂה שׁוֹאֵל עַל כָּל שְׁאָר הֶחָבִית. הִגְבִּיהַּ אַרְנָקִי לִיטּוֹל דִּינָר. וְלֹא נָטַל, לִשְׁמוּאֵל מַהוּ? **אֲבָל זוּזָא** מִינְטַר. לְבַדּוֹ, וְלָא נִיחָא לֵיהּ דְּלֶהֱוֵי אִיפָּךְ בָּסִיס לְהַאי, וְלָא הָוֵי כְּנוֹטֵל וּמַנִּיחַ. **שָׁאנֵי נְטִירוּתָא דְּאַרְנָקִי.** כִּיס מָלֵא נִרְאֶה וּמִשְׁתַּמֵּר, וְאֵין נוֹחַ לִהְיוֹת נֶאֱבָד כְּדִינָר יְחִידִי.

הדרן עלך המפקיד

הַזָּהָב קוֹנֶה אֶת הַכֶּסֶף. הַלּוֹקֵחַ דִּינָרֵי זָהָב טְבוּעִים בְּדִינָרֵי כֶסֶף, וְנָתַן לוֹ דִּינָרֵי זָהָב – מְשִׁיכַת הַזָּהָב קוֹנָה אֶת הַכֶּסֶף לְבַעַל הַזָּהָב, וְנִתְחַיֵּיב לוֹ זֶה הַמְקַבֵּל דִּינָרֵי זָהָב לָתֵת לוֹ דִּינָרֵי הַכֶּסֶף, וְאֵינוֹ יָכוֹל לַחֲזוֹר בּוֹ. אֲבָל הַכֶּסֶף אֵינוֹ קוֹנֶה אֶת הַזָּהָב, שֶׁאִם נָתַן לוֹ דִּינָרֵי הַכֶּסֶף תְּחִילָּה – לֹא קָנָה, וִיכוֹלִין שְׁנֵיהֶם לַחֲזוֹר. דְּמַטְבֵּעַ כֶּסֶף הָוֵי מָעוֹת מִשּׁוּם דַּחֲרִיפִי לִיתָּתֵן בְּהוֹצָאָה, וְדִינָר זָהָב אֵינוֹ אֶלָּא כִּשְׁאָר מְטַלְטְלִין. וּפֵירוֹת וּמָעוֹת אֵינָן קוֹנוֹת עַד שֶׁיִּמְשׁוֹךְ הַמְּטַלְטְלִין. אֲבָל מְשִׁיכַת הַמְּטַלְטְלִין – קוֹנָה, וְאֵין אֶחָד מֵהֶם יָכוֹל לַחֲזוֹר בּוֹ. וּבַגְּמָ' מְפָרֵשׁ טַעְמָא, אִיכָּא דְּיָלֵיף מְשִׁיכָה מִן הַתּוֹרָה, וְאִיכָּא דְּמוֹקֵי לָהּ בְּתַקַּנְתָּא דְּרַבָּנַן. הַנְּחוֹשֶׁת. פְּרוּטוֹת שֶׁל נְחוֹשֶׁת. קוֹנָה אֶת הַכֶּסֶף. דִּינָרֵי שֶׁל כֶּסֶף אוֹ כָּל מַטְבֵּעַ שֶׁל כֶּסֶף, כּוּלָּן טַעַם אֶחָד לָהֶם: מִי שֶׁמַּטְבְּעוֹ חָשׁוּב לְטַבּוֹעַ – הָוֵי מָעוֹת וְאֵינוֹ קוֹנֶה. וּמִי שֶׁאֵין טִבְעוֹ חָשׁוּב וְחָרִיף – הָוֵי כְּפֵירוֹת, וּמְשִׁיכָתָן הוּא קִיּוּם דָּבָר. מָעוֹת הָרָעוֹת. שֶׁנִּפְסְלוּ. אֲסִימוֹן. שֶׁאֵין עָלָיו צוּרָה, פלדו"ן בְּלַעַ"ז, זוּזִים עֲגוּלִּין וּמוּכָנִים לָצוּר עֲלֵיהֶם אֶת הַצּוּרָה בְּחוֹתָם שֶׁקּוֹרִין קוי"ן. כָּל הַמְּטַלְטְלִין קוֹנִין זֶה אֶת זֶה. בֵּין בְּתוֹרַת חֲלִיפִין, שֶׁהֶחֱלִיף חֵלּוּ בְּחֵלּוּ, כֵּיוָן שֶׁמָּשַׁךְ הָאֶחָד – קָנָה חֲבֵירוֹ אֶת שֶׁלּוֹ. בֵּין בְּתוֹרַת דָּמִים: בְּכַמָּה תִּתֵּן לִי אֶת שֶׁלְּךָ? בְּכָךְ וְכָךְ. וְזֶה חוֹזֵר וְאוֹמֵר לוֹ: בְּכַמָּה תִּתֵּן לִי שֶׁלְּךָ? בְּכָךְ וְכָךְ וְנִתְרַצּוּ, וּמָשַׁךְ הָאֶחָד – נִתְקַיְּימוּ הַדְּבָרִים. וְהַאי כָּל – לְאֵתוּיֵי אֲפִי' כִּיס מָלֵא מָעוֹת בְּכִיס מָלֵא מָעוֹת, כִּדְרֵישׁ לָקִישׁ בַּגְּמָרָא*. יָכוֹל לַחֲזוֹר בּוֹ. זֶה וָזֶה. כָּל שֶׁהַכֶּסֶף בְּיָדוֹ כו'. פָּלֵיג אַדְּרַבָּנַן, דְּאָמְרִי: נָתַן לוֹ מָעוֹת יָכוֹל לַחֲזוֹר בּוֹ אֲפִילּוּ לוֹקֵחַ, וַאֲתָא ר"ש לְמֵימַר: מוֹכֵר שֶׁהַכֹּל בְּיָדוֹ – הוּא דְּיָכוֹל לַחֲזוֹר בּוֹ, אֲבָל לוֹקֵחַ – אֵין יָכוֹל לַחֲזוֹר בּוֹ. וּבַגְּמָ' מְפָרֵשׁ טַעְמָא. **גמ'** דְּחָרִיף

[קדושין מכ:]

תורה אור

שמות כב

גמ' מְנָהָנֵי מִילֵּי? *דְּתָנוּ רַבָּנַן: °"עַל כָּל דְּבַר פֶּשַׁע" – בֵּית שַׁמַּאי אוֹמְרִים: מְלַמֵּד שֶׁחַיָּיב עַל הַמַּחֲשָׁבָה כְּמַעֲשֶׂה, וּבֵית הִלֵּל אוֹמְרִים: אֵינוֹ חַיָּיב עַד שֶׁיִּשְׁלַח בּוֹ יָד, שֶׁנֶּאֱמַר: °"אִם לֹא שָׁלַח יָדוֹ בִּמְלֶאכֶת רֵעֵהוּ". אָמְרוּ לָהֶן ב"ש לְב"ה: וַהֲלֹא כְּבָר נֶאֱמַר "עַל כָּל דְּבַר פֶּשַׁע"! אָמְרוּ לָהֶן ב"ה לְב"ש: וַהֲלֹא כְּבָר נֶאֱמַר "אִם לֹא שָׁלַח יָדוֹ בִּמְלֶאכֶת רֵעֵהוּ". א"כ מַה תַּלְמוּד לוֹמַר "עַל כָּל דְּבַר פֶּשַׁע" – שֶׁיָּכוֹל אֵין לִי אֶלָּא הוּא, [א]אָמַר לְעַבְדּוֹ וְלִשְׁלוּחוֹ מִנַּיִן? תַּלְמוּד לוֹמַר "עַל כָּל דְּבַר פֶּשַׁע".§ "הִטָּה אֶת הֶחָבִית" כו'.§ אָמַר רַבָּה: לֹא שָׁנוּ אֶלָּא נִשְׁבְּרָה, [ב]אֲבָל הֶחְמִיצָה – מְשַׁלֵּם אֶת כּוּלָּהּ. מַאי טַעְמָא – גִּירֵי דִּידֵיהּ הוּא דְּאַהֲנוּ לָהּ.§ "הִגְבִּיהָהּ וְנָטַל הֵימֶנָּה" כו'.§ אָמַר שְׁמוּאֵל: לֹא נָטַל – נָטַל מַמָּשׁ, אֶלָּא [ג]כֵּיוָן שֶׁהִגְבִּיהָהּ לִיטּוֹל אע"פ שֶׁלֹּא נָטַל. לֵימָא קָא סָבַר שְׁמוּאֵל שְׁלִיחוּת יָד אֵינָהּ צְרִיכָה חִסָּרוֹן? אָמְרִי: לָא, שָׁאנֵי הָכָא דְּנִיחָא לֵיהּ דְּתֶיהֱוֵי הָא חָבִית כּוּלָּהּ בָּסִיס לְהָא רְבִיעִית. [ד]בָּעֵי רַב אַשִׁי: הִגְבִּיהַּ אַרְנָקִי לִיטּוֹל הֵימֶנָּה דִּינָר, מַהוּ? חַמְרָא הוּא דְּלָא מִינְטַר אֶלָּא אַגַּב חַמְרָא, אֲבָל זוּזָא – מִינְטַר, אוֹ דִּלְמָא: שָׁאנֵי נְטִירוּתָא דְּאַרְנָקִי מִנְּטִירוּתָא דְּדִינָר? תֵּיקוּ.§

שם

הדרן עלך המפקיד

הַזָּהָב [ה]קוֹנֶה אֶת הַכֶּסֶף, הַכֶּסֶף אֵינוֹ קוֹנֶה אֶת הַזָּהָב. [ו]הַנְּחֹשֶׁת קוֹנָה אֶת הַכֶּסֶף, וְהַכֶּסֶף אֵינוֹ קוֹנֶה אֶת הַנְּחֹשֶׁת. [ז]מָעוֹת הָרָעוֹת קוֹנוֹת אֶת הַיָּפוֹת, וְהַיָּפוֹת אֵינָן קוֹנוֹת אֶת הָרָעוֹת. [ח]אֲסִימוֹן קוֹנֶה אֶת הַמַּטְבֵּעַ, וְהַמַּטְבֵּעַ אֵינוֹ קוֹנֶה אֶת אֲסִימוֹן. מְטַלְטְלִין קוֹנִין אֶת הַמַּטְבֵּעַ, מַטְבֵּעַ אֵינוֹ קוֹנֶה אֶת הַמְּטַלְטְלִין. [א] [ט](*זֶה הַכְּלָל:) כָּל הַמִּטַּלְטְלִים קוֹנִין זֶה אֶת זֶה. [י]כֵּיצַד? מָשַׁךְ הֵימֶנּוּ פֵּירוֹת וְלֹא נָתַן לוֹ מָעוֹת – אֵינוֹ יָכוֹל לַחֲזוֹר בּוֹ, *[כ]נָתַן לוֹ מָעוֹת וְלֹא מָשַׁךְ הֵימֶנּוּ פֵּירוֹת – יָכוֹל לַחֲזוֹר בּוֹ. [ל]אֲבָל אָמְרוּ: מִי שֶׁפָּרַע מֵאַנְשֵׁי דוֹר הַמַּבּוּל וּמִדּוֹר הַפַּלָּגָה הוּא עָתִיד לְהִפָּרַע מִמִּי שֶׁאֵינוֹ עוֹמֵד בְּדִבּוּרוֹ. *רַבִּי שִׁמְעוֹן אוֹמֵר: כָּל שֶׁהַכֶּסֶף בְּיָדוֹ – יָדוֹ עַל הָעֶלְיוֹנָה.§ **גמ'** מַתְנֵי לֵיהּ רַבִּי לְרַבִּי שִׁמְעוֹן בְּרֵיהּ: הַזָּהָב קוֹנֶה אֶת הַכֶּסֶף. א"ל: רַבִּי, שָׁנִיתָ לָנוּ בְּיַלְדוּתֶיךָ הַכֶּסֶף קוֹנֶה אֶת הַזָּהָב וְתַחֲזוֹר וְתִשְׁנֶה לָנוּ בְּזִקְנוּתֶיךָ הַזָּהָב קוֹנֶה אֶת הַכֶּסֶף? *בְּיַלְדוּתֵיהּ מַאי סָבַר וּבְזִקְנוּתֵיהּ מַאי סָבַר? בְּיַלְדוּתֵיהּ סָבַר: דַּהֲבָא דַּחֲשִׁיב – הָוֵי טִבְעָא, כַּסְפָּא דְּלָא חֲשִׁיב – הָוֵי פֵּירָא, וְקָנֵי לֵיהּ פֵּירָא לְטִבְעָא. בְּזִקְנוּתֵיהּ סָבַר: כַּסְפָּא דְּחָרִיף

הגהות הגר"א

[א] במשנה (זה הכלל) תא"מ:

[בכור"ק והרא"ש ל"ג זה הכלל וכן נכון עי' תוי"ט]

גיטין ל.

[לקמן מז: עד:]

[ע"ז נב:]

[לקמן מו:]

הזהב . הנחושת קונה את הכסף. האי אילטריך, דאע"ג דבאתרא דמסגי פריטי תריפין טפי [מכספא] – הוו פירא משום דאיכא אתרא דלא מסגי, כדאמר בגמרא (עמוד ב). אך תימה: אמאי אילטריך למיתני דמועת הרעות שנפסלו דמקרו פירי השתא נחשת דסגי טובא הוי פירי, כל שכן מעות שנפסלו! ותו: דכל המטלטלים קונין זה את זה מוקי בגמ'* במעות, אחד פסלתו מלכות ואחד פסלתו מדינה – כל שכן דמעות שנפסלו דמקרי פירי לגבי כסף! לכך נראה דמעות הרעות – היינו שיוצאות קצת. ואסימון אצטריך, לפרש"י דמפרש אסימון הוי שעשוי כתקון המטבע היוצאת בעיר, ואין חסר רק צורה – אשמועינן דאפילו הכי הוי פירי, אע"ג דאינו חסר כ"א מעט, דבדבר מועט יטביעו הרבה מהם. ולרבינו תם, דמפרש אסימון שיש עליו צורה ואינה יוצאה בהוצאה – צ"ל שיוצאת בדוחק, אך לא כל כך בדוחק כמו מעות הרעות. ומטלטלין קונין מטבע – אשמועינן דקונין אפילו מטבע כמו מעות הרעות. ואסימון, דמקרי פירי לגבי כספא, ולגבי מטלטלין מקרי טבעא.

אסימון . פרש"י: שאין בו צורה כלל. וקשה לרבינו תם: דבפרק "במה אשה" (שבת דף סה. ושם ד"ה ליעבד) אמרו: יוצאה בסלע שעל גבי הצינית, אי משום צורתא – ליעביד ליה פולסא. משמע דפולסא יש עליו צורה. ובגמרא מפרש לקמן*: מאי אסימון – פולסא! וי"ל לפרש"י: דכל דבר שאינו כתקונו קרי אסימון, או שאין בו צורה, או שיש בו צורה שאינה חשובה. וא"ת: מה בין אסימון שאין עליו צורה, למעות הניתנין לסימן בבית המרחץ? דאמרי' בגמ' (שם): ושוין רבי דוסא דאמר מחללין על אסימון, מודה שאין מחללין על מעות הניתנין כו'! ויש לומר: דאסימון הם מעות שנעשו ברוחב ובעובי ובמשקל המטבע היוצא בעיר, ובדבר מועט יטביעו הרבה מהם, ולכך מחללין על אסימון. ור"ת מפרש: דאסימון יש בו צורה, ואינה יוצאה בהוצאה. וא"ת: בגמרא קאמר: רבי דוסא דאמר מחללין על אסימון ורבי ישמעאל אמרו דבר אחד, דתניא: "וצרת הכסף" – לרבות כל דבר הנצרר ביד, דברי רבי ישמעאל. ר"ע אומר: לרבות דבר שיש בו צורה. משמע דרבי ישמעאל לא בעי צורה, ואסימון יש בו צורה, וא"כ היאך אמרו דבר אחד? ויש לומר: לרבות כל דבר הנצרר ביד – אע"פ שאינו יוצא בהוצאה, אך שיהיה בו צורה כל דהו. ור"ע בעי צורה חשובה, שתצא בהוצאה. אך יוצאה לגמרי לא בעי, מדאיצטריך לרבויי. ולפי' רש"י אתי שפיר.

נעשה

מסר"מ

קז א מיי' פ"ג מהל' גזילה הל' יא טוש"ע ח"מ סי' רלב סעי' ה:

קח ב מיי' שם הל' יג סמג עשין עג טוש"ע ח"מ שם סעי' ג:

קט ג ד מיי' שם הלכה יב ועיין בהשגות ובמגיד משנה טוש"ע שם סעי' ב:

א ה מיי' פ"ו מהל' מכירה הל' ג סמג עשין פב טוש"ע ח"מ סי' רג סעי' ד:

ב ו מיי' שם טוש"ע שם סעי' ה:

ג ז ח מיי' שם הל' ה טוש"ע שם סעי' ח:

ד ט מיי' שם פ"ה הל' א סמג שם טוש"ע שם סעי' א:

ה י מיי' שם פ"ג הל' א סמג שם טוש"ע ח"מ סי' קצח סעי' א:

ו כ מיי' שם טוש"ע שם וסעי' ה:

ז ל מיי' שם פ"ז הל' א סמג שם טוש"ע ח"מ סי' רד סעי' א וסעי' ז:

רבינו חננאל

אין לי אלא הוא אמר לעבדו או לשלוחו ושלחו בו יד מניין ת"ל על כל דבר פשע אפי' בדיבור חייב וקיימא לן כב"ה דב"ש במקום ב"ה אינה משנה. היטה את החבית ונטל ממנה רביעית ונשברה אינו משלם אלא [רביעית] פי' כגון שהיטה את החבית ונטל ממנה רביעית והושיבה כמו שהיתה יושבת ואחר כך נשברה ודוקא היטה ולא טילטלה ולא נטלה הוא שמשלם הרביעית בלבד ודוקא נשברה אבל החמיצה משלם כולה שהוא גרם לה להחמיץ שכל זמן שהיא מליאה אינה מחמצת ואם מפחית מעט ממנה ממהרת להחמיץ. וזה פי' גיריה דידיה אהנו ליה. הגביה ונו"ל ממנה רביעית ונשברה משלם כולה. אוקמה שמואל כיון שהגביה ליטול ממנה אע"פ שלא נטל משלם כולה דניחא ליה דתיהוי הא חבית כולה בסים לרביעית זו כי בהיות זו הרביעית בתוך החבית משתמרת ואינה מפיגה טעמה ולא ריחה. אבל המגביה ארנקי ליטול ממנה דינר ולא נטל ונגנב או נאבד עלתה בתיקו:

הדרן עלך המפקיד

הזהב קונה את הכסף והכסף אינו קונה את הזהב כך היה רבי שונה בזקנותו מאי טעמא איידי דכסף הוא חריף הוי טיבעא דהבא דליתיה חריף הוי פירא. וקני ליה פירא לטיבעא וכן הלכה. ובילדותיה היה שונה הכסף קונה את הזהב.

Koren Talmud Bavli

THE NOÉ EDITION

BAVA METZIA

KOREN TALMUD BAVLI

THE NOÉ EDITION

בבא מציעא

BAVA METZIA

Daf 21a through Daf 44a

COMMENTARY BY

Rabbi Adin Even-Israel Steinsaltz

EDITOR-IN-CHIEF

Rabbi Dr Tzvi Hersh Weinreb

SENIOR CONTENT EDITOR

Rabbi Dr Shalom Z Berger

EXECUTIVE EDITOR

Rabbi Joshua Schreier

STEINSALTZ CENTER

KOREN PUBLISHERS JERUSALEM

Supported by the Matanel Foundation

Koren Talmud Bavli, The Noe Edition
Vol. 22b: Tractate Bava Metzia, Daf 21a through Daf 44a
Paperback, ISBN, 978-965-7766-03-3

First Hebrew/English paperback edition, 2021

Koren Publishers Jerusalem Ltd.
PO Box 4044, Jerusalem 91040, ISRAEL
PO Box 8531, New Milford, CT 06776, USA
www.korenpub.com

Steinsaltz Center

Steinsaltz Center is the parent organization of institutions established by Rabbi Adin Even-Israel Steinsaltz

PO Box 45187, Jerusalem 91450 ISRAEL
Telephone: +972 2 646 0900, Fax +972 2 624 9454
www.steinsaltz-center.org

הִנֵּה יָמִים בָּאִים, נְאֻם אֲדֹנָי יֱהֹוִה, וְהִשְׁלַחְתִּי רָעָב בָּאָרֶץ,
לֹא־רָעָב לַלֶּחֶם וְלֹא־צָמָא לַמַּיִם, כִּי אִם־לִשְׁמֹעַ אֵת דִּבְרֵי יהוה.

Behold, days are coming – says the Lord God – I will send a hunger to the land, not a hunger for bread nor a thirst for water, but to hear the words of the Lord. (AMOS 8:11)

The Noé edition of the Koren Talmud Bavli
with the commentary of Rabbi Adin Even-Israel Steinsaltz
is dedicated to all those who open its covers
to quench their thirst for Jewish Knowledge,
in our generation of Torah renaissance.

This beautiful edition is for the young, the aged,
the novice and the savant alike,
as it unites the depth of Torah knowledge
with the best of academic scholarship.

Within its exquisite and vibrant pages,
words become worlds.

It will claim its place in the library of classics,
in the bookcases of the Beit Midrash,
the classrooms of our schools,
and in the offices of professionals and business people
who carve out precious time to grapple with its timeless wisdom.

For the Student and the Scholar

DEDICATED BY LEO AND SUE NOÉ

Steinsaltz
Center

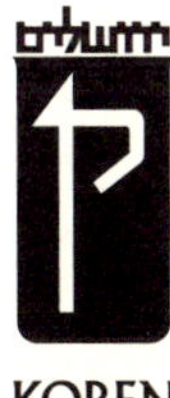
KOREN

Introduction by the Publisher

The Talmud has sustained and inspired Jews for thousands of years. Throughout Jewish history, an elite cadre of scholars has absorbed its learning and passed it on to succeeding generations. The Talmud has been the fundamental text of our people.

Beginning in the 1960s, Rabbi Adin Even-Israel Steinsaltz שליט״א created a revolution in the history of Talmud study. His translation of the Talmud, first into modern Hebrew and then into other languages, as well the practical learning aids he added to the text, have enabled millions of people around the world to access and master the complexity and context of the world of Talmud.

It is thus a privilege to present the *Koren Talmud Bavli*, an English translation of the talmudic text with the brilliant elucidation of Rabbi Steinsaltz. The depth and breadth of his knowledge are unique in our time. His rootedness in the tradition and his reach into the world beyond it are inspirational.

Working with Rabbi Steinsaltz on this remarkable project has been not only an honor, but a great pleasure. Never shy to express an opinion, with wisdom and humor, Rabbi Steinsaltz sparkles in conversation, demonstrating his knowledge (both sacred and worldly), sharing his wide-ranging interests, and, above all, radiating his passion. I am grateful for the unique opportunity to work closely with him, and I wish him many more years of writing and teaching.

Our intentions in publishing this new edition of the Talmud are threefold. First, we seek to fully clarify the talmudic page to the reader – textually, intellectually, and graphically. Second, we seek to utilize today's most sophisticated technologies, both in print and electronic formats, to provide the reader with a comprehensive set of study tools. And third, we seek to help readers advance in their process of Talmud study.

To achieve these goals, the *Koren Talmud Bavli* is unique in a number of ways:

- The classic *tzurat hadaf* of Vilna, used by scholars since the 1800s, has been reset for great clarity, and opens from the Hebrew "front" of the book. Full *nikkud* has been added to both the talmudic text and Rashi's commentary, allowing for a more fluent reading with the correct pronunciation; the commentaries of *Tosafot* have been punctuated. Upon the advice of many English-speaking teachers of Talmud, we have separated these core pages from the translation, thereby enabling the advanced student to approach the text without the distraction of the translation. This also reduces the number of volumes in the set. At the bottom of each *daf*, there is a reference to the corresponding English pages. In addition, the Vilna edition was read against other manuscripts and older print editions, so that texts which had been removed by non-Jewish censors have been restored to their rightful place.
- The English translation, which starts on the English "front" of the book, reproduces the *menukad* Talmud text alongside the English translation (in bold) and commentary and explanation (in a lighter font). The Hebrew and Aramaic text is presented in logical paragraphs. This allows for a fluent reading of the text for the non-Hebrew or non-Aramaic reader. It also allows for the Hebrew reader to refer easily to the text alongside. Where the original text features dialogue or poetry, the English text is laid out in a manner appropriate to the genre. Each page refers to the relevant *daf*.

- Critical contextual tools surround the text and translation: personality notes, providing short biographies of the Sages; language notes, explaining foreign terms borrowed from Greek, Latin, Persian, or Arabic; and background notes, giving information essential to the understanding of the text, including history, geography, botany, archaeology, zoology, astronomy, and aspects of daily life in the talmudic era.
- Halakhic summaries provide references to the authoritative legal decisions made over the centuries by the rabbis. They explain the reasons behind each halakhic decision as well as the ruling's close connection to the Talmud and its various interpreters.
- Photographs, drawings, and other illustrations have been added throughout the text – in full color in the Standard and Electronic editions, and in black and white in the Daf Yomi edition – to visually elucidate the text.

This is not an exhaustive list of features of this edition, it merely presents an overview for the English-speaking reader who may not be familiar with the "total approach" to Talmud pioneered by Rabbi Steinsaltz.

Several professionals have helped bring this vast collaborative project to fruition. My many colleagues are noted on the Acknowledgments page, and the leadership of this project has been exceptional.

RABBI MENACHEM EVEN-ISRAEL, DIRECTOR OF THE STEINSALTZ CENTER, was the driving force behind this enterprise. With enthusiasm and energy, he formed the happy alliance with Koren and established close relationships among all involved in the work.

RABBI DR. TZVI HERSH WEINREB שליט״א, EDITOR-IN-CHIEF, brought to this project his profound knowledge of Torah, intellectual literacy of Talmud, and erudition of Western literature. It is to him that the text owes its very high standard, both in form and content, and the logical manner in which the beauty of the Talmud is presented.

RABBI JOSHUA SCHREIER, EXECUTIVE EDITOR, assembled an outstanding group of scholars, translators, editors, and proofreaders, whose standards and discipline enabled this project to proceed in a timely and highly professional manner.

RABBI MEIR HANEGBI, EDITOR OF THE HEBREW EDITION OF THE STEINSALTZ TALMUD, lent his invaluable assistance throughout the work process, supervising the reproduction of the Vilna pages.

RAPHAËL FREEMAN, EXECUTIVE EDITOR OF KOREN, created this Talmud's unique typographic design which, true to the Koren approach, is both elegant and user friendly.

It has been an enriching experience for all of us at Koren Publishers Jerusalem to work with the Steinsaltz Center to develop and produce the *Koren Talmud Bavli*. We pray that this publication will be a source of great learning and, ultimately, greater *avodat Hashem* for all Jews.

Matthew Miller, Publisher
Koren Publishers Jerusalem
Jerusalem 5772

Contents

For the vocalized Vilna Shas layout, please open as a Hebrew book.

Introduction to **Perek II**

If you encounter your enemy's ox or his donkey going astray, you shall return it to him. If you see the donkey of him that hates you collapsed under its burden, you shall forgo passing him by; you shall release it with him.

(Exodus 23:4–5)

You shall not see your brother's ox or his sheep wandering and disregard them; you shall return them to your brother. And if your brother be not near to you, and you know him not, then you shall bring it home to your house, and it shall be with you until your brother require it, and you shall restore it to him. And so shall you do with his donkey; and so shall you do with his garment; and so shall you do with every lost item of your brother, which shall be lost from him, and you have found it; you may not disregard it. You shall not see your brother's donkey or his ox fallen down by the way, and disregard them; you shall lift them with him.

(Deuteronomy 22:1–4)

The *halakhot* of returning a lost item in a case where the identity of its owner is clear are stated in considerable detail in the Torah. Less clear is the disposition of a lost item when it is temporarily or permanently impossible to locate the owner. It is necessary to examine the rights of the finder with regard to that item during the period that it is in his possession. Even in the relatively simple circumstance when the finder proclaims his find and another person claims ownership, the process through which that claim is verified also requires elaboration.

More fundamental questions arise in a case where it is impossible to identify the owner of the lost item. While in that case the lost item presumably belongs to the finder, there is a fundamental question with regard to the conditions under which one may conclude that it is impossible to return the item. In other words, which lost items belong to the finder? How does one define the legal status of the ownership rights of the one who lost the item, and how does the finder eliminate those rights and acquire that item?

The determining factor in this process is the owner's despair of recovering the item. When the owner of the lost item despairs of its recovery, it is tantamount to renouncing ownership of it, thereby rendering it available to all takers. Therefore, it is crucial to ascertain whether the owner despaired of its recovery and at what point that despair occurred. This question is tied to the matter of distinguishing marks on the item, the relationship between those marks and the owner's despair, the validity of those marks as definitive proof of ownership, and more.

The Gemara also addresses issues related to a lost item that is not acquired by the finder, e.g., the finder's obligation vis-à-vis the item and the degree of his responsibility. It further considers whether the finder has the right to utilize the item, and under what circumstances.

The mitzva of returning a lost item is related to the mitzva of assisting another to load or unload his animal, e.g., if it collapsed under a burden, both in terms of their juxtaposition in the Torah and in terms of their essence. The Gemara analyzes when one is obligated to assist in unloading and loading, who is obligated, and who is exempt. The Gemara also clarifies whether the requirement to prevent suffering to animals plays a role in determining the application of this mitzva.

These problems and others that emerge from them are the primary focus of this chapter.

מתני׳ אֵלּוּ מְצִיאוֹת שֶׁלּוֹ וְאֵלּוּ חַיָּיב לְהַכְרִיז?

MISHNA In a case where one discovers lost items, **which found items** belong **to him, and** for **which** items is **one obligated to proclaim** his find so that the owner of the lost items can come and reclaim them?

אֵלּוּ מְצִיאוֹת שֶׁלּוֹ: מָצָא פֵּירוֹת מְפוּזָּרִין, מָעוֹת מְפוּזָּרוֹת, כְּרִיכוֹת בִּרְשׁוּת הָרַבִּים, וְעִגּוּלֵי דְבֵילָה, כִּכָּרוֹת שֶׁל נַחְתּוֹם, מַחְרוֹזוֹת שֶׁל דָּגִים, וַחֲתִיכוֹת שֶׁל בָּשָׂר, וְגִיזֵּי צֶמֶר הַלְּקוּחִין מִמְּדִינָתָן, וַאֲנִיצֵי פִשְׁתָּן, וּלְשׁוֹנוֹת שֶׁל אַרְגָּמָן – הֲרֵי אֵלּוּ שֶׁלּוֹ, דִּבְרֵי רַבִּי מֵאִיר.

These found items belong to him:[HN] If one **found scattered produce,**[H] **scattered coins, bundles** of grain **in a public area, round cakes** of pressed **figs,**[B] **baker's loaves,**[B] **strings of fish, cuts of meat,** unprocessed **wool fleeces that are taken from their state** of origin[N] directly after shearing, bound **flax stalks,** or bound **strips of** combed **purple wool,**[B] **these belong to him,** as they have no distinguishing marks that would enable their owners to claim them. This is **the statement of Rabbi Meir.**

רַבִּי יְהוּדָה אוֹמֵר: כָּל שֶׁיֵּשׁ בּוֹ שִׁינּוּי חַיָּיב לְהַכְרִיז. כֵּיצַד? מָצָא עִגּוּל וּבְתוֹכוֹ חֶרֶס, כִּכָּר וּבְתוֹכוֹ מָעוֹת.

Rabbi Yehuda says: If one finds **any** lost item **in which there is an alteration,**[H] he is **obligated to proclaim** his find. **How so?** If he **found a round** cake of pressed figs with an **earthenware** shard **inside it** or a **loaf** of bread **with coins inside it,** he is obligated to proclaim his find, as perhaps the owner of the item inserted them as a distinguishing mark by means of which he could reclaim his property in case it became lost.

רַבִּי שִׁמְעוֹן בֶּן אֶלְעָזָר אוֹמֵר: כָּל כְּלֵי אַנְפּוּרְיָא אֵין חַיָּיב לְהַכְרִיז.

Rabbi Shimon ben Elazar says: If one finds **any** ***anpurya*** **vessels,** since their shape is uniform and they are indistinguishable, he is **not obligated to proclaim** his find.

NOTES

These found items belong to him – אֵלּוּ מְצִיאוֹת שֶׁלּוֹ: The mishna could have formulated its ruling parallel to the second half of the sentence: For these found items, one is not obligated to proclaim his find. The fact that it states instead: These found items belong to him, indicates that the item belongs to the finder unequivocally. Even were the owner to produce witnesses that the item is his it would be to no avail, as due to the absence of distinguishing marks he presumably despaired of recovering the lost item (Ritva). Although in other cases the authorities disagree as to whether despair alone effects transfer of the item from the owner to another, everyone agrees that in the case of a lost item despair by itself effects the transfer of the item from the owner to the finder.

That are taken from their state of origin [*medinatan*] – הַלְּקוּחִין מִמְּדִינָתָן: Some explain that *medinatan* in this context refers to the knot in which they were typically bound with other fleeces after shearing. A similar usage, *medanei*, appears in tractate *Shabbat* (33b) referring to bundles of myrtle branches (*Tosefot HaRosh*).

BACKGROUND

Dried figs and round cakes of pressed figs – קְצִיעוֹת וְעִגּוּלֵי דְבֵילָה: During the mishnaic and talmudic periods, figs were processed in different manners for different purposes. After they were picked and underwent preliminary processing, the figs were placed in the field to dry. At that stage they were called *ketziot*. Afterward, they were gathered and placed into barrels for storage, at which point they were called *gerogerot*. Occasionally, they were then pounded and pressed into cakes of dried figs known as *deveilim*.

Baker's loaves – כִּכָּרוֹת שֶׁל נַחְתּוֹם: Baker's loaves during mishnaic times were baked in a uniform mold and were therefore identical. A homeowner's loaves were kneaded and baked according to personal taste.

Strips of combed purple wool – לְשׁוֹנוֹת שֶׁל אַרְגָּמָן: These strips were bundles of wool that after preliminary washing and processing were combed into standard-sized tongue-shaped strips in preparation for spinning the wool into thread. The primary value of these woolen strips stemmed from their purple dye. This dye, like the sky-blue dye used in ritual fringes, was painstakingly extracted from specific glands in snails by means of obscure, complex procedures. Purple dye was very expensive and donning purple garments was an indication of wealth and leadership.

Fresco from Pompeii of baker selling bread

HALAKHA

These found items belong to him – אֵלּוּ מְצִיאוֹת שֶׁלּוֹ: If one finds an item that appears to be one that the owner would despair of finding, the item belongs to him. These typically are items with no distinguishing marks. Presumably, in such a case, even before the item is discovered by the finder the owner despaired of its recovery (Rambam *Sefer Nezikin, Hilkhot Gezeila VaAveda* 15:8; *Shulḥan Arukh, Ḥoshen Mishpat* 262:6–7, 9).

If one found scattered produce – מָצָא פֵּירוֹת מְפוּזָּרִין: If one found scattered produce and it was scattered in a manner indicating that it had been deliberately placed there, he may not take it. If the produce was scattered in a manner indicating that it fell there, it belongs to him (Rambam *Sefer Nezikin, Hilkhot Gezeila VaAveda* 15:8; *Shulḥan Arukh, Ḥoshen Mishpat* 262:7).

Any lost item in which there is an alteration – כָּל שֶׁיֵּשׁ בּוֹ שִׁינּוּי: If one finds a round cake of pressed figs with an earthenware shard inside it or a loaf of bread with coins inside it, he is obligated to proclaim his find due to it being non-standard, regardless of whether that alteration was intentional. The Rema, citing the Rosh, rules that in cases where there is uncertainty whether the alteration was happenstance or deliberate, one need not proclaim his find. The *halakha* of whether one must proclaim his find of a non-standard item whose alteration was unintentional is based on a dispute as to whether or not the correct version of the mishna attributes the first clause to Rabbi Meir, in which case the *halakha* is in accordance with the opinion of Rabbi Yehuda with regard to an item that is non-standard even if that alteration was not deliberate. According to the variant reading that eliminates attribution to Rabbi Meir, the first clause is an unattributed mishna, and the *halakha* is in accordance with the opinion of the unattributed mishna and not in accordance with the opinion of Rabbi Yehuda (Rambam *Sefer Nezikin, Hilkhot Gezeila VaAveda* 15:11; *Shulḥan Arukh, Ḥoshen Mishpat* 262:15).

גמ׳ ״מָצָא פֵּירוֹת מְפוּזָּרִין״. וְכַמָּה? אָמַר רַבִּי יִצְחָק: קַב בְּאַרְבַּע אַמּוֹת.

GEMARA The mishna teaches as an example of items that one finds without any distinguishing mark: If one **found scattered produce.** The Gemara asks: **And how much** produce in how large an area constitutes scattered produce? **Rabbi Yitzḥak says:** It is considered scattered produce when it has a dispersal ratio of one ***kav* in** an area of **four** by four **cubits.**[B]

הֵיכִי דָּמֵי? אִי דֶּרֶךְ נְפִילָה – אֲפִילּוּ טוּבָא נַמִּי, וְאִי דֶּרֶךְ הִינּוּחַ – אֲפִילּוּ בְּצִיר מֵהָכִי נַמִּי לָא!

The Gemara asks: **What are the circumstances? If** he found the produce scattered in **a manner** indicating that it came there by **falling** and was not deliberately placed there, then **even** if the volume of produce in that area was **greater** than this limit, it should **also** belong to him, because there is no distinguishing mark that would enable the owner to reclaim it. **And if** he found produce scattered in **a manner** indicating intentional **placement,** then **even** if the volume of produce in an area that size was **less** than this limit, he should **also not** be allowed to keep the produce, as clearly the owner plans on returning to reclaim his produce.

אֲמַר רַב עוּקְבָא בַּר חָמָא: בְּמַכְנַשְׁתָּא דְּבֵי דָרֵי עָסְקִינַן: קַב בְּאַרְבַּע אַמּוֹת דְּנָפֵישׁ טִרְחַיְיהוּ – לָא טָרַח אִינִישׁ וְלָא הָדַר אָתֵי וְשָׁקֵיל לְהוּ, אַפְקוּרֵי מַפְקַר לְהוּ. בְּצִיר מֵהָכִי – טָרַח וְהָדַר אָתֵי וְשָׁקֵיל לְהוּ, וְלָא מַפְקַר לְהוּ.

Rav Ukva bar Ḥama said: We are dealing with kernels of wheat that remained during **the gathering** of grain **on the threshing floor.**[H] For kernels scattered with a dispersal ratio of one ***kav* in** an area of **four** by four **cubits, whose** gathering requires **great exertion, a person does not exert** himself **and does not return** and **take them.** Therefore, **he renounces** his **ownership** of **them** and one who finds the kernels may keep them. For kernels scattered in an area **smaller than that,** the owner **exerts** himself **and returns** and **takes them. And** therefore, **he does not renounce** his **ownership** of **them.**

בָּעֵי רַבִּי יִרְמְיָה: חֲצִי קַב בִּשְׁתֵּי אַמּוֹת מַהוּ? קַב בְּאַרְבַּע אַמּוֹת טַעְמָא מַאי – מִשּׁוּם דְּנָפֵישׁ טִרְחַיְיהוּ, חֲצִי קַב בִּשְׁתֵּי אַמּוֹת כֵּיוָן דְּלָא נָפֵישׁ טִרְחַיְיהוּ – לָא מַפְקַר לְהוּ. אוֹ דִּלְמָא: מִשּׁוּם דְּלָא חֲשִׁיבִי, וַחֲצִי קַב בִּשְׁתֵּי אַמּוֹת, כֵּיוָן דְּלָא חֲשִׁיבִי – מַפְקַר לְהוּ.

Rabbi Yirmeya[P] **raises a dilemma:** If a **half-*kav*** of kernels were scattered **in** an area of **two** by four **cubits,**[N] **what is the *halakha*?** The aspects of the dilemma are: In the case of one ***kav*** of kernels **scattered in an area of four** by four **cubits, what is the reason** that the owner renounces his ownership of the kernels? It is **due to** the fact **that** gathering the kernels requires **great exertion.** In the case of **a half-*kav*** of kernels scattered **in** an area of **two** by four **cubits, since** gathering **them** does **not** require **great exertion,** he does **not renounce** his **ownership** of **them. Or perhaps,** the owner renounces ownership in the case of one *kav* of kernels scattered in an area of four by four cubits **due to** the fact **that they are not** of **significant** value. In the case of **a half-*kav*** of kernels scattered **in** an area of **two** by four **cubits, since** they are certainly **not** of **significant** value, **he renounces** his **ownership** of the kernels.

קַבַּיִים בִּשְׁמוֹנֶה אַמּוֹת מַהוּ? קַב בְּאַרְבַּע אַמּוֹת טַעְמָא מַאי – מִשּׁוּם דְּנָפֵישׁ טִרְחַיְיהוּ, וְכׇל שֶׁכֵּן קַבַּיִים בִּשְׁמוֹנֶה אַמּוֹת, כֵּיוָן דִּנְפִישָׁא טִרְחַיְיהוּ טְפֵי – מַפְקַר לְהוּ. אוֹ דִּלְמָא: מִשּׁוּם דְּלָא חֲשִׁיבִי, וְקַבַּיִים בִּשְׁמוֹנֶה אַמּוֹת כֵּיוָן דַּחֲשִׁיבִי – לָא מַפְקַר לְהוּ.

Rabbi Yirmeya raises a related dilemma: If **two *kav*** of kernels were scattered **in** an area of **eight** by four **cubits, what is the *halakha*?** The aspects of the dilemma are: If **one *kav*** of kernels is scattered **in an area of four** by four **cubits, what is the reason** that the owner renounces ownership? It is **due to** the fact **that** gathering **them** requires **great exertion.** This is true **all the more so** in the case of **two *kav*** of kernels scattered **in** an area of **eight** by four **cubits,** and **since** gathering **them** requires **even greater exertion,** the owner **renounces** his **ownership** of **them. Or perhaps,** the owner renounces his ownership in the case of one *kav* of kernels **scattered in an area of four** by four **cubits due to** the fact **that they are not** of **significant** value. **But** in the case of **two *kav*** of kernels scattered **in** an area of **eight** by four **cubits, since they are** of **significant** value, he **does not renounce** his **ownership** of **them.**

BACKGROUND

Cubit [*amma*] – אַמָּה: Several different measures are referred to as *amma*. The physical basis of this measure is the distance from the elbow to the end of the middle finger, called *amma* in Hebrew. The standard cubit is six handbreadths long, equaling 48 cm according to one opinion and 57.6 cm according to another. One also finds in the Talmud mention of expansive and compressed cubits (*Eiruvin* 3b), as well as a cubit five handbreadths long (*Sukka* 32b). Four standard cubits would be 192–230 cm.

HALAKHA

The gathering of grain on the threshing floor – בְּמַכְנַשְׁתָּא דְּבֵי דָרֵי: If one found a *kav* of produce scattered on the threshing floor in an area of four by four cubits, even if it is not apparent that it had fallen, the produce belongs to the finder, as presumably the owner renounced ownership of it because he did not want to exert himself and gather it from the floor. The dilemmas with regard to a half-*kav* found in an area that measures two by four cubits; two *kav* found in an area that measures eight by four cubits; and a *kav* of sesame, pomegranates, and dates found in an area that measures four by four cubits remain unresolved. Therefore, the finder must leave them in place (Rambam *Sefer Nezikin, Hilkhot Gezeila VaAveda* 15:12; *Shulḥan Arukh, Ḥoshen Mishpat* 260:7).

NOTES

A half-*kav* in an area of two cubits – חֲצִי קַב בִּשְׁתֵּי אַמּוֹת: The dilemma here is with regard to a scenario where the ratio of dispersal between the produce and the floor is the same, i.e., half of the produce and half of the floor area. Therefore, it must be that the dimensions of the dispersal area are two by four cubits and not two by two cubits. Were it two by two, that would be one-quarter of the original area and it would be obvious that the owner would not renounce ownership (Ritva).

PERSONALITIES

Rabbi Yirmeya – רַבִּי יִרְמְיָה: Rabbi Yirmeya was an *amora* who was born in Babylonia, studied there in his youth, and then moved to Eretz Yisrael. It was only upon his immigration to Eretz Yisrael that he became renowned as a Torah scholar. He studied there with the disciples of Rabbi Yoḥanan, who were the local Torah luminaries, particularly Rabbi Zeira and Rabbi Abbahu.

Rabbi Yirmeya was especially sharp and would often test the boundaries of halakhic principles. Due to this conduct, he was temporarily expelled from the study hall. His sharp tongue led him to characterize the *amora'im* of Babylonia as foolish Babylonians on several occasions. Notably, this criticism was submissively accepted by those Babylonian scholars.

Rabbi Yirmeya became one of the most prominent Sages in Eretz Yisrael and his statements are often cited in both the Jerusalem and the Babylonian Talmud. In Babylonia, his statements are often addressed with the phrase: They say in the West, as they used the term West to characterize Eretz Yisrael.

קַב שׁוּמְשְׁמִין בְּאַרְבַּע אַמּוֹת מַהוּ? קַב בְּאַרְבַּע אַמּוֹת טַעְמָא מַאי – מִשּׁוּם דְּלָא חֲשִׁיבִי, וְשׁוּמְשְׁמִין כֵּיוָן דַּחֲשִׁיבִי – לָא מַפְקַר לְהוּ. אוֹ דִּלְמָא: מִשּׁוּם דְּנָפֵישׁ טִרְחַיְיהוּ, וְכָל שֶׁכֵּן שׁוּמְשְׁמִין, כֵּיוָן דְּנָפֵישׁ טִרְחַיְיהוּ טְפֵי – מַפְקַר לְהוּ.

If one ***kav* of sesame** seeds was scattered **in** an area of **four** by four **cubits, what is** the *halakha*? The aspects of the dilemma are: In the case of one ***kav*** of kernels scattered **in** an area of **four** by four **cubits, what is the reason** that the owner renounces ownership? It is **due to** the fact **that they are not** of **significant** value. **And** in the case of **sesame** seeds, **since they are of significant** value he **does not renounce** his **ownership** of **them. Or perhaps,** the owner renounces ownership in the case of one *kav* of kernels scattered **in** an area of **four** by four **cubits due to** the fact **that** gathering **them** requires **great exertion.** That is true **all the more so** in the case of **sesame** seeds. **Since** gathering **them** requires **even greater exertion, he renounces** his **ownership** of **them.**

קַב תַּמְרֵי בְּאַרְבַּע אַמּוֹת, קַב רִמּוֹנֵי בְּאַרְבַּע אַמּוֹת מַהוּ? קַב בְּאַרְבַּע אַמּוֹת טַעְמָא מַאי – מִשּׁוּם דְּלָא חֲשִׁיבִי, קַב תַּמְרֵי בְּאַרְבַּע אַמּוֹת, קַב רִמּוֹנֵי בְּאַרְבַּע אַמּוֹת נַמִי, כֵּיוָן דְּלָא חֲשִׁיבִי – מַפְקַר לְהוּ.

If one ***kav* of dates** was scattered with a dispersal ratio of one *kav* **in** an area of **four** by four **cubits,** or if one ***kav* of pomegranates**[N] was scattered with a dispersal ratio of one *kav* **in** an area of **four** by four **cubits, what is** the *halakha*? The aspects of the dilemma are: In the case of one ***kav*** of kernels scattered **in** an area of **four** by four **cubits, what is the reason** that the owner renounces ownership? It is **due to** the fact **that they are not** of **significant** value; **and also** in the case of one ***kav* of dates in** an area of **four** by four **cubits or** one ***kav* of pomegranates in** an area of **four** by four **cubits, since they are not** of **significant** value **he renounces ownership** of the fruit.

אוֹ דִּלְמָא: מִשּׁוּם דִּנְפִישָׁא טִרְחַיְיהוּ, וְקַב תַּמְרֵי בְּאַרְבַּע אַמּוֹת, וְקַב רִמּוֹנֵי בְּאַרְבַּע אַמּוֹת, כֵּיוָן דְּלָא נָפֵישׁ טִרְחַיְיהוּ – לָא מַפְקַר לְהוּ, מַאי? תֵּיקוּ.

Or perhaps, the owner renounces ownership in the case of one *kav* of **kernels** scattered **in** an area of **four** by four **cubits due to** the fact **that** gathering **them** requires **great exertion. And** in the case of one ***kav* of dates in** an area of **four** by four **cubits or** one ***kav* of pomegranates in** an area of **four** by four **cubits, since** gathering **them does not** require **great exertion** he does **not renounce** his **ownership** of **them.** In all these cases, **what** is the *halakha*? The Gemara concludes: All these dilemmas **shall stand** unresolved.

אִיתְּמַר:

§ **It was stated:**

NOTES

Sesame seeds, dates, pomegranates – שׁוּמְשְׁמִין, תַּמְרֵי, רִמּוֹנֵי: Early commentaries question the necessity of the preponderance of dilemmas all revolving around the same uncertainty: Does the owner renounce ownership due to exertion or due to the insignificant value of the produce? One explanation is that these dilemmas were not raised together; rather each was raised in a different study hall and later collected. There are different nuances in each case, examining the relative proportion between the factors of exertion and value (Rashba).

The Rambam has a variant reading in which the three types of produce are included in a single dilemma: What is the *halakha* when a *kav* consisting of different types of produce that require different levels of exertion and are of different value is scattered in an area of four cubits?

Perek **II**
Daf **21** Amud **b**

יֵאוּשׁ שֶׁלֹּא מִדַּעַת. אַבַּיֵי אָמַר: לָא הָוֵי יֵאוּשׁ, וְרָבָא אָמַר: הָוֵי יֵאוּשׁ.

With regard to one's **despair**[B] of recovering his lost item **that is not a conscious** feeling,[N] i.e., were he aware of the loss of his property, he would have despaired of its recovery, but he was unaware of his loss when the finder discovered the item, **Abaye said: It is not** considered **despair;** the owner maintains ownership of the item, and the finder may not keep it. **And Rava said: It is** considered **despair** and the finder may keep it.

בְּדָבָר שֶׁיֵּשׁ בּוֹ סִימָן – כּוּלֵּי עָלְמָא לָא פְּלִיגִי, דְּלָא הָוֵי יֵאוּשׁ. וְאַף עַל גַּב דִּשְׁמָעִינֵיהּ דִּמְיָאֵשׁ לַסּוֹף – לָא הָוֵי יֵאוּשׁ, דְּכִי אֲתָא לִידֵיהּ – בְּאִיסּוּרָא הוּא דַּאֲתָא לִידֵיהּ. דִּלְכִי יָדַע דִּנְפַל מִינֵּיהּ לָא מִיָּאֵשׁ, מֵימַר אָמַר: סִימָנָא אִית לִי בְּגַוֵּיהּ, יָהֲבְנָא סִימָנָא, וְשָׁקֵילְנָא לֵיהּ.

The Gemara limits the scope of the dispute. **In the case of an item on which there is a distinguishing mark, everyone agrees** that despair that is not conscious **is not** considered **despair. And even though we hear that he ultimately despairs** of recovering the item, it is **not** considered **despair, as when** the item **came into** the **possession** of the finder, it was **in a prohibited** manner **that it came into his possession.** It is prohibited **because when** the owner **learns that it fell from his** possession, **he does not despair** of its recovery immediately. Instead, **he says: I have a distinguishing mark on** the item; **I will provide the distinguishing mark** to the finder, **and I will take** it.

NOTES

Despair that is not a conscious feeling – יֵאוּשׁ שֶׁלֹּא מִדַּעַת: Ostensibly, the dispute between Abaye and Rava is identical to the general dispute with regard to retroactive designation, i.e., whether one determines the present status of an item based upon future developments. The Ra'avad asks why Abaye and Rava limited their dispute to the narrow topic of unconscious despair and did not discuss the fundamental issue of retroactive designation. Some say that the concept of retroactive designation applies only to items whose status is clarified by actions performed in the future and not those clarified by knowledge acquired in the future (*Or Same'aḥ*). Others explain that before an owner despairs it is prohibited to take the item, and one who takes it has committed an act of robbery. Therefore, even if Abaye held that there is retroactive designation, he would still maintain that despair in the future is ineffective in changing the status of the stolen item (Maharatz Ḥayyut).

BACKGROUND

Despair – יֵאוּשׁ: This reference is to the owner's despair of recovering a lost or stolen item. The legal status of a lost item whose owner has despaired of its recovery is that of an ownerless item, and its finder may keep it. If a natural disaster, e.g., a flood, caused the loss, it may be presumed that the owner despaired of its recovery from the moment it was swept away. Despair that is not conscious refers to a situation where the owner is not yet aware of his loss, but if he becomes aware of his loss, he will despair of its recovery.

בְּזוּטוֹ שֶׁל יָם וּבְשִׁלּוּלִיתוֹ שֶׁל נָהָר, אַף עַל גַּב דְּאִית בֵּיהּ סִימָן – רַחֲמָנָא שַׁרְיֵיהּ, כִּדְבָעֵינַן לְמֵימַר לְקַמָּן.

With regard to an item swept away **by the tide of the sea**[N] **or by the flooding of a river, even though** the item **has a distinguishing mark, the Merciful One permits** the finder to keep **it as we seek to state below,** later in the discussion.

כִּי פְּלִיגִי – בְּדָבָר שֶׁאֵין בּוֹ סִימָן. אַבַּיֵי אֲמַר: לָא הָוֵי יֵאוּשׁ, דְּהָא לָא יָדַע דְּנָפַל מִינֵּיהּ. רָבָא אֲמַר: הָוֵי יֵאוּשׁ, דִּלְכִי יָדַע דְּנָפַל מִינֵּיהּ – מִיָּאַשׁ. מֵימַר אָמַר: סִימָנָא לֵית לִי בְּגַוֵּיהּ, מֵהָשְׁתָּא הוּא דְּמִיָּאַשׁ.

When they disagree, it is **with regard to an item in which there is no distinguishing mark. Abaye said:** Despair that is not conscious **is not** considered **despair, as he did not know that** the item **fell from him;** therefore, he cannot despair of recovering it. **Rava said:** Despair that is not conscious **is** considered **despair, as when he discovers that it fell from him, he will despair** of its recovery; as **he says** upon this discovery: **I have no distinguishing mark on** the item. Therefore, it is considered **from now,** when the item fell, **that he despairs.**

(סִימָן: פמג״ש ממקגט״י ככסע״ז.)

The Gemara proceeds to cite a series of proofs for and against the opinions of Abaye and Rava and provides **a mnemonic** representing those proofs: ***Peh, mem, gimmel, shin; mem, mem, kuf, gimmel, tet, yod; kaf, kaf, samekh, ayin, zayin.***

תָּא שְׁמַע: פֵּירוֹת מְפוּזָּרִין, הָא לָא יָדַע דְּנָפַל מִינֵּיהּ! הָא אֲמַר רַב עוּקְבָא בַּר חָמָא, הָכָא בְּמַכְנַשְׁתָּא דְּבֵיזְרֵי עָסְקִינַן, דַּאֲבֵידָה מִדַּעַת הִיא.

The Gemara suggests: **Come** and **hear**[N] a proof from the mishna: If one found **scattered produce,** it belongs to him. The Gemara asks: Why does it belong to him; **isn't** the owner **unaware that they fell from him?** Apparently, despair that is not conscious is considered despair. The Gemara rejects that proof: **Didn't Rav Ukva bar Ḥama say: We are dealing with kernels of wheat that remained during** the **gathering** of grain **on the threshing floor?** The owner knowingly left the kernels on the threshing floor because it was not worth his while to gather them. **That is a deliberate loss,** and therefore the despair is conscious. Therefore, this clause in the mishna is not relevant to the dispute in question.

תָּא שְׁמַע: מָעוֹת מְפוּזָּרוֹת – הֲרֵי אֵלּוּ שֶׁלּוֹ, אַמַּאי? הָא לָא יָדַע דְּנָפַל מִינֵּיהּ! הָתָם נַמִי, כִּדְרַבִּי יִצְחָק, דְּאָמַר: אָדָם עָשׂוּי לְמַשְׁמֵשׁ בְּכִיסוֹ בְּכָל שָׁעָה וְשָׁעָה, הָכָא נַמִי – אָדָם עָשׂוּי לְמַשְׁמֵשׁ בְּכִיסוֹ בְּכָל שָׁעָה וְשָׁעָה.

The Gemara suggests: **Come** and **hear** a proof from the mishna: If one found **scattered coins, these** belong **to him.** The Gemara asks: **Why** do they belong to the one who finds them; **isn't** the owner **unaware that they fell from him?** Apparently, despair that is not conscious is considered despair. The Gemara rejects that proof: **There too,** it is not a case of unconscious despair, **in accordance with** the statement **of Rabbi Yitzḥak, who says:**[N] **A person is prone to feel his** money **pouch**[H] **constantly. Here too, a person is prone to feel his** money **pouch constantly;** therefore, it is reasonable to assume that shortly after the coins fell, the owner became aware of his loss.

תָּא שְׁמַע: עִיגּוּלֵי דְבֵילָה וְכִכָּרוֹת שֶׁל נַחְתּוֹם – הֲרֵי אֵלּוּ שֶׁלּוֹ. אַמַּאי? וְהָא לָא יָדַע דְּנָפַל מִינֵּיהּ! הָתָם נַמִי, אַגַּב דְּיַקִּירִי – מֵידַע יָדַע בְּהוּ.

The Gemara suggests: **Come** and **hear** a proof from the mishna: If one found **round cakes** of pressed **figs**[NH] **or baker's loaves, these** belong **to him.** The Gemara asks: **Why** do they belong to the one who finds them; **isn't** the owner **unaware that they fell from him?** Apparently, despair that is not conscious is considered despair. The Gemara rejects that proof: **There too,** it is not a case of unconscious despair. **Since** these items **are heavy he knows** that **they** fell, and it is reasonable to assume that shortly after they fell the owner became aware of his loss.

תָּא שְׁמַע: וּלְשׁוֹנוֹת שֶׁל אַרְגָּמָן – הֲרֵי אֵלּוּ שֶׁלּוֹ. וְאַמַּאי? הָא לָא יָדַע דְּנָפַל מִינֵּיהּ! הָתָם נַמִי, אַגַּב דַּחֲשִׁיבִי – מַשְׁמוּשֵׁי מְמַשְׁמֵשׁ בְּהוּ, וְכִדְרַבִּי יִצְחָק.

The Gemara suggests: **Come** and **hear** a proof from the mishna: If one found **strips of purple wool, these** belong **to him.** The Gemara asks: **And why** do they belong to the one who finds them; **isn't** the owner **unaware that they fell from him?** Apparently, despair that is not conscious is considered despair. The Gemara rejects that proof: **There too,** it is not a case of unconscious despair. **Since they are significant** and valuable, the owner **feels** around **for them** to ensure that they are not lost, **and** therefore, it is reasonable to assume that shortly after the strips fell, the owner became aware of his loss. This reasoning is **in accordance with** the statement **of Rabbi Yitzḥak** with regard to coins.

NOTES

The tide of the sea [*zuto shel yam*] – **זוּטוֹ שֶׁל יָם**: This is Rashi's translation of this term. Rabbeinu Ḥananel explains it as the seabed. Others say that it refers to the area where the river spills into the sea, where the current is particularly strong (Rabbi Meir HaKohen).

Come and hear – **תָּא שְׁמַע**: Some note that although the Gemara employs the same reasoning in rejecting most of the proofs, the preponderance of proofs that are deflected with the same forced answer can combine to constitute proof in and of itself (*Ḥokhmat Manoah*).

In accordance with the statement of Rabbi Yitzḥak who says – **כִּדְרַבִּי יִצְחָק דְּאָמַר**: *Tosafot* ask why Rabbi Yitzḥak did not state his explanation with regard to the proof cited from the mishna and instead stated it with regard to the *baraita*. Some answer that Rabbi Yitzḥak stated his explanation with regard to neither the mishna nor the *baraita*; rather, he stated in general terms that human nature dictates that a person is prone to feel his money pouch constantly (*Gilyon Tosefot HaRash*).

Round cakes of pressed figs – **עִיגּוּלֵי דְבֵילָה**: The commentaries ask why the Gemara does not cite proof from the other cases in the mishna, e.g., strings of fish or cuts of meat. Some explain that since it is obvious that the items mentioned in those cases are heavy, those cases are addressed by the Gemara's discussion of cakes of pressed figs (Ramban, Ran).

HALAKHA

A person is prone to feel his money pouch – **אָדָם עָשׂוּי לְמַשְׁמֵשׁ בְּכִיסוֹ**: One may keep scattered coins that he finds in a place frequented by the public, because a person is prone to feel his money pouch on constantly and presumably the owner was aware of his loss and despaired of recovering the coins (Rambam *Sefer Nezikin*, *Hilkhot Gezeila VaAveda* 1:8 and *Hilkhot Geneiva* 4:10; *Shulḥan Arukh*, *Ḥoshen Mishpat* 355:1).

Round cakes of pressed figs – **עִיגּוּלֵי דְבֵילָה**: If one finds baker's loaves or cakes of pressed figs, they belong to him. Due to their weight, presumably the owner was aware shortly after they fell and despaired of their recovery (Rambam *Sefer Nezikin*, *Hilkhot Gezeila VaAveda* 15:8; *Shulḥan Arukh*, *Ḥoshen Mishpat* 262:3).

תָּא שְׁמַע: הַמּוֹצֵא מָעוֹת בְּבָתֵּי כְנֵסִיּוֹת וּבְבָתֵּי מִדְרָשׁוֹת, וּבְכָל מָקוֹם שֶׁהָרַבִּים מְצוּיִין שָׁם – הֲרֵי אֵלּוּ שֶׁלּוֹ, מִפְּנֵי שֶׁהַבְּעָלִים מִתְיָאֲשִׁין מֵהֶן. וְהָא לָא יָדַע דִּנְפַל מִינֵּיהּ! אָמַר רַבִּי יִצְחָק: אָדָם עָשׂוּי לְמַשְׁמֵשׁ בְּכִיסוֹ בְּכָל שָׁעָה.

The Gemara suggests: **Come and hear** a proof from a *baraita*: In the case of **one who finds coins in synagogues, and in study halls, and in any place where the multitudes are found, these** coins belong **to him due to** the fact **that the owners despair of their** recovery. Why do they belong to him; **isn't** the owner **unaware that** the coins **fell from him? Rabbi Yitzḥak says: A person is prone to feel his** money **pouch constantly**; therefore, it is reasonable to assume that shortly after the coins fell, the owner became aware of his loss.

תָּא שְׁמַע: מֵאֵימָתַי כָּל אָדָם מוּתָּרִים בְּלֶקֶט – מִשֶּׁיֵּלְכוּ בָּהּ הַנְּמוּשׁוֹת. וְאָמְרִינַן: מַאי נְמוּשׁוֹת? וַאֲמַר רַבִּי יוֹחָנָן: סָבֵי דְּאָזְלִי אַתִּיגְרָא. רֵישׁ לָקִישׁ אֲמַר: לָקוֹטֵי בָּתַר לָקוֹטֵי.

The Gemara suggests: **Come and hear** a proof from a mishna (*Pe'a* 8:1): **From when is it permitted** for **any person to** collect **gleanings,**[H] which the Torah designates as exclusively for the poor (see Leviticus 19:9–10)? It is permitted **once the *nemushot* have walked in** the field. **And we say** in interpreting the mishna: **What are *nemushot*?**[N] **And Rabbi Yoḥanan said:** They are the **elderly people who walk** leaning **on a cane.**[N] Since they walk slowly, they will see any stalks that remain and take them. **Reish Lakish said:** They are the second wave of **gleaners** who pass through the field **after** the initial **gleaners,** collecting any stalks that remain.

וְאַמַּאי? נְהִי דַּעֲנִיִּים דְּהָכָא מְיָאֲשִׁי, אִיכָּא עֲנִיִּים בְּדוּכְתָּא אַחֲרִיתָא דְּלָא מְיָאֲשִׁי! אָמְרִי: כֵּיוָן דְּאִיכָּא עֲנִיִּים הָכָא – הָנָךְ מֵעִיקָּרָא אַיְאוּשֵׁי מְיָאַשׁ, וְאָמְרִי: עֲנִיִּים דְּהָתָם מְלַקְּטִי לֵיהּ.

The Gemara asks: **And why** is it permitted for any person to take the stalks, given that **although the poor who are here renounce ownership** of the stalks after seeing the *nemushot* pass through the field, **there are poor** people **in another place who** are unaware of the passing of the *nemushot* and **do not renounce ownership?** Apparently, despair that is not conscious is considered despair. The Sages **say** in rejecting that proof: **Since there are poor** people **here, those** poor people in the other places **despair** of the gleanings **from the outset, and they say:** The **poor** people **who are there gather** the gleanings.

תָּא שְׁמַע: קְצִיעוֹת בַּדֶּרֶךְ, וַאֲפִילּוּ בְּצַד שְׂדֵה קְצִיעוֹת. וְכֵן תְּאֵנָה הַנּוֹטָה לַדֶּרֶךְ, וּמָצָא תְּאֵנִים תַּחְתֶּיהָ – מוּתָּרוֹת מִשּׁוּם גֶּזֶל, וּפְטוּרוֹת מִן הַמַּעֲשֵׂר. בְּזֵיתִים וּבְחָרוּבִים – אָסוּר.

The Gemara suggests: **Come and hear** a proof from a mishna (*Ma'asrot* 3:4): If **dried figs** are found **on the path, and even** if they were found **at the side of a field** where **dried figs** are spread to dry, **and likewise,** if there is a **fig tree whose** branches **extend over a path and one found figs beneath it,** those figs **are permitted** and taking them is not prohibited **due to** the prohibition of **robbery. And** as these are ownerless property, one who finds them is **exempt from** the obligation to separate **tithes.**[NBH] In the case **of olives or of carobs,** it is **prohibited** to take the fruit.[H]

בִּשְׁלָמָא רֵישָׁא לְאַבָּיֵי לָא קַשְׁיָא, אַגַּב דַּחֲשִׁיבִי – מְמַשְׁמֵשׁ בְּהוּ. תְּאֵנָה נַמִי – מֵידַע יְדִיעַ דְּנָתְרָא.

Granted, the first clause of the mishna is **not difficult according to** the opinion of **Abaye,** as he can explain that one consciously despairs of recovering the dried figs. **Since** dried figs **are significant** and valuable, **one feels** around **for them** to ensure that they have not become lost. It is reasonable to assume that shortly after the fruits fell, the owner became aware of his loss and despaired of recovering them. In the case of the **fig tree, too, one knows that** it is a common occurrence for the fruit of the fig tree to **fall** from the tree and he renounces ownership from the outset.

NOTES

***Nemushot* – הַנְּמוּשׁוֹת:** In the Jerusalem Talmud, the term is *meshoshot*, meaning people who feel their way. Some explain that it refers to people who gather only insignificant gleanings that lack substance [*mamash*] (*Ge'onim*).

Who walk leaning on a cane [*tigra*] – דְּאָזְלִי אַתִּיגְרָא: A variant reading cited by the *ge'onim* is *tigda*. Some explain that it means cane (*Arukh*), whereas others explain that it means the boundary of the field.

Exempt from tithes – פְּטוּרוֹת מִן הַמַּעֲשֵׂר: The early commentaries discuss the reason for this exemption. Some explain that it is because they were ownerless property, and therefore one who takes possession of them is exempt from separating tithes. Others explain that it is because the labor associated with them has yet to be completed, either because there is a rabbinic ordinance to consider it unfinished, or because they were not yet brought into the house, a prerequisite for incurring the obligation of tithes (see Ritva).

BACKGROUND

Tithes – מַעַשְׂרוֹת: By Torah law, certain portions of the agricultural crop are separated and designated for various purposes. According to most opinions, one is obligated by Torah law to tithe only grain, wine, and olive oil. By rabbinic ordinance, one is obligated to tithe any produce that grows from the ground. There are three main tithes: First tithe, which is given to a Levite, second tithe, which is brought to Jerusalem and consumed there by the owner of the produce, and poor man's tithe. These tithes are separated from produce only after the produce ripens, the farmer's labor has been completed, and the produce is brought into the house.

One is exempt from tithing ownerless produce, and therefore one does not tithe the Sabbatical year produce, which is ownerless. Similarly, one need not tithe produce eaten in the course of a casual, incidental meal, e.g., fruit eaten straight from the tree. Most of the *halakhot* of tithes are detailed in tractate *Ma'asrot*.

HALAKHA

From when is it permitted for any person to collect gleanings – מֵאֵימָתַי כָּל אָדָם מוּתָּרִים בְּלֶקֶט: The Rambam rules that it is permitted for anyone to take gleanings from a field after the second wave of gleaners have completed passage through the field. The commentaries ask why the Rambam rules in accordance with the opinion of Reish Lakish, as the principle is that the *halakha* is in accordance with the opinion of Rabbi Yoḥanan in his disputes with Reish Lakish. Some explain that their dispute has no halakhic ramifications and they merely disagree with regard to the definition of the term *nemushot* (*Kesef Mishne*). The Radbaz suggests that Reish Lakish merely explains Rabbi Yoḥanan's opinion and does not disagree with him (Rambam *Sefer Zera'im, Hilkhot Mattenot Aniyyim* 1:11).

Exempt from tithes – פְּטוּרוֹת מִן הַמַּעֲשֵׂר: If one finds dried figs on a public path, even if they are found close to the edge of a field, he is exempt from the obligation to tithe the figs (Rambam *Sefer Zera'im, Hilkhot Ma'aser* 3:21).

Fallen fruit – פֵּירוֹת שֶׁנָּשְׁרוּ: One who finds olives beneath an olive tree or carobs beneath a carob tree is obligated to tithe them. If one finds figs beneath a fig tree, there is uncertainty as to whether or not he is obligated to tithe them (Rambam *Sefer Nezikin, Hilkhot Gezeila VaAveda* 15:15; *Shulḥan Arukh, Ḥoshen Mishpat* 260:6).

אֶלָּא סֵיפָא, לְרָבָא קַשְׁיָא. דְּקָתָנֵי: בְּזֵיתִים וּבְחָרוּבִים אָסוּר! אֲמַר רַבִּי אַבָּהוּ: שָׁאנֵי זַיִת, הוֹאִיל וַחֲזוּתוֹ מוֹכִיחַ עָלָיו, וְאַף עַל גַּב דְּנַתְרִין זֵיתֵי מֵידַע יְדִיעַ, דּוּכְתָּא דְּאִינִישׁ אִינִישׁ הוּא.

But the latter clause of the mishna **is difficult according to** the opinion of **Rava, as it teaches:** In the case **of olives or of carobs,** it **is prohibited** to take the fruit. Apparently, despair that is not conscious is not considered despair. **Rabbi Abbahu said:** The *halakha* **of an olive is different, since its appearance proves** the identity **of** the owner,[N] as the fruit fallen from the tree appears similar to the fruit on that tree, **and even though the olives fall** off the tree, the one who finds the olives **knows** that an olive tree that is located in **a place that** is owned by a specific **person** belongs to that **person** and the owner will not renounce ownership of his fruit.

אִי הָכִי, אֲפִילּוּ רֵישָׁא נַמִי! אֲמַר רַב פַּפָּא: תְּאֵנָה עִם נְפִילָתָהּ נִמְאֶסֶת.

The Gemara asks: **If so,** then **even** in the **first** clause **as well,** it should be prohibited to take the fruit that fell from the fig tree. **Rav Pappa said: A fig becomes disgusting with its fall**[N] from the tree. Even if the fruit can be attributed to the tree of origin, since it is no longer fit for consumption, the owner would not want the fruit and consequently renounces his ownership of it.

תָּא שְׁמַע: הַגַּנָּב שֶׁנָּטַל מִזֶּה וְנָתַן לָזֶה, וְכֵן גַּזְלָן שֶׁנָּטַל מִזֶּה וְנָתַן לָזֶה,

The Gemara suggests: **Come** and **hear** a proof from a *baraita*: **A thief who took** an item **from this** person **and gave** it **to that** person, **and likewise, a robber who took** an item **from this** person **and gave** it **to that** person,

NOTES

Since its appearance [*hazuto*] proves the identity of the owner – הוֹאִיל וַחֲזוּתוֹ מוֹכִיחַ עָלָיו: The Meiri explains that the word *hazuto* means its border. Since the fruit does not roll far, it is clear that it fell from the tree it is near.

A fig becomes disgusting with its fall – תְּאֵנָה עִם נְפִילָתָהּ נִמְאֶסֶת: Rashi explains that the owner renounces his ownership of the fig. *Tosafot* suggest that the fallen figs are not similar in appearance to those on the tree, and therefore the owner despairs of recovering them; there is a variant reading of the text that supports this explanation.

Perek **II**
Daf **22** Amud **a**

וְכֵן יַרְדֵּן שֶׁנָּטַל מִזֶּה וְנָתַן לָזֶה, מַה שֶּׁנָּטַל – נָטַל, וּמַה שֶּׁנָּתַן – נָתַן.

and likewise, in the case of the **Jordan**[N] River or another river **that took** an item **from this** person **and gave** it **to that** person, in all those cases, **that which** the person **took, he took, and that which** the person **gave, he gave.** Likewise, that which the river took, it took, and that which the river gave, it gave. The person who received the item need not return it.

בִּשְׁלָמָא גַּזְלָן וְיַרְדֵּן – דְּקָא חָזֵי לְהוּ וּמְיָאֵשׁ, אֶלָּא גַּנָּב מִי קָא חָזֵי לֵיהּ דִּמְיָאֵשׁ? תַּרְגְּמַהּ רַב פַּפָּא בְּלִסְטִים מְזוּיָּן. אִי הָכִי הַיְינוּ גַּזְלָן! תְּרֵי גַּוְונֵי גַּזְלָן.

The Gemara asks: **Granted** in the cases of the **robber and** the **Jordan** River, one could say **that** the owner **sees them** take the item **and despairs** of its recovery; **but** in the case of the **thief,** who takes the item surreptitiously, **does** the owner **see him** take the item and would **that** lead him to **despair?** The Gemara explains: **Rav Pappa interpreted** the term thief in the *baraita* to be referring to **armed bandits** [*listim*];[L] therefore, the owner is aware that the item was taken and he despairs of its recovery. The Gemara asks: **If so, this is** the same as **a robber,** why mention two identical cases? The Gemara answers: The *baraita* mentioned **two types of robbers;** in both cases the owner was aware that his item was taken.

תָּא שְׁמַע: שָׁטַף נָהָר קוֹרָיו עֵצָיו וַאֲבָנָיו וּנְתָנוֹ בְּתוֹךְ שְׂדֵה חֲבֵירוֹ – הֲרֵי אֵלּוּ שֶׁלּוֹ, מִפְּנֵי שֶׁנִּתְיָאֲשׁוּ הַבְּעָלִים. טַעְמָא – דְּנִתְיָאֲשׁוּ הַבְּעָלִים, הָא סְתָמָא – לָא! הָכָא בְּמַאי עָסְקִינַן – כְּשֶׁיָּכוֹל לְהַצִּיל.

The Gemara suggests: **Come** and **hear** a proof from a *baraita*: If **a river swept** away **one's beams,**[NH] **one's wood, or one's stones and placed them into the field of another, these** items belong **to** the owner of the field **due to** the fact **that the** respective **owners despaired** of their recovery. The Gemara infers from the *baraita*: **The reason** they belong to the finder is **that the owners despaired; but in an unspecified** case, where it is not definitively known that the owners despaired, they do **not** belong to the finder. Apparently, despair that is not conscious is not considered despair. The Gemara rejects the proof: **With what are we dealing here?** It is a case **where** the owners are **capable of rescuing** the beams, wood, or stones; therefore, their decision not to rescue them is a clear indication of despair.

NOTES

The Jordan – יַרְדֵּן: Rashi explains that the *halakha* stated here about the Jordan River concerns lost items, and the same *halakha* applies to a lost item swept away by any river. The *tanna* mentioned the Jordan simply because that was the river nearest to him. Most early commentaries (Ramban; Rashba; Rosh; Ran) disagree with Rashi's explanation of the Gemara. They explain based on the Jerusalem Talmud that the *halakha* stated about the Jordan is unrelated to matters of lost items. Rather, since the Jordan demarcates the eastern border of Eretz Yisrael, the *tanna* is referring to the *halakha* in a situation where the Jordan alters its course eastward and thereby incorporates additional territory within the boundaries of Eretz Yisrael or alters its course westward and thereby excludes territory from the boundaries of Eretz Yisrael. Accordingly, the *baraita* is stating that the border is still defined by the Jordan River, and it has effectively taken or given land from one area to the other. Others explain that the reference is not to the Jordan, *Yarden*, but rather to *yardan*, meaning one who seeks to rob others (Ritva).

If a river swept away one's beams – שָׁטַף נָהָר קוֹרָיו: According to Rashi's version and his explanation of the Gemara, most commentaries distinguish between this case, where the current sweeps away the items and places them nearby, and the case cited previously (21b) of the flooding of a river where the items are swept away to sea. Here, whether it is permitted for one to take the item is dependent upon whether the owner despaired of its recovery. There, no despair is necessary, because it is lost not only from the owner but from everyone (see Ramban, Rashba, Rosh, and *Tosafot*).

LANGUAGE

Bandits [*listim*] – לִסְטִים: From the Greek ληστής, *lēstēs*, meaning robber.

HALAKHA

If a river swept away one's beams – שָׁטַף נָהָר קוֹרָיו: An item that was swept away by a river belongs to the finder even if the owner strenuously protests that he did not despair of its recovery. *Tosafot* rule that if the owner pursued the item and it was at all possible, even if only with great difficulty, for him to recover the item, the finder must return it to him (Rambam *Sefer Nezikin*, *Hilkhot Gezeila VaAveda* 6:1; *Shulhan Arukh*, *Hoshen Mishpat* 259:7, and in the comment of Rema).

אִי הָכִי, אֵימָא סֵיפָא: אִם הָיוּ הַבְּעָלִים מְרַדְּפִין אַחֲרֵיהֶם – חַיָּיב לְהַחֲזִיר, אִי בִּיכוֹלִין לְהַצִּיל – מַאי אִרְיָא מְרַדְּפִין? אֲפִילּוּ אֵין מְרַדְּפִין נָמֵי! הָכָא בְּמַאי עָסְקִינַן – בִּיכוֹלִין לְהַצִּיל עַל יְדֵי הַדְּחָק, מְרַדְּפִין – לָא אַיְיאוּשׁ, אֵין מְרַדְּפִין – אַיְיאוּשֵׁי מְיָאֵשׁ.

The Gemara asks: **If so, say the latter clause** of the same *baraita*: **If the owners were pursuing** the items, the finder is **obligated to return** them. **If** it is a case **where** the owners are **capable of rescuing** the items, **why** did the *baraita* **specifically** cite a case where the owners were **pursuing** the items? **Even** if they were **not pursuing** the lost items, the items **also** remain in their ownership, as they did not despair of their recovery. The Gemara answers: **With what are we dealing here?** It is a case **where** the owners are **capable of rescuing** the items **with difficulty.** In that case, if the owners **pursue** the items, it indicates that **they did not despair** of their recovery, but if the owners **do not pursue** the items, it indicates that **they despaired** of their recovery.

תָּא שְׁמַע: כֵּיצַד אָמְרוּ הַתּוֹרֵם שֶׁלֹּא מִדַּעַת תְּרוּמָתוֹ תְּרוּמָה? הֲרֵי שֶׁיָּרַד לְתוֹךְ שְׂדֵה חֲבֵירוֹ וְלִיקֵּט וְתָרַם שֶׁלֹּא בִּרְשׁוּת, אִם חוֹשֵׁשׁ מִשּׁוּם גָּזֵל – אֵין תְּרוּמָתוֹ תְּרוּמָה, וְאִם לָאו – תְּרוּמָתוֹ תְּרוּמָה.

The Gemara suggests: **Come and hear** a proof from a *baraita* (*Tosefta, Terumot* 1:5): **When did** the Sages **say** that in the case where **one separates *teruma* without** the owner's **consent,**[H] **his *teruma*** is considered ***teruma*?**[B] It is in a case where **there was** someone **who entered another's field and gathered** produce from it **and separated *teruma***[N] **without** the owner's **permission. If he is concerned** that the owner will object to his actions and view it **as robbery, his *teruma* is not *teruma*, but if** he is **not** concerned, **his *teruma* is *teruma*.**

וּמִנַּיִן הוּא יוֹדֵעַ אִם חוֹשֵׁשׁ מִשּׁוּם גָּזֵל וְאִם לָאו? הֲרֵי שֶׁבָּא בַּעַל הַבַּיִת וּמְצָאוֹ, וְאָמַר לוֹ ״כְּלָךְ אֵצֶל יָפוֹת״, אִם נִמְצְאוּ יָפוֹת מֵהֶן – תְּרוּמָתוֹ תְּרוּמָה, וְאִם לָאו – אֵין תְּרוּמָתוֹ תְּרוּמָה. לִיקְּטוּ הַבְּעָלִים וְהוֹסִיפוּ עֲלֵיהֶן – בֵּין כָּךְ וּבֵין כָּךְ תְּרוּמָתוֹ תְּרוּמָה.

The *baraita* continues: **And from where would** the gatherer **know whether** he should be **concerned** that the owner objects and views it **as robbery or not? If the owner came and found him** separating *teruma* **and said to him:** You should have **gone to** take the produce of **better** quality and separate *teruma* from that, then **if** produce of **better** quality **than** the produce he had separated **is found, his *teruma*** is considered ***teruma*,** since the owner is assumed to have been sincere and pleased that the other has separated *teruma* from his produce. **But if not, his *teruma* is not *teruma*,** as it may be assumed that the owner was angry at him and was speaking sarcastically. The *baraita* adds: If **the owners were gathering and adding** to the *teruma* he had separated, indicating that they agree to his act of separation, **either way,** whether or not better-quality produce was found, **his *teruma*** is considered ***teruma*.**

וְכִי נִמְצְאוּ יָפוֹת מֵהֶן תְּרוּמָתוֹ תְּרוּמָה, אַמַּאי? בְּעִידָּנָא דְּתָרֵם הָא לָא הֲוָה יָדַע! תַּרְגְּמַהּ רָבָא אַלִּיבָּא דְּאַבָּיֵי: דְּשַׁוְּיֵהּ שָׁלִיחַ.

The Gemara questions the ruling of the *baraita*: **But why** is that the *halakha*, that **if** produce of **better** quality **than** the produce he had separated **is found his *teruma* is *teruma*? At the time that he separated the *teruma*, he did not know** that the owner would ultimately agree. The *baraita* states that the *teruma* is *teruma* from the moment he separated it, despite the fact that it was only later that he learned that the owner agreed. Apparently, in the case of despair as well, despair that is not conscious is considered despair, contrary to the opinion of Abaye. **Rava interpreted** the matter **in accordance with** the opinion **of Abaye:** This is a case **where** the owner **designated him** as **an agent.**

הָכִי נָמֵי מִסְתַּבְּרָא, דְּאִי סָלְקָא דַּעְתָּךְ דְּלָא שַׁוְּיֵהּ שָׁלִיחַ מִי הָוְיָא תְּרוּמָתוֹ תְּרוּמָה? וְהָא אַתֶּם גַּם אַתֶּם אָמַר רַחֲמָנָא לְרַבּוֹת שְׁלוּחֲכֶם, מָה אַתֶּם לְדַעְתְּכֶם, אַף שְׁלוּחֲכֶם – לְדַעְתְּכֶם.

So too, it is reasonable, as if it enters your mind that the owner **did not designate him** as **an agent, would his *teruma* be *teruma*? But doesn't the Merciful One state:** "So you also shall set apart a gift unto the Lord of all your tithes" (Numbers 18:28)? Once the verse states **"you,"** the addition of the word "also" in the term **"you also"**[H] serves **to include an agent.** Therefore, an agent separating *teruma* has the same *halakhot* as an owner separating *teruma*. **Just as** when **you,** the owner, separate *teruma*, it is **with your knowledge, so too** when **your agent** separates *teruma*, it must be **with your knowledge.** Evidently, in any event, one needs to be appointed as an agent to be capable of separating *teruma* for another.

NOTES

Gathered produce and separated *teruma* – לִיקֵּט וְתָרַם: Some explain that the reference is to one whom the owner allows to enter his field and collect produce for his own use. In this case, in addition to collecting produce for himself, he separates *teruma* on behalf of the owner (*Ketzot HaḤoshen*, citing *Shakh*).

HALAKHA

One who separates *teruma* without the owner's consent – הַתּוֹרֵם שֶׁלֹּא מִדַּעַת: With regard to one who designates *teruma* from another's produce without his consent, including a case where he did not receive permission to enter the field, if the owner says: You should have gone to take the produce of better quality and separate *teruma*, and there is higher-quality produce, his *teruma* is *teruma*. If there is no higher-quality produce, the *teruma* is not *teruma*. If the owner added to the *teruma*, the *teruma* is valid *teruma* even if there is no higher-quality produce. Contrary to the Gemara's initial explanation that this is the *halakha* only in the case of an agent appointed by the owner of the field, the conclusion of the Gemara is that this is the *halakha* even when the owner did not appoint an agent (Rambam *Sefer Zera'im*, *Hilkhot Terumot* 4:3, and *Kesef Mishne* there).

You, you also – אַתֶּם גַּם אַתֶּם: One can appoint an agent to separate *teruma* and tithe his produce. This is derived from the additional word "also" in the verse (Rambam *Sefer Zera'im*, *Hilkhot Terumot* 4:1).

BACKGROUND

***Teruma* – תְּרוּמָה:** Whenever the term *teruma* appears without qualification, it is referring to *teruma gedola*, the great *teruma*. The Torah commands that the first fruit of one's grain, wine, and oil be given to a priest (Deuteronomy 18:4; Numbers 18:12), and the Sages extended the scope of this mitzva to include all produce. This mitzva applies only in Eretz Yisrael. After one sets aside the first fruits, a certain portion of the produce must be set aside for priests, before he separates other tithes.

Teruma is considered sacred and may be eaten only by a priest and his household while they are in a state of ritual purity (see Leviticus 22:9–15). To highlight that state of ritual purity, the Sages obligated the priests to wash their hands before partaking of it. This is the source for the practice of washing the hands before eating bread today.

A ritually impure priest or a non-priest who partakes of *teruma* is subject to the penalty of death at the hand of Heaven. If *teruma* becomes ritual impure, it may no longer be eaten and must be burned. Nevertheless, it remains the property of the priest, and he may derive benefit from its burning. Nowadays, *teruma* is not given to priests because they have no definite proof of their priestly lineage. The obligation to separate *teruma* still remains, but only a small portion of the produce is separated.

אֶלָּא הָכָא בְּמַאי עָסְקִינַן – כְּגוֹן דְּשַׁוְּיֵהּ שָׁלִיחַ, וַאֲמַר לֵיהּ: זִיל תְּרוֹם, וְלָא אֲמַר לֵיהּ תְּרוֹם מֵהָנֵי. וּסְתָמֵיהּ דְּבַעַל הַבַּיִת כִּי תְּרוּם – מִבֵּינוֹנִית הוּא תְּרוּם, וַאֲזַל אִיהוּ וְתָרַם מִיָּפוֹת. וּבָא בַּעַל הַבַּיִת וּמְצָאוֹ, וְאָמַר לֵיהּ כְּלָךְ אֵצֶל יָפוֹת, אִם נִמְצְאוּ יָפוֹת מֵהֶן – תְּרוּמָתוֹ תְּרוּמָה, וְאִם לָאו – אֵין תְּרוּמָתוֹ תְּרוּמָה.

Rather, with what are we dealing here? It is a case **where the** owner **designated him** as an agent **and said to him: Go and separate** ***teruma*****, but** he **did not say to him: Separate** ***teruma*** **from these** specific crops. **And when the owner's** intent is **unspecified,** and it is unclear which of his crops are meant to be separated **when** the agent **separates** ***teruma*****,** it is **from** the crops of **intermediate quality** that **he separates** ***teruma*****.**[N] **And** in this case, the agent **went and separated** ***teruma*** **from higher-quality** produce, **and the owner** of the field **came and found him and said to him:** You should have **gone to** take the produce of **better** quality and separate *teruma* from that. **If** produce of **better** quality **than** the produce he had separated **is found,**[N] **his** ***teruma*** **is** considered ***teruma*****. But if not, his** ***teruma*** **is not** ***teruma*****,**

אַמֵימָר וּמָר זוּטְרָא וְרַב אַשִׁי אִקְלְעוּ לְבוּסְתָּנָא דְּמָרִי בַּר אִיסַק, אַיְיתִי אֲרִיסֵיהּ תַּמְרֵי וְרִימּוֹנֵי וּשְׁדָא קַמַּיְיהוּ. אַמֵימָר וְרַב אַשִׁי אָכְלִי, מָר זוּטְרָא לָא אָכֵיל. אַדְּהָכִי אֲתָא מָרִי בַּר אִיסַק, אַשְׁכַּחִינְהוּ, וַאֲמַר לֵיהּ לַאֲרִיסֵיהּ: אַמַּאי לָא אַיְיתִית לְהוּ לְרַבָּנַן מֵהָנָךְ שַׁפִּירָתָא?

The Gemara digresses with a related incident: **Ameimar,**[P] **Mar Zutra,**[P] **and Rav Ashi**[P] **happened to** come to **the orchard** [***levustana***][L] **of Mari bar Isak.**[P] **His sharecropper came and placed dates and pomegranates before them. Ameimar and Rav Ashi ate** the fruit, but **Mar Zutra did not eat**[N] the fruit due to the concern that the sharecropper had provided them with the fruit without the approval of the owner of the field. **Meanwhile, Mari bar Isak came** and **found them** eating his fruit **and said to his sharecropper: Why didn't you bring the Sages** fruit **from those higher-quality** fruits?

אֲמַרוּ לֵיהּ אַמֵימָר וְרַב אַשִׁי לְמָר זוּטְרָא: הַשְׁתָּא אַמַּאי לָא אָכֵיל מָר? וְהָתַנְיָא: אִם נִמְצְאוּ יָפוֹת מֵהֶן – תְּרוּמָתוֹ תְּרוּמָה! אֲמַר לְהוּ, הָכִי אֲמַר רָבָא: לֹא אָמְרוּ כְּלָךְ אֵצֶל יָפוֹת אֶלָּא לְעִנְיַן תְּרוּמָה בִּלְבָד, מִשּׁוּם דְּמִצְוָה הוּא, וְנִיחָא לֵיהּ. אֲבָל הָכָא – מִשּׁוּם כְּסִיפוּתָא הוּא דַּאֲמַר הָכִי.

Ameimar and Rav Ashi said to Mar Zutra: Now why is the Master not eating the fruit? But isn't it taught in a *baraita*: In a case where the owner of the field came and found him and said to him: You should have gone to take the produce of better quality and separate *teruma* from that; **if** produce of **better** quality **than** the produce he had separated **is found, his** ***teruma*** **is** considered ***teruma*****.** Here too, it is clear that Mari bar Isak approved of the actions of his sharecropper. Mar Zutra **said to them** that **this** is what **Rava said:** The Sages **said** that the statement: You should have **gone to** take the produce of **better** quality and separate *teruma*, indicates consent of the owner **only with regard to the matter of** ***teruma*****,**[N] **due to** the fact **that it is a mitzva and** the owner **is amenable** to having the mitzva fulfilled. **But here,** in this incident, it is **due to shame that he said this:** Why did you not bring these Sages fruit from those higher-quality fruits? He did not really want to give them the fruit.

NOTES

It is from the crops of intermediate quality that he separates ***teruma*** **– מִבֵּינוֹנִית הוּא תְּרוּם:** There is no prescribed measure by Torah law for *teruma*, and one may fulfill his obligation by separating a single kernel of grain from an entire crop. The Sages established a graduated scale of measures: One-fortieth of the crop for a generous gift, one-fiftieth for an average gift, and one-sixtieth for a miserly gift. With regard to the quality of the produce, the Sages did not establish a graduated scale, and one typically separates *teruma* from produce of intermediate quality (see *Ḥokhmat Manoaḥ*).

If produce of better quality than the produce he had separated is found – אִם נִמְצְאוּ יָפוֹת מֵהֶן: Some explain that in this case the agent was not familiar with the character of the owner of the field, but the subsequent approval of the owner retroactively reveals that the agent acted in accordance with the owner's wishes when he separated the high-quality produce as *teruma* (Maharatz Ḥayyut).

Ameimar and Rav Ashi ate the fruit but Mar Zutra did not eat – אַמֵימָר וְרַב אַשִׁי אָכְלִי, מָר זוּטְרָא לָא אָכֵיל: One explanation of the dispute between Ameimar, Rav Ashi, and Mar Zutra is that since the sharecropper has a share in the field, Ameimar and Rav Ashi ate from the produce based on the likelihood that he was giving them produce from his share. Mar Zutra, by contrast, was concerned that since the crop had not yet been divided between the owner and the sharecropper, the sharecropper might not compensate the owner of the field for the produce that he gave the Sages (Ramban; Rashba; Rosh).

Only with regard to the matter of ***teruma*** **– אֶלָּא לְעִנְיַן תְּרוּמָה בִּלְבָד:** Some ask how Ameimar and Rav Ashi could respond to Mar Zutra's point that the statement: You should have gone to take the produce of better quality and separate *teruma*, indicates consent of the owner only with regard to the matter of *teruma*, due to the fact that it is a mitzva. They explain that those Sages held that treating Torah scholars with the appropriate deference is also a mitzva, and therefore when the owner urges the sharecropper to offer them high-quality produce, a mitzva is performed with his property (*Shita Mekubbetzet*).

Mar Zutra, by contrast, distinguishes between separating *teruma*, which is a mitzva that is incumbent upon the owner to perform in any case, and therefore he does not mind if another performs it on his behalf, and giving gifts to Torah scholars, which is not a mitzva that is incumbent upon him, and therefore one may not presume that the owner would approve it.

LANGUAGE

Orchard [*bustana*] – בּוּסְתָּנָא: From the Middle Iranian bōstan, a compound word referring to a garden, composed of bōy, meaning fragrant, and stan, meaning place,

PERSONALITIES

Ameimar – אַמֵימָר: Ameimar was one of the great talmudic Sages of the fifth and sixth generations of Babylonian *amora'im*. Ameimar was born and raised in Neharde'a, where he studied and taught Torah, although it is likely that he also studied with the Sages of Pumbedita. The statements that he quotes are mainly from fifth-generation *amora'im*, students of Abaye and Rava. It appears that he served as a rabbi and religious judge in Neharde'a, where he established various rabbinic regulations, but he also wielded influence in many other places, including Meḥoza. The leaders of the following generation, including Rav Ashi, were his disciples. He had a son named Mar who studied with Rav Ashi during Ameimar's lifetime.

Mar Zutra – מָר זוּטְרָא: A colleague of Rav Ashi, Mar Zutra was one of the leading Sages of his generation and a disciple-colleague of Rav Pappa and Rav Naḥman bar Yitzḥak. Beyond his greatness in *halakha* and *aggada*, Mar Zutra was a noted preacher, and his homiletic interpretations are cited throughout the Talmud. He apparently held an official position as the scholar and preacher of the house of the Exilarch. Late in his life, he was appointed head of the yeshiva of Pumbedita.

The Gemara frequently mentions meetings between Mar Zutra, Ameimar, and Rav Ashi, some of which may well have been formal conferences of the leaders of Babylonian Jewry of that generation.

Rav Ashi – רַב אַשִׁי: Rav Ashi was a sixth-generation Babylonian Sage whose primary undertaking was the redaction of the Babylonian Talmud together with Ravina. He was born in the year 352 CE and studied with Rav Kahana. Rav Ashi reestablished the academy in Sura, which had been closed since the time of Rav Ḥisda, and he led the yeshiva for sixty years.

Mari bar Isak – מָרִי בַּר אִיסַק: Mari is mentioned in various places in the Talmud. Some say that there were two people with this name (*Tosafot, Yevamot* 21b), although the references might be to one person who lived a long life.

Mari bar Isak was very wealthy, and several of the Sages were visitors to his home. As stated here, the Sages believed that he used his wealth improperly. That led them to reverse the standard regulations of evidence with regard to him and place the onus of evidence upon him. His displays of generosity were also treated with suspicion.

תָּא שְׁמַע: עוֹדֵהוּ הַטַּל עֲלֵיהֶן וְשָׂמַח הֲרֵי זֶה בְּכִי יֻתַּן. נִגְּבוּ אַף עַל פִּי שֶׁשָּׂמַח

The Gemara suggests: **Come** and **hear** another proof from a *baraita* with regard to despair that is not conscious. It is written: "And if any part of their carcass falls upon any sowing seed that is to be sown, it is ritually pure. But when water is placed upon the seed, and any part of their carcass falls thereon, it is ritually impure unto you" (Leviticus 11:37–38). Produce becomes susceptible to contracting ritual impurity only after coming into contact with one of seven liquids: Wine, honey, oil, milk, dew, blood, and water. It is taught in the *baraita*: If **the dew is still upon** the produce and has not yet dried, and if the owner **was glad** that the dew moistened the produce and kept it fresh, **that** produce falls into the category of: "But **when** water **is placed** upon the seed," and the produce is susceptible to contracting ritual impurity. If the produce **had dried** when the owner found it, then **even though he was glad** that the dew had moistened the produce,

Perek **II**
Daf **22** Amud **b**

אֵינָן בְּ״כִי יוּתַּן״.

the produce **is not** in the category of: "But **when** water **is placed** [*khi yuttan*] upon the seed," and the produce is not susceptible to contracting ritual impurity.[N]

טַעְמָא מַאי? לָאו מִשּׁוּם דְּלָא אָמְרִינַן, כֵּיוָן דְּאִיגַּלַּאי מִילְּתָא דְּהַשְׁתָּא נִיחָא לֵיהּ, מֵעִיקָּרָא נַמִי נִיחָא לֵיהּ? שָׁאנֵי הָתָם, דִּכְתִיב כִּי יִתֵּן – עַד שֶׁיִּתֵּן.

What is the reason that if the produce dried, the fact that the owner is glad does not render it susceptible to ritual impurity? Is it **not due to** the fact **that we do not say: Since the matter was revealed that he is amenable** to the moisture **now, he was also amenable from the outset?** The same should be true with regard to despair that is not conscious. The fact that when he becomes aware of his loss he despairs of its recovery does not indicate that he despaired from the outset, contrary to the opinion of Rava. The Gemara rejects the proof: It **is different there, as** although the phrase is vocalized to mean: "When it is placed," **it is written: When one places** [*ki yitten*], from which it is derived that the produce is rendered susceptible to ritual impurity **only** if the owner **places** the liquid on the produce.

אִי הָכִי, רֵישָׁא נַמִי! הָתָם כִּדְרַב פָּפָּא. דְּרַב פָּפָּא רָמֵי: כְּתִיב כִּי יִתֵּן וְקָרֵינַן כִּי יוּתַּן, הָא כֵּיצַד?

The Gemara asks: **If so,** in **the first clause** of the *baraita*, **too,** the produce should not be rendered susceptible to contracting impurity, because the dew fell on the produce and was not placed there by the owner. The Gemara answers: **There,** the explanation is **in accordance with** the opinion **of Rav Pappa, as Rav Pappa raised a contradiction:** The verse states: "But when water is placed [*vekhi yuttan*] upon the seed, and any part of a carcass falls thereon, it is ritually impure unto you" (Leviticus 11:38). The word "*yuttan*" **is written** in the defective form, as if it says **"*ki yitten*."** Accordingly, this would mean that one must actively place the water on the produce. Yet, **we read** it, based on the tradition as to its correct pronunciation, as if it is written **"*ki yuttan*,"**[B] which includes any situation where the produce becomes wet. **How so?** How can the way the verse is written and the way it is read be reconciled?

בָּעֵינַן, כִּי יוּתַּן דּוּמְיָא דְּכִי יִתֵּן; מָה יִתֵּן לְדַעַת – אַף כִּי יוּתַּן נַמִי לְדַעַת.

Rav Pappa explains that **we require** that the situation described by the words **"when water is placed [*ki yuttan*]"** be **similar to** the situation described by the words: **When one places [*dekhi yitten*]: Just as** the term **places [*yitten*]** indicates **that** it is **with the knowledge of** the owner that the produce becomes wet, as he himself is placing the water, **so too,** the term **"is placed [*yuttan*]"** means **that** it is **with his knowledge**[H] that the produce becomes wet, despite the fact that he did not place the water himself. Therefore, no proof may be cited with regard to the matter of despair, where there is no Torah derivation requiring awareness from the outset.

NOTES

Susceptibility to ritual impurity – הַכְשָׁרָה לְטוּמְאָה: By Torah law, food becomes ritually impure only if a liquid is first placed upon it. Food is considered susceptible to contracting ritual impurity only if certain conditions were met as it became damp. Primary among them are: It must be dampened by one of seven liquids, i.e., wine, blood, oil, milk, dew, honey, or water; it must be dampened with the knowledge and approval of the owner; and it must be dampened after being detached from the ground. The numerous *halakhot* governing what constitutes approval are explained primarily in tractate *Makhshirin*.

BACKGROUND

Ki yitten…ki yuttan – כִּי יִתֵּן...כִּי יוּתַּן: Although the Hebrew writing in a Torah scroll does not have vowels, certain consonants, known as *matres lectionis*, literally, mothers of reading, are occasionally inserted to indicate the correct pronunciation of the word. This is not done consistently. A word can thereby be written defective, without these additional letters, or plene, with them. Some Sages maintain that the tradition of the manner in which the verses in the Torah are written is authoritative, and one derives *halakhot* based on the spelling of the words. By contrast, others hold that the vocalization of the Torah is authoritative, meaning that one derives *halakhot* based on the pronunciation of the words, although it diverges from the spelling. This dispute applies only when the written and vocalized texts of the Torah are entirely different. If it is possible to reconcile the two readings, as is the case here, this is certainly preferable (*Tosefot Tukh*).

HALAKHA

So too when it is placed also with his knowledge – אַף כִּי יוּתַּן נַמִי לְדַעַת: If any of the seven liquids: Wine, blood, oil, milk, dew, honey, or water, fell onto food with the approval of its owner, the food is rendered susceptible to contracting ritual impurity. Even if the liquid dries, the food remains susceptible to contracting ritual impurity (Rambam *Sefer Tahara*, *Hilkhot Tumat Okhalin* 1:2).

תָּא שְׁמַע, דְּאָמַר רַבִּי יוֹחָנָן מִשּׁוּם רַבִּי יִשְׁמָעֵאל בֶּן יְהוֹצָדָק: מִנַּיִן לַאֲבֵידָה שֶׁשְּׁטָפָהּ נָהָר שֶׁהִיא מוּתֶּרֶת – דִּכְתִיב: ״וְכֵן תַּעֲשֶׂה לַחֲמוֹרוֹ וְכֵן תַּעֲשֶׂה לְשִׂמְלָתוֹ וְכֵן תַּעֲשֶׂה לְכָל אֲבֵידַת אָחִיךָ אֲשֶׁר תֹּאבַד מִמֶּנּוּ וּמְצָאתָהּ״ – מִי שֶׁאֲבוּדָה הֵימֶנּוּ וּמְצוּיָה אֵצֶל כׇּל אָדָם, יָצָאתָה זוֹ שֶׁאֲבוּדָה מִמֶּנּוּ, וְאֵינָהּ מְצוּיָה אֵצֶל כׇּל אָדָם.

The Gemara suggests: **Come and hear** a proof from that **which Rabbi Yoḥanan says in the name of Rabbi Yishmael ben Yehotzadak: From where** is it derived **with regard to a lost item that the river swept away that it is permitted** for its finder to keep it? It is derived from this verse, **as it is written: "And so shall you do with his donkey; and so shall you do with his garment; and so shall you do with every lost item of your brother, which shall be lost from him, and you have found it"** (Deuteronomy 22:3). The verse states that one must return **that which is lost from him,** the owner, **but is** available to be **found by any person. Excluded** from that obligation **is that which is lost from him and is not** available to be **found by any person;**[H] it is ownerless property and anyone who finds it may keep it.

וְאִיסּוּרָא דּוּמְיָא דְּהֶיתֵּירָא, מָה הֶיתֵּירָא – בֵּין דְּאִית בָּהּ סִימָן וּבֵין דְּלֵית בָּהּ סִימָן שְׁרָא, אַף אִיסּוּרָא – בֵּין דְּאִית בָּהּ סִימָן וּבֵין דְּלֵית בָּהּ סִימָן אֲסוּרָה. תְּיוּבְתָּא דְּרָבָא. תְּיוּבְתָּא.

And the prohibition written in the verse against keeping an item that is lost only to its owner is **similar to the allowance**[N] to keep an item lost to all people that is inferred from the verse; **just as** in the case of **the allowance, whether there is a distinguishing mark and whether there is no distinguishing mark,** it is **permitted** for the finder to keep it, **so too** in the case of **the prohibition, whether there is a distinguishing mark and whether there is no distinguishing mark,** it is **prohibited** for the finder to keep it, until there is proof that the owner despaired of its recovery. The Gemara concludes: **The refutation of** the opinion of **Rava is** indeed a conclusive **refutation.**

וְהִלְכְתָא כְּוָותֵיהּ דְּאַבָּיֵי בְּיע״ל קג״ם.

And although in disputes between Abaye and Rava, the *halakha* is typically ruled in accordance with the opinion of Rava, the ***halakha*** is **in accordance with** the opinion of **Abaye**[P] **in** the disputes represented by the mnemonic: ***Yod, ayin, lamed; kuf, gimmel, mem.***[N]

אֲמַר לֵיהּ רַב אַחָא בְּרֵיהּ דְּרָבָא לְרַב אַשִׁי: וְכִי מֵאַחַר דְּאִיתּוֹתַב רָבָא, הָנֵי תַּמְרֵי דְּזִיקָא הֵיכִי אָכְלִינַן לְהוּ? אֲמַר לֵיהּ: כֵּיוָן דְּאִיכָּא שְׁקָצִים וּרְמָשִׂים דְּקָא אָכְלִי לְהוּ, מֵעִיקָּרָא יָאוּשֵׁי מְיָאַשׁ מִנַּיְיהוּ.

Rav Aḥa, son of Rava, said to Rav Ashi: And now that the opinion of **Rava was conclusively refuted,** and the *halakha* is that despair that is not conscious is not considered despair, if **those dates** are blown off the tree **by the wind,**[N] **how do we eat them?** Perhaps their owner did not despair of their recovery. Rav Ashi **said to him: Since there are repugnant creatures and creeping animals**[NB] **that eat** the dates after they fall, the owner **despairs of their** recovery **from the outset.** Therefore, one who finds the dates may keep them.

NOTES

And the prohibition is similar to the allowance – וְאִיסּוּרָא דּוּמְיָא דְּהֶיתֵּירָא: The early commentaries found this proof difficult, particularly the clause that begins as: Just as in the case of the allowance. How does the comparison between allowance and prohibition emerge from the preceding derivation? The Ba'al HaMaor concludes that the comparison between them is not inferred from the derivation; rather, it is an independent statement added by Rabbi Yoḥanan. Most commentaries reject that opinion, as, were it an amoraic statement, it could not conclusively refute Rava's opinion (see Ra'avad and Ramban). Rather, they explain that the inference is from the fact that it was necessary for the Torah to teach that if one found a lost item that cannot be found by any person, it belongs to him. Apparently, if one found a lost item that had the potential to be found by any person, it belongs to him only in certain circumstances (see Ramban, Rashba, and Rosh).

***Yod, ayin, lamed; kuf, gimmel, mem* – יע״ל קג״ם:** Rashi explains that *yod* represents the dispute here with regard to whether despair that is not conscious [*yeush shelo mida'at*] is considered despair. Abaye holds that it is not.

Ayin represents the dispute (*Sanhedrin* 27b) with regard to whether a conspiring witness [*ed zomem*] is disqualified retroactively or only from when he is convicted in court. Abaye holds that he is disqualified retroactively.

Lamed represents the dispute (*Eiruvin* 15a) with regard to whether a side post [*leḥi*] at the entrance to an alleyway that was not placed by human hand is considered a valid side post. Abaye holds that it is a valid side post.

Kuf represents the dispute (*Kiddushin* 51a) with regard to whether betrothal [*kiddushin*] that is not given to consummation takes effect and requires a bill of divorce to dissolve it. Abaye holds that the betrothal takes effect.

Gimmel represents the dispute (*Gittin* 34a) with regard to whether disclosure of intent with regard to bills of divorce [*get*] is significant. Abaye holds that it is not significant.

Mem represents the dispute (*Sanhedrin* 27b) with regard to whether an apostate [*mumar*] who displays insolence vis-à-vis God by eating unslaughtered animal carcasses is disqualified from bearing witness. Abaye holds that he is disqualified.

Rabbeinu Tam explains that the letter *lamed* represents the dispute with regard to how a *zava* who gave birth [*leida*] and did not bleed counts the tally of the days of the *zava*. The early commentaries of Narbonne explain (*Pesaḥim* 25b) that the *lamed* represents the dispute with regard to a case where one is prohibited from deriving benefit from an item and has no intent to derive benefit from it, but deriving benefit from it is unavoidable [*la efshar*], where Abaye rules that it is permitted for one to derive benefit from it.

Dates blown off the tree by the wind – תַּמְרֵי דְּזִיקָא: It appears that the Gemara is referring specifically to dates because they are sweet and are consumed by most animals. In addition, date trees grow tall and when the wind blows dates off the tree they fall far from the tree (Rambam).

Repugnant creatures and creeping animals – שְׁקָצִים וּרְמָשִׂים: The Meiri understands that these creatures eat the fruit on the tree, causing them to fall.

HALAKHA

Which is lost from him and is not available to be found by any person – שֶׁאֲבוּדָה מִמֶּנּוּ וְאֵינָהּ מְצוּיָה אֵצֶל כׇּל אָדָם: In the case of one who rescues an item from a wild animal, e.g., a lion or bear, or from being swept away by the tide of the sea or the flooding of a river, the item belongs to him even if the owner strenuously objects. The Rema rules that nevertheless the righteous course of action (see Deuteronomy 6:18) is to return it to its owner (Rambam *Sefer Nezikin, Hilkhot Gezeila VaAveda* 11:10; *Shulḥan Arukh, Ḥoshen Mishpat* 259:7, and in the comment of Rema).

PERSONALITIES

Abaye – אַבָּיֵי: Abaye was a fourth-generation Babylonian *amora*, and was one of the outstanding Sages of the Talmud. Abaye was orphaned at the time of his birth and raised by his paternal uncle, Rabba. Some say that his real name was Naḥmani or Kilil and that Abaye was just a nickname. The woman who assisted his uncle in raising him impressed upon him many life lessons that he quoted in her name. There are several incidents related in the Gemara that illustrate his intelligence even as a child, including some where his adoptive father, Rabba, tested his knowledge.

Although Rabba was a priest and the head of his yeshiva, he lived in poverty, as did Abaye. Growing up in his uncle's home, Abaye was aware of the difficulties of scholars who were without financial means. The Gemara in tractate *Berakhot* (35b) relates that he testified that many were successful following the path of Rabbi Yishmael, who instructed his students to plow, plant, and harvest in the appropriate time. Very few of them were successful following the path of Rabbi Shimon bar Yoḥai, who taught that one should devote himself entirely to Torah and ignore worldly concerns.

Abaye was the primary student of Rabba and of Rav Yosef, and after the latter's death Abaye succeeded him as the head of the yeshiva in Pumbedita. He celebrated the study of Torah and would announce a holiday for the scholars whenever one of them completed a tractate. In addition to Abaye's prominence as a Torah scholar, he was known for his righteousness and his acts of kindness. His son, Rav Beivai bar Abaye, was also a prominent Torah scholar.

Abaye's exchanges and halakhic disputes with his uncle and, even more so, with Rav Yosef, can be found throughout the Talmud. His disputes with his colleague Rava are especially significant. Their disputes, known as the discussions of Abaye and Rava, are examples of profound and edifying disputes and are among the foundations of the Babylonian Talmud. In these disputes, with six exceptions, the *halakha* is ruled in accordance with the opinion of Rava.

BACKGROUND

Repugnant creatures and creeping animals – שְׁקָצִים וּרְמָשִׂים: This is a phrase meant to include all non-kosher animals. *Tosefot Yom Tov* distinguishes between the two terms: Repugnant creatures [*shekatzim*] refers to small sea and land creatures, as well as birds and insects categorized as *shekatzim* in the Torah. The term creeping animals [*remasim*] refers to worms and other creatures that infest produce, believed to originate through spontaneous generation.

יַתְמֵי דְּלָאו בְּנֵי מְחִילָה נִינְהוּ מַאי? אֲמַר לֵיהּ: בָּאגָא בְּאַרְעָא דְּיַתְמֵי לָא מַחְזְקִינַן.

Rav Aḥa asked: Perhaps the tree belonged to **minor** orphans **who,** because **they are not capable of relinquishing** property, cannot despair of recovering the dates from the outset. Accordingly, **what** is the justification for eating found dates? Rav Ashi **said to him: We do not presume a valley to** be **land** belonging **to orphans,** and therefore that is not a concern.

מוּחְזָק וְעוֹמֵד מַאי? כְּרַכְתָּא מַאי? אֲמַר לֵיהּ: אֲסִירָן.

Rav Aḥa asked: If the **presumptive status** of the trees was **previously** established as belonging to orphans, **what** is the *halakha*? If the trees are surrounded by **fences**[N] that prevent repugnant creatures and creeping animals from gaining access, **what** is the *halakha*? Rav Ashi **said to him:** The dates **are forbidden** in those cases.

״כְּרִיכוֹת בִּרְשׁוּת הָרַבִּים הֲרֵי אֵלּוּ שֶׁלּוֹ״. אָמַר רַבָּה: וַאֲפִילּוּ בְּדָבָר שֶׁיֵּשׁ בּוֹ סִימָן. אַלְמָא קָסָבַר רַבָּה: סִימָן הֶעָשׂוּי לִידָּרֵס – לָא הָוֵי סִימָן. רָבָא אֲמַר: לֹא שָׁנוּ אֶלָּא בְּדָבָר שֶׁאֵין בּוֹ סִימָן, אֲבָל בְּדָבָר שֶׁיֵּשׁ בּוֹ סִימָן – חַיָּיב לְהַכְרִיז. אַלְמָא קָסָבַר רָבָא: סִימָן הֶעָשׂוּי לִידָּרֵס – הָוֵי סִימָן.

§ The mishna teaches that if one found **bundles** of grain **in a public area, these** belong **to him. Rabba says** with regard to this ruling: **And** this is the *halakha* **even with regard to an item on which there is a distinguishing mark.** The Gemara comments: **Apparently, Rabba holds** that the legal status of **a distinguishing mark that is prone to be trampled is not** that of **a distinguishing mark.** Since the owner of the lost item knows that the mark is prone to be trampled, he does not rely on it and he despairs of recovering the item. **Rava said:** The Sages **taught** this *halakha* **only with regard to an item on which there is no distinguishing mark, but with regard to an item on which there is a distinguishing mark,** the one who finds it is **obligated to proclaim** his find. The Gemara comments: **Apparently, Rava holds** that the legal status of **a distinguishing mark that is prone to be trampled**[N] **is** that of **a distinguishing mark.**

וְאִיכָּא דְּמַתְנֵי לְהָא שְׁמַעְתָּא בְּאַנְפֵּי נַפְשָׁהּ; סִימָן הֶעָשׂוּי לִידָּרֵס, רַבָּה אָמַר: לָא הָוֵי סִימָן, וְרָבָא אָמַר: הָוֵי סִימָן.

And there are those **who teach** the dispute with regard to **this** ***halakha*** **independent** of the mishna.[N] With regard to the legal status of **a distinguishing mark that is prone to be trampled, Rabba says: It is not a distinguishing mark. And Rava says: It is a distinguishing mark.**

תְּנַן: כְּרִיכוֹת בִּרְשׁוּת הָרַבִּים הֲרֵי אֵלּוּ שֶׁלּוֹ, בִּרְשׁוּת הַיָּחִיד נוֹטֵל וּמַכְרִיז. הֵיכִי דָּמֵי? אִי דְּלֵית בְּהוּ סִימָן – בִּרְשׁוּת הַיָּחִיד מַאי מַכְרִיז? אֶלָּא לָאו – דְּאִית בְּהוּ סִימָן, וְקָתָנֵי: בִּרְשׁוּת הָרַבִּים הֲרֵי אֵלּוּ שֶׁלּוֹ, אַלְמָא: סִימָן הֶעָשׂוּי לִידָּרֵס לָא הָוֵי סִימָן, תְּיוּבְתָּא דְּרָבָא!

The Gemara cites proof from that which **we learned** in a *baraita*: If one finds **bundles** of grain **in a public area, these** belong **to him;** if he finds them **in a secluded area,**[N] the finder **takes** them **and proclaims** his find. **What are the circumstances? If** it is a case **where there is no distinguishing mark** on the bundles, when one finds them **in a secluded area, what does he proclaim? Rather, is it not** a case **where there is a distinguishing mark** on the bundles, and there is then a reason for him to proclaim his find. **And** yet, **it is taught** in the *baraita* that if he finds the bundles **in a public area** those bundles belong **to him. Apparently, a distinguishing mark that is prone to be trampled is not a distinguishing mark.** This is **a conclusive refutation of** the opinion of **Rava.**

NOTES

Fences [*kerakhta*] – כְּרַכְתָּא: Rabbeinu Ḥananel explains that *kerakhta* is referring to trees that grow in the city, where animals are less common. Others understand that it is referring to mats unfurled under the tree to catch the falling dates (*Shita Mekubbetzet*). The Meiri explains that it is referring to entire branches that fall. According to his opinion, the owner despairs of those fruits that fell because he suspects they were eaten by repugnant creatures. The owner does not consider the possibility that an entire branch will fall, and therefore does not despair of recovering its fruits.

A distinguishing mark that is prone to be trampled – סִימָן הֶעָשׂוּי לִידָּרֵס: If trampling is a concern, why does the mishna teach (24b) that one is obligated to proclaim one's find of piles of produce or piles of coins? The Ramban answers that one will avoid trampling produce based on the *halakha* (see 23a) that one may not pass by food lying on the ground without picking it up. Similarly, one will avoid stepping on money because it is valuable.

And there are those who teach the dispute with regard to this *halakha* independent of the mishna – וְאִיכָּא דְּמַתְנֵי לְהָא שְׁמַעְתָּא בְּאַנְפֵּי נַפְשָׁהּ: Some posited a practical difference between the two presentations of the dispute. If it is independent of the mishna, there is a fundamental dispute with regard to all cases. If it is related to the mishna, perhaps the *halakha* would be different in a city with a gentile majority (*Ma'ayanei HaḤokhma*).

Secluded area – רְשׁוּת הַיָּחִיד: Although this term is usually translated as private property, here the reference is not to full-fledged private property, as in that case the finder would have no right to trespass there. Rather, the reference is to a field through which few people pass or to ruins (Rashi; Rabbeinu Yehonatan of Lunel).

NOTES

He proclaims the location – מַכְרִיז מָקוֹם: According to Rashi the finder proclaims that he found an unspecified item in a certain location and the owner describes the item and claims it. *Tosafot* explain that the finder proclaims that he found a specific item and the owner claims it by describing its location. Others explain that the finder proclaims the general area where he found the item and the owner describes the precise location (*Shita Mekubbetzet*).

אָמַר לָךְ רָבָא: לְעוֹלָם דְּלֵית בְּהוּ סִימָן, וּדְקָא אָמְרַתְּ בִּרְשׁוּת הַיָּחִיד מַאי מַכְרִיז – מַכְרִיז מָקוֹם. וְרַבָּה אֲמַר: מָקוֹם לָא הָוֵי סִימָן. דְּאִיתְּמַר: מָקוֹם, רַבָּה אָמַר: לָא הָוֵי סִימָן, וְרָבָא אָמַר: הָוֵי סִימָן.

Rava could have **said to you: Actually,** it is a case **where there is no distinguishing mark on** the bundles. **And** with regard to that **which you said:** When one finds them **in a secluded area, what does he proclaim? He proclaims** that the owner should provide the **location**[N] where he lost the bundles and thereby recover his bundles. **And Rabba said:** The **location,** provided by the owner, **is not a distinguishing mark** that would enable the return of an item to its owner. **As it was stated** that the *amora'im* disputed this matter: With regard to **location, Rabba says: It is not a distinguishing mark, and Rava says: It is a distinguishing mark.**

תָּא שְׁמַע: כְּרִיכוֹת בִּרְשׁוּת הָרַבִּים – הֲרֵי אֵלּוּ שֶׁלּוֹ, בִּרְשׁוּת הַיָּחִיד – נוֹטֵל וּמַכְרִיז. וְהָאֲלוּמּוֹת, בֵּין בִּרְשׁוּת הָרַבִּים בֵּין בִּרְשׁוּת הַיָּחִיד – נוֹטֵל וּמַכְרִיז. רַבָּה הֵיכִי מְתָרֵץ לַהּ וְרָבָא הֵיכִי מְתָרֵץ לַהּ? רַבָּה מְתָרֵץ לְטַעְמֵיהּ – בְּסִימָן, וְרָבָא מְתָרֵץ לְטַעְמֵיהּ – בְּמָקוֹם.

The Gemara suggests: **Come** and **hear** a proof from a *baraita*: If one finds **bundles** of grain **in a public area, these** belong **to him;** if he finds them **in a secluded area,** the finder **takes** them **and proclaims** his find. **And** with regard to **the sheaves,** i.e., large bundles, **whether** he finds them **in a public area** or **whether** he finds them **in a secluded area,** the finder **takes** them **and proclaims** his find. **How does Rabba explain** the *baraita,* **and how does Rava explain** the *baraita*? **Rabba explains, according to his** line of **reasoning,** that the *baraita* is referring to bundles **with a distinguishing mark. And Rava explains, according to his** line of **reasoning,** that the *baraita* is referring to bundles **whose location** is their distinguishing mark.

רַבָּה מְתָרֵץ לְטַעְמֵיהּ בְּסִימָן: כְּרִיכוֹת בִּרְשׁוּת הָרַבִּים הֲרֵי אֵלּוּ שֶׁלּוֹ – מִשּׁוּם

The Gemara elaborates. **Rabba explains, according to his** line of **reasoning,** that the *baraita* is referring to bundles **with a distinguishing mark:** If one finds **bundles** of grain **in a public area, these** belong **to him due to** the fact

Perek **II**
Daf **23** Amud **a**

HALAKHA

Bundles of grain – כְּרִיכוֹת: If one found small bundles of grain in a public area, they belong to him. If he found them in a secluded area, they belong to him only if he found them in a manner indicating that they had fallen there. If he found them in a manner indicating that they had been placed there purposefully, he proclaims his find, in accordance with the opinion of Rava that location is a distinguishing mark. In the case of large sheaves of grain that tend to remain in place, he proclaims his find in any event (Rambam *Sefer Nezikin, Hilkhot Gezeila VaAveda* 15:8; *Shulḥan Arukh, Ḥoshen Mishpat* 262:9).

דְּמִדְּרְסָא, בִּרְשׁוּת הַיָּחִיד נוֹטֵל וּמַכְרִיז – דְּלָא מִדְּרְסָא, וְהָאֲלוּמּוֹת בֵּין בִּרְשׁוּת הָרַבִּים וּבֵין בִּרְשׁוּת הַיָּחִיד נוֹטֵל וּמַכְרִיז – כֵּיוָן דִּגְבִיהָן, לָא מִדְּרְסָא.

that they are trampled. Even if there had been a distinguishing mark on the bundles it would have been destroyed when it was trampled. If he finds them **in a secluded area,** the finder **takes** the sheaves **and proclaims** his find, **as** due to the absence of pedestrian traffic **they are not trampled** and the distinguishing mark remains intact. **And** with regard to **the sheaves, whether** he finds them **in a public area** or **whether** he finds them **in a secluded area,** the finder **takes** them **and proclaims** his find. **Since they** protrude **high** above the ground, they are **not trampled.**

וְרָבָא מְתָרֵץ לְטַעְמֵיהּ בְּמָקוֹם: כְּרִיכוֹת בִּרְשׁוּת הָרַבִּים הֲרֵי אֵלּוּ שֶׁלּוֹ – דְּמִינַּשְׁתְּפָא, בִּרְשׁוּת הַיָּחִיד חַיָּיב לְהַכְרִיז – דְּלָא מִינַּשְׁתְּפָא, וְהָאֲלוּמּוֹת בֵּין בִּרְשׁוּת הָרַבִּים וּבֵין בִּרְשׁוּת הַיָּחִיד נוֹטֵל וּמַכְרִיז – כֵּיוָן דְּיַקִּירִי לָא מִינַּשְׁתְּפָא.

And Rava explains, according to his line of **reasoning,** that the *baraita* is referring to bundles **whose location** is their distinguishing mark: If one finds **bundles** of grain[H] **in a public area, these** belong **to him** due to the fact **that they are** kicked **and** they consequently **roll** to a different location than where they were placed. If he finds them **in a secluded area,** he is **obligated to proclaim** his find. Due to the absence of pedestrian traffic **they are** not kicked **and do not roll,** and they therefore remain in the location where they were placed. **And** with regard to **the sheaves, whether** he finds them **in a public area** or **whether** he finds them **in a secluded area,** the finder **takes** them **and proclaims** his find. **Since they are heavy, they do not roll** when kicked.

תָּא שְׁמַע: כִּכָּרוֹת שֶׁל נַחְתּוֹם – הֲרֵי אֵלּוּ שֶׁלּוֹ. הָא שֶׁל בַּעַל הַבַּיִת – חַיָּיב לְהַכְרִיז. שֶׁל בַּעַל הַבַּיִת מַאי טַעְמָא – כֵּיוָן דְּאִית בְּהוּ סִימָן, דְּמֵידַע יְדִיעַ רִפְתָּא דְּאִינִישׁ אִינִישׁ הוּא, וְלָא שְׁנָא רְשׁוּת הָרַבִּים וְלָא שְׁנָא רְשׁוּת הַיָּחִיד – נוֹטֵל וּמַכְרִיז. אַלְמָא: סִימָן הֶעָשׂוּי לִידָּרֵס הָוֵי סִימָן, תְּיוּבְתָּא דְּרַבָּה!

The Gemara suggests: **Come** and **hear** a proof from the mishna: If one found **baker's loaves, these** belong **to him.** The Gemara infers: **But** if one finds **loaves of a homeowner,** he is **obligated to proclaim** his find. **What is the reason?** When one finds loaves **of a homeowner** he is obligated to proclaim his find **because there is a distinguishing mark on** the loaves. **As** each person shapes his loaves in a unique manner, **it is known that the loaves of a person** belong to that **person. And** there is **no difference** if the loaves were found **in a public area, and** there is **no difference** if the loaves were found **in a secluded area;** the finder **takes** the item **and proclaims** his find. **Apparently,** the legal status of a **distinguishing mark that is prone to be trampled** is that of a **distinguishing mark.** This is a **conclusive refutation of** the opinion of **Rabba.**

אָמַר לָךְ רַבָּה: הָתָם הַיְינוּ טַעְמָא, מִשּׁוּם דְּאֵין מַעֲבִירִין עַל הָאוֹכָלִין. וְהָא אִיכָּא נׇכְרִים! נׇכְרִים חָיְישִׁי לִכְשָׁפִים. וְהָאִיכָּא בְּהֵמָה וּכְלָבִים! בְּאַתְרָא דְּלָא שְׁכִיחִי בְּהֵמָה וּכְלָבִים.

Rabba could have **said to you: There, this is the reason** that one must return the loaves of a homeowner found in a public area. It is **due to** the fact **that one does not pass by food**[NH] without picking it up. Therefore, it can be assumed that it will not be trampled. The Gemara asks: **But aren't there gentiles**[N] who do not treat food with deference and who will trample the loaves? The Gemara answers: **Gentiles are concerned** that the loaves were placed in a public area for reasons **of sorcery.** The Gemara asks: **But aren't there beasts and dogs** that will trample the loaves? The Gemara answers: The mishna is referring to **a place where beasts and dogs are not commonly** found.

לֵימָא כְּתַנָּאֵי, רַבִּי יְהוּדָה אוֹמֵר: כׇּל דָּבָר שֶׁיֵּשׁ בּוֹ שִׁינּוּי – חַיָּיב לְהַכְרִיז. כֵּיצַד? מָצָא עִיגּוּל וּבְתוֹכוֹ חֶרֶס, כִּכָּר וּבְתוֹכוֹ מָעוֹת. מִכְּלָל דְּתַנָּא קַמָּא סָבַר: הֲרֵי אֵלּוּ שֶׁלּוֹ.

The Gemara suggests: **Let us say** that this dispute between Rabba and Rava is **parallel to** a dispute between *tanna'im* in the mishna. **Rabbi Yehuda says:** If one finds **any** lost item **in which there is an alteration,** he is **obligated to proclaim** his find. **How so?** If he **found a round** cake of pressed figs with an **earthenware** shard **inside it,** or **a loaf** of bread **with coins inside it,** he must proclaim his find. One may conclude **by inference that the first** *tanna* of the mishna **holds** that even in that case **those** items belong **to him.**

סַבְרוּהָ: דְּכוּלֵּי עָלְמָא סִימָן הַבָּא מֵאֵילָיו – הָוֵי סִימָן, וּמַעֲבִירִין עַל הָאוֹכָלִין. מַאי לָאו בְּסִימָן הֶעָשׂוּי לִידָּרֵס קָא מִיפַּלְגִי, מָר סָבַר: לָא הָוֵי סִימָן, וּמָר סָבַר: הָוֵי סִימָן?

In explaining the tannaitic dispute, the Sages **assumed that everyone agrees that** the legal status of **a distinguishing mark that** could **come** to mark an item **on its own** without having been placed there intentionally **is** that of **a distinguishing mark, and** everyone agrees that **one passes by food** without picking it up. Accordingly, **what** is the basis of their dispute? **Is it not with regard to** the matter of **a distinguishing mark that is prone to be trampled** that **they disagree?** As one **Sage,** the first *tanna*, **holds** that its legal status **is not** that of **a distinguishing mark, and** one **Sage,** Rabbi Yehuda, **holds** that its legal status **is** that of **a distinguishing mark.**

אֲמַר רַב זְבִיד מִשְּׁמֵיהּ דְּרָבָא: אִי סָלְקָא דַּעְתָּךְ דְּקָא סָבַר תַּנָּא קַמָּא סִימָן הֶעָשׂוּי לִידָּרֵס לָא הָוֵי סִימָן, וּמַעֲבִירִין עַל הָאוֹכָלִין – כִּכָּרוֹת שֶׁל בַּעַל הַבַּיִת בִּרְשׁוּת הָרַבִּים אַמַּאי מַכְרִיז?

Rav Zevid[P] **said in the name of Rava: If it enters your mind that the first** *tanna* **holds** that the legal status of **a distinguishing mark that is prone to be trampled is not** that of **a distinguishing mark and** that **one passes by food** without picking it up, then in the case of **loaves of a homeowner** that were found **in a public area,** where the loaves would be trampled and their distinguishing mark destroyed, **why does he proclaim** his find?

אֶלָּא אֲמַר רַב זְבִיד מִשְּׁמֵיהּ דְּרָבָא: דְּכוּלֵּי עָלְמָא סָבְרִי סִימָן הֶעָשׂוּי לִידָּרֵס – הָוֵי סִימָן, וּמַעֲבִירִין עַל הָאוֹכָלִין. וְהָכָא – בְּסִימָן הַבָּא מֵאֵילָיו קָא מִיפַּלְגִי. דְּתַנָּא קַמָּא סָבַר: סִימָן הַבָּא מֵאֵילָיו – לָא הָוֵי סִימָן, וְרַבִּי יְהוּדָה סָבַר: הָוֵי סִימָן.

Rather, Rav Zevid said in the name of Rava that everyone holds that the legal status of **a distinguishing mark that is prone to be trampled is** that of **a distinguishing mark and** that **one passes by food** without picking it up. **And here,** it is **with regard to** the legal status of **a distinguishing mark that** could **come** to mark an item **on its own** that **they disagree. The first** *tanna* **holds** that the legal status of a distinguishing mark that could come to mark an item on its own **is not** that of **a distinguishing mark, and Rabbi Yehuda holds** that the legal status of a distinguishing mark that could come to mark an item on its own **is** that of **a distinguishing mark.**

NOTES

One does not pass by food – **אֵין מַעֲבִירִין עַל הָאוֹכָלִין**: Most commentaries understand this to mean that one does not pass by food on the ground without picking it up. Others say that it means that it is prohibited to trample food (Meiri; Ritva). In both explanations, the reason is the same: One may not treat food in a contemptuous manner. Any food fit for human consumption must be treated with appropriate deference.

But aren't there gentiles – **וְהָא אִיכָּא נׇכְרִים**: Early commentaries note that if there is a gentile majority in the area in question, the lost item should belong to the finder for that reason alone. Therefore, it must be that in the case here there is a gentile minority. Apparently, there is a distinction between despair about recovering lost items, which exists only where there is a majority of gentiles, and concern that the item will be trampled, which exists even where there is a minority of gentiles (Rashba).

HALAKHA

One does not pass by food – **אֵין מַעֲבִירִין עַל הָאוֹכָלִין**: It is prohibited for one who sees a food item on the ground to leave it there. Rather, he lifts it and places it where it will not be trampled (*Shulḥan Arukh*, *Oraḥ Ḥayyim* 180:4, and *Magen Avraham* there).

PERSONALITIES

Rav Zevid – **רַב זְבִיד**: A fifth-generation Babylonian *amora*, Rav Zevid was a preeminent disciple of Abaye and Rava, and cited numerous statements in their names. He participated in talmudic discussions with the prominent *amora'im* of his generation. Apparently, he devoted considerable time to the analysis of *baraitot* that emerged from the study hall of Rabbi Oshaya. After Rava's death there was a split in his yeshiva and Rav Zevid headed the Pumbedita branch for approximately ten years. The Gemara relates that he was poisoned by servants of the Exilarch who took umbrage at his stringent halakhic decision with regard to an egg roasted by an idolater, contrary to the ruling of the Exilarch (*Avoda Zara* 38b).

וְרַבָּה אָמַר לָךְ: דְּכוּלֵּי עָלְמָא סִימָן הֶעָשׂוּי לִידָּרֵס – לָא הָוֵי סִימָן, וְאֵין מַעֲבִירִין עַל הָאוֹכָלִין. וְהָכָא בְּסִימָן הַבָּא מֵאֵילָיו קָמִיפַּלְגִי. תַּנָּא קַמָּא סָבַר: לָא הָוֵי סִימָן, וְרַבִּי יְהוּדָה סָבַר: הָוֵי סִימָן.

And Rabba could have **said to you that everyone agrees** that the legal status of **a distinguishing mark that is prone to be trampled is not** that of **a distinguishing mark and** that **one does not pass by food** without picking it up. **And here,** it is **with regard to** the legal status of **a distinguishing mark that** could **come** to mark an item **on its own** that **they disagree. The first *tanna* holds** that the legal status of a distinguishing mark that could come to mark an item on its own is not that of **a distinguishing mark, and Rabbi Yehuda holds** that the legal status of a distinguishing mark that could come to mark an item on its own **is** that of **a distinguishing mark.**

אִיכָּא דְּאָמְרִי: סְבוּרָה דְּכוּלֵּי עָלְמָא סִימָן הַבָּא מֵאֵילָיו הָוֵי סִימָן, וְסִימָן הֶעָשׂוּי לִידָּרֵס – לָא הָוֵי סִימָן. מַאי לָאו – בְּמַעֲבִירִין עַל הָאוֹכָלִין קָא מִיפַּלְגִי, דְּמָר סָבַר: מַעֲבִירִין, וּמָר סָבַר: אֵין מַעֲבִירִין.

There are those **who say,** in explaining the tannaitic dispute, that the Sages **assumed that everyone agrees that** the legal status of **a distinguishing mark that** could **come** to mark an item **on its own** without having been placed there intentionally **is** that of **a distinguishing mark, and** everyone agrees that the legal status of **a distinguishing mark that is prone to be trampled is not** that of **a distinguishing mark. What,** then, is the basis of their dispute? **Is it not with regard to** the matter of whether **one passes by food** without picking it up that **they disagree. As one Sage,** the first *tanna*, **holds** that **one passes** by food without picking it up, **and** one **Sage,** Rabbi Yehuda, **holds** that **one does not pass** by food without picking it up.

אֲמַר רַב זְבִיד מִשְּׁמֵיהּ דְּרָבָא: אִי סָלְקָא דַּעְתָּךְ סָבַר תַּנָּא קַמָּא סִימָן הֶעָשׂוּי לִידָּרֵס לָא הָוֵי סִימָן, וּמַעֲבִירִין עַל הָאוֹכָלִין – כִּכָּרוֹת שֶׁל בַּעַל הַבַּיִת בִּרְשׁוּת הָרַבִּים אַמַּאי מַכְרִיז?

Rav Zevid said in the name of Rava: If it enters your mind that the first *tanna* holds that the legal status of **a distinguishing mark that is prone to be trampled is not** that of **a distinguishing mark and** that **one passes by food** without picking it up, then in the case of **loaves of a homeowner** that were found **in a public area,** where the loaves would be trampled and their distinguishing mark destroyed, **why does he proclaim** his find?

אֶלָּא אֲמַר רַב זְבִיד מִשְּׁמֵיהּ דְּרָבָא: דְּכוּלֵּי עָלְמָא סָבְרִי: סִימָן הֶעָשׂוּי לִידָּרֵס – הָוֵי סִימָן, וּמַעֲבִירִין עַל הָאוֹכָלִין. וְהָכָא – בְּסִימָן הַבָּא מֵאֵילָיו קָא מִיפַּלְגִי, דְּתַנָּא קַמָּא סָבַר: סִימָן הַבָּא מֵאֵילָיו – לָא הָוֵי סִימָן, וְרַבִּי יְהוּדָה סָבַר: הָוֵי סִימָן.

Rather, Rav Zevid said in the name of Rava that everyone holds that the legal status of **a distinguishing mark that is prone to be trampled is** that of **a distinguishing mark and** that **one passes by food** without picking it up. **And here,** it is **with regard to** the legal status of **a distinguishing mark that** could **come** to mark an item **on its own** that **they disagree. The first *tanna* holds** that the legal status of **a distinguishing mark that** could **come** to mark an item **on its own is not** that of **a distinguishing mark, and Rabbi Yehuda holds** that the legal status of a distinguishing mark that could come to mark an item on its own **is** that of **a distinguishing mark.**

וְרַבָּה אָמַר לָךְ: דְּכוּלֵּי עָלְמָא סִימָן הֶעָשׂוּי לִידָּרֵס – לָא הָוֵי סִימָן, וְאֵין מַעֲבִירִין עַל הָאוֹכָלִין. וְהָכָא – בְּסִימָן הַבָּא מֵאֵילָיו קָא מִיפַּלְגִי, תַּנָּא קַמָּא סָבַר: סִימָן הַבָּא מֵאֵילָיו – לָא הָוֵי סִימָן, וְרַבִּי יְהוּדָה סָבַר: הָוֵי סִימָן.

And Rabba could have **said to you that everyone agrees** that the legal status of **a distinguishing mark that is prone to be trampled is not** that of **a distinguishing mark and** that **one does not pass by food** without picking it up. **And here,** it is **with regard to** the legal status of **a distinguishing mark that** could **come** to mark an item **on its own** that **they disagree. The first *tanna* holds** that the legal status of a **distinguishing mark that** could **come** to mark an item **on its own is not** that of **a distinguishing mark, and Rabbi Yehuda holds** that the legal status of a distinguishing mark that could come to mark an item on its own **is** that of **a distinguishing mark.**

אֲמַר רַב זְבִיד מִשְּׁמֵיהּ דְּרָבָא: כְּלָלָא דַּאֲבֵידְתָּא: כֵּיוָן דְּאָמַר וַוי לַהּ לְחֶסְרוֹן כִּיס – מִיָּאֵשׁ לֵיהּ מִינַּהּ.

§ **Rav Zevid said in the name of Rava** that this is **the principle of a lost item: Once** the owner of a lost item **says: Woe** is me **for the monetary loss,**[H] this indicates that **he has despaired of its** recovery.

HALAKHA

Woe is me for the monetary loss – וַוי לַהּ לְחֶסְרוֹן כִּיס: If one finds a lost item and knows that the owner despaired of its recovery, it belongs to him, even if there is a distinguishing mark on the item. Likewise, if the item was there for an extended period, it belongs to the finder, as apparently the owner despaired of its recovery (Rambam *Sefer Nezikin, Hilkhot Gezeila VaAveda* 14:3; *Shulḥan Arukh, Ḥoshen Mishpat* 262:5).

וַאֲמַר רַב זְבִיד מִשְּׁמֵיהּ דְּרָבָא: הִלְכְתָא, כְּרִיכוֹת בִּרְשׁוּת הָרַבִּים – הֲרֵי אֵלּוּ שֶׁלּוֹ, בִּרְשׁוּת הַיָּחִיד, אִי דֶּרֶךְ נְפִילָה – הֲרֵי אֵלּוּ שֶׁלּוֹ, אִי דֶּרֶךְ הַנָּחָה – נוֹטֵל וּמַכְרִיז. וְזֶה וָזֶה בְּדָבָר שֶׁאֵין בּוֹ סִימָן, אֲבָל בְּדָבָר שֶׁיֵּשׁ בּוֹ סִימָן – לָא שְׁנָא בִּרְשׁוּת הָרַבִּים וְלָא שְׁנָא בִּרְשׁוּת הַיָּחִיד, בֵּין דֶּרֶךְ נְפִילָה וּבֵין דֶּרֶךְ הַנָּחָה – חַיָּיב לְהַכְרִיז.

And Rav Zevid said in the name of Rava: The *halakha* is that if one finds **bundles** of grain **in a public area, those** bundles belong **to him. If** he finds the bundles **in a secluded** area in a **manner** indicating that they had **fallen, those** bundles belong **to him. If** he finds the bundles in **a manner** indicating that they had been **placed** there, the finder **takes** them **and proclaims** his find.[N] **And** both **this** ruling **and that** ruling are **in** the case of **an item in which there is no distinguishing mark. But in** the case of **an item on which there is a distinguishing mark,** it **is no different** if the bundles were found **in a public area and** it **is no different** if the bundles were found **in a secluded area; whether** the bundles were found in **a manner** indicating that they had **fallen or whether** they were found in **a manner** indicating that they had been **placed** there, he is **obligated to proclaim** his find.

NOTES

If he finds the bundles in a manner indicating that they had been placed the finder takes them and proclaims his find – אִי דֶּרֶךְ הַנָּחָה נוֹטֵל וּמַכְרִיז: The Ritva asks why one takes an item intentionally placed there by its owner and proclaims his find, rather than leaving it in place so the owner can return and recover it? The Ritva answers that the case here is one where the lost item was found placed in an unsafe location, leading to the concern that the owner forgot it there.

Perek **II**
Daf **23** Amud **b**

״וּמַחֲרוֹזוֹת שֶׁל דָּגִים״. אַמַּאי? לֶהֱוֵי קֶשֶׁר סִימָן! בְּקִטְרָא דְּצַיָּידָא, דְּכוּלֵּי עָלְמָא הָכִי מְקַטְרֵי. וְלֶהֱוֵי מִנְיָן סִימָן! בְּמִנְיָנָא דְּשָׁוִין.

§ The mishna teaches that **strings of fish** are among the list of found items that one may keep. The Gemara asks: **Why** not **let the knot** with which the fish are tied serve as **a distinguishing mark?** The Gemara answers: The mishna is referring **to the fisherman's knot with which everyone ties** his fish, which is not distinctive. The Gemara asks: **But** why not **let the number** of fish tied on the string serve as **a distinguishing mark?** The Gemara answers: The mishna is referring **to a number** of fish **that is equal** to that on all strings of fish in that area.

בָּעוּ מִינֵּיהּ מֵרַב שֵׁשֶׁת: [מִנְיָן] הָוֵי סִימָן אוֹ לָא הָוֵי סִימָן? אֲמַר לְהוּ רַב שֵׁשֶׁת: תְּנִיתוּהָ, מָצָא כְּלֵי כֶסֶף וּכְלֵי נְחוֹשֶׁת, גַּסְטְרוֹן שֶׁל אֲבָר וְכָל כְּלֵי מַתָּכוֹת – הֲרֵי זֶה לֹא יַחֲזִיר, עַד שֶׁיִּתֵּן אוֹת אוֹ עַד שֶׁיְּכַוֵּין מִשְׁקְלוֹתָיו. וּמִדְּמִשְׁקָל הָוֵי סִימָן – מִדָּה וּמִנְיָן נַמִי הָוֵי סִימָן.

The Sages **raised a dilemma before Rav Sheshet:** In items that have no other distinguishing mark, is their **number a distinguishing mark or is it not a distinguishing mark? Rav Sheshet said to them: You learned it** in a *baraita*: If one found **silver vessels, copper vessels, fragments of lead, and any metal vessels, that** person who found them **shall not return** the item to its owner **until** the owner **provides** a distinguishing **sign or until** the owner **accurately provides its weight. And from** the fact **that weight** serves as **a distinguishing mark, measure and number**[H] **also** serve as **a distinguishing mark.**

״וַחֲתִיכוֹת שֶׁל בָּשָׂר״ וכו׳. אַמַּאי? לֶהֱוֵי מִשְׁקָלָא סִימָן! בְּמִשְׁקָלָא דְּשָׁוִין. וְתֶהֱוֵי חֲתִיכָה גּוּפָהּ סִימָן, אוֹ דְּדַפְקָא אוֹ דְּאַטְמָא? מִי לָא תַּנְיָא: מָצָא חֲתִיכוֹת דָּגִים וְדָג נָשׁוּךְ – חַיָּיב לְהַכְרִיז, חָבִיּוֹת שֶׁל יַיִן וְשֶׁל שֶׁמֶן וְשֶׁל תְּבוּאָה וְשֶׁל גְּרוֹגָרוֹת וְשֶׁל זֵיתִים – הֲרֵי אֵלּוּ שֶׁלּוֹ!

The mishna teaches that **cuts of meat**[N] are among the list of found items that one may keep. The Gemara asks: **Why** not **let the weight** of the cut serve as **a distinguishing mark?** The Gemara answers: The mishna is referring **to a weight that is equal,** i.e., all cuts of meat in that area are of that weight. The Gemara asks: **But** why not **let the cut** of meat **itself** serve as **a distinguishing mark,** as it came, for example, **either** from **the neck or** from **the thigh** of the animal? **Isn't it taught** in a *baraita*: **If one found cuts of fish, or a fish** that **was bitten,**[H] he is **obligated to proclaim** his find, and if he found **barrels of wine, or of oil,**[H] **or of grain, or of dried figs, or of olives, these** belong **to him?** Apparently, the distinguishing mark in the cuts of fish is the part of the fish from which they were cut.

הָכָא בְּמַאי עָסְקִינַן – בִּדְאִיכָּא סִימָנָא בְּפִסְקָא. כִּי הָא דְּרַבָּה בַּר רַב הוּנָא מְחַתֵּיךְ לֵיהּ אַתְּלָתָא קַרְנָתָא. דַּיְקָא נַמִי, דְּקָתָנֵי דּוּמְיָא דְּדָג נָשׁוּךְ, שְׁמַע מִינָּהּ.

The Gemara answers: **With what are we dealing here** in the *baraita*? It is **in a case where there is a distinguishing mark in the** shape of **the cut, as in that** case **of Rabba bar Rav Huna**[P] who would **cut** the meat **with three corners,**[N] forming a triangle. The distinguishing mark is not the part of the fish from where it had been cut. The language of the *baraita* **is also precise,** as the case of cuts of fish **is taught** juxtaposed to and **similar to a fish** that **was bitten,** in which case the bite is a distinguishing mark. The Gemara concludes: **Learn from it** that it is the shape of the cut that is a distinguishing mark, not the place from where it was cut.

HALAKHA

Knot, weight, measure, and number – קֶשֶׁר מִשְׁקָל מִדָּה וּמִנְיָן: Weight, measure, and number are full-fledged distinguishing marks in terms of the return of a lost item. Likewise, the knot with which items are tied is a distinguishing mark (Rambam *Sefer Nezikin, Hilkhot Gezeila VaAveda* 15:6; *Shulḥan Arukh, Ḥoshen Mishpat* 262:3 and 267:7).

Cuts of meat…or a fish that was bitten – חֲתִיכוֹת שֶׁל בָּשָׂר...וְדָג נָשׁוּךְ: If one found meat cut in a unique shape or a fish that was bitten, he must proclaim his find, as these are distinguishing marks. If one found meat cut in a standard shape, it belongs to him. Even if one who claims to be the owner can describe the body part of the animal from which the meat was cut, it belongs to the finder, as that is not a distinguishing mark (Rambam *Sefer Nezikin, Hilkhot Gezeila VaAveda* 15:11; *Shulḥan Arukh, Ḥoshen Mishpat* 262:8, 15).

Barrels of wine or of oil – חָבִיּוֹת שֶׁל יַיִן וְשֶׁל שֶׁמֶן: In a case where one found barrels of wine or oil and the like, if this occurred prior to the opening of the storehouses, he is obligated to proclaim his find because the clay seal of a storehouse is a distinguishing mark. If he found them when the storehouses were open, the barrels belong to the finder. If one found barrels that were partially filled he is obligated to proclaim his find, because the measure of its contents is a distinguishing mark (Rambam *Sefer Nezikin, Hilkhot Gezeila VaAveda* 15:9; *Shulḥan Arukh, Ḥoshen Mishpat* 262:9).

NOTES

Cuts of meat – חֲתִיכוֹת שֶׁל בָּשָׂר: The reason that the Gemara did not suggest that the number of the cuts of meat should serve as a distinguishing mark is either that the Gemara already answered that question with regard to strings of fish, or that cuts of meat were not typically linked on a string (Ritva).

With three corners – אַתְּלָתָא קַרְנָתָא: Rashi explains (*Ḥullin* 95b) that Rabba bar Rav Huna cut his meat in that shape so that others would know it was his and not take it.

PERSONALITIES

Rabba bar Rav Huna – רַבָּה בַּר רַב הוּנָא: A third-generation Babylonian *amora*, Rabba bar Rav Huna studied under Rav and transmitted several statements in his name. He was a preeminent disciple of his father, Rav Huna, and there are several instances in the Talmud where Rav Huna offers him practical halakhic guidance. Rabba bar Rav Huna was a disciple-colleague of Rav Ḥisda, and a colleague of Rav Naḥman and Rabba, as well as a judge in the city of Sura after the death of his father. His son Abba was the *amora* Rava, whose statements are cited throughout the Talmud.

HALAKHA

The bank of the river – רִקְתָּא דְּנַהֲרָא: Although location is a distinguishing mark, if an item was found on the bank of a river or any other area where merchandise is typically unloaded, location is not a distinguishing mark (*Shulḥan Arukh*, *Ḥoshen Mishpat* 262:9).

אָמַר מָר: חָבִיּוֹת שֶׁל יַיִן וְשֶׁל שֶׁמֶן וְשֶׁל תְּבוּאָה וְשֶׁל גְּרוֹגָרוֹת וְשֶׁל זֵיתִים הֲרֵי אֵלּוּ שֶׁלּוֹ. וְהָא תְּנַן: כַּדֵּי יַיִן וְכַדֵּי שֶׁמֶן חַיָּיב לְהַכְרִיז! אָמַר רַבִּי זֵירָא אָמַר רַב: מַתְנִיתִין בְּרָשׁוּם. מִכְּלָל דִּבְרַיְיתָא – בְּפָתוּחַ, אִי בְּפָתוּחַ – אֲבֵידָה מִדַּעַת הִיא! אָמַר רַב הוֹשַׁעְיָא: בְּמֵצִיף.

The Master said in the *baraita*: If one found **barrels of wine, or of oil, or of grain, or of dried figs, or of olives, these** belong **to him.** The Gemara asks: **But didn't we learn** in a mishna (25a): With regard to **jugs of wine or jugs of oil,** if one finds any of these he is **obligated to proclaim** his finding. **Rabbi Zeira said** that **Rav said: The mishna** is referring **to** a case of **sealed** jugs. Each person seals his jugs and barrels in a unique manner. Therefore, the seal constitutes a distinguishing mark. The Gemara asks: One may conclude **by inference that the** ***baraita*** is referring **to** a case of **open** barrels, and **if** it is referring **to** a case of **open** barrels, **it is a deliberate loss.** Since the wine in open barrels will spoil, it is obvious that one need not return it to the owner. **Rav Hoshaya says:** The *baraita* is referring **to** a case where one **covers** the barrel with the lid but does not seal it.

אַבַּיֵי אָמַר: אֲפִילּוּ תֵּימָא אִידִי וְאִידִי בְּרָשׁוּם, וְלָא קַשְׁיָא: כָּאן – קוֹדֶם שֶׁנִּפְתְּחוּ הָאוֹצָרוֹת, כָּאן – לְאַחַר שֶׁנִּפְתְּחוּ הָאוֹצָרוֹת. כִּי הָא דְּרַב יַעֲקֹב בַּר אַבָּא אַשְׁכַּח חָבִיתָא דְּחַמְרָא לְאַחַר שֶׁנִּפְתְּחוּ הָאוֹצָרוֹת, אֲתָא לְקַמֵּיהּ דְּאַבַּיֵי, אֲמַר לֵיהּ: זִיל שְׁקוֹל לְנַפְשָׁךְ.

Abaye said: You can **even say that** both **this** mishna **and that** *baraita* are referring **to** jugs and barrels that are **sealed,**[B] **and** it is **not difficult. Here,** in the mishna, where one is required to return the jugs, it is referring to a case where one found the jugs **before the storehouses** of wine **were opened.**[N] At that point, the distinguishing mark of the seal proves that the jug belongs to its owner. **There,** in the *baraita,* where one is not required to return the barrels, it is referring to a case where one found the barrels **after the storehouses** of wine **were opened.** Since the storekeepers sold their barrels to the public, the seal would no longer serve as an indicator of the identity of the owner. This is just **as in that** case **where Rav Ya'akov bar Abba found a barrel of wine after the storehouses were opened. He came before Abaye** to ascertain what he should do with the barrel. Abaye **said to him: Go take** the barrel **for yourself.**

בְּעָא מִינֵּיהּ רַב בֵּיבָי מֵרַב נַחְמָן: מָקוֹם הָוֵי סִימָן, אוֹ לָא הָוֵי סִימָן? אֲמַר לֵיהּ: תְּנֵיתוּהָ, מָצָא חָבִיּוֹת שֶׁל יַיִן וְשֶׁל שֶׁמֶן וְשֶׁל תְּבוּאָה וְשֶׁל גְּרוֹגָרוֹת וְשֶׁל זֵיתִים – הֲרֵי אֵלּוּ שֶׁלּוֹ. וְאִי סָלְקָא דַּעְתָּךְ דְּמָקוֹם הָוֵי סִימָן, לִכְרוֹז מָקוֹם! אֲמַר רַב זְבִיד: הָכָא בְּמַאי עָסְקִינַן – בְּרִקְתָּא דְּנַהֲרָא.

§ **Rav Beivai raised a dilemma before Rav Naḥman: Is** the **location** where the lost item was found **a distinguishing mark, or is it not a distinguishing mark?** Rav Naḥman **said to him** that **you learned it** in the *baraita*: If one **found barrels of wine, or of oil, or of grain, or of dried figs, or of olives, these** belong **to him. And if it enters your mind that location is a distinguishing mark, let** the finder **proclaim** what he found, and have the **location** serve as a distinguishing mark. **Rav Zevid said: With what are we dealing here?** We are dealing with the case of a barrel that was found **on the bank of the river.**[H] Since it is the place where ships dock and merchandise belonging to many people is loaded and unloaded, the bank of a river cannot serve as a distinguishing mark.

BACKGROUND

Jugs and barrels that are sealed – רָשׁוּם: The barrel mentioned was a large earthenware vessel used for the storage of liquids, especially wine. Barrels and jugs were typically covered with an easily removable earthenware lid and sealed with clay spread around the lid. Unlike the earthenware lid that was uniform in all barrels, each person sealed his barrels in a manner unique to him.

Roman fresco depicting a sealed wine jug and fruit bowls

NOTES

Sealed…the storehouses were opened – רָשׁוּם...נִפְתְּחוּ הָאוֹצָרוֹת: The Gemara does not explain the effect of the storehouses' status upon the question of whether or not the barrel's seals are halakhically valid indicators of ownership. Rashi explains that the existence of a seal is a distinguishing mark. Once the storehouses were open, storekeepers would typically open the barrels to sample the wares and shut the barrel with a seal. Therefore, the seal was not distinctive. By contrast, before the storehouses were open, each seal was unique and was therefore an effective distinguishing mark. *Tosafot* and the Rashba explain that the seal was a distinguishing mark because each vintner had his own unique seal. Once the storehouses were opened, the storekeepers would purchase wine from the various vintners and thereby familiarize themselves with the various seals. The vintners despaired of recovering their barrels because their seals were no longer indicators of their ownership, as storekeepers, who had seen their seals, could also claim to have lost the barrels and describe them by their seals (*Talmid Rabbeinu Peretz*).

אמר רב מרי: מאי טעמא אמרו רבנן רקתא דנהרא לא הוי סימן – דאמרינן ליה: כי היכי דאתרמי לדידך אתרמי נמי לחברך. איכא דאמרי, אמר רב מרי: מאי טעמא אמרו רבנן מקום לא הוי סימן – דאמרינן ליה: כי היכי דאתרמי לדידך האי מקום, אתרמי נמי לחברך האי מקום.

Rav Mari said: What is the reason that the Sages said that in the case of a lost item, the location of **the bank of a river is not a distinguishing mark?** It is **because we say to** one seeking to reclaim his item by providing its location on the bank of a river: **Just as it happened** that **you** lost an item there, **it also happened** that **another** person lost an item there. **Some say** a slightly different version of that which **Rav Mari said: What is the reason that the Sages said** that **location is not a distinguishing mark?** It is **because we say to** one seeking to reclaim his item by providing its location: **Just as it happened** that **you** placed an item in **that place, it also happened** that **another** placed an item in **that place.**

ההוא גברא דאשכח כופרא בי מעצרתא, אתא לקמיה דרב. אמר ליה: זיל שקול לנפשך, חזייה דהוה קא מחסם, אמר ליה: זיל פלוג ליה לחייא ברי מיניה. לימא קא סבר רב מקום לא הוי סימן? אמר רבי אבא: משום יאוש בעלים נגעו בה, דחזא דקדחי ביה חלפי.

The Gemara relates: There was **a certain man who found pitch** near **the winepress. He came before Rav** to ascertain what he should do with the pitch. Rav **said to him: Go take** the pitch **for yourself.** Rav **saw that** the man **was hesitating,** uncertain that he was entitled to the pitch. Rav, in an attempt to allay his qualms, **said to him: Go divide it with Ḥiyya my son,**[N] as Rav would certainly not want his son to take a share of a stolen item. The Gemara suggests: **Let us say that Rav holds that location is not a distinguishing mark. Rabbi Abba said:** That is not Rav's reasoning. Rather, it is **due to** the **despair of its owner** that the Sages **touched upon** this matter and permitted the finder to keep such a found item. **As,** Rav **saw that grass was growing through** the pitch, indicating that it had been there for an extended period.

"רבי שמעון בן אלעזר אומר" וכו׳. מאי אנפוריא? אמר רב יהודה אמר שמואל: כלים חדשים שלא שבעתן העין. היכי דמי? אי אית בהו סימן – כי לא שבעתן העין מאי הוי? אי דלית בהו סימן – כי שבעתן העין מאי הוי?

§ The mishna teaches: **Rabbi Shimon ben Elazar says:** If one finds any *anpurya* vessels he is not obligated to proclaim his find. The Gemara asks: **What are *anpurya*[L]** vessels? **Rav Yehuda says** that **Shmuel says:** They are **new vessels, as the eye** of its purchaser has **not** yet **sufficiently seen them**[H] to be able to recognize them. The Gemara asks: **What are the circumstances? If there is a distinguishing mark on** the vessels, **when the eye** of its purchaser has **not** yet **sufficiently seen them, what of it?** He can describe the mark after even a short glance and claim his item. **If there is no distinguishing mark on** the vessels, then **when the eye** of the one who purchases them has **sufficiently seen them, what of it?**

לעולם דלית בהו סימן, נפקא מינה לאהדורי לצורבא מרבנן בטביעות עינא. שבעתן העין – קים ליה בגווייהו, ומהדרינן ליה. כי לא שבעתן העין – לא קים ליה בגווייהו, ולא מהדרינן ליה. דאמר רב יהודה אמר שמואל: בהני תלת מילי עבידי רבנן דמשנו במלייהו: במסכת, ובפוריא,

The Gemara answers: **Actually,** it is a vessel **in which there is no distinguishing mark, and the** practical **difference** is with regard **to returning** the vessel **to a Torah scholar**[N] on the basis **of visual recognition.**[N] When **the eye** of a Torah scholar has **sufficiently seen them he is certain about them, and we return** a lost item **to him** on the basis of his description of the vessel. **When the eye** of a Torah scholar has **not sufficiently seen them, he is not certain about them, and we do not return** a lost item **to him, as Rav Yehuda says** that **Shmuel says: With regard to these three matters** alone, it **is normal** for **Sages to amend their statements** and deviate from the truth: **With regard to a tractate,**[N] if he is asked whether he studied a particular tractate, he may humbly say that he did not, even if he did. **And with regard to a bed,** if he is asked whether he slept in a particular bed, he may say that he did not, to avoid shame in case some unseemly residue is found on the bed.

LANGUAGE

Anpurya – אנפוריא: From the Greek ἐμπορία, *emporia*, meaning commerce.

HALAKHA

New vessels and visual recognition – כלים חדשים וטביעות עינא: In the case of one who finds one of a series of identical vessels, if it is a new vessel, it belongs to the finder. If it is used, one is obligated to proclaim his find because he is obligated to return a lost item to a Torah scholar, based on visual recognition. A Torah scholar in this context is defined as one who lies only in a few specific circumstances in which the Sages permitted lying, and whose comportment is that of a Torah scholar. The Rema holds that one proclaims his find only if he found it in a place that is frequented by Torah scholars. The *Taz* writes that with regard to lost items, the favored legal status of a Torah scholar is in effect even today (Rambam *Sefer Nezikin, Hilkhot Gezeila VaAveda* 14:13; *Shulḥan Arukh, Ḥoshen Mishpat* 262:21).

NOTES

With Ḥiyya my son – לחייא ברי: Rav could have achieved a similar result by offering to divide the pitch with the man, but he preferred to advise him to divide it with his son in order to avoid the impression that he was issuing a ruling for his own personal benefit (Ya'avetz).

To a Torah scholar – לצורבא מרבנן: The commentaries ask how one is to know, if he finds a lost item, whether the owner is a Torah scholar and that on that basis he should proclaim his find rather than keep it? Some explain that in this case, he proclaims his find only in study halls and in places where Torah scholars congregate (Ra'avad). Others hold that this *halakha* applies only in a case where one found the lost item in an area frequented by Torah scholars (Ramban). Yet others suggest that the finder can determine whether he must proclaim his find based on the nature of the item found, e.g., books of Torah analysis (Rabbi Shmuel di Vidas).

Of visual recognition – בטביעות עינא: Visual recognition refers to one's ability to identify an item or person not on the basis of a distinguishing mark, but on the basis of a combination of subtle features that he is unable to characterize. In terms of the certainty of the identification, visual recognition establishes greater certainty than identification based on a single distinguishing mark. In terms of convincing others, visual recognition is less effective and is reliable only in the case of a Torah scholar.

With regard to a tractate – במסכת: The Rambam explains that it is permitted for a Torah scholar to lie and claim that he is involved in the study of a different tractate so that others will not ask him about the tractate that he is actually studying, thereby distracting him from his studies.

LANGUAGE

Host [*ushpiza*] – אושפיזא: From the Middle Persian aspinj, meaning hotel or hospitality.

BACKGROUND

What is the practical difference – מאי נפקא מינה: This question is asked when an issue raised by the Gemara appears purely academic in nature.

HALAKHA

Needles or utensils for spinning…when is it permitted – מחטין וצינוריות...אימתי מותרים: If one found a needle or a nail or the like, it belongs to him. If one found them in pairs, and all the more so in larger groupings, he is obligated to proclaim his find (Rambam *Sefer Nezikin*, *Hilkhot Gezeila VaAveda* 16:1; *Shulḥan Arukh*, *Ḥoshen Mishpat* 262:16).

ובאושפיזא. מאי נפקא מינה? אמר מר זוטרא: לאהדורי ליה אבידתא בטביעות עינא. אי ידעינן ביה דלא משני אלא בהני תלת – מהדרינן ליה, ואי משני במילי אחריני – לא מהדרינן ליה.

And he can lie **with regard to a host** [*ushpiza*],[LN] as one may say that he was not well received by a certain host to prevent everyone from taking advantage of the host's hospitality. **What is the** practical **difference**[B] that emerges from this statement with regard to matters in which Torah scholars deviate from the truth? **Mar Zutra says:** The practical difference is with regard **to returning a lost item on** the basis of **visual recognition. If we know about him that he alters** his statements **only with regard to these three** matters, **we return** the lost item **to him, but if he alters** his statements **with regard to other matters,**[N] **we do not return** the lost item **to him.**

מר זוטרא חסידא אגניב ליה כסא דכספא מאושפיזא, חזיא לההוא בר בי רב דמשי ידיה ונגיב בגלימא דחבריה. אמר: היינו האי דלא איכפת ליה אממונא דחבריה. כפתיה ואודי.

The Gemara relates: **A silver goblet was stolen from the host of Mar Zutra Ḥasida.**[P] Mar Zutra **saw a certain student** of Torah[N] **who washed his hands and dried** them **on the cloak of another.** Mar Zutra **said: This is** the one **who does not care about the property of another. He bound** that student, **and** the student then **confessed**[N] that he stole the goblet.

תניא: מודה רבי שמעון בן אלעזר בכלים חדשים ששבעתן העין שחייב להכריז. ואלו הן כלים חדשים שלא שבעתן העין, שאינו חייב להכריז – כגון בדי מחטין וצינוריות, ומחרוזות של קרדומות. כל אלו שאמרו אימתי מותרים – בזמן שמצאן אחד אחד, אבל מצאן שנים שנים – חייב להכריז.

It is taught in a *baraita*: Although **Rabbi Shimon ben Elazar** holds that one does not need to proclaim his finding of *anpurya* vessels, he **concedes** that the finder is **obligated to proclaim** his find **of new vessels that the eye** of its purchaser has **sufficiently seen. And these are new vessels that the eye** of its purchaser has **not** yet **sufficiently seen** and concerning **which** the finder is **not obligated to proclaim** his find: **for example, branches** [***badei***] upon which **needles**[N] **or utensils** for **spinning**[H] are hanging, **or strings of axes. When is it permitted for** the one who finds **all those** items **that** the *tanna* **mentioned** in the *baraita* to keep them? It is **when he found them one at a time. But if he found them two at a time,** the finder is **obligated to proclaim** his find.

מאי בדי – שוכי. ואמאי קרו ליה בדי? דבר דתלו ביה מידי, בד קרו ליה. כי ההוא דתנן התם: עלה אחד בבד אחד.

The Gemara clarifies: **What** is the meaning of the term ***badei***? It means **branches. And why did** the *tanna* **call them branches?** It is because the item **upon which one hangs** another **item** [*davar detalu bei midei*], **he calls it a branch, like that which we learned there** (*Sukka* 44b): **One leaf on one branch.**

NOTES

With regard to a host – ובאושפיזא: Most commentaries explain that this means that one may refrain from praising his exemplary host, lest others take excessive advantage of his largesse. The Rambam explains that one may lie and say that someone other than his actual host hosted him.

He alters his statements with regard to other matters – משני במילי אחריני: The commentaries note that Shmuel omitted the license that the Sages granted to lie in order to prevent enmity between people. Some answer that here Shmuel enumerates the instances where it is merely permissible for one to lie. Shmuel does not speak of lying to prevent enmity between people, which is a mitzva (see Meiri and *Torat Ḥayyim*).

Saw a certain student of Torah – חזיא לההוא בר בי רב: Although a Torah scholar is typically deemed credible, if he demonstrates disregard for the property of others, not only is that credibility compromised, it is permitted for one to suspect that he performed a transgression (Meiri).

He bound him and he confessed – כפתיה ואודי: Some explain that this means that Mar Zutra Ḥasida bound him and flogged him until he confessed. Others say that Mar Zutra ostracized him until he confessed (*Shita Mekubbetzet*).

Branches upon which needles – בדי מחטין: *Tosefot Rid* understands this to mean that one is able to visually identify larger vessels that are in regular use. This is as opposed to small utensils, e.g., needles, that are not in regular use and which the owner is consequently unable to identify visually.

PERSONALITIES

Mar Zutra Ḥasida – מר זוטרא חסידא: Mar Zutra Ḥasida, not to be confused with the *amora* known as Mar Zutra, appears several times in the Talmud. Although no halakhic rulings are cited in his name, the Gemara relates several incidents reflecting his good deeds, praising his humility and his care in dealing with the money and the dignity of others. The title Master [*Mar*] indicates that he was a member of the family of the Exilarch. This is also evident from the fact that the Gemara relates that he was carried on a palanquin to the lecture typically delivered by the Exilarch or a member of his household on a Festival. Some claim that he was himself the Exilarch.

וְכֵן הָיָה רַבִּי שִׁמְעוֹן בֶּן אֶלְעָזָר אוֹמֵר: הַמַּצִּיל מִן הָאֲרִי וּמִן הַדּוֹב וּמִן הַנָּמֵר וּמִן הַבַּרְדְּלָס, וּמִן זוּטוֹ שֶׁל יָם וּמִשְּׁלוּלִיתוֹ שֶׁל נָהָר, הַמּוֹצֵא בְּסַרְטְיָא וּפְלַטְיָא גְּדוֹלָה, וּבְכׇל מָקוֹם שֶׁהָרַבִּים מְצוּיִין שָׁם – הֲרֵי אֵלּוּ שֶׁלּוֹ, מִפְּנֵי שֶׁהַבְּעָלִים מִתְיָאֲשִׁין מֵהֶן.

§ The *baraita* continues: **And likewise, Rabbi Shimon ben Elazar would say:** In the case of **one who rescues** a lost item **from a lion,**[H] **or from a bear, or from a cheetah [*bardelas*],**[L] **or from the tide of the sea, or from the flooding of a river;** and in the case of **one who finds** a lost item **in a main thoroughfare [*seratya*]**[L] **or a large plaza [*pelatya*],**[LB] **or in any place where the multitudes are found, these** items belong **to him due to** the fact **that the owner despairs of their** recovery.[N]

אִיבַּעְיָא לְהוּ: כִּי קָאָמַר רַבִּי שִׁמְעוֹן בֶּן אֶלְעָזָר – בְּרוֹב נׇכְרִים, אֲבָל בְּרוֹב יִשְׂרָאֵל – לָא, אוֹ דִלְמָא: אֲפִילּוּ בְּרוֹב יִשְׂרָאֵל נַמִי אָמַר?

A dilemma was raised before the Sages: **When Rabbi Shimon ben Elazar says** that if one finds a lost item in any place where multitudes are found, the item belongs to him, did he refer only to a place **where there is a majority of gentiles; but** in a place **where there is a majority of Jews,** the owner does **not** despair of recovering the item, because he relies on the Jews to return his item? **Or perhaps, even** in a place **where there is a majority of Jews, he also says** that the item belongs to the one who found it.

אִם תִּמְצָא לוֹמַר אֲפִילּוּ בְּרוֹב יִשְׂרָאֵל נַמִי אָמַר, פְּלִיגִי רַבָּנַן עֲלֵיהּ אוֹ לָא פְּלִיגִי?

And **if you say** that **even** in a place **where there is a majority of Jews, he also said** that the item belongs to the one who found it, **do the Rabbis disagree with him or do they not disagree?**

וְאִם תִּמְצָא לוֹמַר פְּלִיגִי, בְּרוֹב יִשְׂרָאֵל וַדַּאי פְּלִיגִי, בְּרוֹב נׇכְרִים פְּלִיגִי אוֹ לָא פְּלִיגִי?

And if you say that **the Rabbis disagree** with him, in a place **where there is a majority of Jews, they certainly disagree.** In a place **where there is a majority of gentiles, do** the Rabbis **disagree,** or **do they not disagree?**

HALAKHA

One who rescues a lost item from a lion, etc. – הַמַּצִּיל מִן הָאֲרִי וכו׳: If one rescues an item from a lion, a bear, the tide of the sea, or the flooding of a river, it belongs to him. The Rema states that when possible, the proper course of action would be to return the item (Rambam *Sefer Nezikin, Hilkhot Gezeila VaAveda* 6:2; *Shulḥan Arukh, Ḥoshen Mishpat* 259:7, and in the comment of Rema).

NOTES

Due to the fact that the owner despairs of their recovery – מִפְּנֵי שֶׁהַבְּעָלִים מִתְיָאֲשִׁין מֵהֶן: The early commentaries question the statement that Rabbi Shimon ben Elazar rules that the lost item belongs to the finder due to the despair of the owner. After all, the Gemara (22b) states that there is a Torah decree that with regard to an item swept away by a river, there is no obligation to return it, independent of whether the owner despairs. Some say that there are different reasons for the different circumstances listed in the *baraita* and the despair of the owner explains the other cases. Others say that the owner's despair is the reason for the Torah decree that there is no obligation to return the item swept away by the tide of the sea (Rashba).

LANGUAGE

Cheetah [*bardelas*] – בַּרְדְּלָס: From the Greek πάρδαλις, *pardalis*, meaning cheetah. In the Gemara, the term *bardelas* refers to at least three animals. One is a small animal similar to a polecat. Another is a striped hyena, and some commentaries hold that this is the animal to which this *baraita* refers (see Rashi). Others understand that the reference in the *baraita* is to a cheetah, a spotted animal from the cat family found in Asia and Africa.

Above: Two cheetahs hunting

Left: Polecat

Main thoroughfare [*seratya*] – סַרְטְיָא: From the Latin strata, meaning street or public road.

Plaza [*pelatya*] – פְּלַטְיָא: From the Greek πλατεῖα, *plateia*, meaning plaza, large street, or city square.

BACKGROUND

Plaza – פְּלַטְיָא: The reference is to the city square through which the public passes and in which it gathers. It is a prominent example of a full-fledged public domain, in which all the halakhic conditions of a public domain are found.

Forum in Pompeii, a well-known example of a public plaza

וְאִם תִּמְצָא לוֹמַר פְּלִיגִי אֲפִילּוּ בְּרוֹב נׇכְרִים, הֲלָכָה כְּמוֹתוֹ אוֹ אֵין הֲלָכָה כְּמוֹתוֹ?

And if you say that **the Rabbis disagree** with him **even** in a place **where there is a majority of gentiles,** is the ***halakha* in accordance with** the opinion of Rabbi Shimon ben Elazar, **or** is the ***halakha* not in accordance with his** opinion?

אִם תִּמְצָא לוֹמַר הֲלָכָה כְּמוֹתוֹ, דַּוְקָא בְּרוֹב נׇכְרִים אוֹ אֲפִילּוּ בְּרוֹב יִשְׂרָאֵל?

And **if you say** that the ***halakha*** is **in accordance with** the opinion of Rabbi Shimon ben Elazar, does this *halakha* apply **specifically** in a place **where there is a majority of gentiles, or** is the *halakha* in accordance with his opinion **even** in a place **where there is a majority of Jews?**

תָּא שְׁמַע: הַמּוֹצֵא מָעוֹת בְּבָתֵּי כְנֵסִיּוֹת וּבְבָתֵּי מִדְרָשׁוֹת, וּבְכׇל מָקוֹם שֶׁהָרַבִּים מְצוּיִין שָׁם – הֲרֵי אֵלּוּ שֶׁלּוֹ, מִפְּנֵי שֶׁהַבְּעָלִים מִתְיָאֲשִׁין מֵהֶן. מַאן שָׁמְעַתְּ לֵיהּ דְּאָזֵיל בָּתַר רוּבָּא – רַבִּי שִׁמְעוֹן בֶּן אֶלְעָזָר, שָׁמְעַתְּ מִינָּהּ – אֲפִילּוּ בְּרוֹב יִשְׂרָאֵל נַמִי.

The Gemara suggests: **Come** and **hear** a proof from a *baraita*: In the case of **one who finds coins in synagogues** [*bevatei khenesiyyot*] **and study halls or in any place where the multitudes are found, these** coins belong **to him, due to** the fact **that the owner despairs of their** recovery. **Who** is the one about **whom you heard that he follows the multitudes,** i.e., that he attaches significance to the loss of an item in a place where the multitudes are present? It is **Rabbi Shimon ben Elazar. Conclude from** the *baraita* that Rabbi Shimon ben Elazar holds that a lost item belongs to the finder **even** in a place **where there is a majority of Jews,** as synagogues and study halls are places frequented exclusively by Jews.

הָכָא בְּמַאי עָסְקִינַן – בִּמְפוּזָּרִין. אִי בִּמְפוּזָּרִין מַאי אִירְיָא מָקוֹם שֶׁהָרַבִּים מְצוּיִין שָׁם? אֲפִילּוּ אֵין הָרַבִּים מְצוּיִין שָׁם!

The Gemara rejects the proof. **With what are we dealing here?** We are dealing with a case **where** the coins are **scattered** and there is no distinguishing mark on them. The Gemara asks: **If** it is a case **where** the coins are **scattered, why** did the *baraita* establish the case **specifically** in **a place where the multitudes are found? Even** in a place where **the multitudes are not found,** the coins belong to the finder.

אֶלָּא לְעוֹלָם בִּצְרוּרִין, וְהָכָא בְּמַאי עָסְקִינַן – בְּבָתֵּי כְנֵסִיּוֹת שֶׁל נׇכְרִים. בָּתֵּי מִדְרָשׁוֹת מַאי אִיכָּא לְמֵימַר? בָּתֵּי מִדְרָשׁוֹת דִּידַן, דְּיָתְבִי בְּהוּ נׇכְרִים. הַשְׁתָּא דְּאָתֵית לְהָכִי, בָּתֵּי כְנֵסִיּוֹת נַמִי דִּידַן, דְּיָתְבִי בְּהוּ נׇכְרִים.

Rather, actually the *baraita* is referring to a case **where** the coins are **bound, and with what are we dealing here?** This is a case where the coins were found **in the houses of assembly** [*bevatei khenesiyyot*] **of gentiles,** not in synagogues. That resolves the matter of synagogues; but with regard to **study halls,** which are exclusive to Jews, **what can be said?** The Gemara answers: The *baraita* is referring to **our study halls in which gentile** guards or custodians **are sitting.** The Gemara notes: **Now that you have arrived at this** explanation, the *batei khenesiyyot* in the *baraita* can be explained as referring to **our synagogues, in which gentiles are sitting.**[N]

תָּא שְׁמַע: מָצָא בָּהּ אֲבֵידָה, אִם רוֹב יִשְׂרָאֵל – חַיָּיב לְהַכְרִיז, אִם רוֹב נׇכְרִים – אֵינוֹ חַיָּיב לְהַכְרִיז. מַאן שָׁמְעַתְּ לֵיהּ דְּאָמַר אָזְלִינַן בָּתַר רוּבָּא – רַבִּי שִׁמְעוֹן בֶּן אֶלְעָזָר, שָׁמְעַתְּ מִינָּהּ: כִּי קָאָמַר רַבִּי שִׁמְעוֹן בֶּן אֶלְעָזָר – בְּרוֹב נׇכְרִים, אֲבָל בְּרוֹב יִשְׂרָאֵל – לָא.

Come and hear a proof from a mishna (*Makhshirin* 2:8): In a case when **one found a lost item in** a city where both Jews and gentiles reside, **if** the city has **a majority of Jews** he is **obligated to proclaim** his find. **If** there is **a majority of gentiles** he is **not obligated to proclaim** his find. **Who** is the one about **whom you heard that he follows the multitudes,** i.e., that he attaches significance to the loss of an item in a place where the multitudes are present? It is **Rabbi Shimon ben Elazar. Resolve from** this mishna **that when Rabbi Shimon ben Elazar says** that the item belongs to the finder, it is referring specifically to a place **where there is a majority of gentiles, but** in a place **where there is a majority of Jews, no,** it does not belong to the finder.

הָא מַנִּי – רַבָּנַן הִיא. תִּפְשׁוֹט מִינָּהּ דְּמוֹדוּ לֵיהּ רַבָּנַן לְרַבִּי שִׁמְעוֹן בֶּן אֶלְעָזָר בְּרוֹב נׇכְרִים!

The Gemara rejects this proof: In accordance with **whose** opinion **is this** mishna? It **is** in accordance with the opinion of **the Rabbis.** The Gemara suggests: In any case, **resolve** the dilemma **from** the mishna **that the Rabbis concede to Rabbi Shimon ben Elazar** in a place **where there is a majority of gentiles.**

אֶלָּא, לְעוֹלָם רַבִּי שִׁמְעוֹן בֶּן אֶלְעָזָר הִיא, וַאֲפִילּוּ בְּרוֹב יִשְׂרָאֵל נַמִי, וְהָכָא בְּמַאי עָסְקִינַן – בְּטָמוּן. אִי בְּטָמוּן – מַאי עֲבִידְתֵּיהּ גַּבֵּיהּ? וְהָתְנַן: מָצָא כְּלִי בְּאַשְׁפָּה, מְכוּסֶּה – לֹא יִגַּע בּוֹ, מְגוּלֶּה – נוֹטֵל וּמַכְרִיז!

The Gemara rejects this explanation: **Rather, actually** the mishna **is** in accordance with the opinion of **Rabbi Shimon ben Elazar, and** he stated his opinion **even in** a place **where there is a majority of Jews. And with what are we dealing here?** This is a case **where** the found item is **concealed.** The Gemara asks: **If** the item is **concealed, what** is the reason the item **is with** the finder? Clearly it was placed there and the owner will return to retrieve it. **And didn't we learn** in a mishna (25b): In a case where **one found a vessel in a garbage dump,**[B] if the vessel is **concealed he may not touch it,** but if it is **exposed,** the finder **takes** the item **and proclaims** his find.

NOTES

In which gentiles are sitting – דְּיָתְבִי בְּהוּ נׇכְרִים: This response does not refute the proof that Rabbi Shimon ben Elazar stated his *halakha* even in a case where there is a Jewish majority, as even if gentiles sit there, the Jewish majority remains. Some explain that since the gentiles sit there while the Jewish congregants come and go, the likelihood is that a gentile found the item.

BACKGROUND

Garbage dump [*ashpa*] – אַשְׁפָּה: *Ashpa* usually means garbage dump. Here, apparently, the reference is to specific type of dump, a place where one would dispose of scrap metal and obsolete items that were no longer in use. Some were located in the public domain and others on private property, although in both cases the multitudes used it to dispose of their scraps. In some cases, there was no intent to clear the scrap heap and it remained in place indefinitely. In other cases, scrap heaps were regularly cleared by the owner of the property or by the municipality.

כִּדְאָמַר רַב פַּפָּא: בְּאַשְׁפָּה שֶׁאֵינָהּ עֲשׂוּיָה לְפַנּוֹת, וְנִמְלַךְ עָלֶיהָ לְפַנּוֹתָהּ. הָכָא נַמִי – בְּאַשְׁפָּה שֶׁאֵינָהּ עֲשׂוּיָה לְפַנּוֹת, וְנִמְלַךְ עָלֶיהָ לְפַנּוֹתָהּ.

The Gemara answers: It can be explained **as Rav Pappa says** elsewhere, that it is referring **to a garbage dump that is not designed to be cleared, and** the owner of the land **reconsidered** and decided **to clear it.** If one finds concealed vessels he should proclaim his find, because otherwise the vessels will be cleared with the rest of the garbage dump. **Here too,** the mishna is referring **to a garbage dump that is not designed to be cleared, and** the owner of the land **reconsidered** and decided **to clear it.** If one finds concealed items, his course of action is determined by the identity of the majority of the residents of the city. If they are Jews, he must proclaim his find, and if not, he need not proclaim his find. No proof can be cited to resolve the dilemma.

וְאִיבָּעֵית אֵימָא: לְעוֹלָם רַבָּנַן, מִי קָתָנֵי הֲרֵי שֶׁלּוֹ? "אֵינוֹ חַיָּיב לְהַכְרִיז" קָתָנֵי, וְיַנִּיחַ וְיֵיתֵי יִשְׂרָאֵל וְיָהֵיב בֵּיהּ סִימָנָא, וְשָׁקֵיל.

And if you wish, say instead that **actually** the mishna is in accordance with the opinion of **the Rabbis. Is it taught** in the mishna that the items **are his? It is taught** that **he is not obligated to proclaim** his find. He may not keep them, **but he shall place** the items in his possession **and a Jew will come and provide a distinguishing mark** to describe the items **and take** them.

תָּא שְׁמַע דְּאָמַר רַב אַסִי: מָצָא חָבִית יַיִן בְּעִיר שֶׁרוּבָּהּ נׇכְרִים – מוּתֶּרֶת מִשּׁוּם מְצִיאָה, וַאֲסוּרָה בַּהֲנָאָה. בָּא יִשְׂרָאֵל וְנָתַן בָּהּ סִימָן – מוּתֶּרֶת בִּשְׁתִיָּה לַמּוֹצְאָהּ.

Come and hear a proof from that **which Rav Asi says: If one found a barrel of wine**[HB] **in a city whose** population has **a majority of gentiles,** keeping the barrel **is permitted in terms of** the *halakhot* of **finding** lost items because it presumably belonged to a gentile, **and** deriving **benefit** from the wine **is prohibited,** as it is presumed to be wine of a gentile. If **a Jew came and provided a distinguishing mark** to describe **it, drinking** the wine **is permitted for its finder,** as it proved to be the wine of a Jew. Nevertheless, it belongs to the finder, because the owner despaired of recovering a barrel misplaced in a public area.

כְּמַאן – כְּרַבִּי שִׁמְעוֹן בֶּן אֶלְעָזָר, שְׁמַע מִינַּהּ: כִּי קָאָמַר רַבִּי שִׁמְעוֹן בֶּן אֶלְעָזָר – בְּרוֹב נׇכְרִים, אֲבָל בְּרוֹב יִשְׂרָאֵל – לָא. לְעוֹלָם אֵימָא לָךְ רַבִּי שִׁמְעוֹן בֶּן אֶלְעָזָר אֲפִילּוּ בְּרוֹב יִשְׂרָאֵל נַמִי קָאָמַר, וְרַב אַסִי סָבַר לַהּ כְּוָתֵיהּ בַּחֲדָא, וּפְלִיג עֲלֵיהּ בַּחֲדָא.

The Gemara explains the proof: **In accordance with whose** opinion is this statement of Rav Asi? It is **in accordance with** the opinion of **Rabbi Shimon ben Elazar.**[P] **Conclude from it that when Rabbi Shimon ben Elazar stated** his opinion, it was only with regard to a place **where there is a majority of gentiles; but** in a place **where there is a majority of Jews,** the owner does **not** despair of recovering his lost item. The Gemara rejects the proof: **Actually, I will say to you** that **even** with regard to a place **where there is a majority of Jews, Rabbi Shimon ben Elazar also stated** his opinion, **and Rav Asi holds in accordance with** the opinion of Rabbi Shimon ben Elazar **in one** case, that of a place where there is a majority of gentiles, **and disagrees with him in one** case, that of a place where there is a majority of Jews.

וְכִי מֵאַחַר דַּאֲסִירָא בַּהֲנָאָה, מוּתֶּרֶת מִשּׁוּם מְצִיאָה לְמַאי הִלְכְתָא? אָמַר רַב אַשִׁי: לְקַנְקַנָּהּ.

The Gemara clarifies: **And once** it was established **that** deriving **benefit** from the wine **is prohibited,** then with regard to the fact that it **is permitted in terms of** the *halakhot* of **finding** lost items, **for what** matter is that ***halakha*** relevant? **Rav Ashi said:** It is relevant with regard **to** deriving benefit from **its container,** which is permitted.

HALAKHA

Found a barrel of wine – מָצָא חָבִית יַיִן: If one found a barrel of wine in a city with a gentile majority, it is prohibited to derive benefit from the wine, but it is permitted to derive benefit from the barrel. If a Jew claims the barrel of wine and provides a distinguishing mark in the barrel, the wine is also permitted to the finder. Despite the distinguishing mark, the finder is not obligated to return the barrel of wine to the owner, because the owner presumably despaired of recovering it (Rambam *Sefer Nezikin, Hilkhot Gezeila VaAveda* 11:8 and *Sefer Kedusha, Hilkhot Ma'akhalot Assurot* 12:28; *Shulḥan Arukh, Ḥoshen Mishpat* 259:4 and *Yoreh De'a* 129:17).

BACKGROUND

Wine – יַיִן: The reference here is to wine that is forbidden due to its use in idol worship. Consuming that wine or deriving benefit from it is forbidden (Deuteronomy 32:38). The Sages extended the scope of the prohibition and prohibited drinking any wine touched by gentiles, even if it was neither used nor intended for idol worship. The Rema cites opinions that today, since idolaters do not pour wine libations to their deities, one is permitted to benefit from the wine of a gentile. Therefore, it is permitted to accept wine as repayment of debts they owe (*Tur*, citing Rashbam and Rosh). Nevertheless, one may not conduct trade with the wine touched by gentiles, *ab initio* (*Haggahot Maimoniyyot*).

PERSONALITIES

Rabbi Shimon ben Elazar – רַבִּי שִׁמְעוֹן בֶּן אֶלְעָזָר: Rabbi Shimon ben Elazar was one of the Sages of the Mishna during the final generation of *tanna'im*. Little is known about his life or family. Furthermore, because he was a member of the generation during which the Mishna was redacted, few of his statements are cited in the Mishna, although they do appear in *baraitot* and in the Gemara, where his halakhic and aggadic statements are cited extensively. Rabbi Shimon ben Elazar was a friend of Rabbi Yehuda HaNasi, and several disputes between them are cited in the Talmud. Most of his Torah knowledge was gained by studying under his preeminent teacher, Rabbi Meir, to whom he was devoted and in whose name he cites many statements. Rabbi Shimon ben Elazar lived in Tiberias or its environs. Apparently, he did not head his own academy.

ההוא גברא דאשכח ארבעה זוזי דציירי בסדינא ושדו בנהר בירן. אתא לקמיה דרב יהודה. אמר ליה: זיל אכריז. והא זוטו של ים הוא! שאני נהר בירן, כיון דמתקיל לא מיאש. והא רובא נכרים נינהו, שמע מינה אין הלכה כרבי שמעון בן אלעזר אפילו ברוב נכרים! שאני נהר בירן, דישראל סכרו ליה, וישראל כרו ליה. כיון דישראל סכרו ליה – אימור מישראל נפל, וכיון דישראל כרו ליה – לא מיאש.

The Gemara relates: There was **a certain man who found four dinars that were bound in a cloth and cast into the Biran River.**[H] **He came before Rav Yehuda** and asked how to proceed. Rav Yehuda **said: Go proclaim** your finding. The Gemara asks: **But isn't it** a case of an item lost **in the tide of the sea** that should therefore belong to the finder? The Gemara answers: **The Biran River is different. Since it contains obstacles,** the owner **does not despair** of recovering the lost item. The Gemara asks: **But isn't it** a place where the **majority** of the population **is gentiles? Conclude from it that** the ***halakha* is not in accordance with** the opinion of **Rabbi Shimon ben Elazar even in** a place where there is **a majority of gentiles.** The Gemara answers: **The Biran River is different, as Jews dammed it and Jews dredge it. Since Jews dammed it, say that** the coins **fell from a Jew, and since Jews dredge it,** the owner of the coins **does not despair** of recovering them.

רב יהודה הוה שקיל ואזיל בתריה דמר שמואל בשוקא דבי דיסא, אמר ליה: מצא כאן ארנקי מהו? אמר ליה: הרי אלו שלו. בא ישראל ונתן בה סימן מהו? אמר ליה: חייב להחזיר. תרתי? אמר ליה: לפנים משורת הדין. כי הא דאבוה דשמואל אשכח הנך חמרי במדברא, ואהדרינהו למרייהו לבתר תריסר ירחי שתא, לפנים משורת הדין.

The Gemara relates: **Rav Yehuda was moving along behind Mar Shmuel in the market** where **pounded grain** was sold. Rav Yehuda **said to** Shmuel: If **one found a purse** [***arnakei***][L] **here, what is the** *halakha*?[H] Shmuel **said to him** that the *halakha* is as the mishna states: **These** belong **to him.** Rav Yehuda asked him: If **a Jew came and provided a distinguishing mark** to describe it, **what is the** *halakha*? Shmuel **said to him:** The finder is **obligated to return** it. Rav Yehuda asked: These are **two** contradictory rulings. Shmuel **said to him:** By law, it belongs to him. When I said the finder is obligated to return it if he learns the identity of the owner, that was **beyond the letter of the law.** This is **like that** incident **where Shmuel's father**[P] **found these donkeys in the desert and returned them to their owner after** the passage of **twelve months of the year,**[N] as he acted **beyond the letter of the law.**[N]

רבא הוה שקיל ואזיל בתריה דרב נחמן בשוקא דגלדאי, ואמרי לה בשוקא דרבנן, אמר ליה: מצא כאן ארנקי מהו? אמר ליה: הרי אלו שלו. בא ישראל ונתן בה סימן מהו? אמר ליה: הרי אלו שלו. והלא עומד וצווח! נעשה כצווח על ביתו שנפל, ועל ספינתו שטבעה בים.

The Gemara relates: **Rava was moving along behind Rav Naḥman in the tanner's market, and some say in the marketplace** frequented by **the Sages.** Rava **said to** Rav Naḥman: **If one found a purse here, what is the** *halakha*? Rav Naḥman **said to him** that the *halakha* is as the mishna states: **These** belong **to him.** Rava asked him: If **a Jew came and provided a distinguishing mark** to describe it, **what is the** *halakha*? Rav Naḥman **said to him** that in this case as well, the *halakha* is as the mishna states: **These** belong **to him.** Rava asked: **But isn't** the owner justifiably **standing and screaming** that the purse belongs to him? Rav Naḥman said to him: **He becomes** as one who **screams** to no avail **about his house that collapsed or about his ship that sank in the sea.**

HALAKHA

The Biran River – נהר בירן: In a case where there are dams or other obstacles in a river that will prevent an item from being carried downstream, if there is a distinguishing mark on the item, one may not presume that the owner despaired of its recovery (*Shulḥan Arukh*, *Hoshen Mishpat* 259:7 and *Yoreh De'a* 129:17).

An item found in the marketplace – מצא מציאה בשוק: In a case where one found a lost item in an area with a gentile majority, even if a Jew described it by providing a distinguishing mark, the finder is not obligated to return the item. Nevertheless it is proper, beyond the letter of the law, to return the item. The Rema adds that if the finder is poor and the owner wealthy, there is no obligation to return the item, even if he seeks to act beyond the letter of the law (Rambam *Sefer Nezikin, Hilkhot Gezeila VaAveda* 11:7; *Shulḥan Arukh, Ḥoshen Mishpat* 259:5).

LANGUAGE

Purse [*arnakei*] – ארנקי: From the Greek ἀρνακίς, *arnakis*, meaning sheepskin coat. The word was employed by the Sages in the sense of a money pouch or purse, perhaps made of leather, that was used for holding coins.

NOTES

And returned them to their owner after the passage of twelve months of the year – ואהדרינהו למרייהו לבתר תריסר ירחי שתא: *Tosafot* explain that Shmuel's father tended the donkeys for a full year, after which he could have returned their monetary value. Shmuel's father opted to go beyond the letter of the law, and he returned the animals (see Rosh and Ran).

Rashi explains that Shmuel's father found the animals twelve months after they were lost, but the commentaries question how Shmuel's father knew that they had been lost for that long. One possibility is that he had been in the desert the year before and spotted the donkeys. A year later, he returned to the desert and saw the same donkeys there (Ritva; Ra'avad).

Rashi cites a biblical allusion to the opinion that after twelve months the owner despairs of recovering his lost item, from the verse: "I am forgotten as a dead man out of mind; I am like a lost vessel" (Psalms 31:13). Just as the mourning period for a deceased parent is twelve months, so too one despairs of recovering his lost vessel after twelve months.

Beyond the letter of the law – לפנים משורת הדין: Only significant personages are required to conduct themselves beyond the letter of the law in these circumstances and return the lost item (Rabbeinu Yehonatan of Lunel).

PERSONALITIES

Shmuel's father – אבוה דשמואל: This is the Sage Abba bar Abba, who is typically known as Shmuel's father due to the prominence of his son, the great *amora*. Abba bar Abba traveled far and wide as a silk merchant and visited Eretz Yisrael. While in Eretz Yisrael he developed close ties with Rabbi Yehuda HaNasi and his sons.

Abba bar Abba was one of the prominent Torah scholars of his generation. Although he was not appointed to any official position, he was the most significant personage in his city, Neharde'a, where he was responsible for municipal matters and devoted considerable time to charitable work and redeeming captives. Upon his return to Babylonia, Shmuel's father was befriended by the Sage Levi bar Sisi, and Rav treated him with great deference. His Torah statements appear throughout both the Babylonian and the Jerusalem Talmud. The Gemara often mentions his close ties with the academies in Eretz Yisrael, where he was greatly respected and to which he addressed various questions. He lived a long life and in addition to Shmuel he had another son, Rav Pineḥas, who was also a Torah scholar.

הַהוּא דַּיּוֹ דְּשָׁקֵיל בִּשְׂרָא בְּשׁוּקָא, וְשַׁדְיֵהּ בְּצִנְיָיתָא דְּבֵי בַּר מָרְיוֹן. אֲתָא לְקַמֵּיהּ דְּאַבַּיֵּי. אֲמַר לֵיהּ: זִיל שְׁקוֹל לְנַפְשָׁךְ. וְהָא רוּבָּא דְּיִשְׂרָאֵל נִינְהוּ, שְׁמַעְתְּ מִינָּהּ: הֲלָכָה כְּרַבִּי שִׁמְעוֹן בֶּן אֶלְעָזָר אֲפִילּוּ בְּרוֹב יִשְׂרָאֵל! שָׁאנֵי דַּיּוֹ, דִּכְזוּטוֹ שֶׁל יָם דָּמֵי. וְהָא אָמַר רַב: בָּשָׂר שֶׁנִּתְעַלֵּם מִן הָעַיִן אָסוּר! בְּעוֹמֵד וְרוֹאֵהוּ.

The Gemara relates: There was **a certain kite**[B] **that took meat**[H] **in the marketplace and cast it among the palm trees of the house of bar Maryon.** The one who found the meat **came before Abaye** to ask how to proceed. Abaye **said to him: Go take it for yourself.** The Gemara asks: **But isn't** the marketplace of kosher meat a place where there is a **majority of Jews? Conclude from it that** the ***halakha*** **is in accordance with** the opinion of **Rabbi Shimon ben Elazar even in** a place where there is **a majority of Jews.** The Gemara answers: **A kite is different,** as an item taken by a kite is **similar** to a lost item swept away **in the tide of the sea.** The Gemara raises another issue: **But doesn't Rav say: Meat that was obscured from sight**[HN] and unsupervised for a period of time is **forbidden,** as its source is unknown? The Gemara answers: This is a case where the finder **stands and sees** the meat from the moment that it was taken by the kite until it was cast among the trees.

רַבִּי חֲנִינָא מָצָא גְּדִי שָׁחוּט בֵּין טְבֶרְיָא לְצִיפּוֹרִי וְהִתִּירוּהוּ לוֹ. אָמַר רַבִּי אַמִי: הִתִּירוּהוּ לוֹ מִשּׁוּם מְצִיאָה – כְּרַבִּי שִׁמְעוֹן בֶּן אֶלְעָזָר, מִשּׁוּם שְׁחִיטָה – כְּרַבִּי חֲנַנְיָא בְּנוֹ שֶׁל רַבִּי יוֹסֵי הַגְּלִילִי. דְּתַנְיָא: הֲרֵי שֶׁאָבְדוּ לוֹ גְּדָיָיו וְתַרְנְגוֹלָיו הָלַךְ וּמְצָאָן שְׁחוּטִין – רַבִּי יְהוּדָה אוֹסֵר, וְרַבִּי חֲנַנְיָא בְּנוֹ שֶׁל רַבִּי יוֹסֵי הַגְּלִילִי מַתִּיר.

The Gemara relates: **Rabbi Ḥanina found a slaughtered young goat**[H] **between Tiberias and Tzippori and** the Sages **permitted it to him. Rabbi Ami said:** The Sages **permitted it to him in terms of** the *halakhot* of **finding** lost items **in accordance with** the opinion of **Rabbi Shimon ben Elazar,** and they permitted it to him **in terms of** the *halakhot* of the **slaughter** of kosher animals, **in accordance with** the opinion of **Rabbi Ḥananya, son of Rabbi Yosei HaGelili. As it is taught** in a *baraita*: In a case **where one's young goats and roosters were lost,** and the owner **went and found them slaughtered,**[HN] **Rabbi Yehuda deems** the meat **forbidden, and Rabbi Ḥananya, son of Rabbi Yosei HaGelili, deems** it **permitted.**

אָמַר רַבִּי: נִרְאִין דִּבְרֵי רַבִּי יְהוּדָה כְּשֶׁמְּצָאָן בְּאַשְׁפָּה, וְדִבְרֵי רַבִּי חֲנַנְיָא בְּנוֹ שֶׁל רַבִּי יוֹסֵי הַגְּלִילִי כְּשֶׁמְּצָאָן בַּבַּיִת. מִדְּהִתִּירוּהוּ לוֹ מִשּׁוּם שְׁחִיטָה – רוּבָּא יִשְׂרָאֵל נִינְהוּ, שְׁמַעְתְּ מִינָּהּ הֲלָכָה כְּרַבִּי שִׁמְעוֹן בֶּן אֶלְעָזָר אֲפִילּוּ בְּרוֹב יִשְׂרָאֵל! אֲמַר רָבָא: רוֹב נָכְרִים וְרוֹב טַבָּחֵי יִשְׂרָאֵל.

Rabbi Yehuda HaNasi **says: The statement of Rabbi Yehuda appears** to be correct in a case **where he found** the slaughtered animals **in a garbage dump,** as the concern is that they were thrown away because the slaughter was unfit. **And the statement of Rabbi Ḥananya, son of Rabbi Yosei HaGelili, appears correct** in a case **where he found them in the house.** The Gemara infers: **From** the fact **that** the Sages **permitted** the meat **to him in terms of** the *halakhot* of **slaughter,** apparently, this place is one where there is **a majority of Jews. Conclude from it that** the ***halakha*** **is in accordance with** the opinion of **Rabbi Shimon ben Elazar even in** a place where there is **a majority of Jews. Rava said:** It is a place where there is **a majority of gentiles but** the **majority of slaughterers are Jews.**

רַבִּי אַמִי אַשְׁכַּח פַּרְגִּיּוֹת שְׁחוּטוֹת בֵּין טְבֶרְיָא לְצִיפּוֹרִי, אֲתָא לְקַמֵּיהּ דְּרַבִּי אַסִי, וְאָמְרִי לָהּ לְקַמֵּיהּ דְּרַבִּי יוֹחָנָן, וְאָמְרִי לָהּ בֵּי מִדְרְשָׁא. וַאֲמַרוּ לֵיהּ: זִיל שְׁקוֹל לְנַפְשָׁךְ. רַבִּי יִצְחָק נַפָּחָא אַשְׁכַּח קִיבּוּרָא דְּאָזְלִי בֵּיהּ אַזְלוּיֵי, אֲתָא לְקַמֵּיהּ דְּרַבִּי יוֹחָנָן, וְאָמְרִי לָהּ בְּבֵי מִדְרְשָׁא, וַאֲמַרוּ לֵיהּ: זִיל שְׁקוֹל לְנַפְשָׁךְ.

The Gemara relates: **Rabbi Ami found slaughtered fledglings between Tiberias and Tzippori. He came before Rabbi Asi**[N] to ask how to proceed, **and some say** he came **before Rabbi Yoḥanan, and some say** he came to **the study hall. And they said to him: Go take** it **for yourself. Rabbi Yitzḥak Nappaḥa found a skein** of thread **from which a net was woven. He came before Rabbi Yoḥanan** to ask how to proceed, **and some say** he came to **the study hall. And they said to him: Go take** it **for yourself,** because he found it in a place frequented by the multitudes.

BACKGROUND

Kite – דַּיּוֹ: The reference here is probably to the black kite, *Milvus migrans*, a carnivorous bird indigenous throughout the world, as well as in ancient Babylonia and Eretz Yisrael. They are 55 cm in length and blackish brown in color, and have long wings, a long, forked tail, and short legs. Common kites prey on small creatures and carcasses and nest on high trees. They typically live close to human settlement and prey on small birds or snatch meat.

Black kite with food in its talons

HALAKHA

A kite that took meat – דַּיּוֹ דְּשָׁקֵיל בִּשְׂרָא: In the case of a bird that took meat and cast it elsewhere, even if the meat was taken from a place with a Jewish majority, the finder may keep it, because the owner certainly despaired of its recovery (*Shulḥan Arukh*, *Ḥoshen Mishpat* 259:6).

Meat that was obscured from sight – בָּשָׂר שֶׁנִּתְעַלֵּם מִן הָעַיִן: If one finds meat in the possession of a gentile or in the marketplace, even if all the merchants and slaughterers are Jewish, the meat is forbidden. Even concerning meat that one brings home, if it is left unobserved, one is permitted to eat it only if there is a distinguishing mark or he recognizes it, or if it was bound and sealed (Rif). *Tosafot* and others say that meat left unobserved is permitted, provided it remained in the same place where it was left (Rambam *Sefer Kedusha*, *Hilkhot Ma'akhalot Assurot* 8:12; *Shulḥan Arukh*, *Yoreh De'a* 63:1, and in the comment of Rema).

Found a slaughtered young goat – מָצָא גְּדִי שָׁחוּט: In a place with a gentile majority, if the majority of butchers and slaughterers are Jewish, and one finds a slaughtered animal or chicken, it belongs to the finder and eating it is permitted. This *halakha* applies only in a case where the prohibition against eating meat that was obscured from sight is not in effect (*Sma*; *Ketzot HaḤoshen*).

One's young goats and roosters were lost and he went and found them slaughtered – אָבְדוּ לוֹ גְּדָיָיו וְתַרְנְגוֹלָיו הָלַךְ וּמְצָאָן שְׁחוּטִין: In a case where one's animals or chickens were lost or stolen and he finds them properly slaughtered, if there is a Jewish majority there, it is permitted to eat the meat. If he found the meat in a garbage dump in the marketplace, the meat is forbidden, as presumably it was tossed there because it was improperly slaughtered (*Shulḥan Arukh*, *Yoreh De'a* 1:4).

NOTES

Meat that was obscured from sight – בָּשָׂר שֶׁנִּתְעַלֵּם מִן הָעַיִן: Many Sages disagree and rule that meat that was obscured from sight is permitted. Rav holds that when meat is left unattended, there is concern that perhaps it was exchanged for the meat of a forbidden carcass. Therefore, if there is no distinguishing mark, meat that was obscured from sight is forbidden.

And found them slaughtered – וּמְצָאָן שְׁחוּטִין: In tractate *Ḥullin* (12a) the Sages discuss whether the fact that the animals were slaughtered constitutes a clear indication that they were properly slaughtered by a Jew, or whether gentiles and unqualified Jews also slaughter animals and therefore the fact that an animal is slaughtered does not indicate that it was slaughtered according to *halakha* (see Meiri).

He came before Rabbi Asi – אֲתָא לְקַמֵּיהּ דְּרַבִּי אַסִי: The early commentaries ask: The impression created in other sources in the Talmud is that Rabbi Ami was greater than Rabbi Asi, who was his disciple-colleague. Why, then, did Rabbi Ami consult with him in this case? Some explain that because this was an issue in which Rabbi Ami had a vested interest he wanted to consult with an objective authority (see *Shita Mekubbetzet*).

מתני׳ וְאֵלּוּ חַיָּיב לְהַכְרִיז: מָצָא פֵּירוֹת בִּכְלִי, אוֹ כְּלִי כְּמוֹת שֶׁהוּא, מָעוֹת בְּכִיס, אוֹ כִּיס כְּמוֹת שֶׁהוּא, צִבּוּרֵי פֵּירוֹת, צִבּוּרֵי מָעוֹת,

MISHNA **And** for **these** found items, one is **obligated to proclaim** his find: If **one found produce inside a vessel, or a vessel by itself;**[N] **coins inside a pouch, or a pouch by itself; piles of produce; piles of coins,**

Perek **II**
Daf **25** Amud **a**

שְׁלֹשָׁה מַטְבְּעוֹת זֶה עַל גַּב זֶה, כְּרִיכוֹת בִּרְשׁוּת הַיָּחִיד, וְכִכָּרוֹת שֶׁל בַּעַל הַבַּיִת, וְגִיזֵּי צֶמֶר הַלְּקוּחִין מִבֵּית הָאוּמָּן, כַּדֵּי יַיִן וְכַדֵּי שֶׁמֶן – הֲרֵי אֵלּוּ חַיָּיב לְהַכְרִיז.

three coins stacked **one atop another; bundles** of grain **in a secluded area;**[H] **loaves of a homeowner,**[H] as each shapes his loaves in his own unique manner; **wool fleeces that are taken from the house of a craftsman,** as each craftsman processes the wool in his own unique manner; **jugs of wine; or jugs of oil.** If one finds any of **these,** he is **obligated to proclaim** his find.

גמ׳ טַעְמָא – דְּמָצָא פֵּירוֹת בִּכְלִי, וּמָעוֹת בְּכִיס. הָא כְּלִי וּלְפָנָיו פֵּירוֹת, כִּיס וּלְפָנָיו מָעוֹת – הֲרֵי אֵלּוּ שֶׁלּוֹ. תָּנֵינָא לְהָא דְּתָנוּ רַבָּנַן: מָצָא כְּלִי וּלְפָנָיו פֵּירוֹת, כִּיס וּלְפָנָיו מָעוֹת – הֲרֵי אֵלּוּ שֶׁלּוֹ. מִקְצָתָן בִּכְלִי וּמִקְצָתָן עַל גַּבֵּי קַרְקַע, מִקְצָתָן בְּכִיס וּמִקְצָתָן עַל גַּבֵּי קַרְקַע – חַיָּיב לְהַכְרִיז.

GEMARA The Gemara infers from the mishna: **The reason** one is obligated to proclaim his find is **that he found produce inside the vessel or coins inside the pouch; but** if he found **a vessel and produce** was **before it,** or if he found **a pouch and coins** were **before it, those,** the produce and coins, belong **to him.** The Gemara comments: **We learn** from this mishna by inference **that** which **the Sages taught** explicitly in a *baraita*: If one found **a vessel and produce** was **before it,**[H] or if he found **a pouch and coins** were **before it, those,** the produce and coins, belong **to him.** If **some of** the produce is **in the vessel and some of** the produce is **on the ground,** or if **some of** the coins are **inside the pouch and some of them** are **on the ground,** one is **obligated to proclaim** his find.

וּרְמִינְהוּ: מָצָא דָּבָר שֶׁאֵין בּוֹ סִימָן בְּצַד דָּבָר שֶׁיֵּשׁ בּוֹ סִימָן – חַיָּיב לְהַכְרִיז. בָּא בַּעַל סִימָן וְנָטַל אֶת שֶׁלּוֹ – זָכָה הַלָּה בְּדָבָר שֶׁאֵין בּוֹ סִימָן!

And the Gemara **raises a contradiction** from another *baraita*: If one **found an item on which there is no distinguishing mark alongside an item on which there is a distinguishing mark,** he is **obligated to proclaim** that he found both. If the **owner of** the item with the **distinguishing mark came and took his** item but did not claim ownership of the other item, **the other** person, who found the items, **acquires the item on which there is no distinguishing mark.** This *halakha* should also apply when one finds a vessel on which there is a distinguishing mark and produce on which there is no distinguishing mark.

אֲמַר רַב זְבִיד: לָא קַשְׁיָא: הָא – בְּכוּבָא וְכִיתָּנָא, הָא – בְּצַנָּא וּפֵירֵי.

The Gemara cites several possible resolutions to this contradiction. **Rav Zevid said** that this is **not difficult: This** *baraita*, **where** the finder is obligated to proclaim his finding of both the vessel and the produce, is referring **to a container and flax.**[N] Since the flax fibers are intertwined, when part of the flax falls out of the container, all of the flax would fall out. Therefore, the fact that the flax is completely outside the container is not an indication that it was never in the container. **That** mishna, from which it is inferred that produce found outside the vessel belongs to the finder, is referring **to a basket and produce.** Had the produce fallen out of the basket, presumably some produce would remain in the basket, because the individual units of produce are not connected. Therefore, the fact that no produce was found in the basket indicates that the produce did not fall out of the basket.

NOTES

Or a vessel by itself – אוֹ כְּלִי כְּמוֹת שֶׁהוּא: The Ritva comments that once it is taught in the mishna that the produce in a vessel must be returned, presumably because the vessel has a distinguishing mark, it is obvious that a vessel by itself must also be returned. Why, then, is it necessary to specify this? He answers that in the first case, perhaps it is the combination of the produce and the vessel which constitutes a distinguishing mark, even if the vessel has no distinguishing mark of its own. Therefore, it was necessary to establish that if a vessel itself has a distinguishing mark, one must return a vessel.

HALAKHA

Bundles of grain in a secluded area – כְּרִיכוֹת בִּרְשׁוּת הַיָּחִיד: If one finds small bundles of grain in a secluded area, and they appear to have fallen, they belong to the finder. If they appear to have been intentionally placed there, he is obligated to proclaim his find (Rambam *Sefer Nezikin*, *Hilkhot Gezeila VaAveda* 15:10; *Shulḥan Arukh*, *Ḥoshen Mishpat* 262:9).

And loaves of a homeowner, etc. – וְכִכָּרוֹת שֶׁל בַּעַל הַבַּיִת וכו׳: Since the shape of the loaves of a homeowner are unique, their particular shape constitutes a distinguishing mark and one who found them is obligated to proclaim his find. This *halakha* applies also to wool fleeces from the house of a craftsman, as each craftsman processes the wool in his own unique manner (Rambam *Sefer Nezikin*, *Hilkhot Gezeila VaAveda* 15:9; *Shulḥan Arukh*, *Ḥoshen Mishpat* 262:8).

If he found a vessel and produce was before it – מָצָא כְּלִי וּלְפָנָיו פֵּירוֹת: If one finds a vessel with produce before it, he is obligated to proclaim that he found the vessel, but the produce belongs to him. If it appears that the produce and vessel belong to one owner, he is obligated to proclaim that he found both. One can determine if the produce and vessel belong to one owner using the following guidelines: If the mouth of the vessel is facing the produce, one is obligated to proclaim that he found both of them. If the vessel is facing away from the produce, the produce belongs to the finder. If there is a rim on the empty vessel, even if the mouth of the vessel is facing the produce, the produce belongs to the finder, as had the produce originally been in the basket, some of it would have remained. This ruling of the Rambam is in accordance with the opinion of the Rav Pappa in his dispute with Rav Zevid, because Rav Pappa is the latter authority. The Rosh and the *Tur* rule in accordance with the opinions of both *amora'im*, based on their understanding that Rav Pappa does not disagree with Rav Zevid but merely cites an additional explanation (Rambam *Sefer Nezikin*, *Hilkhot Gezeila VaAveda* 15:13; *Shulḥan Arukh*, *Ḥoshen Mishpat* 262:19, and *Sma* and *Beur HaGra* there).

NOTES

This *baraita*…is referring to a container and flax – הָא בְּכוּבָא וְכִיתָּנָא: Rav Zevid seeks to resolve the contradiction between the mishna and *baraita* by establishing that they are referring to two different circumstances. There is a dispute among the early commentaries with regard to which tannaitic source addresses each circumstance. Rashi understands that the mishna, where the ruling is that the items belong to the finder, is referring to a case where one found flax, and that the *baraita*, where the ruling is that one must proclaim his find, is referring to a case where one found produce. Rashi's interpretation is difficult in that it runs counter to Rav Pappa's statement that when no produce remains in the basket, the produce belongs to the finder. Most early commentaries agree with *Tosafot* that the mishna is referring to a case where one found produce, while the *baraita* is referring to a case where one found flax (Rashba; Ritva; Ran).

רַב פַּפָּא אָמַר: הָא וְהָא בְּצַנָּא וּפֵירֵי, וְלָא קַשְׁיָא; הָא – דְּאִשְׁתַּיַּיר בָּהּ מִידֵּי, הָא – דְּלָא אִשְׁתַּיַּיר בָּהּ מִידֵּי.

Rav Pappa said: Both **this** ruling **and that** ruling are referring to **a basket and produce,** and nevertheless it is **not difficult: This** *baraita*, **where** the finder is obligated to proclaim his finding of the produce found outside the empty vessel, is referring to a case **where some** produce **remains in** the basket. **That** mishna, from which it is inferred that produce found outside the vessel belongs to the finder, is referring to a case **where no** produce **remains in** the basket.

וְאִיבָּעֵית אֵימָא: הָא וְהָא דְּלָא אִשְׁתַּיַּיר בָּהּ מִידֵּי, וְלָא קַשְׁיָא: הָא – דִּמְהַדְּרִי אַפֵּיהּ לְגַבֵּי פֵּירֵי, הָא – דְּלָא מְהַדְּרִי אַפֵּיהּ לְגַבֵּי פֵּירֵי.

And if you wish, say instead: Both **this** ruling **and that** ruling are referring to a case **where no** produce **remains in** the basket, **and** nevertheless it is **not difficult: This** *baraita*, where the finder is obligated to proclaim his finding of the produce found outside the empty vessel, is referring to a case **where** the **mouth** of the basket **is facing the produce,** indicating that the produce fell from it. **That** mishna, from which it is inferred that produce found outside the vessel belongs to the finder, is referring to a case **where** the **mouth** of the basket **is not facing the produce.**

וְאִיבָּעֵית אֵימָא: הָא וְהָא דִּמְהַדְּרִי אַפֵּיהּ לְגַבֵּי פֵּירֵי, וְלָא קַשְׁיָא; הָא – דְּאִית לָהּ אוֹגָנִין לְצַנָּא, הָא – דְּלֵית לָהּ אוֹגָנִין לְצַנָּא.

And if you wish, say instead: Both **this** ruling **and that** ruling are referring to a case **where** the **mouth** of the basket **is facing the produce,** and nevertheless, it is **not difficult: That** mishna, from which it is inferred that produce found outside the vessel belongs to the finder, is referring to a case **where** the empty **basket has a rim.**[B] Had the produce fallen out of the basket, the rim would have prevented some of the produce from falling. **This** *baraita*, **where** the finder is obligated to proclaim the produce found outside the empty vessel, is referring to a case **where the basket has no rim** and therefore the produce in its entirety could have fallen from the basket.

״צִבּוּרֵי פֵּירוֹת וְצִבּוּרֵי מָעוֹת״. שָׁמְעַתְּ מִינָּהּ – מִנְיָן הָוֵי סִימָן! תָּנֵי: צִבּוּר פֵּירוֹת. שָׁמְעַתְּ מִינָּהּ מָקוֹם הָוֵי סִימָן! תָּנֵי: צִבּוּרֵי פֵּירוֹת.

§ The mishna teaches: And for these found items, one is obligated to proclaim his find: **Piles of produce and piles of coins. Conclude from it** that **number is a distinguishing mark,**[N] and one reclaims his produce or coins by correctly declaring the number of piles. The Gemara rejects that proof. Perhaps one should **teach** the mishna as stating: **A pile of produce.** It is not the number of piles but their location that serves as a determining mark. Based on that emendation, **conclude from it** that **location is a distinguishing mark.** The Gemara rejects that proof as well. Perhaps one should **teach** the mishna as stating: **Piles of produce.** Since the authoritative version of the mishna is unclear, no proof can be cited from it.

״שְׁלֹשָׁה מַטְבְּעוֹת זֶה עַל גַּב זֶה״. אָמַר רַבִּי יִצְחָק מִגְדְּלָאָה: וְהוּא שֶׁעֲשׂוּיִין כְּמִגְדָּלִין. תַּנְיָא נַמִּי הָכִי: מָצָא מָעוֹת מְפוּזָּרוֹת – הֲרֵי אֵלּוּ שֶׁלּוֹ, עֲשׂוּיִין כְּמִגְדָּלִים – חַיָּיב לְהַכְרִיז. וְאֵלּוּ הֵן עֲשׂוּיִין כְּמִגְדָּלִים – שְׁלֹשָׁה מַטְבְּעִין זֶה עַל גַּב זֶה.

§ The mishna teaches: And for these found items, one is obligated to proclaim his find: **Three coins** stacked **one atop another. Rabbi Yitzḥak from Migdal**[N] **says: And** one **is** obligated to proclaim the find in a case **where** the coins **are arranged in** well-ordered **towers.**[NH] **This is also taught** in a *baraita*: If one **found scattered coins,**[H] **these** belong **to him.** If the coins **are arranged in** well-ordered **towers,** he is **obligated to proclaim** his find. The *baraita* elaborates: **And these** coins **are arranged in towers: Three coins** stacked **one atop another.**

BACKGROUND

Rim – אוֹגָנִין:

Jug with rim from the talmudic era

NOTES

Piles of produce…conclude from it that number is a distinguishing mark – צִבּוּרֵי פֵּירוֹת...שָׁמְעַתְּ מִינָּהּ מִנְיָן הָוֵי סִימָן: The commentaries ask what proof can be cited from the fact that it is written in the plural, as the entire mishna is formulated in the plural. Some answer that since the mishna could have written: Piled produce, and instead wrote: Piles of produce, the fact that piles is written in plural is significant. According to this explanation, the attempt to refute the proof by saying: Teach: A pile of produce, is not an emendation of the text of the mishna. It is explaining that the plural is not a reference to a case of multiple piles but to a case of one pile, and the plural is due to the fact that it is referring to such cases in general (Ritva).

Rabbi Yitzḥak from Migdal [*migdala'a*] – רַבִּי יִצְחָק מִגְדְּלָאָה: Some suggest that the appellation *migdala'a* is appended to Rabbi Yitzḥak's name because he proceeds to discuss the *halakha* of coins arranged in well-ordered towers [*migdalin*] (Maharatz Ḥayyut).

Where the coins are arranged in well-ordered towers – שֶׁעֲשׂוּיִין כְּמִגְדָּלִין: According to the straightforward understanding of the Gemara, the coins are arranged such that the widest coin is on the bottom and the coins stacked upon it are progressively smaller. Rabbeinu Ḥananel and the Rif understand that the arrangement is one where coins that are the same size are stacked in well-ordered towers.

HALAKHA

In towers – כְּמִגְדָּלִין: If one found three coins arranged in a tower, he is obligated to proclaim his find. The Rema holds that one is obligated only if the tower is arranged with the widest on the bottom and the coins stacked upon it progressively smaller. The Gra understands that there is a dispute between the Rema and the *Shulḥan Arukh* on the matter, and that the *Shulḥan Arukh* holds that one is also obligated to proclaim his find if there were three coins that were the same size arranged in a well-ordered tower (Rambam *Sefer Nezikin*, *Hilkhot Gezeila VaAveda* 16:2; *Shulḥan Arukh*, *Ḥoshen Mishpat* 262:11).

If one found scattered coins – מָצָא מָעוֹת מְפוּזָּרוֹת: If one finds scattered coins, even if there was some overlap among them, they belong to him. If he found a bundle of coins, he is obligated to proclaim his find (Rambam *Sefer Nezikin*, *Hilkhot Gezeila VaAveda* 16:2; *Shulḥan Arukh*, *Ḥoshen Mishpat* 262:12).

הָא גּוּפָא קַשְׁיָא, אָמְרַתְּ: מָצָא מָעוֹת מְפוּזָּרוֹת – הֲרֵי אֵלּוּ שֶׁלּוֹ, הָא מְשַׁלְחְפֵי שַׁלְחוּפֵי – חַיָּיב לְהַכְרִיז. אֵימָא סֵיפָא: עֲשׂוּיִין כְּמִגְדָּלִין חַיָּיב לְהַכְרִיז, הָא מְשַׁלְחְפֵי שַׁלְחוּפֵי – הֲרֵי אֵלּוּ שֶׁלּוֹ! תַּנָּא, כׇּל שֶׁאֵין עֲשׂוּיִין כְּמִגְדָּלִין – מְפוּזָּרוֹת קָרֵי לְהוּ.

The Gemara notes an apparent contradiction in the *baraita*. **This** *baraita* **itself is difficult.** In the first clause of the *baraita*, **you said:** If one **found scattered coins, these** belong **to him,** from which it can be inferred that **if** the coins **partially overlap** [***meshalḥefei shalḥufei***], he is **obligated to proclaim** his find. **Say the latter** clause of the *baraita*: If the coins **are arranged in** well-ordered **towers,** he is **obligated to proclaim** his find, from which it can be inferred that **if** the coins **partially overlap, those** coins **belong to him.** The Gemara answers: The ***tanna*** of the *baraita* **calls any** pile of coins **that is not arranged in** well-ordered **towers: Scattered.**

אָמַר רַבִּי חֲנִינָא: לֹא שָׁנוּ אֶלָּא שֶׁל שְׁלֹשָׁה מְלָכִים, אֲבָל שֶׁל מֶלֶךְ אֶחָד – אֵינוֹ חַיָּיב לְהַכְרִיז. הֵיכִי דָּמֵי? אִי דַּעֲשׂוּיִין כְּמִגְדָּלִין – אֲפִילּוּ שֶׁל מֶלֶךְ אֶחָד נַמִי, וְאִי דְּאֵין עֲשׂוּיִין כְּמִגְדָּלִין – אֲפִילּוּ שֶׁל שְׁלֹשָׁה מְלָכִים נַמִי לָא!

Rabbi Ḥanina says: The Sages **taught** that one must proclaim his find **only** when he finds coins minted **by three** different **kings, but** if all the coins were minted **by one king, one is not obligated to proclaim** his find. The Gemara asks: **What are the circumstances? If** the coins **are arranged in** well-ordered **towers,** then **even** if all the coins were minted **by one king,** the finder should **also** be obligated to proclaim his find. **And if** the coins **are not arranged in** well-ordered **towers,** then **even** if the **coins** were minted **by three kings,** the finder should **also not** be obligated to proclaim his find.

אֶלָּא, אִי אִתְּמַר הָכִי אִתְּמַר: לֹא שָׁנוּ אֶלָּא שֶׁל מֶלֶךְ אֶחָד כְּעֵין שְׁלֹשָׁה מְלָכִים, אֲבָל שֶׁל מֶלֶךְ אֶחָד אֵינוֹ חַיָּיב לְהַכְרִיז. וְהֵיכִי דָּמֵי דַּעֲשׂוּיִין כְּמִגְדָּלִים – רְוִיחָא תַּתָּאָה וּמְצִיעָא עִילָּוֵיהּ, וְזוּטָא עִילָּוֵיהּ מְצִיעָא, דְּאָמְרִינַן: אַנּוּחֵי אַנְחִינְהוּ. אֲבָל שֶׁל מֶלֶךְ אֶחָד, דְּכוּלְּהוּ כִּי הֲדָדֵי נִינְהוּ, אַף עַל גַּב דְּמַנְחִי אַהֲדָדֵי – הֲרֵי אֵלּוּ שֶׁלּוֹ, אֵימַר אִתְרַמּוּיֵי אִתְרְמִי, וּבַהֲדֵי הֲדָדֵי נְפוּל.

Rather, if Rabbi Ḥanina's ruling **was stated, this** is how **it was stated:**[B] The Sages **taught** that one must proclaim his find **only** when he finds coins of different sizes minted **by one king,** which are **similar to** coins minted by **three kings. But** if they are coins of the same size minted **by one king, he is not obligated to proclaim** his find. The Gemara elaborates: According to this interpretation, **what are the circumstances** of coins **that are arranged in** well-ordered **towers** and which one must proclaim? It is when **the bottom** coin is **broadest, and the intermediate-sized** coin is **atop it and the smallest** coin is **atop the intermediate** one, **as we say: They were placed** there and are not lost at all. **But** if one finds coins minted **by one king, each of them sized like the other, even if each is placed upon the other, those coins belong to** the finder. The reason is that it is possible to **say** that **it** is **happenstance and they fell together,** so their arrangement is not a distinguishing mark.

וְרַבִּי יוֹחָנָן אָמַר: אֲפִילּוּ שֶׁל מֶלֶךְ אֶחָד נַמִי מַכְרִיז. מַאי מַכְרִיז – מִנְיָן. מַאי אִירְיָא תְּלָתָא? אֲפִילּוּ תְּרֵין נַמִי! אֲמַר רָבִינָא: טִבְעָא מַכְרִיז.

And Rabbi Yoḥanan says: Even if the coins were minted **by one king,** one is **also** obligated to **proclaim** his find. The Gemara asks: **What** does one **proclaim** in order to invite the owner to describe his item? The Gemara answers: He proclaims that he found coins and the owner specifies the **number** of coins. The Gemara asks: If so, **why** does the mishna **specifically** teach a case where one found **three** coins when **even** if one found **two** coins they could be identified by their number? **Ravina said:** Since the finder **proclaims** that he found **coins,**[N] using the plural term, indicating that there were at least two coins, if the owner claims that he lost two coins, the default of the plural term, he is not providing a distinguishing mark. Therefore, the mishna teaches a case of three coins.

בָּעֵי רַבִּי יִרְמְיָה: כְּשֵׁיר מַהוּ, כְּשׁוּרָה מַהוּ, כַּחֲצוּבָה מַהוּ, כְּסוּלָּם מַהוּ?

Rabbi Yirmeya raises a dilemma: If one found coins configured **like** a round **bracelet,**[N] **what is the** *halakha*? If they were configured **like** a straight **line,**[N] **what is the** *halakha*? If they were configured **like a triangle,**[N] **what is the** *halakha*? If they were configured **like a ladder,**[NH] one partially upon the other and partially protruding, **what is the** *halakha*?

BACKGROUND

Rather, if it was stated, this is how it was stated – **אֶלָּא אִי אִתְּמַר הָכִי אִתְּמַר**: At times, when an objection has been raised against an amoraic statement, the Gemara resolves the objection by suggesting that the statement of the *amora* was reported incorrectly and must be emended. This expression means: If the statement was made at all, it was made as follows.

NOTES

One proclaims that he found coins – **טִבְעָא מַכְרִיז**: Some explain that the finder proclaims that he found coins issued by a certain king and the owner of the coins identifies them by providing their number and location.

Like a bracelet – **כְּשֵׁיר**:

Coins configured like a bracelet

Like a straight line – **כְּשׁוּרָה**:

Coins configured like a straight line

Like a triangle – **כַּחֲצוּבָה**:

Coins configured like a triangle

Like a ladder – **כְּסוּלָּם**: Ostensibly, this seems identical to the case with regard to coins that partially overlap [*meshalḥefei shalḥufei*], where the coins belong to the finder. Some explain that the case of *meshalḥefei shalḥufei* is not one where they overlap; rather, the coins are aligned in a straight line with space between them. According to this explanation, the case of coins configured like a straight line is one where there is no space between them.

Coins configured like a ladder

HALAKHA

Like a bracelet…like a straight line…like a triangle…like a ladder – **כְּשֵׁיר...כְּשׁוּרָה...כַּחֲצוּבָה...כְּסוּלָּם**: If one found coins configured like a round bracelet, a straight line, a triangle, or a ladder, due to the uncertainty with regard to their status, one must leave them in place (Rambam *Sefer Nezikin*, *Hilkhot Gezeila VaAveda* 16:2; *Shulḥan Arukh*, *Ḥoshen Mishpat* 262:12).

פְּשׁוֹט מֵהָא חֲדָא, דְּאָמַר רַב נַחְמָן אָמַר רַבָּה בַּר אֲבוּהּ: כׇּל שֶׁאִילּוּ מַכְנִיס לָהּ קֵיסָם בֵּינֵיהֶן וְנוֹטְלָם בְּבַת אַחַת – חַיָּיב לְהַכְרִיז.

The Gemara suggests: **Resolve at least one**[N] of these dilemmas, as **Rav Naḥman says** that **Rabba bar Avuh says:** For **any** arrangement of coins such that **if one** were to **introduce a wood chip between** the coins he could thereby **lift them all at once** with that wood chip, he is **obligated to proclaim** his find. Based on that criterion, one can conclude that if one finds coins configured like a ladder, he is obligated to proclaim his find.

בָּעֵי רַב אַשִׁי:

Rav Ashi raises a dilemma:

NOTES

Resolve at least one – פְּשׁוֹט מֵהָא חֲדָא: Some versions of the text record the statement of Rav Naḥman as an independent ruling, not as a response to the series of dilemmas raised by Rabbi Yirmeya.

Perek **II**
Daf **25** Amud **b**

כְּאַבְנֵי בֵּית קוּלִיס מַהוּ?

If they were configured **like the stones of the house** of worship dedicated to the Roman deity **Mercury, what is the** *halakha*?

תָּא שְׁמַע, דְּתַנְיָא: מָצָא מָעוֹת מְפוּזָּרוֹת – הֲרֵי אֵלּוּ שֶׁלּוֹ, כְּאַבְנֵי בֵּית קוּלִיס – חַיָּיב לְהַכְרִיז. וְאֵלּוּ הֵן אַבְנֵי בֵּית קוּלִיס: אַחַת מִכָּאן וְאַחַת מִכָּאן וְאַחַת עַל גַּבֵּיהֶן.

The Gemara suggests: **Come and hear** a resolution of the dilemma. **As it is taught** in a *baraita*: If one **found scattered coins, these belong to him.** If they were configured **like the stones of the house** of worship dedicated to **Mercury,**[B] he is **obligated to proclaim** his find. The Gemara explains: **And these are** coins that were configured **like the stones of the house** of worship dedicated to **Mercury:**[H] **One** was situated **here** on one side, **and one** was situated **there** alongside it, **and one** was situated **atop** the two **of them.**

תָּנוּ רַבָּנַן: הַמּוֹצֵא סֶלַע בַּשּׁוּק, וּמְצָאוֹ חֲבֵירוֹ וְאָמַר שֶׁלִּי הִיא, חֲדָשָׁה הִיא, נֵירוֹנִית הִיא, שֶׁל מֶלֶךְ פְּלוֹנִי הִיא – לֹא אָמַר כְּלוּם. וְלֹא עוֹד, אֶלָּא אֲפִילּוּ שְׁמוֹ כָּתוּב עָלֶיהָ – לֹא אָמַר כְּלוּם, לְפִי שֶׁאֵין סִימָן לְמַטְבֵּעַ, דְּאָמַר דִּלְמָא אַפּוֹקֵי אַפְּקַהּ, וּמֵאִינִישׁ אַחֲרִינָא נְפַל.

§ **The Sages taught** in a *baraita*: In the case of **one who finds a** *sela* coin **in the marketplace**[H] **and another** person **finds him and says: It is mine,** and the distinguishing mark is that **it is new,** or that it is a coin minted by the emperor **Nero,**[B] or that it is minted **by king so-and-so, he has not said anything** and the finder need not give him the *sela*. **Moreover, even if his name is written on** the *sela* **he has not said anything, due to** the fact **that there is no distinguishing mark for a coin**[N] that is effective in its recovery, **as** the finder **says: Perhaps he spent** the coin **and it fell from another person.**

מתני׳ מָצָא אַחַר הַגָּפָה אוֹ אַחַר הַגָּדֵר גּוֹזָלוֹת מְקוּשָּׁרִים, אוֹ בִּשְׁבִילִין שֶׁבַּשָּׂדוֹת – הֲרֵי זֶה לֹא יִגַּע בָּהֶן. מָצָא כְּלִי בָּאַשְׁפָּה, אִם מְכוּסֶּה – לֹא יִגַּע בּוֹ, אִם מְגוּלֶּה – נוֹטֵל וּמַכְרִיז.

MISHNA If one **found, behind** a wooden **fence**[H] **or behind** a stone **fence, bound fledglings,** or if he found them **in the paths that run through fields, he may not touch them,** as they were certainly placed there intentionally. In a case where **one found a vessel in a garbage dump, if** it is **concealed, he may not touch it,** as a person certainly concealed it there. **If** it is **exposed,** the finder **takes** the item **and proclaims** his find.

גמ׳ מַאי טַעְמָא? דְּאָמְרִינַן: הָנֵי אֱינָשׁ אַצְנְעִינְהוּ, וְאִי שָׁקֵיל לְהוּ – לֵית לְהוּ לְמָרַיְיהוּ סִימָנָא בְּגַוַּויְיהוּ, הִלְכָּךְ לִשְׁבְקִינְהוּ עַד דְּאָתֵי מָרַיְיהוּ וְשָׁקֵיל לְהוּ.

GEMARA **What is the reason** that one may not touch the fledglings? The Gemara answers: The reason is **that we say** with regard to **these** birds: **A person concealed them, and if one takes them, their owner has no distinguishing mark on them** that would enable him to reclaim them. **Therefore, let** the finder **leave** the birds in place **until their owner comes and takes them.**

NOTES

Distinguishing mark for a coin – סִימָן לְמַטְבֵּעַ: The reason coins do not have a distinguishing mark is that they are typically minted with a uniform imprint (Ramban). The Gemara adds that even if one's name is written on the coin, it is not a distinguishing mark, due to the concern that perhaps he spent it or gave it to another. Some assert that this was actually a statement of the Rif that was incorporated into the text of the Gemara.

The early commentaries ask: If the concern that a coin changed hands invalidates any distinguishing mark that might be on it, why does this not apply with regard to all lost items? The Rashba answers that the concern is that one wrote his name on several coins, then spent some and lost some, and it is possible that the one that was found by this finder was lost by another person. Since, generally speaking, items other than coins were not identical to each other, this concern is in effect only with regard to coins. Others explain that the concern with regard to coins is greater because coins, by their very essence, are designated for circulation and for use in transactions (Ritva; Meiri).

BACKGROUND

House of worship dedicated to Mercury [*Kulis*] – בֵּית קוּלִיס: *Kulis* is one of the talmudic corruptions of the name of the Roman god Mercury, whose Greek name was Hermes, god of commerce and the roads. Idols or other representations of Mercury were often situated at crossroads and travelers would place stones on a designated pile near those idols as a form of worship. The initial configuration included two adjacent stones with a third stone atop them. Those are the stones of the house of worship dedicated to Mercury mentioned in the Gemara.

Minted by the emperor Nero – נֵירוֹנִית: Apparently, attributing the coin to Nero was not due to the image of the emperor imprinted on it, but rather due to its value. The coin ascribed to Nero was minted with a substantially lower weight and value, as distinct from earlier coins that were uniformly heavier and more valuable.

HALAKHA

Like the stones of the house of worship dedicated to Mercury – כְּאַבְנֵי בֵּית קוּלִיס: If one finds coins configured with two coins adjacent to each other and a third coin atop them, he is obligated to proclaim his find (Rambam *Sefer Nezikin*, *Hilkhot Gezeila VaAveda* 16:2; *Shulḥan Arukh*, *Ḥoshen Mishpat* 262:12 and *Beur HaGra* there).

One who finds a *sela* coin in the marketplace – הַמּוֹצֵא סֶלַע בַּשּׁוּק: If one finds a single coin he need not return it, even if another attests that it was minted by a specific king, and even if his name was written on it. Some say that if the other person describes a distinguishing mark, e.g., that it is cracked in a particular area, one must return the coin to him (Rambam *Sefer Nezikin*, *Hilkhot Gezeila VaAveda* 14:10; *Shulḥan Arukh*, *Ḥoshen Mishpat* 262:13, and in the comment of Rema).

Found behind a fence – מָצָא אַחַר הַגָּפָה: If one finds an item without a distinguishing mark that appears to have been intentionally placed there, he may not touch it. One may not touch it even if it is uncertain whether or not it was placed there. If he took it, it belongs to him after the fact. The Rema, citing the Ra'avad, disagrees and says that if he took an item in a case where it is uncertain whether it was placed there, it does not belong to him; rather, he must safeguard it until Elijah the prophet comes and identifies the owner. In addition, if one found an item with a distinguishing mark in a case where it is uncertain whether it was intentionally placed there in a place that is at least partially sheltered, he is obligated to take it and proclaim his find (Rambam *Sefer Nezikin*, *Hilkhot Gezeila VaAveda* 15:6; *Shulḥan Arukh*, *Ḥoshen Mishpat* 260:10, and in the comment of Rema, and *Sma* and *Ketzot HaḤoshen* there).

NOTES

And if he took it he need not return it – וְאִם נָטַל לֹא יַחֲזִיר: Rashi explains that one need not return a lost item in this case even to one claiming to be the owner. The Rambam explains that it means that the item belongs to the finder. See the various commentaries on the Rambam, who question that understanding. The Ra'avad holds that he must safeguard the item until witnesses or Elijah the prophet come and reveal the identity of the owner. By contrast, several early commentaries explain that the Gemara means that he must not return the item to the place from which he took it, due to the concern that someone else will take it with no intention to return it (*Tosafot*; Ramban; Rashba; Rosh). That appears to be the understanding in the Jerusalem Talmud.

HALAKHA

One found a vessel in a garbage dump – מָצָא כְּלִי בְּאַשְׁפָּה: If one found a vessel hidden in a garbage dump he may not touch it. If the vessel is in a garbage dump that is regularly cleared, this is a deliberate loss and the vessel belongs to the finder (Rambam *Sefer Nezikin*, *Hilkhot Gezeila VaAveda* 15:7; *Shulḥan Arukh*, *Ḥoshen Mishpat* 260:11, and in the comment of Rema).

וְאַמַּאי? לֶיהֱוֵי קֶשֶׁר סִימָנָא! אָמַר רַבִּי אַבָּא בַּר זַבְדָּא אָמַר רַב: בִּמְקוּשָּׁרִין בְּכַנְפֵיהֶן, דְּכוּלֵּי עָלְמָא הָכִי מְקַטְּרִי לְהוּ.

The Gemara asks: **But why? Let the knot** binding them serve as their **distinguishing mark. Rabbi Abba bar Zavda said** that **Rav said:** This is a case **where** the birds were **bound at their wings. Since everyone binds them** in **that** manner, the knot binding the birds is not a distinguishing mark.

וְלֶהֱוֵי מָקוֹם סִימָן! אָמַר רַב עוּקְבָא בַּר חָמָא: בִּמְדַדִּין. אִי בִּמְדַדִּין – מֵעָלְמָא אָתוּ, וּמוּתָּרִין!

The Gemara asks: **And let** their **location** serve as their **distinguishing mark. Rav Ukva bar Ḥama said:** This is a case **where** the birds **hop** and do not remain in place. The Gemara asks: **If** it is a case **where** the birds **hop,** perhaps the birds **came** to that location **from elsewhere and it is permitted** for the finder to keep them.

אִיכָּא לְמֵימַר מֵעָלְמָא אָתוּ, וְאִיכָּא לְמֵימַר אֱינָשׁ אַצְנְעִינְהוּ, וַהֲוָה לֵיהּ סְפֵק הִינּוּחַ, וְאָמַר רַבִּי אַבָּא בַּר זַבְדָּא אָמַר רַב: כׇּל סְפֵק הִינּוּחַ – לְכַתְּחִילָּה לֹא יִטּוֹל, וְאִם נָטַל – לֹא יַחֲזִיר.

The Gemara answers: **It can be said that** the birds **came from elsewhere and it can be said** that **a person concealed them, and** the result **is uncertainty** with regard to whether the **placement** of the birds was deliberate, i.e., whether or not they are lost items. **And Rabbi Abba bar Zavda says** that **Rav says:** In **any** case of **uncertainty** as to whether the **placement** of an item was deliberate, one **may not take** it *ab initio*. **And if he took** it, he need **not return** it.[N]

״מָצָא כְּלִי בְּאַשְׁפָּה, מְכוּסֶּה לֹא יִגַּע בּוֹ, מְגוּלֶּה – נוֹטֵל וּמַכְרִיז״. וּרְמִינְהוּ: מָצָא כְּלִי טָמוּן בְּאַשְׁפָּה – נוֹטֵל וּמַכְרִיז, שֶׁכֵּן דֶּרֶךְ אַשְׁפָּה לְפַנּוֹת!

§ The mishna teaches: In a case where **one found a vessel in a garbage dump,**[H] **if** it is **concealed, he may not touch it,** as a person certainly concealed it there. **If** it is **exposed,** the finder **takes** the item **and proclaims** his find. The Gemara **raises a contradiction** from a *baraita*: If one **found a vessel concealed in a garbage dump,** the finder **takes** the item **and proclaims** his find, **because** it is **routine** for **a garbage dump to be cleared.** Therefore, presumably it was not placed there; rather, it is a lost item and one is obligated to proclaim his find.

אָמַר רַב זְבִיד: לָא קַשְׁיָא: הָא – בְּכוּבֵּי וְכָסֵי, הָא – בְּסַכִּינֵי וְהַמְנִיק. בְּכוּבֵּי וְכָסֵי – לֹא יִגַּע, בְּסַכִּינֵי וְהַמְנִיק – נוֹטֵל וּמַכְרִיז.

Rav Zevid said that this is **not difficult: This** mishna is referring **to containers or cups. That** *baraita* is referring **to knives or a fork** [*vehamnik*].[L] The Gemara elaborates: **In** the case of **containers or cups,** which are large, it is inconceivable that they fell there inadvertently, so **he may not touch** them. **In** the case of **knives or forks,** which are small, there is room for uncertainty as to whether it was placed there or whether it fell, so the finder **takes** the item **and proclaims** his find.

רַב פָּפָּא אָמַר: הָא וְהָא בְּכוּבֵּי וְכָסֵי, וְלָא קַשְׁיָא; כָּאן – בְּאַשְׁפָּה הָעֲשׂוּיָה לְפַנּוֹת, כָּאן – בְּאַשְׁפָּה שֶׁאֵינָהּ עֲשׂוּיָה לְפַנּוֹת.

Rav Pappa said: Both **this** *baraita* **and that** mishna are referring **to containers and cups, and** nevertheless, it is **not difficult: Here,** the *baraita* is referring **to a garbage dump that is designed to be cleared;** therefore, he must take the vessel and proclaim his find to prevent it from being cleared with the garbage. **There,** the mishna is referring **to a garbage dump that is not designed to be cleared;** as it is possible that the owner placed it there, the finder may not touch it.

אַשְׁפָּה הָעֲשׂוּיָה לְפַנּוֹת אֲבֵידָה מִדַּעַת הִיא! אֶלָּא, בְּאַשְׁפָּה שֶׁאֵינָהּ עֲשׂוּיָה לְפַנּוֹת, וְנִמְלַךְ עָלֶיהָ לְפַנּוֹתָהּ.

The Gemara asks: How could one be obligated to proclaim his find of a vessel in a **garbage dump that is designed to be cleared?** Even if the owner of the vessel concealed it there, it is **a deliberate loss** and the owner renounced ownership of the vessel. The Gemara answers: **Rather,** the *baraita* is referring to **a garbage dump that is not designed to be cleared, and** the owner of the land **reconsidered** and decided **to clear it.**

בִּשְׁלָמָא לְרַב פָּפָּא – הַיְינוּ דְּקָתָנֵי שֶׁכֵּן דֶּרֶךְ אַשְׁפָּה לְפַנּוֹת, אֶלָּא לְרַב זְבִיד מַאי שֶׁכֵּן דֶּרֶךְ אַשְׁפָּה לְפַנּוֹת? שֶׁכֵּן דֶּרֶךְ אַשְׁפָּה לְפַנּוֹת לָהּ כֵּלִים קְטַנִּים.

The Gemara asks: **Granted, according to Rav Pappa, this** is the reason **that the** *tanna* **teaches** in the *baraita*: He takes it and proclaims his find, **because** it is **routine** for **a garbage dump to be cleared,** as the ruling is dependent on whether the dump is ultimately cleared. **But according to Rav Zevid,** the reason for the ruling in the *baraita* is that the utensils found were knives and forks. **What** is the relevance of the statement in the *baraita*: **Because** it is **routine** for **a garbage dump to be cleared?** The Gemara answers that according to Rav Zevid, it means: **Because** it is **routine** for **a garbage dump to** inadvertently have **small utensils cleared,** i.e., discarded, **into it.**

LANGUAGE

Fork [*hamnik*] – **הַמְנִיק:** Several variant readings of this term appear in manuscripts of the Talmud and its origin is unclear. The *Arukh*, citing the *ge'onim*, explains that it is a utensil with two tines used by the Persians as a fork.

מתני׳ מָצָא בְּגַל וּבְכוֹתֶל יָשָׁן – הֲרֵי אֵלּוּ שֶׁלּוֹ. מָצָא בְּכוֹתֶל חָדָשׁ, מֵחֶצְיוֹ וְלַחוּץ – שֶׁלּוֹ, מֵחֶצְיוֹ וְלִפְנִים – שֶׁל בַּעַל הַבַּיִת. אִם הָיָה מַשְׂכִּירוֹ לַאֲחֵרִים – אֲפִילּוּ בְּתוֹךְ הַבַּיִת הֲרֵי אֵלּוּ שֶׁלּוֹ.

MISHNA If one **found** lost items **in a heap of** stone rubble **or in an old wall,**[N] **these** belong **to him. If one found** lost items **in a new wall**[H] **from its midpoint and outward,** they belong **to him.** If he found the items **from its midpoint and inward,** they belong **to the homeowner. If** the homeowner **would rent** the house **to others** on a regular basis and there was a steady turnover of residents, **even** if one found lost items **inside the house, these** belong **to him.** Since the owner of the lost items cannot be identified based on location, he will certainly despair of recovering his lost items.

גמ׳ תָּנָא, מִפְּנֵי שֶׁיָּכוֹל לוֹמַר לוֹ: שֶׁל אֱמוֹרִיִּים הֵן. אַטּוּ אֱמוֹרִים מַצְנְעֵי, יִשְׂרָאֵל לָא מַצְנְעֵי? לָא צְרִיכָא

GEMARA The mishna teaches that if one found a lost item in a heap of rubble or in an old wall it belongs to him. The Sages **taught** in a *baraita*: It is his **due to** the fact **that** when the owner of the heap or wall claims the property, the finder **can say to him: They** belong **to the Amorites,**[N] who lived in Eretz Yisrael before it was conquered by the Jews. The Gemara asks: **Is that to say** that **Amorites conceal** items but **Jews do not conceal** items? Perhaps it was the homeowner who placed the item in the wall or the heap. The Gemara answers: **No,** the *baraita* **is necessary** only in the specific case

NOTES

If one found lost items in a heap of stone rubble or in an old wall – מָצָא בְּגַל וּבְכוֹתֶל יָשָׁן: The early commentaries ask why the owner of the heap of rubble does not acquire the item by means of his courtyard. Some explain that this mode of acquisition is effective only with regard to easily found items, not concealed items that may never be discovered (*Tosafot*; Rashba; Rosh). The Ra'avad explains that the heap in question is not located in the courtyard.

They belong to the Amorites – שֶׁל אֱמוֹרִיִּים הֵן: Property that previously had belonged to the Amorites was acquired by the entire Jewish people with their conquest of Eretz Yisrael and does not belong to any individual or tribe.

HALAKHA

If one found lost items in a heap of stone rubble or in an old wall…in a new wall – מָצָא בְּגַל וּבְכוֹתֶל יָשָׁן...בְּכוֹתֶל חָדָשׁ: If one found an item in a heap of rubble, or in an old wall whose builder's identity was long forgotten, or if the item is rusted or discovered deep in a recess in the wall, it belongs to the finder, as presumably it was placed there by gentiles in antiquity. If the item appears to have been newly concealed, the finder may not touch it. In a case where an item was found in a new wall, if it is found in the inner half of the recess in the wall, it belongs to the owner of the courtyard. If it is found in the outer half of that recess, it belongs to the finder (Rambam *Sefer Nezikin, Hilkhot Gezeila VaAveda* 16:9; *Shulḥan Arukh, Ḥoshen Mishpat* 260:1).

Perek **II**
Daf **26** Amud **a**

דְּשָׁתִיךְ טְפֵי.

where the item is **extremely rusted,**[N] indicating that it had been left there for a long time.

״בְּכוֹתֶל חָדָשׁ מֵחֶצְיוֹ וְלַחוּץ שֶׁלּוֹ מֵחֶצְיוֹ וְלִפְנִים שֶׁל בַּעַל הַבַּיִת״.

§ The mishna teaches: If **one found** lost items **in a new wall**[HN] **from its midpoint and outward,**[N] they belong **to him.** But if he found the items **from its midpoint and inward,** they belong **to the homeowner.**

אֲמַר רַב אַשִׁי: סַכִּינָא – בָּתַר קַתָּא, וְכִיסָא בָּתַר שְׁנָצֵיהּ.

Rav Ashi said: The determination of ownership with regard to **a knife** found in a wall **follows the handle, and** the determination of ownership with regard to a money **pouch**[B] **follows the laces** at the opening of the pouch. If the handle or laces face inward, they belong to the homeowner. If the handle or laces face outward, they belong to the finder.

וְאֶלָּא מַתְנִיתִין, דְּקָתָנֵי מֵחֶצְיוֹ וְלַחוּץ שֶׁלּוֹ מֵחֶצְיוֹ וְלִפְנִים שֶׁל בַּעַל הַבַּיִת, וְלֶחֱזֵי אִי קַתָּא לְגָאו אִי קַתָּא לְבַר, אִי שְׁנָצֵיהּ לְגָאו אִי שְׁנָצֵיהּ לְבַר! מַתְנִיתִין בְּאוּדְרָא וְנַסְכָא.

The Gemara asks: **But** if so, what is the applicability of the ruling of **the mishna, which teaches:** If one found lost items in a new wall **from its midpoint and outward,** they belong **to him,** and **from its midpoint and inward,** they belong **to the homeowner? But** instead, to determine ownership, **let us see if its handle** faces **inward** or **if its handle** faces **outward,** or **if its straps** face **inward or if its straps** face **outward.** The Gemara answers: **The mishna** is referring to a case **where** one found **rags or metal strips.**

HALAKHA

In a new wall – בְּכוֹתֶל חָדָשׁ: If one found items in the hollow of a new wall and those items fill the entire hollow, the finder and the owner split the items, even if the wall is inclined and it is possible that the items moved from the higher side of the hollow to the lower side. If one found an item typically stored in a hollow in a wall, e.g., a knife or a pouch, then ownership is determined by the direction that the handle of the knife or the straps of the pouch are facing. If they face the courtyard, it belongs to the owner; if it faces the public domain, it belongs to the finder. If the homeowner does not claim ownership, it belongs to the finder regardless of the circumstances (Rambam *Sefer Nezikin, Hilkhot Gezeila VaAveda* 16:9, 11; *Shulḥan Arukh, Ḥoshen Mishpat* 260:1–2).

BACKGROUND

Pouch – כִּיסָא:

Money pouch like those from the bar Kokheva era

NOTES

Where the item is extremely rusted – דְּשָׁתִיךְ טְפֵי: The Sages do not expect one to determine whether the item actually belonged to the Amorites based on the degree of rust. Rather, if it is extremely rusted, even if it belonged to a Jewish owner, he has already despaired of its recovery (Ritva).

Some say that the Rambam had a variant reading of this term. Instead of *shetikh*, meaning rusted, it read *shetit*, meaning buried deep in the heap of rubble, not near the surface (*Haggahot HaGra*).

In a new wall – בְּכוֹתֶל חָדָשׁ: The early commentaries ask why, given that the very presence of the item in a hollow in the wall is an indication that it was placed there, one is permitted to take it. They answer that this is also referring to a case where the item is extremely rusted and therefore one may presume that the owner despaired of its recovery (*Tosafot*; Rosh).

From its midpoint and outward – מֵחֶצְיוֹ וְלַחוּץ: Some commentaries explain that although one might have thought that even if the item had not initially belonged to the owner of the wall he should acquire it by means of his courtyard, this is not the case. Since the outer half of the wall is unsecured, the acquisition does not take effect, as one does not acquire an item by means of an unsecured courtyard (Rashba).

תָּנָא: אִם הָיָה כּוֹתֶל מְמוּלָּא מֵהֶן – חוֹלְקִין. פְּשִׁיטָא! לָא צְרִיכָא דְּמִשְׁפַּע בְּחַד גִּיסָא, מַהוּ דְּתֵימָא אִשְׁתַּפּוּכֵי אִישְׁתַּפּוּךְ, קָא מַשְׁמַע לָן.

It is **taught: If** the hollow in the **wall was filled with** lost items, e.g., coins, the homeowner and the finder **divide** them. The Gemara asks: Isn't that **obvious?** The Gemara answers: **No,** it is **necessary** to teach this only in a case **where the** hollow in the **wall is inclined toward one side** of the wall. **Lest you say** that all the items were initially on the elevated side, and due to the incline they **slipped** and filled the entire space, the *tanna* **teaches us** that the homeowner and the finder divide them.

״אִם הָיָה מַשְׂכִּירוֹ לַאֲחֵרִים אֲפִילּוּ מָצָא בְּתוֹךְ הַבַּיִת הֲרֵי אֵלּוּ שֶׁלּוֹ״. וְאַמַּאי? לֵיזִיל בָּתַר בָּתְרָא!

§ The mishna teaches: **If** the homeowner **would rent** the house **to others**[H] on a regular basis and there was a steady turnover of residents, **even** if one found lost items **inside the house, these** belong **to him.** The Gemara asks: **And why** do they belong to the finder? **Let us follow the last** renter and determine that he is the owner of the items.

מִי לָא תְּנַן: מָעוֹת שֶׁנִּמְצְאוּ לִפְנֵי סוֹחֲרֵי בְהֵמָה – לְעוֹלָם מַעֲשֵׂר, בְּהַר הַבַּיִת – חוּלִּין.

Didn't we learn in a mishna (*Shekalim* 7:2): With regard to **money that was found**[H] **before animal merchants** in Jerusalem, it is **always** assumed to be money of the second **tithe,** as most of the animals purchased in Jerusalem were bought with second-tithe money. This *halakha* applies both during a Festival and throughout the year, as people would typically purchase animals for meat with their second-tithe money. If the money was found **on the Temple Mount** it is considered **non-sacred**[N] money. This *halakha* applies even during a Festival, when people would come to Jerusalem with second-tithe money in hand, as it can be assumed that one who entered the Temple Mount had already spent that money and only non-sacred money is left in his possession.

וּבִירוּשָׁלַיִם, בִּשְׁאָר יְמוֹת הַשָּׁנָה – חוּלִּין, בִּשְׁעַת הָרֶגֶל – הַכֹּל מַעֲשֵׂר.

The mishna continues: **And** if the coins were found elsewhere **in Jerusalem,** the following distinction applies: If it was found **during the rest of the days of the year,** it is considered **non-sacred** money. But if the money was found **during the Festival,** when many people would come to Jerusalem with their second-tithe money, **all** money is presumed to be second-**tithe** money.[NB]

וְאָמַר רַב שְׁמַעְיָה בַּר זְעֵירָא: מַאי טַעְמָא – הוֹאִיל וְשׁוּקֵי יְרוּשָׁלַיִם עֲשׂוּיִן לְהִתְכַּבֵּד בְּכָל יוֹם. אַלְמָא אָמְרִינַן: קַמָּאֵי קַמָּאֵי אָזְלוּ, וְהָנֵי אַחֲרִינֵי נִינְהוּ. הָכָא נַמִי, קַמָּא קַמָּא אֲזַל וְהָנֵי דְּבַתְרָא הוּא!

And Rav Shemaya bar Ze'eira says in explanation of the mishna: **What is the reason** that during the rest of the year the money is considered non-sacred, even on the day after the Festival? **Since the markets of Jerusalem tend to be cleaned every day,** any money left there would already have been found by the street cleaners. Consequently, any money found there must have been left there recently. **Apparently, we say** that **each of the first** coins **is gone, and these** coins **are other** ones, i.e., they were left there after the conclusion of the Festival. **Here too,** with regard to lost items found in a rented house, why not say that the items belonging **to each of the first** renters **are gone and these** items belong **to the last** renter?

אֲמַר רֵישׁ לָקִישׁ מִשּׁוּם בַּר קַפָּרָא: כְּגוֹן שֶׁעֲשָׂאוֹ פּוּנְדָּק לִשְׁלֹשָׁה יִשְׂרָאֵל.

Reish Lakish said in the name of bar Kappara: The mishna that states that the item belongs to the finder is referring to a case **where** the homeowner **rendered** his house **an inn** [***pundak***][L] **for three Jews.** Since it is unclear to which of them the item belonged, the owner despairs of its recovery.

HALAKHA

Would rent to others – **הָיָה מַשְׂכִּירוֹ לַאֲחֵרִים**: Any lost item found in a house that is regularly rented to others belongs to the most recent renter. If it was rented to three gentiles, any items found in the house or on the property belong to the finder. This is in accordance with the ruling of the Rif and the Rambam. They hold that Rava (26b) disagrees with Rav Naḥman, who says that the item belongs to the finder even if the house was rented to three Jews. The *halakha* is in accordance with the opinion of Rava, as he was the latter, chronologically, of the two Sages (Rambam *Sefer Nezikin, Hilkhot Gezeila VaAveda* 16:11; *Shulḥan Arukh, Ḥoshen Mishpat* 260:3).

Money that was found – **מָעוֹת שֶׁנִּמְצְאוּ**: In the case of one who found money in Jerusalem during the period when the Temple was standing, the money is non-sacred. Since the streets are swept each day, presumably the money that he found fell that day. If he found the money during a pilgrimage Festival, the presumptive status of the money is that of second-tithe money. If the money was discovered before animal merchants in Jerusalem at any time of year, its presumptive status is that of second-tithe money. With regard to money found on the Temple Mount, even during a Festival, its presumptive status is that of non-sacred money (Rambam *Sefer Zera'im, Hilkhot Ma'aser Sheni* 6:9–10).

NOTES

On the Temple Mount it is non-sacred – **בְּהַר הַבַּיִת חוּלִּין**: The later commentaries ask: Why not say that just as one acquires items by means of his courtyard, let the Temple treasury acquire the coins on the Temple Mount in the same manner, thereby rendering the coins sacred (*Ketzot HaḤoshen*)? Some answer that the courtyard of the Temple does not effect acquisition for the Temple treasury (*Magen Avraham*). Others explain that although theoretically acquisition by means of a courtyard would take effect in the Temple courtyard, in practice, since it is frequented by the multitudes, it is an unsecured courtyard, and acquisition by means of an unsecured courtyard does not take effect (see *Ḥatam Sofer* and *Ma'ayanei HaḤokhma*).

During the Festival all money is second-tithe money – **בִּשְׁעַת הָרֶגֶל הַכֹּל מַעֲשֵׂר**: As there is no time frame during which the tithe money must be brought to Jerusalem, people generally did not make a special trip to take the produce or money to Jerusalem. Most people brought their second-tithe money with them when they ascended to Jerusalem to observe the three pilgrimage Festivals. During those Festivals, with so many people entering the city with tithe money in so concentrated a time frame, most of the money in circulation, especially among the animal merchants, was second-tithe money.

LANGUAGE

Inn [*pundak*] – **פּוּנְדָּק**: From the Greek πανδοκεῖον, *pandokeion*, meaning guest house or hotel.

BACKGROUND

Second-tithe money – **מָעוֹת מַעֲשֵׂר שֵׁנִי**: Second tithe is one-tenth of the produce that remains after *teruma* is separated for the priests and first tithe is separated for the Levites. Second tithe was taken during the first, second, fourth, and fifth years of the Sabbatical cycle. After the second tithe was separated, it was brought to Jerusalem and consumed there by its owner. The Torah permitted redemption of the second-tithe produce; in such a case, the owner was required to take the redemption money to Jerusalem, purchase food with it, and consume the food there, within the city walls, as it is written: "And you shall bestow the money for whatsoever your soul desires, for oxen, or for sheep, or for wine, or for strong drink, or for whatsoever your soul asks of you; and you shalt eat there before the Lord your God" (Deuteronomy 14:26).

שְׁמַע מִינַּהּ הֲלָכָה כְּרַבִּי שִׁמְעוֹן בֶּן אֶלְעָזָר אֲפִילּוּ בְּרוֹב יִשְׂרָאֵל!

The Gemara previously (see 24a) raised a dilemma with regard to the *halakha* stated by Rabbi Shimon ben Elazar that a lost item found in a location frequented by the multitudes belongs to the finder. Is the *halakha* in accordance with his ruling? Moreover, is his ruling specifically with regard to a location with a gentile majority, or is it even applicable in a location with a Jewish majority? Based on the opinion of bar Kappara, the Gemara suggests: **Conclude from it that** the ***halakha*** **is in accordance with** the opinion of **Rabbi Shimon ben Elazar even in** a location with a **Jewish majority.**

אֶלָּא אָמַר רַב מְנַשְּׁיָא בַּר יַעֲקֹב: כְּגוֹן שֶׁעֲשָׂאוֹ פּוּנְדָּק לִשְׁלֹשָׁה נָכְרִים.

The Gemara rejects this conclusion, and presents an alternative explanation of the latter clause of the mishna. **Rather, Rav Menashya bar Ya'akov said:** The mishna is referring to a case **where he rendered** his house **an inn for three gentiles.**[N] According to that explanation, perhaps Rabbi Shimon ben Elazar issued his ruling specifically in a location with a gentile majority.

רַב נַחְמָן אָמַר רַבָּה בַּר אֲבוּהּ: אֲפִילּוּ תֵּימָא לִשְׁלֹשָׁה יִשְׂרָאֵל, מַאי טַעְמָא? הַהוּא דִּנְפַל מִינֵּיהּ מִיאָשׁ. מֵימַר אָמַר: מִכְּדִי אִינִישׁ אַחֲרִינָא לָא הֲוָה בַּהֲדַי אֶלָּא הָנֵי, אֲמַרִי קַמַּיְיהוּ כַּמָּה זִמְנֵי לִיהַדְרוּ לִי, וְלָא הַדְרוּ לִי, וְהַשְׁתָּא לִיהַדְרוּ? אִי דַּעְתַּיְיהוּ לְאַהֲדוּרָה – אַהַדְרוּהּ נִיהֲלִי, וְהַאי דְּלָא אַהַדְרוּהּ לִי – בְּדַעְתַּיְיהוּ לְמִיגְזְלָהּ.

Rav Naḥman said that **Rabba bar Avuh said: Even** if **you say** that the owner **rendered** his house **an inn for three Jews,** one cannot conclude that Rabbi Shimon ben Elazar issued his ruling even in an area with a Jewish majority. **What is the reason** that the item belongs to the finder? It is because **the** person **from whom** the item **fell despairs** of its recovery. The one who lost the item **says: Now, no other person was with me** here, **only these** residents of the inn. **I said in their presence several times to return** the item **to me, and they did not return** it **to me; and** is it likely that **now** they are going **to return** it? **If their intention was to return** the item, **they would have** already **returned it to me, and** the fact **that they did not** yet **return it to me** indicates that it is **their intention to rob** me of the item.

וְאָזְדָא רַב נַחְמָן לְטַעְמֵיהּ, דְּאָמַר רַב נַחְמָן: רָאָה סֶלַע

And Rav Naḥman follows his standard line of **reasoning, as Rav Naḥman says:** If one **saw a** ***sela*** coin

NOTES

For three gentiles – לִשְׁלֹשָׁה נָכְרִים: Rashi, as well as the Rashba, the Rosh, and the Ran, explain that this *halakha* applies not only in a case where there were three gentiles; the same would be true if there were only one gentile guest. Others say it is the *halakha* only in a case where there were at least three gentiles, as only then is there a sufficiently significant gentile presence for the location to be considered to have a gentile majority (*Tosafot*). Some understand that this is the *halakha* in a case where there were at least three people and a majority of them were gentiles (Ra'avad).

Perek **II**
Daf **26** Amud **b**

שֶׁנָּפַל מִשְּׁנַיִם – חַיָּיב לְהַחֲזִיר. מַאי טַעְמָא? הַהוּא דִּנְפַל מִינֵּיהּ לָא מִיאָשׁ. מֵימַר אָמַר: מִכְּדִי אִינִישׁ אַחֲרִינָא לָא הֲוָה בַּהֲדַאי אֶלָּא הַאי, נַקֵּיטְנָא לֵיהּ וְאָמֵינָא לֵיהּ: אַנְתְּ הוּא דִּשְׁקַלְתֵּיהּ!

that fell from one of **two** people, he is **obligated to return** it. **What is the reason? The** person **from whom** the *sela* **fell does not despair** of recovering it. **He says: After all, no other person was with me, only this** one who was with me, as he is unaware that the *sela* was found by a third party. He therefore thinks: **I will seize him**[N] **and say to him: It is you who took it.**

בִּשְׁלֹשָׁה אֵינוֹ חַיָּיב לְהַחֲזִיר, מַאי טַעְמָא – הַהוּא דִּנְפַל מִינֵּיהּ וַדַּאי מִיאָשׁ. מֵימַר אָמַר: מִכְּדִי תְּרֵי הֲווֹ בַּהֲדַאי, אִי נַקֵּיטְנָא לְהַאי – אָמַר: לָא שְׁקַלְתֵּיהּ, וְאִי נַקֵּיטְנָא לְהַאי – אָמַר: לָא שְׁקַלְתֵּיהּ.

In a case where the coin fell from one of **three** people, the finder **is not obligated to return** it. **What is the reason? The** person **from whom** the *sela* **fell certainly despairs** of recovering it. **He says: After all, two** other people **were with me. If I seize this** one, he will **say: I did not take it. And if I seize that** one, he will **say: I did not take it.** Since he cannot make an definitive claim, he despairs of recovering his coin.

אָמַר רָבָא: הַאי דְּאָמְרַתְּ בִּשְׁלֹשָׁה אֵינוֹ חַיָּיב לְהַחֲזִיר – לָא אֲמָרַן אֶלָּא דְּלֵית בֵּיהּ שָׁוֶה פְּרוּטָה לְכָל חַד וְחַד, אֲבָל אִית בֵּיהּ שָׁוֶה פְּרוּטָה לְכָל חַד וְחַד – חַיָּיב לְהַחֲזִיר. מַאי טַעְמָא? אֵימוּר שׁוּתָּפֵי נִינְהוּ, וְלָא מִיאֲשׁוּ.

Based on the fact that by Torah law, one must return a lost item to its owner only if it is worth one *peruta*, **Rava said:** With regard to **that which you said,** that in a case where the coin fell from one of **three** people the finder **is not obligated to return** it,[H] **we said** this **only** in a case **where** the total value of the lost coin, when divided by three, **does not** amount to the **value of one** ***peruta*** **for each and every one** of them; **but** if it amounts to the **value of one** ***peruta*** **for each and every one** of them, he is **obligated to return** it. **What is the reason? Say** that perhaps **they are partners,** i.e., they own the coin jointly; consequently, **they do not despair,** as each assumes that one of the other two found it and is holding it for the three of them.

NOTES

I will seize him – נַקֵּיטְנָא לֵיהּ: Rashi explains that the person who lost the coin will compel the other person to take an oath of inducement, i.e., an oath instituted by the Sages for defendants who completely deny a claim. Other early commentaries question this interpretation, as although some claim that an oath of inducement is a tannaitic ordinance, most commentaries agree that it had not yet been instituted during the time of bar Kappara (see *Torat Ḥayyim*). The Rosh contends that even if the other person takes an oath the owner of the coin will not despair; he will suspect that the other person lied and employ alternative methods to recover his coin. Consequently, the Rosh and the Ritva explain that the one who lost the coin will seize the other person, chastising and shaming him until he returns the coin.

HALAKHA

In a case of three people the finder is not obligated to return it – בִּשְׁלֹשָׁה אֵינוֹ חַיָּיב לְהַחֲזִיר: In a case where an outsider finds a coin lost by several partners, even if the coin is valuable, if none of the partners owns a share worth at least one *peruta*, the finder need not return it. This is the *halakha* only in a case where the finder knows that it is owned by all the partners. If he is not certain of that fact, e.g., if he saw an item worth two *perutot* fall from three people and so he does not know whether it belonged to all three of them or only to two of them, then he must return it (Rambam *Sefer Nezikin, Hilkhot Gezeila VaAveda* 14:8; *Shulḥan Arukh, Ḥoshen Mishpat* 262:2, 4).

HALAKHA

The mitzva of returning a lost item – מִצְוַת הֲשָׁבַת אֲבֵידָה: One who sees a lost item belonging to a Jew is obligated to tend to it until he can return it to its owner, as it is written: "You shall return them to your brother." If he took the item with the intent to steal it, before the owner despaired of its recovery, he has violated the prohibition of: "You shall not…rob," the positive mitzva of: "You shall return them to your brother," and the prohibition of: "You may not disregard." Even if the finder subsequently returns the item, he remains in violation of the prohibition of: "You may not disregard."

If the finder took the item with the intention of returning it, before the owner despaired, and then he decided to keep it, he has violated the prohibition of: "You shall not… rob," and the positive mitzva of: "You shall return them to your brother." If he waited and took the item only after the owner despaired, he has violated only the prohibition of: "You may not disregard," in accordance with the opinion of Rava (Rambam *Sefer Nezikin*, *Hilkhot Gezeila VaAveda* 14:6–7; *Shulḥan Arukh*, *Ḥoshen Mishpat* 259:1).

Who sees that a dinar coin falls from another into the sand – דְּחָזֵי דִּנְפַל זוּזֵי מֵחַבְרֵיהּ בֵּי חָלְתָא: If one sees a coin or other item drop from another person into the sand, it belongs to the finder, because the owner certainly despairs of recovering the lost item. Even if the finder subsequently sees the owner sifting through the sand searching for the item, he need not return his find, in accordance with the statement of Rava (Rambam *Sefer Nezikin*, *Hilkhot Gezeila VaAveda* 14:9; *Shulḥan Arukh*, *Ḥoshen Mishpat* 262:14).

אִיכָּא דְּאָמְרִי, אָמַר רָבָא: אַף עַל גַּב דְּלֵית בֵּיהּ אֶלָּא שָׁוֶה שְׁתֵּי פְרוּטוֹת חַיָּיב לְהַחֲזִיר. מַאי טַעְמָא? אֵימוֹר שׁוּתָּפֵי נִינְהוּ, וְחַד מִנַּיְיהוּ אַחוּלֵי אַחֲלֵיהּ לְמָנָתֵיהּ גַּבֵּי חַבְרֵיהּ.

There are those who say that Rava said: Even if its total **value is only two *perutot*,**[N] which is insufficient to provide each of the three partners with one *peruta*, one is **obligated to return** it. **What is the reason? Say** that perhaps **they are partners and one relinquishes his share to another.** In that case, the remaining two partners each have a one *peruta* share, rendering the finder liable to return it.

וְאָמַר רָבָא: רָאָה סֶלַע שֶׁנָּפְלָה, נְטָלָהּ לִפְנֵי יֵאוּשׁ עַל מְנָת לְגוּזְלָהּ – עוֹבֵר בְּכוּלָּן: מִשּׁוּם ״לֹא תִגְזוֹל״ וּמִשּׁוּם ״הָשֵׁב תְּשִׁיבֵם״ וּמִשּׁוּם ״לֹא תוּכַל לְהִתְעַלֵּם״. וְאַף עַל גַּב דְּהָדְרָה לְאַחַר יֵאוּשׁ – מַתָּנָה הוּא דְּיָהֵיב לֵיהּ, וְאִיסּוּרָא דַּעֲבַד – עֲבַד.

§ **And Rava says:** In a case where **one saw a *sela*** coin **that fell** from another, if **he took** the coin **in order to steal it, before** the **despair** of the owner, **he violates all of** the following mitzvot: He is liable **due to** the prohibition: **"You shall not…rob"** (Leviticus 19:13); **and due to** the positive mitzva, stated with regard to found items, of: **"You shall return** them to your brother" (Deuteronomy 22:1),[H] **and due to** the prohibition, stated with regard to one who finds an item: **"You may not disregard"** (Deuteronomy 22:3). **And even if he returned it**[N] **after** the **despair** of the owner, it is merely **a gift that he gave him; and the transgression that he performed, he performed,** and he remains in violation of these mitzvot.

נְטָלָהּ לִפְנֵי יֵאוּשׁ עַל מְנָת לְהַחֲזִירָהּ, וּלְאַחַר יֵאוּשׁ נִתְכַּוֵּין לְגוּזְלָהּ – עוֹבֵר מִשּׁוּם ״הָשֵׁב תְּשִׁיבֵם״.

Rava continues: If **he took** the coin **in order to return it, before** the **despair** of the owner, **and** then, **after** the **despair** of the owner, **he intended to steal it; he violates** a commandment, due to his failure to fulfill the positive mitzva of: **"You shall return** them to your brother." He does not violate the prohibition: "You shall not… rob," because at the time he took the coin he did not intend to keep it. And he does not violate the prohibition: "You may not disregard," because he did not disregard the lost item. He took it with the intention of returning it.

הִמְתִּין לָהּ עַד שֶׁנִּתְיָיאֲשׁוּ הַבְּעָלִים וּנְטָלָהּ – אֵינוֹ עוֹבֵר אֶלָּא מִשּׁוּם ״לֹא תוּכַל לְהִתְעַלֵּם״ בִּלְבַד.

If **he waited until the owner despaired** of recovering the lost item **and** only then **took it, he violates** a commandment, but **only** due to his failure to fulfill the positive mitzva of: **"You may not disregard,"**[N] as he took no action to return the lost item to its owner.

אָמַר רָבָא: הַאי מַאן דְּחָזֵי דִּנְפַל זוּזֵי מֵחַבְרֵיהּ בֵּי חָלְתָא, וְאַשְׁכְּחֵיהּ וּשְׁקָלֵיהּ – לָא מִיחַיַּיב לְאַהְדּוּרֵי לֵיהּ. מַאי טַעְמָא – הַהוּא דִּנְפַל מִינֵּיהּ מְיָאֵשׁ הוּא, אַף עַל גַּב דְּחַזְיֵיהּ דְּאַיְיתֵי אַרְבְּלָא וְקָא מְרַבֵּל – מֵימַר אָמַר: כִּי הֵיכִי דִּנְפוּל מִינַּאי דִּידִי – הָכִי נְפוּל מֵאִינִישׁ אַחֲרִינָא, וּמַשְׁכַּחְנָא מִידֵּי.

Rava says: In the case of **this** person **who saw that a dinar** coin **fell from another into the sand,**[HN] and then he **found it and took it, he is not obligated to return it** to its owner. **What is the reason?** The reason is that **the one from whom the money fell despairs** of finding it. **Even if** the finder **sees that** the owner **brought a sifter and is sifting** through the sand, ostensibly indicating that he did not despair of finding his coin, perhaps the owner **is saying: Just as** a coin **fell from me** in the sand, **so too,** a coin **fell from another person and I will find some item** to offset my loss.

NOTES

Its value is…two *perutot* – שָׁוֶה שְׁתֵּי פְרוּטוֹת: If the coin is worth less than two *perutot* he need not return it, as it is unlikely that two people will cede their respective portions to a third person (Rosh).

And even if he returned it, etc. – וְאַף עַל גַּב דְּהָדְרָה וכו׳: The early commentaries maintain that this statement, which says that he remains in violation of the various mitzvot, is an explanation added by Rav Yehudai Gaon that was nevertheless incorporated into most versions of the Gemara. *Tosafot* and the Ba'al HaMaor note that the prohibition against robbery is a prohibition that entails fulfillment of a positive mitzva, as every robber is required to return the stolen property, and they ask why the transgression is not rectified once he returns the stolen goods. Based on that question, the Ra'avad deletes the statement from his version of the text.

The Ramban distinguishes between a case of robbery and the case of a lost item. In the case of robbery, the owner's despair over recovering the item does not transfer ownership to the robber; therefore, the return of the stolen item rectifies the transgression. By contrast, in the case of a lost item there is a Torah edict that the owner's despair transfers ownership to the finder. If he does not return the item before the owner despairs, the return of the item no longer rectifies the transgression. Others distinguish between the mitzva to return a stolen item, which remains in effect forever, and the mitzva to return a lost item, which remains in effect only until the owner despairs (Radbaz).

He violates a commandment, but only "you may not disregard" – אֵינוֹ עוֹבֵר אֶלָּא מִשּׁוּם לֹא תוּכַל לְהִתְעַלֵּם בִּלְבַד: The word: Only, is removed in the version of the text of the Rambam and the Ba'al HaMaor, because they hold that he also fails to fulfill the positive mitzva: "You shall return them to your brother." Others contend that one's obligation to return a lost item commences only from the moment that he takes possession of it (see Rosh and Ra'avad).

That a dinar coin falls from another into the sand – דִּנְפַל זוּזֵי מֵחַבְרֵיהּ בֵּי חָלְתָא: Some say that the *halakha* in this situation is like that of a situation when items are swept away by the tide of the sea (21b), with regard to which there is no obligation to return them even if the owner does not despair of recovering them (Ritva). Others explain that since there are no distinguishing marks on the lost item, the conclusion is that in the absence of proof to the contrary, apparently the owner despaired of its recovery (Rivash).

מתני׳ מָצָא בַּחֲנוּת – הֲרֵי אֵלּוּ שֶׁלּוֹ, בֵּין הַתֵּיבָה וְלַחֶנְוָנִי – שֶׁל חֶנְוָנִי. לִפְנֵי שׁוּלְחָנִי – הֲרֵי אֵלּוּ שֶׁלּוֹ, בֵּין הַכִּסֵּא וְלַשּׁוּלְחָנִי – הֲרֵי אֵלּוּ שֶׁל שׁוּלְחָנִי.

MISHNA If one **found** items without a distinguishing mark **in a store,**[N] **those** items belong **to him,** as, since the store is frequented by the multitudes, the owner despairs of its recovery. If the items were found **between the** storekeeper's **counter and the storekeeper,** the items belong **to the storekeeper;** since his customers do not typically have access to that area, presumably the items are his. If one found coins **before a money changer,**[H] **those** coins belong **to him.** If the coins were found **between the** money changer's **chair and the money changer, those** coins belong **to the money changer,** because his clients do not typically have access to that area.

הַלּוֹקֵחַ פֵּירוֹת מֵחֲבֵירוֹ אוֹ שֶׁשִּׁילַּח לוֹ חֲבֵירוֹ פֵּירוֹת, וּמָצָא בָּהֶן מָעוֹת – הֲרֵי אֵלּוּ שֶׁלּוֹ. אִם הָיוּ צְרוּרִין – נוֹטֵל וּמַכְרִיז.

In the case of **one who purchases produce from another or** in a case **where another sent him produce** as a gift, **and he found coins** intermingled **with the** produce, **those** coins belong to **him. If** the coins **were bundled,** this serves as a distinguishing mark and the finder **takes** the coins **and proclaims** his find.

גמ׳ אָמַר רַבִּי אֶלְעָזָר: אֲפִילּוּ מוּנָּחִין עַל גַּבֵּי שׁוּלְחָן.

GEMARA The mishna teaches that if one found coins before a money changer, those coins belong to him. **Rabbi Elazar says: Even** if the coins were found **placed**[N] **upon** the **table** itself they belong to the finder.

תְּנַן: לִפְנֵי שׁוּלְחָנִי – הֲרֵי אֵלּוּ שֶׁלּוֹ, הָא עַל גַּבֵּי שׁוּלְחָן – דְּשׁוּלְחָנִי. אֵימָא סֵיפָא: בֵּין הַכִּסֵּא וְלַשּׁוּלְחָנִי – שֶׁל שׁוּלְחָנִי, הָא עַל גַּבֵּי שׁוּלְחָן – שֶׁלּוֹ! אֶלָּא, מֵהָא לֵיכָּא לְמִשְׁמַע מִינָּהּ.

The Gemara challenges: **We learned** in the mishna: If one found coins **before a money changer, those** coins **belong to him;** this indicates by inference **that** if they were found **upon the table,** the coins belong **to the money changer.** The Gemara responds: **Say the latter clause** of the mishna: If the coins were found **between the** money changer's **chair and the money changer, those** coins belong **to the money changer;** this indicates by inference **that** if they were found **upon the table,** the coins belong **to** the finder. The Gemara concludes: **Rather,** due to the contradictory inferences from the first and the latter clauses, **no** inference is **to be learned from this** mishna.[B]

וְרַבִּי אֶלְעָזָר, הָא מְנָא לֵיהּ? אֲמַר רָבָא: מַתְנִיתִין קַשִׁיתֵיהּ, מַאי אִרְיָא דְּתָנֵי בֵּין הַכִּסֵּא לַשּׁוּלְחָנִי שֶׁל שׁוּלְחָנִי? לִיתְנֵי עַל שׁוּלְחָן, אִי נַמִי: מָצָא בַּשּׁוּלְחָנוּת, כִּדְקָתָנֵי רֵישָׁא: מָצָא בַּחֲנוּת – שֶׁלּוֹ. אֶלָּא שְׁמַע מִינָּהּ: אֲפִילּוּ מוּנָּחִין עַל גַּבֵּי שׁוּלְחָן – הֲרֵי אֵלּוּ שֶׁלּוֹ.

The Gemara asks: **And Rabbi Elazar** himself, **from where** does he derive **this** *halakha* that coins found on the table belong to the finder, given that apparently one cannot infer this ruling from the mishna? **Rava said: The mishna is difficult** for **him: Why** did the *tanna* **teach specifically** that when the coins are found **between the** money changer's **chair and the money changer,** those coins belong **to the money changer? Let** the *tanna* **teach** instead: If the coins were found **on the table, or:** If the coins were found **in the money-changing establishment, as it is taught** in **the first clause** of the mishna: If one **found** items without a distinguishing mark **in a store,** those items belong **to him. Rather, learn from it** that since the money changer typically places his money in his drawer, **even** if the coins were found **placed upon** the **table** itself **these** coins belong **to him.**

״הַלּוֹקֵחַ פֵּירוֹת מֵחֲבֵירוֹ״ וכו׳. אָמַר רֵישׁ לָקִישׁ מִשּׁוּם רַבִּי יַנַּאי: לֹא שָׁנוּ אֶלָּא

§ The mishna teaches: In the case of **one who purchases produce from another,** and he found coins intermingled with the produce, those coins belong to him. **Reish Lakish says in the name of Rabbi Yannai:** The Sages **taught** this **only**

NOTES

Found items in a store – מָצָא בַּחֲנוּת: The early commentaries ask: Why doesn't the storekeeper acquire the item found in his store by means of his courtyard? Some explain that since it is likely that others will discover the item before the storekeeper does, the store is not considered a courtyard that is consciously secured by its owners (Rosh). Others say that because the storekeeper encourages people to patronize his store, its legal status is that of a public area, and it is not considered his courtyard (Rashba).

Even placed – אֲפִילּוּ מוּנָּחִין: Many early commentaries cite a variant version of the text which reads: Even bound upon the table, as they maintain that even if there is a distinguishing mark on the item it belongs to the finder. The Ra'avad holds that the money belongs to the finder specifically if it is bound, because customers, not money changers, commonly bind their money. The very fact that the money is bound proves that it belongs to the customer.

HALAKHA

Found in a store…before a money changer – מָצָא בַּחֲנוּת...לִפְנֵי שׁוּלְחָנִי: If one found an item without a distinguishing mark in a store between the table and the storeowner, it belongs to the storeowner. If he found it elsewhere in the store, it belongs to the finder. If it was found on the table, it belongs to the finder; and some say it belongs to the storeowner (Rema, citing *Tur*).

If one found money before a money changer on the table or before the table, it belongs to the finder. If he found it between the table and the money changer it belongs to the money changer (Rambam *Sefer Nezikin, Hilkhot Gezeila VaAveda* 16:4–5; *Shulḥan Arukh, Ḥoshen Mishpat* 260:5).

BACKGROUND

No inference is to be learned from this mishna – מֵהָא לֵיכָּא לְמִשְׁמַע מִינָּהּ: This expression, found throughout the Gemara, concludes the refutation of an inference. Inference is employed in the Gemara as a method of interpretation used to draw conclusions from tannaitic sources. According to this method, inferences may be drawn not only from what is explicitly stated in a mishna or *baraita*, but also from what is left unsaid. One manner in which an inference may be rejected is by illustrating that another part of the same mishna or *baraita* can lead to the opposite conclusion. In such cases the Gemara concludes: No inference is to be learned from this, indicating that this mishna or *baraita* was not composed in a manner that lends itself to drawing conclusions by means of inference. Rather, it is to be accepted as written, without reading into it further.

HALAKHA

One who purchases produce from a merchant…from an owner – לוֹקֵחַ מִן הַתַּגָּר...מִבַּעַל הַבַּיִת: In a case where one purchased or received a gift of produce from a merchant and found coins among the produce, if the coins were bound, he must proclaim his find. If the coins were scattered among the produce, they belong to the finder. If they were purchased or received from one who himself or whose slaves tend to the produce personally, he is obligated to return the coins to the owner (Rambam *Sefer Nezikin, Hilkhot Gezeila VaAveda* 16:6; *Shulḥan Arukh, Ḥoshen Mishpat* 262:17).

Any item in which there are distinguishing marks and it has claimants – כָּל דָּבָר שֶׁיֵּשׁ בּוֹ סִימָנִין וְיֵשׁ לוֹ תּוֹבְעִים: One is obligated to return any lost item with distinguishing marks that has claimants. If the owner despaired of its recovery, one need not return it (Rambam *Sefer Nezikin, Hilkhot Gezeila VaAveda* 14:1; *Shulḥan Arukh, Ḥoshen Mishpat* 259:3, 262:3).

A donkey is returned where he describes distinguishing marks on the saddle – חֲמוֹר בְּסִימָנֵי הָאוּכָף: Even if there are no distinguishing marks on the item or animal itself, if there are distinguishing marks on its accessory one must return the item or animal (Rambam *Sefer Nezikin, Hilkhot Gezeila VaAveda* 14:1; *Shulḥan Arukh, Ḥoshen Mishpat* 262:18).

NOTES

Should I delete it – אִיסְמְיַהּ: The Sages who recited tannaitic literature in the amoraic study halls would recite different *baraitot*. Some *baraitot*, which originated in the more established study halls, were precisely formulated. Others were collections of statements of *tanna'im* from several generations, and their formulation was less precise. One of the tasks of the Sages was to confirm the authenticity of the *baraitot* and their meaning. Occasionally, they would conclude with regard to one of the *baraitot* that all or part of it should be deleted because it was inaccurate or otherwise flawed.

בְּלוֹקֵחַ מִן הַתַּגָּר, אֲבָל בְּלוֹקֵחַ מִבַּעַל הַבַּיִת – חַיָּיב לְהַחְזִיר. וְכֵן תָּנֵי תַּנָּא קַמֵּיהּ דְּרַב נַחְמָן: לֹא שָׁנוּ אֶלָּא בְּלוֹקֵחַ מִן הַתַּגָּר, אֲבָל בְּלוֹקֵחַ מִבַּעַל הַבַּיִת – חַיָּיב לְהַחְזִיר.

in the case of one **who purchases** produce **from a merchant,** who acquired the produce from several suppliers and is unable to determine the source of the coins. **But in** the case of one **who purchases** produce **from** a single **owner,**[H] he is **obligated to return** the coins to the seller. **And likewise, the *tanna*** who recited *mishnayot* and *baraitot* in the study hall of Rav Naḥman **taught** a *baraita* **before Rav Naḥman:** The Sages **taught** that the coins belong to the buyer **only in** the case of one **who purchases** produce **from a merchant, but in** the case of one **who purchases** produce **from a** single **owner,** he is **obligated to return** the coins to the seller.

אֲמַר לֵיהּ רַב נַחְמָן: וְכִי בַּעַל הַבַּיִת בְּעַצְמוֹ דָּשׁ? אֲמַר לֵיהּ: אִיסְמְיַהּ? אֲמַר לֵיהּ: לָא. תְּתַרְגֵּם מַתְנִיתִין כְּגוֹן שֶׁדָּשָׁן עַל יְדֵי עַבְדּוֹ וְשִׁפְחָתוֹ הַכְּנַעֲנִים.

Rav Naḥman said to the *tanna*: **But does** the **owner thresh** the grain **himself?** His workers thresh the grain, and the coins could belong to one of them. The *tanna* **said to** Rav Naḥman: Based on the difficulty you raise, **should I delete it**[N] from the collection of authoritative *baraitot*? Rav Naḥman **said to** the *tanna*: **No. Interpret the *baraita*** as referring to a case **where** the grain **was threshed by his Canaanite slave or maidservant,** and therefore any coins found intermingled with the produce belong to the owner.

מתני׳ אַף הַשִּׂמְלָה הָיְתָה בִּכְלַל כָּל אֵלּוּ, וְלָמָּה יָצְאת – לְהַקִּישׁ אֵלֶיהָ, לוֹמַר לָךְ: מָה שִׂמְלָה מְיוּחֶדֶת – שֶׁיֵּשׁ בָּהּ סִימָנִין וְיֵשׁ לָהּ תּוֹבְעִין, אַף כָּל דָּבָר שֶׁיֵּשׁ בּוֹ סִימָנִין וְיֵשׁ לוֹ תּוֹבְעִים – חַיָּיב לְהַכְרִיז.

MISHNA This mishna is an excerpt from a halakhic midrash concerning lost items, based on the verse: "You shall not see your brother's ox or his sheep wandering, and disregard them; you shall return them to your brother… And so shall you do with his donkey; and so shall you do with his garment; and so shall you do with every lost item of your brother, which shall be lost from him, and you have found it; you may not disregard it" (Deuteronomy 22:1, 3). **The garment was also** included **in the generalization** that one must return **all of these** items. **And why did it emerge** from the generalization that is should be specified? **To draw an analogy to it and to say to you: What** is notable **about a garment?** It is notable **in that there are distinguishing marks concerning it and it has claimants** asserting ownership, and its finder is obligated to proclaim his find. **So too** with regard to **any item concerning which there are distinguishing marks and it has claimants**[H] asserting ownership, its finder is **obligated to proclaim** his find.

גמ׳ מַאי בִּכְלַל כָּל אֵלּוּ? אָמַר רָבָא: בִּכְלַל ״כָּל אֲבֵדַת אָחִיךָ״.

GEMARA When the mishna says that the garment was included **in the generalization** that one must return **all of these** items, in **what** generalization is it included? **Rava said:** It is included **in the generalization:** "And so shall you do with his donkey; and so shall you do with his garment; and so shall you do with **every lost item of your brother,** which shall be lost from him, and you have found it; you may not disregard it" (Deuteronomy 22:3).

אָמַר רָבָא: לָמָּה לִי דִּכְתַב רַחֲמָנָא שׁוֹר חֲמוֹר שֶׂה וְשִׂמְלָה?

Rava says: Why do I need all the specific items **that the Merciful One writes** that one must return: **An ox, a donkey, a sheep, and a garment?** One of them would seem to suffice.

צְרִיכִי, דְּאִי כְּתַב רַחֲמָנָא שִׂמְלָה, הֲוָה אָמֵינָא: הָנֵי מִילֵּי – בְּעֵדִים דְּגוּפָהּ וְסִימָנִין דְּגוּפָהּ, אֲבָל חֲמוֹר בְּעֵדִים דְּאוּכָף וְסִימָנִין דְּאוּכָף – אֵימָא לָא מַהְדְּרִינַן לֵיהּ, כְּתַב רַחֲמָנָא חֲמוֹר, דַּאֲפִילּוּ חֲמוֹר בְּסִימָנֵי הָאוּכָף.

Rava answers: They **are** all **necessary,** as a unique *halakha* is derived from each example. **As, if the Merciful One had written** only **"garment," I would say: This matter,** i.e., the mitzva to return a lost item, **applies** only in a case **where** the owner brings **witnesses** capable of testifying **about** the item **itself or** he describes **distinguishing marks concerning** the item **itself; but** with regard to returning **a donkey** to its owner in a case **where** he brings **witnesses with regard to the saddle or** describes **distinguishing marks concerning the saddle** and not on the donkey, **say** that **we do not return** the donkey **to** the owner. To counter this, **the Merciful One writes: "Donkey,"** from which it is derived **that a donkey** is returned to its owner **even** in a case **where** he describes **distinguishing marks** on **the saddle.**[H]

שׁוֹר וְשֶׂה דִּכְתַב רַחֲמָנָא לָמָּה לִי? שׁוֹר – דַּאֲפִילּוּ לְגִיזַּת זְנָבוֹ, וְשֶׂה – לְגִיזּוֹתָיו. וְלִכְתּוֹב רַחֲמָנָא שׁוֹר, דַּאֲפִילּוּ לְגִיזַּת זְנָבוֹ, וְכׇל שֶׁכֵּן שֶׂה לְגִיזּוֹתָיו!

Rava continues: With regard to the specific mentions of **"ox" and "sheep" that the Merciful One writes, why do I** need them? Rava answers: From **"ox"** it is derived **that** one must return **even the sheared** wool **of its tail;**[N] **and** from **"sheep"** it is derived **that** one must return even **its sheared** wool.[H] The Gemara challenges: **And let the Merciful One write** only **"ox,"** from which it is derived **that** one must return **even the sheared** wool **of its tail, and** derive **all the more so that** one must return the more substantial **sheared** wool **of a sheep.**

אֶלָּא אָמַר רָבָא: חֲמוֹר דְּבוֹר לְרַבִּי יְהוּדָה, וְשֶׂה דַּאֲבֵידָה לְדִבְרֵי הַכֹּל קַשְׁיָא.

Rather, Rava said: The term **"donkey"** stated **with regard to** damage in the category of **Pit,**[N] **according to** the opinion of **Rabbi Yehuda** (see Exodus 21:33 and Bava Kamma 54a), **and** the term **"sheep"** stated **with regard to a lost item, according to** the opinion of **everyone,** are **difficult.** There is no explanation for why they are stated.

וְאֵימָא לִגְלָלִים הוּא דַּאֲתָא! גְּלָלִים אַפְקוּרֵי מַפְקַר לְהוּ. וְדִילְמָא לְסִימָנִין הוּא דַּאֲתָא? דְּאִיבַּעְיָא לָן: סִימָנִין דְּאוֹרַיְיתָא אוֹ דְּרַבָּנַן, כָּתַב רַחֲמָנָא שֶׂה – דַּאֲפִילּוּ בְּסִימָנִין מְהַדְּרִינַן, וְסִימָנִין דְּאוֹרַיְיתָא!

The Gemara suggests: **And say** that the term "sheep" **comes to** teach the obligation to return the animal's **dung?**[N] The Gemara answers: One need not return **dung,** because the owner has **renounced its ownership.** The Gemara suggests: **And perhaps** the term "sheep" **comes to** teach the obligation to return an item based on its owner providing **distinguishing marks, as we raised a dilemma:** Is the *halakha* that an item can be identified using **distinguishing marks by Torah law or** is it **by rabbinic law?** Therefore, **the Merciful One writes: "Sheep"** in order to teach **that** it is not only through the testimony of witnesses, but **even** based **on distinguishing marks** that **we return** lost items to their owner. Resolve the dilemma **and** conclude that the *halakha* that an item can be identified using **distinguishing marks** is **by Torah law.**

אָמְרִי, מִדְּקָתָנֵי לְהוּ תַּנָּא לְסִימָנִין גַּבֵּי שִׂמְלָה, דְּקָתָנֵי: מַה שִּׂמְלָה מְיוּחֶדֶת שֶׁיֵּשׁ בָּהּ סִימָנִין וְיֵשׁ לָהּ תּוֹבְעִין – חַיָּיב לְהַכְרִיז, אַף כׇּל דָּבָר שֶׁיֵּשׁ בּוֹ סִימָנִין וְיֵשׁ לוֹ תּוֹבְעִין – חַיָּיב לְהַכְרִיז, שְׁמַע מִינָּהּ דְּשֶׂה לָאו לְסִימָנִין הוּא דַּאֲתָא.

The Gemara rejects this proof. The Sages **say:** One can understand the matter **from** the fact **that the *tanna* teaches** the concept of **distinguishing marks together** with the term **garment.** As **it is taught** in the mishna: **What is notable about a garment?** It is notable **in that there are distinguishing marks concerning it and it has claimants** asserting ownership, and its finder is **obligated to proclaim** his find. **So too** with regard to **any item concerning which there are distinguishing marks and it has claimants** asserting ownership, its finder is **obligated to proclaim** his find. **Conclude from it that** the term **"sheep" does not come to** teach the obligation to return an item based on its owner providing **distinguishing marks**

תָּנוּ רַבָּנַן ״אֲשֶׁר תֹּאבַד״ – פְּרָט לַאֲבֵידָה שֶׁאֵין בָּהּ שָׁוֶה פְּרוּטָה. רַבִּי יְהוּדָה אוֹמֵר: ״וּמְצָאתָהּ״ – פְּרָט לַאֲבֵידָה שֶׁאֵין בָּהּ שָׁוֶה פְּרוּטָה.

The Sages taught in a *baraita*: The verse states: "And so shall you do with his donkey; and so shall you do with his garment; and so shall you do with every lost item of your brother, **which shall be lost** from him, and you have found it" (Deuteronomy 22:3). The Rabbis derive that this phrase serves **to exclude a lost item in which there is not the value of one *peruta*,**[NBH] which due to its negligible value is not considered lost. **Rabbi Yehuda says** that this *halakha* is derived from the conclusion of that verse: "Which shall be lost from him, **and you have found it."** The term "and you have found it" serves **to exclude a lost item in which there is not the value of one *peruta*.**

NOTES

That one must return even the sheared wool of its tail – דַּאֲפִילּוּ לְגִיזַּת זְנָבוֹ: The early commentaries ask: If the sheared wool is worth one *peruta*, it is obvious that one is obligated to return it, and if it is worth less than one *peruta*, why would he return it? They explain that this serves to teach that the finder must tend to the lost item and even seek to enhance its value, which includes periodically shearing the animal's tail (see Rashba). The Ritva explains that since the lost animal itself is worth more than one *peruta*, the finder must return it and all proceeds that emerge from it.

The term donkey stated with regard to Pit – חֲמוֹר דְּבוֹר: *Tosafot* note that the Gemara does not cite all of the matters derived by different Sages from all of the superfluous words in the verse. The Gemara merely cites the derivations that are similar in structure and subject matter.

To teach the obligation to return the dung – לִגְלָלִים: The Gemara concludes that although the owner of the lost item insists upon the return of even minor proceeds from his item, e.g., wool sheared from the tail, he is not insistent upon the return of excessively minor proceeds (Meiri). In particular, since the finder cannot confine the animal to one place and accumulate all the dung for the entire period, even if the total value of the dung exceeds one *peruta*, one need not be concerned with returning it to the owner.

To exclude a lost item in which there is not the value of one *peruta* – פְּרָט לַאֲבֵידָה שֶׁאֵין בָּהּ שָׁוֶה פְּרוּטָה: Many later commentaries address the question of whether it is merely that one is not obligated to proclaim the find of a lost item worth less than one *peruta*, but it remains the property of the owner, or whether, since it is worth less than a *peruta*, it is effectively ownerless (see *Ḥiddushei HaRim*, *Even HaAzel*, and *Dibberot Moshe*).

BACKGROUND

Peruta – פְּרוּטָה: The *peruta* is a copper coin, the smallest unit of currency. For halakhic purposes, the *peruta* is defined as the value of pure silver half the weight of a barleycorn. Traditionally, this is estimated at approximately 24 mg of silver. The halakhic value of all coins is linked to the price of silver.

HALAKHA

Ox…the sheared wool of its tail and…the sheared wool of a sheep – שׁוֹר...לְגִיזַּת זְנָבוֹ, וְשֶׂה לְגִיזּוֹתָיו: As long as a lost item is in the possession of the finder, he is obligated to tend to it and ensure that it does not depreciate in value. He is even obligated to take minor steps to enhance its value, e.g., by shearing a sheep or an ox's tail (*Shulḥan Arukh*, *Ḥoshen Mishpat* 267:17).

To exclude a lost item in which there is not the value of one *peruta* – פְּרָט לַאֲבֵידָה שֶׁאֵין בָּהּ שָׁוֶה פְּרוּטָה: One is not obligated to return any lost item that was worth less than one *peruta* when it was lost and when it was found, even if it appreciated in value in the interim (Rambam *Sefer Nezikin*, *Hilkhot Gezeila VaAveda* 11:12; *Shulḥan Arukh*, *Ḥoshen Mishpat* 262:1).

מַאי בֵּינַיְיהוּ? אֲמַר אַבַּיֵי: מַשְׁמָעוּת דּוֹרְשִׁין אִיכָּא בֵּינַיְיהוּ. מָר נָפְקָא לֵיהּ מֵ״אֲשֶׁר תֹּאבַד״ – וּמָר נָפְקָא לֵיהּ מִ״וּמְצָאתָהּ״.

The Gemara asks: **What** is the practical difference **between** the two opinions? Ostensibly, the Rabbis and Rabbi Yehuda both state the same *halakha*. **Abaye said:** There is no practical difference. Rather, the **interpretation of the meaning** of the verse **is** the difference **between** them. One **Sage,** the Rabbis, **derives it from** the phrase: **"Which shall be lost** from him"; **and** one **Sage,** Rabbi Yehuda, **derives it from** the term: **"And you have found it."**

וּלְמַאן דְּנָפְקָא לֵיהּ מֵ״אֲשֶׁר תֹּאבַד״ הַאי ״וּמְצָאתָהּ״ מַאי עָבֵיד לֵיהּ?

The Gemara asks: **And according to** the first Sage, the Rabbis, **who derives** the *halakha* that one need not return a lost item worth less than one *peruta* **from** the phrase **"which shall be lost** from him," **what does he do with** the term: **"And you have found it"?**

הַהוּא מִיבְּעֵי לֵיהּ לְכִדְרַבְּנַאי, דְּאָמַר רַבְּנַאי ״וּמְצָאתָהּ״ – דַּאֲתַאי לִידֵיהּ מַשְׁמַע.

The Gemara answers: According to the Rabbis, **that** term **is necessary for** the derivation of the *halakha* **in accordance with** the opinion **of Rabbenai. As Rabbenai says** in interpreting the verse: "And so shall you do with every lost item of your brother's, which he has lost, and you have found it" (Deuteronomy 22:3), that the term **"and you have found it" means that** it assumes the status of a found item only **when** it actually **enters his possession.**

וּלְמַאן דְּנָפְקָא לֵיהּ מִ״וּמְצָאתָהּ״, הַאי ״אֲשֶׁר תֹּאבַד״ מַאי עָבֵיד לֵיהּ?

The Gemara asks: **And according to** Rabbi Yehuda, **who derives** the *halakha* that one need not return a lost item worth less than one *peruta* from the term: **"And you have found it," what does he do with** the phrase: **"Which has been lost** from him"?

מִבְּעֵי לֵיהּ לְכִדְרַבִּי יוֹחָנָן. דְּאָמַר רַבִּי יוֹחָנָן מִשּׁוּם רַבִּי שִׁמְעוֹן בֶּן יוֹחַאי: מִנַּיִין לַאֲבֵידָה שֶׁשְּׁטָפָהּ נָהָר שֶׁהִיא מוּתֶּרֶת – שֶׁנֶּאֱמַר ״כֵּן תַּעֲשֶׂה לְכׇל אֲבֵדַת אָחִיךָ אֲשֶׁר תֹּאבַד מִמֶּנּוּ וּמְצָאתָהּ״ – מִי שֶׁאֲבוּדָה הֵימֶנּוּ וּמְצוּיָה אֵצֶל כׇּל אָדָם, יָצְתָה זוֹ שֶׁאֲבוּדָה הֵימֶנּוּ וְאֵינָהּ מְצוּיָה אֵצֶל כׇּל אָדָם.

The Gemara answers: According to Rabbi Yehuda, **that** phrase **is necessary for** the derivation of the *halakha* **in accordance with** the opinion **of Rabbi Yoḥanan. As Rabbi Yoḥanan says in the name of Rabbi Shimon ben Yoḥai: From where** is it derived **with regard to a lost item that the river swept away that it is permitted** for its finder to keep it? It is derived from this verse, **as it is written:** "And so shall you do with his donkey; and so shall you do with his garment; and **so shall you do with every lost item of your brother, which shall be lost from him, and you have found it"** (Deuteronomy 22:3). The verse states that one must return **that which is lost from him,** the owner, **but is** available to be **found by any person. Excluded** from that obligation is **that which is lost from him and is not** available to be **found by any person;** it is ownerless property and anyone who finds it may keep it.

וְאִידָךְ, הָא דְּרַבְּנַאי מְנָא לֵיהּ? נָפְקָא לֵיהּ מִ״וּמְצָאתָהּ״.

The Gemara asks: **And the other** *tanna*, Rabbi Yehuda, who derived from the term: "And you have found it," that one need not return a lost item worth less than one *peruta*, **from where** does he derive the *halakha* **of Rabbenai** that the item assumes the status of a found item only when it actually comes into his possession? The Gemara answers: Rabbi Yehuda **derives it from** the superfluous conjunction "and" in the term **"and you have found it."**

וְאִידָךְ, הָא דְּרַבִּי יוֹחָנָן מְנָא לֵיהּ? נָפְקָא לֵיהּ ״מִמֶּנּוּ״. וְאִידָךְ: מִמֶּנּוּ לָא מַשְׁמַע לֵיהּ.

The Gemara asks further: **And the other** *tanna*, the first *tanna*, who derives from the phrase "which shall be lost from him" that one need not return a lost item worth less than one *peruta*, **from where** do they derive the *halakha* **of Rabbi Yoḥanan that** one need not return an item that is lost from him and is not available to be found by every person? The Gemara answers: He **derives it** from the superfluous term **"from him,"** in the phrase "which shall be lost from him." **And** as **for the other** *tanna*, Rabbi Yehuda, **he does not learn** anything from the term **"from him."**[N]

NOTES

He does not learn anything from the term, from him – מִמֶּנּוּ לָא מַשְׁמַע לֵיהּ: *Tosafot* (*Sanhedrin* 14a) prove that this does not mean that he derives nothing from this term in general. Rather, it means that he derives nothing from the use of this term in this particular context.

רָבָא אֲמַר: פְּרוּטָה שֶׁהוּזְלָה אִיכָּא בֵּינַיְיהוּ. מַאן דְּאָמַר מֵ״אֲשֶׁר תֹּאבַד״ – אִיכָּא, וּמַאן דְּאָמַר מִ״וּמְצָאתָהּ״ – לֵיכָּא.

Abaye explained that there is no practical difference between the opinion of the first *tanna* and Rabbi Yehuda. By contrast, **Rava said:** The practical difference **between them** is with regard to an item that was worth **one *peruta*** when it was lost but **that was** then **devalued** and was worth less than one *peruta* when it was found. According to **the one who says** that the *halakha* that one need not return a lost item worth less than one *peruta* is derived **from** the phrase **"which shall be lost** from him," **there is** an obligation to return the item, as that verse is referring to the value of the item when it was lost. **And** according to **the one who says** that the *halakha* that one need not return a lost item worth less than one *peruta* is derived **from** the phrase: **"And you have found it," there is no** obligation to return the item, as that verse is referring to the value of the item when it is found.

וּלְמַאן דְּאָמַר ״אֲשֶׁר תֹּאבַד״ – הָא בָּעֵינַן ״וּמְצָאתָהּ״ וְלֵיכָּא!

The Gemara asks: **But** even **according to the one who says** that the *halakha* is derived **from** the phrase **"which shall be lost** from him," **do we not require** the item to be worth one *peruta* when it is found, based on the term **"and you have found it"? And** in this case, **it is not** worth one *peruta* when it is found, so he should agree that it need not be returned.

אֶלָּא, פְּרוּטָה שֶׁהוּקְרָה אִיכָּא בֵּינַיְיהוּ. מַאן דְּאָמַר ״וּמְצָאתָהּ״ – אִיכָּא, וּמַאן דְּאָמַר ״אֲשֶׁר תֹּאבַד״ – לֵיכָּא.

Rather, the practical difference **between them** is with regard to an item worth less than **one *peruta*** when it was lost **that appreciated in value** and is worth one *peruta* when it is found. According to **the one who says** that the *halakha* that one need not return a lost item worth less than one *peruta* is derived from the term: **"And you have found it," there is** an obligation to return the item, as that verse is referring to its value when it is found. **And** according to **the one who says** that the *halakha* that one need not return a lost item worth less than one *peruta* is derived **from** the phrase: **"Which shall be lost** from him," **there is no** obligation to return the item, as that verse is referring to the value of the item when it was lost.

וּלְמַאן דְּאָמַר ״וּמְצָאתָהּ״, הָא בָּעֵינַן ״אֲשֶׁר תֹּאבַד״ וְלֵיכָּא!

The Gemara asks: **But** even **according to the one who says** that the *halakha* is derived **from** the term **"and you have found it," do we not require** the item to be worth one *peruta* when it is lost, based on the phrase **"which shall be lost** from him"? **And** in this case, **it is not** worth one *peruta* when it was lost, so he should agree that it need not be returned.

אֶלָּא, פְּרוּטָה שֶׁהוּקְרָה וְהוּזְלָה וְחָזְרָה וְהוּקְרָה אִיכָּא בֵּינַיְיהוּ. מַאן דְּאָמַר ״אֲשֶׁר תֹּאבַד״ – אִיכָּא, וּמַאן דְּאָמַר ״וּמְצָאתָהּ״ – בָּעֵינַן דְּאִית בָּהּ שִׁיעוּר מְצִיאָה מִשְּׁעַת אֲבֵידָה וְעַד שְׁעַת מְצִיאָה.

Rather, the practical difference **between them** is with regard to the case of an item worth **one *peruta*** when it was lost **that appreciated in value and was devalued** in the interim and was worth less than one *peruta*, **and** then **appreciated in value** and is worth one *peruta* when it is found. According to **the one who says** that the *halakha* that one need not return a lost item worth less than one *peruta* is derived from the phrase: **"Which shall be lost** from him," **there is** an obligation to return the item, as the verse is referring to its value only when it was lost and when it is found. **And** according to **the one who says** that the *halakha* that one need not return a lost item worth less than one *peruta* is derived from: **"And you have found it,"** there is no obligation to return the item, as **we require that there will be the value** of one *peruta*, the requisite **measure** of **a lost item, from the time of** its **loss and until the time of** its **finding,** as the conjunction "and" connects the time of the finding to the time of the loss.

אִיבַּעְיָא לְהוּ: סִימָנִין דְּאוֹרַיְיתָא אוֹ דְּרַבָּנַן? מַאי נָפְקָא מִינַּהּ

§ **A dilemma was raised** before the Sages: Is identification of an item on the basis of **distinguishing marks by Torah law**[H] **or** is it **by rabbinic law?** The Gemara asks: **What difference is** there whether it is by Torah law or by rabbinic law?

HALAKHA

Is identification of an item on the basis of distinguishing marks by Torah law – **סִימָנִין דְּאוֹרַיְיתָא**: Everyone agrees that by Torah law the legal status of clear-cut distinguishing marks is equivalent to that of witnesses in terms of determining ownership. The legal status of lesser distinguishing marks remains uncertain, and one may not rely on those distinguishing marks in matters relating to marriage. Others say that one may rely upon those distinguishing marks after the fact (Rambam *Sefer Nashim, Hilkhot Geirushin* 3:11; *Shulḥan Arukh, Even HaEzer* 132:4, and *Beit Shmuel* there).

לְאַהֲדוּרֵי גֵּט אִשָּׁה בְּסִימָנִים. אִי אָמְרַתְּ דְּאוֹרָיְיתָא – מְהַדְּרִינַן, וְאִי אָמְרַתְּ דְּרַבָּנַן, כִּי עֲבוּד רַבָּנַן תַּקַּנְתָּא – בְּמָמוֹנָא, אֲבָל בְּאִיסּוּרָא – לָא עֲבוּד רַבָּנַן תַּקַּנְתָּא.

The Gemara answers: The practical difference is **with regard to returning the bill of divorce of a woman** that was lost by an agent before its delivery, **on the basis of distinguishing marks.**[N] **If you say** that the identification of an item on the basis of distinguishing marks is **by Torah law, we return** the document and allow the agent to transmit it to the woman. **But if you say** that it is **by rabbinic law,** we do not return the document, because **when the Sages institute an ordinance,** it is only **with regard to monetary matters** they have the authority to declare property ownerless; **but with regard to ritual matters, the Sages do not institute an ordinance.** They lack the authority to abrogate the prohibitions by Torah law that are associated with a woman's marital status.

תָּא שְׁמַע: אַף הַשִּׂמְלָה הָיְתָה בִּכְלָל כָּל אֵלּוּ, וְלָמָּה יָצָאת – לְהַקִּישׁ אֵלֶיהָ וְלוֹמַר לְךָ: מַה שִּׂמְלָה מְיוּחֶדֶת שֶׁיֵּשׁ לָהּ סִימָנִין וְיֵשׁ לָהּ תּוֹבְעִין – חַיָּיב לְהַכְרִיז, אַף כָּל דָּבָר שֶׁיֵּשׁ לוֹ סִימָנִין וְיֵשׁ לוֹ תּוֹבְעִין – חַיָּיב לְהַכְרִיז! תַּנָּא תּוֹבְעִין אִצְטְרִיכָא לֵיהּ, סִימָנִין כְּדִי נַסְבָהּ.

The Gemara suggests: **Come** and **hear** proof from the mishna: **The garment was also** included **in the generalization** that one must return **all of these** items. **And why did it emerge** from the generalization that is should be specified? **To draw an analogy to it and to say to you: What** is notable **about a garment?** It is notable **in that there are distinguishing marks concerning it and it has claimants** asserting ownership, and its finder is **obligated to proclaim** his find. **So too** with regard to **any item concerning which there are distinguishing marks and it has claimants** asserting ownership, its finder is **obligated to proclaim** his find. Clearly, the identification of an item on the basis of distinguishing marks is by Torah law. The Gemara rejects the proof: Perhaps it **was necessary for the *tanna*** to mention only the criterion of **claimants,** and the *tanna* **cited** the criterion **of distinguishing marks for no reason,**[N] as by Torah law distinguishing marks is not a relevant factor.

תָּא שְׁמַע: חֲמוֹר בְּסִימָנֵי אוּכָּף! אֵימָא: בְּעֵדֵי אוּכָּף.

The Gemara suggests: **Come** and **hear** proof from the aforementioned statement: The obligation to return **a donkey** to its owner **on the basis of** the **distinguishing marks of the saddle** is derived based on the mention of the word "donkey" in the verse from Deuteronomy. Clearly, the identification of an item on the basis of distinguishing marks is by Torah law. The Gemara rejects this proof: Emend the *baraita* and **say:** There is an obligation to return the donkey only **on the basis of witnesses** who testify with regard to the identity of the owner based on the fact that **the saddle** belongs to him, and not on the basis of distinguishing marks.

תָּא שְׁמַע: "וְהָיָה עִמְּךָ עַד דְּרֹשׁ אָחִיךָ אֹתוֹ" – וְכִי תַּעֲלֶה עַל דַּעְתְּךָ שֶׁיִּתְּנֶנּוּ לוֹ קוֹדֶם שֶׁיִּדְרְשֶׁנּוּ? אֶלָּא, דָּרְשֵׁהוּ אִם רַמַּאי הוּא אוֹ אֵינוֹ רַמַּאי.

The Gemara suggests: **Come** and **hear** proof from a mishna (28b): "And if your brother be not near you, and you know him not, then you shall bring it into your house, **and it shall be with you until your brother claims** [*derosh*] **it,** and you shall return it to him" (Deuteronomy 22:2). **Would it enter your mind that he would give** the lost item **to him before he claims it?** How can the finder return it if he does not know the identity of the owner? **Rather,** the verb *derosh* is not referring to the claim of the owner; it is referring to the scrutiny performed by the finder. **Scrutinize him** [*darshehu*] to determine **whether** the claimant **is a swindler**[N] or **whether he is not a swindler.** Only then may you return the lost item to him.

NOTES

Distinguishing marks – סִימָנִים: The early commentaries explain that there are three levels of effectiveness with regard to distinguishing marks. The most effective are clear-cut distinguishing marks, e.g., a hole in a bill of divorce alongside a specific letter. The intermediate level of distinguishing marks refers to features such as length or weight, on the basis of which the finder returns a lost item to its owner. Least effective are non-specific distinguishing marks, e.g., color or a general description of height such as tall or short.

The majority opinion of the commentaries is that clear-cut distinguishing marks are sufficient by Torah law in every area of *halakha* that requires proof, and that non-specific distinguishing marks are never sufficient. The dispute among the commentaries is with regard to the intermediate level of distinguishing marks, whether they are sufficient by Torah law in all cases, or whether they are sufficient by rabbinic ordinance and the Sages instituted that they are sufficient exclusively with regard to the returning of lost items.

Cited the criterion of distinguishing marks for no reason – סִימָנִין כְּדִי נַסְבָהּ: According to this opinion, the focal point of the derivation is to teach that there are lost items that one returns based on effective proof, and that they must be lost items for which there are claimants. The mention of distinguishing marks is not part of the derivation; rather, it is a practical example of how lost items are returned based on the rabbinic ordinance.

Scrutinize him to determine whether he is a swindler – דָּרְשֵׁהוּ אִם רַמַּאי הוּא: This does not mean that by Torah law any claimant must bring witnesses who can testify that he is not a swindler; rather, in general one must take steps to ensure that it would be difficult for someone to claim items that do not belong to him. The obligation to scrutinize each claimant to ensure that he is not a swindler is a rabbinic ordinance (Rid; Rosh).

מַאי לָאו בְּסִימָנִין? לֹא, בְּעֵדִים.

The Gemara states its suggested proof: **What, is it not** that the one who claims the lost item proves that he is not a swindler **on the basis of distinguishing marks** that he provides? Apparently, the identification of an item on the basis of distinguishing marks is by Torah law. The Gemara rejects this proof: **No,** the determination of whether he is a swindler is **on the basis of** scrutinizing his **witnesses.**[N]

תָּא שְׁמַע: אֵין מְעִידִין אֶלָּא עַל פַּרְצוּף הַפָּנִים עִם הַחוֹטֶם, אַף עַל פִּי שֶׁיֵּשׁ סִימָנִין בְּגוּפוֹ וּבְכֵלָיו.

The Gemara suggests: **Come** and **hear** proof from a mishna (*Yevamot* 120a): **One testifies** that a man died, thereby permitting his wife to remarry, **only** if he can testify **about** seeing **the countenance** [*partzuf*][LN] **of the face with the nose,**[H] as this allows one to identify the individual with certainty. **Although there are distinguishing marks on his body and on his garments,**[H] which appear to indicate his identity, they cannot be used to identify the person.

שְׁמַע מִינָּהּ: סִימָנִין לָאו דְּאוֹרַיְיתָא! אָמְרִי: גּוּפוֹ – דְּאָרוֹךְ וְגוּץ, כֵּלָיו – דְּחָיְישִׁינַן לִשְׁאֵלָה.

The Gemara states its suggested proof: **Conclude from it** that the identification of an item on the basis of **distinguishing marks is not by Torah law.** The Sages **say** in rejecting that proof: The distinguishing marks on **his body** mentioned in the mishna are non-specific distinguishing marks, e.g., **that** he was **tall or short,** and that is the reason that the distinguishing marks are ineffective in determining his identity. The distinguishing marks on **his** garments mentioned in the mishna are ineffective in determining his identity, **as we are concerned about** the possibility of **a loan,**[N] e.g., perhaps the husband loaned his clothes to the deceased.

אִי חָיְישִׁינַן לִשְׁאֵלָה, חֲמוֹר בְּסִימָנֵי אוּכָּף הֵיכִי מְהַדְּרִינַן? אָמְרִי: אוּכָּף, לָא שְׁאוּלֵי אֱינָשֵׁי אוּכָּפָא, מִשּׁוּם דְּמְסַקֵּב לֵיהּ לַחֲמָרָא.

The Gemara asks: **If we are concerned about** the possibility of **a loan, how do we return a donkey** to its owner **on the basis of** the **distinguishing marks of the saddle;** perhaps it was borrowed? The Sages **say** in response: **People do not** typically **borrow a saddle because** saddles that are not custom fit **wound the donkey.**

אִיבָּעֵית אֵימָא: כֵּלָיו – בְּחִיוָּרֵי וּבְסוּמָקֵי.

If you wish, say instead: The distinguishing marks on **his garments** mentioned in the mishna are non-specific distinguishing marks, e.g., **where** the witness said that they were **white or red,** and that is the reason that the distinguishing marks are ineffective in determining his identity.

אֶלָּא הָא דְּתַנְיָא: מְצָאוֹ קָשׁוּר בְּכִיס אוֹ בְּאַרְנָקִי וּבְטַבַּעַת, אוֹ שֶׁמְּצָאוֹ בֵּין כֵּלָיו – אֲפִילּוּ לִזְמַן מְרוּבֶּה כָּשֵׁר. וְאִי סָלְקָא דַּעְתָּךְ חָיְישִׁינַן לִשְׁאֵלָה, כִּי מְצָאוֹ קָשׁוּר בְּכִיס אַמַּאי כָּשֵׁר? נֵיחוּשׁ לִשְׁאֵלָה!

The Gemara questions the previous answer with regard to the concern about the possibility of a loan. **But** there is **that which is taught** in a *baraita*: **If** the agent **found** the bill of divorce that he lost **bound to** his **pouch, or his purse,**[H] **or** his signet **ring, or if he found it among his garments, even** if he found it **a long time** after he lost it, the distinguishing marks on those items are sufficient in order to identify the bill of divorce as the one that he lost, and it is **valid. And if it enters your mind** that **we are concerned about** the possibility of **a loan, when he found** the bill of divorce **bound to** his **pouch, why is it valid? Let us be concerned about** the possibility of **a loan** and that perhaps the pouch and the bill of divorce belong to someone else.

LANGUAGE

Countenance [*partzuf*] – פַּרְצוּף: From the Greek πρόσωπον, *prosopon*, meaning countenance, or mask in the image of a countenance.

HALAKHA

The countenance of the face with the nose – פַּרְצוּף הַפָּנִים עִם הַחוֹטֶם: If a dead man was found with his countenance, including his nose, intact, and is identified by witnesses as the husband of a deserted wife, it is permitted for her to remarry (Rambam *Sefer Nashim, Hilkhot Geirushin* 13:21; *Shulḥan Arukh, Even HaEzer* 17:24).

Distinguishing marks…and on his garments – סִימָנִין...וּבְכֵלָיו: In a case where witnesses are unable to identify a man's face due to disfigurement, even if they can identify clear-cut distinguishing marks on his garments or belongings, they cannot testify to his identity on that basis in the case of a deserted wife due to the concern that perhaps the woman's husband lent his garments to the deceased (Rambam *Sefer Nashim, Hilkhot Geirushin* 13:21; *Shulḥan Arukh, Even HaEzer* 17:24).

Bound to his pouch or his purse – קָשׁוּר בְּכִיס אוֹ בְּאַרְנָקִי: In a case where one found a bill of divorce bound to an item on which there was a clear-cut distinguishing mark, if it was an item that is not typically lent or sold to others, it is an effective distinguishing mark and one returns the bill of divorce on that basis (*Shulḥan Arukh, Even HaEzer* 132:4).

NOTES

No, on the basis of scrutinizing his witnesses – לֹא בְּעֵדִים: Some explain that if one attempts to claim the item on the basis of visual recognition, he must bring witnesses to testify that he is a Torah scholar, per the Gemara on 19a (Ba'al HaMaor; Rabbeinu Ḥananel). The Ramban explains that although witnesses need not testify that they saw him lose the item, they must testify that he purchased the item or wove the garment, or otherwise establish that it belongs to the owner.

One testifies only about seeing the countenance, etc. – אֵין מְעִידִין אֶלָּא עַל פַּרְצוּף וכו׳: Although the Gemara here cites proof from the *halakhot* concerning the required testimony permitting a woman to remarry to draw an inference concerning the *halakhot* of returning a lost item, the later commentaries discuss at length the distinctions between monetary laws and ritual matters. One prominent difference between the cases is that in one case the distinguishing marks must overcome the presumptive status of a married woman, while in the case of the lost item, there is no presumptive ownership (see *Noda BiYehuda*, *Ḥemdat Shlomo*, and *Avnei Nezer*).

We are concerned about the possibility of a loan – חָיְישִׁינַן לִשְׁאֵלָה: Many early and later commentaries discuss this matter extensively, especially as it relates to the *halakhot* of enabling a deserted wife to remarry. They ask: If there is concern about the possibility of a loan, how can any lost item be returned to a claimant on the basis of distinguishing marks? Some answer that a borrower who already returned the item that he borrowed does not know that it was lost, and therefore it is likely that the claimant is the owner. Furthermore, if the item was in the possession of the borrower, it is likely that he became intimately familiar with the item's distinguishing marks (see Ramban and Rashba).

BACKGROUND

Ring – טַבַּעַת: Most ancient rings were signet rings, which its owner used to notarize various documents. Therefore, it is unlikely that one would lend his ring to another, as doing so would be tantamount to granting another power of attorney.

Roman signet ring from the talmudic era

HALAKHA

Mole – שׁוּמָא: As a mole is not considered to be a clear-cut distinguishing mark, it is insufficient in identifying the dead husband of a deserted wife. She remains prohibited from remarrying (Rambam *Sefer Nashim, Hilkhot Geirushin* 13:21; *Shulḥan Arukh, Even HaEzer* 17:24).

אָמְרִי: כִּיס וְאַרְנָקִי וְטַבַּעַת לָא מַשְׁאֲלִי אֱינָשֵׁי. כִּיס וְאַרְנָקִי – מִשּׁוּם דִּמְסַמְּנִי, וְטַבַּעַת מִשּׁוּם דִּמְזַיֵּיף.

The Sages **say** in response: There is no concern in this case, as **people do not loan a pouch, a purse, or** a signet **ring** to another person. One does not loan his **pouch and** his **purse** to others **due to** the fact **that it portends** the loss of his good fortune. **And** one does not loan his signet **ring**[B] to others **due to** the fact **that** it could be used to **forge** documents.

לֵימָא כְּתַנָּאֵי: אֵין מְעִידִין עַל הַשּׁוּמָא, וְאֶלְעָזָר בֶּן מַהֲבַאי אוֹמֵר: מְעִידִין עַל הַשּׁוּמָא. מַאי לָאו בְּהָא קָמִיפַּלְגִי: דְּתַנָּא קַמָּא סָבַר: סִימָנִין דְּרַבָּנַן, וְאֶלְעָזָר בֶּן מַהֲבַאי סָבַר: סִימָנִין דְּאוֹרַיְיתָא.

The Gemara suggests: **Let us say** that the dilemma whether the identification of an item on the basis of distinguishing marks is by Torah law or by rabbinic law is **the subject of** a dispute between ***tanna'im***, as it is taught in a *baraita*: **One does not testify on the basis of a mole**[H] on the body of the deceased to determine the identity of a man who died and permit his wife to remarry. **And Elazar ben Mahavai says: One testifies** to identify the corpse **on the basis of a mole. What, is it not with regard to this** matter **that they disagree; as the first *tanna* holds** that identification of an item on the basis of **distinguishing marks** is **by rabbinic law** and therefore, testimony concerning those marks cannot dissolve a marriage by Torah law; **and Elazar ben Mahavai holds** that identification of an item on the basis of **distinguishing marks** is **by Torah law.**

אֲמַר רָבָא: דְּכוּלֵּי עָלְמָא סִימָנִין דְּאוֹרַיְיתָא, וְהָכָא – בְּשׁוּמָא מְצוּיָה בְּבֶן גִּילוֹ קָמִיפַּלְגִי. מָר סָבַר: שׁוּמָא מְצוּיָה בְּבֶן גִּילוֹ, וּמָר סָבַר: שׁוּמָא אֵינָהּ מְצוּיָה בְּבֶן גִּילוֹ.

Rava said: That is not necessarily the crux of their dispute, as perhaps **everyone** agrees that identification of an item on the basis of **distinguishing marks** is **by Torah law, and here,** it is **with regard to** whether one needs to be concerned that **a mole is** often **found on one's contemporary,** i.e., one born under the same constellation, rendering it useless as a means of identification, that **they disagree. One Sage,** the first *tanna*, **holds** that **a mole is** often **found on one's contemporary** and therefore it is insufficient as a means of identification; **and one Sage,** Elazar ben Mahavai, **holds that a mole is not** often **found on one's contemporary,** and therefore it is sufficient as a means of identification.

אִיבָּעֵית אֵימָא: דְּכוּלֵּי עָלְמָא שׁוּמָא אֵינָהּ מְצוּיָה בְּבֶן גִּילוֹ, וְהָכָא – בְּסִימָנִין הָעֲשׂוּיִן לְהִשְׁתַּנּוֹת לְאַחַר מִיתָה קָמִיפַּלְגִי. מָר סָבַר: סִימָנִין עֲשׂוּיִם לְהִשְׁתַּנּוֹת לְאַחַר מִיתָה, וּמָר סָבַר: סִימָנִין אֵין עֲשׂוּיִם לְהִשְׁתַּנּוֹת לְאַחַר מִיתָה.

If you wish, say instead that **everyone** agrees that **a mole is not** often **found on one's contemporary, and here** it is **with regard to** whether the appearance of **distinguishing marks** on the body **is apt to change after death** that **they disagree. One Sage,** the first *tanna*, **holds** that the appearance of **distinguishing marks is apt to change after death,** and that consequently they are insufficient as a means of identification; **and one Sage,** Elazar ben Mahavai, **holds** that the appearance of **distinguishing marks is not apt to change after death,** and therefore, they are sufficient as a means of identification.

אִיבָּעֵית אֵימָא: דְּכוּלֵּי עָלְמָא שׁוּמָא אֵינָהּ עֲשׂוּיָה לְהִשְׁתַּנּוֹת לְאַחַר מִיתָה. וְסִימָנִין דְּרַבָּנַן, וְהָכָא בְּשׁוּמָא סִימָן מוּבְהָק הוּא קָמִיפַּלְגִי; מָר סָבַר: שׁוּמָא סִימָן מוּבְהָק הוּא, וּמָר סָבַר: שׁוּמָא לָאו סִימָן מוּבְהָק הוּא.

If you wish, say instead that **everyone** agrees that **a mole is not apt to change after death, and** that the identification of an item on the basis of **distinguishing marks is by rabbinic law, and here** it is **with regard to** whether **a mole is a clear-cut distinguishing mark** that **they disagree. One Sage,** Elazar ben Mahavai, **holds** that **a mole is a clear-cut distinguishing mark** that can be relied upon without hesitation even in matters of Torah law, e.g., dissolving a marriage; **and one Sage,** the first *tanna*, **holds that a mole is not a clear-cut distinguishing mark.** Since standard distinguishing marks are sufficient by rabbinic law, a marriage, which is in effect by Torah law, cannot be dissolved on the basis of a mole.

אָמַר רָבָא: אִם תִּמְצֵי לוֹמַר סִימָנִין לָאו דְּאוֹרַיְיתָא הֵיכִי מְהַדְּרִינַן אֲבֵידְתָא בְּסִימָנִין? דְּנִיחָא לֵיהּ לְמוֹצֵא אֲבֵידָה דְּנֶהֱדַר בְּסִימָנִין, כִּי הֵיכִי דְּכִי אָבְדָה לֵיהּ לְדִידֵיהּ נַמִי נֶהֶדְרוּ לֵיהּ בְּסִימָנִין.

Rava says: If you say that the identification of an item on the basis of **distinguishing marks is not by Torah law, how do we return a lost item** to the presumed owner **on the basis of distinguishing marks;** perhaps it will result in the return of property to one who was in fact not the owner? Rava answers: We return the lost item, **as it is satisfactory to the finder of a lost item to return** it **on the basis of distinguishing marks,** rather than exercise his right by Torah law to retain it, **so that when** an item **is lost from him** in the future, the finder **will return it to him on the basis of distinguishing marks as well.**

NOTES

And I will provide the clear-cut distinguishing marks – וַאֲנָא יָהֵיבְנָא סִימָנִין מוּבְהָקִים: *Tosafot* prove that although the Gemara employs the term: Clear-cut, the reference here is not to clear-cut distinguishing marks, but to distinguishing marks that are more clear-cut than those that others will provide. The Rashba adds that even if there are clear-cut distinguishing marks on one's item, he is not always familiar with them (Rashba).

אֲמַר לֵיהּ רַב סָפְרָא לְרָבָא: וְכִי אָדָם עוֹשֶׂה טוֹבָה לְעַצְמוֹ בְּמָמוֹן שֶׁאֵינוֹ שֶׁלּוֹ?

Rav Safra said to Rava: But can a person perform an act that results in **benefit for himself with property that is not his?** The lost item belongs not to the finder but to the one who lost it. How can the finder waive the right of the true owner to the lost item so that he may recover his own lost item in the future?

אֶלָּא: נִיחָא לֵיהּ לְבַעַל אֲבֵידָה לְמֵיהַב סִימָנִין וּלְמִשְׁקְלֵיהּ. מֵידַע יָדַע דְּעֵדִים לֵית לֵיהּ, וּמֵימַר אָמַר: כּוּלֵּי עָלְמָא לָא יָדְעִי סִימָנִין מוּבְהָקִים דִּידָהּ, וַאֲנָא יָהֵיבְנָא סִימָנִין מוּבְהָקִים דִּידָהּ וְשָׁקֵילְנָא לָהּ.

Rather, we return the lost item, as it is **satisfactory to the owner of the lost item to** be able to **provide** a description using **distinguishing marks and** on that basis **take** possession of the item. **He knows that he has no witnesses** to testify to his ownership, **and he says: No one** else **knows** the **clear-cut distinguishing marks** that are on the item. **And I will provide** a description using the **clear-cut distinguishing marks,**[N] **and** based on that information **I will take** possession of the item. Each owner gives his tacit agreement to the return of lost items on the basis of distinguishing marks, based on the belief that he is best able to identify them.

אֶלָּא הָא דִּתְנַן, רַבָּן שִׁמְעוֹן בֶּן גַּמְלִיאֵל אוֹמֵר: אֶחָד הַלֹּוֶה מִשְּׁלֹשָׁה – יַחֲזִיר לַלֹּוֶה, שְׁלֹשָׁה שֶׁלָּווּ מִן הָאֶחָד – יַחֲזִיר לַמַּלְוֶה, נִיחָא לֵיהּ לַלֹּוֶה לְאַהֲדוּרֵי לֵיהּ לַמַּלְוֶה?

The Gemara asks: **But** there is **that which we learned** in a mishna (20a), that **Rabban Shimon ben Gamliel says:** If one found three promissory notes relating to the loan of **one** debtor **who borrowed** money **from three** creditors, **he must return** the documents **to the debtor.** If one found three promissory notes relating to the loans of **three** debtors **who borrowed** money **from one** creditor, **he must return** the documents **to the creditor.** If one returns lost items on the basis of distinguishing marks due to the tacit agreement of the owners, is it **satisfactory to the debtor to** have the documents **returned to the creditor,** as doing so would enable the creditor to collect payment of the loan?

אֲמַר לֵיהּ: הָתָם סְבָרָא הוּא, אֶחָד הַלֹּוֶה מִשְּׁלֹשָׁה יַחֲזִיר לַלֹּוֶה – דְּגַבֵּי לֹוֶה שְׁכִיחִי, גַּבֵּי מַלְוֶה לָא שְׁכִיחִי, שְׁמַע מִינָּהּ מִלֹּוֶה נְפוּל. שְׁלֹשָׁה שֶׁלָּווּ מֵאֶחָד יַחֲזִיר לַמַּלְוֶה – דְּגַבֵּי מַלְוֶה שְׁכִיחִי, גַּבֵּי לֹוֶה לָא שְׁכִיחִי.

Rava **said to** Rav Safra: **There,** the obligation to return the promissory notes to the creditor is not on the basis of distinguishing marks; rather, it **is** based on **logical reasoning.** If one found three promissory notes relating to the loan of **one** debtor **who borrowed** money **from three** creditors, **he shall return** the documents **to the debtor,** because a group of several documents indicating that one debtor borrowed money from several creditors **is** typically **found with** the **debtor** and **is not** typically **found with a creditor,** as the only element common to all the documents is the debtor. **Conclude from it that** the group of documents **fell from the debtor** while they were in his possession. If one found three promissory notes relating to the loans of **three** debtors **who borrowed** money **from one** creditor, **he shall return** the documents **to the creditor,** because a group of several documents indicating that multiple debtors borrowed money from a single creditor **is** typically **found with** the **creditor** and **is not** typically **found with a debtor,** as the only element common to all the documents is the creditor.

Perek **II**
Daf **28** Amud **a**

אֶלָּא הָא דִּתְנַן: מָצָא תַּכְרִיךְ שֶׁל שְׁטָרוֹת אוֹ אֲגוּדָּה שֶׁל שְׁטָרוֹת – הֲרֵי זֶה יַחֲזִיר, הָכִי נַמִּי דְּנִיחָא לֵיהּ לַלֹּוֶה לְאַהֲדוּרֵי לֵיהּ לַמַּלְוֶה?

The Gemara asks: **But** there is **that which we learned** in that mishna (20a): If one **found a roll of documents or a bundle of documents, he shall return** the documents to the one for whom they were written, i.e., the creditor, when he describes the roll and the bundle, which serve as distinguishing marks. Would one say that **so too,** if one returns lost items on the basis of distinguishing marks due to the tacit agreement of the owners, it is **satisfactory to the debtor to** have the documents **returned to the creditor?**

אֶלָּא אָמַר רָבָא: סִימָנִין דְּאוֹרַיְיתָא, דִּכְתִיב ״וְהָיָה עִמְּךָ עַד דְּרֹשׁ אָחִיךָ אֹתוֹ״. וְכִי תַּעֲלֶה עַל דַּעְתְּךָ שֶׁיִּתְּנֶנּוּ קוֹדֶם שֶׁיִּדְרְשֶׁנּוּ? אֶלָּא, דָּרְשֵׁהוּ אִם רַמַּאי הוּא אוֹ אֵינוֹ רַמַּאי. לָאו בְּסִימָנִין? שְׁמַע מִינָּהּ.

Rather, Rava said: Identification of an item on the basis of **distinguishing marks is by Torah law,**[N] **as it is written:** "And if your brother be not near you, and you know him not, then you shall bring it into your house, **and it shall be with you until your brother claims** [*derosh*] **it,** and you shall return it to him" (Deuteronomy 22:2). **Would it enter your mind that he would give** the lost item **to him before he claims it?** How can the finder return it if he does not know the identity of the owner? **Rather,** the verb *derosh* is not referring to the claim of the owner; it is referring to the scrutiny performed by the finder. **Scrutinize him** [*darshehu*] to determine **whether** the claimant **is a swindler** or **whether he is not a swindler.** Only then may you return the lost item to him. **What, is it not** that the one who claims the lost item proves that he is not a swindler **on the basis of distinguishing marks** that he provides? Rava affirms: **Conclude from it** that identification of an item on the basis of distinguishing marks is by Torah law.

אָמַר רָבָא: אִם תִּמְצֵי לוֹמַר סִימָנִין דְּאוֹרַיְיתָא. אִם תִּמְצֵי לוֹמַר? הָא פְּשִׁיט לֵיהּ סִימָנִין דְּאוֹרַיְיתָא! מִשּׁוּם דְּאִיכָּא לְמֵימַר כִּדְשַׁנֵּינַן.

Rava begins his statement and **says: If you say** that identification of an item on the basis of **distinguishing marks** is **by Torah law.** The Gemara interjects: **If you say? Didn't he** already **resolve** the dilemma and conclude that identification of an item on the basis of **distinguishing marks** is **by Torah law?** The Gemara answers: Rava phrased his statement conditionally **due to** the fact **that** although he holds that identification of an item on the basis of distinguishing marks is by Torah law, **one could** reject his conclusion and **say as we explained** previously (27b), that when the mishna states that the finder scrutinizes whether he is a swindler, he does so on the basis of witnesses and not on the basis of distinguishing marks.

סִימָנִין וְסִימָנִין – יַנִּיחַ. סִימָנִין וְעֵדִים – יִנָּתֵן לְבַעַל הָעֵדִים. סִימָנִין וְסִימָנִין וְעֵד אֶחָד – עֵד אֶחָד כְּמַאן דְּלֵיתֵיהּ דָּמֵי, וְיַנִּיחַ.

The Gemara resumes Rava's interrupted statement: If you say that identification of an item on the basis of distinguishing marks is by Torah law, then in a case where an item is found and two people claim it as theirs, and one describes **distinguishing marks** on the item **and** the other describes **distinguishing marks**[H] on the item, the finder **shall leave it**[N] in his possession and not give it to either claimant. In a case where one person describes **distinguishing marks** on the item **and** the other brings two **witnesses**[H] to support his claim of ownership, the item **shall be given to** the claimant **with witnesses.** In a case where one person describes **distinguishing marks** on the item **and** the other describes **distinguishing marks** on the item **and** brings **one witness**[NH] to support his claim of ownership, the **one witness is as one who is not** there, **and** the finder **shall leave** it in his possession. The testimony of a single witness has no legal standing in this case.

עֵדֵי אֲרִיגָה וְעֵדֵי נְפִילָה – תִּנָּתֵן לְעֵדֵי נְפִילָה, דְּאָמְרִינַן זַבּוֹנֵי זַבְּנָהּ, וּמֵאִינִישׁ אַחֲרִינָא נְפַל.

In a case where one claimant to a found garment brings **witnesses** who testify that the garment was **woven** for him, **and** the other claimant brings **witnesses** who testify that the garment had **fallen** from him,[H] the garment **shall be given to** the claimant whose **witnesses** testified that the garment had **fallen** from him, **as we say** that perhaps the one for whom it was woven **sold** the garment **and** it **fell from another person,** who is the current owner.

NOTES

Rather Rava said identification on the basis of distinguishing marks is by Torah law – אֶלָּא אָמַר רָבָא סִימָנִין דְּאוֹרַיְיתָא: Clearly the proof Rava is citing is not from the derivation from the verse, as that proof was already rejected. Rather, Rava said that the *halakha* in the mishna with regard to documents can be understood only if identification of an item on the basis of distinguishing marks is by Torah law. Yet, even Rava himself was not certain of this *halakha*, because he found no explicit proof to support it.

Distinguishing marks and distinguishing marks, the finder shall leave it – סִימָנִין וְסִימָנִין יַנִּיחַ: According to the Ra'avad, even if one person provided a clear-cut distinguishing mark and the other brought an intermediate-level distinguishing mark, nevertheless, the finder shall retain the item in his possession. The reason is that if identification of an item on the basis of distinguishing marks is by Torah law, there is no difference between the various types of distinguishing marks. The dilemmas cited later in the Gemara with regard to the relative effectiveness of different distinguishing marks, e.g., the measure of its length and the measure of its width, are in accordance with the opinion of the one who holds that identification of an item on the basis of distinguishing marks is by rabbinic law. According to that opinion, since the item is returned to the most logical claimant, it is returned to the one who provides the most clear-cut distinguishing mark.

Nevertheless, many early commentaries disagree with the Ra'avad and hold that even if identification of an item on the basis of distinguishing marks is by Torah law, there is a distinction between clear-cut and intermediate-level distinguishing marks. They add that the ruling in the Gemara about a case where two claimants provide distinguishing marks, i.e., that the finder shall retain the item in his possession, is referring to a case where the distinguishing marks were definitive to the same degree.

Distinguishing marks and distinguishing marks and one witness – סִימָנִין וְסִימָנִין וְעֵד אֶחָד: Some explain that according to the opinion of the one who holds that identification of an item on the basis of distinguishing marks is by Torah law, distinguishing marks are as effective as witnesses; in this case, each claimant has witnesses supporting his claim. Just as in a case where one of the parties brings two witnesses and the other brings more there is no advantage to the one who brings more witnesses, so too, there is no advantage to one who brings one witness in addition to the distinguishing mark (*Haggahot Mordekhai*).

HALAKHA

Distinguishing marks and distinguishing marks – סִימָנִין וְסִימָנִין: If a lost item has two claimants, each of whom can provide its distinguishing marks, the finder shall not give the item to either claimant unless one of them brings witnesses supporting his claim or admits that his is a false claim (Rambam *Sefer Nezikin, Hilkhot Gezeila VaAveda* 13:6; *Shulḥan Arukh, Ḥoshen Mishpat* 267:8).

Distinguishing marks and witnesses – סִימָנִין וְעֵדִים: If one claimant provides distinguishing marks, even clear-cut distinguishing marks (*Shakh*, citing Rosh), and another claimant brings witnesses supporting his claim, the lost item is given to the claimant who brings witnesses (Rambam *Sefer Nezikin, Hilkhot Gezeila VaAveda* 13:6; *Shulḥan Arukh, Ḥoshen Mishpat* 267:9).

Distinguishing marks and distinguishing marks and one witness – סִימָנִין וְסִימָנִין וְעֵד אֶחָד: If two claimants to a lost item each provide distinguishing marks, and one of the claimants also brings one witness to support his claim, the lost item remains in the possession of the finder. The Rema rules that in that case, the claimant who did not bring a witness must take an oath that the item is his. If he does not take the oath, the finder gives the item to the claimant who brought the witness (Rambam *Sefer Nezikin, Hilkhot Gezeila VaAveda* 13:6; *Shulḥan Arukh, Ḥoshen Mishpat* 267:10).

Witnesses that the garment was woven for him and witnesses that the garment had fallen from him – עֵדֵי אֲרִיגָה וְעֵדֵי נְפִילָה: If one claimant to a lost garment bring witnesses who testify that it was woven for him and another claimant brings witnesses who testify that it fell from him, the finder gives the garment to the latter claimant (Rambam *Sefer Nezikin, Hilkhot Gezeila VaAveda* 13:7; *Shulḥan Arukh, Ḥoshen Mishpat* 267:11).

מִדַּת אׇרְכּוֹ וּמִדַּת רׇחְבּוֹ – תִּנָּתֵן לְמִדַּת אׇרְכּוֹ, דְּמִדַּת רׇחְבּוֹ שִׁעוּרֵי קָא מְשַׁעַר לַהּ כִּי מְכַסֵּי לַהּ מָרַהּ וְקָאֵי, וּמִדַּת אׇרְכּוֹ לָא מִשְׁתַּעַר לַהּ.

If one claimant provides **the measure of length of** a lost garment **and** the other provides **the measure of its width,**[H] the garment **shall be given to** the claimant who provided the **measure of its length, as one can approximate the measure of its width when its owner dons** the garment **and stands, but the measure of its length cannot be approximated** in that manner. Therefore, it is a more clear-cut distinguishing characteristic.

מִדַּת אׇרְכּוֹ וּמִדַּת רׇחְבּוֹ וּמִדַּת גַּמָּיו – יִנָּתֵן לְמִדַּת אׇרְכּוֹ וְרׇחְבּוֹ.

If one claimant provides **the measure of its length and the measure of its width and** the other provides **the measure of its** gamma, its combined length and width, which together form the Greek letter **gamma,**[LH] but does not provide each measure individually, the item **shall be given to** the claimant who provided **the measure of its length and** the measure of **its width** separately.

מִדַּת אׇרְכּוֹ וּמִדַּת רׇחְבּוֹ וּמִדַּת מִשְׁקְלוֹתָיו – יִנָּתֵן לְמִדַּת מִשְׁקְלוֹתָיו.

If one claimant provides **the measure of its length and the measure of its width and** the other provides **the measure of its weight,**[H] the item **shall be given to** the claimant who provided **the measure of its weight,** which, because it is more difficult to approximate, is a more clear-cut distinguishing characteristic.

הוּא אוֹמֵר סִימָנֵי הַגֵּט וְהִיא אוֹמֶרֶת סִימָנֵי הַגֵּט – יִנָּתֵן לָהּ. בְּמַאי? אִילֵימָא בְּמִדַּת אׇרְכּוֹ וְרׇחְבּוֹ – דִּלְמָא בַּהֲדֵי דְּנָקֵיט לֵיהּ חֲזִיתֵיהּ. אֶלָּא: נֶקֶב יֵשׁ בּוֹ בְּצַד אוֹת פְּלוֹנִי.

Rava continues: In a case where a bill of divorce is found and it is unclear whether it had been delivered to the wife, and the husband, who reconsidered, **states** the **distinguishing marks of the bill of divorce** and claims that he did not yet give it to his wife, **and** the wife, who wants to be divorced, **states** the **distinguishing marks of the bill of divorce**[H] and claims that she already received it, the document **shall be given to** the wife. The Gemara asks: **With what** distinguishing mark did she describe the bill of divorce? **If we say** that she described it **with the measure of its height and its width,** that is not a clear-cut distinguishing mark; **perhaps while** her husband **was holding** the bill of divorce, **she saw it,** although he had not yet given it to her. **Rather,** it must be that she says that **there is a perforation alongside such and such letter** in the document, which she could know only if the bill of divorce had been in her hand.

הוּא אוֹמֵר סִימָנֵי הַחוּט וְהִיא אוֹמֶרֶת סִימָנֵי הַחוּט – יִנָּתֵן לָהּ. בְּמַאי? אִילֵימָא בְּחִיוָּרָא וּבְסוּמָּקָא – וְדִלְמָא בַּהֲדֵי דְּנָקֵיט לֵיהּ חֲזִיתֵיהּ? אֶלָּא, בְּמִדַּת אׇרְכּוֹ.

In a case where the husband **states** the **distinguishing marks of the string** with which the bill of divorce is bound, **and she states** the **distinguishing marks of the string,** the document **shall be given to** the wife. The Gemara asks: **With what** distinguishing mark did she describe the string? **If we say** that she described it **by** saying that the string is **white or by** saying that it is **red,** this cannot be the mark based on which she proves her ownership, as **perhaps while** her husband **was holding** the bill of divorce, **she saw** the string. **Rather,** it must be that she stated **the measure of its length.** As the string was wrapped around the document, she would know its length only if the bill of divorce had been in her hand.

הוּא אוֹמֵר בַּחֲפִיסָה וְהִיא אוֹמֶרֶת בַּחֲפִיסָה – יִנָּתֵן לוֹ, מַאי טַעְמָא – מֵידַע יָדְעָה דְּכׇל מַה דְּאִית לֵיהּ – בַּחֲפִיסָה הוּא דְּמַנַּח לֵיהּ.

In a case where the husband claims that the bill of divorce was not given to the wife and **states** that it was stored **in a case, and** the wife claims that she received the bill of divorce and **states** that it was stored **in a case,** the document **shall be given to** the husband. **What is the reason?** Identification of the document based on its storage cannot prove her ownership, as **she knows that he places any** valuable item **that he has** in his possession **in the case.**

LANGUAGE

Gamma – גאם: This is the Greek capital letter *gamma*, Γ, which consists of two perpendicular lines, here representing length and width.

HALAKHA

The measure of length and the measure of its width – מִדַּת אׇרְכּוֹ וּמִדַּת רׇחְבּוֹ: If one claimant provides the measure of the length of a lost garment and another claimant provides the measure of its width, the finder gives the garment to the initial claimant, as the measure of the length of a garment is a superior distinguishing mark (Rambam *Sefer Nezikin, Hilkhot Gezeila VaAveda* 13:7; *Shulḥan Arukh, Ḥoshen Mishpat* 267:12).

The measure of its length and the measure of its width and the measure of its gamma – מִדַּת אׇרְכּוֹ וּמִדַּת רׇחְבּוֹ וּמִדַּת גַּמָּיו: If one claimant provides the sum of the lost item's length and width, while the other claimant provides the measure of its length individually and the measure of its width individually, the finder returns the item to the latter claimant, as he provided more specific details (Rambam *Sefer Nezikin, Hilkhot Gezeila VaAveda* 13:7; *Shulḥan Arukh, Ḥoshen Mishpat* 267:14).

The measure of its length and the measure of its width and the measure of its weight – מִדַּת אׇרְכּוֹ וּמִדַּת רׇחְבּוֹ וּמִדַּת מִשְׁקְלוֹתָיו: If one claimant provides the measure of the item's length and the measure of its width, and the other provides the measure of its weight, the finder returns the item to the claimant who provided the measure of its weight (Rambam *Sefer Nezikin, Hilkhot Gezeila VaAveda* 13:7; *Shulḥan Arukh, Ḥoshen Mishpat* 267:13).

A husband and his wife with regard to distinguishing marks in a bill of divorce – בַּעַל וְאִשְׁתּוֹ בְּסִימָנֵי הַגֵּט: If a bill of divorce is found in the marketplace, and the wife claims that she was divorced with that bill of divorce and it fell from her possession, and the husband claims that he had not yet given her the bill of divorce and it fell from his possession, the finder does not return the bill of divorce to either party. If the wife provides the distinguishing marks of the bill of divorce, the finder returns it to her even if the husband also provides distinguishing marks. With regard to the effectiveness of a distinguishing mark required to return a bill of divorce, the Rif holds that it must be a clear-cut distinguishing mark, and the Rosh holds that even an intermediate-level distinguishing mark suffices. The Gra explains that the ruling in the *Shulḥan Arukh* is in accordance with the opinion of the Rif (Rambam *Sefer Nezikin, Hilkhot Gezeila VaAveda* 18:6–7; *Shulḥan Arukh, Even HaEzer* 153:1).

מתני׳ וְעַד מָתַי חַיָּיב לְהַכְרִיז? עַד כְּדֵי שֶׁיֵּדְעוּ בּוֹ שְׁכֵנָיו, דִּבְרֵי רַבִּי מֵאִיר. רַבִּי יְהוּדָה אוֹמֵר: שָׁלֹשׁ רְגָלִים, וְאַחַר הָרֶגֶל הָאַחֲרוֹן שִׁבְעָה יָמִים, כְּדֵי שֶׁיֵּלֵךְ לְבֵיתוֹ שְׁלֹשָׁה וְיַחֲזוֹר שְׁלֹשָׁה וְיַכְרִיז יוֹם אֶחָד.

MISHNA

And until when is one who finds a lost item **obligated to proclaim** his find? He is obligated to do so **until** the moment **that the neighbors will know of its** existence; this is **the statement of Rabbi Meir. Rabbi Yehuda says:** He is obligated to proclaim his find for **three pilgrimage Festivals**[HB] **and** for **seven days after the last** of the three **pilgrimage Festivals, so that** its owner **will** have time to **go to his home,** a trip lasting up to **three** days, and ascertain that he in fact lost the item, **and** he **will return** to Jerusalem, a trip lasting up to **three** days, **and proclaim** his loss for **one day.**[N]

גמ׳ תָּנָא: שְׁכֵנֵי אֲבֵידָה. מַאי שְׁכֵנֵי אֲבֵידָה? אִילֵימָא שְׁכֵינִים דְּבַעַל אֲבֵידָה – אִי יָדַע לֵיהּ לֵיזוּל וּלְהַדְרֵיהּ נְהֲלֵיהּ! אֶלָּא: שְׁכֵנֵי מָקוֹם שֶׁנִּמְצֵאת בּוֹ אֲבֵידָה.

GEMARA

The mishna teaches that one must proclaim his find until his neighbors will know of its existence. A *tanna* **taught:** One must proclaim his find until the **neighbors of the lost item** will know of its existence. The Gemara asks: **What** is the meaning of the expression: **Neighbors of the lost item? If we say** that the reference is to **neighbors of the owner of the lost item,** he need not proclaim his find, as **if** the finder **knows** who lost the item, **let him go and return it to him.** The Gemara answers: **Rather,** the reference is to the **neighbors of the place where the lost item was found.**

״רַבִּי יְהוּדָה אוֹמֵר״ כו׳.

§ The mishna teaches that **Rabbi Yehuda says:** He is obligated to proclaim his find for three pilgrimage Festivals and for seven days after the last of the three pilgrimage Festivals, so that its owner will go to his home, a trip lasting up to three days, will ascertain that he in fact lost the item, and will return to Jerusalem, a trip lasting up to three days, and proclaim his loss for one day.

וּרְמִינְהוּ: בִּשְׁלֹשָׁה בְּמַרְחֶשְׁוָן שׁוֹאֲלִין אֶת הַגְּשָׁמִים, רַבָּן גַּמְלִיאֵל אוֹמֵר: בְּשִׁבְעָה בּוֹ, שֶׁהוּא חֲמִישָּׁה עָשָׂר יוֹם אַחַר הֶחָג, כְּדֵי שֶׁיַּגִּיעַ אַחֲרוֹן שֶׁבְּאֶרֶץ יִשְׂרָאֵל לִנְהַר פְּרָת!

Apropos Rabbi Yehuda's calculation of three days as the duration of a pilgrim's travel from Jerusalem to his home, the Gemara **raises a contradiction** from a mishna (*Ta'anit* 10a): **On the third of** the month of **Marḥeshvan one** starts to **request rain** by inserting the phrase:[H] And grant dew and rain, in the blessing of the years, the ninth blessing of the *Amida* prayer. **Rabban Gamliel says:** One starts to request rain **on the seventh of** Marḥeshvan, **which is fifteen days after the** conclusion of the **festival** of *Sukkot*, **so that** the **last** of those **who are in Eretz Yisrael** on the pilgrimage to Jerusalem **can reach** their homes beyond **the Euphrates River**[B] before the onset of rain, which would make crossing the river more hazardous. Apparently, it takes fifteen days for those who came for the pilgrimage Festivals to return home, not three days.

אָמַר רַב יוֹסֵף: לָא קַשְׁיָא: כָּאן – בְּמִקְדָּשׁ רִאשׁוֹן, כָּאן – בְּמִקְדָּשׁ שֵׁנִי.

Rav Yosef says: This is **not difficult. Here,** in the mishna in tractate *Ta'anit*, Rabban Gamliel's statement is referring to the duration of the journey **during the First Temple** period,[N] which took fifteen days; whereas **there,** Rabbi Yehuda's statement is referring to the duration of the journey **during the Second Temple** period, which took three days.

בְּמִקְדָּשׁ רִאשׁוֹן, דִּנְפִישִׁי יִשְׂרָאֵל טוּבָא, דִּכְתִיב בְּהוּ ״יְהוּדָה וְיִשְׂרָאֵל רַבִּים כַּחוֹל אֲשֶׁר עַל הַיָּם לָרֹב״ – בָּעֵינַן כּוּלֵּי הַאי, בְּמִקְדָּשׁ שֵׁנִי דְּלָא נְפִישִׁי יִשְׂרָאֵל טוּבָא, דִּכְתִיב בְּהוּ ״כָּל הַקָּהָל כְּאֶחָד אַרְבַּע רִבּוֹא אַלְפַּיִם שְׁלֹשׁ מֵאוֹת שִׁשִּׁים״ – לָא בָּעֵינַן כּוּלֵּי הַאי.

The Gemara explains the answer: **During the First Temple** period, **when the Jewish people were very numerous, as it is written with regard to them: "Judea and Israel were many, as the sand that is by the sea in multitude,** eating and drinking and rejoicing" (I Kings 4:20), **we need that much** time for them to travel from Jerusalem to the farthest reaches of Eretz Yisrael, due to the wide distribution of the large population. **During the Second Temple** period, **when the Jewish people were not very numerous, as it is written: "The whole congregation together was forty and two thousand three hundred and sixty"** (Ezra 2:64), **we do not need that much** time for them to travel from Jerusalem to the farthest reaches of Eretz Yisrael, due to the limited distribution of the small population.

HALAKHA

And until when is one who finds a lost item obligated to proclaim his find…for three pilgrimage Festivals – וְעַד מָתַי חַיָּיב לְהַכְרִיז...שָׁלֹשׁ רְגָלִים: During the Temple period, anyone who found a lost item would proclaim his find during all three pilgrimage Festivals. During the first pilgrimage Festival, he would proclaim: This is the first pilgrimage Festival during which I am proclaiming my find. During the second, he would proclaim that it was the second Festival. During the third Festival, he would proclaim his find without specifying which number Festival it was. Seven days after the last Festival, he would again proclaim his find, in accordance with the opinion of Rabbi Yehuda (Rambam *Sefer Nezikin, Hilkhot Gezeila VaAveda* 13:8).

One starts to request rain – שׁוֹאֲלִין אֶת הַגְּשָׁמִים: In Eretz Yisrael, one begins to request rain by inserting the phrase: And grant dew and rain, in the blessing of the years, the ninth blessing of the *Amida*, on the seventh day of Marḥeshvan (Rambam *Sefer Ahava, Hilkhot Tefilla* 2:16; *Shulḥan Arukh, Oraḥ Ḥayyim* 117:1).

BACKGROUND

Three pilgrimage Festivals – שָׁלֹשׁ רְגָלִים: The three pilgrimage Festivals are Passover, *Shavuot*, and *Sukkot*. On these three Festivals, Jewish men were obligated to appear at the Temple in Jerusalem (Deuteronomy 16:16). All offerings pledged to the Temple were brought on these Festivals, so that one would not violate the prohibition: "You shall not be slack" (Deuteronomy 23:22) in fulfilling your vows.

So that the last…can reach the Euphrates River – כְּדֵי שֶׁיַּגִּיעַ אַחֲרוֹן...לִנְהַר פְּרָת: There were several routes from Eretz Yisrael to Babylonia. The main path was probably via Damascus, through Thapsacus, all the way along the Euphrates to Babylonia. Although this route, which followed inhabited areas, was very long, more than 500 km to Thapsacus, it was the best journey for large convoys, which occasionally included women and children. At a speed of roughly 30 to 40 km a day, the trip would take about fifteen days. A more direct path via the desert, at a quicker pace, offered the traveler a journey of roughly seven days.

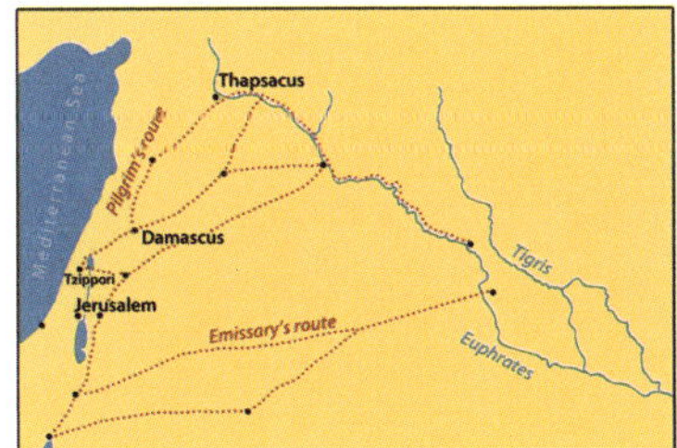

Routes from Eretz Yisrael to Babylonia

NOTES

And proclaim his loss for one day – וְיַכְרִיז יוֹם אֶחָד: Rashi explains that the one who lost the item proclaims his loss. The Rambam holds that the finder proclaims his find for one additional day, i.e., seven days after the third pilgrimage Festival. Rabbeinu Tam and Rabbeinu Yehonatan of Lunel explain that in this context the reference is not to proclamation; rather, the Gemara states that the one who lost the item will search through his belongings to ascertain whether it is indeed his item that is lost.

Here during the First Temple period – כָּאן בְּמִקְדָּשׁ רִאשׁוֹן: Although Rabban Gamliel did not live during the First Temple period, he nevertheless sought to establish a *halakha* in principle and not merely to issue a ruling relevant to his time period. In fact, he became *Nasi* only after the destruction of the Second Temple (Ya'avetz).

אֲמַר לֵיהּ אַבַּיֵי: וְהָא כְּתִיב ״וַיֵּשְׁבוּ הַכֹּהֲנִים וְהַלְוִיִּם״ וגו׳ ״וְהַמְשֹׁרְרִים וְהַשּׁוֹעֲרִים...וְכָל יִשְׂרָאֵל בְּעָרֵיהֶם״!

Abaye said to Rav Yosef: **But isn't it written: "So the priests, and the Levites,** and some of the people, **and the singers, and the porters,** and the Gibeonites, dwelt in their cities, **and all Israel in their cities"** (Ezra 2:70). The verse indicates that despite their limited numbers, the Jewish people dwelt in all the cities that they inhabited previously, and the distance to the far reaches of Eretz Yisrael was no shorter during the Second Temple period.

וְכֵיוָן דְּהָכִי הוּא – אִיפְּכָא מִסְתַּבְּרָא: מִקְדָּשׁ רִאשׁוֹן דִּנְפִישִׁי יִשְׂרָאֵל טוּבָא, דִּמְצַוְּות עָלְמָא, וּמִשְׁתַּכְּחִי שַׁיָּירָתָא דְּאָזְלִי בֵּין בִּימָמָא וּבֵין בְּלֵילְיָא – לָא בָּעֵינַן כּוּלֵּי הַאי, וְסַגִּי בִּתְלָתָא יוֹמָא. מִקְדָּשׁ שֵׁנִי, דְּלָא נְפִישִׁי יִשְׂרָאֵל טוּבָא וְלָא מְצַוְּות עָלְמָא, וְלָא מִשְׁתַּכְּחִי שַׁיָּירָתָא דְּאָזְלִי בֵּין בִּימָמָא וּבֵין בְּלֵילְיָא – בָּעֵינַן כּוּלֵּי הַאי.

Abaye continued: **And since that** is the reality, **the opposite is reasonable.** During the **First Temple** period, **when the Jewish people were very numerous** and **when everyone was structured in groups,** and caravans could be **found that traveled both during the day and during the night, we do not need that much** time to travel from Jerusalem to the farthest reaches of Eretz Yisrael, **and three days suffice.** By contrast, during the **Second Temple** period, **when the Jewish people were not very numerous and when everyone was** not structured **in groups, and therefore, caravans** could **not** be **found that traveled both during the day and during the night, we need that much** time, i.e., fifteen days, to travel from Jerusalem to the farthest reaches of Eretz Yisrael.

רָבָא אֲמַר: לָא שְׁנָא בְּמִקְדָּשׁ רִאשׁוֹן וְלָא שְׁנָא בְּמִקְדָּשׁ שֵׁנִי, לֹא הִטְרִיחוּ רַבָּנַן בַּאֲבֵידָה יוֹתֵר מִדַּאי.

Rava said: It **is no different during the First Temple** period **and** it **is no different during the Second Temple** period; the requisite travel time to the border was fifteen days, as the opinion of Rabban Gamliel indicates. Nevertheless, Rabbi Yehuda calculated three days of travel to the border because **the Sages did not** wish to **trouble** the finder **excessively in** returning **a lost item** by requiring him to wait an extended amount of time.

אָמַר רָבִינָא: שְׁמַע מִינָּהּ כִּי מַכְרִיז – גְּלִימָא מַכְרִיז. דְּאִי סָלְקָא דַּעְתָּךְ אֲבֵידְתָא מַכְרִיז, בָּעֵינַן לְמַטְפֵּי לֵיהּ חֲדָא יוֹמָא לְעִיּוּנֵי בְּמָאנֵיהּ. אֶלָּא שְׁמַע מִינָּהּ: גְּלִימָא מַכְרִיז, שְׁמַע מִינָּהּ.

Ravina says: Learn from the calculation of Rabbi Yehuda in the mishna that **when** a finder **proclaims** his find[H] he specifies the nature of the item, e.g., **he proclaims** that he found **a cloak. As, if it enters your mind** that the finder **proclaims** that he found **a lost item** without specifying its nature, **we need to increase** the period of time afforded the owner to ascertain that he lost an item, and add **one day** for him **to examine** all **his vessels. Rather, learn from it** that the finder **proclaims** that he found **a cloak.** The Gemara affirms: **Learn from it** that the finder specifies the nature of the item.

רָבָא אֲמַר: אֲפִילּוּ תֵּימָא אֲבֵידְתָא מַכְרִיז, לֹא הִטְרִיחוּ רַבָּנַן בַּאֲבֵידָה יוֹתֵר מִדַּאי.

Rava said: Even if **you say** that the finder **proclaims** that he found an unspecified **lost item,** nevertheless, Rabbi Yehuda does not require extending the period afforded the owner, because **the Sages did not** wish to **trouble** the finder **excessively in** returning **a lost item** by requiring him to wait an extended amount of time.

תָּנוּ רַבָּנַן: רֶגֶל רִאשׁוֹן אוֹמֵר: רֶגֶל רִאשׁוֹן, רֶגֶל שֵׁנִי אוֹמֵר: רֶגֶל שֵׁנִי, רֶגֶל שְׁלִישִׁי אוֹמֵר סְתָם.

The Sages taught in a *baraita*: On the **first pilgrimage Festival** after finding the lost item, the finder proclaims his find and **says:** This is **the first pilgrimage Festival** that I am proclaiming this find. On the **second pilgrimage Festival** after finding the lost item, the finder proclaims his find and **says:** This is **the second pilgrimage Festival** that I am proclaiming this find. On **the third pilgrimage Festival,** the finder proclaims his find and **says** his proclamation **without specification** of the number of the Festival.

וְאַמַּאי? לֵימָא רֶגֶל שְׁלִישִׁי? דְּלָא אָתֵי לְאַחְלוּפֵי בְּשֵׁנִי. שֵׁנִי נַמִי,

The Gemara asks: **And why** does he not specify the number of the Festival? Just as he specified the previous two Festivals, **let** him **say** that it is the **third pilgrimage Festival.** The Gemara answers: He does not specify that it is the third pilgrimage Festival, so **that** one who hears him will **not come to confuse** it **with the second** pilgrimage Festival. If the finder were to proclaim that it is the third [*shelishi*] Festival, it is possible that the owner would mistakenly hear the word second [*sheni*] and believe that there is time remaining to reclaim his lost item. Since on the second Festival he mentions the number and on the third Festival he does not mention a number, there is no potential for confusion. The Gemara asks: Based on that reasoning, on **the second** pilgrimage Festival **too,** the finder should not mention the number of the Festival,

HALAKHA

When a finder proclaims his find, etc. – **כִּי מַכְרִיז וכו׳:** Typically, the finder proclaims his find, whether the item in question is money, a garment, or an animal. The owner then comes and provides its distinguishing marks, in accordance with the opinion of Ravina (Rambam *Sefer Nezikin, Hilkhot Gezeila VaAveda* 13:1; *Shulḥan Arukh, Ḥoshen Mishpat* 267:4).

אַתְיָא לְאַחְלוּפֵי בְּרִאשׁוֹן! הָא קָא אָתֵי רֶגֶל שְׁלִישִׁי.

because perhaps one who hears him will **come to confuse** it **with the first** pilgrimage Festival? The Gemara answers: Confusing the second Festival with the first is not a problem, as in any case, **won't** the finder **come** on the **third pilgrimage Festival,** thereby giving the owner another opportunity to recover his lost item?

תָּנוּ רַבָּנַן: בָּרִאשׁוֹנָה, כָּל מִי שֶׁמָּצָא אֲבֵידָה – הָיָה מַכְרִיז עָלֶיהָ שְׁלֹשָׁה רְגָלִים, וְאַחַר רֶגֶל אַחֲרוֹן שִׁבְעַת יָמִים, כְּדֵי שֶׁיֵּלֵךְ שְׁלֹשָׁה וְיַחֲזוֹר שְׁלֹשָׁה וְיַכְרִיז יוֹם אֶחָד. מִשֶּׁחָרַב בֵּית הַמִּקְדָּשׁ, שֶׁיִּבָּנֶה בִּמְהֵרָה בְיָמֵינוּ, הִתְקִינוּ שֶׁיְּהוּ מַכְרִיזִים בְּבָתֵּי כְנֵסִיּוֹת וּבְבָתֵּי מִדְרָשׁוֹת. וּמִשֶּׁרַבּוּ הָאַנָּסִים – הִתְקִינוּ שֶׁיְּהוּ מוֹדִיעִין לִשְׁכֵנָיו וְלִמְיוּדָּעָיו, וְדַיּוֹ.

§ **The Sages taught: Initially, anyone who found a lost item would proclaim** his find for **three pilgrimage Festivals and** for **seven days after the last** of the three **pilgrimage Festivals, so that** its owner **will go to his home,** a trip lasting up to **three** days, **and will return** to Jerusalem, a trip lasting up to **three** days, **and proclaim** his loss for **one day.** But **from** the time **that the Temple was destroyed,**[H] **may it be rebuilt speedily in our days,** the Sages **instituted that** those who find lost items **shall proclaim** their finds **in synagogues and study halls. And from** the time **that the oppressors proliferated,** the Sages **instituted** an ordinance **that** one who finds a lost item **shall inform his neighbors and acquaintances, and** that will **suffice for him.**

מַאי מִשֶּׁרַבּוּ הָאַנָּסִין? דְּאָמְרִי: אֲבֵידְתָא לְמַלְכָּא. רַבִּי אַמִי אַשְׁכַּח אוּדְיָא דְּדִינָרֵי, חַזְיֵיהּ הַהוּא רוֹמָאָה דְּקָא מִירְתַּת. אֲמַר לֵיהּ: זִיל שְׁקוֹל לְנַפְשָׁךְ, דְּלָאו פָּרְסָאֵי אֲנַן דְּאָמְרִי אֲבֵידְתָא לְמַלְכָּא.

The Gemara asks: **What** is the meaning of: **From** the time **that the oppressors proliferated?** The Gemara answers: It is from the time **that they say: A lost item** belongs **to the king.**[B] The Sages were concerned that any public proclamation would result in confiscation of the lost item. The Gemara relates: **Rabbi Ami**[P] **found a vessel** full **of dinars. A certain Roman saw that he was wary** and hesitant to take it. The Roman **said to him: Go, take it for yourself; as we are not Persians, who say that a lost item** belongs **to the king.**

תָּנוּ רַבָּנַן: אֶבֶן טוֹעַן הָיְתָה בִּירוּשָׁלַיִם, כָּל מִי שֶׁאָבְדָה לוֹ אֲבֵידָה נִפְנֶה לְשָׁם, וְכָל מִי שֶׁמּוֹצֵא אֲבֵידָה נִפְנֶה לְשָׁם. זֶה עוֹמֵד וּמַכְרִיז, וְזֶה עוֹמֵד וְנוֹתֵן סִימָנִין וְנוֹטְלָהּ. וְזוֹ הִיא שֶׁשָּׁנִינוּ: צְאוּ וּרְאוּ אִם נִמְחֵת אֶבֶן הַטּוֹעַן.

The Sages taught in a *baraita*: **There was a Claimant's Stone**[HN] **in Jerusalem,** and **anyone who lost an item would be directed there and anyone who found a lost item would be directed there. This** finder would **stand and proclaim** his find **and that** owner **would stand and provide** its **distinguishing marks and take** the item. **And that is** the place about which **we learned** in a mishna (*Ta'anit* 19a): **Go and see if the Claimant's Stone has been obscured**[N] by the rising water.

מתני׳ אָמַר אֶת הָאֲבֵידָה וְלֹא אָמַר סִימָנֶיהָ – לֹא יִתֵּן לוֹ. וְהָרַמַּאי, אַף עַל פִּי שֶׁאָמַר סִימָנֶיהָ – לֹא יִתֵּן לוֹ, שֶׁנֶּאֱמַר ״עַד דְּרֹשׁ אָחִיךָ אֹתוֹ״ – עַד שֶׁתִּדְרוֹשׁ אֶת אָחִיךָ, אִם רַמַּאי הוּא אִם אֵינוֹ רַמַּאי.

MISHNA If a claimant accurately **stated** what type of item **the lost item** that was found by another is, **but did not state,** i.e., describe, **its distinguishing marks,** the finder **shall not give it to him. And** in the case of **a swindler, even though he stated its distinguishing marks,**[H] the finder **shall not give** the lost item **to him, as it is stated:** "And if your brother be not near you, and you know him not, then you shall bring it into your house, and it shall be with you **until your brother claims [*derosh*] it [*oto*],**[N] and you shall return it to him" (Deuteronomy 22:2). Would it enter your mind that the finder would give it to him before he claims it? How can the finder return it if he does not know the identity of the owner? Rather, the verb *derosh* is not referring to the claim of the owner; it is referring to the scrutiny performed by the finder. You shall not return the lost item **until** you **scrutinize [*shetidrosh*] your brother** to determine **whether** he, the claimant, **is a swindler** or **whether he is not a swindler.**

HALAKHA

From the time that the Temple was destroyed – מִשֶּׁחָרַב בֵּית הַמִּקְדָּשׁ: From the time that the Temple was destroyed, the Sages instituted an ordinance that those who find lost items proclaim their finds in synagogues and study halls. From the time that the oppressors proliferated, i.e., that the king would confiscate lost items, the Sages instituted that it is sufficient for the finder to inform his neighbors and acquaintances of his find (Rambam *Sefer Nezikin, Hilkhot Gezeila VaAveda* 13:9; *Shulḥan Arukh, Ḥoshen Mishpat* 267:3).

Claimant's Stone – אֶבֶן טוֹעַן: There was an elevated stone where those who found lost items would proclaim their finds and owners would claim their lost items. According to the Rambam this stone was located outside of Jerusalem, while other commentaries disagree (Rambam *Sefer Nezikin, Hilkhot Gezeila VaAveda* 13:1).

And a swindler even though he stated its distinguishing marks – וְהָרַמַּאי אַף עַל פִּי שֶׁאָמַר סִימָנֶיהָ: If one comes and claims a lost item and provides equivocal distinguishing marks, the finder need not return it to him. In a case where the claimant is a known swindler, even if he provides clear-cut distinguishing marks, the finder need return it to him only if he brings witnesses to support his claim (Rambam *Sefer Nezikin, Hilkhot Gezeila VaAveda* 13:3; *Shulḥan Arukh, Ḥoshen Mishpat* 267:5 and *Beur HaGra* there).

BACKGROUND

A lost item belongs to the king – אֲבֵידְתָא לְמַלְכָּא: In ancient times, laws governing the rights to a lost item varied among countries. In many countries, any treasure buried in the ground belonged to the monarch, and any other lost item was divided equally between the finder and the monarchy. Under the Roman legal system, lost items belonged exclusively to the finder. The Gemara relates an incident involving Rabbi Ami, who was initially from Babylonia, which was under Persian rule, where lost items belonged to the king. In Eretz Yisrael, which was under Roman rule, lost items belonged to the finder.

NOTES

Claimant's Stone [*Even To'an*] – אֶבֶן טוֹעַן: This translation is in accordance with the version of the term that appears in the Gemara. There is a variant reading, *to'in*, meaning those who erred or are lost, referring to those who lost items and seek to recover them.

Has been obscured – נִמְחַת: Rashi explains that this term means obscured, i.e., covered with rainwater. In the Jerusalem Talmud, it is understood as hyperbole, meaning eroded.

Until your brother claims it [*oto*] – עַד דְּרֹשׁ אָחִיךָ אֹתוֹ: The Sages interpreted this phrase as meaning: Until you scrutinize him [*oto*], meaning your brother (Ba'al HaTurim). The Radbaz cites the *Zohar*, which explains that the term *oto* means its sign, *ot*, i.e., until the owner examines the distinguishing marks of the lost item (see *HaKetav VehaKabbala*).

PERSONALITIES

Rabbi Ami – רַבִּי אַמִי: Rabbi Ami was a prominent third-generation *amora* in Eretz Yisrael, who lived at the end of the third century CE. He headed the yeshiva in Tiberias together with his colleague Rabbi Asi after the deaths of Rabbi Yoḥanan and Rabbi Elazar. Rabbi Ami considered Rabbi Yoḥanan his primary teacher, although he studied with Reish Lakish, Rabbi Elazar, Rabbi Oshaya, and Rabbi Yehoshua ben Levi as well. During Rav Huna's lifetime, Rabbi Ami deferred to his halakhic rulings. After his death, Rabbi Ami was considered the foremost halakhic authority, which was the source of his great renown. Responding to a question sent to him, he wrote: From me, Ami bar Natan, Torah emerges to all of Israel (*Gittin* 44a). Among those who consulted him with their Torah inquiries were Rabbi Abbahu, Rav Naḥman, and Rava.

גמ׳ אִתְּמַר, רַב יְהוּדָה אָמַר: אֲבֵידְתָא מַכְרִיז, וְרַב נַחְמָן אָמַר: גְּלִימָא מַכְרִיז.

GEMARA **It was stated that Rav Yehuda said:** One who finds an item **proclaims** that he found **a lost item** without specifying its nature. **And Rav Naḥman said:** He specifies the nature of the item, e.g., **he proclaims** that he found **a cloak.**[H]

רַב יְהוּדָה אָמַר: אֲבֵידְתָא מַכְרִיז, דְּאִי אָמְרַתְּ גְּלִימָא מַכְרִיז – חָיְישִׁינַן לְרַמַּאי.

Rav Yehuda said: One who finds an item **proclaims** that he found **a lost item, as if you say** that **he proclaims** that he found **a cloak, we are concerned about** the possibility that **a swindler** may attempt to claim the item. Perhaps the swindler learned that another person lost that item, and he will ascertain its distinguishing marks, provide those distinguishing marks, and claim the item.

רַב נַחְמָן אָמַר: גְּלִימָא מַכְרִיז, לְרַמַּאי לָא חָיְישִׁינַן, דְּאִם כֵּן אֵין לַדָּבָר סוֹף.

Rav Naḥman said: The finder **proclaims** that he found **a cloak, and we are not concerned about** the possibility that **a swindler** may attempt to claim the item, **as if so, there is no end to the matter.** Even if the finder does not specify the nature of the item, perhaps a swindler would be able to guess its nature.

תְּנַן: אָמַר אֶת הָאֲבֵידָה וְלֹא אָמַר אֶת סִימָנֶיהָ – הֲרֵי זֶה לֹא יִתֵּן לוֹ. אִי אָמְרַתְּ בִּשְׁלָמָא אֲבֵידְתָא מַכְרִיז – הָא קָא מַשְׁמַע לָן, אַף עַל גַּב דַּאֲמַר גְּלִימָא, כִּי לָא אֲמַר סִימָנִין – לָא מְהַדְּרִינַן לֵיהּ. אֶלָּא אִי אָמְרַתְּ גְּלִימָא מַכְרִיז, אֲמַר אִיהוּ גְּלִימָא וַאֲמַר אִיהוּ גְּלִימָא, צְרִיכָא לְמֵימַר כִּי לָא אֲמַר סִימָנִין לָא מְהַדְּרִינַן לֵיהּ?

The Gemara cites proof from that which **we learned** in the mishna: If a claimant accurately **states** what type of item **the lost item** that was found by another is, **but did not state its distinguishing marks,** the finder **shall not give** it **to him. Granted, if you say** the finder **proclaims** that he found an unspecified **lost item, this** mishna **teaches us** that **even though** the claimant indeed **stated** that the lost item is **a cloak,** as long as **he did not state** its **distinguishing marks, we do not return it to him. But if you say** that the finder **proclaims** that he found **a cloak,** if the finder **stated** that he found **a cloak and** the claimant **stated** that he lost **a cloak,** does it **need to be said** that **when he did not state** its **distinguishing marks, we do not return it to him?**

אָמַר רַב סָפְרָא: לְעוֹלָם גְּלִימָא מַכְרִיז. אֲמַר אִיהוּ גְּלִימָא, וַאֲמַר אִיהוּ סִימָנִין. וּמַאי לֹא אָמַר אֶת סִימָנֶיהָ – לֹא אָמַר סִימָנִין מוּבְהָקִין דִּידָהּ.

Rav Safra said: Actually, one could say that the finder **proclaims** that he found **a cloak,** and the mishna is referring to a case where the finder **stated** that he found **a cloak, and** the claimant **stated** its **distinguishing marks. And what** is the meaning of the phrase in the mishna: If he **did not state its distinguishing marks?** It means: If **he did not state its clear-cut distinguishing marks** but rather stated distinguishing marks that are not exclusive to the item. Therefore, he does not prove his ownership.

״וְהָרַמַּאי אַף עַל פִּי שֶׁאָמַר אֶת סִימָנֶיהָ הֲרֵי זֶה לֹא יִתֵּן לוֹ״. תָּנוּ רַבָּנַן: בָּרִאשׁוֹנָה כָּל מִי שֶׁאָבְדָה לוֹ אֲבֵידָה – הָיָה נוֹתֵן סִימָנִין וְנוֹטְלָהּ. מִשֶּׁרַבּוּ הָרַמָּאִין, הִתְקִינוּ שֶׁיְּהוּ אוֹמְרִים לוֹ: צֵא וְהָבֵא עֵדִים דְּלָאו רַמַּאי אַתְּ, וְטוֹל.

§ The mishna teaches: **And** in the case of **a swindler, even though he stated its distinguishing marks,** the finder **shall not give** the lost item **to him. The Sages taught: Initially, anyone who lost an item would provide** its **distinguishing marks and take it.** But **when the swindlers proliferated,**[N] the Sages **instituted** an ordinance **that** the finders will **say to him: Go and bring witnesses** who can testify **that you are not a swindler,**[H] **and take** your item.

כִּי הָא דַּאֲבוּהּ דְּרַב פָּפָּא אִירְכַּס לֵיהּ חֲמָרָא וְאַשְׁכְּחוּהּ. אֲתָא לְקַמֵּיהּ דְּרַבָּה בַּר רַב הוּנָא, אֲמַר לֵיהּ: זִיל אַיְיתִי סָהֲדֵי דְּלָאו רַמַּאי אַתְּ, וְטוֹל. אֲזַל אַיְיתִי סָהֲדֵי, אֲמַר לְהוּ: יָדְעִיתוּן בֵּיהּ דְּרַמַּאי הוּא? אֲמַרוּ לֵיהּ: אִין. אֲמַר לְהוּ: אֲנָא רַמָּאָה אֲנָא? אֲמַרוּ לֵיהּ: אֲנַן לָאו רַמַּאי אַתְּ קָאָמְרִינַן. אֲמַר רַבָּה בַּר רַב הוּנָא: מִסְתַּבְּרָא, לָא מַיְיתֵי אִינִישׁ חוֹבְתָא לְנַפְשֵׁיהּ.

The Gemara relates: This is as in **that** incident involving **the father of Rav Pappa,** who **lost a donkey** and others **found it. He came before Rabba bar Rav Huna** to reclaim his donkey. Rabba bar Rav Huna **said** to the father of Rav Pappa: **Go and bring witnesses** who can testify **that you are not a swindler, and** you may **take** your donkey. The father of Rav Pappa **went and brought witnesses.** Rabba bar Rav Huna **said to the** witnesses: **Do you know about him** that **he is a swindler?** The witnesses **said: Yes.** Rav Pappa's father **said,** incredulously, **to the** witnesses: **I am a swindler?** The witnesses **said to him: We were saying that you are not a swindler.** They had thought the question was if he was not a swindler, and therefore responded in the affirmative. **Rabba bar Rav Huna said:** It **is reasonable** to conclude that the witnesses actually intended to support Rav Pappa's father, because presumably, **a person does not bring condemnation upon himself;**[N] Rav Pappa's father would not have volunteered to provide witnesses who would testify against him.

HALAKHA

He proclaims a lost item…he proclaims a cloak – אֲבֵידְתָא מַכְרִיז...גְּלִימָא מַכְרִיז: One who finds a lost item proclaims which type of item he found, in accordance with the opinion of Rav Naḥman, as the *halakha* is in accordance with his opinion in monetary matters. This ruling is also in accordance with the opinion of Ravina cited on 28a (Rambam *Sefer Nezikin, Hilkhot Gezeila VaAveda* 13:3; *Shulḥan Arukh, Ḥoshen Mishpat* 267:5).

Go and bring witnesses that you are not a swindler – צֵא וְהָבֵא עֵדִים דְּלָאו רַמַּאי אַתְּ: From the time that swindlers proliferated, the Sages instituted an ordinance that the owner of a lost item must bring witnesses who can testify that he is not a swindler, and only then does the finder return the lost item to him. The Rema, citing the *Tur*, holds that if he provides a clear-cut distinguishing mark, the finder may return it to him without witnesses (Rambam *Sefer Nezikin, Hilkhot Gezeila VaAveda* 13:4; *Shulḥan Arukh, Ḥoshen Mishpat* 267:6).

NOTES

When the swindlers proliferated – מִשֶּׁרַבּוּ הָרַמָּאִין: Initially, the claimant was scrutinized only if he was a known swindler. With the proliferation of swindlers, the Sages instituted an ordinance that every claimant is considered suspect (Meiri).

A person does not bring condemnation upon himself – לָא מַיְיתֵי אִינִישׁ חוֹבְתָא לְנַפְשֵׁיהּ: Generally, the principle is that once a witness states his testimony he may not offer a revision of that testimony. That is true especially in this case, where Rav Pappa challenged the witnesses. Nevertheless, since it was apparent that their original statement was based on a misunderstanding, their explanation was accepted (Ritva; Meiri).

מתני׳ כָּל דָּבָר שֶׁעוֹשֶׂה וְאוֹכֵל – יַעֲשֶׂה וְיֹאכַל, וְדָבָר שֶׁאֵין עוֹשֶׂה וְאוֹכֵל – יִמָּכֵר, שֶׁנֶּאֱמַר ״וַהֲשֵׁבוֹתוֹ לוֹ״ – רְאֵה הֵיאַךְ תְּשִׁיבֶנּוּ לוֹ.

MISHNA If one finds **any** living **being that works**[H] **and** generates enough revenue to cover the costs of the food that it **eats,** it **shall work and eat** while in the finder's possession. **And any** living **being that does not work but** it does **eat shall be sold,**[N] **as it is stated:** "Then you shall bring it into your house, and it shall be with you until your brother claims it, **and you shall return it to him**" (Deuteronomy 22:2),[N] indicating that the finder must **see how** best **to return it to him.** Since the owner must repay the finder for his expenditures, if feeding the animal costs more than its value, the finder's keeping the animal in his possession will prevent the owner from recovering it.

מַה יְּהֵא בְּדָמִים? רַבִּי טַרְפוֹן אוֹמֵר: יִשְׁתַּמֵּשׁ בָּהֶן, לְפִיכָךְ אִם אָבְדוּ חַיָּיב בְּאַחֲרָיוּתָן. רַבִּי עֲקִיבָא אוֹמֵר: לֹא יִשְׁתַּמֵּשׁ בָּהֶן, לְפִיכָךְ אִם אָבְדוּ אֵין חַיָּיב בְּאַחֲרָיוּתָן.

What shall be done **with the money** received from the sale of the animal? **Rabbi Tarfon says:** The finder **may use it; therefore, if** the money **is lost,** he is **liable** to pay **restitution** for **it. Rabbi Akiva says: He may not use** the money; **therefore, if it is lost,** he is **not liable** to pay **restitution** for **it.**

גמ׳ וּלְעוֹלָם? אָמַר רַב נַחְמָן אָמַר שְׁמוּאֵל: עַד שְׁנֵים עָשָׂר חֹדֶשׁ. תַּנְיָא נַמִי הָכִי: כָּל דָּבָר שֶׁעוֹשֶׂה וְאוֹכֵל, כְּגוֹן פָּרָה וַחֲמוֹר – מְטַפֵּל בָּהֶן עַד שְׁנֵים עָשָׂר חֹדֶשׁ. מִכָּאן וְאֵילָךְ – שָׁם דְּמֵיהֶן וּמַנִּיחָן.

GEMARA The mishna teaches that an animal that generates enough revenue to cover the costs of the food that it eats shall work and eat while in the finder's possession. The Gemara asks: **And** must he care for the animal **forever? Rav Naḥman says** that **Shmuel says:** He cares for the animal **until twelve months** pass. **This is also taught** in a *baraita*: If one finds **any** living **being that works and** generates enough revenue to cover the costs of the food that it **eats, e.g., a cow or a donkey,** he **tends to them until twelve months** pass. **From that** point **forward, one assesses their value,**[N] sells them, **and places** the money aside for the owner.

עֲגָלִים וּסְיָיחִין מְטַפֵּל בָּהֶן שְׁלֹשָׁה חֳדָשִׁים, מִכָּאן וְאֵילָךְ – שָׁם דְּמֵיהֶן וּמַנִּיחָן. אַוָּזִין וְתַרְנְגוֹלִין מְטַפֵּל בָּהֶם שְׁלֹשִׁים יוֹם, מִכָּאן וְאֵילָךְ – שָׁם דְּמֵיהֶן וּמַנִּיחָן.

If one finds **calves and foals,**[H] which are young and unfit for labor, **he tends to them** for **three months,** as they do not earn their keep. **From that** point **forward, one assesses their value,** sells them, **and places** the money aside for the owner. If one finds **geese and roosters, he tends to them** for **thirty days. From that** point **forward, one assesses their value,** sells them, **and places** the money aside for the owner.

אָמַר רַב נַחְמָן בַּר יִצְחָק: תַּרְנְגוֹלֶת כִּבְהֵמָה גַּסָּה. תַּנְיָא נַמִי הָכִי: תַּרְנְגוֹלֶת וּבְהֵמָה גַּסָּה מְטַפֵּל בָּהֶן שְׁנֵים עָשָׂר חוֹדֶשׁ, מִכָּאן וְאֵילָךְ – שָׁם דְּמֵיהֶן וּמַנִּיחָן. עֲגָלִים וּסְיָיחִין מְטַפֵּל בָּהֶן שְׁלֹשִׁים יוֹם, מִכָּאן וְאֵילָךְ – שָׁם דְּמֵיהֶן וּמַנִּיחָן. אַוָּזִין וְתַרְנְגוֹלִין וְכָל דָּבָר שֶׁטִּיפּוּלוֹ מְרוּבֶּה מִשְּׂכָרוֹ – מְטַפֵּל בָּהֶן שְׁלֹשָׁה יָמִים, מִכָּאן וְאֵילָךְ – שָׁם דְּמֵיהֶן וּמַנִּיחָן.

Rav Naḥman bar Yitzḥak says: The legal status of **a chicken is like** that of **a large domesticated animal** in that the eggs it lays suffice to cover the cost of its food, and therefore the finder keeps it for twelve months. **This is also taught** in a *baraita*: If one finds **a chicken and a large domesticated animal,** he **tends to them for twelve months. From that** point **forward, one assesses their value,** sells them, **and places** the money aside for the owner. If one finds **calves and foals, he tends to them** for **thirty days. From that** point **forward, one assesses their value,** sells them, **and places** the money aside for the owner. If one finds **geese and roosters**[H] **and anything that** costs **more to tend to than** the revenue generated by **it, he tends to them** for **three days. From that** point **forward, one assesses their value,** sells them, **and places** the money aside for the owner.

HALAKHA

Any living being that works – כָּל דָּבָר שֶׁעוֹשֶׂה: If one finds an animal that works and generates enough revenue to cover the costs of its sustenance, he tends to it for twelve months. This is the *halakha* with regard to both beasts of burden, e.g., a cow or donkey, and chickens that lay eggs. If the finder can earn more by renting the animal, he should do so. If the revenue generated by the animal is greater than the cost of its sustenance, the profit belongs to the owner of the animal. After twelve months, the finder assesses its value, and the finder and owner become equal partners in the animal and share any future profits (Rambam *Sefer Nezikin, Hilkhot Gezeila VaAveda* 13:15; *Shulḥan Arukh, Ḥoshen Mishpat* 267:22 and *Sma* there).

Calves and foals – עֲגָלִים וּסְיָיחִין: If one finds calves and foals that graze in the open pasture, he tends to them for three months. If they require fattening, he tends to them for just one month (Rambam *Sefer Nezikin, Hilkhot Gezeila VaAveda* 13:16; *Shulḥan Arukh, Ḥoshen Mishpat* 267:23).

Geese and roosters – אַוָּזִין וְתַרְנְגוֹלִין: In the case of one who found ganders and roosters, if they are large, he tends to them for thirty days. If they are extremely small, he tends to them for three days and sells them in court. This is the *halakha* for any other animal whose care costs more than the revenue it generates. The Rema holds that the finder may assess the animal's value, set aside the money, and keep the animal (Rambam *Sefer Nezikin, Hilkhot Gezeila VaAveda* 13:16; *Shulḥan Arukh, Ḥoshen Mishpat* 267:24).

NOTES

Shall be sold – יִמָּכֵר: Since the Gemara explains that ultimately even animals that work and generate revenue are sold, why does the mishna state only that an animal that does not work should be sold? Some answer that if one chooses, he may keep a working animal even beyond the twelve months stipulated in the Gemara, but he must sell a non-working animal (*Torat Ḥayyim*; Maharam Schiff).

And you shall return it [*vahashevoto*] to him – וַהֲשֵׁבוֹתוֹ לוֹ: The mishna's interpretation is based upon the translation of the word "*vahashevoto*," meaning: You shall return it, indicating that the one who finds the item must return its entire value, not just part of it (Rabbeinu Yehonatan of Lunel).

One assesses [*sham*] their value – שָׁם דְּמֵיהֶן: Rashi and the Rif explain that this means that the finder must sell the animals and set the money aside for their owner. Some cite a variant reading, and explain that rather than *sham*, meaning assesses, the word should be read *sam*, meaning the verb places. The Maharal explains the Rif's opinion as saying that with regard to those animals that may be sold immediately due to the difficulty involved in tending to them, they may be sold for less than their actual value; therefore, the sale must take place specifically in court. The Ramban holds that the finder need not sell them; rather, he can assess any lost animal, set its value aside for the owner, and keep it for himself.

קַשְׁיָא עֲגָלִים וּסְיָיחִין אַעֲגָלִים וּסְיָיחִין, אַוָּוזִין וְתַרְנְגוֹלִין אַאַוָּוזִין וְתַרְנְגוֹלִין!

The Gemara asks: It is **difficult,** as there is a contradiction between the ruling in the first *baraita* that the finder keeps **calves and foals** for three months **and** the ruling in the second *baraita* that the finder keeps **calves and foals** for thirty days; and there is another contradiction between the ruling in the first *baraita* that the finder keeps **geese and roosters** for thirty days, **and** the ruling in the second *baraita* that the finder keeps **geese and roosters** for three days.

עֲגָלִים וּסְיָיחִין אַעֲגָלִים וּסְיָיחִין לָא קַשְׁיָא; הָא – דְּרַעֲיָא, וְהָא – דִּפְטוּמָא.

The Gemara answers: The contradiction between the ruling in the first *baraita* with regard to **calves and foals and** the ruling in the second *baraita* with regard to **calves and foals** is **not difficult. This** ruling in the first *baraita* that the finder keeps them for three months is referring to calves and foals **that graze** in the pasture, **and that** ruling in the second *baraita* that the finder keeps them for thirty days is referring to calves and foals **that** need to be **fattened** and therefore require greater exertion on the part of the one who finds them.

אַוָּוזִין וְתַרְנְגוֹלִין אַאַוָּוזִין וְתַרְנְגוֹלִין נַמִי לָא קַשְׁיָא: הָא – בְּרַבְרְבֵי, הָא – בְּזוּטְרֵי.

The contradiction between the ruling in the first *baraita* with regard to **geese and roosters and** the ruling in the second *baraita* with regard to **geese and roosters** is **also not difficult. This** ruling in the first *baraita* that the finder keeps them for thirty days is referring **to large** geese and roosters, which do not require great exertion, **and that** ruling in the second *baraita* that the finder keeps them for three days is referring **to small** geese and roosters, which require great exertion.

״וְשֶׁאֵינוֹ עוֹשֶׂה וְאוֹכֵל״. תָּנוּ רַבָּנַן: ״וַהֲשֵׁבוֹתוֹ לוֹ״ – רְאֵה הֵיאַךְ תְּשִׁיבֶנּוּ לוֹ, שֶׁלֹּא יַאֲכִיל עֵגֶל לַעֲגָלִים, וּסְיָח לִסְיָיחִין, אַוְּוזָא לְאַוָּוזִין, וְתַרְנְגוֹל לְתַרְנְגוֹלִין.

The mishna teaches: **And** any living being **that does not work but** it does **eat** shall be sold. **The Sages taught** in a *baraita*: The verse states: **"And you shall return it to him"** (Deuteronomy 22:2), indicating that the finder must **see how** best **to return it to him,** meaning **that** one **shall not feed** the value of **a calf to** the lost **calves** that he is tending, **nor** the value of **a foal to** the lost **foals** that he is tending, **nor** the value of **a goose to** the **geese** that he is tending, **nor** the value of **a rooster to** the **roosters** that he is tending. Were the finder to do so, ultimately, the owner would receive nothing.

״מַה יְּהֵא בַּדָּמִים? רַבִּי טַרְפוֹן אוֹמֵר יִשְׁתַּמֵּשׁ״ וכו׳. עַד כָּאן לָא פְּלִיגִי

§ The mishna teaches: **What shall be** done **with the money** received from the sale of the animal? **Rabbi Tarfon says:** The finder **may use it;** therefore, if the money is lost, he is liable to pay restitution for its loss. Rabbi Akiva says: He may not use the money. Therefore, if it is lost, he is not liable to pay restitution. The Gemara analyzes the tannaitic dispute: Rabbi Tarfon and Rabbi Akiva **disagree**

Perek **II**
Daf **29** Amud **a**

אֶלָּא כְּשֶׁנִּשְׁתַּמֵּשׁ בָּהֶן, אֲבָל לֹא נִשְׁתַּמֵּשׁ בָּהֶן, אִם אָבְדוּ – פָּטוּר.

only in a case **where** the finder **used** the money.[N] **But** in a case where the finder **did not use** the money, everyone agrees that **if** the money **is lost,** the finder is **exempt** from paying restitution for its loss.

NOTES

Where the finder used the money – כְּשֶׁנִּשְׁתַּמֵּשׁ בָּהֶן: Rashi and *Tosafot* prove that there is no requirement that the finder actually use the money in order to render him liable to pay compensation for its loss, as in that case Rabbi Akiva would also concede that the finder must pay; rather, the fact that he is permitted to use the money suffices to render him liable. This corresponds to the Gemara's explanation later of the opinion of Rabbi Tarfon (see *Meorot Natan*).

לֵימָא תֶּיהֱוֵי תְּיוּבְתָּא דְּרַב יוֹסֵף. דְּאִתְּמַר, שׁוֹמֵר אֲבֵידָה. רַבָּה אָמַר: כְּשׁוֹמֵר חִנָּם, רַב יוֹסֵף אָמַר: כְּשׁוֹמֵר שָׂכָר.

The Gemara suggests: **Let us say** that **this shall be a conclusive refutation of** the statement of **Rav Yosef, as it was stated** that there is an amoraic dispute with regard to the legal status of **a bailee** charged with safeguarding **a lost item.**[H] **Rabba said:** His legal status **is like** that of **an unpaid bailee,** who is liable to compensate the owner of the deposited item only in cases of negligence. **Rav Yosef said:** His legal status **is like** that of **a paid bailee,**[N] who is liable to compensate the owner of the deposited item even in cases of theft or loss. When the mishna teaches that if the finder did not use the money everyone agrees that he is exempt from paying restitution for its loss, it apparently contradicts the statement of Rav Yosef.

אָמַר לָךְ רַב יוֹסֵף: בִּגְנֵיבָה וַאֲבֵידָה – דְּכוּלֵּי עָלְמָא לָא פְּלִיגִי דְּחַיָּיב, כִּי פְּלִיגִי – בְּאוֹנָסִין דְּשׁוֹאֵל. רַבִּי טַרְפוֹן סָבַר: שָׁרוּ לֵיהּ רַבָּנַן לְאִשְׁתַּמּוֹשֵׁי בְּגַוַּיְיהוּ, וַהֲוָה לֵיהּ שׁוֹאֵל עֲלַיְיהוּ. וְרַבִּי עֲקִיבָא סָבַר: לָא שָׁרוּ לֵיהּ רַבָּנַן לְאִשְׁתַּמּוֹשֵׁי בְּגַוַּיְיהוּ, הִלְכָּךְ לָא הָוֵי שׁוֹאֵל עֲלַיְיהוּ.

The Gemara answers that **Rav Yosef** could have **said to you: In** cases of **theft or loss, everyone agrees that** a bailee charged with safeguarding a lost item is **liable** to pay restitution for it. **When they disagree** is **in** a case of damage caused by **circumstances beyond his control,** for which it is the obligation **of a borrower** to pay compensation. The Gemara elaborates: **Rabbi Tarfon holds: The Sages permitted him to use** the money, **and he** is therefore **a borrower with regard to it,** and is liable to compensate the owner even in the event of circumstances beyond his control. **And Rabbi Akiva holds: The Sages did not permit him to use** the money, and he **is therefore not a borrower with regard to it.**

אִי הָכִי, ״לְפִיכָךְ״ דְּאָמַר רַבִּי עֲקִיבָא לָמָּה לִי? אִי אָמְרַתְּ בִּשְׁלָמָא בִּגְנֵיבָה וַאֲבֵידָה הוּא דִּפְלִיגִי – הַיְינוּ דְּקָתָנֵי רַבִּי עֲקִיבָא אוֹמֵר לֹא יִשְׁתַּמֵּשׁ בָּהֶן לְפִיכָךְ אִם אָבְדוּ אֵינוֹ חַיָּיב בְּאַחֲרָיוּתָן, סָלְקָא דַּעְתָּךְ אָמִינָא שׁוֹמֵר שָׂכָר הָוֵי כִּדְרַב יוֹסֵף, וּבִגְנֵיבָה וַאֲבֵידָה מִחַיֵּיב – קָא מַשְׁמַע לָן, לְפִיכָךְ, הַשְׁתָּא דְּאָמְרַתְּ לֹא יִשְׁתַּמֵּשׁ בָּהֶן – שׁוֹמֵר שָׂכָר לָא הָוֵי, וְלָא מִחַיֵּיב בִּגְנֵיבָה וַאֲבֵידָה.

The Gemara asks: **If so, why do I** need the statement **that Rabbi Akiva said:** He may not use the money; **therefore,** if it is lost, he is not liable to pay restitution for it? **Granted, if you say** that it is **in** cases of **theft or loss that they disagree,** I understand **that** is the reason **that the** *tanna* **teaches** in the mishna that **Rabbi Akiva says: He may not use** the money; **therefore, if** it is **lost, he is not liable** to pay **restitution** for **it.** The Gemara explains: Since **it enters your mind to say**[B] that the legal status of the finder **is like** that of **a paid bailee, in accordance with** the opinion **of Rav Yosef, and** that **in** cases of **theft and loss** the finder is **liable** to pay restitution, Rabbi Akiva **teaches us: Therefore,** if it is lost, he is not liable to pay restitution. **Now that you said** that **he may not use** the money, **he is not a paid bailee and** is **not liable** to pay restitution **in** cases of **theft and loss.**

אֶלָּא אִי אָמְרַתְּ בִּגְנֵיבָה וַאֲבֵידָה דְּכוּלֵּי עָלְמָא לָא פְּלִיגִי דְּחַיָּיב, כִּי פְּלִיגִי – בְּאוֹנָסִין דְּשׁוֹאֵל, מַאי ״לְפִיכָךְ״ דְּרַבִּי עֲקִיבָא? הָכִי מִבָּעֵי לֵיהּ לְמִתְנָא: רַבִּי עֲקִיבָא אוֹמֵר לֹא יִשְׁתַּמֵּשׁ בָּהֶן וַאֲנָא יָדַעְנָא, דְּכֵיוָן דְּלָא יִשְׁתַּמֵּשׁ בָּהֶן – לָאו שׁוֹאֵל הָוֵי, וְאֵינוֹ חַיָּיב בְּאַחֲרָיוּתָן, ״לְפִיכָךְ״ דְּרַבִּי עֲקִיבָא לָמָּה לִי?

But if you say that **in** cases of **theft or loss, everyone agrees that** a bailee charged with safeguarding a lost item is **liable** to pay restitution for it, and **when they disagree** it is **in** cases of damage caused by **circumstances beyond his control** for which it is the obligation **of a borrower** to pay compensation, **what** is the meaning of the statement of **Rabbi Akiva: Therefore,** if it is lost, he is not liable to pay restitution for it? Rather, **this is what** the mishna **should have taught: Rabbi Akiva says: He may not use** the money; **and I would know that since he may not use** the money, **he is not** considered **a borrower,** and consequently bears no financial responsibility. **Why do I** need the statement **that Rabbi Akiva said: Therefore,** if it is lost, he is not liable to pay restitution for it?

מִשּׁוּם, ״לְפִיכָךְ״ דְּרַבִּי טַרְפוֹן.

The Gemara answers: The explanation appended to the statement of Rabbi Akiva is indeed extraneous. It was added in order to create a parallel between the formulation of the statement of Rabbi Akiva and the formulation of the statement of Rabbi Tarfon. The phrase: Therefore, if the money is lost, he is not liable to pay restitution for it, was appended to the statement of Rabbi Akiva **due to** the explanation: **Therefore,** if the money is lost, he is liable to pay restitution for it, stated **by Rabbi Tarfon.**[N]

HALAKHA

A bailee charged with safeguarding a lost item – שׁוֹמֵר אֲבֵידָה: As long as the lost item is in the finder's possession, if it is then stolen or lost, the finder bears financial responsibility like a paid bailee and must compensate the owner for the loss or theft. This is the ruling of the *Shulḥan Arukh*, based on the opinion of the early commentaries (Rif; Rambam; Rabbeinu Ḥananel; *Halakhot Gedolot*), who rule in accordance with the opinion of Rav Yosef, as the discussion in the Gemara is conducted according to his opinion. *Tosafot* and the Rosh rule in accordance with the opinion of Rabba, based on the principle that in his disputes with Rav Yosef, the *halakha* is in accordance with the opinion of Rabba. In Rabba's opinion, the legal status of a bailee safeguarding a lost item is like that of an unpaid bailee, who is liable to pay restitution only in cases of negligence (Rambam *Sefer Nezikin, Hilkhot Gezeila VaAveda* 13:10; *Shulḥan Arukh, Ḥoshen Mishpat* 267:16).

NOTES

A bailee charged with safeguarding a lost item…is like a paid bailee – שׁוֹמֵר אֲבֵידָה...כְּשׁוֹמֵר שָׂכָר: Elsewhere (*Bava Kamma* 56b) the Gemara explains that Rav Yosef holds that his legal status is like that of a paid bailee, because while he is engaged in the mitzva of tending to and returning the lost item, he is exempt from performing other mitzvot, e.g., giving charity to a poor person. The benefit he derives from that exemption constitutes his payment.

Therefore stated by Rabbi Tarfon – לְפִיכָךְ דְּרַבִּי טַרְפוֹן: The Gemara here is not raising an additional difficulty to the opinion of Rav Yosef; rather, it is explaining the mishna in accordance with all opinions (*Tosafot*; Rosh).

BACKGROUND

It enters your mind to say – סָלְקָא דַּעְתָּךְ אָמִינָא: This expression is used by the Gemara in response to an assertion that a certain statement is obvious and therefore unnecessary. The Gemara responds by attempting to show that there are circumstances where the statement is in fact necessary in order to avoid a potential misunderstanding.

״וּלְפִיכָךְ״ דְּרַבִּי טַרְפוֹן לָמָּה לִי? הָכִי קָאָמַר: כֵּיוָן דְּשָׁרוּ לֵיהּ רַבָּנַן לְאִשְׁתַּמּוּשֵׁי בְּגַוַּייְהוּ – כְּמַאן דְּאִשְׁתַּמֵּשׁ בְּגַוַּייְהוּ דָּמֵי וְחַיָּיב בְּאַחֲרָיוּתָן.

The Gemara asks: **And why do I** need the statement **that Rabbi Tarfon** said: **Therefore,** if the money is lost, he is liable to pay restitution for it? The Gemara answers: **This is** what the mishna **is saying: Since the Sages permitted him to use** the money, his legal status is **like** that of **one who** actually **used it and** therefore, he is **liable** to pay **restitution** for **it.**

וְהָא אָבְדוּ קָתָנֵי!

The Gemara asks: How can Rav Yosef explain that the dispute in the mishna is with regard to damage caused by circumstances beyond his control? **But doesn't** the mishna **teach:** Therefore, if the money **is lost?** The disagreement between Rabbi Tarfon and Rabbi Akiva is with regard to a case of damage due to loss, and not with regard to a case of damage caused by circumstances beyond one's control.

Perek **II**
Daf **29** Amud **b**

כְּדְרַבָּה, דְּאָמַר רַבָּה: נִגְנְבוּ – בְּלִסְטִים מְזוּיָּין, אָבְדוּ – שֶׁטָּבְעָה סְפִינָתוֹ בַּיָּם.

The Gemara answers that the statement in the mishna: Therefore, if the money is lost, he is liable to pay restitution for it, can be explained **in accordance with** the statement **of Rabba, as Rabba says** concerning another mishna (58a): When the *tanna* says that **they were stolen,** the reference is to a case where the item was stolen **by armed bandits;** when he says that **they were lost,** the reference is to a case where the agent's **ship sank at sea.**

אָמַר רַב יְהוּדָה אָמַר שְׁמוּאֵל: הֲלָכָה כְּרַבִּי טַרְפוֹן. בְּיַד רַחֲבָה הֲוָה לֵיהּ הָנְהוּ זוּזֵי דְּיַתְמֵי, אֲתָא לְקַמֵּיהּ דְּרַב יוֹסֵף, אֲמַר לֵיהּ: מַהוּ לְאִשְׁתַּמּוּשֵׁי בְּגַוַּייְהוּ? אֲמַר לֵיהּ, הָכִי אָמַר רַב יְהוּדָה אָמַר שְׁמוּאֵל: הֲלָכָה כְּרַבִּי טַרְפוֹן.

Rav Yehuda says that **Shmuel says:** The ***halakha*** **is in accordance with** the opinion of **Rabbi Tarfon,** who said that it is permitted for the finder to use the money. The Gemara relates: There **were these dinars** that belonged **to orphans**[N] that were **in the possession of Raḥava.**[P] Raḥava **came before Rav Yosef** and **said to him: What is** the *halakha*; is it permitted for me **to use** these dinars? Rav Yosef **said to him: This** is what **Rav Yehuda says** that **Shmuel says:** The ***halakha*** is **in accordance with** the opinion of **Rabbi Tarfon.**

אֲמַר לֵיהּ אַבַּיֵי: וְלָאו אִתְּמַר עֲלָהּ, אָמַר רַבִּי חֶלְבּוֹ אָמַר רַב הוּנָא: לֹא שָׁנוּ אֶלָּא בִּדְמֵי אֲבֵידָה, הוֹאִיל וְטָרַח בָּהּ, אֲבָל מְעוֹת אֲבֵידָה דְּלָא טָרַח בְּהוּ – לָא. וְהָנֵי כִּמְעוֹת אֲבֵידָה דָּמוּ. אֲמַר לֵיהּ: זִיל, לָא שַׁבְקוּ לִי דְּאִשְׁרֵי לָךְ.

Abaye said to Rav Yosef: **Wasn't it stated concerning this** *halakha* that **Rabbi Ḥelbo says** that **Rav Huna says:** The Sages **taught this** *halakha*, that it is permitted to use the money, **only in** a case of **money** received from the sale **of a lost item**[H] that one found and that is no longer financially viable for one to tend to it. This is permitted, **since he exerted** himself and tended **to it. But** in the case of **lost coins, where he did not exert** himself in order to tend **to them,** it is **not** permitted for him to use them. **And** the case **of these** dinars in Raḥava's possession **is similar** to a case of **lost coins.** Rav Yosef accepted Abaye's objection and **said to** Raḥava: **Go;** as **they did not allow me to permit** the use of the dinars **for you.**

מתני׳ מָצָא סְפָרִים קוֹרֵא בָּהֶן אֶחָד לִשְׁלֹשִׁים יוֹם, וְאִם אֵינוֹ יוֹדֵעַ לִקְרוֹת – גּוֹלְלָן. אֲבָל לֹא יִלְמוֹד בָּהֶן בַּתְּחִילָּה, וְלֹא יִקְרָא אַחֵר עִמּוֹ.

MISHNA If one **found scrolls,**[H] **he reads them once in thirty days** in order to ventilate them and prevent mold. **And if he does not know** how **to read, he rolls** and unrolls **them** in order to ventilate them. **But he shall not study** passages **in them for the first time,** as he would leave the scroll exposed to the air for a lengthy period, thereby causing damage. **And another** person **shall not read** the scroll **with him,** as each might pull it closer to improve his vantage point, which could cause the scroll to tear.

מָצָא כְּסוּת – מְנַעֲרָהּ אֶחָד לִשְׁלֹשִׁים יוֹם, וְשׁוֹטְחָהּ לְצָרְכָּהּ, אֲבָל לֹא לִכְבוֹדוֹ.

If one **found a garment, he shakes it**[H] **once in thirty days, and he spreads it** out **for its sake,** to ventilate it, **but** he may **not** use it as a decoration **for his** own **prestige.**

NOTES

These dinars that belonged to orphans – הָנְהוּ זוּזֵי דְּיַתְמֵי: Raḥava's request is difficult, as there is a principle that it is prohibited for one to use money which is deposited in his possession. The Ra'avad explains that this is a case where the father of these orphans deposited the money with him for safekeeping until they would reach the age of majority. The reason that a bailee may not use money deposited with him is that it must be available to be returned on demand. In this case, since the orphans had not yet reached the age of majority, that was not a consideration.

The *Nimmukei Yosef* asks how this is relevant to Rabbi Tarfon's opinion, since it is not a lost item. He explains that the case here is one where Raḥava discovered that the money belonged to orphans only after he found it. Along these lines, some explain that it was lost money that Raḥava did not manage to return to the father before the latter's death (Maharam Schiff).

HALAKHA

Money received from the sale of a lost item – דְּמֵי אֲבֵידָה: One who finds a lost item may utilize money received from its sale after tending it for the prescribed period. His legal status after the sale is that of a borrower, and he is responsible for any loss of the money, even if it is due to circumstances beyond his control. By contrast, one may not utilize lost money that he found; he is considered either a paid or an unpaid bailee, as explained on 29a (Rambam *Sefer Nezikin*, *Hilkhot Gezeila VaAveda* 13:18; *Shulḥan Arukh*, *Ḥoshen Mishpat* 267:25, and in the comment of Rema).

One who found scrolls – מָצָא סְפָרִים: One who found scrolls reads them once every thirty days. If he does not know how to read, he rolls and unrolls them. He may neither study a topic that he never studied before, nor read and review one passage, nor read and translate one passage. Additionally, he may not open the scroll more than three columns at a time. Two people may read the same passage in the scroll, but they may not read different passages. Three people may not read even the same passage from the scroll (Rambam *Sefer Nezikin*, *Hilkhot Gezeila VaAveda* 13:11; *Shulḥan Arukh*, *Ḥoshen Mishpat* 267:18, 292:21).

If one found a garment he shakes it – מָצָא כְּסוּת מְנַעֲרָהּ: If one found a woolen garment, he must shake it once every thirty days. He must do so alone and not together with another, and may not beat the garment with a stick. He may spread it on his bed in order to benefit the garment, but he may not do so for his own benefit (Rambam *Sefer Mishpatim*, *Hilkhot She'ela UFikadon* 7:4; *Shulḥan Arukh*, *Ḥoshen Mishpat* 292:20).

PERSONALITIES

Raḥava – רַחֲבָה: Raḥava of Pumbedita was a prominent disciple of Rav Yehuda. His two sons, Avimi and Eifa, were also Sages and were known as the sharp ones of Pumbedita (*Sanhedrin* 17b).

כְּלֵי כֶסֶף וּכְלֵי נְחוֹשֶׁת – מִשְׁתַּמֵּשׁ בָּהֶן לְצׇרְכָּן, אֲבָל לֹא לְשַׁחְקָן. כְּלֵי זָהָב וּכְלֵי זְכוּכִית – לֹא יִגַּע בָּהֶן עַד שֶׁיָּבוֹא אֵלִיָּהוּ.

If one found **silver vessels or copper vessels,**[B] he **may use them for their** own **sake** to prevent tarnish and rust, **but** he may **not** use them **to** the extent that he will **erode them. If** he finds **gold vessels or glass vessels,** which are not ruined by neglect, **he may not touch them until Elijah will come** and identify the owner.

מָצָא שַׂק אוֹ קוּפָּה וְכׇל דָּבָר שֶׁאֵין דַּרְכּוֹ לִיטּוֹל – הֲרֵי זֶה לֹא יִטּוֹל.

If a person **found a sack or a basket or any** other **item that** it **is not** his typical **manner to take** and carry because it is beneath his dignity, **he** shall **not take** it, as one need not demean himself in order to return a lost item.

גמ׳ אָמַר שְׁמוּאֵל: הַמּוֹצֵא תְּפִילִּין בַּשּׁוּק – שָׁם דְּמֵיהֶן וּמַנִּיחָן לְאַלְתַּר.

GEMARA **Shmuel says: One who finds phylacteries**[H] **in the marketplace** and is in need of phylacteries **assesses their value and immediately places** the money aside[N] for the owner.

מְתִיב רָבִינָא: מָצָא סְפָרִים – קוֹרֵא בָּהֶן אֶחָד לִשְׁלֹשִׁים יוֹם, וְאִם אֵינוֹ יוֹדֵעַ לִקְרוֹת – גּוֹלְלָן. גּוֹלְלָן – אִין, שָׁם דְּמֵיהֶן וּמַנִּיחָן – לָא! אָמַר אַבָּיֵי: תְּפִילִּין בֵּי בַר חָבוּ מִשְׁכַּח שְׁכִיחִי, סְפָרִים לָא שְׁכִיחִי.

Ravina raises an objection from the mishna: If one **found scrolls, he reads them once in thirty days; and if he does not know** how **to read, he rolls** and unrolls **them.** Ravina infers: To **roll** and unroll **them, yes,** he may do so, but **assess their value and place** the money aside, **no,** he may not. **Abaye said:** There is a difference between phylacteries and scrolls. **Phylacteries are available at the house of bar Ḥavu,**[B] where they are produced in large quantities, but **scrolls are not available,** as Torah scrolls are not easily obtained.

תָּנוּ רַבָּנַן: הַשּׁוֹאֵל סֵפֶר תּוֹרָה מֵחֲבֵירוֹ הֲרֵי זֶה לֹא יַשְׁאִילֶנּוּ לְאַחֵר, פּוֹתְחוֹ וְקוֹרֵא בּוֹ, וּבִלְבַד שֶׁלֹּא יִלְמוֹד בּוֹ בַּתְּחִילָּה וְלֹא יִקְרָא אַחֵר עִמּוֹ.

§ **The Sages taught** in a *baraita*: In the case of **one who borrows a Torah scroll**[H] **from another, that** person **may not lend it to another,** i.e., a third person. He **may open it and read it, provided that he does not study** passages **in it for the first time,** lest the scroll be exposed for a lengthy period of time and sustain damage. **And another** person **shall not read** the scroll **with him,** lest the scroll tear.

וְכֵן הַמַּפְקִיד סֵפֶר תּוֹרָה אֵצֶל חֲבֵירוֹ גּוֹלְלוֹ כׇּל שְׁנֵים עָשָׂר חֹדֶשׁ, פּוֹתְחוֹ וְקוֹרֵא בּוֹ, אִם בִּשְׁבִילוֹ פְּתָחוֹ – אָסוּר. סוּמָכוֹס אוֹמֵר: בֶּחָדָשׁ שְׁלֹשִׁים יוֹם, בְּיָשָׁן שְׁנֵים עָשָׂר חֹדֶשׁ. רַבִּי אֱלִיעֶזֶר בֶּן יַעֲקֹב אוֹמֵר: אֶחָד זֶה וְאֶחָד זֶה שְׁנֵים עָשָׂר חֹדֶשׁ.

And likewise, in the case of **one who deposits a Torah scroll**[H] **with another,** the bailee **rolls it every twelve months,** and he **may open it and read it. If** it is **for himself** that **he opened it,** it is **prohibited. Sumakhos says: In** the case of **a new** Torah scroll, one rolls it every **thirty days** because the ink is not yet dry and must be more frequently ventilated. By contrast, **in** the case of **an old** Torah scroll, one rolls it every **twelve months. Rabbi Eliezer ben Ya'akov says:** In the case of **both this** new Torah scroll, **and** the case of **that** old Torah scroll, one rolls it every **twelve months.**

אָמַר מָר: הַשּׁוֹאֵל סֵפֶר תּוֹרָה מֵחֲבֵירוֹ הֲרֵי זֶה לֹא יַשְׁאִילֶנּוּ לְאַחֵר. מַאי אִירְיָא סֵפֶר תּוֹרָה? אֲפִילּוּ כׇּל מִילֵּי נָמֵי! דְּאָמַר רַבִּי שִׁמְעוֹן בֶּן לָקִישׁ: כָּאן שָׁנָה רַבִּי אֵין הַשּׁוֹאֵל רַשַּׁאי לְהַשְׁאִיל, וְאֵין הַשּׂוֹכֵר רַשַּׁאי לְהַשְׂכִּיר.

The Gemara analyzes the *baraita*: **The Master said:** In the case of **one who borrows a Torah scroll from another, that** person **may not lend it to another,** i.e., a third person. The Gemara asks: **Why** did the *tanna* teach this *halakha* **specifically** with regard to a **Torah scroll?** This is the *halakha* with regard to **any item as well, as Rabbi Shimon ben Lakish says: Here** in a mishna (*Gittin* 29a), **Rabbi** Yehuda HaNasi **taught: A borrower is not allowed to lend** the item that he borrowed to someone else, **and a renter is not allowed to rent out**[H] the item that he rented to someone else.

סֵפֶר תּוֹרָה אִיצְטְרִיכָא לֵיהּ, מַהוּ דְּתֵימָא: נִיחָא לֵיהּ לְאִינִישׁ דְּתִיעֲבֵיד מִצְוָה בְּמָמוֹנֵיהּ – קָא מַשְׁמַע לַן.

The Gemara answers: It **was necessary for** the *tanna* to mention the *halakha* specifically with regard to **a Torah scroll, lest you say** that **a person is amenable to having a mitzva performed with his property**[N] and would consequently not mind if his Torah scroll was lent to another. Therefore, the *tanna* **teaches us** that the borrower may not lend even a Torah scroll.

BACKGROUND

Silver vessels or copper vessels – כְּלֵי כֶסֶף וּכְלֵי נְחוֹשֶׁת: A bailee safeguarding vessels or one who found vessels buries them in the ground. Copper vessels stored underground tend to rust if they are not treated, and silver vessels stored underground become tarnished by a layer of sulfur. Therefore, the bailee takes them out periodically to prevent deterioration. Only gold and glass vessels remain unharmed when stored underground.

The house of bar Ḥavu – בֵּי בַר חָבוּ: The house of bar Ḥavu was a large, family-owned factory in the city of Meḥoza where phylacteries and *mezuzot* were produced. Its workers were renowned for their expertise in their field, and are mentioned elsewhere in the Gemara as experts in their field. Due to the activity of this factory and others like it, phylacteries and *mezuzot* were no longer uncommon and it was no longer necessary to commission specialized scribes in order to acquire them.

HALAKHA

One who finds phylacteries – הַמּוֹצֵא תְּפִילִּין: If one finds phylacteries, he should assess their value, and he is permitted to don the phylacteries immediately, in accordance with the opinion of Shmuel (Rambam *Sefer Nezikin, Hilkhot Gezeila VaAveda* 13:14; *Shulḥan Arukh, Ḥoshen Mishpat* 267:21).

One who borrows a Torah scroll – הַשּׁוֹאֵל סֵפֶר תּוֹרָה: One who borrows an item may not lend it to another. This is the *halakha* even with regard to a Torah scroll, with which a mitzva is performed (Rambam *Sefer Mishpatim, Hilkhot Sekhirut* 1:4; *Shulḥan Arukh, Ḥoshen Mishpat* 342:1).

One who deposits a Torah scroll – הַמַּפְקִיד סֵפֶר תּוֹרָה: If one deposits a Torah scroll with another, the bailee should scroll it once every twelve months. Although he may read it while it is being rolled, he may not open it and read it for his own purposes (Rambam *Sefer Mishpatim, Hilkhot She'ela UFikadon* 7:4; *Shulḥan Arukh, Ḥoshen Mishpat* 292:20).

And a renter is not allowed to rent out – וְאֵין הַשּׂוֹכֵר רַשַּׁאי לְהַשְׂכִּיר: One who rents an item from another may not rent it out to a third person (Rambam *Sefer Mishpatim, Hilkhot Sekhirut* 1:4; *Shulḥan Arukh, Ḥoshen Mishpat* 307:4).

NOTES

And immediately places [*umanniḥan*] the money aside – וּמַנִּיחָן לְאַלְתַּר: Some understand the term *umanniḥan* to be referring not to placing aside the money, but to donning [*manniaḥ*] the phylacteries. Once he assesses their worth so that he will be able to compensate the owner in the future, he may retain them for his own personal use.

Lest you say that a person is amenable to having a mitzva performed with his property – מַהוּ דְּתֵימָא נִיחָא לֵיהּ לְאִינִישׁ דְּתִיעֲבֵיד מִצְוָה בְּמָמוֹנֵיהּ: The commentaries note that there are several instances in the Gemara where the ruling is that indeed, a person is amenable to having a mitzva performed with his property, and they ask why this case is different. Some answer that in those cases, the value of the property in question does not diminish as a result of use, whereas the value of scrolls diminishes when lent to others (Ritva). Others answer that while a person is amenable to having a mitzva performed with his property, in this case the mitzva was already performed, as he lent the scroll to another, and he has no interest in having another mitzva performed with it (*Sefer HaOra*).

"פּוֹתְחוֹ וְקוֹרֵא בּוֹ", פְּשִׁיטָא! וְאֶלָּא לְמַאי שַׁיְילֵיהּ מִינֵּיהּ? סֵיפָא אִיצְטְרִיכָא לֵיהּ: וּבִלְבַד שֶׁלֹּא יִלְמוֹד בּוֹ בַּתְּחִלָּה.

The *baraita* continues: He **may open it and read it.** The Gemara asks: Isn't that **obvious? And rather, for what** purpose did he **borrow** the Torah scroll **from him,** if not to read it? The Gemara answers: **It was necessary** to teach **the last clause: Provided that he does not study** passages **in it for the first time.**

"וְכֵן הַמַּפְקִיד סֵפֶר תּוֹרָה אֵצֶל חֲבֵירוֹ – גּוֹלְלוֹ כׇּל שְׁנֵים עָשָׂר חֹדֶשׁ, פּוֹתְחוֹ וְקוֹרֵא בּוֹ". מַאי עֲבִידְתֵּיהּ גַּבֵּיהּ? וְתוּ: "אִם בִּשְׁבִילוֹ פְּתָחוֹ אָסוּר" – הָא אָמְרַתְּ "פּוֹתְחוֹ וְקוֹרֵא בּוֹ"! הָכִי קָאָמַר: אִם כְּשֶׁהוּא גּוֹלְלוֹ פּוֹתְחוֹ וְקוֹרֵא בּוֹ – מוּתָּר. אִם בִּשְׁבִילוֹ פְּתָחוֹ – אָסוּר.

The *baraita* continues: **And likewise,** in the case of **one who deposits a Torah scroll with another,** the bailee **rolls it every twelve months,** and he **may open it and read it.** The Gemara asks: **What is** the bailee **doing with it?**[N] As a paid bailee, he has no right to read it. **And furthermore,** whereas the *tanna* teaches: **If it is for himself** that **he opened it,** it is **prohibited, didn't you say** in the previous passage: **He may open it and read it?** The Gemara answers: **This is** what the *tanna* **is saying: If, when he is rolling** the Torah scroll to ventilate it, **he opens it and reads it,** it is **permitted. If it is for himself** that **he opened it,** it is **prohibited.**

"סוּמָכוֹס אוֹמֵר: בְּחָדָשׁ שְׁלֹשִׁים יוֹם, בְּיָשָׁן שְׁנֵים עָשָׂר חֹדֶשׁ. רַבִּי אֱלִיעֶזֶר בֶּן יַעֲקֹב אוֹמֵר: אֶחָד זֶה וְאֶחָד זֶה שְׁנֵים עָשָׂר חֹדֶשׁ". רַבִּי אֱלִיעֶזֶר בֶּן יַעֲקֹב הַיְינוּ תַּנָּא קַמָּא! אֶלָּא אֵימָא: רַבִּי אֱלִיעֶזֶר בֶּן יַעֲקֹב אוֹמֵר: אֶחָד זֶה וְאֶחָד זֶה שְׁלֹשִׁים יוֹם.

The *baraita* continues: **Sumakhos says: In** the case of **a new** Torah scroll, one rolls it every **thirty days** because the ink is not yet dry and must be more frequently ventilated. By contrast, **in** the case of **an old** Torah scroll, one rolls it every **twelve months. Rabbi Eliezer ben Ya'akov says:** In **both** the case of **this** new Torah scroll **and** the case of **that** old Torah scroll, one rolls it every **twelve months.** The Gemara asks: What is the dispute here; it appears that the statement of **Rabbi Eliezer ben Ya'akov is** identical to the statement of **the first *tanna*,** who stated without qualification that one rolls a Torah scroll every twelve months. The Gemara answers: **Rather say** that **Rabbi Eliezer ben Ya'akov says: Both** In the case of **this** new Torah scroll **and** the case of **that** old Torah scroll, one rolls it every **thirty days.**

"אֲבָל לֹא יִלְמוֹד בּוֹ בַּתְּחִלָּה וְלֹא יִקְרָא אַחֵר עִמּוֹ". וּרְמִינְהוּ: לֹא יִקְרָא פָּרָשָׁה וְיִשְׁנֶה, וְלֹא יִקְרָא בּוֹ פָּרָשָׁה וִיתַרְגֵּם וְלֹא יִפְתַּח בּוֹ יוֹתֵר מִשְּׁלֹשָׁה דַּפִּין, וְלֹא יִקְרְאוּ בּוֹ שְׁלֹשָׁה בְּנֵי אָדָם בְּכֶרֶךְ אֶחָד. הָא שְׁנַיִם – קוֹרִין!

§ The Gemara resumes its analysis of the mishna, which teaches with regard to borrowed scrolls: **But he shall not study** passages **in them for the first time and another** person **shall not read** the scroll **with him.** The Gemara **raises a contradiction** from a *baraita* (*Tosefta* 2:31): If one borrows a scroll, **he shall not read a passage and review it, and he shall not read a passage in it and translate** the passage, **and he shall not open it more than three columns** at a time, **and three people shall not read in it** together **from one volume.** The Gemara infers: **But two people may read** it together, contrary to the ruling in the mishna.

אֲמַר אַבַּיֵי: לָא קַשְׁיָא: כָּאן – בְּעִנְיָן אֶחָד, כָּאן בִּשְׁנֵי עִנְיָנִים.

Abaye said: It is **not difficult. Here,** where it is inferred from the *baraita* that two may read one scroll together, it is referring to a case **where** they are reading **one matter** and each is aware of the progress of the other. **There,** in the mishna, where the ruling is that two may not read one scroll together, it is referring to a case **where** they are reading **two** different **matters,**[N] as each is oblivious to the progress of the other and may pull the scroll closer to improve his vantage point.

"מָצָא כְּסוּת מְנַעֲרָהּ אֶחָד לִשְׁלֹשִׁים יוֹם". לְמֵימְרָא דְּנִיעוּר מַעֲלֵי לָהּ? וְהָאָמַר רַבִּי יוֹחָנָן: מִי שֶׁיֵּשׁ לוֹ גַּרְדִּי אוּמָּן בְּתוֹךְ בֵּיתוֹ יְנַעֵר כְּסוּתוֹ בְּכׇל יוֹם! אָמְרִי: בְּכׇל יוֹם – קַשֵׁי לָהּ, אֶחָד לִשְׁלֹשִׁים יוֹם – מַעֲלֵי לָהּ.

§ The mishna teaches: If one **found a garment, he shakes it once in thirty days.** The Gemara asks: **Is this to say that shaking** a garment **is beneficial for it? But doesn't Rabbi Yoḥanan say:** Only **one who has** access to **a skilled weaver** [*gardi*][NL] **in his house may shake his garment every day,** as the weaver can replace the damaged garments with new ones. **The Sages say:** Shaking a garment **every day is harmful to it,** but shaking it **once in thirty days is beneficial for it.**

אִיבָּעֵית אֵימָא: לָא קַשְׁיָא; הָא – בְּחַד, וְהָא – בִּתְרֵי.

If you wish, say instead: It is **not difficult.** In **this** mishna, where the ruling is that shaking a garment is beneficial, the reference is to a case **where one** person shakes the garment. **And that** statement of Rabbi Yoḥanan, who rules that shaking the garment causes damage, is referring to a case **where two** people shake the garment.

אִיבָּעֵית אֵימָא: לָא קַשְׁיָא; הָא – בִּידָא, וְהָא – בְּחוּטְרָא.

If you wish, say instead: It is **not difficult.** In **this** mishna, where the ruling is that shaking a garment is beneficial, the reference is to a case where one shakes the garment **by hand. And that** statement of Rabbi Yoḥanan, who rules that shaking the garment causes damage, is referring to a case where one shakes the garment **with a stick.**

NOTES

What is the bailee doing with it – מַאי עֲבִידְתֵּיהּ גַּבֵּיהּ: In other words, why must he tend to the Torah scroll, rather than letting the owner come and do so? The Gemara's answer is that there is no obligation to tend to it. Rather, the *baraita* is saying that if the bailee seeks to go beyond the letter of the law and tend to the scroll, then he may read from it while doing so (Rashba).

There, where they are reading two different matters – כָּאן בִּשְׁנֵי עִנְיָנִים: Rashi explains that when they are reading one matter, it is likely that each will pull the scroll toward himself and it will tear, so it is prohibited. When they are reading two matters found in different columns, it is less likely that they will pull the scroll, so it is permitted.

One who has access to a skilled weaver, etc. – מִי שֶׁיֵּשׁ לוֹ גַּרְדִּי אוּמָּן וכו׳: The reason that Rabbi Yoḥanan did not formulate this statement: A person may not shake his garment daily, is because he sought to emphasize that not only does shaking damage the garment, it actually causes extensive damage (*Torat Ḥayyim*).

LANGUAGE

Weaver [*gardi*] – גַּרְדִּי: From the Greek γέρδιος, *guerdios*, meaning weaver.

NOTES

A great deal of money – מָעוֹת הַרְבֵּה: There is a variant reading of the text which says: One whose father left him money that is the proceeds of usury, and that is why he seeks to lose the money.

BACKGROUND

White glass – זוּגִיתָא חִיוַּרְתָּא: White glass, which was apparently completely transparent, was more difficult to produce than colored glass, as it required special care in selecting raw materials that were free from any impurity. The vessels made of white glass were extremely fragile, and therefore the use of those vessels would often lead to financial loss due to breakage of the glass.

אִיבָּעֵית אֵימָא: לָא קַשְׁיָא; הָא בְּדַעֲמְרָא, הָא – בִּדְכִיתָּנָא.

If you wish, say instead: It is **not difficult.** In **this** mishna, where the ruling is that shaking a garment is beneficial, the reference is to a case **where** one shakes a garment made **of wool. And that** statement of Rabbi Yoḥanan, who rules that shaking the garment causes damage, is referring to a case **where** one shakes a garment made **of linen.**

אָמַר רַבִּי יוֹחָנָן: כָּסָא דְחָרָשִׁין וְלָא כָּסָא דְפוֹשְׁרִין. וְלָא אֲמָרַן אֶלָּא בִּכְלֵי מַתָּכוֹת, אֲבָל בִּכְלֵי חֶרֶשׂ – לֵית לַן בַּהּ. וּבִכְלֵי מַתָּכוֹת נַמִי לָא אֲמָרַן אֶלָּא דְּלָא צְוִיץ, אֲבָל דִּצְוִיץ – לֵית לַן בַּהּ. וְלָא אֲמָרַן אֶלָּא דְּלָא שְׁדָא בֵּהּ צִיבְיָא, אֲבָל שְׁדָא בֵּיהּ צִיבְיָא – לֵית לַן בַּהּ.

The Gemara cites additional statements by Rabbi Yoḥanan providing practical advice. **Rabbi Yoḥanan says:** It is preferable to drink from **a cup of witches and not** to drink from **a cup of lukewarm** water, which is extremely unhealthy. Rabbi Yoḥanan qualifies his statement: **We said this only with regard to** lukewarm water **in metal vessels, but in earthenware vessels we have no** problem **with it. And even in metal vessels, we said this only** in a case **where** the water had **not** been **boiled, but** if the water had been **boiled we have no** problem **with it. And we said** that lukewarm water is unhealthy **only** in a case where **one did not cast flavorings into** the water, **but if he cast flavorings into** the water **we have no** problem **with it.**

וְאָמַר רַבִּי יוֹחָנָן: מִי שֶׁהִנִּיחַ לוֹ אָבִיו מָעוֹת הַרְבֵּה וְרוֹצֶה לְאַבְּדָן יִלְבַּשׁ בִּגְדֵי פִשְׁתָּן, וְיִשְׁתַּמֵּשׁ בִּכְלֵי זְכוּכִית, וְיִשְׂכּוֹר פּוֹעֲלִים וְאַל יֵשֵׁב עִמָּהֶן. יִלְבַּשׁ בִּכְלֵי פִשְׁתָּן – בְּכִיתָּנָא רוֹמִיתָא, וְיִשְׁתַּמֵּשׁ בִּכְלֵי זְכוּכִית – בְּזוּגִיתָא חִיוַּרְתָּא, וְיִשְׂכּוֹר פּוֹעֲלִים וְאַל יֵשֵׁב עִמָּהֶן – תַּרְגּוּמָא

And Rabbi Yoḥanan says: In the case of **one whose father bequeathed him a great deal of money**[N] **and he seeks to lose it,** he **should wear linen garments, and should use glass vessels, and should hire laborers and not sit with them** to supervise. The Gemara elaborates: **He should wear linen garments;** this is stated **with regard to Roman linen,** which becomes tattered quickly. **He should use glass vessels;** this is stated **with regard to** expensive **white glass.**[B] **And he should hire laborers and not sit with them; the explanation is**

Perek **II**
Daf **30** Amud **a**

NOTES

With oxen – בְּתוֹרֵי: A variant reading cited by Rabbeinu Ḥananel is: Laborers who work with oxen during the season of plowing and sowing. Failure to perform the labor properly at that time will ruin the entire year's crop.

HALAKHA

For his sake and for its sake – לְצוֹרְכוֹ וּלְצוֹרְכָּהּ: One may spread a lost garment that he found over a bed or a similar surface, but he may do so exclusively for the sake of the garment, not for his own purposes (Rambam; Rosh). If guests happen to visit, he may not spread the garment even for its own sake, in order to ensure that it will not be stolen (Rambam *Sefer Nezikin, Hilkhot Gezeila VaAveda* 13:11; *Shulḥan Arukh, Ḥoshen Mishpat* 267:18).

בְּתוֹרֵי, דְּנָפִישׁ פְּסֵידַיְיהוּ.

that this applies to laborers who work **with oxen,**[N] **whose** potential for causing **damage is great** if they are not supervised, as they will trample the crops.

״שׁוֹטְחָהּ לְצוֹרְכָּהּ אֲבָל לֹא לִכְבוֹדוֹ״ וכו׳. אִיבַּעְיָא לְהוּ: לְצוֹרְכוֹ וּלְצוֹרְכָּהּ מַאי?

§ The mishna teaches that one who found a lost garment **spreads it for its sake** to ventilate it, **but** may **not** use it as a decoration **for his own prestige. A dilemma was raised before** the Sages: If one spreads it both **for his sake and for its sake,**[H] **what is the** *halakha*?

תָּא שְׁמַע: שׁוֹטְחָהּ לְצוֹרְכָּהּ – לְצוֹרְכָּהּ אִין, הָא לְצוֹרְכוֹ וּלְצוֹרְכָּהּ – לָא. אֵימָא סֵיפָא: אֲבָל לֹא לִכְבוֹדוֹ, לִכְבוֹדוֹ הוּא דְּלָא, הָא לְצוֹרְכָּהּ וּלְצוֹרְכוֹ – שַׁפִּיר דָּמֵי! אֶלָּא מֵהָא לֵיכָּא לְמִשְׁמַע מִינַּהּ.

The Gemara suggests: **Come** and **hear** proof from the mishna: **He spreads it for its sake.** The Gemara infers: **For its sake, yes,** he spreads it, **but** both **for his sake and for its sake,** he may **not** do so. The Gemara rejects the proof: **Say the latter clause** of the mishna: **But not for his** own **prestige.** The Gemara infers: It is **for his prestige** alone **that** he may **not** spread it, **but for its sake and for his sake,** one may **well** do so. **Rather, no** inference is **to be learned from this** mishna, as there are conflicting inferences from the first clause and the latter clause.

תָּא שְׁמַע: לֹא יִשְׁטְחֶנָּה לֹא עַל גַּבֵּי מִטָּה וְלֹא עַל גַּבֵּי מָגוֹד לְצָרְכּוֹ, אֲבָל יִשְׁטְחֶנָּה עַל גַּבֵּי מִטָּה וְעַל גַּבֵּי מָגוֹד לְצָרְכָּהּ. נִזְדַּמְּנוּ לוֹ אוֹרְחִים – לֹא יִשְׁטְחֶנָּה לֹא עַל גַּבֵּי מִטָּה וְלֹא עַל גַּבֵּי מָגוֹד, בֵּין לְצוֹרְכוֹ בֵּין לְצוֹרְכָּהּ!

The Gemara suggests: **Come** and **hear** a proof from a *baraita*: If one finds a lost garment, **he may not spread it on a bed or on a hanger for his sake, but he may spread it on a bed or on a hanger for its sake.** If **guests happened** to visit, **he may not spread it, neither on a bed nor on a hanger** and **neither for his sake nor for its sake.** Apparently, it is prohibited to spread it for both his sake, to enhance his prestige before his guests, and for its sake.

שָׁאנֵי הָתָם, דְּמִקְלָא קָלֵי לַהּ, אִי מִשּׁוּם עֵינָא אִי מִשּׁוּם גַּנָּבֵי.

The Gemara rejects this proof: It **is different there, as** spreading it before his guests is tantamount to **burning it, either due to the** evil **eye** that will result, **or due to thieves,** as once the guests are aware of the valuable item in his possession they may be tempted to steal it.

תָּא שְׁמַע: הִכְנִיסָהּ לִרְבָקָה וְדָשָׁה – כְּשֵׁירָה, בִּשְׁבִיל שֶׁתִּינַק וְתָדוּשׁ – פְּסוּלָה. וְהָא הָכָא, דִּלְצוֹרְכּוֹ וּלְצוֹרְכָּהּ הוּא, וְקָתָנֵי פְּסוּלָה!

The Gemara suggests: **Come and hear** a proof from a *baraita*: If **one introduced** a calf **into a yoke** [*lirvaka*][HL] so that it would suckle, **and it threshed** with the cows, **it is fit** for use in the ritual of the heifer whose neck is broken,[B] because the owner did not intend for it to perform labor. But if the owner introduces it **so that it will suckle and it will thresh, it is unfit** for use in that ritual because his intent is for the calf to perform labor, and the intentional performance of labor disqualifies it. **And here, isn't** the placement of the calf in the yoke **for** both **his sake,** threshing, **and for its sake,**[N] suckling, **and** the *baraita* **teaches** that the calf **is unfit?** Apparently, it is prohibited for one who found a lost garment to spread it for both his sake and for its sake.

שָׁאנֵי הָתָם דְּאָמַר קְרָא ״אֲשֶׁר לֹא עֻבַּד בָּהּ״ – מִכׇּל מָקוֹם.

The Gemara rejects this proof by citing a verse written with regard to the heifer whose neck is broken. It **is different there, as the verse states:** "The Elders of that city shall take a heifer of the herd **that has not been worked with** and that has not pulled a yoke" (Deuteronomy 21:3), indicating that the heifer is rendered unfit **in any case** of labor performed. Therefore, no conclusion can be drawn with regard to spreading the garment.

אִי הָכִי, אֲפִילּוּ רֵישָׁא נַמִי!

The Gemara asks: **If** it is **so** that the calf is rendered unfit by any labor that it performed, then it should be unfit **even** in **the first clause,** where the owner did not intend for the calf to perform labor.

הָא לָא דָּמְיָא אֶלָּא לְהָא, דִּתְנַן: שָׁכַן עָלֶיהָ עוֹף – כְּשֵׁירָה, עָלָה עָלֶיהָ זָכָר – פְּסוּלָה. מַאי טַעְמָא?

The Gemara answers. **This is comparable only to this** other case, **as we learned** in a mishna (*Para* 2:4): If **a bird rested upon** a red heifer,[NB] **it** remains **fit** for use in the purification ritual, as supporting the bird on its back is considered neither labor nor comparable to pulling a yoke. If **a male** animal **mounted it** for mating, **it is unfit** for use in the purification ritual. The Gemara asks: **What is the reason** for the difference between the two cases?

כִּדְרַב פַּפָּא. דְּאָמַר רַב פַּפָּא: אִי כְּתִיב ״עוּבַּד״ וְקָרֵינַן ״עוּבַּד״ – הֲוָה אָמִינָא, אֲפִילּוּ מִמֵּילָא. וְאִי כְּתִיב ״עָבַד״ וְקָרֵינַן ״עָבַד״ – הֲוָה אָמִינָא עַד דְּעָבַד בָּהּ אִיהוּ.

The difference is **in accordance with** the statement of **Rav Pappa, as Rav Pappa says** with regard to the verse written concerning the heifer whose neck is broken: "And the Elders of that city shall take a heifer of the herd that has not been worked with and that has not pulled a yoke" (Deuteronomy 21:3). **If** the word **were written** with an additional letter *vav*, which would mean the passive: **Has been worked with** [*ubbad*], **and we** also **vocalized** the word in the passive voice, ***ubbad*, I would say** that **even** if the heifer performed labor **by itself,** it is disqualified for use in the ritual. **If** the word **were written** without an additional letter *vav*, which would mean the active: **He used it for labor** [*avad*],[B] **and we** also **vocalized** the word in the active voice, ***avad*, I would say** that indicates that the heifer was fit for use in the ritual **until** its owner intentionally **used it for labor.**

HALAKHA

Introduced a calf into a yoke – הִכְנִיסָהּ לִרְבָקָה: The following *halakhot* apply to both a red heifer and a heifer whose neck is broken: It is disqualified for its ritual when it is utilized for labor with the agreement of its owner. If the owner utilized it for an action for its own sake it remains fit for use in the ritual, but if he used it for any other purpose it is disqualified. If a bull mated with the heifer, it is disqualified. If the owner placed it into a yoke so that it could nurse and it threshed grain on its own, it remains fit. If he placed it into the yoke so that it could nurse and thresh, it is disqualified (Rambam *Sefer Nezikin, Hilkhot Rotze'aḥ UShmirat HaNefesh* 10:3 and *Sefer Tahara, Hilkhot Para Aduma* 1:7).

LANGUAGE

Yoke [*revaka*] – רְבָקָה: Rashi and other commentaries explain that a *revaka* is a type of yoke or harness that binds several oxen together, as in the Arabic ربقة, *rabqah*. Rabbeinu Ḥananel and most early commentaries say that the term *revaka* stems from the term *marbek*, meaning fattened. According to that understanding, the *baraita* is referring to a place where the calf is placed for fattening.

NOTES

For his sake and for its sake – לְצוֹרְכּוֹ וּלְצוֹרְכָּהּ: The commentaries ask how the Gemara can cite proof from a *halakha* stated in the realm of ritual matters for a case in the realm of monetary matters. Some explain since the keeping of a lost item that one does not have the right to keep would entail the transgression of the prohibition of robbery, this is classified as a ritual matter. There is no difference whether the prohibition relates to monetary matters or other matters; it is classified as a ritual matter (Responsa of the Radbaz).

A bird rested upon a red heifer, etc. – שָׁכַן עָלֶיהָ עוֹף וכו׳: The early commentaries note that this *halakha* applies to both the red heifer and a heifer whose neck is broken. Because in this context there is no difference between the cases, the Gemara discusses both cases interchangeably (Ramban; Rashba).

BACKGROUND

Heifer whose neck is broken – עֶגְלָה עֲרוּפָה: When the corpse of a murder victim is found outside a town and the murderer's identity is unknown, the following procedure is followed (Deuteronomy 21:1–9): First, judges who are members of the Great Sanhedrin measure the distance between the corpse and the nearest town, to determine which town must perform the rite of the heifer whose neck is broken. This measurement is carried out even if it is obvious which town is closest. Afterward, the Elders of that town bring a heifer that has never been used for labor, and they break its neck in a valley that is not tilled. The Elders wash their hands and make a statement absolving themselves of guilt. If the murderer is discovered before the heifer is killed, the rite is not performed.

Red heifer – פָּרָה אֲדוּמָּה: In order to purify people or vessels who are ritually impure with impurity imparted by a human corpse, a priest sprinkles spring water mixed with the ashes of a red heifer upon those people or vessels (Numbers 19). A cow qualifies as a red heifer offering only if all its hairs are red. Even two black hairs can disqualify it. Similarly, it must be unblemished, and may not have been utilized for labor. The red heifer is slaughtered on the Mount of Olives, and its blood is sprinkled seven times opposite the entrance of the Temple. Its body is then burned on a pyre, together with cedar wood, hyssop, and scarlet wool (Numbers 19:6). The ashes from this pyre are gathered and mixed in a vessel with water drawn from a spring. Three hyssop branches are dipped in the mixture, which is then sprinkled on the impure person or vessel. A single drop from the purification water anywhere on the vessel or on the body of the impure person suffices to purify them.

Only rarely were red heifers burned. According to tradition, from the construction of the Sanctuary in the wilderness through the destruction of the Second Temple, only nine red heifers were burned. All the priests who participated in the ritual of the red heifer became ritually impure until the evening. Any priest was eligible to burn the red heifer, but it was customary for the High Priest to burn it.

Red heifer being prepared for burning on the Mount of Olives

***Ubbad, avad* – עוּבַּד עָבַד:** This discussion is based on a dispute among the Sages with regard to whether the spelling or vocalization of the Torah is considered more authoritative.

NOTES

That the owner is amenable – דְּנִיחָא לֵיהּ: *Tosafot* ask why the owner would be amenable to his heifer being mounted. Even though in ordinary circumstances he would be amenable to this, as it could result in the birth of a calf, in this case it would disqualify the red heifer, and thereby cause him to lose the steep sale price of the heifer. They explain that when assessing whether an act disqualifies a red heifer, one considers only if an owner would generally be amenable to that act, disregarding the *halakhot* of a red heifer.

הָשְׁתָּא דִּכְתִיב "עָבַד" וְקָרֵינַן "עוּבַּד" – בָּעֵינַן "עוּבַּד" דּוּמְיָא דְּ"עָבַד", מָה "עָבַד" – דְּנִיחָא לֵיהּ, אַף "עוּבַּד" – דְּנִיחָא לֵיהּ.

Now that the word **is written** without an additional letter *vav* as ***avad*** **and we vocalize** the word with an additional letter *vav*, as ***ubbad***, in order to render the heifer unfit **we require** the situation described by the word ***ubbad*** be **similar to** the situation described by the word ***avad*****. Just as** the word ***avad*** indicates **that** the owner **is amenable** to the performance of that labor, **so too,** the word ***ubbad*** means **that** the owner **is amenable**[N] to the performance of that labor. Since the owner is amenable to the heifer mating, the heifer is rendered unfit. So too, in the first clause of the *baraita*: If one introduced a calf into a yoke so that it may suckle, and it threshed with the cows, it is fit for use in the ritual of the heifer whose neck is broken, because the owner is not amenable to its performing labor.

"כְּלֵי כֶסֶף וּכְלֵי נְחוֹשֶׁת מִשְׁתַּמֵּשׁ בָּהֶן" וכו'. תָּנוּ רַבָּנַן: הַמּוֹצֵא כְּלֵי עֵץ – מִשְׁתַּמֵּשׁ בָּהֶן בִּשְׁבִיל שֶׁלֹּא יֵרָקְבוּ, כְּלֵי נְחוֹשֶׁת מִשְׁתַּמֵּשׁ בָּהֶן בְּחַמִּין אֲבָל לֹא עַל יְדֵי הָאוּר, מִפְּנֵי שֶׁמַּשְׁחִיקָן. כְּלֵי כֶסֶף מִשְׁתַּמֵּשׁ בָּהֶן בְּצוֹנֵן אֲבָל לֹא בְּחַמִּין, מִפְּנֵי שֶׁמַּשְׁחִירָן. מַגְרֵיפוֹת וְקַרְדּוּמוֹת מִשְׁתַּמֵּשׁ בָּהֶן בְּרַךְ, אֲבָל לֹא בְּקָשֶׁה, מִפְּנֵי שֶׁמַּפְחִיתָן. כְּלֵי זָהָב וּכְלֵי זְכוּכִית לֹא יִגַּע בָּהֶן עַד שֶׁיָּבֹא אֵלִיָּהוּ.

§ The mishna teaches: If one found **silver vessels or copper vessels,** he **may use them** for their own sake; and the same *halakha* applies to other vessels. **The Sages taught** in a *baraita*: **One who finds wooden vessels uses them, so that they will not deteriorate** due to lack of use. If one found **copper vessels** he **uses them with hot** water, **but not** directly **on the fire, due to** the fact **that it erodes them.** If one found **silver vessels he uses them with cold** water, **but not with hot** water, **because it tarnishes them.** If one found **rakes or axes,** he **may use them with soft** substances **but not with hard** substances **because** using them with those substances **damages them.** If one found **gold vessels or glass vessels,**[H] which do not deteriorate due to lack of use, **he may not touch them until Elijah will come** and identify the owner.

כְּדֶרֶךְ שֶׁאָמְרוּ בַּאֲבֵידָה כָּךְ אָמְרוּ בְּפִקָּדוֹן. פִּקָּדוֹן מַאי עֲבִידְתֵּיהּ גַּבֵּיהּ? אֲמַר רַב אַדָּא בַּר חָמָא אֲמַר רַב שֵׁשֶׁת: בְּפִקָּדוֹן שֶׁהָלְכוּ בַּעֲלֵיהֶן לִמְדִינַת הַיָּם.

The *baraita* continues: In **the manner that** the Sages **said with regard to a lost item, so they said** with regard to **a deposit.**[H] The Gemara asks: **What is** the bailee **doing with a deposit**; i.e., the owner should tend to his own item, why is the bailee using it at all? The Gemara answers: **Rav Adda bar Ḥama said** that **Rav Sheshet said:** It is referring **to a deposit whose owner went to a country overseas.** Therefore, it is incumbent upon the bailee to tend to the deposit until his return.

"מָצָא שַׂק אוֹ קוּפָּה [וְכָל דָּבָר] שֶׁאֵין דַּרְכּוֹ לִיטּוֹל – הֲרֵי זֶה לֹא יִטּוֹל". מְנָהָנֵי מִילֵּי? דְּתָנוּ רַבָּנַן: "וְהִתְעַלַּמְתָּ" – פְּעָמִים שֶׁאַתָּה מִתְעַלֵּם, וּפְעָמִים שֶׁאִי אַתָּה מִתְעַלֵּם.

§ The mishna teaches: If a person **found a sack or a basket or** any other **item that** it **is not his** typical **manner to take** and carry because it is beneath his dignity, **he** shall **not take** it. The Gemara asks: **From where are these matters** derived? It is as **the Sages taught** in a *baraita*: It is stated with regard to the return of a lost item: "You shall not see your brother's ox or his sheep wandering **and disregard** them; you shall return them to your brother" (Deuteronomy 22:1). The *tanna* explains that the phrase "and disregard them" means that there are **occasions** in **which you may disregard** lost items **and** there are **occasions** in **which you may not disregard** them.

הָא כֵּיצַד? הָיָה כֹּהֵן וְהִיא בְּבֵית הַקְּבָרוֹת, אוֹ שֶׁהָיָה זָקֵן וְאֵינָהּ לְפִי כְּבוֹדוֹ, אוֹ שֶׁהָיְתָה מְלַאכְתּוֹ שֶׁלּוֹ מְרוּבָּה מִשֶּׁל חֲבֵירוֹ – לְכָךְ נֶאֱמַר "וְהִתְעַלַּמְתָּ מֵהֶם".

How so; under what circumstances may one disregard a lost item? One may do so in a case where **he was a priest and** the lost item **is in the graveyard** (Leviticus 21:1–4), **or** where **he was an elderly person and it is not in keeping with his dignity**[H] to tend to the item, **or** where the value of **his labor was greater than** the value of the lost item of **the other** person, i.e., if the finder was to return the item, reimbursing him for his lost wages would cost more than the value of the item; **therefore, it is stated: "And disregard them."**

HALAKHA

Use of lost vessels – שִׁימּוּשׁ בִּכְלֵי אֲבֵידָה: If one found wooden vessels, he may use them only enough to prevent them from decaying. He may use copper vessels with hot water, but not directly on a fire. He may use silver vessels only with cold water. He may use rakes and axes with soft substances but not with hard substances. He may not touch gold and glass vessels or flaxen garments at all (Rambam *Sefer Nezikin, Hilkhot Gezeila VaAveda* 13:12; *Shulḥan Arukh, Ḥoshen Mishpat* 267:19).

Use of deposited vessels – שִׁימּוּשׁ בִּכְלֵי פִּקָּדוֹן: If one deposited items with another and departed on an extended trip, the bailee tends to those items based on the principles that govern the use of lost items for preventing damage (Rambam *Sefer Nezikin, Hilkhot Gezeila VaAveda* 13:12; *Shulḥan Arukh, Ḥoshen Mishpat* 292:21–22).

A priest and it is in the graveyard…an elderly person and it is not in keeping with his dignity – כֹּהֵן וְהִיא בְּבֵית הַקְּבָרוֹת...זָקֵן וְאֵינָהּ לְפִי כְּבוֹדוֹ: A priest who discovers a lost item in a graveyard may not become impure in order to retrieve and return it. An elderly person for whom it is not in keeping with his dignity to tend to the type of item that was lost is similarly exempt (Rambam *Sefer Nezikin, Hilkhot Gezeila VaAveda* 11:18; *Shulḥan Arukh, Ḥoshen Mishpat* 272:2 and 263:1).

לְמַאי אִיצְטְרִיךְ קְרָא? אִילֵימָא לְכֹהֵן וְהִיא בְּבֵית הַקְּבָרוֹת – פְּשִׁיטָא; הַאי עֲשֵׂה, וְהַאי לֹא תַעֲשֶׂה וַעֲשֵׂה, וְלָא אָתֵי עֲשֵׂה וְדָחֵי אֶת לֹא תַעֲשֶׂה וַעֲשֵׂה. וְתוּ: לָא דָּחֵינַן אִיסּוּרָא מִקַּמֵּי מָמוֹנָא.

The Gemara asks: **For what** case **was a verse necessary** to derive that one may disregard a lost item? **If we say** that the verse is necessary **for** the case of **a priest and** the lost item **in the graveyard,** it is **obvious** that he need not return the item, as **this** obligation to return the lost item **is a positive mitzva:** "You shall return them to your brother" (Deuteronomy 22:1), **and that** entry of a priest into a graveyard is prohibited by both **a prohibition:** "To the dead among his people he shall not defile himself" (Leviticus 21:1), **and a positive mitzva:** "You shall be holy" (Leviticus 19:2); and there is a principle that **a positive mitzva does not override a prohibition and a positive mitzva.**[NH] **And furthermore, we do not override** a ritual **prohibition in the face of monetary matters.**[N]

אֶלָּא לְשֶׁלּוֹ מְרוּבֶּה מִשֶּׁל חֲבֵירוֹ – מִדְּרַב יְהוּדָה אָמַר רַב נָפְקָא, דְּאָמַר רַב יְהוּדָה אָמַר רַב: "אֶפֶס כִּי

The Gemara suggests: **Rather,** say that the verse is necessary **to** derive the exemption from returning the lost item in the case where the value of **his labor was greater than** the value of the lost item of **the other.** The Gemara rejects that possibility: That *halakha* is **derived** not from the phrase: "And disregard them," but from that which **Rav Yehuda** says that **Rav says. As Rav Yehuda says that Rav says:** It is written: **"Only so that**

HALAKHA

A positive mitzva does not override a prohibition and a positive mitzva – וְלָא אָתֵי עֲשֵׂה וְדָחֵי אֶת לֹא תַעֲשֶׂה וַעֲשֵׂה: When confronted with a situation that involves both a positive mitzva and a prohibition, if possible, one should fulfill both. If it is not possible, the positive mitzva overrides the prohibition, and he should fulfill the mitzva. A positive mitzva does not override both a prohibition and a positive mitzva (Rambam *Sefer Nezikin, Hilkhot Gezeila VaAveda* 11:18 and *Sefer Hafla'a, Hilkhot Nezirut* 7:15).

NOTES

A positive mitzva does not override a prohibition and a positive mitzva – וְלָא אָתֵי עֲשֵׂה וְדָחֵי אֶת לֹא תַעֲשֶׂה וַעֲשֵׂה: The early commentaries note that failing to return a lost item is similarly prohibited by both a prohibition and a positive mitzva. Furthermore the positive mitzva in the case of the priest is a mitzva whose application does not apply to all Jews and is therefore less authoritative than a standard positive mitzva. In addition, when one fails to take a lost item that he finds, he violates only the prohibition: "You shall not disregard," and is not in violation of the positive mitzva, which goes into effect only after one takes the item. Finally, the entire concept of a positive mitzva overriding a prohibition applies only in a case where violation of the prohibition and performance of the mitzva are simultaneous. In this case, the priest violates the prohibition when he enters the graveyard and becomes impure, whereas fulfillment of the mitzva of returning the lost item would come only later. Due to these difficulties, the commentaries explain that the Gemara's primary objection is the second one: And furthermore, we do not override a prohibition in the face of monetary matters (Ramban; Rashba; Rosh; Ritva).

We do not override a prohibition in the face of monetary matters – לָא דָּחֵינַן אִיסּוּרָא מִקַּמֵּי מָמוֹנָא: The commentaries explained that if the owner of the lost item was himself a priest, it would be prohibited for him to retrieve the item from the graveyard. All the more so is it prohibited for a priest to enter the graveyard to retrieve the item and return it to another. Furthermore, since there would be no mitzva if the owner were to declare his item ownerless, clearly this mitzva is tied exclusively to monetary considerations (Ramban).

Perek **II**
Daf **30** Amud **b**

לֹא יִהְיֶה בְּךָ אֶבְיוֹן" – שֶׁלְּךָ קוֹדֵם לְשֶׁל כׇּל אָדָם.

there shall be no needy among you" (Deuteronomy 15:4). This verse can be understood as a command, indicating that it is incumbent upon each individual to ensure that he will not become needy. Therefore, **your** assets **take precedence over** the assets **of any** other **person.**

אֶלָּא לְזָקֵן וְאֵינוֹ לְפִי כְּבוֹדוֹ.

The Gemara concludes: **Rather,** the verse is necessary **to** derive the exemption from returning the lost item in the case where he was **an elderly person and it is not in keeping with his dignity** to tend to the item.

אָמַר רַבָּה: הִכִּישָׁהּ – חַיָּיב בָּהּ. אַבַּיֵּי הֲוָה יָתֵיב קַמֵּיהּ דְּרַבָּה, חֲזָא לְהָנָךְ עִיזֵּי דְּקָיְימוּ, שְׁקַל קָלָא וּשְׁדָא בְּהוּ. אֲמַר לֵיהּ: אִיחַיַּיבְתְּ בְּהוּ, קוּם אַהַדְרִינְהוּ.

Rabba says: If there was a lost animal and the elderly person began the process of returning it, e.g., if he **struck it** even once to guide it in a certain direction, he is **obligated** to tend **to it**[HN] and return it. The Gemara relates: **Abaye was sitting before Rabba** and **saw these goats standing** nearby. **He picked up a clod of dirt and threw it at them,** causing them to move. Rabba **said to him: You have** thereby **obligated yourself** to return **them. Arise and return them** to their owner.

NOTES

If he struck it he is obligated to tend to it – הִכִּישָׁהּ חַיָּיב בָּהּ: Rashi and the Rambam explain that once he begins performing the mitzva it is incumbent upon him to complete it. Some later commentaries explain that the reason for this *halakha* is based on the rabbinic adage: If one begins performing a mitzva, we tell him to finish. Others explain that the reason for this *halakha* is that once the elderly person begins the process of returning the item, he is not subject merely to the prohibition: "You may not disregard," for which there is an exemption; he is also subject to the positive mitzva to return the item, for which there is no exemption (see *Matammei Yitzḥak* and *Even HaAzel*). Some early commentaries explain that this *halakha* applies only to one who finds an animal, because once he hits the animal he causes it to stray farther; therefore, he is obligated to return it (Rosh; Ran).

HALAKHA

If he struck it he is obligated to tend to it – הִכִּישָׁהּ חַיָּיב בָּהּ: An elderly person or Torah scholar is exempt from the obligation to return a lost item whose return is not in keeping with his dignity. If he began taking steps to return it, he is obligated to complete the process due to the rabbinic adage: If one begins performing a mitzva, we tell him to finish. Many authorities restrict this *halakha* to lost animals and do not apply it to inanimate objects (Rambam *Sefer Nezikin, Hilkhot Gezeila VaAveda* 11:13–14; *Shulḥan Arukh, Ḥoshen Mishpat* 263:2, and *Sma* there).

אִיבַּעְיָא לְהוּ: דַּרְכּוֹ לְהַחֲזִיר בַּשָּׂדֶה וְאֵין דַּרְכּוֹ לְהַחֲזִיר בָּעִיר, מַהוּ? מִי אָמְרִינַן: הֲשָׁבָה מְעַלְּיָא בָּעֵינַן, וְכֵיוָן דְּלָאו דַּרְכֵּיהּ לְהַחֲזִיר בָּעִיר – לָא לִחַיֵּיב. אוֹ דִּלְמָא: בַּשָּׂדֶה מִיהַת הוּא דְּאִיחַיַּיב לֵיהּ, וְכֵיוָן דְּאִיחַיַּיב עֲלֵיהּ בַּשָּׂדֶה – אִיחַיַּיב לֵיהּ בָּעִיר? תֵּיקוּ.

A dilemma was raised before the Sages: In a case of a person for whom it **is his** typical **manner to return** an item of that type **in the field,** where there are fewer onlookers, **but it is not his** typical **manner to return** an item of that type **in the city,**[H] **what is** the *halakha*? Do **we say** that for one to be obligated to return a lost item **we need an unequivocal** obligation to **return** it that applies in all cases, **and since it is not his** typical **manner to return** an item of that sort **in the city, let him not be obligated** to return such an item at all? **Or perhaps, he is obligated in any event** to return the item **in the field, and once he is obligated** to return **it in the field, he is** also **obligated in the city.** The Gemara concludes: The dilemma **shall stand** unresolved.

אָמַר רָבָא: כָּל שֶׁבְּשֶׁלּוֹ מַחֲזִיר – בְּשֶׁל חֲבֵירוֹ נַמִי מַחֲזִיר, וְכָל שֶׁבְּשֶׁלּוֹ פּוֹרֵק וְטוֹעֵן – בְּשֶׁל חֲבֵירוֹ נַמִי פּוֹרֵק וְטוֹעֵן.

Rava says: In **any** case **where he would recover his own**[H] item and would consider it to be in keeping with his dignity, he is **also** obligated to **return another's** item. **And any** case where **he unloads and loads his own** animal's burden, he is **also** obligated to **unload and load** the burden of **another's** animal.

רַבִּי יִשְׁמָעֵאל בְּרַבִּי יוֹסֵי הֲוָה קָאָזֵיל בְּאוֹרְחָא, פָּגַע בֵּיהּ הַהוּא גַּבְרָא, הֲוָה דָּרֵי פַּתְכָא דְּאוּפֵי, אוֹתְבִינְהוּ וְקָא מִיתְפַּח. אֲמַר לֵיהּ: דְּלִי לִי. אֲמַר לֵיהּ: כַּמָּה שָׁוִין? אֲמַר לֵיהּ: פַּלְגָא דְּזוּזָא. יְהֵיב לֵיהּ פַּלְגָא דְּזוּזָא, וְאַפְקְרָהּ.

The Gemara relates: **Rabbi Yishmael, son of Rabbi Yosei,**[P] **was walking on the road. A certain man encountered him,** and that man **was carrying a burden** that consisted of sticks **of wood.**[N] **He set down** the wood **and was resting.** The man **said to him: Lift** them **for me** and place them upon me. Since it was not in keeping with the dignity of Rabbi Yishmael, son of Rabbi Yosei, to lift the wood, Rabbi Yishmael **said to him: How much are they worth?** The man **said to him: A half-dinar.** Rabbi Yishmael, son of Rabbi Yosei, **gave him a half-dinar,** took possession of the wood, **and declared** the wood **ownerless.**[B]

הֲדַר זָכָה בְּהוּ, הֲדַר יְהֵיב לֵיהּ פַּלְגָא דְּזוּזָא וְאַפְקְרָהּ. חַזְיֵיהּ דַּהֲוָה קָא בָּעֵי לְמִיהֲדַר לְמִזְכֵּיהּ בְּהוּ, אֲמַר לֵיהּ: לְכוּלֵּי עָלְמָא אַפְקְרִינְהוּ וְלָךְ לָא אַפְקְרִינְהוּ.

The man **then reacquired** the wood **and** again requested that Rabbi Yishmael, son of Rabbi Yosei, lift the wood for him. Rabbi Yishmael, son of Rabbi Yosei, **again gave him a half-dinar,** again took possession of the wood, **and again declared** the wood **ownerless. He** then **saw that** the man **desired to reacquire** the sticks of wood. Rabbi Yishmael, son of Rabbi Yosei, **said to him: I declared** the sticks of wood **ownerless with regard to everyone** else, **but I did not declare them ownerless with regard to you.**

וּמִי הָוֵי הֶפְקֵר כִּי הַאי גַּוְונָא? וְהָתְנַן, בֵּית שַׁמַּאי אוֹמְרִים: הֶפְקֵר לָעֲנִיִּים – הֶפְקֵר, וּבֵית הִלֵּל אוֹמְרִים: אֵינוֹ הֶפְקֵר, עַד שֶׁיְּהֵא הֶפְקֵר לָעֲנִיִּים וְלָעֲשִׁירִים כִּשְׁמִיטָּה.

The Gemara asks: **But is** property **rendered ownerless in a case like this? But didn't we learn** in a mishna (*Pe'a* 6:1) that **Beit Shammai say:** Property **declared ownerless for the poor**[H] is thereby rendered **ownerless. And Beit Hillel say: It is not ownerless, until** the property **will be ownerless for the poor and for the rich, like** produce during **the Sabbatical Year,** which is available for all. As the *halakha* is in accordance with the opinion of Beit Hillel, how could Rabbi Yishmael, son of Rabbi Yosei, declare the wood ownerless selectively, excluding the prior owner of the wood?

אֶלָּא רַבִּי יִשְׁמָעֵאל בְּרַבִּי יוֹסֵי לְכוּלֵּי עָלְמָא אַפְקְרִינְהוּ, וּבְמִלְּתָא בְּעָלְמָא הוּא דְּאוֹקְמֵיהּ.

Rather, Rabbi Yishmael, son of Rabbi Yosei, actually **declared** the wood **ownerless to everyone** without exception, **and it was with a mere statement that he prevented him** from reacquiring the wood, i.e., he told the man not to reacquire the wood even though there was no legal impediment to that reacquisition.

HALAKHA

It is his manner to return an item of that type in the field but it is not his manner to return it in the city – דַּרְכּוֹ לְהַחֲזִיר בַּשָּׂדֶה וְאֵין דַּרְכּוֹ לְהַחֲזִיר בָּעִיר: In the case of one who is accustomed to carrying certain items in the field but not in the city, if he finds such an item in the city, he is not obligated to return it. If he finds it in the field, some say he is obligated to return it, since he began the process of its return by lifting it in the field. Others rule he is exempt from returning it (Rabbeinu Yitzḥak of Dampierre). Some hold that he is obligated to return it even if in order to do so he must take it into the city (Rambam). Yet others say he is obligated to return it only as far as the city limits (Rosh). The Gra rules in accordance with the opinion of the Rambam (Rambam *Sefer Nezikin, Hilkhot Gezeila VaAveda* 11:13–14; *Shulḥan Arukh, Ḥoshen Mishpat* 263:2).

Any case where he would recover his own – כָּל שֶׁבְּשֶׁלּוֹ מַחֲזִיר: With regard to any item that one would retrieve if it were his own, he is obligated to retrieve it and to return it to another who lost it. The same applies to the obligation to load and unload a burden onto and off of another's donkey (Rambam *Sefer Nezikin, Hilkhot Gezeila VaAveda* 11:13 and *Hilkhot Rotze'aḥ UShmirat HaNefesh* 13:4; *Shulḥan Arukh, Ḥoshen Mishpat* 263:1, 272:3).

Property declared ownerless for the poor – הֶפְקֵר לָעֲנִיִּים: If one declared his property ownerless exclusively for the poor and not for the rich, it has no halakhic ramifications; it is not ownerless until he declares it ownerless for everyone (Rambam *Sefer Hafla'a, Hilkhot Nedarim* 2:15; *Shulḥan Arukh, Ḥoshen Mishpat* 273:5).

NOTES

A burden of wood – פַּתְכָא דְּאוּפֵי: The *ge'onim* explain that this is referring to strings of wood from the bases of hard date branches that were used for decorative purposes or as a flotation device.

BACKGROUND

Ownerless property – הֶפְקֵר: When one declares an item ownerless, he must completely renounce ownership of it. He may not cede ownership in a way that enables only certain people to acquire it and denies others that opportunity. Some authorities hold that for one to renounce ownership of his property he must do so in the presence of at least three people. Others maintain that even a private statement is effective. Certain property is deemed ownerless by Torah law, e.g., produce that grows during the Sabbatical Year. Property belonging to a convert who dies without heirs is also ownerless. There is no obligation to tithe the ownerless produce.

PERSONALITIES

Rabbi Yishmael, son of Rabbi Yosei – רַבִּי יִשְׁמָעֵאל בְּרַבִּי יוֹסֵי: Rabbi Yishmael was a *tanna* of the last generation of *tanna'im* and the eldest son of Rabbi Yosei bar Ḥalafta. Although he studied under other Sages, including Rabbi Akiva, Rabbi Yishmael achieved renown as the outstanding disciple of his father, Rabbi Yosei, from whom he acquired most of his Torah knowledge. He was a noted scholar in his generation and was considered his father's successor and the leading rabbinic authority in his hometown of Tzippori in the Galilee. Nevertheless, he still accepted the authority of Rabbi Yehuda HaNasi, with whom he established himself as the latter's outstanding disciple, even though they were approximately the same age and he was a friend of Rabbi Yehuda HaNasi's family. He also engaged in halakhic discussions with Rabbi Shimon, the son of Rabbi Yehuda HaNasi, and with Rabbi Ḥiyya.

Alongside his prominence in the field of Torah study, Rabbi Yishmael was renowned as being wise in all fields and a quick-witted conversationalist. Most of his contemporaries, including the *Nasi*, received and disseminated Torah and traditions that he transmitted in the name of his father.

Although few details are available about his private life and his family, it is known that he was a wealthy landowner and a merchant. He was forced to serve in a position of law enforcement by the gentile authorities, and apparently fled from Eretz Yisrael for a brief period to avoid assuming that position.

וְהָא רַבִּי יִשְׁמָעֵאל בְּרַבִּי יוֹסֵי זָקֵן וְאֵינוֹ לְפִי כְּבוֹדוֹ הֲוָה! רַבִּי יִשְׁמָעֵאל בְּרַבִּי יוֹסֵי לִפְנִים מִשּׁוּרַת הַדִּין הוּא דַּעֲבַד.

The Gemara asks: **But wasn't Rabbi Yishmael, son of Rabbi Yosei, an elderly person and it was not in keeping with his dignity** to tend to the item? Why did he purchase the wood and render it ownerless in order to absolve himself of the obligation to lift the burden if he had no obligation to do so in the first place? The Gemara answers: In the case of **Rabbi Yishmael, son of Rabbi Yosei, he conducted** himself **beyond the letter of the law,**[H] and he could have simply refused the request for help.

דְּתָנֵי רַב יוֹסֵף: "וְהוֹדַעְתָּ לָהֶם" – זֶה בֵּית חַיֵּיהֶם, "אֶת הַדֶּרֶךְ" – זוֹ גְּמִילוּת חֲסָדִים, "אֲשֶׁר יֵלְכוּ" – זֶה בִּיקּוּר חוֹלִים, "בָּהּ" – זוֹ קְבוּרָה, "וְאֶת הַמַּעֲשֶׂה" – זֶה הַדִּין, "אֲשֶׁר יַעֲשׂוּן" – זוֹ לִפְנִים מִשּׁוּרַת הַדִּין.

The Gemara cites a source for going beyond the letter of the law in the performance of mitzvot. **As Rav Yosef taught** in a *baraita* with regard to the verse: "And you shall teach them the statutes and the laws, and shall show them the path wherein they shall walk and the action that they must perform" (Exodus 18:20). The *baraita* parses the various directives in the verse. **"And you shall teach them," that** is referring to **the structure of their livelihood,**[N] i.e., teach the Jewish people trades so that they may earn a living; **"the path," that** is referring to **acts of kindness; "they shall walk," that** is referring to **visiting the ill; "wherein," that** is referring to **burial;**[H] **"and the action," that** is referring to acting in accordance with the letter of the **law; "that they must perform," that** is referring to acting **beyond the letter of the law.**[H]

אָמַר מָר: "אֲשֶׁר יֵלְכוּ" – זֶה בִּיקּוּר חוֹלִים, הַיְינוּ גְּמִילוּת חֲסָדִים! לֹא נִצְרְכָה אֶלָּא לְבֶן גִּילוֹ. דְּאָמַר מָר: בֶּן גִּילוֹ נוֹטֵל אֶחָד מִשִּׁשִּׁים בְּחָלְיוֹ, וַאֲפִילּוּ הָכִי מִבָּעֵי לֵיהּ לְמֵיזַל לְגַבֵּיהּ.

The Gemara analyzes the *baraita*. **The Master said:** With regard to the phrase **"they shall walk," that** is referring to **visiting the ill.** The Gemara asks: **That is** a detail of **acts of kindness;** why does the *baraita* list it separately? The Gemara answers: The reference to visiting the ill is **necessary only for the contemporary**[H] of the ill person,[N] **as the Master said:** When **one who is a contemporary** of an ill person visits him, he **takes one-sixtieth**[N] **of his illness.** Since visiting an ill contemporary involves contracting a bit of his illness, a special derivation is necessary to teach that **even so, he is required to go** and visit **him.**

"בָּהּ" – זוֹ קְבוּרָה. הַיְינוּ גְּמִילוּת חֲסָדִים! לֹא נִצְרְכָה אֶלָּא לְזָקֵן וְאֵינוֹ לְפִי כְּבוֹדוֹ.

It was taught in the *baraita*: With regard to the phrase **"wherein," that** is referring to **burial.** The Gemara asks: **That is** a detail of **acts of kindness;** why does the *baraita* list it separately? The Gemara answers: The reference to burial is **necessary only to** teach the *halakha* of **an elderly person, and** it is in a circumstance where **it is not in keeping with his dignity** to bury the dead. Therefore, a special derivation is necessary to teach that even so, he is required to participate in the burial.

"אֲשֶׁר יַעֲשׂוּן" – זוֹ לִפְנִים מִשּׁוּרַת הַדִּין. דְּאָמַר רַבִּי יוֹחָנָן: לֹא חָרְבָה יְרוּשָׁלַיִם אֶלָּא עַל שֶׁדָּנוּ בָּהּ דִּין תּוֹרָה. אֶלָּא דִּינֵי דְּמַגִּיזְתָא לְדַיְינוּ? אֶלָּא אֵימָא: שֶׁהֶעֱמִידוּ דִּינֵיהֶם עַל דִּין תּוֹרָה, וְלֹא עָבְדוּ לִפְנִים מִשּׁוּרַת הַדִּין.

It was taught in the *baraita*: **"That they must perform"; that** is referring to acting **beyond the letter of the law, as Rabbi Yoḥanan says: Jerusalem was destroyed only for** the fact **that they adjudicated** cases on the basis of **Torah law in** the city. The Gemara asks: **Rather,** what else should they have done? **Should they rather have adjudicated** cases on the basis of **arbitrary decisions** [*demagizeta*]?[L] **Rather, say: That they established their rulings on** the basis of **Torah law and did not go beyond the letter of the law.**

HALAKHA

Beyond the letter of the law with regard to lost items – לִפְנִים מִשּׁוּרַת הַדִּין בַּאֲבֵידָה: One who generally follows the path of the right and the good (Deuteronomy 6:18) should go beyond the letter of the law and return a lost item even when it is not in keeping with his dignity to do so. The Rema adds that some authorities prohibit a Torah scholar from going beyond the letter of the law if he would thereby dishonor the Torah (Rambam *Sefer Nezikin, Hilkhot Rotze'aḥ UShmirat HaNefesh* 13:4; *Shulḥan Arukh, Ḥoshen Mishpat* 263:3, 272:3).

Visiting the ill, burial, etc. – בִּיקּוּר חוֹלִים קְבוּרָה וכו׳: It is a mitzva by rabbinic law to visit the ill, comfort the mourner, accompany the dead and see to his burial, as well as to facilitate weddings, bring joy to the bride and groom, and see to all their needs. These are all physical acts of lovingkindness for which there is no prescribed limit. Although these are mitzvot by rabbinic law, they fall under the rubric of the mitzva by Torah law: "And you shall love your neighbor as yourself" (Leviticus 19:18), meaning that any action in Torah and mitzvot that you would want others to perform for you, you should perform for your brethren (Rambam *Sefer Shofetim, Hilkhot Evel* 14:1).

Beyond the letter of the law – לִפְנִים מִשּׁוּרַת הַדִּין: The pious people of earlier generations would deviate from the golden rule of being balanced in one's behavior and would go to the positive extreme, e.g., extreme generosity. That is the meaning of going beyond the letter of the law (Rambam *Sefer HaMadda, Hilkhot Deot* 1:5).

Visiting the ill…for the contemporary – בִּיקּוּר חוֹלִים...לְבֶן גִּילוֹ: It is a mitzva to visit the ill, provided that the visit does not disturb him. This applies even to a contemporary of the ill person (Rambam *Sefer Shofetim, Hilkhot Evel* 14:4; *Shulḥan Arukh, Yoreh De'a* 335:2, and in the *Shakh*).

NOTES

The structure of their livelihood – זֶה בֵּית חַיֵּיהֶם: Rashi elsewhere (*Bava Kamma* 100a) explains that this is referring to Torah study.

For the contemporary of the ill person – לְבֶן גִּילוֹ: Rashi (*Nedarim* 39a) explains this to mean someone the same age as him. The Rosh and the Ran there explain that it is referring to one who is born at precisely the same time, with the same astrological map.

Takes one-sixtieth – נוֹטֵל אֶחָד מִשִּׁשִּׁים: One-sixtieth is not meant as a precise measure; rather, it represents a small amount. The visitor takes an imperceptible modicum of his illness (*Torat Ḥayyim*).

LANGUAGE

Arbitrary decisions [*magizeta*] – מַגִּיזְתָא: Several explanations were provided for this term, and many have sought to identify a source in different languages. According to Rabbi Binyamin Musafya its root is from the Greek μέγισται, *megistai*, meaning prominent people or noblemen. In this context, it means: Will they adjudicate the matter in accordance with the customs of gentile judges.

NOTES

And forever, Rav Yehuda said, etc. – **וּלְעוֹלָם אָמַר רַב יְהוּדָה וכו׳**: Some explain that the Gemara is not questioning Rav Yehuda's statement; rather, for didactic purposes, Rav Yehuda asked the question and answered it (Rosh).

מתני׳ אֵי זוֹ הִיא אֲבֵידָה? מָצָא חֲמוֹר אוֹ פָּרָה רוֹעִין בַּדֶּרֶךְ – אֵין זוֹ אֲבֵידָה, חֲמוֹר וְכֵלָיו הֲפוּכִין, פָּרָה רָצָה בֵּין הַכְּרָמִים – הֲרֵי זוֹ אֲבֵידָה. הֶחֱזִירָהּ וּבָרְחָה, הֶחֱזִירָהּ וּבָרְחָה, אֲפִילּוּ אַרְבָּעָה וַחֲמִשָּׁה פְּעָמִים – חַיָּיב לְהַחֲזִירָהּ, שֶׁנֶּאֱמַר הָשֵׁב תְּשִׁיבֵם.

MISHNA **Which is** the item that is considered **lost property? If one found a donkey or a cow grazing on the path, that is not lost property,** as presumably the owners are nearby and are aware of the animal's whereabouts. If one found **a donkey with its accoutrements overturned, or a cow** that **ran through the vineyards, that is lost property.** In a case where **one returned** the lost animal **and it fled,** and he again **returned it and it fled, even** if this scenario repeats itself **four or five times,** he is **obligated to return it** each time, as it **is stated:** "You shall not see your brother's ox or his sheep wandering and disregard them; **you shall return them** to your brother" (Deuteronomy 22:1).

הָיָה בָּטֵל מִסֶּלַע לֹא יֹאמַר לוֹ תֵּן לִי סֶלַע, אֶלָּא נוֹתֵן לוֹ שְׂכָרוֹ כְּפוֹעֵל. אִם יֵשׁ שָׁם בֵּית דִּין – מַתְנֶה בִּפְנֵי בֵית דִּין, אִם אֵין שָׁם בֵּית דִּין בִּפְנֵי מִי יַתְנֶה? שֶׁלּוֹ קוֹדֵם.

If in the course of tending to and returning the lost item, the finder **was idle from** labor that would have earned him **a** ***sela*****, he shall not say to** the owner of the item: **Give me a** ***sela*** to compensate me for my lost income. **Rather,** the owner **gives him his wage as** if he were **a laborer,** a payment that is considerably smaller. **If there are** three men **there** who can convene as **a court,** he **may stipulate before the court** that he will undertake to return the item provided that he receives full compensation for lost income. **If there is no court there before whom can he stipulate** his condition, **his** financial interests **take precedence** and he need not return the lost item.

גמ׳ אַטּוּ כָּל הָנֵי דְּאָמְרִינַן לָאו אֲבֵידָה הָווּ? אָמַר רַב יְהוּדָה: הָכִי קָאָמַר, אֵי זוֹ הִיא כְּלָל אֲבֵידָה שֶׁהוּא חַיָּיב בָּהּ – מָצָא חֲמוֹר וּפָרָה רוֹעִין בַּדֶּרֶךְ – אֵין זוֹ אֲבֵידָה וְלָא מִיחַיַּיב בָּהּ, חֲמוֹר וְכֵלָיו הֲפוּכִים, פָּרָה וְרָצָה בֵּין הַכְּרָמִים – הֲרֵי זוֹ אֲבֵידָה וּמִיחַיַּיב בָּהּ.

GEMARA With regard to the question in the mishna: Which is the item that is considered lost property, the Gemara asks: **Is that to say that all those other** cases **that we stated** in this chapter **are not lost property? Rav Yehuda said** that **this** is what the *tanna* **is saying: What is the principle** employed in defining **a lost item that one is obligated to** return? The mishna cites examples to illustrate the principle: If one **found a donkey or a cow grazing on the path, that is not lost property, and he is not obligated to** return **it.** But if one found **a donkey with its accoutrements overturned, or a cow that was running through the vineyards, that is lost property, and he is obligated to** return **it.**

וּלְעוֹלָם? אָמַר רַב יְהוּדָה אָמַר רַב: עַד שְׁלֹשָׁה יָמִים. הֵיכִי דָּמֵי? אִי בְּלֵילְוָתָא – אֲפִילּוּ חֲדָא שַׁעְתָּא נָמֵי, אִי בִּימָמָא – אֲפִילּוּ טוּבָא נָמֵי לָא!

With regard to the ruling in the mishna that a donkey and cow grazing on the path are not considered lost property, the Gemara asks: **And** is that the case even if they graze there untended **forever? Rav Yehuda said**[N] that **Rav said: Until three days**[H] pass they are not lost. Thereafter, they are considered lost. The Gemara asks: **What are the circumstances? If** the animal is found grazing **at night, even** if it is untended for **even one hour** it can be presumed to be lost, as an owner never grazes his animals untended at night. **If** the animal is found grazing **during the day, even** if it is untended for **more** than three days, it is **also not** presumed to be lost.

לָא צְרִיכָא, דַּהֲוָה חָזֵי לַהּ בְּקַדְמְתָא וּבַחֲשֵׁכְתָּא; תְּלָתָא יוֹמֵי אָמְרִינַן: אִיתְרְמוּיֵי אִתְרְמֵי לַהּ, וּנְפַקָא. טְפֵי – וַדַּאי אֲבֵידָה הִיא.

The Gemara answers: **No,** the measure of three days **is necessary** only in a case **where one saw** the animal grazing **in the early** hours in the morning **and in the dark** of nightfall. For the first **three days, we say: It happened** that the animal **went out** a bit earlier or a bit later than usual, but nevertheless, it was with the owner's knowledge. Once this is observed for **more** than three days, it is **certainly a lost item.**

תַּנְיָא נָמֵי הָכִי: מָצָא טַלִּית וְקַרְדּוֹם,

This is also taught in a *baraita*: If **one found a cloak or an ax**

HALAKHA

Until three days – **עַד שְׁלֹשָׁה יָמִים**: If one found a cow or donkey grazing along a path, by day it is not considered lost, and at night it is considered lost. If the donkey's saddle was askew, even during the day it is considered lost. If he found the animal at daybreak or at twilight for three consecutive days, it is considered lost. The *Arukh HaShulhan* comments that the principle is that the determination whether an item is lost is based on local standards. If it appears to be lost, he must tend to it (Rambam *Sefer Nezikin, Hilkhot Gezeila VaAveda* 15:2; *Shulhan Arukh, Hoshen Mishpat* 261:1).

בְּאִסְרַטְיָא, וּפָרָה רָצָה בֵּין הַכְּרָמִים – הֲרֵי זוֹ אֲבֵידָה. טַלִּית בְּצַד גָּדֵר, קַרְדּוֹם בְּצַד גָּדֵר, וּפָרָה רוֹעָה בֵּין הַכְּרָמִים – אֵין זוֹ אֲבֵידָה. שְׁלֹשָׁה יָמִים זֶה אַחַר זֶה – הֲרֵי זוֹ אֲבֵידָה. רָאָה מַיִם שֶׁשּׁוֹטְפִין וּבָאִין – הֲרֵי זֶה גּוֹדֵר בִּפְנֵיהֶם.

on a main thoroughfare [*be'isratiyya*],[L] **or a cow running through the vineyards, that is lost property.** If one found **a cloak alongside a fence,**[H] **an ax alongside a fence, or a cow grazing among the vineyards, that is not lost property.** If one sees these items for **three consecutive days,**[N] **that is lost property. If one saw water that is flowing and coming** to inundate another's field, **he must establish a barrier before** the water in order to preserve the field.

אָמַר רָבָא: "לְכָל אֲבֵידַת אָחִיךָ" – לְרַבּוֹת אֲבֵידַת קַרְקַע. אֲמַר לֵיהּ רַב חֲנַנְיָא לְרָבָא: תַּנְיָא דִּמְסַיֵּיעַ לָךְ; רָאָה מַיִם שֶׁשּׁוֹטְפִין וּבָאִין – הֲרֵי זֶה גּוֹדֵר בִּפְנֵיהֶם.

Rava says that the verse: "And so shall you do **with every lost item of your brother**" (Deuteronomy 22:3), serves **to include** an obligation to protect your brother from the **loss of** his **land.**[H] **Rav Ḥananya said to Rava:** There is a *baraita* **that is taught that supports your** opinion. **If one saw water that is flowing and coming** to inundate another's field, **he must establish a barrier before** the water in order to preserve the field.

אֲמַר לֵיהּ: אִי מִשּׁוּם הָא – לָא תְּסַיְּיעִי, הָכָא בְּמַאי עָסְקִינַן – בְּדְאִיכָּא עוֹמָרִין. אִי דְּאִיכָּא עוֹמָרִין מַאי לְמֵימְרָא? לָא צְרִיכָא, דְּאִית בָּהּ עוֹמָרִין דִּצְרִיכִי לְאַרְעָא. מַהוּ דְּתֵימָא: כֵּיוָן דִּצְרִיכִי לְאַרְעָא – כִּי גּוּפָהּ דְּאַרְעָא דָּמְיָין, קָא מַשְׁמַע לָן.

Rava **said to** Rav Ḥananya: **If** you are attempting to bring support for my ruling **due to that** *baraita*, **do not support my** ruling. **With what are we dealing here** in the *baraita*? We are dealing with a field **in which there are sheaves** of grain on the land. The *tanna* of the *baraita* is referring to preservation of the sheaves, not of the land itself. The Gemara asks: **If** the *baraita* is referring to a field **in which there are sheaves** of grain, **what** is the purpose **of stating** it? Isn't it obvious that one is obligated to preserve the sheaves as he would any other item? **No,** it is **necessary** to state the *halakha* only in a case where **there are sheaves that need the land** in order to dry. **Lest you say: Since they still need the land, their** legal status **is like** that of **the land itself** and he is not obligated to return them, the *baraita* **teaches us** that the sheaves are independent of the land and must be preserved.

"מָצָא חֲמוֹר וּפָרָה" [וכו']. הָא גּוּפָהּ קַשְׁיָא! אָמְרַתְּ: מָצָא חֲמוֹר וּפָרָה רוֹעִין בַּדֶּרֶךְ – אֵין זוֹ אֲבֵידָה, רוֹעִין בַּדֶּרֶךְ הוּא דְּלָא הָווּ אֲבֵידָה, הָא רָצָה בַּדֶּרֶךְ וְרוֹעָה בֵּין הַכְּרָמִים – הָוְיָא אֲבֵידָה. אֵימָא סֵיפָא: חֲמוֹר וְכֵלָיו הֲפוּכִים, וּפָרָה רָצָה בֵּין הַכְּרָמִים – הֲרֵי זוֹ אֲבֵידָה! רָצָה בֵּין הַכְּרָמִים הוּא דְּהָוְיָא אֲבֵידָה, הָא רָצָה בַּדֶּרֶךְ וְרוֹעָה בֵּין הַכְּרָמִים – אֵין זוֹ אֲבֵידָה!

§ The mishna teaches: If **one found a donkey or a cow**[H] grazing on the path, that is not deemed lost property. The Gemara asks: **This itself** is **difficult.** On the one hand **you said: If one found a donkey or a cow grazing on the path, that is not lost property,** from which it may be inferred that only if it is **grazing on the path it is not lost property, but** if it was **running on the path or grazing among the vineyards, it is a lost item.** On the other hand, **say the latter clause** of the mishna: If one found **a donkey with its accoutrements overturned, or a cow** that **ran through the vineyards,** that **is lost property.** From this wording it may be inferred that only if the animal is **running through the vineyards is it lost property, but** if it is **running on the path or grazing among the vineyards, it is not lost property.**

אָמַר אַבַּיֵי: "יַגִּיד עָלָיו רֵעוֹ". תָּנָא רוֹעָה בַּדֶּרֶךְ דְּלָא הָוְיָא אֲבֵידָה – וְהוּא הַדִּין לְרוֹעָה בֵּין הַכְּרָמִים, תָּנָא רָצָה בֵּין הַכְּרָמִים דְּהָוְיָא אֲבֵידָה – וְהוּא הַדִּין לְרָצָה בַּדֶּרֶךְ.

Abaye said that the *tanna* employs the style of: **Its counterpart tells about it** (see Job 36:33), and the mishna distinguishes between grazing and running. The *tanna* **taught** a case of **grazing on the path, where** the animal is **not** considered **lost property, and the same is true** of a case where the animal is **grazing among the vineyards.** And the *tanna* **taught** a case of **running through the vineyards, where** the animal **is** considered **lost property, and the same is true of** a case where the animal is **running on the path.**

אֲמַר לֵיהּ רָבָא: אִי "יַגִּיד עָלָיו רֵעוֹ" לִיתְנֵי קִילְּתָא וְכָל שֶׁכֵּן חֲמִירְתָּא: לִיתְנֵי רָצָה בַּדֶּרֶךְ דְּהָוְיָא אֲבֵידָה – וְכָל שֶׁכֵּן רָצָה בֵּין הַכְּרָמִים, וְלִתְנֵי רוֹעָה בֵּין הַכְּרָמִים דְּלָא הָוְיָא אֲבֵידָה – וְכָל שֶׁכֵּן רוֹעָה בַּדֶּרֶךְ.

Rava said to him: If the *tanna* employs the style of: **Its counterpart tells about it, let him teach the lenient** case **and all the more so** it would apply to **the stringent** case. The Gemara elaborates: **Let** the *tanna* **teach** that when the animal is **running on the path it is lost property and all the more so** it is lost property when it is **running through the vineyards. And let** the *tanna* **teach** that when the animal is **grazing among the vineyards it is not lost property, and all the more so** it is not lost property **when** it is **grazing on the path.**

LANGUAGE

Main thoroughfare [*isratiyya*] – אִסְרַטְיָא: From the Latin strata, meaning street or public road. There is an etymological link to the Greek στρατός, *stratos*, whose meaning is linked to soldiers and military camps.

HALAKHA

A cloak alongside a fence – טַלִּית בְּצַד גָּדֵר: If one finds a cloak or ax alongside a fence or a cow grazing in a vineyard, or if one finds any item that appears to be there with the owner's knowledge, it is not lost and the finder must not touch it (Rambam *Sefer Nezikin, Hilkhot Gezeila VaAveda* 15:2, 5; *Shulḥan Arukh, Ḥoshen Mishpat* 260:9).

To include the loss of land – לְרַבּוֹת אֲבֵידַת קַרְקַע: The obligation to return another's property includes preventing loss of his land, e.g., if one sees floodwaters approaching another's field, he is obligated to erect a barrier to prevent the field from becoming inundated (Rambam *Sefer Nezikin, Hilkhot Gezeila VaAveda* 11:20; *Shulḥan Arukh, Ḥoshen Mishpat* 259:9).

If one found a donkey or a cow – מָצָא חֲמוֹר וּפָרָה: In a case where one sees a cow running along a path, if it is running toward the city, it is not considered lost. If it is running toward the field, away from the city, it is considered lost. If one found a cow grazing among the vineyards, one must return the cow in order to prevent damage to the vineyard. If the vineyard was owned by a gentile, one need not tend to the animal. If the danger exists that the vineyard's owner may kill the cow, or if it is a place where the authorities penalize the owner of an animal that grazes in another's field (Rema), one treats that animal as though it were lost (Rambam *Sefer Nezikin, Hilkhot Gezeila VaAveda* 15:3–4; *Shulḥan Arukh, Ḥoshen Mishpat* 261:2, and in the comment of Rema).

NOTES

Three consecutive days – שְׁלֹשָׁה יָמִים זֶה אַחַר זֶה: The Ritva understands that this *halakha*, that after three consecutive days the item is deemed lost and one is obligated to return it, applies not only to animals but to other items as well. If one sees an item in the same place for three days, presumably it is lost and it is incumbent upon him to return it.

HALAKHA

If one returned the lost animal and it fled – הֶחֱזִירָהּ וּבָרְחָה: In a case where one returned an animal several times, even if it fled each time there is no limit to the number of times that he must return it (Rambam *Sefer Nezikin, Hilkhot Gezeila VaAveda* 11:14; *Shulḥan Arukh, Ḥoshen Mishpat* 267:2).

אֶלָּא אָמַר רָבָא: רָצָה אַרְצָה לָא קַשְׁיָא – הָא דְּאַפָּהּ לְגַבֵּי דַּבְרָא, הָא דְּאַפָּהּ לְגַבֵּי מָתָא.

Rather, Rava said: The apparent contradiction **between** the inference from the first clause with regard to **running** on the path and the inference from the latter clause with regard to **running** on the path is **not difficult. This** inference from the first clause that an animal running on the path is lost property is referring to a case **where its face is** directed **toward the field,** and it is running away from the city. **That** inference from the latter clause that an animal running on the path is not lost property is referring to a case **where its face is** directed **toward the city.**

רוֹעָה אַרוֹעָה נַמִּי לָא קַשְׁיָא – כָּאן בַּאֲבֵידַת גּוּפָהּ, כָּאן בַּאֲבֵידַת קַרְקַע.

Rava continues: The apparent contradiction **between** the inference from the first clause with regard to **grazing** among the vineyards and the inference from the latter clause with regard to **grazing** among the vineyards is **also not difficult. Here,** the inference from the latter clause that an animal grazing among the vineyards is not lost property is **with regard to loss of** the animal **itself. There,** the inference from the first clause that the *halakhot* of lost property apply in the case of an animal grazing among the vineyards is referring to **loss** in the sense of damage **to the land.**

כִּי קָתָנֵי רוֹעָה בַּדֶּרֶךְ לָא הָוְיָא אֲבֵידָה הָא רוֹעָה בֵּין הַכְּרָמִים הָוְיָא אֲבֵידָה – בַּאֲבֵידַת קַרְקַע, וְכִי קָתָנֵי רָצָה בֵּין הַכְּרָמִים הָוְיָא אֲבֵידָה, הָא רוֹעָה בֵּין הַכְּרָמִים לָא הָוְיָא אֲבֵידָה – בַּאֲבֵידַת גּוּפָהּ, דְּרָצָה בֵּין הַכְּרָמִים – מִסַּקְבָא, וְרוֹעָה בֵּין הַכְּרָמִים – לָא מִסַּקְבָא.

The Gemara elaborates: **When** the *tanna* **teaches** that in the case of an animal **grazing on the path,** the *halakhot* of **lost property do not** apply, from which it is inferred: **But** in the case of an animal **grazing among the vineyards** the *halakhot* of **lost property do** apply, it is referring to preventing **loss** in the sense of damage **to the land** caused by the animal. **And when** the *tanna* **teaches** that in the case of an animal **running among the vineyards** the *halakhot* of **lost property do** apply, from which it is inferred: **But** in the case of an animal **grazing among the vineyards** the *halakhot* of **lost property do not** apply, it is referring **to loss of** the animal **itself, as** an animal **running among the vineyards** is typically **wounded** with lacerations from the vines, **but** an animal **grazing among the vineyards** is **not** typically **wounded.**

וְרוֹעָה בֵּין הַכְּרָמִים, נְהִי דְּלָא מִסַּקְבָא תֵּיפּוֹק לֵיהּ מִשּׁוּם אֲבֵידַת קַרְקַע? בְּדְנָכְרִי.

The Gemara asks: **And** with regard to the inference from the latter clause that in the case of an animal **grazing among the vineyards** the *halakhot* of lost property do not apply, **although it is not wounded,** why not **derive** that the *halakhot* of lost property do apply **due to loss** in the sense of damage **to the land** caused by the animal? The Gemara answers: It is stated **with regard to** the land **of a gentile,** which one is not obligated to return or preserve.

וְתֵיפּוֹק לֵיהּ מִשּׁוּם אֲבֵידַת גּוּפָהּ, דְּדִלְמָא קָטְלוּ לָהּ! בְּאַתְרָא דְּמַתְרוּ וַהֲדַר קָטְלִי. וְדִלְמָא אַתְרוּ בָּהּ? אִי אַתְרוּ בָּהּ וְלָא אִזְדַּהֲרוּ בָּהּ – וַדַּאי אֲבֵידָה מִדַּעַת הִיא.

The Gemara questions this explanation: **But** why not **derive** that one is obligated to return it **due to loss of** the animal **itself, as perhaps** the gentiles will **kill it?** The Gemara answers: It is stated **with regard to a place where they forewarn** the owner **and** only **then kill** the animal. The Gemara challenges: **And perhaps they** already **forewarned** the owner **with regard to** the animal. The Gemara explains: **If they** already **forewarned** the owner **with regard to** the animal **and** the owner **did not heed** the warning, **this is certainly** a case of **deliberate loss,** where there is no obligation to return it.

״הֶחֱזִירָהּ וּבָרְחָה הֶחֱזִירָהּ וּבָרְחָה״ [וכו׳]. אֲמַר לֵיהּ הַהוּא מִדְּרַבָּנַן לְרָבָא: אֵימָא: ״הָשֵׁב״ – חֲדָא זִמְנָא, ״תְּשִׁיבֵם״ – תְּרֵי זִמְנֵי?

§ The mishna teaches: In a case where **one returned** the lost animal **and it fled,** and he again **returned it and it fled,**[H] even if this scenario repeats itself four or five times, he is obligated to return it each time, as it is stated: "You shall not see your brother's ox or his sheep wandering and disregard them; you shall return them [*hashev teshivem*] to your brother" (Deuteronomy 22:1). The Gemara understands that from the use of the compound form of the verb, "*hashev teshivem*," the mishna derives that one must return the lost animal multiple times if it flees. The Gemara asks: **A certain** one **of the Sages said to Rava: Say** that from "***hashev***" one derives the obligation to return the animal **once,** and from "***teshivem***" one derives the obligation to return the animal **twice,** and beyond that there is no obligation.

אָמַר לֵיהּ: ״הָשֵׁב״ – אֲפִילּוּ מֵאָה פְּעָמִים מַשְׁמַע. ״תְּשִׁיבֵם״ – אֵין לִי אֶלָּא לְבֵיתוֹ. לְגִינָּתוֹ וּלְחוּרְבָּתוֹ מִנַּיִן – תַּלְמוּד לוֹמַר ״תְּשִׁיבֵם״ – מִכׇּל מָקוֹם. הֵיכִי דָמֵי? אִי דְּמִינְּטְרָא – פְּשִׁיטָא, אִי דְּלָא מִינְּטְרָא – אַמַּאי?

Rava **said to him: "*Hashev*" indicates** that there is an absolute obligation to return the animal, **even** if it flees **one hundred times.** "***Teshivem***" teaches another matter: **I have** derived **only** that one may return the animal **to** the owner's **house. From where** is the *halakha* derived that one may return the animal **to his garden or to his** building in **ruins? The verse states: "*Teshivem*,"** to teach that **in any case,** wherever one returns the lost animal, he fulfills the mitzva of returning it. The Gemara asks: **What are the circumstances? If** those areas are **protected,** it is **obvious** that one who returns the animal there fulfills his obligation. **If** they are **not protected, why** is he considered to have returned the lost animal? It will just flee again.

לְעוֹלָם דְּמִינְּטְרָא, וְהָא קָא מַשְׁמַע לַן: דְּלָא בָּעֵינַן דַּעַת בְּעָלִים. וּכְדְרַבִּי אֶלְעָזָר, דְּאָמַר: הַכֹּל צְרִיכִין דַּעַת בְּעָלִים, חוּץ מֵהֲשָׁבַת אֲבֵידָה, שֶׁהַתּוֹרָה רִיבְּתָה הֲשָׁבוֹת הַרְבֵּה.

The Gemara answers: **Actually,** it is a case **where** the property is **protected. And this teaches us that we do not require the owner's knowledge** in order to return the lost item to him. **And** this ruling **is in accordance with** the opinion of **Rabbi Elazar, who says: Every** instance involving return of an item to its owner, e.g., by a bailee or by a thief, **requires the owner's knowledge**[H] that it is being returned, **except for the return of a lost item,**[H] **as the Torah amplified** the *halakha* to permit **multiple** forms of **return** by means of the compound verb "*hashev teshivem*," among them return without the owner's knowledge.

״שַׁלֵּחַ תְּשַׁלַּח״ – אֵימָא: ״שַׁלֵּחַ״ – חֲדָא זִימְנָא, ״תְּשַׁלַּח״ – תְּרֵי זִמְנֵי?

The Gemara cites additional mitzvot where the Torah employs the compound verb form, and the Sages derived additional *halakhot* from the phrasing of the verse. With regard to the mitzva of dispatch of the mother bird from the nest[B] before taking its eggs or fledglings, the verse states: **"You shall dispatch [*shalle'aḥ teshallaḥ*]** the mother, but the young take for yourself; that it may be well with you, and that you may prolong your days" (Deuteronomy 22:7). The Gemara understands that from the use of the compound form of the verb, "*shalle'aḥ teshallaḥ*," the Sages derive that one must dispatch the mother bird multiple times if it returns. The Gemara asks: **Say** that from **"*shalle'aḥ*"** one derives the obligation to dispatch the mother **once,** and from **"*teshallaḥ*"** one derives the obligation to dispatch the mother **twice,** and beyond that there is no obligation.

אֲמַר לֵיהּ: ״שַׁלֵּחַ״ אֲפִילּוּ מֵאָה פְּעָמִים מַשְׁמַע, ״תְּשַׁלַּח״ – אֵין לִי אֶלָּא לִדְבַר הָרְשׁוּת, לִדְבַר מִצְוָה מִנַּיִן – תַּלְמוּד לוֹמַר ״תְּשַׁלַּח״, מִכׇּל מָקוֹם.

Rava **said to him: "*Shalle'aḥ*" indicates** that one must dispatch the mother **even one hundred times.**[H] **"*Teshallaḥ*"** teaches another matter: **I have** derived **only** the obligation to dispatch the mother bird in a case where one takes the eggs or the fledglings and wants to take the mother bird **for a non-compulsory matter,** e.g., to eat it. In a case where one takes the eggs or the fledglings and needs the mother bird **for a matter** involving **a mitzva,**[H] e.g., the purification of a leper, **from where** is the *halakha* that he must dispatch the mother derived? **The verse states: "*Teshallaḥ*,"** to teach that **in any case** one must dispatch the mother bird.

אֲמַר לֵיהּ הַהוּא מֵדְּרַבָּנַן לְרָבָא: וְאֵימָא ״הוֹכֵחַ״ – חֲדָא זִימְנָא, ״תּוֹכִיחַ״ – תְּרֵי זִמְנֵי?

With regard to the mitzva of rebuke,[B] the verse states: "You shall not hate your brother in your heart; you shall rebuke [*hokhe'aḥ tokhiaḥ*] your neighbor, and not bear sin because of him" (Leviticus 19:17). The Gemara understands that from the use of the compound form of the verb, "*hokhe'aḥ tokhiaḥ*," the Sages derive that one must rebuke another multiple times if necessary. **A certain** one **of the Sages said to Rava: Say** that from **"*hokhe'aḥ*"** one derives the obligation to rebuke another **once,** and from **"*tokhiaḥ*"** one derives the obligation to rebuke another **twice,** and beyond that there is no obligation.

אֲמַר לֵיהּ: ״הוֹכֵחַ״ – אֲפִילּוּ מֵאָה פְּעָמִים מַשְׁמַע, ״תּוֹכִיחַ״ – אֵין לִי אֶלָּא הָרַב לְתַלְמִיד, תַּלְמִיד לָרַב מִנַּיִן – תַּלְמוּד לוֹמַר ״הוֹכֵחַ תּוֹכִיחַ״, מִכׇּל מָקוֹם.

Rava **said to him: "*Hokhe'aḥ*" indicates** that one must rebuke another **even one hundred times. "*Tokhiaḥ*"** teaches another matter: **I have** derived **only** the obligation of **a teacher to** rebuke **a student.** With regard to the obligation for **a student to** rebuke **a teacher, from where** is it derived? **The verse states: "*Hokhe'aḥ tokhiaḥ*"**[H] to teach that one is obligated to rebuke another **in any case** that warrants rebuke.

HALAKHA

Every instance involving return of an item to its owner requires the owner's knowledge – הַכֹּל צְרִיכִין דַּעַת בְּעָלִים: If one stole an item and its owner became aware of the theft, the thief fulfills his obligation to return the stolen item only if the owner is aware that it was returned (Rambam *Sefer Nezikin, Hilkhot Gezeila VaAveda* 1:8 and *Hilkhot Geneiva* 4:10; *Shulḥan Arukh, Ḥoshen Mishpat* 355:1).

Except for the return of a lost item – חוּץ מֵהֲשָׁבַת אֲבֵידָה: One who returns a lost item to the owner's garden or ruin fulfills his obligation to return the item (Rambam *Sefer Nezikin, Hilkhot Gezeila VaAveda* 11:15; *Shulḥan Arukh, Ḥoshen Mishpat* 267:1).

***Shalle'aḥ* indicates even one hundred times – שַׁלֵּחַ אֲפִילּוּ מֵאָה פְּעָמִים מַשְׁמַע:** If one dispatched a mother bird and it returned before he took the fledglings, he must dispatch it again. There is no limit to the number of times that one must dispatch the bird (Rambam *Sefer Kedusha, Hilkhot Sheḥita* 13:5; *Shulḥan Arukh, Yoreh De'a* 292:5).

***Teshallaḥ*…for a matter involving a mitzva – ...תְּשַׁלַּח לִדְבַר מִצְוָה:** It is prohibited to take both a mother bird and its fledglings, even for the purpose of fulfilling a mitzva, e.g., purification of a leper (Rambam *Sefer Kedusha, Hilkhot Sheḥita* 13:19).

You shall rebuke [*hokhe'aḥ tokhiaḥ*] – הוֹכֵחַ תּוֹכִיחַ: One who sees another performing a transgression is obligated to rebuke him. If the sinner does not heed the rebuke, one is obligated to continue rebuking him indefinitely until he does. One is absolved of his obligation to rebuke only if the sinner strikes him and states: I will not listen to you. Even a student must rebuke his teacher, although he must do so in a deferential manner (Rambam *Sefer HaMadda, Hilkhot Deot* 6:7 and see *Hilkhot Talmud Torah* 5:9).

BACKGROUND

Dispatch of the mother bird from the nest – שִׁילּוּחַ הַקֵּן: There is a mitzva in the Torah (Deuteronomy 22:6–7) for one who finds a nest in which the mother bird is sitting on her eggs or with her fledglings to send the mother bird away before taking the eggs or the fledglings. The Sages taught that this mitzva applies only to kosher birds.

Rebuke – תּוֹכָחָה: There is a mitzva by Torah law (Leviticus 19:17) to rebuke a fellow Jew for behaving improperly. If one sees another performing a reprehensible act, he must rebuke him for his deed repeatedly. Several conditions are attached to the act of rebuke, e.g., one must avoid publicly embarrassing the wrongdoer and one may not rebuke one who vehemently expressed unwillingness to be reprimanded. If one is able to rebuke a wrongdoer and fails to do so, he is considered to a certain extent an accomplice to the misdeed.

״עָזֹב תַּעֲזֹב עִמּוֹ״ – אֵין לִי אֶלָּא בְּעָלָיו עִמּוֹ, שֶׁאֵין בְּעָלָיו עִמּוֹ מִנַּיִן? תַּלְמוּד לוֹמַר ״עָזֹב תַּעֲזֹב״, מִכָּל מָקוֹם.

§ The Gemara cites additional derivations from compound verb forms. "If you see the donkey of him that hates you collapsed under its burden, you shall forgo passing him by; **you shall release it** [*azov ta'azov*] **with him**" (Exodus 23:5). **I have** derived **only** that one is obligated to help unload the fallen animal in a case where **its owner is with it. From where** is the obligation to unload it in a case **where its owner is not with it** derived? **The verse states: "*Azov ta'azov,*"** indicating that there is an obligation to unload it **in any case.**

״הָקֵם תָּקִים עִמּוֹ״ – אֵין לִי אֶלָּא בְּעָלָיו עִמּוֹ, שֶׁאֵין בְּעָלָיו עִמּוֹ מִנַּיִן – תַּלְמוּד לוֹמַר ״הָקֵם תָּקִים״, מִכָּל מָקוֹם.

The verse states: "You shall not see your brother's donkey or his ox fallen by the wayside, and hide yourself from them; **you shall lift them** [*hakem takim*] **with him**" (Deuteronomy 22:4). **I have** derived **only** that one is obligated to help load the animal in a case where **its owner is with it. From where** is the obligation to load it in a case **where its owner is not with it** derived? **The verse states: "*Hakem takim,*"** to teach that there is an obligation to load it **in any case.**

וְלָמָּה לֵיהּ לְמִכְתַּב פְּרִיקָה וְלָמָּה לֵיהּ לְמִכְתַּב טְעִינָה? צְרִיכִי, דְּאִי כָּתַב רַחֲמָנָא פְּרִיקָה – הֲוָה אָמִינָא: מִשּׁוּם דְּאִיכָּא צַעַר בַּעֲלֵי חַיִּים, וְאִיכָּא חֶסְרוֹן כִּיס. אֲבָל טְעִינָה, דְּלָאו צַעַר בַּעֲלֵי חַיִּים אִיכָּא וְלֹא חֶסְרוֹן כִּיס אִיכָּא – אֵימָא לָא.

The Gemara asks: **And why does** the Torah need **to write** the compound verb form to teach the obligation in the owner's absence with regard to **unloading and why does** the Torah need **to write** the compound verb form to teach the obligation in the owner's absence with regard to **loading**[N] the animal? The Gemara answers: They **are** both **necessary, as had the Merciful One written** this *halakha* only with regard to **unloading, I would say** that one is obligated to unload the animal even when the owner is not present, **due to** the fact **that** in the failure to unload the animal **there is** potential **suffering of animals and there is** potential **monetary loss,** as the burden might be damaged or the animal might die. **But in** the case of **loading,** where **there is no** potential **suffering of animals and there is no** potential **monetary loss,** I would **say no,** there is no obligation to load the animal when the owner is not present.

וְאִי אַשְׁמְעִינַן טְעִינָה – מִשּׁוּם דְּבְשָׂכָר, אֲבָל פְּרִיקָה דִּבְחִנָּם – אֵימָא לָא, צְרִיכָא.

The Gemara continues its answer: **And had** the Torah **taught us** the obligation in the owner's absence with regard to **loading,** I would say that it is **due to** the fact **that** his action is rewarded **with remuneration,** as one is paid for loading an animal. **But** with regard to **unloading,**[H] **which is** performed **for free,** I would **say no,** there is no obligation to unload the animal when the owner is not present. Due to the unique element in each, both are **necessary.**

וּלְרַבִּי שִׁמְעוֹן, דְּאָמַר: אַף טְעִינָה בְּחִנָּם; מַאי אִיכָּא לְמֵימַר? לְרַבִּי שִׁמְעוֹן לָא מְסַיְּימִי קְרָאֵי.

The Gemara asks: **And according to Rabbi Shimon, who says** that **even loading** must be performed **for free, what is there to say** to explain why it was necessary to repeat the obligation with regard to unloading? The Gemara answers: **According to Rabbi Shimon,** it **is not** clearly **defined** which of **the verses** is referring to loading and which is referring to unloading. Had the Torah written one verse, it would have been interpreted to be referring to unloading and one might assume that he need not load an animal in the absence of the owner.

לָמָּה לִי לְמִכְתַּב הָנֵי תַּרְתֵּי, וְלָמָּה לִי לְמִכְתַּב אֲבֵידָה? צְרִיכִי, דְּאִי כָּתַב רַחֲמָנָא הָנֵי תַּרְתֵּי – מִשּׁוּם דְּצַעֲרָא דְּמָרֵהּ אִיתָא, צַעֲרָא דִּידֵהּ אִיתָא. אֲבָל אֲבֵידָה, דְּצַעֲרָא דְּמָרֵהּ אִיתָא וְצַעֲרָא דִּידֵהּ לֵיתָא – אֵימָא לָא. וְאִי אַשְׁמְעִינַן אֲבֵידָה – מִשּׁוּם דְּלֵיתָא לְמָרֵהּ בַּהֲדָהּ.

The Gemara asks: **Why do I** need the Torah **to write these two** mitzvot of unloading and loading, **and why do I** need the Torah **to write** the obligation to return **a lost item?** Write one of them, and derive the other from it, as they are all mitzvot to preserve another's property. The Gemara answers: Both **are necessary, as had the Merciful One written** only **these two** mitzvot of unloading and loading, one would say that it is **due to** the fact that in those cases **there is** the **suffering of its owner and there is** the **suffering of** the animal **itself.**[N] **But** in the case of **a lost item, where there is** the **suffering of its owner but there is no suffering of** the lost item, I might **say no,** there is no obligation to return the lost item. **And had** the Torah **taught us** only the obligation to return **a lost item,** one would say that is **due to** the fact that **its owner is not with it** to care for it;

NOTES

And why does the Torah need to write unloading and why does the Torah need to write loading – וְלָמָּה לֵיהּ לְמִכְתַּב פְּרִיקָה וְלָמָּה לֵיהּ לְמִכְתַּב טְעִינָה: Rashi explains that the Gemara is asking why it was necessary for the Torah to command both mitzvot. Others explain that the Gemara is asking why it was necessary for the Torah to employ compound verbs in both mitzvot (*Talmid Rabbeinu Peretz*; Ritva).

The suffering of the animal itself – צַעֲרָא דִּידֵהּ אִיתָא: Loading a burden onto an animal without the assistance of another causes the animal suffering, because it takes longer for the burden to settle comfortably, and until it settles it weighs heavily on the animal. Yet, unloading the burden from an animal without assistance certainly engenders greater suffering (Rosh).

HALAKHA

The mitzva of unloading and loading – מִצְוַת פְּרִיקָה וּטְעִינָה: If one sees another's animal collapsed under its burden, there is a mitzva to unload the burden and reload it, even if the animal's owner is not present (Rambam *Sefer Nezikin, Hilkhot Rotze'aḥ UShmirat HaNefesh* 13:8; *Shulḥan Arukh, Ḥoshen Mishpat* 272:7).

אֲבָל הָנֵי תַּרְתֵּי, דְּאִיתָא לְמָרֵהּ בַּהֲדֵהּ – אֵימָא לָא, צְרִיכָא.

but in the case of **these two** mitzvot of unloading and loading, **where its owner is with it,**[N] I might **say no,** there is no need to assist him. Therefore, it was **necessary** for the Torah to write both.

״מוֹת יוּמַת הַמַּכֶּה״ – אֵין לִי אֶלָּא בְּמִיתָה הַכְּתוּבָה בּוֹ. מִנַּיִן שֶׁאִם אִי אַתָּה יָכוֹל לַהֲמִיתוֹ בְּמִיתָה הַכְּתוּבָה בּוֹ שֶׁאַתָּה רַשַּׁאי לַהֲמִיתוֹ בְּכׇל מִיתָה שֶׁאַתָּה יָכוֹל לַהֲמִיתוֹ – תַּלְמוּד לוֹמַר ״מוֹת יוּמַת״, מִכׇּל מָקוֹם.

§ The Gemara cited additional derivations from compound verb forms. "Or in enmity struck him with his hand, that he died; **he that struck him shall be put to death [*mot yumat*]**" (Numbers 35:21). **I have** derived **only** that the murderer is executed **with** the form of **death written with regard to him,** i.e., decapitation. **From where** is it derived **that if you are unable to execute him with** the form of **death written with regard to him, it is permitted for you to execute him with any death**[H] **with which you are able to execute him? The verse states: "*Mot yumat*,"** to teach that you must execute him **in any case.**

״הַכֵּה תַכֶּה״ – אֵין לִי אֶלָּא בְּהַכָּאָה הַכְּתוּבָה בָּהֶן. מִנַּיִן שֶׁאִם אִי אַתָּה יָכוֹל לַהֲמִיתָן בְּהַכָּאָה הַכְּתוּבָה בָּהֶן, שֶׁאַתָּה רַשַּׁאי לְהַכּוֹתָן בְּכׇל הַכָּאָה שֶׁאַתָּה יָכוֹל – תַּלְמוּד לוֹמַר ״הַכֵּה תַכֶּה״, מִכׇּל מָקוֹם.

With regard to an idolatrous city,[B] it is written: **"You shall strike [*hakeh takeh*]** the inhabitants of that city by sword, destroying it utterly" (Deuteronomy 13:16). **I have** derived **only** that the residents of the idolatrous city are executed **with** the form of **death written with regard to them,** i.e., decapitation. **From where** is it derived **that if you are unable to execute them with** the form of **death written with regard to them, it is permitted for you to execute them with any death with which you are able to execute them? The verse states: "*Hakeh takeh*,"** to teach that you must execute him **in any case.**

״הָשֵׁב תָּשִׁיב״ – אֵין לִי אֶלָּא שֶׁמִּשְׁכְּנוֹ בִּרְשׁוּת בֵּית דִּין, מִשְׁכְּנוֹ שֶׁלֹּא בִּרְשׁוּת בֵּית דִּין מִנַּיִן – תַּלְמוּד לוֹמַר ״הָשֵׁב תָּשִׁיב״, מִכׇּל מָקוֹם.

With regard to an item that a poor person needs, e.g., a blanket, that a lender took as collateral when lending him money, it is written: **"You shall restore [*hashev tashiv*]** to him the pledge when the sun goes down, that he may sleep in his garment, and bless you; and it shall be righteousness for you before the Lord your God" (Deuteronomy 24:13). **I have** derived **only** the obligation to return his garment each night in a case where the lender **took collateral with the sanction of the court. From where** do I derive the obligation to return his garment each night even in a case where the lender **took collateral without the sanction of the court?**[N] **The verse states: "*Hashev tashiv*,"** to teach that he must return it **in any case.**[H]

״חָבֹל תַּחְבֹּל״ – אֵין לִי אֶלָּא שֶׁמִּשְׁכְּנוֹ בִּרְשׁוּת, מִשְׁכְּנוֹ שֶׁלֹּא בִּרְשׁוּת מִנַּיִן – תַּלְמוּד לוֹמַר ״חָבֹל תַּחְבֹּל״, מִכׇּל מָקוֹם.

The Gemara brings another derivation from a compound verb written with regard to returning collateral: "If you **take as collateral [*ḥavol taḥbol*]** your neighbor's garment, you shall restore it to him until the sun sets" (Exodus 22:25). **I have** derived **only** the obligation to return his garment before sunset in a case where the lender **took collateral with the sanction of the court. From where** do I derive the obligation to return his garment each night even in a case where the lender **took collateral without the sanction of the court? The verse states: "*Ḥavol taḥbol*,"** to teach that he must return it **in any case.**

וְהָנֵי תְּרֵי קְרָאֵי לָמָּה לִי? חַד לִכְסוּת יוֹם וְחַד לִכְסוּת לַיְלָה.

The Gemara asks: **And** with regard to **these two verses, why do I need** both of them to teach the same *halakha*, that one must return to the debtor any garment that he needs? The Gemara answers: **One** is referring **to a garment** worn during the **day, and one** is referring **to a garment** worn during the **night** (see 114b).

״פָּתֹחַ תִּפְתַּח״ – אֵין לִי אֶלָּא לַעֲנִיֵּי עִירְךָ, לַעֲנִיֵּי עִיר אַחֶרֶת מִנַּיִן – תַּלְמוּד לוֹמַר ״פָּתֹחַ תִּפְתַּח״, מִכׇּל מָקוֹם.

With regard to the mitzva of giving charity and granting loans, it is written: "For the poor shall never cease out of the land; therefore I command you, saying: **You shall open [*patoaḥ tiftaḥ*]** your hand to your poor and needy brother in your land" (Deuteronomy 15:11). **I have** derived **only** the obligation to give charity **to the poor** residents **of your city. From where** is the obligation to give charity **to the poor** residents **of another city** derived? **The verse states: "*Patoaḥ tiftaḥ*,"** to teach that you must give charity to the poor **in any case.**

NOTES

Where its owner is with it – **דְּאִיתָא לְמָרֵהּ בַּהֲדֵהּ**: Even though one is obligated to unload and load another's animal even in a case where the owner is not present, there is a distinction between unloading and loading and returning a lost item. In the case of unloading and loading, the owner is aware of the whereabouts of his animal and can organize assistance. In the case of a lost item, there is no one other than the finder to care for it (Ritva).

Took collateral without the sanction of the court – **מִשְׁכְּנוֹ שֶׁלֹּא בִּרְשׁוּת בֵּית דִּין**: Why would one think that a person who took collateral from another without the sanction of the court would be rewarded with an exemption from the standard obligation to return it daily, necessitating a verse to discount that possibility? Some explain that this Gemara is in accordance with the opinion of Rava (*Temura* 4b), who states that for any action that the Merciful One said: You may not do it, if one does it, it is ineffective. Therefore, one might have thought that if a lender took collateral without the sanction of the court he must return it to the borrower permanently, without reclaiming it daily (*Talmid Rabbeinu Peretz*). Others explain differently: It is clear that one who took collateral without the sanction of the court must return the item each night; nevertheless, one might have thought that by returning it, he does not fulfill a mitzva (see Meiri). Yet others say that since it is extremely uncommon for one to take collateral without the sanction of the court, one might have thought that the Torah did not legislate with regard to uncommon cases (*Shita Mekubbetzet*, citing *Gilyon Tosafot*).

HALAKHA

That it is permitted for you to execute him with any death – **שֶׁאַתָּה רַשַּׁאי לַהֲמִיתוֹ בְּכׇל מִיתָה**: In most capital cases, if the court sentences the criminal to death, and he escapes and avoids execution with the form of execution prescribed by the Torah, the witnesses whose testimony convicted him are to kill him with any method available to them. If the witnesses' hands had been amputated before they testified and they therefore unable to execute him, anyone may execute the person sentenced to death. If their hands were amputated after his conviction, no one else may kill him. The exception is a murderer who was convicted and escaped. In that case anyone may execute the murderer with any method available to him (Rambam *Sefer Shofetim*, *Hilkhot Sanhedrin* 14:8).

Returning collateral – **הֲשָׁבַת מַשְׁכּוֹן**: In the case of one who takes collateral from a debtor, whether or not this was sanctioned by the court, if the debtor is destitute and needs the item, e.g., a blanket, it is a mitzva to return it to the debtor for the period of time that he needs it; he may take it thereafter. This applies only if the creditor took the collateral subsequent to giving the loan; if the creditor took the collateral when he gave the debtor the loan, he is not obligated to return it during the periods that the debtor needs it (Rambam *Sefer Mishpatim*, *Hilkhot Malve VeLoveh* 3:5; *Shulḥan Arukh*, *Ḥoshen Mishpat* 97:16).

BACKGROUND

Idolatrous city – **עִיר הַנִּדַּחַת**: The Torah discusses (Deuteronomy 13:13–19) the unique *halakha* of a city where the majority of inhabitants engage in idol worship. The city is placed on trial by the Great Sanhedrin, consisting of seventy-one judges, which is authorized to deputize a militia to subdue the city if necessary. If the city is found guilty, courts are convened and each of the city's adult inhabitants is placed on trial. Those found guilty of idol worship are beheaded, whereas stoning is the penalty for the idol worship of an individual. Those found innocent are exonerated. All the property in the city, including that of the righteous, is destroyed, and all its buildings are razed to the ground. The city remains in ruins forever.

״נָתֹן תִּתֵּן״ – אֵין לִי אֶלָּא מַתָּנָה מְרוּבָּה, מַתָּנָה מוּעֶטֶת מִנַּיִן – תַּלְמוּד לוֹמַר ״נָתֹן תִּתֵּן״, מִכׇּל מָקוֹם.

With regard to the mitzva of giving charity it is written: "Beware… and your eye is stingy against your needy brother… **You shall give** [*naton titten*] him, and your heart shall not be grieved when you give unto him" (Deuteronomy 15:9–10). **I have** derived **only** the obligation to give **a large gift. From where** is the obligation to give even **a small gift** derived?[N] **The verse states: "*Naton titten*,"** to teach that one must give gifts **in any case,** whether a large gift or a small one.

״הַעֲנֵיק תַּעֲנִיק״ – אֵין לִי אֶלָּא שֶׁנִּתְבָּרֵךְ הַבַּיִת בִּגְלָלוֹ מַעֲנִיקִין, לֹא נִתְבָּרֵךְ הַבַּיִת בִּגְלָלוֹ מִנַּיִן – תַּלְמוּד לוֹמַר ״הַעֲנֵיק תַּעֲנִיק״, מִכׇּל מָקוֹם.

With regard to the release of a Hebrew slave it is written: **"You shall furnish** [*ha'aneik ta'anik*][HB] him liberally from your flock, and from your threshing floor, and from your winepress; of that which the Lord your God has blessed you, you shall give unto him" (Deuteronomy 15:14). Based on the conclusion of the verse, **I have** derived **only** that **when the house is blessed because of him, one furnishes** the slave with gifts. **From where** have I derived the obligation to furnish him with gifts even when **the house is not blessed because of him? The verse states: "*Ha'aneik ta'anik*,"** to teach that one must furnish him with gifts **in any case.**

וּלְרַבִּי אֶלְעָזָר בֶּן עֲזַרְיָה, דְּאָמַר: נִתְבָּרֵךְ הַבַּיִת בִּגְלָלוֹ – מַעֲנִיקִין לוֹ, לֹא נִתְבָּרֵךְ הַבַּיִת בִּגְלָלוֹ – אֵין מַעֲנִיקִין: ״תַּעֲנִיק״ לָמָּה לִי? דִּבְּרָה תּוֹרָה כִּלְשׁוֹן בְּנֵי אָדָם.

The Gemara asks: **And according to Rabbi Elazar ben Azarya, who says:** If **the house is blessed because of him, one furnishes him** with gifts, and if **the house is not blessed because of him,** one need **not furnish** him with gifts, **why do I** need a compound verb, "*ha'aneik ta'anik*"? The Gemara answers: **The Torah speaks in the language of people.**[NB] The compound verb is a common conversational style, and the Torah employs the same style. Rabbi Elazar ben Azarya holds there is nothing extraordinary about it and therefore, nothing may be derived from it.

״הַעֲבֵט תַּעֲבִיטֶנּוּ״ – אֵין לִי אֶלָּא שֶׁאֵין לוֹ וְאֵינוֹ רוֹצֶה לְהִתְפַּרְנֵס – אָמַר רַחֲמָנָא: תֵּן לוֹ דֶּרֶךְ הַלְוָאָה. יֵשׁ לוֹ וְאֵינוֹ רוֹצֶה לְהִתְפַּרְנֵס מִנַּיִן – תַּלְמוּד לוֹמַר ״תַּעֲבִיטֶנּוּ״, מִכׇּל מָקוֹם.

With regard to the mitzva of lending money to the poor it is written: "But you shall open your hand to him, and **you shall lend** [*ha'avet ta'avitennu*] him sufficient for his need that he is lacking" (Deuteronomy 15:8). **I have** derived **only** that in a case **where one does not have** resources **and does not want to be supported** with charity, **the Merciful One states: Provide** for **him by means of a loan.** In a case where **he has** resources **and he does not want to support himself** with his resources,[H] **from where** is the obligation to lend him money derived? **The verse states: "*Ta'avitennu*,"** to teach that you must grant him a loan **in any case.**

וּלְרַבִּי שִׁמְעוֹן, דְּאָמַר: יֵשׁ לוֹ וְאֵינוֹ רוֹצֶה לְהִתְפַּרְנֵס – אֵין נִזְקָקִין לוֹ, ״תַּעֲבִיטֶנּוּ״ לָמָּה לִי? דִּבְּרָה תּוֹרָה כִּלְשׁוֹן בְּנֵי אָדָם.

The Gemara asks: **And according to Rabbi Shimon, who says** that in a case where **he has** resources **and does not want to support himself** with his resources **one is not obligated to attend to his** needs, **why do I** need a doubled verb: "*Ha'avet ta'avitennu*"? The Gemara answers: **The Torah speaks in the language of people** and nothing may be derived from it.

NOTES

From where is the obligation to give even a small gift derived – מַתָּנָה מוּעֶטֶת מִנַּיִן: The early commentaries ask: Why does the Gemara assume that the obligation to give a large gift is more obvious? On the contrary, the obligation to give a small gift seems more obvious, and the compound verb should be necessary to derive that one is obligated to give even a large gift. Some explain that the verse "And your heart shall not be grieved when you give unto him" (Deuteronomy 15:10) indicates that one must give a substantial gift (Rosh). Alternatively, they explain that the verse "Furnish him enough for his lack that he is lacking" (Deuteronomy 15:8) makes it clear that a large gift is in order. The Gemara derives from the compound verb that one fulfills his obligation with a small gift as well (*Melo HaRo'im*). Others explain that the reference to a large gift is a gift given by a wealthy person who can easily afford a substantial gift, and a small gift is a gift from a poor person. The Gemara states that while one might have thought that only a wealthy person must give a gift, it is derived from the compound verb that even a poor person must give at least a small gift (Rabbeinu Yehonatan of Lunel; Ritva; Meiri). Another explanation is that the Gemara is referring to the verse: "Because for this matter the Lord your God will bless you in all your actions" (Deuteronomy 15:10). One might have thought that one receives this blessing only for giving a substantial gift. The Gemara derives from the compound verb that one receives the blessing even for giving a small gift (*Torat Ḥayyim*).

The Torah speaks in the language of people – דִּבְּרָה תּוֹרָה כִּלְשׁוֹן בְּנֵי אָדָם: This does not mean that the Torah speaks simplistically or in the common vernacular. Rather, as explained in the Jerusalem Talmud, this refers to the opinion that compound verbs in the Torah are merely stylistic formulations from which additional *halakhot* cannot be derived. Some explain that this is not a fundamental principle, and that the Sages employed this reasoning only in the cases where they hold that there is a specific reason that one should not derive *halakhot* from the compound verb (*Tosafot*; Ra'avad). Others understand that in this context it means that the compound verb comes to underscore the significance of the mitzva and to spur one to engage in its fulfillment. This encouragement is necessary in cases that involve the outlay of funds (*Torat Ḥayyim*).

HALAKHA

You shall furnish – הַעֲנֵיק תַּעֲנִיק: When a master emancipates his Hebrew slave, he furnishes him with the various gifts listed in the Torah. This obligation exists whether or not the household of the master was blessed during the tenure of the slave (Rambam *Sefer Kinyan*, *Hilkhot Avadim* 3:14).

He has resources and he does not want to be supported with his resources – יֵשׁ לוֹ וְאֵינוֹ רוֹצֶה לְהִתְפַּרְנֵס: The demand of a wealthy person who starves himself in order to be supported with charity is ignored (Rambam *Sefer Zera'im*, *Hilkhot Mattenot Aniyyim* 7:9; *Shulḥan Arukh*, *Yoreh De'a* 253:10).

BACKGROUND

You shall furnish – הַעֲנֵיק תַּעֲנִיק: Upon completion of his service, a Hebrew slave is provided with goods by his master. The Torah mandates a gift of sheep, grain, and wine (Deuteronomy 15:12–15). The Torah's command of this severance payment reminds the Jewish people that they were slaves in Egypt and liberated by God; at the time of the Exodus from Egypt the Israelites collected gold and silver from the Egyptians (Exodus 12:35–36) as fulfillment of God's promise to Abraham (Genesis 15:12–16). The purpose of both the payment to the departing Israelites and to the liberated Hebrew slave was to assist them in establishing themselves in freedom.

The Torah speaks in the language of people – דִּבְּרָה תּוֹרָה כִּלְשׁוֹן בְּנֵי אָדָם: Although phrased as a comprehensive principle, this rule applies in only narrow and specific areas. Frequently, the Torah makes use of a double verb form, e.g., *shalle'aḥ teshallaḥ*, "You shall release" (Deuteronomy 22:7). According to Rabbi Yishmael, who maintain that there is a principle that the Torah speaks in the language of people, the double verbs have no exegetical significance; rather, the doubling of the verb is simply a standard linguistic style. By contrast, Rabbi Akiva sought to draw halakhic inferences from these repetitions. This is not a general principle of biblical exegesis, as it applies only to cases where a verb form is repeated. Indeed, this principle is phrased differently in the Jerusalem Talmud, where the controversy between Rabbi Akiva and Rabbi Yishmael is described as follows: Double verbs are either repetitive expressions and exegetically insignificant or amplificatory expressions and exegetically significant. Some of the early commentaries broaden the application of the principle that the Torah speaks in the language of people to explain such phenomena as the anthropomorphizing of God.

"הָיָה בָּטֵל מִן הַסֶּלַע לֹא יֹאמַר לוֹ תֵּן לִי סֶלַע אֶלָּא נוֹתֵן לוֹ שְׂכָרוֹ כְּפוֹעֵל (בָּטֵל)". תָּנָא: נוֹתֵן לוֹ שְׂכָרוֹ כְּפוֹעֵל בָּטֵל.

§ The mishna teaches: If in the course of tending to and returning the lost item, the finder **was idle from** labor that would have earned him **a** ***sela*****, he shall not say to** the owner of the item: **Give me a** *sela* to compensate me for my lost income. **Rather,** the owner **gives him his wage as** if he were **a laborer.** The Gemara cites that **we learned** in a *baraita* (*Tosefta* 4:11): The owner **gives him his wage as** if he were **an idle laborer.**[H]

מַאי כְּפוֹעֵל בָּטֵל? אָמַר אַבָּיֵי: כְּפוֹעֵל בָּטֵל שֶׁל אוֹתָהּ מְלָאכָה דְּבָטֵיל מִינַּהּ.

The Gemara asks: **What** is the meaning of: **As** if he were **an idle laborer?** In fact, he is not idle, but engaged in return of a lost item. **Abaye said:** It means that he is paid **as a laborer** who is **idle from that** typical **labor** of his **from which he is** kept **idle.** In other words, he must receive the amount of money a person would be willing to accept to refrain from his current occupation and engage in returning a lost item. This calculation accounts for both the degree of difficulty of his steady employment and the amount of his remuneration.

"אִם יֵשׁ שָׁם בֵּית דִּין מַתְנֶה בִּפְנֵיהֶם". אִיסּוּר וְרַב סָפְרָא עֲבִיד עִיסְקָא בַּהֲדֵי הֲדָדֵי, אֲזַל רַב סָפְרָא פְּלַג לֵיהּ בְּלָא דַּעְתֵּיהּ דְּאִיסּוּר בְּאַפֵּי בֵּי תְּרֵי. אֲתָא לְקַמֵּיהּ דְּרַבָּה בַּר רַב הוּנָא. אֲמַר לֵיהּ: זִיל אַיְיתִי תְּלָתָא דִּפְלַגְתְּ קַמַּיְיהוּ, אִי נַמִי

§ The mishna teaches: **If there are** three men **there** who can convene as **a court,** he **may stipulate before** the court that he will undertake to return the item provided that he receives full compensation for lost income. The Gemara relates: **Issur and Rav Safra**[P] **formed a joint venture with each other. Rav Safra went and dissolved** their partnership **without Issur's knowledge in the presence of two** witnesses. Rav Safra **came before Rabba bar Rav Huna** in order to ratify the dissolution of the partnership. Rabba bar Rav Huna **said to him: Go** and **bring me** the court of **three before whom you dissolved** your partnership.[H] **Alternatively,** you may bring

PERSONALITIES

Rav Safra – רַב סָפְרָא: Rav Safra was a third- and fourth-generation Babylonian *amora*. The Talmud relates that Rav Safra engaged in halakhic discourse as a disciple-colleague with the prominent third-generation *amora'im*, e.g., Rabba and Rav Yosef, and he continued to play an active role in the generation of their students, Abaye and Rava. Rav Safra was apparently a merchant and visited Eretz Yisrael, where he interacted with the Sages there, e.g., Rabbi Abba and Rabbi Abbahu. His expertise was primarily in matters of *halakha*, and he did not devote himself to the study of Bible or *aggada*. Rav Safra was also well known for his exemplary character, particularly in striving to avoid falsehood. Because Rav Safra traveled extensively he did not head his own academy and was not a constant presence in the study hall.

HALAKHA

Remuneration for returning a lost item – שְׂכַר הֲשָׁבַת אֲבֵידָה: One who has no employment and finds a lost item must return it without payment, as that is the mitzva. If he was employed and interrupted his work in order to return the item, he receives remuneration as an idle laborer, which, according to the Rambam, means the sum that a laborer would be willing to accept in order to remain idle. The Rema cites Rashi, who states that it is the amount in pay that a laborer would accept in order to move from a grueling occupation to a less strenuous occupation, e.g., returning a lost item. The *Shakh* explains in accordance with the opinion of Rabbeinu Ḥananel, that one receives the payment that he would receive for performing his labor at a time when salaries are low due to low demand. All this applies in a case where one chooses to return the item. If his standard wage is significant and he is unwilling to lose that sum, he may prioritize his own interests and disregard the lost item (Rambam *Sefer Nezikin, Hilkhot Gezeila VaAveda* 12:4; *Shulḥan Arukh, Ḥoshen Mishpat* 265:1).

The court of three before whom you dissolved your partnership – תְּלָתָא דִּפְלַגְתְּ קַמַּיְיהוּ: In the case of a partnership in which no time was predetermined for its dissolution, or where a time was predetermined and that time has arrived, in order to dissolve the partnership without the knowledge of his partners, he must do so in the presence of a court consisting of three men. The three may even be laymen, provided they are trustworthy and experts in assessing the value of property. This *halakha* applies only to people who are partners in the ownership of various types of property or property whose value is not clear. If they are partners in one type of property whose value is clear, e.g., one type of currency, the partnership can be dissolved even with no court (Rambam *Sefer Kinyan, Hilkhot Sheluḥin VeShutafin* 5:9; *Shulḥan Arukh, Ḥoshen Mishpat* 176:17).

Perek **II**
Daf **32** Amud **a**

תְּרֵי מִגּוֹ תְּלָתָא, וְאִי נַמִי – תְּרֵי סָהֲדֵי דִּפְלַגְתְּ בְּאַפֵּי בֵּי תְּלָתָא.

two of the **three** of them to testify that you dissolved the partnership before them. **Or alternatively,** bring **two witnesses** to testify **that you dissolved** the partnership **before** a court **of three.**

אֲמַר לֵיהּ: מְנָא לָךְ הָא? אֲמַר לֵיהּ: דִּתְנַן אִם יֵשׁ בֵּית דִּין – מַתְנֶה בִּפְנֵיהֶם, אֵין שָׁם בֵּית דִּין – בִּפְנֵי מִי יַתְנֶה? שֶׁלּוֹ קוֹדֵם.

Rav Safra **said to** Rabba bar Rav Huna: **From where do you** know **this** *halakha*, that dissolution of the partnership may be accomplished only before a court? Rabba bar Rav Huna **said to him:** It is **as we learned** in the mishna: **If there are** three men **there** who can convene as **a court,** he **may stipulate before** the court that he will undertake to return the item provided that he receives full compensation for lost income. But **if there is no court there, before whom can he stipulate** his condition? Rather, in that case, **his** financial interests **take precedence,** and he need not return the lost item. Apparently, one stipulates binding conditions with regard to another's property only before a court.

אֲמַר לֵיהּ: מִי דָּמֵי? הָתָם דְּמַפֵּיק מָמוֹנָא מֵהַאי וּמוֹתִיב לְהַאי – בָּעֵינַן בֵּית דִּין, אֲבָל הָכָא דִּידֵיהּ שָׁקֵיל, גִּילּוּי מִילְּתָא בְּעָלְמָא הוּא, בִּתְרֵי סַגִּי לֵיהּ. תֵּדַע, דִּתְנַן: אַלְמָנָה מוֹכֶרֶת שֶׁלֹּא בִּפְנֵי בֵּית דִּין.

Rav Safra **said to** Rabba bar Rav Huna: **Is** that case in the mishna **comparable** to this case? **There, where he is removing property from** the possession of **this** person **and giving** it **to that** person, **we require a court. But here,** referring to himself in the third person, **he is** merely **taking his own** property, and not the property of any other person. There is no transaction effected here. It is **mere disclosure** of **the matter** that he divided the joint property equitably, and **two** witnesses **are sufficient for him** to disclose that fact. Rav Safra cites proof. **Know** that this is so, **as we learned** in a mishna (*Ketubot* 97a) that **a widow** owed sustenance from her husband's estate **sells** the property of the estate when **not before a court.**[H] Apparently, one need not involve the court when reclaiming property that belongs to him.

אֲמַר לֵיהּ אַבַּיֵי: וְלָאו מִי אִתְּמַר עֲלַהּ, אָמַר רַב יוֹסֵף בַּר מִנְיוּמִי אָמַר רַב נַחְמָן: אַלְמָנָה אֵינָהּ צְרִיכָה בֵּית דִּין שֶׁל מוּמְחִין, אֲבָל צְרִיכָה בֵּית דִּין שֶׁל הֶדְיוֹטוֹת.

Abaye said to him: But wasn't it stated with regard to that mishna that **Rav Yosef bar Minyumi says** that **Rav Naḥman says:** The court before which **a widow** sells the property of the estate **need not be a court of experts, but is required** to be at least **a court of laymen.** Therefore, as in the parallel case of the widow, even when disclosing that one took property belonging to him, two witnesses are not sufficient and a court is required.

מתני׳ מְצָאָהּ בְּרֶפֶת – אֵין חַיָּיב בָּהּ, בִּרְשׁוּת הָרַבִּים – חַיָּיב בָּהּ. וְאִם הָיְתָה בְּבֵית הַקְּבָרוֹת – לֹא יִטַּמֵּא לָהּ. אִם אָמַר לוֹ אָבִיו הִיטַּמֵּא אוֹ שֶׁאָמַר לוֹ אַל תַּחֲזִיר – לֹא יִשְׁמַע לוֹ.

MISHNA If **one found** an animal[H] **in a stable** belonging to its owner, he is **not obligated** to return **it** to its owner. If he found it **in a public area,** he is **obligated** to return **it. And if** the animal **was** lost **in a graveyard**[H] and a priest found it, **he may not become impure to** return **it. If his father said to him: Become impure;**[H] **or** in a case **where** one was obligated to return the animal and his father **said to him: Do not return** it, **he may not listen to** his father, as one may not violate Torah law to honor his father.

פָּרַק וְטָעַן, פָּרַק וְטָעַן, אֲפִילּוּ אַרְבָּעָה וַחֲמִישָּׁה פְּעָמִים – חַיָּיב, שֶׁנֶּאֱמַר "עָזֹב תַּעֲזֹב".

If **one unloaded** a burden from an animal collapsing under its weight **and** then later **loaded** it onto the animal, and later **unloaded and loaded** it again, **even** if this scenario repeats itself **four or five times,** he is **obligated** to continue unloading and loading, **as it is stated:** "If you see the donkey of him that hates you collapsed under its burden, you shall forgo passing him by; **you shall release it** [*azov ta'azov*] with him" (Exodus 23:5). It is derived from the verse that one is obligated to perform the action as needed, even several times.

הָלַךְ וְיָשַׁב לוֹ, וְאָמַר: הוֹאִיל וְעָלֶיךָ מִצְוָה, אִם רְצוֹנְךָ לִפְרוֹק פְּרוֹק – פָּטוּר, שֶׁנֶּאֱמַר "עִמּוֹ". אִם הָיָה זָקֵן אוֹ חוֹלֶה – חַיָּיב.

If the owner **went, and sat, and said** to a passerby: **Since** there is **a mitzva** incumbent **upon you** to unload the burden, **if it is your wish to unload** the burden, **unload** it, in such a case the passerby is **exempt, as it is stated:** "You shall release it **with him,**" with the owner of the animal. **If** the failure of the owner to participate in unloading the burden was due to the fact **he was old or infirm,** the passerby is **obligated** to unload the burden alone.

מִצְוָה מִן הַתּוֹרָה לִפְרוֹק, אֲבָל לֹא לִטְעוֹן. רַבִּי שִׁמְעוֹן אוֹמֵר: אַף לִטְעוֹן.

There is **a mitzva by Torah law to unload** a burden, **but** there is **no** mitzva **to load** it. **Rabbi Shimon says:** There is **even** a mitzva **to load** the burden.

רַבִּי יוֹסֵי הַגְּלִילִי אוֹמֵר: אִם הָיָה עָלָיו יָתֵר עַל מַשָּׂאוֹ – אֵין זָקוּק לוֹ, שֶׁנֶּאֱמַר "תַּחַת מַשָּׂאוֹ" מַשְּׂאוֹי שֶׁיָּכוֹל לַעֲמוֹד בּוֹ.

Rabbi Yosei HaGelili says: If there was a burden **upon** the animal **greater than** its typical **burden, one need not attend to it, as it is stated: "Under its burden,"** i.e., the obligation is with regard to **a burden that** the animal **can bear.**

גמ׳ אָמַר רָבָא: רֶפֶת שֶׁאָמְרוּ אֵינָהּ מַתְעָה וְאֵינָהּ מְשַׁמֶּרֶת; אֵינָהּ מַתְעָה – מִדְּקָתָנֵי אֵינוֹ חַיָּיב בָּהּ, וְאֵינָהּ מְשַׁמֶּרֶת – מִדְּאִיצְטְרִיךְ לְמִיתְנֵי אֵינוֹ חַיָּיב בָּהּ.

GEMARA The mishna teaches that if one found an animal in a stable, he need not return it to its owner. **Rava said:** The **stable that** the Sages **mentioned** in the mishna is one that **neither encourages** the animal **to stray nor secures** the animal[N] so it will not flee. The Gemara explains Rava's statement. That it **does not encourage** the animal **to stray** is learned **from** the fact **that** the *tanna* **teaches: He is not obligated in its** return. The fact that **it does not secure** the animal is learned **from** the fact that it **was necessary** for the *tanna* **to teach: He is not obligated in its** return.

HALAKHA

A widow sells the property of the estate when not before a court – **אַלְמָנָה מוֹכֶרֶת שֶׁלֹּא בִּפְנֵי בֵּית דִּין:** In order to receive payment of her marriage contract, a widow takes an oath that her marriage contract was not paid. She may then sell property from her deceased husband's estate before a court of laymen, provided that the laymen in the court are trustworthy and are experts in assessing the value of property (Rambam *Sefer Nashim, Hilkhot Ishut* 17:13; *Shulḥan Arukh, Even HaEzer* 103:1).

Finding an animal – **מְצִיאַת בְּהֵמָה:** If one found an animal in a public area beyond the city limits, he is obligated to return it to its owner (see Gra and *Arukh HaShulḥan*). If it was grazing in the fields or in a stable, even if it was found in a barn in which the animal was not secured, he is not obligated to return it, provided that the stable does not encourage the animal to stray. Some say that if a stable of that kind was beyond the city limits, one is obligated to return the animal (Rambam *Sefer Nezikin, Hilkhot Gezeila VaAveda* 15:5; *Shulḥan Arukh, Ḥoshen Mishpat* 261:3, and in the comment of Rema).

If the animal was lost in a graveyard – **הָיְתָה בְּבֵית הַקְּבָרוֹת:** If a priest found a lost item in a graveyard, he may not enter the graveyard and become impure in order to return it to its owner (Rambam *Sefer Nezikin, Hilkhot Gezeila VaAveda* 11:18 and *Hilkhot Rotze'aḥ UShmirat HaNefesh* 13:3; *Shulḥan Arukh, Even HaEzer* 272:2).

If his father said to him, Become impure – **אָמַר לוֹ אָבִיו הִיטַּמֵּא וכו׳:** If one's parent told him to fail to fulfill a positive mitzva or to violate a prohibition, including one by rabbinic law, the child may not obey him (Rambam *Sefer Nezikin, Hilkhot Gezeila VaAveda* 11:19 and *Sefer Shofetim, Hilkhot Mamrim* 6:12; *Shulḥan Arukh, Ḥoshen Mishpat* 266:5 and *Yoreh De'a* 240:15).

NOTES

Neither encourages the animal to stray nor secures the animal – **אֵינָהּ מַתְעָה וְאֵינָהּ מְשַׁמֶּרֶת:** The Meiri explains that it does not encourage the animal to stray because there are no large openings that would enable the animal to easily exit; nevertheless, it does not secure the animal because the openings are not so small as to completely prevent the animal from exiting. The Ritva explains that the stable does not secure the animal from thieves and it does not encourage the animal to stray because there is food there and the animal need not leave in order to eat.

דְּאִי סָלְקָא דַּעְתָּךְ מְשַׁמֶּרֶת – הָשְׁתָּא מַשְׁכַּח לָהּ אַבְּרָאֵי מְעַיֵּיל לָהּ לְגַוָּאֵי, מַשְׁכַּח לָהּ מִגַּוָּאֵי מִבַּעְיָא! אֶלָּא שְׁמַע מִינָּהּ: אֵינָהּ מְשַׁמֶּרֶת. שְׁמַע מִינָּהּ.

The Gemara continues its explanation of Rava's statement: **As, if it enters your mind** to say that it is a stable that **secures** the animal, that ruling would be extraneous. **Now** that in a case where one **found** the animal **outside** a stable **he brings it inside** a stable of that type and thereby returns the animal to its owner, in a case where he **found** the animal **inside** the stable is it **necessary** to teach that he is not obligated to return it to its owner? **Rather, learn from it** that the stable mentioned in the mishna does **not secure** the animal and therefore there is a possibility that one must return it. The Gemara affirms: Indeed, **learn from it** that it is a stable that neither encourages the animal to stray nor secures the animal.

״מְצָאָהּ בָּרֶפֶת אֵינוֹ חַיָּיב״. אָמַר רַבִּי יִצְחָק: וְהוּא שֶׁעוֹמֶדֶת תּוֹךְ לַתְּחוּם. מִכְּלָל דְּבִרְשׁוּת הָרַבִּים, וַאֲפִילּוּ בְּתוֹךְ הַתְּחוּם – נַמִי חַיָּיב.

§ The mishna teaches: If **one found** an animal **in a stable** belonging to its owner, **he is not obligated** to return it. **Rabbi Yitzḥak says: And that** is the *halakha* only in a case **where** the animal **is standing within the** city **limits.** The Gemara concludes **by inference that** if the animal was **found in a public area** he is obligated to return it, **and even** if it was **within the** city **limits,** he is **also obligated** to return it.

אִיכָּא דְּמַתְנֵי לָהּ אַסֵּיפָא: בִּרְשׁוּת הָרַבִּים חַיָּיב בָּהּ. אָמַר רַבִּי יִצְחָק: וְהוּא שֶׁעוֹמֶדֶת חוּץ לַתְּחוּם. מִכְּלָל דְּבָרֶפֶת, אֲפִילּוּ עוֹמֶדֶת חוּץ לַתְּחוּם – נַמִי אֵינוֹ חַיָּיב בָּהּ.

There are those who teach this statement **with regard to the latter clause** of the mishna: If he found it **in a public area,** he is **obligated** to return **it. Rabbi Yitzḥak says: And that** is the *halakha* only in a case **where** the animal **is standing beyond the** city **limits.** The Gemara concludes **by inference that** in a case where the animal was **found in the stable, even** if the animal **is standing beyond the** city **limits, he is also not obligated in its** return.

״בְּבֵית הַקְּבָרוֹת לֹא יִטַּמֵּא לָהּ״. תָּנוּ רַבָּנַן: מִנַּיִן שֶׁאִם אָמַר לוֹ אָבִיו הִיטַּמֵּא אוֹ שֶׁאָמַר לוֹ אַל תַּחֲזִיר שֶׁלֹּא יִשְׁמַע לוֹ – שֶׁנֶּאֱמַר ״אִישׁ אִמּוֹ וְאָבִיו תִּירָאוּ וְאֶת שַׁבְּתוֹתַי תִּשְׁמֹרוּ אֲנִי ה׳״ – כּוּלְּכֶם חַיָּיבִין בִּכְבוֹדִי.

§ The mishna teaches: **And if** the animal **was** lost **in a graveyard** and was found by a priest, **he may not become impure to** return **it.** In a case where a priest's father said to him: Become impure, or in a case where one was obligated to return the animal and his father said to him: Do not return it, he may not listen to his father. The Gemara cites a *baraita* in which **the Sages taught: From where** is it derived **that if** a priest's **father said to him: Become impure,**[N] **or that** if one's father **said to him: Do not return** a lost item that you found; **he should not listen to him?** It is derived from the verse, **as it is stated: "Every man shall fear his mother and his father, and you shall observe My** ***Shabbatot;***[N] **I am the Lord"** (Leviticus 19:3). From the fact that the verse concludes: "I am the Lord," it is derived that: **You are all,** parent and child alike, **obligated in My honor.** Therefore, if a parent commands his child to refrain from observing a mitzva, he must not obey the command.

NOTES

That if a priest's father said to him, Become impure – אָמַר לוֹ אָבִיו הִיטַּמֵּא: Early commentaries ask: In what sense does it honor his father to sin at his behest? Even if the father commits no transgression with his instructions, it is certainly not to his credit. Some explain that the case here is not one where the father directly tells his son to refrain from returning the lost item; rather, he instructs him to perform a different action in his service instead. Or with regard to the priest, it is a case where the father instructs his son to enter the graveyard and become impure in order to perform a service for him, e.g., to bring him something (Ramban; Rashba).

And you shall observe My *Shabbatot* – וְאֶת שַׁבְּתוֹתַי תִּשְׁמֹרוּ: The primary derivation is from the conclusion of the verse: "I am the Lord"; everyone is obligated to perform God's will, and observing Shabbat is God's will. The commentaries ask: Why is observing Shabbat God's will any more than obeying his parent? Why not say the opposite, that one should obey his parent and thereby violate Shabbat, as this would also perform God's will. The Rosh answers that Shabbat is the more significant mitzva because by observing Shabbat one attests to his belief in Creation and thereby honors God. Therefore, when the verse states: "I am the Lord," it is interpreted as referring to observing Shabbat.

טַעְמָא דִּכְתַב רַחֲמָנָא אֶת שַׁבְּתוֹתַי תִּשְׁמֹרוּ, הָא לָאו הָכִי – הֲוָה אָמִינָא: צַיְיתָא לֵיהּ. וְאַמַּאי? הַאי עֲשֵׂה וְהַאי לֹא תַעֲשֶׂה וַעֲשֵׂה, וְלָא אָתֵי עֲשֵׂה וְדָחֵי אֶת לֹא תַעֲשֶׂה וַעֲשֵׂה!

The Gemara infers: **The reason** that a priest must not obey his father's command to become impure is **because the Merciful One writes: "You shall observe My** ***Shabbatot*****;** I am the Lord"; **but if it were not so, I would say** that the child **must obey him.** The Gemara asks: **But why? This** obligation to obey a parent is **a positive mitzva,** as it is written: "Honor your father and your mother" (Exodus 20:12), **and that** obligation of a priest to refrain from becoming impure is both **a prohibition:** "To the dead among his people he shall not defile himself" (Leviticus 21:1), **and a positive mitzva:**[N] "You shall be holy" (Leviticus 19:2); **and** the principle is that **a positive mitzva does not come and override a prohibition and a positive mitzva.**

אִיצְטְרִיךְ, סָלְקָא דַּעְתָּךְ אָמִינָא: הוֹאִיל וְהוּקַּשׁ כִּיבּוּד אָב וָאֵם לִכְבוֹדוֹ שֶׁל מָקוֹם, שֶׁנֶּאֱמַר כָּאן "כַּבֵּד אֶת אָבִיךָ וְאֶת אִמֶּךָ", וְנֶאֱמַר לְהַלָּן "כַּבֵּד אֶת ה׳ מֵהוֹנֶךָ" – הִלְכָּךְ לְצַיֵּית לֵיהּ – קָא מַשְׁמַע לַן דְּלָא לִשְׁמַע לֵיהּ.

The Gemara answers that the derivation from "You shall observe My *Shabbatot*; I am the Lord" **was necessary,** as it might **enter your mind to say: Since honoring one's father and mother is equated to the honor of the Omnipresent,**[N] **as it is stated here: "Honor your father and your mother"** (Exodus 20:12), **and it is stated elsewhere: "Honor the Lord with your wealth"** (Proverbs 3:9),[N] **therefore,** one might have thought that the priest must **obey his** father's command to become impure. Therefore the Torah **teaches us that** the priest is commanded **not to listen to him.**

"מִצְוָה מִן הַתּוֹרָה לִפְרוֹק אֲבָל לֹא לִטְעוֹן". מַאי אֲבָל לֹא לִטְעוֹן? אִילֵימָא אֲבָל לֹא לִטְעוֹן כְּלָל – מַאי שְׁנָא פְּרִיקָה – דִּכְתִיב "עָזֹב תַּעֲזֹב עִמּוֹ", טְעִינָה נַמִי, הָכְתִיב "הָקֵם תָּקִים עִמּוֹ"!

§ The mishna teaches: There is **a mitzva by Torah law to unload** a burden, **but** there is **no** mitzva **to load** it.[H] The Gemara asks: **What** is the meaning of the phrase: **But** there is **no** mitzva **to load** it? **If we say** that it means: **But** there is **no** mitzva **to load** it **at all; what is different** about **unloading, with regard to which it is written: "You shall release it with him"** (Exodus 23:5)? With regard to **loading as well, isn't it written: "You shall lift them with him"** (Deuteronomy 22:4)?

אֶלָּא: מִצְוָה מִן הַתּוֹרָה לִפְרוֹק בְּחִנָּם, וְלֹא לִטְעוֹן בְּחִנָּם – אֶלָּא בְּשָׂכָר. רַבִּי שִׁמְעוֹן אוֹמֵר: אַף לִטְעוֹן בְּחִנָּם. תָּנֵינָא לְהָא דְּתָנוּ רַבָּנַן: פְּרִיקָה בְּחִנָּם, טְעִינָה בְּשָׂכָר. רַבִּי שִׁמְעוֹן אוֹמֵר: זוֹ וָזוֹ בְּחִנָּם.

The Gemara answers: **Rather,** there is a **mitzva by Torah law to unload** the burden **for free, but** there is **no** mitzva **to load** it **for free; rather,** the mitzva is performed **with remuneration.**[H] **Rabbi Shimon says:** There is **also** a mitzva **to load** it **for free.** The Gemara states: **We learn** by inference from the mishna **that** which **the Sages taught** explicitly in a *baraita*: **Unloading** is performed **for free,** and **loading** is performed **with remuneration. Rabbi Shimon said:** Both **this and that** are performed **for free.**

מַאי טַעֲמַיְיהוּ דְּרַבָּנַן? דְּאִי סָלְקָא דַּעְתָּךְ כְּרַבִּי שִׁמְעוֹן – לִכְתּוֹב רַחֲמָנָא טְעִינָה, וְלָא בָּעֵי פְּרִיקָה, וַאֲנָא אָמִינָא: וּמַה טְעִינָה דְּלֵית בָּהּ צַעַר בַּעֲלֵי חַיִּים, וְלֵיכָּא חֶסְרוֹן כִּיס – חַיָּיב, פְּרִיקָה דְּאִית בָּהּ צַעַר בַּעֲלֵי חַיִּים וְחֶסְרוֹן כִּיס – לֹא כׇּל שֶׁכֵּן? אֶלָּא לְמַאי הִלְכְתָא כְּתָבֵיהּ רַחֲמָנָא? לוֹמַר לָךְ: פְּרִיקָה – בְּחִנָּם, טְעִינָה – בְּשָׂכָר.

The Gemara asks: **What is the reason** for the opinion **of the Rabbis** that there is a distinction between unloading and loading with regard to remuneration? The reason is **that if it enters your mind** that the *halakha* is **in accordance with** the opinion of **Rabbi Shimon, let the Merciful One write** only the mitzva of **loading, and** then He would **need not** write the mitzva of **unloading, and I would say: Just as** with regard to **loading, where there is no** potential **suffering of animals and there is no** potential **monetary loss** for the owner, one is **obligated** to load the burden, with regard to **unloading, where there is** potential **suffering of animals and there is** potential **monetary loss** for the owner, is it **not all the more so** clear that one is required to unload the burden? **Rather, with regard to what** ***halakha*** did **the Merciful One write** the mitzva of unloading? It is **to tell you:** The mitzva of **unloading** the burden is performed **for free, but** the mitzva of **loading** is performed **with remuneration.**

וְרַבִּי שִׁמְעוֹן, מַאי טַעְמָא? מִשּׁוּם דְּלָא מְסַיְּימִי קְרָאֵי.

The Gemara asks: **And** according to **Rabbi Shimon,** who holds that even loading is performed for free, **what is the reason** that the Torah writes the mitzva of unloading? The Gemara answers: It is **because the verses are not** clearly **defined,**[N] and it is unclear which of the verses refers to loading and which refers to unloading. Had the Torah written one verse, it would have been interpreted with regard to unloading, and there would be no source that one needs to load an animal.

NOTES

This is a positive mitzva and that is both a prohibition and a positive mitzva – הַאי עֲשֵׂה וְהַאי לֹא תַעֲשֶׂה וַעֲשֵׂה: The early commentaries discuss which mitzva the Gemara characterizes as being both a prohibition and a positive mitzva. The Rashba explains that it could not be referring to the mitzva to return a lost item, as there is no positive mitzva until he lifts the item and there is no prohibition once he lifts the item. Therefore, he explains that the Gemara is referring to the mitzva that the priest must maintain his purity and the prohibition against his becoming impure. Others explain that the reference is to the mitzva of observing Shabbat and the prohibition against violating Shabbat (Rosh; *Talmid Rabbeinu Peretz*).

Since honoring one's father and mother is equated to the honor of the Omnipresent – הוֹאִיל וְהוּקַּשׁ כִּיבּוּד אָב וָאֵם לִכְבוֹדוֹ שֶׁל מָקוֹם: The commentaries ask: Even if honoring one's parents is on a par with honoring God, nevertheless, is it greater than that? In fact, some note that it seems in the Jerusalem Talmud that God deemed honoring one's parent more significant than honoring Him (Rosh). Rav Yosef of Jerusalem answered that one might think that since these two mitzvot were equated, one may choose which mitzva he prefers (*Shita Mekubbetzet*). Others explain that one might think that honoring one's parents is greater, as in honoring them he honors God as well.

Honor the Lord with your wealth – כַּבֵּד אֶת ה׳ מֵהוֹנֶךָ: The Ritva notes that the Gemara could have cited the verses in the Torah with regard to fear of God and cursing one's parent, from which the parallel between one's treatment of God and one's treatment of his parents is also derived. Nevertheless, the Gemara cited these verses, although one of them is in found in Writings, because the primary mitzva with regard to one's father is the one that appears in the Ten Commandments, where the mitzva is phrased in terms of honor.

The verses are not clearly defined – לָא מְסַיְּימִי קְרָאֵי: Some explain that although it is not possible to explain that both verses are referring to loading, it is possible to interpret both verses as referring to unloading (*Tosefot HaRash*).

HALAKHA

The mitzva of unloading and loading – מִצְוַת פְּרִיקָה וּטְעִינָה: If there is a burden that must be unloaded from or loaded onto an animal, there is a mitzva to assist the animal's owner, even if it entails unloading and loading several times. If the animal's owner does not participate in the unloading and loading, one is obligated to help him only if he is old or infirm (Rambam *Sefer Nezikin, Hilkhot Rotze'aḥ UShmirat HaNefesh* 13:5, 8; *Shulḥan Arukh, Ḥoshen Mishpat* 272:4–7).

Unloading for free, loading with remuneration – פְּרִיקָה בְּחִנָּם טְעִינָה בְּשָׂכָר: The Torah commands one to assist an animal's owner in unloading and loading his animal. One must assist in unloading the burden without pay, but may request remuneration for assistance in loading the animal (Rambam *Sefer Nezikin, Hilkhot Rotze'aḥ UShmirat HaNefesh* 13:7; *Shulḥan Arukh, Ḥoshen Mishpat* 272:6).

וְרַבָּנַן: אַמַּאי לָא מְסַיְּימִי קְרָאֵי? הָכָא כְּתִיב "רוֹבֵץ תַּחַת מַשָּׂאוֹ", הָתָם כְּתִיב "נוֹפְלִין בַּדֶּרֶךְ" דְּרָמוּ אִינְהוּ וְטְעוּנַיְיהוּ בְּאוֹרְחָא מַשְׁמַע. וְרַבִּי שִׁמְעוֹן: "נוֹפְלִין בַּדֶּרֶךְ" אִינְהוּ וּטְעוּנַיְיהוּ עִלָּוַיְיהוּ מַשְׁמַע.

And the Rabbis could ask: **Why** does Rabbi Shimon say that **the verses are not** clearly **defined? Here it is written: "Collapsed under its burden"** (Exodus 23:5), clearly referring to the case of a burden that needs unloading, and **there it is written: "Fallen down by the way"** (Deuteronomy 22:4), **indicating** that both the animals **and their burdens are** lying **on the way** and are in need of loading. **And Rabbi Shimon** explains that the verses are not defined because the phrase **"fallen down by the way"** could be understood as **indicating** that the animals are fallen **with their burdens upon them,** and referring to unloading.

אָמַר רָבָא:

Rava says:

Perek **II**
Daf **32** Amud **b**

מִדִּבְרֵי שְׁנֵיהֶם נִלְמַד: צַעַר בַּעֲלֵי חַיִּים דְּאוֹרַיְיתָא. וַאֲפִילּוּ רַבִּי שִׁמְעוֹן לָא קָאָמַר אֶלָּא מִשּׁוּם דְּלָא מְסַיְּימִי קְרָאֵי, אֲבָל מְסַיְּימִי קְרָאֵי – דָּרְשִׁינַן קַל וָחוֹמֶר, מִשּׁוּם מַאי – לָאו מִשּׁוּם צַעַר בַּעֲלֵי חַיִּים דָּרְשִׁינַן?

From the statements of both of these *tanna'im* it can be **learned** that the requirement to prevent **suffering to animals**[N] **is by Torah law. As even Rabbi Shimon says** that he disagreed with the opinion of the Rabbis **only because the verses are not** clearly **defined; but** had the **verses** been clearly **defined, we** would have **learned** the same *a fortiori* inference. **Due to what** factor can that inference be learned? **What, is it not due to** the matter of **suffering of animals,** which is a factor in unloading and not a factor in loading, that **we** would have **learned** the *a fortiori* inference?

דִּלְמָא מִשּׁוּם דְּאִיכָּא חֶסְרוֹן כִּיס. וְהָכִי קָאָמַר: וּמַה טְּעִינָה דְּלֵית בָּהּ חֶסְרוֹן כִּיס – חַיָּיב, פְּרִיקָה דְּאִית בָּהּ חֶסְרוֹן כִּיס – לֹא כָּל שֶׁכֵּן?

The Gemara rejects that proof. **Perhaps** the *a fortiori* inference is **due to** the fact **that there is** the factor of **monetary loss** in unloading but not in loading, **and this is what** the Rabbis **are saying: If** in the case of **loading, where** if one fails to assist the owner **there is no** potential **monetary loss,** one is **obligated** to help load the animal, in the case of **unloading, where** if one fails to assist the owner **there is** potential **monetary loss,** is it **not all the more so** clear that one is required to unload the burden?

וּטְעִינָה אֵין בָּהּ חֶסְרוֹן כִּיס? מִי לָא עָסְקִינַן דְּאַדְּהָכִי וְהָכִי בָּטֵיל מִשּׁוּקֵיהּ, אִי נַמִּי אָתוּ גַּנָּבֵי וְשָׁקְלִי כָּל מַה דְּאִיכָּא בַּהֲדֵיהּ.

The Gemara asks: **But is there no** potential **monetary loss in loading? Are we not** also **dealing** with a case **where in the meanwhile,** while the owner waits for assistance, he will be **prevented from** bringing **his** merchandise to the **marketplace** in time to sell it; **alternatively, thieves** might **come and take all** the merchandise **that is there with him?** Therefore, no *a fortiori* inference can be learned on the basis of monetary loss, and the inference must be based on the matter of the suffering of animals.

תֵּדַע דְּצַעַר בַּעֲלֵי חַיִּים דְּאוֹרַיְיתָא, דְּקָתָנֵי סֵיפָא, רַבִּי יוֹסֵי הַגְּלִילִי אוֹמֵר: אִם הָיָה עָלָיו יָתֵר [עַל] מַשָּׂאוֹ – אֵין זָקוּק לוֹ, שֶׁנֶּאֱמַר "תַּחַת מַשָּׂאוֹ" – מַשְּׂאוֹי שֶׁיָּכוֹל לַעֲמוֹד בּוֹ. לָאו מִכְּלָל דְּתַנָּא קַמָּא סָבַר זָקוּק לוֹ? מַאי טַעְמָא – לָאו מִשּׁוּם דְּצַעַר בַּעֲלֵי חַיִּים דְּאוֹרַיְיתָא?

The Gemara cites an additional proof: **Know that** the requirement to prevent **suffering to animals** is **by Torah law, as it is taught** in **the latter clause** of the mishna: **Rabbi Yosei HaGelili says: If there was** a burden **upon** the animal **greater than** its typical **burden,**[H] **one need not attend to it, as it is stated: "Under its burden"** (Exodus 23:5). Rabbi Yosei holds that the obligation to unload an animal is with regard to **a burden that** the animal **can bear;** does this **not** indicate **by inference that the first *tanna* holds** that **he must attend to it** to unload a burden that is greater than its typical burden? **What is the reason** for this ruling; is it **not due to** the fact **that** the requirement to prevent **suffering to animals** is **by Torah law?**

דִּלְמָא בְּ"תַחַת מַשָּׂאוֹ" פְּלִיגִי, דְּרַבִּי יוֹסֵי סָבַר: דָּרְשִׁינַן "תַּחַת מַשָּׂאוֹ" – מַשְּׂאוֹי שֶׁיָּכוֹל לַעֲמוֹד בּוֹ, וְרַבָּנַן סָבְרִי: לָא דָּרְשִׁינַן "תַּחַת מַשָּׂאוֹ".

The Gemara rejects that proof: **Perhaps** it is with regard to the meaning of the phrase **"under its burden"** that they **disagree, as Rabbi Yosei** HaGelili **holds that we interpret** the phrase **"under its burden"** to mean: **A burden that** the animal **can bear. And the Rabbis hold** that **we do not interpret** the phrase **"under its burden"** in this manner.

NOTES

Requirement to prevent suffering to animals – צַעַר בַּעֲלֵי חַיִּים: Some say the Torah source for this obligation is the verse: "You shall not muzzle the ox when it threshes" (Deuteronomy 25:4), which is an admonition to prevent the ox from suffering (Meiri). The *Ḥatam Sofer* derives it from the verse: "The Lord is good to all; and His compassion extends to all His works" (Psalms 145:9). He notes that even according to those who hold that this obligation is by Torah law, it applies only in situations when the suffering is gratuitous and provides no benefit, as the Torah grants people dominion over animals. That is why it is permitted to eat animals and utilize them for one's own purposes, as it is written: "And let them have dominion over the fish of the sea, and over the fowl of the air, and over the cattle, and over all the earth, and over every creeping thing that creeps upon the earth" (Genesis 1:26).

HALAKHA

Greater than its typical burden – יָתֵר [עַל] מַשָּׂאוֹ: There is a mitzva for one who sees an animal collapsed under its burden to assist in unloading it, whether the burden was appropriate for the animal or whether it was greater that its typical burden (Rambam *Sefer Nezikin, Hilkhot Rotze'aḥ UShmirat HaNefesh* 13:1; *Shulḥan Arukh, Ḥoshen Mishpat* 272:1).

תֵּדַע דְּצַעַר בַּעֲלֵי חַיִּים לָאו דְּאוֹרַיְיתָא, דְּקָתָנֵי רֵישָׁא: הָלַךְ וְיָשַׁב לוֹ, וְאָמַר לוֹ הוֹאִיל וְעָלֶיךָ מִצְוָה לִפְרוֹק – פְּרוֹק, פָּטוּר, שֶׁנֶּאֱמַר ״עִמּוֹ״. וְאִי סָלְקָא דַּעְתָּךְ צַעַר בַּעֲלֵי חַיִּים דְּאוֹרַיְיתָא, מַה לִּי אִיתֵיהּ לְמָרֵיהּ בַּהֲדֵיהּ, וּמַה לִּי כִּי לֵיתֵיהּ לְמָרֵיהּ בַּהֲדֵיהּ?

The Gemara cites an opposing proof: **Know that** the requirement to prevent **suffering to animals** is **not by Torah law, as it is taught in the former clause** of the mishna: If the owner **went, and sat, and said** to a passerby: **Since** there is **a mitzva** incumbent **upon you to unload** the burden, **unload** it, the passerby is **exempt, as it is stated:** "You shall release it **with him**" (Exodus 23:5). **And if it enters your mind that** the requirement to prevent **suffering to animals** is **by Torah law, what** is it **to me** if **its owner is** working **with** the passerby **and what** is it **to me** if **its owner is not** working **with** the passerby? The animal suffers in both cases.

לְעוֹלָם צַעַר בַּעֲלֵי חַיִּים דְּאוֹרַיְיתָא, מִי סָבְרַתְּ פָּטוּר פָּטוּר לְגַמְרֵי? וְדִלְמָא: פָּטוּר – בְּחִנָּם, וְחַיָּיב – בְּשָׂכָר. וְהָכִי קָאָמַר רַחֲמָנָא: כִּי אִיתֵיהּ לְמָרֵיהּ בַּהֲדֵיהּ – עֲבַד גַּבֵּיהּ בְּחִנָּם, וְכִי לֵיתֵיהּ לְמָרֵיהּ בַּהֲדֵיהּ – עֲבַד גַּבֵּיהּ בְּשָׂכָר, וּלְעוֹלָם צַעַר בַּעֲלֵי חַיִּים דְּאוֹרַיְיתָא.

The Gemara rejects that proof: **Actually,** one could say that the requirement to prevent **suffering to animals** is **by Torah law.** And when the *tanna* exempts the passerby when the owner does not participate in unloading the burden, **do you maintain** that **exempt** means **completely exempt? Perhaps** it means that the passerby is **exempt** from unloading the burden **for free, but** is **obligated** to do so **for remuneration; and this** is what **the Merciful One said:** If **its owner is** working **with** the passerby, **perform** the unloading **with him for free; and** if **its owner is not** working **with** the passerby, **perform** the unloading **for him for remuneration. And actually,** the requirement to prevent **suffering to animals** is **by Torah law.**

(סִימָן: בֶּהֱמַת בֶּהֱמַת אוֹהֵב שׂוֹנֵא רַבְצָן)

The Gemara presents **a mnemonic** for a series of proposed proofs cited by the Gemara: **Animal of; animal of; friend; enemy; collapser.**

לֵימָא מְסַיַּיע לֵיהּ: בֶּהֱמַת נָכְרִי מְטַפֵּל בָּהּ כְּבֶהֱמַת יִשְׂרָאֵל. אִי אָמְרַתְּ בִּשְׁלָמָא צַעַר בַּעֲלֵי חַיִּים דְּאוֹרַיְיתָא – מִשּׁוּם הָכִי מְטַפֵּל בָּהּ כְּבֶהֱמַת יִשְׂרָאֵל. אֶלָּא אִי אָמְרַתְּ צַעַר בַּעֲלֵי חַיִּים לָאו דְּאוֹרַיְיתָא, אַמַּאי מְטַפֵּל בָּהּ כְּבֶהֱמַת יִשְׂרָאֵל? הָתָם מִשּׁוּם אֵיבָה.

Let us say that a *baraita* **supports** Rava's opinion that the requirement to prevent suffering to animals is by Torah law: If one encounters **the animal of a gentile** collapsed under its burden, **he tends to it** and unloads its burden, **as** he would **the animal of a Jew.** The Gemara reasons: **Granted, if you say** that the requirement to prevent **suffering to animals** is **by Torah law,** it is **due to that** reason that **he tends to it as** he would **the animal of a Jew. But if you say** that the requirement to prevent **suffering to animals** is **not by Torah law, why does he tend to it as** he would **the animal of a Jew?** The Gemara rejects the proof: **There** one tends to the animal **due to enmity** that would arise if gentiles see Jews assisting their own people and not gentiles. The obligation is not due to the requirement to prevent suffering of animals.

הָכִי נַמִי מִסְתַּבְּרָא, דְּקָתָנֵי: אִם הָיְתָה טְעוּנָה יֵין נֶסֶךְ – אֵין זָקוּק לָהּ. אִי אָמְרַתְּ בִּשְׁלָמָא לָאו דְּאוֹרַיְיתָא – מִשּׁוּם הָכִי אֵין זָקוּק לָהּ, אֶלָּא אִי אָמְרַתְּ דְּאוֹרַיְיתָא – אַמַּאי אֵין זָקוּק לָהּ? הָכִי קָאָמַר: וּלְהַטְעִינָהּ יֵין נֶסֶךְ – אֵין זָקוּק לָהּ.

So too, it is reasonable to explain the *baraita* in this manner, **as it is taught** in another *baraita*: **If** the animal of a gentile **was loaded** with **wine** used for **a libation** to idolatry, and the animal is collapsed under its burden, a Jew **does not attend to it. Granted, if you say** that the requirement to prevent suffering of animals is **not by Torah law,** it is **due to that** reason **that he does not attend to it. But if you say** that the obligation is **by Torah law, why does he not attend to it**; isn't the animal suffering? The Gemara answers that **this** is what the *tanna* **is saying: And to load** the animal with **wine** used for **a libation** to idolatry, **he does not attend to it.** Loading an animal does not alleviate its suffering. Furthermore, the refusal of the Jew to handle the libation wine will not cause enmity, because he can explain that his religion precludes him from handling these materials.

תָּא שְׁמַע: בֶּהֱמַת נָכְרִי וּמַשְּׂאוֹי יִשְׂרָאֵל – ״וְחָדַלְתָּ״. וְאִי אָמְרַתְּ צַעַר בַּעֲלֵי חַיִּים דְּאוֹרַיְיתָא, אַמַּאי ״וְחָדַלְתָּ״? ״עָזֹב תַּעֲזֹב״ מִבָּעֵי לֵיהּ! לְעוֹלָם צַעַר בַּעֲלֵי חַיִּים דְּאוֹרַיְיתָא, הָתָם בִּטְעִינָה.

The Gemara suggests: **Come** and **hear** proof from a *baraita*: If one encounters **the animal of a gentile** collapsed under **the burden of a Jew,**[H] he may refuse to unload the burden, as it is written: "If you see the donkey of him that hates you collapsed under its burden, **you shall forgo** passing him by; you shall release it with him" (Exodus 23:5). By employing the phrase "you shall forgo," the verse indicates that there are circumstances in which one may forgo unloading the animal. The Gemara reasons: And **if you say** that the requirement to prevent **suffering to animals** is **by Torah law, why** is there the option of: **"You shall forgo"?** The Torah **should have** commanded only: **"You shall release it** with him." The Gemara answers: **Actually,** say that the requirement to prevent **suffering to animals** is **by Torah law,**[H] and **there** the *baraita* is referring to a case **of loading,** where suffering of animals is not a factor.

HALAKHA

The animal of a gentile collapsed under the burden of a Jew – **בֶּהֱמַת נָכְרִי וּמַשְּׂאוֹי יִשְׂרָאֵל:** If one sees the animal of a gentile bearing the burden of a Jew with the gentile accompanying the animal, he need not assist in its unloading or loading. If a Jew is accompanying the animal, one is obligated to assist in its unloading or loading. In the case of the animal of a Jew bearing the burden of a gentile, one is obligated to assist in its unloading or loading. In the case of the animal of a gentile accompanied by its gentile owner, if failure to assist will engender enmity one is obligated to assist him. The Rema rules that regardless of the circumstances one is required to assist in unloading the animal, due to the requirement to prevent suffering of animals. He adds that in cases where the obligation to assist in unloading the animal is due to the requirement to prevent suffering of animals and not due to the mitzva to assist in unloading, one may ask for remuneration for his efforts (Rambam *Sefer Nezikin, Hilkhot Rotze'aḥ UShmirat HaNefesh* 13:9; *Shulḥan Arukh, Ḥoshen Mishpat* 272:9, and in the comment of Rema).

Actually to prevent suffering of animals is by Torah law – **לְעוֹלָם צַעַר בַּעֲלֵי חַיִּים דְּאוֹרַיְיתָא:** Many authorities maintain that the requirement to prevent suffering of animals is by Torah law, and that consequently there are instances where it overrides mitzvot by rabbinic law (Rosh; Rashba; Rambam according to the *Sma*). Others contend that the Rambam holds that the requirement to prevent suffering of animals is by rabbinic law (Rambam *Sefer Nezikin, Hilkhot Rotze'aḥ UShmirat HaNefesh* 13:13; *Shulḥan Arukh, Ḥoshen Mishpat* 272:9, and in the comment of Rema and *Beur HaGra*).

אִי הָכִי, אֵימָא סֵיפָא: בֶּהֱמַת יִשְׂרָאֵל וּמַשּׂאוֹי נׇכְרִי – ״עָזֹב תַּעֲזֹב״. וְאִי בִטְעִינָה, אַמַּאי ״עָזֹב תַּעֲזֹב״? מִשּׁוּם צַעֲרָא דְיִשְׂרָאֵל.

The Gemara asks: **If so, say the latter clause** of the *baraita*: With regard to a case involving **the animal of a Jew** collapsed under **the burden of a gentile,** it is written: **"You shall release it." And if** the *baraita* is referring to a case **of loading,** where suffering of animals is not a factor, **why** does the *baraita* state: **"You shall release it"?** The Gemara answers: It is **because in that case,** there is **suffering of the Jew,** who is delayed while waiting for the animal to be loaded.

אִי הָכִי אֲפִילּוּ רֵישָׁא נָמֵי! רֵישָׁא בַּחֲמָר נׇכְרִי, סֵיפָא בַּחֲמָר יִשְׂרָאֵל. מַאי פָּסְקַתְּ? סְתָמָא דְּמִלְּתָא, אִינִישׁ בָּתַר חֲמָרֵיהּ אָזֵיל.

The Gemara asks: **If so,** then the *halakha* should be the same **even** in the **first clause.** Why is there no requirement to prevent the suffering of the Jewish partner in that case? The Gemara answers: The ruling of **the first clause** is stated **with regard to a gentile donkey driver,** and the Jewish owner of the burden is absent. The ruling of **the latter clause** is stated **with regard to a Jewish donkey driver** and one is obligated to prevent his suffering. The Gemara asks: On **what** basis did **you** arrive at this **definitive assertion** that the animal of a Jew is driven by that Jew and the animal of a gentile is driven by that gentile? The Gemara answers: The **typical** state **of matters** is that **a person follows his donkey.** The first clause addressed the case of a gentile's donkey, so presumably its driver is gentile. The latter clause addressed the case of a Jew's donkey, so presumably its driver is a Jew.

וְהָא ״וְחָדַלְתָּ״ וְ״עָזֹב תַּעֲזֹב״ בִּפְרִיקָה הוּא דִּכְתִיבִי!

The Gemara questions the explanation that the *baraita* is referring to cases involving loading. **But isn't it with regard to unloading that** the phrases cited in the *baraita*: **"You shall forgo** passing him by," **and: "You shall release it," are written?**

אֲמַר לֵיהּ: הָא מַנִּי – רַבִּי יוֹסֵי הַגְּלִילִי הִיא, דְּאָמַר: צַעַר בַּעֲלֵי חַיִּים לָאו דְּאוֹרָיְיתָא.

The Gemara answers that **he said to him:** Indeed, the fact that one need not unload the burden from the donkey in the first clause of the *baraita* indicates that the requirement to prevent suffering to animals is not by Torah law. In accordance with **whose** opinion **is this** *baraita*? **It is** in accordance with the opinion of **Rabbi Yosei HaGelili, who says** that the requirement to prevent **suffering to animals** is **not by Torah law.** That is the minority opinion, as the Rabbis disagree.

תָּא שְׁמַע: אוֹהֵב לִפְרוֹק וְשׂוֹנֵא לִטְעוֹן – מִצְוָה בְּשׂוֹנֵא כְּדֵי לָכוֹף אֶת יִצְרוֹ. וְאִי סָלְקָא דַעְתָּךְ צַעַר בַּעֲלֵי חַיִּים דְּאוֹרָיְיתָא, הָא עֲדִיף לֵיהּ! אֲפִילּוּ הָכִי, כְּדֵי לָכוֹף אֶת יִצְרוֹ עֲדִיף.

The Gemara suggests: **Come** and **hear** proof from a *baraita*: If one encounters **a friend** whose animal collapsed and it is necessary **to unload** its burden, **and** one also encounters **an enemy**[N] who needs assistance **to load**[NH] a burden onto his animal, **the mitzva** is to assist **the enemy, in order to subjugate** one's evil **inclination.** The Gemara reasons: **And if it enters your mind** that the requirement to prevent **suffering to animals is by Torah law, that** option, to unload his friend's animal, **is the preferable** course of action **for him.** The Gemara answers: Even if the requirement to prevent suffering to animals is by Torah law, **even so,** loading his enemy's animal **in order to subjugate his** evil **inclination is preferable.**[N]

תָּא שְׁמַע: שׂוֹנֵא שֶׁאָמְרוּ – שׂוֹנֵא יִשְׂרָאֵל, וְלֹא שׂוֹנֵא נׇכְרִי. אִי אָמְרַתְּ צַעַר בַּעֲלֵי חַיִּים דְּאוֹרָיְיתָא – מָה לִּי שׂוֹנֵא יִשְׂרָאֵל וּמָה לִּי שׂוֹנֵא נׇכְרִי?

The Gemara suggests: **Come** and **hear** proof from a *baraita*. **The enemy** with regard to **which they stated** the *halakha* that one must assist with his animal is **a Jewish enemy and not a gentile enemy.** The Gemara asks: **If you say** that the requirement to prevent **suffering to animals** is **by Torah law, what** is it **to me** if it is **a Jewish enemy and what** is it **to me** if it is **a gentile enemy?** In either case, failure to unload the burden will cause the animal suffering.

NOTES

Friend and enemy – אוֹהֵב וְשׂוֹנֵא: The Gemara (*Pesahim* 113b) asks how the verse can be discussing a Jewish enemy, if it is written in the Torah: "You shall not hate your brother in your heart" (Leviticus 19:17). The Gemara answers: In a case where one witnesses another performing a transgression, although he is not liable to be punished in the absence of two witnesses, it is permitted for the single witness to hate him. The Ramban asks: Why would one be required to aid a sinner? He concludes that the enemy referred to in the verse is one whom he hates because that person wronged him.

The Rosh adds that there is an additional aspect to this mitzva. Typically, when one hates another, that other person hates him as well, as indicated in the verse: "As in water face answers to face, so the heart of man to man" (Proverbs 27:19). Through helping one's enemy, perhaps the situation will be defused and a relationship of mutual amity will replace the hatred.

A friend whose animal collapsed and it is necessary to unload its burden and an enemy who needs assistance to load – אוֹהֵב לִפְרוֹק וְשׂוֹנֵא לִטְעוֹן: The Ritva explains this *baraita* as saying that in a case where one's friend and enemy both see his donkey collapsed beneath its burden, the mitzva to assist him is incumbent upon the enemy and not the friend.

To subjugate his evil inclination is preferable – לָכוֹף אֶת יִצְרוֹ עֲדִיף: Some explain that although the requirement to prevent suffering to animals is by Torah law, just as the Torah granted people dominion over animals and permitted physical benefit from the animal even if it suffers, the Torah permitted spiritual benefit as well (*Minhat Hinnukh*).

HALAKHA

A friend whose animal collapsed and it is necessary to unload its burden and an enemy who needs assistance to load – אוֹהֵב לִפְרוֹק וְשׂוֹנֵא לִטְעוֹן: If one sees two animals, one whose owner requires assistance to unload its burden and one whose owner requires assistance to load its burden, he assists in unloading the animal first, due to the requirement to prevent suffering to animals. If the owner of the first animal is his friend and the owner of the other is his enemy, loading his enemy's animal takes precedence, because in doing so he subdues his evil inclination. Some say that if the reason he hates his enemy is because that person is a sinner, he need not assist him in loading his animal (Rambam *Sefer Nezikin, Hilkhot Rotze'ah UShmirat HaNefesh* 13:13, *Shulhan Arukh, Hoshen Mishpat* 272:10, and in the comment of Rema).

מִי סָבְרַתְּ אַשּׂוֹנֵא דִּקְרָא קָאֵי? אַשּׂוֹנֵא דְּמַתְנִיתִין קָאֵי.

The Gemara answers: **Do you maintain** that the reference in the *baraita* to an enemy **applies to the enemy** mentioned **in the verse:** "If you see the donkey of him that hates you collapsed under its burden…you shall release it with him"? **It applies to the enemy** mentioned **in the *baraita*** cited above, in which the *tanna* taught that loading a burden onto an enemy's animal is preferable to unloading a burden from a friend's animal.

תָּא שְׁמַע:

The Gemara suggests: **Come** and **hear** proof from a *baraita*:

"רֹבֵץ" – וְלֹא רַבְצָן, "רֹבֵץ" – וְלֹא עוֹמֵד, "תַּחַת מַשָּׂאוֹ" – וְלֹא מְפוֹרָק, "תַּחַת מַשָּׂאוֹ" – מַשּׂאוּי שֶׁיָּכוֹל לַעֲמוֹד בּוֹ. וְאִי אָמְרַתְּ צַעַר בַּעֲלֵי חַיִּים דְּאוֹרָיְיתָא, מַה לִּי רוֹבֵץ וּמַה לִּי רַבְצָן וּמַה לִּי עוֹמֵד?

It is written: "If you see the donkey…collapsed under its burden" (Exodus 23:5). The *baraita* infers that this obligation to unload a burden applies with regard to an animal that is **"collapsed," but not** with one that is a habitual **collapser;**[N] **"collapsed," but not standing; "under its burden," but not** when it is **unloaded;** and **"under its burden,"** meaning **a burden that** is not excessive, that the animal **can bear.** The Gemara reasons: **And if you say** that the requirement to prevent **suffering to animals** is **by Torah law, what** is it **to me** if the animal is **collapsed; and what** is it **to me** if the animal is a habitual **collapser; and what** is it **to me** if the animal is **standing?** One should be obligated to unload its burden in any case, if the animal is suffering.

הָא מַנִּי – רַבִּי יוֹסֵי הַגְּלִילִי הִיא, דְּאָמַר צַעַר בַּעֲלֵי חַיִּים דְּרַבָּנַן.

The Gemara answers: In accordance with **whose** opinion **is this** *baraita*? **It is** in accordance with the opinion of **Rabbi Yosei HaGelili, who says** that the requirement to prevent **suffering to animals is by rabbinic law,** and the ordinance does not apply in these circumstances.

הָכִי נַמִי מִסְתַּבְּרָא, דְּקָתָנֵי: "תַּחַת מַשָּׂאוֹ" – מַשּׂאוּי שֶׁיָּכוֹל לַעֲמוֹד בּוֹ, מַאן שָׁמְעַתְּ לֵיהּ דְּאִית לֵיהּ הַאי סְבָרָא – רַבִּי יוֹסֵי הַגְּלִילִי, שְׁמַע מִינַּהּ.

The Gemara supports its answer: **So too, it is reasonable** to explain the *baraita* in this manner, **as it is taught** in the *baraita* cited above: **"Under its burden"** indicates **a burden that** the animal **can bear.** About **whom did you hear that he holds that** line of **reasoning?** It is **Rabbi Yosei HaGelili.** The Gemara affirms: **Learn from it** that the *baraita* is in accordance with the opinion of Rabbi Yosei HaGelili.

וּמִי מָצֵית מוֹקְמַתְּ לַהּ כְּרַבִּי יוֹסֵי הַגְּלִילִי? וְהָא קָתָנֵי סֵיפָא: "תַּחַת מַשָּׂאוֹ" – וְלֹא מְפוֹרָק. מַאי לֹא מְפוֹרָק? אִילֵּימָא לֹא מְפוֹרָק כְּלָל – הָא כְּתִיב "הָקֵם תָּקִים עִמּוֹ". אֶלָּא פְּשִׁיטָא: לֹא מְפוֹרָק – בְּחִנָּם, אֶלָּא בְּשָׂכָר. מַאן שָׁמְעַתְּ לֵיהּ דְּאִית לֵיהּ הַאי סְבָרָא – רַבָּנַן! לְעוֹלָם רַבִּי יוֹסֵי הַגְּלִילִי הִיא, וּבִטְעִינָה סָבַר לַהּ כְּרַבָּנַן.

The Gemara asks: **And can you establish** the *baraita* **in accordance with** the opinion of **Rabbi Yosei HaGelili? But isn't it taught** in **the latter clause** of the *baraita*: **"Under its burden," but not** when it is **unloaded? What** is the meaning of: **Not** when it is **unloaded? If we say** that it means that when it is **unloaded** there is **no** obligation **at all, isn't it written** in that case: **"You shall lift them with him"** (Deuteronomy 22:4), teaching that there is a mitzva to load an animal? **Rather,** it is **obvious** that the meaning is that when it is **unloaded,** one is **not** obligated to load it **for free; rather,** he may do so **for remuneration.** About **whom did you hear that he holds that** line of **reasoning?** It is **the Rabbis.** Apparently, the *baraita* is in accordance with the opinion of the Rabbis and not the opinion of Rabbi Yosei HaGelili. The Gemara answers: **Actually,** the *baraita* **is** in accordance with the opinion of **Rabbi Yosei HaGelili, and in** the matter of **loading he holds in accordance with** the opinion of **the Rabbis.**

NOTES

Collapsed but not one that is a habitual collapser – רֹבֵץ וְלֹא רַבְצָן: A question is raised in the Jerusalem Talmud: The mishna teaches (32a) that one must assist in unloading an animal collapsed under its burden, even several times. What is the difference between an animal that collapses several times and a habitual collapser? The answer is that the mishna is referring to an animal that repeatedly collapses under its burden. The collapser in the *baraita* is an animal that collapses for no apparent reason.

תָּנוּ רַבָּנַן: ״כִּי תִרְאֶה״ – יָכוֹל אֲפִילּוּ מֵרָחוֹק – תַּלְמוּד לוֹמַר: ״כִּי תִפְגַּע״. אִי ״כִּי תִפְגַּע״ יָכוֹל פְּגִיעָה מַמָּשׁ – תַּלְמוּד לוֹמַר: ״כִּי תִרְאֶה״. וְאֵיזוֹ הִיא רְאִיָּיה שֶׁיֵּשׁ בָּהּ פְּגִיעָה – שִׁיעֲרוּ חֲכָמִים אֶחָד מִשֶּׁבַע וּמֶחֱצָה בְּמִיל, וְזֶה הוּא רִיס.

The Sages taught in a *baraita*: It is written: **"If you see** the donkey of him that hates you collapsed under its burden…you shall release it with him" (Exodus 23:5). I **might** have thought one is obligated **even** if he sees the animal **from a distance;** therefore **the** previous **verse states: "If you encounter**[HN] your enemy's ox or his donkey going astray, you shall return it to him" (Exodus 23:4). **If** the Torah had written only: **"If you encounter,"** I **might** have thought that one is obligated to unload the burden only if there was **an actual encounter;** therefore, **the verse states: "If you see." And what is seeing in which there is** an element of **encounter? The Sages calculated** it as **one of seven and a half** portions, i.e., two-fifteenths, **of a *mil*,**[B] **and that is** the measure of **a *ris*.**[L]

תָּנָא: וּמְדַדֶּה עִמּוֹ עַד פַּרְסָה. אָמַר רַבָּה בַּר בַּר חָנָה: וְנוֹטֵל שָׂכָר.

It is **taught** in a *baraita*: After loading the burden onto the animal, **one walks with it up to one parasang [*parsa*]**[L] to ensure that the burden will not fall again. **Rabba bar bar Ḥana says: And he takes remuneration**[H] for accompanying the animal, as that is not included in the mitzva.

מתני׳ אֲבֵדָתוֹ וַאֲבֵדַת אָבִיו – אֲבֵדָתוֹ קוֹדֶמֶת, אֲבֵדָתוֹ וַאֲבֵדַת רַבּוֹ – שֶׁלּוֹ קוֹדֵם.

MISHNA If one finds **his lost item and his father's lost item,** tending to **his** own **lost item takes precedence.**[H] Similarly, if one finds **his lost item and his teacher's lost item,** tending to **his** own lost item **takes precedence.**

אֲבֵדַת אָבִיו וַאֲבֵדַת רַבּוֹ – שֶׁל רַבּוֹ קוֹדֶמֶת, שֶׁאָבִיו הֱבִיאוֹ לָעוֹלָם הַזֶּה וְרַבּוֹ שֶׁלִּמְּדוֹ חָכְמָה מְבִיאוֹ לְחַיֵּי הָעוֹלָם הַבָּא. וְאִם אָבִיו חָכָם – שֶׁל אָבִיו קוֹדֶמֶת.

If one finds **his father's lost item and his teacher's lost item,**[H] tending to **his teacher's** lost item **takes precedence, as his father brought him into this world, and his teacher, who taught him** the **wisdom** of Torah, **brings him to life in the World-to-Come. And if his father is** a Torah **scholar,** then **his father's** lost item **takes precedence.**

הָיָה אָבִיו וְרַבּוֹ נוֹשְׂאִין מַשּׂוֹאוֹי – מַנִּיחַ אֶת שֶׁל רַבּוֹ, וְאַחַר כָּךְ מַנִּיחַ אֶת שֶׁל אָבִיו. הָיָה אָבִיו וְרַבּוֹ בְּבֵית הַשֶּׁבִי – פּוֹדֶה אֶת רַבּוֹ וְאַחַר כָּךְ פּוֹדֶה אֶת אָבִיו. וְאִם אָבִיו חָכָם – פּוֹדֶה אֶת אָבִיו וְאַחַר כָּךְ פּוֹדֶה אֶת רַבּוֹ.

If **his father and his teacher were** each **carrying a burden** and he wants to assist them in putting down their burdens, he first **places his teacher's** burden down **and thereafter places his father's** burden down. **If his father and his teacher**[N] **were in captivity,**[H] he first **redeems his teacher and thereafter redeems his father. And if his father is** a Torah **scholar,** he first **redeems his father and thereafter redeems his teacher.**

NOTES

If you see…if you encounter – כִּי תִרְאֶה...כִּי תִפְגַּע: Although these two phrases are written in the context of two separate matters, as "if you see" is stated in the context of unloading, while "if you encounter" is written in the context of the return of a lost item, they are similar matters and *halakhot* can be derived from one and applied to the other. Others explain that the derivation is based on the juxtaposition of the two verses (Ritva). Some later commentaries cite a variant reading in which the first verse is not the verse in Exodus written with regard to unloading (23:5); rather, it is the verse: "You shall not see your brother's ox or his sheep wandering and disregard them; you shall return them to your brother" (Deuteronomy 22:1), which is written with regard to the return of a lost animal (Gra; *Be'er Avraham* on *Mekhilta*). In that case, both verses address the same matter. Nevertheless, early commentaries already cited and rejected that variant reading (*Shita Mekubbetzet*, citing *Gilyon Tosafot*).

His father and his teacher – אָבִיו וְרַבּוֹ: According to most versions of the mishna and in the rulings of many authorities, there is a difference between return of a lost item and redemption from captivity with regard to one's father who is a Torah scholar. One returns his father's lost item before his teacher's lost item only if his father is a Torah scholar on a par with his teacher. By contrast, he redeems his father from captivity before his teacher if his father is a Torah scholar, even if the father's scholarship is not on a par with that of his teacher. The reason is that with regard to monetary loss, one's obligation to his father and to his teacher is the same. With regard to captivity, his obligation to his father in this case is greater than his obligation to his teacher. Some explain that the *halakhot* in the mishna apply specifically to a case where one is able to redeem both from captivity; if it is possible to redeem only one of them he redeems his father (Rashash; see *Sha'agat Arye*). Some early commentaries maintain that if one's father pays tuition for his Torah study, his father takes precedence in all these cases (Mordekhai).

HALAKHA

If you see…if you encounter – כִּי תִרְאֶה...כִּי תִפְגַּע: One is obligated to assist another in unloading or loading his animal when he is at a distance from which he sees the animal with an element of encountering. The Sages calculated that this is a distance of a *ris*, which is two-fifteenths of a *mil*, or 266 ⅔ cubits. If the distance is greater, there is no obligation to assist him (Rambam *Sefer Nezikin*, *Hilkhot Rotze'aḥ UShmirat HaNefesh* 13:6; *Shulḥan Arukh*, *Ḥoshen Mishpat* 272:5).

One walks with it up to one parasang…and he takes remuneration – וּמְדַדֶּה עִמּוֹ עַד פַּרְסָה...וְנוֹטֵל שָׂכָר: After assisting in the unloading or loading of another's animal, he accompanies the animal for an additional parasang to assist the owner. He may demand payment for that aspect of his assistance (Rambam *Sefer Nezikin*, *Hilkhot Rotze'aḥ UShmirat HaNefesh* 13:5, 7; *Shulḥan Arukh*, *Ḥoshen Mishpat* 272:4, 6).

His lost item takes precedence – אֲבֵדָתוֹ קוֹדֶמֶת: One who finds his own lost item and another's lost item should tend to both if possible. If it is not possible, his item takes precedence. Nevertheless, one should go beyond the letter of the law and occasionally prioritize the needs of others. One who always places himself first and fails to observe the relevant mitzvot for the benefit of others, and fails to perform acts of lovingkindness, will eventually be in a position where he will require the assistance of others (Rambam *Sefer Nezikin*, *Hilkhot Gezeila VaAveda* 12:8; *Shulḥan Arukh*, *Ḥoshen Mishpat* 264:1).

His father's lost item and his teacher's lost item – אֲבֵדַת אָבִיו וַאֲבֵדַת רַבּוֹ: In a case where one finds his father's lost item and his teacher's lost item, if his father is a Torah scholar on a par with his teacher, he returns his father's item first. Otherwise, his teacher's item takes precedence. This precedence applies only to one's preeminent teacher (Rambam *Sefer Nezikin*, *Hilkhot Gezeila VaAveda* 12:2 and *Sefer HaMadda*, *Hilkhot Talmud Torah* 5:1; *Shulḥan Arukh*, *Ḥoshen Mishpat* 264:2 and *Yoreh De'a* 242:34).

If his father and his teacher were in captivity – הָיָה אָבִיו וְרַבּוֹ בְּבֵית הַשֶּׁבִי: If one's father and teacher were both taken captive, he redeems his teacher first. Likewise, if each of them was carrying a burden, one assists his teacher first. For both *halakhot*, if his father is a Torah scholar, then even if his father's scholarship is not on a par with that of his teacher's, his father takes precedence (Rambam *Sefer Zera'im*, *Hilkhot Mattenot Aniyyim* 8:18; *Shulḥan Arukh*, *Yoreh De'a* 242:34 and 252:9).

BACKGROUND

***Mil* – מִיל:** The talmudic *mil* is a unit of distance related to, but not identical to, the Roman mile, from which it received its name. One *mil* equals two thousand cubits. This is equivalent to 960 m according to Rav Ḥayyim Na'e and 1,150 m according to the *Ḥazon Ish*.

LANGUAGE

***Ris* – רִיס:** From the Pahlavi *asprēs*, meaning hippodrome or stadium. A *ris* is calculated in several sources (see *Arukh*) as equal to the distance of a bow-shot. The precise measurement is two-fifteenths of a *mil*, or 266 ⅔ cubits, which according to different opinions is 251 m or 331 m. In an ancient homiletical interpretation, this measurement appears as *ros*, spelled *reish*, *vav*, *samekh*, whose numerological value is 266.

Parasang [*parsa*] – פַּרְסָה: A parasang is a Persian unit of length. The word derives from the Middle Persian frasang, or farsang in Modern Persian, which made its way into Semitic languages, e.g., the Syrian *parsha*, and into Greek as παρασάγγης, *parasangēs*. One parasang is approximately four *mil*.

HALAKHA

Who is considered one's teacher – מִי הוּא הַנִּקְרָא רַבּוֹ: All the *halakhot* that were stated with regard to one's obligations to his teacher were stated only with regard to his preeminent teacher from whom he learned most of his knowledge in Bible, Mishna, or Gemara, in accordance with the opinion of Rabbi Yehuda. The Rema, citing the Maharik, writes that today, a preeminent teacher is only one who taught him how to reach halakhic decisions and genuine talmudic analysis. One treats his other teachers with deference in that he stands when they are within four cubits and rends his garments upon their teacher's passing (Rambam *Sefer Nezikin, Hilkhot Gezeila VaAveda* 12:2 and *Sefer HaMadda, Hilkhot Talmud Torah* 5:9; *Shulḥan Arukh, Ḥoshen Mishpat* 264:2 and *Yoreh De'a* 242:30).

LANGUAGE

Zuhama listeron – זוּהֲמָא לִיסְטְרוֹן: In the Jerusalem Talmud, the word appears as *zumei listeran*, which is closer to the original Greek ζωμός, *zomos*, meaning soup, and λίστρον, *listron*, meaning shovel or spoon. These two words combined are almost identical to the talmudic expression and refer to a large spoon used to ladle soup. Based on various talmudic sources, apparently this utensil had a spoon on one side and a fork on the other.

BACKGROUND

Torah scholars who are in Babylonia – תַּלְמִידֵי חֲכָמִים שֶׁבְּבָבֶל: In the talmudic era, there was a clear difference between the style of Torah study in Babylonia and the style in Eretz Yisrael. In Eretz Yisrael, where the study halls were in close proximity to the Sanhedrin, the hierarchy was clear. Most of the study took place in the form of lectures by the head of the yeshiva. In Babylonia, at first, the head of the yeshiva did not have great authority, and most of the students assembled only twice a year for the *yarḥei kalla*, during the months of Elul and Adar. Otherwise Torah was studied in small groups. Therefore, the knowledge they amassed from their colleagues equaled, if not surpassed, the knowledge they gained from the head of a yeshiva in the role of a preeminent teacher.

NOTES

Until you complete forty years – עַד אַרְבְּעִין שְׁנִין: The commentaries explain that the specific reference to forty years is based on the talmudic statement that a student does not fully absorb his teacher's knowledge until forty years have passed (*Avoda Zara* 5b). This is derived from that which Moses told the children of Israel at the conclusion of forty years in the wilderness: "But the Lord has not given you a heart to know, and eyes to see, and ears to hear, until this day" (Deuteronomy 29:3). Others punctuated the Gemara differently and appended this phrase to the next sentence: Until forty years passed, they remained angry with each other. This too is based on the admonition of the children of Israel that was accompanied by a punishment of forty years of wandering in the wilderness (Maharsha; Maharam Schiff).

גמ׳ מְנָא הָנֵי מִילֵּי? אָמַר רַב יְהוּדָה אָמַר רַב: אָמַר קְרָא "אֶפֶס כִּי לֹא יִהְיֶה בְּךָ אֶבְיוֹן" – שֶׁלְּךָ קוֹדֵם לְשֶׁל כׇּל אָדָם.

GEMARA With regard to precedence in the return of lost items, the Gemara asks: **From where are these matters** derived? **Rav Yehuda says** that **Rav says** that **the verse states: "Only so that there shall be no needy among you"** (Deuteronomy 15:4). This verse can be understood as a command, indicating that it is incumbent upon each individual to ensure that he will not become needy. Therefore, **your** property **takes precedence** over the property **of any** other **person.**

וְאָמַר רַב יְהוּדָה אָמַר רַב: כׇּל הַמְקַיֵּים בְּעַצְמוֹ כָּךְ – סוֹף בָּא לִידֵי כָּךְ.

And Rav Yehuda says that **Rav says:** Although that is the *halakha*, **anyone who** fastidiously **fulfills this** principle **with regard to his** property at the expense of others' property **ultimately comes to** experience **that** fate. He will become impoverished, and others will prioritize their interests at his expense.

"הָיָה אָבִיו וְרַבּוֹ נוֹשְׂאִין מַשּׂאוֹי" וכו׳. תָּנוּ רַבָּנַן: רַבּוֹ שֶׁאָמְרוּ – רַבּוֹ שֶׁלִּמְּדוֹ חׇכְמָה, וְלֹא רַבּוֹ שֶׁלִּמְּדוֹ מִקְרָא וּמִשְׁנָה, דִּבְרֵי רַבִּי מֵאִיר. רַבִּי יְהוּדָה אוֹמֵר: כׇּל שֶׁרוֹב חׇכְמָתוֹ הֵימֶנּוּ. רַבִּי יוֹסֵי אוֹמֵר: אֲפִילּוּ לֹא הֵאִיר עֵינָיו אֶלָּא בְּמִשְׁנָה אַחַת – זֶה הוּא רַבּוֹ.

§ The mishna teaches: If **his father and his teacher were** each **carrying a burden,** he first places his teacher's burden down and thereafter places his father's burden down. **The Sages taught** in a *baraita* (*Tosefta* 2:30): **His teacher,** with regard to **whom** the *tanna'im* **stated** in the mishna that his burden takes precedence, is **his teacher who taught him wisdom,** i.e., the profound analysis of the Torah that constitutes the Talmud, **and not his teacher who taught him Bible or Mishna;** this is **the statement of Rabbi Meir. Rabbi Yehuda says:** The reference is to **any** teacher **from whom** one learned **most of his knowledge,** be it Bible, Mishna, or Talmud. **Rabbi Yosei says: Even if he enlightened him in** the understanding of **only one mishna, that is his teacher.**[H]

אָמַר רָבָא: כְּגוֹן רַב סְחוֹרָה, דְּאַסְבְּרַן זוּהֲמָא לִיסְטְרוֹן. שְׁמוּאֵל קְרַע מָאנֵיהּ עֲלֵיהּ הַהוּא מֵרַבָּנַן דְּאַסְבְּרֵיהּ: אֶחָד יוֹרֵד לְאַמַּת הַשֶּׁחִי וְאֶחָד פּוֹתֵחַ כֵּיוָן.

Rava said: For example, Rav Seḥora is my teacher with regard to these matters, **as he explained to me** the meaning of the term in a mishna (*Kelim* 13:2) ***zuhama listeron***,[L] a utensil with a spoon on one end and a fork on the other. **Shmuel rent his garment** in mourning **over** the passing of **one of the Sages who explained to him** the meaning of a mishna (*Tamid* 3:6) that describes the two keys that opened the compartment through which the priest would enter the Sanctuary each morning: **One** is the key with which the priest would open the inside lock. He would insert his arm **up to his armpit** through a small opening in the door and reach **down** and open the lock that was at the bottom of the door on the inside, and he would go through that door into a compartment. **And** the other **one** is the key with **which** the priest **opened** the lock on the inner door of the compartment, through which he entered the Sanctuary, and he opened that lock **directly.**

אָמַר עוּלָּא: תַּלְמִידֵי חֲכָמִים שֶׁבְּבָבֶל עוֹמְדִין זֶה מִפְּנֵי זֶה, וְקוֹרְעִין זֶה עַל זֶה. וּלְעִנְיַן אֲבֵדָה בִּמְקוֹם אָבִיו – אֵינָן חוֹזְרִין אֶלָּא לְרַבּוֹ מוּבְהָק.

Ulla says: The Torah scholars who are in Babylonia[B] **rise** in deference **before one another and rend** their garments in mourning **over one another's** passing. In contrast to Eretz Yisrael, where the preeminent Torah scholars and teachers served at the heads of the Torah academies, in Babylonia most scholars studied Torah with peers and there was no preeminent teacher. **But with regard to** returning **a lost item in** a case **where** both **one's father** and one's teacher lost an item, **he returns** the lost item **only to his preeminent teacher** before returning that of his father, and not to his peer or to one who taught him the meaning of one mishna or one term.

קָבְעֵי מִינֵּיהּ רַב חִסְדָּא מֵרַב הוּנָא: תַּלְמִיד וְצָרִיךְ לוֹ רַבּוֹ מַאי? אָמַר לֵיהּ: חִסְדָּא חִסְדָּא, לָא צְרִיכְנָא לָךְ, אַתְּ צְרִיכַתְּ לִי עַד אַרְבְּעִין שְׁנִין. אִיקְּפַדוּ אַהֲדָדֵי וְלָא עַיְילִי לְגַבֵּי הֲדָדֵי. יְתֵיב רַב חִסְדָּא אַרְבְּעִין תַּעֲנִיתָא מִשּׁוּם דְּחָלַשׁ דַּעְתֵּיהּ דְּרַב הוּנָא, יְתֵיב רַב הוּנָא אַרְבְּעִין תַּעֲנִיתָא מִשּׁוּם דַּחֲשַׁדְיֵהּ לְרַב חִסְדָּא.

Rav Ḥisda raised a dilemma before Rav Huna: If there is **a student, and his teacher needs him** because he serves as his peer and study partner, **what** is the *halakha* with regard to precedence in a case where he finds a lost item belonging to his father and one belonging to his teacher? As Rav Ḥisda was Rav Huna's disciple-colleague, Rav Huna assumed that Rav Ḥisda was referring to himself and **said to him: Ḥisda, Ḥisda, I do not need you.** On the contrary, **you need me until** you complete **forty years**[N] of study before me. They grew **angry with each other** over the perceived insult and the harsh reaction, **and each did not enter to** visit **the other. Rav Ḥisda** was contrite and **observed forty fasts due to** the fact **that Rav Huna was offended,** although it had not been his intention to offend him. **Rav Huna observed forty fasts due to** the fact **that he** had erroneously **suspected** that **Rav Ḥisda** was referring to the relationship between them.

איתמר, רב יצחק בר יוסף אמר רבי יוחנן: הלכה כרבי יהודה, רב אחא בר רב הונא אמר רב ששת: הלכה כרבי יוסי.

It was stated that Rav Yitzḥak bar Yosef says that Rabbi Yoḥanan says: The *halakha* is in accordance with the opinion of Rabbi Yehuda, who says that returning the teacher's lost item takes precedence only in the case of his preeminent teacher. Rav Aḥa bar Rav Huna says that Rav Sheshet says: The *halakha* is in accordance with the opinion of Rabbi Yosei, who says that returning the teacher's lost item takes precedence even if the teacher enlightened him with regard to only one mishna.

ומי אמר רבי יוחנן הכי? והאמר רבי יוחנן: הלכה כסתם משנה, ותנן: רבו שלמדו חכמה! מאי חכמה – רוב חכמתו.

The Gemara asks: **And did Rabbi Yoḥanan say that? But doesn't Rabbi Yoḥanan say:** The *halakha* is always **in accordance with** the opinion cited in **an unattributed mishna; and we learned** an unattributed opinion in the mishna that returning the teacher's lost item takes precedence in the case of: **His teacher, who taught him** the **wisdom** of Torah. The ruling of the unattributed mishna is in accordance with the opinion of Rabbi Meir. The Gemara answers: **What** is the meaning of **wisdom** in this context? It means **the majority of his wisdom.**

תנו רבנן: העוסקין במקרא – מדה ואינה מדה, במשנה – מדה ונוטלין עליה שכר, בתלמוד – אין לך מדה גדולה מזו, ולעולם הוי רץ למשנה יותר מן התלמוד.

The Sages taught in a *baraita*: For those **who engage in** the study of **Bible,** it is **a virtue but not** a complete **virtue.**[N] For those who engage **in** the study of **Mishna, it is a virtue and they receive reward for its** study. For those who engage **in** the study **of Talmud, you have no virtue greater than that.**[H] **And always pursue** study **of the Mishna more than** study **of the Talmud.**

הא גופא קשיא, אמרת: בתלמוד אין לך מדה גדולה מזו, והדר אמרת: ולעולם הוי רץ למשנה יותר מן התלמוד! אמר רבי יוחנן:

The Gemara asks: **This** matter **itself** is **difficult,** as the *baraita* is self-contradictory. **You said:** For those who engage **in** the study **of Talmud, you have no virtue greater than that. And then you said: And always pursue** study **of the Mishna more than** study **of the Talmud. Rabbi Yoḥanan says:**

NOTES

A virtue but not a complete virtue – מדה ואינה מדה: Some explain that the reward for Torah study is given primarily for the novel ideas and reasoning that a person introduces on his own, and that this is the rationale for the hierarchy articulated in the Gemara. Study of the Bible, which leaves little room for one's personal contribution to the discourse, is not a complete virtue. Study of Mishna, which has more room for one's personal contribution, is a virtue. There is no virtue greater than the study of Gemara, as by its very nature it entails the contribution of its students and incorporation of their novel ideas.

HALAKHA

You have no virtue greater than that – אין לך מדה גדולה מזו: When one begins engaging in the study of Torah he should divide his study into three: He should devote one-third of his time to Bible, one-third to Mishna, and one-third to Gemara. Once he becomes more accomplished in his Torah study, he should devote his time primarily to the study of Gemara and devote enough time to the other disciplines to ensure that he will not forget them. *Tosafot* explain that one fulfills his obligation of Torah study through study of the Babylonian Talmud, as it includes Bible, Mishna, and Gemara (Rambam *Sefer HaMadda, Hilkhot Talmud Torah* 1:11; *Shulḥan Arukh, Yoreh De'a* 246:4, and in the comment of Rema).

Perek **II**
Daf **33** Amud **b**

בימי רבי נשנית משנה זו. שבקו כולא עלמא מתניתין ואזלו בתר תלמודא. הדר דרש להו: ולעולם הוי רץ למשנה יותר מן התלמוד.

It was **during the era of Rabbi** Yehuda HaNasi that the beginning of **this** *baraita* extolling the study of Talmud **was taught.**[N] The result was that **everyone abandoned** study of the **Mishna and pursued** the study of **the Talmud.** It was **then** that Rabbi Yehuda HaNasi **taught** them: **And always pursue** study **of the Mishna**[N] **more than** study of **the Talmud,** as without a firm basis in the fundamental *halakhot* of the Mishna, talmudic discourse is futile.

מאי דרוש – כדדריש רבי יהודה ברבי אלעאי: מאי דכתיב "הגד לעמי פשעם ולבית יעקב חטאתם"?

The Gemara asks: On the basis of **what homiletic interpretation** did the *tanna* state that there is no virtue greater than the study of Talmud? It is just **as Rabbi Yehuda, son of Rabbi Elai, interpreted homiletically: What** is the meaning of that **which is written:** "Cry aloud, spare not, lift up your voice like a horn, and **declare to My people their transgression and to the house of Jacob their sins"** (Isaiah 58:1)?

"הגד לעמי פשעם" – אלו תלמידי חכמים, ששגגות נעשות להם כזדונות. "ולבית יעקב חטאתם" – אלו עמי הארץ, שזדונות נעשות להם כשגגות. והיינו דתנן, רבי יהודה אומר: הוי זהיר בתלמוד, ששגגת תלמוד עולה זדון.

In the phrase **"declare to My people**[N] **their transgression," these** people **are the Torah scholars, whose unwitting** transgressions **become for them tantamount to intentional** transgressions. Due to their erudition, they are held to a higher standard. **"And to the house of Jacob their sins," these are the ignoramuses, whose intentional** transgressions **become for them tantamount to unwitting** transgressions. Due to their lack of erudition, they are held to a lower standard. **And that is** the basis of that which **we learned** in a mishna (*Avot* 4:13), that **Rabbi Yehuda says: Be careful in** the study of **the Talmud, as** a transgression based on **an unwitting** misinterpretation of the **Talmud is considered an intentional** transgression.[N]

NOTES

It was during the era of Rabbi Yehuda HaNasi that this *baraita* was taught – בימי רבי נשנית משנה זו: There was special reason to engage in the study of tannaitic literature specifically during the generation of Rabbi Yehuda HaNasi (Rabbeinu Tam). As Rabbi Yehuda HaNasi was engaged in the task of redacting the Mishna, it was crucial that the Torah scholars assist him in analyzing the material, in order to ascertain which material would be included in the mishna and ensure that the versions of the text were accurate (Rabbeinu Ḥananel).

Pursue study of the Mishna – הוי רץ למשנה: Based on the continuation of the Gemara, Rabbeinu Ḥananel explains that the advantage in the study of Mishna is that while one who studies it is rewarded, he does not bear the responsibility for precision borne by those who study Gemara.

To My people – לעמי: The term: My people, is an expression of affection through which God associates His name with His people. God reserves that appellation for the nation's elite, the Torah scholars (*Shita Mekubbetzet*).

An unwitting misinterpretation of the Talmud is considered an intentional transgression – ששגגת תלמוד עולה זדון: Some explain this as a reference to the unwitting transgressions performed by the Torah scholar himself (Rabbeinu Ḥananel). Others understand it as a reference to transgressions committed by others that resulted from the unwitting misinterpretation of the *halakha* by a Torah scholar who decides *halakha* incorrectly (Rashi; Meiri).

דָּרַשׁ רַבִּי יְהוּדָה בְּרַבִּי אֶלְעַאי: מַאי דִּכְתִיב "שִׁמְעוּ דְּבַר ה׳ הַחֲרֵדִים אֶל דְּבָרוֹ"? אֵלּוּ תַּלְמִידֵי חֲכָמִים. "[אָמְרוּ] אֲחֵיכֶם" – אֵלּוּ בַּעֲלֵי מִקְרָא, "שֹׂנְאֵיכֶם" – אֵלּוּ בַּעֲלֵי מִשְׁנָה, "מְנַדֵּיכֶם" – אֵלּוּ עַמֵּי הָאָרֶץ.

Rabbi Yehuda, son of Rabbi Elai, interpreted a verse **homiletically. What** is the meaning of that **which is written:** "Hear the word of the Lord, you who tremble at His word: Your brothers that hate you, that ostracize you for My name's sake, have said: Let the Lord be glorified, that we may gaze upon your joy, but they shall be ashamed" (Isaiah 66:5)? **"Hear the word of the Lord, you who tremble at His word," these are Torah scholars; "your brothers… have said," these are masters of the Bible,** who are aware of their shortcomings and treat the Torah scholars with deference; **"that hate you," these are masters of Mishna,** who consider themselves the equals of Torah scholars and resent the fact that the Torah scholars do not treat them as equals; **"that ostracize you," these are ignoramuses,** who distance themselves with their actions from the Torah scholars.

שֶׁמָּא תֹּאמַר פָּסַק סִבְרָם וּבָטַל סִיכּוּיָם – תַּלְמוּד לוֹמַר "וְנִרְאֶה בְשִׂמְחַתְכֶם". שֶׁמָּא תֹּאמַר יִשְׂרָאֵל יֵבוֹשׁוּ – תַּלְמוּד לוֹמַר "וְהֵם יֵבֹשׁוּ" – נָכְרִים יֵבוֹשׁוּ וְיִשְׂרָאֵל יִשְׂמְחוּ.

Lest you say, with regard to those groups who are not Torah scholars, that **their hope has ceased and their chances are eliminated, the verse states: "That we may gaze upon your joy."** All of the Jewish people, including the groups listed above, will gaze upon the joy of the Torah scholars. **Lest you say that the Jewish people will be ashamed, the verse states: "But they shall be ashamed,"** meaning that **gentiles will be ashamed, but the Jewish people will be joyous.**

הדרן עלך אלו מציאות

Summary of
Perek II

This chapter is devoted primarily to *halakhot* of returning lost items, and it examines situations where the owners despair of recovering an item and situations where the owners do not despair. In principle, when there are clear-cut distinguishing marks on the item, one may assume that the owner would not despair of recovering it unless the item remained in the place that it was discovered for an extended period, or it was swept from the owner's domain by means of a natural disaster or other circumstances beyond his control. Even with regard to items on which there are no distinguishing marks, the Gemara concluded that the location where it was found, its size, its weight, and the number of its units can serve as distinguishing marks.

The most fundamental dispute in this chapter is with regard to despair that is not conscious. The *halakha* is in accordance with the opinion of Abaye that despair is effective only when it is conscious. Therefore, unless it is clear that the despair predated finding the item, the finder does not acquire the lost item.

With regard to an item that the finder is obligated to proclaim that he found, the Gemara determined that it is permitted for the finder to utilize the item for its sake, i.e., to maintain it in good condition, but not for his own sake. The Gemara also issued rulings concerning the period during which the finder is obligated to tend to found animals or other items that require extensive care. It is permitted for the finder to make use of money he receives when selling a lost item, but his legal status with regard to that money is that of a paid bailee.

There are three mitzvot tied to the return of lost items: A prohibition against disregarding the lost item, an obligation to see to its return, and a prohibition against keeping an item that belongs to its owner. These mitzvot apply in most circumstances, with few exceptions, e.g., when return of the lost item is not in keeping with the dignity of the finder, when there is a prohibition preventing the finder from returning it, or when return of the item will engender monetary loss for the finder. Although the Torah lists specific examples of lost items that one is obligated to return, the Gemara established that the obligation includes not only return of lost items, but also assistance to others in any case where it is possible to spare them monetary loss.

The Gemara concluded that return of a lost item to one's teacher takes precedence over return of a lost item to one's father, and the return of an item to his father takes precedence over the return of an item to another. Recovering one's own item takes precedence over returning a lost item to anyone else.

Various aspects of the *halakhot* of assisting another in unloading a burden from his animal and loading it were discussed. Primarily, the Gemara investigated the dispute with regard to the requirement to prevent suffering to animals. There are many elements in common between the *halakhot* of unloading and loading an animal and the *halakhot* of returning a lost item.

Introduction to **Perek III**

If a man delivers unto his neighbor money or vessels to keep, and it is stolen out of the man's house; if the thief is found, he shall pay double. If the thief is not found, then the master of the house shall approach the judges, to see whether he has not misappropriated his neighbor's goods. For every matter of sin, whether it is for ox, for donkey, for sheep, for garment, or for any manner of lost item, whereof one says: This is it, the cause of both parties shall come before the judges; he whom the judges shall condemn shall pay double unto his neighbor.

(Exodus 22:6–8)

The Torah states that a bailee who safeguards a deposit must return to the owner the item that was entrusted to his care. If it was lost or stolen while in his possession, the bailee may take an oath and exempt himself from payment, unless it is discovered that he himself misappropriated the deposit.

One fundamental issue concerns the matter of ownership of the stolen deposit. Is the bailee who compensated the owner for the loss of his item considered the owner of the item immediately? If so, if the thief is found, he returns the item to the bailee and pays him the fine. Or perhaps the depositor remains the owner of the item, and when the thief is located, the owner recieves the item and the fine. The owner then returns to the bailee only the amount of money the bailee gave him as compensation.

Another question that requires clarification is the essence of safeguarding an item. The bailee commits himself to providing a reasonable level of security for the item, but what is the definition of reasonable here? In a case where the bailee discovers that the deposit is deteriorating over time, does he have the right or obligation to take action to preserve the deposit, or is the obligation of the bailee limited to avoiding misappropriation of the deposit?

The essence of misappropriation as far as a bailee is concerned requires analysis. Is misappropriation another word for theft perpetrated by the bailee, so that cases of misappropriation are treated like cases of theft? Or is misappropriation a unique halakhic concept that involves betraying the trust of the depositor and breaching their agreement, so that using the deposit is merely the second stage of a betrayal that began with misappropriation? If it is the latter, is the bailee liable for the mere intention to steal the deposit, or is he liable only if he actually stole it?

The resolution of these issues and the dilemmas that emerge from them are the primary focus of this chapter.

מתני׳ הַמַּפְקִיד אֵצֶל חֲבֵירוֹ בְּהֵמָה אוֹ כֵּלִים, וְנִגְנְבוּ אוֹ שֶׁאָבְדוּ, שִׁילֵּם וְלֹא רָצָה לִישָּׁבַע, שֶׁהֲרֵי אָמְרוּ: שׁוֹמֵר חִנָּם נִשְׁבָּע וְיוֹצֵא,

MISHNA In the case of **one who deposits an animal or vessels with another,** who is acting as an unpaid bailee, **and they were stolen or they were lost,**[N] and the bailee **paid** the owner the value of the deposit, **and did not wish to take an oath**[N] that he did not misappropriate the item and that he was not negligent in safeguarding it, that will effect who keeps the deposit if it is found or returned. The bailee may also choose to take the oath, as the Sages **said: An unpaid bailee**[HB] **takes an oath, and he is** thereby **released** from the liability to pay the owner.

נִמְצָא הַגַּנָּב – מְשַׁלֵּם תַּשְׁלוּמֵי כֶפֶל. טָבַח וּמָכַר – מְשַׁלֵּם תַּשְׁלוּמֵי אַרְבָּעָה וַחֲמִשָּׁה. לְמִי מְשַׁלֵּם – לְמִי שֶׁהַפִּקָּדוֹן אֶצְלוֹ.

If **the thief is** later **found,** the thief **pays** the **double payment.**[HB] If the deposited item was a sheep or an ox and the thief **slaughtered or sold** it, **he pays** the **fourfold or fivefold payment.**[B] **To whom does** the thief **pay?** He gives the payment **to the one who** had **the deposit in his** possession when it was stolen, i.e., the bailee. When the bailee paid the owner for the stolen item, the owner granted the rights to the item to the bailee. Therefore, the bailee is entitled to any payment the thief presents for the item, be it compensation for the item's value or a fine.

נִשְׁבַּע וְלֹא רָצָה לְשַׁלֵּם, נִמְצָא הַגַּנָּב – מְשַׁלֵּם תַּשְׁלוּמֵי כֶפֶל. טָבַח וּמָכַר – מְשַׁלֵּם תַּשְׁלוּמֵי אַרְבָּעָה וַחֲמִשָּׁה. לְמִי מְשַׁלֵּם – לְבַעַל הַפִּקָּדוֹן.

In the case of a bailee who **took an oath and did not wish to pay,** if **the thief is** then **found** and required to **pay** the **double payment,** or if he **slaughtered or sold** the animal and is required to **pay the fourfold or fivefold payment, to whom does** the thief **pay?** He gives the payment **to the owner of the deposit,** not the bailee.

גמ׳ לָמָּה לֵיהּ לְמִתְנֵי בְּהֵמָה, וְלָמָּה לֵיהּ לְמִתְנֵי כֵּלִים?

GEMARA The Gemara asks: **Why does** the mishna **need to teach** the case of one who deposits **an animal, and why does** the mishna **need to teach** the case of one who deposits **vessels?** The mishna could have sufficed with a general *halakha* about one who deposits any item.

צְרִיכִי, דְּאִי תָּנָא בְּהֵמָה – הֲוָה אָמִינָא: בְּהֵמָה הוּא דְּמַקְנֵי לֵיהּ כְּפֵילָא – מִשּׁוּם דִּנְפִישׁ טִירְחָה לְעַיּוּלַהּ וּלְאַפּוּקַהּ, אֲבָל כֵּלִים דְּלָא נְפִישׁ טִירְחַיְיהוּ – אֵימָא לָא מַקְנֵי לֵיהּ כְּפֵילָא.

The Gemara explains: Both **are necessary, as, if** the mishna **taught** only the case of one who deposits **an animal, I would say:** It is only with regard to **an animal that** the owner agrees to **transfer** rights to **the double payment** to the bailee when the bailee pays for the stolen item. This is **due to** the fact **that the exertion** required to tend to the animal, **to bring** the animal **in and to take it out, is great.** Consequently, when it becomes clear that the bailee was not responsible for the theft of the animal but nevertheless compensated the owner, the owner waives his rights to any compensation the thief will pay. **But** in the case of **vessels, where the exertion** that is required to tend to the vessels **is not great, say that** the owner **does not transfer** to the bailee rights to the **double payment.**

NOTES

Or they were lost – אוֹ שֶׁאָבְדוּ: *Tosafot* note the difficulty with this phrase. If the deposit was lost rather than stolen, the issue of the double payment is not relevant. Some commentaries explain that in the case of a lost item, there is an analogous issue, i.e., an increase in the value of the deposit in the interim. The mishna is teaching that the bailee acquires the deposited item and the appreciation in its value (Ramban; Rashba).

And did not wish to take an oath – וְלֹא רָצָה לִישָּׁבַע: The Ramban maintains that the bailee acquires the rights specified in this mishna only if he chooses to pay despite the fact that he could have exempted himself by means of the oath. The Rashba disagrees and holds that he acquires the rights in any case where he pays, even if he was liable to do so because witnesses testified that he was negligent in safeguarding the deposit.

HALAKHA

Unpaid bailee – שׁוֹמֵר חִנָּם: If an item in the care of an unpaid bailee was lost or stolen, the bailee takes an oath that it is not in his possession and that he was not negligent in safeguarding it. He is thereby exempt from compensating the owner (Rambam *Sefer Mishpatim, Hilkhot Sekhirut* 1:2; *Shulḥan Arukh, Ḥoshen Mishpat* 291:1).

An unpaid bailee and the double payment – שׁוֹמֵר חִנָּם וְתַשְׁלוּמֵי כֶפֶל: If a deposit in the care of an unpaid bailee was lost or stolen, he may opt to pay the owner instead of taking an oath. If the stolen item is discovered in the possession of the thief, the thief pays the double payment. If the stolen item was a sheep or cow and the thief slaughtered or sold it, he pays the fourfold or fivefold payment, respectively, to the bailee. If the bailee opted to take an oath rather than paying the owner, the owner receives the payments made by the thief (Rambam *Sefer Mishpatim, Hilkhot She'ela UFikadon* 8:1; *Tur, Ḥoshen Mishpat* 295).

BACKGROUND

Unpaid bailee – שׁוֹמֵר חִנָּם: An unpaid bailee is one of the four categories of bailees described in the Torah (see Exodus 22:6–8). He is one who accepts an article for safekeeping without remuneration and without authorization to use it for his own benefit. An unpaid bailee is not required to recompense the owner of the article if it is lost, stolen, or taken for reasons beyond his control. He is liable only if he is criminally negligent or if he misappropriates the article.

Double payment – תַּשְׁלוּמֵי כֶפֶל: A thief must repay twice the value of a stolen article, i.e., he must return the stolen item to its owner and make an additional payment equal to the value of the article (see Exodus 22:3). This additional payment is a fine. Accordingly, a thief is required to give this additional payment only if he is apprehended by others. If he voluntarily admits his wrongdoing and seeks to return the stolen article or pay an amount equivalent to its value, he need not pay the fine. One who takes an oath that an item placed in his care was stolen is liable to pay double if the item is found in his possession.

Fourfold or fivefold payment – תַּשְׁלוּמֵי אַרְבָּעָה וַחֲמִשָּׁה: One who steals an ox and kills or sells it must repay five times the value of the ox (see Exodus 21:37). If the stolen item was a sheep he pays four times its value. The money added to the animal's principal value is a fine, and it is not collected when the thief returns the stolen item of his own free will.

NOTES

Rami bar Ḥama objects to the fundamental reasoning – מַתְקִיף לָהּ רָמִי בַּר חָמָא: Rashi explains that he is objecting to the ruling in the mishna. Others explain, based on the use of the term objects, which is generally employed only with regard to statements of *amora'im*, that Rami bar Ḥama is objecting to the Gemara's understanding of the mishna. The mishna itself could have been understood to mean that the bailee acquires the double payment not by Torah law but by rabbinic ordinance (Ritva).

HALAKHA

An entity that has not yet come into the world – דָּבָר שֶׁלֹּא בָּא לָעוֹלָם: One cannot transfer ownership of an entity that did not yet come into the world, even if he is on his deathbed. Therefore, if one says to another: The crop that this field will yield next year is hereby sold to you, the sale does not take effect, and he can renege on his commitment (Rambam *Sefer Kinyan, Hilkhot Mekhira* 22:10; *Shulḥan Arukh, Ḥoshen Mishpat* 209:4).

BACKGROUND

An entity that has not yet come into the world – דָּבָר שֶׁלֹּא בָּא לָעוֹלָם: This term is employed to describe two different situations. First, an item that has not yet come into existence, e.g., a child not yet born or fruit not yet grown, and second, an item that, although it exists, has not yet entered one's possession. Transactions pertaining to either entities that are not yet in existence or not in one's possession have no legal validity. They cannot be bought or sold, and ownership of them cannot be transferred. Likewise, it is impossible to transfer ownership of an item to the unborn. Only in certain exigent circumstances did the Sages accord legal validity to transactions of this kind.

וְאִי תְּנָא כֵּלִים – הֲוָה אָמִינָא: כֵּלִים הוּא דְּקָמַקְנֵי לֵיהּ כְּפֵילָא – מִשּׁוּם דְּלָא נָפֵישׁ כִּפְלַיְיהוּ, אֲבָל בְּהֵמָה דְּכִי טָבַח וּמָכַר מְשַׁלֵּם תַּשְׁלוּמֵי אַרְבָּעָה וַחֲמִשָּׁה – אֵימָא לָא מַקְנֵי לֵיהּ כְּפֵילָא, צְרִיכָא.

And had the mishna **taught** only the case of one who deposits **vessels, I would say:** It is only with regard to **vessels that the owner transfers** rights to **the double payment** to the bailee when the bailee pays for the lost item. This is **due to** the fact **that double payment,** in **their** case, **is not substantial,** as that is the maximum payment that he could receive. **But** in the case of **an animal, where if** the thief **slaughtered or sold** it, **he pays the fourfold or fivefold payment,** which is substantial, **I** would **say that** the owner **does not transfer** the rights to the **double payment** to the bailee. Therefore, both cases are **necessary.**

מַתְקִיף לָהּ רָמִי בַּר חָמָא: וְהָא אֵין אָדָם מַקְנֶה דָּבָר שֶׁלֹּא בָּא לָעוֹלָם. וַאֲפִילּוּ לְרַבִּי מֵאִיר, דְּאָמַר: אָדָם מַקְנֶה דָּבָר שֶׁלֹּא בָּא לָעוֹלָם – הָנֵי מִילֵּי כְּגוֹן פֵּירוֹת דֶּקֶל, דַּעֲבִידִי דְּאָתוּ,

Rami bar Ḥama objects to the fundamental reasoning.[N] How can the owner of the deposit transfer rights to the double payment to the bailee? **But isn't** there a principle that **one cannot transfer** to another **ownership of an entity that has not** yet **come into the world?**[HB] Since the thief was not yet liable to pay the double payment when the bailee paid the owner for the item, there was no way to transfer rights to that payment to another person. **And even according to Rabbi Meir, who says** that **a person** can **transfer** to another **ownership of an entity that has not** yet **come into the world, that statement** applies to items **such as the fruits of a date palm, which are likely to come** into being, as they grow on a regular basis.

אֲבָל הָכָא

But here, where the transfer of rights to the payment is part of the initial agreement between the owner and the bailee, taking effect when the item is deposited,

Perek **III**
Daf **34** Amud **a**

NOTES

The fleece and offspring – גִּיזּוֹתֶיהָ וּוְלָדוֹתֶיהָ: The early commentaries disagree over the status of the fleece and offspring produced by an animal after its theft. Some maintain that it belongs to the bailee (Rashba; Ritva). Others maintain that the fleece and offspring produced after theft are not acquired by the bailee, as they are profit that originates from the body of the animal (see *Maggid Mishne*).

HALAKHA

Except for its fleece and its offspring – חוּץ מִגִּיזּוֹתֶיהָ וּוְלָדוֹתֶיהָ: If an animal is stolen from a bailee, and he pays rather than taking an oath, and the thief is then discovered, he returns the animal to the owner, along with its fleece and offspring. This is because the bailee acquires only profit that comes from elsewhere, but not profit that originates from the body of the animal. The *Maggid Mishne* explains that according to the Rambam, even the fleece and offspring produced by the animal after its theft but before the owner despaired of recovering it belong to the owner. Other early commentaries disagree with the Rambam (Rambam *Sefer Mishpatim, Hilkhot She'ela UFikadon* 8:1 and *Maggid Mishne* there; *Tur, Ḥoshen Mishpat* 295).

מִי יֵימַר דְּמִגַּנְבָא, וְאִם תִּמְצֵי לוֹמַר דְּמִגַּנְבָא – מִי יֵימַר דְּמִשְׁתַּכַּח גַּנָּב, וְאִי מִשְׁתַּכַּח גַּנָּב – מִי יֵימַר דִּמְשַׁלֵּם. דִּלְמָא מוֹדֵי וּמִפְּטַר. אֲמַר רָבָא: נַעֲשָׂה כְּאוֹמֵר לוֹ: לִכְשֶׁתִּגָּנֵב וְתִרְצֶה וּתְשַׁלְּמֵנִי – הֲרֵי פָּרָתִי קְנוּיָה לְךָ מֵעַכְשָׁיו.

who could say that the deposit **will be stolen? And if you say** it will be stolen, **who could say** that **the thief** will be **found? And even if the thief** will be **found, who could say** that **he** will **pay** the double payment? **Perhaps he will confess and will be exempted** from the double payment. **Rava said** in response: **It is as though** the owner **said to** the bailee at the time that he gave him the deposit: **When it will be stolen, and you will wish** to refrain from taking an oath, **and you will pay me** instead, ownership of **my cow is hereby transferred to you from this time,** and the cow is an entity that already came into the world. Since ownership of the cow is retroactively transferred to the bailee from the time of the deposit, any profits generated by the cow, e.g., the double payment, belong to the bailee.

מַתְקִיף לָהּ רַבִּי זֵירָא: אִי הָכִי, אֲפִילּוּ גִּיזּוֹתֶיהָ וּוְלָדוֹתֶיהָ נַמִי. אַלְמָה תַּנְיָא: חוּץ מִגִּיזּוֹתֶיהָ וּוְלָדוֹתֶיהָ! אֶלָּא אָמַר רַבִּי זֵירָא: נַעֲשָׂה כְּאוֹמֵר לוֹ חוּץ מִגִּיזּוֹתֶיהָ וּוְלָדוֹתֶיהָ.

Rabbi Zeira objects to this: If so, then even the **fleece and offspring**[N] **of** the animal that grew while it was in the bailee's possession should be the property of the bailee. **Why,** then, **is it taught** in a *baraita* that the bailee receives all profits generated by the animal **except for its fleece and its offspring? Rather, Rabbi Zeira says** that **it is as though** the owner **said to** the bailee: My animal is hereby transferred to you from this time **except for its fleece and its offspring.**[H]

וּמַאי פָּסְקָא? סְתָמָא דְּמִלְּתָא, שִׁבְחָא דְּאָתְיָא מֵעָלְמָא – עָבֵיד אִינִישׁ דְּמַקְנֵי, שִׁבְחָא דְּמִגּוּפָהּ – לָא עָבֵיד אִינִישׁ דְּמַקְנֵי.

The Gemara asks: If so, **why** was this *halakha* stated in the mishna **without qualification?** Does every owner necessarily have that condition in mind? The Gemara answers: **Typically, profit that comes from elsewhere,** e.g., the double payment from a thief, which is difficult to anticipate, **a person is apt to transfer** to the bailee. But **profit that** originates **from the body** of the animal, which can be anticipated, **a person is not apt to transfer** to the bailee.

אִיכָּא דְּאָמְרִי, אָמַר רָבָא: נַעֲשָׂה כְּאוֹמֵר לוֹ לִכְשֶׁתִּגָּנֵב וְתִרְצֶה וּתְשַׁלְּמֵנִי, סָמוּךְ לִגְנֵיבָתָהּ קְנוּיָה לְךָ. מַאי בֵּינַיְיהוּ?

Some say that Rava says his response differently. **It is as though** the owner **said to** the bailee at the time of the deposit: **When it will be stolen, and you will wish** to refrain from taking an oath, **and you will pay me** instead, ownership of my animal **is transferred to you adjacent to,** i.e., immediately before, **its theft.** The Gemara asks: **What is** the difference **between** the formulations in Rava's two responses?

אִיכָּא בֵּינַיְיהוּ קוּשְׁיָא דְּרַבִּי זֵירָא. אִי נַמִּי, דְּקַיְימָא בַּאֲגַם.

The Gemara answers: **There is** a difference **between them** with regard to **the difficulty** raised **by Rabbi Zeira** with regard to fleece and offspring, which is irrelevant according to the second formulation. **Alternatively,** there is a difference in a case **where** the animal is **standing in a marsh** [*ba'agam*][L] at the time of its theft. Since the animal was not on the bailee's property at that time, he could not acquire it.

״שִׁילֵּם וְלֹא רָצָה לִישָּׁבַע״ [וכו׳]. אָמַר רַבִּי חִיָּיא בַּר אַבָּא אָמַר רַבִּי יוֹחָנָן: לֹא ״שִׁילֵּם״ שִׁילֵּם מַמָּשׁ, אֶלָּא כֵּיוָן שֶׁאָמַר הֲרֵינִי מְשַׁלֵּם, אַף עַל פִּי שֶׁלֹּא שִׁילֵּם.

§ The mishna teaches that if the bailee **paid** the owner **and did not wish to take an oath,** the thief pays the double payment to the bailee. **Rabbi Ḥiyya bar Abba says** that **Rabbi Yoḥanan says:** When the mishna says: If the bailee **paid,** it does **not** mean that he **actually paid. Rather,** once the bailee **said: I hereby** choose to **pay,**[H] **even if he did not** yet actually **pay,** he acquired the double payment and all other profits.

תְּנַן: שִׁילֵּם וְלֹא רָצָה לִישָּׁבַע, שִׁילֵּם – אִין, לֹא שִׁילֵּם – לָא. אֵימָא סֵיפָא: נִשְׁבַּע וְלֹא רָצָה לְשַׁלֵּם, טַעְמָא – דְּלָא רָצָה, הָא רָצָה – אַף עַל פִּי שֶׁלֹּא שִׁילֵּם! אֶלָּא מֵהָא לֵיכָּא לְמִשְׁמַע מִינָּהּ.

The Gemara raises an objection from that which **we learned** in the mishna: If the bailee **paid** the owner **and did not wish to take an oath,** the thief pays the double payment to the bailee. The Gemara infers: If the bailee **paid, yes,** he acquires these rights; if the bailee **did not pay,** he does **not.** The Gemara answers: **Say the latter clause** of the mishna: In the case of a bailee who **took an oath and did not wish to pay,** the thief pays the double payment to the owner. The Gemara infers: **The reason** that the thief pays the owner is **that** the bailee **did not wish** to pay. **But** if the bailee **wished** to pay, **although he did not** actually **pay,** he acquires the rights to the double payment. **Rather,** because the inference from the first clause and the inference from the latter clause are contradictory, **no** inference is **to be learned from this** mishna.[B]

תַּנְיָא כְּוָתֵיהּ דְּרַבִּי יוֹחָנָן: הַשּׂוֹכֵר פָּרָה מֵחֲבֵירוֹ וְנִגְנְבָה, וְאָמַר הַלָּה הֲרֵינִי מְשַׁלֵּם וְאֵינִי נִשְׁבָּע וְאַחַר כָּךְ נִמְצָא הַגַּנָּב – מְשַׁלֵּם תַּשְׁלוּמֵי כֶּפֶל לַשּׂוֹכֵר.

The Gemara notes: It **is taught** in a *baraita* **in accordance with** the opinion **of Rabbi Yoḥanan:** In the case of **one who rents**[B] **a cow from another, and it was stolen, and the other** party, the renter, **said: I hereby** choose to **pay and I will not take an oath, and the thief was located thereafter,** the thief **pays** the **double payment to the renter.** Apparently, once the renter chooses to pay, he acquires the rights to the double payment.

אָמַר רַב פַּפָּא: שׁוֹמֵר חִנָּם, כֵּיוָן שֶׁאָמַר פָּשַׁעְתִּי – מַקְנֶה לֵיהּ כְּפֵילָא, דְּאִי בָּעֵי פָּטַר נַפְשֵׁיהּ בִּגְנֵיבָה. שׁוֹמֵר שָׂכָר, כֵּיוָן שֶׁאָמַר נִגְנְבָה – מַקְנֶה לֵיהּ כְּפֵילָא, דְּאִי בָּעֵי פָּטַר נַפְשֵׁיהּ בִּשְׁבוּרָה וּמֵתָה.

Rav Pappa says: In the case of **an unpaid bailee, once he stated: I was negligent,**[H] thereby rendering himself liable to compensate the owner, the owner **transfers** rights to **the double payment to him, as, if** the unpaid bailee **wishes,** he can **exempt himself** from that liability **with** the claim of **theft.** Admitting negligence is tantamount to agreeing to pay rather than taking an oath. Likewise, in the case of **a paid bailee,**[B] **once he stated: It was stolen,** the owner **transfers** rights to **the double payment to him, as, if** the paid bailee **wishes,** he can **exempt himself** from that liability **with** the claim that the animal was **maimed or died** due to circumstances beyond his control.

שׁוֹאֵל שֶׁאוֹמֵר הֲרֵינִי מְשַׁלֵּם – לָא מַקְנֵי לֵיהּ כְּפֵילָא. בְּמַאי הֲוָה לֵיהּ לְמִפְטַר נַפְשֵׁיהּ – בְּמֵתָה מֵחֲמַת מְלָאכָה, מֵתָה מֵחֲמַת מְלָאכָה לָא שְׁכִיחַ.

By contrast, in the case of **a borrower**[B] **who says: I hereby** choose **to pay,** the owner **does not transfer** the rights to **the double payment to him.** The borrower's statement that he chooses to pay is ineffectual, as he is liable to pay even without it. Because the statement is ineffectual, it does not confer any rights. **With what** claim would a borrower be able **to exempt himself** from payment? It is only **with** the claim that the animal **died due to** ordinary **labor.** A case of an animal that **died due to** ordinary **labor is uncommon,**[N] and this claim is therefore accepted only with corroborating proof.

LANGUAGE

Marsh [*agam*] – אֲגַם: In this context, as in most the places in the Talmud, the term *agam* refers to a pasture where animals graze. That is certainly its meaning in various verses in the Bible (see, e.g., Jeremiah 51:32). Presumably, the marsh would be situated adjacent to a water source, e.g., an ownerless swampland.

HALAKHA

I hereby choose to pay – הֲרֵינִי מְשַׁלֵּם: If an item is stolen from an unpaid bailee, a paid bailee, or a renter, once the bailee declares his intention to pay for it, he acquires the rights to the double, fourfold, or fivefold payment, in accordance with the opinion of Rabbi Yoḥanan (Rambam *Sefer Mishpatim, Hilkhot She'ela UFikadon* 8:1; *Tur, Ḥoshen Mishpat* 295).

An unpaid bailee once he stated, I was negligent – שׁוֹמֵר חִנָּם כֵּיוָן שֶׁאָמַר פָּשַׁעְתִּי: If an unpaid bailee declares that he was negligent in safeguarding the deposit, or if a paid bailee or renter admits that the animal was stolen from him, he is liable to compensate the owner. He also thereby acquires the double, fourfold, or fivefold payment, in accordance with the opinion of Rav Pappa. By contrast, a borrower acquires the rights to the double payment only if he actually pays the owner, and not through his admission that he is liable to pay alone, in accordance with the opinion of Abaye (Rambam *Sefer Mishpatim, Hilkhot She'ela UFikadon* 8:2; *Tur, Ḥoshen Mishpat* 295).

BACKGROUND

No inference is to be learned from this mishna – מֵהָא לֵיכָּא לְמִשְׁמַע מִינָּהּ: This expression, found throughout the Gemara, concludes the refutation of an inference. Inference in the Gemara is a method of interpretation through which conclusions are drawn from tannaitic sources. Inferences may be drawn not only from what is explicitly stated in a mishna or *baraita*, but also from what is left unsaid. The rejection of the inference is effected by illustrating that another part of the same mishna or *baraita* can lead to the opposite conclusion. In that case, the Gemara concludes: No inference can be deduced from this, indicating that this mishna or *baraita* was not formulated in a manner that lends itself to inference.

One who rents – הַשּׂוֹכֵר: This is one who pays a fee for the use of an item. The Torah mentions a renter, but does not specify his liability if the rented article is lost or stolen (see Exodus 22:14). The Sages dispute whether his responsibilities parallel those of a paid bailee or those of an unpaid bailee. The ruling is that his responsibilities parallel that of a paid bailee.

Paid bailee – שׁוֹמֵר שָׂכָר: A paid bailee is discussed in Exodus 22:9–12. This is one who accepts an article for safekeeping for a fee. In addition to the responsibilities of an unpaid bailee, a paid bailee must compensate the owner of the deposit if it is lost or stolen. He is not liable if the article is taken by robbers or damaged through circumstances beyond his control.

Borrower – שׁוֹאֵל: A borrower receives an item from its owner with authorization to use it without paying a fee. Since the borrower enjoys the full benefit of the use of the item, the Torah renders him liable for the loss of the item in almost all circumstances. He must compensate the owner if it is lost, stolen, or destroyed, even if it was the result of circumstances beyond his control (see Exodus 22:13–14).

NOTES

A case of an animal that died due to ordinary labor is uncommon – מֵתָה מֵחֲמַת מְלָאכָה לָא שְׁכִיחַ: Since this is an uncommon occurrence, stating this claim is not an option, as he is wary of being suspected of lying (Ritva). Rabbeinu Ḥananel apparently had a variant reading of the Gemara text. His version states that the claim that the animal died due to ordinary labor was not an option, as he does not have the carcass, which was stolen.

אִיכָּא דְּאָמְרִי, אָמַר רַב פַּפָּא: שׁוֹאֵל נַמִי, כֵּיוָן שֶׁאָמַר הֲרֵינִי מְשַׁלֵּם – מַקְנֵי לֵיהּ כְּפֵילָא, דְּאִי בָּעֵי פָּטַר נַפְשֵׁיהּ בְּמֵתָה מֵחֲמַת מְלָאכָה. אֲמַר לֵיהּ רַב זְבִיד, הָכִי אֲמַר אַבַּיֵי: שׁוֹאֵל עַד שֶׁיְּשַׁלֵּם. מַאי טַעְמָא – הוֹאִיל וְכׇל הֲנָאָה שֶׁלּוֹ, בְּדִיבּוּרָא לָא מַקְנֵי לֵיהּ כְּפֵילָא.

Some say that **Rav Pappa said:** In the case of **a borrower, once he stated: I hereby** choose **to pay,** the owner **transfers** rights **to the double payment to him, as,** if a borrower **wishes,** he can **exempt himself** from that liability **with** the claim that the animal **died due to** ordinary **labor. Rav Zevid said to him** that **this** is what **Abaye said: A borrower** acquires the rights to the double payment **only when he** actually **pays** for the item. **What is the reason** for this? **Since all of the benefit** accrues **to** the borrower, as he enjoys the use of the item without payment, **the owner does not transfer** the rights to **the double payment to** the borrower **due to** his **statement** that he chooses to pay.

תַּנְיָא כְּוָותֵיהּ דְּרַב זְבִיד: הַשּׁוֹאֵל פָּרָה מֵחֲבֵירוֹ וְנִגְנְבָה, וְקִידֵּם הַשּׁוֹאֵל וְשִׁילֵּם, וְאַחַר כָּךְ נִמְצָא הַגַּנָּב – מְשַׁלֵּם תַּשְׁלוּמֵי כֶפֶל לַשּׁוֹאֵל.

The Gemara notes: It **is taught** in a *baraita* **in accordance with** the opinion **of Rav Zevid:** In the case of **one who borrows a cow from another, and it was stolen, and the borrower went ahead and paid, and the thief was located thereafter,** the thief **pays** the **double payment to the borrower.** This indicates that the borrower receives the double payment only if he actually paid the owner for the item.

לְלִישָּׁנָא קַמָּא דְּרַב פַּפָּא וַדַּאי לָא הָוְיָא תְּיוּבְתָּא, לְלִישָּׁנָא בַּתְרָא לֵימָא תֶּיהֱוֵי תְּיוּבְתֵּיהּ?

The Gemara comments: **According to the first version of** the statement of **Rav Pappa,** that the owner transfers rights to the double payment to the borrower only if he actually pays the owner, this *baraita* **certainly is not a conclusive refutation** [*teyuvta*][L] of the opinion of Rav Pappa, as the *baraita* corresponds to his opinion. **According to the latter version** of Rav Pappa's statement, that the owner transfers rights to the double payment to the borrower even if the borrower merely says that he chooses to pay, **shall we say** that this *baraita* **would be a conclusive refutation** of the opinion of Rav Pappa?

אָמַר לָךְ רַב פַּפָּא: מִי אַלִּימָא מִמַּתְנִיתִין, דְּקָתָנֵי שִׁילֵּם וְאוֹקִימְנָא בְּאָמַר, הָכָא נַמִי – בְּאָמַר.

The Gemara answers: **Rav Pappa** could have **said to you: Is the** *baraita* **stronger than the mishna,**[N] **which teaches** that the bailee receives the double payment if he already **paid** the owner, **and** nevertheless, **we established** that the mishna is referring **to** one who **states** his intent to pay but has not yet paid? **Here, too,** establish the *baraita* as referring **to** one who **states** his intent to pay but has not yet paid.

מִי דָּמֵי? הָתָם לָא קָתָנֵי קִידֵּם, הָכָא קָתָנֵי קִידֵּם! מַאי קִידֵּם – קִידֵּם וְאָמַר.

The Gemara questions this: **Are** these cases **comparable? There,** in the mishna, it **is not taught** that he **went ahead** and paid. **Here,** in the *baraita*, it **is taught** that he **went ahead** and paid, which indicates that he actually paid and not merely that he agreed to pay. The Gemara responds: **What** is the meaning of **went ahead?** It means that **he went ahead and stated** his intent to pay, although he did not yet actually pay.

הָא מִדְּקָתָנֵי גַּבֵּי שׂוֹכֵר וְאָמַר, וְגַבֵּי שׁוֹאֵל קִידֵּם – שְׁמַע מִינַּהּ דַּוְקָא קָתָנֵי. מִידֵּי גַּבֵּי הֲדָדֵי תַּנְיָא?

The Gemara asks: **But from** the fact **that** the *tanna* **teaches** the *halakha* in the *baraita* cited earlier **with regard to a renter** with the formulation: **And he said** that he would pay, **and** in the *baraita* **with regard to a borrower** the *tanna* uses the formulation: **Went ahead, conclude from it that** the *baraita* concerning a borrower **is teaching specifically** that he actually paid. The Gemara rejects this proof: **Are** these two *baraitot* **taught together**[N] so that one can draw a conclusion based on a discrepancy in their formulation? Perhaps the *baraitot* are unrelated and are simply formulated in different styles.

שַׁיְילִינְהוּ לְתַנָּאֵי דְּבֵי רַבִּי חִיָּיא וּדְבֵי רַבִּי אוֹשַׁעְיָא, וְאָמְרִי: גַּבֵּי הֲדָדֵי תַּנְיָין.

The Gemara comments: The Sages **asked the** ***tanna'im*** **of the school of Rabbi Ḥiyya**[P] **and Rabbi Oshaya,**[P] experts in *mishnayot* and *baraitot*, if these *baraitot* were formulated together. **And they said** that the *baraitot* **were taught together** as one long *baraita*, and therefore one can draw a conclusion based on a discrepancy in their formulation.

פְּשִׁיטָא, אָמַר "אֵינִי מְשַׁלֵּם" וְחָזַר וְאָמַר "הֲרֵינִי מְשַׁלֵּם" – הָא קָאָמַר הֲרֵינִי מְשַׁלֵּם. אֶלָּא אָמַר "הֲרֵינִי מְשַׁלֵּם",

§ The Gemara comments that it is **obvious** that if the bailee initially **said: I will not pay, and then said: I hereby** choose to **pay**[H] rather than taking an oath, he is entitled to the double payment, as **didn't** he ultimately **say: I hereby choose to pay?** The Gemara raises a dilemma: **But** if he initially **said: I hereby** choose to **pay,**

LANGUAGE

Conclusive refutation [*teyuvta*] – תְּיוּבְתָּא: This term is typically employed when the Gemara presents a conclusive refutation of an amoraic statement on the basis of a tannaitic source that contradicts the statement of the *amora*. This is one of several terms based on the Aramaic root *tet, vav, beit*, with the connotation of refutation. When the refutation is conclusive, this term is occasionally repeated: The *teyuvta* of Rav so-and-so is a *teyuvta*, indicating that the opinion of that particular *amora* was rejected.

NOTES

Is the *baraita* stronger than the mishna – מִי אַלִּימָא מִמַּתְנִיתִין: As a rule, the formulation of *mishnayot* is more precise than that of *baraitot*. For this reason, the Sages drew inferences that led to halakhic conclusions more readily from them than from *baraitot*. Therefore, Rav Pappa claims that once it was agreed to reinterpret the mishna in a manner not entirely consistent with its language, the *baraita* can certainly be reinterpreted in that manner.

Are these two *baraitot* taught together – מִידֵּי גַּבֵּי הֲדָדֵי תַּנְיָא: *Baraitot* were often studied on an individual basis. There are anthologies of tannaitic statements external to the Mishna, the authoritative tannaitic anthology. Inferences can be drawn from differences in formulation between different *baraitot* only if they are both in the same anthology, e.g., the *Tosefta*.

PERSONALITIES

Rabbi Ḥiyya – רַבִּי חִיָּיא: Rabbi Ḥiyya ben Abba, from the Babylonian city of Kafri, was among the last *tanna'im*. Rabbi Ḥiyya descended from a distinguished family that traced its ancestry back to King David and included many Torah scholars. While still in Babylonia, Rabbi Ḥiyya was considered a Torah luminary. When he emigrated from Babylonia with his family, some stated the hyperbole that the Torah was in danger of being forgotten until he arrived in Eretz Yisrael and reestablished it. When he came to Eretz Yisrael, he became a disciple-colleague of Rabbi Yehuda HaNasi, with whom he had a close relationship. His most significant project was the redaction of an anthology of external *baraitot* together with his own colleague-disciple, Rabbi Oshaya. It complemented the Mishna, redacted by Rabbi Yehuda HaNasi. Some believe that he edited the *Tosefta*.

Rabbi Oshaya – רַבִּי אוֹשַׁעְיָא: Referred to in the Jerusalem Talmud as Rabbi Hoshaya the Great, Rabbi Oshaya was one of the greatest scholars of the transitional generation between the *tanna'im* and the *amora'im*. He was from the third generation of Torah scholars in his family, the son of Rabbi Ḥama and the grandson of Rabbi Bisa. He studied Torah with his father, with bar Kappara, and with Rabbi Ḥiyya, with whom he had the relationship of disciple-colleague. His greatest work involved redaction of *baraitot*, which he formulated in an exceptionally precise manner, to the extent that the Sages said: Any *baraita* that was not taught in the study halls of Rabbi Ḥiyya and Rabbi Oshaya is unreliable. Due to his deep knowledge of the Mishna he was known as the father of the Mishna.

Rabbi Oshaya was closely associated with the house of the *Nasi* and was on especially close terms with Rabbi Yehuda Nesia, grandson of Rabbi Yehuda HaNasi. Rabbi Oshaya had many students, the greatest of whom was Rabbi Yoḥanan, who studied Torah with him for many years. Apparently, he had a son who was a Torah scholar, Rabbi Merinos, who continued the family's close relationship with the house of the *Nasi*.

HALAKHA

If the bailee said I will not pay and then said I hereby choose to pay – אָמַר אֵינִי מְשַׁלֵּם וְחָזַר וְאָמַר הֲרֵינִי מְשַׁלֵּם: If the bailee initially said that he would not pay, and then retracted his previous statement before the thief was apprehended, ultimately saying that he would pay, he acquires the rights to the double payment (Rambam *Sefer Mishpatim, Hilkhot She'ela UFikadon* 8:4; *Tur, Ḥoshen Mishpat* 295).

וְחָזַר וְאָמַר ״אֵינִי מְשַׁלֵּם״, מַאי? מִי אָמְרִינַן: מִהְדַּר קָא הָדַר בֵּיהּ, אוֹ דִּלְמָא בְּמִלְּתֵיהּ קָאֵי, וְדַחוּיֵי הוּא דְּקָא מַדְחֵי לֵיהּ?

and then said: I will not pay,[H] what is the *halakha*? **Do we say he is retracting** his intention to pay and therefore has no right to the double payment? **Or, perhaps he stands** committed to **his** initial **statement and is** merely **postponing** payment to a later date, in which case he maintains rights to the double payment.

אָמַר ״הֲרֵינִי מְשַׁלֵּם״ וּמֵת, וְאָמְרוּ בָּנָיו ״אֵין אָנוּ מְשַׁלְּמִין״ מַאי? מִי אָמְרִינַן מִהְדַּר קָא הָדְרִי בְּהוּ, אוֹ דִּלְמָא בְּמִלְּתָא דַּאֲבוּהוֹן קָיְימִי, וְדַחוּיֵי הוּא דְּקָא מַדְחוּ לֵיהּ?

The Gemara raises another dilemma. If the bailee **said: I hereby** choose to **pay, and** then he **died** before paying, **and his sons said: We are not paying, what** is the *halakha*? **Do we say they are retracting** their father's decision to pay, **or perhaps they stand** committed to fulfilling **their father's statement and are** merely **postponing** payment to a later date when they will be able to pay?

שִׁלְּמוּ בָּנִים מַאי? מָצֵי אֲמַר לְהוּ: כִּי אַקְנַאי כְּפֵילָא – לַאֲבוּכוֹן דַּעֲבַד לִי נַיְיח נַפְשַׁאי, לְדִידְכוּ – לָא, אוֹ דִּלְמָא לָא שְׁנָא?

The Gemara raises another dilemma. If the father died before he declared his willingness to pay and **the sons paid,**[N] **what** is the *halakha*? **Can** the owner **say to them: When I transferred** rights to **the double payment,** I transferred them **to your father, who pleased me,**[N] but **to you,** I did **not** transfer those rights? **Or perhaps** this case **is no different,** and the owner transfers rights to the double payment provided that he receives payment, and it does not matter whether it was the bailee or his sons who paid him.

שִׁילֵּם לְבָנִים מַאי? מָצוּ אָמְרִי לֵיהּ: כִּי אַקְנֵי לָךְ אֲבוּנָא כְּפֵילָא – דַּעֲבַדְתְּ לֵיהּ נַיְיח נַפְשֵׁיהּ, אֲבָל אֲנַן לְדִידָן – לָא, אוֹ דִּלְמָא לָא שְׁנָא? שִׁלְּמוּ בָּנִים לְבָנִים מַאי?

If the owner of the deposit died and the bailee **paid** the payment **to** the owner's **sons, what** is the *halakha*? **Can** the sons **say to** the bailee: **When our father transferred** rights to **the double payment to you,** it was because **you pleased him, but** as far as **we** are concerned, you did **not** please **us? Or perhaps it is no different,** and the bailee receives the double payment. Likewise, if both the owner and the bailee died, and **sons** of the bailee **paid the sons** of the owner, **what** is the *halakha*?

שִׁילֵּם מֶחֱצָה מַאי? שָׁאַל שְׁתֵּי פָּרוֹת וְשִׁילֵּם אַחַת מֵהֶן מַאי? שָׁאַל מִן הַשּׁוּתָּפִין וְשִׁילֵּם לְאֶחָד מֵהֶן מַאי? שׁוּתָּפִין שֶׁשָּׁאֲלוּ וְשִׁילֵּם אֶחָד מֵהֶן מַאי? שָׁאַל מִן הָאִשָּׁה וְשִׁילֵּם לְבַעֲלָהּ מַאי? אִשָּׁה שֶׁשָּׁאֲלָה וְשִׁילֵּם בַּעֲלָהּ מַאי? תֵּיקוּ.

The Gemara raises additional dilemmas: If the bailee **paid half** the value of the deposit before the thief was discovered, **what** is the *halakha*? If **one borrowed two cows,** and they were stolen, and **he paid** the value **of one of them, what** is the *halakha*? If one **borrowed** an item **from partners, and he paid one of them, what** is the *halakha*? In the case of **partners who borrowed** an item **and one of them paid,**[N] **what** is the *halakha*? If **one borrowed** an item **from a woman and paid her husband, what** is the *halakha*? In the case of **a woman who borrowed** an item, **and her husband paid, what** is the *halakha*? The Gemara concludes: All of these dilemmas **shall stand** unresolved [***teiku***].[HL]

אָמַר רַב הוּנָא: מַשְׁבִּיעִין אוֹתוֹ שְׁבוּעָה שֶׁאֵינָהּ בִּרְשׁוּתוֹ. מַאי טַעְמָא – חָיְישִׁינַן שֶׁמָּא עֵינָיו נָתַן בָּהּ.

§ **Rav Huna says:** Even if the bailee declares his intention to pay for the deposit, the court **administers an oath to him that** the item was actually stolen or lost and **is not in his possession.**[HN] **What is the reason** for this oath? **We are concerned** that **perhaps he coveted** that item.

HALAKHA

If he said I hereby choose to pay and then said I will not pay – אָמַר הֲרֵינִי מְשַׁלֵּם וְחָזַר וְאָמַר אֵינִי מְשַׁלֵּם: If the bailee declared in court that he would pay and then he reneged and said he would not pay, although his second statement does not exempt him from payment, there is uncertainty whether he acquires the rights to the double payment if the thief is apprehended (Rambam *Sefer Mishpatim, Hilkhot She'ela UFikadon* 8:5; *Tur, Ḥoshen Mishpat* 295).

These dilemmas shall stand unresolved – תֵּיקוּ: All of the dilemmas raised by the Gemara in this passage remain unresolved. The Rif and the Rambam write that since there is uncertainty concerning who is entitled to the payments, they are divided equally between the owner and the bailee. If one of them seizes the payments, the other cannot reclaim it. According to Rabbeinu Yitzḥak of Dampierre and the Rosh, the owner maintains presumptive ownership of the payments, and the burden of proof to establish rights to the payments is upon the bailee. Since there is no proof, he does not receive any of the payments (Rambam *Sefer Mishpatim, Hilkhot She'ela UFikadon* 8:5; *Tur, Ḥoshen Mishpat* 295).

The court administers an oath to him that the item is not in his possession – מַשְׁבִּיעִין אוֹתוֹ שְׁבוּעָה שֶׁאֵינָהּ בִּרְשׁוּתוֹ: If a bailee says he will pay rather than take an oath, and the deposit was an easily obtainable item, he is not required to take an oath (*Ge'onim*). If the deposit was an item that is not easily obtainable, there is concern that he offered to pay because he wanted to keep the item. Therefore, he is required to take an oath upon a sacred item that the deposit is not in his possession and only then he pays, in accordance with the opinion of Rav Huna (Rambam *Sefer Mishpatim, Hilkhot She'ela UFikadon* 6:1; *Shulḥan Arukh, Ḥoshen Mishpat* 295:1, 305:1).

LANGUAGE

Shall stand unresolved [*teiku*] – תֵּיקוּ: There are various explanations for the etymology of this term. One explanation is that it is an abbreviated version of *tikom*, meaning: Let it stand. Another is that its source is the word *tik*, meaning case or pouch, whose contents are unknown. Here too, the resolution is unknown, as though it were concealed in a case (*Arukh*). Although not its literal meaning, some suggest that the term alludes to the acrostic *Tishbi yetaretz kushyot uve'ayot*, meaning: The Tishbite, i.e., Elijah the prophet, will resolve questions and dilemmas (*Tosefot Yom Tov*). This suggestion refers to the belief that when Elijah the prophet returns to proclaim the coming of Messiah, he will resolve outstanding halakhic difficulties.

NOTES

The sons paid – שִׁלְּמוּ בָּנִים: The Ra'avad explains that this refers to a case where the cow was stolen and then the father died, whereas Rashi explains that this is a case where the cow was stolen after the father died.

Who pleased me – דַּעֲבַד לִי נַיְיח נַפְשַׁאי: That the bailee pleased the owner did not result from the bailee's agreement to safeguard his item, or from his choice to pay for the deposit without inconveniencing the owner to sue him in court. The assumption is that if the owner chose to deposit the item with the bailee, they must know each other, and the bailee must have pleased him previously on several occasions (Ritva; *Torat Ḥayyim*; see Rashi).

Partners who borrowed an item and one of them paid – שׁוּתָּפִין שֶׁשָּׁאֲלוּ וְשִׁילֵּם אֶחָד מֵהֶן: Rashi explains that one of them paid his share, whereas the Rambam maintains that one of the partners paid for the entire deposit. Most of the commentaries accept the opinion of Rashi.

The court administers to him an oath that the item is not in his possession – מַשְׁבִּיעִין אוֹתוֹ שְׁבוּעָה שֶׁאֵינָהּ בִּרְשׁוּתוֹ: Some commentaries hold that this is an oath by Torah law. In fact, some later commentaries explain that this is the primary oath of the bailees (see Rav Hai Gaon and Ritva). Others hold that this is an oath by rabbinic ordinance (Rambam; see Meiri).

מֵיתִיבִי: הַמַּלְוֶה אֶת חֲבֵירוֹ עַל הַמַּשְׁכּוֹן, וְאָבַד הַמַּשְׁכּוֹן, וְאָמַר לוֹ: סֶלַע הִלְוִיתִיךָ עָלָיו, שֶׁקֶל הָיָה שָׁוֶה, וְהַלָּה אוֹמֵר: לֹא כִּי, אֶלָּא סֶלַע הִלְוִיתַנִי עָלָיו, סֶלַע הָיָה שָׁוֶה – פָּטוּר.

The Gemara **raises an objection** from a mishna (*Shevuot* 43a): In the case of **one who lends** money **to another on** the basis of **collateral, and the collateral was lost,** and the creditor **says to** the debtor: **I loaned you a *sela* on** the basis of that collateral and that collateral **was worth a shekel,** i.e., a half-*sela*. Therefore you owe me a shekel. **And the other** individual, the debtor, **says** in response to that claim: **That is not** the case. **Rather, you loaned me a *sela* on** the basis of that collateral, and the collateral **was worth a *sela*;** I owe you nothing. In this case, the debtor is **exempt** from payment.

סֶלַע הִלְוִיתִיךָ עָלָיו, שֶׁקֶל הָיָה שָׁוֶה, וְהַלָּה אוֹמֵר לֹא כִּי, אֶלָּא סֶלַע הִלְוִיתַנִי עָלָיו, שְׁלֹשָׁה דִּינָרִים הָיָה שָׁוֶה – חַיָּיב.

The mishna continues: If the creditor claimed: **I loaned you a *sela* on** the basis of that collateral **and it was worth a shekel. And the other** individual, the debtor, **says: That is not** the case; **rather, you loaned me a *sela* on** the basis of that collateral **and** the collateral **was worth three dinars,** i.e., three-quarters of a *sela*. In this case, the debtor is **obligated** to take an oath,[H] due to the fact that he responded to the claim of the creditor with a partial admission.

סֶלַע הִלְוִיתַנִי עָלָיו, שְׁנַיִם הָיָה שָׁוֶה, וְהַלָּה אוֹמֵר לֹא כִּי, אֶלָּא סֶלַע הִלְוִיתִיךָ עָלָיו, סֶלַע הָיָה שָׁוֶה – פָּטוּר.

The mishna continues: If the debtor said: **You loaned me a *sela* on** the basis of that collateral and the collateral **was worth two *sela*,** so now you owe me a *sela*. **And the other** party, i.e., the creditor, **said: That is not** the case; **rather, I loaned you a *sela* on** the basis of that collateral and the collateral **was worth a *sela*.** Here, the creditor is **exempt.**

סֶלַע הִלְוִיתַנִי עָלָיו, שְׁנַיִם הָיָה שָׁוֶה, וְהַלָּה אוֹמֵר לֹא כִּי, אֶלָּא סֶלַע הִלְוִיתִיךָ עָלָיו, חֲמִשָּׁה דִּינָרִים הָיָה שָׁוֶה – חַיָּיב.

If the debtor said: **You loaned me a *sela* on** the basis of that collateral and the collateral **was worth two *sela*.**[H] **And the other** party, i.e., the creditor, **said: That is not** the case; **rather, I loaned you a *sela* on** the basis of that collateral and the collateral **was worth five dinars.** Here, the creditor is **obligated** to take an oath due to the fact that he responded to the claim of the debtor with a partial admission.

מִי נִשְׁבָּע – מִי שֶׁהַפִּקָּדוֹן אֶצְלוֹ, שֶׁמָּא יִשָּׁבַע זֶה וְיוֹצִיא הַלָּה אֶת הַפִּקָּדוֹן.

The mishna concludes: **Who takes** the **oath? The one** in **whose** possession **the deposit was** located, i.e., the creditor, who took collateral from the debtor. The Sages instituted this provision **lest this** party, i.e., the debtor, **take an oath and the other** party, i.e., the creditor, **produce the deposit** and prove the oath false.

אַהַיָּיא? אִילֵימָא אַסֵּיפָא – וְתֵיפוֹק לֵיהּ דִּשְׁבוּעָה גַּבֵּי מַלְוֶה הִיא, דְּהָא קָא מוֹדֵי מִקְצָת הַטַּעֲנָה! אֶלָּא אָמַר שְׁמוּאֵל: אַרֵישָׁא.

The Gemara seeks to clarify the mishna: **To which** case in the mishna is this *halakha* referring? **If we say** it is referring **to the latter clause** of the mishna, where the debtor claims that the creditor owes him money, the mishna's explanation is unnecessary: **Derive** that the obligation to take the **oath** is incumbent **upon the creditor** due to the fact **that he admits to part of the** debtor's **claim,** which renders one obligated to take an oath by Torah law. **Rather, Shmuel says:** This *halakha* is referring **to the first clause** of the mishna.

מַאי אַרֵישָׁא – אַסֵּיפָא דְּרֵישָׁא: סֶלַע הִלְוִיתִיךָ עָלָיו, שֶׁקֶל הָיָה שָׁוֶה, וְהַלָּה אוֹמֵר: לֹא כִּי, אֶלָּא סֶלַע הִלְוִיתַנִי עָלָיו, שְׁלֹשָׁה דִּינָרִין הָיָה שָׁוֶה – חַיָּיב. דִּשְׁבוּעָה גַּבֵּי לֹוֶה הוּא, וַאֲמוּר רַבָּנַן: לִשְׁתַּבַּע מַלְוֶה, שֶׁמָּא יִשָּׁבַע זֶה וְיוֹצִיא הַלָּה אֶת הַפִּקָּדוֹן.

The Gemara clarifies further: **What** is the meaning of Shmuel's statement that this *halakha* is referring **to the first clause** of the mishna? It is referring **to the latter** part **of the first clause:** The creditor says: **I loaned you a *sela* on** the basis of that collateral **and it was worth a shekel. And the other** individual, the debtor, **says: That is not** the case; **rather, you loaned me a *sela* on** the basis of that collateral **and** the collateral **was worth three dinars.** Here, the *halakha* is that the debtor is **obligated** to take an oath. Fundamentally, the obligation to take **the oath is that of the borrower,** as he is the one who responds to the creditor's claim with a partial admission. **But the Sages said: Let the creditor take** the **oath** to bolster his claim, **lest this** party, the debtor, **take an oath**[N] **and the other** party, the creditor, **produce the deposit.**

וְאִם

After explaining this mishna from tractate *Shevuot*, the Gemara analyzes its connection to the statement of Rav Huna: **But if**

HALAKHA

Disputes with regard to the value of the collateral – סִכְסוּךְ בִּדְבַר שָׁוְויוֹ שֶׁל הַמַּשְׁכּוֹן: If one loans money to another on the basis of collateral, and the collateral is stolen or lost, and the creditor claims that the loan was greater than the value of the collateral, and the debtor claims that the value of the collateral was equal to the value of the loan, then the creditor takes an oath that the collateral is not in his possession. Then the debtor takes an oath of inducement that the value of the collateral equaled the value of the loan, and he is exempt from payment. The oath of inducement is an oath by rabbinic law. If the creditor claims that value of the collateral was lower than the value of the loan, and the debtor admits that its value was lower than the loan but it was higher than the assessment of the creditor, the creditor takes an oath that the item is not in his possession, and the debtor takes the oath by Torah law of one who makes a partial admission (Rambam *Sefer Mishpatim, Hilkhot Malve VeLoveh* 13:4; *Shulḥan Arukh, Ḥoshen Mishpat* 72:9–10).

You loaned me a *sela* on the basis of that collateral and the collateral was worth two *sela* – סֶלַע הִלְוִיתַנִי עָלָיו, שְׁנַיִם הָיָה שָׁוֶה: If the creditor claims that the collateral was lost and its value equaled the value of the loan, and the debtor claims that the collateral was worth more than the loan, then, if the debtor trusts that the creditor lost the collateral, or if there are witnesses to that effect, the creditor takes an oath of inducement and is exempt.

If the debtor does not trust the creditor, and the creditor has no witnesses, then the creditor takes an oath that it is not in his possession, and, based on the principle of extension of an oath, i.e., one obligated to take an oath can be forced to take other oaths as well, he also takes an oath with regard to the value of the collateral. If the creditor admits that the collateral was worth more than the loan but claims it was worth only one dinar more, but the debtor claims that it was worth one *sela*, i.e., four dinars, more, the creditor pays one dinar and takes an oath that it was worth no more, and he adds an oath attesting that the collateral is not in his possession (Rambam *Sefer Mishpatim, Hilkhot Malve VeLoveh* 13:4; *Shulḥan Arukh, Ḥoshen Mishpat* 72:12).

NOTES

Lest this party take an oath – שֶׁמָּא יִשָּׁבַע זֶה: Rashi explains that the concern is that the creditor will prove that the debtor lied about the value of the collateral, and the debtor will then be disqualified from giving testimony and taking oaths. *Tosafot* object to that explanation and contend that the Sages would not institute an ordinance to protect one who takes a false oath. The Rashba explains that the debtor may have taken the oath about the value of the collateral in good faith. The concern is that when it is discovered that he was mistaken, others will unjustifiably suspect him. Rabbeinu Ḥananel maintains that the concern is that the oath is superfluous and would therefore be considered an oath in taken vain. The Rif writes that the concern is that the oath will result in the profaning of God's name. Some commentaries understand that this is the essence of Rabbeinu Ḥananel's explanation as well.

אִיתָא לִדְרַב הוּנָא, כֵּיוָן דְּמִשְׁתַּבַּע מַלְוֶה שֶׁאֵינָהּ בִּרְשׁוּתוֹ – הֵיכִי מָצֵי מַפֵּיק לַהּ? אָמַר רָבָא: שֶׁיֵּשׁ עֵדִים שֶׁנִּשְׂרְפָה.

the statement of **Rav Huna is so, once** the **creditor takes an oath that** the collateral **is not in his possession, how can he produce it** thereafter? **Rava said:** The mishna is referring to a case **where there are witnesses that** the collateral **was burned.** Therefore, the creditor need not take an oath that it is not in his possession.

אִי הָכִי מֵהֵיכָא מַיְיתֵי לַהּ? אֶלָּא אָמַר רַב יוֹסֵף: שֶׁיֵּשׁ עֵדִים שֶׁנִּגְנְבָה. סוֹף סוֹף מֵהֵיכָא מַיְיתֵי לַהּ? דְּטָרַח וּמַיְיתֵי לַהּ.

The Gemara asks: **If so,** the question remains: Why is the obligation to take the oath transferred from the debtor to the creditor? There is no concern that the creditor will produce the collateral. **From where will he bring it**[N] if it was burned? **Rather, Rav Yosef said:** The mishna is referring to a case **where there are witnesses that** the collateral **was stolen.** The Gemara asks: **Ultimately,** in that case too, **from where will** the creditor **bring** the collateral if it was stolen? The Gemara answers: Although the collateral had been stolen, it is possible the creditor will **exert** himself to locate the thief **and bring** the collateral, thereby proving that the debtor took a false oath.

אִי הָכִי, כִּי מִשְׁתַּבַּע מַלְוֶה נָמֵי, לִטְרַח לֹוֶה וְלַיְתֵי! בִּשְׁלָמָא מַלְוֶה – יָדַע מַאן קָא עָיֵיל וְנָפֵק בְּבֵיתֵיהּ, וְאָזֵיל וְטָרַח וּמַיְיתֵי לַהּ, אֶלָּא לֹוֶה, מִי יָדַע מַאן עָיֵיל וְנָפֵיק בְּבֵיתֵיהּ דְּמַלְוֶה?

The Gemara asks: **If so,** in a case **where** the **creditor takes an oath as well, let** the **debtor exert** himself **and bring** the collateral, thereby proving that the creditor took a false oath. The Gemara answers: This is unlikely. **Granted,** there is concern that the **creditor** will recover the stolen collateral, as he **knows who enters and exits his house,** so he may have some inkling of the identity of the thief. **And** therefore, **he goes and exerts** himself **and brings** the collateral. **But** with regard to the **debtor, does he know who enters and exits the creditor's house?** He has no inkling who the thief might be.

אַבָּיֵי אוֹמֵר: גְּזֵירָה שֶׁמָּא יִטְעוֹן וְיֹאמַר לוֹ: אַחַר שְׁבוּעָה מְצָאתִיהָ. רַב אַשִׁי אָמַר: זֶה נִשְׁבָּע וְזֶה נִשְׁבָּע – זֶה נִשְׁבָּע שֶׁאֵינָהּ בִּרְשׁוּתוֹ, וְזֶה נִשְׁבָּע כַּמָּה הָיָה שָׁוֶה. וְהָכִי קָאָמַר: מִי נִשְׁבָּע תְּחִילָּה – מַלְוֶה נִשְׁבָּע תְּחִילָּה, שֶׁמָּא יִשָּׁבַע זֶה וְיוֹצִיא הַלָּה אֶת הַפִּקָּדוֹן.

Abaye says: Although the creditor takes an oath that the collateral is not in his possession, the obligation to take an oath for partial admission is transferred from the debtor to the creditor, as the Sages issued **a decree lest** the debtor take the oath for his partial admission and the creditor **claim and say to him: I found** the collateral **after** you took the **oath. Rav Ashi says: This** party, the creditor, **takes an oath and that** party, the debtor, **takes an oath. This** party, the creditor, **takes an oath that** the collateral **is not in his possession. And that** party, the debtor, **takes an oath** as to **how much** the collateral **was worth. And this** is what the mishna **is saying: Who takes an oath first? The creditor takes an oath first** that the collateral is not in his possession, **lest this** party, i.e., the debtor, **take an oath and the other** party, i.e., the creditor, **produce the deposit.**

רַב הוּנָא בַּר תַּחְלִיפָא מִשְּׁמֵיהּ דְּרָבָא אָמַר: רֵישָׁא דְּסֵיפָא תְּיוּבְתָּא לְרַב הוּנָא: סֶלַע הִלְוִיתַנִי עָלָיו, שְׁתַּיִם הָיָה שָׁוֶה, וְהַלָּה אוֹמֵר: לֹא כִּי, אֶלָּא סֶלַע הִלְוִיתִיךָ עָלָיו סֶלַע הָיָה שָׁוֶה – פָּטוּר. וְאִם אִיתָא לִדְרַב הוּנָא, מִגּוֹ דְּמִשְׁתַּבַּע מַלְוֶה שֶׁאֵינָהּ בִּרְשׁוּתוֹ – לִישְׁתַּבַּע נָמֵי אַגִּלְגּוּל שְׁבוּעָה כַּמָּה הָיָה שָׁוֶה!

Rav Huna bar Taḥlifa said in the name of Rava: The first part **of the latter clause** of the mishna is **a conclusive refutation** of the opinion **of Rav Huna,** who said that the creditor is obligated to take an oath that the collateral is not in his possession. In that clause, the debtor said: **You loaned me a** *sela* **on** the basis of that collateral, and the collateral **was worth two** *sela*, so now you owe me a *sela*. **And the other** party, i.e., the creditor, **said: That is not** the case, **rather, I loaned you a** *sela* **on** the basis of that collateral and the collateral **was worth a** *sela*. In this case, the creditor is **exempt. And if** the statement of **Rav Huna is so,** once **the creditor takes an oath that** the collateral **is not in his possession, let him also take an oath by means of extension of an oath**[N] as to **how much** the collateral **was worth,** as one obligated to take an oath can be forced to take other oaths as well.

NOTES

From where will he bring it – מֵהֵיכָא מַיְיתֵי לַהּ: Some explain this question as follows: If the witnesses are deemed credible to exempt him from an oath, what basis is there for the concern that it was not burned (Ritva)?

Let him also take an oath by means of extension of an oath – לִישְׁתַּבַּע נָמֵי אַגִּלְגּוּל שְׁבוּעָה: Although some say that if one who claims that another owes him money does not demand that he extend the oath, then the other is not required to take the additional oath, Rav Huna himself explains that it is the court that initiates extension of the oath and administers the additional oath (*Melo HaRo'im*).

NOTES

But let the debtor trust the creditor – וְנֶהֶמְנֵיהּ לֹוֶה לְמַלְוֶה: The *Kikayon deYona* and *Penei Yehoshua* ask: Granted, the debtor has no way of knowing what happened to the collateral, and therefore he is ready to trust the creditor. But with regard to the value of the collateral, wouldn't he trust himself more than he would trust the creditor? Some explain that here too, he is concerned that he might be mistaken, since he trusts the creditor, and perhaps the creditor knows the value of the collateral better than he does (*Penei Yehoshua*). Others explain that since the debtor trusts that the creditor is not lying intentionally, then even if the creditor errs with regard to the item's value, the debtor, if pressed, will take an oath that it is worth what the creditor says it is worth. According to that explanation, the Gemara's answer is understood to mean that the debtor is not that certain, and if there is any concern that the oath is problematic, he will refrain from taking it (*Mahaze Avraham*).

Every circumstance…is negligence – כָּל...פְּשִׁיעוּתָא הִיא: Some say that this applies specifically to a bailee who is required to safeguard the item, but in other cases lack of knowledge is not considered negligence. Others explain that in this case he is required to pay, not because lack of knowledge where he placed the item is in and of itself negligence, but because he is unable to take an oath that he was not negligent, as he does not know what happened to the jewels (*Netivot HaMishpat*; *Terumat HaDeshen*; *Darkhei Moshe*; *Sma*).

And our chapter of study was this chapter, one who deposits – וּפִרְקִין הַמַּפְקִיד הֲוָה: Rava includes this information to clarify why he did not explicate his question at length. Since they were already studying this matter, he sufficed with a brief allusion (*Torat Hayyim*).

LANGUAGE

Jewels [*keifei*] – כֵּיפֵי: In both Hebrew and Aramaic, this term has several meanings, some related. It can mean rocks, specifically precious stones and jewelry. Or, based on the term *kippot*, meaning domes, it refers to piles of grain. Sometimes it is used to mean bundles of vegetables, plants, palm branches, and the like. Because there are several possible meanings, there are often disputes among the commentaries as to the appropriate understanding of this word in context. In this context, it refers to jewels.

PERSONALITIES

Rav Nahman – רַב נַחְמָן: Rav Nahman bar Ya'akov was a second- and third-generation Babylonian *amora*. While he cites statements in the names of both Rav and Shmuel, his primary teacher was a student of Rav, Rabba bar Avuh. Rav Nahman acquired most of his knowledge in the yeshiva in Mehoza. While he was never formally appointed to head one of the Babylonian academies, many of the Sages of the following generation were his students, including the great *amora* Rava.

Rav Nahman was already recognized as a prodigy in his youth. He married Yalta, a member of the Exilarch's family, who was a learned and strong-willed woman. Rav Nahman was subsequently appointed a judge in the Exilarch's house in Neharde'a. In that capacity, Rav Nahman became an expert in monetary law, to the extent that the Gemara concludes that his rulings in matters of monetary law are always the accepted *halakha*. He was considered one of the pious men of his generation, and the Gemara cites numerous examples of his acts of kindness.

אֲמַר רַב אַשִׁי: אָמְרִיתָהּ לִשְׁמַעְתָּא קַמֵּיהּ דְּרַב כָּהֲנָא, וַאֲמַר לִי: תְּהֵא בְּמַאֲמִינוֹ. וְנֶהֶמְנֵיהּ לֹוֶה לְמַלְוֶה נַמִּי בְּהָא כַּמָּה הֲוָה שָׁוֶה! לָא קִים לֵיהּ בְּגַוֵּיהּ. וְנֶהֶמְנֵיהּ מַלְוֶה לַלֹּוֶה, דְּקִים לֵיהּ בְּגַוֵּיהּ! לָא מְהֵימַן לֵיהּ.

Rav Ashi said: I stated this *halakha* **before Rav Kahana, and he said to me: Let** the *halakha* in the mishna **be** understood **with regard to** a case where the debtor **trusts** the creditor that the collateral is no longer in his possession. The Gemara challenges: **But** if so, **let the debtor trust the creditor**[N] **with regard to this** matter of **how much** the collateral **was worth.** The Gemara explains: The creditor is **not certain about** the value of the collateral, as the item did not belong to him, which is why the debtor does not rely upon him to take an oath concerning its value. The Gemara challenges: **But let the creditor trust the debtor,** as the debtor is **certain about** the value of the collateral, as it is his. The Gemara answers: The creditor **does not trust** the debtor.

וּמַאי שְׁנָא לֹוֶה דִּמְהֵימַן לֵיהּ לְמַלְוֶה, וּמַאי שְׁנָא מַלְוֶה דְּלָא מְהֵימַן לֵיהּ לַלֹּוֶה? לֹוֶה מְקַיֵּים בֵּיהּ בְּמַלְוֶה ״תֻּמַּת יְשָׁרִים תַּנְחֵם״, מַלְוֶה מְקַיֵּים בֵּיהּ בַּלֹּוֶה ״וְסֶלֶף בּוֹגְדִים יְשָׁדֵּם״.

The Gemara asks: **And what is different** so that the **debtor trusts the creditor** that the collateral is not in his possession, **and what is different** that the **creditor does not trust the debtor** to accurately assess the value of the collateral? The Gemara answers: The **debtor** sees **in the creditor fulfillment** of the verse: **"The integrity of the upright shall guide them"** (Proverbs 11:3). He believes that God blesses the creditor with wealth to lend because he is an upright person. The **creditor** sees **in the debtor fulfillment** of the end of that verse: **"But the perverseness of the faithless shall destroy them"** (Proverbs 11:3). The creditor believes that God made the debtor poor because he is a deceitful person.

הַהוּא גַּבְרָא דְּאַפְקִיד כֵּיפֵי גַּבֵּיהּ חַבְרֵיהּ, אֲמַר לֵיהּ: הַב לִי כֵּיפֵי. אֲמַר לֵיהּ: לָא יָדַעְנָא הֵיכָא אוֹתְבִינְהוּ. אֲתָא לְקַמֵּיהּ דְּרַב נַחְמָן, אֲמַר לֵיהּ: כָּל לָא יָדַעְנָא – פְּשִׁיעוּתָא הִיא, זִיל שַׁלֵּים. לָא שִׁילֵּם, אֲזַל רַב נַחְמָן אַגְבֵּיהּ לְאַפַּדְנֵיהּ מִינֵּיהּ. לְסוֹף אִשְׁתַּכַּח כֵּיפֵי, וְאִיַּקּוּר. אֲמַר רַב נַחְמָן: הָדְרִי כֵּיפֵי לְמָרַיְיהוּ, וְהָדְרָא אַפַּדְנָא לְמָרָהּ.

§ The Gemara relates: **A certain man deposited jewels** [*keifei*][L] **with another.** When the period of the deposit was complete, the owner of the jewels **said to** the bailee: **Give me** the **jewels.** The bailee **said to him** in response: **I do not know where I placed them.** The matter **came before Rav Nahman,**[P] who **said to** the bailee: **Every** circumstance where a bailee claims: **I do not know** where I placed them, **is** in and of itself **negligence.**[NH] **Go pay** him for the jewels. The bailee **did not pay. Rav Nahman went** and gave instructions to **repossess his palace** and sell it to pay for the jewels. **Ultimately,** not only **were the jewels found, but** they had also **increased** in value. **Rav Nahman said: The jewels return to their** initial **owner, and the palace returns to its owner,** and the bailee does not profit from the increase in the value of the jewels.

אֲמַר רָבָא: הֲוָה יָתֵיבְנָא קַמֵּיהּ דְּרַב נַחְמָן, וּפִרְקִין הַמַּפְקִיד הֲוָה, וַאֲמַרִי לֵיהּ: ״שִׁילֵּם וְלֹא רָצָה לִישָּׁבַע״! וְלָא אַהֲדַר לִי. וְשַׁפִּיר עֲבַד דְּלָא אַהֲדַר לִי.

Rava said: I was sitting at that time studying **before Rav Nahman, and our chapter** of study **was** this chapter: **One who deposits,**[N] which is relevant to this case. **And I said to** Rav Nahman: Isn't this the case of a bailee who **paid** the owner **and did not wish to take an oath?** And it is the bailee **who** receives the double payment, ostensibly because once he paid, the owner transfers ownership of the item to him. **And** Rav Nahman **did not answer me, and he did well that he did not answer me,** as the question was not worthy of an answer.

מַאי טַעְמָא – הָתָם לָא אַטְרְחֵיהּ לְבֵי דִינָא, הָכָא אַטְרְחֵיהּ לְבֵי דִינָא.

Rava continues: **What is the reason** he did not answer me? The reason is that the cases cannot be compared. **There,** in the case of the mishna, the bailee paid at his own initiative. **He did not inconvenience** the owner by compelling him **to go to court.** Therefore, the owner transfers ownership of the deposit to the bailee. **Here,** in the case involving the jewels, the bailee **inconvenienced** the owner and compelled him **to go to court.**[H] Consequently, the owner does not transfer ownership of the deposit to the bailee.

HALAKHA

Every circumstance…is negligence – כָּל...פְּשִׁיעוּתָא הִיא: If the bailee claims that he does not remember where he placed the deposit when the owner of the deposit asks that it be returned, this is in and of itself negligence. He is liable to pay the owner immediately (Rambam *Sefer Mishpatim, Hilkhot She'ela UFikadon* 4:7; *Shulhan Arukh, Hoshen Mishpat* 291:7).

The bailee inconvenienced the owner and compelled him to go to court – אַטְרְחֵיהּ לְבֵי דִינָא: In the case of a bailee who pays for a deposit only after he was taken to court and compelled to do so, if the deposit is later recovered, the bailee is not entitled to the double payment or increase of the item's value. Instead, the item is returned to the owner, who returns to the bailee the money that he had paid. The inconvenience of a court trial strips the bailee of the rights to the profit. In a case where the bailee took an oath and then paid, although he inconvenienced the owner to come to court for the oath, he is entitled to the double payment (Rambam *Sefer Mishpatim, Hilkhot She'ela UFikadon* 8:3; *Tur, Hoshen Mishpat* 295).

לְמֵימְרָא דְּסָבַר רַב נַחְמָן דְּשׁוּמָא הָדַר? שָׁאנֵי הָתָם, דְּשׁוּמָא בְּטָעוּת הֲוָה, דְּקָא הֲוָה כֵּיפֵי מֵעִיקָּרָא.

The Gemara asks: **Is this to say that Rav Naḥman holds that** after property is repossessed in order to pay an unpaid debt based on the court's **appraisal** of the article's value, it is **returned**[N] if the debtor pays the debt? The Gemara rejects that conclusion: In general, the item is not returned. But **it is different there,** in the case of the jewels, **as it was an erroneous appraisal,** in **that the jewels were** in the possession of the bailee **from the outset**[N] and he was merely unable to locate them.

אָמְרִי נְהַרְדָּעֵי: שׁוּמָא הָדַר עַד תְּרֵיסַר יַרְחֵי שַׁתָּא. וְאָמַר אַמֵימָר: אֲנָא מִנְּהַרְדְּעָא אֲנָא וּסְבִירָא לִי שׁוּמָא הָדַר לְעוֹלָם. וְהִלְכְתָא: שׁוּמָא הָדַר לְעוֹלָם, מִשּׁוּם שֶׁנֶּאֱמַר "וְעָשִׂיתָ הַיָּשָׁר וְהַטּוֹב".

With regard to the reversal of an appraisal, the Sages **of Neharde'a say:** After property is repossessed in order to pay an unpaid debt based on the court's **appraisal** of the article's value, it is **returned** to the debtor, provided he repays the debt from the time of the appraisal **until the twelve months** of **the year** have passed. **And Ameimar said: I am from Neharde'a, and** nevertheless, **I hold that** repossession based on **an appraisal** of an article's value can **always** be **returned.** If the debtor pays his debt, he can reclaim his property at any point. The Gemara rules: **And the *halakha*** is that repossession based on **an appraisal** can **always** be **returned,**[H] **due to** the fact **that it is stated: "And you shall do that which is right and good"** (Deuteronomy 6:18). The owner of property appreciates his property more than another person would. Therefore, once the debtor repays his debt to the creditor, legal formalism should not prevent return of the debtor's property.

פְּשִׁיטָא, שָׁמוּ לֵיהּ לְבַעַל חוֹב, וַאֲזַל אִיהוּ וְשָׁמָהּ לְבַעַל חוֹב דִּידֵיהּ, אָמְרִינַן לֵיהּ: לָא עֲדִיף אַתְּ מִגַּבְרָא דְּאָתֵית מִינֵּיהּ. זַבְנַהּ, אוֹרְתַהּ, וִיהַבָהּ בְּמַתָּנָה – וַדַּאי הָנֵי מֵעִיקָּרָא אַדַּעְתָּא דְּאַרְעָא נָחוּת, וְלָאו אַדַּעְתָּא דְּזוּזֵי נָחוּת.

§ The Gemara clarifies related matters. It is **obvious** that if the court **appraised** property to repay a debt to **a creditor, and** this creditor **went and** had the property **appraised** and repaid his debt **to his creditor,**[H] **we say to** the second creditor: **Your** rights **are not superior** to those **of the man through whom you came** to possess the property. Just as the first debtor can repay the debt and reclaim his property from his creditor, he can also reclaim the property from the creditor of his creditor. If a creditor who received appraised land **sold it** or **bequeathed it**[N] to his heirs or **gave it as a gift,** the debtor cannot reclaim the land from those who acquired their land. It is **certain** that **from the outset,** when **those** people acquired the land, it was **with the intent** to acquire **the land** itself that **they descended** to it, **and** it was **not with the intent** to receive money that **they descended** to the land.

שָׁמוּ לָהּ לְאִשָּׁה וְאִינְסִיבָא, אוֹ שָׁמוּ מִינָּהּ דְּאִשָּׁה וְאִינְסִיבָא וּמֵתָה – בַּעַל בְּנִכְסֵי אִשְׁתּוֹ לוֹקֵחַ הָוֵי, לָא מִיהְדַר וְלָא מַהַדְּרִינַן לֵיהּ.

If the court **appraised** property to repay a debt **to a woman and she** then **married, or** if the court **appraised** property **from a woman**[H] to repay her debt **and she** then **married and died,** since the legal status of **a husband with regard to his wife's property is** that of **a buyer, he does not return** property that was appraised and repossessed to pay his wife's debt. **And we do not return to him** property that was repossessed from his wife if he pays her debt.

דְּאָמַר רַבִּי יוֹסֵי בַּר חֲנִינָא: בְּאוּשָׁא הִתְקִינוּ: הָאִשָּׁה שֶׁמָּכְרָה בְּנִכְסֵי מְלוֹג בְּחַיֵּי בַעְלָהּ וּמֵתָה – הַבַּעַל מוֹצִיא מִיַּד הַלָּקוֹחוֹת.

This is **as Rabbi Yosei bar Ḥanina said: In Usha** the Sages **instituted** that in the case of **a woman who sold** part **of her usufruct property**[B] **during the life of her husband**[H] **and she died, the husband repossesses** the property **from the purchasers.** The property belongs to the wife, while the profits accrued after marriage belong to the husband. Therefore, the woman does not have the right to sell the property as long as they are married. If she sold the property and died, and her husband is her heir, the Sages instituted that his legal status is that of a buyer and not an heir. His rights to the land precede those of the subsequent buyers. He repossesses the land and reimburses them the sale price of the property.

NOTES

Is this to say that Rav Naḥman holds that appraisal is returned – לְמֵימְרָא דְּסָבַר רַב נַחְמָן דְּשׁוּמָא הָדַר: The Ramban says that this is based on a type of *a fortiori* inference: If, in this case, where the owner of the palace might not want his palace back, his property is returned to him, then all the more so is it returned in cases where this directive applies: "And you shall do that which is right and good" (Deuteronomy 6:18).

In that the jewels were in the possession of the bailee from the outset – דְּקָא הֲוָה כֵּיפֵי מֵעִיקָּרָא: According to Rashi, this is specifically because it turned out that they were never lost. The Ramban and the Rambam hold that even if the jewels were actually lost, the *halakha* is no different.

Bequeathed it – אוֹרְתַהּ: The commentaries explain that this term refers to the gift of one on his deathbed to a specific person. It does not refer to one who inherited property after the death of a relative (Ramban; Rashba).

HALAKHA

An appraisal can always be returned – שׁוּמָא הָדַר לְעוֹלָם: If a court appraises land of a debtor for it to be repossessed by a creditor, whether it is unsold property or liened property that was sold, if the owner of the field eventually accumulates enough money to repay the debt, the land is returned to the debtor even if several years passed (Rambam *Sefer Mishpatim, Hilkhot Malve VeLoveh* 22:16; *Shulḥan Arukh, Ḥoshen Mishpat* 103:9).

It was appraised for a debtor and given to others – שָׁמוּ לֵיהּ לְבַעַל חוֹב וְנָתַן לַאֲחֵרִים: Land of a debtor that was appraised for it to be repossessed by a creditor and then appraised again to be repossessed by the creditor of the creditor is returned to the first debtor if he repays his debt. If the creditor sold it, gave it as a gift, or bequeathed it to others, it is not returned to the debtor. Others say that if it is inherited by several heirs, it is not returned to the debtor. If there is a single heir, it is returned (Rambam *Sefer Mishpatim, Hilkhot Malve VeLoveh* 22:17; *Shulḥan Arukh, Ḥoshen Mishpat* 103:10, and in the comment of Rema).

Appraised property to repay a debt to a woman… or appraised property from a woman – שָׁמוּ לָהּ לְאִשָּׁה...אוֹ שָׁמוּ מִינָּהּ דְּאִשָּׁה: If the court appraised land to pay a debt to a woman who then married, or if they appraised her land to pay her debt and she then married, her husband neither returns the land repossessed by his wife if his wife's debtor wants to repay his debt nor is her appraised land returned to him if she repays her debt, as the legal status of a husband is that of one who bought his wife's property. Others say that this is the *halakha* only after his wife dies (Rambam *Sefer Mishpatim, Hilkhot Malve VeLoveh* 22:17; *Shulḥan Arukh, Ḥoshen Mishpat* 103:10, and in the comment of Rema).

A woman who sold part of her usufruct property during the life of her husband – הָאִשָּׁה שֶׁמָּכְרָה בְּנִכְסֵי מְלוֹג בְּחַיֵּי בַעְלָהּ: If a woman sold her usufruct property after she was married, the husband owns the rights to the profits accrued from that land for the duration of her life, but he has no claim to the land itself. If he dies during the lifetime of his wife, the purchasers obtain the rights to the profits as well (Rambam *Sefer Nashim, Hilkhot Ishut* 22:7; *Shulḥan Arukh, Even HaEzer* 90:9).

BACKGROUND

Usufruct property – נִכְסֵי מְלוֹג: A married woman's property is divided into two categories, usufruct property and guaranteed property. Usufruct property refers to a wife's personal property, from which her husband is entitled to derive benefit. It is the property that a wife brings to the marriage from her father's home, which is not included in her marriage contract, or property that she inherits or receives as a gift after her marriage. This property remains hers, and her husband may not sell it, although he is entitled to benefit from its profits. The husband must care for this property, although he does not bear responsibility if it decreases in value, provided that he did not intentionally cause the loss. The wife reassumes control of this property if her husband dies or divorces her, and any increase or decrease in its value from the time that they marry is her gain or loss. If she dies before her husband, he inherits the property. Before marriage, the couple may arrive at any agreement they wish with regard to usufruct property.

HALAKHA

The debtor authorized to repossess the land for his debt – אגביה איהו בחובו: If a creditor receives land in payment of a debt and then lends it to the debtor at his own initiative, the land is not returned to the debtor if he attempts to repay his prior debt with money (Rambam *Sefer Mishpatim, Hilkhot Malve VeLoveh* 22:17; *Shulḥan Arukh, Ḥoshen Mishpat* 103:10).

From when does he consume the produce of that land – מאימת אכיל פירי: If one seizes a field as payment for a debt owed him, he consumes its produce after the days of proclamation conclude, in accordance with the later commentaries, who rule according to Rava in the dispute with Abaye (Rambam *Sefer Mishpatim, Hilkhot Malve VeLoveh* 22:12 and *Maggid Mishne* there; *Shulḥan Arukh, Ḥoshen Mishpat* 103:1).

One who rents a cow from another and this renter then lends it to another person – השוכר פרה מחבירו והשאילה לאחר: If one rents a cow and lends it to another, and the cow dies or is taken by force while it is in the borrower's possession, then the borrower compensates the owner for the loss of his cow. This ruling is in accordance with the statement of Rabbi Yosei and the conclusion of the Gemara.

If the owner of the cow said to the renter: If you so desire, lend the animal to another and you will litigate with the borrower, and then the animal dies, the borrower pays the renter (Rambam *Sefer Mishpatim, Hilkhot Sekhirut* 1:6; *Shulḥan Arukh, Ḥoshen Mishpat* 307:5).

אגביה איהו בחובו, פליגי בה רב אחא ורבינא. חד אמר: הדרה, וחד אמר: לא הדרה.

With regard to a case where the debtor, not the court, **authorized** his creditor to **repossess** the land **for his debt,**[H] and now he seeks to pay his debt and reclaim it, **Rav Aḥa and Ravina disagree. One says:** If he pays the debt, the repossession based on the appraisal is **reversed** and he reclaims the land. **And one says:** The repossession based on the appraisal is **not reversed.**

מאן דאמר לא הדרה – סבר: האי זביני מעליא היא, דהא מדעתא דנפשיה אגביה. ומאן דאמר הדרה – סבר: לא זביני מעליא הוא, והאי דאגביה מדעתיה ולא אתא לדינא – מחמת כיסופא הוא דאגביה.

The Gemara elaborates: **The one who says** that the repossession based on the appraisal is **not reversed holds** that **this is a full-fledged sale, as he authorized the repossession at his own initiative.** Consequently, he cannot retract it. **And the one who says** that the repossession based on the appraisal is **reversed holds** that **it is not a full-fledged sale. And** the fact **that he authorized the repossession at his initiative and did not** wait to **come to** court for **a ruling** that his land be repossessed does not make it a full-fledged sale. **It** was only **due to** his desire to avoid **embarrassment that he authorized the repossession.**

ומאימת אכיל פירי? רבה אמר: מכי מטיא אדרכתא לידיה, אביי אמר: עדיו בחתומיו זכין לו.

The Gemara clarifies the *halakhot* of repossession: **And** when a creditor repossesses the debtor's land, **from when does he consume the produce** of that land?[H] **Rabba said:** He consumes the produce **from** the time **when** the document of **authorization reaches his possession.** This is a document that authorizes him to repossess the property of the debtor in payment of the debt wherever that property is located. **Abaye said:** He need not wait until he receives that document. Rather, **the document's witnesses, with their signatures, acquire** the debtor's land **on his behalf.**[N] From the moment they sign the document, the land is his.

רבא אמר: מכי שלימו ימי אכרזתא.

Rava said: He consumes the produce **from** the time **when the days of proclamation conclude.** After property belonging to the debtor is located, the court proclaims that the property will be auctioned to raise funds to repay the debt. Therefore, even after the document of authorization reaches him, the creditor is not entitled to the produce, as someone else may purchase it. If the creditor enters the highest bid, he is entitled to the produce.

מתני׳ השוכר פרה מחבירו והשאילה לאחר ומתה כדרכה – ישבע השוכר שמתה כדרכה, והשואל ישלם לשוכר. אמר רבי יוסי: כיצד הלה עושה סחורה בפרתו של חבירו? אלא, תחזור פרה לבעלים.

MISHNA In the case of **one who rents a cow**[N] **from another, and** this renter then **lends it to another** person,[H] **and** the cow **dies in its** typical **manner,** i.e., of natural causes, in the possession of the borrower, **the renter takes an oath**[N] to the owner of the cow **that** the cow **died in its** typical **manner, and the borrower pays the renter** for the cow that he borrowed. A renter is exempt in a case of damage due to circumstances beyond his control, including death, but a borrower is liable to compensate the owner even for damage due to circumstances beyond his control. **Rabbi Yosei said: How does the other** party, i.e., the renter, **do business with** and profit from **another's cow?**[N] **Rather,** the value of the **cow should be returned to** the **owner.** The renter need not take an oath, but the borrower must compensate the owner of the cow.

NOTES

The document's witnesses with their signatures acquire the debtor's land on his behalf – עדיו בחתומיו זכין לו: This use of language here is symbolic, as since this is a document issued by the court, there is no significance to witnesses' signatures on this document. Rather, it means that the writing and signing of the court's decision transfers the rights to him.

One who rents a cow – השוכר פרה: The early commentaries asked: Why is this *halakha* taught specifically with regard to a renter and not with regard to bailees in general? The Ritva explains that it is prohibited for other bailees to utilize the deposit, but the renter receives the deposit for the express purpose of using it. For this reason, it is permitted for him to lend it to another person. Others explain that the mishna specifically mentions a renter since it was previously stated in the Gemara that the legal status of renting is similar to that of acquisition for a limited period. The renter has rights to the item itself, and when the borrower returns it, he returns it to the renter, who may benefit from it (Rashash).

The renter takes an oath – ישבע השוכר: The renter may take an oath that he was there at the time that the cow died. If he was not there, he can bring the borrower to testify that the cow in fact died. The borrower is liable to pay for the cow in any event. Consequently, he does not have a vested interest in the outcome of the case, and he may serve as a witness (Ritva).

How does the other party do business with another's cow – כיצד הלה עושה סחורה בפרתו של חבירו: Some explain that, according to Rabbi Yosei, the *halakha* of Rabbi Natan applies: If Reuven owes Shimon money and Shimon owes Levi money, then Reuven owes Levi money. Since the renter is a middleman as far as the animal is concerned, all obligations are directly between the owner and the person who was most recently in possession of the deposit (see Ritva).

גמ׳ אֲמַר לֵיהּ רַב אִידִי בַּר אָבִין לְאַבַּיֵי: מִכְּדִי שׂוֹכֵר בְּמַאי קָנֵי לְהַאי פָּרָה – בִּשְׁבוּעָה,

GEMARA **Rav Idi bar Avin said to Abaye: After all,** with regard to **the renter, with what does he acquire this cow** to the extent that one who borrows the cow from him is liable to compensate him if it dies? He acquires it **with an oath** that he took to the owner of the cow that the cow died of natural causes.

וְנֵימָא לֵיהּ מַשְׂכִּיר לַשּׂוֹכֵר: דַּל אַנְתְּ וְדַל שְׁבוּעֲתָךְ, וַאֲנָא מִשְׁתָּעֵינָא דִּינָא בַּהֲדֵי שׁוֹאֵל. אֲמַר לֵיהּ: מִי סָבְרַתְּ שׂוֹכֵר בִּשְׁבוּעָה הוּא דְּקָא קָנֵי לָהּ? מִשְּׁעַת מִיתָה הוּא דְּקָנֵי, וּשְׁבוּעָה כְּדֵי לְהָפִיס דַּעְתּוֹ שֶׁל בַּעַל הַבַּיִת.

The Gemara asks: **But** since the acquisition is effected by the renter's oath, **let the one who rented** his animal for hire **say to the renter: Remove yourself and remove your oath.**[N] I do not want to deal with you at all in this case, **and I will litigate with the borrower** to recover my cow. Abaye **said to** Rav Idi bar Avin: **Do you hold** that it **is with an oath** that the **renter acquires** the cow? That is not so, as **from the moment of** the cow's **death,** the renter **acquires** the cow. From the moment the cow dies in the possession of the borrower, the renter has the right to receive another cow in exchange. **And** this **oath** that the renter takes to the owner of the cow is not required by the *halakha*. Rather, he takes the oath **to alleviate the concerns of the owner,** so that the owner will not suspect him of negligence. Consequently, the owner of the cow cannot litigate with the borrower, and even if he waives his right to demand an oath from the renter, he is unable to receive a cow from the borrower.

אָמַר רַבִּי זֵירָא: פְּעָמִים שֶׁהַבְּעָלִים מְשַׁלְּמִין כַּמָּה פָּרוֹת לַשּׂוֹכֵר. הֵיכִי דָּמֵי? אַגְרָהּ מִינֵּיהּ מְאָה יוֹמֵי, וַהֲדַר שַׁיְילָהּ מִינֵּיהּ תִּשְׁעִין יוֹמֵי. הֲדַר אַגְרָהּ מִינֵּיהּ תְּמָנָן יוֹמֵי, וַהֲדַר שַׁיְילָהּ מִינֵּיהּ שִׁבְעִין יוֹמֵי, וּמֵתָה בְּתוֹךְ יְמֵי שְׁאֵלָתָהּ. דְּאַכָּל שְׁאֵלָה וּשְׁאֵלָה מִיחַיַּיב חֲדָא פָּרָה.

Rabbi Zeira says: According to the *halakha* in the mishna, there are **times when the owner pays several cows to the renter. What are the circumstances?** In a case **where** the renter **rented** a cow **from him** for **one hundred days, and the** owner of the cow **then borrowed** that cow[N] **from** the renter for **ninety days, and** the renter **then rented** that cow **from** the owner for **eighty days, and** the latter **then borrowed** that cow from the renter for **seventy days, and** that cow **died within** the seventy-day **period of its borrowing,** then **for each and every** occasion of **borrowing** of the cow, the owner, who then became the borrower, **owes one cow.** Since there were two discrete acts of borrowing and two discrete acts of rental, the owner owes him four cows, two outright as compensation for the borrowed cows that died, and two cows for the renter to use for the duration of his rental periods.

אֲמַר לֵיהּ רַב אַחָא מִדִּיפְתִּי לְרָבִינָא: מִכְּדִי חֲדָא פָּרָה הִיא, עַיְּילָהּ וְאַפְּקָהּ, אַפְּקָהּ מִשְּׂכִירוּת וְעַיְּילָהּ לִשְׁאִילָה, אַפְּקָהּ מִשְּׁאִילָה וְעַיְּילָהּ לִשְׂכִירוּת! אֲמַר לֵיהּ: וּמִי אִיתָא לְפָרָה בְּעֵינָא, דְּנֵימָא לֵיהּ הָכִי?

Rav Aḥa of Difti said to Ravina concerning this *halakha*: **After all, it is one cow, and he introduced it** into one legal status **and removed it** from another legal status. **He removed it from** the status of **rental and he introduced it into** the status of **borrowing; he removed it from** the status of **borrowing and introduced it into** the status of **rental.** How then does the owner pay multiple cows for one cow? Ravina **said to** Rav Aḥa: **And is the cow intact** so **that** the owner **could say this to** the renter: Here is your cow? Since the borrower cannot return the cow to the creditor, he is liable to return that which he committed to return, and he committed to return two cows, not one.

מָר בַּר רַב אַשִׁי אֲמַר: אֵין לוֹ עֲלֵיהֶן אֶלָּא שְׁתֵּי פָּרוֹת, חֲדָא דִּשְׁאֵלָה וַחֲדָא דִּשְׂכִירוּת, שׁוּם שְׁאֵלָה אַחַת הִיא, וְשׁוּם שְׂכִירוּת אַחַת הִיא, דִּשְׁאֵלָה – קָנֵי לְגַמְרֵי, דִּשְׂכִירוּת – עָבֵד בָּהּ יְמֵי שְׂכִירוּתֵיהּ, וּמִיהֲדַר לֵיהּ לְמָרָהּ.

Mar bar Rav Ashi said a third opinion: The renter **has against** the owner **only** a claim of **two cows, one for** the **borrowing** done by the owner, **and one for** fulfillment of his **rental** agreement. This is because the **category of borrowing is one and** the **category of rental is one.**[N] As for the cow that is repayment **for** the **borrowing,** the renter **acquires** it **completely.** And as for the one **for** the **rental, he works with it** for the duration of **its rental period and** then **he returns it to its owner.**

אָמַר רַבִּי יִרְמְיָה: פְּעָמִים שֶׁשְּׁנֵיהֶם בְּחַטָּאת,

Apropos the situations described in the mishna, **Rabbi Yirmeya says:** If the renter and the borrower each took a false oath and are liable to bring offerings for their false oaths, there are **times that both** are liable **to bring a sin-offering;**

NOTES

Remove yourself and remove your oath – דַּל אַנְתְּ וְדַל שְׁבוּעֲתָךְ: *Tosafot* explains that if the renter is unable to take an oath at all, and he provides no witnesses and no other proof, then even according to Rabbi Yosei, the borrower litigates with the renter and the renter litigates with the owner of the animal.

The renter rented a cow from him for one hundred days and the owner of the cow then borrowed that cow – אַגְרָהּ מִינֵּיהּ מְאָה יוֹמֵי וַהֲדַר שַׁיְילָהּ: According to the Ra'avad, the Gemara is referring to a case where one rented the cow, worked it for ten days, and then lent it, with the process repeating itself. The Ritva explains that all of these rentals and borrowings occurred on one day.

The category of rental is one – שׁוּם שְׂכִירוּת אַחַת הִיא: The later commentaries discuss whether the statements of Rav Aḥa of Difti and of Mar bar Rav Ashi are one opinion or two opinions. The essence of the opinion of Mar bar Rav Ashi is that the obligation takes effect with regard to the cow itself and is not an abstract obligation. Since there is only one cow, there can be liability to pay for only one cow (*Shita Mekubbetzet*).

פְּעָמִים שֶׁשְּׁנֵיהֶם בְּאָשָׁם, פְּעָמִים שֶׁהַשּׂוֹכֵר בְּחַטָּאת וְהַשּׁוֹאֵל בְּאָשָׁם, פְּעָמִים שֶׁהַשּׂוֹכֵר בְּאָשָׁם וְהַשּׁוֹאֵל בְּחַטָּאת.

there are **times that both** are liable **to** bring **a guilt-offering;** there are **times that the renter** is liable **to** bring **a sin-offering**[B] **and the borrower** is liable **to** bring **a guilt-offering;**[BN] there are **times that the renter** is liable **to** bring **a guilt-offering and the borrower** is liable **to** bring **a sin-offering.**

הָא כֵּיצַד? כְּפִירַת מָמוֹן – אָשָׁם, בִּיטּוּי שְׂפָתַיִם – חַטָּאת.

The Gemara elaborates: **How so?** One who takes a false oath that involves the **denial of a monetary matter** is liable to bring **a guilt-offering.**[H] One who takes a false oath on **an utterance of the lips** that involves no denial of a monetary debt is liable to bring **a sin-offering.**[H]

פְּעָמִים שֶׁשְּׁנֵיהֶם בְּחַטָּאת – כְּגוֹן שֶׁמֵּתָה כְּדַרְכָּהּ, וְאָמְרוּ נֶאֶנְסָה. שׂוֹכֵר דְּבֵין כָּךְ וּבֵין כָּךְ מִיפְּטַר פָּטוּר – בְּחַטָּאת, שׁוֹאֵל דְּבֵין כָּךְ וּבֵין כָּךְ חִיּוּבֵי מִיחַיַּיב – בְּחַטָּאת.

The Gemara elaborates: There are **times that both** are liable **to** bring **a sin-offering.** This is in a case **where** the cow **died in its** typical **manner and** the renter and the borrower both **said** that it died due to circumstances **beyond his control. A renter,** who **in any case is exempt** from paying whether it died of natural causes or due to circumstances beyond his control, is liable **to** bring **a sin-offering** if he took a false oath. **A borrower,** who **in any case is liable** to pay regardless of the circumstances of its death, is liable **to** bring **a sin-offering** if he took a false oath. In both cases, the oath involved no denial of monetary debt.

פְּעָמִים שֶׁשְּׁנֵיהֶם בְּאָשָׁם – כְּגוֹן שֶׁנִּגְנְבָה, וְאָמְרוּ מֵתָה מֵחֲמַת מְלָאכָה, דְּתַרְוַיְיהוּ קָא כָּפְרִי מָמוֹנָא, דְּהָא מִיחַיְּיבִי וְקָא פָּטְרִי נַפְשַׁיְיהוּ.

There are **times that both** are liable **to** bring **a guilt-offering.** This is in a case **where** the cow **was stolen** from a borrower, **and** the renter and the borrower both **said** that **it died due to** ordinary **labor.**[N] That is a case **where both denied a monetary matter, as they are** both **liable** to pay in a case of theft, **and** both take an oath on a claim with which they seek to **exempt themselves.**

שׂוֹכֵר בְּחַטָּאת וְשׁוֹאֵל בְּאָשָׁם – כְּגוֹן שֶׁמֵּתָה כְּדַרְכָּהּ, וְאָמְרוּ מֵתָה מֵחֲמַת מְלָאכָה. שׂוֹכֵר דְּבֵין כָּךְ וּבֵין כָּךְ מִיפְּטַר פָּטוּר – חַיָּיב בְּחַטָּאת, שׁוֹאֵל דְּמִיחַיַּיב בְּמֵתָה כְּדַרְכָּהּ, וְקָא פָּטַר נַפְשֵׁיהּ בְּמֵתָה מֵחֲמַת מְלָאכָה – בְּאָשָׁם.

There are times when **a renter** is liable **to** bring **a sin-offering and a borrower** is liable **to** bring **a guilt-offering.** This is in a case **where** the cow **died in its** typical **manner and** the renter and the borrower both **said** that **it died due to** ordinary **labor. A renter, who in any case is exempt,** as he is exempt from paying in cases where the ox was damaged or died due to circumstances beyond his control, is **liable to** bring **a sin-offering,** as the false oath involved no denial of monetary debt. **A borrower, who is liable** to pay when the cow **died in its** typical **manner and** attempted **to exempt himself** with the claim that **it died due to** ordinary **labor,** is liable **to** bring **a guilt-offering.**

NOTES

That the renter is liable to bring a sin-offering and the borrower is liable to bring a guilt-offering – שֶׁהַשּׂוֹכֵר בְּחַטָּאת וְהַשּׁוֹאֵל בְּאָשָׁם: One who takes a false oath or an oath in vain violates the severe prohibition: "You shall not take the name of the Lord your God in vain" (Exodus 20:7; Deuteronomy 5:11). There are many detailed *halakhot* concerning the atonement the Torah affords for certain oath-related transgressions. It is stated: "Or if a soul takes an oath clearly to utter with lips to do evil, or to do good, whatsoever it be that a man shall utter clearly with an oath, and it be hid from him; and, when he knows of it, be guilty in one of these things" (Leviticus 5:4). One who seeks atonement confesses his sins and brings a she-goat or a ewe as a sin-offering. If he is poor, he brings two pigeons or two turtledoves. If even that offering is beyond his means, he brings one-tenth of an ephah of fine flour. This is known as a sliding-scale offering. This is the process of atonement for an oath on an utterance. Based on the description in the verse, the oath did not benefit the person in any way. Rather, it related to either an event that transpired or a personal obligation that he accepted.

With regard to one who takes a false oath by means of which he attempts to achieve financial gain, the Torah writes: "If anyone sin, and commit a trespass against the Lord…Or have found that which was lost, and deal falsely therein, and take an oath to a lie…Or anything about which he has sworn falsely, he shall restore it in full, and shall add the one-fifth part more, thereto… And his guilt-offering he shall bring, a ram without blemish out of the flock" (Leviticus 5:21–25). This is a guilt-offering for robbery, and it is brought whether the robbery was intentional or unwitting. One brings the offering when he takes a false oath with regard to money that he owes for any reason. The details of these *halakhot* are discussed in tractate *Shevuot*.

Died due to ordinary labor – וּמֵתָה מֵחֲמַת מְלָאכָה: The commentaries ask: What monetary debt does the borrower deny? Doesn't the renter support his testimony, as he corroborates that the animal died due to ordinary labor and therefore demands nothing from him? They explain that the reference here is to a case where each takes an oath separately: If the borrower takes an oath in response to the claim of the renter, the borrower is liable to pay. If the renter takes an oath only in response to the claim of the owner, the renter is exempt (Rosh).

BACKGROUND

Sin-offering – חַטָּאת: If one unwittingly commits a transgression whose punishment is *karet* when performed intentionally, he is liable to bring a sin-offering. The transgressor must have remained unwitting throughout his performance of the act. He brings a female lamb or goat less than one year old as his sin-offering. It is slaughtered in the north of the Temple courtyard, and its blood is received there. The blood is sprinkled on each of the four corners of the altar. The fats of the sin-offering are burned on the altar, and its meat is eaten by the priests. Other sin-offerings are brought by individuals at the conclusion of a period of ritual impurity, e.g., a woman after childbirth, as part of the purification rites. There are other sin-offerings sacrificed to atone for the sins of the community and special sin-offerings brought by the communal leaders to atone for transgressions. The Gemara here addresses a sliding-scale sin-offering brought for violation of an oath.

Guilt-offering – אָשָׁם: A guilt-offering is an offering of the most sacred order. It is eaten exclusively by priests on the day it is offered and during the following night. The sacrifice of the guilt-offering is fundamentally parallel to that of a sin-offering, other than a slightly different procedure for the sprinkling of the blood. Like the sin-offering, the guilt-offering is a propitiatory offering, brought to gain atonement for human failing.

There are six circumstances when one is obligated to bring a guilt-offering. In five of those circumstances, one brings a definite guilt-offering, as the sinner is aware that he sinned and that he must atone for his conduct or undergo purification. The sixth circumstance is where one is uncertain whether he committed a sin for which he is liable to bring a sin-offering. In that case, he brings a provisional guilt-offering.

The Gemara here addresses a case where one takes an oath denying a debt and later confesses that he took a false oath and owes money. This individual brings a ram as the guilt-offering for robbery.

HALAKHA

A false oath that involves denial of a monetary matter a guilt-offering – כְּפִירַת מָמוֹן אָשָׁם: In the case of one who took a false oath with regard to a deposit, or one who took a false oath to exempt himself from a monetary debt, beyond repaying the debt to the claimant and adding the one-fifth payment, he brings a guilt-offering as atonement. This is the *halakha* whether he took a false oath intentionally or unwittingly (Rambam *Sefer Hafla'a*, *Hilkhot Shevuot* 1:9).

A false oath on an utterance of the lips, a sin-offering – בִּיטּוּי שְׂפָתַיִם חַטָּאת: If one takes an oath falsely, whether it relates to an incident that took place in the past or whether it relates to an incident that he plans on performing in the future and he fails to do so, it is a false oath. If one took a false oath unwittingly, he is liable to bring a sliding-scale sin-offering (Rambam *Sefer Hafla'a*, *Hilkhot Shevuot* 1:3).

שׂוֹכֵר בְּאָשָׁם וְשׁוֹאֵל בְּחַטָּאת – כְּגוֹן שֶׁנִּגְנְבָה, וְאָמְרוּ מֵתָה כְּדַרְכָּהּ. שׂוֹכֵר הוּא דְּמִיחַיֵּיב בִּגְנֵיבָה וַאֲבֵידָה, וְקָא פָּטַר נַפְשֵׁיהּ בְּמֵתָה כְּדַרְכָּהּ – בְּאָשָׁם. שׁוֹאֵל, דְּבֵין כָּךְ וּבֵין כָּךְ חִיּוּבֵי מִיחַיַּיב – בְּחַטָּאת.

There are times when **a renter** is liable **to** bring **a guilt-offering and a borrower** is liable **to** bring **a sin-offering.** This is in a case **where** the cow **was stolen** from the borrower, **and** the renter and the borrower both **said** that it **died in its** typical **manner.** The **renter, who is liable** to pay in cases of **theft and loss and** attempted **to exempt himself** with the claim that it **died in its** typical **manner,** is liable **to** bring **a guilt-offering. A borrower, who in any case is liable** to pay, is liable **to** bring **a sin-offering.**

מַאי קָא מַשְׁמַע לַן? לְאַפּוֹקֵי מִדְּרַבִּי אַמִי דְּאָמַר: כׇּל שְׁבוּעָה שֶׁהַדַּיָּינִים מַשְׁבִּיעִים אוֹתָהּ – אֵין חַיָּיבִין עָלֶיהָ מִשּׁוּם שְׁבוּעַת בִּיטּוּי, שֶׁנֶּאֱמַר ״אוֹ נֶפֶשׁ כִּי תִשָּׁבַע לְבַטֵּא בִשְׂפָתַיִם״ – כִּי תִשָּׁבַע מֵעַצְמָהּ. קָא מַשְׁמַע לַן דְּלָא כְּרַבִּי אַמִי.

The Gemara asks: **What is** Rabbi Yirmeya **teaching us** with this systematic presentation of these cases? They are merely details based on established halakhic principles. The Gemara answers: His statement serves **to exclude** the opinion of **Rabbi Ami,**[H] **who says:** With regard to **any oath that the judges administer, one is not liable** to bring a sin-offering for taking a false **oath on an utterance, as it is stated** in the passage concerning the obligation to bring an offering for taking a false oath: **"Or if a soul takes an oath clearly to utter with lips"** (Leviticus 5:4). The Gemara infers: The liability to bring an offering for taking a false oath applies only to one **who takes an oath on his own** initiative, but not when the oath is administered by others. Rabbi Yirmeya **teaches us that** the *halakha* is **not in accordance with** the opinion of **Rabbi Ami,** as one is liable to bring a sin-offering for taking a false oath on an utterance even if it was administered by another.

אִתְּמַר, שׁוֹמֵר שֶׁמָּסַר לְשׁוֹמֵר. רַב אָמַר: פָּטוּר, וְרַבִּי יוֹחָנָן אָמַר: חַיָּיב.

It was stated that there is an amoraic dispute with regard to **a bailee who conveyed to** another **bailee**[H] the deposit with which he was entrusted. **Rav says:** He is **exempt** from payment in the same cases in which he is exempt when the deposit is in his possession. **And Rabbi Yoḥanan said:** He is **liable** to pay even in cases of damage due to circumstances beyond his control.

אָמַר אַבָּיֵי: לְטַעְמֵיהּ דְּרַב לָא מִבַּעְיָא שׁוֹמֵר חִנָּם שֶׁמָּסַר לְשׁוֹמֵר שָׂכָר, דְּעַלּוּיֵי עַלְּיֵיהּ לִשְׁמִירָתוֹ. אֶלָּא אֲפִילּוּ שׁוֹמֵר שָׂכָר שֶׁמָּסַר לְשׁוֹמֵר חִנָּם, דְּגָרוּעֵי גָּרְעָהּ לִשְׁמִירָתוֹ – פָּטוּר. מַאי טַעְמָא – דְּהָא מְסָרָהּ לְבֶן דַּעַת.

Abaye says: According **to Rav's** line of **reasoning, it is not necessary** to state his ruling in a case where he was initially **an unpaid bailee who conveyed** the deposit for safeguarding **to a paid bailee, as** in that case the unpaid bailee **enhanced** the level of **his safeguarding,**[N] since a paid bailee is liable to pay in instances where an unpaid bailee is exempt. **But even** in the case of **a paid bailee who conveyed** the deposit for safeguarding **to an unpaid bailee, where** the paid bailee **diminished** the level of **his safeguarding,** he is **exempt. What is the reason?** He is exempt **because he conveyed** the deposit **to a mentally competent person,** thereby effectively safeguarded the deposit.

וּלְטַעְמֵיהּ דְּרַבִּי יוֹחָנָן, לָא מִיבַּעְיָא שׁוֹמֵר שָׂכָר שֶׁמָּסַר לְשׁוֹמֵר חִנָּם דְּגָרוּעֵי גָּרְעָהּ לִשְׁמִירָתוֹ, אֶלָּא אֲפִילּוּ שׁוֹמֵר חִנָּם שֶׁמָּסַר לְשׁוֹמֵר שָׂכָר, דְּעַלּוּיֵי עַלְּיֵיהּ לִשְׁמִירָתוֹ – חַיָּיב. דְּאָמַר לֵיהּ: אֵין רְצוֹנִי שֶׁיְּהֵא פִּקְדּוֹנִי בְּיַד אַחֵר.

According **to Rabbi Yoḥanan's** line of **reasoning, it is not necessary** to state his ruling in a case where he was initially **a paid bailee who conveyed** the deposit for safeguarding **to an unpaid bailee, as** the paid bailee **diminished** the level of **his safeguarding,** since an unpaid bailee is exempt in instances where a paid bailee is liable to pay. **But even** in the case of **an unpaid bailee who conveyed** the deposit for safeguarding **to a paid bailee, where** the unpaid bailee **enhanced** the level of **his safeguarding,** he is **liable** to pay. What is the reason? He is liable **because** the owner of the deposit **said to him: It is not my desire that my deposit be in the possession of another** bailee.[N]

HALAKHA

To exclude the opinion of Rabbi Ami – לְאַפּוֹקֵי מִדְּרַבִּי אַמִי: In the case of a bailee who is sued in court and takes an oath supporting a false claim, if he garnered no financial gain from that claim, he is liable to bring a sin-offering for taking a false oath (Rambam *Sefer Hafla'a, Hilkhot Shevuot* 7:2, 8:5).

A bailee who conveyed the deposit to another bailee – שׁוֹמֵר שֶׁמָּסַר לְשׁוֹמֵר: A bailee who conveys a deposit to a different bailee is liable to pay for damage to the deposit. This is the *halakha* even if the bailee conveys the deposit to a bailee who has a higher level of responsibility for the deposit and consequently the safeguarding is enhanced, e.g., in a case where an unpaid bailee conveys the deposit to a paid bailee, as the owners can say: We do not trust the oath of the second bailee. Consequently, if it is known that the owner regularly entrusts the second bailee with his deposits, the first bailee is exempt, provided the level of safeguarding is not diminished, as it would be in the case of a paid bailee conveying a deposit to an unpaid bailee. If the first bailee diminished the level of safeguarding, it is a case of negligence, and he is liable to pay, in accordance with the statement of Rabbi Yoḥanan and the ruling of Rava (Rambam *Sefer Mishpatim, Hilkhot Sekhirut* 1:6 and *Sefer Nezikin, Hilkhot Nizkei Mamon* 4:11; *Shulḥan Arukh, Ḥoshen Mishpat* 291:26, 305:5, 396:9).

NOTES

As he enhanced the level of his safeguarding – דְּעַלּוּיֵי עַלְּיֵיהּ לִשְׁמִירָתוֹ: Most of the early commentaries agree that the enhancement and diminishment mentioned in this context are not stated with regard to the monetary liability of the first bailee to the owner. Rather, the assumption is that a paid bailee is more meticulous in safeguarding the deposit than an unpaid bailee (Ramban; Rashba).

It is not my desire that my deposit be in the possession of another bailee – אֵין רְצוֹנִי שֶׁיְּהֵא פִּקְדּוֹנִי בְּיַד אַחֵר: Some of the early commentaries explain that the bailee must pay because the legal status of one who deviates from the desire of the owner is that of a robber (Rif). *Tosafot* explain that it is as though the owner stipulated an explicit condition that if the bailee deviates from the owner's desires, the bailee is responsible for the deposit regardless of what occurs. The Ra'avad explains that it is known that there are people whose luck is bad, and different accidents befall them. The owner therefore insists that his deposit be safeguarded by a specific person.

אֲמַר רַב חִסְדָּא: הָא דְּרַב לָאו בְּפֵירוּשׁ אִתְּמַר, אֶלָּא מִכְּלָלָא. דְּהָנְהוּ גִּינָּאֵי דְּכָל יוֹמָא הָווּ מַפְקְדִי מָרְיְיהוּ גַּבָּהּ דְּהַהִיא סַבְתָּא. יוֹמָא חַד אַפְקְדִינְהוּ לְגַבֵּי חַד מִינַּיְיהוּ, שְׁמַע קָלָא בֵּי הִלּוּלָא, נְפַק אֲזַל, אַפְקְדִינְהוּ לְגַבָּהּ דְּהַהִיא סַבְתָּא. אַדַּאֲזַל וַאֲתָא אִגְּנוּב מָרְיְיהוּ.

Rav Ḥisda said: This statement **that** is attributed to **Rav was not stated explicitly. Rather,** it was **inferred** from another statement of his, **as** it is related: There were **these gardeners who each day would deposit their spades with a certain old woman. One day they deposited** their spades **with one of** gardeners. He **heard noise** from **a wedding hall** and set **out** and went there. **He deposited** the spades **with that old woman.** In the time **that he went and came** back from the wedding, **their spades were stolen.**

אֲתָא לְקַמֵּיהּ דְּרַב וּפַטְרֵיהּ. מַאן דַּחֲזָא סָבַר מִשּׁוּם שׁוֹמֵר שֶׁמָּסַר לְשׁוֹמֵר – פָּטוּר, וְלָא הִיא. שָׁאנֵי הָתָם, דְּכָל יוֹמָא נָמֵי אִינְהוּ גּוּפַיְיהוּ גַּבָּהּ דְּהַהִיא סַבְתָּא הָווּ מַפְקְדִי לְהוּ.

The case **came before Rav, and** Rav **exempted** the gardener who deposited the spades with the old woman. **One who observed** Rav's ruling **thought** that Rav issued that ruling **due to** the fact that **a bailee who conveyed** a deposit **to** another **bailee is exempt. But** that **is not so. There,** in the case of the spades, it **is different, as** the gardeners **themselves would deposit** their spades **with that old woman.** Since the gardeners cannot claim that it is not their desire for their deposit to be in the possession of this old woman, the gardener who did so is exempt.

יָתֵיב רַבִּי אַמִי וְקָאָמַר לָהּ לְהָא שְׁמַעְתָּא. אֵיתִיבֵיהּ רַבִּי אַבָּא בַּר מֶמֶל לְרַבִּי אַמִי: הַשּׂוֹכֵר פָּרָה מֵחֲבֵירוֹ וְהִשְׁאִילָהּ לְאַחֵר, וּמֵתָה כְּדַרְכָּהּ – יִשָּׁבַע הַשּׂוֹכֵר שֶׁמֵּתָה כְּדַרְכָּהּ, וְהַשּׁוֹאֵל מְשַׁלֵּם לַשּׂוֹכֵר. וְאִם אִיתָא, לֵימָא לֵיהּ: אֵין רְצוֹנִי שֶׁיְּהֵא פִּקְדּוֹנִי בְּיַד אַחֵר! אֲמַר לֵיהּ: הָכָא בְּמַאי עָסְקִינַן – בְּשֶׁנָּתְנוּ לוֹ רְשׁוּת הַבְּעָלִים לְהַשְׁאִיל.

The Gemara relates: **Rabbi Ami sat and stated this** ***halakha*****. Rabbi Abba bar Memel raised an objection to Rabbi Ami** from the mishna: In the case of **one who rents a cow from another, and** this renter **lends it to another** person, **and** the cow **dies in its** typical **manner** in the possession of the borrower, the *halakha* is that **the renter takes an oath** to the owner of the cow **that** the cow **died in its** typical **manner, and the borrower pays the renter** for the cow that he borrowed. **And if** the statement of Rabbi Yoḥanan **is so, let** the owner **say** to the renter: **It is not my desire that my deposit be in the possession of another** bailee, and the renter should be liable to pay because he violated the owner's wishes. Rabbi Ami **said to him: With what are we dealing here?** It is a case **where the owner gave** the renter **permission to lend** the deposit to another.

אִי הָכִי, לַבְּעָלִים בָּעֵי לְשַׁלּוּמֵי! דַּאֲמַרוּ לֵיהּ: לְדַעְתָּךְ.

The Gemara asks: **If so,** the borrower **should be required to pay the owners,** as the owner sanctioned the borrowing. Rabbi Abba bar Memel answers: The case in the mishna is one **where** the owner **said to** the renter: Lend this deposit to another **at your discretion.** Therefore, it is not considered as if the owner lent it to the borrower.

מְתִיב רָמִי בַּר חָמָא: הַמַּפְקִיד מָעוֹת אֵצֶל חֲבֵירוֹ, צְרָרָן וְהִפְשִׁילָן לַאֲחוֹרָיו, מְסָרָן לִבְנוֹ וּבִתּוֹ הַקְּטַנִּים, וְנָעַל בִּפְנֵיהֶם שֶׁלֹּא כָּרָאוּי – חַיָּיב, שֶׁלֹּא שָׁמַר כְּדֶרֶךְ הַשּׁוֹמְרִים.

Rami bar Ḥama raises an objection from a mishna (42a): In the case of **one who deposited coins with another,** and that bailee **bound it** in a cloth **and slung it behind him,**[H] or **conveyed them to his minor son or daughter** for safeguarding, **or locked** the door **before** the coins **in an inappropriate,** i.e., insufficient, manner to secure them, the bailee is **liable** to pay for the coins, **as he did not safeguard** the coins **in the manner** typical **of bailees.**

טַעְמָא – דִּקְטַנִּים, הָא גְּדוֹלִים – פָּטוּר. אַמַּאי? נֵימָא לֵיהּ: אֵין רְצוֹנִי שֶׁיְּהֵא פִּקְדּוֹנִי בְּיַד אַחֵר!

The Gemara infers: **The reason** he is liable to pay is **that** he conveyed the coins to his **minor** children, **but** if he conveyed them to his **adult** son or daughter he is **exempt. Why? Let the** owner **say to him** as Rabbi Yoḥanan said: **It is not my desire that my deposit be in the possession of another** bailee, and therefore even if the children are adults the bailee should be liable to pay.

אֲמַר רָבָא: כָּל הַמַּפְקִיד

Rava said: No proof can be cited, as it is clear that in the case of **anyone who deposits** an item with another,

HALAKHA

Bound it in a cloth and slung it behind him – צְרָרָן וְהִפְשִׁילָן לַאֲחוֹרָיו: When money is deposited with a bailee, he must bind it and keep the money pouch in his hand or in his sight. If he did not bind it in that way, he bears responsibility for the loss of the money, even if it is taken from him due to circumstances beyond his control, as he was negligent (Rambam *Sefer Mishpatim, Hilkhot She'ela UFikadon* 4:6; *Shulḥan Arukh, Ḥoshen Mishpat* 291:20).

עַל דַּעַת אִשְׁתּוֹ וּבָנָיו הוּא מַפְקִיד.

it is **with the awareness** that at times the bailee's **wife and his children** will safeguard the item that **he deposits** it,[NH] as the bailee cannot be with the deposit at all times.

אָמְרִי נְהַרְדָּעֵי: דַּיְקָא נָמֵי, דְּקָתָנֵי: אוֹ שֶׁמְּסָרָן לִבְנוֹ וּבִתּוֹ הַקְּטַנִּים – חַיָּיב. הָא לִבְנוֹ וּלְבִתּוֹ הַגְּדוֹלִים – פָּטוּר. מִכְּלָל דִּלַאֲחֵרִים, לָא שְׁנָא גְּדוֹלִים וְלָא שְׁנָא קְטַנִּים – חַיָּיב. דְּאִם כֵּן – לִיתְנֵי קְטַנִּים סְתָמָא. שְׁמַע מִינַּהּ.

The Sages **of Neharde'a say:** The language of the mishna **is also precise, as it teaches: Or** if he **conveyed** the coins **to his minor son or daughter** for safeguarding, he is **liable** to pay. **But** if he conveyed them to his **adult son and daughter,** he is **exempt. By inference,** one can conclude **that** with regard **to others,** it **is no different** if they are **adults and** it **is no different** if they are **minors.** Either way, the bailee is **liable** to pay, **as, if** there were a difference, **let the** *tanna* **teach:** If he conveyed the coins to **minors, without qualification.** The Gemara concludes: Since the *tanna* specifically addressed the case of one's minor children, **learn from** the wording of the mishna that the difference between minors and adults exists only with regard to one's children.

אָמַר רָבָא: הִלְכְתָא, שׁוֹמֵר שֶׁמָּסַר לְשׁוֹמֵר – חַיָּיב. לָא מִבַּעְיָא שׁוֹמֵר שָׂכָר שֶׁמָּסַר לְשׁוֹמֵר חִנָּם, דְּגָרוּעֵי גָּרְעָה לִשְׁמִירָתוֹ. אֶלָּא אֲפִילּוּ שׁוֹמֵר חִנָּם שֶׁמָּסַר לְשׁוֹמֵר שָׂכָר – חַיָּיב, מַאי טַעְמָא – דְּאָמַר לֵיהּ: אַתְּ מְהֵימְנַתְּ לִי בִּשְׁבוּעָה, הָאֵיךְ לָא מְהֵימַן לִי בִּשְׁבוּעָה.

Rava says: The ***halakha*** is: **A bailee who conveyed** a deposit **to** another **bailee is liable** to pay. **It is not necessary** to say that this is the *halakha* if he was **a paid bailee who conveyed** the deposit **to an unpaid bailee,** as in that case the first bailee **diminished** the level **of his safeguarding,** as an unpaid bailee is exempt from paying in instances where a paid bailee is obligated to do so. **But even** if it was initially **an unpaid bailee who conveyed** the deposit for safeguarding **to a paid bailee,** the first bailee is **liable** to pay. **What is the reason** that he is liable in that case? He is liable, **as** the owner of the deposit can **say to him: You are trustworthy to me when** you take **an oath** that the item was stolen or lost. **That** person **is not trustworthy to me when** he takes **an oath.**[N]

אִתְּמַר, פָּשַׁע בָּהּ וְיָצְאת לָאֲגַם, וּמֵתָה כְּדַרְכָּהּ. אַבָּיֵי מִשְּׁמֵיהּ דְּרַבָּה אָמַר: חַיָּיב, רָבָא מִשְּׁמֵיהּ דְּרַבָּה אָמַר: פָּטוּר.

It was stated that there is an amoraic dispute: In the case of **one** who was **negligent** in safeguarding an animal, **and it went into a marsh,** where it was susceptible to thieves and predatory animals, **but it died**[H] **in its** typical **manner** despite this negligence, i.e., it was neither stolen nor devoured, **Abaye says in the name of Rabba:** The bailee is **liable** to pay. **Rava says in the name of Rabba:**[N] The bailee is **exempt** from doing so.

אַבָּיֵי מִשְּׁמֵיהּ דְּרַבָּה אָמַר: חַיָּיב, כָּל דַּיָּינָא דְּלָא דָּאֵין כִּי הַאי דִּינָא לָאו דַּיָּינָא הוּא. לָא מִבַּעְיָא לְמַאן דְּאָמַר תְּחִילָּתוֹ בִּפְשִׁיעָה וְסוֹפוֹ בְּאוֹנֶס חַיָּיב – דְּחַיָּיב. אֶלָּא אֲפִילּוּ לְמַאן דְּאָמַר פָּטוּר – הָכָא חַיָּיב. מַאי טַעְמָא – דְּאָמְרִינַן: הַבְלָא דְּאַגְמָא קְטַלָהּ.

The Gemara elaborates. **Abaye said in the name of Rabba:** He is **liable** to pay, and **any judge who does not rule**[N] **in accordance with this** ***halakha*** **is not a judge. It is not necessary** to say that the bailee is liable in this case, **according to the one who says:** In a case where the incident was **initially through negligence and ultimately by accident,**[H] one is **liable** to pay. According to this opinion, it is obvious **that** the bailee is **liable** to pay. **But even according to the one who says:** If the incident was initially through negligence and ultimately by accident one is **exempt, here** the bailee is still **liable** to pay. **What is the reason** that he is liable? It is **because we say: The air of the marsh killed** the animal.[N] The negligence led to the death of the animal, and it was not due to circumstances beyond his control.

NOTES

It is with the awareness that at times the bailee's wife and his children will safeguard the item that he deposits it – עַל דַּעַת אִשְׁתּוֹ וּבָנָיו הוּא מַפְקִיד: The bailee leaves his own property in their care, and the standards for the safeguarding of others' property is no greater than the safeguarding of his own property (Rabbeinu Ḥananel).

That person is not trustworthy to me when he takes an oath – הָאֵיךְ לָא מְהֵימַן לִי בִּשְׁבוּעָה: Several conclusions result from this rationale. If there were witnesses, the bailee is not required to take an oath. Consequently, according to this opinion, if he conveys the deposit to another person, he is not liable to pay, as the conveyance per se is not an act of negligence. There is a dispute with regard to a case where the second bailee is no less trustworthy and perhaps even more trustworthy than the first. According to *Tosafot*, since he is trustworthy, the owner cannot refuse to accept his oath. The Rosh says that there is no general rule with regard to this matter, and the owner can say that he does not trust even one who is trustworthy.

Abaye says…Rava says in the name of Rabba – ...אַבָּיֵי...אָמַר...רָבָא מִשְּׁמֵיהּ דְּרַבָּה אָמַר: It has already been noted that it is not necessarily true that one of them erred about the Sage's opinion. Rather, it is possible that Rabba said one statement first and later retracted this and said another statement. Similar situations can be found on other occasions (see Ramban and Ya'avetz).

Any judge who does not rule – כָּל דַּיָּינָא דְּלָא דָּאֵין: This language serves to indicate that the ruling is not only in accordance with one opinion, which would enable a judge to say that he rules in accordance with the contrary opinion. Rather, this ruling is in accordance with all opinions. Therefore, anyone who rules otherwise is mistaken (*Torat Ḥayyim*; Maharam Schiff).

The air of the marsh killed the animal – הַבְלָא דְּאַגְמָא קְטַלָהּ: There is no certainty that the air caused the death, as animals frequently graze in marshland and are not harmed. Nevertheless, since there was negligence at the outset, all damage is attributed to that negligence.

HALAKHA

It is with the awareness that at times the bailee's wife and his children will safeguard the item that he deposits it – עַל דַּעַת אִשְׁתּוֹ וּבָנָיו הוּא מַפְקִיד: Anyone who deposits an item with one who lives with his family is aware that at times the adult members of his household will be the ones safeguarding the item. If the bailee entrusted the item to minor members of his household or to his Canaanite slave (*Sma*), or if he entrusted the item to one who is not a member of his household and is not financially dependent upon him, it is then considered a case of a bailee who conveyed a deposit to another bailee, and he is liable to pay (Rambam *Sefer Mishpatim*, *Hilkhot She'ela UFikadon* 4:8; *Shulḥan Arukh*, *Ḥoshen Mishpat* 291:21).

One was negligent in safeguarding an animal and it went into a marsh but it died – פָּשַׁע בָּהּ וְיָצְאת לָאֲגַם וּמֵתָה: If a bailee was negligent in safeguarding an animal, and it went into a marsh where it died of natural causes, the bailee is exempt. Although initially there was negligence, there is no difference as far as the Angel of Death is concerned. If one was negligent and the animal went into a marsh and was stolen, even if it died while in the thief's possession, the bailee bears responsibility. This is the *halakha* even for an unpaid bailee (Rambam *Sefer Mishpatim*, *Hilkhot Sekhirut* 3:10; *Shulḥan Arukh*, *Ḥoshen Mishpat* 291:9).

Initially through negligence and ultimately by accident – תְּחִילָּתוֹ בִּפְשִׁיעָה וְסוֹפוֹ בְּאוֹנֶס: If the bailee was negligent and failed to safeguard the deposit properly, and if the deposit was damaged due to circumstances beyond his control, although the damage was not caused directly by his negligence, the bailee is still liable to pay. If there is absolutely no connection between the negligence and the damage, he is exempt (Rambam *Sefer Mishpatim*, *Hilkhot Sekhirut* 3:9; *Shulḥan Arukh*, *Ḥoshen Mishpat* 291:6 and *Sma* there).

NOTES

The Angel of Death – מַלְאַךְ הַמָּוֶת: Rava holds that although the air of the marsh could harm the animal, it is unreasonable to assume that it could cause the animal's death. It must have been sick before going to the marsh and it happened to die there. Some commentaries question Rava's opinion: Why, in the case where an animal in the possession of a borrower dies due to ordinary labor, is the borrower liable to pay? Couldn't he claim that with regard to the Angel of Death, i.e., death that occurred through natural causes, other factors are irrelevant, and the location of the animal's death is not taken into consideration? They answer that when borrowing an item, one explicitly assumes responsibility for any mishap that befalls the item and prevents its return to the owner.

BACKGROUND

The Angel of Death – מַלְאַךְ הַמָּוֶת: The Sages distinguish between deaths that are the result of an observable cause, e.g., an accident or an illness caused by exposure to inclement weather, and deaths that have no observable cause, due to some internal illness. Only the latter are attributed to the Angel of Death. The assumption was that an animal with that type of illness will die from it wherever it may be. Neither location nor exertion is the primary cause of its death.

HALAKHA

If one brought the animal to the edge of a cliff – הֶעֱלָהּ לְרָאשֵׁי צוּקִין: If the bailee took the animal in his charge to the edge of a cliff and it fell, this is not considered a circumstance beyond his control, and the bailee is liable to pay. If it died there of natural causes, he is exempt (Rambam *Sefer Mishpatim, Hilkhot Sekhirut* 3:9; *Shulḥan Arukh, Ḥoshen Mishpat* 291:6).

רָבָא מִשְּׁמֵיהּ דְּרַבָּה אָמַר: פָּטוּר, כָּל דַּיָּינָא דְּלָא דָּאֵין כִּי הַאי דִּינָא לָאו דַּיָּינָא הוּא. לָא מִיבַּעְיָא לְמַאן דְּאָמַר: תְּחִילָּתוֹ בִּפְשִׁיעָה וְסוֹפוֹ בְּאוֹנֶס פָּטוּר – דְּפָטוּר. אֶלָּא אֲפִילּוּ לְמַאן דְּאָמַר חַיָּיב – הָכָא פָּטוּר. מַאי טַעְמָא – דְּאָמְרִינַן: מַלְאַךְ הַמָּוֶת, מַה לִּי הָכָא וּמַה לִּי הָתָם?

Rava says in the name of Rabba: He is **exempt,** and **any judge who does not rule in accordance with this** ***halakha*** **is not a judge. It is not necessary** to say that the bailee is exempt in this case, **according to the one who says:** In a case where the incident was **initially through negligence and ultimately by accident,** one is **exempt** from payment. According to this opinion, it is obvious **that** the bailee **is exempt. But even according to the one who says:** In a case where the incident was initially through negligence and ultimately by accident, one is **liable** to pay, **here** the bailee is still **exempt** from payment. **What is the reason** that he is exempt? It is **because we say** with regard to **the Angel of Death,**[NB] who causes death by natural causes: **What** difference is there **to me** if the animal was **here, and what** difference is there **to me** if the animal was **there?** The cause of the animal's death was natural, and there is no relevance given to the location of the death. Consequently, the bailee is exempt.

וּמוֹדֵי אַבַּיֵּי דְּאִי הֲדַרָא לְבֵי מָרַהּ וּמֵתָה דְּפָטוּר. מַאי טַעְמָא – דְּהָא הֲדַרָא לַהּ, וְלֵיכָּא לְמֵימַר הַבְלָא דְּאַגְמָא קַטְלָהּ. וּמוֹדֵי רָבָא כָּל הֵיכָא דְּאִיגַּנְבָהּ גַּנָּב בַּאֲגַם וּמֵתָה כְּדַרְכָּהּ בֵּי גַּנָּב דְּחַיָּיב. מַאי טַעְמָא, דְּאִי שַׁבְקַהּ מַלְאַךְ הַמָּוֶת – בְּבֵיתֵיהּ דְּגַנָּבָא הֲוָה קַיְימָא.

The Gemara notes: **And Abaye concedes that if** the animal **returned** from the marsh **to its owner's house and died** there **that** the bailee **is exempt. What is the reason** that he is exempt? He is exempt due to the fact **that** the animal **returned, and** since it was able to return **there is no** justification **to say** that **the air of the marsh killed it. And Rava concedes that anytime** the animal **was stolen** from the marsh **and** then **dies in its** typical **manner in the house of the thief that** the bailee **is liable** to pay. **What is the reason** that he is liable to pay? He is liable **because** even **if the Angel of Death spared** the life of the animal, **it would be standing in the house of the thief** due to the negligence of the bailee.

אֲמַר לֵיהּ אַבַּיֵּי לְרָבָא: לְדִידָךְ דְּאָמְרַתְּ מַלְאַךְ הַמָּוֶת, מַה לִּי הָכָא וּמַה לִּי הָתָם, הַאי דְּאוֹתְבֵיהּ רַבִּי אַבָּא בַּר מֶמֶל לְרַבִּי אַמִּי, וְשַׁנֵּי לֵיהּ בְּשֶׁנָּתְנוּ לוֹ בְּעָלִים רְשׁוּת לְהַשְׁאִיל, וְלֵימָא לֵיהּ: מַלְאַךְ הַמָּוֶת, מַה לִּי הָכָא וּמַה לִּי הָתָם?

Abaye said to Rava: According to you, who said with regard to **the Angel of Death: What** difference is there **to me** if the animal was **here and what** difference is there **to me** if the animal was **there?** How will you explain the exchange between Rabbi Abba bar Memel and Rabbi Ami? As there is **that objection that was raised by Rabbi Abba bar Memel to Rabbi Ami** from the mishna with regard to one who rents a cow from another, and then lends it to another person, **and** Rabbi Ami **answered him:** It is a case **where the owner gave** the renter **permission to lend** the deposit. Abaye states his challenge: **But** according to your explanation, **let** Rabbi Ami **say to him** that the bailee is exempt because with regard to **the Angel of Death, what** difference is there **to me** if the animal was **here, and what** difference is there **to me** if the animal was **there.** If the death would have happened regardless of the location of the animal, it makes no difference whether it was in the possession of the first renter or in the possession of the one he lent it to.

אֲמַר לֵיהּ: לְדִידְכוּ דְּמַתְנִיתוּ אֵין רְצוֹנִי שֶׁיְּהֵא פִּקְדּוֹנִי בְּיַד אַחֵר – אִיכָּא לְאוֹתְבָהּ לְהַהִיא, לְדִידִי דְּאָמִינָא אַתְּ מְהֵימַנְתְּ לִי בִּשְׁבוּעָה וְהָאֵיךְ לָא מְהֵימַן לִי בִּשְׁבוּעָה – לֵיכָּא לְאוֹתְבָהּ כְּלָל.

Rava **said to** Abaye: **According to you, that you teach** that a bailee who conveyed a deposit to another bailee is liable to pay because the owner can claim: **It is not my desire that my deposit be in the possession of another** bailee, **there is** room **to raise that objection.** But **according to me, as I say** that a bailee who conveyed a deposit to another bailee is liable to pay because the owner can claim: **You are trustworthy to me when** you take **an oath** that the item was stolen or lost; **that** person **is not trustworthy to me when** he takes **an oath, there is no** room **to raise that objection at all.**

מֵתִיב רָמִי בַּר חָמָא: הֶעֱלָהּ לְרָאשֵׁי צוּקִין וְנָפְלָה – אֵין זֶה אוֹנֶס, וְחַיָּיב. הָא מֵתָה כְּדַרְכָּהּ – הֲרֵי זֶה אוֹנֶס, וּפָטוּר. וְאַמַּאי? לֵימָא לֵיהּ אֲוִירָא דְּהַר קַטְלָהּ, אִי נַמִי אוּבְצָנָא דְּהַר קַטְלָהּ!

Rami bar Ḥama raises an objection to the opinion of Abaye from a mishna (93b): If **one brought** the animal **to the edge of a cliff**[H] **and it fell, that is not** considered **an accident, and** he is **liable** to pay. One may infer **that** if he brought it to the edge of the cliff and **it died in its** typical **manner,** that is considered **an accident and** he is **exempt. But why? Let** the owner of the animal **say** to the bailee: It is **the air of the mountain** that **killed it, or:** The **exhaustion** from climbing **the mountain killed it.**

הָכָא בְּמַאי עָסְקִינַן – שֶׁהֶעֱלָה לְמַרְעֶה שָׁמֵן וְטוֹב. אִי הָכִי, נָפְלָה נַמִי! שֶׁהָיָה לוֹ לְתוֹקְפָהּ, וְלֹא תְּקָפָהּ.

The Gemara rejects this: **With what are we dealing here?** It is with a case **where** the bailee **took** the animal **to a bountiful and high-quality pasture.** Since shepherds typically herd their flocks there, taking the animal there is not negligent. The Gemara asks: **If so,** then the bailee should be exempt **even** if the animal **fell.** The Gemara answers: He is liable to pay **because he should have subdued** the animal to prevent it from falling, **and he did not subdue it.**

אִי הָכִי, אֵימָא רֵישָׁא: עָלְתָה לְרָאשֵׁי צוּקִין וְנָפְלָה – הֲרֵי זֶה אוֹנֶס, אִיבְּעִי לֵיהּ לְמִיתְקְפַהּ! לָא צְרִיכָא, שֶׁתְּקָפַתּוּ וְעָלְתָה, תְּקָפַתּוּ וְיָרְדָה.

The Gemara asks: **If so, say the first clause** of the mishna: If the animal **climbed to the top of a cliff and fell, it is a circumstance beyond his control** and he is exempt. Shouldn't he be liable, since **he was required to subdue it** and prevent it from falling? The Gemara answers: **No, it is necessary** for the *tanna* to say that the bailee is exempt only in a case **where** the animal **overpowered him and ascended**[N] and the animal **overpowered him and descended.** Although he attempted to prevent the animal from falling, it overpowered the bailee and fell.

"אָמַר רַבִּי יוֹסֵי כֵּיצַד הַלָּה עוֹשֶׂה סְחוֹרָה בְּפָרָתוֹ" כּוּ׳. אָמַר רַב יְהוּדָה אָמַר שְׁמוּאֵל: הֲלָכָה כְּרַבִּי יוֹסֵי. אֲמַר לֵיהּ רַב שְׁמוּאֵל בַּר יְהוּדָה לְרַב יְהוּדָה, אָמְרַתְּ לַן מִשְּׁמֵיהּ דִּשְׁמוּאֵל: חָלוּק הָיָה רַבִּי יוֹסֵי

§ The mishna teaches that **Rabbi Yosei said: How does the other** party **do business with** and profit from another's **cow? Rav Yehuda says** that **Shmuel says:** The ***halakha*** is **in accordance with** the opinion of **Rabbi Yosei. Rav Shmuel bar Yehuda said to Rav Yehuda: You told us in the name of Shmuel** that **Rabbi Yosei was in disagreement** with the first *tanna*

NOTES

Overpowered him and ascended – שֶׁתְּקָפַתּוּ וְעָלְתָה: This phrase is ostensibly superfluous. The Ra'avad explains that since the animal overpowered him and ascended the mountain, the bailee did not attempt to restrain it when it sought to descend, as he feared falling down the mountain himself.

אַף בָּרִאשׁוֹנָה. הֲלָכָה כְּמוֹתוֹ, אוֹ אֵין הֲלָכָה כְּמוֹתוֹ? אֲמַר לֵיהּ: חָלוּק הָיָה רַבִּי יוֹסֵי אַף בָּרִאשׁוֹנָה, וַהֲלָכָה כְּמוֹתוֹ אַף בָּרִאשׁוֹנָה.

even in the first mishna in this chapter, and Rabbi Yosei holds that even when a bailee pays for the deposit and chooses not to take an oath, the thief pays the double payment to the owner. Is the ***halakha*** **in accordance with his** opinion even in that case, **or** is the ***halakha*** **not in accordance with his** opinion? Rav Yehuda **said to him: Rabbi Yosei was in disagreement even in the first** mishna in this chapter, **and the *halakha*** is **in accordance with his** opinion **even in the first** mishna.

אִתְּמַר נַמִי, אָמַר רַבִּי אֶלְעָזָר: חָלוּק הָיָה רַבִּי יוֹסֵי אַף בָּרִאשׁוֹנָה, וַהֲלָכָה כְּמוֹתוֹ אַף בָּרִאשׁוֹנָה. וְרַבִּי יוֹחָנָן אָמַר: מוֹדֶה הָיָה רַבִּי יוֹסֵי בָּרִאשׁוֹנָה, שֶׁכְּבָר שִׁילֵּם.

It was also stated that the *amora'im* in Eretz Yisrael disagreed about this matter. **Rabbi Elazar says: Rabbi Yosei was in disagreement even in the first** mishna **and the *halakha*** is **in accordance with his** opinion **even in the first** mishna. **And Rabbi Yoḥanan says: Rabbi Yosei conceded in the first** mishna **because** the bailee **already paid** and acquired the animal.

שִׁילֵּם – אִין, לֹא שִׁילֵּם – לָא? וְהָאָמַר רַבִּי חִיָּיא בַּר אַבָּא אָמַר רַבִּי יוֹחָנָן: לֹא "שִׁילֵּם" שִׁילֵּם מַמָּשׁ, אֶלָּא כֵּיוָן שֶׁאָמַר הֲרֵינִי מְשַׁלֵּם, אַף עַל פִּי שֶׁלֹּא שִׁילֵּם! אֵימָא: מוֹדֶה הָיָה רַבִּי יוֹסֵי בָּרִאשׁוֹנָה, שֶׁכְּבָר אָמַר הֲרֵינִי מְשַׁלֵּם.

The Gemara questions the formulation of Rabbi Yoḥanan's statement: If **he paid, yes,** the thief pays the double payment to him; if **he did not pay, no? But doesn't Rabbi Ḥiyya bar Abba say** that **Rabbi Yoḥanan** himself **says:** When the mishna says: If the bailee **paid,** it does **not** mean that he **actually paid; rather, once** the bailee **said: I hereby** choose to **pay, even if he did not** yet actually **pay,** he acquired the double payment? The Gemara answers: Emend the statement of Rabbi Yoḥanan and **say: Rabbi Yosei conceded in the first** mishna **because** the bailee **already said: I hereby** choose **to pay.**

מתני׳ אָמַר לִשְׁנַיִם: גָּזַלְתִּי לְאֶחָד מִכֶּם מָנֶה, וְאֵינִי יוֹדֵעַ אֵיזֶה מִכֶּם. אוֹ: אָבִיו שֶׁל אֶחָד מִכֶּם הִפְקִיד לִי מָנֶה וְאֵינִי יוֹדֵעַ אֵיזֶה הוּא – נוֹתֵן לָזֶה מָנֶה וְלָזֶה מָנֶה, שֶׁהוֹדָה מִפִּי עַצְמוֹ.

MISHNA If **one said to two** people: **I robbed one of you of one hundred dinars, but I do not know** from **which of you** I took the money, **or** if one said to two people: **The father of one of you deposited one hundred dinars with me,**[N] **but I do not know** the father of **which** of you **he is,** then he **gives one hundred dinars to this** person **and one hundred dinars to that** person. This is **because** there is no way to determine which of them is entitled to the money, and **he admitted** his obligation **at his own** initiative.[H]

NOTES

The father of one of you deposited one hundred dinars with me – אָבִיו שֶׁל אֶחָד מִכֶּם הִפְקִיד לִי מָנֶה: The language employed here: The father of one of you, indicates that there are no claimants to the money. Rather, he admits his debt at his own initiative, as explained in the Gemara. This situation is likelier in a case of robbery, as the victims do not know who robbed them of their belongings. In the case of a deposit, it is unlikely that one completely forgot with whom he deposited the money. Therefore, the mishna states that this is a case where one's father deposited the money (Ritva).

HALAKHA

One who robbed and does not know from whom he robbed – מִי שֶׁגָּזַל וְאֵינוֹ יוֹדֵעַ מִמִּי גָּזַל: If one said to two people: I robbed one of you of one hundred dinars, but I do not know which of you I robbed, he gives one hundred dinars to the two of them and they divide it. If the robber seeks to fulfill his obligation to Heaven, he gives one hundred dinars to each. That is the ruling when those people do not claim the money from him. If each claims that the one hundred dinars were robbed from him, and he admits that he robbed them of the money but he does not know which of them he robbed, he pays one hundred dinars to each. The Rema adds that if he robbed one of them of one hundred dinars and the other of two hundred dinars, and each of them claims the two hundred dinars, he pays both, as the *halakha* is not in accordance with the ruling of the mishna, which is in accordance with the opinion of Rabbi Tarfon. Rather, it is in accordance with the opinion of Rabbi Akiva (Rambam *Sefer Nezikin*, *Hilkhot Gezeila VaAveda* 4:10; *Shulḥan Arukh*, *Ḥoshen Mishpat* 365:2).

שְׁנַיִם שֶׁהִפְקִידוּ אֵצֶל אֶחָד, זֶה מָנֶה וְזֶה מָאתַיִם, זֶה אוֹמֵר שֶׁלִּי מָאתַיִם וְזֶה אוֹמֵר שֶׁלִּי מָאתַיִם – נוֹתֵן לָזֶה מָנֶה וְלָזֶה מָנֶה, וְהַשְּׁאָר יְהֵא מוּנָּח עַד שֶׁיָּבֹא אֵלִיָּהוּ.

In the case of **two people who deposited** money **with one** person,[H] and **this** one deposited **one hundred dinars and that** one deposited **two hundred** dinars, and when they come to collect their deposit, **this one says: My** deposit was **two hundred** dinars, **and that** one **says: My** deposit was **two hundred** dinars, the bailee **gives one hundred dinars to this** one **and one hundred dinars to that** one. **And the rest**[N] of the money, i.e., the contested one hundred dinars, **will be placed** in a safe place **until Elijah comes**[B] and prophetically determines the truth.

אָמַר רַבִּי יוֹסֵי: אִם כֵּן מַה הִפְסִיד הָרַמַּאי? אֶלָּא, הַכֹּל יְהֵא מוּנָּח עַד שֶׁיָּבֹא אֵלִיָּהוּ.

Rabbi Yosei said: If so, what did the swindler lose? He lost nothing by claiming the one hundred dinars that belongs to another, and he has no incentive to admit the truth. **Rather, the entire** deposit **will be placed** in a safe place **until Elijah comes. As** his fraud will cause him to lose even the one hundred dinars that he deposited, perhaps he will be discouraged from making a fraudulent claim.

וְכֵן, שְׁנֵי כֵלִים אֶחָד יָפֶה מָנֶה וְאֶחָד יָפֶה אֶלֶף זוּז, זֶה אוֹמֵר יָפֶה שֶׁלִּי וְזֶה אוֹמֵר יָפֶה שֶׁלִּי – נוֹתֵן אֶת הַקָּטָן לְאֶחָד מֵהֶן, וּמִתּוֹךְ הַגָּדוֹל נוֹתֵן דְּמֵי קָטָן לַשֵּׁנִי, וְהַשְּׁאָר יְהֵא מוּנָּח עַד שֶׁיָּבֹא אֵלִיָּהוּ. אָמַר רַבִּי יוֹסֵי: אִם כֵּן מַה הִפְסִיד הָרַמַּאי? אֶלָּא, הַכֹּל יְהֵא מוּנָּח עַד שֶׁיָּבֹא אֵלִיָּהוּ.

And likewise, if two people deposited **two vessels, one worth one hundred dinars and one worth one thousand dinars,**[H] and **this** one **says: The expensive** vessel **is mine, and that** one **says: The expensive** vessel **is mine,** the bailee **gives the small** vessel **to one of them, and from the** proceeds of the sale of **the large** vessel **he gives the value of the small** vessel[N] **to the other, and the rest** of the money **is placed** in a safe place **until Elijah comes. Rabbi Yosei said: If so, what did the swindler lose? Rather, the entire** deposit, i.e., both vessels, **are placed** in a safe place **until Elijah comes** or one of them admits his deceit.

גמ׳ אַלְמָא: מִסְּפֵיקָא מַפְּקִינַן מָמוֹנָא, וְלָא אָמְרִינַן אוֹקֵי מָמוֹנָא בְּחֶזְקַת מָרֵיהּ.

GEMARA From the fact that the mishna teaches that if the bailee does not know whom he robbed, he gives one hundred dinars to this one and one hundred dinars to that one, **apparently,** in cases of **uncertainty, we expropriate property**[N] and return it to those claiming it. **And we do not say: Establish the money in the possession of its owner.** In this case, the bailee is currently the owner of the money, but the money is not left in his possession.

וּרְמִינְהִי: שְׁנַיִם שֶׁהִפְקִידוּ אֵצֶל אֶחָד, זֶה מָנֶה וְזֶה מָאתַיִם, זֶה אוֹמֵר שֶׁלִּי מָאתַיִם וְזֶה אוֹמֵר שֶׁלִּי מָאתַיִם – נוֹתֵן לָזֶה מָנֶה וְלָזֶה מָנֶה, וְהַשְּׁאָר יְהֵא מוּנָּח עַד שֶׁיָּבֹא אֵלִיָּהוּ!

And raise a contradiction from the continuation of the mishna: In the case of **two people who deposited** money **with one** person, and **this** one deposited **one hundred dinars and that** one deposited **two hundred** dinars, and when they come to collect their deposit, **this** one **says: My** deposit was **two hundred** dinars, **and that** one **says: My** deposit was **two hundred** dinars, the bailee **gives one hundred dinars to this** one **and one hundred dinars to that** one. **And the rest** of the money **will be placed** in a safe place **until Elijah comes** and prophetically determines the truth.

HALAKHA

Two people who deposited money with one person, etc. – שְׁנַיִם שֶׁהִפְקִידוּ אֵצֶל אֶחָד וכו׳: In a case where two people deposited money with one person, one depositing one hundred dinars and one depositing two hundred, and they each claim that they deposited two hundred dinars, and the bailee says he does not know which of them deposited two hundred, each takes an oath that he deposited two hundred dinars, and the bailee pays two hundred to each. The bailee loses one hundred dinars because he did not mark the deposits to indicate to whom they belonged. If their claims are uncertain, he is required to pay no more than one hundred dinars to each one according to human law. If he seeks to fulfill his obligation to Heaven, he pays two hundred to each of them.

If they deposited their money in one bundle, and each claims that the two hundred dinars are his, the bailee gives each one hundred dinars and the remainder remains in his possession until Elijah comes or until one of them admits that the two hundred dinars belong to the other. The Rema says that it is placed with the court. Since the two depositors trusted each other, as they deposited the money in one bundle, it was not incumbent upon the bailee to note who deposited the larger sum. Therefore, the bailee need not pay more than one hundred dinars to either, even if he seeks to fulfill his obligation to Heaven. The Rema, citing the Rosh, maintains that even in this case, if their claims are certain and he seeks to fulfill his obligation to Heaven, he pays two hundred dinars to each (Rambam *Sefer Mishpatim, Hilkhot She'ela UFikadon* 5:4; *Shulḥan Arukh, Ḥoshen Mishpat* 300:1).

Two vessels, one expensive and one inexpensive – שְׁנֵי כֵלִים יָקָר וְזוֹל: If two people deposit vessels with one bailee, with one depositing an expensive vessel and the other depositing an inexpensive vessel, and each claims that he deposited the expensive vessel, the bailee gives the expensive vessel to one and the value of the expensive vessel to the other. If they brought their vessels in one bundle and did not suspect each other, he gives the small vessel to one and the value of the small vessel to the other, and the rest remains in the bailee's possession until Elijah comes or until one of them admits that the large vessel belongs to the other, in accordance with the opinion of Rabbi Akiva (Rambam *Sefer Mishpatim, Hilkhot She'ela UFikadon* 5:4; *Shulḥan Arukh, Ḥoshen Mishpat* 300:2).

BACKGROUND

Until Elijah comes – עַד שֶׁיָּבֹא אֵלִיָּהוּ: In unresolved monetary matters, e.g., an unclaimed lost item or an item claimed by two people, the court may rule that the item will remain in the possession of the court or a third party indefinitely, until the advent of Elijah the Prophet, i.e., until the matter can be resolved prophetically. Elijah will not establish new *halakhot*; rather, he will provide proof leading to resolution of unresolved matters.

NOTES

The bailee gives one hundred dinars to this one and one hundred dinars to that one and the rest, etc. – נוֹתֵן לָזֶה מָנֶה וְלָזֶה מָנֶה וְהַשְּׁאָר וכו׳: The Ramban asks: Why not rule as follows: Since they each claim that he owes them money, and he is unable to take an oath to counter either of their claims, he pays two hundred dinars to each, based on the principle: One who is unable to take an oath is required to pay? He answers that it is only in the case of a partial admission that one is required to take an oath that he is exempt from paying the remainder, due to the concern that he is keeping that sum. But in this case, where he is willing to pay the entire sum of the deposit, and there is no concern that he is keeping the money, he is not required to take an oath. Similarly, the Riva says that there is no adjudication between the bailee and the depositors. Rather, it is between the depositors themselves.

And from the proceeds of the large vessel he gives the value of the small vessel – וּמִתּוֹךְ הַגָּדוֹל נוֹתֵן דְּמֵי קָטָן: Rashi appears to explain that he actually breaks the large vessel and gives the other a piece of it that has the value of the small vessel, as it says in the Gemara later that the large vessel is lost. The Ritva explains that he sells the large vessel. The loss to the owner is that he cannot recover the vessel intact. The Meiri states an explanation that bridges these two opinions, noting that if it is a vessel from which a part can be broken without destroying the vessel, he should do so. If the entire item would be destroyed, he should sell it.

Apparently in cases of uncertainty we expropriate property – אַלְמָא מִסְּפֵיקָא מַפְּקִינַן מָמוֹנָא: The Ramban explains that this itself is the question: How can it be said that we expropriate property in cases of uncertainty when, according to the opinions of Rav Naḥman and Rabbi Yoḥanan, one who responds to a claim and says: I do not know, is exempt from payment?

אֲמַר לֵיהּ: פִּקָּדוֹן אַגָּזֵל קָא רָמֵית? גָּזֵל דַּעֲבַד אִיסּוּרָא – קְנָסוּהוּ רַבָּנַן, פִּקָּדוֹן דְּלָא עֲבַד אִיסּוּרָא – לָא קְנָסוּהוּ רַבָּנַן.

The Sages **said to** the one who raised the contradiction: **Are you raising a contradiction** between the *halakha* stated in the case of **a deposit and** the *halakha* stated in the case of **a robbery?** In the case of **robbery, where one transgressed a prohibition, the Sages penalized him**[N] and ruled that he must pay both possible robbery victims. In the case of **a deposit, where he did not transgress a prohibition, the Sages did not penalize him.**

וְרָמֵי פִּקָּדוֹן אַפִּקָּדוֹן, וְרָמֵי גָּזֵל אַגָּזֵל. פִּקָּדוֹן אַפִּקָּדוֹן – דְּקָתָנֵי רֵישָׁא: אוֹ אָבִיו שֶׁל אֶחָד מִכֶּם הִפְקִיד אֶצְלִי מָנֶה, וְאֵינִי יוֹדֵעַ אֵיזֶה הוּא – נוֹתֵן לָזֶה מָנֶה וְלָזֶה מָנֶה. וּרְמִינְהִי: שְׁנַיִם שֶׁהִפְקִידוּ וכו׳!

And they raised a contradiction between the *halakha* stated in the case of **a deposit and** the *halakha* stated in the case of **a deposit, and they raised a contradiction** between the *halakha* stated in the case of **a robbery and** the *halakha* stated in the case of **a robbery.** There is a contradiction between the *halakha* stated in the case of **a deposit and** the *halakha* stated in the case of **a deposit,** as **is it taught** in **the first clause** of the mishna: **Or,** if one said to two people: **The father of one of you deposited one hundred dinars with me, but I do not know** the father of **which** of you **he is,** he **gives one hundred dinars to this** person **and one hundred dinars to that** person. The Gemara **raises a contradiction** from the continuation of the mishna cited above: In the case of **two people who deposited** money with one person, the contested sum is placed in a safe place until Elijah comes.

אָמַר רָבָא: רֵישָׁא נַעֲשָׂה כְּמִי שֶׁהִפְקִידוּ לוֹ בִּשְׁנֵי כְרִיכוֹת, דַּהֲוָה לֵיהּ לְמֵידַק. סֵיפָא – נַעֲשָׂה כְּמִי שֶׁהִפְקִידוּ לוֹ בִּכְרָךְ אֶחָד, דְּלָא הֲוָה לֵיהּ לְמֵידַק, כְּגוֹן דְּאַפְקִידוּ תַּרְוַיְיהוּ בַּהֲדֵי הֲדָדֵי בְּחַד זִימְנָא, דְּאָמַר לְהוּ: אַנְתְּ גּוּפַיְיכוּ לָא קְפַדִיתוּ אַהֲדָדֵי, אֲנָא קְפֵידְנָא?

Rava said: In **the first clause** of the mishna, in the case where the bailee receives money from the father of one person, he **becomes like one with whom they deposited** sums of money in **two** separate **bundles, as the** bailee **should have been discerning** with regard to who gave him the money. His failure to do so constitutes negligence, and therefore he pays the sum to both claimants. In **the latter clause** of the mishna, in the case where he receives money from two people, he **becomes like one with whom they deposited** sums of money in **one bundle, as** there is no expectation **that he should have been discerning.** It is a case **where they both deposited** their money **together at one time, as the** bailee **says to them: If you yourselves were not suspicious of each other,** should **I be suspicious?** Therefore, he is required to pay them only the sum that they can prove is theirs.

וְרָמֵי גָּזֵל אַגָּזֵל – קָתָנֵי הָכָא: אָמַר לִשְׁנַיִם גָּזַלְתִּי לְאֶחָד מִכֶּם מָנֶה וְאֵינִי יוֹדֵעַ אֵיזֶה מִכֶּם, אוֹ אָבִיו שֶׁל אֶחָד מִכֶּם הִפְקִיד לִי מָנֶה וְאֵינִי יוֹדֵעַ אֵיזֶה הוּא – נוֹתֵן לָזֶה מָנֶה וְלָזֶה מָנֶה.

And they raised a contradiction between the *halakha* stated in the case of **a robbery and** the *halakha* stated in the case of **a robbery. It is taught here:** If **one said to two** people: **I robbed one of you of one hundred dinars, but I do not know** from **which of you** I took the money, **or** if one said to two people: **The father of one of you deposited one hundred dinars with me, but I do not know** the father of **which** of you **he is,** then **he gives one hundred dinars to this** person **and one hundred dinars to that** person.

וּרְמִינְהִי: גָּזַל אֶחָד מֵחֲמִשָּׁה וְאֵינוֹ יוֹדֵעַ אֵיזֶה מֵהֶן גָּזַל, זֶה אוֹמֵר אוֹתִי גָּזַל וְזֶה אוֹמֵר אוֹתִי גָּזַל – מַנִּיחַ גְּזֵילָה בֵּינֵיהֶם וּמִסְתַּלֵּק, דִּבְרֵי רַבִּי טַרְפוֹן. אַלְמָא: מִסְּפֵקָא לָא מַפְּקִינַן מָמוֹנָא, וְאָמְרִינַן: אוֹקֵים מָמוֹנָא בְּחֶזְקַת מָרֵיהּ.

The Gemara **raises a contradiction** from a mishna (*Yevamot* 118b): If one **robbed one of five** people **and he does not know which of them** he robbed, and **this** one **says: He robbed me, and that** one **says: He robbed me,** the robber **places** the **stolen item between them and withdraws** from them; this is **the statement of Rabbi Tarfon. Apparently,** contrary to the mishna, **we do not expropriate property due to an uncertainty** and return it to those claiming it, **and** instead **we say: Establish the money in the possession of its owner.**

וּמִמַּאי דְּמַתְנִיתִין דְּהָכָא רַבִּי טַרְפוֹן הִיא – דְּקָתָנֵי עֲלַהּ דְּהַהִיא: מוֹדֶה רַבִּי טַרְפוֹן בְּאוֹמֵר לִשְׁנַיִם גָּזַלְתִּי לְאֶחָד מִכֶּם מָנֶה, וְאֵינִי יוֹדֵעַ אֵיזֶה מִכֶּם – שֶׁנּוֹתֵן לָזֶה מָנֶה וְלָזֶה מָנֶה.

The Gemara asks: **And from where** is it known **that the mishna here** is in accordance with the opinion of **Rabbi Tarfon?** Perhaps the mishna is in accordance with the opinion of Rabbi Akiva, who holds the robber must pay each of the five possible victims, and there is no contradiction at all. The Gemara answers: It is known that the mishna here is in accordance with the opinion of Rabbi Tarfon, **as it is taught** in a *baraita* **concerning** the *halakha* taught in **that** mishna, in tractate *Yevamot*: **Rabbi Tarfon concedes** that **in** a case where a robber **says to two** people: **I robbed one of you of one hundred dinars, but I do not know which of you** it was, **he gives one hundred dinars to this** person **and one hundred dinars to that** person, as he has already admitted his obligation on his own. There is an apparent contradiction between the two statements of Rabbi Tarfon.

NOTES

In the case of robbery where one transgressed a prohibition the Sages penalized him – גָּזֵל דַּעֲבַד אִיסּוּרָא קְנָסוּהוּ רַבָּנַן: The Rosh explains that here, in a case where one seeks to fulfill his obligation to Heaven, the term penalized is inappropriate. Since he transgressed a prohibition, he must fulfill that obligation in its entirety. The Rosh asks: Why not treat this penitent thief in accordance with the ordinance instituted for the penitent, by which the Sages instituted several leniencies to encourage thieves and robbers to return that which they stole? He answers that when the robber returns the principal, this ordinance was instituted to allow him to pay for the stolen item rather than returning it. But in a case where the victim would lose even the principal, the ordinance for the penitent was not instituted.

הָתָם דְּקָא תָּבְעֵי לֵיהּ, הָכָא – בְּבָא לָצֵאת יְדֵי שָׁמַיִם. דַּיְקָא נַמִי, דְּקָתָנֵי שֶׁהוֹדָה מִפִּי עַצְמוֹ – שְׁמַע מִינַּהּ.

The Gemara answers: **There,** in the mishna where one robbed one of five people of money, it is referring to a case **where** the claimants **demand** payment **from him.** He is required to pay them only one hundred dinars, as the burden of proof rests upon the claimant. By contrast, **here,** i.e., in this mishna and the statement of Rabbi Tarfon in the *baraita*, it is referring to a case **where** the robber **comes to fulfill his obligation to Heaven.** Only by returning the money to the person he robbed can he atone for his transgression. Therefore, he goes beyond the halakhic requirement and pays both claimants. The Gemara notes: The language of this mishna **is also precise, as** the *tanna* **teaches: Because he admitted** his obligation **at his own** initiative. The Gemara affirms: **Learn from** the wording of the mishna that this is the explanation of the mishna.

אָמַר מָר: הָתָם דְּקָא תָּבְעִי לֵיהּ. וְהַלָּה מַה טוֹעֵן? רַב יְהוּדָה אָמַר רַב: הַלָּה שׁוֹתֵק, רַב מַתָּנָה אָמַר רַב: הַלָּה

With regard to returning stolen money, **the Master said: There,** it is referring to a case **where** the claimants **demand** payment **from him.** The Gemara asks: **And the other** person, the thief, **what does he claim** in response? **Rav Yehuda** says that **Rav says: The other** person **is silent,** as he does not know to whom he owes the money. **Rav Mattana** says that **Rav says: The other** person

Perek **III**
Daf **37** Amud **b**

צוֹוֵחַ. מַאן דְּאָמַר הַלָּה צוֹוֵחַ – אֲבָל שְׁתִיקָה כְּהוֹדָאָה, וּמַאן דְּאָמַר הַלָּה שׁוֹתֵק – שְׁתִיקָה דְּהָכָא לָאו כְּהוֹדָאָה הוּא. מָצֵי אָמַר לֵיהּ: הַאי דִּשְׁתִיקִי לְכָל חַד וְחַד – דְּאָמִינָא: דִּלְמָא הַאי הוּא.

screams and says to each of the claimants: I do not recognize you and I find no basis for your claim. The Gemara comments: **The one who says** that **the other screams** holds that he need not return the money to each of them if he is screaming that he does not accept their claims. **But** a reaction of **silence is tantamount to admission** that the demands of the claimants are legitimate. **And the one who says** that **the other is silent** holds **that the silence here is not tantamount to admission,**[N] as the robber **could say to him:** The fact **that I was silent to each and every one** of the claimants **is because I said: Perhaps this is he,** the robbery victim, but I do not admit that I owe money to more than one person.

אָמַר מָר: מַנִּיחַ גְּזֵילָה בֵּינֵיהֶם וּמִסְתַּלֵּק. וְשָׁקְלִי לָהּ כּוּלְּהוּ וְאָזְלִי? וְהָאָמַר רַבִּי אַבָּא בַּר זַבְדָּא אָמַר רַב: כׇּל סְפֵק הִינּוּחַ – לְכַתְּחִילָּה לֹא יִטּוֹל, וְאִם נָטַל – לֹא יַחֲזִיר! אָמַר רַב סָפְרָא: וְיַנִּיחַ.

The Master said: The robber **places** the **stolen item between them and withdraws** from them. The Gemara challenges: **And do all of them take it and go,** possibly resulting in the robbery victim losing his property? **But doesn't Rabbi Abba bar Zavda say** that **Rav says** concerning found items: In **any** case of **uncertainty** whether the **placement** of a found item was deliberate, the finder **may not take** the item ***ab initio*****, and if he took** it, **he should not return it** to one who claims ownership without conclusive proof? Here too, the robber should keep the money until one of the claimants provides conclusive proof that the money is his. **Rav Safra says:** The *baraita* means: **And** the robber **should place it**[N] in his possession or before the court.

אֲמַר לֵיהּ אַבַּיֵי לְרָבָא: מִי אָמַר רַבִּי עֲקִיבָא לֹא זוֹ הַדֶּרֶךְ מוֹצִיאַתּוֹ מִידֵי עֲבֵירָה עַד שֶׁיְּשַׁלֵּם גְּזֵילָה לְכׇל חַד וְחַד, אַלְמָא: מִסְּפֵיקָא מַפְּקִינַן מָמוֹנָא, וְלָא אָמְרִינַן: אוֹקֵים מָמוֹנָא בְּחֶזְקַת מָרֵיהּ.

Abaye said to Rava: In disputing Rabbi Tarfon's opinion with regard to one who robbed money from one of five people, **did Rabbi Akiva say: This is not** the **way to spare him from transgression;** he is not considered to have returned the stolen item **until he pays** the value of the **stolen item to each and every one** of the five? **Apparently,** in his opinion, **in** cases of **uncertainty, we expropriate property** and return it to those claiming it, **and we do not say: Establish the money in the possession of its owner.**

NOTES

Silence here is not tantamount to admission – שְׁתִיקָה דְּהָכָא לָאו כְּהוֹדָאָה: One can learn from here that silence is not tantamount to admission in every case. At times, one's silence is attributable to his considering his response, and certainly one should not bear responsibility because he does not respond quickly (Rosh).

And the robber should place it – וְיַנִּיחַ: The robber does not leave the money in his possession. Rather, he places it in the possession of the court (Rashba). He cannot retain the money in his possession, because as long as it is in his possession he has not fulfilled the mitzva of returning it. He removes the money from his possession, allowing the claimants to plead their cases before the court, and whoever proves his claim takes the money. Some explain that the robber places the money before them and they place it before the court, as is the practice with a lost item (Ra'avad).

וּרְמִינְהִי: נָפַל הַבַּיִת עָלָיו וְעַל אִמּוֹ, יוֹרְשֵׁי הַבֵּן אוֹמְרִים: הָאֵם מֵתָה רִאשׁוֹנָה, וְיוֹרְשֵׁי הָאֵם אוֹמְרִים: הַבֵּן מֵת רִאשׁוֹן, אֵלּוּ וָאֵלּוּ מוֹדִים שֶׁיַּחֲלוֹקוּ. וְאָמַר רַבִּי עֲקִיבָא: מוֹדֶה אֲנִי בָּזוֹ שֶׁהַנְּכָסִים בְּחֶזְקָתָן!

The Gemara **raises a contradiction** from a mishna (*Bava Batra* 158b): **A house collapsed on** a person **and on his mother,**[H] and it is unclear which of them died first. **The son's heirs say: The mother died first** and her property was inherited by her son, who then died, and therefore the heirs of the son inherit the property of both. **And the mother's heirs say: The son died first,** and therefore the mother's heirs should inherit all of her property. In this case, both **these** *tanna'im*, Beit Shammai, **and those** *tanna'im*, Beit Hillel, **agree that they should divide** the disputed property, although they disagree in similar cases. **And Rabbi Akiva said: I concede**[N] **in this** case **that the property** retains **its** previous ownership **status.** Apparently, Rabbi Akiva himself holds that property is not removed from one's possession in cases of uncertainty.

אֲמַר לֵיהּ: הָתָם – שְׁמָא וּשְׁמָא, גָּזַל אֶחָד מֵחֲמִשָּׁה – בָּרִי וּשְׁמָא. וְהָא מַתְנִיתִין דְּהָכָא, אָמַר לִשְׁנַיִם גָּזַלְתִּי לְאֶחָד מִכֶּם מָנֶה, דִּשְׁמָא וּשְׁמָא הוּא, וְקָתָנֵי: נוֹתֵן לָזֶה מָנֶה וְלָזֶה מָנֶה!

Rava **said to** Abaye: **There,** in the case where the house collapsed, it is where there is **an uncertain** claim **and an uncertain** claim, as neither party knows what transpired. By contrast, in a case where **one robbed** money **from one of five** people, it is a case where there is **a certain** claim **and an uncertain** claim, as the robber does not know from whom he robbed the money, but the victims' claims are based on certainty. The Gemara challenges: **But in the mishna here,** where **one said to two** people: **I robbed one of you of one hundred dinars,** but I do not know from which of you I took the money, it is a case where there is **an uncertain** claim **and an uncertain** claim, **and it is taught: He gives one hundred dinars to this** person **and one hundred dinars to that** person.

וּמִמַּאי דְּרַבִּי עֲקִיבָא הִיא – דְּקָתָנֵי עֲלַהּ דְּהַהִיא: מוֹדֶה רַבִּי טַרְפוֹן בְּאוֹמֵר לִשְׁנַיִם גָּזַלְתִּי לְאֶחָד מִכֶּם מָנֶה וְאֵינִי יוֹדֵעַ אֵיזֶה מִכֶּם כּו׳. לְמַאן מוֹדֶה, לָאו לְרַבִּי עֲקִיבָא בַּר פְּלוּגְתֵּיהּ?

The Gemara asks: **And from where** is it known **that the mishna here is** in accordance with the opinion of **Rabbi Akiva?** The Gemara answers: This is known, **as it is taught** in a *baraita* **concerning** the *halakha* taught in **that** mishna: **Rabbi Tarfon concedes** that in a case **where one says to two** people: **I robbed one of** the two of **you of one hundred dinars and I do not know** from **which of you** I robbed the money, the robber gives one hundred dinars to each of them. **To whom does Rabbi Tarfon concede? Is it not to Rabbi Akiva,** who is **his** usual **disputant?**

וּמִמַּאי דִּשְׁמָא וּשְׁמָא הוּא? חֲדָא: דְּלָא קָתָנֵי תּוֹבְעִין אוֹתוֹ, וְעוֹד: הָא תָּנֵי רַבִּי חִיָּיא: זֶה אוֹמֵר אֵינִי יוֹדֵעַ, וְזֶה אוֹמֵר אֵינִי יוֹדֵעַ.

The Gemara asks: **And from where** is it known that in the mishna it is a case where there is **an uncertain** claim **and an uncertain** claim? Perhaps the victims are certain that they were robbed. The Gemara answers: This is unlikely for several reasons. **One, it is not taught** in the mishna that **they demand** payment **from him. And furthermore, didn't Rabbi Ḥiyya teach** in a *baraita* that the mishna is referring to a case where **this** party **says: I do not know, and that** party **says: I do not know,** indicating that these are uncertain claims?

הָא אוֹקִימְנָא לַהּ בְּבָא לָצֵאת יְדֵי שָׁמַיִם.

The Gemara resolves the contradiction between the statements of Rabbi Akiva: **Didn't we establish** the mishna as referring to a case in which the robber **is coming to fulfill his obligation to Heaven?** Therefore, the robber gives one hundred dinars to each, although he has no legal obligation to do so, as they made uncertain claims.

HALAKHA

A house collapsed on a person and on his mother – נָפַל הַבַּיִת עָלָיו וְעַל אִמּוֹ: If a house collapsed on a mother and son, and the son's heirs claim that the mother died first, and the mother's heirs claim that the son died first, then the property of the mother is inherited by her heirs, as they are certainly her heirs. This ruling in accordance with the opinion of Rabbi Akiva (Rambam *Sefer Mishpatim, Hilkhot Naḥalot* 5:6; *Shulḥan Arukh, Ḥoshen Mishpat* 280:10).

NOTES

I concede – מוֹדֶה אֲנִי: Rashi explains that Rabbi Akiva says this because he was affiliated with Beit Shammai. The Rosh disagrees and proves from several sources that this is not the case. He explains that either Rabbi Akiva anomalously explains the *halakha* according to Beit Shammai in this case, or, because the *baraita* stated: Both these and those concede, Rabbi Akiva expressed his opinion employing a similar formulation: I concede.

NOTES

Everyone concedes in the case of two people who deposited animals with a shepherd – הכל מודים בשנים שהפקידו אצל רועה: Rashi explains here that one of them deposited one lamb and the other deposited two. The early commentaries question different aspects of his explanation. The Ba'al HaMaor explains that according to Rashi, the fact that he places the lamb among them and does retain it, as in the case of the third one hundred dinars in the mishna, is due to the fact that he does not wish to exert himself and tend to the animal.

HALAKHA

Everyone concedes in the case of two people who deposited animals with a shepherd – הכל מודים בשנים שהפקידו אצל רועה: If two people each deposited an animal with a shepherd and one of the animals died, and the shepherd does not know who was the owner of the sheep that died, he pays both sheep owners. If they were placed in the herd without the knowledge of the shepherd, he places the animal with the sheep owners and leaves. The animal remains in abeyance until one admits that it belongs to the other or they agree to divide it, in accordance with the opinion of Rava (Rambam *Sefer Mishpatim, Hilkhot She'ela UFikadon* 5:4; *Shulḥan Arukh, Ḥoshen Mishpat* 300:4).

אמר ליה רבינא לרב אשי: ומי אמר רבא כל בשתי כריכות הוה ליה למידק? והאמר רבא, ואי תימא רב פפא: הכל מודים בשנים שהפקידו אצל רועה, שמניח רועה ביניהן ומסתלק! אמר ליה: התם – כשהפקידו בעדרו של רועה שלא מדעתו.

Ravina said to Rav Ashi: And did Rava say that in **every** case where the deposits are given **in two** separate **bundles** that the bailee **should have been discerning** with regard to the identity of the ones giving him the deposits? **But didn't Rava say, and some say** that it was **Rav Pappa** who said: **Everyone concedes in** the case of **two** people **who deposited** animals **with a shepherd,**[NH] **that** if each claims that his deposit included a greater number of animals than that of the other, **the shepherd places** the animals **among them and leaves?** Rav Ashi **said to** Ravina: **There,** it is referring to a case **where** the shepherds **deposited** animals **in the shepherd's flock without his knowledge.** Clearly there is no expectation that the shepherd will discern how many animals belong to each party.

״וכן שני כלים אחד יפה מנה ואחד יפה אלף זוז״ כו׳. וצריכא,

The mishna teaches: **And likewise,** in the case of two people who deposited **two vessels, one worth one hundred dinars and one worth one thousand dinars,** and each of the claimants claims that the expensive vessel is his, the bailee gives the small vessel to one of them, and from the proceeds of the sale of the large vessel he gives the value of the small vessel to the other, and the rest of the money is placed in a safe place until Elijah comes. The Gemara comments: **And** it is **necessary** for the *tanna* to cite both the case of money and the case of vessels.

דאי אשמועינן הך קמייתא – בההיא קאמרי רבנן, משום דליכא פסידא. אבל בהא, דאיכא פסידא דגדול – אימא מודו ליה לרבי יוסי. ואי אתמר בהא – בהא קאמר רבי יוסי, אבל בהך – אימא מודי להו לרבנן, צריכא.

The reason is **that if** the *tanna* had **taught us this first** case with regard to money alone, one would conclude that it is **in this** case that **the Rabbis say** that each party receives one hundred dinars, and one hundred dinars is kept in a safe place, **because** in this case **there is no loss. But in that** case of the vessels, **where there is a loss of the large** vessel, as it must be broken or sold in order to pay the value of the small vessel to the other party, **say** that **they concede to Rabbi Yosei** that both vessels are kept in a safe place. **And had** the dispute **been stated** only **in that** case of vessels, one would conclude that it is **in that** case that **Rabbi Yosei said** that both vessels are kept in a safe place. **But in this** case of money, **say** that **he concedes to the Rabbis.** Therefore, it is **necessary** to cite both cases.

Perek **III**
Daf **38** Amud **a**

BACKGROUND

Teaches not only this but also that – לא זו אף זו קתני: Occasionally the mishna cites a series of cases, the first of which seems superfluous. In those instances, the Gemara may explain the inclusion of the seemingly superfluous first clause on stylistic grounds. The expression used in those cases is: The *tanna* first teaches the obvious case and then the less obvious case, indicating that this *halakha* applies not only in the obvious case but even in the less obvious case.

NOTES

Even if it is lost – אפילו הן אבודין: The term: Even, alludes to the fact that there are other cases where one must make certain not to touch it, e.g., in a case where is a significant rise in the price of the deposited items, and were he to sell it the owner would realize a significant profit. Nevertheless, it is prohibited for the bailee to touch the deposit (*Likkutei Ḥever ben Ḥayyim*).

והא טעמא דרבי יוסי משום הפסד הרמאי הוא! אלא, תרוייהו לרבנן איצטריך, ולא זו אף זו קתני.

The Gemara asks: **But isn't the reason** for the opinion **of Rabbi Yosei** as he stated in the mishna: **Due to the loss of the fraud?** It is not due to the fact that the vessel will not remain intact. Consequently, there is no reason to believe that Rabbi Yosei would concede to the Rabbis in the instance where money was deposited. **Rather, both of** the cases **are necessary** according **to the Rabbis. And** although the first case could have been inferred from the second case, the *tanna* **teaches** the mishna employing the style of: **Not** only **this** but **also that,**[B] i.e., the mishna began with an obvious example and continued with a more novel one.

מתני׳ המפקיד פירות אצל חבירו, אפילו הן אבודין – לא יגע בהן. רבן שמעון בן גמליאל אומר: מוכרן בפני בית דין, מפני שהוא כמשיב אבידה לבעלים.

MISHNA In the case of **one who deposits produce with another, even if it is lost**[NH] due to spoilage or vermin, the bailee **may not touch it,** as it is not his. **Rabban Shimon ben Gamliel says: He sells it before** the court, **as** by doing so **he is like** one **returning a lost item to the owner,** since through its sale he prevents the owner from losing the value of his produce.

HALAKHA

One who deposits produce with another even if it is lost – המפקיד פירות אצל חבירו אפילו הן אבודין: In a case where one deposited produce with another, even if the produce continues to spoil, the bailee may not touch it. That is the ruling when its rate of deterioration is standard. If the rate of deterioration is greater than the standard rate, the bailee must inform the owner if the owner is in the city. If not, the bailee sells the produce in court, in accordance with the opinion of the Rabbis and the ruling of Rabbi Yoḥanan (Rambam *Sefer Mishpatim, Hilkhot She'ela UFikadon* 7:1; *Shulḥan Arukh, Ḥoshen Mishpat* 292:15).

גמ׳ מאי טעמא? אמר רב כהנא: אדם רוצה בקב שלו מתשעה קבים של חבירו. ורב נחמן בר יצחק אמר: חיישינן שמא עשאן המפקיד תרומה ומעשר על מקום אחר.

GEMARA What is the reason that the first *tanna* said that the bailee should not touch the produce? **Rav Kahana says** that it is based on the principle: **A person prefers a *kav*[B] of his own[N]** produce **to nine *kav* of another's** produce. Consequently, despite the spoilage, the owner prefers that the bailee not touch the produce. **Rav Naḥman bar Yitzḥak says: We are concerned** that **perhaps the one who deposited** the produce **rendered it *teruma* and tithe for** produce in **another place,[N]** resulting in the buyer consuming produce that is *teruma* and tithe inappropriately.

מיתיבי: המפקיד פירות אצל חבירו – הרי זה לא יגע בהן, לפיכך בעל הבית עושה אותן תרומה ומעשר על מקום אחר. בשלמא לרב כהנא – היינו דקתני ״לפיכך״.

The Gemara **raises an objection** from a *baraita*: In the case of **one who deposits produce with another,** the bailee **may not touch it,** and **therefore the owner may render it *teruma* or tithe for** produce in **another place. Granted, according to Rav Kahana, this** is the reason **that the** *tanna* **teaches:** And **therefore** the owner renders them *teruma*. The concern that the owner may render the produce *teruma* and tithe is not the reason why the bailee may not sell it, and the *halakha* that the owner may render the produce *teruma* and tithe results from the *halakha* that the bailee may not sell it.

אלא לרב נחמן בר יצחק – מאי ״לפיכך״? הכי קאמר: השתא דאמור רבנן לא נזבין, דחיישינן, לפיכך בעל הבית עושה אותן תרומה ומעשר על מקום אחר.

But according to Rav Naḥman bar Yitzḥak, what is the meaning of the term **therefore?** According to his explanation, the fact that the owner may render the produce *teruma* and tithe is the very reason why the bailee may not sell the produce. The Gemara explains: **This** is what the *tanna* **is saying: Now that the Sages said** that the bailee **may not sell** the produce due to the fact **that we are concerned** that perhaps the owner had rendered it *teruma*, the owner can be confident that the produce is still in the possession of the bailee. **Therefore, the owner** may **render it *teruma* and tithe for** produce in **another place** even *ab initio*.

אמר רבה בר בר חנה אמר רבי יוחנן: מחלוקת בכדי חסרונן, אבל יותר מכדי חסרונן – דברי הכל מוכרן בבית דין.

§ **Rabba bar bar Ḥana says** that **Rabbi Yoḥanan says: The dispute** in the mishna is in a case **where** the produce deteriorates **at its** standard **rate of deterioration. But** if the produce deteriorates at a rate **greater than its** standard **rate of deterioration, everyone agrees that** the bailee **sells it before the court.**

אדרב נחמן בר יצחק – ודאי פליגא. אדרב כהנא מי לימא פליגא? כי קאמר רב כהנא – בכדי חסרונן קאמר.

The Gemara comments: Rabbi Yoḥanan **certainly disagrees with the opinion of Rav Naḥman bar Yitzḥak,** as the concern that the owner might have rendered the produce *teruma* or tithe applies regardless of the rate of deterioration. The Gemara asks: **Shall we say** that Rabbi Yoḥanan **disagrees with** the opinion of **Rav Kahana?** The Gemara answers: **When Rav Kahana says** that one prefers his own produce, it was in a case **where** the produce deteriorates **at its** standard **rate of deterioration** that **he says** it. When the rate of deterioration is accelerated, he would agree that the bailee sells the produce.

והא רוצה בקב שלו מתשעה קבין של חבירו קאמר! גוזמא בעלמא.

The Gemara asks: **But** didn't Rav Kahana say: A person **prefers a *kav*** of **his** own produce **to nine *kav* of another's** produce? This indicates that even if the rate of deterioration was accelerated, one prefers his own produce, as in the case he describes eight-ninths of the produce is lost. The Gemara answers: This expression is **merely an exaggeration,[N]** and actually one prefers his own produce only when its rate of deterioration is standard.

BACKGROUND

Kav – קב: This is a basic unit of measurement from which many smaller units are determined. It is equivalent to one-sixth of a *se'a* or twenty-four egg-bulks.

NOTES

A person prefers a *kav* of his own – אדם רוצה בקב שלו: Some explain that because he labored to grow the produce, it is more beloved to him. This concept is known in modern terminology as the endowment effect, by which people ascribe more value to items merely because they own them. The Rashba discusses whether there is a different *halakha* with regard to produce that one purchased and did not grow. Others explain that the preference is due to the fact that the labor of one's hands is blessed, which is not the case with regard to items that are not his (*Ḥokhmat Manoaḥ*).

Perhaps the one who deposited the produce rendered it *teruma* and tithe for produce in another place – שמא עשאן המפקיד תרומה ומעשר על מקום אחר: This means that when the owner of the produce has additional non-sacred produce from which he must separate *teruma* and tithes, instead of separating *teruma* and tithes from produce in his possession, he may mentally separate the produce in the possession of the bailee as *teruma* and tithes to render the produce in his possession permitted in consumption. *Tosafot* discuss this question, as ostensibly it is prohibited to separate *teruma* from produce that is not proximate. The early and later commentaries addressed this matter at length. Some sought to explain that perhaps the owner of the produce rendered it *teruma* before he deposited it. In that way, the problems are resolved. The Ramban and the Rashba reject this explanation.

Merely an exaggeration [*guzema be'alma*] – גוזמא בעלמא: This refers to an assertion that is overstated or expressed in an exaggerated manner that should not be understood literally. The word's derivation is unclear. It is possible that it developed from the term *gazam*, meaning cut, which was used in turn by the Sages to mean threat or intimidation. From there, perhaps, it came to refer to anything stated merely to make an impression and not intended to be taken literally. The terms nine *kav* and one *kav* are employed in several contexts in order to exaggerate the value of certain items. These terms should not be taken literally (Rabbeinu Ḥananel).

מֵיתִיבִי: לְפִיכָךְ בַּעַל הַבַּיִת עוֹשֶׂה אוֹתָן תְּרוּמָה וּמַעֲשֵׂר עַל מָקוֹם אַחֵר. וְלֵיחוּשׁ דִּלְמָא הָווּ לְהוּ יוֹתֵר מִכְּדֵי חֶסְרוֹנָן, וְזַבְּנִינְהוּ, וְקָא אָכֵיל טְבָלִים! יוֹתֵר מִכְּדֵי חֶסְרוֹנָן לָא שְׁכִיחַ.

The Gemara **raises an objection** from a *baraita*: **Therefore, the owner renders it *teruma* or tithe for** produce in **another place. And let** the owner **be concerned** that **perhaps** the produce deteriorated at a rate **greater than its** standard **rate of deterioration,** and the bailee **sold it,** in which case the owner would be **eating untithed produce.** The Gemara answers: Deterioration at a rate **greater than its** standard **rate of deterioration** is **uncommon,** and the Sages do not issue decrees for uncommon cases.

וְאִי מִשְׁתַּכְּחִי מַאי – מְזַבְּנִינַן לְהוּ, וְלֵיחוּשׁ שֶׁמָּא עֲשָׂאָן בַּעַל הַבַּיִת תְּרוּמָה וּמַעֲשֵׂר עַל מָקוֹם אַחֵר! כִּי מְזַבְּנִינַן נַמִי – לְכֹהֲנִים בִּדְמֵי תְרוּמָה מְזַבְּנִינַן לְהוּ.

The Gemara asks: **And if it is found** that more of the produce is missing than would be lost according to the standard rate of deterioration, **what** should be done? According to the opinion of Rabbi Yoḥanan, do **we sell it? But let us be concerned** that **perhaps the owner** already **rendered** this produce ***teruma* and tithe for** produce in **another place.** The Gemara answers: **Even when we sell** the produce, it is **to priests at the price of *teruma*** that **we sell it.** Consequently, even if the owner rendered it *teruma*, it is consumed by priests and therefore there is no concern.

וּלְרַב נַחְמָן בַּר יִצְחָק נַמִי, נְזַבְּנִינְהוּ לְכֹהֲנִים בִּדְמֵי תְרוּמָה! בְּהָא פְּלִיגִי, דְּרַבָּה בַּר בַּר חָנָה סָבַר: יוֹתֵר מִכְּדֵי חֶסְרוֹנָן לָא שְׁכִיחַ מִידֵי, וְכִי מִשְׁתַּכַּח – לְקַמֵּיהּ הוּא דְּהָוְיָא יָתֵיר מִכְּדֵי חֶסְרוֹנָן, אִי עָבֵיד לְהוּ בַּעַל הַבַּיִת תְּרוּמָה וּמַעֲשֵׂר עַל מָקוֹם אַחֵר – מִקַּמֵּיהּ דְּהָווּ לְהוּ יוֹתֵר מִכְּדֵי חֶסְרוֹנָן עֲבֵיד לְהוּ. הִלְכָּךְ, כִּי הָווּ לְהוּ יוֹתֵר מִכְּדֵי חֶסְרוֹנָן – נְזַבְּנִינְהוּ לְכֹהֲנִים בִּדְמֵי תְרוּמָה.

The Gemara asks: **And according to Rav Naḥman bar Yitzḥak as well,** since the concern is that perhaps the owner rendered the produce *teruma*, **let** the bailee **sell** the produce **to priests at the price of *teruma*.** The Gemara answers: It is with regard to **this that they disagree, as Rabba bar bar Ḥana holds:** Deterioration at a rate **greater than its** standard **rate of deterioration** is **not common at all. And when it occurs** that the produce deteriorates at the greater rate, **it is** only **from now** on that it is assumed **that it became** deteriorated at a rate **greater than its** standard **rate of deterioration.** Therefore, **if the owner** had **rendered** the produce ***teruma* and tithe for** produce in **another place,** it is assumed that **it was before it** deteriorated at a rate **greater than its** standard **rate of deterioration** that **he did it. Therefore, when** the produce deteriorated at a rate **greater than its** standard **rate of deterioration,** the bailee **should sell** the produce **to priests at the price of *teruma*,** as it may be *teruma*.

וְרַב נַחְמָן בַּר יִצְחָק סָבַר: יָתֵר מִכְּדֵי חֶסְרוֹנָן מִשְׁכַּח שְׁכִיחַ, וְכִי הָווּ לְהוּ – לְאַלְתַּר הוּא דְּהָווּ לְהוּ. וְאִי אָמְרַתְּ נְזַבְּנִינְהוּ – זִימְנִין דְּקָדֵים וּמְזַבֵּין לְהוּ, וְכִי עָבֵיד לְהוּ בַּעַל הַבַּיִת תְּרוּמָה וּמַעֲשֵׂר עַל מָקוֹם אַחֵר – לָא יָדַע דְּזַבְנָא, וְקָא אָכֵיל טְבָלִים.

And Rav Naḥman bar Yitzḥak holds: Deterioration at a rate **greater than its** standard **rate of deterioration is common. And when** the produce **became** deteriorated at a rate greater than its standard rate of deterioration, it may be **immediately that it became** deteriorated to that extent. **And if you say: Let us sell it,** the concern is that **at times** the bailee **will sell it early. And when the owner renders** the produce ***teruma* and tithe for** produce in **another place, he does not know that** the bailee already **sold** the produce, and the owner **eats untithed produce.**[B]

מֵיתִיבִי: הַמַּפְקִיד פֵּירוֹת אֵצֶל חֲבֵירוֹ וְהִרְקִיבוּ, יַיִן וְהֶחְמִיץ, שֶׁמֶן וְהִבְאִישׁ, דְּבַשׁ וְהִדְבִּישׁ – הֲרֵי זֶה לֹא יִגַּע בָּהֶן, דִּבְרֵי רַבִּי מֵאִיר. וַחֲכָמִים אוֹמְרִים: עוֹשֶׂה לָהֶם תַּקָּנָה, וּמוֹכְרָן בְּבֵית דִּין. וּכְשֶׁהוּא מוֹכְרָן – מוֹכְרָן לַאֲחֵרִים, וְאֵינוֹ מוֹכְרָן לְעַצְמוֹ.

The Gemara **raises an objection** from a *baraita*: In the case of **one who deposits produce with another and it rotted,**[N] **wine and it fermented, oil and it putrefied, honey and it spoiled,**[B] the bailee **may not touch them;** this is **the statement of Rabbi Meir. And the Rabbis say: He effects a remedy**[H] **for** these items **and sells them in court.** The *baraita* adds: **And when he sells them, he sells them to others and does not sell them to himself,**[H] even for the same price, so no one will suspect that he bought it at a discount.

BACKGROUND

Untithed produce – טֶבֶל: This term describes produce from which *teruma* and tithes have not been separated. The Torah prohibits the consumption of untithed produce. One who eats untithed produce is liable to be punished with death at the hand of Heaven. Once the tithes are separated, the produce no longer has the status of untithed produce and may be eaten, even if the tithe has not yet been given to the priests or Levites for whom they are designated.

It spoiled – הִדְבִּישׁ: Honey rarely spoils. Yet, at times, honey is collected from the beehives when it is not sufficiently concentrated. Particularly after a long storage period during which this honey is exposed to changes in temperature, some of the honey crystallizes and the honey that remains liquid spoils. The portion that spoils is the honey to which the *baraita* is referring.

NOTES

One who deposits produce with another and it rotted – הַמַּפְקִיד פֵּירוֹת אֵצֶל חֲבֵירוֹ וְהִרְקִיבוּ: This dispute differs from the dispute in the mishna, as in this case, since the produce of the deposit has completely rotted, the owner certainly no longer has any interest in its safeguarding. Neither the preference for one's own produce nor the concern that perhaps he separated *teruma* is relevant. This dispute relates to the loss of casks and vessels (Ramban).

HALAKHA

He effects a remedy – עוֹשֶׂה לָהֶם תַּקָּנָה: In a case where one deposits with another produce and it rots, or he deposits honey and it spoils, or he deposits wine and it ferments, if the owner of the item is in the city, then the bailee informs him. If not, the bailee effects a remedy and sells the item in court, so the vessels and casks are not ruined as well. This ruling is in accordance with the statement of the Rabbis in the *baraita* (Rambam *Sefer Mishpatim, Hilkhot She'ela UFikadon* 7:2; *Shulḥan Arukh, Ḥoshen Mishpat* 292:16).

He sells them to others and does not sell them to himself – מוֹכְרָן לַאֲחֵרִים וְאֵינוֹ מוֹכְרָן לְעַצְמוֹ: Anyone who sells a deposit with the authorization of the court sells it to others and not to himself, to avoid arousing suspicion (Rambam *Sefer Mishpatim, Hilkhot She'ela UFikadon* 7:5; *Shulḥan Arukh, Ḥoshen Mishpat* 292:19).

כִּיוֹצֵא בּוֹ גַּבָּאֵי צְדָקָה בִּזְמַן שֶׁאֵין לָהֶם עֲנִיִּים לְחַלֵּק – פּוֹרְטִין לַאֲחֵרִים, וְאֵין פּוֹרְטִין לְעַצְמָן. גַּבָּאֵי תַּמְחוּי בִּזְמַן שֶׁאֵין לָהֶם עֲנִיִּים לְחַלֵּק – מוֹכְרִין לַאֲחֵרִים, וְאֵין מוֹכְרִים לְעַצְמָן.

On a similar note, with regard to **charity collectors, when they do not have poor people** to whom **to distribute** charity, **they change** copper *perutot* that they collected for more valuable silver coins only **for other** people,[N] **but they do not change** the coins **for themselves,** to avoid suspicion. If **collectors for the charity plate**[H] collected ready-made food for the poor, **at a time where there are no poor people** to whom **to distribute** the food, **they sell** the food only **to others but do not sell** the food **to themselves.**

קָתָנֵי מִיהַת פֵּירוֹת וְהִרְקִיבוּ, מַאי לָאו – אֲפִילּוּ יָתֵר מִכְּדֵי חֶסְרוֹנָן? לָא, בִּכְדֵי חֶסְרוֹנָן. וְהָא יַיִן וְהֶחְמִיץ, שֶׁמֶן וְהִבְאִישׁ, דְּבַשׁ וְהִדְבִּישׁ, דְּיָתֵר מִכְּדֵי חֶסְרוֹנָן נִינְהוּ! שָׁאנֵי הָנֵי, כֵּיוָן דְּקָם – קָם.

In any event, it is taught: Produce and it rotted. What, is it not referring **even** to a case where they all rotted at a rate **greater than** its standard **rate of deterioration?** The Gemara rejects this: **No;** it is referring to a case **where** they deteriorated **at their** standard **rate of deterioration.** The Gemara asks: **But aren't** the cases of **wine and it fermented, oil and it putrefied,** and **honey and it spoiled** cases **where** these items deteriorated at a rate **greater than their** standard **rate of deterioration,** as there is a significant difference in the price of wine before and after fermentation, and in the price of oil before and after putrefaction? The Gemara rejects that proof: **Those** cases **are different. Once they become** spoiled, **they remain** spoiled but do not continue to deteriorate. Therefore, although their deterioration was significant, there is nothing gained by selling it.

שֶׁמֶן וְהִבְאִישׁ, דְּבַשׁ וְהִדְבִּישׁ

On a related note, the Gemara asks: Concerning the cases of **oil and it putrefied, honey and it spoiled,**

NOTES

Charity collectors…change for others – גַּבָּאֵי צְדָקָה...פּוֹרְטִין לַאֲחֵרִים: They need not change the money in the presence of the court. Since they were authorized to distribute the money as they see fit, they may also change the money as they see fit. They are required to change money only so that others will not cast aspersions upon them (Rashba).

HALAKHA

Charity collectors…collectors for the charity plate – גַּבָּאֵי צְדָקָה...גַּבָּאֵי תַּמְחוּי: Collectors of charity who have no poor people to whom to distribute the money collected should change it into silver coins for others and not for themselves. Collectors for the charity plate sell the food to others to avoid arousing suspicion (Rambam *Sefer Zera'im*, *Hilkhot Mattenot Aniyyim* 9:11; *Shulḥan Arukh*, *Yoreh De'a* 257:2).

Perek **III**
Daf **38** Amud **b**

לְמַאי חֲזוּ? שֶׁמֶן חֲזֵי לְגַלְדָּאֵי, דְּבַשׁ לְכָתִישָׁא דְּגַמְלֵי.

for what use **are they fit?** According to the Rabbis, one sells them in court. Apparently, they must have some value. The Gemara answers: **Oil is fit for tanners** who would coat the hides with oil even if it had a foul odor. **Honey** it fit as a salve **for a wound** on the back **of camels.**

"וַחֲכָמִים אוֹמְרִים עוֹשֶׂה לָהֶם תַּקָּנָה וּמוֹכְרָן בְּבֵית דִּין". מַאי תַּקַּנְתָּא עָבֵיד לְהוּ? אָמַר רַב אַשִׁי: לְקַנְקַנִּים.

It is taught in the *baraita*: **And the Rabbis say** that the bailee **effects a remedy for** the spoiled products **and sells them in court.** The Gemara asks: **What remedy does he effect for** those products? **Rav Ashi said:** It is a remedy **for the casks.** Although the contents of the barrel are irreversibly spoiled, leaving it in the barrels will ruin the barrels.

בְּמַאי קָא מִיפַּלְגִי? דְּמָר סָבַר: לְהֶפְסֵד מְרוּבֶּה – חָשְׁשׁוּ, לְהֶפְסֵד מוּעָט – לֹא חָשְׁשׁוּ. וּמָר סָבַר: אֲפִילּוּ לְהֶפְסֵד מוּעָט – נַמִי חָשְׁשׁוּ.

The Gemara asks: Since Rabbi Meir agrees that when there is deterioration at a rate greater than its standard rate of deterioration, the bailee should sell the deposit, **with regard to what** issue **do** Rabbi Meir and the Rabbis **disagree?**[N] The Gemara answers: The dispute is **that one Sage,** Rabbi Meir, **holds:** The Sages **were concerned for a significant loss,** but the Sages **were not concerned for an insignificant loss,** like damage to the barrels. **And one Sage,** the Rabbis, **holds:** The Sages **were concerned even for an insignificant loss.**

"רַבָּן שִׁמְעוֹן בֶּן גַּמְלִיאֵל אוֹמֵר יִמְכְּרֵם בְּבֵית דִּין מִפְּנֵי שֶׁהוּא כְּמֵשִׁיב אֲבֵידָה לִבְעָלִים". אִתְּמַר, רַבִּי אַבָּא בְּרַבִּי יַעֲקֹב אָמַר רַבִּי יוֹחָנָן: הֲלָכָה כְּרַבָּן שִׁמְעוֹן בֶּן גַּמְלִיאֵל, וְרָבָא אָמַר רַב נַחְמָן: הֲלָכָה כְּדִבְרֵי חֲכָמִים.

§ The mishna teaches that **Rabban Shimon ben Gamliel says: He sells it before the court, due to** the fact **that** in doing so **he is like** one **returning a lost item to the owner. It was stated** that **Rabbi Abba, son of Rabbi Ya'akov,** says that **Rabbi Yoḥanan says:** The ***halakha*** is **in accordance with** the opinion of **Rabban Shimon ben Gamliel. And Rava** says that **Rav Naḥman says:** The ***halakha*** is **in accordance with the statement of the Rabbis.**

NOTES

With regard to what issue do Rabbi Meir and the Rabbis disagree – בְּמַאי קָא מִיפַּלְגִי: Most commentaries explain that the dispute about spoiled goods is unrelated to the previous dispute concerning a deposit. They explain that in cases pertaining to the former there is nothing preventing the bailee from selling the deposit. Even if the mishna ruled that the bailee may not touch the deposit because one prefers his own *kav*, that does not apply to one's own spoiled *kav*. If the mishna's concern is that the owner might have rendered the produce *teruma* before it spoiled and the bailee will give *teruma* to non-priests, the prohibition against benefiting from *teruma* is by rabbinic law, and the Sages do not issue a decree in the uncommon case (Ritva).

וְהָא אֲמַרָהּ רַבִּי יוֹחָנָן חֲדָא זִמְנָא, דְּאָמַר רַבָּה בַּר בַּר חָנָה אָמַר רַבִּי יוֹחָנָן: כׇּל מָקוֹם שֶׁשָּׁנָה רַבָּן שִׁמְעוֹן בֶּן גַּמְלִיאֵל בְּמִשְׁנָתֵינוּ – הֲלָכָה כְּמוֹתוֹ, חוּץ מֵעָרֵב וְצַיְדָּן וּרְאָיָה אַחֲרוֹנָה!

The Gemara asks: **But** why is it necessary for Rabbi Yoḥanan to issue that ruling specifically in this case? **Didn't Rabbi Yoḥanan** already **say one** other **time** that in general the *halakha* is in accordance with the opinion of Rabban Shimon ben Gamliel? **As Rabba bar bar Ḥana says** that **Rabbi Yoḥanan said: Every place where Rabban Shimon ben Gamliel taught** a ruling **in our mishna,** the ***halakha*** **is in accordance with his** opinion, **except for** the following three cases: The responsibility of the **guarantor** (*Bava Batra* 173b), **and** the incident that occurred in the city of **Tzaidan** (*Gittin* 74a), **and** the dispute with regard to **evidence** in the **final** disagreement (*Sanhedrin* 31a).[B] By inference, in all other cases, Rabbi Yoḥanan holds that the *halakha* is in accordance with his opinion.

אֲמוֹרָאֵי נִינְהוּ, וְאַלִּיבָּא דְּרַבִּי יוֹחָנָן.

The Gemara answers: Rabbi Abba and Rabba bar bar Ḥana **are *amora'im*** and disagree **with regard to** the opinion **of Rabbi Yoḥanan.** Rabbi Abba holds that there was no general ruling, and therefore a ruling was necessary in this case. Rabba bar bar Ḥana holds that Rabbi Yoḥanan issued a general ruling.

מִדְּרַבָּן שִׁמְעוֹן בֶּן גַּמְלִיאֵל נִשְׁמַע דְּמוֹרִידִין קָרוֹב לְנִכְסֵי שָׁבוּי, מִדְּרַבָּנַן נִשְׁמַע – דְּאֵין מוֹרִידִין קָרוֹב לְנִכְסֵי שָׁבוּי.

The Gemara notes: **From** the statement **of Rabban Shimon ben Gamliel, it is learned** that the court authorizes **a relative,** who is the heir apparent, to **descend** and manage **the property of a captive.**[NH] A bailee who sells rotting produce is like one returning a lost item to the owner; one who manages the property of a captive who is unable to do so himself should have the same status. **From** the statement **of the Rabbis,** who say that the bailee may not touch the rotting produce, **it is learned that** the court **does not authorize a relative** to **descend** and manage **the property of a captive.**

וּמִמַּאי? דִּלְמָא עַד כָּאן לָא קָאָמַר רַבָּן שִׁמְעוֹן בֶּן גַּמְלִיאֵל הָכָא – אֶלָּא מִשּׁוּם דְּקָא כַּלְיָא קַרְנָא, אֲבָל הָתָם – הָכִי נַמִי דְּאֵין מוֹרִידִין. וְעַד כָּאן לָא קָאָמְרִי רַבָּנַן הָכָא – אֶלָּא אִי כְּרַב כָּהֲנָא, אִי כְּרַב נַחְמָן בַּר יִצְחָק. אֲבָל הָתָם – הָכִי נַמִי דְּמוֹרִידִין.

The Gemara rejects this parallel: **And from where** do you draw that conclusion? **Perhaps Rabban Shimon ben Gamliel states his opinion here only**[N] **due to** the fact **that the principal,** i.e., the rotting produce, **is destroyed. But there, indeed,** the court **does not authorize** a relative to descend and manage the property of a captive, because if the land lies fallow, the land will remain intact, even if the captive will not profit. **And** perhaps **the Rabbis state their opinion only here** based **either** on the reason **of Rav Kahana,** that a person prefers his own produce, **or** on the reason **of Rav Naḥman bar Yitzḥak,** that there is concern that perhaps the owner designated the produce as *teruma* or tithe. **But there,** with regard to the captive's property, those reasons do not apply, and **indeed** the court **authorizes** the relative to manage it.

לְמֵימְרָא דִּתְרֵי טַעֲמֵי נִינְהוּ? וְהָאָמַר רַב יְהוּדָה אָמַר שְׁמוּאֵל: הֲלָכָה כְּרַבָּן שִׁמְעוֹן בֶּן גַּמְלִיאֵל, וְאָמַר שְׁמוּאֵל: מוֹרִידִין קָרוֹב לְנִכְסֵי שָׁבוּי, לָאו מִשּׁוּם דְּחַד טַעְמָא הוּא? לָא, תְּרֵי טַעֲמֵי נִינְהוּ.

The Gemara asks: **Is this to say that they are two** independent **reasons** for these two *halakhot*? **But doesn't Rav Yehuda say** that **Shmuel says:** The ***halakha*** **is in accordance with** the opinion of **Rabban Shimon ben Gamliel, and Shmuel says:** The court **authorizes a relative to descend** and manage **the property of a captive? Is it not due to** the fact **that there is one** common **reason** for both *halakhot*? The Gemara rejects that reasoning: **No, they are** based upon **two** unrelated **reasons,** and Shmuel ruled the *halakha* in each case independently.

הָכִי נַמִי מִסְתַּבְּרָא, דְּאָמַר רָבָא אָמַר רַב נַחְמָן: הֲלָכָה כְּדִבְרֵי חֲכָמִים, וְאָמַר רַב נַחְמָן: מוֹרִידִין קָרוֹב לְנִכְסֵי שָׁבוּי. אֶלָּא שְׁמַע מִינָּהּ: תְּרֵי טַעֲמֵי נִינְהוּ, שְׁמַע מִינָּהּ.

The Gemara comments: **So too, it is reasonable** to say that the two *halakhot* are unrelated, **as Rava says** that **Rav Naḥman says:** The ***halakha*** **is in accordance with** the opinion of **the Rabbis, and Rav Naḥman says:** The court **authorizes a relative to descend** and manage **the property of a captive. Rather, learn from it** that **they are** based upon **two** unrelated **reasons.** The Gemara affirms: **Learn from it** that they are unrelated.

אִתְּמַר, שָׁבוּי שֶׁנִּשְׁבָּה. רַב אָמַר: אֵין מוֹרִידִין קָרוֹב לְנִכְסָיו, שְׁמוּאֵל אָמַר: מוֹרִידִין קָרוֹב לְנִכְסָיו.

The Gemara notes that **it was stated** that there is an amoraic dispute with regard to one who **was taken captive. Rav says:** The court **does not authorize a relative to descend** and manage **the property** of a captive. **Shmuel says:** The court **authorizes a relative to descend** and manage **the property** of a captive.

BACKGROUND

The guarantor and Tzaidan and the final disagreement – עָרֵב וְצַיְדָּן וּרְאָיָה אַחֲרוֹנָה: These three *halakhot* are cases in the Mishna in which Rabbi Yoḥanan rules that the *halakha* is not in accordance with the opinion of Rabban Shimon ben Gamliel.

The *halakha* of the guarantor refers to Rabban Shimon ben Gamliel's opinion that even when a guarantor has accepted full responsibility for a debt, the creditor may not approach him for repayment without first seeking to exact payment from the borrower (*Bava Batra* 173b).

The second case is one where a man divorced his wife on the condition that she return his cloak, and the garment was lost (*Gittin* 74a). Since she is unable to fulfill the condition, the Rabbis rule that the divorce does not take effect. Rabban Shimon ben Gamliel disagreed and ruled that in that case, the Sages deemed it permitted for her to pay him the value of the cloak, and then the divorce takes effect.

The final case of disagreement appears in a mishna where there are two disputes with regard to evidence (*Sanhedrin* 31a). The first dispute pertains to a case where an individual was told to bring evidence or witnesses on his behalf within thirty days. The Rabbis maintain that he may not produce them after that deadline. Rabban Shimon ben Gamliel maintains that this evidence or these witnesses may be brought after the deadline. The *halakha* is in accordance with the opinion of Rabban Shimon ben Gamliel. In the second dispute, an individual was told to bring evidence or witnesses on his behalf, and he responded that he has neither. The Rabbis hold that he may not subsequently bring them. Rabban Shimon ben Gamliel holds he may subsequently bring them. In this latter case the *halakha* is not in accordance with the opinion of Rabban Shimon ben Gamliel.

NOTES

The court authorizes a relative to descend and manage the property of a captive – מוֹרִידִין קָרוֹב לְנִכְסֵי שָׁבוּי: The similarity between selling a deposit of produce and authorizing one to manage the property of a captive is clear. According to the opinion of Rabban Shimon ben Gamliel, it is proper for a bailee and the court to ensure that another's property will not decrease even slightly in value. The court does not take into consideration the possibility that perhaps the owner prefers that the property remain intact, as he may anticipate a significant profit. It is assumed that he prefers to avoid a loss. That does not prove that it is specifically a relative that is authorized by the court. There is another reason for that. Since the court authorizes one to manage the property, the relative has the right of first refusal, because if the captive does not return, he is entitled to all the produce and any increase in the value of the property. Why give it to a stranger? (Ramban; Rashba).

Rabban Shimon ben Gamliel states his opinion here only, etc. – עַד כָּאן לָא קָאָמַר רַבָּן שִׁמְעוֹן בֶּן גַּמְלִיאֵל אֶלָּא וכו׳: *Tosafot* ask: Isn't it taught in a *baraita* cited later that Rabban Shimon ben Gamliel holds that the court authorizes a relative to manage the property of a captive? Some answer that the *halakha* in the *baraita* is formulated differently, and this phrase does not appear. Alternatively, the Gemara preferred to cite proof from a mishna rather than from a *baraita*. Another possibility is that the Gemara sought not only to prove what the opinion of Rabban Shimon ben Gamliel is but also to indicate that his opinion with regard to authorization to manage property is connected to his opinion with regard to a deposit (see Ritva).

HALAKHA

The court authorizes a relative to descend and manage the property of a captive – מוֹרִידִין קָרוֹב לְנִכְסֵי שָׁבוּי: In the case of a captive or one who flees due to mortal danger, the court authorizes an heir apparent to manage his property and cultivate the land until the captive returns or it is determined that he died. If the captive or the refugee returns, the labor that the relative invested and the produce that he consumed are calculated according to the rates customary for sharecroppers in that area. Others say that the heir is treated like a sharecropper only in terms of the enhancement of the field, but he receives all of the produce (Rema, citing *Tur* and Rosh). These rulings are in accordance with the opinion of Shmuel (Rambam *Sefer Mishpatim*, *Hilkhot Naḥalot* 7:4; *Shulḥan Arukh*, *Ḥoshen Mishpat* 285:2–3).

בְּשֶׁשָּׁמְעוּ בּוֹ שֶׁמֵּת – כּוּלֵּי עָלְמָא לָא פְּלִיגִי דְּמוֹרִידִין,

The Gemara limits the scope of the dispute: In a case **where they heard that** the captive **died,**[H] **everyone agrees that** the court **authorizes** a relative to **descend** and manage the property of a captive. The relative is the prospective heir and will tend to the land as if it were his own. If the captive returns, he will compensate the relative for his expenditures.

כִּי פְּלִיגִי – בְּשֶׁלֹּא שָׁמְעוּ בּוֹ שֶׁמֵּת. רַב אָמַר: אֵין מוֹרִידִין, דִּלְמָא מַפְסִיד לְהוּ. וּשְׁמוּאֵל אָמַר: מוֹרִידִין, כֵּיוָן דְּאָמַר מָר שָׁיְימִינַן לְהוּ כְּאָרִיס – לָא מַפְסִיד לְהוּ.

When they disagree, it is in a case **where they did not hear that** the captive **died** and presumably he will return. **Rav says:** The court **does not authorize** a relative to descend and manage the property of a captive, **lest he devalue** the property. Since presumably the owner of the property is alive, the relative assumes that he will eventually be required to return the property to the owner. Therefore, he does not tend to the land as if it were his own but will farm the land to increase its short-term yield, at the expense of its long-term condition. **And Shmuel says:** The court **authorizes** a relative to descend and manage the property of a captive. **Since the Master said:** In any case where one works a field that is not his, **we appraise** his work **as** if he were **a sharecropper,** the relative **will not devalue** the property. It is in his best interest to tend to the land to ensure that he will receive his payment.

מֵיתִיבִי, רַבִּי אֱלִיעֶזֶר אוֹמֵר: מִמַּשְׁמַע שֶׁנֶּאֱמַר "וְחָרָה אַפִּי וְהָרַגְתִּי אֶתְכֶם" יוֹדֵעַ אֲנִי שֶׁ"נְּשׁוֹתֵיהֶם אַלְמָנוֹת וּבְנֵיהֶם יְתוֹמִים". אֶלָּא מַה תַּלְמוּד לוֹמַר "וְהָיוּ נְשֵׁיכֶם" וגו'.

The Gemara **raises an objection** from a *baraita*. **Rabbi Eliezer says: By inference, from that which is stated: "My wrath shall wax hot, and I will kill you"** (Exodus 22:23), **I know that their wives** shall be **widows and their children orphans. Rather, what** is the meaning when **the verse states: "And your wives shall be** widows and your children orphans" (Exodus 22:23)? Why is this clause in the verse necessary?

מְלַמֵּד שֶׁנְּשׁוֹתֵיהֶם מְבַקְּשׁוֹת לִינָּשֵׂא וְאֵין מַנִּיחִין אוֹתָן, וּבְנֵיהֶן רוֹצִים לֵירֵד לְנִכְסֵי אֲבִיהֶן וְאֵין מַנִּיחִין אוֹתָן! אֲמַר רָבָא: לֵירֵד וְלִמְכּוֹר תְּנַן.

The verse **teaches** an additional punishment, that the men will be killed with no witnesses. **Their wives will seek to marry, and** the courts **will not allow them** to do so without witnesses to their husbands' deaths. **And their children will wish to descend to their father's property,** to inherit it, **and** the courts **will not allow them** to do so. Apparently, the court does not authorize a relative to descend and manage the property of a captive. **Rava said: We learned** in the *baraita* that the courts do not allow them **to descend and to sell** the land, but the court does authorize a relative to descend and manage the land.

הֲוָה עוֹבָדָא בִּנְהַרְדְּעָא, וּפַשְׁטַהּ רַב שֵׁשֶׁת מֵהָא מַתְנִיתָא. אֲמַר לֵיהּ רַב עַמְרָם: דִּלְמָא לֵירֵד וְלִמְכּוֹר תְּנַן? אֲמַר לֵיהּ: דִּלְמָא מִפּוּמְבְּדִיתָא אַתְּ, דִּמְעַיְּילִין פִּילָא בְּקוֹפָא דְּמַחְטָא? וְהָא דּוּמְיָא דִּנְשׁוֹתֵיהֶם [וּבְנֵיהֶם] קָתָנֵי, מַה הָתָם – כְּלָל לָא, אַף הָכָא נַמִי – כְּלָל לָא.

The Gemara relates: There **was** a similar **incident in Neharde'a, and Rav Sheshet resolved** the matter **from this** ***baraita*** and ruled that the court does not authorize a relative to descend to the property of a captive. **Rav Amram said to him: Perhaps we learned** in the *baraita* that the courts do not allow a relative **to descend and to sell** the land? Rav Sheshet **said** mockingly **to him,** employing a similar style: **Perhaps you are from Pumbedita,**[B] **where** people **pass an elephant through the eye of a needle,** i.e., they engage in specious reasoning. **But doesn't** the juxtaposition between **their wives and their children** in the verse **teach** that the meaning is **similar** in both cases? **Just as there,** with regard to the wives, it means that they may **not** remarry **at all, so too here,** with regard to the sons, it means that they may **not** descend to the property **at all.**

וּמוֹרִידִין קָרוֹב לְנִכְסֵי שָׁבוּי תַּנָּאֵי הִיא, דְּתַנְיָא: הַיּוֹרֵד לְנִכְסֵי שָׁבוּי – אֵין מוֹצִיאִין אוֹתוֹ מִיָּדוֹ, וְלֹא עוֹד אֶלָּא, אֲפִילּוּ שָׁמַע שֶׁמְּמַשְׁמְשִׁין וּבָאִין, וְקָדַם וְתָלַשׁ וְאָכַל – הֲרֵי זֶה זָרִיז וְנִשְׂכָּר. וְאֵלּוּ הֵן נִכְסֵי שְׁבוּיִין: הֲרֵי שֶׁהָיָה אָבִיו אוֹ אָחִיו אוֹ אֶחָד מִן הַמּוֹרִישִׁין, הָלְכוּ לָהֶם לִמְדִינַת הַיָּם, וְשָׁמְעוּ בָּהֶן שֶׁמֵּת.

The Gemara comments: **And** the matter of whether the court **authorizes a relative to descend** and manage **the property of a captive is** a dispute between ***tanna'im*****, as it is taught** in a *baraita*: In the case of **one who descends to the property of a captive**[H] and works his field, the court **does not confiscate it from his possession. And furthermore, even if he heard that** the owners **are approaching and arriving, and** the one who descended to the field **preceded** their arrival **and uprooted and consumed** produce that grew that year, **that** person is deemed **diligent and he profits,** as he received a return on the work that he invested. **And these** are the cases where there is **captives' property:** Cases **where one's father, or brother, or one of** those relatives **who bequeaths** him an inheritance **went to a country overseas,** and those in his locale **heard that** the relative **died.**

HALAKHA

Where they heard that the captive died – בְּשֶׁשָּׁמְעוּ בּוֹ שֶׁמֵּת: If there is a report that a captive or a refugee died, the court authorizes his relatives to manage his property until there is clear proof that he died or until he returns. The Rema cites the Rosh, who says that if the captive returns, the one who managed the property is not entitled to any profit. He does not receive any compensation for his expenditures but he is not required to compensate the captive for the produce that he consumed (Rambam *Sefer Mishpatim, Hilkhot Naḥalot* 7:5; *Shulḥan Arukh, Ḥoshen Mishpat* 285:5, and in the comment of Rema).

One who descends to the property of a captive – הַיּוֹרֵד לְנִכְסֵי שָׁבוּי: If there is a report that a captive died, and his heirs divide his property between them, the court does not confiscate the property from them. If the relatives hear that the captive is returning and then hastily eat all of the produce, the court does not require them to compensate the captive (*Shulḥan Arukh, Ḥoshen Mishpat* 285:1 and *Netivot HaMishpat* there).

BACKGROUND

Perhaps you are from Pumbedita – דִּלְמָא מִפּוּמְבְּדִיתָא אַתְּ: In Babylonia, during the first generations of *amora'im*, two major academies were established, one in Sura and one in Pumbedita. Although there were periods when, for different reasons, they closed or split into different academies, they continued to exist for many years.

The method of study in Sura was similar to the method in Eretz Yisrael, where the emphasis was on extensive knowledge of the texts, from the Torah through tannaitic literature. Rav Sheshet was one of the prominent students of that academy.

The method in Pumbedita put more emphasis on intensive study. Rav Amram was a student of Rav Sheshet, and Rav Sheshet knew him well. The question: Perhaps you are from Pumbedita, is an ironic question, through which Rav Sheshet expressed his attitude toward the method of study in Pumbedita.

HALAKHA

Forsaken property – נִכְסֵי רְטוּשִׁים: If one traveled of his own volition and his destination is unknown, the court does not authorize a relative to manage his property. Furthermore, if a relative descends to manage the traveler's property, the court evicts him from there. The property remains as it was, as it is considered to be deliberately lost by its owner, a situation the court does not address (Rambam *Sefer Mishpatim*, *Hilkhot Naḥalot* 7:8; *Shulḥan Arukh*, *Ḥoshen Mishpat* 285:1).

הַיּוֹרֵד לְנִכְסֵי נְטוּשִׁים – מוֹצִיאִין אוֹתוֹ מִיָּדוֹ. וְאֵלּוּ הֵן נִכְסֵי נְטוּשִׁים: הֲרֵי שֶׁהָיָה אָבִיו אוֹ אָחִיו אוֹ אֶחָד מִן הַמּוֹרִישִׁין, הָלְכוּ לָהֶם לִמְדִינַת הַיָּם וְלֹא שָׁמְעוּ בָּהֶם שֶׁמֵּת. וְאָמַר רַבָּן שִׁמְעוֹן בֶּן גַּמְלִיאֵל: שָׁמַעְתִּי שֶׁהַנְּטוּשִׁים כִּשְׁבוּיִין.

In the case of **one who descends to abandoned property,** the court **removes it from the possession of** the one managing it. **And these** are the cases where there **is abandoned property:** Cases **where one's father, or brother, or one of** those relatives **who bequeaths** him an inheritance **went to a country overseas,** and those in his locale **did not hear that** the relative **died. And Rabban Shimon ben Gamliel said: I heard that the** legal status of **abandoned** property **is like** that of the property of **captives,** and it is not confiscated from the possession of the one managing it. The dispute between the first *tanna* and Rabban Shimon ben Gamliel parallels the dispute between Rav and Shmuel.

הַיּוֹרֵד לְנִכְסֵי רְטוּשִׁים – מוֹצִיאִין אוֹתוֹ מִיָּדוֹ. וְאֵלּוּ הֵן נִכְסֵי רְטוּשִׁים: הֲרֵי שֶׁהָיָה אָבִיו אוֹ אָחִיו אוֹ אֶחָד מִן הַמּוֹרִישִׁין כָּאן, וְאֵינוֹ יוֹדֵעַ לְהֵיכָן הָלְכוּ.

With regard to **one who descends to forsaken property,**[H] the court **removes it from his possession. And these** are the cases where there is **forsaken property:** Cases **where one's father, or brother, or one of** those relatives **who bequeaths** him an inheritance was **here, and** the relative **does not know where they went.** Everyone agrees that in these instances the court does not authorize a relative to descend to the property.

מַאי שְׁנָא הָנָךְ דִּקְרוּ לְהוּ נְטוּשִׁים, וּמַאי שְׁנָא הָנֵי דִּקְרוּ לְהוּ רְטוּשִׁים?

The Gemara asks: **What is different** about one property, **that it is called abandoned** property? **And what is different** about the other property, **that it is called forsaken** property?

Perek **III**
Daf **39** Amud **a**

NOTES

Expropriation by edict of the King of the Universe – אַפְקְעָתָא דְּמַלְכָּא: This characterization was necessary in order to establish that the land is expropriated during the Sabbatical Year, independent of any declaration of ownerlessness by its owner (see *Pe'at HaShulḥan* and *Ḥazon Ish*). It is also necessary to underscore that the land lies fallow not in order to improve the soil but by edict of the King of the Universe (*Nefesh Ḥayya*).

He is diligent and he profits – זָרִיז וְנִשְׂכָּר: The Sages instituted that the one working the land consume its produce. This is primarily because there is concern that he will exploit the land to take from it what he can and thereby cause damage, as the field is not transferred to his ownership absolutely. There is a distinction between abandoned property and the property of a captive. In the latter case, one is more hesitant to damage the field because there is a greater chance that the owner will return. According to another explanation, the produce harvested by the one working the land is not included in the calculations of what he receives and what he must pay; if he is diligent, he profits. Although one appraises his work as if he were a sharecropper, that applies only to produce that he did not yet harvest (Ritva).

נְטוּשִׁים דִּבְעַל כָּרְחָן, דִּכְתִיב ״וְהַשְּׁבִיעִת תִּשְׁמְטֶנָּה וּנְטַשְׁתָּהּ״ – אַפְקְעָתָא דְּמַלְכָּא. רְטוּשִׁים – דְּמִדַּעְתָּן, דִּכְתִיב ״אֵם עַל בָּנִים רֻטָּשָׁה״.

The Gemara explains: **Abandoned** property [*netushim*]; this is referring to property that the owners vacated **perforce. When it is written: "But the seventh year you shall let it rest and lie fallow** [*untashtah*]" (Exodus 23:11), that is **expropriation by** edict of **the King** of the Universe.[N] **Forsaken** property [*retushim*]; this is referring to property that the owners vacated **of their own volition, as it is written: "A mother was forsaken** [*rutasha*] **with her sons"** (Hosea 10:14), indicating that the mother was left with the sons, as all the men left.

תָּנָא: וְכוּלָּם שָׁמִין לָהֶם כְּאָרִיס. אַהַיָּיא? אִילֵימָא אַשְּׁבוּיִין – הַשְׁתָּא זָרִיז וְנִשְׂכָּר הָוֵה, מַאי דְּאַשְׁבַּח מִיבַּעְיָא? אֶלָּא אַרְטוּשִׁים? וְהָא מוֹצִיאִין אוֹתָן מִיָּדוֹ קָתָנֵי!

A Sage **taught** with regard to the *baraita* discussing the case of one who descends to the property of another: **And** for **all of them,** the court **appraises their** work **as** one would appraise the work of a **sharecropper.** The Gemara asks: **To which** property in the *baraita* is this ruling stated? **If we say** it is stated **with regard to captives'** property, **now** that the *tanna* stated that **he is diligent and he profits,**[N] as he may take as much produce as he wishes, is it **necessary** to say that he can take a share **of what** he did to **enhance** the field? **Rather,** say that it is stated **with regard to forsaken** property. **But isn't it taught:** The court **removes it from his possession?** The legal status of the one who labored in the field is not at all similar to that of a sharecropper.

אֶלָּא אַנְּטוּשִׁים, לְמַאן? אִילֵימָא לְרַבָּנַן – הָא אָמְרִי מוֹצִיאִין אוֹתוֹ מִיָּדוֹ, אִי רַבָּן שִׁמְעוֹן בֶּן גַּמְלִיאֵל – הָא אָמַר שָׁמַעְתִּי שֶׁהַנְּטוּשִׁים כִּשְׁבוּיִין!

Rather, say that it is stated **with regard to abandoned** property. The Gemara asks: **In accordance with whose** opinion? **If we say it is in accordance with** the opinion of **the Rabbis, don't they say:** The court **removes it from his possession?** And **if** it is in accordance with the opinion of **Rabban Shimon ben Gamliel, doesn't he say: I heard that** the legal status of **abandoned** property **is like** that of **captives'** property, and the rights of the one who labored in the field are superior to those of a sharecropper.

כִּשְׁבוּיִין, וְלֹא שְׁבוּיִין. כִּשְׁבוּיִין – דְּאֵין מוֹצִיאִין אוֹתָן מִיָּדוֹ, וְלֹא שְׁבוּיִין – דְּאִילּוּ הָתָם זָרִיז וְנִשְׂכַּר, וְאִילּוּ הָכָא שָׁיְימִינַן לֵיהּ כַּאֲרִיס.

The Gemara answers: According to the opinion of Rabban Shimon ben Gamliel, the legal status of that property is in some ways **like** that of **captives'** property **but** in other ways **not** like that of **captives'** property. It is **like** that of **captives'** property in that the court **does not remove it from his possession. But** it is **not** like that of **captives'** property, **as there,** in the case of captives' property, the one working the field is **diligent and he profits** from the produce he takes, **while here, one appraises their** work **as** one would appraise the work of **a sharecropper.**

וּמַאי שְׁנָא מֵהָא דִּתְנַן: הַמּוֹצִיא הוֹצָאוֹת עַל נִכְסֵי אִשְׁתּוֹ, הוֹצִיא הַרְבֵּה וְאָכַל קִימְעָא, קִימְעָא וְאָכַל הַרְבֵּה – מַה שֶּׁהוֹצִיא הוֹצִיא, וּמַה שֶּׁאָכַל אָכַל!

The Gemara asks: **And what is different** in this case **from that which we learned** in a mishna (79b): In the case of **one who outlays expenditures to** enhance **his wife's** usufruct **property,**[H] which belongs to his wife but whose profits are his for the duration of their marriage, if the marriage ends in divorce or his death and she reclaims the property, whether **he spent much** to enhance the property **and consumed little** and did not derive benefit commensurate with his investment, or whether he spent **little and consumed much,** the principle is: **What he spent, he spent, and what he consumed, he consumed.** His labor is not appraised like that of a sharecropper.

הָא לָא דָּמְיָא אֶלָּא לְהָא, דִּתְנַן: הַמּוֹצִיא הוֹצָאוֹת עַל נִכְסֵי אִשְׁתּוֹ קְטַנָּה – כְּמוֹצִיא עַל נִכְסֵי אַחֵר דָּמֵי. אַלְמָא: כֵּיוָן דְּלָא סָמְכָא דַּעְתֵּיהּ – תַּקִּינוּ לֵיהּ רַבָּנַן, כִּי הֵיכִי דְּלָא לַפְסְדִינְהוּ. הָכָא נַמִי, תַּקִּינוּ לֵיהּ רַבָּנַן כִּי הֵיכִי דְּלָא לַפְסְדִינְהוּ.

The Gemara answers: **This** case **is comparable only to that which we learned** in a statement that Rabbi Ya'akov said that Rav Ḥisda said: The legal status of **one who outlays expenditures to** enhance **the** usufruct **property of his minor wife,**[H] whose father died and whose brother and mother married her off, **is like** that of **one who outlays** expenditures **to** enhance **the property of another,** as this is a marriage by rabbinic law and she can void the marriage by performing refusal. If the husband spent much to enhance the property and consumed little, his work is assessed like that of a sharecropper. **Apparently, since he does not rely** on the fact that her property will remain his, **the Sages instituted on his behalf** that he be reimbursed for his expenditures **so that he will not devalue** the property. **Here too, the Sages instituted on behalf** of the one who labored in the field that he be reimbursed for his labor, **so that he will not devalue** the property.

״וְכוּלָּן שָׁמִין לָהֶם כַּאֲרִיס״. וְכוּלָּן לְאִיתוּיֵי מַאי?

The Gemara asks with regard to the phrase written in the *baraita*: **And** for **all of them,** the court **appraises** their work **as** one would appraise the work of **a sharecropper, what** additional case does it serve **to include,** as apparently it applies only to property of those who abandoned it, in accordance with the opinion of Rabban Shimon ben Gamliel?

לְאִיתוּיֵי הָא דְּאָמַר רַב נַחְמָן אָמַר שְׁמוּאֵל: שָׁבוּי שֶׁנִּשְׁבָּה – מוֹרִידִין קָרוֹב לִנְכָסָיו, יָצָא לָדַעַת – אֵין מוֹרִידִין קָרוֹב לִנְכָסָיו. וְרַב נַחְמָן דִּידֵיהּ אָמַר: בּוֹרֵחַ הֲרֵי הוּא כְּשָׁבוּי. בּוֹרֵחַ מֵחֲמַת מַאי? אִילֵימָא מֵחֲמַת כַּרְגָּא – הַיְינוּ לָדַעַת, אֶלָּא בּוֹרֵחַ מֵחֲמַת מְרָדִין.

The Gemara answers: It comes **to include that which Rav Naḥman says** that **Shmuel says:** For **a captive who was taken captive,** the court **authorizes a relative to descend** and manage **his property. If he left of his** own **volition,** the court **does not authorize a relative to descend** and manage **his property. And Rav Naḥman says his own** statement: The legal status of **one who flees is like** that of **a captive.** The Gemara asks: **One who flees** for **what** reason? **If we say** that he flees **due to a tax** [*karga*][L] that he attempts to evade, **that is** the case of one who left **of** his own **volition. Rather,** the reference is to one who **flees due to** an allegation that he committed **murder** [*meradin*],[HL] and he flees to avoid execution. Therefore, his legal status is that of a captive.

HALAKHA

One who outlays expenditures to enhance his wife's usufruct property – הַמּוֹצִיא הוֹצָאוֹת עַל נִכְסֵי אִשְׁתּוֹ: In the case of a husband who spends money on his wife's personal property, if he dies or divorces her, whatever he spent he spent and whatever he profited from he profited from, provided that he enjoyed some of the profits. He is neither entitled to be reimbursed for expenditures nor required to pay for any profits that he enjoyed (Rambam *Sefer Nashim, Hilkhot Ishut* 23:8; *Shulḥan Arukh, Even HaEzer* 88:7).

One who outlays expenditures to enhance the usufruct property of his minor wife – הַמּוֹצִיא הוֹצָאוֹת עַל נִכְסֵי אִשְׁתּוֹ קְטַנָּה: In the case of a minor girl who was married off by her mother and brothers, whose marriage is by rabbinic law, the court appraises the work of the husband like that of a sharecropper. It calculates how much of the profits he enjoyed, how much the value of the property increased, and how much he spent (Rambam *Sefer Nashim, Hilkhot Ishut* 23:10; *Shulḥan Arukh, Even HaEzer* 88:10).

One who flees due to an allegation that he committed murder – בּוֹרֵחַ מֵחֲמַת מְרָדִין: If one flees his property at his own initiative due to mortal danger, his legal status is that of a captive in terms of one tending to his property (Rambam *Sefer Mishpatim, Hilkhot Naḥalot* 7:5; *Shulḥan Arukh, Ḥoshen Mishpat* 285:2).

LANGUAGE

Tax [*karga*] – כַּרְגָּא: This word comes from the Middle Persian word harg, meaning duty or tribute. In the Talmud it normally refers to a poll tax.

Murder [*meradin*] – מְרָדִין: Apparently from Middle Iranian murd, meaning death, and related to the English term mortality. Others suggest that it is a term referring to dueling. If so, the sense here is that the person fled because he was challenged to a duel.

אָמַר רַב יְהוּדָה אָמַר שְׁמוּאֵל: שָׁבוּי שֶׁנִּשְׁבָּה וְהִנִּיחַ קָמָה לִקְצוֹר, עֲנָבִים לִבְצוֹר, תְּמָרִים לִגְדּוֹר, זֵיתִים לִמְסוֹק – בֵּית דִּין יוֹרְדִין לִנְכָסָיו וּמַעֲמִידִין אַפּוֹטְרוֹפּוֹס, וְקוֹצֵר וּבוֹצֵר וְגוֹדֵר וּמוֹסֵק, וְאַחַר כָּךְ מוֹרִידִין קָרוֹב לִנְכָסָיו. וְלוֹקִים אַפּוֹטְרוֹפָּא לְעוֹלָם! אַפּוֹטְרוֹפָּא לְדִיקְנָנֵי לָא מוֹקְמִינַן.

Rav Yehuda says that **Shmuel says:** In the case of **a captive who was taken captive and left** in his field **standing grain to be reaped,** or **grapes to be harvested,** or **dates to be cut,** or **olives to be picked,** and the owner of the produce will incur significant loss if they are not harvested, **the court descends to his property and appoints a steward** to manage his property. **And he reaps, and harvests, and cuts, and picks, and thereafter** the court **authorizes a relative to descend** and manage **his property.** The Gemara asks: If that is an option, **let** the court **always appoint a steward** to manage the captive's field. The Gemara answers: **We do not appoint a steward** [*apoteropa*][L] **for the bearded,**[NH] i.e., adults. A steward is appointed only for orphans.

אָמַר רַב הוּנָא: אֵין מוֹרִידִין קָטָן לְנִכְסֵי שָׁבוּי, וְלֹא קָרוֹב לְנִכְסֵי קָטָן, וְלֹא קָרוֹב מֵחֲמַת קָרוֹב לְנִכְסֵי קָטָן.

Rav Huna says: The court **does not authorize a minor,** even if he is an heir, **to descend to the property of a captive.**[H] **And** the court does **not** authorize **a relative** who is an heir to descend **to the property of a minor**[N] that has no one to tend to it. **And** the court does **not** authorize **a relative due to a relative** to descend **to the property of a minor.**

אֵין מוֹרִידִין קָטָן לְנִכְסֵי שָׁבוּי – דִּלְמָא מַפְסִיד לְהוּ. וְלֹא קָרוֹב מֵחֲמַת קָרוֹב לְנִכְסֵי קָטָן – בְּאַחֵי מֵאִימָּא. וְלֹא קָרוֹב לְנִכְסֵי קָטָן – כֵּיוָן דְּלָא מָחֵי, אָתֵי לְאַחֲזוּקֵי בֵּיהּ.

The Gemara elaborates: The court **does not authorize a minor to descend to the property of a captive,**[H] **lest he devalue the property. And** the court does **not** authorize **a relative due to a relative** to descend **to the property of a minor.**[H] The Gemara explains: It is a case **where** the minor has a paternal half-brother and that brother has **a maternal** half-**brother.** The concern is that the latter, who is not at all related to the minor who owns the field, will claim that he inherited the field from his brother. **And** the court does **not** authorize **a relative** to descend **to the property of a minor.** The concern is that **since** the minor **does not protest** at the appropriate time and assert that the property does not belong to his relative, that relative will **come to assume presumptive ownership** of the field.

אָמַר רָבָא, שְׁמַע מִינַּהּ מִדְּרַב הוּנָא: אֵין מַחֲזִיקִין בְּנִכְסֵי קָטָן,

Rava said: Learn from the statement **of Rav Huna** that **one cannot assume presumptive ownership**[B] **of the property of a minor.**[NH] Even if one took possession of and used the property of a minor for three years, this does not indicate that he has presumptive ownership of the property. Rav Huna restricted the descent specifically of relatives to the property of a minor, indicating that those are not concerns when it is a non-relative who descends to manage the field. Apparently, the reason that there is no concern is that one cannot assume presumptive ownership of the property of a minor.

LANGUAGE

Steward [*apoteropa*] – אַפּוֹטְרוֹפָּא: From the Greek ἐπίτροπος, *epitropos*, meaning appointee, steward, trustee, or administrator.

NOTES

A steward for the bearded – אַפּוֹטְרוֹפָּא לְדִיקְנָנֵי: According to Rashi, stewards are not typically appointed for adults. There is no mitzva in tending to their property, so people are not likely to exert themselves on their behalf. The Ritva explains that a steward appointed to manage the property of a minor is aware from the outset of the duration of his tenure, i.e., until the minor reaches majority and can manage the property himself. Were a steward appointed to manage the property of an adult, there would be no clear end to his tenure, and people typically do not accept responsibility for an indeterminate period (Ritva).

A relative to the property of a minor – קָרוֹב לְנִכְסֵי קָטָן: Although it has been established that one cannot assume presumptive ownership over the property of a minor, there is a distinction between a case where one is in possession of his property, where people inform the minor and he can claim it when he reaches majority, and a case where a relative descends to the field. In the latter case, onlookers assume that the relative is the legal heir to the field. They will not inform the minor, who is consequently unaware that he must claim that the field is his in order to recover it (Ritva).

One cannot assume presumptive ownership of the property of a minor – אֵין מַחֲזִיקִין בְּנִכְסֵי קָטָן: The *ge'onim* explain that when the Gemara says: Even if the minor reached majority, it means this: Even if the possessor was in possession of the field for three years after the minor reached majority, the owner is unaware of this and will not protest it because the person took possession of the field when he was a minor. Therefore, his being in possession does not result in presumptive ownership.

BACKGROUND

One cannot assume presumptive ownership – אֵין מַחֲזִיקִין: If one has been in possession of property for a period of time, this serves as proof to support his claim that he is its legal owner. The requisite period of time varies according to the nature of the property, e.g., establishing presumptive ownership of land requires three years. One capable of proving uninterrupted possession for the requisite period is no longer required to produce a document as evidence of his ownership. In order to preclude one occupying a field from asserting ownership after three years, the owner must issue a protest before that period elapses. The Gemara here states that possession of the land of a minor for three years does not create the presumption of ownership.

HALAKHA

A steward for the bearded – אַפּוֹטְרוֹפָּא לְדִיקְנָנֵי: Since it is difficult to find one willing to serve as a steward for adults, the court attempts to avoid appointing a permanent steward over the property of a captive. The Rema writes: If there is one who wants to perform this mitzva, all the better. Some say that an heir apparent can protest the appointment and claim that he does not want a steward appointed (Rambam *Sefer Mishpatim*, *Hilkhot Naḥalot* 7:5; *Shulḥan Arukh*, *Ḥoshen Mishpat* 285:2).

The property of a captive – נִכְסֵי שָׁבוּי: If a field is left standing in the field because its owner was taken captive or fled due to danger, the court intervenes and appoints a steward to oversee the harvest and sale of the grain. The steward then places the money along with the owner's movable property in the charge of the court. A relative is then appointed to manage the property. With regard to property that does not require hard work, e.g., courtyards that can be rented and the like, the court appoints an overseer, who collects money and entrusts it to the court until the fate of the captive or fugitive has been determined. This ruling is in accordance with the opinion of Shmuel (Rambam *Sefer Mishpatim*, *Hilkhot Naḥalot* 7:6; *Shulḥan Arukh*, *Ḥoshen Mishpat* 285:3).

A minor…to the property of a captive – קָטָן לְנִכְסֵי שָׁבוּי: In cases where the court authorizes a relative to manage the property of a captive, it does not authorize a minor, lest he damage the property. Instead, a steward is appointed (Rambam *Sefer Mishpatim*, *Hilkhot Naḥalot* 8:1; *Shulḥan Arukh*, *Ḥoshen Mishpat* 285:6).

A relative to the property of a minor – קָרוֹב לְנִכְסֵי קָטָן: A relative is not authorized to manage the property of a minor who fled or was taken captive, lest he take possession of it. Neither does the court authorize the relative of a relative, i.e., one who is not himself an heir of the minor but would inherit from the heir, in accordance with the opinion of Rav Huna (Rambam *Sefer Mishpatim*, *Hilkhot Naḥalot* 8:2; *Shulḥan Arukh*, *Ḥoshen Mishpat* 285:6).

One cannot assume presumptive ownership of the property of a minor – אֵין מַחֲזִיקִין בְּנִכְסֵי קָטָן: There is no presumptive ownership of the property of a minor, even after the minor reaches majority. The period during which he occupied the field while the owner was a minor is not included in the three years necessary to establish presumptive ownership. The Rema writes that even if he occupied the property for three years after the minor reached majority, he does not establish presumptive ownership, since when he first occupied the field the owner was a minor. That is the ruling according to most authorities (Rambam *Sefer Mishpatim*, *Hilkhot To'en VeNitan* 14:7; *Shulḥan Arukh*, *Ḥoshen Mishpat* 149:19).

וַאֲפִילּוּ הִגְדִּיל.

And even if one continues to occupy the field after the minor **reached majority,** he does not assume presumptive ownership, as perhaps the minor was unaware that he is the field's owner.

וְלָא אֲמַרַן אֶלָּא בְּאַחֵי דְּאַבָּא, אֲבָל בְּאַחֵי דְּאִמָּא – לֵית לַן בַּהּ. וְאַחֵי דְּאַבָּא נַמִי לָא אֲמָרַן אֶלָּא בְּאַרְעָתָא, אֲבָל בְּבָתֵּי – לֵית לַן בַּהּ. וּבְאַרְעָתָא נַמִי לָא אֲמָרַן אֶלָּא דְּלָא עָבֵיד עִיטְדָא, אֲבָל עָבֵיד עִיטְדָא – קָלָא אִית לַהּ.

The Gemara comments: **And we said only in** the case of **paternal brothers** that the court does not authorize a relative to descend and manage the property of a minor, as they are potential heirs. **But in** the case of **maternal brothers we have no** problem **with it,** as they are not potential heirs. **And** in the case of **paternal brothers, we said** that the court does not authorize a relative **only with regard to land. But in** the case of **houses we have no** problem **with it,** as there are neighbors who can testify that the house does not belong to those brothers. **And with regard to land too, we said** that it is **only** in a case **where** the minor's father **did not draft a document of division** of the property that the court does not authorize a relative. **But** in a case **where** the minor's father **drafted a document of division, it generates publicity,** and everyone knows which portion belongs to each of the brothers.

וְלָא הִיא, לָא שְׁנָא אַחֵי דְּאַבָּא וְלָא שְׁנָא אַחֵי דְּאִמָּא, לָא שְׁנָא אַרְעָתָא וְלָא שְׁנָא בָּתֵּי, וְלָא שְׁנָא עָבֵיד עִיטְדָא לָא שְׁנָא לָא עָבֵיד עִיטְדָא – לָא מַחְתִּינַן.

The Gemara concludes: **But** this **is not so,** as there is **no difference** whether they are **paternal brothers and** there is **no difference** whether they are **maternal brothers;** it is **no different** whether it is **land, and** it is **no different** whether it is **houses; and** it is **no different** whether **he drafted a document of division,**[N] **and** it is **no different** whether **he did not draft a document of division. We do not authorize** a relative to descend and manage the property of a minor, to avoid that relative being regarded as the owner of the property.

הַהִיא סַבְתָּא דַּהֲוְיָא לָהּ תְּלָת בְּנָתָא, אִישְׁתְּבַאי אִיהִי וַחֲדָא בְּרַתָּא, אִידָּךְ תַּרְתֵּי בְּנָתָא שְׁכִיבָא חֲדָא מִינַּיְיהוּ וּשְׁבַקָה יְנוּקָא. אֲמַר אַבַּיֵי: הֵיכִי נַעֲבֵיד? לוֹקְמִינְהוּ לְנִכְסֵי בִּידָא דְּאַחְתָּא – דִּלְמָא שְׁכִיבָא סַבְתָּא, וְאֵין מוֹרִידִין קָרוֹב לְנִכְסֵי קָטָן. נוֹקְמִינְהוּ לְנִכְסֵיהּ בִּידָא דִּינוּקָא – דִּלְמָא לָא שְׁכִיבָא סַבְתָּא, וְאֵין מוֹרִידִין קָטָן לְנִכְסֵי שָׁבוּי!

§ The Gemara relates: There was **a certain old woman**[H] **who had three daughters. She and one daughter were taken captive.** Of **the other two daughters, one died and left** behind **a minor** son. **Abaye said: What** should **we do** in this case with the property of the old woman? If one suggests: **Let us establish the property in the possession of the** surviving **sister,** that is problematic. There is a concern that **perhaps the old woman died**[N] in captivity, and if the old woman died, the minor inherits one-third of her property, **and** the court **does not authorize a relative to descend** and manage **the property of a minor.**[H] If one suggests: **Let us establish the property in the possession of the minor,** that is also problematic. There is concern that **perhaps the old woman did not die, and** the court **does not authorize a minor to descend** and manage **the property of a captive.**

אֲמַר אַבַּיֵי: הִלְכָּךְ, פַּלְגָא יָהֲבִינָא לָהּ לְאַחְתָּא, וְאִידָּךְ פַּלְגָא מוֹקְמִינַן לֵיהּ אַפּוֹטְרוֹפָּא לִינוּקָא. רָבָא אֲמַר: מִגּוֹ דְּמוֹקְמִינַן אַפּוֹטְרוֹפָּא לְפַלְגָא – מוֹקְמִינַן לֵיהּ אַפּוֹטְרוֹפָּא לְאִידָּךְ פַּלְגָא.

Abaye said: Consequently, half of the property **is given to the** surviving **sister.** If the captives died, she is the inheritor of half the property; if the captives are alive, this is a case where the court authorizes a relative to descend and manage the property of a captive. **And** for **the other half** of the property, **we establish a steward on behalf of the minor,** as it is conceivable that he inherited the property. **Rava said: Once we appoint a steward for half** of the property, **we appoint a steward for the other half** of the property, and it remains under his stewardship until the state of the captives becomes known.

לְסוֹף שְׁמַעוּ דִּשְׁכִיבָא סַבְתָּא. אֲמַר אַבַּיֵי: תִּילְתָּא יָהֲבִינַן לָהּ לְאַחְתָּא. וְתִילְתָּא יָהֲבִינַן לֵיהּ לִינוּקָא, וְאִידָּךְ תִּילְתָּא יָהֲבִינַן דַּנְקָא לְאַחְתָּא, וְאִידָּךְ דַּנְקָא מוֹקְמִינַן לֵיהּ אַפּוֹטְרוֹפָּא לִינוּקָא. רָבָא אֲמַר: מִגּוֹ דְּמוֹקֵים אַפּוֹטְרוֹפָּא לְדַנְקָא – מוֹקְמִינַן נַמִי אַפּוֹטְרוֹפָּא לְאִידָּךְ דַּנְקָא.

Ultimately, they heard that that old woman died, and they did not hear the fate of the captive daughter. **Abaye said: We give one-third** of the property **to the** surviving **daughter. And we give one-third** of the property **to the minor,**[N] as he inherits it from his grandmother by virtue of his deceased mother. **And** of **the other one-third** of the property, which belongs to the captive sister whose fate is unknown, **we give one-sixth** [*danka*][L] **to the** surviving **sister, and** for **the other one-sixth, we appoint a steward on behalf of the minor,** as perhaps the sister died and the property is his. **Rava said: Once we appoint a steward for one-sixth** of the property, **we also appoint a steward for the other one-sixth** of the property, until the fate of the captive sister is known.

NOTES

And it is no different whether he drafted a document of division – וְלָא שְׁנָא עָבֵיד עִיטְדָא: Even if a document of division was drafted, the precise distribution of the property is forgotten over time, and people will think that the property in the relative's possession is his (Rashba). Others explain that there is concern that with the passage of time the documents of division or the sharecropper agreement will be misplaced, and the relative will claim that he inherited the land (Rambam; Rabbeinu Yehonatan of Lunel; Meiri).

Perhaps the old woman died – דִּלְמָא שְׁכִיבָא סַבְתָּא: *Tosafot* note that in general the possibility that a person died is not taken into account, but this is a case where the woman was exceptionally old. Other early commentaries note that this explanation creates other problems in understanding the Gemara (Ran; Ritva). Most commentaries adopt the second answer of *Tosafot*: Because they were taken captive, death is more likely.

And we give one-third of the property to the minor – וְתִילְתָּא יָהֲבִינַן לֵיהּ לִינוּקָא: The commentaries ask: How is property given to a minor? The court should appoint a steward for his portion as well. They answer that presumably the minor has already reached majority and he can manage his own property. Nevertheless, he is not old enough to be appointed a bailee over property that is not his (Rashba; Ran).

HALAKHA

A certain old woman, etc. – הַהִיא סַבְתָּא: In the case mentioned in the Gemara, the Sages said that since the court authorizes neither a minor to manage the property of a captive nor a relative to manage the property of a minor, the court appoints a steward. Once they appoint the steward, he is appointed over all the property, in accordance with the opinion of Rava. If it ultimately becomes known that the old woman died, and there is no update about the captive daughter, then the surviving daughter takes one-third of the property, the minor takes one-third, and the court establishes a steward over the remaining one-third that belongs to the captive sister, due to the stake of the minor in it. This ruling is in accordance with the opinion of Rava (*Shulḥan Arukh*, *Ḥoshen Mishpat* 285:9).

The court does not authorize a relative to descend and manage the property of a minor – אֵין מוֹרִידִין קָרוֹב לְנִכְסֵי קָטָן: The court never authorizes a relative to manage the property of a minor, even if he is related through the mother's brother, and even if they signed a sharecropper agreement or an agreement to divide the property. The Rema, citing the Ra'avad, writes that this is the ruling in a case where they do not have a common source of support and they already divided the inheritance. If the brothers did not yet divide the property and they have a common source of support, then the court authorizes a relative to manage the property of a minor. Some say that to manage the field of a minor, the court can appoint a relative as a steward, because a steward does not partake of the produce (Rambam *Sefer Mishpatim*, *Hilkhot Naḥalot* 8:2; *Shulḥan Arukh*, *Ḥoshen Mishpat* 285:7).

LANGUAGE

One-sixth [*danka*] – דַּנְקָא: The danka was a Persian monetary unit that appears in Middle Persian sources as dāng. Like the talmudic *ma'a*, it constituted one-sixth of a dinar. The term was also used to mean one-sixth, as in this passage.

BACKGROUND

Bei Hozai – בֵּי חוֹזַאי: In talmudic times, the Persian kingdom was ruled by the Sassanid dynasty, and the kingdom was divided into large units that paralleled ancient kingdoms or entities. Bei Hozai was one such unit. It was located in the area adjacent to the Persian Gulf and was far removed from the Jewish population centers, which were predominantly located in Bei Armai, ancient Babylonia.

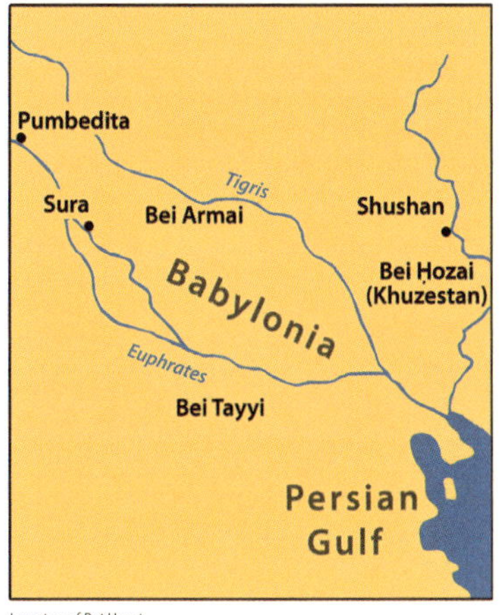

Location of Bei Hozai

מָרִי בַּר אִיסַק אֲתָא לֵיהּ אַחָא מִבֵּי חוֹזַאי. אֲמַר לֵיהּ: פְּלוֹג לִי! אֲמַר לֵיהּ: לָא יָדַעְנָא לָךְ.

§ The Gemara relates: **Mari bar Isak,** who was a wealthy and powerful man, had **a brother** whom he did not previously know, **come to him from Bei Hozai,**[BNH] which was distant from central Babylonia. His brother **said to him: Divide** the property that you inherited from our father and give half **to me,** as I am your brother. Mari **said to him: I do not know** who **you** are.

אֲתָא לְקַמֵּיהּ דְּרַב חִסְדָּא. אֲמַר לֵיהּ: שַׁפִּיר קָאָמַר לָךְ, שֶׁנֶּאֱמַר ״וַיַּכֵּר יוֹסֵף אֶת אֶחָיו וְהֵם לֹא הִכִּרֻהוּ״ – מְלַמֵּד שֶׁיָּצָא בְּלֹא חֲתִימַת זָקָן וּבָא בַּחֲתִימַת זָקָן. אֲמַר לֵיהּ: זִיל אַיְיתִי סָהֲדֵי דַּאֲחוּהּ אַתְּ. אֲמַר לֵיהּ: אִית לִי סָהֲדֵי, וְדָחֲלִי מִינֵּיהּ, דְּגַבְרָא אַלִּימָא הוּא. אֲמַר לֵיהּ לְדִידֵיהּ: זִיל אַנְתְּ אַיְיתִי סָהֲדֵי דְּלָאו אָחוּךְ הוּא.

The case **came before Rav Hisda. He said to** the brother: Mari bar Isak **spoke well to you,**[N] **as it is stated: "And Joseph knew his brothers and they knew him not"** (Genesis 42:8). This **teaches that** Joseph **left** Eretz Yisrael **without the trace of a beard, and he came with the trace of a beard.** This proves that it is possible for brothers not to recognize each other. Mari bar Isak may be telling the truth when he claims he does not recognize you. Rav Hisda **said to** the brother: **Go bring witnesses that you are his brother.** The brother **said to him: I have witnesses, but they fear** Mari bar Isak **because he is a violent man.**[H] Rav Hisda **said to** Mari bar Isak: **You go bring witnesses**[N] **that he is not your brother.**

אֲמַר לֵיהּ: דִּינָא הָכִי? הַמּוֹצִיא מֵחֲבֵירוֹ עָלָיו הָרְאָיָה! אֲמַר לֵיהּ: הָכִי דָּיְינִינָא לָךְ וּלְכָל אַלִּימֵי דְּחַבְרָךְ. אֲמַר לֵיהּ: סוֹף סוֹף אָתוּ סָהֲדֵי וְלָא מַסְהֲדִי! אֲמַר לֵיהּ: תַּרְתֵּי לָא עָבְדִי.

Mar bar Isak **said to him: Is this the *halakha*?** Isn't there a principle in these cases that **the burden of proof rests upon the claimant?** Rav Hisda **said to him: This is** the way **I judge you and all of your fellow violent** people. Mari bar Isak **said to him: Ultimately,** if that is your concern, **witnesses will come, and they will not testify** in his favor. They will lie and testify in my favor. Rav Hisda **said to him: They will not perform two** wrongs; they will not refrain from telling the truth and also testify falsely.

לְסוֹף אָתוּ סָהֲדֵי דַּאֲחוּהּ הוּא. אֲמַר לֵיהּ: לִפְלוֹג לִי נָמֵי מִפַּרְדֵּיסֵי וּבוּסְתָּנֵי דִּשְׁתַל. אֲמַר לֵיהּ: שַׁפִּיר קָאָמַר לָךְ, דִּתְנַן: הִנִּיחַ בָּנִים גְּדוֹלִים וּקְטַנִּים, וְהִשְׁבִּיחוּ גְּדוֹלִים אֶת הַנְּכָסִים – הִשְׁבִּיחוּ לָאֶמְצַע.

Ultimately, witnesses came and testified **that** the person from Bei Hozai **was his brother.** At that point, the brother **said to** Mari bar Isak: **Divide** and give **me** half **of the orchards and the gardens that you planted** since the death of our father **as well.** Rav Hisda **said to** Mari bar Isak: **He spoke well to you, as we learned** in a mishna (*Bava Batra* 143b): If one died and **left adult and minor sons,**[NH] **and the adult** sons **enhanced the property, they enhanced** the property, and the profit goes **to the middle,** i.e., it is divided between the adult sons and the minor sons.

NOTES

Had a brother come to him from Bei Hozai – אֲתָא לֵיהּ אַחָא מִבֵּי חוֹזַאי: In tractate *Ketubot* (27b) Rashi and *Tosafot* explain that the younger brother was also born in Babylonia. He accompanied his father to Bei Hozai, where the father died. It was clear that Mari bar Isak knew he had a brother, but he claimed that he did not recognize this man as his brother.

Spoke well to you – שַׁפִּיר קָאָמַר לָךְ: Why did Rav Hisda need to say this to the brother and prove to him that Mari bar Isak's claim was a legitimate claim? Some explain that the brother sought to prove that Mari bar Isak was a liar, and Rav Hisda said to him that there is no proof of this, as it is conceivable that Mari actually does not know him (Ramban; Rashba). Others explain that he sought to reconcile between the brothers, and he said: Perhaps Mari bar Isak does not intend to be deceitful or violent. Rather, he actually does not recognize you, but once it becomes clear he will accept you graciously (Rabbeinu Yehonatan of Lunel).

You go bring witnesses – זִיל אַנְתְּ אַיְיתִי סָהֲדֵי: Most commentaries explain that this does not mean that Mari bar Isak will be required to bring witnesses that the claimant is not his brother, as the Sages were not that stringent, even with regard to a violent person. If they were, everyone would raise claims against him, which he would have no way to counter. Rather, he must enable the claimant to bring those witnesses who were previously afraid to testify, and have them testify (Rashba; see *Tosafot*).

Left adult and minor sons – הִנִּיחַ בָּנִים גְּדוֹלִים וּקְטַנִּים: The Rivam writes that even if all the surviving sons were adults, the assumption is that brothers are willing to overlook debts and are not particular with each other (*Tosafot* on *Bava Batra* 43b).

HALAKHA

A brother who came from a distant place – אָח שֶׁבָּא מִמָּקוֹם רָחוֹק: If one resides in land he inherited and another comes and claims to be his brother and demands a portion of his inheritance, the heir is not required to give anything to a person he does not recognize. This is the *halakha* even if there is a rumor that the owner has a brother in a distant land (*Shulḥan Arukh, Hoshen Mishpat* 280:6).

A violent litigant – בַּעַל דִּין אַלִּים: If a court knows that a defendant is violent based on evidence (Rema; see *Sma*), and the claimant states that he has witnesses supporting his claim who refuse to testify due to fear of the defendant, then the court requires the defendant to bring witnesses in support of his claim, in accordance with the opinion of Rav Hisda (Rambam *Sefer Shofetim, Hilkhot Edut* 3:12; *Shulḥan Arukh, Hoshen Mishpat* 28:5).

Left adult and minor sons – הִנִּיחַ בָּנִים גְּדוֹלִים וּקְטַנִּים: If one died and was survived by adult and minor sons, and the older sons enhanced the value of the property, the increase in value is divided among the sons. The adult sons do not take any more than do the minors, even as payment for their labor (Rambam *Sefer Mishpatim, Hilkhot Nahalot* 9:2; *Shulḥan Arukh, Hoshen Mishpat* 287:1).

וְכֵן אָמַר רַבָּה: הִשְׁבִּיחוּ לָאֶמְצַע. אֲמַר לֵיהּ אַבַּיֵי: מִי דָּמֵי? הָתָם גְּדוֹלִים גַּבֵּי קְטַנִּים יָדְעִי וְקָא מָחֲלִי, הָכָא – מִי יָדַע דְּלֵיחוֹל.

And likewise, Rabba says: They enhanced the property, and the profit goes **to the middle. Abaye said to him: Are** these matters **comparable? There,** in the case that the adult and minor brothers were together, the **adults are aware that the minors** exist **and forgo** payment for their effort on behalf of their younger brothers. **Here,** in the case of Mari bar Isak, **was** the older brother **aware** of the existence of the younger brother so **that he could forgo** payment[N] for his labor?

אִגַּלְגַּל מִלְּתָא וּמְטָא לְקַמֵּיהּ דְּרַבִּי אַמִי. אֲמַר לְהוּ: גְּדוֹלָה מִזּוֹ אָמְרוּ: שָׁמִין לָהֶם כְּאָרִיס, הָשְׁתָּא דִּידֵיהּ לָא יָהֲבִינַן לֵיהּ!

The matter continued to develop **and came before Rabbi Ami. He said** to those who reported Rav Ḥisda's ruling: The Sages **stated a more far-reaching** *halakha* **than that:** In the case of relatives who tend to the property of a captive, the court **appraises their** work as one would appraise the work of **a sharecropper.**[H] Although the property they tended did not belong to them at all, they receive wages for their labor. Why, then, is the ruling **now,** in the case of Mari bar Isak, that payment for labor on property that is **his, we do not give him?** Mari bar Isak should be reimbursed for his expenditures.

אַהַדְרוּהָ הָא לְקַמֵּיהּ דְּרַב חִסְדָּא. אֲמַר לְהוּ: מִי דָּמֵי? הָתָם – בִּרְשׁוּת נָחֵית, הָכָא – לָאו בִּרְשׁוּת נָחֵית. וְעוֹד: קָטָן הוּא, וְאֵין מוֹרִידִין קָרוֹב לְנִכְסֵי קָטָן.

They returned and related **this** matter **before Rav Ḥisda.** Rav Ḥisda **said to them: Are** these matters **comparable? There,** in the case of the captive's property, it was **with authorization** from the court that the relative **descended** to tend to the property. **Here,** it was **without authorization** that Mari bar Isak **descended**[N] to tend to the property of his brother. **And furthermore,** Mari bar Isak's brother was **a minor** when Mari inherited the property, **and the** court **does not authorize a relative to descend** and manage **the property of a minor.**

אַהַדְרוּהָ לְקַמֵּיהּ דְּרַבִּי אַמִי, אֲמַר לְהוּ: לָא סַיְּימוּהָ קַמַּי דְּקָטָן הוּא.

They returned and related **this** response **before Rabbi Ami.** Rabbi Ami **said to them: They did not complete** conveying all the details of the case **before me,** and I was unaware **that** Mari's brother **was a minor.** Rav Ḥisda is correct.

מתני׳ הַמַּפְקִיד פֵּירוֹת אֵצֶל חֲבֵירוֹ – הֲרֵי זֶה יוֹצִיא לוֹ חֶסְרוֹנוֹת, לְחִטִּים וּלְאוֹרֶז – תִּשְׁעָה חֲצָאֵי קַבִּין לַכּוֹר, לִשְׂעוֹרִין וּלְדוֹחַן – תִּשְׁעָה קַבִּין לַכּוֹר, לְכוּסְמִין וּלְזֶרַע פִּשְׁתָּן – שָׁלֹשׁ סְאִין לַכּוֹר, הַכֹּל לְפִי הַמִּדָּה וְהַכֹּל לְפִי הַזְּמַן.

MISHNA In the case of **one who deposits produce with another,** and the bailee provides him with different produce in return, **that** bailee **deducts** from the produce that he returns an amount equal to the standard **decrease** of the produce.[H] The decrease is calculated according to this formula: **For wheat and for rice,** he deducts **nine half-*kav***[N] **per *kor*,**[B] which is 180 *kav*; **for barley and millet,**[B] he deducts **nine *kav* per *kor*; for spelt**[B] **and flaxseed,** he deducts **three *se'a*,** which total eighteen *kav*, **per *kor*. The entire** calculation is **according to the measure, and the entire** calculation is **according to the time** elapsed. This is the amount of produce that the bailee deducts per one *kor* of produce over the course of one year.

NOTES

Was the older brother aware that he could forgo payment – מִי יָדַע דְּלֵיחוֹל: The early commentaries ask: Aren't most commentaries of the opinion that ultimately it was proven that Mari bar Isak was aware that he had a brother? Why then does the Gemara say that he did not know? They explain that Mar bar Isak was under the impression that this brother died. Or, perhaps he assumed that his brother would remain in Bei Ḥozai, inherit his father's estate there, and not return to Babylonia at all (Rosh; Ritva).

Here it was without authorization that Mari bar Isak descended – הָכָא לָאו בִּרְשׁוּת נָחֵית: Some explain the distinction as follows: In the case of a captive's property, had one sought authorization from the court, he would have received it. In this case, even had Mari requested authorization he would not have received it (Rashba).

Nine half-*kav* – תִּשְׁעָה חֲצָאֵי קַבִּין: The number is expressed in this manner to contrast it with the measure of nine *kav* that follows (Ritva).

HALAKHA

Appraises their work as one would appraise the work of a sharecropper – שָׁמִין לָהֶם כְּאָרִיס: In the case of one who inherits a field from his father, enhances the value of the property, and later learns that he has brothers, if the brothers were adults when he received his inheritance, then his labor is appraised as though he were a sharecropper, since he was unaware of their existence. If his brothers were minors, the enhanced value is divided equally among them (Rambam *Sefer Mishpatim, Hilkhot Naḥalot* 9:4; *Shulḥan Arukh, Ḥoshen Mishpat* 287:3).

Return of a deposit of produce – הַחְזָרַת פִּקְדוֹן פֵּירוֹת: If one receives produce from another to safeguard it, and mingles it with his own produce, he must calculate the loss from the produce, take an oath, and return the deposit after deducting the proportionate amount from the deposit. The Rema writes that if the loss corresponds to the measure written in the mishna, he need not take an oath (*Shulḥan Arukh, Ḥoshen Mishpat* 292:10).

BACKGROUND

***Kor* – כּוֹר:** The *kor* is the largest measure of volume used by the Sages. One *kor* contains thirty *se'a*, which is the equivalent of 240–480 ℓ. That significant variation is due to a fundamental dispute between the authorities with regard to the method of calculating halakhic measures.

Millet [*doḥan*] – דּוֹחַן: Among the early commentaries, there are various opinions with regard to the identity of *doḥan*. The standard identification is *Panicum miliaceum*, a type of millet from the grain family. It is a perennial grass that reaches a height of 1–1.5 m. Its flowers are long, weighty, and cylindrical, and its small seeds, 2–3 mm long, are yellow. It is often used in animal feed or cereal, although at times it was mixed with other grains in the preparation of bread.

Spelt [*kusemin*] – כּוּסְמִין: Spelt, *kusemet* in the Bible, is identified as *Triticum spelta* L. This grain was cultivated in Eretz Yisrael and the surrounding region. Spelt is similar to wheat both in the manner of its growth and in its appearance. Nevertheless, it can be distinguished by the two rows of seeds, firmly attached to the chaff, on every stalk. The cultivation of this species is fairly uncommon, both due to the difficulty involved in separating the chaff from the grain and because its stalk disintegrates easily into small stalks.

אָמַר רַבִּי יוֹחָנָן בֶּן נוּרִי: וְכִי מָה אִכְפַּת לָהֶן לָעַכְבָּרִין? וַהֲלֹא אוֹכְלוֹת בֵּין מֵהַרְבֵּה וּבֵין מִקִּמְעָה! אֶלָּא, אֵינוֹ יוֹצִיא לוֹ חֶסְרוֹנוֹת אֶלָּא לְכוֹר אֶחָד בִּלְבָד. רַבִּי יְהוּדָה אוֹמֵר: אִם הָיְתָה מִדָּה מְרוּבָּה אֵינוֹ מוֹצִיא לוֹ חֶסְרוֹנוֹת, מִפְּנֵי שֶׁמּוֹתִירוֹת.

Rabbi Yoḥanan ben Nuri said: And what do the mice care how much produce the bailee is safeguarding? **Don't they eat the same** amount **whether** it is **from much** produce **and whether** it is **from little** produce? **Rather, he deducts** an amount equal to the standard **decrease**[H] **of just one *kor*** of produce. **Rabbi Yehuda says: If** the deposit **was a large measure,** the bailee **does not deduct** the **decrease** from **it, due to** the fact **that** for different reasons **it increases.** Therefore, he returns the measure of produce that was deposited with him, because the increase offsets the decrease.

גמ׳ אוֹרֶז טוּבָא חָסֵר! אָמַר רַבָּה בַּר בַּר חָנָה אָמַר רַבִּי יוֹחָנָן: בְּאוֹרֶז קָלוּף שָׁנוּ. ״לְכוּסְמִין וּלְזֶרַע פִּשְׁתָּן שְׁלֹשָׁה סְאִין לַכּוֹר״ וכו׳. אָמַר רַבִּי יוֹחָנָן אָמַר רַבִּי חִיָּיא: זֶרַע פִּשְׁתָּן בְּגִבְעוֹלִין שָׁנוּ. תַּנְיָא נַמִי הָכִי: לְכוּסְמִין וּלְזֶרַע פִּשְׁתָּן בְּגִבְעוֹלִין וּלְאוֹרֶז שֶׁאֵינוֹ קָלוּף – שְׁלֹשָׁה סְאִין לַכּוֹר.

GEMARA The Gemara challenges: After decrease, **rice is lacking a greater** amount than what is recorded in the mishna. **Rabba bar bar Ḥana says** that **Rabbi Yoḥanan says:** It is **with regard to shelled** rice that the *tanna'im* **taught** the mishna. The mishna teaches: **For spelt and flaxseed,** he deducts **three *se'a* per *kor*. Rabbi Yoḥanan says** that **Rabbi Ḥiyya says:** It is **with regard to flaxseed on** its **stalks** that the *tanna'im* **taught** the mishna, and that is why the rate of decrease is so great. The Gemara comments: **That is also taught** in a *baraita*: **For spelt and for flaxseed on** its **stalks and for unshelled rice,** he deducts **three *se'a* per *kor*.**

״הַכֹּל לְפִי הַמִּדָּה״ וכו׳. תָּנָא: כֵּן לְכָל כּוֹר וָכוֹר, וְכֵן לְכָל שָׁנָה וְשָׁנָה.

The mishna teaches: **The entire** calculation is **according to the measure,** and the entire calculation is according to the time elapsed. It is **taught** in a *baraita*: **That** is the measure of decrease **for each and every *kor*, and that** is the measure of decrease **for each and every year.**

״אָמַר רַבִּי יוֹחָנָן בֶּן נוּרִי״ וכו׳. תַּנְיָא, אָמְרוּ לוֹ לְרַבִּי יוֹחָנָן: הַרְבֵּה אוֹבְדוֹת מֵהֶן, הַרְבֵּה מִתְפַּזְּרוֹת מֵהֶן.

The mishna teaches: **Rabbi Yoḥanan ben Nuri said:** And what do the mice care how much produce the bailee is safeguarding? **It is taught** in a *baraita* that the Sages **said to Rabbi Yoḥanan:** The reduction is due not only to mice eating the produce. **Much of** the produce is **lost,**[N] and **much of** the produce is **scattered.**

תָּנָא: בַּמֶּה דְּבָרִים אֲמוּרִים – שֶׁעֵירְבָן עִם פֵּירוֹתָיו, אֲבָל יִחֵד לוֹ קֶרֶן זָוִית – אוֹמֵר לוֹ: הֲרֵי שֶׁלְּךָ לְפָנֶיךָ.

It is **taught: In what** cases **is this statement said,** that the bailee deducts these measures for the decrease? It is in a case **where** the bailee **mixed** the produce that he is safeguarding **with his** own **produce,** and he is unable to distinguish between them. **But if he designated a corner** for the produce that he is safeguarding, the bailee **says to** the owner of the produce: **That which is yours is before you,** and he does not calculate the decrease.

וְכִי עֵירְבָן עִם פֵּירוֹתָיו מַאי הָוֵי? לֶיחֱזֵי לְדִידֵיהּ כַּמָּה הָוְיָין! בְּמִסְתַּפֵּק מֵהֶם.

The Gemara asks: **And when he mixed** the produce that he is safeguarding **with his** own **produce, what of it?** Why must he calculate the decrease? **Let him see how much his** produce **was,** add the amount that was deposited with him, and calculate how much the produce diminished over time. He can then divide the loss proportionately between his produce and the deposited produce. The Gemara answers: The *baraita* is referring to a case **where** the bailee **took supplies from** that produce, and therefore it is impossible to ascertain the rate of decrease.

וְלֶיחֱזֵי כַּמָּה אִסְתַּפַּק! דְּלָא יָדְעִי כַּמָּה אִסְתַּפַּק.

The Gemara asks: **And let him see how much** produce **he took** as **supplies** and include this in his calculation. The Gemara answers: The *baraita* is referring to a case **where** the bailee **does not know** with **how much he took** as **supplies,** and therefore he must calculate the decrease based on the measures enumerated in the mishna.

״רַבִּי יְהוּדָה אוֹמֵר אִם הָיְתָה״ וכו׳. כַּמָּה מִדָּה מְרוּבָּה? אָמַר רַבָּה בַּר בַּר חָנָה אָמַר רַבִּי יוֹחָנָן: עֲשָׂרָה כּוֹרִין. תַּנְיָא נַמִי הָכִי: כַּמָּה מִדָּה מְרוּבָּה – עֲשָׂרָה כּוֹרִין.

The mishna teaches that **Rabbi Yehuda says: If** the deposit **was** a large measure, the bailee does not deduct the decrease from it. The Gemara asks: **How much is a large measure? Rabba bar bar Ḥana says** that **Rabbi Yoḥanan says:** It is **ten *kor*. This is also taught** in a *baraita*: **How much is a large measure?** It is **ten *kor*.**

HALAKHA

Losses from a deposit – חֶסְרוֹנוֹת מִפִּקָּדוֹן: When one deposits his produce with another, and the bailee mixes it with his own produce, although doing so is permitted *ab initio* only if he received permission to do so, and the bailee took supplies from this produce and does not know how much he took, when he returns the deposit, he deducts the amount that the produce decreased while in storage. For wheat and hulled rice, he deducts four and a half *kav* per *kor*, in accordance with the opinion of Rabbi Yoḥanan. For barley and millet, he deducts nine *kav* per *kor*. For spelt, flaxseed on stalks, and unpeeled rice, he deducts three *se'a* per *kor*. This is the measure of decrease per year (Rambam *Sefer Mishpatim, Hilkhot She'ela UFikadon* 5:4; *Shulḥan Arukh, Ḥoshen Mishpat* 292:11).

NOTES

Much of the produce is lost – הַרְבֵּה אוֹבְדוֹת מֵהֶן: *Tosafot* explain that the Sages said to Rabbi Yoḥanan ben Nuri that since not all of the decrease is attributable to mice and there are additional factors, decrease and dispersal are greater in a large measure than in a small measure. According to *Tosafot*, this is primarily because more grain attracts more mice, as is mentioned in the Jerusalem Talmud.

תָּנֵי תַּנָּא קַמֵּיהּ דְּרַב נַחְמָן: בַּמֶּה דְּבָרִים אֲמוּרִים – שֶׁמָּדַד לוֹ מִתּוֹךְ גּוֹרְנוֹ וְהֶחֱזִיר לוֹ מִתּוֹךְ גּוֹרְנוֹ, אֲבָל מָדַד לוֹ מִתּוֹךְ גּוֹרְנוֹ וְהֶחֱזִיר לוֹ מִתּוֹךְ בֵּיתוֹ – אֵינוֹ יוֹצִיא לוֹ חֶסְרוֹנוֹת, מִפְּנֵי שֶׁמּוֹתִירוֹת.

The *tanna* who recited *mishnayot* and *baraitot* **taught before Rav Naḥman: In what** case **is this statement said,** that the bailee deducts the decrease from the produce he returns? It is in a case **where** the owner of the produce **measured** the produce **for** the bailee **from his** own **threshing floor, and** the bailee **returned** the produce **to him from his** own **threshing floor.** The measures used in all threshing floors were equal, and tended to err on the side of increasing the amount measured. **But** in a case **where** the owner **measured** the produce **for** the bailee **from his** own **threshing floor and** the bailee **returned** the produce **to him** as measured by a measure **from his** own **house,** which were more precise than those used on the threshing floor, **he does not deduct** the **decrease** when returning the produce. This is **because** the produce the owner deposited was measured with the **increased** measure of the threshing floor, and that offsets the decrease.

אֲמַר לֵיהּ: וְכִי בְּשׁוּפְטָנֵי עָסְקִינַן, דְּיָהֲבִי בְּכַיְילָא רַבָּא וְשָׁקְלִי בְּכַיְילָא זוּטָא? דִּלְמָא בִּימוֹת הַגּוֹרֶן קָאָמְרַתְּ: בַּמֶּה דְּבָרִים אֲמוּרִים – שֶׁמָּדַד לוֹ בִּימוֹת הַגּוֹרֶן וְהֶחֱזִיר לוֹ בִּימוֹת הַגּוֹרֶן, אֲבָל מָדַד לוֹ בִּימוֹת הַגּוֹרֶן וְהֶחֱזִיר לוֹ בִּימוֹת הַגְּשָׁמִים – אֵינוֹ יוֹצִיא לוֹ חִסָּרוֹן, מִפְּנֵי שֶׁמּוֹתִירוֹת.

Rav Naḥman **said to him: And are we dealing with fools, who give** the deposit **with a large measure and take** the produce back **with a small measure?** Clearly, the same measure was used in both cases. **Perhaps you are stating** a ruling about **the season of the threshing floor,** and this is what it means: **In what** case **is this statement said?** It is said in a case **where he measured** the produce **for** the bailee **during the season of the threshing floor and** the bailee **returned** the produce **to him during the season of the threshing floor,**[H] i.e., in the same period. **But** in a case where **he measured** the produce **for** the bailee **during the season of the threshing floor and** the bailee **returned** the produce **to him during the rainy season, he does not deduct** the **decrease** when returning the produce, **because** the produce that he received absorbed moisture and **expanded,** so that he ultimately returns the same measure.

אֲמַר לֵיהּ רַב פָּפָּא לְאַבַּיֵּי: אִם כֵּן לִפְקַע כַּדָּא! הֲוָה עוֹבָדָא וּפָקַע כַּדָּא. אִיבָּעֵית אֵימָא: מִשּׁוּם אִיצְּצָא.

Rav Pappa said to Abaye: If so, if the volume of the grain expands during the rainy season, **the jug** in which the grain is placed **should burst** due to that expansion. The Gemara relates: There **was an incident and the jug burst. If you wish, say** instead that the volume contracted **due to compression.**[N] When the produce was deposited it was loose and had greater volume. When the bailee returned it, the produce was tightly packed in the jug, resulting in lesser volume.

מתני׳ יוֹצִיא לוֹ שְׁתוּת לַיַּיִן. רַבִּי יְהוּדָה אוֹמֵר: חוֹמֶשׁ. יוֹצִיא לוֹ שְׁלֹשָׁה לוּגִּין שֶׁמֶן לְמֵאָה, לוֹג וּמֶחֱצָה שְׁמָרִים, לוֹג וּמֶחֱצָה בֶּלַע. אִם הָיָה שֶׁמֶן מְזוּקָּק – אֵינוֹ יוֹצִיא לוֹ שְׁמָרִים. אִם הָיוּ קַנְקַנִּים יְשָׁנִים – אֵינוֹ יוֹצִיא לוֹ בֶּלַע. רַבִּי יְהוּדָה אוֹמֵר: אַף הַמּוֹכֵר שֶׁמֶן מְזוּקָּק לַחֲבֵירוֹ כׇּל יְמוֹת הַשָּׁנָה, הֲרֵי זֶה מְקַבֵּל עָלָיו לוֹג וּמֶחֱצָה שְׁמָרִים לְמֵאָה.

MISHNA When the bailee returns liquids that were deposited with him, **he deducts one-sixth** of the amount **for wine,** to offset the decrease in volume due to absorption into the cask and evaporation. **Rabbi Yehuda says:** He deducts **one-fifth. He deducts three *log*[B] of oil[H] for one hundred** *log*: **A *log* and a half for sediment** that sinks to the bottom of the cask, **and a *log* and a half** for **absorption** into the cask. **If it was refined oil, he does not deduct** any of the oil **for sediment** because it was filtered. **If** the oil **was** stored in **old casks** that are already saturated, **he does not deduct** any of the oil for **absorption. Rabbi Yehuda says: Even** in a case of **one who sells refined oil**[N] **to another**[H] **all the days of the year, this** buyer **accepts upon himself** that the seller will deduct **a *log* and a half of sediment for one hundred** *log*, as that is the standard measure of sediment.

גמ׳ וְלָא פְּלִיגִי, מָר כִּי אַתְרֵיהּ וּמָר כִּי אַתְרֵיהּ. בְּאַתְרֵיהּ דְּמָר חָפוּ בְּקִירָא וְלָא מָיֵיץ טְפֵי, בְּאַתְרֵיהּ דְּמָר חָפוּ בְּכוּפְרָא וּמָיֵיץ טְפֵי. אִיבָּעֵית אֵימָא: מִשּׁוּם גַּרְגִּישְׁתָּא, הָא – מַיְיצָא טְפֵי, וְהָא – לָא מַיְיצָא טְפֵי.

GEMARA The Gemara comments: **And the** first *tanna* and Rabbi Yehuda **do not disagree** with regard to the *halakha*. Rather, this **Sage** ruled **in accordance with** the custom of **his locale, and** this **Sage** ruled **in accordance with** the custom of **his locale. In the place of** one **Sage,** i.e., the first *tanna*, **they coat** the casks **with wax** [***bekira***][L] **and it does not absorb much. In the place of** the other **Sage,** i.e., Rabbi Yehuda, **they coat** the casks **with pitch and it absorbs much. If you wish, say** instead that **it is due to the** quality **of earth** [***gargishta***][L] from which they make the casks. Barrels made from **this** earth **absorb much, and** barrels made from **that** earth **do not absorb much.**

HALAKHA

During the season of the threshing floor – בִּימוֹת הַגּוֹרֶן: The calculation of loss is for a situation where the bailee received and returned the deposit during the same season of the year. If he received the deposit during the season of the threshing floor and returned it during the rainy season, he does not deduct for loss, since expansion due to moisture compensates for the loss (Rambam *Sefer Mishpatim, Hilkhot She'ela UFikadon* 5:5; *Shulḥan Arukh, Ḥoshen Mishpat* 292:12).

Deposits of wine and oil – פִּקְדוֹנוֹת יַיִן וָשֶׁמֶן: When a bailee mixed wine or oil that was deposited with him with his own and took supplies from them (*Sma*), he deducts one-sixth of the wine per year, and three *log* from each one hundred *log* of oil from the wine and oil that he returns to account for absorption. If the oil was refined, he does not deduct the one and a half *log* of sediment. If the wine or oil was in old casks, he does not deduct for absorption (Rambam *Sefer Mishpatim, Hilkhot She'ela UFikadon* 5:5; *Shulḥan Arukh, Ḥoshen Mishpat* 292:13).

One who sells refined oil to another – הַמּוֹכֵר שֶׁמֶן מְזוּקָּק לַחֲבֵירוֹ: When one sells refined oil to another, the buyer does not receive any sediment with his oil. If one sells oil without specifying whether it is refined or not, the buyer pays for one and a half *log* of sediment for every one hundred *log* (Rambam *Sefer Kinyan, Hilkhot Mekhira* 18:9; *Shulḥan Arukh, Ḥoshen Mishpat* 228:20).

NOTES

Due to compression – מִשּׁוּם אִיצְּצָא: When wheat is packed tightly into a vessel, it does not expand much, even in the rainy season (see Ritva).

Even one who sells refined oil – אַף הַמּוֹכֵר שֶׁמֶן מְזוּקָּק: This is not referring to a case where one specified that he is selling him refined oil, as in that case he is required to sell him oil according to those specifications. Rather, the reference is to a case where one sells him refined oil without specifying the quality of the oil (Ra'avad).

BACKGROUND

***Log* – לוֹג:** This is the fundamental liquid measure employed by the Sages. It is equivalent to the volume of six egg-bulks, a quarter-*kav*, or one twenty-fourth of a *se'a*. The range of halakhic opinions with regard to its volume is from 300–600 ml.

LANGUAGE

Wax [*kira*] – קִירָא: From the Greek κηρός, *kēros*, meaning wax.

Earth [*gargishta*] – גַּרְגִּישְׁתָּא: The origin of this word is Semitic. It parallels the Arabic جرجس, *jirjis*, and refers to a type of soft earth used to seal packages and similar items.

NOTES

Rav Yehuda divided – פריס רב יהודה: Rabbeinu Ḥananel, cited in the *Shita Mekubbetzet*, and the Ra'avad explain that Rav Yehuda himself was not the storekeeper. Rather, he instructed the storekeepers to sell oil in that manner.

באתריה דרב יהודה רמו ארבעים ותמני כוזי בדנא, אזיל דנא בשיתא זוזי, פריס רב יהודה שיתא שיתא בזוזא.

The Gemara relates: **In Rav Yehuda's place they would place** the contents of **forty-eight pitchers** of oil **into a barrel,** as that was the standard size of barrels there. **The barrel went** for **six dinars,** and **Rav Yehuda divided**[N] the oil and sold it at **six** pitchersful **for one dinar.**

Perek **III**
Daf **40** Amud **b**

דל תלתין ושיתא בשיתא, פשו ליה תריסר, דל תמניא שתותי, פשו להו ארבעה.

The Gemara now analyzes Rav Yehuda's calculation: **Subtract thirty-six** pitchersful that were sold **for six** dinars **each,** with which he recoups the purchase price of the barrel. **Twelve** pitchersful **remained for him. Subtract eight** pitchers full, which is **one-sixth** of the total amount, as that is the measure absorbed in the barrels. **Four** pitchersful **remained** as profit for Rav Yehuda.

והאמר שמואל: המשתכר אל ישתכר יותר על שתות!

The Gemara asks: **But doesn't Shmuel say** that **one who profits** from the sale of matters related to one's existence **may not profit more than one-sixth?**[NH] One can infer that it is permitted for one to profit up to one-sixth. But according to the calculation, Rav Yehuda's profit was much lower. Why did he not sell the oil at a higher price?

איכא גולפי ושמריא. אי הכי נפיש ליה טפי משתות! איכא טרחיה, ודמי ברזנייתא.

The Gemara answers: **There are the barrel and the sediment** to account for. These remain in his possession, as he purchased the barrel and all its contents for six dinars, and they supplement the profit. The Gemara challenges: **If so,** once the barrel and sediment are taken into account, the profit **is greater than one-sixth.** How did Rav Yehuda profit beyond the permitted amount? The Gemara answers: **There is** the payment for **his exertion,** as he sold the oil, **and** there is the **payment for tapping,**[NB] as a craftsman is needed to install a tap in the barrel. When those payments are included in the calculation, the profit is precisely one-sixth.

״אם היה שמן מזוקק אינו יוציא לו שמרים״ וכו׳. והא אי אפשר דלא בלע! אמר רב נחמן: במזופפין שנו. אביי אמר: אפילו תימא שלא במזופפין, כיון דטעון טעון.

§ The mishna teaches: **If it was refined oil, he does not deduct** any of the oil **for sediment.** If they were stored in old casks that are already saturated, he does not deduct any of the oil for absorption. The Gemara asks: **But isn't it impossible that** the cask **did not absorb** any oil at all, even if it was saturated? **Rav Naḥman says:** It is **with regard to** casks **coated with pitch** that the *tanna'im* **taught** the mishna, and if the cask is old and coated with pitch it does not absorb anything. **Abaye said: Even if you say that** the mishna is **not** referring to casks **coated with pitch, once they are saturated they are saturated,** and no more oil is absorbed.

״רבי יהודה אומר: אף המוכר שמן מזוקק לחבירו כל ימות השנה הרי זה מקבל עליו לוג ומחצה שמרים למאה״. אמר אביי: כשתמצא לומר לדברי רבי יהודה מותר לערב שמרים, לדברי חכמים אסור לערב שמרים.

The mishna teaches that **Rabbi Yehuda says: Even** in the case of **one who sells refined oil to another all the days of the year, this** buyer **accepts upon himself** that the seller will deduct a *log* **and a half of sediment for one hundred** *log,* as that is the standard measure of sediment. **Abaye said: When** you analyze the matter, **you will find** it necessary **to say**[N] that **according to the statement of Rabbi Yehuda,** it is **permitted to mix sediment** that settled at the bottom of the barrel with the clear oil and sell the mixture. **And according to the statement of the Rabbis,** it is **prohibited to mix sediment** with the clear oil.

לדברי רבי יהודה מותר לערב שמרים – והיינו טעמא דמקבל, דאמר ליה: אי בעי לערובי לך – מי לא ערבי לך, השתא נמי קביל.

The Gemara elaborates. **According to the statement of Rabbi Yehuda,** it is **permitted to mix sediment, and that is the reason that** the buyer **accepts** upon himself that the seller will deduct a *log* and a half of sediment for one hundred *log,* **as** the seller **says to him: If I wished to mix** sediment and sell it **to you,**[N] **couldn't I mix** it and sell it **to you? Now too, accept** upon yourself the deduction due to sediment.

NOTES

One who profits may not profit more than one-sixth – המשתכר אל ישתכר יותר על שתות: It can be inferred from here that it is permitted to earn a one-sixth profit, and according to those who say that Rav Yehuda instructed the storekeepers in how to sell their oil, the Gemara's question is: Why did he not allow them to take the maximal profit (Ra'avad)? There is a variant reading of the Gemara that reads here: May profit neither more than one-sixth nor less than one-sixth (Rabbeinu Ḥananel). According to that reading the question is clear, not based on inference. The Ritva explains that the Gemara's question is: Isn't it appropriate for a Torah scholar to earn what he is permitted to earn, so he need not rely on others for support?

And the payment for tapping – ודמי ברזנייתא: Rashi offers an explanation that this means money to pay one to publicize that he has wine to sell.

When you analyze the matter you will find [*keshetimtza*] it necessary to say – כשתמצא לומר: Rashi here explains that *keshetimtza* derives from the term *mitzui*, meaning the process of squeezing or pressing. Here, the Gemara is saying: When you exhaustively analyze the matter, you will arrive at this conclusion. Elsewhere, Rashi explains that it derives from the term *metzia*, meaning finding: When you analyze, you will find. Some explain that this matter is contingent on variant readings in the Gemara: *Keshetimtzi* is derived from *mitzui*; *keshetimtza* is derived from *metzia* (*Yad Malakhi*).

If I wished to mix sediment and sell it to you – אי בעי לערובי לך: The Ritva asks: If so, why not simply give him unrefined oil to avoid dispute? He answers that in this case the buyer specified that he wanted a particular barrel of oil. Or, it is a case where the seller has only refined oil, and he may not bring unrefined oil from the market.

HALAKHA

One who profits may not profit more than one-sixth – המשתכר אל ישתכר יותר על שתות: The court is required to appoint an official to regulate prices so that merchants of items that are life-sustaining, e.g., produce, wine, and oil, may not profit by more than one-sixth. This is the ruling for those who sell the merchandise all at once and do not exert themselves in its sale. One who sells the merchandise incrementally may add the cost of his labor and his expenses and then add one-sixth to that. This is the ruling for places where the court regulates prices. In a market where the other merchants do not conform to these restrictions, one need not sell his merchandise for prices lower than those charged by others (Rambam *Sefer Kinyan, Hilkhot Mekhira* 14:1; *Shulḥan Arukh, Ḥoshen Mishpat* 231:20).

BACKGROUND

Payment for tapping – דמי ברזנייתא: If one wishes to completely empty a barrel, he breaks the seal and pours the wine or oil out of the barrel. If one wishes to use a bit at a time, he bores a hole in the side of the barrel, then opens and closes it as he needs. At times, a tap is placed in the hole. Since the reference is to an earthenware barrel, only a trained worker could bore the hole without causing the vessel to crack. He receives payment for tapping.

וְלֵימָא לֵיהּ: אִי עָרְבַתְּ לֵיהּ – הֲוָה מִזְדַּבַּן לִי, הָשְׁתָּא מַאי אַעֲבֵיד לֵיהּ? לְחוּדֵיהּ לָא מִזְדַּבַּן לִי! בְּבַעַל הַבַּיִת עָסְקִינַן, דְּנִיחָא לֵיהּ בְּצִילָא. וְלֵימָא לֵיהּ: מִדְּלָא עָרְבַתְּ לִי – אַחוּלֵי אַחֵלְתְּ לִי!

The Gemara asks: **And let** the buyer **say to him: If you had mixed** sediment **into** the oil, **it** could **have been sold for me** to another. **Now what will I do with it?** The sediment **cannot be sold on its own,** and I will suffer a loss. The Gemara answers: **We are dealing with** a buyer who is **a homeowner,** not a merchant. He needs oil for his own use, **and filtered** oil **is preferable for him,** as his use of the oil is facilitated by removal of the sediment. The Gemara asks: **And let** the buyer **say to him: From** the fact **that you did not mix** the sediment with the oil **for me,** it is an indication that **you renounced** your rights to **it to me.**

רַבִּי יְהוּדָה לְטַעְמֵיהּ, דְּלֵית לֵיהּ מְחִילָה. דִּתְנַן: מָכַר לוֹ אֶת הַצֶּמֶד – לֹא מָכַר לוֹ אֶת הַבָּקָר. מָכַר לוֹ אֶת הַבָּקָר – לֹא מָכַר לוֹ אֶת הַצֶּמֶד.

The Gemara answers: **Rabbi Yehuda** conforms **to his** standard line of **reasoning, as he is not** of the opinion that one can presume **renunciation,** and therefore the buyer cannot presume that the seller renounced his right to receive the standard price, **as we learned** in a mishna (*Bava Batra* 77b): If **one sold the yoke** [***tzemed***] **to** another, **he did not sell the cattle to him.**[H] Literally, *tzemed* means the yoke that holds the animals together [*tzamud*] while plowing. It can be understood as referring to the two animals held together by the yoke. If **one sold the cattle to** another, **he did not sell the yoke to him.** The sale is limited to the literal meaning of what he said.

רַבִּי יְהוּדָה אוֹמֵר: הַדָּמִים מוֹדִיעִין. כֵּיצַד? אָמַר לוֹ: מְכוֹר לִי צִמְדְּךָ בְּמָאתַיִם זוּז – הַדָּבָר יָדוּעַ שֶׁאֵין הַצֶּמֶד בְּמָאתַיִם זוּז. וַחֲכָמִים אוֹמְרִים: אֵין הַדָּמִים רְאָיָה.

The mishna continues: **Rabbi Yehuda says: The money informs** the scope of the sale. Based on the price, one can determine what is included in the sale. **How so?** If the buyer **said to** the seller: **Sell me your *tzemed* for two hundred dinars, the matter is well-known that a yoke** does **not** cost **two hundred dinars,** and he certainly meant the cattle. **And the Rabbis say: The money is not a proof,** as it is possible that one of the parties renounced part of the sale price.

לְדִבְרֵי חֲכָמִים – אָסוּר לְעָרֵב שְׁמָרִים, וְהַיְינוּ טַעְמָא דְּלָא מְקַבֵּל, דְּאָמַר לֵיהּ: אִי בָּעֵית לְעָרוֹבֵי – מִי הֲוָה שָׁרֵי לָךְ? הָשְׁתָּא נַמִי לָא מְקַבֵּילְנָא.

The Gemara concludes its elaboration of the statement of Abaye: **According to the statement of the Rabbis,** it is **prohibited to mix sediment, and this is the reason** that the buyer **does not accept** that the seller deduct a *log* and a half of sediment for one hundred *log*, as the buyer **says to him: If you wished to mix** sediment and sell it, **would it be permitted for you** to do so? **Now too, I do not accept** that deduction.

אָמַר לֵיהּ רַב פָּפָּא לְאַבָּיֵי: אַדְּרַבָּה, אִיפְכָא מִסְתַּבְּרָא. לְדִבְרֵי חֲכָמִים מוּתָּר לְעָרֵב שְׁמָרִים, וְהַיְינוּ טַעְמָא דְּלָא מְקַבֵּל, דְּאָמַר לֵיהּ: מִדְּלָא עָרְבַתְּ לִי – אַחוּלֵי אַחֵלְתְּ לִי. לְדִבְרֵי רַבִּי יְהוּדָה אָסוּר לְעָרֵב שְׁמָרִים, וְהַיְינוּ טַעְמָא דִּמְקַבֵּל, דְּאָמַר לֵיהּ: אִי בָּעֵי לְעָרוֹבֵי – לָא שָׁרֵי לִי לְעָרוֹבֵי לָךְ, קַבּוֹלֵי לָא מְקַבְּלַתְּ, זְבוֹן וְזַבֵּין תַּגָּרָא אִיקְרִי.

Rav Pappa said to Abaye: On the contrary, the opposite is reasonable. According to the statement of the Rabbis,** it is **permitted to mix sediment. And this is the reason** that the buyer **does not accept** the deduction, **as** the buyer **said to** the seller: **From** the fact **that you did not mix** the sediment **for me,** apparently **you renounced** that sum **to me. According to the statement of Rabbi Yehuda,** it is **prohibited to mix sediment. And this is the reason** that the buyer **accepts** the deduction, **as** the seller **says to him: If I wished to mix** sediment, **it is prohibited for me to mix** it **for you,** and if you **do not accept** the deduction, I earn nothing from this sale. That is unacceptable according to the maxim: One who **buys and sells** at the same price, is **he called a merchant?**

תָּנָא: אֶחָד הַלּוֹקֵחַ וְאֶחָד הַמַּפְקִיד לִפְקָטִים. מַאי לִפְקָטִים? אִילֵימָא כִּי הֵיכִי דְּלוֹקֵחַ לָא מְקַבֵּל פְּקָטִים, מַפְקִיד נַמִי לָא מְקַבֵּל פְּקָטִים – וְלֵימָא לֵיהּ: פִּקְטָךְ מַאי אִיעֲבֵיד לְהוּ?

It is **taught:** The legal status of **both one who buys and one who deposits** oil with regard **to residue** [***piktim***],[LN] e.g., olive pits floating on the oil, is the same. The Gemara asks: **What is the** meaning of: With regard **to residue? If we say that** this is teaching: **Just as the buyer does not accept** upon himself a deduction in the quantity of oil to account for the **residue,** so **too, the one who deposits** the oil **does not accept** upon himself a deduction in the quantity of oil to account for the **residue** when he returns the oil and is required to return the full amount deposited with him, this is difficult. **But let** the bailee **say to** the owner: **What shall I do with your residue?**

NOTES

Residue – פְּקָטִים: Rashi explains that this refers to the seeds and olives that float on the oil. The Rambam writes that it is murky oil that floats on oil. Others say it is murky oil adjacent to the sediment (Ra'avad; Rashba).

HALAKHA

Sale of cattle and a yoke – מְכִירַת בָּקָר וְצֶמֶד: One who sells the yoke did not sell the cattle, and one who sells the cattle did not sell the yoke. This is the *halakha* even in a place where the yoke is referred to as cattle. If the animals were joined by a yoke, they are sold together (Rema, citing *Tur*), in accordance with the opinion of the Rabbis. In all these cases, the price is no proof of the identity of the sale item. If the disparity is within the range of common human error, the standard regulations against exploitation apply. If the disparity is greater, it is classified as a gift (Rambam *Sefer Kinyan, Hilkhot Mekhira* 27:2; *Shulḥan Arukh, Ḥoshen Mishpat* 220:4).

LANGUAGE

Residue [*piktim*] – פְּקָטִים: From the Greek πηκτός, *pēktos*, meaning an item that congealed, sedimented, curdled, or compacted.

NOTES

Only for the seller – אֶלָּא לַמּוֹכֵר: Some explain that when separating *teruma*, one may give murky oil to a priest (Ra'avad).

The measure of Tishrei…the measure of Nisan – מִדָּה דְּתִשְׁרֵי...מִדָּה דְּנִיסָן: Rashi explains that the price is different in Nisan and Tishrei. The Rambam explains, based on a straightforward reading of the text, that the difference in measure between Nisan and Tishrei is based on the difference between the volume of refined and murky oil.

For his purposes – לְצוֹרְכּוֹ: The Ramah says that if one moved the barrel because he needed the space underneath it, it is considered that he moved it for its own purposes and not for his purposes.

One who steals a lamb – הַגּוֹנֵב טָלֶה: The reference here is to a case where a bailee steals a lamb he was safeguarding, and the question is whether his rights and obligations as a bailee end at the moment he moves the deposit not for its own purposes (see Rashba; Ba'al HaMaor).

אֶלָּא כִּי הֵיכִי דְּמַפְקִיד מְקַבֵּל פְּקָטִים – לוֹקֵחַ נַמִי מְקַבֵּל פְּקָטִים. וּמִי מְקַבֵּל לוֹקֵחַ פְּקָטִים? וְהָתַנְיָא, רַבִּי יְהוּדָה אוֹמֵר: לֹא אָמְרוּ שֶׁמֶן עָכוּר אֶלָּא לַמּוֹכֵר בִּלְבַד, שֶׁהֲרֵי לוֹקֵחַ מְקַבֵּל עָלָיו לוֹג וּמֶחֱצָה שְׁמָרִים בְּלֹא פְּקָטִים.

Rather, it is teaching: **Just as the one who deposits** the oil **accepts the residue** when his oil is returned to him, so **too, the buyer accepts the residue** with the oil he purchases. The Gemara asks: **And does the buyer accept** upon himself a deduction for **residue? But isn't it taught** in a *baraita* that **Rabbi Yehuda says:** The Sages **stated** that the loss for **murky oil is only for the seller,**[N] **as the buyer accepts upon himself** a deduction for **a** ***log*** **and a half of sediment without residue?**[H]

לָא קַשְׁיָא: הָא – דְּיָהֵיב לֵיהּ זוּזֵי בְּתִשְׁרֵי, וְקָא שָׁקֵיל מִינֵּיהּ בְּנִיסָן כִּי מִדָּה דְּתִשְׁרֵי. הָא דְּיָהֵיב לֵיהּ זוּזֵי בְּנִיסָן וְקָא שָׁקֵיל מִינֵּיהּ בְּנִיסָן כִּי מִדָּה דְּנִיסָן.

The Gemara answers: This is **not difficult, as this** ***baraita,*** in which it is taught that the buyer accepts residue, is referring to a case **where** the buyer **gave the seller money in Tishrei,** when olives are harvested, **and he takes** the oil **from him in Nisan according to** the **measure of Tishrei.** In Tishrei, due to the substantial supply, the price is lower, and immediately after the harvest the oil is murky. **That** *baraita,* in which it is taught that the loss for murky oil is only for the seller, is referring to a case **where** the buyer **gave the seller money in Nisan, and he takes** the oil **from him in Nisan according to** the **measure** of **Nisan,**[N] as in Nisan both the buyer and the seller assume that the oil is refined.

מתני׳ הַמַּפְקִיד חָבִית אֵצֶל חֲבֵירוֹ וְלֹא יִחֲדוּ לָהּ בְּעָלִים מָקוֹם, וְטִלְטְלָהּ וְנִשְׁתַּבְּרָה, אִם מִתּוֹךְ יָדוֹ נִשְׁבְּרָה, לְצוֹרְכּוֹ – חַיָּיב, לְצוֹרְכָּהּ – פָּטוּר. אִם מִשֶּׁהֱנִיחָהּ נִשְׁבְּרָה, בֵּין לְצוֹרְכּוֹ בֵּין לְצוֹרְכָּהּ – פָּטוּר. יִחֲדוּ לָהּ הַבְּעָלִים מָקוֹם, וְטִלְטְלָהּ וְנִשְׁבְּרָה, בֵּין מִתּוֹךְ יָדוֹ וּבֵין מִשֶּׁהֱנִיחָהּ, לְצוֹרְכּוֹ – חַיָּיב, לְצוֹרְכָּהּ – פָּטוּר.

MISHNA In the case of **one who deposits a barrel with another, and the owners did not designate** a specific **place for** the barrel to be stored in the bailee's house, and the bailee **moved it and it broke, if it broke while** still **in his hand,** there is a distinction: If he moved the barrel **for his purposes,**[N] he is **liable** to pay for the damage. If he moved the barrel **for its own purposes,** to prevent it from being damaged, he is **exempt. If, after he replaced** the barrel **it broke, whether** he initially moved it **for his purposes** or **whether** he moved it **for its own purposes,** he is **exempt.** But if **the owners designated** a specific **place for** the barrel, **and** the bailee **moved it and it broke, whether** it broke **while** still **in his hand or whether** it broke **after he replaced** the barrel, if he moved it **for his purposes** he is **liable** to pay, and if he moved it **for its own purposes,** he is **exempt.**

גמ׳ הָא מַנִּי – רַבִּי יִשְׁמָעֵאל הִיא, דְּאָמַר לָא בָּעֵינַן דַּעַת בְּעָלִים. דְּתַנְיָא: הַגּוֹנֵב טָלֶה מִן הָעֵדֶר וְסֶלַע מִן הַכִּיס – לְמָקוֹם שֶׁגָּנַב יַחֲזִיר, דִּבְרֵי רַבִּי יִשְׁמָעֵאל. רַבִּי עֲקִיבָא אוֹמֵר:

GEMARA In accordance with **whose** opinion **is this mishna? It is** in accordance with the opinion of **Rabbi Yishmael, who says:** When a thief returns an item that he stole, **we do not require the knowledge of the owner** for the item to be considered returned, **as it is taught** in a *baraita*: In a case of **one who steals a lamb**[N] **from the flock**[H] **or a** ***sela*** **from the purse, he should return it to the place from which he stole** it, and it is unnecessary to inform the owner; this is **the statement of Rabbi Yishmael. Rabbi Akiva says:**

HALAKHA

Mixing sediment and residue – עֵירוּב שְׁמָרִים וּפְקָטִים: It is prohibited to mix sediment with wine or oil, even a little. If one sells refined oil to another, the buyer does not receive sediment. If he sells ordinary oil, the buyer accepts a *log* and a half of sediment for one hundred, and so too murky oil, in accordance with what is common in that place. This is specifically when the buyer gives him money in Tishrei based on the large measurement, which includes sediment and cloudiness. If he purchased oil according to the measure of Nisan, he does not accept murky oil at all. The Rema writes that some say that he does not deduct sediment. Rather, it is permitted to mix sediment if he is selling ordinary oil. This is seemingly the opinion of the *Tur* and the Rosh, who disagree with the Rambam (Rambam *Sefer Kinyan, Hilkhot Mekhira* 18:9–10; *Shulḥan Arukh, Ḥoshen Mishpat* 228:19–20).

One who steals a lamb from the flock – הַגּוֹנֵב טָלֶה מִן הָעֵדֶר: If one steals a lamb from a flock that was entrusted to his care or a coin from a purse that was deposited with him, he bears responsibility for it until he returns the lamb to the flock or the coin to the purse and informs the owner that he did so. This ruling is in accordance with the opinion of Rabbi Akiva (Rambam *Sefer Nezikin, Hilkhot Geneiva* 4:12; *Shulḥan Arukh, Ḥoshen Mishpat* 355:1–2).

צָרִיךְ דַּעַת בְּעָלִים.

One **requires the knowledge of the owner** for the item to be considered returned.

אִי רַבִּי יִשְׁמָעֵאל, מַאי אִירְיָא לֹא יִחֲדוּ? אֲפִילּוּ יִחֲדוּ נַמִּי!

The Gemara asks: **If** the *baraita* is in accordance with the opinion of **Rabbi Yishmael, why** did the *tanna* in the first clause of the mishna establish the case **specifically** where the owner **did not designate** a specific place for the barrel to be stored in the bailee's house? **Even** in a case where the owner **designated** a place for the barrel, the bailee should be exempt because he replaced the barrel.

לָא מִיבַּעְיָא קָאָמַר, לָא מִיבַּעְיָא יִחֲדוּ – דִּמְקוֹמָהּ הוּא, אֶלָּא אֲפִילּוּ לֹא יִחֲדוּ, דְּלָאו מְקוֹמָהּ הוּא – לָא בָּעֵינַן דַּעַת בְּעָלִים.

The Gemara answers: The *tanna* **is speaking** utilizing the style: **It is not necessary. It is not necessary** to state the *halakha* in a case where the owners **designated** a place for the barrel, as after the bailee replaced the barrel, **that is its place. But even** in a case where the owner **did not designate** a place for the barrel, and after the bailee replaces the barrel **that is not its place, we do not require the knowledge of the owners.** In both cases, once he replaces the barrel, he is exempt from payment.

אֵימָא סֵיפָא: יִחֲדוּ לָהּ הַבְּעָלִים מָקוֹם, וְטִלְטְלָהּ וְנִשְׁבְּרָה, בֵּין מִתּוֹךְ יָדוֹ בֵּין מִשֶּׁהִנִּיחָהּ, לְצָרְכּוֹ – חַיָּיב, לְצָרְכָּהּ – פָּטוּר. אֲתָאן לְרַבִּי עֲקִיבָא, דְּאָמַר בָּעֵינַן דַּעַת בְּעָלִים!

The Gemara asks: **Say the latter clause** of the mishna: If **the owners designated** a specific **place for** the barrel, **and** the bailee **moved it and it broke,**[H] **whether** it broke **while** still **in his hand or whether** it broke **after he replaced** the barrel, if he moved it **for his purposes** he is **liable** to pay, and if he moved it **for its** own **purposes,** he is **exempt. We arrive at** the opinion of **Rabbi Akiva, who says: We require the knowledge of the owners.** Since the bailee moved the barrel from its place for his own purposes, he is a robber and is responsible for damages.

אִי רַבִּי עֲקִיבָא מַאי אִירְיָא יִחֲדוּ? אֲפִילּוּ לֹא יִחֲדוּ נַמִּי!

The Gemara asks: **If** the *baraita* is in accordance with the opinion of **Rabbi Akiva, why** did the *tanna* in the latter clause of the mishna establish the case **specifically** where the owner **designated** a particular place for the barrel to be stored in the bailee's house? **Even** in a case where the owner **did not designate** a place for the barrel, the bailee should be liable to pay, because the barrel is not considered to have been returned.

לָא מִיבַּעְיָא קָאָמַר, לָא מִיבַּעְיָא לֹא יִחֲדוּ דְּלָאו מְקוֹמָהּ הוּא, אֶלָּא אֲפִילּוּ יִחֲדוּ נַמִּי, דִּמְקוֹמָהּ הוּא – בָּעֵינַן דַּעַת בְּעָלִים.

The Gemara answers: The *tanna* **is speaking** utilizing the style: **It is not necessary. It is not necessary** to state the *halakha* in a case where the owners **did not designate** a place for the barrel, as the place that the bailee placed the barrel **is not its place. But even** in a case where the owner **designated** a place for the barrel, **where** the place that the bailee placed the barrel **is its place, we require the knowledge of the owners** for it to be considered as if the bailee returned the barrel.

רֵישָׁא רַבִּי יִשְׁמָעֵאל וְסֵיפָא רַבִּי עֲקִיבָא! אִין, דְּאָמַר רַבִּי יוֹחָנָן: מַאן דִּמְתַרְגֵּם לִי חָבִית אַלִּיבָּא דְּחַד תַּנָּא מוֹבֵלְנָא מָאנֵיהּ בַּתְרֵיהּ לְבֵי מַסּוּתָא.

The Gemara asks: The result of that explanation is that **the first clause** of the mishna is in accordance with the opinion of **Rabbi Yishmael and the latter clause** is in accordance with the opinion of **Rabbi Akiva.** The Gemara answers: **Indeed,** it is as **Rabbi Yoḥanan says: Anyone who explains to me** both clauses of the mishna with regard to **a barrel according to** the opinion of **one *tanna***[N] I will honor, and **carry his garments after him**[N] **to the bathhouse,** and treat him as a servant treats his master.

תִּרְגְּמָהּ רַבִּי יַעֲקֹב בַּר אַבָּא קַמֵּיהּ דְּרַב: שֶׁנְּטָלָהּ עַל מְנָת לְגוֹזְלָהּ.

The Gemara relates that **Rabbi Ya'akov bar Abba interpreted** the mishna **before Rav:** The mishna is referring to a case **where** the bailee **took** the barrel **in order to rob** the owner of **it,** and that is the meaning of the term: For his purposes. Since he intended to rob the owner of the barrel, he must return it to its place. In the first clause of the mishna, where the owner of the barrel did not designate a place for it, anywhere that he places it constitutes a return to its place. In the latter clause of the mishna, where the owner designated a place for the barrel, since the bailee did not return the barrel to that place, it is not considered to have been returned.

HALAKHA

A deposited barrel that broke – חָבִית פִּקָּדוֹן שֶׁנִּשְׁבְּרָה: In the case of one who deposits a barrel with another, whether the owners designated a place for the barrel or whether they failed to do so, if the bailee moved it for his own purposes, whether it broke before he returned it to its place or whether it broke thereafter, he is liable to pay for any damage. If he moved the barrel for its own purposes he is exempt in both cases, in accordance with Rabbi Yoḥanan's interpretation of the mishna. The *halakha* is not ruled in accordance with the entire mishna, as the *halakha* is generally ruled in accordance with the opinion of Rabbi Akiva (Rambam *Sefer Mishpatim, Hilkhot She'ela UFikadon* 7:9; *Shulḥan Arukh, Ḥoshen Mishpat* 292:6, and *Beur HaGra* there).

NOTES

According to one *tanna* – אַלִּיבָּא דְּחַד תַּנָּא: The question of how to interpret a mishna in which there is a contradiction between its first clause and its latter clause is among the questions most commonly raised in the Talmud. The preferred approach is to resolve the contradiction in the mishna. When that is not an option, there are two additional approaches. One is to explain that each of the two clauses in the mishna reflects the opinion of a different *tanna*. A second approach maintains that each of the two clauses refers to a different case. Which of these approaches is adopted is left to the discretion of the Sages, and at times there are disputes. In tractate *Sanhedrin*, the Gemara notes that Rabbi Yoḥanan holds that it is preferable to attribute a contradiction in a mishna to two *tanna'im* rather than to two cases. Therefore, it is clear why he preferred to adopt the explanation that the mishna reflects the opinion of one *tanna*, but not the one in accordance with the opinions that explain that the mishna is discussing two cases.

Carry his garments after him – מוֹבֵלְנָא מָאנֵיהּ בַּתְרֵיהּ: This means: I will acknowledge that he is a greater Torah scholar than I, and I am prepared to publicize that I serve him like a disciple serves his master (*Torat Ḥayyim*). Later commentaries note that a Hebrew slave does not serve his master in the bathhouse because that is demeaning work. It is permitted for a student to serve his master there only in deference to his master.

תִּרְגְּמַהּ רַבִּי נָתָן בַּר אַבָּא קַמֵּיהּ דְּרַב: שֶׁנְּטָלָהּ עַל מְנָת לִשְׁלוֹחַ בָּהּ יָד.

Rabbi Natan bar Abba interpreted the mishna **before Rav:** The mishna is referring to a case **where** the bailee **took** the barrel **in order to misappropriate it,** as one who misappropriates the property of another is responsible for any subsequent damage to it.

בְּמַאי קָמִיפַּלְגִי? בִּשְׁלִיחוּת יָד צְרִיכָה חִסָּרוֹן. מַאן דְּאָמַר לְגוֹזְלָהּ – קָסָבַר: שְׁלִיחוּת יָד צְרִיכָה חִסָּרוֹן. וּמַאן דְּאָמַר לִשְׁלוֹחַ בָּהּ יָד, קָסָבַר: שְׁלִיחוּת יָד אֵינָהּ צְרִיכָה חִסָּרוֹן.

The Gemara asks: **With regard to what do** Rabbi Ya'akov and Rabbi Natan **disagree?** The Gemara answers: It is **with regard to** whether **misappropriation**[N] **requires loss:**[H] Is one liable for misappropriation only if it results in depreciation of the deposit, or is one liable for misappropriation even if he only intended to damage the deposit but there was no depreciation? **The one who says** that the bailee took the barrel in order **to rob** the owner of **it holds** that **misappropriation requires loss. And the one who says** that the bailee **took** the barrel in order **to misappropriate it holds** that **misappropriation does not require loss.**

מַתְקִיף לַהּ רַב שֵׁשֶׁת: מִידֵּי נְטָלָהּ קָתָנֵי? טִלְטְלָהּ קָתָנֵי! אֶלָּא אָמַר רַב שֵׁשֶׁת: הָכָא בְּמַאי עָסְקִינַן – כְּגוֹן שֶׁטִּלְטְלָהּ לְהָבִיא עָלֶיהָ גּוֹזָלוֹת. וְקָא סָבַר: שׁוֹאֵל שֶׁלֹּא מִדַּעַת גַּזְלָן הָוֵי. וְכוּלַּהּ רַבִּי יִשְׁמָעֵאל הִיא, וְסֵיפָא שֶׁהִנִּיחָהּ בְּמָקוֹם שֶׁאֵינָהּ מְקוֹמָהּ.

Rav Sheshet objects to that explanation: **Does the** *tanna* **teach** that the bailee **took it? It is taught** in the mishna: The bailee **moved it,** indicating that he sought neither to misappropriate it nor to rob the owner of it. **Rather, Rav Sheshet said: With what are we dealing here?** We are dealing with a case **where** the bailee **moved** the barrel **to** stand **upon it** and **bring fledglings** from a nest in a tree. The bailee did not attempt to use its contents. He merely climbed on the barrel. **And** the *tanna* of the mishna **holds:** The legal status of **one who borrows without the knowledge** of the owners **is** that of **a robber** in terms of responsibility. **And** the **entire** mishna is in accordance with the opinion of **Rabbi Yishmael. And the latter clause** is referring to a case **where** the bailee is responsible because he **placed** the barrel **in a place that is not its** designated **place.**

וְרַבִּי יוֹחָנָן: הִנִּיחָהּ – בִּמְקוֹמָהּ מַשְׁמַע.

The Gemara asks: **And** why doesn't **Rabbi Yoḥanan,** who claimed that it is not possible to establish both clauses of the mishna in accordance with the opinion of the same *tanna*, explain the mishna in that manner? He holds that the term: **He placed it, indicates** that he replaced it **in its** designated **place.**[N] Therefore, the latter clause cannot be explained in accordance with the opinion of Rabbi Yishmael, and the contradiction remains.

אִיתְּמַר, רַב וְלֵוִי, חַד אָמַר: שְׁלִיחוּת יָד צְרִיכָה חִסָּרוֹן, וְחַד אָמַר: שְׁלִיחוּת יָד אֵינָהּ צְרִיכָה חִסָּרוֹן. תִּסְתַּיֵּים דְּרַב הוּא דְּאָמַר שְׁלִיחוּת יָד אֵינָהּ צְרִיכָה חִסָּרוֹן, דְּתַנְיָא: רוֹעֶה שֶׁהָיָה רוֹעֶה עֶדְרוֹ וְהִנִּיחַ עֶדְרוֹ וּבָא לָעִיר, וּבָא זְאֵב וְטָרַף, וּבָא אֲרִי וְדָרַס – פָּטוּר. הִנִּיחַ מַקְלוֹ וְתַרְמִילוֹ עָלֶיהָ – חַיָּיב.

§ **It was stated** that there is an amoraic dispute between **Rav and Levi. One says: Misappropriation requires loss. And one says: Misappropriation does not require loss.** The Gemara comments: **It may be concluded that** it **is Rav who says: Misappropriation does not require loss, as it is taught** in a *baraita*: In the case of **a shepherd who was herding his flock,** which included the animals of others, **and he abandoned his flock and went to the city,**[H] **and a wolf came and devoured** an animal, **or a lion came and clawed** an animal, the shepherd is **exempt,** as in any case, the attacks occurred through circumstances beyond his control. If **he placed his staff and his satchel on** the animal that was later attacked, he is **liable** to pay for the animal. Since he utilized the animal, it is as if he misappropriated it, and therefore he is liable to pay even in a case involving circumstances beyond his control.

וְהָוֵינַן בָּהּ: מִשּׁוּם דְּהִנִּיחַ מַקְלוֹ וְתַרְמִילוֹ עָלֶיהָ חַיָּיב? הָא שַׁקְלִינְהוּ!

And we discussed this *baraita*: **Due to** the fact **that he placed his staff and his satchel** on the animal, is he **liable** to pay? **Didn't he** already **remove them?** Even if he improperly used the animal, he already removed his staff and satchel, and it is tantamount to returning it to the owners.

אָמַר רַב נַחְמָן אָמַר רַבָּה בַּר אֲבוּהּ אָמַר רַב: בְּעוֹדָן עָלֶיהָ. וְכִי עוֹדָן עָלֶיהָ מַאי הָוֵי? הָא לָא מָשְׁכָהּ!

And **Rav Naḥman says** that **Rabba bar Avuh said** that **Rav said:** The *tanna* is referring to a case where the wolf devoured the animal **when** the staff and satchel **were still on** the animal.[N] Since the bailee is still using the animal, it is considered his in terms of liability to pay for the damage caused. The Gemara asks: **And if the** staff and satchel **are still on** the animal, **what of it? But he did not pull** the animal and therefore did not acquire it.

NOTES

Misappropriation – שְׁלִיחוּת יָד: The commentaries discuss extensively the precise nature of misappropriation and the differences between misappropriation and other forms of robbery. Some explain that one who misappropriates a deposit intends to return it to the owner, whereas in cases of robbery and theft the perpetrator has no intention to return the stolen item (Ra'avad). Some explain that a bailee who misappropriated a deposit is halakhically required to pay for the entire item, even if he misappropriated only a small part of it. That is not the *halakha* in the case of theft (Ramban; Ran). According to the Rosh, apparently the *halakha* of misappropriation by a bailee is a Torah edict. Therefore, conceivably, misappropriation does not require loss.

He placed it indicates in its designated place – הִנִּיחָהּ בִּמְקוֹמָהּ מַשְׁמַע: The early commentaries write that it is not due to this inference that Rabbi Yoḥanan rejects the proposed answers. Rather, it is because he attempts to avoid establishing the mishna as referring to two different cases (*Talmid Rabbeinu Peretz*).

When the staff and satchel were still on the animal – בְּעוֹדָן עָלֶיהָ: Rashi writes that Rav attempts to explain the matter even in accordance with the opinion of Rabbi Yishmael. The Ra'avad explains: If the bailee places his staff and garments on the animal once, it is inconsequential, as the owners are indifferent, and it is not considered misappropriation. Here, the Gemara indicates that he regularly places a burden upon the animal, to the extent that it weakens the animal.

HALAKHA

Loss with regard to misappropriation – חִסָּרוֹן בִּשְׁלִיחוּת יָד: It is prohibited for a bailee to misappropriate a deposit, even if his intention is merely to use it, not to steal it, and even if he causes no damage or loss. Once he misappropriates the deposit it is considered to be his, and he is liable to pay even if any subsequent damage was due to circumstances beyond his control. This ruling is in accordance with the opinion of Rav, as the *halakha* is in accordance with his opinion in disputes with Levi.

In cases of misappropriation, a bailee bears responsibility from the moment that he lifts the deposit. If his intention is to use the deposit for a purpose that does not damage it, he bears responsibility only from the moment he uses it, as a borrower without the knowledge of the owner, in accordance with the opinion of Rav Sheshet. Although the mishna does not correspond with his opinion, no one disagrees with his ruling (Rambam *Sefer Nezikin*, *Hilkhot Gezeila VaAveda* 3:11; *Shulḥan Arukh*, *Ḥoshen Mishpat* 292:1).

He abandoned his flock and went to the city – הִנִּיחַ עֶדְרוֹ וּבָא לָעִיר: If a shepherd abandoned his flock and entered a city, whether he did so at a time when shepherds typically enter the city or whether he did so at a time when shepherds do not typically enter the city, if an animal came and devoured animals from the flock, some say that he bears responsibility only if he would have been able to save them with the help of other shepherds. If not, he is exempt. Others say that if he entered at a time when shepherds do not typically enter the city, he is always liable to pay, because the episode began with his negligence (Rambam *Sefer Mishpatim*, *Hilkhot Sekhirut* 3:8; *Shulḥan Arukh*, *Ḥoshen Mishpat* 303:10, and in the comment of Rema).

וְאָמַר רַב שְׁמוּאֵל בַּר רַב יִצְחָק אָמַר רַב: שֶׁהִכִּישָׁהּ בְּמַקֵּל וְרָצְתָה לְפָנָיו. וְהָא לָא חַסְּרָהּ! אֶלָּא לָאו שְׁמַע מִינַּהּ; קָסָבַר: שְׁלִיחוּת יָד אֵינָהּ צְרִיכָה חִסָּרוֹן.

And Rav Shmuel bar Yitzḥak says that Rav says: The *tanna* is referring to a case **where** the shepherd **struck** the animal **with a staff and it ran before him,** which is a form of pulling. The Gemara asks: **But** by causing the animal to run, **he did not cause a loss** to the animal. Why is he liable to pay? **Rather,** must one **not conclude from it** that Rav **holds: Misappropriation does not require loss?**

אֵימָא: שֶׁהִכְחִישָׁהּ בְּמַקֵּל. דַּיְקָא נַמִי, דְּקָתָנֵי שֶׁהִכִּישָׁהּ בְּמַקֵּל, שְׁמַע מִינַּהּ.

The Gemara rejects that proof: **Say that he weakened** the animal **with a staff,** and that is the only reason that he is liable to pay. The Gemara comments: Rav's language **is also precise, as he teaches: Where** the shepherd **struck** the animal **with a staff.** The reason that he explains that he struck the animal with a staff, as opposed to his hand, is to indicate that the animal was weakened. The Gemara affirms: **Learn from it** that Rav holds that misappropriation requires loss.

וּמִדְּרַב סָבַר שְׁלִיחוּת יָד צְרִיכָה חִסָּרוֹן, לֵוִי סָבַר שְׁלִיחוּת יָד אֵינָהּ צְרִיכָה חִסָּרוֹן. מַאי טַעְמָא דְּלֵוִי? אָמַר רַבִּי יוֹחָנָן מִשּׁוּם רַבִּי יוֹסֵי בֶּן נְהוֹרַאי: מְשׁוּנָּה שְׁלִיחוּת יָד הָאֲמוּרָה בְּשׁוֹמֵר שָׂכָר מִשְּׁלִיחוּת יָד הָאֲמוּרָה בְּשׁוֹמֵר חִנָּם.

The Gemara comments: **And from** the fact **that Rav holds** that **misappropriation requires loss,** it may be inferred that **Levi holds** that **misappropriation does not require loss.** The Gemara asks: **What is the reason** for the opinion **of Levi? Rabbi Yoḥanan says in the name of Rabbi Yosei ben Nehorai: Misappropriation that is stated with regard to a paid bailee is different from misappropriation that is stated with regard to an unpaid bailee.** There is no need for the Torah to state the *halakha* of misappropriation twice. If an unpaid bailee is liable to pay for misappropriation, all the more so is a paid bailee liable to pay. The reason that the Torah repeated this *halakha* is to teach that a paid bailee is liable to pay for misappropriation even if there is no loss.

Perek **III**
Daf **41** Amud **b**

וַאֲנִי אוֹמֵר: אֵינָהּ מְשׁוּנָּה.

Rabbi Yoḥanan continues: **And I say** that misappropriation by a paid bailee **is not different.**

וּמַאי מְשׁוּנָּה? לֹא תֵּאָמֵר שְׁלִיחוּת יָד בְּשׁוֹמֵר שָׂכָר, וְתֵיתֵי מִשּׁוֹמֵר חִנָּם: וּמָה שׁוֹמֵר חִנָּם שֶׁפָּטוּר בִּגְנֵבָה וַאֲבֵדָה – שָׁלַח בָּהּ יָד חַיָּיב, שׁוֹמֵר שָׂכָר שֶׁחַיָּיב בִּגְנֵבָה וַאֲבֵדָה – לֹא כׇּל שֶׁכֵּן. לְמַאי הִלְכְתָא כָּתְבִינְהוּ רַחֲמָנָא – לוֹמַר לָךְ: שְׁלִיחוּת יָד אֵינָהּ צְרִיכָה חִסָּרוֹן.

The Gemara elaborates: **And what** is meant by: Misappropriation that is stated with regard to a paid bailee is **different** from misappropriation that is stated with regard to an unpaid bailee? As one could claim: Let **misappropriation**[N] **not be stated with regard to a paid bailee, and derive it from** misappropriation with regard to **an unpaid bailee** by means of an *a fortiori* inference: **And if an unpaid bailee, who is exempt in** cases where he claims **theft and loss, misappropriated** the deposit, he is **liable** to pay, then **a paid bailee, who is liable in** cases where he claims **theft and loss, all the more so** is it **not** clear that he is liable if he misappropriated the deposit? **With regard to what *halakha* did the Merciful One write** misappropriation in the case of a paid bailee? It is **to say to you: Misappropriation does not require loss;** intent to misappropriate is enough to render him liable to pay.

וַאֲנִי אוֹמֵר: אֵינָהּ מְשׁוּנָּה, כְּרַבִּי אֶלְעָזָר, דְּאָמַר דָּא וְדָא אַחַת הִיא. מַאי דָּא וְדָא אַחַת? מִשּׁוּם דְּאִיכָּא לְמִפְרַךְ: מָה לְשׁוֹמֵר חִנָּם – שֶׁכֵּן מְשַׁלֵּם תַּשְׁלוּמֵי כֶפֶל בְּטוֹעֵן טַעֲנַת גַּנָּב.

Rabbi Yoḥanan stated: **And I say** that it is **not different, in accordance with** the opinion of **Rabbi Elazar, who says: This** case **and that** case **are one.** The Gemara elaborates: **What** is the meaning of: **This and that** are **one?** It means that it was necessary to teach misappropriation in both cases **due to** the fact **that it can be refuted** by an *a fortiori* inference: **What** is notable **about an unpaid bailee?** He is notable **in that he pays** the **double payment when he** falsely **states the claim** that **a thief** stole the deposit. A paid bailee reimburses the owner only for the cost of the deposit in that case. The legal status of the paid bailee is not consistently more stringent than that of an unpaid bailee, and therefore no *a fortiori* inference is possible.

NOTES

And what is different with regard to misappropriation – וּמַאי מְשׁוּנָּה...שְׁלִיחוּת יָד: Misappropriation is different, as it is unnecessarily repeated in the Torah. It is different in the sense that its *halakha* is anomalous, as one is liable for misappropriation even when there is no loss to the owner (Rosh).

וּמַאן דְּלָא פָּרֵיךְ, סָבַר: קַרְנָא בְּלָא שְׁבוּעָה עֲדִיפָא מִכְּפֵילָא בִּשְׁבוּעָה.

The Gemara comments: **And the one who does not refute** the *a fortiori* inference **holds:** The absolute requirement to pay **the principal** even **without** having taken a false **oath**[N] **is more** stringent **than** the requirement to pay **the double payment** that is effected only **with** the bailee taking a false **oath.** In his opinion, the legal status of the paid bailee is consistently more stringent than that of an unpaid bailee, and therefore an *a fortiori* inference is possible.

רָבָא אָמַר: לֹא תֵּאָמֵר שְׁלִיחוּת יָד לֹא בְּשׁוֹמֵר חִנָּם וְלֹא בְּשׁוֹמֵר שָׂכָר, וְתֵיתֵי מִשּׁוֹאֵל: וּמָה שׁוֹאֵל דִּלְדַעַת בְּעָלִים קָא עָבֵיד – שָׁלַח בָּהּ יָד חַיָּיב, שׁוֹמֵר חִנָּם וְשׁוֹמֵר שָׂכָר – לֹא כׇּל שֶׁכֵּן.

Rava says: The verse should **not state misappropriation, neither with regard to an unpaid bailee nor with regard to a paid bailee, and** one can **derive it** by means of an *a fortiori* inference **from** misappropriation with regard to **a borrower:**[N] **And if a borrower,** who utilizes the deposit **with the knowledge of the owner, misappropriated** the deposit, he is **liable** to pay, then with regard to **an unpaid bailee and a paid bailee,** who may not utilize the deposit at all, **all the more so** is it **not** clear that they are liable to pay if they misappropriate the deposit?

לָמָּה נֶאֱמַר? חֲדָא: לוֹמַר לָךְ שְׁלִיחוּת יָד אֵין צְרִיכָה חִסָּרוֹן, וְאִידָךְ: שֶׁלֹּא תֹּאמַר דַּיּוֹ לַבָּא מִן הַדִּין לִהְיוֹת כַּנִּידּוֹן, מָה שׁוֹאֵל בִּבְעָלִים פָּטוּר – אַף שׁוֹמֵר חִנָּם וְשׁוֹמֵר שָׂכָר בִּבְעָלִים פָּטוּר.

Why, then, **is** the *halakha* of misappropriation **stated** in the cases of the unpaid and paid bailees? **One** mention is **to say to you: Misappropriation does not require loss. And the other** mention is **so that you will not say:** With regard to this *a fortiori* inference, there is principle: It is **sufficient for the conclusion inferred from** an *a fortiori* **inference to be like the source**[B] of the inference, and thereby conclude: **Just as a borrower** who is in partnership **with the owner** is **exempt, so too, an unpaid bailee and a paid bailee** who are in partnership **with the owner** are **exempt.** Consequently, it was necessary for the verse to mention the *halakha* of misappropriation with regard to both the paid and unpaid bailee.

וּלְמַאן דְּאָמַר שְׁלִיחוּת יָד צְרִיכָה חִסָּרוֹן, הָנֵי תַּרְתֵּי שְׁלִיחוּת יָד לָמָּה לִי? חֲדָא: שֶׁלֹּא תֹּאמַר דַּיּוֹ לַבָּא מִן הַדִּין לִהְיוֹת כַּנִּידּוֹן.

The Gemara asks: **And according to the one who says: Misappropriation requires a loss, why do I** need **these two** mentions of **misappropriation?** The Gemara explains: **One** mention is **so that you will not say** with regard to this *a fortiori* inference the principle: **It is sufficient for the** conclusion that **emerges from** an *a fortiori* **inference to be like** its **source.**

וְאִידָךְ – לְכִדְתַנְיָא: ״וְנִקְרַב בַּעַל הַבַּיִת אֶל הָאֱלֹהִים״ – לִשְׁבוּעָה. אַתָּה אוֹמֵר לִשְׁבוּעָה, אוֹ אֵינוֹ אֶלָּא לְדִין? נֶאֶמְרָה שְׁלִיחוּת יָד לְמַטָּה, וְנֶאֶמְרָה שְׁלִיחוּת יָד לְמַעְלָה, מָה לְהַלָּן לִשְׁבוּעָה – אַף כָּאן לִשְׁבוּעָה.

And the other[N] mention is **for that which is taught** in a *baraita*. It is written: **"And the master of the house shall approach the judges** to determine whether he misappropriated his neighbor's goods" (Exodus 22:7). This is stated with regard **to an oath.**[H] **Do you say** that it is stated with regard **to an oath, or** is it stated **only** with regard **to judgment? Misappropriation is stated below,** in a later verse in the chapter: "Whether he misappropriated his neighbor's goods" (Exodus 22:10), **and misappropriation is stated above,** in an earlier verse in the chapter: "Whether he misappropriated his neighbor's goods" (Exodus 22:7). **Just as below** it is stated explicitly with regard **to an oath:** "The oath of the Lord shall be between them both to determine whether he misappropriated his neighbor's goods" (Exodus 22:10), **so too here,** it is stated with regard **to an oath** and not merely for judgment.[H]

NOTES

The principal without an oath – **קַרְנָא בְּלָא שְׁבוּעָה:** Rashi on *Bava Kamma* 57b explains that it is possible to say that an unpaid bailee is liable to pay not because he is responsible for the loss of the item, but because the Torah penalizes him for taking a false oath.

And derive it from a borrower – **וְתֵיתֵי מִשּׁוֹאֵל:** Rashi and most early commentaries explain that misappropriation is derived from the *halakha* of a borrower itself, as the responsibility that he bears is due to his misappropriating the deposit, although it was with the knowledge and authorization of the owner. Rabbeinu Ḥananel explains differently. When the Gemara states: And derive it from a borrower, it means: Misappropriation should have been written only with regard to a borrower, and with regard to other bailees it would be derived by means on an *a fortiori* inference. See the Ritva, who discusses the opinion of Rabbeinu Ḥananel. There is another version of the text of the Gemara found in *Otzar HaGe'onim*.

One mention…and the other – **חֲדָא...וְאִידָךְ:** *Tosafot* ask: How is it possible to derive the matter by means of a verbal analogy according to the one who holds that misappropriation does not require loss, as according to that opinion both mentions of misappropriation are necessary? The Ritva, cited in the *Shita Mekubbetzet*, explains that a verbal analogy based on tradition is effective even if the terms used are not superfluous in their context.

HALAKHA

And the master of the house shall approach the judges with regard to an oath – **וְנִקְרַב בַּעַל הַבַּיִת אֶל הָאֱלֹהִים לִשְׁבוּעָה:** An unpaid bailee from whom a deposit was lost or stolen takes an oath, and he is exempt (Rambam *Sefer Mishpatim, Hilkhot Sekhirut* 1:2; *Shulḥan Arukh, Ḥoshen Mishpat* 291:1).

A false oath on a deposit – **שְׁבוּעַת שֶׁקֶר עַל פִּקָּדוֹן:** If an unpaid bailee claimed that a deposit was stolen and took an oath to that effect, and then witnesses testified that the oath was false, his legal status is that of a thief, and he pays double the principal. In a case where the deposit was a sheep or an ox, if the bailee slaughtered or sold it, he pays four or five times the principal, respectively (Rambam *Sefer Nezikin, Hilkhot Geneiva* 4:1; *Shulḥan Arukh, Ḥoshen Mishpat* 352:1).

BACKGROUND

It is sufficient [*dayyo*] for the conclusion inferred from an *a fortiori* inference to be like the source – **דַּיּוֹ לַבָּא מִן הַדִּין לִהְיוֹת כַּנִּידּוֹן:** This halakhic principle, referred to in shorthand as *dayyo*, restricts the conclusion that may be derived from an *a fortiori* inference. It establishes guidelines for *a fortiori* inferences to prevent the establishment of limitless leniencies or stringencies. According to the principle of *dayyo*, one may derive: Just as X is more stringent than Y with regard to point A, X is no less stringent than Y with regard to point B. One does not derive: Just as X is more stringent than Y with regard to point A, X is similarly more stringent than Y with regard to point B. If that were the case, limitless conclusions could be derived from the inference. Still, the Gemara here contends that this principle is not in effect.

מתני׳ הַמַּפְקִיד מָעוֹת אֵצֶל חֲבֵרוֹ, צְרָרָן וְהִפְשִׁילָן לַאֲחוֹרָיו אוֹ שֶׁמְּסָרָם לִבְנוֹ וּלְבִתּוֹ הַקְּטַנִּים וְנָעַל בִּפְנֵיהֶם שֶׁלֹּא כָּרָאוּי – חַיָּיב, שֶׁלֹּא שִׁימֵּר כְּדֶרֶךְ הַשּׁוֹמְרִים. וְאִם שִׁימֵּר כְּדֶרֶךְ הַשּׁוֹמְרִים – פָּטוּר.

MISHNA In the case of **one who deposited coins with another,** and that bailee **bound it** in a cloth **and slung it behind him,**[H] or **conveyed them to his minor son or daughter**[H] for safeguarding, **or locked** the door **before them**[N] **in an inappropriate,** i.e., insufficient, manner to secure them, the bailee is **liable** to pay for the coins, **as he did not safeguard** the coins **in the manner** typical **of bailees. But if he safeguarded** the money **in the manner** that **bailees** safeguard items and it was nevertheless stolen, he is **exempt.**

גמ׳ בִּשְׁלָמָא כּוּלְּהוּ – שֶׁלֹּא שִׁימֵּר כְּדֶרֶךְ הַשּׁוֹמְרִים, אֶלָּא צְרָרָן וְהִפְשִׁילָן לַאֲחוֹרָיו, מַאי הֲוָה לֵיהּ לְמֶיעְבַּד? אָמַר רָבָא אָמַר רַבִּי יִצְחָק: אָמַר קְרָא ״וְצַרְתָּ הַכֶּסֶף בְּיָדְךָ״. אַף עַל פִּי שֶׁצְּרוּרִין – יִהְיוּ בְּיָדְךָ.

GEMARA Granted, for **all** the other cases, the bailee is liable to pay, **as he did not safeguard** the money **in the manner** that **bailees** safeguard items. **But** if the bailee **bound it** in a cloth **and slung it behind him, what** more **was he to do? Rava says** that **Rabbi Yitzḥak said: The verse states: "And you shall bind up the money in your hand"** (Deuteronomy 14:25), from which it is derived: **Although it is bound,** in order to safeguard the money, **it** must **be in your hand.**

וְאָמַר רַבִּי יִצְחָק: לְעוֹלָם יְהֵא כַּסְפּוֹ שֶׁל אָדָם מָצוּי בְּיָדוֹ, שֶׁנֶּאֱמַר ״וְצַרְתָּ הַכֶּסֶף בְּיָדְךָ״. וְאָמַר רַבִּי יִצְחָק: לְעוֹלָם יְשַׁלֵּישׁ אָדָם אֶת מְעוֹתָיו, שְׁלִישׁ בְּקַרְקַע וּשְׁלִישׁ בִּפְרַקְמַטְיָא וּשְׁלִישׁ תַּחַת יָדוֹ.

And apropos that verse, **Rabbi Yitzḥak says: A person's money should always be found in his possession.** He should not invest all of his money, leaving him with no money available for expenditures, **as it is stated: "And you shall bind up the money in your hand." And Rabbi Yitzḥak says: A person should always divide his money into three;**[N] he should bury **one-third in the ground, and** invest **one-third in business** [*bifrakmatya*],[L] **and** keep **one-third in his possession.**

וְאָמַר רַבִּי יִצְחָק: אֵין הַבְּרָכָה מְצוּיָה אֶלָּא בְּדָבָר הַסָּמוּי מִן הָעַיִן, שֶׁנֶּאֱמַר ״יְצַו ה׳ אִתְּךָ אֶת הַבְּרָכָה בַּאֲסָמֶיךָ״. תָּנָא דְּבֵי רַבִּי יִשְׁמָעֵאל: אֵין הַבְּרָכָה מְצוּיָה אֶלָּא בְּדָבָר שֶׁאֵין הָעַיִן שׁוֹלֶטֶת בּוֹ, שֶׁנֶּאֱמַר ״יְצַו ה׳ אִתְּךָ אֶת הַבְּרָכָה בַּאֲסָמֶיךָ״.

And Rabbi Yitzḥak says: Blessing is found only in a matter concealed from the eye, as it is stated: "The Lord will command blessing with you in your storehouses" (Deuteronomy 28:8), where the grain is concealed. **The school of Rabbi Yishmael taught: Blessing is found only in a matter** over **which the eye has no dominion,**[N] **as it is stated: "The Lord will command blessing with you in your storehouses."**

תָּנוּ רַבָּנַן: הַהוֹלֵךְ לָמוֹד אֶת גּוֹרְנוֹ, אוֹמֵר: יְהִי רָצוֹן מִלְּפָנֶיךָ ה׳ אֱלֹהֵינוּ שֶׁתִּשְׁלַח בְּרָכָה בְּמַעֲשֵׂה יָדֵינוּ. הִתְחִיל לָמוֹד, אוֹמֵר: בָּרוּךְ הַשּׁוֹלֵחַ בְּרָכָה בַּכְּרִי הַזֶּה. מָדַד וְאַחַר כָּךְ בֵּירַךְ – הֲרֵי זֶה תְּפִלַּת שָׁוְא, לְפִי שֶׁאֵין הַבְּרָכָה מְצוּיָה לֹא בְּדָבָר הַשָּׁקוּל וְלֹא בְּדָבָר הַמָּדוּד, וְלֹא בְּדָבָר הַמָּנוּי, אֶלָּא בְּדָבָר הַסָּמוּי מִן הָעַיִן, שֶׁנֶּאֱמַר: ״יְצַו ה׳ אִתְּךָ אֶת הַבְּרָכָה בַּאֲסָמֶיךָ״.

The Sages taught: One who goes to measure the grain on **his threshing floor recites:**[H] **May it be Your will, O Lord, our God, that You send blessing upon the product of our hands. If one began to measure** the grain **he says: Blessed is He Who sends blessing upon this pile** of grain. **If one measured and afterward recited** this blessing, **this is a prayer** made **in vain, because blessing is found neither in a matter that is weighed, nor in a matter that is measured, nor in a matter that is counted. Rather,** it is found **in a matter concealed from the eye, as it is stated: "The Lord will command blessing with you in your storehouses."**

NOTES

Or he locked the door before them – וְנָעַל בִּפְנֵיהֶם: Rashi explains that he locked the door before the minors. The commentaries add that, although safeguarding by minors is not itself effective safeguarding, in this case, since the children are behind locked doors and cannot leave, and if a thief attempts to enter they will certainly yell, it is considered effective safeguarding. The Rif cites a variant reading: Or he locked. The reference is not to leaving the minors behind locked doors. Rather, this is a new *halakha*: By placing a deposit in a locked room, one effectively safeguards it. Most of the commentaries agree with this opinion (Rashba; Rosh; Ritva; Meiri).

A person should always divide his money into three – לְעוֹלָם יְשַׁלֵּישׁ אָדָם אֶת מְעוֹתָיו: An allusion to this can be found in the verse: "The Lord will command the blessing with you in your storehouses, and in all that you put your hand to, and He will bless you in the land" (Deuteronomy 28:8). "In your storehouses" refers to the money that one keeps in his possession. "In all that you put your hand to" refers to the money one invests in business. "In the land" refers to the money that one places in the land. With regard to the one-third that one places in the land, some explain that he buries it in the ground, and others explain that he should invest it in real estate, which is a safe investment.

Over which the eye has no dominion – שֶׁאֵין הָעַיִן שׁוֹלֶטֶת בּוֹ: The Sages also stated that blessing is not found in matters that create the impression that one is amassing a significant profit, e.g., using large barrels (Rosh). In general, God's blessing is bestowed discreetly. For example, in the incident recounted in II Kings, chapter 4, Elisha instructed a woman to close the door before a miracle transpired to grant her oil (*Torat Ḥayyim*).

HALAKHA

Safeguarding money while traveling – שְׁמִירַת כְּסָפִים בַּדֶּרֶךְ: If one deposits money with another, and in the course of safeguarding the money the bailee must travel, he must bind the money and hold it in his hand or sling it over his shoulder in front of him. If he failed to do so and the money was lost, even if it was due to circumstances beyond his control, he is liable to pay, since the incident started with his negligence (Rambam *Sefer Mishpatim, Hilkhot She'ela UFikadon* 4:6; *Shulḥan Arukh, Ḥoshen Mishpat* 291:20).

He conveyed them to his minor son or daughter – מְסָרָם לִבְנוֹ וּלְבִתּוֹ הַקְּטַנִּים: If a bailee conveys the deposit to his minor son or daughter, he bears responsibility for any subsequent damage (Rambam *Sefer Mishpatim, Hilkhot She'ela UFikadon* 4:8; *Shulḥan Arukh, Ḥoshen Mishpat* 291:21).

One who goes to measure the grain on his threshing floor recites – הַהוֹלֵךְ לָמוֹד אֶת גּוֹרְנוֹ אוֹמֵר: One who enters his threshing floor to measure the grain there says: May it be Your will, O Lord our God, that You send blessing upon this pile of grain. He may recite this prayer even in the course of measuring the grain. If he recites the prayer after he completed measuring the grain, it is a prayer in vain. The Ramban writes: One recites this prayer only when measuring the grain in order to tithe it, as the Torah promises blessing if one separates tithes from his grain (Rambam *Sefer Ahava, Hilkhot Berakhot* 10:22; *Shulḥan Arukh, Oraḥ Ḥayyim* 230:2).

LANGUAGE

Business [*perakmatya*] – **פְּרַקְמַטְיָא:** From the Greek πραγματεία, *pragmateia*, meaning business management or commerce.

אָמַר שְׁמוּאֵל: כְּסָפִים אֵין לָהֶם שְׁמִירָה אֶלָּא בַּקַּרְקַע. אָמַר רָבָא: וּמוֹדֵי שְׁמוּאֵל בְּעֶרֶב שַׁבָּת בֵּין הַשְּׁמָשׁוֹת, דְּלָא אַטְרְחוּהוּ רַבָּנַן. וְאִי שְׁהָא לְמוֹצָאֵי שַׁבָּת שִׁיעוּר לְמִקְבְּרִינְהוּ וְלָא קַבְרִינְהוּ – מִחַיֵּיב. וְאִי צוּרְבָא מֵרַבָּנַן הוּא – סָבַר: דִּלְמָא מִיבָּעֵי לֵיהּ זוּזֵי לְאַבְדַּלְתָּא.

§ **Shmuel says:** There is **safeguarding** for **money**[H] **only in the ground.**[N] **Rava said: And Shmuel concedes** if one received a deposit **on Shabbat eve at twilight,**[H] **that the Rabbis did not impose upon him** to bury it in the ground immediately. **And if, at the conclusion of Shabbat, he delayed and did not bury** the money within the **period** of time needed **to bury it, he is liable** to pay the owner if it is stolen. **And if** the one who deposited the money **is a Torah scholar** and the bailee **thought: Perhaps he requires money**[N] **for** ***havdala,*** and that is the reason that he did not bury the money immediately, then he may delay burying the money a bit longer.

וְהָאִידָּנָא דִּשְׁכִיחִי גַּשּׁוֹשָׁאֵי – אֵין לָהֶן שְׁמִירָה אֶלָּא בִּשְׁמֵי קוֹרָה. וְהָאִידָּנָא דִּשְׁכִיחִי פְּרוֹמָאֵי – אֵין לָהֶם שְׁמִירָה אֶלָּא בֵּינֵי אוּרְבֵּי. אָמַר רָבָא: וּמוֹדֶה שְׁמוּאֵל בְּכוֹתֶל, אִי נַמִּי בֵּין הַקְּרָנוֹת. וְהָאִידָּנָא דִּשְׁכִיחִי טְפוּחָאֵי אֵין לָהֶן שְׁמִירָה אֶלָּא בְּטֶפַח הַסָּמוּךְ לַקַּרְקַע, אוֹ בְּטֶפַח הַסָּמוּךְ לִשְׁמֵי קוֹרָה.

The Gemara comments: **And now that rummagers,** who dig to find and steal buried property, **are commonplace,** there is **safeguarding** for money **only in the beams of the roof** of a house. The Gemara comments: **And now that dismantlers,** who attempt to find and steal property hidden in beams, **are commonplace,** there is **safeguarding** for money **only between the bricks** of a wall. **Rava said: And Shmuel concedes** that money can be safeguarded **in the wall or, alternatively, between the corners** of the house. **And now that tappers,** who tap on walls to find and steal property hidden there, **are commonplace,** there is **safeguarding** for money **only in the handbreadth**[B] of the wall **adjacent to the ground or in the handbreadth** of the wall **adjacent to the ceiling,** as tapping on the wall will not reveal their existence.

אֲמַר לֵיהּ רַב אַחָא בְּרֵיהּ דְּרַב יוֹסֵף לְרַב אָשֵׁי: הָתָם תְּנַן: חָמֵץ שֶׁנָּפְלָה עָלָיו מַפּוֹלֶת הֲרֵי הוּא כִּמְבוֹעָר, רַבָּן שִׁמְעוֹן בֶּן גַּמְלִיאֵל אוֹמֵר: כָּל שֶׁאֵין הַכֶּלֶב יָכוֹל לְחַפֵּשׂ אַחֲרָיו. וְתָנָא: כַּמָּה חֲפִישַׂת הַכֶּלֶב – שְׁלֹשָׁה טְפָחִים. הָכָא מַאי? מִי בָּעֵינַן שְׁלֹשָׁה טְפָחִים, אוֹ לָא?

Rav Aḥa, son of Rav Yosef, said to Rav Ashi: We learned in a mishna **there** (*Pesaḥim* 31b): The legal status of **leavened bread upon which a rockslide fell**[H] **is like** that of leavened bread that was **eliminated,** as it will remain there forever. **Rabban Shimon ben Gamliel says:** This ruling applies in **any** case where the leavened bread is covered to the extent **that a dog is unable to detect it. And** it is **taught: How much is the** measure of **detection of a dog?** It is **three handbreadths.** The question is: **Here, what** is the *halakha*? **Do we require** the money to be buried at a depth of **three handbreadths or not?**

HALAKHA

Safeguarding for money – **שְׁמִירַת כְּסָפִים**: Effective safeguarding of money and other valuable items is accomplished by burying them at least one handbreadth in the ground, in accordance with the conclusion of Rafram. Alternatively, they may be concealed inside the wall within one handbreadth of the ground or within one handbreadth of the roof (Rambam *Sefer Mishpatim, Hilkhot She'ela UFikadon* 4:4; *Shulḥan Arukh, Ḥoshen Mishpat* 291:15).

A deposit on Shabbat eve at twilight – **בְּעֶרֶב שַׁבָּת בֵּין הַשְּׁמָשׁוֹת**: A bailee who receives a deposit of money from another during twilight on Friday evening is obligated to bury it immediately at the conclusion of Shabbat. If the depositor or the bailee is a Torah scholar, he may postpone burying the money until after *havdala* (Rambam *Sefer Mishpatim, Hilkhot She'ela UFikadon* 4:5; *Shulḥan Arukh, Ḥoshen Mishpat* 291:16, and in the comment of Rema).

Leavened bread upon which a rockslide fell – **חָמֵץ שֶׁנָּפְלָה עָלָיו מַפּוֹלֶת**: If leavened bread was buried beneath a rockslide three handbreadths deep, one does not search for it to destroy it. Nullification is sufficient, in accordance with the opinion of Rabban Shimon ben Gamliel (Rambam *Sefer Zemanim, Hilkhot Ḥametz UMatza* 3:11; *Shulḥan Arukh, Oraḥ Ḥayyim* 433:8).

NOTES

There is safeguarding for money only in the ground – **כְּסָפִים אֵין לָהֶם שְׁמִירָה אֶלָּא בַּקַּרְקַע**: Burying money is one of the methods employed to prevent its theft. In addition, burying it in the ground protects the coins from corrosion (Rosh). Rabbi Reuven AlBargeloni wrote, citing the Jerusalem Talmud, that safeguarding the money according to the existing conventions in that place is sufficient, and many commentaries agree (Ramban; Rashba; Ran). The Meiri wrote that Shmuel said that extreme measures must be taken in safeguarding money only in cases where the authorities are attempting to confiscate that money. In ordinary circumstances, it is sufficient for the bailee to safeguard the money of the deposit in the manner that he safeguards his own.

Perhaps he requires money – **דִּלְמָא מִיבָּעֵי לֵיהּ זוּזֵי**: Some explain that there is concern that the owner might require the money for *havdala* (Rashi). Some explain that there is concern that if the bailee is a Torah scholar and does not rely on the *havdala* recited in the synagogue, he will need to purchase wine for *havdala*. Therefore, he is allotted additional time and he need not conceal the money until after *havdala* (Rabbeinu Ḥananel).

BACKGROUND

Handbreadth – **טֶפַח**: This measure approximates the width of a clenched fist. One handbreadth equals four fingerbreadths, which is five times the width of the middle finger, or six times the width of the little finger. According to the measures of Rabbi Ḥayyim Na'e, a handbreadth equals 8 cm. According to the measures of the *Ḥazon Ish*, it is 9.6 cm. Three handbreadths are 24–28.8 cm.

אמר ליה: התם משום ריחא – בעינן שלשה טפחים, הכא משום איכסויי מעינא – לא בעינן שלשה טפחים. וכמה? אמר רפרם מסיכרא: טפח.

Rav Ashi **said to** Rav Aḥa: **There,** with regard to bread, it is **due to the scent** that **we require three handbreadths** to obscure it from the dog. **Here,** with regard to money, it is **because** it must be **obscured from the eye** that we bury it. Scent is not relevant, and therefore **we do not need three handbreadths.** The Gemara asks: **And how** deep must the money be buried? **Rafram from Sikhera said:** One **handbreadth.**

ההוא גברא דאפקיד זוזי גבי חבריה, אותבינהו בצריפא דאורבני, איגנוב. אמר רב יוסף: אף על גב דלענין גנבי נטירותא היא, לענין נורא – פשיעותא היא, הוה תחילתו בפשיעה וסופו באונס – חייב. ואיכא דאמרי: אף על גב דלענין נורא פשיעותא היא, לענין גנבי נטירותא היא, ותחלתו בפשיעה וסופו באונס – פטור. והילכתא: תחילתו בפשיעה וסופו באונס – חייב.

The Gemara relates: There was **a certain man who deposited money with another,** and the bailee **placed it in a willow hut** from which the money **was stolen. Rav Yosef said: Although with regard to thieves,** placing the money in the hut **is** effective **safeguarding, with regard to fire it is negligence,** as it is likely to burn. Therefore, it is a case where the incident was **initially through negligence and ultimately by accident,** and the bailee is **liable** to pay. **And some say: Although with regard to fire it is negligence, with regard to thieves it is** effective **safeguarding.** Therefore, it is a case where the **beginning of** the incident was **negligence and ultimately** the damage was caused **by accident,** and the bailee is **exempt.**[H] The Gemara concludes: **And the *halakha* is:** In a case where the incident was **initially through negligence and ultimately by accident,** the bailee is **liable** to pay.

ההוא גברא דאפקיד זוזי גבי חבריה, אמר ליה: הב לי זוזאי! אמר ליה: לא ידענא היכא אותבינהו. אתא לקמיה דרבא, אמר ליה: כל לא ידענא – פשיעותא היא, זיל שלם.

The Gemara relates: There was **a certain man who deposited money with another.** Eventually, the owner of the money **said to** the bailee: **Give me my money.** The bailee **said to him: I do not know where I placed it.** The matter **came before Rava,** who **said to** the bailee: **Every** circumstance where a bailee claims: **I do not know, is** in and of itself **negligence;**[NH] **go pay.**

ההוא גברא דאפקיד זוזי גבי חבריה, אשלמינהו לאימיה, ואותבינהו בקרטליתא, ואיגנוב. אמר רבא: היכי נדיינו דייני להאי דינא?

The Gemara relates: There was **a certain man who deposited**[H] **money with another.** The bailee **gave** the money **to his mother,** and she **placed** the money **in a chest** [***bekartalita***],[L] **and it was stolen. Rava said: How should judges rule in this case?**

נימא ליה לדידיה: זיל שלים, אמר:

Let us say to the bailee: **Go pay.** But he can **say:** There is a principle:

NOTES

Every circumstance where a bailee claims, I do not know is in and of itself negligence – כל לא ידענא פשיעותא היא: The Ritva asks: Isn't it the *halakha* that an unpaid bailee is exempt if the deposit is lost, which is by definition a case where the bailee says: I don't know where it is? The Ra'avad explains that he is exempt only in cases where he knows that the animal fled or the money fell out of his hand and it is unrecoverable. But if the deposit was lost in a manner where the bailee does not know the circumstances, he is liable to pay.

LANGUAGE

Chest [*kartalita*] – קרטליתא: An Aramaic diminutive of the Greek κάρταλλος, *kartallos*, meaning a basket with a pointed bottom.

HALAKHA

Negligence and damage were caused by circumstances beyond his control in two factors – פשיעה ואונס בשני גורמים: If one was negligent in safeguarding a deposit by not preventing one form of damage, he is liable to pay, due to his negligence. This is the *halakha* even if the damage was ultimately due to another form of damage, and even if it occurred under circumstances beyond his control. In the case in the Gemara, placing money in a wood hut was negligent, as this made it likely to be damaged in a fire. Consequently, although the bailee was not negligent with regard to theft, he is still liable to pay if the money was stolen (Rambam *Sefer Mishpatim, Hilkhot She'ela UFikadon* 4:6; *Shulḥan Arukh, Ḥoshen Mishpat* 291:6).

Every circumstance where a bailee claims, I do not know is in and of itself negligence – כל לא ידענא פשיעותא היא: A bailee who forgot where he placed the deposit is negligent and is liable to pay immediately (Rambam *Sefer Mishpatim, Hilkhot She'ela UFikadon* 4:7; *Shulḥan Arukh, Ḥoshen Mishpat* 291:7).

There was a certain man who deposited, etc. – ההוא גברא דאפקיד וכו׳: There was an incident involving one who deposited money with another, and the bailee gave it to his mother, who concealed the money in a secure place but did not bury it, and it was stolen. The Sages said: The bailee is exempt after taking an oath that he gave it to his mother, who is a member of his household. His mother is exempt after taking an oath that she concealed the money and it was stolen. The Rema writes, citing the *Maggid Mishne*, that if the deposit was an item other than money, the bailee need not take an oath; the oath of the mother is sufficient (Rambam *Sefer Mishpatim, Hilkhot She'ela UFikadon* 4:8; *Shulḥan Arukh, Ḥoshen Mishpat* 291:23).

כָּל הַמַּפְקִיד – עַל דַּעַת אִשְׁתּוֹ וּבָנָיו הוּא מַפְקִיד.

With regard to **anyone who deposits** an item with another, it is **with the awareness** that at times, the bailee's **wife and his children** will safeguard the item that **he deposits** it. Therefore, I was within my rights to give the deposit to my mother.

נֵימָא לַהּ לְאִימֵּיהּ: זִילִי שַׁלֵּימִי, אָמְרָה: לָא אֲמַר לִי דְּלָאו דִּידֵיהּ נִינְהוּ, דְּאַקְבְּרִינְהוּ.

Let us say to his mother: Go and **pay.** She can **say:** My son **did not tell me that** the money **is not his so that I should bury it,** which is the optimal method to safeguard money.

נֵימָא לֵיהּ: אַמַּאי לָא אָמְרַתְּ לַהּ? אָמַר: כׇּל שֶׁכֵּן, דְּכִי אָמֵינָא לַהּ דִּידִי נִינְהוּ, טְפֵי מִזְדַּהֲרָא בְּהוּ.

Let us say to the bailee: **Why did you not say to her** that the money is not yours? **He can say: All the more so** that my omission of this information was preferable, **as when I say to her that** the money **is mine,** she is even **more careful with it.**

אֶלָּא אָמַר רָבָא: מִשְׁתַּבַּע אִיהוּ דְּהָנְהוּ זוּזֵי אַשְׁלְמִינְהוּ לְאִימֵּיהּ, וּמִשְׁתַּבְּעָא אִימֵּיהּ דְּהָנְהוּ זוּזֵי אוֹתְבִינְהוּ בְּקַרְטַלִּיתָא וְאִיגְּנוּב, וּפָטוּר.

Rather, Rava said: The bailee **takes an oath that he gave** the money **to his mother, and his mother takes an oath that she placed the money in the chest and it was stolen, and** the bailee is **exempt** from payment.

הַהוּא אַפּוֹטְרוֹפָּא דְּיָתְמֵי דִּזְבַן לְהוּ תּוֹרָא לְיָתְמֵי, וּמַסְרֵיהּ לְבַקָּרָא, לָא הֲווֹ לֵיהּ כַּכֵּי וְשִׁינֵּי לְמֵיכַל, וּמִית. אָמַר רָמֵי בַּר חָמָא: הֵיכִי נַדַּיְינוּ דַּיָּינֵי לְהַאי דִּינָא?

The Gemara relates: There was **a certain steward** who acted on behalf **of orphans, who purchased an ox for the orphans and passed it to the cowherd.** This ox **did not have molars**[N] and other **teeth with which to eat,**[N] **and** the ox **died** because it was unable to eat the standard food of oxen. **Rami bar Ḥama said: How should judges rule in this case?**

נֵימָא לֵיהּ לְאַפּוֹטְרוֹפָּא: זִיל שַׁלֵּים, אָמַר: אֲנָא לְבַקָּרָא מְסַרְתֵּיהּ.

Let them say to the steward: Go pay for the dead ox. But he can **say: I gave it to the cowherd** with the expectation that he would care for it.

נֵימָא לֵיהּ לְבַקָּרָא: זִיל שַׁלֵּים, אָמַר: אֲנָא בַּהֲדֵי תּוֹרֵי אוֹקִימְתֵּיהּ, אוּכְלָא שְׁדַאי לֵיהּ, לָא הֲוָה יָדְעִינַן דְּלָא אָכַל.

Let us say to the cowherd: Go pay for the dead ox. **He can say: I placed** the ox **with** other **oxen and I threw food before it. We did not know that it did not eat.**

מִכְּדֵי בַּקָּרָא שׁוֹמֵר שָׂכָר דְּיָתְמֵי הוּא, אִיבָּעֵי לֵיהּ לְעַיּוֹנֵי. אִי אִיכָּא פְּסֵידָא דְּיָתְמֵי הָכִי נָמֵי. וְהָכָא בְּמַאי עָסְקִינַן – דְּלֵיכָּא פְּסֵידָא דְּיָתְמֵי, דְּאַשְׁכַּחוּהוּ לְמָרֵיהּ דְּתוֹרָא וּשְׁקוּל יַתְמֵי זוּזֵי מִינֵּיהּ.

The Gemara asks: **After all, the cowherd is a paid bailee of the orphans.** Therefore, **he was required to examine** the situation and ascertain if the ox was eating. The Gemara answers: **If there was loss for the orphans, indeed,** the cowherd would be liable to pay. **And with what are we dealing here?** It is a case **where there is no loss** incurred **by the orphans, as they found the** previous **owner of the ox,** who sold it to them, **and the orphans took** their **money** back **from him** after discovering that the ox had this deficiency.

אֶלָּא מַאן קָא טָעֵין? מָרֵיהּ דְּתוֹרָא קָטָעֵין. אִיבָּעֵי לֵיהּ לְאוֹדוֹעַן! מַאי מוֹדְעִינַן לֵיהּ? מֵידַע יָדַע דְּמִקַּח טָעוּת הָוֵי! בְּסַפְסִירָא דִּזְבַן מֵהָכָא וּמְזַבֵּין לְהָכָא. הִלְכָּךְ, מִישְׁתַּבַּע אִיהוּ דְּלָא הֲוָה יָדַע, וּמְשַׁלֵּם בַּקָּרָא דְּמֵי בָּשָׂר בְּזוֹל.

The Gemara asks: **Rather, who** then **claims** compensation from the cowherd? **The** previous **owner of the ox claims** compensation from the steward: **He should have informed us** that the ox was not eating. The Gemara answers: **What** would **we inform** the previous owner? **He knows that it is a mistaken transaction,**[H] as he would be aware that the ox had no teeth. The Gemara explains: This is a case **with regard to a trader who buys from here and sells to there** and does not know the condition of the ox. **Therefore,** the trader **takes an oath**[N] that **he did not know** about the ox's defect, **and the cowherd pays the value of the meat** of the ox **based on** the **cheapest** price[N] available in the market.

NOTES

Molars – **כַּכֵּי**: Rashi usually explains this term to mean gums. *Tosafot* write that this is unlikely, and that they are actually the molars.

This ox did not have molars and other teeth with which to eat – **לָא הֲווֹ לֵיהּ כַּכֵּי וְשִׁינֵּי לְמֵיכַל**: It was necessary to knead a mixture of especially finely cut food so that the animal could swallow it without chewing (Rabbeinu Ḥananel).

The trader takes an oath – **מִישְׁתַּבַּע אִיהוּ**: The merchant takes an oath. Since he sells animals, he should have been expert in their defects and therefore should have known that the animal was flawed (Rosh).

The value of the meat of the ox based on the cheapest price – **דְּמֵי בָּשָׂר בְּזוֹל**: According to Rashi, this is a compromise ruling, and therefore he pays only a portion of the price. Rashi relies on several sources where it is stated that this is two-thirds of the standard price. The Ramban notes that this explanation is inappropriate here. In addition, the sources upon which Rashi relies are not talmudic sources; they are geonic. Therefore, Rabbeinu Tam explains that the trader receives a discounted price of meat not as a compromise, but due to the circumstances. Once it is discovered that an animal has no teeth, the owner slaughters it immediately and sell its meat. Since he cannot coordinate the time of the slaughter with the optimal market conditions, he is able to command only a discounted price. The Ba'al HaMaor and the Ra'avad explain that since the ox did not eat, the quality of its flesh was not optimal. Consequently, the market value of its meat was not optimal.

HALAKHA

Mistaken transaction – **מִקַּח טָעוּת**: If one sells an item with a non-evident flaw that renders the merchandise worthless, the seller must return the money. For example, if one sold an ox without teeth to another, and it was placed with the rest of his herd and it died, the buyer returns the carcass to the seller, who returns the money to the buyer. If the seller was a trader who bought and sold animals and therefore did not know about the defect, the trader takes an oath that he was unaware of the defect and he is exempt, since the customer should have examined the animal. This is the ruling of the Rambam and the *Shulḥan Arukh*. The Rema, citing the *Maggid Mishne* and the *Tur*, rules that even a trader is required to pay, especially if the purchase item is an item that the customer cannot examine. The *Shakh* and the Gra, citing the *Baḥ*, write that in a case where the buyer could have examined the merchandise but failed to do so, it is his negligence that caused his loss and the seller is exempt. They explain that the ruling of the Rema applies in a case where the customer cannot examine the merchandise. Only then is the seller liable to pay (Rambam *Sefer Kinyan, Hilkhot Mekhira* 16:9–11; *Shulḥan Arukh, Ḥoshen Mishpat* 232:18).

הַהוּא גַּבְרָא דְּאַפְקֵיד כְּשׁוּתָא גַּבֵּי חַבְרֵיהּ. הֲוָה לֵיהּ לְדִידֵיהּ נַמִי כַּרְיָא דִּכְשׁוּתָא. אֲמַר לֵיהּ לְסָרְסֵיהּ: מֵהַאי רְמֵי. אֲזַל רְמָא מֵאִידָךְ. אֲמַר רַב עַמְרָם: הֵיכִי נְדַיְינוּ דַּיָּינֵי לְהַאי דִּינָא?

The Gemara relates: There was **a certain man who deposited hops,**[B] used in the production of beer, **with another.**[H] The bailee **himself had a pile of hops.** The bailee **said to his brewer: Cast** hops in the beer **from this** pile. The brewer **went and cast from** the **other** pile, the pile of the one who deposited the hops, into the beer. **Rav Amram said: How should judges rule in this case?**

נֵימָא לֵיהּ לְדִידֵיהּ: זִיל שַׁלֵּים – אָמַר: אֲנָא אֲמַרִי לֵיהּ מֵהַאי רְמֵי.

Let us say to the bailee: **Go pay.** But he can **say: I said to him,** i.e., the brewer: **Cast** hops **from this** pile, and I am not at fault.

נֵימָא לֵיהּ לְסָרְסֵיהּ: זִיל שַׁלֵּים, אָמַר: לָא אֲמַר לִי מֵהַאי רְמֵי וּמֵהַאי לָא תִּרְמֵי.

Let us say to the brewer: Go pay. He can **say:** The bailee **did not say to me: Cast** hops **from this** pile **and do not cast** hops **from that** pile. I thought he was merely giving advice, and I did not know that he was insistent that I refrain from using the other hops.

וְאִי דִּשְׁהָא שִׁיעוּר לְאִיתוּיֵי לֵיהּ וְלָא אַיְיתִי לֵיהּ – גַּלֵּי אַדַּעְתֵּיהּ דְּנִיחָא לֵיהּ! בִּדְלָא שְׁהָא.

The Gemara comments: **And** if the hops of the bailee were closer to where he and the brewer were located than those that were deposited with him, the bailee should be liable. As, **if** the brewer **delayed** bringing the hops for the **period** of time that it would take **to bring** the bailee hops from his own pile **and he did not** yet **bring them to him,** it is assumed that the bailee understood that the brewer had gone to bring the more distant, deposited, hops. By not objecting, the bailee **revealed that he was amenable** to brewing the beer from the deposited hops. The Gemara answers: This is a case **where he did not delay** bringing the hops, or alternatively, the two piles were equidistant from him.

סוֹף סוֹף, מַאי פְּסֵידָא אִיכָּא? וְהָא קָא מִשְׁתַּרְשֵׁי לֵיהּ! אֲמַר רַב סַמָּא בְּרֵיהּ דְּרָבָא: דַּהֲוָה שִׁיכְרָא חַלָּא. רַב אַשִׁי אֲמַר: בְּכִיסֵי

The Gemara asks: **Ultimately, what loss is there? But doesn't** the bailee **profit** in this case? Let the bailee give the owner beer equal to the value of the hops that he took from the deposit and no one loses. **Rav Sama, son of Rava, said:** The Gemara is referring to a case **where the beer** ferments and **becomes vinegar.** Therefore, it is impossible to take the value of the hops from the beer. **Rav Ashi said:** It is referring to a case where the hops were mixed **with thorns**[N] and did not enhance the beer.

NOTES

With thorns – בְּכִיסֵי: Rashi explains that the hops were mixed with its own thorns. Rabbeinu Ḥananel and the Rif explain that the hops were not completely processed. Some *ge'onim* explain that it was mixed with weeds, ruining the beer brewed with them.

BACKGROUND

Hops – כְּשׁוּתָא: Hops is a plant that belongs to the Cannabaceae family. The various species of hops wrap themselves around other plants and extract nutrients from them. They have very thin stalks and do not have leaves. They feed by drawing nutrients through root-like ducts that penetrate the stalk of their host plant. Hops can be found throughout Eretz Yisrael, primarily attached to annual plants or small bushes.

The primary use of hops is in the beer-making process. At a certain point in the brewing process, hops are added in order to give beer its bitter taste. Poor-quality hops, and especially hops mixed with thorns, leave the beer with an unpleasant aftertaste.

Hops

HALAKHA

A certain man who deposited hops with another – הַהוּא גַּבְרָא דְּאַפְקֵיד כְּשׁוּתָא גַּבֵּי חַבְרֵיהּ: If one deposits hops with another who has his own hops, and the bailee told his laborer to place his own hops into the beer, and the laborer mistakenly placed the deposited hops into the beer, the bailee and his worker take an oath that this is what happened, and they pay for what they profited. If the beer ferments and spoils, since he derived no benefit, he pays nothing. This is the ruling only in a case where there is room for error, e.g., if two piles were adjacent, and the worker hurried to take them (*Sma*). Some say that if he is a paid bailee he is liable to pay in every case, since he should have warned the worker against taking hops from the deposit (Rambam *Sefer Mishpatim, Hilkhot She'ela UFikadon* 4:9; *Shulḥan Arukh, Ḥoshen Mishpat* 291:25).

NOTES

A storekeeper is like a homeowner – חֶנְוָנִי כְּבַעַל הַבַּיִת: Although the storekeeper needs money to purchase the items that he sells, he does not need it all the time, as he typically purchases those items on credit (Rashi on *Kiddushin* 54b).

וּמְשַׁלֵּם לֵיהּ דְּמֵי כִּיסֵי.

And he pays him the value of the hops mixed with **thorns** according to his profit.

מתני׳ הַמַּפְקִיד מָעוֹת אֵצֶל שׁוּלְחָנִי, אִם צְרוּרִין – לֹא יִשְׁתַּמֵּשׁ בָּהֶן, לְפִיכָךְ אִם אָבְדוּ אֵינוֹ חַיָּיב בְּאַחְרָיוּתָן. מוּתָּרִין – יִשְׁתַּמֵּשׁ בָּהֶן, לְפִיכָךְ אִם אָבְדוּ חַיָּיב בְּאַחְרָיוּתָן. אֵצֶל בַּעַל הַבַּיִת, בֵּין צְרוּרִין וּבֵין מוּתָּרִין – לֹא יִשְׁתַּמֵּשׁ בָּהֶן, לְפִיכָךְ אִם אָבְדוּ אֵינוֹ חַיָּיב בְּאַחְרָיוּתָן. חֶנְוָנִי כְּבַעַל הַבַּיִת דִּבְרֵי רַבִּי מֵאִיר. רַבִּי יְהוּדָה אוֹמֵר: חֶנְוָנִי כְּשׁוּלְחָנִי.

MISHNA In the case of **one who deposits money with a money changer,** if the money **is bound,** the money changer **may not use it. Therefore, if it is lost he does not bear responsibility for it.** If the money **was unbound,** the money changer **may use it. Therefore, if it is lost he bears responsibility for it.** If he deposited money **with a homeowner,**[H] **whether it is bound or whether** it **is unbound,** the homeowner **may not use it,** as it never entered the mind of the depositor that the homeowner might use the money. **Therefore, if** the homeowner **lost** the money, **he does not bear responsibility for it.** If the bailee is **a storekeeper,** his status **is like** that of **a homeowner;**[N] this is **the statement of Rabbi Meir. Rabbi Yehuda says:** If the bailee is **a storekeeper,** his status **is like** that of **a money changer.**

גמ׳ מִשּׁוּם דִּצְרוּרִין לֹא יִשְׁתַּמֵּשׁ בָּהֶן? אָמַר רַב אַסִי אָמַר רַב יְהוּדָה: בִּצְרוּרִין וַחֲתוּמִין שָׁנוּ. רַב מָרִי אָמַר: בְּקֶשֶׁר מְשׁוּנֶּה. אִיכָּא דְּאָמְרִי, בָּעֵי רַב מָרִי: קֶשֶׁר מְשׁוּנֶּה מַאי? תֵּיקוּ.

GEMARA The Gemara asks: Why is it that **due to** the fact **that** the money **is bound** the money changer **may not use it?** Don't people typically bind their money? Binding is no indication that the intent of the one who deposited the money is that it not be used. **Rav Asi said** that **Rav Yehuda said:** It is in a case **where** the money is **bound and sealed,** a clear indication that he does not want the bundle to be opened, that the mishna **is taught. Rav Mari says:** It is in a case where the money is bound **with an atypical knot,** also indicating that he does not want the bundle to be opened. **There are** those **who say** that there is a variant reading: **Rav Mari raises a dilemma: What** is the legal status of money bound **with an atypical knot?** Is it like that of money that is sealed or not? The Gemara concludes: The dilemma **shall stand** unresolved.

״מוּתָּרִין יִשְׁתַּמֵּשׁ בָּהֶן״ כו׳. אָמַר רַב הוּנָא: וַאֲפִילּוּ נֶאֶנְסוּ. וְהָא אָבְדוּ קָתָנֵי! כִּדְרַבָּה, דְּאָמַר רַבָּה: נִגְנְבוּ – בְּלִסְטִין מְזוּיָּין, אָבְדוּ – שֶׁטָּבְעָה סְפִינָתוֹ בַּיָּם.

§ The mishna teaches that if the money is **unbound** the money changer **may use it,** and therefore he bears responsibility if it is lost. **Rav Huna says: And even if it was** taken from him under **circumstances beyond his control** he is liable to pay. The Gemara asks: **But isn't it taught** in the mishna: **It is lost,** from which it may be inferred that only if the money was lost does he bear responsibility, but not if it was taken by force? The Gemara answers: This must be understood **in accordance with** that **which Rabba** stated in a different context, **as Rabba says: They were stolen;** this is referring to a case where the items were stolen by force **by armed bandits. They were lost;** this is referring to a case where **his ship sunk at sea.**

HALAKHA

One who deposits money with a money changer…with a homeowner – הַמַּפְקִיד מָעוֹת אֵצֶל שׁוּלְחָנִי...אֵצֶל בַּעַל הַבַּיִת: With regard to one who deposits coins with a money changer or a storekeeper, even if they were bound, if they were neither sealed nor tied with a special knot, the money changer or storekeeper may use them. Therefore, he immediately assumes the legal status of a paid bailee and is liable for their theft and loss. Once he uses them, he is liable for damage due to circumstances beyond his control until he returns the coins to their owners. If they were bound and sealed or tied with a special knot, he may not use them and he is merely an unpaid bailee. If one deposited the coins with a homeowner, even if they are loose, he may not use them and he is an unpaid bailee. He is exempt in cases of theft or loss unless he was negligent. This ruling is in accordance with the opinion of Rabbi Yehuda in his dispute with Rabbi Meir, and with the opinion of Rav Yehuda cited in the Gemara. It is also in accordance with the first, definite version of the statement of Rav Mari, which takes precedence over the second, indefinite version (Rambam *Sefer Mishpatim, Hilkhot She'ela UFikadon* 7:6; *Shulḥan Arukh, Ḥoshen Mishpat* 292:7).

וְרַב נַחְמָן אָמַר: נֶאֱנְסוּ לֹא. אֲמַר לֵיהּ רָבָא לְרַב נַחְמָן: לְדִידָךְ דְּאָמְרַתְּ נֶאֶנְסוּ לֹא, אַלְמָא לָא הָוֵי שׁוֹאֵל עֲלַיְיהוּ. אִי שׁוֹאֵל לָא הָוֵי – שׁוֹמֵר שָׂכָר נַמִי לָא הָוֵי! אֲמַר לֵיהּ: בְּהָא מוֹדֵינָא לָךְ, דְּהוֹאִיל וְנֶהֱנָה מֵהֲנָה. בְּהַהוּא הֲנָאָה דְּאִי מִיתְרַמֵּי לֵיהּ זְבִינָא דְּאִית בָּהּ רַוְוחָא זָבַן בְּהוּ, הָוֵי עֲלַיְיהוּ שׁוֹמֵר שָׂכָר.

And **Rav Naḥman says:** If it was taken from him under **circumstances beyond his control,** he is **not** liable to pay. **Rava said to Rav Naḥman: According to your** opinion, **that you said** if **it was** taken from him due to **circumstances beyond his control,** he is **not** liable to pay; **apparently,** the money changer **is not** considered **a borrower with regard to** the money. **If he is not a borrower, he is not a paid bailee either.** Why, then, does he bear responsibility for the money if it is lost? His status should be that of an unpaid bailee, and he should be exempt. Rav Naḥman **said to him: In this** case, **I concede** that he is a paid bailee, **since he benefits** from the money. It is **with the benefit** the money changer derives, based on the fact **that if a profitable purchase** would **happen** to present itself **to him** he can **purchase** it **with** the deposited money, that **he is** considered **a paid bailee with regard to** the money.[N]

אֵיתִיבֵיהּ רַב נַחְמָן לְרַב הוּנָא: הַמַּפְקִיד מָעוֹת אֵצֶל שׁוּלְחָנִי, אִם צְרוּרִין – לֹא יִשְׁתַּמֵּשׁ בָּהֶן, לְפִיכָךְ אִם הוֹצִיא לֹא מָעַל הַגִּזְבָּר. וְאִם מוּתָּרִין – יִשְׁתַּמֵּשׁ בָּהֶן, לְפִיכָךְ אִם הוֹצִיא מָעַל הַגִּזְבָּר.

Rav Naḥman raised an objection to the opinion of **Rav Huna** from a mishna (*Me'ila* 21b): With regard to the Temple treasurer **who deposits money with a money changer, if** the money **is bound,** the money changer **may not use it. Therefore, if he spent** the money, the Temple **treasurer** is **not** liable for **misuse** of Temple property[N] because the money changer is liable. If the money **was unbound,** the money changer **may use it. Therefore, if** the money changer **spent** the money, the Temple **treasurer** is liable for **misuse** of Temple property,[H] as the money changer serves as an agent for the treasurer.

וְאִי אָמְרַתְּ אֲפִילּוּ נֶאֱנְסוּ, מַאי אִירְיָא הוֹצִיא? אֲפִילּוּ לֹא הוֹצִיא נַמִי!

Rav Naḥman explains his objection: **And if you say** that **even if** the money **was** taken from the money changer under **circumstances beyond his control,** he bears responsibility for the money, **why** did the *tanna* **specifically** teach that the Temple treasurer bears responsibility if the money changer **spent** the money? **Even if he did not spend** the money the treasurer should bear responsibility. Since the Temple treasurer gave him unbound money, it is tantamount to a loan. The treasurer should be liable for misappropriation at the moment that he gave unbound money to the money changer.

אֲמַר לֵיהּ: הוּא הַדִּין אַף עַל גַּב דְּלָא הוֹצִיא, וְאַיְּידֵי דְּתָנָא רֵישָׁא הוֹצִיא, תָּנָא סֵיפָא נַמִי הוֹצִיא.

Rav Huna **said to him: The same is true even if he did not spend** the money, and the treasurer is liable the moment he gives the money to the money changer. **And since the** *tanna* **taught in the first clause** of the mishna that the money changer is liable if **he spent** the money, the *tanna* **taught in the latter clause** of the mishna **as well** that the treasurer is liable if **he spent** the money, although he is liable even if he did not spend the money.

מתני׳ הַשּׁוֹלֵחַ יָד בְּפִקָּדוֹן, בֵּית שַׁמַּאי אוֹמְרִים: יִלְקֶה בְּחָסֵר וּבְיָתֵר, וּבֵית הִלֵּל אוֹמְרִים: כִּשְׁעַת הוֹצָאָה, רַבִּי עֲקִיבָא אוֹמֵר: כִּשְׁעַת הַתְּבִיעָה.

MISHNA With regard to **one who misappropriates a deposit,**[H] **Beit Shammai say: He is penalized for** its **decrease and** its **increase.** If the value of the deposit decreases, the bailee is liable to pay in accordance with its value at the time of the misappropriation. If it increases in value, he is liable to pay in accordance with its value at the time of repayment. **And Beit Hillel say:** He pays **in accordance with** its value at **the time of removal. Rabbi Akiva says:** He pays **in accordance with** its value at **the time of the claim.**

NOTES

He is a paid bailee with regard to the money – הָוֵי עֲלַיְיהוּ שׁוֹמֵר שָׂכָר: The commentaries ask: Why, according to the opinion of Rav Naḥman, is there a difference between a money changer and one who finds lost money? The *halakha* with regard to the latter is that the fact that he is permitted to use the money renders him like a borrower. Why does Rav Naḥman say that the money changer has the status of a paid bailee? The Ra'avad explains that since one who finds lost money believes that the owner of the lost item will not come soon, and perhaps will not come at all, he will not restrict his use of the money. That is not the case for the money changer, who is concerned that the owner might come and demand his deposit at any point.

Misuse of consecrated property – מְעִילָה: The *halakhot* of misuse of consecrated property are numerous and complex, and all of tractate *Me'ila* is devoted to that topic.

In this context, it is important to note that misuse of consecrated property is one of the exceptions where the *halakha* is: There is an agent for a matter of transgression. If one unwittingly gave consecrated money to another, as the *halakhot* of misuse apply overwhelmingly to cases where the misuse is unwitting, and the recipient of the money is, explicitly or implicitly, his agent, if the latter spends the money or uses the consecrated item, the one who gave him the money is liable. If one spent the money or used the item without the knowledge of or against the will of the owner, the one who spent the money or used the item is liable. Therefore, in cases of misuse, it is necessary to determine the will of the person who gave or deposited the consecrated money or item, and whether his instructions were precisely followed.

HALAKHA

The *halakha* of misuse of consecrated property with regard to a deposit – דִּין מְעִילָה בְּפִקָּדוֹן: If one deposits consecrated money with a bailee who misuses the money, the bailee is liable to bring a guilt-offering, because he did not have permission to use the money. If one deposited the money with a storekeeper or a money changer who used it, and the coins were neither sealed nor tied with a special knot, both the owner and the storekeeper are exempt. The owner of the deposit is exempt because the storekeeper did not use the money at his behest, and the bailee is exempt because he had permission to use it (Rambam *Sefer Avoda, Hilkhot Me'ila* 7:9–10).

One who misappropriates a deposit – הַשּׁוֹלֵחַ יָד בְּפִקָּדוֹן: The legal status of one who misappropriates a deposit is that of a robber. He pays in accordance with the legal obligation of a robber, who pays according to the value of the item when he stole it (Rambam *Sefer Nezikin, Hilkhot Gezeila VaAveda* 3:1; *Shulḥan Arukh, Ḥoshen Mishpat* 292:5).

HALAKHA

One who robs an item and it increases in value – הַגּוֹזֵל חֵפֶץ וְהִתְיַיקֵּר: If one robs another of an item and its value increases, the robber does not profit from that increase. Therefore, if one robs another of a barrel of wine worth one dinar and the wine appreciates in value and is worth four dinars, if the robber drank the wine, or sold or broke the barrel, he pays four dinars. If the barrel broke on its own or was lost, he pays only one dinar, its value when it was stolen. This ruling is in accordance with the statement of Rabba (Rambam *Sefer Nezikin*, *Hilkhot Gezeila VaAveda* 3:1–2 and *Hilkhot Geneiva* 1:14; *Shulḥan Arukh*, *Ḥoshen Mishpat* 354:3, 362:10).

All robbers pay in accordance with the value of the stolen item at the moment of the robbery – כָּל הַגַּזְלָנִין מְשַׁלְּמִין כִּשְׁעַת הַגְּזֵילָה: If a stolen item remains intact, even if its owners have despaired of recovering it, it should be returned to the owners intact, even after the robber and his descendants have died. If the item undergoes a significant change while in the possession of the robber, even if it underwent that change before the owners despaired of recovering it, the robber pays its value (Rambam *Sefer Nezikin*, *Hilkhot Gezeila VaAveda* 3:2; *Shulḥan Arukh*, *Ḥoshen Mishpat* 362:2, 11–12, 305:5).

גמ׳ אָמַר רַבָּה: הַאי מַאן דְּגָזַל חָבִיתָא דְּחַמְרָא מֵחַבְרֵיהּ, מֵעִיקָּרָא שַׁוְיָא זוּזָא הָשְׁתָּא שַׁוְיָא אַרְבָּעָה, תַּבְרָהּ אוֹ שַׁתְיָיהּ – מְשַׁלֵּם אַרְבָּעָה, אִיתְּבַר מִמֵּילָא – מְשַׁלֵּם זוּזָא.

GEMARA **Rabba says:** In a case of **this one who robbed another of a barrel of wine,** where **initially it was worth** one **dinar** and **now it is worth four** dinars;[H] if the robber **broke** the barrel **or drank** the wine, **he pays four** dinars. If **it broke by itself, he pays** one **dinar.**

מַאי טַעְמָא – כֵּיוָן דְּאִי אִיתָהּ הָדְרָא לְמָרָהּ בְּעֵינָא, הַהִיא שַׁעְתָּא דְּקָא שָׁתֵי לֵיהּ אוֹ דְּקָא תָּבַר לָהּ קָא גָּזַל מִינֵּיהּ, וּתְנַן: כׇּל הַגַּזְלָנִין מְשַׁלְּמִין כִּשְׁעַת הַגְּזֵילָה. אִיתְּבַר מִמֵּילָא – מְשַׁלֵּם זוּזָא. מַאי טַעְמָא – הָשְׁתָּא לָא עָבֵיד לָהּ וְלָא מִידֵּי, אַמַּאי קָא מְחַיְּיבַתְּ לֵיהּ – אַהַהִיא שַׁעְתָּא דִּגְזָלָהּ, הַהִיא שַׁעְתָּא זוּזָא הוּא דְּשַׁוְיָא.

The Gemara elaborates: **What is the reason** for the difference? **Since if** the barrel **were** intact, **it would return to its owner in its** original **state** and there would be no need to calculate its price, **that moment that he drank it or that he broke it** is the moment that **he stole from** the owner of the wine. **And we learned** in a mishna (*Bava Kamma* 93b): **All robbers pay in accordance with** the value of the stolen item **at the moment of the robbery.**[HN] Here, that is four dinars. If the barrel **broke by itself,** the robber **pays** one **dinar.**[N] **What is the reason** for this? **He did not do anything to** the barrel **now. Why do you deem him liable** to pay? Because **of that moment** that **he robbed** the other of **it.** At **that moment, it was worth only** one **dinar.**

תְּנַן, בֵּית הִלֵּל אוֹמְרִים: כִּשְׁעַת הוֹצָאָה. מַאי כִּשְׁעַת הוֹצָאָה? אִילֵּימָא כִּשְׁעַת הוֹצָאָה מִן הָעוֹלָם.

We learned in the mishna that **Beit Hillel say:** One who misappropriates a deposit pays **in accordance with** its value at **the time of removal.** The Gemara asks: **What** is the meaning of: **In accordance with** its value at **the time of removal? If we say** it means **in accordance with** its value at **the time of** its **removal from the world,** when he drank the wine or broke the barrel, that is difficult.

וּבְמַאי? אִי בְּחָסֵר – מִי אִיכָּא לְמַאן דְּאָמַר? וְהָא תְּנַן: כׇּל הַגַּזְלָנִין מְשַׁלְּמִין כִּשְׁעַת הַגְּזֵילָה. וְאִי בְּיָתֵר – הַיְינוּ בֵּית שַׁמַּאי!

The Gemara clarifies the difficulty: **And with regard to what** case is this referring? **If** it is **with regard to** a case where there was **a decrease** in value before its removal, **is there anyone who says** that the bailee pays the lower price? **But didn't we learn** in a mishna: **All robbers pay in accordance with** the value of the stolen item at **the moment of the robbery,** and no less than that? **And if** it is **with regard to** a case where there was **an increase** in value before its removal, **that is** the opinion of **Beit Shammai,**[B] as the one who misappropriates a deposit always pays the higher value, not the opinion of Beit Hillel.

NOTES

All robbers pay in accordance with the value of the stolen item at the moment of the robbery – כָּל הַגַּזְלָנִין מְשַׁלְּמִין כִּשְׁעַת הַגְּזֵילָה: This phrase, which, according to some early commentaries, is cited here tangentially, is stated here in order to define an additional *halakha*: If the value of the stolen item decreased in the interim, a robber pays its value at the time that he took it and not its value at the time that he used it (*Torat Ḥayyim*). This is because if the item broke on its own, the robber would pay based on its value at the time it was stolen. The sinner should not be rewarded by ruling that if he uses the item he is liable to pay less.

If the barrel broke by itself the robber pays one dinar – אִיתְּבַר מִמֵּילָא מְשַׁלֵּם זוּזָא: The Ramban asks: Why is the ruling here different from that of a borrower, who, in any circumstance beyond his control, whether or not it is the result of his action, is liable to pay in accordance with the deposit's value when he took it? He explains that once the robber takes an item from its owner, even if he does not use it, he is immediately liable for damage due to circumstances beyond his control, as the item is no longer legally in the possession of its owner in terms of his ability to sell or consecrate it. That is not the case with a borrower, as he assumes full responsibility only when the damage due to circumstances beyond his control takes place.

BACKGROUND

Beit Shammai and Beit Hillel – בֵּית שַׁמַּאי וּבֵית הִלֵּל: This refers to the disciples of the Sages Hillel the Elder and Shammai the Elder. Although there are only three recorded disputes in which Hillel and Shammai disagree, their students were persistent disputants who served together in the Sanhedrin at the end of the Second Temple period and after its destruction. They engaged in disputes concerning numerous halakhic issues. Although there are exceptions, in general, the disciples of Hillel and Shammai mirrored the personalities of their teachers, the tolerant Hillel and the exacting Shammai. In tractate *Eduyyot*, the disputes where the disciples of Shammai ruled more leniently than did the disciples of Hillel are enumerated. In virtually all disputes between Beit Hillel and Beit Shammai, the *halakha* was established in accordance with the opinion of Beit Hillel, who constituted the majority. That explains the surprise expressed on 43b, where the suggestion is raised that Rava holds in accordance with the opinion of Beit Shammai.

אֶלָּא פְּשִׁיטָא כִּשְׁעַת הוֹצָאָה מִבֵּית בְּעָלִים. לֵימָא רַבָּה דַּאֲמַר כְּבֵית שַׁמַּאי! אָמַר לָךְ רַבָּה: בְּיָתֵר – כּוּלֵּי עָלְמָא לָא פְּלִיגִי, כִּי פְּלִיגִי – בְּחָסֵר

Rather, it is **obvious** that Beit Hillel hold that the bailee pays **in accordance with** its value at **the time of** its **removal from the owner's house,** i.e., at the time of the misappropriation. The Gemara asks: If so, **shall we say that Rabba stated** his opinion **in accordance with** the opinion of **Beit Shammai** and not the opinion of Beit Hillel? The Gemara rejects this: **Rabba** could have **said to you: With regard to** a subsequent **increase** in the value of the misappropriated deposit, **everyone,** Beit Shammai and Beit Hillel, **agrees** that the bailee pays in accordance with its value when the deposit was destroyed. **When they disagree,** it is **in** the case of a subsequent **decrease** in the value of the misappropriated deposit.

בֵּית שַׁמַּאי סָבְרִי: שְׁלִיחוּת יָד אֵינָהּ צְרִיכָה חִסָּרוֹן, וְכִי חָסֵר – בִּרְשׁוּתָא דִּידֵיהּ חָסֵר. וּבֵית הִלֵּל סָבְרִי: שְׁלִיחוּת יָד צְרִיכָה חִסָּרוֹן, וְכִי חָסֵר – בִּרְשׁוּתָא דְּמָרֵיהּ חָסֵר.

Rabba clarifies: Beit Shammai hold that **misappropriation does not require loss,**[N] and even if the deposit remains intact, his legal status is that of a robber from the moment of misappropriation. **And** therefore, **when** the value of the misappropriated deposit **decreases, it decreases in his possession.** Therefore, he pays in accordance with its value at the time of misappropriation. **And Beit Hillel hold** that **misappropriation requires loss,**[H] and only when the deposit decreases in value after the misappropriation is the bailee liable to pay. **And** therefore, **when** the value of the misappropriated deposit **decreases, it decreases in the possession of its owner.** Therefore, he pays in accordance with its value at the time that it was damaged.

אֶלָּא הָא דְּאָמַר רָבָא: שְׁלִיחוּת יָד אֵינָהּ צְרִיכָה חִסָּרוֹן. לֵימָא רָבָא דְּאָמַר כְּבֵית שַׁמַּאי? אֶלָּא הָכָא בְּמַאי עָסְקִינַן – כְּגוֹן שֶׁטִּלְטְלָהּ לְהָבִיא עָלֶיהָ גּוֹזָלוֹת, וּבְשׁוֹאֵל שֶׁלֹּא מִדַּעַת קָא מִיפַּלְגִי.

The Gemara asks: **But** according to that explanation, concerning **this** *halakha* **that Rava says: Misappropriation does not require loss, shall we say** that the opinion **that Rava stated is in accordance with** the opinion of **Beit Shammai? Rather, with what are we dealing here?** It is with a case **where** the bailee **moved** the barrel **to** stand **upon it** and **bring fledglings** from a nest in a tree. **And they disagree with regard to one who borrows** an item **without the knowledge** of the owner.

בֵּית שַׁמַּאי סָבְרִי: שׁוֹאֵל שֶׁלֹּא מִדַּעַת גַּזְלָן הָוֵי, וְכִי חָסֵר – בִּרְשׁוּתָא דִּידֵיהּ חָסֵר. וּבֵית הִלֵּל סָבְרִי: שׁוֹאֵל שֶׁלֹּא מִדַּעַת – שׁוֹאֵל הָוֵי, וְכִי חָסֵר – בִּרְשׁוּתָא דְּמָרָהּ חָסֵר.

Beit Shammai hold: The legal status of **one who borrows** an item **without the knowledge**[H] of the owner **is** that of **a robber** in terms of responsibility. He is accorded that legal status the moment he moves the barrel. **And** therefore, **when** the value of the misappropriated deposit **decreases, it decreases in his possession.** Consequently, he pays in accordance with its value at the time that he borrowed the barrel. **And Beit Hillel hold:** The legal status of **one who borrows without the knowledge** of the owners **is** that of **a borrower,** and only when the barrel is broken is the bailee rendered liable to pay. **And** therefore, **when** the value of the barrel **decreases, it decreases in the possession of its owner.** Consequently, he pays in accordance with the barrel's value at the time that it was damaged.

NOTES

Misappropriation does not require loss – שְׁלִיחוּת יָד אֵינָהּ צְרִיכָה חִסָּרוֹן: Some commentaries posit a connection between the rationale for this *halakha* and the opinion of Beit Shammai, who hold that one is liable for intent to misappropriate a deposit. The early commentaries prove that the two are not identical. According to the opinion that misappropriation does not require loss, it is certainly possible that action, e.g., lifting, is nevertheless required. Conversely, if one is liable for intent, perhaps he is liable only for intent to perform misappropriation that entails loss (Ramban; Rosh).

HALAKHA

Misappropriation requires loss – שְׁלִיחוּת יָד צְרִיכָה חִסָּרוֹן: One who misappropriates a deposit in order to use it acquires the deposit as pertains to his liability for damage caused by circumstances beyond his control. Misappropriation does not require loss; from the moment that he lifts the deposit in order to use it he is liable. This is the case only where the use that he intended to carry out is use that causes loss. If the intent was use that causes no loss, he is liable only from the moment that he uses it, at which point his legal status is that of one who borrows an item without the knowledge of the owner, in accordance with the opinion of Rava (*Shulḥan Arukh*, *Ḥoshen Mishpat* 292:1).

One who borrows without the knowledge – שׁוֹאֵל שֶׁלֹּא מִדַּעַת: The legal status of one who takes an item from its owner without his knowledge in order to borrow it is that of a robber, and all the liabilities of a robber apply (Rambam *Sefer Nezikin*, *Hilkhot Gezeila VaAveda* 3:15; *Shulḥan Arukh*, *Ḥoshen Mishpat* 359:5).

NOTES

Enhancement of stolen property – שְׁבַח שֶׁל גְּזֵילָה: The enhancement described here does not include any increase in value; it includes only enhancement from the animal itself, e.g., wool or offspring, or enhancement due to work performed by the robber. It does not include an increase in value due to market forces.

אֶלָּא הָא דְּאָמַר רָבָא: שׁוֹאֵל שֶׁלֹּא מִדַּעַת לְרַבָּנַן גַּזְלָן הָוֵי, לֵימָא רָבָא דְּאָמַר כְּבֵית שַׁמַּאי? אֶלָּא, הָכָא בִּשְׁבָח שֶׁל גְּזֵילָה קָמִיפַּלְגִי. בֵּית שַׁמַּאי סָבְרִי: שְׁבַח גְּזֵילָה דְּנִגְזָל הָוֵי, וּבֵית הִלֵּל סָבְרִי: שְׁבַח גְּזֵילָה דְּגַזְלָן הָוֵי.

The Gemara asks: **But** according to that explanation, concerning **this** *halakha* **that Rava says:** The legal status of **one who borrows** an item **without the knowledge** of the owner, **according to** the opinion of **the Rabbis, is** that of **a robber** in terms of responsibility, **shall we say** that the opinion **that Rava stated is in accordance with** the opinion of **Beit Shammai? Rather,** contrary to the previous explanations, the terms decrease and increase are not referring to changes in market value. They are referring to the decrease in the value of the animal when its wool is sheared and the increase in its value due to the birth of offspring. And **here,** it is **with regard to** the **enhancement of stolen** property[NH] that **they disagree. Beit Shammai hold:** The enhancement **of stolen** property belongs to the one **who was robbed. And Beit Hillel hold:** The **enhancement of stolen** property belongs to **the robber.**

וּבִפְלוּגְתָּא דְּהָנֵי תַּנָּאֵי, דְּתַנְיָא: הַגּוֹזֵל אֶת הָרָחֵל, גְּזָזָהּ וְיִלְדָה – מְשַׁלֵּם אוֹתָהּ וְאֶת גִּיזּוֹתֶיהָ וְאֶת וְלָדוֹתֶיהָ, דִּבְרֵי רַבִּי מֵאִיר. רַבִּי יְהוּדָה אוֹמֵר: גְּזֵילָה חוֹזֶרֶת בְּעֵינֶיהָ.

And it is **with regard to** the issue that is the subject of **the dispute between these** ***tanna'im*** that they disagree, **as it is taught** in a *baraita*: With regard to **one who robs** another of **a ewe,** if **he sheared it or** if it **gave birth,** the robber **pays** the owner for **it and** for **its fleece or** for **its offspring;** this is **the statement of Rabbi Meir. Rabbi Yehuda says: The stolen** property **returns** to the owner **in its** current **state.**

דַּיְקָא נַמִי, דְּקָתָנֵי: בֵּית שַׁמַּאי אוֹמְרִים: יִלָּקֶה בְּחָסֵר וּבְיָתֵר, וּבֵית הִלֵּל אוֹמְרִים: כִּשְׁעַת הוֹצָאָה, שְׁמַע מִינָּהּ.

The Gemara comments: The language of the mishna **is also precise, as it is taught** that **Beit Shammai say: He is penalized for** its **decrease and** its **increase. And Beit Hillel say:** He pays **in accordance with the time of removal.** When recording the opinion of Beit Shammai, the mishna does not state: He is penalized for its rise and fall in value. The Gemara affirms: **Learn from** the wording of the mishna that they disagree with regard to fleece and offspring.

״רַבִּי עֲקִיבָא אוֹמֵר כִּשְׁעַת הַתְּבִיעָה״. אָמַר רַב יְהוּדָה אָמַר שְׁמוּאֵל: הֲלָכָה כְּרַבִּי עֲקִיבָא. וּמוֹדֶה רַבִּי עֲקִיבָא בְּמָקוֹם שֶׁיֵּשׁ עֵדִים. מַאי טַעְמָא? דְּאָמַר קְרָא ״לַאֲשֶׁר הוּא לוֹ יִתְּנֶנּוּ בְּיוֹם אַשְׁמָתוֹ״, וְכֵיוָן דְּאִיכָּא עֵדִים – מֵהַהוּא שַׁעְתָּא הוּא דְּאִיחַיַּיב לֵיהּ אַשְׁמָה.

§ The mishna teaches that **Rabbi Akiva says:** He pays **in accordance with** its value at **the time of the claim. Rav Yehuda says** that **Shmuel says:** The ***halakha*** is **in accordance with** the opinion of **Rabbi Akiva. And Rabbi Akiva concedes** in a case **where there are witnesses** to the misappropriation, as in that case the payment is calculated in accordance with the value of the deposit at the time of the misappropriation.[H] **What is the reason** for that *halakha*? It is **as the verse states** concerning, among others, one who misappropriated a deposit: **"To whom it appertains shall he give it on the day of his being guilty"** (Leviticus 5:24). **And** in this case, **since there are witnesses** to the robbery, **from that moment he is liable to** pay **him** for his **guilt.** He is rendered guilty at the moment the witnesses saw him misappropriate the deposit.

אֲמַר לֵיהּ רַב אוֹשַׁעְיָא לְרַב יְהוּדָה: רַבִּי, אַתָּה אוֹמֵר כֵּן? הָכִי אָמַר רַבִּי אַסִּי אָמַר רַבִּי יוֹחָנָן: חָלוּק הָיָה רַבִּי עֲקִיבָא אֲפִילּוּ בְּמָקוֹם שֶׁיֵּשׁ עֵדִים, מַאי טַעְמָא – דְּאָמַר קְרָא ״לַאֲשֶׁר הוּא לוֹ יִתְּנֶנּוּ בְּיוֹם אַשְׁמָתוֹ״, וּבֵי דִינָא הוּא דְּקָא מְחַיְּיבִי לֵיהּ אַשְׁמָה.

Rav Oshaya said to Rav Yehuda: My teacher, is **that** what **you say? This** is what **Rabbi Asi says** that **Rabbi Yoḥanan says: Rabbi Akiva was in disagreement even** in a case **where there are witnesses** to the misappropriation. **What is the reason** for that *halakha*? It is **as the verse states: "To whom it appertains shall he give it on the day of his being guilty,"** and it is **the court,** not the witnesses, **that renders him liable to** pay **him** for his **guilt.**

HALAKHA

Enhancement of stolen property – שְׁבַח שֶׁל גְּזֵילָה: A stolen item that remained intact in the possession of the robber, even if the owner despaired of its recovery, is returned to its owner along with any enhancement or increase in its value. If the owner despaired of its recovery, the robber acquires any enhancement subsequent to the despair, and he pays the owner in accordance with the value of the stolen item when it was stolen. The Rema, citing the Rosh and the *Tur*, writes that the robber acquires even the enhancement that occurred prior to despair (Rambam *Sefer Nezikin, Hilkhot Gezeila VaAveda* 2:2; *Shulḥan Arukh, Ḥoshen Mishpat* 362:2).

One who misappropriates a deposit pays according to its value at what point in time – לְפִי אֵיזֶה זְמַן מְשַׁלֵּם שׁוֹלֵחַ יָד: One who misappropriates a deposit pays in accordance with its value at the time of misappropriation, in accordance with the opinion of Beit Hillel and the ruling of Rava (Rambam *Sefer Nezikin, Hilkhot Gezeila VaAveda* 3:11; *Shulḥan Arukh, Ḥoshen Mishpat* 292:4).

אמר ליה רבי זירא לרבי אבא בר פפא: כי אזלת להתם אקיף אסולמא דצור, ועול לגביה דרבי יעקב בר אידי, ובעי מיניה אי שמיעא ליה לרבי יוחנן הלכה כרבי עקיבא או אין הלכה כרבי עקיבא. אמר ליה, הכי אמר רבי יוחנן: הלכה כרבי עקיבא לעולם.

Rabbi Zeira said to Rabbi Abba bar Pappa: When you go there, to Eretz Yisrael, **take a circuitous** route **to the Ladder of Tyre,**[B] **and enter before Rabbi Ya'akov bar Idi, and ask of him if he heard** whether according **to Rabbi Yoḥanan** the ***halakha*** **is in accordance with** the opinion of **Rabbi Akiva or** whether the ***halakha*** **is not in accordance with** the opinion of **Rabbi Akiva. He went and asked.** Rabbi Ya'akov bar Idi **said to him: This** is what **Rabbi Yoḥanan says:** The ***halakha*** **is always in accordance with** the opinion of **Rabbi Akiva.**

מאי לעולם? אמר רב אשי: שלא תאמר הני מילי – היכא דליכא עדים, אבל היכא דאיכא עדים – לא.

The Gemara asks: **What is** the meaning of **always? Rav Ashi said:** Rabbi Yoḥanan used this term so **that you will not say** the following: **This statement,** that the *halakha* is in accordance with the opinion of Rabbi Akiva, **applies** specifically in a case **where there are no witnesses, but** in a case **where there are witnesses, no,** payment is calculated in accordance with the value of the deposit when they witnessed the misappropriation.

ואי נמי, דאהדרה לדוכתה ואיתברא, לאפוקי מדרבי ישמעאל דאמר לא בעינן דעת בעלים, קא משמע לן: דבעינן דעת בעלים. ורבא אמר: הלכה כבית הלל.

Or alternatively, the *halakha* will not be in accordance with the opinion of Rabbi Akiva in a case **where he returns** the barrel **to its place and it broke.** Rabbi Yoḥanan stated that the *halakha* is always in accordance with the opinion of Rabbi Akiva, **to exclude** the opinion of **Rabbi Yishmael, who says** that if one stole from another and returned it **we do not require the knowledge of the owners** for the item to be considered returned. Rabbi Yoḥanan **teaches us** that the *halakha* is **that we require the knowledge of the owners,** in accordance with the opinion of Rabbi Akiva (see 40b). **And Rava says:** Contrary to the opinion of Rabbi Yoḥanan, the ***halakha*** **is in accordance with** the opinion of **Beit Hillel.**

מתני׳ החושב לשלוח יד בפקדון, בית שמאי אומרים: חייב, ובית הלל אומרים: אינו חייב עד שישלח בו יד, שנאמר: ״אם לא שלח ידו במלאכת רעהו״. הטה את החבית ונטל הימנה רביעית ונשברה – אינו משלם אלא רביעית. הגביהה ונטל הימנה רביעית ונשברה – משלם דמי כולה.

MISHNA With regard to **one who intends to misappropriate a deposit**[NH] and voices that intent in the presence of witnesses, **Beit Shammai say:** He is **liable** to pay for any damage to the deposit from that point forward, **and Beit Hillel say:** He is **liable** to pay **only** if **he** actually **misappropriates** the deposit, **as it is stated** concerning a bailee: **"Whether he has misappropriated his neighbor's goods"** (Exodus 22:7). **If he tilted the** deposited **barrel and took from it a quarter-***log* of wine for his own use, **and** the barrel **broke,** then **he pays only** for that **quarter-***log*. **If he lifted** the barrel **and took from it a quarter-***log* of wine, **and** the barrel **broke,** since he acquired the barrel by lifting it, **he pays the value of** the **entire** barrel.

NOTES

One who intends to misappropriate a deposit – החושב לשלוח יד בפקדון: In terms of the nature of this intent, the early commentaries disagree. Some hold that the intent is a thought alone, provided one admits to having that thought, and no action is required for liability. That is the case in all areas of *halakha* where thought is significant (Rashi on *Kiddushin*; Rosh, citing Rabbeinu Barukh).

Others hold that the intent here, as derived from the verse: "For every matter of trespass" (Exodus 22:8), refers specifically to intent expressed verbally. It is referred to as intent because it need not be stated in the presence of designated witnesses. One is liable if witnesses happened to hear him articulate his intent to misappropriate. Others say, as does Rashi here, that one is liable only for a statement of misappropriation stated expressly before two designated witnesses.

Most commentaries hold that one is liable only if he articulated his intent, and some discuss why a statement is characterized as thought. According to the Ramban, thought means intent to perform a specific action. Others say that it comes to emphasize that sometimes one says something in a frivolous or exaggerated manner. He is liable only if that statement reflects his intent.

HALAKHA

One who intends to misappropriate a deposit – החושב לשלוח יד בפקדון: One who intends to misappropriate a deposit, even if he states that intent in the presence of witnesses, is exempt, as there is no misappropriation without action, in accordance with the opinion of Beit Hillel (Rambam *Sefer Nezikin, Hilkhot Gezeila VaAveda* 3:11; *Shulḥan Arukh, Ḥoshen Mishpat* 292:4).

BACKGROUND

Take a circuitous route to the Ladder of Tyre – אקיף אסולמא דצור: Nowadays, the southernmost part of the Ladder of Tyre is called Rosh HaNikra. It is a series of steep cliffs along the seacoast in the northern part of Eretz Yisrael. The boulders of the Ladder of Tyre form a kind of wall located on one side of the country. In talmudic times, in order to reach Eretz Yisrael one would take a northern path from Babylonia that passed through Antioch, currently the city of Antakya in Turkey. There was also a southern path that passed through Damascus, from which one could take a shortcut through the Golan to the Lower Galilee. Alternatively, one could take a longer path from Damascus to the Mediterranean coast, follow the coast to Akko, and from there travel east to Tiberias. Consequently, in order to go by way of the Ladder of Tyre, it was necessary to take a long, circuitous route to Eretz Yisrael.

Right: Routes from Babylonia to Eretz Yisrael
Below: Rosh HaNikra

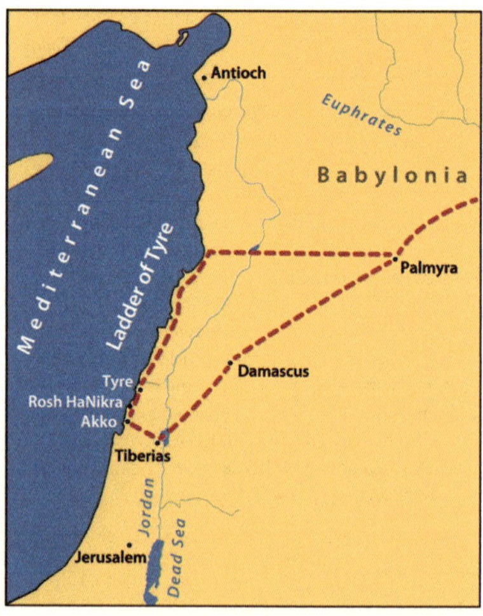

גמ׳ מְנָהָנֵי מִילֵּי? דְּתָנוּ רַבָּנַן: ״עַל כָּל דְּבַר פֶּשַׁע״ – בֵּית שַׁמַּאי אוֹמְרִים: מְלַמֵּד שֶׁחַיָּיב עַל הַמַּחֲשָׁבָה כְּמַעֲשֶׂה, וּבֵית הִלֵּל אוֹמְרִים: אֵינוֹ חַיָּיב עַד שֶׁיִּשְׁלַח בּוֹ יָד, שֶׁנֶּאֱמַר: ״אִם לֹא שָׁלַח יָדוֹ בִּמְלֶאכֶת רֵעֵהוּ״. אָמְרוּ לָהֶן בֵּית שַׁמַּאי לְבֵית הִלֵּל: וַהֲלֹא כְּבָר נֶאֱמַר ״עַל כָּל דְּבַר פֶּשַׁע״! אָמְרוּ לָהֶן בֵּית הִלֵּל לְבֵית שַׁמַּאי: וַהֲלֹא כְּבָר נֶאֱמַר ״אִם לֹא שָׁלַח יָדוֹ בִּמְלֶאכֶת רֵעֵהוּ״.

GEMARA **From where are these matters** derived, that one is liable to pay for intent to misappropriate a deposit? It is **as the Sages taught:** It is written with regard to misappropriation: **"For every matter of** [*devar*] **trespass"** (Exodus 22:8). **Beit Shammai say:** The term *devar*, literally, word, **teaches** that **one is liable** to pay **for a thought** of misappropriation just **as** he is for **an action.** One pays for a matter of trespass even if there is no actual trespass. **And Beit Hillel say: He is liable** to pay **only if he** actually **misappropriates** the deposit, **as it is stated: "Whether he has misappropriated his neighbor's goods"** (Exodus 22:7). **Beit Shammai said to Beit Hillel: But isn't it already stated: "For every matter of trespass"? Beit Hillel said to Beit Shammai: But isn't it already stated: "Whether he has misappropriated his neighbor's goods"?**[N]

אִם כֵּן מָה תַּלְמוּד לוֹמַר ״עַל כָּל דְּבַר פֶּשַׁע״ – שֶׁיָּכוֹל אֵין לִי אֶלָּא הוּא, אָמַר לְעַבְדּוֹ וְלִשְׁלוּחוֹ מִנַּיִן? תַּלְמוּד לוֹמַר ״עַל כָּל דְּבַר פֶּשַׁע״.

If so, what is the meaning when **the verse states "for every matter of trespass"?** One **might** have thought: **I have** derived **only** that one is liable to pay if **he** misappropriated the deposit himself, but if he **said to his slave or to his agent**[N] to misappropriate the deposit in his possession,[H] **from where** is it derived[N] that he is liable to pay due to their actions? **The verse states: "For every matter of trespass,"** from which it is derived that one's speech renders him liable to pay for any misappropriation.

״הִטָּה אֶת הֶחָבִית״ כּוּ׳. אָמַר רַבָּה: לֹא שָׁנוּ אֶלָּא נִשְׁבְּרָה, אֲבָל הֶחְמִיצָה – מְשַׁלֵּם אֶת כּוּלָּהּ. מַאי טַעְמָא – גִּירֵי דִּידֵיהּ הוּא דַּאֲהַנוּ לָהּ.

§ The mishna teaches: If **he tilted the** deposited **barrel,** he is liable to pay only for the wine that he took. **Rabba says:** The Sages **taught** this *halakha* **only** if the barrel **broke. But** if the wine in the barrel **fermented**[H] and spoiled, **he pays for the entire** barrel. The Gemara asks: **What is the reason** for this ruling? He is liable because it was **his arrows,**[N] i.e., his actions, that **were effective** in spoiling the wine. Although he took only a quarter-*log*, the wine fermented and turned rancid as a result of his opening the cask.

״הִגְבִּיהָהּ וְנָטַל הֵימֶנָּה״ כּוּ׳. אָמַר שְׁמוּאֵל: לֹא נָטַל – נָטַל מַמָּשׁ, אֶלָּא כֵּיוָן שֶׁהִגְבִּיהָהּ לִיטּוֹל אַף עַל פִּי שֶׁלֹּא נָטַל.

§ The mishna teaches: If **one lifted** the barrel **and took from it** a quarter-*log* of wine, he pays the value of the entire barrel. **Shmuel says:** When the *tanna* said: And **took** from it, it is **not** that he **actually took** the wine from the barrel. **Rather, once he lifted it** in order **to take** wine from it,[H] **although he did not** yet **take** wine from it, if it breaks, he is liable to pay.

לֵימָא קָא סָבַר שְׁמוּאֵל שְׁלִיחוּת יָד אֵינָהּ צְרִיכָה חִסָּרוֹן? אָמְרִי: לָא, שָׁאנֵי הָכָא דְּנִיחָא לֵיהּ דְּתֶיהֱוֵי הָא חָבִית כּוּלָּהּ בָּסִיס לְהָא רְבִיעִית.

The Gemara asks: **Shall we say** that **Shmuel holds** that **misappropriation does not require loss?** The Sages **say: No,** do not draw that conclusion. **It is different here, since it is preferable for** the bailee **that** all the wine in **this barrel will** serve as **a base for that quarter-*log*.** Although his intent was to take a small amount of wine, since that small amount is better preserved within the full barrel of wine, it is as though he took the entire barrel.

בָּעֵי רַב אָשֵׁי: הִגְבִּיהַּ אַרְנָקִי לִיטּוֹל הֵימֶנָּה דִּינָר, מַהוּ? חַמְרָא הוּא דְּלָא מִינְטַר אֶלָּא אַגַּב חַמְרָא, אֲבָל זוּזָא – מִינְטַר, אוֹ דִּלְמָא: שָׁאנֵי נְטִירוּתָא דְאַרְנָקִי מִנְּטִירוּתָא דְּדִינָר? תֵּיקוּ.

Rav Ashi raises a dilemma based on that explanation: If **one lifts a purse** in order **to take from** it a single **dinar, what is** the *halakha*? **Is it** only with regard to **wine, which is preserved only by means of the wine** in the barrel, that if one intends to take a quarter-*log*, it is as though he intended to take all of the wine in the barrel, **but** with regard to **a dinar, which is preserved** even alone, intent to take one dinar does not indicate intent to take all of the coins in the purse? **Or, perhaps safeguarding a purse is different from safeguarding a dinar.** A single coin is easily lost, whereas a purse is not, as it is more easily safeguarded. Therefore, when the bailee intends to take one dinar, he intends to take all of the coins in the purse. The Gemara concludes: The dilemma **shall stand** unresolved.

הדרן עלך המפקיד

NOTES

But isn't it already stated, Whether he has misappropriated his neighbor's goods – וַהֲלֹא כְּבָר נֶאֱמַר: אִם לֹא שָׁלַח יָדוֹ בִּמְלֶאכֶת רֵעֵהוּ: The Talmud does not explain what Beit Shammai said in response to the verse cited by Beit Hillel. Some explain that according to Beit Shammai one derives from this verse that one who misappropriates part of the deposit is liable to pay for the entire deposit (*Aguddat Ezov*). Others suggest that even Beit Shammai did not deem a bailee liable for mere thoughts of misappropriation. Rather, if one actually misappropriates the deposit, his liability begins from the moment he planned to do so (*Meshekh Ḥokhma*).

He said to his slave or to his agent – אָמַר לְעַבְדּוֹ וְלִשְׁלוּחוֹ: Some early commentaries write that even if one instructed his slave or his agent to take the deposit for himself, the slave's or agent's legal status is that of an agent in terms of liability (Meiri). Others hold that if the agent derived no benefit but caused damage, he is not liable for misappropriation but for the damage that he caused (*Nimmukei Yosef*).

Or to his agent from where is it derived – וְלִשְׁלוּחוֹ מִנַּיִן: Like misuse of consecrated property, in cases of misappropriation, an exemption is made to the general *halakha*, and it is ruled: There is an agent for a matter of transgression. The *Sma*, the *Shakh*, and other later commentaries analyzed the different aspects of this matter extensively.

His arrows – גִּירֵי דִּידֵיהּ: According to Rashi, the resulting empty space in the barrel of wine caused the fermentation. Several early commentaries hold that it is the movement of the wine in the barrel that caused it to ferment (Rambam; Ra'avad).

HALAKHA

Misappropriation by means of an agent – שְׁלִיחוּת יָד עַל יְדֵי שָׁלִיחַ: The legal status of one who misappropriates a deposited item, whether personally or by means of an agent, is that of a robber as pertains to his liability to pay for any damage to the deposit, even damage due to circumstances beyond his control. This ruling is in accordance with the opinion of Beit Hillel (Rambam *Sefer Nezikin, Hilkhot Gezeila VaAveda* 3:11; *Shulḥan Arukh, Ḥoshen Mishpat* 292:5).

If he tilted the deposited barrel…if the wine in the barrel fermented – הִטָּה אֶת הֶחָבִית...וְהֶחְמִיצָה: If one tilted a deposited barrel of wine and removed a quarter-*log* of wine, and the remaining wine in the barrel fermented, he is liable to pay for all the wine in the barrel, as the remainder of the wine fermented due to his actions. This ruling is limited to wine, as the empty space resulting from the removal caused the fermentation. In other cases of partial misappropriation, one is liable to pay only for the amount that he took (Rambam *Sefer Nezikin, Hilkhot Gezeila VaAveda* 3:13; *Shulḥan Arukh, Ḥoshen Mishpat* 292:3).

Once he lifted it in order to take wine from it – כֵּיוָן שֶׁהִגְבִּיהָהּ לִיטּוֹל: If one tilted a deposited barrel of wine, and removed a quarter-*log* of wine, and then the barrel broke, he is liable only for the quarter-*log* that he removed. If he lifted the barrel in order to remove a quarter-*log* of wine and it broke, he is liable to pay for the entire barrel of wine, even if it broke before he actually removed the wine. This ruling is in accordance with the opinion of Shmuel.

If a bailee lifted a purse in order to remove a coin from it, there is uncertainty whether he is liable to pay for the contents of the entire purse. The same is true in similar cases involving several units, as opposed to one unit. This is due to the uncertainty raised by Rav Ashi, which remains unresolved (Rambam *Sefer Nezikin, Hilkhot Gezeila VaAveda* 3:12; *Shulḥan Arukh, Ḥoshen Mishpat* 292:2).

Summary of **Perek III**

In this chapter, it was determined that after a bailee who has safeguarded a deposit accepts responsibility to pay for an item stolen from his possession, he acquires ownership rights over that item. Legally, there is an assumption that this acquisition is a condition, implicit or explicit, of the deposit agreement. Therefore, transfer of those ownership rights is not contingent on the actual payment of compensation. The mere agreement of the bailee to waive his right to take an oath and thereby exempt himself from payment for the lost or stolen deposit effects transfer of those rights. The ownership rights of the bailee are limited to those conditions stipulated by the depositor from the outset. If the bailee conveys the deposit to another, even if this entails no misappropriation, he acquires no ownership rights, unless the conveyance was with the approval of the owner.

Ownership rights to a deposited item are not transferred to the bailee in their entirety. Rather, the transfer stems from and is contingent upon fulfillment of the conditions of the guardianship that he accepted upon himself. Therefore, even when the bailee compensates the owner, he is obligated to take an oath that the deposit is not in his possession, as he has no right to take the item and pay for it without the approval of the owner. The bailee takes an oath that he provided a reasonable level of safeguarding for the deposit, commensurate with the manner in which one safeguards his own belongings. A higher level of safeguarding is required for deposits of money.

The bailee calculates a certain sum of reasonable depreciation, in accordance with the measures delineated in the mishna. If he discovers that the depreciation of the deposit is greater than expected, the bailee must inform the owner. If that is impossible, he must sell the item to prevent its total loss and return the money to the owner. Doing so constitutes safeguarding a deposit and returning of a lost item.

Misappropriation is not simple theft, but rather an abrogation of the depositor-bailee relationship. Consequently, one who misappropriates a deposit is liable to pay for the item from the moment that he performs an action involving unauthorized use of the deposit, even if that action did nothing to damage the item. Nevertheless, the bailee is liable only if he takes action. He is not liable for intent, even if he stated that intent. Since the legal status of misappropriation is that of theft, the *halakha* is that from the moment of misappropriation the item is considered stolen by the bailee. Like any other thief, he is responsible to pay for the item and for any decrease in its value.

Image **Credits**

All images are copyright © Koren Publishers Jerusalem Ltd., except:

p107 © WolfgangRieger; **p122** © Andrew Dalby; **p125** top right image © Johan Barnard, www.shutterstock.com; **p125** left image © Gareth Christian; **p125** bottom image © Heinz-Josef Lücking; **p129** © Tony Hisgett; **p131** © Marie-Lan Nguyen; **p132** all images © CNG; **p135** © Wolfgang Sauber; **p146** © Erol Ismetov; **p161** © **courtesy of the Temple Institute**; **p235** © Visitor7; **p241** left image © Karamelka87.

My Notes

My Notes

My Notes

My Notes

My Notes

My Notes

My Notes